INTERNATIONAL TRANSPORT CARGO INSURANCE

국제운송 보험론

제 3 판

송재헌 | 박종은 | 조현숙

탑북스

개정판 머리말

이 책의 목표는 『국제운송보험론』의 학문적 내용을 학생들에게 소개하고 이론적으로 이해하도록 하는 데 있다. 학생들의 학습을 돕는 길잡이로서의 역할을 할 수 있도록 국제화물 운송과 관련된 해상과 항공 보험의 기초 및 적화보험 약관 해설 내용, 적화보험 체결방법, 클레임 처리 방법 등의 중요한 내용들을 수록하였다.

본 교재는 전국 대학교 무역학과 전문 교재로서 2015년 출간된 『국제운송보험론』의 틀을 유지하면서 개정하였다.

기존 『국제운송보험론』과 비교하여 달라진 부분은 1982년을 기준으로 이전의 약관인 1912년 런던보험업자협회(Institute of London Underwriters, ILU)가 채택한 (구)협회약관과 이후의 약관인 (신)협회약관 그리고 2009년 개정된 적화보험약관의 내용들을 상호 교차 이해가 가능하도록 한층 더 심도 있게 비교 분석하였다. 그리고 분석한 내용들을 세련되게 심화하였다. 그리고 보험과 관련된 각종 서식들을 보완하여 학생들이 국제운송보험에 관한 지식들을 쉽게 이해하도록 노력하였다. 마지막으로 오자 탈자를 바로 잡았으며, 시대에 맞지 않거나 유효성이 떨어진 부분들을 과감하게 삭제하였다.

본 저자는 위에서 언급한 결점들을 가능한 한 줄이려고 노력하였으나 아직도 미진한 점이 많을 것으로 생각하며, 다음 개정판에 더 나은 책으로 발전할 수 있기를 바란다. 짧은 기한 내에 잘 단장된 책으로 출판해 주신 탑북스의 수고하신 모든 분들께도 감사드린다.

2018년 01월

책임교수 송 채 헌

머 리 말

국제간 무역거래에는 다양한 종류의 위험들이 산재해 있다. 상품거래계약의 체결시점과 실제 거래계약의 이행 사이에는 언제나 시차(時差)라는 것이 존재하기 마련이므로 무역거래에서 발생하는 위험들을 크게 분류하면, 환위험(換危險), 신용위험(信用危險), 정부위험(政府危險), 경영위험(經營危險), 운송위험(運送危險) 등 다섯 가지가 있다.

이들 중 국제화물이 해상, 육상, 항공운송과정에서 입는 운송위험들은 화물이 지정된 장소로부터 출발하여 운송증권 상 명시되어 있는 인도장소나 항구, 공항으로 운송되는 동안 화물에 발생하는 다양한 위험들을 의미한다.

그러나 이와 같은 위험들은 매매물품의 운송과정에서 발생하는 위험이고 운송외적인 상황에서 발생한 위험들이므로 우리는 이와 같은 위험들을 현재 존재하는 다양한 경제제도에 의하여 얼마든지 분산하거나 전가(轉嫁)가 가능하다. 즉, 운송과정에 놓여있는 매매물품들이 운송도중 멸실이나 손상될 것으로 판단되면, 화주는 적화보험 혹은 화물보험제도를 이용하여 미래에 발생할지도 모르는 경제적인 손실들을 보험자에게 전가하면 되고, 적화보험에서 구제하기 곤란한 각종 위험들은 무역보험제도를 이용함으로써 그 위험의 심도와 밀도를 분산 혹은 전가할 수 있다.

'국제운송적화보험'이란 통상의 국제무역과정에서 발생하는 각종 운송위험들로부터 화물의 경제적 안전을 보장해줌으로써 무역당사자들이 안심하고 국제무역거래에 전념하게 하는 경제적인 제도다. 국제운송적화보험은 최근 자주 발생하는 기상이변에 따른 각종 운송위험들로부터 화물의 경제적 이익을 안전하게 보장하여 무역당사자들이 안심하고 수출입에만 전력할 수 있도록 안전판 역할을 담당한다. 이를테면, 해상위험은 화물이 선적항에서 목적지까지의 해상운송 중에 발생하는 위험으로 적화보험의 고유영역으로 간주된다. 육상위험은 화물을 공장이나 창고에서 선적항의 창고로 옮길 때, 또는 그 반대의 경우에 발생하는 위험들이다. 이들 위험들은 대개 해상적화보험에서 담보하고 있으나 보험증권에 담보되지 않았을 경우에는 별도의 보험료를 지급하고 담보해야 사고발생시 보상을 받는다.

창고위험은 선적 전 또는 통관 전 보세창고에서의 위험으로 보관위험이라고도 한다. 보통 해상보험증권에서 담보되지만 일정한 기한이 넘는 경우, 또는 별도의 창고가 없는 경우에는 보험이 종료된다. 따라서 창고위험을 대비하기 위하여 보통 보세창고화재보험 가입을 의무화하고 있으며, 적화보험 가입사실이 입증될 경우에 한해 보험 가입의무를 면제하거나 보험료의 일부를 반환한다.

그러므로 본 교재의 교재명인 「국제운송보험론」은 국제화물운송과 관련된 화물, 즉 운송수단별 적화보험에 관한 이론이라는 뜻으로 사용된 것이다.

「국제운송보험론」은 보험 · 법 · 무역 등의 전문분야에 대한 지식이 절대적으로 필요한 학문이다. 따라서 본 「국제운송보험론」은 운송수단별 해상 · 항공 · 복합운송 각각의 적화보험 이론과 약관의 분석 그리고 실무적으로 적화보험계약체결 및 보험금청구방법 뿐만 아니라 적화보험과 무역운송 등을 서로 연동하여 포괄적으로 이해할 수 있도록 집필하였다.

현재 우리나라에 들고 나가는 모든 수출 · 입 화물들은 오직 해상과 항공 그리고 상대국의 복합운송수단에 의해서만 가능하다. 그래서 육상 및 도로운송과 관련된 적화보험에 관한 내용들은 본문에서 생략하였다. 또한 수출보험과 관련된 내용도 본문에서 생략하였다. 수출보험공사가 CI(Corporate Identity)작업을 통하여 2010년 7월 한국무역보험공사로 기관명을 변경하고 그동안 수출에만 관련이 있던 수출보험을 수출과 수입 모두를 아우르는 무역보험으로 전문화하였으므로 무역과 관련된 보험 중 무역보험과 운송보험을 분리할 필요가 발생하였기 때문이다.

본 교재는 예비 무역인인 학생들이 무역업무분야에 관심을 가지고 무역회사, 보험회사 및 운송회사 등에 근무하는데 필요한 무역실무지식과 아울러 무역보험에 대한 이해와 감각을 가지도록 하는데 많은 도움을 줄 것으로 기대한다. 끝으로 이 책을 내기까지 도움을 준 탑북스 관계자 여러분에게도 감사의 인사를 드린다.

2012년 02월

저자 씀

일러두기

본 교재는 총 4편으로 구성되어 있다.

제1편에는 무역보험론의 사전 지식으로 총 2장에 걸쳐서 보험에 관한 기초내용을 담고 있다. 제1장에서는 보험에 관한 개괄적인 내용으로 개인과 기업이 비즈니스 활동을 영위하는 과정에서 부딪치는 위험과 해당 위험들을 처리하는 방법은 무엇이며 그 과정에서 보험은 어떤 역할을 하는가에 관하여 기술하였다. 또한 본 교재의 내용이 무역보험에 관한 내용이므로 한국과 세계의 보험역사 중 특히 해상보험의 발전과정을 크게 2단계로 나누어 비중이 있게 살펴보았다. 제2장에서는 국제무역거래에서 발생하는 위험이 구체적으로 무엇이며, 해당위험에 대한 대책을 무역거래조건(INCOTERMS, 2010)과 연계하여 제시하였다.

제2편에서는 적화보험에 관한 이론과 실무내용을 크게 3장으로 나누어 설명하였다. 제3장에서는 해상운송과 해상적화보험에 관한 내용으로 해상운송에 관한 기본 지식과 해상적화보험의 접근방법과 특징, 해상적화보험의 관계당사자에 관하여 설명하였다. 제4장에서는 해상적화보험의 정의와 영역, 해상비즈니스를 영위하는 과정에서 발생하는 해상위험과 이와 같은 해상위험에 대한 보험자의 담보방식, 입증책임, 해상적화보험의 용어의 설명과 해당용어의 효력과 기능, 범위 등을 영국해상보험법(MIA, 1906)과 상법, 민법, 각종 판례 등을 중심으로 설명하였다. 제5장에서는 해상적화보험의 실무로서 해상적화보험에 관한 ICC(2009)·(구)협회적화약관과 특별약관, 부가약관, 기타 약관을 분석하고 구체적으로 해상적화보험의 계약절차와 클레임 청구방법을 기술하였다.

제3편에서는 항공 및 복합운송화물보험에 관하여 언급하였다. 제3편 제6장에서는 항공운송에 대한 개괄적인 설명과 항공화물보험에 관한 내용을 자세하게 설명하고 항공화물에 관한 ICC(2009)·(구)협회약관의 내용의 분석과 항공화물보험계약절차와 클레임청구방법을 수출과 수입으로 나누어 제시하였다. 제7장은 복합운송에 관한 내용으로 복합운송의 성립요건과 주요경로, 복합운송인의 책임 그리고 복합운송화물과 적화보험과의 관계를 복합운송인의 책임과 연관을 지어 설명하였다.

마지막으로 부록에서는 영국해상보험법 전문과 개정될 상법의 보험편 전문, 그리고 해상과 항공운송과 관련된 적화보험의 기본약관과 부가약관, 전쟁과 동맹파업과 관련된 특별약관, 33개의 기타 약관의 전문을 수록하였다. 따라서 본 교재의 내용을 100% 이해하기 위해서는 먼저

1. 교재 안에 근거로 제시된 각종 법규나 규칙들은 부록에 실린 해당 법조항과 약관의 전체 문맥 안에서 해석이 이루어져야 한다.
2. 교재 안에서 발견되는 낯선 보험과 관련된 용어들은 보험용어사전을 이용해 먼저 충분히 이해를 해야 한다.
3. 본 교재에서는 보험회사를 보험자 또는 'Insurer', 'Assurer', 'Underwriter'로 표기하며, 보험계약자를 'Insured', 'Assured'로 표기한다.
4. 문맥의 내용에 따라서 화주와 매도인, 수출자, 송화인을 같은 개념으로 이해하고 수화인, 수입자, 매수인 역시 같은 개념으로 해석한다.
5. 'Risk'의 사후 개념이 'Risk'의 결과인 손실(loss)이므로 본 교재에서는 'Risk'를 문맥에 따라 손실과 같은 의미로 사용한다. 따라서 '위험'과 '손실 혹은 손해'에 관한 용어를 해석할 경우에는 이를 전체 문장 안에서 해석하여야 한다.
6. 적화보험 증권의 작성요령과 증권을 구성하고 있는 각종 구성요소들의 개념 및 정리를 먼저 이해하여야 한다.

아무쪼록 여러분들의 건승과 건투를 희망한다.

차 례

제1편 보험의 기초

제1장 보험의 개관

제2장 국제무역거래와 보험

해상적화보험 제2편

제3장 해상적화보험의 기초

제4장 해상적화보험

제5장 해상적화보험의 실무

제7장 복합운송화물과 보험

부 록

제1편
보험의 기초

보험은 재산이나 생명, 건강, 법률적 책임과 같이 금전적인 측면에서의 위험에 대항하여 개인이나 기업을 보호하는 비즈니스다.

제1장 보험의 개관

학습의 목적

인간생활과 기업의 활동과정에서 발생하는 위험들이 무엇인지 알아보고 이러한 위험들을 직접 제어하거나 이전하여 가계경제활동과 기업경제활동을 정상적으로 영위할 수 있도록 하게 한다.

학습의 목표

1. 인간과 기업이 경제활동과정에서 직면하는 위험들이 무엇이며 이러한 위험들을 처리하는 위험의 제어방법을 이해한다.
2. 경제생활에서 보험이 필요한 이유와 그 방식기능을 이해한다.
3. 보험의 종류를 알고 그 특징을 이해한다.
4. 보험과 유사한 제도를 알고 그 특징을 이해한다.

제 1 절 인간생활과 보험

1. 인간생활과 위험

1) 가계위험

✦통계청자료에 의한 자살자 수
1985년 3,157명
1990년 4,840명
1995년 6,460명
2004년 11,523명
2010년 15,566명
2015년 13,513명

2013년에는 하루 평균 40명, 연간 14,427명 자살

인간은 출생에서 사망에 이르기까지 무수히 많은 위험과 직면하며 끊임없이 죽음으로부터 도전을 받는다. 그것은 생로병사와 같이 자연스러운 생멸(生滅)과정에서 기인하는 죽음일 수도 있으며, 전혀 예상하지 못했던 질병이나 사고로 인하여 원치 않은 시간과 장소에서 원하지 않은 죽음일 수도 있다. 이때, 비록 원하지 않은 사고에 의해 사망에 이르지 않았더라도 사람들은 치명적인 부상에 따른 막대한 의료비 지출을 감당하지 못하고 금전상 파산함으로써 경제적 식물인간으로 전락하기도 한다. 실제로 우리는 주변에서 가족의 일원 중 누군가가 사고에 의해 영구장애가 발생하자 부양(扶養)의 문제로 남은 가족들이 심한 정신적 고통을 겪다가 결국 해당 가정이 뿔뿔이 해체되는 것을 자주 목격할 수 있다.

생명이나 인간으로서 당연히 누려야 할 정상적인 삶을 직접적으로 위협하는 위험은 고용의 불안이나 실직과 같은 경제적, 사회적 위기에도 얼마든지 존재한다. 이를테면 오늘날 급변하는 경제 환경의 불연속성은 개별 경제주체인 인간들에게 강제적인 자격상실을 가져다줌으로써 더 이상 정상적인 사회생활이나 경제활동을 하지 못하도록 방해하기도 한다. 가족의 경제를 책임지던 부모가 다니던 직장으로부터 해고를 당할 경우, 해당 가정은 예상하지 못했던 소득상실로 인하여 경제적으로 치명적인 어려움에 처하게 된다. 1997년 말 갑자기 불어 닥친 외환위기가 좋은 예이다. 이때 우리가 겪었던 외환 유동성위기는 노동시장에서 고용의 부침을 심각하게 만들었다. 평생을 함께 하려고 했던 직장이 하루아침에 파산하거나 감원과 같은 구조조정의 길을 걷게 되자, 많은 사람들이 다니던 직장에서 자의반 타의반 쫓겨나와 경제활동 불능과 같은 위험 속으로 함몰되어 갔다.

이 밖에도 최근에는 국지성 집중호우, 태풍, 홍수, 강풍, 우박 등 기상이변으로 인해 귀중한 인간의 생명과 재산상의 피해가 증가하고 있다. 이 자연재해는 천재지변으로 신의 영역(act of god)에 해당하여 사실상 대비가 불가능하다. 존스타인백(John Ernest Steinbeck)의 『분노의 포도(*The Grapes of Wrath*)』에서 알 수 있듯이 분노를 영글게 하는 두 가지 요소인 자연재해와 경제 불황에서 우리가 얼마나 자유로울지 모르겠다. 취업률이 무기력증에서 벗어나지 못하고 우리의 미래를 책임질 젊은이들은 희망을 찾지 못하고 있다.

인간을 둘러싼 사회 · 경제 · 환경적 환경의 급속한 변화는 질병과 사고 등과 더불어 끊임없이 인간생활을 위협한다. 그리고 이와 같은 사회적, 경제적 환경의 급속한 변화에 대

한 불안이나 위험들은 인간의 육체와 정신을 극도로 황량하게 하고 경제적으로도 황폐하게 만들어 경우에 따라서는 사람들에게 삶의 가장 기본단위인 가정을 해체하게 하거나 죽음을 강요하기도 한다.

그러나 그 동안 경제적 위험과 불안으로부터 심리적 완충역할을 해왔던 가족이나 친구와 같은 1차 집단은 빠르게 해체됨으로써 **인간은 불확실한 미래로부터 보호를 받을 수 있는 제도적 안전장치가 필요하게 되었다.**[1)]

2) 기업위험

✦operating leverage ; 고정자산 등을 보유함으로써 고정영업 비용을 부담하는 것을 뜻함(감가상각비, 임대료, 경영진의 보수)

✦고정비가 지렛대의 역할을 하며 매출액이 증가할 때 영업이익의 증가폭이 확대되고, 매출액이 감소할 때에는 영업이익의 감소폭이 확대되어 나타나는데, 이를 영업레버리지 효과라 함.

기업은 기업활동을 전개하면서 다양한 위험과 불안에 항상 노출해 있다. 이를 테면 시설물과 관련하여 화재위험을 안고 있고, 기계설비와 관련하여 기계손해 및 불가동(不可動)에 따른 기업휴지손해도 존재하고 있으며 도난위험, 전기위험, 풍수재위험 등 각종 위험과 불안요소를 지니고 있다. 그리고 기업에 종사하고 있는 종업원들의 상해사고에 관한 위험불안도 항상 존재하고 제품의 생산・유통과정에서의 제품결함, 변질, 부패 등은 제품을 소비하는 소비자들에게 인적, 물적인 손해를 발생시킴에 따라 해당 기업은 거대한 손해배상책임을 부담하게 하는 배상책임위험에 직면해 있다. 이 밖에도 기업들은 신용위험과 환변동위험, 그리고 투자결정과 관련하여 미래 매출액의 불확실성과 영업레버리지(operating leverage)로 인한 영업이익의 불확실성과 같은 경영불안과 위험을 가지고 있다.[2)]

그러므로 기업도 개인과 마찬가지로 예고 없이 발생하는 사고의 위험과 불안으로부터 벗어나 자유로운 경제활동을 영위하기 위하여 보다 편리하고 안전한 제도적 장치가 필요하게 되었다.

2. 위험(Risk)의 대책

1) 위 험

✦리스크관리는 1930년대 미국의 대공황을 계기로 기업들이 전개한 것으로 당시 기업들은 이용자 입장에서 보험을 주된 보장수단으로 하는 보험관리를 통하여 기업의 위험을 관리하였다.[3)]

현대사회는 변화와 불확실성이라는 위험의 연속이다. 변화와 불확실성이 인간에게 위험의 연속인 이유는 인간은 미래의 상황에 대하여 어느 정도 예측은 가능하지만 정확한 예측을 하지 못하기 때문이며, 변화와 불확실성에 따른 결과가 인간과 사회에 긍정적인 이익보다는 언제나 막대한 물적・정신적 손해를 발생시켜왔기 때문이다.

오늘날처럼 고도의 산업기술사회로의 급격한 변화는 미래에 대한 예측과 대비(對備)의 정도를 더욱 어렵게 한다. 때문에 개인과 기업, 정부는 각자 고유의 특성에 따라 현재와 미래의 다양한 불확실성의 위험으로부터 안전을 확보하기 위한 방어책을 준비하는데 전력을 다하고 있다. 그 증거로 인간과 기업, 정부는 인간의 본능적 위험에 대한 소극적인 방법에

✦위험 정의
① M. R. Greene : 위험은 경제적 손실의 발생에 관한 불확실성
② E. Vaughn : 손실에 관한 불확실성
③ H. K. Frank : 측정이 가능한 불확실성

서 국가적 차원의 적극적인 대처방법에 이르기까지 손실을 극소화하기 위한 여러 가지 방법들을 연구・개발・발전시키는데 모든 역량을 집중하고 있다.

기업은 기업대로 1970년대 유가파동과 1997년 외환위기를 경험했으면서도 여전히 불안한 신용변동과 시장변동, 그리고 2000년 말 환율변동과 2007년 세계금융위기 및 신유가파동, 2011년 미국을 포함한 유럽의 금융위기 때문에 기업들은 기업경영활동에서 발생하는 위험들을 어떻게 관리할 것인가를 두고 끊임없이 많은 고민들을 하고 있다. 또 개인은 외환위기 이후 고용시장의 축소와 왜곡으로 인하여 높은 실업률과 미취업률에 따라 가계경제의 위협을 받고 있으며, 고용의 불안과 실직의 위험으로 성공에 대한 강박감과 경쟁의 스트레스를 심하게 받고 있다. 정부는 정부대로 자연재해뿐만 아니라 국토를 수호하고 국민의 재산과 생명의 안전을 위협하는 위험요소들을 제거하기 위하여 많은 고민을 하고 있다.

그럼, 이와 같이 우리 사회・경제전반에 걸쳐 깊숙이 자리를 잡고 있는 위험이란 도대체 무엇인가? 위험은 보편적인 의미로 일상생활 중 주관적 또는 객관적으로 신체상, 재산상으로 위기의식이나 피해의식을 느끼는 것을 의미한다. 이것은 장차 일어날듯 한 위험이나 고통에 대한 막연한 예감과 이에 수반하는 일정한 생리적 반응을 총칭하는 심리학적 용어인 불안과 다르다.

위험은 특정한 대상이 있으므로 그것에 맞서거나 회피하는 일도 가능하지만, 불안은 막연하며 확실한 대상이 없고 부유(free floating)하고 있으므로 불안에는 불명확한 위기감・무력감 등이 일어나기 때문이다. 위험을 수식하는 용어로는 'Risk', 'Loss', 'Peril', 'Hazard'가 있다.

Risk : 경제적 손실이 발생할 수 있는 불확실성(uncertainty of occurrence economic loss), 또는 기본적인 확률과 실제결과 사이에 생기는 불확실성을 의미한다.[4)]

Loss : 물질적, 정신적 손실을 포함한 총괄적 의미의 손실(손해의 결과), 즉 우연한 경제의 가치의 감소 또는 멸실(滅失)을 의미한다.

Peril : 'Peril'이란 손해를 발생하게 하는 우연한 사고(위험), 즉 손인(損人)을 말하는 것으로 보험에서 담보하고 있는 위험, 즉 화재, 낙뢰, 폭발, 풍수재, 홍수 등과 같은 사고의 형태를 의미한다.

Hazard : 'Hazard'란 손해발생 가능성(빈도, 크기에 관련된 가능성)의 조건을 만드는 구체적인 상태 혹은 위태(危殆), 즉 'peril' 발생의 요인(cause of peril)이 되어 손해를 일으키기도 하며, 또 그 손해를 더욱 가중하고 대형화하는 요인 및 원인이 되는 상태를 의미한다.[5)] 사고발생에 영향을 미치는 사정・상태・조건・요인・환경 등을 'Hazard'라고 한다. 'Hazard'에는 <표 1-1>과 같이 세 가지가 있다.

✦금융감독기관은 Best Practice 차원에서 기업에게 리스크관리보고서를 요구하고, 외국의 기관투자자들도 참고용으로 리스크관리보고서를 원하는 추세다. 리스크 분석을 하지 않으면서 경영하는 외국기업에 대해 미국의 대형 연기금들은 해외투자를 원칙적으로 금지하고 있다.

표 1-1. Hazard의 세 가지 종류

Physical Hazard	조립식구조의 건물은 벽돌구조의 건물보다 화재나 폭발과 같은 Peril로부터 더욱 손실이 클 Physical Hazard를 가지고 있음
Moral Hazard	손실의 발생가능성을 새로이 만들어 내거나 고의적으로 증가시키는 개인의 특성이나 정신적인 상태를 말한다. 즉, 교통사고에 의한 상해를 과장하는 행위[6]
Morale Hazard	고의는 없지만 무관심 또는 부주의 등으로 손실발생을 방관하는 정신적인 태도. 즉, 졸음운전하다가 교통사고를 내거나 자동차를 잠그지 않고 주차했다가 도난당하는 것처럼 사고를 일으키기 쉬운 사람은 그렇지 않은 사람보다 더 큰 손실을 일으킬 수 있는 정신자세를 Morale Hazard라고 함.

'Risk'와 'Loss', 'Peril', 'Hazard'의 개념을 좀 더 이해하기 위하여 다음과 같은 예를 제시한다.

> 만약, 화물선이 항구에 접안도중 짙은 안개에 의하여 시야가 확보되지 않아 인근에 정박해 있는 타 선박과 부딪쳐 선박이 크게 부서지고 화물과 선원이 다치는 사고가 발생하였다고 하자. 이럴 경우, 짙은 안개가 없어서 선원과 선장의 시야가 정상적으로 확보되었더라면, 선장은 선박을 안전하게 항구에 진입시켜 인근 타 선박과 충돌하는 사고를 내지 않았을 것이다. 그리고 사고가 발생하지 않았더라면 화물과 승객이 다치지도 않을 뿐만 아니라 선박도 손상을 입지 않았을 것이다. 즉, 짙은 안개는 사고의 원인(Hazard)이고 사고내용은 충돌사고(Peril)이며, 손해내용(loss)은 선박과 화물의 파손과 그리고 선원의 부상이다.

그리고 이때 'Risk'는 'Hazard'에서 'Loss'에 이르기 까지 존재하는 경제적 손실의 불확실성이다. 따라서 위험은 'Risk'를 경제적 손실과 부손실을 '공통인자로 가진 불확실성'이라고 할 수 있다. 이들의 관계는 [그림 1-1]과 같다.

그림 1-1 위험의 관계

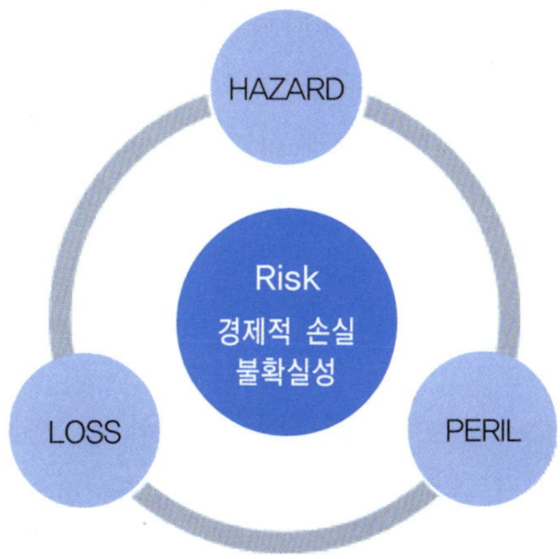

2) 위험의 형태

(1) 순수위험

순수위험은 손해의 발생가능성만 존재하는 위험을 의미한다. 셀 수 없이 많고 다양한 위험들 중에서 화재, 폭풍, 홍수, 폭발 등과 같이 위험사고가 발생할 경우, 반드시 경제주체들에게 물적 또는 인적으로 손실을 입히고 사고의 **"대수법칙"** 적용이 가능하여 보험이 가능한 위험들은 모두 순수위험이다. 순수위험은 형태별로 인적위험, 물적위험, 배상책임위험으로 분류된다.

▍ 인적위험 : 개인에게 직접적으로 영향을 미치는 위험이 인적위험이다. 여기에는 4가지의 주요한 인적위험인 ① 조기 사망의 위험, ② 노령의 위험, ③ 질병이나 병약한 건강의 위험, ④ 실업의 위험이 있다.

▍ 물적위험 : 재산손해에는 재산의 파괴나 도난과 관련하여 직접손해와 간접손해 등 두 가지 형태가 있다. 직접손해는 재산의 물질적 손상, 파괴 또는 도난으로 인하여 발생하는 재정적인 손해를 의미하고, 간접손해는 재산의 물질적 손상, 파괴 또는 도난의 간접적 결과로 인하여 발생하는 재정적 손해를 의미한다. 결과손해라고도 한다.

▍ 배상책임위험 : 배상책임위험은 과실이나 부주의, 고의적이나 비고의적인 불법행위 또는 타인의 권리침해로 인하여 발생하는 배상책임의 결과로서 현재 또는 미래의 자산의 손해의 가능성을 의미한다.

(2) 투기위험

순수위험이 손해의 발생 가능성 또는 손해의 불발생만이 존재하는 상황임에 반하여 투기적 위험은 손해발생의 가능성뿐만 아니라 이득의 가능성도 동시에 존재하는 상황을 뜻한다. 수출위험과 시장위험, 정치적 위험과 같이 위험사고가 발생한 후 손실만을 발생시키는 것이 아니라 경우에 따라서 이익을 발생할 수도 있으면 그것은 모두 투기위험이다.

학문적인 관점에서 판단할 때 위험에 관한 위험의 확인, 평가, 분석, 통제, 금융 등과 같은 위험의 체계적인 관리절차와 방법에 관한 연구는 보험 분야에서 먼저 시작하였다. 보험과 관련하여 특히 모브레이(Mowbray)는 위험의 형태를 〈표 1-2〉와 같이 순수위험(pure risk)과 투기위험(speculative risk)의 형태로 분류하였다.[7]

모브레이는 대수법칙의 적용여부기준으로 위험들 중 화재, 폭풍, 홍수, 폭발 등과 같이 대수법칙을 적용하여 위험들을 보험으로 전가가 가능한 정적인 위험들만을 순수위험으로 보았다. 그리고 인플레이션이나 환율변동, 국유화 전쟁, 무역장벽처럼 해당 주체에 손실의 가능성과 이득의 가능성 중 어느 하나를 초래하게 하는 위험들을 투기위험으로 분류하였다. 따라서 순수위험과 투기위험의 차이점은 양쪽 다 모두 불확실성을 지니고 있지만, 순수위험은 대수의 법칙이 적용되어 보험의 대상이 될 수 있는 불확실성인데 반하여 투기위험은 대수법칙의 적용이 불가능하여 보험의 대상이 될 수 없는 불확실성이라는 점에서 서로 다르다. 그러나 최근에 들어서는 이러한 투기위험들 중에서도 일부 **제도적으로 장치**를 마련할 경우에는 보험으로의 전가가 가능해지고 있다.

표 1-2. 순수위험(pure risk)과 투기위험(speculative risk)의 대조표

차이점	해당 여부		내　용
	PR	SR	
대수의 법칙 적용	O	X	순수위험은 인위적 위험이 아니고 이미 존재하고 있는 위험이며 어떤 규칙성을 가지고 있어 대수의 법칙이 적용되기 쉽고, 투기위험은 인위적 위험으로 그 적용이 어렵다.
이익의 가능성	X	O	투기위험의 경우, 개인이나 기업이 손해를 입었다 하더라도 사회는 이익을 얻을 수 있다. 이에 대하여 순수위험의 경우에는 개인이나 기업이 손해를 입으면 사회는 언제나 같은 손해를 입게 된다.
개별적 손해와 사회적 손해와의 상관성	O	X	투기위험은 일반적으로 그것이 미치는 영향이 일부사람에게만 그치고 사회전반에 미치는 영향은 약한데 반해, 순수위험은 사회전반에 미치는 영향이 강하다.
범위의 한정	X	O	순수위험은 그 범위를 한정할 수 없으나, 투기위험은 그 범위를 한정할 수 있다.
발생전조	X	O	순수위험은 일반적으로 전조가 없이 우발적으로 발생하나, 투기적 위험은 통상 전조를 수반하고 일정기간을 거쳐 발생
제어가능성	X	O	순수위험은 제어하기 어려우나, 투기위험은 제어가 가능

3) 위험의 종류

위험의 종류에는 재산손해와 같은 물적위험(property loss), 책임손해에 관한 책임위험(liability loss), 수익손해에 관한 수익위험(loss of income), 비용손해에 관한 비용위험(loss of expense), 인적손해에 관한 인적위험(personal loss) 등이 있다. 그런데 이와 같은 위험을 크게 분류하면 순수위험에 해당하는 보험가능위험과 투기적 위험인 보험불능위험으로 나눌 수 있으며, 보험가능위험은 다시 인적위험과 재산위험, 배상책임위험으로 분류된다. 또한 투기위험인 보험불능위험도 다시 시장위험과 정치적 위험, 생산위험 등으로 분류된다.

✦제도적 장치에 의해 보험으로 전환된 위험 : 수출위험과 시장위험, 정치적 위험들 중 일부 위험들은 오늘날 무역보험에서 담보한다.

앞에서 투기위험은 원칙적으로 보험의 대상이 될 수 없다고 언급했으면서도 이렇게 분류한 이유는 보험불능위험 중 수출위험과 시장위험, 정치적 위험 등과 같이 일부 위험들은 제도적 장치를 마련할 경우 보험이 가능하기 때문이다. 이를 표로 나타내면 〈표 1-3〉과 같다.

표 1-3. 위험의 종류

4) 위험의 분석

✦최대추정 손해액 분석 요령 : 매출 및 인원 등 사업 내용에 관련된 정보, 사업장의 위치 및 주변에 대한 정보, 건물 등 시설 및 유지관리에 대한 자료, 재고자산의 저장 및 관리에 대한 정보, 소방 설비 및 유지관리에 대한 자료 및 정보, 화재 및 홍수 등 재산손해를 입힐 수 있는 위험에 대한 정보, 특히, 재산손해 중 기계적 손해를 담보하고자 하는 경우에는 기계별 보험가입금액 및 사양, 제조국, 구입 또는 제작년도, 기계설비의 배치 관계, 가동시간에 관한 정보, 검사 및 유지관리 정보 등의 자료를 분석해야 한다.

위험을 분석하려면 먼저 위험의 존재유무와 위험의 소재를 파악하여야 한다. 위험의 소재는 보통 표준화된 질문서를 이용하거나 업무흐름도, 재무제표, 현장방문조사, 과거의 사례검토를 통하여 확인이 가능하고 또 전문가에 의뢰하여 당면한 위험과 미래의 잠재적인 위험을 발견하고 제어할 수 있다.[8]

위험의 소재가 파악이 되면 그 다음은 위험을 분석한다. 위험의 분석은 해당 위험이 초래하는 손실의 빈도와 손실의 강도의 두 가지 측면에서 시작되어야 한다. 손실의 빈도는 같은 유형의 사고가 얼마나 자주 발생하는가를 분석하는 것이고, 손실강도란 손실의 정도가 얼마나 큰가를 분석하는 것이다. 즉, 위험 손실이 발생할 경우, 조직의 목적에 어떤 영향을 줄 것인지를 검토하여 최대추정손해액(EML : estimated maximum loss)을 산출하는 것이 곧 위험의 분석이다.

손실의 빈도를 손실강도에 따라 분류하면 다음 [그림 1-2]와 같다. 이러한 위의 분석은

그림 1-2 위험의 분석

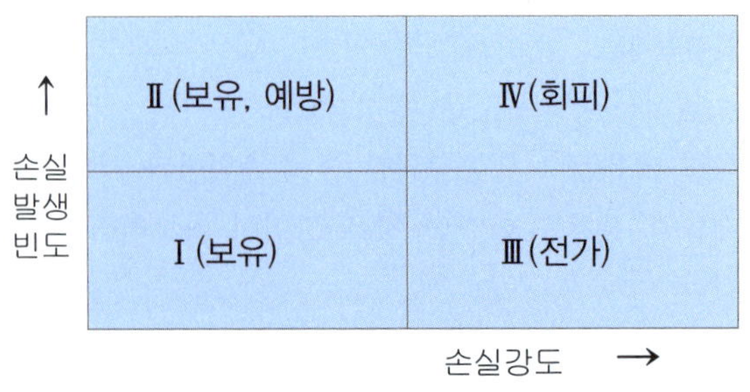

먼저 객관적이고 신뢰성이 있는 통계량 추정이 전제되어야 가능하다. [그림 1-2]는 각각의 범주에 존재하는 손실을 어떤 방법으로 처리하는 것이 가장 경제적이고 효율적인지를 제공한다.

Ⅰ은 손실발생의 빈도와 손실강도가 모두 낮은 위험들이다. 여기에 해당하는 위험들은 손실을 일으켜도 그 효과가 미미하므로 기업내부에서 모두 자체 처리할 수 있다. 따라서 Ⅰ에 속하는 위험들은 특별한 위험분산이 요구되지 않으므로 경상비용으로 처리하는 것이 경제적이고 효율적이다.

Ⅱ는 손실발생빈도는 높으나 손실강도가 낮은 경우이다. 예를 들어 가치가 적은 화물이 자주 도난당한다고 할 때, 혹은 총 도난금액이 도난 보험료보다 적을 경우에는 자체적으로 손실위험을 보유하는 것이 경제적이다. 반대로 손실의 누적금액이 클 경우에는 보험이나 다른 수단으로 손실위험을 분산하는 것이 경제적이다.

Ⅲ은 손실발생빈도는 낮으나 손실강도가 큼으로 보험에 가입하는 것이 현명하다. 공사물이나 건물이 화재나 지진에 피해를 입을 가능성이 있는 경우가 이에 해당한다.

마지막으로 Ⅳ와 같이, 손실발생빈도와 손실강도가 높을 경우에는 보통 보험회사들도 보험인수를 거절하므로 해당 사업이나 공사를 포기하는 것이 현명하다.

5) 위험의 처리방법

보험은 예기치 않은 여러 가지 위험에 대비하는 제도다. 사고는 불확실성의 요소를 지니고 있고, 죽거나 실격에 따른 무능력, 사고로 인한 자산의 손상과 손실은 언제든지 발생할 수 있기 때문에 개인이나 기업은 보험을 통해 손실을 분산한다. 물론 개인이나 기업이 사고의 불확실성에 따른 위험과 불안으로부터 자산을 방어하고 지속적으로 경제활동을 보존하기 위해서는 보험 이외에도 [그림 1-3]처럼 여러 가지 방법을 선택할 수 있다.

그림 1-3 위험의 처리방법

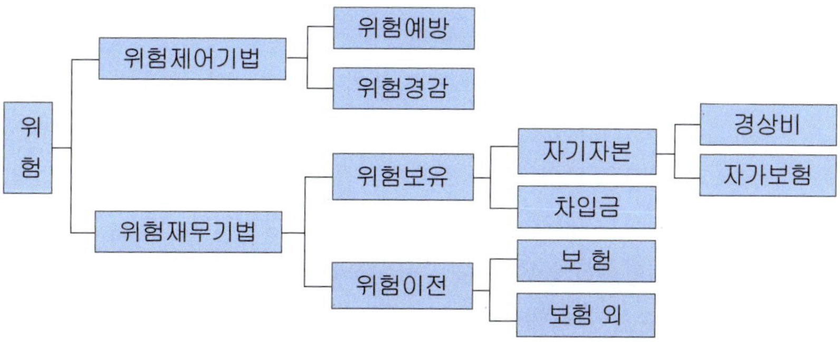

출처 : 대한상공회의소, 「기업의 전략적 리스크 관리」, 1987, pp. 79~80 재구성.

위험을 처리하는 방법에는 크게 위험제어기법(risk control techniques)과 위험재무기법(risk finance techniques)이 있다.

위험제어기법은 먼저 사고의 위험을 사전에 통제하고 봉쇄하는 기술적인 방법으로서 손실예방과 손실경감이 여기에 해당한다. 손실예방과 손실경감은 위험과 불안에 대해 보다 적극적으로 대응하는 방법들로 사고의 빈도(frequency)나 사고의 심도(severity)를 줄이고자 하는 기법들이다.

✦위험분리 : 위험을 완전히 분리 또는 격리하는 것임. 가령 거리상으로 근접해 있어도 튼튼한 격벽으로 싸여있어 사고 시 즉각 폐쇄하여 더 이상 위험이 확대・발전하지 않고 보호받을수있도록함.

위험예방은 위험과 불안이 사고로 전이되지 않도록 사전에 모든 위험의 발생가능성을 발굴하여 제거하거나 사고의 발생빈도를 감소시키는 기법이며, 위험경감기법은 사전에 사고예방을 하였더라도 생각하지 못했던 원인으로 사고가 발생할 경우, 해당 사고의 피해를 가능한 한 최소화하는 기법이다. 이를테면 화재의 경우, 화재가 발생하지 않도록 정기적으로 화재방지지도 및 점검을 시행하고 건물내장의 마감 재료를 불연성재료들로 교체하거나 전기의 과부하를 제거하기 위하여 전기용량을 확장하는 작업들은 손실예방에 속한다. 그러나 화재가 발생했을 경우, 신속하게 화재진압작업을 실행하거나 미리 화재를 대비하여 고가 물을 분산・보관하는 작업들은 손실경감에 속한다. 즉, 손실빈도의 감소나 배제는 손실제어의 중심이며, 손실강도의 감소 및 배제는 손실제어의 결과에 속한다. 이 밖에도 위험제어기법에는 위험의 회피(loss exposure avoidance)와 위험의 분리(separation or duplication)가 있다.

✦경상비 : 기업회계에서 매 회계연도마다 규칙적으로 계속하여 지출되는 경비로서 직원의 급여, 사무용품비, 통신비 등이 이에 해당된다.

다음, 위험재무기법은 사고가 발생했을 경우, 사고처리 및 복구비용을 어떻게 확보할 지를 결정하는 방법이다. 발생한 손실을 자체 보유하거나 혹은 위험을 타인에게 계약적으로 전가(contractual transfer)하는 방법이 여기에 해당한다. 손실을 보유하는 방법으로는 자기자본이나 차입금 등으로 손실을 해결하는 방법이 있으며, 차입금에 의한 손실보유는 기업의 신용에 의한 외부자금준비로 기업의 손실을 충당하는 것을 말한다. 그리고 자기자본에 의한 손실보유는 보통 경상비를 이용하거나 매출금액의 일정부분을 적립금 및 비적립준비금을 확보하여 처리하는 자가보험(self insurance)이 이에 해당한다. 단, 경상비에 의한 손실의 보유는 기업의 회계연도 수익으로부터의 손실에 대한 지불이고 손실의 강도가 비교적 낮은 경우에만 가능하다.

손실의 이전방법으로는 보증이나 공제, 또는 보험계약을 통하여 보험자에게 위험을 계약적으로 전가하는 방법과 보험 외 제3자에게 이전하는 방법이 있다. 보험에 의한 위험손실의 이전은 보험회사와 보험계약을 통하여 이루어진다. 보험 외적인 방법은 위험을 보험이 아닌 다른 제도를 이용하여 분산하는 방법이다. 예를 들면, 부품의 결함으로 발생할 수 있는 위험손실 등을 부품납품업자와 납품계약을 체결할 때, 납품한 부품의 결함으로 발생한 위험손실에 대해서는 납품업체가 책임진다는 규정을 계약서에 명시함으로써 위험을 분산할 수 있다.

그러나 위에서 언급한 위험분산방법 중에서 **순수위험**을 주로 취급하는 보험에 의한 위험

전가가 가장 편리하고 비용이 적게 소요되므로 대부분 개인이나 기업들은 경제활동과정에서 발생하는 위험들을 분산하는 방법으로 보험제도를 이용한다. 보험계약은 보험계약자가 계약에 따른 약정된 보험료를 납입하고 보험계약기간 중 보험자가 보장하는 손해가 발생하여 보험계약자가 손해를 입었을 경우, 보험자는 보험계약자에게 보험금을 지급하는 것이다. 그리고 보험자와 보험계약자의 이와 같은 관계는 보험증권에 의해 법적 구속력을 지니며 보험계약자가 납입한 보험료의 누계나 사전 약정된 보험금 한도 내에서 사실에 따라 유효하게 된다. 현재 운용되고 있는 보험상품들은 생명이나 비생명분야에 걸쳐 다양하게 설계되어 있다.

제 2 절 보험의 본질

1. 보험의 역사

✦모험대차: 해상대차(海上貸借)라고도 한다. 해상무역을 할 때 선주 또는 화주가 선박 또는 적화를 저당하여 대금업자들로부터 자금을 차입하고, 항해 중에 해난에 의하여 실패한 경우에는 그 자금을 반환할 의무가 면제되고, 항해가 무사히 끝난 경우에는 원금에 고율의 이자를 첨부하여 반환하는 제도이다. 이 제도는 원래 무역금융의 의의를 가진 것이지만, 해상위험을 전가하는 성질로 오늘날의 해상보험과 같은 역할을 하므로 해상보험의 전신이라고도 한다.

보험은 수천 년 전부터 인류사회에 존재해왔던 제도이다. 고대에는 집단생활을 하면서 장례비용을 공동으로 부담하는 제도가 있었으며, 구성원 가운데 천재지변 등으로 불행을 당한 사람이 생기거나 여행 중에 도난이나 재해로 인해 손해가 발생했을 때도 부족에서 공동부담으로 도와주었다.

함무라비법전(1700. BC)에 의하면, 지중해를 항해하는 바빌로니아 무역 상인들이 보험제도를 활발하게 이용한 것으로 알려져 있다. 바빌로니아 상인들은 대부업자로부터 단지 상품들이 안전하게 도착하면 이자와 함께 대부금을 갚는다는 조건으로 돈을 빌린 다음, 대상(隊商)의 위험을 기꺼이 감수하면서 사막이나 바다를 횡단하였다. 이러한 바빌로니아 상인들의 무역관습은 중세무역의 모험대차(bottomry)인 선박저당과 많이 닮아 있다.

페니키아인과 그리스인들도 바빌로니아 상인들의 무역관습과 비슷한 방식을 자신들의 해상운송상업에 적용하였다. 그리스상인들은 아시아와 아프리카와의 무역에서 오늘날 생명보험과 유사한 형태의 장례협의체(burial club)를 만들어 운영하였다. 이 장례협의체는 회원들 중 누군가가 사망할 경우, 장례비용을 지급하고 해당 가족을 돌보기도 한 인정 많은 사회(benevolent)였다. 이 이외에도 BC 1000년쯤 이스라엘에서는 솔로몬왕이 해상무역보호를 위하여 상인들로부터 일정금액을 갹출하여 오늘날 해상보험처럼 운용한 기록이 있으며, 그 후 500년 후, 아시리아(Assyria)에서는 국왕이 도시의 촌락의 장을 임명하면서 주민들로부터 돈을 징수하여 그 돈으로 화재 및 천재지변에 대비하도록 했다. 이것은 오늘날

화재보험과 매우 비슷하다.

중세에는 상인들의 친목도모 단체인 길드(guild) 조직을 중심으로 상호부조제도가 일반화되어 보험제도의 기초를 다지게 된다. 유럽의 도시들이 성장하면서 도시와 도시 간 무역이 성행하자 길드도 현대적 의미의 보험과 유사한 기능을 수행하며 화재나 난파에 의한 손해로부터 회원들을 보호하였다. 그들은 해적선에 의해 납치된 선원들의 몸값을 지급하기도 하고 사망한 회원의 장례식을 위하여 재정적으로 충분한 지원도 하였으며 빈곤과 질병으로 고통을 받는 회원들에게도 경제적으로 도왔다.

그 후, 오늘날과 같은 과학적 기초에 근거한 보험의 시초는 17세기 이탈리아의 톤티(Tonti)가 고안한 톤틴연금에 의해 사망표와 보험수리의 연구가 본격화되면서 시작되었다. 18세기에는 산업혁명을 계기로 최초의 근대적 생명보험회사인 에퀴터블(Equitable)생명이 영국에서 설립되었고 뒤이어 미국의 뉴욕라이프는 세계 최초로 설계사를 도입하여 영업을 시작하는 보험회사를 설립하였다.

2. 해상보험의 역사

✦미국에서의 최초 해상보험사는 북아메리카보험사로서 1792년에 설립되어 미국의 쾌속범선과 그들의 화물을 담보하였다. 현재 이 보험사는 대형화물선과 오일탱커만을 대상으로 거친 바다에서 발생하는 각종 위험들을 담보로 보험을 인수하고 있다.

국제간 무역거래에서 상품의 운송이 해상을 통하여 이행될 경우 일반적으로 적용되는 보험이 해상보험이다. 초기 해상보험을 보험의 보호대상과 보상의 범위 측면에서 오늘날의 해상보험과 매우 달랐다. 예를 들면 초기 해상보험은 포괄적인 의미로서의 재산과 재산의 종류에 따라서 보험의 보호대상과 보상의 범위가 명확하게 구분되지 않고 서로 뒤섞여 있었다. 그러나 오늘날의 해상보험은 과거 해상보험이 시간이 경과함에 따라 변화를 거듭하여 내륙운하운송을 포함한 육상위험과 해상위험으로 분리되어 각자 고유의 특성을 가지고 독자적으로 발전해 가고 있다. 따라서 보험의 계약조건과 보호범위, 보상한도가 각각 다르다.

내륙해상보험은 화물의 운송과 관련된 국내위험들을 담보한다. 그리고 가치가 있는 재화의 운송과정에서 우연하게 발생하는 위험들을 포함하여 그 보장영역을 점차 확대해 나가 지금은 상업적인 동산과 사적인 자산에 이르기까지 대부분을 보장하고 있다. 내륙해상보험은 포괄적인 보장형태의 보험증권형식을 지니고 있어서 보석류, 모피, 은으로 만든 식기류, 좋은 그림들 등과 같이 가치가 있는 많은 것들을 단 하나의 보험증권으로 모두 보험의 보호를 받을 수 있는 기회를 제공한다.

해상보험은 보험목적물에 따라 3가지 기본유형, 즉 선박이 입은 손해와 손실을 보상하는 선박보험과 화물이 입은 손해와 손실을 보장하는 적화보험, 그리고 제3자에 대한 선주의 책임을 포함하는 제3자 보호와 배상에 관한 보험으로 분리된다.

선박보험은 각종 배들의 선주들이, 물위에 떠있는 자신들의 재산에 위험이 발생하여 손해와 손실이 발생할 경우 선주들을 보호한다. 해상보험에서 담보되는 위험들로는 좌초, 침몰, 화재, 충돌 등이 있다. 선박보험은 자체 충돌약관에 의하여 보통과 다른 보상범위를 제공한다. 이를 테면 선박에 실린 화물뿐만 아니라 충돌한 상대편 배가 입은 손해와 손실에 관하여도 책임보험금을 지급한다.

적화보험은 해상운송이나 항공운송을 이용하여 국제무역을 이행하는 화주들이 이용하는 보험이다. 보험의 조건들은 침몰이나 화재로 인한 부분 손실과 손해 혹은 전위험(all risk) 등으로 특정되기도 하고 특별약관에 의하여 단일거래에 한정되기도 하며 국제무역업자들의 편의를 위하여 포괄예정보험(open policy)으로 나타내기도 한다. 포괄예정적화보험은 무역업자들이 가장 많이 사용하는 적화보험으로서 창고(warehouse to warehouse)간 보통 화물의 안전을 담보한다. 따라서 포괄예정적화보험은 육상운송 뿐만 아니라 육상운송과 관련된 위험들까지도 담보한다.

해상에서 화재, 폭풍, 기타 위험으로 인하여 선박이 위험에 빠지면 해상운송과 관련된 자들은 선박이 침몰하지 않도록 모든 노력을 아끼지 말아야 한다. 이 과정에서 선박이나 선적된 화물들이 일정부분 손해를 입기도 한다. 그러나 선박의 침몰을 방지하기 위하여 취해진 모든 행위의 결과로 선박과 일부 화물들이 위험으로부터 안전해졌다고 한다면, 손해를 입지 않은 각 화주들은 손해를 입은 화주를 위하여 손해와 손실의 일정부분을 분담해야 하는데 이를 가리켜 공동해손이라고 한다.

P&I보험(protection and indemnity insurance) 또는 선주책임상호보험은 선주들을 보호하는 보험으로 선주 자신들이 관리・감독하는 동안 화물이나 인명, 기타 재산상에 손실이나 손해가 발생하여 책임을 져야 할 경우, 선주들을 경제적으로 보호한다. 이를테면 승객, 선원, 화물선적작업자 등이 다치거나 사망할 경우 그리고 다리의 교각과 부두, 양식장, 해저케이블 등에 손해가 발생할 경우 그리고 최근에는 해상오염을 일으킨 선주가 배상하여야 할 손해에 이르기까지 선주상호책임보험은 다양한 사고로부터 선주들을 보호한다.

위험의 보상범위와 관련된 해상보험의 약관은 선주들의 각종 책임들을 한꺼번에 보장하는 각종 책임조항들을 병렬적으로 담고 있다. 이를테면 잔교, 부교 등과 충돌하여 잔교(棧橋), 부교 소유자에게 손해를 일으킬 경우, 또 선박건조 독, 선박수리시설, 조선소 등에 손해를 일으킬 경우 등 이들에 대한 책임을 명시하고 있다. 보통 호화유람선을 위한 것이지만, 해상보험자들은 요트에 관한 보험증권도 발행하고 하나의 보험증권으로 피보험자의 재산과 책임을 보장한다. 모터보트든 작은 요트든 내륙의 해상 보험자에 의하여 더욱 쉽게 보험에 가입할 수 있다. 선박건조업자도 현재 건조 도중에 놓여있는 선박이 혹시 발생할지도 모르는 위험으로부터 손해를 입을 수 있으므로 이를 대비하기 위하여 해상보험을 이용한다.

해상보험증권에서 발견되는 해상보험자의 일반 면책조항은 파업, 폭동, 시민소요사태, 전쟁 등과 관련된 결과로 발생하는 손해와 손실에만 한정되고 대체로 이와 같은 위험들은 추가보험료 납입약정에 의하여 보험자가 보장한다.

해상보험요율과 보험증권의 양식은 어떠한 국가나 정부로부터 규제받지 않는다. 보험의 보장내용과 범위는 개별적인 선박의 요구와 화주들의 요구에 맞추어 만들어지고 보험요율은 보험자들의 오랜 경험과 완전 경쟁에 놓여 있는 세계보험시장의 흐름에 따라 결정된다. 해상보험자들은 위험에 대한 보험요율과 용어, 보험부보 조건들을 결정할 때 많은 요소들을 검토하고 신중하게 판단한다. 많은 요소들이란 최근의 업계동향, 화주와 선주들의 손실보고서, 선박과 상품과 관련된 보험자의 오랜 경험들이다. 선박과 관련된 중요한 요소들은 선주들의 경영능력, 선원들의 경험, 무역항로, 예정된 항구들, 선박의 선령과 유지상태 등이 있다.

1) 원시 해상보험

보험과 유사한 보장계약은 기원전 3000년 경 고대 바빌로니아에서 처음 발생하였다. 당시 산업의 발달로 인하여 원자재공급지와 상품시장을 점점 원격지로 이전하게 되었다. 초기에는 친척, 노예, 기타 대리인들이 주인을 대신하여 먼 곳으로 원자재 구매나 상품판매를 위한 여행을 하였고, 후에는 행상인(darmatha ; drummer)이라는 전문적 **여행판매인**이 새로운 직업으로 이들의 역할을 대체하게 되었다. 그런데 주인을 대신하여 먼 곳으로 원자재구매나 상품판매를 위하여 대상이나 항해를 하던 이들은 종종 주인의 상품이나 돈을 훔쳐 달아났다. 그러자 주인들은 이들의 신용위험으로부터 자신들의 이익을 보호하기 위하여 그들의 아내와 자녀 그리고 재산들을 담보로 저당한 다음, 이들이 항해를 사고가 없이 무사히 마치고 나면 그들의 아내와 자녀 그리고 재산들을 되돌려 주었다. 그러나 사고가 발생하여 큰 손해를 입었다 할지라도 나중에 이들이 돌아와 발생한 손해가 도적이나 기타 통제 불능의 위험으로 인한 손해라는 사실을 입증하는 경우에도 그들의 아내와 자녀 그리고 재산들을 돌려주었다. 이러한 관계를 지배하는 규칙들은 본격적으로 지중해를 중심으로 최초로 해상무역을 펼쳤던 페니키아인들에 의하여 모든 해상운송거래에 활용되었다. 따라서 페니키아인들에 의하여 이루어진 지중해무역이 해상무역의 시초라고 할 수 있다.

Flavius Petrus Sabbatius Justinianus

그 후, 그리스를 승계한 로마는 상업이 융성하고 위의 저당채권 발행과 이에 대한 투자를 크게 활성화시켰다. 기원후 583년, 이자거래를 멀리한 유스티아누스대제가 저당채권에 대한 금리를 12%로 제한하자 잠시 지중해무역이 퇴조의 양상을 보이기도 하였지만, 곧 코멘다(commenda)라고 불리는 이윤분담 방식이 유행하여 지중해무역이 더욱 성행하게 되었다. 코멘다란 항해가 성공할 경우 사전에 약정된 비율로 대부업자와 무역업자가 이윤을 분할하는 것이다. 예를 들어 3 : 7, 혹은 4 : 6으로 무역업자와 금융업자가 이윤을 나누는 방식이다. 이 방식은 채권방식인 선박저당채권과는 달리 오늘날의 주식과 오히려 유사하다.

로마를 멸망시킨 게르만족은 수렵과 농업에 주로 종사하며 가족중심의 생활을 강조하였으므로 그다지 법이 필요치 않았다. 따라서 원격무역도 사라지고 보험과 유사한 계약역시 사람들의 뇌리에서 서서히 잊혀졌다.

(1) 공동해손제도

해상보험의 기원으로 해상보험과 유사한 공동해손제도가 있다. 해상상거래의 초기 공동해손의 기원은 불분명하지만, 공동해손제도는 선박이나 적화 등 항해단체가 공동위험에 처했을 때 발생한 희생이나 비용을 이해관계자가 분담하는 해상운송상의 독특한 제도로서 고대로부터 해상관습으로 인정되어 왔다.

✦Rhodes ; 로도스 섬(에게 해에 있는 그리스령(領) 섬) ; 세계7대불가사의인 34미터의 청동거상인 태양의 신 크로이소스상이 있음

페니키아가 쇠퇴함에 따라 소아시아의 남해안에 있는 로드(Rhodes)섬의 수도 로드시가 페니키아의 문화를 계승하여 지중해교통의 중심을 이루었다. 이때 당시 항해단체가 해난을 당하게 되면 공동의 안전과 이익을 위하여 화물이나 선박의 속구 등을 바다에 버리는 투하가 해사관습으로 인정되고 있었다. 그리고 이와 같은 해사관습제도를 법제화한 것이 BC 916년에 공포된 로디안(Rhodian)해법이다. 그 후, 로디안해법은 로마법에 영향을 주어 동로마제국의 유스티니아누스 1세는 그의 유스티니아누스법전 제2부에 '투하에 관한 로드법'이라는 제목으로 공동해손법 10개 조항을 규정하였다.

초기의 무역은 상인이 화물과 함께 항해하여 목적지에서 화물을 판매하고 고향에서 판매할 물건을 구입하여 다시 돌아오는 방식이 주종을 이루고 있었다. 그런데 이 과정에서 이익을 추구하는 여러 무역 상인들과 그들의 화물을 적재한 선박들은 자연스럽게 과적하는 경우가 많았다. 그래서 기후가 악화되어 선박과 화물이 침몰위험에 놓이게 되면 위험을 해결하기 위한 가장 손쉬운 방법으로 갑판에 적재한 화물들 중 일부를 바다에 버리고 선박의 무게를 줄이는 방법을 선택하였다.

그런데 이때 누구의 화물을 먼저 버리는가 하는 문제는 언제나 선주와 무역업자들 간의 갈등과 지체를 발생시키는 원인이 되었다. 결국 그들은 이와 같은 문제를 해결하기 위하여 공동해손이라는 제도를 고안하였다. 화물을 먼저 버리게 되어 손해를 입은 무역업자를 나머지 무역업자와 선주가 공동으로 부담하였다. 그러나 초기 공동해손은 해상보험과는 독립적으로 만들어졌으며 또 거기에는 합리적으로 정해진 보험료가 없었다.

해상보험이 우연한 사고, 즉 해상위험을 전제로 한다는 점에 비추어 본다면 공동해손제도는 투하 등 고의적인 사고를 전제로 하기 때문에 엄밀한 의미에서 보험제도와 별개의 것이라고 할 수 있다. 하지만 오늘날 해상보험에서는 투하 또는 공동해손손해 등을 흡수하여 피보험위험과 보상손해로 보험약관상에 규정하고 있으므로 해상보험과 유사한 제도로 인정한다.

(2) 모험대차

진정한 의미의 해상보험계약에 가장 가까운 것은 그리스인들이 개발하여 아테네에서 주로 사용된 선박저당채권(bottomry bond)이다. 모험대차라 불리는 선박저당채권은 선박이나 화물을 담보로 한 소비대차로서 돈을 빌린 선주나 화주는 항해가 무사히 종료되면 차용한 원금에 고율(22~33.33%)의 이자를 붙여 상환하여야 하고, 항해 도중에 해난이나 해적

등의 해상위험으로 전손이 발생한 때에는 원리금의 상환이 면제되는 조건의 소비대차를 말한다. 즉, 모험대차는 대부업자가 무역업자에게 자금을 대여하고 항해가 성공적인 경우에만 원리금을 상환하는 계약이다. 따라서 항해가 실패하는 경우, 무역업자는 대부업자에게 빌린 돈을 갚지 않아도 되었다. 그러므로 대부업자는 항해의 성공여부와 무관하게 일정하게 받는 계약보다 모험대차에서의 금리를 상대적으로 높게 받았다.

Blaise Pascal (June 19, 1623 -August 19, 1662) was a French mathematician, physicist, and religious philosopher

모험대차를 오늘날의 보험과 비교하면 모험대차의 대부업자와 금융업자는 무역업자에 대한 보험자로서의 역할까지 담당한 셈이고 모험대차의 이율에서 일반금리를 뺀 차액은 결국 금융업자가 부담하는 위험의 프리미엄, 즉 오늘날의 보험료와 유사하므로 현대적 의미의 보험료에 상당하는 것으로 이해된다. 현재 보험사가 보험계약에 대한 반대급부로 징수하는 보험료를 'Premium'이라 하는 것도 그런 이유에서다. 모험대차는 13세기 초까지 활발하게 시행되었으나, 1230년경 로마법왕 그레고리우스 9세(Gregorius Ⅸ)의 이자금지령에 의해 사실상 금지되었다.

모험대차설은 해상보험의 기원으로 가장 유력한 학설이다. 상업혁명 이후, 무역업자의 자본축적과 전문금융업자의 등장으로 모험대차의 기능 중에서 고금리의 융자기능이 자연스럽게 쇠퇴하고 위험전가의 필요성만이 남게 되어 위험부담을 그 기능으로 하는 해상보험제도가 도입되기 시작하였다.

2) 근대적 해상보험의 발전

Pierre de Fermat (August 17, 1601-January 12, 1665) was a French lawyer, mathematician

진정한 의미의 보험제도의 기원은 근대자본주의 생산력의 발전과 더불어 시작되었다. 해상보험이 최초로 언제, 어디에서 도입되었는가에 대해서는 여러 가지 학설이 있지만, 오늘날 통설에 의하면 14세기, 즉 르네상스 초기에 제노바, 피사, 베네치아 등 이탈리아의 상업도시에서 상인이 보험자가 되어 해상위험을 인수한 것을 그 시초로 보고 있다.

14세기 초에는 변칙적인 모험대차의 형태를 취하였고, 오늘날과 같은 보험계약의 형태, 즉 보험자가 피보험자에게 해상위험으로 인한 손해를 보상할 것을 약속하고 그 대가로써 보험료를 수취하는 형식을 갖춘 근대적 해상보험은 14세기 후반에 시행된 것으로 추정된다. 지금까지 지구상에 발견된 가장 오래된 보험증권은 **1379년 발행된 피사(Pisa)보험증권으로** "perils of the sea, perils of the man, perils of the God" 등을 피보험위험으로 보장하였다. 그 당시 해상사업에서의 이탈리아인의 영향력은 절대적이었다.

그러나 지중해 상권이 쇠퇴함에 따라 해상보험은 지중해연안의 스페인, 프랑스, 포르투갈 등에 전파되었고, 더 나아가 대서양연안의 여러 국가의 도시에 전파되었다. 영국의 해상보험도 런던에 이주한 한자상인과 롬바드상인에 의해 도입되어 발전되었다고 할 수 있다. 1547년과 1548년 런던에서 발행된 해상보험증권의 본문이 이탈리아어로 적혀 있어 그 사실을 입증하고 있다.

현대적인 보험은 1645년 파스칼과 퍼맷이 확률론을 발표한 것을 계기로 17세기 중엽에 합리적인 보험료의 산출 기초로서 대수의 법칙에 의한 확률을 이용한 보험을 말한다.

❙ Lloyd's 의 생성과 발전

영국의 무역과 금융 및 해상보험을 지배해 오던 한자상인과 롬바드인은 영국의 토머스 그레셤(Thomas Gresham)의 주도하에 엘리자베드여왕 1세(1533~1603)에 의해서 16세기 후반 영국에서 추방당하고 영국이 독자적으로 무역과 해상보험을 장악하게 되었다. 그레셤은 영국인에 의하여 운영되는 최초 왕립증권거래소(Royal Exchange)를 1568년 설립하였으며, 그 후 영국에 다방이 개업될 때까지 그 건물의 복도에서 해상보험이 영위되었고, 1601년에는 영국 최초의 해상보험에 관한 성문법인 "An Acte conceringe matteres of Assurance amongste merchantes"를 제정 공포하였다.

1652년 커피가 도입되자 런던에 다방들이 개업되기 시작했는데, 그러한 다방 중에서 템즈강변의 타워 스트리트에서 에드워드 로이드(Edward Lloyd ; 1648~1713)가 경영하던 다방(coffee house)에서 오늘날 세계보험시장의 중심지라고 할 수 있는 로이즈의 역사가 시작되었다. 이 다방에서는 1696년 8월부터 로이드 뉴스를 주 3회 발행하였는데, 1697년 2월 상원의 비판문 게재로 제76호를 끝으로 폐간되었다. 그 후 1726년 다시 발행된 로이드일보(Lloyd's List)가 오늘날까지 발간되고 있다. 로이드가 사망한 후 그의 사위가 다방의 경영권을 물려받았으나 다방에서 도박보험이 성행하자 1769년 다방 지배인이었던 토마스 필딩(Thomas Fielding)이 주도하여 뉴 로이드커피 하우스(New Lloyd's Coffee House)를 개업하였다. 그 후 1774년 '로이즈의 아버지'라 불리는 존 J. 어거스틴(John J. Angerstein)에 의하여 로이드는 왕립증권거래소건물로 이전하여 마침내 다방시대를 청산하고 보험거래소로서의 로이드시대가 개막되었다.

로이드는 옛날이나 지금이나 보험회사나 보험업자를 말하는 것이 아니고, 보험거래가 이루어지는 장소(세계최대의 보험시장)를 말한다. 여기에서 보험사업자들은 모두 개인보험업자들이며, 개개의 보험업자들이 인수능력이 부족하므로 조합(syndicate)을 구성하여 보험을 인수하고 있다. 이때, 로이즈에 등록된 로이드 브로커만을 통해서 피보험자와 보험자간 보험계약이 체결된다.

✦Lloyd's 자체는 하나의 Corporation이나 보험 인수행위는 하지 않으며 개인업자들로 하여금 인수할 수 있도록 모든 설비를 제공하고 인수업자들의 해상보험 이외 타 보험 인수도 제한하지 않음. Lloyd's 보험자의 책임은 무한이며, Lloyd's 보험자의 평판이 세계적으로 우위에 있는 것은 무한의 책임을 감당할 수 있는 능력과 재정능력이 있는 자만이 Lloyd's 보험자가 될 수 있다는 엄격한 규정이 있기 때문임. 로이드 보험업자협회(Lloyd's Underwriter's Association)의 거래실적은 런던의 보험회사 전체의 거래액과 같음. Lloyd's Form은 각국의 보험증권 양식의 기초가 되고 있음.

> 영국에 15세기경 [한자상인]에 의해서 해상보험이 전파되어 오랫동안 Lloyd's를 중심으로 이를 독점하였으나, 1720년에 "The London Assurance Corporation"과 "The Royal Exchange Assurance Corporation"이 국왕의 특허를 얻어 설립되었다. 그리고 1828년 "Alliance Marine Insurance Company"와 "Indemnity Marine Assurance Mutual Company"(최초의 상호회사)가 설립되어, 이를 계기로 약 1세기 이상 상기 양대 회사의 해상보험독점권이 폐지되고 많은 회사가 설립되었다. 그 이후 영국의 보험시장은 "Lloyd's Market"과 "Company Market"으로 재편되었다.

3. 보험의 정의 및 성립요건

1) 보험의 정의

하나의 제도로서 보험이 성립하기 위해서는 다음과 같이 몇 가지 요건이 성립되어야 한다.

첫째, 일정한 우연적 사건이 존재하여야 한다. 보험은 우연적 사건의 발생으로 인하여 경제생활의 안정이 저해되는 경우, 경제생활의 안정을 도모하기 위한 경제준비이다. 따라

✦보험은 재산이나 생명, 건강, 법률적 책임과 같이 금전적인 측면에서의 위험에 대항하여 개인이나 기업을 보호하는 비즈니스다.

서 위험이 없으면 보험도 존재하지 않는다(no risk, no insurance). 만약 위험사고의 발생이 확실하거나 또는 사고의 발생시기가 확정적이라고 한다면 이미 그 위험은 존재하지 않기 때문이다. 보험은 화재와 같이 발생 자체가 불확실한 사고와 사망처럼 발생은 확실하지만 발생시기가 불확실한 사고와 같은 우연한 사고에 대비하는 것이다. 둘째, 보험은 경제 불안에 대비하는 단체적 경제준비로서 우연한 사고의 발생에 따라 생긴 손해의 보상 또는 경제적 필요를 충족시켜주는 제도다. 경제적 필요를 충족시키는 방법으로는 일반적으로 보험금이라는 금전의 형태를 취한다. 그러나 현물급부(자동차보험에서 파손된 자동차 수리)나 서비스의 제공(의료보험에서 치료)의 형태를 취하는 것도 있다. 보험은 저축이나 골동품 및 서화, 부동산 구입 등과 같은 단독으로 경제 불안에 대비하는 방법보다 경제준비의 합리화, 경제화, 확실화할 수 있으므로 훨씬 더 현명하며 유리하다.

셋째, 보험은 다수의 경제가 결합하여야 한다. 여기서 다수란 보험의 대상이 되는 위험의 성질에 따라 다르지만 원칙적으로 대수법칙이 보험단체에 적용될 정도의 다수를 가리킨다. 보험은 대수의 법칙이 충족되어야 하기 때문이다. 넷째, 보험은 확률계산에 의한 과학적인 보험료 산출이 전제되어야 한다. 보험이란 많은 사람들이 서로의 분담금을 내고 예기치 못한 불행을 당한 사람들에게 도움을 주는 상부상조제도이므로 비록 위험이 클수록 보험료는 많아지나 전체적으로는 보험가입자가 납입하는 보험료 총액과 보험회사가 지급하는 보험금 및 경비의 총액은 동일한 금액이 되도록 보험료가 합리적으로 결정되어야 한다. 다섯째, 보험은 사회경제적 장치라는 성격을 갖는다. 보험은 기본적으로 경제적 손해를 보상하는 경제적 제도이며 또한 공익성과 사회의 안정성을 유지하는 데 이바지하는 사회적 제도이다. 결국, 보험이란 이와 같은 보험의 전제, 목적, 형식, 내용, 과정, 성격을 종합하여 정의하면 다음과 같다.

보험
사회/경제적 제도
경제적 필요 충족
우연한 사고
자금의 합리적 분담
다수의 경제주체의 결합

"보험은 우연한 사건에 의해 발생한 경제적 필요를 충족하기 위하여 다수의 독립적이며 동질적인 경제단위가 결합하여 실제손해의 불확실성을 평균적 손해의 확실성으로의 전환을 목적으로 자금을 합리적으로 분담하는 사회경제적 장치이다."

2) 보험의 구성요소

보험계약이 유효하게 성립하기 위해서는 보험계약 특유의 구성요소들이 필요한데 이를 보험의 구성요소들이라고 한다. 보험의 구성요소들은 법률행위 또는 당사자의 능력이나 적법성, 사회적 타당성, 가능성 등과 같은 계약의 일반적인 성립요건과 구별된다. 이것은 보험의 구성요소들이 계약의 일반적 요건에 추가하여 요구되는 구성요소들을 의미한다. 따라서 보험의 구성요소들의 전부 혹은 일부가 흠결이 되는 경우, 해당 보험계약은 성립하지 않거나 무효처리가 되는 것이 원칙이다. 보험의 구성요소들은 다음과 같다.

(1) 보험계약자(Insured)

✦보험업법 제149조(보험대리점의 등록) ① 보험대리점이 되고자 하는 자는 대통령령이 정하는 바에 의하여 금융감독위원회에 등록하여야 한다.

원칙적으로 보험에 가입한 사람을 지칭한다. 보험계약에서 보험자(보험회사)와 상대되는 당사자의 한편이지만 실제 계약체결에 있어서는 대리인 또는 대표를 통하여 보험계약을 체결할 수 있으며, 보험자의 경우에는 대표이사에 갈음하여 대리인 자격을 가진 자에 의해 계약과정이 진행된다. 보험계약자도 대리인을 통하여 보험계약청약을 할 수 있다. 보험계약자는 1인 또는 다수가 되어도 관계없으며 자연인이나 법인(공법인, 사법인 등) 등은 사법상의 권리능력으로 충분하다. 다만 계약자의 자격과 행위능력의 문제는 구별하여야 하고 미성년자나 금치산자(禁治産者), 한정치산자(限定治産者)의 경우에는 법정대리인의 동의 혹은 법정대리인이 계약체결을 대행하여야 한다.

(2) 보험회사(Insurer)

일정한 보험료를 받고 발생한 손해를 구제해 주는 일을 전문으로 하는 회사다. 보험업자 또는 보험자라고도 한다. 보험회사는 보험업법에 따라 정부의 허가를 얻어 보험사업을 한다. 한국의 보험업법 제5조 1항에 의하면 매매·고용·도급 기타의 계약에 의한 채무 또는 법령에 의한 의무의 이행에 관하여 발생할 채권자 기타 권리자의 손해를 보상할 것을 채무자 기타 의무자에게 약정하고, 채무자 기타 의무자로부터 그 보수를 수수하는 것을 포함하는 보험사업을 영위하고자 하는 자는 금융감독위원회의 허가를 받아야 한다고 규정되어 있다.

(3) 보험대리점(Insurance Agent)

대리상(代理商)으로서 보험회사를 대리하여 보험계약을 중개하거나 보험금의 지급 또는 보험료의 수납 등을 이행한다. 보험대리점에는 신규 계약자의 모집만을 전문으로 하는 모집대리점과 보험증권을 발행하여 지급하고 위임받은 범위 안에서 보험금도 지급하는 체약대리점이 있다.

한국보험업법은 제2조 정의에서 보험대리점을 법인이 아닌 사단과 재단을 포함하여 보험사업자를 위하여 보험계약의 체결을 대리하는 자로서 제149조의 규정에 의하여 등록된 자를 보험대리점으로 규정하고 있다.

(4) 보험금(Claims Paid)

보험자가 피보험자 또는 보험금을 받을 사람에게 지급하는 돈을 말한다. 보험계약에 따라 보험사고가 발생하면, 보험자는 피보험자에게 약속된 손해보상금, 곧 보험금을 지급하여야 한다. 보험금은 손해보험에 있어서 원칙적으로 피보험자에게, 생명보험에 있어서는 보험금 수령인에게 지급된다.

보험계약자는 보험계약을 체결할 때 보험수익자를 지정할 수 있는 권리와 또한 보험계약자는 지정된 보험수익자를 변경할 수 있는 권리(상법 제733조 제1항)를 소유하고 있다. 따라서 청약서에 만기·생존 시 수익자, 입원·장해·기타 시 수익자, 사망 시 수익자를 기재하는 방법으로 보험수익자를 지정할 수 있다. 그러나 보험계약자는 보험기간 중에 보험수익자를 변경할 수 있으나 보험사고가 발생하면 그 변경권을 행사할 수 없게 된다. 왜냐하면 보험사고가 발생하면 보험수익자의 권리가 확정되어 버리기 때문이다. 그리고 타인의 생명보험, 즉 보험계약자와 피보험자가 다른 보험계약에서는 수익을 변경할 때 피보험자의 동의를 얻어야 한다. 다만 만기·생존 시 수익자 변경은 동의가 없이 가능하다. 보험수익자의 지정·변경은 보험금수령권자와 관련이 있으므로 자세히 알아볼 필요가 있다.

(5) 보험료(Insurance Premium)

✦자유요율(free rate) : 보험자가 각각 독립적으로 보험목적과 담보조건의 위험을 감안하여 산출하는 요율.

보험에 가입한 사람(보험계약자)이 보험자에게 정기적으로 내는 일정한 요금을 보험부금 또는 보험료라고 한다. 보험료는 보험계약에 있어서 위험부담이라는 보험자의 급부에 대한 반대급부다.

보험료는 순보험료와 부가보험료로 구성되어 있다. 전자는 보험급부의 지불에 충당되고, 후자는 주요 부분이 인건비·물건비 등의 영업비 지불에 충당된다. 손해보험에서는 각 대상물건의 위험도에 대응해서 순보험료가 산정되어 있다. 손해보험은 사고발생의 빈도가 생명보험의 경우처럼 평균화되어 있지 않아 손해율이 불안정하고 이때문에 손해보험에서는 보험요율이 적정한가 아닌가를 판단하는 것이 매우 어렵다. 이 요율을 자유경쟁에 맡겨두면 보험회사간의 경쟁으로 부당하게 저하하여 보험경영을 위험하게 할 수도 있으므로 보험종목에 따라서 자유요율, 인정요율, 협정요율 등을 적용한다.

(6) 보험증권(Insurance Policy)

✦협정요율(insurance tariff by agreement) : 보험 회사 간에 협정한 요율로서 자유 경쟁요율로 인한 요율의 덤핑, 계약자에 대한 부당한 차별대우의 폐해 등을 방지하기 위해 고안되었다. 그러나 협정요율은 보험자의 부당한 이윤 확보 등으로 피보험자의 이익을 침해할 우려가 있다.

보험계약이 체결되면 보험자가 보험계약의 사항을 적어서 보험계약자에게 주는 일종의 증서로서 보험계약의 증명이 된다. 보험증권은 보험종목·보험금액·보험기간·보험금을 지급받을 자의 주소와 성명 등이 기재된 본문과 보험계약의 내용을 기재한 약관(約款)으로 구성되어 있으며, 보험계약자의 청구에 의해 보험회사가 교부하도록 상법 제640조에 규정하고 있다. 사고가 생기거나 만기일이 되면, 보험계약자 또는 보험금 수취인은 이것을 보험회사에 통지하여 일정한 기간 내에 필요한 서류를 제출하여 보험금을 타게 된다.

보험증권은 법률상 증거증권(證據證券)이므로 양도할 수 없으나, 해상적화보험인 경우에는 선적서류(船積書類)의 하나로서 배서(背書)에 의해 화물의 매수인에게 양도되므로 일종의 유가증권(有價證券)과 같은 효력을 가진다.

3) 손해보험의 구성원리

보험은 상부상조의 정신과 위험의 공평한 부담을 밑바탕으로 대수의 법칙(law of large numbers), 수지상등의 원칙(principle of equivalence), 이득금지의 원칙(prevention of unjust enrichment), 급부 대 반대급부(principle of payment vs. a benefit in return)의 균등의 원칙으로 구성되어 있다.

상부상조는 서로서로 돕는다는 뜻으로 수재와 화재가 발생하면 사람을 구조하고 이로 인하여 재물의 손실이 크면 여럿이 의논하여 재물로써 구제하는 것이다. 도둑이 들면 먼저 발견한 사람들이 쫓아가 협력하여 도둑을 잡고, 이로 인하여 재물손실이 크게 발생하면 여럿이 의논하여 재물을 내어 구제하는 것이며 질병에 걸린 경우, 가난하면 여럿이 의논하여 그 병을 요양하는 비용을 돕는 것이 상부상조다. 그런데 보험도 미래의 불확실한 위험에 대비하여 미리 일정한 금액을 공동준비재산으로 마련해두고 그 구성원 가운데 예기치 못한 불행을 당한 사람에게 미리 정해진 금액을 지급함으로써 서로 돕는 경제제도다. 따라서 보험은 상부상조의 정신을 과학적이고 합리적인 방법으로 제도화한 것이라고 할 수 있다.

✦어떤 지방에 1억 원짜리 집을 가지고 있는 사람이 만 명 있다고 하자. 그리고 이 지방의 화재 발생율을 대량관찰 결과 1/1천이라고 한다면 1년간 이 지방의 화재손해액은 10억원이 된다. 여기서 화재손해금액 10억원을 1만 명이 분담하기로 한다면 각자는 1년에 1만원씩 분담하면 된다. 즉, 만 명의 집주인이 하나의 집단을 구성하면 연간 1만원으로 1억 원짜리 주택을 화재위험으로부터 대처할 수 있다.

대수의 법칙은 어떠한 사건의 발생비율이 1회나 2회의 관찰로는 측정이 어렵지만 관찰의 횟수를 증가하면 일정한 발생확률이 나오고 이 확률은 대체로 비슷하게 진행되는데 이를 **대수(大數)의 법칙**이라고 한다. 이를테면, 동전을 한번 던졌을 때 어떤 면이 나올 것인지를 정확히 예측하기는 어렵다. 그러나 던지는 횟수를 많이 하다보면 각 면이 나오는 횟수가 점차 비슷해지게 되어 각 면이 나오는 비율은 전체 던진 횟수의 1/2에 가깝게 된다. 개인의 경우에도 우연한 사고의 발생 가능성 및 발생 시기 등은 불확실하지만 다수의 사람들을 대상으로 관찰해 보면 대수의 법칙에 따라 그 발생확률을 산출할 수 있게 된다. 사람의 사망 역시 이러한 방법을 통하여 어떤 연령대의 사람들이 1년간 몇 명 정도 사망할 것인가를 산출할 수 있다. 이를 사망률의 대수의 법칙이라 한다. 대수의 법칙은 자연현상뿐만 아니라 사회현상을 관찰하는 데도 중요한 원칙이다.

수지상등의 원칙은 다음과 같다. 보험은 많은 사람들이 서로의 분담금을 내고 예기치 못한 불행을 당한 사람에게 도움을 주는 상부상조제도이므로 보험가입자 개개인입장에서 본다면 납입한 보험료와 지급받은 보험금에 차이가 날 수 있다. 그러나 전체적으로는 보험가입자가 납입하는 보험료 총액과 보험회사가 지급하는 보험금 및 경비의 총액은 동일한 금액이 되도록 보험료를 결정하게 되는데 이를 수지상등의 원칙이라 한다.

보험은 다수의 경제주체들이 손해를 서로 분담하면서 사고의 발생시기와 관계없이 손해의 대소를 불문하고 충분히 이에 대처할 수 있도록 해야 한다. 뿐만 아니라 각 개인의 경제적 부담도 적게 해야 하므로 각 경제주체들이 부담하는 보험료의 분담은 공평하게 이루어져야 한다. 이를 위하여 보험은 대수의 법칙을 기초로 합리적인 보험료를 산출한다.

보험료의 산출방법은 다음과 같다. 보통 보험료는 순보험료(net premium)와 부가보험료

✦부가보험료
· 신계약비 : 모집수당, 증권발행 등의 신계약 체결에 필요한 제경비.
· 유지비 : 계약 유지 및 자산운용 등에 필요한 제경비.
· 수금비 : 보험료 수금에 필요한 제경비.

(loading premium)로 구성되어 있는데 이를 식으로 나타내면 **P=np + lp**와 같다. 이때, 순보험료는 보험사고발생시 지급되는 보험금을 형성하기 위한 보험료로 보험금을 z, 발생확율을 w라 할 때 **np = wz**이 된다. 부가보험료는 보험회사가 보험계약을 체결, 유지, 관리하기 위한 경비, 이를테면 신계약비, 유지비, 수금비에 해당하는 보험료로 예정사업비율을 기초로 하여 계산된다.

손해보험에서는 원칙적으로 보험으로 인한 이득을 금지한다. 이득금지원칙이란 손해보험에 가입한 사람, 즉 피보험자가 사고를 입고 그 손해를 보상받을 때 실제의 손해액 이상으로 보상을 받아서는 안 되는 원칙이다. 만약 보험계약에 따른 보험계약자가 손해액 이상으로 보상이 가능하다고 한다면, 보험계약자 등은 보험계약을 통하여 이득을 얻을 수 있다는 기대를 갖기 마련이며 따라서 이들은 보험계약을 체결함에 있어서 위험의 역선택을 하거나 도덕적 위험을 유발함으로써 보험을 도박화한다. 이러한 부정적인 요소들을 제거하기 위하여 손해보험은 원칙적으로 보험으로 인한 이득을 금지한다.

급부 대 반대급부 균등의 원칙(Prinzip der Gleichheit von Leistung und Gegenleistun)은 각 보험가입자가 불입하는 보험료는 그가 받을 보험금의 수학적 기대치와 동일함을 뜻한다. 바꾸어 말하면, 가입자가 불입하는 보험료는 그가 받을 보험금의 정당한 대가에 해당하는 것으로서 가입자 상호간에도 가입자와 보험자간에도 어떠한 구제적·자선적 관계가 존재하지 않으며, 위험집단의 구성원 각자가 부담하는 보험료는 지급보험금에 사고발생의 확률을 곱한 것과 같다.(보험료 = 보험금 × 사고의 발생확률) 이것은 보험에 가입한 불특정다수의 경제주체가 불입한 보험료총액이 특정의 우연적 사실을 실현한 r명이 받는 보험금의 합계와 일치함을 나타내는 것으로서, "수지균등의 원칙"을 대수식으로 표시한 것에 불과한 것처럼 보인다.

그러나 급부 대 반대급부균등의 원칙은 개개 경우에서의 보험료책정에 관한 원리를 표시하는데 반하여 수지균등의 원칙은 보험회사 전체에 관한 수지의 적합함을 표시하는 것이므로 양자는 그 성질을 달리함이 명백하다. 급부 대 반대급부 균등의 원칙과 수지균등의 원칙은 표리관계 혹은 상호예정적 관계에 있으며 현대 보험의 기술적 기초를 형성한다.

그림 1-4 손해보험의 구성원리

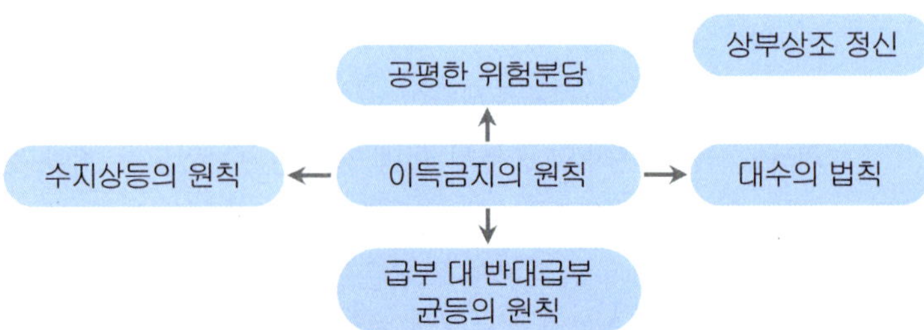

4. 보험의 종류

사회와 경제가 발전하고 분화됨에 따라 보험도 끊임없이 새로운 영역을 확장하면서 세분화 내지 개발되어 왔다. 따라서 보험은 위험발생의 객체, 담보위험, 급부방식 등에 있어서 다음 [그림 1-5]처럼 특이성이 인정되는 다양한 보험상품들을 개발하여 발전해왔으므로 보험을 체계적으로 정리하여 분류하기는 매우 어려운 일이다. 그러나 본 교재에서는 보험을 보험운영의 주체와 보험목적, 급부방식, 보험의 기능 등에 착안하여 분류해 보았다.

그림 1-5 보험의 종류

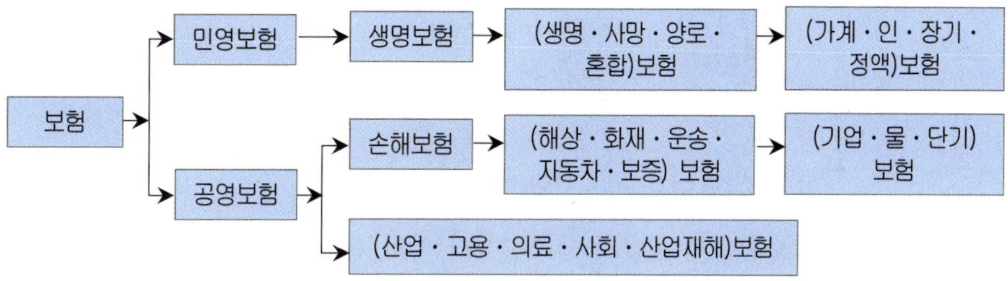

보험은 크게 공공의 목적으로 국가가 운영하는 공영보험과 이익을 목적으로 보험업법에 따라 법인형태의 주식회사나 상장회사가 운영하는 민영보험으로 분류된다. 먼저 민영보험은 다시 생명보험과 손해보험으로 분류되고 생명보험은 또다시 생존보험과 사망보험, 양로보험, 혼합보험으로 분류되며, 손해보험은 해상보험, 화재보험, 운송보험, 자동차보험, 보증보험으로 분류할 수 있다. 공영보험은 운영주체인 정부의 각 소관부처에 따라 산업보험과 고용보험, 의료보험, 사회보험, 산업재해보험으로 분류가 가능하다.

1) 비영리보험과 영리보험

보험은 그 경영주체가 누구인가에 따라 비영리보험과 영리보험으로 분류가 된다. 비영리보험은 보통 국가나 기타의 공법인이 경영하는 보험으로서 공보험이라 하고 영리보험은 개인 또는 사법인(주식회사, 상호회사 등)이 경영하는 보험으로서 사보험 혹은 민영보험이라고 한다. 그리고 공보험 중 국가가 직접 운영하는 보험은 국영보험이라고 한다. 영리보험과 비영리보험의 차이점을 가입형태, 급여결정, 보장수준, 운영주체, 기금운영, 운영취지, 의견합치, 해당보험 등으로 나누어 비교해보면 다음 〈표 1-4〉와 같다.

✦민법은 불법행위에 관하여 정신적 손해를 배상할 책임이 있다고 규정하였으며, 채무불이행에 있어서도 유추해서 인정하고 있다. 손해배상은 실손해의 전보를 목적으로 하는 것이므로 피해자가 그 이상의 이익을 취하게 하는 것은 그 본래의 뜻에 어긋난다.

표 1-4. 비영리보험과 영리보험의 비교

구 분	비영리보험(사회보험)	영리보험
가입형태	의무가입	계약에 따라 임의 결정
급여결정	법률로 규정	계약내용에 따라 결정
보장수준	사회적 최저 수준	보험료부담수준에 따라 차등 지급
운영주체	정부(독점)	민간(자유경쟁)
기금운영	정부에 의해 적립기금 투자방법 결정	투자방법 결정 민간에 의해 적립 기금 투자방법 결정
운영취지	사회적 형평성(복지개념)	개인별 적정성(보험개념)
의견합치	목적 및 결과에 대한 이해당사자간 의견 불일치	목적 및 결과에 대한 이해당사자 간 의견 일치
해당보험	의료보험, 연금보험, 재해보상보험, 고용보험 등	생명보험, 자동차보험, 화재보험

2) 손해보험과 정액보험

✦실손전보의 원칙 : <실손해>만큼 배상하는 것을 말한다. 다만 그 손해는 재산적 손해와 정신적 손해를 포함하며, 기존의 재산이 감소되는 적극적 손해뿐만 아니라, 장래 취득할 수 있는 이익이 상실된 소극적 손해도 포함한다.

보험을 보험금의 급부방식에 따라 손해보험과 정액보험으로 분류된다.

손해보험은 우연한 사고(보험사고)로 인하여 생길 재산상의 손해를 보상할 것을 내용으로 하는 보험으로서 보험자가 재산상의 손해를 보상할 것을 약속하고, 피보험자(가입자)가 보험료를 지불할 것을 약정함으로써 효력이 생긴다.

손해보험은 피보험자가 입은 손해에 국한하여 보상하는 보험이므로 손해의 개념을 산정이 가능하여야 하고 실손전보원칙이 적용되기 때문에 피보험자의 부당이득금지원칙의 적용이 가능하다.

손해보험 부보대상은 계약에 의해 정해져야 하는데, 한 채의 건물 또는 한 대의 자동차와 같이 개개의 물건(개별보험)이나 가재도구의 전부와 같이 집합물(집합보험)의 어느 경우라도 된다. 상법에서는 손해보험의 종류로서 인보험을 제외한 화재보험, 운송보험, 해상보험, 책임보험에 관해서만 직접 규정하고 있는데, 이 밖에 자동차보험, 삼림보험, 수해보험, 신용보험, 보증보험, 유가증권보험 등이 있다. 그리고 이러한 보험들은 모두 사보험(私保險)에 해당한다. 그러나 "선원(船員)보험법", "군인보험법" 등에 의한 선원보험 · 인보험 등은 공보험(公保險)으로서 상법상의 손해보험이 아니다.

정액보험은 보험자가 사람의 생사, 상해, 질병 등에 관하여 손해의 유무 또는 그 액수에 관계없이 계약에서 정한 금액을 일시에 또는 연금으로 지급할 것을 약정하고 보험계약자가 이에 대하여 보수를 지급할 것을 약정하는 계약이다. 따라서 정액보험은 손해라는 개념을 상정할 수 없으며, 손해를 산정할 수 없으므로 실손전보원칙을 적용할 수도 없고 부당이득금지의 원칙도 적용되지 않는다. 생명보험과 상해보험, 질병보험이 여기에 해당한다. 그러나 정액보험 중에서 일부 상해보험계약과 질병보험계약처럼 치료에 필요한 실비(치료비, 약품대

등)를 지급하는 보험계약은 정액보험이 아니고 성질상 손해보험의 일종으로 이해할 수 있다.

3) 인보험과 재산보험

보험사고의 발생객체를 기준으로 보험을 인보험과 재산보험으로 분류할 수 있다. 사람의 생명이나 신체에 생기는 손해에 대하여 보험금을 지불할 것을 목적으로 하는 보험을 인보험이라 하며, 보험사고가 물건에 대하여 생기는 경우를 재산보험이라고 한다. 전자에는 생명보험·상해보험·질병보험 등이 이에 속하고 후자에는 화재보험·선박보험·운송보험 등이 이에 속한다. 인보험(人保險)은 보험가액(保險價額)의 관념이 없으므로 초과보험(超過保險)·중복보험(重複保險)·일부보험(一部保險)의 문제가 일어나지 않고, 피보험자의 생명 또는 신체에 관하여 보험사고가 생김으로 일어나는 경제생활의 불안정을 제거 또는 경감시킴을 목적으로 한다.

4) 가계보험과 기업보험

보험에 가입하는 경제주체가 누구냐에 따라 가계보험과 기업보험으로 분류된다. 가계보험은 가정생활의 안정과 유지를 위하여 가입하는 보험으로서 영리경제가 아닌 가계, 즉 소비경제인 경우에 계약할 수 있는 보험이다. 보험료가 가계소득에서 부담되는 것이다. 가계보험에는 가족의 생활비 확보를 목적으로 하는 생명보험, 주택·가재도구의 화재손해를 메워주기 위한 화재보험 등이 있다.

기업보험은 주로 기업이 기업경영상의 불안에 대비하기 위하여 이용하는 보험이다. 따라서 원형상태의 토지를 제외한 모든 고정자산과 재고자산, 그리고 기업의 휴지로 인해 발생할 수 있는 영업이익의 상실 및 고정비 손실부분 등을 대비하여 계약할 수 있는 보험이다. 최근에는 각 보험자들이 기업을 위한 재산종합(package)보험제도를 개발하여 기업의 재산종합위험(PAR), 기계위험(MB), 기업휴지위험(PAR 또는 MB에 수반되는 BI 또는 MLOP), 배상책임위험(CGL)을 1개의 증권으로 담보받을 수 있어 각 개별증권에 담보하던 위험을 포괄적으로 일괄 담보하고 있다.[9] 기업은 전 재산에 대하여 **전위험(all risks) 담보방식**으로 보험 가입하기 때문에 특별히 보상하지 않는 손해로 명시되지 않은 위험으로 인한 손해나 손실에 대하여 보상을 받을 수 있다.

✦PAR : property all risks
MB : machinery Break-down
BI : business interruption

5) 원보험과 재보험

✦재보험자와 원보험계약의 보험계약자는 직접적인 법률관계는 없으므로, 재보험자는 원보험계약의 보험계약자에게 재보험료의 지급을 청구할 수는 없다.

위험의 분담관계를 기준으로 보험을 원보험과 재보험으로 분류할 수 있다. 상법 제661조에 의하면 재보험계약이란 어떤 보험자가 그가 인수한 보험계약상의 책임의 전부 또는 일부를 담보하기 위해 다른 보험자에게 다시 보험에 가입하는 보험계약을 말한다. 그리고 해당 재보험계약에 대해 원인이 된 최초의 보험계약을 원보험이라 한다. 이때 원보험계약은 손해보험이든 인보험이든 관계없다. 이 경우 원보험과 재보험은 법률상 별개의 독립된 보험계약이므로, 보험료지급을 상호간에 원용할 수도 없고 원보험의 피보험자는 원칙적으로 원보험자가 보험금을 지급하지 않았다는 이유로 재보험자에게 직접 보험금을 청구할 수도 없다. 그러나 재보험계약은 원보험자가 인수한 책임을 담보하기 위한 것이므로, 원보험이 손해보험이든 인보험이든 관계없이, 책임보험의 성질을 갖는다. 따라서 상법 제726조에서는 책임보험에 관한 규정을 재보험계약에 준용하고 있다. 재보험계약이 책임보험에 관한 규정을 준용함에 따라 재보험자는 책임보험의 보험자로서의 권리·의무를 갖고 원보험자는 책임보험의 보험계약자로서의 권리·의무를 갖는다. 그리고 이와 관련하여 재보험자의 손해보상의무는 원보험계약상의 보험사고가 발생하여 원보험자가 그 피보험자에게 보험금 지급의무를 부담한 때 발생한다고 보는 것이 대체적인 견해다. 또한 상법 제682조에 의해 재보험자가 원보험자에게 보험금을 지급한 때에는 재보험금의 한도에서 원보험자가 가지는 제3자에 대한 권리를 대위(代位)행사할 수 있으며 재보험계약은 원보험계약과 법률상 완전히 독립한 계약이므로, 재보험계약은 원보험계약의 효력에 아무런 영향을 미치지 않는다. 따라서 원보험자는 그 보험계약자의 보험료 불지급을 이유로 재보험료의 지급을 거절할 수 없고, 재보험자의 재보험금의 지급불이행을 이유로 보험금의 지급을 거부할 수 없다.

그 밖에도 재보험자와 원보험계약의 피보험자와는 직접적인 법률관계는 없다. 그러나 상법 제726조에 의해 재보험계약에는 책임보험에 관한 규정이 준용되고, 상법 제724조에 의해 책임보험에서 피해자는 보험자에게 보험금을 직접 청구할 수 있는 권리를 갖고 있으므로 원보험계약의 피보험자는 원보험자가 보험금을 지급하지 않으면 재보험자에게 보험금을 직접 청구할 수 있다. 다만 원보험계약의 보험계약자가 원보험료를 지급하지 않음으로 인해 원보험자가 재보험료를 지급하지 않으면, 민법 제404조 채권자대위규정에 의해 재보험자는 원보험자의 보험료청구권을 대위행사를 할 수 있다. 원보험과 재보험의 관계는 [그림 1-6]과 같으며 둘 이상의 보험자가 동일한 보험목적을 공동으로 인수하는 공동보험과는 [그림 1-6]에서와 같이 많이 다르다.

그림 1-6 공동보험 원보험과 재보험

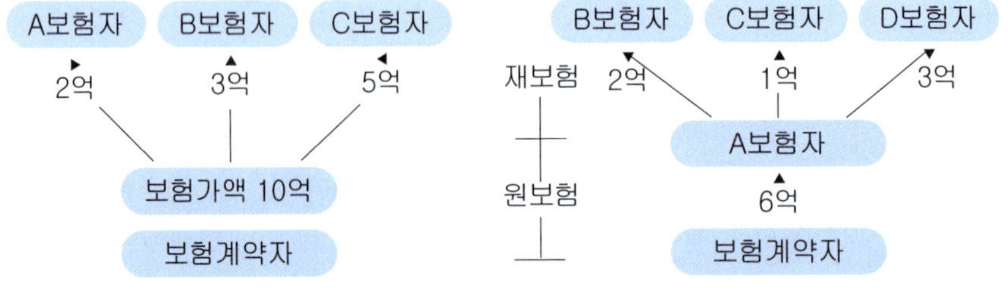

6) 해상보험과 육상보험

사고발생장소에 따라 보험을 해상보험과 육상보험으로 분류할 수 있다. 사고발생의 장소로 보험을 분류하면 해상보험, 육상보험, 항공보험으로 분류되어야 마땅하지만, 보험의 역사적인 이유에서 보통 해상보험과 육상보험으로 구분한다.

해상보험은 소액의 보험료부담으로 해상사업자(선박, 무역업자 등)들이 해상사업 활동과정에서 입을 수 있는 손해를 전보하는 제도다. 오늘날의 해운업 또는 무역업은 해상보험 없이 안전하고 계획적인 경영이 불가능하다. 무역발전은 세계 각지 사정에 능통한 무역업자, 우수한 선박을 자유로이 운항할 수 있는 해운업자, 그들의 방패가 되어 일단 손해가 발생하면 재빨리 이를 전보할 수 있는 충분한 자본력이 있는 해상보험업자 등의 협력이 있어야 한다. 해상보험에는 계약종류에 따라 선박의 선체나 손실을 보상하는 선박보험과 화물이 해상운송과정에서 입게 될 일부 또는 전부의 손실을 보상하는 적화보험과 운임을 보상하는 운임보험으로 구성되어 있다. 이 밖에도 보험자의 책임에 따라 일정한 항해를 기준으로 책임이 정해지는 항해보험과 일정한 기간을 기준으로 책임이 정해지는 정시보험으로 구분한다.

✦보험가액불변경주의 : 한국 상법은 일반손해보험에 있어서 피보험자의 경제적 원상회복을 달성하기 위하여 보험사고가 발생한 때를 기준으로 보험가액을 산정할 것을 규정하고 있다. 상법 689조는 운송물의 보험에 있어서는 발송한 때와 곳의 가액과 도착지까지의 운임 기타의 비용을 보험가액으로 한다고 규정하고 있다.

육상보험은 운송물의 육상운송 도중에 생기는 손해를 보상하는 보험으로 통상 운송보험이라고 한다. 육상보험은 손해보험의 일종이며, 운송보험의 목적물은 운송물이 된다. 운송사고는 차의 충돌이나 전복 등으로 인한 운송물의 멸실・훼손 등을 비롯하여 화재・도난・파손・수해 등 운송 중에 생길 수 있는 모든 위험을 포함한다. 육상보험의 보험기간은 상법 제688조에 따라서 다른 약정이 없으면 운송인이 운송물을 수령한 때부터 운송물을 수화인에게 인도할 때까지이며, 운송보험자는 보험기간에 생긴 모든 손해를 배상할 책임을 진다. 다만 송화인 또는 수화인의 고의나 중대한 과실로 인하여 발생한 때에는 상법 제692조에 따라서 보험자는 손해를 보상할 책임이 없다. 일반적으로 운송보험은 보험기간이 짧고, 운송도중의 사고로 인한 손해의 발생시점을 정하기가 어렵기 때문에 보험가액불변경주의를 취한다.

5. 보험과 유사한 제도

앞에서 언급한 보험의 정의는 보험과 보험이 아닌 것을 분별하는 기준이 된다는 점에서 대단히 중요하다. 비록 현재 시장에서 거래되고 있는 보험상품이 그 종류가 너무 많고 각 보험상품별 기능도 상이하여 앞에서 정의한 보험의 내용이 완전하지는 못하지만, 보험이 아니면서도 몇 가지 보험의 고유한 성질과 비슷한 특징을 지닌 유사한 제도들 속에서 최소한 보험과 비보험의 절대구분을 가능하게 해준다. 이를테면 저축이나 도박, 복권, 보증, 자가보험(自家保險), 공제 등은 적어도 보험과 유사한 제도들이다. 이들은 장래의 경제불안에 대처하는 경제제도로서의 보험과 기능면에서 상당부분 유사한 점을 지니고 있다. 그러나 이들은 보험으로서의 본래 갖추어야 할 많은 요소들이 결핍되어 있으므로 결코 이들을 보험이라고 부를 수가 없다. 이러한 제도들이 왜 보험과 서로 다른지 지금부터 그 이유를 보험과 비교하여 살펴보기로 한다.

1) 저축

저축은 쓰지 않고 아껴서 모아둔다는 뜻으로 소득 중 일부를 아껴 금융기관에 맡겨두는 것이다. 우리가 보통 저축을 하는 것은 장차 닥칠지도 모르는 불확실한 위험을 분산하고자 하는 목적도 있겠지만 결코 특정한 위험을 전제하지 않고 대부분 장차 일어날 미래의 확실한 사건에 대비하고자 함이다. 예를 들면, 장차 나만의 사업장을 운영하기 위하여 저축하기도 하고 나의 집 마련을 위하여 저축하기도 하며, 2년 후 부모님 칠순기념으로 해외 효도관광을 보내드리기 위하여 저축하기도 한다. 우리는 결코 3년 후에 있을 결혼식의 결혼 준비금을 마련하기 위해 보험에 가입하지 않는다. 보험과 저축의 수령관계를 그림으로 나타내면 위의 [그림 1-7]과 같다.

그림 1-7 보험과 저축의 수령구분

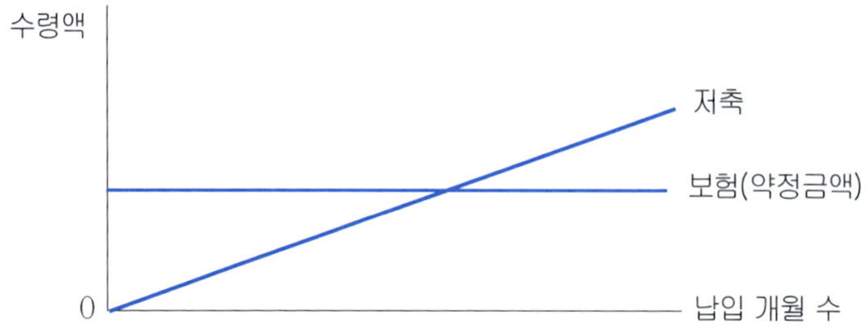

저축은 여러 면에서 보험과 다른 점이 많다. 저축은 개인이 임의로 준비재산을 형성하는 것이므로 저축금에 대해 임의로 재산처분이 가능하다. 따라서 돈이 필요한 경우, 저축금액 한도 내에서 자유롭게 출금과 입금이 가능하지만 보험은 보험가입자가 불입한 보험료에 대한 청구권이 불입과 동시에 상실된다. 반면 보험은 저축과는 달리 특정한 위험을 전제로 하며 개별 경제주체가 아닌 다수 경제주체가 공동 준비재산을 형성하여 특정 사건의 발생 시에만 이용할 수 있다. 그리하여 특정 사건이 발생할 경우 납입한 보험료의 몇 배에서 몇 백배까지 보험금 수령이 가능하다.

2) 공제(共濟)

✦국토해양부 내에 조직되어 있는 공제: 운송사업자 상호간의 협동과 사업자의 자주적인 경제활동을 영위할 수 있도록 지원하는 외에, 자동차사고로 인하여 발생한 손해를 배상하기 위한 보험과 유사한 제도를 도입한 것으로 여객자동차운수사업법 제62조와 화물자동차운수사업법 제36조에 그 근거를 규정하고 있다.

공제란 특정한 목적 하에 조직된 단체의 소속 구성원(조합원)들이 상호부조를 위해 운영되는 경제제도다. 즉, 공제는 조합원들이 일정한 부금을, 사전에 납입한 부금을 적립금으로 하여 재해나 실업 그 밖의 불행과 사고를 입은 구성원에게 일정액을 급부해서 구제하는 비영리적인 상호부조 조직을 말한다.

한국에는 국토해양부와 대한교육연합회 내에 조직되어 있는 공제조합이 대표적이며 농업협동조합에서 추진하는 생명공제 · 손해공제 · 국민생명공제 등 각종 공제사업도 활발하다. 이 외에도 국가에서 운영하고 있는 우체국보험이 있으며 수협이나 신협, 새마을금고에서 운영하는 공제가 있다. 이와 같은 공제는 그 속성상 가입대상이 불특정 다수가 아니라 조합원이라는 점에서 민영보험과 차이가 있다. 보험은 동일한 위험을 가진 불특정 다수의 경제주체들이 결합하여 공동준비자산을 형성하는 것이고 또한 지역과 직업에 한정하지 않기 때문에 공제와 보험은 많이 다르다.

그러나 최근에 들어서 공제가 발달하고 금융시장의 영역이 모호해짐에 따라 사실상 보험의 한 종류로 간주되고 있다. 농협협동조합에서 추진하고 있는 생명공제나 손해공제 등도 사실상 조합원의 한계를 벗어나 있기 때문이다.

3) 보증

보증이란 주채무자(主債務者)가 채무를 이행하지 않는 경우에 제3자인 보증인이 채권자에 대하여 채무자의 채무와 동일한 내용의 독립된 채무를 부담하는 담보제도다.

보증(인)이라는 용어는 1880년대를 전후부터 지금까지 사용하고 있다. 이때, 보증인과 피보증인 사이에는 쌍방의 법률관계가 형성된다. 이것은 보증의 특성이 다수의 경제주체가 아닌 개별경제주체간의 결합을 의미한다. 즉, 보험은 특정의 위험을 공유하는 불특정 다수의 경제주체 결합인 반면 보증은 이와 같은 보험의 중요한 요소가 누락되어 있으므로 보증을 보험이라고 할 수 없다. 다만 법인의 보증회사가 다수의 경제주체와 결합하여 보증상품을 판매할 경우 이는 보험의 조건을 충족하므로 보험으로 간주한다.

보증보험은 보증적 기능을 보험의 방식으로 인수하여 채무자에게 신용을 공여함으로써 기업이나 개인의 경제활동에 필요한 인적 · 물적담보(각종 보증금, 연대보증인 및 부동산 담보 등)에 대신하여 이용할 수 있는 편리한 경제제도다. 오늘날 보증제도의 실행과정을 그림으로 나타내면 다음 [그림 1-8]과 같다.

그림 1-8 보증제도

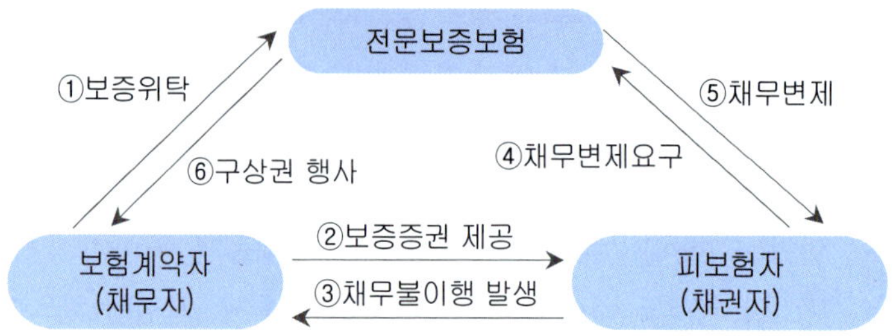

4) 자가보험(自家保險)

자가보험은 개별경제주체가 어떤 위험에 대응하기 위하여 외부의 보험회사에 보험을 가입하지 않고 자체적으로 보험료에 상응하는 금액을 적립하는 것을 자가보험이라고 한다. 즉, 기업이 선박이나 건물, 구조물과 같은 다수의 유형자산 또는 재고자산을 소유하고 있을 때, 해당 기업이 손해보험회사와 보험계약을 하지 않는 대신 보험가입 시 지급하게 될 보험료에 상응하는 금액을 이익잉여금의 일부로서 회사의 내부에 적립하여 사고발생으로 인한 손해를 보전하려는 것이다. 이것은 적립금을 자기자본으로 경영내부에서 사용하고 융통하려는데 목적이 있다.

그러나 자가보험은 한정된 적립금으로 사고가 발생할 경우 손해를 충분하게 보전할 수 있느냐 하는 문제를 안고 있다. 적립금이 아직 소액일 경우, 사고가 발생한다면 바로 기업의 재정 자체가 위협을 받기 때문이다. 뿐만 아니라 적립금을 경영내부에서 자금으로 유통 혹은 융통할 때 보험의 의미는 줄어든다. 자가보험은 개별경제주체가 단독으로 위험에 대비하는 것으로서 위험을 자체 보유하는 것이므로 동일한 사고에 대한 다수의 경제주체가 결합되어 있는 보험과는 거리가 있다.

보충자료 및 참고문헌

1) 보험을 필요로 하는 사회 경제적 배경

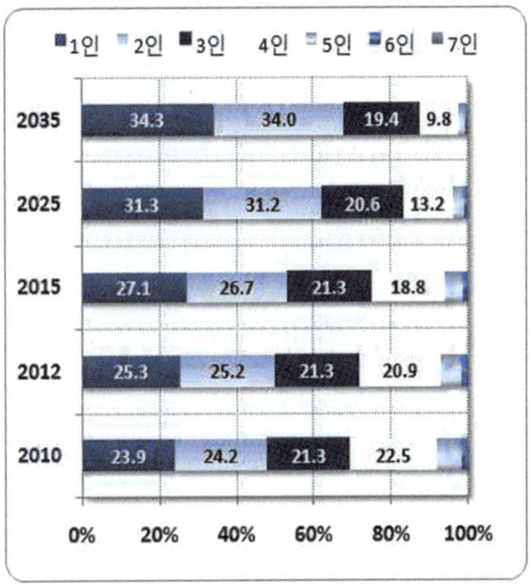

① **핵가족화와 자기 책임주의** : 통계청 "인 자료"에 의하면 한국의 세대별 가구수의 대비 117.5% 이상 증가한 것으로 나타났다. 이것은 평균 가족수와 관련지어 분석하여 보면 "핵가족화"의 경향으로 각 가정의 생활이 점차 고립화 되어 가고 있음을 의미한다.

연도	가구 수	증가율	비 고
1980	7,969,201	-	평균 가족 수는 1975년 5.1명에서 1985년에는 4.1명, 1995년에는 3.3명으로 감소하였으며 2010년 이후에는 2.67명으로 감소하였다.
1990	11,354,540	42.5%	
2000	14,311,807	79.6%	
2010	17,334,000	117.5%	
2035	22,261,000	179.6%	(통계청 예상)

② **재해와 성인병 증가** : 통계청의 "사망원인별 통계연보"에 의하면 사망원인의 1위가 위암, 간암, 폐암, 백혈병과 같은 악성 신생물로 나타났다. 2위는 고혈압, 심장병, 뇌졸중과 같은 순환기계 질환이며, 3위는 교통사고사, 중독사, 익사, 자살 등과 같은 각종 사고사로 나타났다. 따라서 각종 재해와 성인병 증가는 개인과 사회에 새로운 문제를 일으키는 원인을 제공하므로 유사시 이와 같은 재해와 성인병에 대비하는 경제준비의 필요성이 증가하고 있다.

연도	사망자 수	악성 신생물(암)	뇌혈관	심장질환	자살	기타/당뇨
1990	191,002	38,420	26,319	16,476	3,157	106,630
2000	247,346	58,042	34,817	18,300	6,460	129,727
2010	255,403	69,312	25,536	25,512	15,566	119,477
2013	266,257	75,334	25,447	25,365	14,427	125,684

③ **노후생활에 대한 불안**

2) 기업파산현황

① **한국의 IMF 시 기업의 파산현황**

외환위기로 1997년에 814개사이던 대기업이 1998년에는 675개사로 139개사가 파산했으며, 종업원이 5인~300인 미만인 중소기업은 1997년도에 91,324개사가 1998년에는 78,869개사로 12,455개사가 파산(종사자 수는 동기간 373,675명이 실직하였으며 종사자 수 1인당 부양가족을 3명으로 계산하면 1백만 명 이상이 경제적인 빈곤에 처함).

연도	사 업 체 수(개)			종 사 자 수(명)		
	전 체	중 소 기 업		전 체	중 소 기 업	
			비중(%)			비중(%)
1997	92,138	91,324	99.1	2,697,568	1,870,308	69.3
1998	79,544	78,869	99.2	2,323,893	1,637,638	70.5
1999	91,156	90,449	99.2	2,507,726	1,829,593	73.0

자료: 중소기업협동조합 중앙회; 2000, 중소기업 현황, p. 29.

3) 이시환, 「신무역보험론」, 대왕사, 2001, p. 25.
4) 武井 勳, 「スク理論」(東京 : 海文堂, 1983), p. 58~107.
5) Dorfman, M. S., *Introduction to Risk Management and Insurance*, 6th Ed., Prentice Hall, 1998, p.6.
6) 허연, 「보험론」, 학현사, 1996, p.8.
7) A.H. Mowbray, R.H. Blanchard and C.A. Williams, Jr., *Insurance*, 6th.(New York: McGraw-Hill Book Company, 1969), p. 6~8.
8) 이원근 외, 「최신 보험학 입문」, 두남, 2000, p. 17.
9) 기업보험의 예 : 경기도 안성시에 소재한 OO페인트공업(주)는 2003년 5월까지 00화재보험을 가입하였으나, 화재위험 외의 각종 위험을 종합적으로 보장받기 위하여 2003년 5월 이후 패키지보험을 가입하였다. 보험요율은 재보험자 제시 요율을 사용하고 재산종합위험 외에 기계위험, 기업휴지위험, 배상책임위험을 가입하였다.

보험조건 : Korean Form Package Insurance Policy
재산종합위험 : 공제금액- 1천만 원, 재고자산정산조항(예치보험료 75%)
기계위험 : 공제금액- 1백만 원 / 기업휴지위험: 담보기간- 6개월, 면책기간 - 7일
배상책임위험 : 보상한도액- 1사고 당 연간 총보상한도 10억 원

보험료 산출내역

담 보 위 험	보험가입금액	요 율	보 험 료
재산종합위험	₩10,666,716,000	0.285%	₩27,592,900
기계위험(보일러설비)	₩2,500,000,000	0.552%	₩13,800,000
기업휴지위험	₩3,000,000,000	0.285%	₩8,550,000
배상책임위험	₩1,000,000,000	Flat	₩2,890,000
합 계			₩52,832,900

제2장 국제무역거래와 보험

학습의 목적

국제무역거래에서 발생하는 위험들을 직접 제어하거나 제도적으로 이전함으로써 보다 안전하고 지속적인 무역거래를 영위할 수 있도록 하게 한다.

학습의 목표

1. 국제무역거래에서 발생하는 위험들을 이해할 수 있다.
2. 국제거래에서 발생하는 위험들을 처리하는 방법을 이해할 수 있다.
3. Incoterms 2010을 각 조건별로 수출자와 수입자의 의무와 권리중심으로 이해하고 각 무역거래별 적화보험의 보장내용과 면책내용을 이해할 수 있다.

제 1 절 국제무역거래의 위험과 대책

1. 국제무역거래의 위험

✦사기 ; 중국 전한(前漢)의 역사가 사마천(司馬遷)의 저서. 상고의 황제(黃帝)로부터 전한의 무제(武帝)까지 2천 수백 년에 걸친 통사이며, 역대 왕조 편년사인 본기 12권, 연표 10권, 부문별 문화사 8권, 열국사인 세가(世家) 30권과 개인전기집인 열전 70권으로 구성되어 있다.

무역은 한 나라의 기업이나 개인이 외국의 기업이나 개인과의 상품거래를 의미한다. 무역을 뜻하는 영어의 'trade'가 지나간 자국 혹은 항로 등을 뜻하는 'track'과 '걷다', '밟다'는 뜻을 가진 'tread'에서 유래한 것만 보아도 무역은 어떤 길이나 항로 등을 따라서 상품을 교환하는 행위를 뜻한다.

중국의 사기(史記)에 기록된 "以物相貿易"을 해석하면 무(貿)와 역(易)은 매매 혹은 교환을 의미한다. 그런데 외국과의 상품의 매매 혹은 교환의 경우, 교역당사자국 간의 정치체제의 차이로 인하여 같은 정치체제하에서는 성립될 수 있는 거래가 부정될 수 있으며, 행정적인 정책의 차이로 인하여 거래가 성립하지 않는 경우도 발생할 수 있다. 또 언어와 관습의 장벽은 많은 사람들이 일반적으로 인식하고 있는 것보다 훨씬 심각하고 나라마다 고유한 통화(通貨) 사용에 따른 화폐의 자유로운 태환(兌換 : exchange)이 되지 않는 경우도 발생한다. 이 밖에도 국내 상거래에 비하여 상품의 이동거리가 멀고 문화, 종교, 윤리, 미적기준, 금기사항, 외국상품에 대한 선호도, 상거래관습 등과 같은 문화적 환경이 서로 다르며, 진출상대국의 법률체제와 통화보유, 외환에 대한 규제, 외국인기업지원제도 등에 관한 법률적 환경이 서로 달라 무역거래에 따른 위험이 국내 상거래에 비하여 훨씬 크고 복잡하다. 무역거래에서 발생하는 대표적인 위험은 다음 아래와 같다.

1) 신용위험(Credit Risk)

계약에서 채무자가 지급불능 또는 지급거절에 의하여 지급이 이행되지 않는 위험을 가리킨다. 예를 들면 무역계약서의 내용에 따라서 상품이 도착하였으나 수입자가 파산하거나, 기타의 사유로 대금지급을 할 수 없거나, 시장상황의 변화 등으로 대금지급을 거절하는 경우에 신용위험이 발생한다. 그리고 물품이 도착하지 않았더라도 수입업자의 일방적인 계약파기로 인한 수출불능도 수입업자가 당연히 이행하여야 할 채무를 이행하지 않은 것이므로 신용위험에 해당한다. 이 외에도 신용위험은 차관계약과 외환거래에 관련하여 사용되기도 한다.[10)]

(1) 무역사기 중 대금결제관련 사기유형

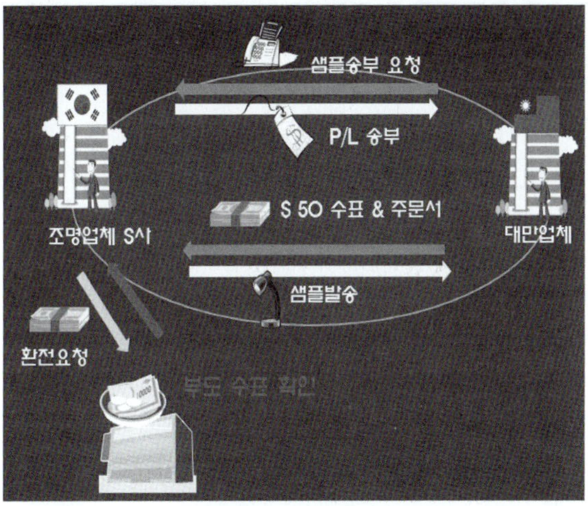

- 개설은행이 대금을 결제하지 않거나, 현지 도착 후 지불조건으로 계약한 후 물품이 도착하면 품질불량의 이유를 들어 대금을 지불하지 않는 유형
- 거래 도중 결제조건을 변경한 후 잔금을 지불하지 않는 유형

(2) 입찰, 비자금 반출, 투자 프로젝트 관련 사기유형

- 주로 후진국에서 발생
- 샘플사취, 입찰관련 경비송금 요구 사기 등이 주요한 유형
- 대형프로젝트를 이유로 로비자금의 명목으로 송금을 요구하기도 함

(3) 샘플사취관련 사기 유형

- 개인수표 및 은행 부도수표를 이용하여 샘플사취
- 여러 업체로부터 소량의 샘플을 갈취
- 입찰에 낙찰된 것처럼 가장하여 샘플을 요구하는 유형

(4) 중간에이전트의 사기유형

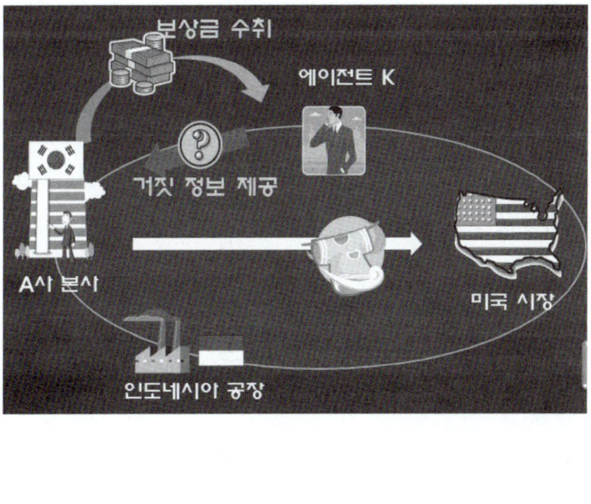

- 수입상과 직접 거래를 하지 않고 중간에 대리점을 활용하는 경우에 허위클레임을 제기한다든지 판매대금을 착취하는 유형

(5) 거래도중 잠적 및 회사상호 변경관련 사기유형

- 외상거래 계약 조건으로 물품 통관 후 잠적하거나 회사상호를 변경하여 기존의 채무를 변제하지 않는 유형

(6) 선 생산 유도 사기유형

- 유명 바이어 행세를 하며 대량 선 생산을 유도한 후 계약을 연기해 물품대금을 헐값에 인수

(7) 계약불이행 사기유형

- 계약서를 작성한 후 생산이 완료된 시점에서 계약을 이행하지 않는 유형

2) 비상위험(Emergency Risk)

수출입거래에서의 비상위험이란 수입국에서의 수입금지 또는 제한조치, 외국에서의 전쟁, 내란, 파업과 같은 비상사태 등 수출입계약 당사자에게 책임지울 수 없는 사유로 인하여 물품의 수출이 불가능해지거나 또는 해당국의 송금제한조치로 인하여 수출한 물품대금의 회수가 불가능해짐으로써 수출자, 수출품 생산업자 또는 이들에게 융자를 해 준 금융기관이 입게 되는 손실의 위험을 말한다.

- 농림수산검역검사본부 제주지역본부는 도미니카에서 감귤그린병(황룡병)이 발생함에 감귤그린병기주식물(감귤류 묘목)에 대해 긴급 수입 금지(2012.10.19.)
- 단둥(丹東) 등 중국 일부 지역 은행들이 대북 송금을 제한(2006.10.16.)
- 인도 정부 한국산 스판덱스(Spandex) 제품 수입제한조치 해제(2014.10.10)

3) 환위험(Exchange Risk)

환위험은 각국이 취하는 환제한 조치와 시장 환율변동으로 인해 기업의 의도와 관계없이 손실이 발생할 수 있는 가능성을 의미한다.

환율은 외국환 수급량의 변화, 외환표시채권·채무 잔액의 변화, 중앙은행의 외환시장 개입, 국제적인 금리차의 존재와 그 재정행동, 투기, 정치·경제·사회상황의 변화 등 다양한 요인에 의해 변동한다. 따라서 변동환율제도에서는 대외적인 수급(受給)을 외화로 할 경우 큰 손실을 입을 가능성을 가지고 있다.

환위험의 종류

- **영업환위험** : 기업의 사업계획 수립시점과 실제 매출(회계상 부기)시점 사이의 환율변동으로 발생하는 환위험이며, 회계 장부상에는 기재되지 않지만 기업의 경영성과에 중요한 영향을 미칠 수 있어 주의 필요
- **거래환위험** : 실제 수출입 계약 시점(물품의 선적 또는 입고)과 대금의 수취 또는 결제 시점 사이의 환율 변동으로 인해 발생하는 환위험으로 재무제표상에 기재되는 외환차손익으로 반영되는 환위험을 의미

· **환산환위험** : 외화표시 자산과 부채를 재무제표에 기재할 때, 환율변동으로 인해 원화 환산 가치가 감소하게 되는 위험으로 장부상의 가치변동 위험을 말한다. 주로 해외 자회사나 지사의 재무제표를 본국 통화로 환산할 때 발생

▎환위험의 종류(예시 금액은 수출활동 기준)

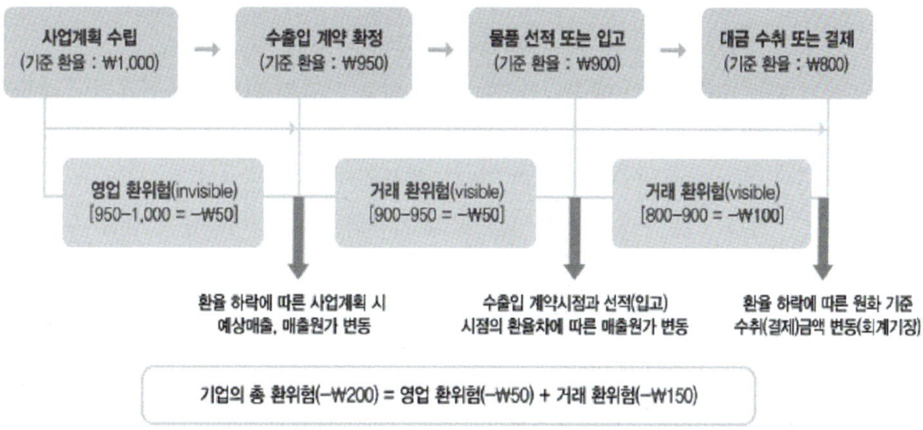

▎경제 활동별 발생 환위험

경제활동 구분		환율 상승 시	환율 하락 시
무역거래	수출	이익	손실
	수입	손실	이익
자본거래	해외투자(외화자산)	이익	손실
	해외차입(외화부채)	손실	이익

▎수출입 관련 거래 형태별 환위험

계약 기준 통화	거래 형태		자금결제 형태	영업환 위험	거래환 위험
외화	신용장(USANCE, SIGHT)		외화수취,결제	○	○
	추심(COLLECTION) 전신환 송금(T/T) 내국 신용장(순수 외화 거래)		원화 수취, 결제	○	○
원화	내국 신용장	외화연동거래	원화 수취, 결제	○	X
		순수원화거래		X	X

▎환위험 크기의 결정요인

환위험은 외환 포지션의 크기, 환 익스포져 보유기간, 환율 변동성 이 3가지 요인에 의해 발생한다.

· **외환 포지션position)** : 일정 시점에서 기업이 보유하고 있는 외화 자산과 부채의 차이를 의미하며, 외환 포지션이 클수록 환위험도 증가

· **외환 익스포져(exposure) 보유기간** : 익스포져 보유기간이 길수록 기간 중 환율이 변동할 가능성이 커지므로 환위험도 증가

· 환율 변동성 : 환율 변동성 자체가 크면 외화 자산(부채)의 가치가 더 큰 폭으로 변할 수 있으므로 환위험이 증가한다. 수출 · 입 거래 형태별 환위험경제 활동별 발생

만약 수입국에서 환관리를 실시한다면 수출자는 수출한 대금을 즉시 회수할 수 없어 타격을 입을 수 있으므로 이러한 위험을 피하기 위하여 수출자는 각 나라들이 운영하고 있는 수출보험 · 수출어음보험 등을 이용하는 것이 바람직하다.

수출기업이 환관리를 할 경우, 해당 기업은 환변동과 관계없이 수출활동에만 전념할 수 있으므로 안정적인 수출이익을 확보할 수 있다. 수출단가 및 수입단가에 관한 협상기준이 마련되어 있기 때문이다. 또한 위험을 관리하는 기업으로서의 높은 신용등급을 유지할 수 있으므로 신용등급에 따른 금리 차등화 시 차입비용을 절감할 수 있다.

4) 운송위험(Transportation Risk)

✦운송위험은 손해의 원인이 되어야 하고 우연히 발생되어야 보험대상이 된다.

운송위험은 상품이 수출지를 떠나 수입업자에게 인도되는 동안의 위험을 말한다. 운송위험은 적화보험에서 일반적으로 **부보**(covering insurance)되는 위험으로 운송하는 수단에 따라 해상위험과 항공위험, 육상위험, 창고위험 등으로 나뉜다. 그러나 무역에서의 해상운송의 비중이 압도적으로 우세하므로 이들 운송방식의 일체를 통칭하는 개념으로 해상운송을 사용한다.[11)]

해상위험은 화물이 선적항에서 목적지까지의 해상운송 중에 발생하는 위험으로 적화보험의 고유영역으로 간주된다.

육상위험은 화물을 공장이나 창고에서 선적항의 창고로 옮길 때, 또는 그 반대의 경우에 발생하는 위험이다. 육상위험은 대부분 해상적화보험에서 담보하고 있으나 보험증권에 담보되지 않았을 경우에는 별도의 보험료를 지급하고 담보해야 사고발생시 보상을 받을 수 있다.

창고위험은 선적 전 또는 통관 전 보세창고에서의 위험으로 보관위험이라고도 한다. 보통 해상보험증권에서 담보되지만 일정한 기한이 넘는 경우, 또는 별도의 창고가 없는 경우에는 보험이 종료된다. 따라서 대개는 보세창고화재보험 가입을 의무화하고 있으며, 적화보험 가입사실이 입증될 경우에 한해 보험가입의무를 면제하거나 보험료의 일부를 반환한다.

◆ 최근 해상운송사고 사례

2014년 4월 19일 오후 5시 반쯤, 일본 와카야마현 남쪽에서 약 740킬로미터 떨어진 태평양 해상에서 자동차 운반선 아시안 엠파이어호(Asian Empire, IMO number 9176606, MMSI 440114000)에서 불이 났다. 아시안 엠파이어호는 독일에 본사를 둔 국제 운송사인 유코카케리어스(Eukor Car Carriers Inc.) 소속의 7만천383톤급 대형 선박으로 한국에서 미국으로 수출되는 자동차 5천여 대를 운반하던 중이었다. 이 배는 2014년 3월 29일 울산을 출발해 미국으로 향하다 2014년 4월 7일 하와이 인근 태평양에서 1차로 불이 나 진화한 뒤 그을린 차량과 선박 수리를 위해

중국의 항구로 이동하던 중이었다. 당시 운반선에는 한국인 11명과 필리핀인 13명 등 선원 24명이 타고 있었는데 일본 해상보안청에 "배에 불이 나 탈출한다"고 통보한 뒤 구명보트로 탈출했다. 일본 해상보안청은 2014년 4월 18일 밤 11시쯤 사고 현장 부근을 항해하고 있던 선박으로부터 아시안 엠파이어호 선원 전원을 구조했다는 연락을 받았다고 밝혔다.

5) 경영위험(Management Risk)

기업경영에는 여러 가지 위험이 수반된다. 막대한 자금을 투입하여 신제품개발에 성공하였으나 정작 소비자들의 호응을 얻지 못하여 신제품이 시장에서 그대로 사장될 수도 있으며, 매출의 대부분을 수출에 의존하는 기업의 이윤이나 주가가 다른 기업에서 볼 때 덜 중요한 요소, 즉 환율에 의해 크게 영향을 받을 수 있다. 또한 앞에서 언급하였던 기업을 위협하는 위험요소도 기업경영의 위험에 속한다. 이처럼 기업의 위험이란 기업이 정상적인 기업활동을 수행하는 과정에서 발생하는 모든 위험을 의미한다.

2. 위험의 대책

1) 개인보증(Personal Guarantee) 이용

해외 거래선이 중소기업인 경우, 해당 기업의 대표이사 개인의 개인보증을 받아 둔다. 대표이사 개인보증이라는 것은 해외 거래선의 회사가 수입대금을 수출자에게 결재하지 못할 경우에 대표이사 개인이 대금결재를 하겠다는 약속의 표시다. 개인보증은 반드시 공증(notarization)을 하도록 요구한다. 개인보증은 수출대금의 회수가 불가능하게 되면 대표이사 개인에게도 법적절차를 시작할 수 있는 장치이므로 수출대금회수에 도움이 된다.

2) UCC(Uniform Commercial Code) Filings 이용

미국에 수출하는 경우, 수출자는 가능하면 'UCC Filings'를 하도록 한다. 수출자가 UCC Filings를 하게 되면 미국의 수입 거래선이 대금결재를 하지 않거나 파산하게 되는

UCC FINANCING STATEMENT

FOLLOW INSTRUCTIONS

A. NAME & PHONE OF CONTACT AT FILER (optional)

B. E-MAIL CONTACT AT FILER (optional)

C. SEND ACKNOWLEDGMENT TO: (Name and Address)

Print Reset

THE ABOVE SPACE IS FOR FILING OFFICE USE ONLY

1. DEBTOR'S NAME: Provide only one Debtor name (1a or 1b) (use exact, full name; do not omit, modify, or abbreviate any part of the Debtor's name); if any part of the Individual Debtor's name will not fit in line 1b, leave all of item 1 blank, check here ☐ and provide the Individual Debtor information in item 10 of the Financing Statement Addendum (Form UCC1Ad)

1a. ORGANIZATION'S NAME				
OR 1b. INDIVIDUAL'S SURNAME	FIRST PERSONAL NAME	ADDITIONAL NAME(S)/INITIAL(S)		SUFFIX
1c. MAILING ADDRESS	CITY	STATE	POSTAL CODE	COUNTRY

2. DEBTOR'S NAME: Provide only one Debtor name (2a or 2b) (use exact, full name; do not omit, modify, or abbreviate any part of the Debtor's name); if any part of the Individual Debtor's name will not fit in line 2b, leave all of item 2 blank, check here ☐ and provide the Individual Debtor information in item 10 of the Financing Statement Addendum (Form UCC1Ad)

2a. ORGANIZATION'S NAME				
OR 2b. INDIVIDUAL'S SURNAME	FIRST PERSONAL NAME	ADDITIONAL NAME(S)/INITIAL(S)		SUFFIX
2c. MAILING ADDRESS	CITY	STATE	POSTAL CODE	COUNTRY

3. SECURED PARTY'S NAME (or NAME of ASSIGNEE of ASSIGNOR SECURED PARTY): Provide only one Secured Party name (3a or 3b)

3a. ORGANIZATION'S NAME				
OR 3b. INDIVIDUAL'S SURNAME	FIRST PERSONAL NAME	ADDITIONAL NAME(S)/INITIAL(S)		SUFFIX
3c. MAILING ADDRESS	CITY	STATE	POSTAL CODE	COUNTRY

4. COLLATERAL: This financing statement covers the following collateral:

5. Check only if applicable and check only one box: Collateral is ☐ held in a Trust (see UCC1Ad, item 17 and Instructions) ☐ being administered by a Decedent's Personal Representative

6a. Check only if applicable and check only one box:
☐ Public-Finance Transaction ☐ Manufactured-Home Transaction ☐ A Debtor is a Transmitting Utility

6b. Check only if applicable and check only one box:
☐ Agricultural Lien ☐ Non-UCC Filing

7. ALTERNATIVE DESIGNATION (if applicable): ☐ Lessee/Lessor ☐ Consignee/Consignor ☐ Seller/Buyer ☐ Bailee/Bailor ☐ Licensee/Licensor

8. OPTIONAL FILER REFERENCE DATA:

UCC FINANCING STATEMENT (Form UCC1) (Rev. 04/20/11)

경우, 미국의 수입자의 재고자산 중 국내 수출자가 수출한 상품에 대하여 미국의 어떤 3자보다도 우선권을 가지는 일종의 저당권리를 부여받는다. 예를 들면 한국의 수출자가 미국 현지의 거래선에게 외상으로 상품을 수출하였을 경우, 일단 선적된 상품의 소유권은 미국의 거래선에게 있다. 그러나 이 상품은 곧, 미국 내 제3자에게 팔린 것도 있을 것이고 아직 미국 거래선의 창고에 재고상품으로 있을 수 있다. 그런데 어느 시점에서 미국의 거래선이 수출자에게 대금지급을 하지 못하게 되거나, 대금지급을 지연하게 되는 경우가 발생할 수 있다. 그때, 수출자가 이와 같은 경우를 대비하여 UCC Filings를 해두면 해당 재고제품에 대하여 한국의 수출자는 우선 저당권을 가지게 되므로 아직 팔리지 않은 수출품을 회수할 수 있다.

UCC filings이란 동산담보등기를 지칭하는 것이다. 부동산담보의 경우에는 해당 지역등기소(county recorder's office)에 등기하는데 담보물이 동산인 경우에는 주정부기관에 이를 등기한다. 캘리포니아주에서는 "Secretary of State"에서 담당하고 있다. 'UCC Filings' 제도는 미국 거래선을 관할하는 주정부의 총무장관에게 서류 접수 및 등기를 하게 되어 있는데 부동산담보등기와는 달리 유효기간이 5년이며, 연장이 가능하다. 따라서 채무관계가 지속되는 경우에는 등기를 갱신하여야 한다.

'UCC Filings'는 수출한 상품에 대하여 저당권리를 갖는 것은 물론, 미국 거래선과 협의에 따라서 미국 거래선 회사의 어떠한 자산항목도, 예를 들어 상대방회사의 현금, 매출채권, 기계장치, 건물, 특허권, 영업권 등, 저당이 가능하다. 담보물이 광물, 목재, 곡식, 'fixtures' 등인 경우에는 부동산를 포함하기도 한다. 최근 지적재산권과 관련하여 그 중요성이 재인식되고 있다. 'UCC Filings'제도는 서류접수의 선착순으로 우선권이 부여되기 때문에 사전에 미국 거래선에 대하여 어떤 회사가 어떤 자산항목을 먼저 'UCC Filings'했는지 조사하여야 한다.

3) 신용장(Documentary Letter of Credit) 거래

✦신용장 상 조건은 지나치게 구체적이거나 복잡하지 않아야 하며, 조건의 일치여부는 개설은행에 제시된 서류만을 가지고 판단한다. 신용장 거래는 수출자의 결제위험을 회피하기 위하여 수입자의 신용을 개설은행이 보증하는 것으로 수출자와 수입자가 맺은 무역계약으로부터 독립된 별도의 서류만의 거래다.

수출업자는 무역거래시 화환어음을 보증하는 신용장거래를 원칙으로 하여야 한다. 신용장이란 수입업자의 거래은행이 수출자의 거래은행에 수입자의 신용을 보증하는 것으로 신용장 발행은행이 수출업자가 발행한 환어음을 인수 또는 지불할 것을 확약하는 조건부, 비양도성 증서다. 따라서 수출업자가 외국과의 무역거래에서 화환신용장거래를 할 경우, 신용상태가 불확실한 수입업자 대신 공신력이 있는 수입업자의 주거래은행이 **일정한 조건**을 전제로 수출업자가 발행한 어음의 인수 · 지급을 보증하기 때문에 수출업자는 수출대금회수에 관한 불확실성을 제거할 수 있다. 화환신용장은 수송화물의 담보가 되는 선적서류 첨부를 조건으로 하지만 경우에 따라서는 무담보신용장도 이용된다. 취소불능 화환신용장에 의한 수출절차방법은 [그림 2-1]과 같다.

그림 2-1 신용장 방식 수출절차

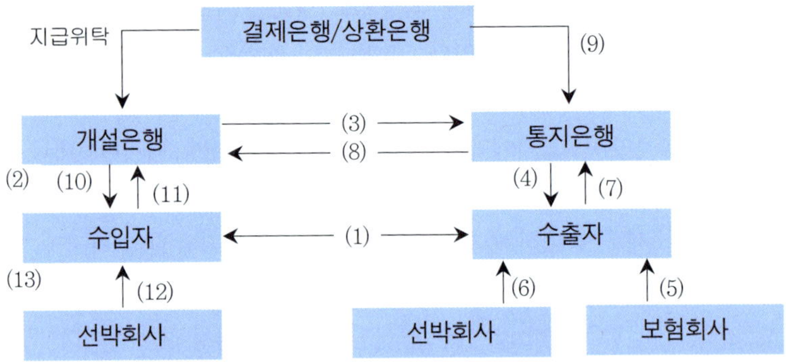

✦www.kbiz.or.kr 2007년 '환율 하락에 따른 수출 중소기업 영향조사'

(1) 매매계약 체결→물품매도 확약서(offer Sheet) 받음
(2) 수입신용장 개설의뢰(보험증서, 수입거래약정, 수입계약서, 담보차입증 첨부)
(3) 수입자 거래은행의 신용장 발행 및 수출자 거래은행으로의 신용장 송부
(4) 수출자에게 신용장 내도 통지
(5) 보험계약 체결 및 보험증권 발행
(6) 수출통관 후 수출 선적의뢰 및 선화증권 발급
(7) 수출자의 화환어음 매입의뢰 및 매입은행의 매입대금 지급
(8) 어음 및 선적서류 송부
(9) 결제은행(상환은행)에 어음대금 상환청구
(10) 수입자에게 운송서류 도착통지
(11) 수입자로부터 수입대금을 결제받고 운송서류 인도
(12) 수입자에게 화물도착 통지
(13) 수입통관 후 선박회사에 선화증권 제시하고 수입화물인도 받음.

4) 환위험 관리

환위험 관리란 기업의 환위험을 다양한 관리기법을 이용하여 적정수준에서 관리하는 것을 의미한다. 무역업자들이 환위험 관리를 하는 이유는 예상치 못한 환율변동으로 인한 환차손 발생을 예방함으로써 사업계획 수립시 목표했던 수익을 달성하고 이를 통해 안정적인 경영활동을 지속하기 위해서이다. 현재 한국 내 중소기업들의 환율하락에 따른 자구책으로는 [그림 2-2]와 같다.

그림 2-2 중소기업의 환율하락자구책

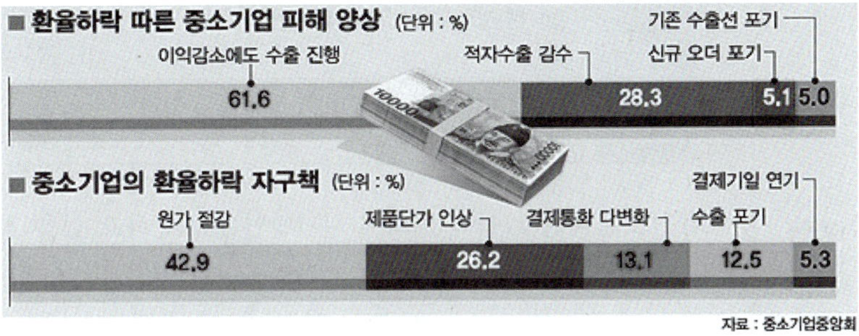

중소기업들은 환율하락에 따른 자구책으로써 원가절감을 선택한 기업들이 42.9%이며 제품단가 인상이 26.2%, 결재통화 다변화 쪽을 선택한 기업들이 13.1%로 그 뒤를 잇는다.

환위험 또는 환노출(foreign exchange exposure)은 앞에서 언급한 것처럼 외화표시 자산, 부채, 수익 또는 비용을 가지고 있는 기업의 순이익이나 가치가 해당 외국통화의 예상치 않았던 환율변동으로 인하여 변할 수 있는 금전적인 손해발생 가능성을 말한다.

환노출은 거래노출(transaction exposure), 환산노출(translation exposure), 경제적 노출(economic exposure) 등으로 통상 구분되는데 거래노출이란 외화표시거래의 결제에서 환율변동으로 인한 이익이나 손실이 생길 가능성을 말한다. 이러한 거래에는 외화표시의 외상매출(매입), 외화대출(차입) 등이 포함된다.

▎환위험 관리를 할 때와 하지 않을 때의 기업의 수익 변동성 비교

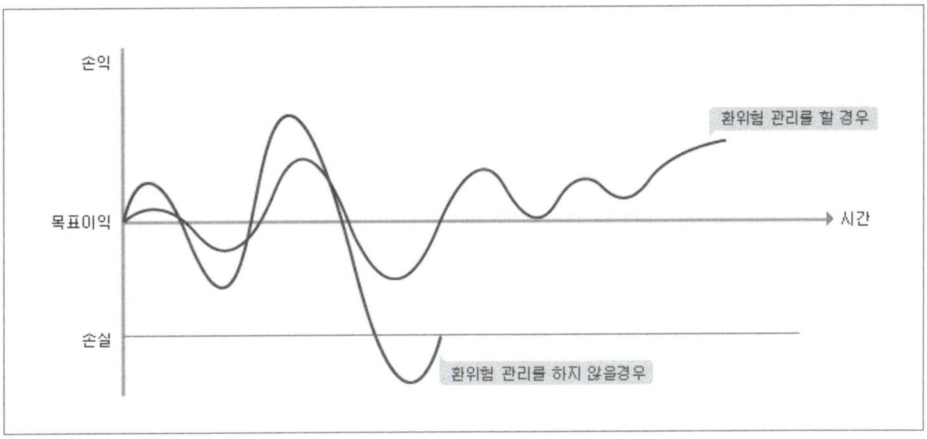

▎환위험 관리 vs 환투기

구분	환위험 관리	환투기
목적	기업 본연의 활동에서 발생하는 목표 이익을 보존	외환 파생상품 거래를 통해 기업활동과 관련 없는 환차익을 추구
방법	환율 변동의 영향을 제한하기 위해 일정 환율이나 범위 내에서의 고정	환율 시장의 전망에 의존하여 환율변동을 이용한 방향성 거래

✦손실 허용한도 : 기업의 이익목표, 현재의 환율과 전망을 감안하여 환율이 불리하게 움직였을 경우, 기업이 감내할 수 있는 손실 수준을 손실 허용한도라고 함

환산노출이란 기업이 해외에 현지법인을 소유하고 있을 경우 회계연도 말 연결재무제표 작성시 현지통화로 표시되어 있는 해외기업의 자산가치가 환율변동에 따라 변화할 수 있는 위험을 말하며 경제적 노출이란 예상치 못한 환율변동으로 기업의 기대현금흐름이 변화할 수 있는 가능성을 말한다.

무역업체의 경우 환리스크는 주로 경상거래에서 발생하는 거래노출을 의미한다고 할 수 있다. 현재 환노출에 따른 환리스크(환차손)를 완전히 제거할 수는 없다. 그러나 줄일 수 있다. 이를테면 수출기업들은 원화 강세에 따른 수익성 악화에 대비, 수출기업들이 원가 절감과 비가격 경쟁력 확보를 통해 꾸준히 손익분기점 환율을 낮추고 당분간 약세가 불가피한 달러화 결제 비중을 축소해야 한다. 그리고 원화 강세 시기에는 과거 일본의 기업들처럼 고부가가치화 전략으로 위기를 극복하여야 한다.

기업의 환위험 관리 활동은 크게 4가지 단계로 진행된다. 그러나 이러한 활동은 일회성으로 끝나는 것이 아니고 기업의 경영활동이 지속되는 동안 연속적으로 수행해야 한다.

▎기업의 환위험 관리 활동

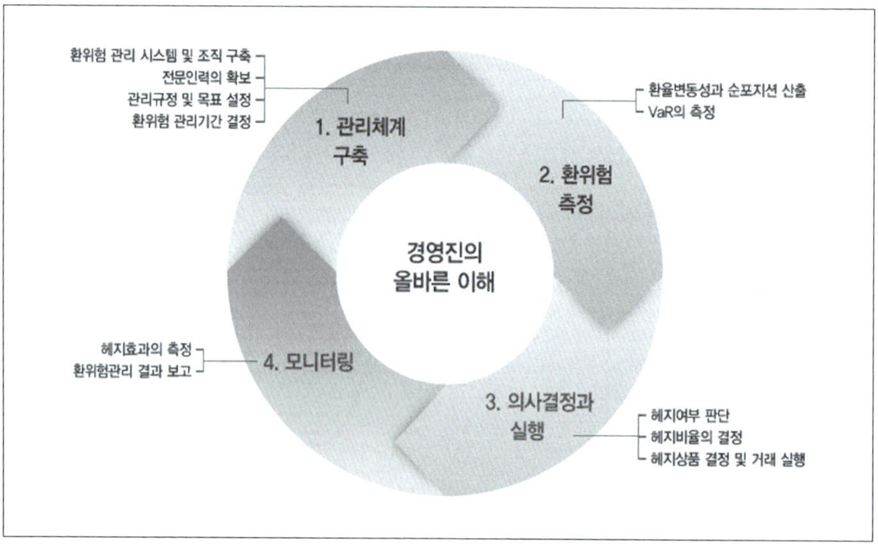

▍제1단계 : 관리체계 구축

기업이 환위험 관리 업무를 수행하기 위해 관리 활동의 목적을 이해하고 조직, 시스템 인력과 정책을 준비하는 단계이다.

① 경영진의 올바른 이해

환위험 관리 체계를 구축하여 업무를 수행하기 위해서는 환위험 관리에 대한 경영진의 올바른 이해가 선행되어야 한다. 경영진의 이해가 부족할 때에는 환위험 관리의 기본목표에 부합함에도 불구하고 발생한 파생상품 거래 손실에 대한 책임을 물어 담당자들이 실무를 원활히 수행할 수 없기 때문이다.

② 시스템 및 조직 구축

기업 고유의 환위험의 특성과 크기를 분석해낼 수 있는 환위험 관리 조직과 시스템을 갖추어야 한다.

③ 전문인력의 확보

기업의 환위험 관리 업무를 수행할 전문인력을 확보해야 한다.

④ 관리규정 및 목표설정

환위험 관리에 대한 손실 허용한도, 환위험 측정 방법 등 의사결정 기준을 세부적으로 마련하여 담당자의 의무, 역할 및 책임을 명확히 한다.

⑤ 관리기간 결정

환위험 관리가 필요한 기간을 정한다. 통상적으로 1년 단위나 사업계획 주기와 동일하게 결정하나 조금 더 길게 하면 관리의 효율성을 높일 수 있다.

▍제2단계 : 환위험 측정

기업의 환위험 관리 기간 중에 발생하는 외화 현금흐름을 집계하여 헤지가 필요한 순포지션(net position)의 크기와 과거 환율정보에 근거한 최대예상손실금액을 추정한다.

환율변동성과 순포지션 산출	과거 일정기간의 환율정보를 수집하여 변동성을 추정하고 관리기간 동안 예상되는 외화 유출입 흐름을 집계해 순포지션을 산출한다.
VaR의 측정	관리 기간, 변동성, 순포지션을 가지고 통계적으로 유의미한 환위험 노출 금액인 'VaR'를 계산하여 향후 기업이 노출될 것으로 보이는 최대예상손실금액을 파악한다.

• VaR이란?

VaR란 'Value at Risk'란 용어의 줄임말로서 통계적 의미로 일정한 기간 동안 일정한 신뢰수준 하에서 발생할 수 있는 최대예상손실금액

• VaR의 예시

VaR의 예시 : 95% 신뢰수준에서 측정된 10일간의 VaR가 1억원이다.

- 환위험에 의해 10일간 발생할 수 있는 손실이 1억원 보다 적을 확률이 95%이다.
- 10일간 손실이 1억원보다 적을 것을 95% 신뢰수준에서 확신
- 10일간 1억원보다 큰 손실이 발생할 확률이 5%이다.

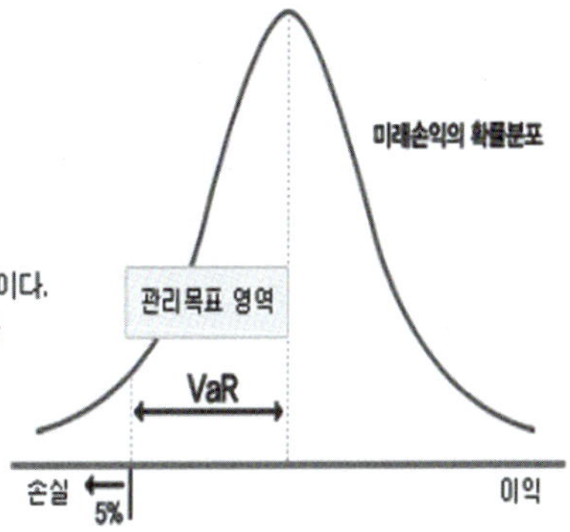

▎제3단계 : 의사결정과 실행

미리 설정한 손실 허용한도와 VaR 측정을 통해 산출한 최대 예상손실 금액을 감안하여 헤지 여부와 세부적인 헤지 방법을 결정하여 실행하는 단계이다.

헤지 여부 판단과 비율 결정	손실 허용한도와 최대예상손실금액을 감안하여 헤지 실행여부를 판단한다. 앞으로의 환율을 예상하여 손실 허용한도 내에서 최대예상손실금액이 관리될 수 있도록, 헤지 비율을 결정한다.
헤지상품 선택 및 거래 실행	상품별 헤지 효과 및 거래 비용을 고려해 가장 효과적인 상품을 선택하여 거래를 실행한다.

▎제4단계 : 모니터링

마지막 단계로 실행된 헤지 거래를 감안한 환위험을 측정하고 헤지에 의한 환위험 감소 효과를 분석하여 그 결과를 경영진에게 보고한다.

이 이외에도 환차손을 줄이는 방법에는 기업 단독으로 할 수 있는 방법(내부적 관리방법)과 기업외부의 금융시장을 이용하는 방법(외부적 관리방법)이 있으므로 기업의 형편에 맞는 적절한 방법들을 선택하여 이용한다.

헤지 효과의 측정	거래 실행 후 시장환율 변동에 따른 헤지 거래의 손익을 산출한다. 산출된 손익을 목표 손익, 헤지 미실행시 손익과 비교하여 거래성과를 측정한다. 헤지거래 후 VaR 역시 다시 산출하여 거래 전후의 환위험 감소 효과를 통계적으로 분석한다. 이러한 결과를 바탕으로 환위험 관리 활동의 성공여부를 판단한다.
결과 보고	헤지 결과와 그 효과에 대한 리뷰를 경영진에게 보고하며 피드백을 받아 이후의 환위험 관리 정책에 반영한다

기업 내부에서 취할 수 있는 방법으로는 들어오는 외화와 나가는 외화의 흐름을 일치시키는 것으로 매칭, 리딩과 래깅, 상계, 자산·부채관리방법 등의 방법이 있다.

외부적 관리방법으로는 은행과 선물환계약을 맺거나 선물거래소의 통화선물 또는 통화옵션, 통화스왑 등을 이용하는 것이다. 그러나 본 교재에서는 무역업체들의 경상거래에서 발생하는 거래노출 중심으로 살펴보기로 한다.

(1) 내부적 관리방법

(가) 매칭(Matching)

외화자금의 흐름, 즉 외화자금의 유입과 지급을 통화별, 만기별로 일치시킴으로써 외화자금 흐름의 불일치에서 오는 환위험을 원천적으로 제거하는 기법으로 수출과 수입을 동시에 하는 업체에서 활용할 수 있다.

(나) 리딩(Leading)과 래깅(Lagging)

환율변동에 대비하여 외화자금의 영수 또는 외화를 결제수단으로 지출해야 할 경우, 해당 시기를 의도적으로 앞당기거나(leading) 지연시킴으로써(lagging) 환율변동에 따른 환차손을 극소화하거나 환차익을 극대화하기 위한 환노출기법으로 거래상대방의 협조가 가능한 그룹 내 계열사간에 이용된다. 만약 거래상대방과 협조가 원활하지 않을 경우에는 거래상대방과 이해관계가 상충될 수 있으며 자금조달비용에 대한 고려가 필요하다.

(다) 상계(Netting)

주로 다국적기업의 본・지점간 또는 지사 상호간에 발생하는 채권, 채무관계를 개별적으로 건건이 결제하지 않고 일정기간 경과 후에 서로 상계한 후 그 차액만을 정기적으로 결제하는 기법이다. 상계는 외환거래비용을 절감하고 환리스크를 최소화하는 방법이다.

(라) 가격정책(Price policy)

수출입상품의 가격을 수시로 조정하거나 거래통화를 조정하여 환리스크에 대응하는 기법이다. 환율변동에 따른 가격인상분을 판매가격에 반영시키는 가격조정방법과 수출입계약 체결시 수출대금 결제통화는 자국통화 혹은 강세통화, 수입은 자국통화 혹은 약세통화를 이용하는 거래통화 선택방식이다.

(마) 자산/부채관리(Asset liability management)

환율전망에 따라 기업이 보유하고 있는 자산, 부채의 포지션을 조정하는 방법으로 강세예상 통화표시의 자산과 현금포지션은 증대시키고 강세예상 통화표시 부채는 조기결제하거나 조기상환하는 방법이다.

✦ 선물환거래의 효과 : ① 원화로 무역거래하는 효과, ② 수입결제 또는 환금(nego)를 앞당겨하는 효과, ③ 기업경영의 안정성 도모

내부적 기법은 기업이 수출(외화자산 보유) 또는 수입(외화부채 보유)만 하는 경우에는 적용하기 어렵다. 리딩/래깅과 같은 일부 기법은 장래의 환율예측에 기초한 방법이기 때문에 예측이 틀리면 오히려 손실이 발생할 수도 있다. 따라서 기업이 내부적 기법만을 활용하여 환위험을 관리하기에는 한계가 있다. 그러므로 많은 기업들이 선물환, 통화 옵션과 같은 외환 파생상품 거래를 통하여 환위험 관리를 하고 있다. 흔히 파생상품 거래를 통해 환위험을 '헤지(hedge)'한다고 표현한다. 예를 들면 '헤지'란 수출기업이 보유예정인 외화 수취금액에 대하여 반대 방향의 파생상품 거래를 하여 환율을 일정한 수준으로 고정시키는 것을 떠올리면 된다. 내부적 기법과 더불어 파생상품 거래를 적절히 활용하면 더 효과적으로 환위험을 관리할 수 있다.

(2) 외부적 관리방법

(가) 환예약(Forward Exchange Contract)

환예약이란 환선물거래라고도 하며 일정한 조건으로 장차 외화를 매매할 것을 약속하는 일이다. 그 목적은 환시세변동에 따른 위험을 막는 데 있으며 업자와 은행, 은행상호간에 맺어진다. 선물환거래시 외국환 수도(受渡)는 미래의 일이지만, 예약을 통해 거래외화의 화폐종류 · 금액 · 환종류 · 환율 · 수도시기 등의 조건을 미리 결정하는 것이다. 환예약으로 무역업자는 환율변동의 위험을 피할 수 있고 수출입채산의 안정을 확보할 수 있게 된다. 즉, 수출업자는 수출계약의 성립과 함께 매입은행과 선물매도계약을 체결하면 그 뒤 환율이 변동되어도 미리 체결된 환율에 의하여 어음의 매입을 의뢰할 수 있다. 이러한 규정은 수입에 대해서도 적용된다.

환예약은 보통 외국환은행에서 거래약정을 체결하고 환율매매예약용 원화계좌와 외화계좌를 등록하면 되는데 일반적으로 예약슬립이라는 일정한 양식의 용지에 거래명세를 기록하고 매매당사자 쌍방이 서명한 뒤 1통씩 보관한다. 체결된 환예약을 사정에 의하여 취소할 경우에는 반대매매거래에 의한다. 즉, 매입계약은 현물매도, 매도예약은 현물매입에 의하며 예약과 현물매매의 차손(差損)은 취소의뢰자가 부담하는 것이 원칙이다.

▎환율매매 예약

① 1단계
- 인터넷뱅킹서비스 등록(개인 및 법인고객, 대한민국 국민인 거주자)
  - * '주문형 환율예약 서비스 약정서'와 '결제계좌 등록 신청서'를 제출
  - * 신분증 지참

② 2단계
- 예약가능 시간 : 은행영업일 09:30 ~ 22:00
- 거래통화 : USD/KRW, JPY/KRW, EUR/KRW
- 예약한도 : 거래건 당 미화 100불 상당액 이상 미화 1백만 불 상당액 이하
- 예약기간 : 신청 시점부터 3개월 내
- 예약수단 : 인터넷
- 예약환율

거래 구분	예약환율
환율매입예약	주문환율 또는 주문시점의 시장환율(매입율) - 1불당 기대수익
환율매도예약	주문환율 또는 주문시점의 시장환율(매입율) + 1불당 기대수익

  - * 1불당 기대수익의 입력범위 : 100원
  - * 주문환율 입력범위 : 현재 시장환율 ± 100원 이내
  - * 주문시점의 환율로 예약할 경우 기대 수익란에 0을 입력
  - * 취소 또는 정정 : 주문이 체결되기 전까지는 가능
- 거래체결 시간 : 은행 영업일 09:00 ~ 15:00
- 거래체결 조건

거래 구분	거래구분	주문 및 체결
환율매입예약	예약환율-고객별 수수료 ≥시장환율	(입금) 예약된 외화금액 (출금) 예약환율로 환산된 원화 금액
환율매도예약	예약환율+고객별 수수료 ≥시장환율	(출금) 예약환율로 환산된 원화 금액 (입금) 예약된 외화금액

✦통화스왑 종류
통화스왑의 종류와 통화스왑의 종류에 따른 금리교환 조건은 다음과 같다.
① Currency Swap : 이종 통화간 고정금리 VS 고정금리
② ross-Currency Coupon Swap : 이종 통화간 고정금리 VS 변동금리
③ ross-Currency Basis Swap : 이중 통화간 변동금리 VS 변동금리

(나) 통화스왑(Currency Swap)

장래 특정일(특정기간) 또는 일정기간 동안의 일정상품 또는 금융자산(부채)에 대한 환율변동리스크(금리변동 리스크 포함)를 회피하기 위하여 보유한 금융자산 또는 부채의 통화를 다른 통화로 변경하는 방법이다. 즉, 스왑기간이 시작할 때 원금을 서로 교환하고 기간 중에는 이자만을 교환하며 만기시에 과거의 원금교환환율로 다시 원금을 교환한다. 통화스왑은 'Parallel Loan'과 'Back-to-Back Loan'에서 유래하였다.

Parallel Loan	서로 다른 두 나라에 소재하는 두 기업이 각각 상대국에 자회사를 갖고 있으면서 자회사에 상대국 통화자금을 제공하고자 할 경우, 각각 자국소재의 상대방 자회사에게 계약시점의 현물환율로 환산한 동일한 금액의 자국통화자금을 동일한 만기조건으로 융자하는 상호융자거래다.
Back-to-Back Loan	자회사를 통하지 않고 직접 상대국기업에 자국통화자금을 융자해준다는 점에서 Parallel Loan과 상이하나 그 이외는 동일하다.

✦IMM : International Monetary Market(국제통화시장)
LIFFE : London International Financial Futures Exchange
SIMEX : Singapore International Monetary Exchange
TIFFE : Tokyo International Financial Futures Exchange

(다) 장기선물환계약(Long-term Forward Exchange Contract)

부채상환이나 해외건설공사계약 등 장기 대외거래로 인하여 발생하는 환위험을 분산하기 위하여 장래 특정 시점 또는 장래 일정시점마다 지급하거나 수취하게 될 외화자금을 위의 계약체결시 상호 약정한 선물환율로 쌍방이 교환하기로 한 계약이다. 따라서 두 기업은 장기선물환계약을 체결하여 각각 환위험을 분산한다.

(라) 통화선물(Currency Futures)

금융선물거래의 일종으로 환리스크의 헷징이나 환차익을 얻기 위하여 매입자 또는 매도자가 일정통화를 미래의 일정시점에서 당초의 약정가격으로 매입 또는 매도하기로 하는 계약을 말한다.

통화선물은 현 시점에서 매매계약을 체결하고 장래에 거래가 이행된다는 점에서 선물환계약과 유사하나 운용면에서 큰 차이가 있다. 즉, 선물환계약은 은행과 고객 간 직접 결제가 이루어지고 계약건별로 거래조건이 결정되나, 통화선물은 거래소에서 경쟁입찰방식에 의해 거래 및 결제가 이루어지고 거래상품, 인도기일, 거래단위, 매매조건 등이 표준화되어 있으며, 대부분 반대매매에 의해 결제된다. 1972년 시카고 IMM에서 독일 마르크화,

일본 엔화, 영국 파운드화 등 7 개국 통화를 대상으로 처음 거래가 시작된 이래 런던국제금융선물거래소(LIFFE), 싱가포르국제금융거래소(SIMEX), 동경국제금융선물거래소(TIFFE) 등에서도 통화선물을 취급하고 있다.

FX마진거래(foreign exchange market)와 해외통화선물거래는 환율거래라는 동일한 거래이지만, 그 방법과 조건에 있어서 차이가 있다.

	FX 마진	해외통화선물
거래종목	USD, JPY, EUR 등 8개통화가 조합된 23개 상품	해외거래소에 상장된 통화선물
거래장소	장외(OTC)	해외선물 거래소
거래단위	약 us$ 100,000	약 US$ 100,000
거래시간	23시간 45분	24시간
만기	SPOT(2영업일 후)	분기말 월 3번째 수요일
증거금	개시 증거금 $10,000 유지 증거금 $5,000	개시증거금-유지증거금 약 2.5%~3%
변동단위	pip(핍)	Tick(틱)

첫째, FX 마진거래와 해외통화선물거래는 거래환경에서 큰 차이가 있다. FX 마진거래는 '고객-브로커 및 중계회사-은행간 시장'으로 연결되는 거래구조로, 개인투자자가 은행간 시장에 직접 참여하게 되는 장외 파생상품 시장의 특징을 가지고 있다면, 해외통화선물거래는 '고객-브로커 및 중계회사-거래소'로 연결되는 거래 구조이다. 결국 개인 투자자가 국내 주식시장과 같이 거래소를 통하여 시장에 참여하는 구조를 갖는다.

둘째, 거래시간의 차이를 들 수 있다. 통상 FX 마진거래가 24시간 참여 가능 시간을 제공한다면, 해외통화선물의 경우는 거래소에서 규정된 시간인 오전 8시~ 다음날 오전 7시(23시간 거래)까지의 시간을 제공한다.

셋째, 상품의 세부사항이 다르다. FX 마진거래는 국내 법규에 맞춘 $100,000의 액면가, 20 : 1의 레버리지 $5,000의 증거금 환경을 갖고 있다면, 해외통화선물의 경우는 통화별로 각기 다른 액면가와 레버리지(30~40배) 및 증거금을 제공한다.

마지막으로, 수수료와 스프레드의 차이가 있다. FX 마진거래에서는 거래당 1.6핍(16불)에서 3.0핍(30불)의 스프레드가 발생하지만, 해외통화선물의 경우 모든 종목이 한번 거래시 15분 내외의 수수료만을 지불하기에 FX 마진보다 훨씬 유리하다. 또한, 믿을 수 있는 선물옵션 대여업체를 이용한다면 보다 적은 증거금과 수수료로 자유로운 거래를 할 수 있다.

5) 보험계약의 체결

위험을 전가하는 방법 중 가장 보편적으로 이용되는 제도를 든다면 보험을 예로 들 수 있다. 특히 운송과정에서 발생하는 위험들은 운송수단에 따라서 해상적화보험이나 항공화물화주보험, 육상운송보험 등을 이용하여 보험자에게 전가할 수 있으며, 수출 기타 대외거래에서 통상의 보험자들이 담보하지 않는 위험들의 경우에는 무역보험을 통하여 해당 위험들을 전가할 수 있다.

제 2 절 무역거래 조건과 보험

1. INCOTERMS 2010

1) INCOTERMS 2010의 제정 배경 및 목적

✦ICC ; International Chamber of Commerce
✦INCOTERMS ; International commercial terms ; (The international rules for the interpretation of trade terms)을 의미
✦UNCITRAL ; United Nations Commission on International Trade Law.
✦CISG : United Nations Convention on Contracts for the International Sale of Goods.

무역거래는 법률, 제도, 관습 등이 서로 다른 국가의 당사자들 간 발생하므로 항상 매매계약 조건을 둘러싼 분쟁의 가능성을 내포하고 있다. 이러한 무역 분쟁이나 각종 오해를 예방하고 불확실성을 최소화하기 위하여 국제상업회의소(ICC)가 제정한 표준규칙이 무역거래정형조건(INCOTERMS)이다.

국제상업회의소에서 무역거래정형조건을 제정한 목적은 각국의 무역거래 당사자들에게 무역용어의 해석에 관한 국제규칙을 제공함으로써 무역거래계약에서 발생할 수 있는 화물거래의 일시 및 장소, 위험이전, 소유권이전, 운송계약 및 운임지급, 보험계약 및 보험료지급, 통관절차 및 관세지급, 기타 경비부담에 대한 분쟁을 사전에 예방하는데 있다. 사실, 물품매매계약을 체결하는 수출자와 수입자들은 서로 언어가 다르고 또 무역상관습이 다르기 때문에 자주 무역거래의 내용을 잘못 이해하거나 갈등과 오해 등으로 막대한 비용과 시간을 낭비하기도 한다. 이런 문제들을 해결하기 위하여 국제상업회의소는 무역용어의 해석에 관한 국제규칙들을 제정하였다.

우리에게 잘 알려진 'NCOTERMS'는 1936년에 처음 제정되었으며, 그 후 1953년과 1967년, 1980년, 1990년, 2000년 5차례에 걸친 수정과 개정을 반복하다가 가장 최근의 국제무역관습들을 반영한 'INCOTERMS 2010'을 6번째 발표하였다. 물론, 국제물품매매계약에 관한 국제규칙으로 국제상거래법위원회(UNCITRAL)가 1980년 4월 비엔나에서 채택한 "국제물품매매계약에 관한 유엔협약"(USCISG)이 있다. 한국도 2004년 2월 17일 "국제물품매매계약에 관한 국제연합협약" 가입서를 국제연합 사무총장에게 기탁함으로써 2004년 2월 미국, 중국, 독일 등 62개국(일본과 영국은 제외)이 가입한 협약이 2005년 3월 1일부터 한국에서도 발효되었다.

그러나 영국과 일본을 포함한 많은 나라들이 아직 USCISG에 가입하지 않고 있어 "국제

물품매매계약에 관한 국제연합협약(United Nations Convention on Contracts for the International Sale of Goods)"이 세계적인 통일법으로서 역할을 하기에는 조금 부족하다. 때문에 무역실무상 계약의 성립과 효력은 협약에 의하고, 계약의 유효성은 여전히 법정지(法廷地)의 국제사법에 따라 결정되는, 즉 매매계약의 준거법에 많이 의존하므로 준거법의 분열현상이 발생할 개연성이 높고 , 준거법의 적용범위의 획정이라든가 적응 등 까다로운 문제가 제기될 가능성이 커진다. 또한 협약이 규율하지 않는 채권의 소멸시효, 이자율 및 통화의 문제 등도 결국 준거법에 의해 보충되어야 한다. 이런 이유로 현재 각국의 무역거래는 여전히 국제 상관습에 크게 의존하고 있음이 사실이다.

✦Terminal : 공항, CY, CFS, ICD

국제 상관습 중에서 상품종류나 거래장소 또는 거래당사자의 직업을 불문하고 세계적으로 널리 사용되고 적용되는 매매관습이 있다. 바로 무역거래조건에 관한 관습이다. 'INCOTERMS 2010'은 매매된 상품의 운송과정을 중심으로 물품매매계약 당사자들의 권리와 의무를 명확하게 제시하고 강조하였다. 그리고 매매하는 물품의 범위를 유형의 상품뿐만 아니라 컴퓨터 소프트웨어와 같은 무형의 상품까지 확대하여 포함하고 적용하였다. ICC에 의해 항상 강조되어진 'INCOTERMS 2010'은 오직 물품매매계약 과정에 있는 수출자와 수입자들 간의 관계만을 명확한 시각으로 다루고 있다. 그러나 'INCOTERMS 2010'은 국제적 강행법이 아니므로 법적인 효력을 발휘하게 하려면 반드시 계약서에 준거문언으로 기재되어야 한다.

2) INCOTERMS 2010의 주요 내용

✦운송인(carrier) ; 운송계약에서 철도, 도로, 항공, 해상, 내수로 또는 이들의 복합방식에 의하여 운송을 이행하거나 또는 그 이행을 주선할 것을 약정하는 모든 자를 의미한다. 매수인이 물품을 수령할 운송인 이외의 자를 지정한 경우에는, 매도인은 물품이 그러한 자에게 인도되는 때에 물품인도 의무는 이행된 것으로 간주된다.

'INCOTERMS 2010'은 당사자들의 이해를 보다 쉽도록 무역용어들을 크게 2가지 서로 다른 유형으로 분류하였다. 즉, 〈표 2-1〉과 같이 모든 운송형태에 적용이 가능한 조건과 오직 내륙 수운을 포함한 해상운송에만 가능한 조건으로 분류하였다.

표 2-1.

	모든 운송형태가 가능한 조건	내륙수운/해상운송에만 가능한 조건
Group E-출발지조건	EXW Ex Works	
Group F-주운임미지급조건	FCA Free Carrier	FAS Free Alongside Ship FOB Free On Board
Group C-주운임지급조건	CPT Carriage Paid To CIP Carriage & Insurance Paid To	CFR Cost & Freight CIF Cost, Insurance & Freight
Group D-도착지조건	DDP Delivery Duty Paid DAT Delivered at Terminal DAP Delivered at Place	
현물인도조건	EXW, FCA, FAS, FOB, CPT, CIP, DDP, DAT, DAP	
서류인도조건	CFR, CIF, CPT, CIP	

(1) EXW(Ex Works...named place 공장 인도조건)

✦위험과 비용의 이전 : 매도인의 인도의무가 완수될 때 매수인에게 이전되는 것이 원칙이지만 매수인의 매도수령 불이행의 경우, 인도전에 이전이 가능하다. 단, 이때 물품은 계약의 내용을 정히 충족되어야 한다.

EX는 'free'의 의미를 가지고 있으며 W는 'works'의 약어로 'factory', 'warehouse' 등 화주(매도인)가 물건을 만들어서 보관하고 있는 장소를 말한다. 무역에서 흔히 쓰이는 Ex loco, Ex Factory, Ex Mill, Ex Mine, Ex Plantation, Ex Store, On Spot Terms도 같은 조건이다. 따라서 창고나 인도장소 이름을 정확히 지정해서 명시하여야 한다. 예를 들면 매도인이 삼성의 수원 제5 보세창고에서 인도하는 조건으로 대당 100달러, 매수인 자신이 수출통관을 하고 목적지까지 모든 비용과 위험을 부담한다면 다음 예와 같이 된다. (USD100/pc EXW Samsung's Warehouse #5, Suwon, Korea, INCOTERMS 2010)

이 조건은 수출상의 영업장 또는 다른 지정된 장소(예를 들면, 작업장, 공장, 창고 등)에서 수입자의 임의처분 상태로 인도하는 조건이다. 그러므로 이 조건에서 양 당사자들은 가능한 한 지정된 장소에서의 물품 인도지점을 명확하게 하여야 한다. 지정된 장소에서의 물품 인도지점이 물품의 소유권도 수입상에게 이전되고 동시에 물품에 대한 위험부담과 비용부담도 같이 이전되기 때문이다. 비용부담의 한계는 위험부담의 분기점과 같으며 이 분기점 이후에 대한 비용과 위험은 매수인이 부담함으로 수출상에게는 물품에 대한 위험부담이나 비용부담, 기타 여러 가지 관련의무의 부담이 가장 가볍다.

✦FCL : full container load

✦LCL : less than a container load

✦shipper(화주) : 물품교부, 운송계약을 체결하는 자가 상이할 때도 공통사용

이 조건은 해상운송, 육상운송, 항공운송 등 모든 운송수단에 적용이 가능한 조건으로 둘 이상의 운송수단이 필요한 곳에서 사용이 가능하나 사실, 국내 거래에 적합하다. 국제거래의 경우에는 FCA조건이 더 적절하다. 실무적으로 매도인은 집화차량에 물품을 적재할 필요가 없으며 만약 매도인이 적재한다면, 매수인이 위험 및 비용을 부담하여야 한다. 즉, 수출자 창고나 공장건물 안 밖을 불문하고 LCL 또는 FCL 적재 중 사고발생시 수입자 책임이다. 수출자는 책임이 없다. 수출자는 화물을 계정(tally)후 인수증을 받고 적재의무를 운송인에게 넘기는 것으로 계약의 의무가 완성된다. 물품이 수출자의 운송용구에서 하역되지 않은 채로 수입자의 처분하에 놓이는 경우에도 수출자는 인도의무를 다한 것이다. 이때, 별 사유가 없는 한 운송에 적합한 포장은 수출자가 하여야 한다. 또 매도인통관이 적용될 경우라도 물품에 대한 수출통관을 할 필요가 없다. 따라서 수입자가 출발시 물품적재의 위험과 모든 비용부담을 수출자가 부담하기를 원한다면, 매매계약서에 이와 같은 취지의 명시적인 문언을 추가함으로써 수출자에게 이를 명확히 하여야 한다.

(가) 해상

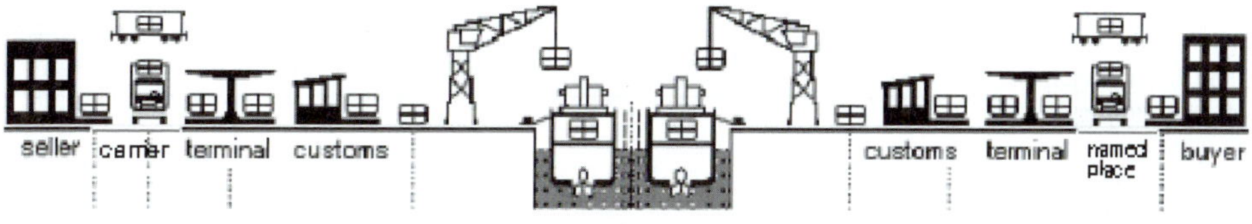

D
R
E

D: documents, R: risks, E: expenses
서류들과 위험, 비용부담이 이 지점에서 수입자에게 이전된다.

(나) 항공

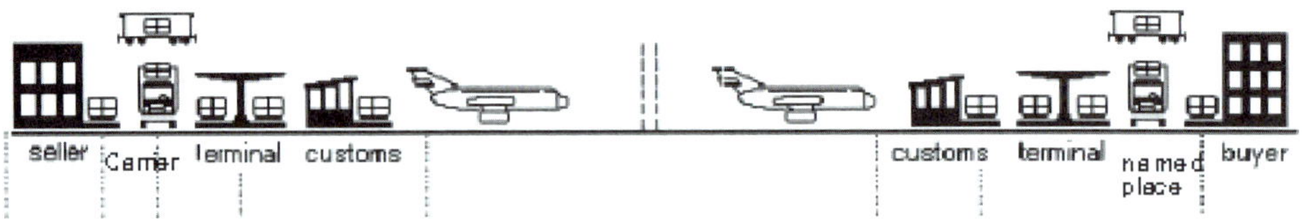

D
R
E

D: documents, R: risks, E: expenses
서류들과 위험, 비용부담이 이 지점에서 수입자에게 이전된다.

(다) 철도운송

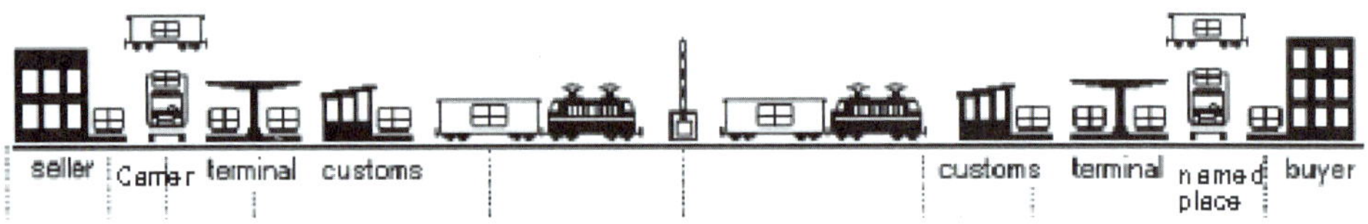

D
R
E

D: documents, R: risks, E: expenses
서류들과 위험, 비용부담이 이 지점에서 수입자에게 이전된다.

(라) 도로운송

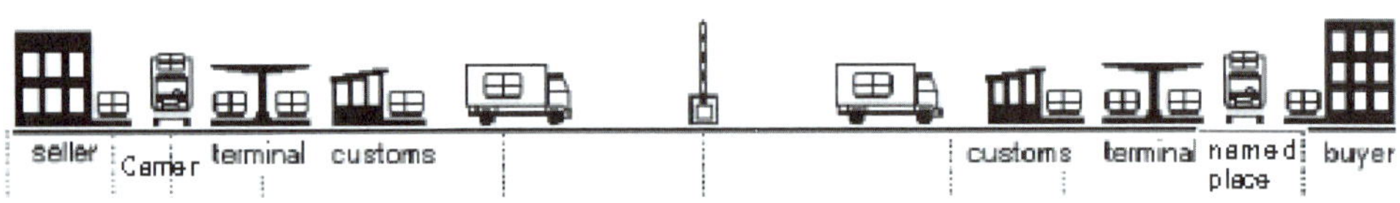

D
R
E

D: documents, R: risks, E: expenses
서류들과 위험, 비용부담이 이 지점에서 수입자에게 이전된다.

✦ EXW조건과 FCA조건의 다른점 : FCA조건은 특약이 없는 한 물품인수장소를 매수인이 지정하며 물품을 인도할 때, 직접 매수인이나 그 대리인에게 하는 것이 아니라 운송인 또는 매수인이 지정한 그 밖의 당사자에게 인도함

위험이전	비용이전	통관	비고
매도인의 영업장 구내에서 매수인이 임의처분할 수 있도록 인도한 때	매도인은 매수인에게 인도할 때까지의 모든 비용 부담	매수인이 수출통관	매도인 적재의무 없음

따라서 관행으로 수출자가 화물을 적재하는 경우, EXW 조건은 적당한 무역조건이 아니며 또한 'EXW loaded'라고 명기해서도 절대 안 된다. 'EXW loaded'라고 명기하면 화물을

싣는 선적비용만 부담하는 것인지, 위험책임까지 부담하는 것인지 불명확해지므로 사고발생시 책임소재를 서로 전가하는 분쟁이 발생할 수 있기 때문이다.

✦운송, 운임 계약은 수입상이 체결하고 이에 따른 비용은 수입상이 부담한다. 단, 수출상이 운송계약을 위임하는 경우, 당사자 간의 합의가 있으면 각 계약의 개별조건이 우선한다.

EXW조건에서의 당사자 의무

수출자의 의무	수입자의 의무
계약내용과 일치하는 상업송장, 포장명세서, 품질,수량 등에 관한 검사증명서 또는 이와 동등한 전자통신문을 제공	수출자의 구내에서 물품을 수령한 사실을 입증하는 물품수령증(buyer's receipt)을 제공
수입자의 요청과 비용 및 위험부담으로 영사송장(consular invoice), 원산지 증명서 등 수출, 수입 또는 제3국으로의 통과에 필요한 서류를 취득할 수 있도록 협조	자신의 위험과 비용부담으로 수출승인과 통관절차, 운송계약을 체결 물품을 운송수단에 적재
매도인에 대한 최소 의무부과	지정된 인도장소에서 물품 인수시 수반된 모든 비용과 위험을 부담

EXW의 경우, 실무적으로는 국내 도매가격으로 계약하는 것이 관행으로 되어 있다.

(2) FCA(Free Carrier... insert named place of delivery ; 운송인 인도 조건)

✦통관·적재·하역 의무
FAS : 수출통관의무: 매도인

FCA : 인도가 매도인 건물에서 발생 : 매도인의 적재책임, 여타장소 : 매도인의 면책

운송인 인도조건은 매도인의 구내 또는 다른 지정된 장소에서 매수인이 지정한 운송인이나 또는 그 밖의 당사자(또는 제3자)에게 물품을 인도하는 것이다. 양 당사자는 가능한 한 지정된 인도장소에서의 인도지점을 명확히 해두어야 하는데 이 분기점에서 위험이 매수인에게 이전되기 때문이다.

매수인이 지정한 운송인에게 인도	컨테이너운송	CY, CFS
	항공운송	공항의 창고
	육상운송	역이나 내륙지점

양 당사자가 매도인의 구내에서 물품을 인도하고자 하면, 지정된 인도장소로서 그 구내 장소(영업장 주소)를 명시하여야 한다. 그리고 다른 어떤 장소에서 물품을 인도하고자 하는 경우에 당사자들은 그러한 인도장소를 명시하여야 한다. 이때, 매도인의 영업장 내에서 물품을 최초 인도할 때에는 매도인이 적재 책임을 지나, 다른 모든 장소에서 인도할 때는 매도인의 양화책임이 없으며, 다시 매수인의 인도차량에 적재할 때에도 매도인의 적재의무가 없다.

이 조건은 복합운송을 포함한 모든 운송방식에 사용할 수 있다. 비용부담의 분기점은 위험부담의 분기점과 같다. 적재시 발생할 수 있는 사고위험과 비용부담과 수출통관은 수출상이 진다. 그러나 하역사고는 수입자가 부담한다. (표기방법 : FCA+지정장소 ; 항공운송(FCA 000 Airport), 해상운송(FCA 000 Container Terminal), 철도운송(FCA 000 Station), 도로운송(FCA 000 Cargo Terminal), 복합운송(FCA 000 Warehouse) FCA 조건은 미국의 FOB (named inland carrier at named inland point of departure)와 유사하다.

(가) 해상

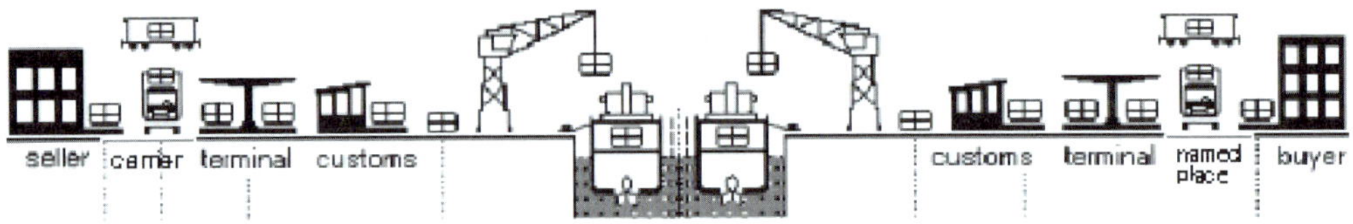

D | D: documents, R: risks, E: expenses

R

E | 서류들과 위험, 비용부담이 각 지점에서 수입자에게 이전된다.

(나) 항공

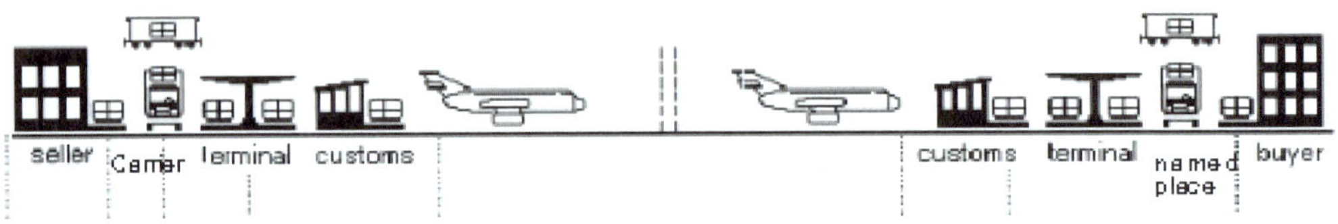

D | D: documents, R: risks, E: expenses

R

E | 서류들과 위험, 비용부담이 각 지점에서 수입자에게 이전된다.

(다) 철도운송

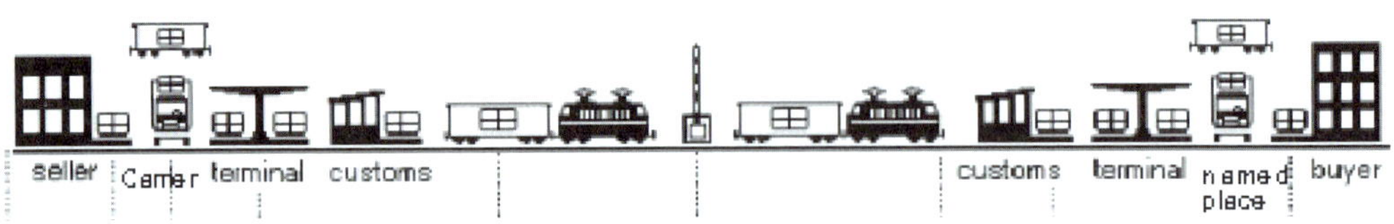

D | D: documents, R: risks, E: expenses

R

E | 서류들과 위험, 비용부담이 각 지점에서 수입자에게 이전된다.

(라) 도로운송

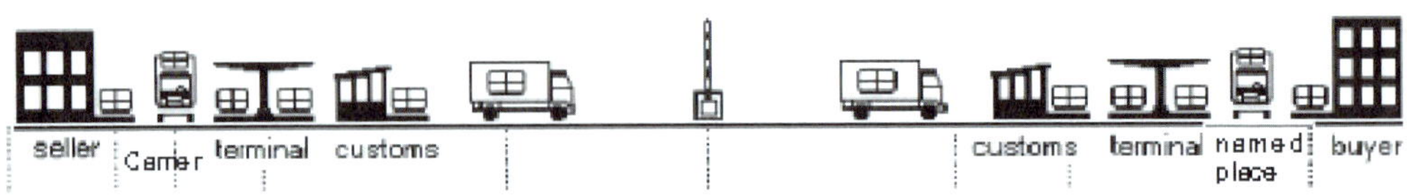

D | D: documents, R: risks, E: expenses

R

E | 서류들과 위험, 비용부담이 각 지점에서 수입자에게 이전된다.

위험이전	비용이전	통관	비고
지정된 운송인에게 물품을 인도한 때	매도인은 운송인에게 인도할 때까지의 모든 비용 부담	매도인이 수출통관	매도인 적재의무 있음 (양화의무 없음)

FCA 조건에서 당사자의 의무

<table>
<tr><th>수출자의 의무</th><th>수입자의 의무</th></tr>
<tr><td>수출자의 부담으로 수출허가와 수출통관 이행 및 컨테이너 세, 각 종 부과금 지급</td><td>운송인지정 및 운송방식, 인도기일, 인도장소 통지</td></tr>
<tr><td>계약내용과 일치하는 상업송장, 수출허가서, 운송인에게 물품을 인도하였음을 증명하는 인도증거서류 제공</td><td rowspan="3">수출자에게 운송계약을 요청하지 않았으면 인도장소로부터 운송을 위한 운송계약체결

하역사고 책임</td></tr>
<tr><td>수입자의 요청과 비용 및 위험부담으로 운송계약 체결 후 운송서류제공</td></tr>
<tr><td>매수인이 지정한 운송인에게 물품을 포장하여 인도 (물품적재책임)</td></tr>
</table>

✦CFS : container freight station
✦CY : container yard
✦THC : terminal handling charge
✦W/F : wharfage
✦C/T : container tax

FCA 조건은 매도인이 EXW조건+인도장소까지 운송비용+수출통관비부담을 하는 조건으로 수출상은 수출통관까지 마친 후 지정된 지점에서 수입상이 지정한 운송인의 관리하에 물품을 인도함으로써 물품인도의무를 끝낸다. 이때, 매도인이 물품을 수출통관하고 지정된 장소에서 매수인이 지정한 운송인에게 화물을 인도할 때 매도인의 위험과 비용의 부담도 종료가 된다. 즉, 매도인의 구내가 아닌 지점에서 물품을 인도할 때 매도인은 인도차량에서 적재화물을 양화할 의무가 없다.

'FOB Pusan'과 비교해서 'FCA Pusan Port'(반드시 항이라고 밝혀야 한다. FCA Pusan은 부산의 어떤 역이나 창고일 수도 있기 때문이다.)는 수출자가 작업을 통제할 수 없는 선측에서의 본선선적시 문제까지 책임지지 않아도 된다. 'FCA Pusan CY' 또는 CFS라고 명기된 경우, 'Pusan CY' 또는 CFS에서 수입상이 지정한 운송인에게 화물을 인도하는 것으로 무역 계약상의 수출상의 의무는 자사의 통제하에 완수되는 것이다. 그러므로 THC, W/F, C/T 모두 수출상이 부담하고 그 위험부담도 책임을 지는 것이다. 수출상은 수출통관비용 외에 수입자의 요청과 비용부담으로 선적에 관해서는 B/L을 발행한다. [예 : 매도인이 한국의 인천공항에서 매수인이 지정한 운송인에게 물품을 인도하는 비용까지를 조건으로 하여 100달러, 매도인이 수출통관을 해야 하고 매수인에게 인도한 이후의 위험과 비용은 매수인이 부담한다. (USD100/pc FCA Inchon Airport, Korea)]

(3) FAS(Free Alongside Ship ...named port of shipment; 선측인도조건)

선측인도조건은 매도인이 지정 선적항에서 매수인이 지정한 본선의 선측(예를 들면, 부두 또는 부선상)에서 물품을 인도하는 것을 의미한다. 본선의 선측이란 본선이 사용하는 양화기, 양화도구 등 선적 도구가 도달할 수 있는 장소를 말한다. 따라서 이 조건은 물품의 해상운송 또는 내수로 운송의 경우에만 사용한다. 주로 원목, 곡물, 광석 등의 적재비용이 많이 드는 대량화물 및 벌크화물을 거래하는데 사용된다.

FAS 조건에서 양 당사자는 가능한 한 지정선적항의 선적지점을 명확히 결정해 두어야 한다. 이는 물품에 대한 멸실이나 손실에 대한 위험은 물품이 선측에 인도된 때에 이전되며, 매수인은 이 순간부터 선적비용을 포함한 모든 비용을 부담하기 때문이다. 또 이 지점까지의 위험과 비용은 매도인의 부담이며 이러한 비용과 관련된 화물 취급수수료는 항구의 관습에 따라 달라질 수 있기 때문이다.

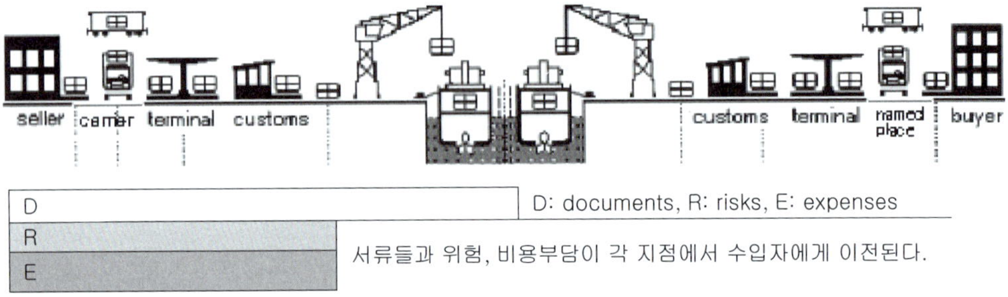

FAS 조건에서 매도인은 선측에 물품을 인도하거나 선적을 위해 이미 그렇게 인도된 물품을 조달(procure)하여야 한다. 여기서 '조달'을 규정한 것은 특히 일차산품거래(commodity trade)에서 보편적인 복수의 연속적 매매에 대응하기 위함이다.

위험이전	비용이전	통관	비고
물품이 지정 선적항의 부두 혹은 부선으로 선측에 인도되었을 때	매도인은 운송인에게 인도할 때까지의 모든 비용 부담	매도인이 수출통관	선적비가 많이 드는 원목, 곡물 등의 Bulky Cargo에 주로 이용

▎연속매매(String Sales)와 조달(Procuring)의 의미

제1차 산품의 매매는 매도인이 매수인에게 직파하는 경우도 있지만 상황에 따라 화물이 운송도중 전매되는 경우도 있다. 이러한 경우 원 매도인으로부터 물품을 구매하여 중간에 판매한 매도인은 물품이 이미 첫 번째 매도인에 의하여 선적이 되었으므로 자신이 물품을 선적하지 않는다. 따라서 연속매매 중간단계에 있는 매도인은 최종 매수인에 대한 자신의 의무를 물품을 선적하는 것이 아니라 선적된 물품을 조달함으로써 이행한다. 중간단계의 매도인은 자신이 압수한 선화증권을 다음 단계의 매수인에게 양도함으로써 선적된 물품을 매도하게 된다. 이렇게 중간단계에서 화물이 매각되는 것을 명확하게 하기 위하여 INCOTERMS 2010은 매도인은 물품을 선적하거나 또는 그 대신 선적된 물품을 조달할 수 있는 것으로 규정하고 있다. 동 조건에서 조달에 관한 규정이 적용된 조건은 해상운송인 FAS, FOB, CFR, CIF이다.

✦물품이 컨테이너에 적입된 경우에는 FAS조건이 아니라 FCA조건이 사용되어야 한다.

물품이 컨테이너에 적재되는 경우에는 매도인이 물품을 선측이 아니라 터미널에서 운송인에게 인계하는 것이 전형적이다. 이러한 경우에, FAS 조건은 부적절하며, FCA 조건이 사용되어야 한다. (Unit Price : USD100/per ton FAS Busan Port Pier 2, Korea)

FAS 조건에서 당사자의 의무

수출자의 의무	수입자의 의무
계약내용과 일치하는 상업송장, 포장명세서, 품질, 수량 등에 관한 검사증명서, 무고장 부두수령증 또는 이와 동등한 전자통신문을 제공	자신의 위험과 비용부담으로 수입허가와 통관절차, 운송계약을 체결이행
자신의 위험과 비용부담으로 수출허가, 기타 공적인 승인취득, 수출통관절차 이행	자신의 비용부담으로 목적항까지 운송계약을 체결하고 수출자에게 선박명, 적재장소, 시기을 통보
수입자의 요청과 비용 및 위험부담으로 영사송장, 원산지 증명서 등 수입 또는 제3국으로의 통과에 필요한 서류와 유통성 선화증권, 비유통성 해상화물운송장 등의 서류를 취득할 수 있도록 협조	수출자에게 통지불이행, 지정선박의 입항지연이나 물품수령불이행이 발생할 경우 합의한 인도기일로부터 발생하는 모든 비용과 위험을 부담
항구까지 내륙운임과 선측까지의 부두운임을 부담해야 한다.	선측에서 본선에 적재되는 선적비용부담

FAS조건에서 부선을 사용하는 작업일 경우 부선의 사용료는 당연히 수출자가 부담하여야 하며 선측까지 화물을 운반하기 전에 부선에서 사고가 발생하면 사고비용 책임을 수출상이 져야한다. 그러나 당사자들이 매수인이 물품의 수출통관을 이행할 것을 원하는 경우에는 매매계약상에 이러한 취지의 명시적인 문언을 추가함으로써 이를 명확히 하여야 한다.

FAS 조건은 일반화물의 운송에는 그다지 이용되지 않으며 화물의 종류에 따라 선박의 형태가 결정되는 운송에 많이 사용된다. 이는 FOB와 마찬가지로 선박지정(nomination)이 매수인에 의하여 이루어지므로 선적비용이 많이 들고 컨테이너 방식을 사용하기 곤란한 원맥, 원목, 원사 등 선적비용이 많이 드는 대량의 덩어리 화물(bulk cargo)에 자주 쓰인다.

물품이 컨테이너에 적입된 경우, 매도인은 물품을 본선의 선측이 아니라 터미널에서 운송인에게 인도하는 것이 보통이다. 이러한 상황에서는 FAS조건은 부적합하며 FCA조건이 사용되어야 한다. (거래조건 표기의 예 : FAS+지정 선적항 ; FAS Pusan)

✦FOB Pusan Stowed & Trimmed으로 계약할 경우, 상당히 신중한 계약 조건인 듯 보이지만 분쟁을 해결해야 하는 사고 관련 당사자들이나 ICC 입장에서 보면 대단히 모호한 계약이다. 비용만 부담한다는 것인지 사고 시 위험까지 부담한다는 것인지 분명히 표기하고 있지 않기 때문이다. 따라서 ICC는 이것 역시 사용하지 말 것을 권하고 있다.

(4) FOB(Free On Board...named port of shipment ; 본선 인도조건)

매도인이 지정된 선적항에서 매수인이 지정한 본선의 갑판에 물품을 적재하여 인도하거나 또는 이미 그렇게 적재되어 매도인에게 인도된 물품을 매수인에게 조달하는 조건을 의미한다.

이 조건하에서 물품에 대한 멸실이나 손상에 대한 위험은 물품이 본선의 갑판에 적재된 때에 이전되며 매수인은 이 순간부터 모든 비용을 부담한다. 이는 수입자가 그 지점으로부터 물품에 대한 모든 비용과 멸실 또는 손상의 위험을 부담하여야 한다는 것을 의미하며 수출상의 책임이 물품을 본선갑판에 적재하는 것과 동시에 면제된다.

본선인도 조건은 매도인이 물품의 수출통관을 이행할 것을 요구하고 있으며 이 조건은 해상 또는 내수로 운송에만 사용할 수 있다.

FOB조건은 예를 들면 통상 터미널에서 인도되는 컨테이너화물과 같이 물품이 본선에 적재되기 전에 운송인에게 인도되는 경우에는 적합하지 않을 수 있다. 이러한 경우에서는 FCA조건을 사용하여야 한다.

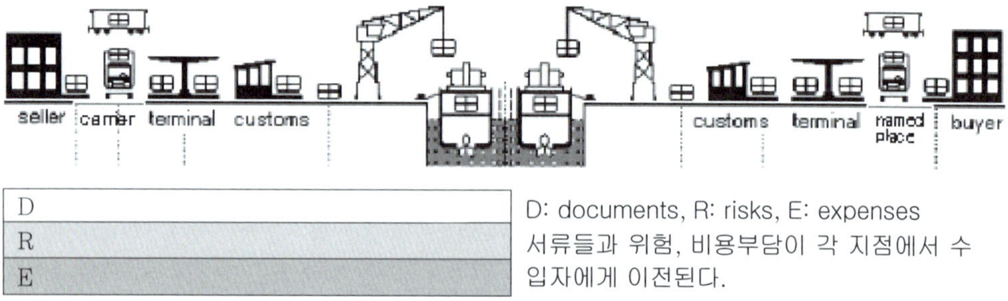

D: documents, R: risks, E: expenses
서류들과 위험, 비용부담이 각 지점에서 수입자에게 이전된다.

위험이전	비용이전	수출통관	비고
본선에 적재 되었을 때	본선에 적재	매도인	운송수단 수배는 매수인

FOB조건은 수입상이 선박을 수배하여 수출상에게 지정하는 것이 원칙이나 실무상 수입상을 대신하여 수출상이 배를 수배하기도 한다. 저렴한 해상운임, 빠른 항해일정, 적시에 출항하는 배를 쉽게 수배하는 쪽이 누구냐에 따라 실제 업무가 이루어진다. 또 FOB 조건은 CIF 조건과 함께 가장 많이 사용하는 조건이다. 지정 선적항에서 매수인이 지정한 선박의 갑판상에 물품이 적재될 때 매도인의 물품에 대한 위험과 비용의무가 종료된다.

FOB 조건에서 당사자의 의무

수출자 의무	① 계약내용과 일치하는 상업송장 및 제반 서류 제공 / 자신의 비용부담으로 수출허가, 통관, 컨테이너세, 기타 부과금 납부 ② 수입자의 요청과 비용 및 위험부담으로 영사송장, 원산지 증명서 등 수입 또는 제3국으로의 통과에 필요한 서류와 유통성 선화증권, 비유통성 해상화물운송장 등의 서류를 취득할 수 있도록 협조
수입자 의무	① 수출자에게 통지불이행, 지정선박의 입항지연이나 물품수령불이행이 발생할 경우, 합의한 인도기일로부터 발생하는 모든 비용과 위험을 부담 ② 본선적재비가 운송비에 포함된 경우 적재비용, 도착항의 양륙비 지급 / 물품이 본선의 갑판에 적재된 이후의 추가비용과 위험을 부담 / 목적항까지 운임과 보험 등 일체의 경비 부담 ③ 자신의 비용부담으로 목적항까지 운송계약을 체결하고 수출자에게 선박명, 적재장소, 시기를 통보(선박의 지정과 운송계약체결권이 있음)

FOB 뒤에 구체적 장소를 함께 적어야 명확한 조건이 된다. 물품의 소유권은 선적이 완료됨과 동시에 수입상에 귀속된다. 운송, 운임 계약은 수입상이 체결하고 이에 따른 비용은 수입상이 부담한다. 단, 수출상이 운송계약을 위임하는 경우, 당사자간 합의가 있으면 각 계약의 개별조건이 우선한다.

▌FOB조건의 유의점

INCOTERMS 2000에서는 물품이 본선의 난간을 통과할 때(passing ship's rail) 매도인의 의무가 종료되는 것으로 규정하고 있지만 INCOTERMS 2010에서는 동조항이 삭제되고 본선상의 갑판(on board the vessel)으로 규정되어 있음을 유의하여야 한다.(USD100/pc FOB Busan Port, Korea) 또 FOB 조건은 일부 국가에서 다른 의미를 가질 수 있다. 미국과 거래의 경우에는 특히 FOB 조건에 대해서 신중해야 할 필요가 있다. 미국에서는 실무적으로 FOB 조건이 없지만, 국제무역 조건정의와 미국통일상사법전에 의해 존재하고 있으며, 미국의 FOB 조건은 국제상업회의소가 규정하고 있는 수출항 본선인도(FOB Vessel)조건에 더 가깝다.

(5) CFR(Cost and Freight ;...named port of destination 운임포함조건)

✦선적장소의 선택권 : 매수인은 인도장소의 정확한 지점을 지정할 의무가 있다. 만약 그 의무를 불이행할 경우에도 매수인은 매도인에게 그 지점을 선택할 권리를 부여할 수 있다.

운임포함인도조건은 매도인이 본선의 갑판상에 물품을 인도하거나 또는 이미 그렇게 인도된 물품을 조달하는 조건이다. 이 조건은 FOB의 변형조건으로 FOB조건에 운임만을 추가한 것이다.(FOB+지정목적항까지 운임을 매도인이 부담=CFR) 따라서 물품이 선적항에서 본선에 안전하게 적재한 이후 물품의 손상이나 멸실에 대한 위험부담이 수출상에서 수입상으로 이전된다. 선적을 마칠 때까지 발생하는 모든 비용과 지정된 목적항까지 물품을 운송하는 데 소요되는 운임을 수출상이 부담한다.

이 조건의 특징은 위험의 분기점과 비용의 분기점이 서로 다른 장소에서 이전된다. 그래서 화물이 정상적으로 인도된 후 운송과정에서 발생하는 비용과 운송 중 사고는 수입상이 책임을 지며 도착지에서의 화물의 하역비용은 수입자가 부담한다.(정기선인 경우는 포함)

그러므로 양 당사자들은 위험이 매수인에게 이전되는 이전장소와 매도인이 지정목적지까지 운송계약을 체결해야 하는 두 장소를 계약서상에 가능한 한 명확하게 특정해 두어야 한다. 계약서상에는 항상 목적항 내의 명시된 지점을 명확하게 기재해야 하는 반면에 선적항은 명시하지 않을 수 있는데 선적항은 매수인에게 위험이 이전되는 곳이고 목적항은 매도인의 비용부담의 마지막 지점이기 때문이다. 만약 선적항 내 명시된 지점에서 매도인이 양륙비를 지출한 경우에, 매도인은 매수인과 달리 합의되지 않았다면, 매도인은 양륙비를 매수인에게 구상할 수 없다.

✦CFR 조건을 복합운송으로 변경할 때에는 CPT 조건으로 대체할 수 있다

CFR조건은[12] 물품이 본선에 적재되기 전에 운송인에게 인도되는 경우, 예를 들면 통상 터미널에서 인도되는 컨테이너화물의 경우에는 적합하지 않을 수 있다. 항공운송이나 복합운송방식 및 계약 당사자들이 물리적인 본선 난간(ship's rail)을 기준으로 물품을 인도할 의도가 없을 시에는 CPT조건을 사용하여야 한다.

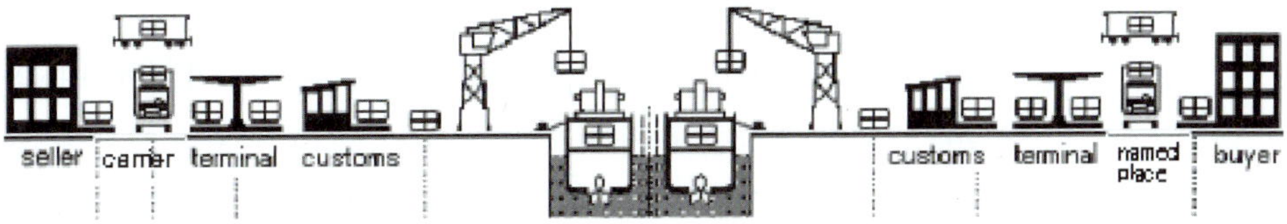

D documents	서류들과 위험, 비용부담이 각 지점에서 수입자에게 이전된다.
R risks	
E expenses (목적항까지 운임)	

위험이전	비용이전	수출통관	비고
본선에 적재 되었을 때	본선에 적재	매도인	운송수단 수배는 매수인

이 조건은 해상 및 내수로 운송에서만 사용할 수 있다. CFR 조건을 복합운송으로 변경할 때에는 CPT 조건으로 대체 가능하다.(Unit Price : USD100/pc CFR Singapore) CPT, CIP, CFR 또는 CIF 조건이 사용되는 경우, 매도인은 선택된 규칙에서 명시한 방법에 따라 운송인에게 물품을 인도할 때, 인도의 의무를 다하는 것이며 물품이 목적지에 도착했을 때 그런 것은 아니다.(거래조건 표기 예 ; CFR+지정 목적항 ; CFR New York)

CFR 조건에서 당사자의 의무

수출자의 의무	① 수출자의 부담으로 목적항까지 물품의 운송계약체결 및 운임부담 ② 계약내용과 일치하는 물품을 선적항의 본선 갑판상(on board)에서 인도 ③ 계약내용과 일치하는 상업송장 및 목적항까지의 무사고 운송서류(유통성 선화증권, 해상화물운송장, 내수로 운송서류 등)을 지체없이 제공하고 모든 서류는 당사자간 합의로 전자통신문으로 대체가능 ④ 자신의 비용부담으로 수출허가, 통관, 컨테이너세, 기타 부과금 납부 ⑤ 도착지에서의 하역비용 불포함 ⑥ 인도장소의 정확한 지점 지정
수입자의 의무	① 목적항에서 양륙비가 운임에 포함되어 있지 아니할 경우에는 양륙비를 지급 ② 매도인에 대한 통지불이행으로 인하여 발생하는 모든 위험과 추가적인 비용을 지급 ③ 상업송장, 운송서류 및 보험서류가 도착하면 이를 승낙하고 도착항에서 물품을 수령

(6) CIF(Cost, Insurance and Freight ...named port of destination; 운임보험료 포함조건)

✦CIF조건에서 보험계약을 체결할 때에는 보험계약자와 피보험자가 모두 매도인으로 동일하지만 선적 후에는 보험증권에 배서하여 보험금청구권리를 매수인에게 양도하므로 최종적인 피보험자는 매수인으로 달라짐

CIF조건은 매도인이 본선의 갑판상에 물품을 인도하거나 또는 이미 그렇게 인도된 물품을 조달하는 조건이다. FOB 조건에서 수출자가 운임(단 도착지 하역료는 수입자가 부담), 보험료를 추가 부담하는 조건으로 매도인이 본선 갑판상에서 물품을 인도하거나 또는 이미 그렇게 인도된 물품을 조달하는 것을 의미한다.(CFR+해상보험료를 매도인이 부담=CIF)

물품에 대한 멸실이나 손상에 대한 위험은 물품이 본선의 갑판상에 인도된 때에 이전된다. 매도인은 운송계약을 체결해야 하고 물품을 지정목적지로 가져오는데 필요한 비용과 운임을 지불하여야 한다. 그리고 이때 수출자는 담보가 최소인 보험으로 부보하는 것이 통례이므로 수입자가 보다 더 큰 담보조건으로 보호를 받고자 원할 때에는 수출자와 이에 상당하는 명시적인 합의를 하거나 또는 수입자 스스로 별도의 보험약정을 체결하여야 할 필요가 있다. 보험계약을 체결할 때는 보험계약자와 피보험자가 모두 매도인으로 동일하다. 그러나 선적 후에는 보험증권에 배서하여 보험금청구권리를 매수인에게 양도하므로 최종

적인 피보험자는 매수인으로 달라진다. 물론 운송계약에서 따로 보험료를 수입자가 부담하기로 한 경우는 수입자가 부담한다.

사고시 보험이익의 수혜는 수출항의 본선 적재 이전에 발생한 사고보험이익은 수출상이, 그 이후는 수입상이 받는다. 이 조건은 해상 및 내수로 운송에 만 사용될 수 있다. 만약 CIF 조건을 복합운송으로 변경할 때에는 CIP 조건으로 대체 가능하다.(Unit Price : USD100 /pc CIF New York Port, USA)

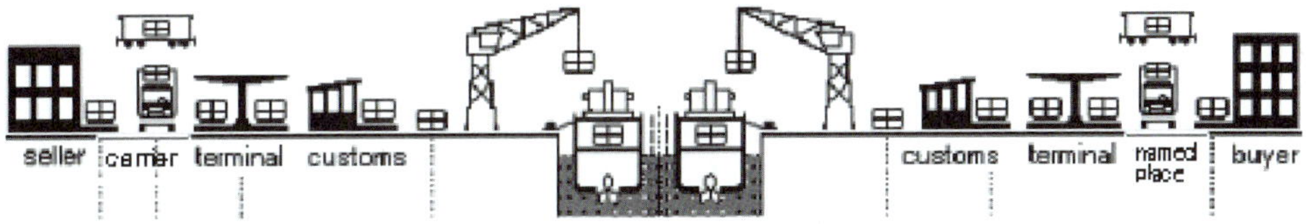

D documents
R risks
E expenses (목적항까지 운임)

서류들과 위험, 비용부담이 각 지점에서 수입자에게 이전된다.

위험이전	비용이전	수출통관	비고
본선에 적재되었을 때	매도인은 적재시까지 모든 비용과 목적항 까지의 운임, 보험료 정기선의 경우 양화비까지 부담	매도인	보험계약자 : 매도인 피보험자 : 매수인 매도인이 매수인의 위험에 대한 부보

CPT, CIP, CFR 또는 CIF 조건이 사용되는 경우, 매도인은 선택된 규칙에서 명시한 방법에 따라 운송인에게 인도할 때, 인도의 의무를 다하는 것이며 물품이 목적지에 도착했을 때 그런 것은 아니다. 위험의 분기점과 비용의 분기점이 서로 다른 장소에서 이전되기 때문이다.

CIF 조건에서 당사자의 의무

수입자의 의무	① 목적항에서 양륙비가 운임에 미포함된 경우, 양륙비를 지급 ② 매도인에 대한 통지불이행으로 발생하는 모든 위험과 추가적인 비용을 지급 ③ 상업송장, 운송서류 및 보험서류가 도착하면 이를 승낙하고 도착항에서 물품을 수령
수출자의 의무	① 수출자의 부담으로 목적항까지 물품의 운송계약체결 ② 계약내용과 일치하는 물품을 선적항의 본선 갑판상(on board)에서 인도 ③ 계약내용과 일치하는 상업송장 및 목적항까지의 무사고 운송서류(유통성 선화증권, 해상화물운송장, 내수로운송서류 등)을 빨리 제공하고 모든 서류는 합의로 전자통신문으로 대체가능 ④ 자신의 비용부담으로 수출허가, 통관, 컨테이너세, 기타 부과금 납부 ⑤ 자신의 비용부담으로 최소담보조건인 ICC(C), ICC(FPA)으로 물품대금의 110%한도 까지 계약상의 통화단위로 부보(전쟁, 동맹파업, 소요 및 폭동위험에도 부보) ⑥ 선적항에서 물품의 본선적재비(loading costs) 부담하고 단, 정기선의 경우 목적항에서 양륙비가 운임에 포함되어 있으면 이것도 지급

그러므로 양 당사자들은 위험이 매수인에게 이전되는 이전장소와 매도인이 지정목적지까지 운송계약을 체결해야 하는 두 장소를 계약서상에 가능한 한 명확하게 특정해 두어야 한다. 계약서상에는 항상 목적항을 명시해야 하는 반면에 선적항은 명시하지 않을 수 있는데 선적항은 매수인에게 위험이 이전되는 곳이고 목적항은 매도인의 비용부담의 마지막 지점이기 때문이다.(목적항 내 지점을 명확하게 표시)

CIF조건은 물품이 본선에 적재되기 전에 운송인에게 인도되는 경우, 예를 들면 통상 터미널에서 인도되는 컨테이너화물의 경우에는 적합하지 않을 수 있다. 이러한 상황에서는 CIP조건을 사용하여야 한다.

(7) CPT(Carriage Paid To ; 운임지급인도조건)

✦CPT 조건은 위험의 분기점과 비용의 분기점이 서로 다르다.

이 조건은 양 당사자가 합의한 어떠한 장소가 있는 경우 매도인이 지정한 운송인이나 그 밖의 당사자에게 물품을 인도하는 것을 의미하며, 매도인은 운송계약체결과 지정된 목적지로 물품을 운송하는데 필요한 운송비를 부담하여야 한다.(FCA + 지정목적지까지의 운송비를 부담(목적지는 해상이 아니라 내륙의 어느 합의된 지점) = CPT) 이는 매도인이 스스로 지정한 운송인에게 물품을 인도하되, 다만 지정된 목적지까지 물품을 운반하는데 필요한 운송비를 추가로 지급하여야 한다는 것을 뜻한다. 물품이 그렇게 인도된 이후에 발생하는 모든 위험과 기타 모든 비용을 매수인이 부담하여야 한다.(매도인이 뉴욕공항까지 운송비를 부담하는 조건으로 개당 100달러 : USD100/pc CPT New Yoork Airport, USA)

합의된 목적지까지의 운송을 위하여 여러 운송인이 참여하고, 또 당사자가 특정의 인도지점을 합의해 두고 있지 않은 경우에는 매도인이 선택하는 지점에서 물품이 최초의 운송인에게 인도된 때에 위험이 이전된다. 그 이후의 단계(예를 들면 항구 또는 공항)에서 위험을 이전하고자 하는 경우에는 계약서상에 이를 명시하여야 한다. 당사자들은 합의된 목적지 내의 지점을 가급적 정확하게 지정하는 것이 바람직하다. 그러한 지점까지의 비용은 매도인이 부담하기 때문이다. 매도인은 운송계약을 체결해야 하며 이 조건을 정확하게 일치시켜야 한다.

이 조건은 Carriage Paid To (…지정장소)의 의미이므로 CPT조건은 복합운송을 포함하여 어떠한 운송형태에도 사용할 수 있다. 복합운송의 경우 최초의 운송인에게 물품이 인도된 시점에서 수입상에게로 위험부담이 이전된다.

(가) 해상

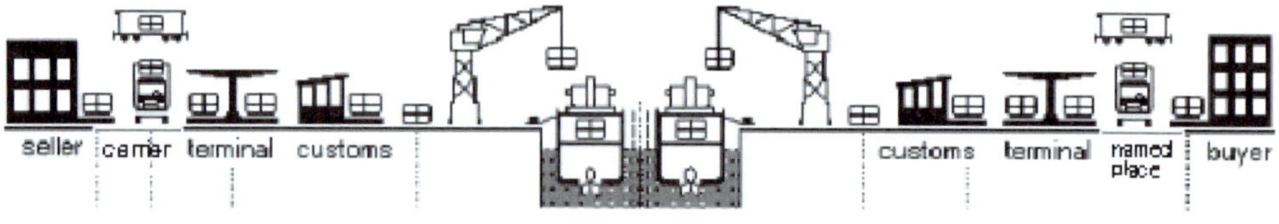

D documents	
R	서류들과 위험, 비용부담이 각 지점에서 수입자에게 이전된다. R : risks
E expenses (도착지 운임)	

(나) 항공

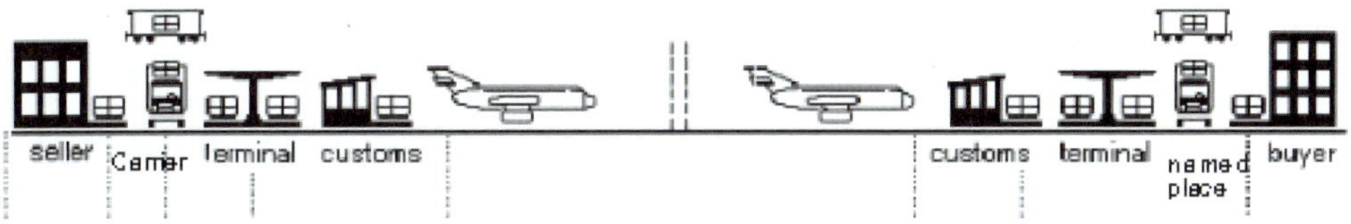

D documents	
R	서류들과 위험, 비용부담이 각 지점에서 수입자에게 이전된다. R : risks
E expenses (도착지 운임)	

(다) 철도운송

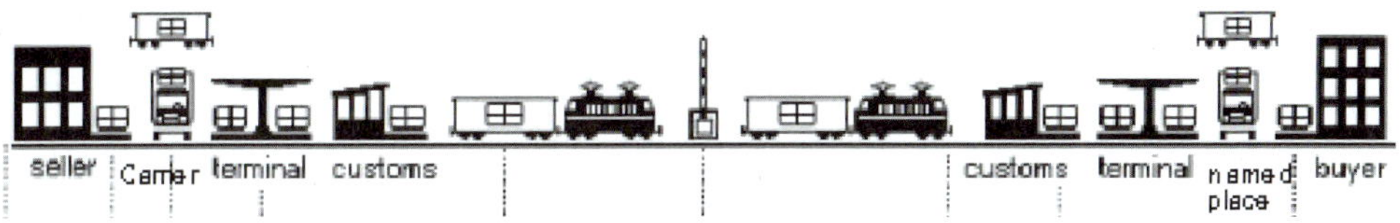

D documents	
R	서류들과 위험, 비용부담이 각 지점에서 수입자에게 이전된다. R : risks
E expenses (도착지 운임)	

(라) 도로운송

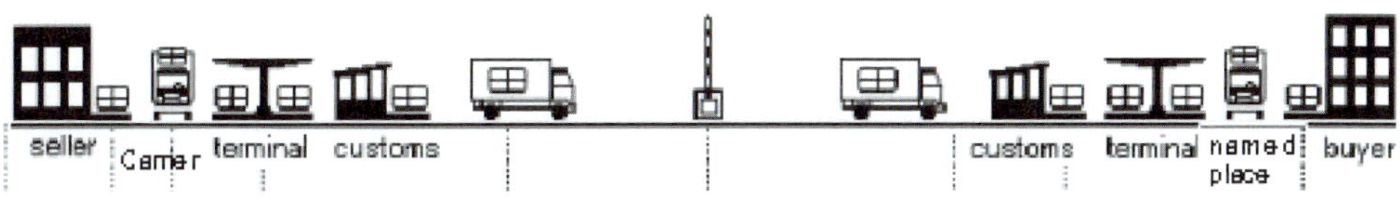

D documents	
R	서류들과 위험, 비용부담이 각 지점에서 수입자에게 이전된다. R : risks
E expenses (도착지 운임)	

위험이전	비용이전	수출통관	비고
물품이 지정 목적지까지 운송할 운송인의 보관하에 두는 경우, 복합운송의 경우, 최초 운송인에게 물품이 인도되었을 때	매도인은 물품이 인도될 때까지의 모든 비용과 지적된 목적지 까지의 운임 부담	매도인	지정 목적지까지의 운송수단 수배와 운송비용은 매도인 부담

CPT 조건에서 당사자의 의무

수입자의 의무	① 목적항에서 양륙비가 운임에 포함되어 있지 아니할 경우에는 양륙비를 지급 ② 매도인에 대한 통지불이행으로 인하여 발생하는 모든 위험과 추가적인 비용을 지급 ③ 상업송장 및 운송서류가 도착하면 이를 승낙하고 도착항에서 물품을 수령
수출자의 의무	① 수출자의 부담으로 목적항까지 물품의 운송계약체결 ② 수출상이 지정한 운송인이나 최초 운송인에게 인도 ③ 계약내용과 일치하는 상업송장 및 목적항까지의 무사고 운송서류(유통성 선화증권, 해상화물운송장, 내수로운송서류 등)을 지체없이 제공하고 모든 서류는 당사자간 합의로 전자통신문으로 대체가능 ④ 자신의 비용부담으로 수출허가, 통관, 컨테이너세, 기타 부과금 납부 ⑤ 선적항에서 물품의 본선적재비(loading costs) 부담하고 단, 정기선의 경우 목적항에서 양륙비가 운임에 포함되어 있으면 이것도 지급 ⑥ 복합운송의 경우 최초 운송인에게 인도된 시점에서 수입상에게로 위험부담이 이전

이 조건은 화물이 인도될 때까지의 모든 비용, 선적비, 도착지에서의 하역비 포함 모든 운송 비용(수출 통관비용 포함)은 매도인이 부담하여야 하나 단 운송계약에서 따로 매도인(수출자)이 부담하기도 되어 있지 않은 한 도착지 하차비용은 수입자가 부담한다.
매도인은 지정목적지에서의 양화와 관련하여 운송계약하에서 비용을 부담하는 경우에도 양 당사자 사이에 별도의 합의가 없는 한, 매도인은 이러한 비용을 매수인으로부터 회수할 권리가 없다.

(8) CIP(Carriage and Insurance Paid ; 운임보험료지급인도조건)

✦CIP 조건은 CPT+ 보험계약체결의무임

운임보험료지급조건은 매도인이 합의된 장소에서(양 당사자가 합의한 어떤 장소가 있는 경우) 매도인이 지정한 운송인이나 그 밖의 당사자에게 물품을 인도하는 조건이다. 이 조건하에서 매도인은 운송계약을 체결해야 하고 지정된 목적지로 물품을 가져오는데 필요한 운송비를 지불한다. 또한 CIP조건하에서 매수인은 매도인에게 최소부보조건으로 보험을 취득하도록 요구하므로 매도인은 물품의 운송 중에 발생하는 물품의 멸실 또는 손상에 대비 보험에 가입하여 운송 중 물품의 멸실과 손상위험을 보상할 보험상품에 부보한 후, 물품을 인도하면 계약의 의무가 완료된다. 그러므로 수출자는 최소 담보조건인 ICC(C), ICC(FPA) 조건으로 보험을 부보하기 때문에 수입자는 이를 주지할 필요가 있고, 만약 수입자가 확장담보를 원하면 수출자와 명시적으로 합의를 하거나 수입자 자신이 추가로 보험 수배를 해야 한다.

(가) 해상

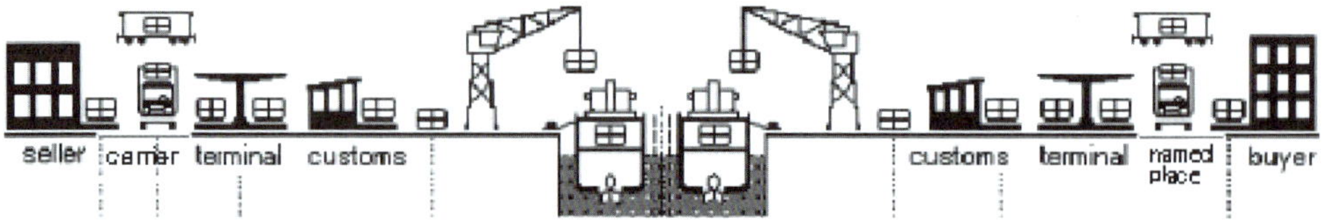

D documents
R risks 서류들과 위험, 비용부담이 각 지점에서 수입자에게 이전된다.
E expenses (보험비용포함)

(나) 항공

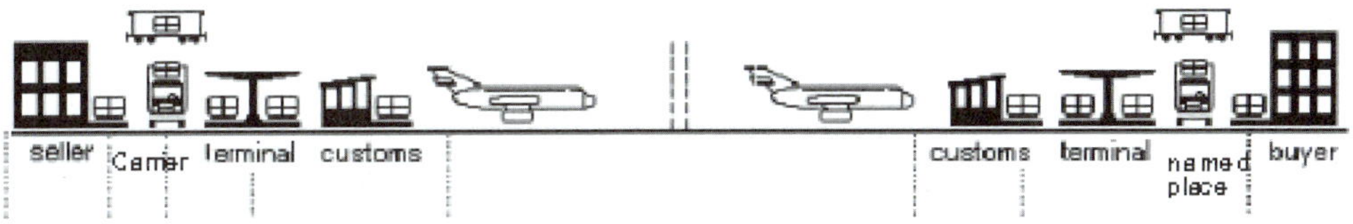

D documents
R risks 서류들과 위험, 비용부담이 각 지점에서 수입자에게 이전된다.
E expenses (보험비용포함)

(다) 철도운송

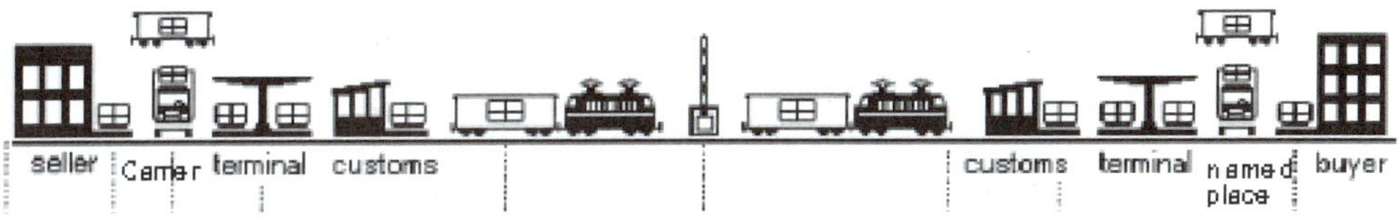

D documents
R risks 서류들과 위험, 비용부담이 각 지점에서 수입자에게 이전된다.
E expenses (보험비용포함)

(라) 도로운송

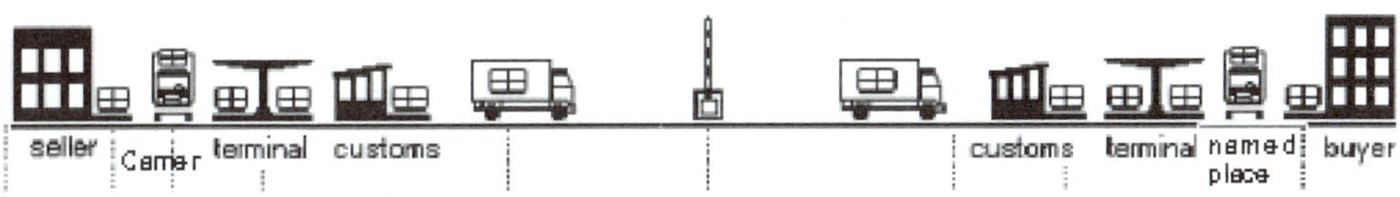

D documents
R risks 서류들과 위험, 비용부담이 각 지점에서 수입자에게 이전된다.
E expenses (보험비용포함)

위험이전	비용이전	수출통관	비고
물품이 지정 목적지까지 운송할 운송인의 보관하에 두는 경우, 복합운송의 경우, 최초 운송인에게 물품이 인도되었을 때	매도인은 물품이 인도될 때까지의 모든 비용과 지정된 목적지 까지의 운임과 보험료 부담	매도인	지정 목적지까지의 운송수단 수배와 운송비용은 매도인 부담

이 조건은 원칙적으로 CIF와 같은 조건으로서 CPT와 유사하다. CIF조건을 복합운송방식으로 변경할 때 사용할 수 있으며 CPT조건과 비교시 해상수출상이 수입상을 위하여 적화보험의 보험가입 의무와 보험료를 부담한다는 것이 다르다.(CPT + 보험계약체결의무 = CIP, 매도인이 뉴욕공항까지 운송비와 보험료를 부담하는 조건으로 개당 100달러 : USD100/pc CIP New Yoork Airport, USA)

CIP 조건에서 당사자의 의무

수입자의 의무	① 목적항에서 양륙비가 운임에 포함되어 있지 아니할 경우에는 양륙비를 지급 ② 매도인에 대한 통지불이행으로 인하여 발생하는 모든 위험과 추가적인 비용을 지급 ③ 물품이 운송인에게 인도되고 상업송장 및 운송서류가 도착하면 이를 승낙하고 도착항에서 물품을 수령
수출자의 의무	① 수출자의 부담으로 목적항까지 물품의 운송계약체결 ② 자신이 지정한 운송인이나 최초 운송인에게 인도 운송료 및 모든 운송비용 지불 ③ 계약내용과 일치하는 상업송장(commercial invoice) 및 목적항까지의 무사고 운송서류(유통성 선화증권, 해상화물운송장, 내수로운송서류 등)을 지체없이 제공하고 모든 서류는 당사자간 합의로 전자통신문으로 대체가능 ④ 자신의 비용부담으로 수출허가, 통관, 컨테이너세, 기타 부과금 납부 ⑤ 자신의 비용부담으로 최소담보조건으로 물품대금의 110%한도 까지 계약상의 통화단위로 부보(전쟁, 동맹파업, 소요 및 폭동위험에도 부보) ⑥ 선적항에서 물품의 본선적재비(loading costs) 부담하고 단, 정기선의 경우 목적항에서 양륙비가 운임에 포함되어 있으면 이것도 지급

CIP와 CFR, CIF, CPT를 포함하는 C조건의 특징은 결제방법이 일반적으로 화환신용장을 사용한다. 화환신용장하에서 수출자는 은행에 합의된 선적서류를 제시함으로써 대금을 결제받는다. 그런데 화환신용장하에 대금결제가 이루어진 순간 이후 또는 물품을 선적 및 발송한 후 추가위험이나 추가비용을 수출자가 부담하여야 하는 것은 화환신용장의 본래 목적에 상충된다. 따라서 선적 및 발송 이후 발생되는 사건으로부터 초래되는 추가비용은 수입자가 부담하여야 한다.

만약 수출자가 관세, 조세 및 기타 수수료의 지급을 포함하는 운송계약을 제공해야 하는 경우에는 물론 그러한 비용을 매도인이 부담하여야 한다. 합의된 도착지에 도달하기 위해 중간 장소에서 물품의 환적을 수반하는 다수의 운송계약을 체결하는 것이 관례인 경우, 수출자는 물품이 어떤 운송용구로부터 다른 운송용구로 환적될 때 발생하는 여하한 비용을 포함하여 모든 비용을 지불하여야 하나 운송인이 예상치 못한 장애물(예를 들어 얼음, 혼잡, 노동분규, 전쟁 또는 전쟁에 준하는 작전)을 피하기 위하여 환적가능문구를 명시하고, 이에 따라 운송인이 마땅한 권리의 행사로 환적을 했을 경우 그로부터 발생하는 추가비용은 수입자가 부담한다. 이는 매도인의 통상적인 의무가 운송계약을 체결하는 것으로 제한되기 때문이다. 또한 정기선에 의한 운송을 하는 경우는 통상 정기선운임에 하역비가 포함되므로 하역비는 수출자가 부담한다.

(9) DDP(Delivered Duty Paid ; 관세지급인도조건)

✦DDP 조건은 DAP+ 수입관세 및 어떠한 부가가치세나 기타 세금지급

관세지급인도 조건은 매도인이 지정목적지에서 물품을 수입통관하고, 지정된 목적지에 도착하는 모든 운송수단으로부터 양화하지 아니한 상태로 매수인에게 인도하는 조건이다.(DAP + 수입관세 및 어떠한 부가가치세나 기타 세금지급 = DDP)

EXW 조건이 매도인에 대한 최소 의무를 나타내는 반면에, 관세지급인도 조건은 최대 의무를 나타낸다. 매도인은 적용 가능한 경우 수출통관뿐만 아니라 수입통관의무도 있으며 목적지 국가에서의 수입통관을 위한 모든 관세를 포함하여 목적지까지 물품을 운반하는데 수반되는 모든 비용과 위험을 부담하여야 한다. 이때, 수입신고의무자는 매수인이다. 이 조건은 매도인이 직접 또는 간접적으로 수입허가를 취득할 수 없는 경우에 사용되어서는 아니 된다.

(가) 해상

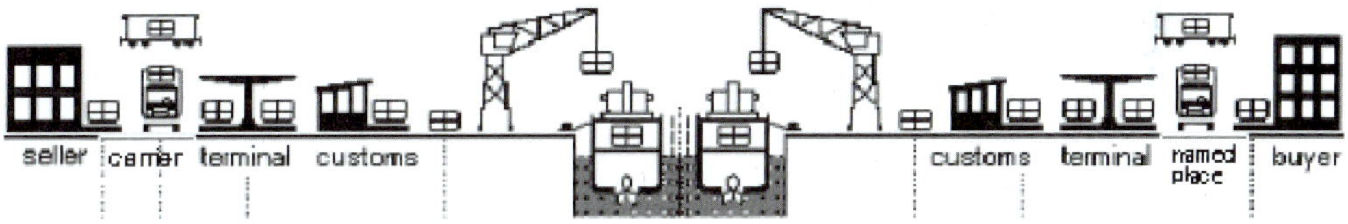

D documents
R risks
E expenses 서류들과 위험, 비용부담이 각 지점에서 수입자에게 이전된다.

(나) 항공

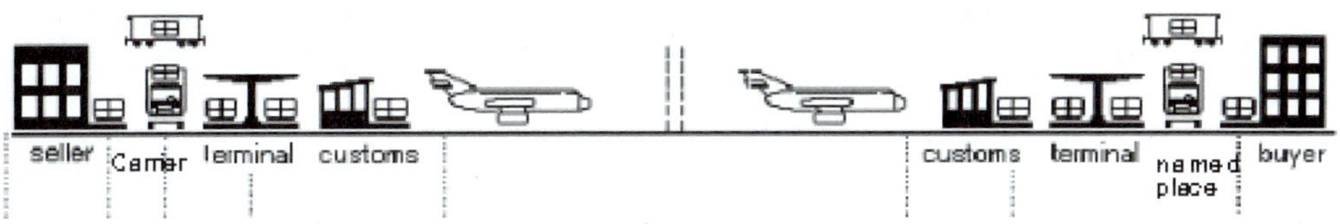

D documents
R risks
E expenses 서류들과 위험, 비용부담이 각 지점에서 수입자에게 이전된다.

(다) 철도운송

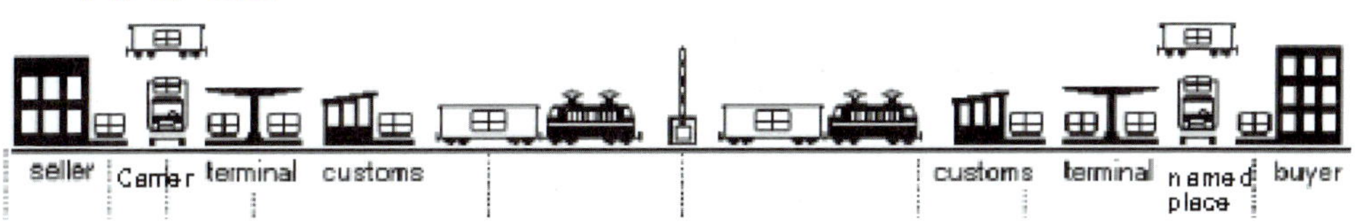

D documents
R risks
E expenses 서류들과 위험, 비용부담이 각 지점에서 수입자에게 이전된다.

(라) 도로운송

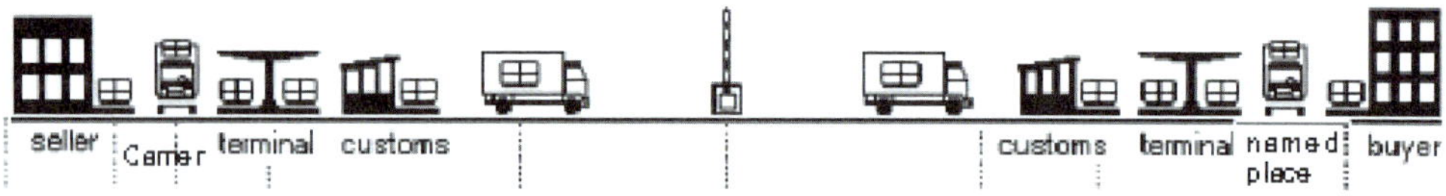

D documents
R risks
E expenses 서류들과 위험, 비용부담이 각 지점에서 수입자에게 이전된다.

위험이전	비용이전	수출통관	비고
물품이 수입통관되어 수입국 내 지점 및 목적지에서 양화하지 않고 매수인의 임의처분하에 인도되었을 때	매도인은 물품이 인도될 때까지의 모든 비용과 수입통관비용, 관세, 조세, 부과금 부담	매도인이 수출/수입통관	통관시 수입신고의무자는 매수인

그러나 당사자들이 물품의 수입시에 지급되는 비용의 일부(예컨대 부가가치세)를 매도인의 의무사항에서 제외할 것을 원하는 경우에는, 매매계약상에 이러한 취지의 명시적인 문언을 추가함으로써 이를 명확하게 하여야 한다. 당사자가 매수인이 수입에 따른 모든 위험과 비용을 부담할 것을 원하는 경우에는, DAP 조건을 사용하여야 한다.

DDP 조건에서 당사자의 의무

수출자의 의무	① 계약내용과 일치하는 물품을 최종 목적지에서 수입자의 임의처분하에 인도 ② 계약내용과 일치하는 상업송장(commercial invoice) 및 수입자가 지정된 목적지에서 물품을 수령할 수 있는 인도지시서(delivery order) 또는 유통성 선화증권, 해상화물송장, 복합운송서류 제공한다. 이때, 모든 서류는 당사자간 합의로 전자통신문으로 대체가능 ③ 자신의 비용부담으로 수출허가, 수출통관, 수입지에서 수입통관, 수입허가, 조세, 관세, 기타 부가가치세 등을 지급 ④ 국경에서 최종목적지까지의 반입운송비(on-carriage)를 지급
수입자의 의무	① 목적지에서 자신의 임의처분하에 인도된 물품을 수령하고 운송수단으로부터 물품을 양화 ② 물품을 인도받으면 지체없이 약정대금지불

이 조건은 가능한 한 도착지를 정확하게 기재하여야 한다. 만약 도착지가 명확하지 않으면 수출상 임의로, 수입상이 원하는 곳이 아닌 곳에 화물을 하차하여도 책임을 물을 수 없게 되므로, 예를 들면 "Unit Price : USD100/pc CIF New York Port, USA Incoterms 2010" 처럼 정확한 상품의 하차지점을 명시해야 한다.

(10) DAT(Delivered at Terminal ; 도착 터미널 인도 조건)

도착 터미널 인도조건은 매도인이 도착한 운송수단으로부터 일단 양화한 물품을 지정항구나 지정목적지의 지정 터미널에서 매수인이 물품을 임의처분할 수 있도록 매수인에게 인도하는 조건이다. 터미널은 부두, 창고, 컨테이너 야드 또는 도로, 철도, 항공화물 터미널과 같이 덮개의 유무를 불문하고 모든 장소를 포함한다. 따라서 양 당사자들은 가능한 한 합의한 항구 또는 목적지에서의 터미널 지정 또는 경우에 따라 터미널 내에서의 특정 지점을 명확하게 명시하여야 한다. 매도인은 물품을 운송하고 지정항구나 목적지의 터미널에서 양화하는데 필요한 모든 위험을 부담한다. 만일 터미널에서 다른 장소까지 물품을 운송하고 취급하는데 수반되는 위험과 비용을 매도인이 부담하도록 할 때에는 DAP 조건이나 또는 DDP 조건을 사용하여야 한다.

DAT조건은 'INCOTERMS 2010'에서 유일하게 매도인이 물품을 양화까지 해야 할 의무가 있는 조건이다.(매도인이 한국, 부산항의 허치슨터미널에서 물품을 양화하여 매수인의 임의처분상태로 둘 때 까지의 위험과 비용을 부담하는 조건으로 대당 100달러 ; USD100/pc DAT Hutchison Busan Terminal, Busan Port, Korea)

(가) 해상

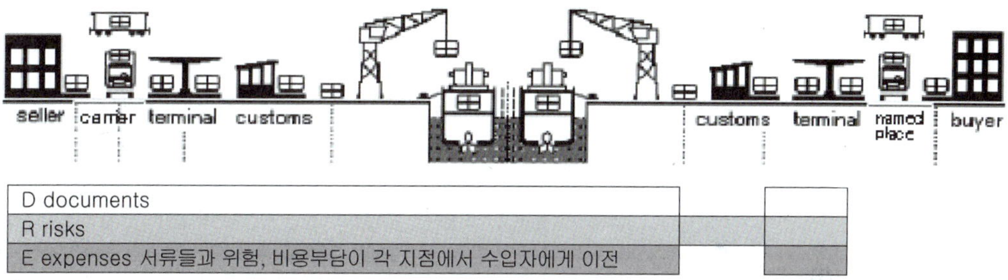

(나) 항공

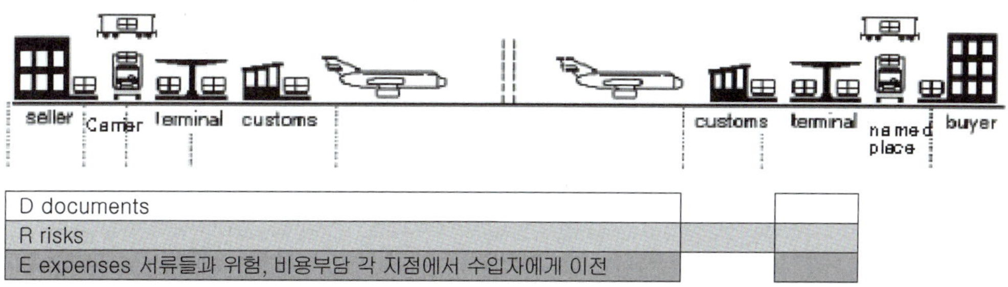

(다) 철도운송

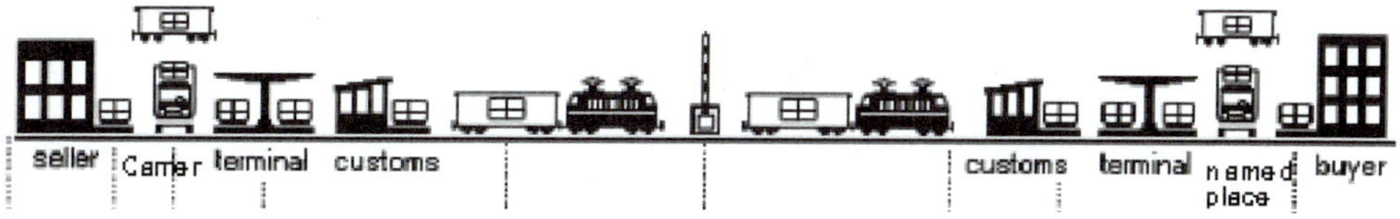

D documents	
R risks	
E expenses 서류들과 위험, 비용부담 각 지점에서 수입자에게 이전	

(라) 도로운송

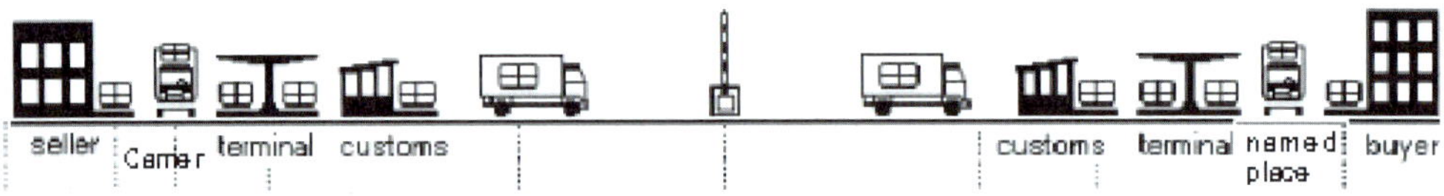

D documents	
R risks	
E expenses 서류들과 위험, 비용부담 각 지점에서 수입자에게 이전	

위험이전	비용이전	수출통관	비고
양화한 물품을 지정 항구나 목적지의 터미널에서 인도될 때	양화한 물품을 지정 항구나 목적지의 터미널에서 인도될 때까지	매도인은 수출통관 매수인은 수입통관	유일하게 매도인이 물품을 양화까지 해야 할 의무가 있는 조건

DAT 조건에서 당사자의 의무

수출자의 의무	① 계약내용과 일치하는 물품을 최종목적지에서 양화하여 수입자의 임의처분하에 인도 ② 물품을 지정항구나 목적지 터미널에서 양화하는데 관련된 모든 위험을 부담 ③ 자신의 비용부담으로 수출허가, 수출통관 ④ 운송계약체결시 목적지에서 터미널의 지점 또는 경우에 따라서 터미널 내에서의 특정 지점을 일치시켜야 함 ⑤ 수입국에서 통관이나 관세지급의무 없음
수입자의 의무	① 목적지에서 자신의 임의처분하에 인도된 물품을 수령 ② 물품을 인도받으면 지체 없이 약정대금 지불 ③ 물품의 수입통관 및 관세지급

(11) DAP(Delivered at Place ; 도착장소 인도 조건)

물품이 지정목적지에서 도착운송수단에 실린 채 양화 준비된 상태로 매수인의 처분하에 놓이는 때에 매도인이 인도한 것을 말한다. 매도인은 물품을 지정목적지로 가져오는데 관련된 모든 위험과 비용을 부담한다.(DAT + 지정목적지에서 물품을 운송수단에서 양화하지 않은 상태로 매수인의 임의처분에 둘 때 매도인의 위험과 비용이 종료 = DAP)

양 당사자들은 가능한 한 합의한 항구 또는 목적지에서의 터미널 지정 또는 경우에 따라 터미널 내에서의 특정 지점을 명확하게 명시하여야 한다. 그 이유는 이 지점까지의 위험을 매도인이 책임지기 때문이다. 이때 지정목적지는 반드시 내륙일 필요는 없다. 즉, 내륙을 포함하여 항구, 공항, 매수인의 구내 등 내륙의 모든 지점이 될 수도 있다. 매도인은 물품을 운송하고 지정항구나 목적지의 터미널에서 양화 하는데 필요한 모든 위험을 부담한다.(Unit Price : USD100/pc DAP Shanghai Port Pier3, Shanghai China)

(가) 해상

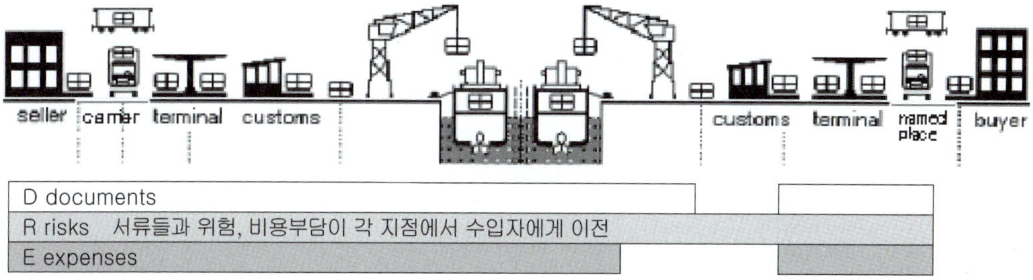

(나) 항공

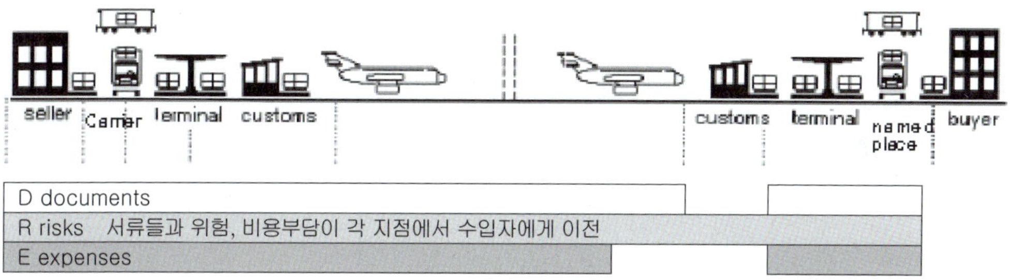

(다) 철도운송

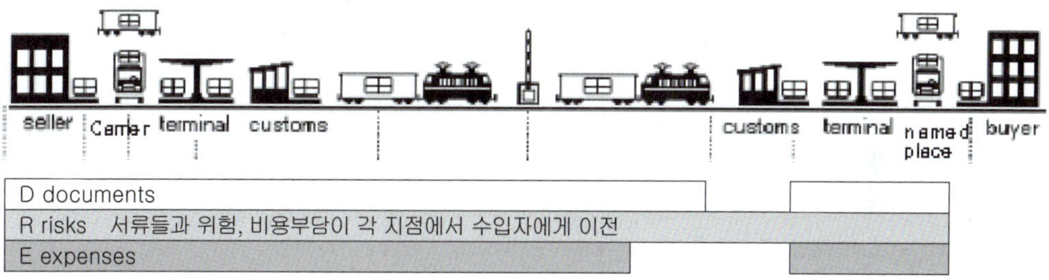

(라) 도로운송

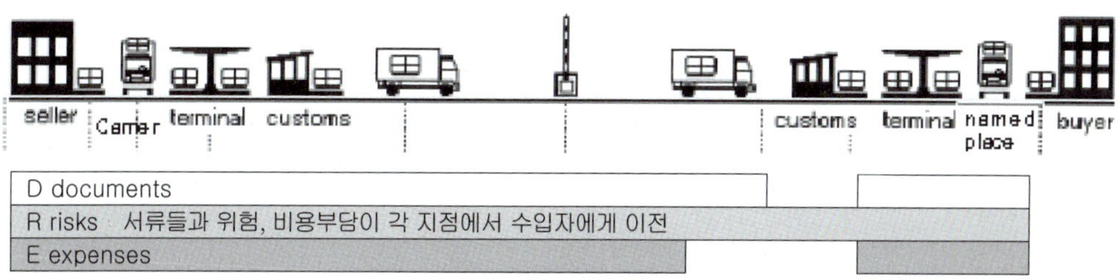

위험이전	비용이전	수출통관	비고
양화한 물품을 지정 항구나 목적지의 장소에서 인도될 때	양화한 물품을 지정 항구나 목적지의 장소에서 인도될 때까지	매도인은 수출통관 매수인은 수입통관	매도인이 물품을 양화까지 해야 할 의무가 없음

DAP 조건에서 당사자의 의무

수출자의 의무	① 계약내용과 일치하는 물품을 최종목적지에서 양화준비가 된 상태로 수입자의 임의처분하에 인도 ② 물품을 지정항구나 목적지로 가져오는데 관련된 모든 위험과 비용을 부담 ③ 자신의 비용부담으로 수출허가, 수출통관 ④ 운송계약체결시 목적지에서 터미널의 지점 또는 경우에 따라서 터미널 내에서의 특정 지점을 일치시켜야 함 ⑤ 수입국에서 통관이나 관세지급 의무 없음
수입자의 의무	① 목적지에서 자신의 임의처분하에 인도된 물품을 수령하고 운송수단으로부터 물품을 양화 ② 물품을 인도받으면 지체없이 약정대금지불 ③ 물품의 수입통관 및 관세지급

3) INCOTERMS 2010의 내용 분석

'INCOTERMS 2010 규칙'에서 가장 두드러진 변화는 DAF, DES, DEQ, DDU의 네 가지 조건이 삭제되고 그 대신 DAT(터미널인도)와 DAP(목적지인도)의 두 가지 조건이 새로 도입되었다. DAT는 지정 목적항 또는 지정 목적지의 지정터미널에서 도착된 운송수단으로부터 일단 양화한 물품을 수입통관을 하지 않고 매수인의 임의처분상태로 인도하는 조건이다. 이 조건을 사용할 경우 DAT 뒤에 목적항 또는 목적지의 지정터미널을 표시한다.

표 2-2. INCOTERMS 2010

Terms	Incoterms		Transportation			Pre-cautions	Remarks
			Air	Road	Sea		
출발지 인도조건	EXW	공장인도	0	0	0	Receiver Pay / Collect인지 확인	관세&세금(수취인 부담)
운임미지급 인도조건	FCA	운송인인도	0	0	0		
	FAS	선측인도			0		
	FOB	본선인도			0		
운임지급 인도조건	CFR	운임포함			0	Pre-paid 조건에만 사용 가능	
	CIF	운임/보험료포함			0		
	CPT	운임지급포함	0	0	0		
	CIP	운송비/보험료포함	0	0	0		
도착지 인도조건	DDP	관세지급인도조건	0	0	0		Free Domicile의 관세 및 각종 세금은 대부분 발송인 부담이나 당사자가 물품의 수입 시에 지불해야하는 비용의 일부를 발송인의 의무로부터 제외시키고자 하는 경우 별도 표기(DDP, VAT Unpaid)
	DAP	지정장소인도조건	0	0	0		DAF, DES, DDU 조건 통합
	DAT	터미널인도조건	0	0	0		DEQ와 유사

DAP조건은 지정목적지에서 수입통관을 필하지 않은 계약물품을 도착된 운송수단으로부터 양화하지 않은 상태로 매수인의 임의처분상태로 인도하는 것으로 이 조건을 사용할 경우 DAP 뒤에 지정목적지를 표시한다.

표 2-3. INCOTERMS 2010

구분	수출통관	수입통관	위험이전	비용이전
EXW (Ex Works ; 공장인도)	매수인	매수인	매도인 영업장 구내에서 매수인이 임의처분 가능한 상태	매도인은 물품인도할 때까지 모든 비용부담
FCA (Free Carrier ; 운송인 인도)	매도인	매수인	매도인이 지정한 장소에서 매수인이 지정한 운송인에게 수출통관된 제품을 인도할 때	상기 동일
CPT (Carriage Paid to ; 운송비 지급)	매도인	매수인	물품이 지정 목적지까지 운송할 운송인의 보관하에 최초 운송인에게 물품인도되었을 때	매도인은 물품인도될 때 모든 비용과 지정된 목적지까지 운임/보험료 부담
CIP(Carriage and Insurance Paid to ; 운송비 · 보험료지급)	매도인	매수인	상기 동일	상기 동일
DAT (Delivered At Terminal ; 터미널인도)	매도인	매수인	물품이 지정목적항부두에서 수입통관 않고 운송수단에 적재한 채 매수인의 임의처분하에 인도되었을 때	매도인은 물품인도할 때까지 모든 비용부담/수입통관비용은 매수인이 부담
DAP (Delivered At Place ; 목적지인도), DAF, DES, DDU 통합조건	매도인	매수인	물품이 국경선 지정장소에서 수입통관되지 않고 운송수단에 적재한 채 매수인의 임의처분하에 인도되었을 때	매도인은 물품인도할 때까지 모든 비용부담(GKDURFY는 매수인 부담)
DDP (Delivered Duty Paid ; 관세지급인도)	매도인	매도인	물품이 수입통관되어 수입국내 지정목적지에서 양화되지 않고 매수인의 임의처분하에 인도되었을 때	매도인은 물품인도할 때까지 모든 비용부담(수입통관비용, 관세, 조세, 부과금 부담)
FAS(Free Alongside Ship ; 선측인도)	매도인	매수인	물품이 지정 선적항 부두의 난간을 통과할 때	매도인은 물품인도할 때까지 모든 비용부담
FOB(Free On Board ; 본선인도)	매도인	매수인	물품이 지정 선적항 본선에 안전하게 적재될 때	매도인은 물품인도할 때까지 모든 비용부담
CFR(Cost and Freight ; 운임포함)	매도인	매수인	상기 동일	매도인은 적재 시까지 모든 비용과 지정된 목적지까지 운임보험료 포함
CIF(Cost, Insurance and Freight ; 운임 · 보험료포함)	매도인	매수인	상기 동일	상기와 동일하나 보험료 추가 부담

(1) 정형거래조건의 구분 변경

'INCOTERMS 2010 규칙'은 현대의 상거래 현실을 반영해 전체 11개 거래조건을 운송수단에 따라 ① 모든 단수 또는 복수의 운송수단에 적합한 규칙(즉 복합운송조건; EXW, FCA, CPT, CIP, DAT, DAP 및 DDP)과 ② 해상 및 내수로 운송을 위한 규칙(즉 해상운송조건 : FAS, FOB, CFR 및 CIF)으로 구분하고 있다.

(2) FOB, CFR 및 CIF조건에서의 위험과 비용부담의 분기점 변경

FOB, CFR 및 CIF조건에서의 위험과 비용부담의 분기점으로 'INCOTERMS 2010이전'까지는 본선의 난간(ship's rail)을 규정하고 있었으나, 'INCOTERMS 2010'에서는 물품이 본선상에 '적재된'때로 규정하고 있다. 이것은 현대 상거래의 현실을 반영한 것으로 이러한 변경을 통해 위험이 가상의 수직선을 통과할 때 이전된다는 시대에 뒤떨어진 관념을 피할 수 있게 됐다.

(3) 기타 중요한 변경 요인

(가) 국내거래에 대한 적용 공식화

'INCOTERMS'는 전통적으로 물품이 국경을 통과하는 국제매매계약에 사용되어 왔으나 상인들이 순수한 국내매매계약에도 사용하고 있는 현실을 반영, 'INCOTERMS 2010'에서는 국내 매매계약에도 사용될 수 있음을 공식적으로 인정하고 있다.

(나) 사용지침(guidance note)의 도입

'INCOTERMS'에서는 'IINCOTERMS 2010' 사용자들이 특정 거래에서 적절한 조건을 선택해 사용하는데 도움을 주고자 각 조건의 앞부분에 '사용지침'을 두고 있다. 사용지침은 각각의 Incoterms 규칙에 대해 언제 사용되어야 하고, 언제 위험이 이전되며, 또 비용은 매매당사자 사이에 어떻게 배분되는지 등 기본적인 사항을 설명하고 있다.

(다) 전자통신에 종이서류와 동일한 효력 부여

'INCOTERMS 2010'에서는 당사자들이 합의하거나 관습적인 경우 전자통신수단에 서면통신과 동일한 효력을 부여하고 있다.

(라) 2009년 협회적화약관에 관한 규정 반영

'INCOTERMS 2010'은 지난해 새롭게 시행된 협회적화약관(Institute Cargo Clauses : ICC)의 개정된 약관의 내용을 반영했다. 또 운송 및 보험계약을 다루고 있는 A3/B3조에서 보험에 관한 정보제공의무를 규정하고 있다.

(마) 보안에 관련된 규정 도입

9.11테러 이후 물품의 이동에 있어 보안에 대한 관심이 높아짐에 따라 몇몇 규칙에서 매매당사자 사이에 보안에 관련된 의무를 할당하고 있다. 예컨대 EXW조건에서 매도인은 매수인의 요청과 위험 및 비용부담으로 자기가 가지고 있는 물품의 안전확인(security clearance)을 위해 필요한 정보를 제공해야 한다.

(바) 터미널취급수수료의 취급에 관련된 규정 추가

CPT, CIP, CFR, CIF, DAT 및 DDP 조건에서 터미널취급수수료(THC)를 매매당사자들에게 명확히 할당함으로써 이와 관련된 분쟁을 피할 수 있도록 하고 있다.

(사) 연속매매(string sales)와 관련된 규정 도입

제조물(manufactured goods)의 매매와 달리 상품(commodities)의 매매에서는 종종 적화가 운송되는 도중에 여러 차례 전매되기도 한다. 이러한 경우 중간에 판매한 매도인은 물품이 이미 첫번째 매도인에 의해 선적되어 있기 때문에 물품을 '선적'하지는 않는다. 따라서 연속매매의 경우 중간에 있는 매도인은 매수인에 대한 자기의 의무를 물품을 선적하는 것이 아니라 선적된 물품을 '조달'함으로써 이행한다. 이를 명확히 하기 위해 Incoterms 2010에서는 관련 규칙에서 매도인은 물품을 선적하거나 또는 그 대신 '선적된 물품을 조달할' 수 있는 것으로 규정하고 있다.

ICC가 이러한 방향선회를 시의적절하다고 본 것은 다음 두 가지의 변화 때문이다. 먼저 거래당사자들은 순수한 국내매매계약에서도 INCOTERMS규칙을 통상적으로 사용한다. 또 다른 이유는 국내거래에서 종래의 통일상법전(Uniform Commercial Code: UCC)의 선적조건과 인도조건 대신에 'INCOTERMS' 규칙을 사용하고자 하는 미국의 강한 의지 때문이다.

2010년 'INCOTERMS'는 2011년 1월1일부터 시행하였다. 따라서 2011년 1월 이후 매매계약에서 '2000년 INCOTERMS'를 계속 사용하고자 하는 당사자들은 매매계약에 'INCOTERMS 2000'을 명시해야 한다. 최신판 'INCOTERMS'를 적용하고자 하는 경우에도 당분간 분쟁을 피할 수 있도록 매매계약에 단순히 'INCOTERMS'가 아닌 'INCOTERMS2010'과 같이 명확히 해 두어야 한다. 2010년 'INCOTERMS'를 적용하는 경우에는 이상에서 살펴본 개정 내용을 이해하고 그에 따라 적절한 조건을 선택해 사용함과 동시에 관련 서류도 개정된 내용을 반영·정비할 필요가 있다.

4) INCOTERMS 2010의 한계

'INCOTERMS 2010'은 무역거래당사자간의 참고규칙일 뿐 강제규칙이 아니므로 거래당사자가 준거규칙으로 채택할 것을 합의한 경우에만 유효하다. 만약 당사자들 간의 특약이 있을 경우에는 특약이 우선 적용된다.

그럼에도 적화보험에서 'INCOTERMS 2010'이 중요한 이유는 적화보험 자체가 무역과 밀접한 관계가 있다는데 있다. 무역거래에서 수출·입자간의 권리와 책임소재 유무에 대한 명확한 판단이 존재해야 보험금의 수취권리와 실제 피보험이익을 가지고 있는 당사자들을 명확하게 구분시킬 수 있기 때문이다. 즉, 적화보험 역시 무역거래의 한 축으로 국제거래상 인정되는 규정 및 법규정을 따라야 하며 그 기준을 'INCOTERMS 2010'에 두고 있기 때문이다.

(1) 계약물품의 소유권이전에 관한 규정의 부재

'INCOTERMS 2010'에는 위험, 비용부담의 분기점과 점유권의 이전 규정을 두고 있지만 소유권의 이전에는 명시적인 언급이 없다. 그러나 이와 관련하여 영국물품매매법 제20조 및 미국통일매매법 제22조에서는 위험은 소유권에 수반하여 이전한다는 이론[13]를 택하고 있다. 이들 조항은 위험과 분리하여 이전될 수 있다. 결국, 영·미법은 모두 별도의 합의가 없는 한, 위험은 소유권에 수반하여 이전된다고 추정할 수 있다.(risk prima facie with property)[14] 따라서 'INCOTERMS'의 소유권이전은 위험의 이전방향과 동일하다고 추정한다.

(2) 계약불이행에 관한 책임범위의 부재

'INCOTERMS'의 A5, B5 및 A6, B6항은 위험의 이전과 비용의 분담시기를 다루고 있다. A5와 B5항에 따르면 만일 수입자가 합의한 대로의 물품인도·인수의무를 이행치 않거나 F조건하에서 자신이 운송인을 지정해야 할 때 수출자에게 적절한 통지를 하지 않을 경우, 물품이 인도되기 이전에도 위험은 수입자 측에 이전될 수 있다. 이 경우 그로 인한 비용은 수입자가 부담토록 규정하고 있다.(B6항)

그러나 이러한 수입자의 계약위반과는 별도로 'INCOTERMS'는 그 위반에 수반하는 결과를 다루고 있지 않아 결국 수출자는 준거법이나 계약조건에 의존할 수밖에 없다. 예를 들어 수입자가 약정기간 내에 대금지급을 못하면 수출자에게 연체이자를 추가 지급해야 한다. 그리고 수출자가 약정기간 내에 계약물품을 인도하지 못할 경우에는 지체배상금을 지급해야 한다. 그 손해배상금은 지연기간에 대한 물품가격의 일정률로 산정·부과한다. 만일 인도물품이 매매계약상의 조건과 불일치한다면 수출자는 적합품으로 대체, 보수하거나 물품대금을 상환해야 한다.

(3) 불가항력규정에 대한 부재

'INCOTERMS 2010'상의 계약당사자는 상대방의 이익을 위하여 운송계약체결, 수출입통관과 같은 의무를 부담하기도 하고, INCOTERMS 외의 매매계약 혹은 준거법에 따라 면책된다면 불이행에 대한 책임을 면하게 되거나 의무로부터 벗어날 수 있다. 그러나 'INCOTERMS'상에는 CISG협약이나 ICC국제매매모델계약과 같이 불가항력에 관한 명시적인 규정이 없다. 결국 계약당사자는 기대치 못한 수출입금지 사태로 인하여 물품의 수출입을 할 수 없다면 매매계약상의 의무는 정지된다. 나아가 그러한 금지의 상태가 장기간 지속된다면, 이행에 관한 의무로부터 면책될 수도 있다. ICC모델계약 제3조 제4항에서는 6개월 이상 그러한 상태가 지속될 때 서면통지로 계약을 해제할 수 있다는 규정을 두고 있다.

(4) 변형 INCOTERMS 해석기준 불비

"EXW loaded", "FOB stowed and trimmed", "CIF Landed, CIF weights" 등의 조건을 사용할 경우 매도인이 그 기능과 비용만을 부담한다는 것인지 또는 비용과 위험을 모두 부담하는지에 대한 규정이 없다. 그리고 EXW조건에서의 매수인의 운송차량에 물품을 적재할 매도인의 추가의무, CIF, CIP조건에서 매수인의 추가보험(중복보험)의 필요성, DEQ 조건에서 매도인은 양화후의 비용을 지급해야 할 추가의무에 대해서 'INCOTERMS'상에는 불분명하다. 아울러 정기선조건(liner terms)과 운송취급수수료(transport handling charge) 등의 표현에 관해서도 구체적인 정의가 없다. 따라서 계약당사자는 계약에서 이를 분명히 할 필요가 있다. 예를 들어 "FCA Bremen Incoterms 2000, THC for seller's account" 혹은 "FCA Bremen Incoterms 2000, 50% of THC for seller's account"로 계약서에 규정한다.

2. 무역거래조건과 적화보험

✦CISG협약 제79조에서는 각 당사자는 합리적으로 예견치 못하고 피할 수 없는 자기의 통제범위를 벗어난 장애로 인하여 계약상의 의무를 이행할 수 없는 경우 면책되도록 규정하고 있다. 그리고 ICC국제매매 모델계약은 제2부 제13조에서 불가항력, 구제 및 면책의 조항에 관하여 CISG 협약보다는 신축적으로 규정하고 있다.

국제무역거래는 위험이 매우 큰 비즈니스다. 특히, 거래상품이 수출지를 떠나 수입자에게 인도될 때까지의 과정에서 상품이 멸실이나 손해를 입게 되면 대부분 수출자와 수입자들은 무역계약서상의 해석의 오류로 갈등을 빚기도 한다. 때문에 서로 다른 언어에서 발생하는 오해와 비용의 지출측면에서의 실수를 방지하기 위하여 수출자와 수입자는 초기 물품매매계약단계에서부터 명확한 용어의 선택과 사용이 요구된다. 만약 물품매매계약체결시 수출자와 수입자가 상호 의무와 권리를 명확하게 정의하고 용어의 선택과 해석을 정확하게 한다면, 무역거래에서 수출자와 수입자간 발생하는 많은 갈등을 상당부분 줄일 수 있다.

'INCOTERMS 2010'은 국제물품매매계약 자체에 직접 영향을 주지 않지만 국제무역매매당사자들이 다음과 같은 내용들을 분명하게 하고자 할 때에는 아래 내용을 물품의 매매계약서상에 명시하면 우선 적용된다.

> ① 물품매매계약을 완벽하게 체결하기를 원할 때 ② 상품의 운송과 관련하여 매매당사자간의 위험의 이전시기와 비용의 부담, 매매당사자들의 의무 등을 명시하고 싶을 때 ③ 물품의 인도완료 시점은 언제인지 알고 싶을 때 ④ 물품매매 당사자 중 누가 수출입의 허가와 통관절차를 이행하고 세금을 부담하는가를 명확하게 하고 싶을 때 ⑤ 운송형태와 운송조건을 규정하고 싶을 때 ⑥ 물품의 인도조건은 무엇이며, 무엇으로 물품의 인도를 증명하는가에 관한 규칙을 정하고 싶을 때 ⑦ 매매당사자간 운송비의 분할을 명확하게 하고 싶을 때 ⑧ 짧은 서식 안에서 상품의 운송과 인도에 관한 기본조건들을 100% 표현하고 싶을 때 ⑨ 상품의 인도와 운송과정에서 매매당사자들끼리 서로 교환하여야 할 통지내용을 구분하고 싶을 때

즉, 물품매매계약서상에 사용된 용어들의 해석을 'INCOTERMS 2010'을 기준으로 규정에 따라 해석한다는 문구를 첨가하면 유효하다. 그러나 'INCOTERMS 2010'은 국제간 무역거래에서 매우 유용하지만 내용적으로 아래와 같은 **한계**를 지니고 있다.

> ① 서비스계약에는 적용할 수 없다. ② 운송 외의 계약상의 의무와 권리를 규정하지 않고 있다. ③ 상품의 운송과 인도에 관한 상세한 규정이 없다. ④ 상품의 권리이전에 관한 규정이 없다. ⑤ 상품의 인도전후의 담보에 관한 규정이 없다. ⑥ 계약서의 각 조항별 구제방법(배상)에 관한 규정이 없다.

따라서 'INCOTERMS 2010'을 부정확하게 사용하면 국제간 물품매매계약 내용이 매우 모호해질 수 있다. 그러므로 위험의 이전과 수출입의 허가, 통관절차, 운송수단 등과 같은 중요한 용어들에 대한 정의를 매매당사자간 올바르게 하기 위하여 무엇보다도 그것의 내용을 정확하게 이해하는 것이 전제되어야 한다. 'INCOTERMS 2010'은 국제법규가 아니다. 수출자와 수입자간 분쟁이 발생할 경우, 법원과 중재자들은 먼저 물품매매계약서의 내용을 조사하고 물품의 소유권이 누구에게 있으며 물품매매대금지급이 이루어졌는지를 확인할 것이다.

수출자와 수입자의 보험가입 의무[15)]

무역조건은 국제간 무역에서 거래당사자간의 의무와 한계를 각각 명시하는 것이다. 현재 INCOTERMS(무역용어의 해석에 관한 국제규칙)상 2011년 1월 1일 발효된 11가지의 무역조건을 기준으로 삼고 있다. 무역조건은 거래당사자간의 비용부담관계를 비롯하여 보험계약의 성립요건인 피보험이익의 존재여부를 규정하는 소유권의 이전시점을 결정하는 중요한 요소로서, 소유권(피보험 이익)을 가지고 있는 당사자나 무역조건상 보험료를 부담해야 하는 측이 보험부보 당사자가 된다.

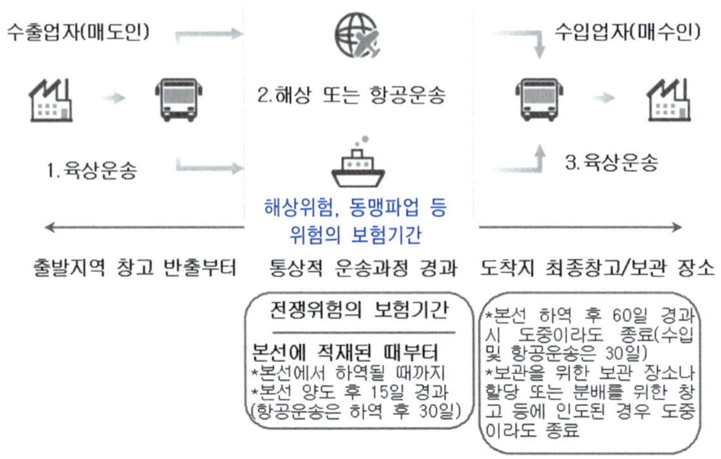

- CIF, CPT, CIP, DDP, DAP, DAT : 수출자(매도인)가 ① ② ③ 구간 보험부보 매수인이 요구한 신용장 조건과 일치한 보험계약
- FOB, CFR : 수출자(매도인)가 ① 구간 보험부보
  수입자(매수인)가 ② ③ 구간 보험부보
- EX WORKS : 수입자(매수인)가 ① ② ③ 구간 보험부보
- FAS : 수입자(매수인)가 ② ③ 구간 보험부보
- FCA : 수입자(매수인)가 지명한 운송인이 화물을 인도받은 후부터

위험부담의 분기점을 기준으로 분기점 이전은 수출자가 보험계약을 체결하고 분기점 이후는 수입자가 보험계약을 체결한다. 단, CIF, CIP 조건하에서는 수출자가 보험계약을 기본적인 조건인 최소조건[ICC(C)]으로 체결하므로 수입자는 수출자의 보험계약 내용을 검토한 후, 추가적인 보험계약을 통하여 부족한 부분을 보완하여야 한다. 아니면 물품의 매매계약시 수입자는 수입자에게 희망하는 보험조건을 제시하고 보험계약을 체결하게 할 수 있다. 이때 수출자는 수입자의 요청에 따라 추가적으로 발생하는 보험계약비용을 수출제품의 가격에 포함시켜 수출대금과 함께 보험비용을 회수한다.

1) CIF 매매조건과 적화보험

CIF 매매조건에서 매도인은 자신의 비용과 위험으로 운송계약을 체결하고 계약에 합치하는 화물을 선적하며, 매수인을 위해 자기의 비용으로 계약서에 명시된 전 운송구간에 대해서 적화보험을 부보하여 선화증권 등의 다른 선적서류와 같이 보험증권을 매수인에게 제공하여야 할 의무가 있다. 이 경우 매도인이 부보하여야 하는 보험조건은 양 당사자가 체결할 매매계약서나 수입상이 개설한 신용장 내용에 따라 결정된다.

'INCOTERMS 2010' 제6조 제5항 및 'Warsaw – Oxford Rules' 제12조의 규정에 의하면 CIF 조건에서 매매계약을 체결한 매도인은 CIF가액의 10%을 가산한 금액을 보험가입금액으로 하여 ICC(C) 혹은 분손부담보(FPA)조건으로, 창고약관첨부의 적화보험을 매수인을 위해 부보할 의무가 있다. 국제규칙으로 규정되어 있는 이러한 매도인의 부보의무는 무역거래상 최소한의 필요조건이기 때문에 이것보다 넓은 조건으로 부보를 희망하는 매수인은 매매계약서나 신용장에서 자기가 필요로 하는 보험조건을 명확히 규정해 두는 것이 중요하다.

전쟁위험이나 동맹파업 위험에 관해서는 특히 매수인의 의뢰가 있는 경우를 제외하고는 매도인에게 부보의무는 없지만, 현실적으로는 신용장에서 부보의뢰하는 일이 대부분이다. CIF 매매조건에서 화물의 소유권은 CIF 매매조건에서 화물에 대한 소유권은 매수인이 선화증권 등의 선적서류를 수취하는 시점에 매수인에게로 이전되나, 위험 분담은 당해 화물이 본선에 선적될 때에 매도인으로부터 매수인에게 이전되기 때문에 통상 매도인은 본선선

적까지의 자신의 위험과 선적후의 매수인의 위험을 자기명의의 보험증권 1부로 한꺼번에 부보하고, 선화증권 등의 다른 선적서류와 함께 은행을 통해 배서양도하여 매수인에게 제공한다.

2) FOB 매매조건과 적화보험

FOB 매매가격에는 매수인이 수배한 본선에 화물을 선적하기까지의 일체의 비용을 포함한다. 이 매매조건에서 화물의 소유권은 본선선적시에 매도인으로부터 매수인에게 이전됨으로 CIF조건과는 달리 매수인이 본선선적 이후 위험에 대하여 적화보험을 스스로 수배하여야 한다. 따라서 매도인이 매수인에게 제공하는 선적서류에는 보험증권이 포함되어 있지 않다. 다만, 매도인은 매수인의 보험수배에 지장이 생기지 않도록 매수인에게 선적일과 적재선박명을 지체없이 통지하여 줄 따름이다.

CIF조건으로 매매계약이 이루어지는 경우에 매도인이 수배하는 보험증권에는 통상 창고간약관이 첨부되어 매도인, 매수인 쌍방의 위험을 모두 담보하고 있으나, FOB조건에서 매수인이 수배하는 보험증권에서는 매매계약상 매수인에게 화물이 이전되는 시점부터 위험이 개시되도록 되어 있다. 따라서 FOB 매매조건에 있어서 매도인은 매수인이 부보하는 적화보험과는 별도로 본선선적까지 발생할 수 있는 자신의 위험에 대해 별도로 보험수배를 할 필요가 있다.

FOB매매조건에서 매도인이 자신의 위험을 부보하는 하나의 방법으로서 매수인이 수배하는 보험에 자신의 위험을 포함하는 하나의 보험증권으로 부보하게 끔 매매계약서에 명시하는 것도 가능하다. 그러나 이 방법은 한국 내 수입계약에서는 때때로 이용되지만 수출계약에서는 일반화되어 있지 아니하므로 매도인은 매수인이 수배하는 보험과는 별도로 운송보험이나 선적 전 [보세 – 외항]간 수출적화보험을 부보하는 것이 보통이다.

보충자료 및 참고문헌

10) 차관계약에서 차입자는 만기가 도래하였으나 차입금을 지급하지 못하는 경우에 신용위험이 발생한다. 외환거래에서도 발생할 수 있는 신용위험에는 채무위험과 결제위험이 있다. 채무위험은 거래계약 이행시점, 즉 value date 이전에 상대방이 계약이행 불능상태에 도달하는 것으로 환율변동이 극심하여 손실률이 보증금을 초과하는 경우에 발생한다. 선물거래에서 보증금이 10% 또는 20%이므로 10%리스크 또는 20%리스크라고 한다. 이러한 리스크를 피하기 위하여 신용한도를 대출한도의 5배로 정하는 것이 일반적이다. 반면에 결제위험은 value date에 상대방이 계약이행을 못하는 위험을 말한다. 시차로 인하여 당방은 타방에 지급을 하였으나 상대방이 지급을 하기 전에 지급불능상태에 빠지는 사례가 있다. 이때에는 계약금 모두를 잃게 되므로 100% 리스크라고 한다.

11) 해상운송비중

수출실적 중 해상운송의 비중

연도	전 체	해 상		항 공		
	중량	중량	비중	중량	비중	
2016	273,543	272,187	99.5	1,356	0.5	단위: 1000t, 1000cbm, 천 건, %
2010	215,499	214,084	99.3	1,415	0.7	
2005	156,102	154,932	99.3	1,191	0.7	
2001	127,287	126,453	99.3	834	0.7	

수입실적 중 해상운송의 비중

연도	전 체		해 상				항 공		
	건수	중량	건수	비중	중량	비중	중량	비중	
2016	36,975	693,771	6,469	17.5	691,980	99.7	1,791	0.3	단위: 1000t, 1000cbm, 천 건, %
2010	15,859	558,350	3,775	23.8	557,095	99.8	1,255	0.2	
2005	10,252	446,764	2,952	28.8	445,759	99.8	1,004	0.2	
2001	5,811	380,911	1,895	32.6	380,184	99.8	728	0.2	

자료 : 관세청, http://www.customs.go.kr

12) http://commerce01.doshisha.ac.JP/nkameda/incotermsE.html

① 아끼다 고바야시 일본대학교수외 5인이 1995년 조사한 바에 따르면 1994년에 비해 정기선의 컨테이너화가 90%로 증가했다. 그러나 전통적인 비컨테이너 운송조건인 FOB, C&F 및 CIF조건이 총 해상운송의 95%, 항공운송의 90%를 차지했다. 특이한 점은 1996년도 한해 특정 일본기업이 한해동안 거래한 총 134,803건의 거래 중 FOB Airport는 70건(0.051%)이었지만 항공운송이 가능한 수출입건은 34,899건으로 0.20%나 되었다. 그리고 CPT 건은 90건에 0.066%, CIP조건은 527건에 0.3% 밖에 되지 않아 전체거래 중 0.57%밖에 되지 않았다.

② 대한상사중재원의 전산통계자료에서 인용 : 상사중재원에 접수된 중재, 알선사건(98년 712건, 99년 499건) 가운데 국내사건(98년 133건, 99년 146건)을 제외하고 실제 전산기록상에 무역조건이 기재된 사건은 98년에 120건, 99년에 247건이었다. 이 가운데 전통적 무역조건인 FOB, CFR, CIF조건이 98, 99년 각각 96%를 차지했으나 EXW조건을 포함한 여타의 조건은 4%에 머문 것으로 드러났다. 상사중재원에 접수된 중재, 알선사건(98년 712건, 99년 499건) 가운데 국내사건(98년 133건, 99년 146건)을 제외하고 실제 전산기록상에 무역조건이 기재된 사건은 98년에 120건, 99년에 247건이었다. 이 가운데 전통적 무역조건인 FOB, CFR, CIF조건이 98, 99년 각각 96%를 차지했으나 EXW조건을 포함한 여타의 조건은 4%에 머문 것으로 드러났다.

선 · 중재사건의 무역조건 현황(1998~1999)

구 분	1998(%)	1999(%)	
FOB	37(31)	121(490	(단위: 건수, %)
CFR	40(33)	48(19)	
CIF	38(32)	69(28)	
기 타	5(4)	9(4)	
계	120(100)	247(100)	

http://www. kcab. or. kr

13) 강이수, 「국제무역관습론」, 삼영사, 1997, p. 98.
14) 오원석, 「무역관습론」, 동성사, 1987, p. 48.1)
15) 현대적인 의미의 '보험'이란 용어가 처음 사용된 것은 14세기 초로 알려지고 있는데, 『*Chronyk van Vlaedern*』이라는 역사책에서 "브르즈주민의 요청에 의해 플랜더스공은 1310년에 그 도시의 상인들이 약정한 비율을 지급함으로써 해상위험 등에 노출된 화물을 보험에 가입할 수 있도록 이 마을에 보험소(a chamber of Assurance)의 설립을 허가하였다"는 구절을 찾아 볼 수 있다.

제2편

해상적화보험

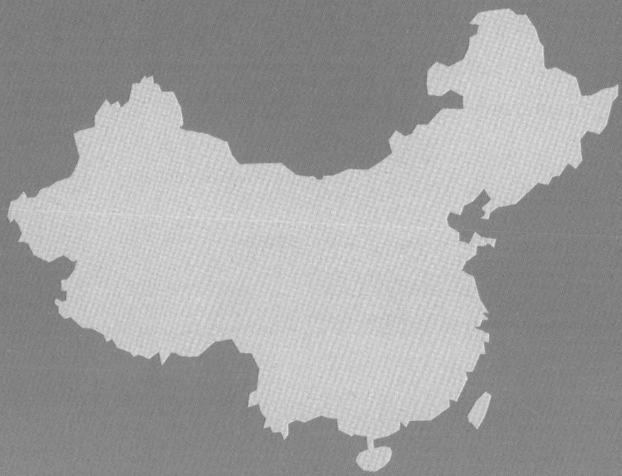

보험은 가라앉고 있는 배를 구조할 수 없지만 배와 함께 가라앉는 고객들과 함께 한다.

제3장 해상적화보험의 기초

학습의 목적

해상적화보험 중심으로 해상적화보험과 일반 손해보험과의 비교를 통해 그 차이점을 알아보고 해상적화보험의 고유특성과 함께 해상적화보험 계약에서의 보험계약자와 보험자의 의무와 권리, 해상운송인의 의무 등을 이해할 수 있다.

학습의 목표

1. 해상적화보험의 특징을 이해한다.
2. 피보험자의 의무에 대하여 이해한다.
3. 보험계약자와 피보험자, 보험수익자의 역할과 권리, 의무의 차이점을 이해한다.
4. 해상운송인의 선적에 관한 의무를 이해한다.
5. 해상운송인의 항해에 관한 의무를 이해한다.
6. 해상운송인의 화물의 양륙에 관한 의무를 이해한다.

제1절 해상운송

1. 해상운송의 개념

1) 해상운송의 의의

해상운송(carriage by sea)이란 해상에서 선박을 수단으로 하여 상업적 목적 하에 화물 및 여객을 운송하는 것을 말한다. 원래 해상운송은 무역거래에 있어서 가장 오래전부터 이용되어 왔으며 또한 오늘날 세계 전체 운송물량의 약 90%에 달하는 물동량이 해상운송에 의존하고 있다. 해상운송은 다른 운송에 비해 대량 운송성, 운송비의 저렴성, 운송로의 자유성, 국제성 등의 특성을 갖고 있어 국제운송부문을 주도하고 있다.

2) 해상운송의 특성

타 운송수단과 비교시 해상운송의 우위적 특성은 대량운송이 가능하다는 점이다. 모든 운송수단 중에서 선박만큼 단위당 운송능력이 큰 것은 없다. 물론 철도운송에서도 화차의 수를 증가시키고 연속하여 발차시킴으로써 단위 운송량을 증가시킬 수는 있지만 자체 한계로 인하여 대량운송에는 해상운송이 가장 적합한 수단으로 이용되고 있다.

무역은 기본적으로 국경을 달리하는 원격지자간의 거래이다. 해상운송은 거리에 따른 운송비용을 비교해 보면 원거리운송 대비 단위비용이 타 운송수단과 비교하여매우 저렴하므로 국제무역거래에서 가장 많이 이용되고 있다. 화물단위당 해상운송비는 다른 운송수단과 비교가 되지 않을 정도로 저렴하다. 또 해상운송의 운송루트는 지형상의 장애를 적게 받으므로 자유롭게 이용할 수 있다. 해양자유의 원칙(freedom of sea)에 따라 공해에 있어서 자유로운 항해가 보장되며, 항로개발에 따른 사회간접자본비용의 투자가 적게 든다. 이것이 해상운송 발달에 가장 유리하게 작용하는 조건 중 하나이다. 대부분의 해상운송은 세계를 무대로 하므로 운송산업 중 가장 국제성이 높은 산업이다. 그리고 이와 같은 해상운송은 대부분 원거리운송이고, 이용되는 선박 또한 대형선들이다. 공해라고 하는 자유로운 시장에서 세계해운시장은 세계 각국의 상선대가 경쟁하는 국제성을 지니고 있다. 또 해상운송에서 사용되는 선박은 세상에서 가장 환경 친화적인 운송수단이다. 해상운송은 육상, 항공, 철도운송에 비해 이산화탄소(CO_2)배출량이 가장 낮은 친환경적 운송수단이다. 화물 1톤을 1Km 수송할 때 이산화탄소 배출량[단위그램(g)]을 보면 아래와 같다.

그러나 해상운송의 속력은 일반적으로 다른 운송수단에 비해 늦은 편이다. 세계 주요 정기선의 속력은 18~30knot(1knot는 1시간당 1마일, 1,852미터 가는 속도)이며, 부정기선은 12~18knot로 항해한다. 이러한 선박의 속력은 유가와 밀접한 관련이 있으며, 시장수요와 선박규모 등에 따른 경제성을 고려하여 시간당 속력은 상이하게 조정된다.

3) 해상운송의 형태

해상운송에는 정기선운송과 부정기선운송 2가지 형태가 있다. 그러나 경우에 따라서 양자를 겸하는 경우도 발생한다.

정기선운송은 주요 항만간에 정기항로를 개설하고, 정기적으로 운항하는 선박에 의하여 화물을 운송하는 방법이다. 정기선에 의한 운송은 대부분 불특정 다수의 화부로부터 개별 품목 운송계약으로 의뢰받은 화물을 모아, 같은 방향으로 가는 정기선에 일괄 적재하여 운송한다. 부정기선 운송은 항로나 운송시기에 관계없이 화주가 선박을 대절하여 운송하는 화물운송방법으로, 주로 용선계약에 의하여 이루어진다. 용선운송에는 정기용선, 항해용선, 나용선 등이 있다.

정기용선은 일정한 항로를 정기적으로 운항하는 상선이며, 개품운송계약과 일부용선계약이 있다. 항해용선은 특정 항만간의 1항해 또는 수회에 걸쳐 선박을 대절하는 용선계약이다. 그리고 나용선은 선주로부터 선박만 대절하고 선박운항에 필요한 물자와 선원, 제비용은 모두 용선자가 부담하는 것을 말한다.

표 3-1. 정기선과 부정기선 비교

구 분	정기선 운송	부정기선 운송
운항 형태	규칙성. 반복성(개품운송)	불규칙성(용선운송)
운송인	보통운송인(COMMON CARRIER) 공중운송인(PUBLIC CARRIER)	계약운송인(CONTRACT CARRIER) 전용운송인(PRIVATE CARRIER)
화물의 성격	소량 이종화물(제품, 반제품)	대량 동종화물(광석, 석탄, 원유)
화물의 가치	고 가	저 가
화물의 적재	여러 개품화물을 혼재	특정 화주의 살화물만으로 만재
화주	불특정 다수	특정 소수, 단일
운송계약	선화증권(BILL OF LADING)	용선계약서(CHARTER PARTY)
운임	· 동일운임(동일품목/상이한 화주) · 운임률(TARIFF)적용 / · 운임동맹	선박의 수요와 공급에 의해 결정
서비스	화주의 요구에 따라 조정	선주. 용선자 간 합의 결정
선박	고가. 구조복잡(컨테이너선)	저가. 구조단순(벌크선)
조직	대형조직(본사 및 해외 점소)	소형조직
시장 경쟁	해운동맹의 경쟁규제	자유경쟁
화물의 집화	영업부 직원	중 개 인

(1) 정기선운송

정기선은 운항일정(sailing schedule) 및 운임요율표(freight tariff)가 공시되기 때문에 화물의 양과 관계없이 고정된 항로를 규칙적으로 운항하며, 다수화주의 소량화물 및 컨테이너 화물, 여객, 우편물 등을 운영대상으로 하는 특징을 지니고 있다. 대체로 정기선의 운임은 고액이며, 운송계약형태는 다수의 화주와 개별적으로 운송계약을 맺고 잡화 등의 공업제품을 신속하고 확실하게 운송하는 것을 특징으로 한다. 통상 컨테이너선을 말한다. 일반적으로 해운동맹이 결성되어 있다. 정기선은 운송해야 할 화물이 있든 없든 항해일정에 따라 규칙적으로 운항해야 하므로 많은 선박이 필요하고 경영조직규모도 거대하며 위험도가 높은 사업이다. 현재 국제무역량의 증대와 컨테이너 출현과 발달로 해상운송의 대부분을 차지하고 있다.

(2) 부정기선 운송

부정기선이란 운송수요자의 요구에 따라 수시로 어느 곳이나 운항하는 선박으로 단일화주의 단일화물을 항해용선계약(voyage charter)으로 전부 용선하여 운송하는 선박을 의미한다. 즉, 부정기선 운송은 정해진 항로를 정기적 혹은 규칙적으로 운항하는 정기선과는 달리, 일정한 항로나 화주를 한정하거나 제한하지 않고 무역 운송화물이 있을 때마다,

선복의 수요가 있을 때마다 또는 화주가 요구하는 시기와 항로에 따라서 화물을 운송한다. 항구에서 항구로 세계의 바다를 방랑하듯 돌아다닌다 하여 'Tramper(방랑자)'라고 한다. 부정기선 중에서 화물의 특수한 성질 또는 형태에 따라 특수한 시설을 갖추고 있는 선박이 특수 전용선이며 일반적으로 용선계약(charter)으로 운송된다. 주로 부정기선은 벌크화물, 즉 광석·곡물·원당·원면·원목·비료 등을 주로 운송대상으로 한다.

부정기선의 특수 전용선에는 원유·중유·휘발유 등을 수송하는 유조선, 생선·과일·야채 등을 수송하는 냉동선, 목재전용선, 자동차수송 전용선, 곡물을 운반하는 전용선 등이 있다. 탱커에는 중유 및 원유를 주로 수송하는 'Clean Tanker', 항구 내에 계류되어 육상설치 탱커대신에 사용되는 탱커 등이 있다.

- 운 임 : 선적당시의 수요공급에 의하여 운임 결정/ 낮은 요율을 적용 운임변동폭이 심함.
- 운송계약형태 : 용선계약(charter party)　　　- 정기선 운송과 상호보완적 기능

2. 해상운송 계약

1) 사전 평가

해외에 거래선이 확보되고 매매계약과 신용장 등이 개설되면, 수출업자는 계약에 의거 상품을 확보, 기일 내에 선적을 하여야 한다. 선적을 하기 위해 선박회사와 접촉하기에 앞서 기본적으로 이해하고 있어야 할 사전지식은 다음과 같다.

(1) 매매조건과 선적의무

통상 화물을 운송할 선박을 수배하는 자는 해당 선박회사에 운임을 지급하는 화주이다. 상품의 매매조건이 'seller' 입장에서 볼 때 CIF(또는 CFR) 조건일 때는 'seller'가, 'buyer'의 입장에서 볼 때 FOB 조건일 때는 buyer가 운송선박을 수배하여야 한다. 물론 'seller'와 'buyer'의 거래관계, 상황에 따라 상대의 요청에 의해 선박수배를 주선해 주는 경우도 있다.

(2) 선적선박

선박을 수배하는 경우는 상품의 수량·종류에 따라 운송 선박이 다르다. 즉, 일반 완제품, 기계류 등과 같이 포장된 개품(個品))은 일반 잡화선(general cargo carrier) 또는 컨테이너 전용선(full container ship)에 선적되며, 쌀·옥수수·밀 등의 곡물이나 광석·석탄 등의 이른바 살화물(撒貨物, bulk cargo)은 곡물, 광석류 운반 전용선에 선적한다.

(3) 운송 항로

우리나라를 중심으로 현재 형성되어 있는 항로(또는 노선)는 한·일항로, 동남아 항로, 북미항로, 호주항로, 중동항로, 구주항로 등이 있으며, 이들 항로에는 일정한 주기를 유지하며 계속적으로 취항하는 정기선(liner)과 화물에 따라 그때그때 원하는 곳까지 화물을 운송하는 부정기선(tramper)이 있다.

(4) 운임부과기준

운임은 통상 해당물의 중량과 용적을 비교하여 많이 산출되는 톤수를 운임의 기준으로 삼는다(이를 revenue ton이라고 함). 주요 정기항로에 취항하고 있는 선박회사, 특히 운임동맹가맹 선사들은 운임률(tariff)을 갖고 있어, 운임의 적용 기준과 화물별 운임률은 관련 선박회사에 문의하면 정확히 알 수 있다. 운임은 통상 기본요금과 제할증료(CAF, BAF) 및 취급수수료(THC), 제공과금으로 구성되므로 화주가 지불하는 총운임은 제부과요금을 합산하여 산출해야 한다.

(5) 선박회사와의 접촉

정기선이 취항하지 않는 지역으로 화물을 보내고자 할 때에는 일반 잡화의 경우보다 충분한 사전기간을 두고 선박회사와 접촉을 시작해야 한다. 정기선의 경우는 지역에 따라 다르나 선적일자(L/C상의 shipment date) 기준 약 2주 전에만 접촉하여도 무방하지만, 부정기선 편으로 선적운송해야 할 경우는 가급적 1~2개월 전부터 선박을 물색하기 시작하여야 한다. 물론 어느 경우나 화주 입장에서는 충분한 시간을 갖고 임하면 그만큼 유리한 입장에서 선박을 물색할 수 있으므로 상황이 허락하는 한 선박회사의 접촉은 조기에 시작하여야 한다.

(6) 운송계약의 형태

일반잡화를 운송하는 정기선의 경우는 별도로 운송계약서를 작성하는 것이 아니고 선박회사에서 정형화된 양식인 선화증권(Bill of Lading : B/L)을 발급함으로써 운송계약에 갈음하고 있다. 동 증권에는 화물의 행선지, 선적지, 명세(용적, 중량, 마크 등), 운임지불관계(선불 또는 도착지 후불), 선적일자, 발급일자 등이 기재되며, 뒷면에는 운송과 관련한 당사자간의 권리의무 관계를 기술한 약관이 인쇄되어 있다. 약관의 내용은 이해당사자간 책임과 의무를 명기하여 분쟁이 발생할 경우 기준이 되므로 화주는 동 내용을 정확히 숙지할 필요가 있다.

부정기선 화물, 즉 곡물·광석·석탄 등의 화물을 운송할 때에는 용선계약서(charter party)가 작성되며, 이에 의거 선화증권이 별도로 발급된다. 용선계약서는 정기선의 경우와 달리 일방적으로 인쇄된 양식을 사용하는 것이 아니고 당사자간에 충분한 합의를 거쳐 계약서가 작성된다. 특히, 유의할 것은 화물수량의 표시, 선적일시, 하역일시, 체선관계 등 상당히 전문적인 지식이나 경험을 필요로 하는데, 초심자에게는 직접 계약에 임하는 것이 바람직하지 못하므로 관련 해운회사의 조언을 받거나 아니면 용선중개인(chartering broker) 또는 변호사의 협조를 받는 것이 좋다.

2) 컨테이너운송 계약(Container in a General Ship)

정기선 선주와 화주간 체결되는 운송계약이다. 이 계약에서는 먼저 정기선의 일정표가 공표되면 화주는 광고에 의해 선박의 명세, 목적항, 기항지, 출항 일자 및 화물의 운송조건 등을 알 수 있게 된다. 대체로 화주들은 그와 같은 광고를 통해 파악한 정보를 통해서 화물의 탁송(託送)을 의뢰하게 되는데 재래선의 경우에는 화물을 실제로 부두로 가지고 가서 선적하였을 때 비로소 그 운송계약은 성립된다. 컨테이너선의 경우에는 반드시 부두가 아니더라도 운송인이나 그 사용인이 운송물을 수령하였을 때 계약이 성립된다.

그러나 뒷날의 분규를 피하기 위해서 먼저 선적예약서에 의한 확약을 받아 둔다. 특수한 선복, 예컨대 고가품의 보관실, 냉장실 등 본선의 선적공간이 적은 것은 미리 미리 확보해 두어야 한다. 이와 같은 선적예약이 완료된 뒤 수출검사 및 통관 절차를 거쳐 수출허가를 받은 다음, 필요에 따라 검량 및 검수를 받고 검량검수 증명서를 발급받아 선박회사에 제출하게 되면, 선사는 본선 앞으로 보내는 선적지시서(shipping oder)를 화주에게 발급한다.

✦ 오늘날 해상 거래에서 사용하고 있는 용선 계약은 기본형으로 항해용선 계약, 정기용선 계약 및 나용선 계약이 있고, 변형으로 재용선 계약이 있다. 이러한 용선 계약은 모두 영국법을 중심으로 되어 있다.

그림 3-1 정기선에 의한 개품운송절차

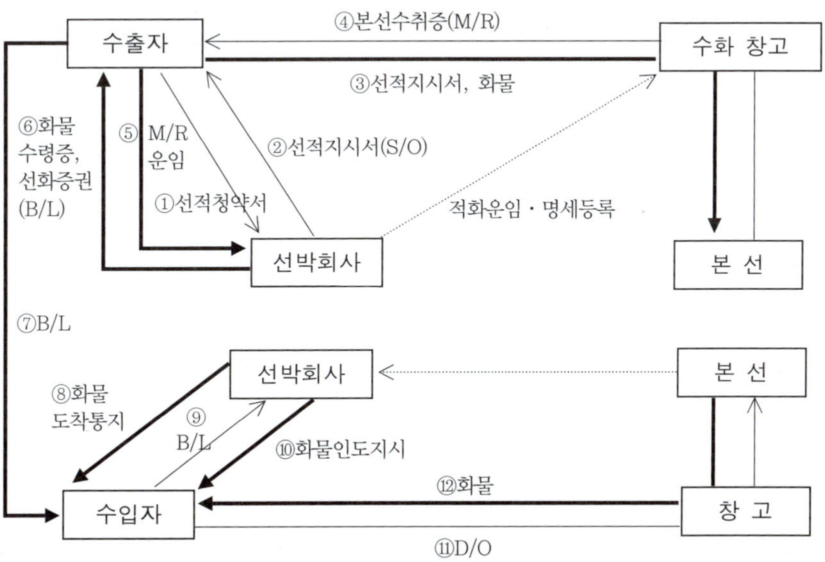

선적지시서와 함께 화물을 선사가 지정한 창고까지 운반하여, 선사나 그 대리점에 인계하고, 선적지시서를 1등 항해사에게 제출하고 선적을 대기한다. 화물이 선적되면 본선수령증(mate's receipt)에 1등 항해사가 서명을 하는데 이로써 본선의 운송책임이 비로소 발생하게 된다. 이 본선수령증을 운임과 함께 선사에 제출하면, 선사는 그와 상환으로 선화증권을 발급한다.

정기선에 의한 개품수출 운송절차

① 선적요청 ; 수출자는 선사와 전화, FAX, E- MAIL, 홈페이지에서 요청 또는 방문을 통하여 무역 및 운송관련 상담 후 선적을 요청한다. 수출자는 송화인(shipper: 수출상), 수화인(consignee: 수입상), 선적항(port of loading), 양화항(port of discharge), 화물의 명세(particular 또는 description of cargo) 등 B/L상에 표기되어야 할 주요 운송정보를 기재하여 해당화물의 송장 및 팩킹리스트와 함께 선박회사에 정식으로 선적요청서(S/R)를 제출한다. 이는 운송에 관한 일종의 청약행위이며 S/R상에 기재된 제반 정보의 정확성에 대해서 화주 자신이 이를 보증하여야 하며 만일 사실과 다른 부실기재나 허위가 존재하면 화주자신이 그로 인한 손해를 보상한다. 컨테이너화물은 화물의 인수지(place of receipt)와 인도지(place of delivery)가 추가로 기재되어야 한다.

② 선적예약 및 스케줄 통보 ; 선사는 수출자의 요구에 따라 선박의 스케줄을 확인한 후 선적가능 여부와 스케줄을 통보한다.

③ 국내운송 SERVICE ; 수출자의 화물운송 요청이 있을 시 수출자의 화물을 안전하고 신속하게 운송한 후 정확한 화물입고 및 도착을 통보한다. 이때 화물의 포장상태는 운송에 적합할 정도로 견고하여야 한다. 해상운송은 선박 자체가 항해를 하는 동안 태풍과 파도 등의 외력에 의해 계속적으로 동요하므로 예상되는 외력을 충분히 감내할 수 있을 정도로 포장되지 않으면 안 된다. 그렇지 못할 경우 해당 화물은 포장불량으로 내품이 손상될 수 있으며 이 경우 선박회사는 면책될 수 있다.

포장 및 출고 준비는 선박회사와 합의된 시간 내에 지정부두나 창고에 입고시킬 수 있도록 여유를 갖고 준비하여야 한다. 선박에는 합의에 의한 선적공간이 확보되어 있으므로 이를 수출자의 잘못으로 사용치 못했을 시 손해를 배상하여야 한다. 부적운임(dead freight)에 대한 산출근거는 명시되어 있지 않으나 화물을 싣지 않음으로써 절약된 부분(예컨대 하역비 등)만을 공제한 운임전액을 손해액으로 산정하는 것이 보통이다. 화물의 출고준비가 끝나면(컨테이너에 화주자신이 직접 적입하였을 때는 세관검사를 필하고 봉인이 된 상태) 선박회사가 지정한 부두나 창고까지 운송을 한다.

✦ 컨테이너 안에 화물을 적입하는 작업은 재래선의 경우 본선의 선창 내에 화물을 적재하는 작업에 해당한다.

④ 출고 및 육상 운송 ; 화물의 출고준비가 끝나면(컨테이너에 화주자신이 직접 적입하였을 때는 세관검사를 필하고 봉인이 된 상태) 선박회사가 지정한 부두나 창고까지 운송을 한다. 컨테이너 화물의 경우는 화주자신이 육상운송을 하는 경우보다 화주의 창고와 부두 구간의 내륙운송도 선박회사가 인수하는 경우가 많다. 이 경우의 운송은 항구에 있는 보세구역(bonded area)까지 연결되므로 일반 육상운송업자가 취급할 수 있는 것이 아니고 보세화물 운송면허를 취득한 자라야만 가능하다.

⑤ 화물인도 및 입고 ; 컨테이너화물인 경우 선박회사측에 화물을 인도하는 장소는 컨테이너선이 접안할 부두에 위치해 있는 컨테이너 전용야드(CY)이다. 화주가 수배한 트럭과 화물이 야드 안으로 들어가는 시점, 즉 정문을 통과하는 순간이 화물에 대한 관리책임이 화주로부터 선박회사로 이전되는 순간이다. 선박회사는 정문통과시점에서 컨테이너의 외관을 검사하고 봉인이 이상 없으면 정상품을 인수했음을 기재한 부두수취증(dock receipt, D/R)을 발행화주에게 교부한다. 이 서류는 화주가 선박회사측에 화물을 인도하였음을 증명하는 것으로 선적과 관련하여 가장 중요한 서류 중의 하나이다. 만일 정문통과 시 컨테이너 외관에 손상이 있거나 봉인이 훼손되거나 변경되었음이 발견되면 해당 화물은 일단 수취를 보류하고 별도의 검사 및 세관수속을 거친 후 인수 또는 반려한

다.[1] 컨테이너에 적입되지 않은 일반화물은 선박회사에서 지정한 창고에 입고될 시점에 유사한 과정을 거치게 되어 있다.

⑥ 선적 ; 예정된 스케줄에 따라 수출자의 화물이 선적되어 출발한다.

▎LCL 화물 ; LCL화물의 인수도관련 수출지에서의 절차는 재래선화물의 경우와 동일하다. 화물을 선박회사가 지정하는 창고(CFS 창고)까지 운송하여 선박회사에게 인도한다. 이때, 작성하는 서류로는 화물의 수량, 품목 그리고 상태를 기재한 인수도서(convention note)가 있다. 이곳에서 동일 목적지로 가는 타화물과 함께 선박회사에 의해 컨테이너에 합적된다. 화물의 손상이 컨테이너의 이상이나 적입 기술상의 문제일 경우에는 선박회사의 책임사항이 된다.

▎FCL 화물 ; 예약내용에 의거 선박회사에서는 화물을 적입할 수 있는 빈 컨테이너(empty container)를 화주가 지정한 창고로 보내 준다. 이를 실무에서는 'Spotting' 또는 'Positioning'이라고 한다. 이 컨테이너는 운송화물에 대한 창고 내지는 대형 포장재에 해당하므로 이를 인수시 이상이 없는지를 잘 조사한 후 기기인수도서(EIR)를 작성, 양 당사자가 서명한다.

화물의 적입작업은 적부(stowage)에 관한 전문지식과 경험을 요하는 전문분야인 바 그 작업에 신중을 기하여 운송도중 예상되는 충격이나 외력으로 인해 내부가 붕괴된다거나 화물의 동요 등으로 인해 손상이 발생하지 않도록 유의하여야 한다(컨테이너 내 적부불량으로 인한 손해는 운송인 면책임). 이 경우 화주는 컨테이너 내에 화물이 적재되어 있는 상태를 그림으로 표시한 'container load plan(CLP라 함)'을 작성하여 선박회사 및 목적지의 수화인에게 송부한다. 적립이 끝나면 선박회사에서 'Spotting' 시 함께 보내준 선박회사의 봉인으로 봉인한 후 선박회사에게 통보하여 선적항까지 운송해 가도록 한다. 적입된 컨테이너를 선박회사측의 육상운송회사에게 인계할 시에도 이상유무를 상호 확인하고 기기인수도서를 작성한다.

⑦ EDI SERVICE ; 선적서류 및 수출신고필증에 의거 전산망을 통하여 세관에 전송한다.

⑧ B/L 및 청구서 발행 ; 수출자에게 관련운임을 확인 후 운송형태 및 서류상의 이상유무를 확인하여 B/L을 발행하며, 수출자에게 인도한다. 선박회사는 선적지에서 화물을 수출자로부터 인수한 시점부터 이를 목적항에서 수입자에게 인도하는 순간까지 화물을 안전하게 관리하여야 할 책임이 있다. 따라서 화물에 대한 인수도서는 선박회사의 책임을 논하는데 있어서 가장 중요한 서류라고 할 수 있다. 재래선 화물의 경우는 본선수취증(mate's receipt, M/R)이, 그리고 컨테이너의 경우는 부두수취증(dock receipt, D/R)이 발행된다.

▎정기선운송 시 선적 관련서류의 흐름

선적 관련서류	작성자	서류 제공
① 선적스케줄 통보(Vessel Schedule)	선박회사	선박회사 → 수출자 또는 선박회사 → 수입자 → 수출자
② 선복요청서(Shipping Request : S/R)	화주	수출자 → 선박회사 또는 수입자 → 선박회사
③ 선적지시서(Sailing Order : S/O)	선박회사	선박회사 → 선장
④ 본선수취증(Mate's Receipt : M/R)	일등항해사	선박회사 → 수출자
⑤ 수출신고필증(Export Clearance)	세관	세관 → (관세사) → 수출자→ 선박회사
⑥ 선화증권(Bill of Lading : B/L)	수출지 선박회사	선박회사 → 수출자
⑦ 화물인도지시서(Delivery Order : D/O)	수입지 선박회사	수입지 선박회사 → 수입자

그러나 실무에서는 이러한 서류들은 화주들에게는 실제 별로 이용되고 있지 않다. 이론상으로는 이러한 수취증을 선박회사에 제시하여 그와 상환으로 B/L을 발급받도록 되어 있으나 선박회사에서는 이러한 서류들에 의존하지 않고 자체 시스템을 통하여 수취 및 그 상태를 확인할 수 있을 뿐만 아니

라 화주들도 후일 'claim'을 제기할 때에도 'clean B/L'과 목적항에서 인수시 화물에 이상이 있었음을 입증하는 서류만 있으면 충분하므로 실무에서는 단지 선박회사의 내부서류 정도로 사용되고 있다.

화물이 선박회사 측에 인도되고 나면 선박회사는 화물이 이상이 없이 인수되었다는 사실과 화주가 요청한대로 운송하여 지정된 자에게 인수시와 유사한 상태로 화물을 인도할 것을 약속하는 내용의 선화증권을 화주에게 발급한다. 화물인도를 받을 상대는 선화증권 소지인이며 관련법규 및 B/L 약관에 의거 선화증권 소지인 이외의 사람은 화물의 인도를 청구할 수 없다. 화물을 목적지에서 화주에게 인도할 때 손상이 있다거나 운송품의 일부 또는 전부를 인도할 수 없을 경우에는 선화증권에 표시되어 있는 화물의 인도청구권이 실제 파괴된 것이므로 운송인에 대해서 손해배상을 요구할 수 있는 것이다. 선화증권은 통상 3통(original, duplicate, triplicate)이 발행되는데 그 효력은 동일하다. 선화증권은 법적으로 화물 그 자체를 나타내는 이른바 유가증권이며 물품대금을 수취하는 데 있어서 반드시 있어야 할 중요한 선적서류 중의 하나이다.

⑨ 사후관리 SERVICE : 선적 후 진행상황을 수출자에게 통보, 선적업무를 종료한다.

3) 용선운송계약(contract by charter party)

용선운송계약(charter party : C/P)은 특정 항해구간 또는 특정기간 동안에 대하여 선복의 전부 또는 일부를 일정조건하에서 임대차하는 운송계약을 말한다. 이 경우의 송화인은 용선계약자가 되며, 또 송화인과 용선주와의 관계는 용선계약에 의해 구속받는다. 용선운송계약에는 주로 부정기선이 이용된다. 부정기선은 정기선에 비하여 상대적으로 중형 또는 소형선박인 경우가 많으며, 일반화물선 외에도 특수화물을 위한 전용선이 구비되어 있다.

(1) 항해용선계약(voyage charter)

항해용선계약은 일정한 항로에 한하는 계약으로, 원칙적으로 1회의 항해를 단위로 한다. 이 계약에서 선주는 화주에게 운임조건만을 수취하고 그 외의 항해비용 일체를 부담한다. 항해용선계약은 운임결정방식에 따라 다시 항차용선계약과 목돈용선계약, 일부용선계약으로 나뉜다. 항차용선 계약은 실제 선적량으로 운임을 결정하는 것으로 중량용선계약이라고도 하며, 목돈용선계약은 일정한 선복에 대해 운임을 정하는 것으로 선복용선계약이라고도 한다. 일부용선계약은 일당 운임을 결정하는 것을 말한다.

❙ 항해용선계약에서의 주요 조건

* 하역비 부담조건 : 선박 내 하역인부를 선주와 화주 중에 누가 부담할 것이냐에 따라 다음과 같이 분류된다.

Berth Terms(Liner Terms) : 적화시 및 양화시 모두 선주 부담한다. 특히 정기선에 의한 개품운송계약에 많이 이용.
FIO(Free In and Out) : 선적 및 양화시 모두 화주 부담한다. 용선계약에 많이 이용
FI(Free In) : 적화시 화주 부담, 양화시 선주 부담.
FO(Free Out) : 적화시 선주 부담, 양화시 화주부담.
FIOST(Free In, Free Out, Stowed, Trimmed) : FIO +Stowage / Trimming Charge 선적. 양륙. 본선 내 적부. 선창 내 화물정리비 모두 화주 부담

* 정박기간(laydays ; laytime)의 표시 ; 화주가 용선한 선박에 계약물품을 적재 또는 양륙하기 위하여 그 선박을 선적항 또는 양륙항에 정박할 수 있는 기간을 정박기간이라고 한다.

기간 초과시 : 체선료 지급
약정기일 이전 하역완료시 : 선주가 화주에게 조출료(dispatch money ; 체선료의 1/2)지급

* 정박기간 약정방법

- **관습적 조속하역(customary quick dispatch ; CQD)** : unfixed laydays의 일종으로 가능한 한 빨리 적 · 양화역을 하는 조건이다. 불가항력에 의한 하역 불능은 정박기간에서 공제하고 일요일 · 공휴일을 非하역일로 간주하느냐와 야간하역은 특약이 없는 한 그 항구의 관습을 따른다.
- **연속정박기간(Running Laydays)** : 하역개시일로부터 종료시까지의 경과일수를 계산하는 방법으로 어떠한 원인에도 관계없이 하역개시 이후 종료시까지의 일수를 모두 정박기간에 계산하는 방법이다. 일요일, 공휴일에 대해서도 이것을 제외한다는 특약이 없는 한 정박기간에 포함 '1일 몇 톤' 등과 같이 1일 책임 하역수량을 표시한다.
- **호천하역일(Weather Working Days ; WWD)** : 하역 가능한 좋은 일기상태의 날만 정박기간에 산입한다. 기후가 하역 가능한 상태인가 하는 것은 선장과 화주와의 협의에 의하여 정한다.
- **일요일과 공휴일의 처리방법**
  "Sundays and holidays excepted(even if used) "(SHEX) – 不算入
  "Sundays and holidays excepted unless used"(SHEXUU) – 작업하면 算入,

(2) 기간용선계약(time charter)

기간(정기)용선계약은 선복에 화물을 적재할 수 있는 설비 및 용구를 갖추고 선원을 승선시켜 장기간 해상을 운항할 수 있는 선박을 일정기간 용선하는 계약이다. 이때 용선자는 용선료 외에 연료비 · 입항세 · 운항비 등을 부담하고 용선주는 선원비 및 보험료와 같은 통상의 선비를 부담한다. 그리고 용선자는 다른 화주로부터 받은 운임과 용선료의 차액으로 이윤을 얻는다.

(3) 나용선계약(bare boat charter)

나용선계약은 선박만을 대상으로 하는 계약이다. 인적 · 물적요소 일체를 용선자가 부담하고, 용선자가 운항전체를 관리한다. 실제적으로 선박임대차와 동일하다.

표 3-2. 용선계약별 특성 비교

구 분	항해용선계약	기간(정기)용선계약	선박임대차(나용선)계약
선장고용 책임	선주가 선장임명 및 지휘감독	좌 동	임차인이 선장임명 및 지휘감독
책임한계	용선자는 선복이용하고 선주는 운송행위	좌 동	임차인이 선박을 일정기간사용 및 운송행위
운임결정 기준	화물의 수량 또는 선복으로 결정	기간에 의하여 결정	임차료는 기간을 기초로 결정
기항담보	용선자는 재용선자에 대하여 기항담보 책임없음	좌 동	임차인은 화주 또는 용선자에 기항담보책임 있음
선주의 비용부담	선원급료, 식대, 음료수, 윤활유, 유지비 및 수선료, 보험료, 감가상각비, 연료, 항비, 하역비, 제수수료, 예선비, 도선료	선원급료, 식대, 음료수, 윤활유, 유지비 및 수선료, 보험료, 감가상각비	감가상각비, 보험료
용선자 비용부담	부담비용 없음	연료,항비,하역비, 제수수료,예선비, 도선료	항해용선 중 감가상각비 이외의 비용

(4) 용선계약의 체결과정

(가) 선박조회 : 화주가 화물의 종류, 수량, 선적지, 선적시기, 운임률 등을 제시하여 용선중개업자에게 수배를 의뢰하면, 중개인은 화주의 조건과 일치하는 선박을 선사에 조회(inquiry)한다.

(나) 확정청약 : 조회를 받은 선사는 화주가 요구하는 조건을 검토 후 용선계약에 필요한 여러 조건과 유효기간 등을 명시하여 화주에게 용선계약체결을 요청함으로써 확정청약(firm offer)을 한다.

(다) 반대청약 : 운송업자가 제시한 확정청약의 조건에 대하여 화주가 청약내용의 일부를 변경하거나 추가 제의를 하는 것으로 이는 원래의 청약에 대한 거절이면서 새로운 청약으로서 반대청약(counter offer)이 된다. 용선계약이 성립되기까지는 일반적으로 수차에 걸친 청약과 반대청약의 과정을 거친다.

(라) 선복확정서 송부 : 선사가 제시한 유효기간 내에 확정청약을 화주가 승낙하면 용선계약이 성립하는 것으로서 이의 증빙으로 선복확정서(fixture note)를 작성하여 용선주, 화주 및 중개인이 각각 1부씩 보관한다.

(마) 용선계약서 작성 : 선복확정서에 의거 정식 용선계약서(Charter Party)를 작성한

다. 용선계약의 내용은 우송형태 및 화물, 항로, 사용서식에 따라 계약서의 내용이 상이하며, 당사자간 합의에 따라 추가 및 삭제가 가능하다.

(5) 용선계약의 주요조건

(가) 운임의 지급 : 기간용선의 용선료(charter hire)는 계약기간에 대하여 지급되지만 항해용선의 운임은 항해단위나 적재량을 기준으로 산정하며, 경우에 따라서는 비율운임(prorate freight)을 적용하기도 한다. 선주는 선박운항의 원가에 변동이 생길 때를 대비하여 용선계약서에 'escalation clause'를 삽입함으로써 운임을 탄력적으로 적용하기도 한다.

운임의 지급시기는 원칙적으로는 후불이지만 관습상 선불인 경우도 있다. 선불조건에는 선적완료불(payable on completion of loading)과 선화증권발행시불(payable on signing of B/L)이 있으며 후불에는 양륙지도착불(payable on arrival to destination)과 양륙완료시불(payable on completion of discharging)이 있다.

(나) 하역을 위한 정박기간 : 화물의 선적과 양화, 즉 하역을 위한 정박기간(laydays, laytime)을 화주와 선사 사이에 정하는데 정박기간을 결정하는 조건은 위에서 설명하였으므로 생략하기로 한다.

(다) 체선료와 조출료 : 정박기간의 기산점은 본선 선장의 하역준비완료통지서(notice of readiness : N/R) 제출 후 일정시간(12시간) 후로 하는데 통상 12시간을 적용한다. 하역이 개시되어 계약에 허용된 정박기간을 초과할 때 화주가 용선주에게 그 초과시간에 대하여 체선료(demurrage)를 지불하고, 반대로 정박기간보다 빠르게 하역이 끝나면 화주는 조출료(despatch money)를 받게 되는데 조출료는 보통 체선료의 1/2이다.

(라) 정박기간의 산정 : 용선계약서에서는 하역준비완료통지서(N/R)가 통지된 후 오전 통지시 오후 1시부터, 오후 통지시 다음 날 오전 6시부터 기산한다. 하역기간의 종기는 일반적으로 하역이 완료되는 때이다. 하역이 종료되면 정박일수를 기재한 정박일계산서(laydays statement)를 작성하여 선장 및 화주가 서명한다.

(마) 선내 작업비 : 적화비와 양화비의 비용부담은 화물의 종류나 선로에 따라서 다르다. 일반적으로 적화시에는 화주측이 선측까지 모든 비용을 부담하고 양화시에는 선박회사가 양화비용을 부담하는 것이 원칙이다.

(바) Not Before Clause : 선박이 운항과 관련하여 당초 예정했던 도착예정일보다 일찍 도착하는 경우가 있다. 이 경우 비록 본선이 선적준비완료예정일 이전에 도착하여도 하역하지 않는다는 것을 규정한 운송계약서상의 문언을 말한다.

(사) 위약금조항 : 불가항력 이외의 사유로 용선계약을 위반하였을 때 위약당사자가 상대방에게 위약금을 지급하는 조건으로 이를 배상금(indemnity)조항이라고도 한다.

(아) 면책조항 : 선화증권과 같이 용선계약서에도 일정 종류의 위험, 우발사고 또는 태만에 대한 책임으로부터 선주를 면책(exception)하게 하는 약관이다. 면책조항에는 전쟁조항(war clause), 동맹파업조항(strike clause), 결빙조항(ice clause) 및 이로조항(deviation clause) 등이 있다.

(자) 묵시적 확약 : 항해용선계약에서 계약서상에 명시되어 있지는 않지만 당사자가 상대방에게 묵시적 확약으로 인정하는 것이다. 즉, 선주 측에서는 내항성 선박의 제공, 신속한 항진, 부당한 이로를 하지 않을 것 등이며, 화주 측에서는 위험물을 적재하지 않도록 하는 것 등이다.

표 3-3. 개품운송계약과 용선운송계약의 비교

구분	개품운송계약	용선운송계약
거래내용	운송회사는 다수의 화주로부터 개별적으로 화물의 운송을 인수	용선주는 특정의 상대방과 특약하여 선복 또는 선박을 빌려주어 운송을 인수
선 박	정기선(liner)	부정기선(tramper)
화 주	불특정 다수 화주	특정 화주
화 물	컨테이너화물 또는 잡화와 같은 비교적 적은 화물	대량 살화물(원유, 철광석, 석탄, 곡물 등)
계 약	선화증권(Bill of Lading; B/L)	용선계약서(Charter Party; C/P)
운 임 률	공시운임률(tariff rate)	수요와 공급에 의한 시세(open rate)
운임조건	Berth Terms(Liner Terms)	F.I.O., F.I., F.O., F.I.O.S.T.

3. 해상운임

해상운임(freight)은 선박에 의한 화물의 운송에 대하여 지불되는 보수로서 자유경쟁하에서의 재화와 마찬가지로 선복(ship's space)에 대한 수요와 공급에 의해서 결정된다. 그러나 정기선의 경우는 보통 운송회사간 해운동맹의 결성으로 불완전경쟁 내지 독점경쟁이 행해지며, 그 운임도 동맹에 의해 품목별로 표준운임률을 적용한다.

해상운임의 수준은 시장경제의 원칙인 수요와 공급의 원리에 의해 결정되어지는 것이지만 정기항로에는 일종의 카르텔(cartel)인 해운동맹이 있어 시장경쟁이 크게 제약받고 있다.

정기선운송에 있어서는 항로별로 해운동맹이 결성되어 있어 운임률(tariff rate)을 책정하고 있으나 해운동맹에 가입하지 않은 맹외선사와의 경쟁으로 인해 실제로 선사가 징수하는 해운시장에서의 시장운임은 운임률표보다 훨씬 낮은 경우가 대부분이며 시황에 따라 변동폭도 크다. 이는 운송서비스의 성격이 해운동맹 등 선사단체에 의해서 결정되고 선복

공급이 비탄력적인데 기인한다.

1) 해상운임의 분류

(1) 해상운임의 분류

(가) 지급시기에 따른 분류

▎선불운임(Freight prepaid) : CIF 또는 CFR 조건에 의한 수출의 경우 수출업자가 선적지에서 운임을 종종 선불하는데 이를 선불운임이라 한다.

▎후불운임(Freight to collect) : FOB 조건의 경우 수입업자가 화물의 도착지에서 운임을 지급하게 되는데 이를 후불운임이라 한다.

(나) 부과방법에 따른 분류

▎종가운임(Ad Valorem Freight) : 귀금속 등 고가품의 운송에 있어 화물의 가격을 기초로 이의 일정률을 운임으로 징수하는 경우를 말한다.

▎최저운임(Minimum Rate) : 운임은 일정단위를 기초로 부과되는데 화물의 용적이나 중량이 일정기준 이하일 경우 이미 설정된 최저운임을 부과한다.

▎차별운임(Discrimination Rate) : 화물, 장소, 화주에 따라 운임을 차별적으로 부과하는 방식으로 해상운송에서 주로 이용되고 있다.

▎무차별운임(Freight All Kinds Rate) : 화물, 화주, 장소를 불문하고 운송거리를 기준으로 일률적으로 운임을 책정하는 방식이다.

(다) 특수운임

▎특별운임(Special Rate) : 해운동맹이 비동맹선사와의 경쟁, 특정화물의 유치, 대량화물에 대한 우대 등을 위해 일정조건을 갖춘 경우 요율을 인하하여 적용하는 운임이다.

▎경쟁운임(Open Rate) : 광산물 등 특정화물의 수송에 있어서 동맹선사의 경쟁력을 높이기 위해 동맹선사 스스로가 운임을 결정토록 하는 경우의 운임이다.

▎OCP Rate(Overland Common Point Rate) : 북미 태평양 연안항만에서 하역되어 동부내륙지역으로 육상운송되는 화물(OCP cargo)에 대해 낮은 해상운임률을 적용하여 화물을 유치하기 위한 정책운임을 말한다.

2) 부대비용

운송의 발달에 따라 운송관련 시설이나 인력이 갈수록 복잡·전문화되면서 선사가 해상운임만으로 경영이 어렵게 되자 이의 보전을 위해서 도입하게 된 것이 운송과 관련된 각종 부대비용이다.

부대비용은 선사들이 운항비의 증가 또는 운항수입의 감소를 보전하기 위해 부과하고 있는 할증료(surcharge) 및 부대비(additional Charge)는 통상 기본운임의 몇 %로 정하거나 컨테이너당 또는 톤당 일정액을 정하여 공시하는 형식을 취하고 있다. 각종 할증료에 대해 'UNCTAD Liner Code'와 'CENSA Code'에서는 일시적 또는 비정상적으로 발생된 운항비의 증가나 운임수입의 감소가 발생했을 경우에만 부과되어야 하며 화주단체가 이의를 제기했을 경우에는 반드시 증거를 제시하도록 하고 있으며 동맹에 의하여 부과된 할증료는 일시적인 것으로 여건이 개선되면 철폐되어야 하는 것으로 규정하고 있다.

▎터미널화물처리비(THC : Terminal Handling Charge) : 화물이 CY에 입고된 순간부터 본선의 선측까지, 반대로 본선의 선측에서 CY의 게이트를 통과하기까지 화물의 이동에 따르는 비용을 말한다.

▎CFS 작업료(CFS Charge) : 선사가 컨테이너 한개의 분량이 못되는 소량화물을 운송하는 경우 선적지 및 도착지의 CFS에서 화물의 혼적 또는 분류작업을 하게 되는데 이때 발생하는 비용을 CFS Charge라 하며 선사는 화주로부터 이를 징수하여 CFS 운영업자에게 전달하게 된다.

▎도착지화물인도비용(DDC : Destination Delivery Charge) : 북미수출의 경우 도착항에서의 터미널 작업비용과 목적지까지의 내륙운송비용을 포함하여 해상운임과는 별도로 징수하는 것으로서 북미서안과 인근 내륙지역의 경우 40피트 컨테이너 당 740달러, 북미동안과 인근 내륙지역은 40피트 기준 1,070달러를 징수하고 있다.

▎컨테이너세(Container Tax) : 92년부터 항만 배후도로를 운송하는 컨테이너차량에 대해서 부산시가 20푸트 컨테이너 당 2만원씩 징수하고 있는 지방세로서 부산지역의 항만 배후도로 건설 등 운송시설의 확충을 목적으로 한 일종의 교통유발부담금이라 할 수 있다.

▎서류발급비(Documentation Fee) : 선사에서 선화증권(B/L)과 화물인도 지시서(D/O)의 발급 시 소요되는 행정비용을 보전하기 위해 신설한 비용으로 현재 발급 건당 6,000~7,500원씩 징구하고 있다

▎체선(화)할증료(Port Congestion Surcharge) : 입출항 선박의 수에 비해 항구의 하역능력이 부족하여 하역작업을 위한 대기시간이 길어짐으로 인해 선사측에 추가적인 경비가 발생할 경우에 일정기간 동안 화주에게 부과한다.

▎통화할증료(CAF : Currency Adjustment Factor) : 운임표시 통화의 가치하락에 따른 손실을 보전하기 위해 도입한 할증료로서 일정기간 해당통화의 가치변동률을 감안하여 기본운임에 일정비율(%)을 부과하고 있다. 항로에 따라서는 일정액을 부과하는 경우도 있다.

▎유류할증료(BAF : Bunker Adjustment Factor) : 선박의 주연료인 벙커油의 가격변동에 따른 손실을 보전하기 위해 부과하는 할증료로서 기본운임에 대하여 일정비율(%) 또는 일정액을 징수하고 있다. 북미항로에서는 연료할증료(FAF : fuel adjustment factor)라고도 한다.

▎연체료(Detention Charge) : 화주가 컨테이너 또는 트레일러를 대여받았을 경우 규정된 시간 내에 반환을 못할 경우 벌과금으로 지불해야 하는 비용이며 규정된 시간(free time)은 동맹 또는 선사에 따라 다르다.

3) 해상운임 산정 및 지급시기

(1) 정기선 운임의 산정기준

(가) 중량기준 : 중량(weight)을 기준으로 운임을 계산하는 방법으로 1,000kg의 중량을 의미하여 통상 Metric Ton(M/T)이라고 하며, 1,000Tons은 1Kilo Ton이라고 한다. Metric Ton 외에도 Long Ton(영국 Ton; 2,240LBS, 1,016.1Kg)과 Short Ton(미국 Ton; 2,000LBS, 907.2Kg)이 있는데 예전에는 Long Ton을 사용하는 것이 원칙이었으나 Long

Ton은 현재 일부 용선계약에 의해 수입하는 곡물의 경우에만 사용되고 있다.

중량을 기준으로 계산되는 운임을 중량운임(freight by weight)이라고 하고 중량운임을 적용하는 화물을 중량화물(weight cargo)이라고 한다.

(나) 용적기준 : 일반화물(general cargo)은 1㎥(1m×1m×1m)를 1톤으로 하는 용적 Ton(Measurement Ton : M/T)을 기준으로 운임률이 정해진다. 용적에 의하여 계산되는 운임을 용적운임(freight by measurement)이라고 하고 그러한 화물을 용적화물(measurement cargo)이라고 한다. 통상 선박회사는 중량톤 또는 용적톤 중 운임수입이 많은 쪽을 운임징수의 기준으로 하는 선택권을 갖고 있다. 이때 운임징수기준으로 사용하는 톤을 'freight ton' 또는 'revenue ton'이라고 한다. 한편, 단위화물(unitary cargo)인 컨테이너화물의 경우 컨테이너 단위당 운임, 즉 TEU(twenty foot equivalent unit)나 FEU(forth foot equivalent unit)당 운임이 정해진다.

(다) 가격기준 : 귀금속이나 견직물과 같은 고가품은 보관방법, 적재장소 등에 따라 특별한 주의를 필요로 하며, 손해가 발생시 이에 따른 보상액도 고가이기 때문에 그 가격에 대한 일정률을 곱하여 운임을 산출한다. 이 경우 기준이 되는 가격은 FOB가격을 사용한다.

(2) 부정기선 운임의 산정기준

부정기선의 경우 운임조건은 용선주와 화주와의 사이에 체결하는 용선계약에 의해 개별적으로 결정한다. 일반적으로 부정기선의 운임은 적재화물의 수량 또는 선복에 대하여 결정한다.

(3) 부적운임

부적운임(dead freight)은 송화인이 운송계약체결 후 화물의 관리를 태만하게 하였거나 또는 부득이한 사정으로 예약한 선적을 이행하지 못하여 부적선복이 발생하였을 경우에 이에 대하여 선주에게 지불해야 할 운임을 말한다. 수출자는 이러한 부적운임이 발생하는 것을 예방하기 위해서 선복예약시 수입상과 계약체결한 수출화물에 대한 조달 및 선적계획을 철저히 세워 관리하여야 한다.

(4) 할증운임

정기선에 있어서는 기항지간에 용적이나 중량 등을 기준으로 한 기본운임(base rate)의 적용 외에 화물이나 항로 등에 따라서는 할증운임(additional freight; surcharge)이 추가로 가산되는 경우가 있다.

종류	할증료 부과대상
장척할증료 (Lengthy Surcharge)	30피트 이상의 장척물(lengthy cargo)에 부과
중량할증운임 (Heavy Lift Surcharge)	한 개 중량이 3톤 이상의 초중량화물(heavy cargo)에 부과
용적할증운임 (Measurement Surcharge)	화물의 부피가 일정 용적을 초과된 화물에 대해 부과
유가할증료 (Bunker Adjustment Factor:BAF)	유가인상으로 인한 운임수입의 손실을 보전하기 위해 부과
체선(화)할증료 (Port Congestion Surcharge)	입출항 선박의 수에 비해 항구의 하역능력이 부족하여 하역작업을 위한 대기시간이 길어짐으로 인해 선사측에 추가적인 경비가 발생할 경우에 화주에게 부과
통화할증료 (Currency Adjustment Factor : CAF)	환율변동으로 인한 운임수입의 결손을 보전하기 위해 기본운임 외에 부과
기타 할증료	선적시에 양화항을 확정하지 않고 출항후 일정기간 뒤에 양화항이 지정되는 양화항선택권부 화물(optional cargo)에 부과
	화약, 독극물 등의 위험물에 부과

4. 선화증권(Bill of Lading)

선화증권(Bill of Lading : B/L)이란 송화인과 수화인이 물품의 인도, 인수를 위하여 물품운송의 임무를 맡은 선박회사가 송화인의 청구에 의하여 발행하는 운송서류를 말한다. 선화증권을 일정한 운송계약 하에 송화인으로부터 물품을 수취하여 이것을 계약지정의 양륙지에서 수화인에게 본 증권과 상환으로 물품을 인도할 것을 약속한 유가증권이다. 즉, 선화증권은 선박회사가 화물을 수취한 것을 확인한 다음 양륙항에서 그 선화증권의 소지인에게 이것과 교환하여 화물을 인도할 것을 약속한 수취증이며, 선박회사와 화주간의 운송계약서이다.

1) 선화증권의 종류와 기재사항

(1) 선화증권의 종류

분류기준	종 류
양 식	Long Form B/L, Short Form, B/L
선적여부	Shipped B/L, Received B/L, On Board B/L
하자표시 유무	Clean B/L, Dirty B/L, Foul B/L 또는 Unclean B/L이라고도 함
수화인 표시 유무	Straight B/L, Order B/L, Bearer B/L
발행인	Master B/L, Forwarder B/L, House B/L이라고도 함
기타	Through B/L, Charter, Party B/L, Third Party B/L Red B/L, Back Date B/L, Stale B/L

(가) 선적선화증권(Shipped or on Board B/L)과 수취선화증권(Received B/L)

선적선화증권(Shipped B/L)은 화물이 실제로 본선에 적입이 된 후에 발행되는 것으로서 가장 많이 이용되고 있다. 선적선화증권은 증권면에 "shipped…", "shipped on board…", 또는 "received on board…"와 같이 기입함으로써 선적선화증권임을 표시하고 있다.

그러나 선적전이라도 화물이 선박회사의 창고에 반입되면 화주의 요청에 따라 선박회사는 선화증권을 발행할 수 있는데, 이때에 발행되는 선화증권은 형식적으로는 증권면에 "received for shipment…" 또는 "received to be transported by steamer" 등으로 기입되므로, 이를 수취선화증권(Received B/L)이라 한다. 그러나 수취선화증권이 발행되어도 화물이 선적되었다는 사실과 선적일을 기입하고 운송인이나 그의 대리인이 서명하면 선적선화증권과 동일하게 취급한다.

(나) 무사고 선화증권(Clean B/L)과 사고부 선화증권(Foul or Dirty B/L)

선적화물의 상태가 양호하여 약정수량의 전부가 그대로 선적되면 선박회사는 선화증권면의 적요란(remarks)에 사고문언이 없는 선화증권을 발행한다. 이와 같은 선화증권을 무사고 선화증권(Clean B/L)이라 하며, 선화증권면에는 "Shipped on board in apparent good order and condition"이라고 기재되어 있다.

이에 반해서 선적된 화물이 포장이나 수량 또는 기타 화물의 외견상 불완전한 상태라면 선박회사는 선화증권의 적요란에 사고문언을 기재하여 선화증권을 발행한다. 이와 같이 B/L의 적요란에 사고문언이 기재되어 있는 선화증권을 사고부 선화증권(Foul B/L ; Dirty B/L)이라 한다.

【참고】 L/I : letter of indemnity

훼손화물보상장이라고도 하며, 선화증권의 고장 적요란에 고장 내용이 기재된 선적화물에 대하여 무고장 선화증권(clean B/L)을 발행받기 위하여 화주가 선박회사에 제공하는 보상장을 말한다.

선적화물은 선적 당시 외관상 아무런 이상이 없이 선적 또는 인수된 것(shipped or received apparently good order and condition)을 조건으로 하는 것이 원칙이다. 따라서 화물의 상태나 수량에 이상이 있을 경우 선주는 그 책임을 지지 않는 이유를 명백히 하기 위하여 고장 문언을 기재한 수취서를 발행하고 선화증권에도 그 내용을 기재한다.

그러나 고장증권을 담보로 한 담보환어음이 매입을 위하여 은행에 제시되었을 경우, 이 어음은 수입업자가 인수할 보장이 없기 때문에 수출업자의 일방적인 신용만으로 매입 청구가 된 셈이며, 따라서 은행으로서는 어음금액의 감액 또는 담보의 추가를 요구하게 된다. 이것은 수출업자의 수출금융에 지장을 주는 것이기 때문에 수출업자는 선박회사에 보상장을 제공하고서 '고장문언'에 관한 일절의 책임을 질 것을 서약하고 무사고선화증권(clean B/L)을 발행받아 은행금융을 원활하게 하는 것이 오랜 국제관례로 되어 왔다. 그러나 1959년에 그 폐지운동이 환어음 은행 측에서 일어나서 국제상업 회의소(ICC)에서는 이것을 문제로 삼고 있다.

letter of indemnity Sample

John Who
Chicago, Ill.

Dear John,
We are writing this letter to guarantee that the landscape job that we have contracted for with you will be completed. There has been a recent shortage of lawnmowers, so we may have trouble completing our obligations in regards to our contract. If we cannot locate an extra lawnmower to complete the job ourself, we will hire an outside contractor to complete the job for you at no additional expense to your company.

We apologize for the potential inconvenience, but your job will be completed as per the specifications laid out in our original contract.

Thanks,

Signature

이 밖에도 선박회사는 습관적으로 수출자에게 다음 하나의 예처럼 LOI(letter of indemnity, 각서)를 요구한다. 즉, OBL(ocean bills of lading)에 대한 'surrender' 처리를 수출자가 요구할 때, 선사가 수입자에게 LOI(letter of indemnity, 각서)작성을 요구한다. 그리하면 다음과 같은 절차에 의하여 LOI가 작성된다.

① 수출자 선사에게 LOI FORMAT 요청 ② 수출자 수입자에게 LOI FORMAT 제공 ③ 수입자 LOI 작성 후 수출자에게 제공 ④ 수출자 선사에게 LOI 제공 및 D/O 발행 요청

그러나 이럴 경우 각서는 "어떤 경우에도 선사에 이 문제에 대해 책임을 묻지 않겠다"고 하는 각서가 된다. 그러면 선사의 부주의로 인해 화물이 파손되었을 경우에도 선사는 이에 대해 책임을 지지 않겠다는 것이다. 만약 이러한 각서에 서명했는데 문제가 생겨 보험회사에 보험금청구하면 보험회사는 결코 보험금을 지급하지 않는다. 왜냐면 화주가 모든 책임을 지겠다고 각서에 서명했으므로 보험회사가 보험금을 지급해 주지 않는다. 아프리카나 중동지역은, 예를 들어 이란의 반다르 압바스항(Bandar Abbas) 같은 경우, 비록 이란에서 가장 큰 항구라고 하지만 시설이 열악하다. 정상적으로 작동하는 크레인도 몇 대 안되어 작업도 느리고 장비가 낡아 노후된 장비로 인한 파손도 많다. 선박회사는 아프리카나 중동 등 항구시설이 좋지 않은 곳으로 화물을 운송할 경우 화물의 멸실과 손상에 대한 책임을 지지 않으려고 습관적으로 LOI를 요구한다.

(다) 기명식 선화증권(Straight B/L)과 지시식 선화증권(Order B/L)

기명식 선화증권(Straight B/L)은 수화인란에 수화인(consignee)의 성명이 명백히 기입된 것으로서 수화인으로 기명된 수입상만이 물품인도를 청구할 수 있을 뿐, 수출상은 아무런 권리가 없으므로 화환어음에 의한 결제가 아니고 송금결제방식이나 청산결제방식의 거래에 한하여 이용되고 있다.

이에 반하여 지시식 선화증권(Order B/L)은 선화증권의 수화인으로 "Order", "Order of Shipper", "Order of…(Buyer)", "Order of…Negotiation Bank"로 표시하여 발행되는 선화증권을 말하는 것이다. 지시식 선화증권은 이들 Shipper, Buyer, Negotiation bank 등이 이서하면 유통시킬 수 있는 선화증권이다.

【참고】 선화증권의 배서 형식

① 기명식 배서(Full Endorsement or special Endorsement) ; 피배서인(Endorsee)의 성명 또는 상호를 기재하고 배서인(Endorser)이 서명하는 방법. 예) Endorsee : Deliver to ABC Co., LTD. / Endorser : Korea Trading Co., LTD.(Signature)
② 지시식 배서 ; 피배서인으로 Order of ABC. Co., LTD.라고 기재하고 배서인이 서명한다.
③ 백지식 배서(Blank Endorsement) ; 피배서인명을 기재 않고 배서인이 서명한다.
④ 선택 무기명식 배서 ; 특정의 피배서인 또는 본권지참인이라고 기입하고 배서인이 서명하는 형식이다. 예) ABC. Co., LTD. or bona fide holder(bearer) / Korea Trading Co., LTD. (Signature)

(라) 제3자 선화증권(Third Party B/L)

선화증권상에 표시되는 송화인은 일반적으로 신용장의 수익자가 된다. 그런데 수출입 거래의 매매당사자가 아닌 제3자가 송화인이 되는 경우가 있는데, 이를 제3자 선화증권(third party B/L, neutral party B/L)이라고 한다. 주로 중계무역 등에서 이용되는데, 신용장에 별도의 명시가 없는 한 은행은 이를 수리하도록 신용장 통일규칙에서 정하고 있다.

(마) 통과(연결)선화증권(Throuh B/L)

통과선화증권이란 운송화물을 목적지까지 운송하는데 선주가 다른 선박을 이용하는 경우나 육운과 해운을 이용하여 운송될 경우 등 복수의 운송인이 관여하고, 최초의 운송업자가 다음 구간에 대하여 연결책임을 증명하는 B/L을 말한다. 이를 통과선화증권이라 하기도 하고 연결선화증권 또는 전통선화증권 이라고도 한다.

(바) 약식(간이)선화증권(Short Form B/L)

약식선화증권은 선화증권으로서의 필요 기재사항을 갖추고 있지만 정식 선화증권(long form B/L)의 이면약관이 생략된 것으로서 최근 미국을 위시한 여러 나라에서 널리 사용

✦ 정식선화증권(Long Form B/L) 선화증권의 앞면과 뒷면에 선적내용과 약관을 모두 갖춘 선화증권으로 대부분의 선화증권이 정식선화증권에 해당한다.

되고 있다. 이 약식선화증권에 관하여 어떤 분쟁이 생기면 일반적으로 정식선화증권상의 화주의 권리와 의무에 따르게 된다.

(사) 적색선화증권(Red B/L)

적색선화증권은 보통의 선화증권과 보험증권을 결합시킨 것으로서 이 증권에 기재된 화물이 항해 중에 사고가 발생하면 이 사고에 대하여 선박회사가 보상해 주는 선화증권이다. 이 경우 선박회사는 모든 'Red B/L' 발행권을 일괄부보하게 되므로 보험회사가 손해부담을 진다. 그러나 운임에 보험료가 추가되므로 결과적으로 보험료는 화주가 부담하는 것이 된다. 이러한 Red B/L은 과거 선박회사와 보험회사가 동일인일 경우에 사용하였으나 근자에는 사용하지 않고 있다.

(아) 지연선화증권(Stale B/L)

'Stale B/L'이란 선화증권의 어떤 형태를 말하는 것이 아니고, 선적 후 정당하다고 인정되는 기간이 경과한 후에 은행에 제시된 선화증권을 말한다. 주로 신용장 상에 명시된 선화증권의 제시시한을 경과한 선화증권을 지칭하는 용어이다. 신용장통일규칙(제43조)은 선화증권 또는 기타 선적서류의 발행일로부터 지급·인수 또는 매입을 위하여 서류를 제시할 때까지의 일정기간을 명시하도록 하고 있다. 이러한 제시기간이 신용장상에 명시 되어 있지 않은 경우 선화증권의 발행일로부터 은행측에서 일반적으로 용인하는 허용기간(21일)이 경과한 후 매입은행에 제시되면 은행은 신용장상에 "Stale B/L acceptable"이란 조항이 있는 경우를 제외하고는 수리를 거절한다.

(자) 환적선화증권(Transhipment B/L)

운송경로의 표시에 있어 도중의 환적을 증권면에 기재한 B/L을 말한다. 현재의 신용장통일규칙(UCP 600)에 의하여 환적이 신용장조건에 의해 금지되어 있지 않는 한, 전 운송과정이 단일 및 동일 운송서류에 표시되어 있는 경우 화물이 환적되어질 것이라고 표시되어 있는 운송서류는 수리된다.

(차) 서랜더선화증권(Surrender B/L)

화물의 도착지에서 선화증권원본의 제시 없이 전송(Fax or e-Mail)받은 사본으로 화물을 인수받을 수 있도록 발행된 선화증권으로 선화증권사본에 "Surrender" 또는 "Telex Release"란 문구도장이 찍혀져 있는 선화증권을 말한다. "Surrender B/L"은 선화증권의 종류를 말하는 것이 아니라 B/L상에 "Surrender"란 문구의 도장을 찍어 유통가능한 유가증권으로서의 기능을 포기하는 선화증권으로서 주로 "Surrender B/L"이라 불리우며

"Original B/L"없이 수입화물을 인도하여도 좋다는 의미를 내포한 권리포기 선화증권을 의미한다. 이 B/L의 발행배경은 인접한 국가간의 물류인 경우 항해일수가 짧으므로 원본 서류보다 화물이 목적지에 먼저 도착하는 경우를 대비하여 화물의 적기 인수(수입상의 편의)를 목적으로 발행되었다.(해상화물운송장 : Sea Waybill의 경우와 유사)

"Surrender B/L"효과로는 수입상은 화물을 적기에 인수하여 공급 및 판매함으로써 물품 수입의 목적을 달성할 수 있으며, 서류지연에 따른 창고료와 화재보험료 부담 및 선화증권의 우송비용을 절감할 수 있다. 선사 및 일부 포워더에서는 "Surrender B/L"발행수수료를 징수하기도 한다.

"Surrender B/L"의 발행절차는 선적지에서 물품선적 후 운송인선사 또는 포워더에게 선화증권을 교부받기 전에 "Surrender B/L"발행 동의서를 제출하면 운송인은 선화증권상에 "Surrender" 또는 "Telex Release"란 문구의 도장을 찍어 교부한다. "Surrender B/L"가능하려면 B/L상의 수취인이 수입상으로 되어 있어야 한다. 원선화증권(Original B/L)이 발행된 후 "Surrender"요청시에는 필히 "Original B/L"을 회수하여 운송인에게 반납하여야 가능하다.

❙ 화물인수 절차 : 도착지의 수입자는 Fax 또는-Mail로 전송받은 Surrender B/L상에 수취인 Consignee)을 확인하는 명판 및 인감을 날인하여 해당선사 또는 포워더에게 제시하여 화물인도지서(D/O)을 교부받아 수입통관후 화물을 인수한다. Surrender B/L은 원본과 사본의 구분없이 실수취인의 확인으로 화물을 인수한다.

❙ 유의사항 : ① 원본서류가 발행제시되지 않은 상태에서 화물의 인수가 가능하므로 수입상이 화물을 인수하고 대금의 결제를 하지 않을 위험성이 있으므로 수입상의 신용이 확실한 경우에만 이용이 가능하다. ② 신용장거래의 경우 수리하는 신용장조건이 없다면 수리거절 된다. ③ 은행에서 선적서류를 매입할 경우 수출물품에 대하여 물적 담보효력이 없는 것으로 보아 채권보전책의 강화가 필요하다. ④ 선박회사의 경우 목적지에서 권리없는 수화인에게 물품이 인도될 위험성이 있으므로 Surrender B/L의 발행을 꺼리는 경향이 있다. ⑤ 신용장(L/C) 거래에서는 B/L의 수취인이 개설은행으로 되어 있는 경우가 많고 L/G를 사용하면 되므로 Surrender B/L로 Nego할 경우가 거의 없다.

❙ 법적 효력 : B/L 원본은 그자체가 완벽한 법적 효력을 갖고 상품의 대표권을 행사할 수 있는 유통성이 있는 유가증권이다. 그러나 Surrender B/L은 B/L의 효력을 정지시킨 것으로 B/L상의 수취인만이 권리를 행사할 수 있는 비유통성 물품인수증에 해당한다고 할 수 있다.

❙ Surrender B/L 과 L/G 차이점 : Surrender B/L은 애초에 선화증권을 발급받을 때 Surrender 처리하여 발급하는 경우가 대부분이다. 이는 전신환 등으로 수출상이 대금을 선지급받은 경우 화물에 대한 담보권을 확보할 필요없이 수입상이 신속하게 화물을 인수할 수 있게 하는 것이다. 신용장의 경우에는 발행은행이 발행의뢰인으로부터 대금상환문제가 있어 Surrender B/L을 사용하기 어렵다. L/G의 경우 Surrender가 아니라 B/L은 정상적으로 발행되고 수입상이 은행에 요청하여 대금을 지급하고 사본B/L에 대한 L/G를 발급받아 도착된 화물을 인수하게 되는 것이다. 또한 L/G에 의한 화물인수는 수출상과 아무런 관련이 없으며 수입상과 L/G를 발행한 은행간 문제가 되며 수출상은 원본 B/L을 이용하여 정상적인 신용장거래와 마찬가지로 대금을 회수하는 절차를 취하게 된

다. 반면에 Surrender B/L은 수출상이 적극적으로 화물에 대한 권리를 포기한다는 의사표시를 선사에 하고 B/L의 Surrender 처리를 하여야 하므로 수출상의 적극적인 개입이 있어야 가능하다.

▍타 운송서류와 비교

<table>
<tr><th>구 분</th><th>수화인 기재</th><th>유통성</th><th>Number of Original B/L</th><th>표기방법</th></tr>
<tr><td rowspan="3">일반
선화증권</td><td>기명식
(To 000Co., Ltd)</td><td>No-Negotiable</td><td rowspan="3">Three(일반적으로 3부발행)</td><td rowspan="3">Original
Duplicate
Triplicate</td></tr>
<tr><td>소지인식(To Beared)</td><td rowspan="2">Negotiable</td></tr>
<tr><td>지시식(To Order)</td></tr>
<tr><td>Surrender B/L</td><td>기명식만 가능</td><td>No-Negotiable</td><td>Zero or Nil</td><td>Surrendered
Telex Release</td></tr>
<tr><td>Sea
Waybill</td><td>기명식만 가능</td><td>No-Negotiable</td><td>Zero or Nil</td><td>No-Negotiable
Sea Waybill</td></tr>
</table>

山东省烟台国际海运公司

SHANDONG PROVINCE YANTAI INTERNATIONAL MARINE SHIPPING CO.

SHIPPER (COMPLETE NAME ADDRESS AND PHONE)

VN EXPORT , HAOI, VIETNAM
http://michaelhoan.googlepages.com/

BILL OF LADING NO.
SYVHKBKV7510586

Port-to-Port or Combine Transport
BILL OF LADING

CONSIGNEE (COMPLETE NAME ADDRESS AND PHONE)

KR IMPORT
BUSAN KOREA

RECEIVED by the carrier as specified below in external apparent good order an[illegible] condition unless otherwise stated. The total number of packages or units stuffed [illegible] the container, the description of the goods and the weights shown in this Bill [illegible] Lading are furnished be the merchants, and which the carrier has no reasonab[illegible] means of checking and is not a part of this Bill of Lading contrac[illegible] The goods sha[illegible] be transported to such place as agreed, authorized or perm[illegible] herein and subje[illegible] to all the terms and condition whether written, [illegible] stamped, printed [illegible] incorporated on the front and reverse side hereof [illegible] the Merchant agrees to b[illegible] bound by accepting this Bill of Lading, an[illegible] local privileges and custom[illegible] notwithstanding in WITNESS whereof [illegible] (1) original Bill of Lading has bee[illegible] signed if not otherwise stated below, [illegible] being accomplished the other(s), [illegible] any, to be void, If required by th[illegible] one (1) original Bill of Lading must b[illegible] surrendered duly endorsed i[illegible] for the goods or delivery order.

NOTIFY PARTY (COMPLETE NAME ADDRESS AND PHONE) (It is agreed that no responsibilities shall be attached to the carrier or his agents for failure notify)

SAME AS CONSIGNEE

PRE-CARRIAGE BY*	PLACE OF RECEIPT*
(INTENDE)+VESSEL/VOYAGE STADT RATZEBURG V.0751N	PORT OF LOADING HAIPHONG, VIETNAM
PORT OF DISCHARGE PUSAN KOREAN PORT	PLACE OF DELIVERY* PUSAN KOREAN PORT

COPY
NON-NEGOTIABLE

No. of Original Bills of Lading
THREE (03)

PARTICULARS DECLARED BY SHIPPER BUT NOT ACKNOWLEDGED BY CARRIER

CONTAINER NO./SEAL NO. MARKS & NUMBERS	QUANTITY (FOR CUSTOMERS DECLARATION ONLY)	DESCRIPTION OF GOODS (SAID TO CONTAIN)	GROSS WEIGHT (KILOS)	MEASUREMENT (CU METRES)
AMFU851103[illegible]/[illegible]01	232 CTNS	SHIPPER'S LOAD, COUNT & SEAL. 01X40'HC CONTAINER S. T. C. : BAMBOO BASKETS ORIGIN: VIETNAM 232 CARTONS = 2,320 SETS NW = 5,568 KGS GW = 6,032 KGS **SURRENDERED**	6,032.00	57.240 CLEAN ON BOARD STADT RATZEBURG V.0751N 18TH DEC, 2007 CY/CY

TOTAL NUMBER OF CONTAINERS OR PACKAGE (IN WORD): ONE CONTAINER ONLY

FREIGHT & CHARGES	RATE	UNIT	PREPAID	COLLECT
FREIGHT PREPAID				

EXCESS VALUE DECLARATION

PREPAID AT

PAYABLE AT
HAIPHONG

TEMPERATURE CONTROL INSTRUCTION

SIGNED BY / ON BEHALF OF THE CARRIER

PALCE OF ISSUE: HAIPHONG, VIETNAM

DATE OF ISSUE: 18TH DEC, 2007

SHANDONG PROVINCE YANTAI INTERNATIONAL MARINE SHIPPING CO.

LADEN ON BOARD OF VESSEL
DATE BY
SYMS STANDARD FORM 02

(Terms continued on the back hereof, please read carefully)

❙ SURRENDER요청서

SURRENDER요청서

수 신 : (주)000
발 신 :

B/L SURRENDER 요청 건

아래와 같이 각 수출화물에 대하여, 도착지에서 수화인이 ORIGINAL B/L없이 화물을 인수할 수 있도록 B/L SURRENDER를 요청합니다.

이에 제반하여 추후 발생하는 모든 문제에 대해서는 당사에서 전적으로 책임질 것을 서약합니다.

\- 아 래 -

1. B/LNO. :
2. VESSEL/ VOYAGE NO. :
3. SHIPPER :
4. CONSIGNEE :

2017 년 월 일

(명판/직인)

From(the shipper on the B/L) :
To : Korea Marine Transport Co., Ltd.
Date :

Surrender Request

Dear Sirs and Madams

Bill(s) of Lading No.
Vessel & Voyage No.
Container No.

We are the shipper of the captioned shipment and we hereby request you to deliver the subject cargo(please see above for details) to (Name of consignee and address) without presentation of any original Bill(s) of Lading.

In consideration of your complying with our above request, we here by agree as it follows.

1. We indemnify you, your principals, their and your servants and/or agents and hold you harmless in respect of any liability, loss or whatsoever nature which you, your servants and/or agents may sustain by reason of the delivery of the goods in accordance with our above request. We take all the responsibility on release cargo to above mentioned consignee.

2. To be bound by all the stipulations, exceptions, terms and conditions on the face and back of KMTC original Bill(s) of Lading, any local custom or privilege to the contrary notwithstanding.

3. The Surrender Request shall be governed and construed in accordance with Korean Law and shall be subject to the exclusive arbitration of the Korean Commercial Arbitration Court. The award rendered by the arbitrator(s) shall be final and biding upon both parties connected.

Yours faithfully,

For and Behalf of

(실화주직인, 명판날인요)

Official Seal & Signature from the shipper on the B/L

(2) 선화증권의 기재사항

선화증권의 양식 및 기재사항은 컨테이너로 운반되는지 혹은 재래선 벌크 형태로 운반되는지에 따라 약간의 차이가 존재하나 대부분 비슷하다.(상법 제853조)

① Shipper ; 송화인의 성명 또는 상호를 기재하며 혼동이 예상될 때는 주소를 명기하여 명확히 하는 것이 좋다.

② Consignee ; T/T 방식이나 D/P, D/A 방식에서는 수입상의 상호 및 주소가 기재되나 신용장 방식에서는 신용장 상에 표시된 문구에 따라 To Order, To Order of Shipper, To Order of 개설은행명, 수입상명 등이 된다.(모든 선적서류의 Consignee와 일치시켜야 함.)

③ Notify Party ; 대개 신용장에 Notify Accountee 또는 Applicant라 기재되며 신용장 개설의뢰인, 즉 수입업자 또는 수입업자가 지정하는 대리인이 통지처(화물도착 시 연락처)로 기재된다.

④ Ocean Vessel ; 화물을 수송하는 해상운송 선박명이 기재된다.

⑤ Port of Loading ; 화물을 선적하는 항구명 및 국명이 표시된다. 신용장의 항구표시와 일치해야 된다. 예) "Busan, Korea", "Incheon, Korea"

⑥ Place of Receipt ; 송화인으로부터 운송인이 화물을 수취하는 장소로 "Busan C.Y" "Busan C.F.S" 등으로 표기한다.

⑦ Voyage No. ; 운송선박의 운송회사나 선박회사가 임의로 정한 일련번호가 기재되는데 1항차는 출발항에서 목적항을 거쳐 출발항에 회항하는 것으로 한다. 수출·수입을 구별하기 위하여 East, West 등 방향이나 Inbound 또는 Outbound로 등을 표기한다.

⑧ Port of Discharge ; 화물의 양륙항 및 국명이 기재된다.

⑨ Place of Delivery ; 운송인이 책임지고 운송하여 수화인에게 인도하여 주는 장소를 명기한다.

⑩ Final Destination ; 화물의 최종 목적지를 표시하나 선화증권에 운임이 계상되어 있지 않는 경우는 단지 참조사항에 불과하다. 그리고 복합운송이 아닌 경우에는 기재되지 않는 경우가 많다.

⑪ B/L No. ; 선사가 임의로 규정한 표시번호를 기재한다. 통상 선적항과 양륙항의 알파벳 두문자를 이용하고 번호를 일련번호로 쓴다. "BO－5001" : Busan－Osaka, "HMBU－9001" : Hamburg-Busan 등으로 표시된다.

⑫ Flag ; 선박의 등록국적을 나타낸다. 선박 소유자의 국적을 표시하지 않고 등록된 국가의 국적을 표시한다. 그런 이유로 편의치적(便宜置籍)이 이용되고 있다. 해상 사고시는 국제적 관례인 기국주의에 의한다.

⑬ Container No. ; 화물이 적재되는 Container No.를 표기한다.

⑭ Seal No. ; Container에 적재된 화물에 봉인을 한 Seal No.를 표기한다.

⑮ No of CONT or other PKGS ; 컨테이너 숫자나 기타 포장갯수를 기재한다. 예) 1 CNTR(컨테이너)

⑯ Description of Packages and goods ; Packing List 및 Invoice에 기재된 상품의 내용을 열거 기재하며 B/L No.도 통상 표시되어진다.

표 3-4. 선화증권의 양식

Bill of Lading

①Shipper/Exporter Konji Trading Co., Ltd. 664-1,duckjin-Dong,Jeonji, Jeonbuk	⑪B/L No. ; But 1004
②Consignee TO ORDER	
③Notify Party K. Sakai & Co., Ltd. Tatsumi-Bldg., No.3-13, 1-Chome, Kyomachibori, Nishi-Ku, Osaka, Japan	

Pre-Carriage by	⑥Place of Receipt PUSAN, KOREA	
④ Ocean Vessel WON JIN	⑦ Voyage No. 1234E	⑫ Flag Republic of Korea

⑤Port of Loading	⑧Port of Discharge	⑨ Place of Delivery	⑩ Final Destination(For the Merchant Ref.)
PUSAN, KOREA	Nagoya, Japan	Nagoya, Japan	Osaka, Japan

⑬Container No. ⑭Seal No. Marks & No	⑮No. & Kinds of Containers or Packages	⑯Description of Goods	⑰Gross Weight	Measurement
ISCU1104				110 CBM
Total No. of Containers or Packages(in words)	2 CNTRs of FEU	47,500dzs of Cotton Gloves	40,631 KGS	

⑱ Freight and Charges	⑲ Revenue tons	⑳ Rate	㉑ Per	㉒ Prepaid	㉓ Collect

㉓ Freight prepaid at	㉔ Freight payable at	㉖ Place and Date of Issue July 11, 2011
Total prepaid in	㉕ No. of original B/L	
㉗ Laden on board vessel Date Signature July 10, 2011		㉘ ABC Shipping Co. Ltd. as agent for a carrier, zzz Liner Ltd.

⑰ Gross Weight, Measurement ; 등록 검량회사에서 검측된 중량 및 용적이 명기된다. Packing List, Invoice와 일치되지 않는 경우 Remark를 부기하여야 한다. 화물에 이상이 있으면 송화인에게 파손 화물보상장(Letter of Indemnity : L/I)을 요구하여 첨부시킨다. 수출입의 경우 Packing List와 B/L이 상이한 경우 통관되지 아니하므로 세심히 작성되어야 한다.

⑱ Freight and Charges ; 상품의 운송에 따른 제반비용의 명세로 Freight, C.A.F, B.A.F, C.F.S Charge, Wharfage 등이 통상 표시되며 Through B/L인 경우는 Inland Charge가 표시된다.

⑲ Revenue Tons ; 중량과 용적 중에서 운임이 높게 계산되는 편을 택하여 표시한다. 총중량과 총용적에 각각의 운임단가를 곱하여 총중량의 운임이 총용적보다 클 경우는 "K/T"를, 총용적이 클 경우는 "CBM"을 표시한다.

⑳ Rate ; Revenue ton당의 운임단가 및 'CFS Charge', 'Wharfage'의 비율 등이 표시된다. 'Wharfage'의 경우 국내에서는 1톤 이하는 무조건 올림으로 산정하고 있어, 만일 7.001 CBM이라면 8CBM으로 계산된다.

㉑ Per ; 용적단위 또는 중량단위로 표시하고 'Full Container'의 경우는 Van 단위로 표시한다.

㉒ Prepaid & Collect ; C.I.F조건의 수출일 경우는 'Prepaid'난에 운임을 계산하여 표시한다. F.O.B 조건의 수출일 경우는 'Collect'난에 계산 표시한다. 또한 운임의 지불조건은 'Description of Goods'난에 "Freight Prepaid" "Freight Collect"라고 통상 표시되므로 혼동은 되지 않으나 간혹 기재되지 않는 경우도 있으므로 구별하여 각각의 난에 기재하는 것이 좋다. 복합운송의 경우는 각 구간마다의 운임을 표시하여 계산하는 것이 복합운송을 명백히 표시하는 방법이다. 그러므로 구간표시를 하고 구간운임 계산을 나타내는 것이 좋다.

㉓ Freight Prepaid At ; C.I.F 수출조건인 경우 운임이 지불되는 장소를 나타낸다. 즉 화물이 부산에서 선적운송되고 서울에서 운임이 지불되는 경우는 "Seoul, Korea"라고 기재한다. Freight Prepaid의 경우 운임이 지불되지 않으면 B/L 발행자는 특별한 상거래가 없는 한 B/L을 발행 교부하지 않는다.

㉔ Freight Payable At ; F.O.B 수출조건으로 운임이 수화인 부담인 경우에 수화인의 운임 지불장소가 기재된다. 운임이 지불되지 않으면 운송인 또는 대리점은 화물인도 지시서(D/O)를 발행 교부하지 않는다.

D/O : Delivery Order

㉕ No. of Original B/L ; Original B/L의 발행통수를 기재한다. Original B/L은 통상 3통을 한 세트로 발행하는데 그 숫자에는 제한이 없다. Original B/L에는 "Original" "Duplicate" "Triplicate" 등의 문구가 있고 은행과의 거래를 위하여 "Negotiable"이라는 문구도 표시된다. Original B/L의 경우에는 발행통수에 관계없이 그 한 장이라도 회수되면 상법 제816조에 따라 나머지는 유가증권으로서의 효력을 상실한다. B/L Copy의 경우는 "Copy Non-Negotiable"이라 기재되며 B/L Copy는 유가증권으로서의 효력이 없고 단지 참조적인 서류에 불과하다.

㉖ Place of Issue ; B/L의 발행장소가 기재된다.

㉗ On Board Date and Issue ; B/L의 On Board Date가 기재되며 선적일과 발행일자는 보통 일치된다. Date of Issue가 On Board Date 보다 늦을 수는 있으나 빠른 경우는 B/L의 선발행이 되므로 은행에서 매입을 거절한다. On Board의 하단에는 B/L 발행자의 Signature가 표시된다.

㉘ Carrier's Name ; B/L 발행권자의 서명(signature)이 표시된다. B/L 발행권자는 은행에 서명을 등록하고 있으며 일단 발행권자가 서명을 한 후 B/L을 수정할 경우에는 재발급을 하든가 또는 "Correction" 도장을 날인한 후 서명을 해야 한다. 그러나 중량 및 용적 등 상품의 가격에 영향을 미치지 않는 부분에는 "Correction" 도장만 날인해도 유효하다.

▎선화증권의 발행방식

유통증권인 선화증권의 양도는 화물의 양도와 같아서 배서의 형식과 방법도 상당히 중요하다. 즉, "Order" 또는 "Order of Shipper"로 발행하여 송화인이 백지배서(blank endorsement)를 하면 그 다음부터는 선화증권을 인수받는 사람에게 실질적 소유권이 이전하게 되어 무기명식 발행과 똑같은 효과를 가진다. 그러나 선화증권 이면에 상대방의 성명이나 상호를 기입하여 배서인이 서명하면 최초의 배서인은 선화증권 상에 수화인으로 기명된 자가 되며 이런 기명식 배서방법을 취하면 배서가 연속되어 있어야 한다.

구분	발행방식
기 명 식	- 수화인란에 특정인의 상호, 주소를 기입하는 방식 - 수화인란에 "A &B Inc., New York, U.S.A."로 기재
지 시 식	- 지시식에는 단순지시식, 기명지시식 및 선택지시식이 있는데, 단순지시식의 경우 "Order"로만, - 기명지시식은 "Order of Mr. Brown"으로, 선택지시식은 "Mr. Brown or Order"로 표시
소지인식	- 소지인식은 수화인란에 단순소지인, 즉 "Bearer"로 기재하거나 또는 선택소지인식 "Mr. Anderson or bearer"로 표시
무기명식	- 일명 백지식이라고 하여 수화인란을 공란(blank)으로 두는 것 - 선화증권은 소지인식처럼 취급

2) 해상운송인의 면책사항

면책약관(exemption clause)은 선주가 자기 책임을 한정하여 후일 화주로부터의 손해배상청구를 면하기 위하여 기재하는 사항이다. 면책약관은 보통 선화증권의 표면약관이나 이면약관 중에 인쇄되어 있는데, 이러한 면책약관을 일반약관(general clause)이라 하며, 이 외에 선화증권의 여백에 기입되거나 고무인으로 기입되는 것은 특별약관(special clause)이라고 한다.

상법은 'Hague Rules'에 따라 항해과실과 화재를 면책사유로 정하고 있다. 개정 상법에서는 화재의 경우 '선박에서의'라는 문구를 삭제함으로써 화재가 선박 내에 일어난 것이어야 한다는 제한이 없어졌다. 손해가 위 면책사유로 인하여 발생하였다는 것을 원칙으로 운송인이 입증하여야 한다.(상법 제789조 1항) 손해발생에 관해 고의나 중대한 과실이 있는 경우 원칙적으로는 면책을 주장하지 못한다. 또한 면책사유는 감항능력 주의의무 위반으로 인한 책임에 대해서는 효력이 없다. 구 상법하에서는 운송인의 불법행위책임이나 이행보조자의 책임에 대해서는 적용이 없었으나 개정 상법하에서는 면책사유가 불법행위책임에도 적용되고 이행보조자의 책임에 대해서도 그들의 고의가 있다든지, 손해발생의 염려를 인식하면서도 무모하게 한 작위 또는 부작위로 인하여 생긴 것이 아닌 한 적용된다.(개정상법 제789조) 상법상 면책사유는 다음과 같다.

▶ 해상 기타 항행할 수 있는 수면에서의 위험 또는 사고 ▶ 불가항력 ▶ 전쟁/폭동 또는 내란 · 해적행위 이에 준하는 행위 ▶ 재판상의 압류, 검역상의 제한 기타 공권에 의한 제한 ▶ 송화인 또는 운송물의 소유자나 그 사용인의 행위 ▶ 동맹파업 기타의 쟁의행위 또는 선박 폐쇄 ▶ 해상에서 인명이나 재산을 구조하기 위한 이로 기타 정당한 사유 있는 이로 ▶ 운송물의 포장의 불충분 또는 기호의 표시의 불완전 ▶ 운송물의 특수한 성질 또는 숨은 하자 ▶ 선박의 숨은 하자(개정상법에서 새로이 추가됨)

5. 해상운송에 관한 국제조약

1) 헤이그 규칙

선주와 화주의 이해관계를 조정하고 해상운송에 관해 국제적인 통일을 기하기 위해서 국제법협회(International Law Association : ILA), 국제해사위원회(International Maritime Committee : IMC) 등이 중심이 되어 국제통일법의 제정을 촉구할 것을 결의했다. 이에 따라 이하에서는 해상운송에 있어서 선화증권에 관한 국제규칙의 성립과정과 함께 규칙을 비교하여 보고자 한다.

1921년 런던에서 개최된 국제상업회의소(International Chamber of Commerce)에 영국의 해사법위원회가 독자적으로 제출한 초안을 중심으로 ICC는 이를 수정 · 보완하여 1921년 당시 네덜란드의 수도 Hague에서 만장일치로 통과시켜 각국이 자발적으로 이 초안 내용을 선화증권의 이면약관에 삽입하도록 권장하였다.

그러나 이번에는 선주 측의 비판에 부딪혀 국제해사단체인 국제해양법협회(International Maritime Law Association)에 의해서 수정되어 1924년 8월 25일 벨기에의 수도 Brussels에서 개최된 제5차 해상법에 관한 국제회의(International Conference on Maritime Law)에서 각국 대표에 의해서 “선화증권에 관한 통일규칙을 위한 국제조약”(International Convention for the Unification of Certain Rules of Law Relating to Bills of Lading)이 채택되었다. 이 조약은 각 참가국들 정부의 동의를 얻어 비준

(ratification)을 벨기에 정부에 통고하기로 되었는데, 1931년 6월 2일부터 이를 비준한 국가간에는 이 통일조약이 유효하게 되었다. 이 조약은 Hague규칙을 모체로 하였다고 하여 오늘날 헤이그규칙이라고 한다.

2) 헤이그-비스비 규칙

Hague Rules이 제정된 후 40여년이 지나는 동안 해상운송의 여건이 많이 변하여서 새로운 규정의 제정이 절실히 요구되어 오던 중, 1963년 Stockholm에서 개최된 국제해사법회의(Committee Maritime International Conference)에서 1924년 선화증권통일조약 개정안에 대한 토의를 거쳐 1968년 2월 23일에 이 개정내용이 Brussels에서 "선화증권통일조약 개정의정서"(Protocol to Amend the International Convention for the Unification of Certain Rules of Law Relating to Bills of Lading)인 소위 'Visby Rules'이 채택되었다.

이와 관련하여 영국의 경우는 Hague-Visby Rules를 국내법으로 수용한 1971년의 "해상물품운송법"(Carriage of Goods by Sea Act 1971: COGSA)을 제정하였는데, 여기서는 계약자유의 원칙을 제한하고 있으며, 특히 선주에게는 동 법에서 인정된 운송인의 책임규칙에 면책조항을 확대하는 것을 허용하지 않고 있다.

한편 1924년 헤이그규칙, 즉 선화증권통일조약은 선화증권이 발행되었을 경우 그 법률관계에 관한 규정의 통일을 목적으로 하는 것으로서 용선계약에는 원칙적으로 적용되지 않지만, 용선계약 하에서도 선화증권이 발행된 경우에는 운송인과 선화증권의 소지인과의 관계를 규정하는데 적용된다.

이 조약의 주 내용은 운송인의 책임에 관하여 선장, 선원, 수로안내인, 기타 운송인 및 그 고용인의 항해(navigation) 또는 선박의 관리(management of the ship)에 관한 행위, 태만 또는 과실, 즉 항해과실에 대하여는 운송인의 면책을 규정하고 있는 반면, 운송품의 선적·수급·적부·운송·보관·관리·양륙 등에 관한 과실, 즉 상업과실에 대하여는 면책특약을 무효로 하고 있다. 운송인의 대리인 또는 사용인의 고의 또는 과실에 기인하지 않는 모든 사유는 면책으로 하고 있으나 면책의 이익을 주장함에 있어 운송인은 멸실 또는 손상이 고의 또는 과실에 기인하지 않았다는 것을 입증하여야 한다. 운송구간에 대하여 Hague규칙에서는 운송품이 적재로부터 양륙까지(from loading to discharging)를 책임구간으로 하고 있다.

한편 운송인의 화물에 대한 배상책임한도에 관하여 선화증권통일조약은 화물의 "포장물 또는 단위"(package or unit)당 100 Pound Sterling 또는 이와 동등한 금액으로 정하고 있다. 그러나 1968년의 Hague·Visby Rules에서는 운송인의 책임을 포장물 또는 단위당 10,000 포앙카레 프랑(Poincaré Francs, 1PF = 약 U$2.00)과 총중량 1Kg당 30 포앙카레 프랑 중 큰 금액으로 한다. 이러한 운송인의 배상책임제한은 물품의 파손이 운송인의 의도적인 작위 또는 부작위에 의하여 발생한 경우에는 적용되지 아니한다. 또한 운송인이 물품의 파손을 예측하고 있는 경우에도 마찬가지이다.

국제무대에서 발언권이 강해진 많은 개발도상국들이 종래의 통일조약은 너무 선주 위주로 되어 있어 화주들의 권익이 제대로 반영되어 있지 않다는 주장을 UN 무역개발회의(UNCTAD)에서 주장하여 1969년에 국제해운입법작업부회가 설치되어 새로운 선화증권 조약안을 작성, 1976년 4월 New York에서 개최된 UN 국제무역법위원회(UNCITRAL) 제9회기에서 이 안이 심의되어 1976년 UN 총회에 상정되었다. 그 후 1978년 3월 독일의 Hamburg에서 개최된 전권회의(Plenipotentiary Conference)에서 이 개정조약안이 통과되어 "Hamburg Rules"라 불리우는 "UN해상물품운송조약"(United Nations Convention on the Carriage of Goods by Sea, 1978)이 채택되었다.

Hamburg Rules의 특징은 해상운송에서 약자의 위치에 있는 선박을 소유 내지 운영하고 있지 아니하는 개도국의 화주의 입장을 강화함으로써 운송인의 책임을 무겁게 하고 있는 것이다. 이 조약은 Hague Rules에 비하여 ① 운송인의 책임구간을 운송품의 수취로부터 인도까지 확대하고, ② 인도지연에 대한 운송인의 책임을 명기하고, ③ 운송인의 책임한도를 인상했으며, ④ Claim의 통지기간을 연장했으며, ⑤ 출소기간을 2년으로 개정했으며, ⑥ 운송인의 항해과실면책, 선박취급상의 과실면책, 선박에 있어서 화재의 면책조항 등을 폐지했다.

한편 본 조약은 대부분 화주국인 개발도상국의 주도하에 작성되었기 때문에 선주국인 선진국의 비준이 지연되어 그 발효요건인 가입국 20개국을 충족하지 못해 그간 발효되지 못하였다. 그러나 1991년 10월말 잠비아(Zambia)가 20번째로 가입함으로써 1년 경과기간을 거쳐 1992년 11월 1일 정식으로 발효를 보게 되었다.

현재 전세계적으로 통용되고 있는 헤이그규칙(Hague Rules)이나 헤이그-비스비규칙(Hague · Visby Rules)에 비해 선주의 책임이 상대적으로 증대된 함부르그규칙의 발효로 동 규칙에 가입한 국가 선주들의 보험료가 현재보다 인상될 전망이다.

3) CMI규칙

국제운송시장에서 복합운송방식이 정착되면서 무역거래의 모든 분야에서 전자자료교환(EDI)방식에 의한 무역이 활성화되고 있다. 따라서 비유통성 운송서류의 사용에 있어서 거래상의 불확실성 문제를 피하고, 장래 더욱 활성화될 전자적 거래에 대비하고자 국제해사위원회(CMI)에서는 1990년 6월 "해상화물운송장에 관한 통일규칙"(Uniform Rules for Sea Waybills)과 함께 "전자식 선화증권에 관한 규칙"(Rules for Electronic Bills of Lading)을 마련하여 공표하였다. 특히 "전자식 선화증권에 관한 CMI규칙"(Rules for the Electronic Bills of Lading : CMI Rules)은 국제해사위원회(CMI)가 최근에 발전된 해상운송방식에 부응하지 못하고 있는 소위 선화증권의 위기(crisis of B/L)를 극복하기 위하여 1990년 6월에 파리에서 개최된 국제해사위원회(CMI)의 제34차 회의에서 채택되었다.

전자식 선화증권(Electronic B/L)이란 선화증권을 발행하지 않고, 선화증권의 내용을 구성하는 정보를 전자적 방법에 의해 운송인의 컴퓨터에 보관하고, 운송인이 부여한 개인 키(private key)를 사용하여 운송인과 수출상 혹은 수입상(또는 지시인) 상호간에 EDI메시지를 전송하고 권리의 증명으로서 개인 키(비밀번호)를 사용함으로써 물품에 대한 지배권 및 처분권의 권리를 그 권리자의 지시에 따라 수화인에게 그 정보를 전송하는 선화증권을 말한다.

CMI규칙은 종래 서면형식의 선화증권 대신에 선화증권의 정보를 전자데이터 통신수단에 의해 전송하는 경우에 있어서의 당사자의 권리와 의무를 규정하고 있으며, 그리고 선화증권의 발행과 그 물리적 이전에 의존하지 않고 선화증권의 이서에 의해 얻을 수 있는 것과 동일한 법적 효과를 가질 수 있음을 인정하고 있다.

전자식 선화증권은 선박회사가 양도인, 양수인 등에게 개인 키를 부역하고, 양도의사를 전자적 지시를 통해 전달함으로써 선화증권상의 권리를 양도하게 된다. 이 경우 그 기간 동안 화물에 대한 권리는 전자적 지시를 할 권한을 지닌 선박회사가 가진다. 전통적 선화증권의 경우에는 선화증권의 소지인이 선화증권자체를 서명 양도함으로써 화물의 유통이 가능하고 따라서 화물은 선화증권의 소지인이 가지게 된다는 점이다.

전자식 선화증권에서 먼저, 화물에 대한 권리이전의 과정을 보면 송화인과 운송인간의 운송계약이 체결되면 운송인은 송화인으로부터 화물을 수취한 후 그 사실을 송화인에게 개인 키를 포함하여 전송하는데, 이때 개인 키는 소지인마다 갖는 숫자와 문자의 조합인 암호로서 양도는 불가능하다. 개인 키를 가진 송화인은 전자식 선화증권의 소지인으로서 운송인에 대한 물품인도청구권은 물론 물품의 처분권 및 양도권 등 선화증권상의 권리를 가지게 된다. 그리고 소지인이 물품을 타인에게 양도할 경우에는 이러한 의사표시를 운송인에게 전송하고, 운송인은 새로운 소지인에게 종래 개인 키를 폐기하고 별도의 개인 키를 부역하게 된다. 이러한 과정을 통하여 운송중인 화물이 전매되더라도 전통적인 선화증권에서와 마찬가지로 물품에 대한 권리는 순차적으로 이전할 수 있다.

다음으로 화물인도의 과정과 관련 CMI규칙에서는, 수화인을 최종 소지인으로 하여 개인 키를 부여하고, 개인 키로 입증된 수화인에게만 화물을 인도한다. 즉, 화물이 목적지에 도착하면 운송인은 전자식 선화증권의 소지인에게 물품인도 예정장소 및 일자를 전송한다. 이를 수취한 소지인은 개인 키를 사용하여 수화인을 지명하고, 운송인에게 인도에 관한 지시를 하며, 만약 소지인이 수화인을 지명하지 않으면 소지인 자신이 수화인으로 간주된다. 운송인은 인도지시에 따라 지명된 수화인 또는 소지인에게 물품을 인도하고 개인 키는 자동적으로 폐기된다.

이 CMI규칙은 물품이 적어도 일부는 해상으로 운송되는 경우에 적용되기 때문에 해상구간을 포함하는 복합운송에도 적용가능하며, 동 규칙을 이용하기 위해서는 먼저 당사자간에 기본협정서(Master Agreement)상에 CMI규칙에 준거한다는 것을 약정해야 한다.

4) Bolero

Bolero(Bill of Lading Electronic Registry Organization)는 선화증권을 비롯한 선적서류를 전자화하여 이를 상업적으로 운영하는 시스템으로서, 1994년 미국 영국 등의 선박회사, 은행 등이 참여하여 컨소시움 형태로 시작되었는데, 무역거래에 필요한 종이서류를 전자메시지로 전환하여 안전하게 교환할 수 있는 기반을 제공하는 것을 목표로 하고 있다.

볼레로시스템은 선화증권 외에 무역서류 전반을 전자화하여 무역거래의 효율성을 높이고 있다. 중앙등록기관은 정보의 안전성을 보장하기 위해 디지털 서명을 메시지 전송에 채택하고 있다. 사용자는 반드시 공개 키와 개인 키 한 쌍을 작성하여 공개 키를 등록기관에 사용자등록을 하고, 등록기관은 상호 키를 대조 사용자의 신원을 확인한다.

그리고 선화증권의 권리이전과정을 보면, 전자식 선화증권은 당사자간의 약정에 의해 유통되므로 송화인과 운송인간에는 권리이전에 관하여 송화인의 지시에 따른다는 조항을 포함한 운송계약을 체결한다. 송화인의 화물에 대한 권리를 수화인에게 이전하고자 하는 경우 운송인에게 차후로는 수화인의 지시를 받도록 지시하면 된다. 운송인은 이를 확인한 후 수화인에게 화물을 점유하고 있는 사실과 함께 수화인의 인도지시만 받는다는 것을 통지한다.

만약 수화인이 그러한 권리를 타인에게 이전할 의사가 있으면 이를 반복하면 된다. 권리이전과정에서는 단순히 물품의 청구권뿐만 아니라 운송계약상의 권리 의무가 모두 이전되어 송화인과 운송인과의 계약조항이 수화인과 운송인간에도 동일하게 적용된다.

제 2 절 해상적화보험

1. 해상적화보험의 접근방법

✦영국해상보험 및 상법과 관련된 내용은 부록편에 실려 있는 MIA와 상법(보험편)전문을 참고하여야 한다.

해상적화보험에 대한 이론적인 접근방법에는 경제학적인 측면에서의 접근방법과 경영학적인 측면에서의 접근방법, 법률학적인 측면에서 접근방법 등 세 가지 접근방법이 있다.

경제학적인 접근방법은 해상적화보험제도의 개념, 연혁, 기능 등을 주된 주제로 하여 해상적화보험을 경제상의 하나의 제도로 연구하는 것이며, 경영학적인 접근방법은 해상적화보험을 하나의 사업 또는 기업으로 연구하는 것으로 해상적화보험 계약자의 모집, 재산운용, 보험요율산정, 보험료징수, 보험금지급, 재보험, 경영분석 등을 주제로 접근하는 것이다. 그리고 법률학적인 접근방법은 해상적화보험을 계약당사자의 권리와 의무를 주된 대상으로 삼고 보험법 및 보험약관을 통하여 계약내용을 연구한다. 따라서 국가의 산업경제를 연구하는 사람들은 해상적화보험을 경제학적인 측면에서 접근할 것이며, 해상적화보험자들은 경영학적인 측면에서 해상적화보험을 다룰 것이다. 그리고 해상적화보험자의 계약부문이나 손해사정부문에 종사하는 자 또는 무역회사나 해운회사 등 보험계약자의 입장에 있는 자는 해상보험계약의 연구, 즉 해상보험의 법률학적 연구가 필요할 것이다.

본 교재는 무역과 관련하여 해상적화보험을 연구하는 것이므로 해상적화보험의 법률학적 연구, 즉 해상적화보험계약에 그 중점을 두고자 한다. 해상적화보험 계약의 연구에는 해상적화보험과 관련한 현행법 연구 이외에 해상적화보험의 약관연구가 불가결하다. 그러므로 본 교재는 해상적화보험에 관한 내용을 설명할 때 해상적화보험과 관련된 각종 법률조항들을 병행하여 기술하며 특히, 해상적화보험의 약관을 중심으로 보다 자세하게 분석하고 설명을 하기로 한다.

1) 무역과 적화보험 이해

무역에서의 최종단계는 화물을 수출자에게서 수입자에게로 운송하는 단계라 할 수 있다. 국제화물을 운송하는 수단으로는 선박, 항공기, 철도, 도로운송용구들이 있다. 그런데 이들 운송용구로 해상 또는 항공, 내륙으로 화물을 운송하다 보면, 예상할 수 없는 많은 위험이 따르게 되고 이로 인하여 운송화물이 손상, 멸실되는 경우가 발생한다. 그래서 무역 양 당사자들은 운송도중 화물에 손해가 발생했을 때, 손해를 보상하거나 최소화하기 위한 대비책이 필요하다. 이때, 화물의 손해에 대하여 상호 합의한 방식과 범위까지 보험자가 보상을 해 줄 것을 약속하는 계약을 적화보험이라 한다. 적화보험 하에서 보험자는 보험가입조건 및 약관에 따라 화물에 대한 적정보험료를 받고 위험을 담보하여 준다. 따라서 적화보험이란 위험의 자기부담 측면이 아니고, 보험료를 지불하고 보험자에게 위험을 전가시켜 불의의 사고로 인한 손해를 보상받는 수단이다.

해상적화보험은 이론상으로는 보험계약자와 보험자 사이의 쌍방 합의하에 의한 구두계약에 의해 계약이 성립되지만 실무적으로는 서면계약에 의해 계약이 이루어진다.

2) 무역에서의 적화보험역할

해상 적화보험은 신용장에 의한 무역거래에 있어서 매우 중요한 역할을 하고 있다. 은행은 운송도중 화물의 멸실이나 손상이 발생한 경우 적절한 보상을 받을 수 있는지 보험증권을 확인해야 하며 따라서 보험증권(insurance policy)은 무역실무에서 선적서류, 즉 상업송장

(commercial invoice), 선화증권(bill of lading) 등과 함께 환어음과 첨부하여 대금결재의 수단으로 이용된다.

대금결제가 신용장조건에 의해 이루어지는 매매계약이 체결되었을 때 수입업자는 거래은행과 협의하여 매매계약을 충족시키는 신용장을 개설하여 수입업자에게 통보한다. 한편 수출업자는 본선에 화물을 선적하고 선적서류를 받으면 보험증권과 함께 환어음에 첨부하여 매입은행(nego bank)에 제출하게 됩니다. 이때 조건이 상이할 경우 신용장 개설은행에 의해 대금결제가 거절되는 경우도 있으므로 매입은행은 제출된 서류들이 신용장의 조건 및 문구와 일치하는지의 여부를 면밀히 검토하여야 한다. 한편 매입은행이 개설은행(issuing bank)에 환어음과 선적서류를 송부하면 개설은행은 서류를 수입업자에게 인도하고 대금결제를 받게 된다.

2. 해상적화보험의 특징

✦협정보험가액 : 보험계약 시, 보험금액을 보험계약자와 보험자가 협정하는 것이다. 보험사고 발생 시, 보험금액 범위 안에서 손해액이 그대로 보험금으로 지불된다.

✦소손해공제 : 피보험자의 도덕적 위험을 방지하기 위하여 손해의 일정부분 이상만을 보상하고 미미한 손해는 보상하지 않는 것을 말한다.
예)일부 W.A. 조건, 특정부가위험 (extraneous risks)

해상적화보험은 보험자가 해상위험으로 인하여 화물이나 기타 상품과 같은 피보험재산에 발생하는 실제 손해를 피보험자에게 보상해주는 일종의 손해보험이다. 그러나 해상적화보험이 손해보험의 일반적인 특징인 재산 및 배상책임을 모두 가지고 있음에도 불구하고 일반 손해보험과 구별되는 몇 가지 중요한 차이점이 있다.

첫째, 해상적화보험은 대부분 다른 보험종목보다도 국제지향성이 강하다. 때문에 해상적화보험은 기타 재산보험과 배상책임계약과 서로 달라 세계 대부분의 국가에서 해상보험증권은 통상적으로 정부의 인가나 신고 등의 규제를 받지 않는다. 더 나아가 비록 임의단체에 의해 일부 표준화된 보험증권이 사용되고 있으나 해상적화보험증권과 해당 약관들은 법률에 의해 표준화되지 않고 있다. 둘째, 대부분의 손해보험과 같이 해상적화보험도 기업보험과 비기업보험을 모두 포함하고 있으나 다른 종목보다도 해상보험에서는 기업보험의 시장이 상대적으로 훨씬 더 중요하다. 그러므로 해상적화보험 종사자들은 다른 보험보다도 매우 전문화되어 있는 경향이 크다. 셋째, 해상적화보험증권은 전통적으로 광범위한 위험의 보험보장과 협정보험가액 및 소손해공제(excess 혹은 deductible)를 규정하고 있으며, 해상보험요율은 대부분 다른 보험종목보다도 보험자의 판단에 크게 의존하고 있다. 이러한 해상적화보험의 특성 때문에 요율산정과 요율규제가 모두 다른 보험종목과 다르다. 넷째, 영국해상보험법은 해상적화보험을 구매하는 자가 보다 주의 깊게 보험자에게 정보를 고지할 것을 요구하고 있다.

1) 국제적 성격

해상적화보험은 그 전제가 되는 해상사업 자체가 국가간 국제무역을 배경으로 하고 있다. 이에 따라 해상적화보험은 다음과 같은 측면에서 국제성을 가지고 있다.

(1) 국제무역관련 사업자의 보호필요성 충족

해상적화보험은 국제무역과 불가분의 관계를 가지고 있다. 해상보험이 국제무역에 종사하는 상인들과 선주들을 보호할 필요성을 충족시키기 위한 하나의 방법으로 발전되어 왔기 때문이다.

국제무역은 단지 매도인(수출업자)과 매수인(수입업자)의 무역계약만으로는 이행완료가 되지 않고 다양한 변수들을 지닌 환경들이 경합하여 이루어진다. 따라서 국제무역을 성공적으로 이행하기 위해서는 무역계약뿐만 아니라 계약이행에 따라 화물이나 상품을 운송하기 위하여 국제운송(해운)이 전제되어야 하며, 해상운송과정에서 발생할 수 있는 위험과 손해로 인한 경제적인 피해를 최소화하기 위해 해상적화보험이 반드시 필요하다. 우리가 국제무역의 3대 근간으로 해상보험과 국제운송, 그리고 국제금융(환)을 지목하는 것도 바로 이와 같은 이유에서다.

(2) 영국해상보험법(MIA1906)의 적용

✦국제무역과 관련한 자는 국제 상업회의소가 제정한 무역거래조건의 해석에 관한 국제규칙(Incoterms 2000), 1921년 국제법협회의 헤이그규칙(Hague rules), 1924년 해사법외교회의에서 성립된 선화증권통일조약 등과 같은 각종 국제규칙이나 국제조약이 해상적화보험에도 필요하다.

현행 해상적화보험은 국제적으로 영국의 "1906년 해상보험법"(이하 MIA라 부른다)의 적용을 받는다. 이것은 영국이 해상사업과 관련하여 근대적인 해상보험제도를 먼저 도입하였고 오랜 역사를 통하여 영국의 법과 관습이 국제해운시장과 해상보험시장에서 국제규칙의 역할을 성공적으로 수행하여 왔기 때문이다. 실제로 한국을 포함하여 전 세계의 2/3국가가 영국의 해상보험증권양식과 보험약관을 사용하고 있으며 그 약관에는 "이 보험은 영국의 법과 관습에 따른다"고 규정한 준거법조항이 삽입되어 있다.

한국도 마찬가지이다. 정부의 인가를 받은 한국의 해상보험증권에도 "이 보험은 모든 클레임에 관한 보상책임과 정산에 관해서만 영국의 법과 관습에 따를 것을 합의한다"는 조항이 규정되어 있다. 모든 클레임에 관한 **보상책임과 정산에 관해서만** 영국의 법과 관습에 따를 것이라고 규정한 것은 한국의 해상보험의 판매가 영업사원과 대리점에 의해서 진행되는 반면, 영국에서는 대부분 보험브로커에 의하여 보험계약이 체결되고 있기 때문이다. 이러한 준거법 조항의 효력은 한국 대법원 판결에서도 확인되고 있다.[16]

(3) 영국중심의 공통적 약관사용 및 영국법의 준거법

✦자유요율제도 : 해상적화보험의 요율을 보험회사별 자율적으로 산출하고 적용하는 제도를 말한다. 따라서 보험계약자가 어느 보험회사를 선택하느냐에 따라 보험료부담이 달라진다.

현행 해상적화보험 시장은 국제적인 경쟁시장이다. 무역조건에 따라 해상보험계약을 체결하는 국가가 다르므로 우리는 한국의 해상보험요율이 높은 경우에는 무역조건을 변경하여 무역상대국에서 해상보험계약을 체결할 수 있다. 예를 들면 FOB무역조건의 경우, 수입국에서 보험계약을 체결하지만 CIF조건의 경우에는 수출국에서 보험계약을 체결하므로 한국의 수입상이 미국과 무역계약을 체결할 경우, 한국의 해상적화보험의 해상보험요율이 미국보다 월등히 높은 때에는 CIF조건으로 무역계약을 체결하여 미국의 보험회사와 해상보험계약을 체결하면 된다. 한국을 포함하여 해상보험요율이 세계적으로 대부분 정부의 규제를 받지 않는 **자유요율제도**가 채용되고 있는 것이 그 이유다.

그러나 앞에서 언급하였던 것처럼 대부분의 해상적화보험자들은 보험증권의 약관만큼은 영국 보험자협회나 로이드에서 작성한 약관을 그대로 옮겨다 사용하고 있기 때문에 약관의 해석에 있어서 영국법을 준거법으로 규정한다.

(4) 해외 재보험에의 의존성

다른 손해보험보다 해상적화보험을 포함한 해상보험은 해외재보험에 대한 의존성이 높다. 해상적화보험에 가입되는 많은 화물들의 보험가액이 매우 크고 또 대부분 발생하는 손해액도 거대하므로 보험회사들은 많은 국가의 다른 보험자들에게 해당 위험을 분산한다. 특히 한국의 손해보험회사와 같이 인수능력이나 보험보장능력이 충분하지 못한 경우에는 해외재보험의 의존성이 다른 선진 보험국에 비하여 높을 수밖에 없다. 따라서 해상적화보험의 해외재보험을 통해서도 국제적인 보험거래가 활발히 이루어지고 있다.

(5) 국제무역대금 결재수단으로 이용

해상적화보험은 화물을 운송하는 중에 생길 수 있는 여러 가지 위험에 대비하여 가입하는 보험이다. 위험으로 인한 손해가 생기면 보험을 인수한 보험회사가 그 손해를 미리 정해진 방법과 범위 안에서 보상한다. 또한 **보험계약을 명시한 보험증권은 선적서류, 선화증권, 상업송장 등과 함께 대금결재의 수단으로 쓰인다.**

2) 기업성 보험 및 불이익변경금지원칙의 배제

✦불이익변경금지원칙(상법 제633조) : 이 편의 규정은 당사자간의 특약으로 보험계약자 또는 피보험자나 보험수익자의 불이익으로 변경하지 못한다. 그러나 재보험 및 해상보험 기타 이와 유사한 보험의 경우에는 그러지 아니한다.

보험계약자 등의 불이익금지원칙이란 보험계약자가 보험자와 보험계약을 체결할 때 보험계약자보다 상대적으로 우월적 지위에 있는 보험자가 당사자인 보험자에게 유리하도록 약관을 변경할 수 없음을 말한다. 이는 보험계약의 성질인 '부합성 계약'때문에 존재하는 것으로 보험계약의 내용을 모르는 보험계약자 등의 경제적 이익을 보호하고자 함이다. 한국 상법 제663조는 보험자로부터 보험계약자를 보호하기 위하여 보험계약자 등의 불이익변경금지라는 상대적 강행규정을 두어 보험약관의 내용에 대한 한계를 입법적으로 규제하고 있다. 보험자 등의 불이익변경금지원칙을 천명한 상법 제663조는 보험자들에게 불공정한 약관의 조항은 무효라고 규정한 약관의 규제에 관한 법률과 더불어 현행법상 보험약관을 통제하는 가장 강력하고 대표적인 법률 내지 법규정으로 작용한다.

그런데 상법 제663조가 획일적으로 적용이 되는 적용상의 문제뿐만 아니라 "보험계약자 등의 불이익금지원칙"에서 재보험 및 해상보험과 기타 이와 유사한 보험들을 제외하는 예외조항이 현실적으로 해상과 관련된 사업자들에게 문제가 된다. 해상적화보험이 대개 수출입을 영위하는 무역회사들이 주로 이용하는 기업적 특성을 지닌 보험임에는 틀림없지만 아직도 대다수의 소형 화주들이나 중소기업, 영세한 오퍼상들은 무역거래와 적화보험의 처리에 대한 지식이 많이 부족한 것이 사실이므로 이들에 대한 보험의 보호와 법의 보호가 더 필요하다. 따라서 보험계약자 등의 **불이익변경금지의 원칙** 등에서 해상보험을 제외종목으로 규정하고 있는 국내 상법은 제고할 필요가 있다.

대기업과 대형 항공사 그리고 대형 선주들은 모두 막강한 자본과 탁월한 법률전문가들을 보유하고 있으므로 상호 정보의 비대칭성이 상존할 수가 없고 계약에 임하여서도 서로 대등한 위치에서 계약체결이 가능하다. 반면, 영세한 화주나 중소기업들은 대형 운송사와의 운송계약이나 보험사와의 해상적화보험 체결에 있어서 항상 정보의 비대칭과 계약의 불대등성이 존재할 수밖에 없다.

그러므로 보험자 등의 불이익변경금지의 원칙은 일부 대기업 및 대형 운송회사에 한정하여 적용해야 옳다.[17] 소규모의 무역업을 영위하고 있는 중소기업이나 오퍼상들은 대기업처럼 자가보험(self insurance)도 불가능하고 자체 법률지원팀이나 클레임 전담부서도 존재하지 않으며, 오히려 보험에 대한 이해나 지식부족으로 정당한 보험처리를 받지 못하는 경우도 많이 발생하므로 불이익변경금지원칙의 적용에서 제외하여서는 안 된다.

상법이 상사에 관한 규칙으로서 공정한 상거래질서를 유지 가능하게 하는 기능을 가지고 있고 상법의 역할이 대기업이나 중소기업 모두를 보호하고 육성하는 것이라고 한다면 상법 제663조 보험자 등의 불이익변경금지의 원칙은 사안에 따라 탄력적으로 적용되어야 할 것이다. 그러한 의미에서 서울고법의 1991년 5월14일 90다카25314건에 대한 판결은 정당하다고 판단된다.

"상법 제663조 단서가 해상보험에 같은 법조 본문 소정의 보험계약자 등의 불이익변경금지원칙이 적용되지 아니하도록 규정하고 있는 취지는 해상보험이 보험계약자와 보험자가 서로 대등한 경제적 지위에서 계약조건을 정하는 이른바 기업보험의 일종으로 보험계약의 체결에 있어서 보험계약자의 이익보호를 위한 법의 후견적 배려는 필요하지 않고 오히려 어느 정도 당사자 사이의 사적 자치에 맡겨 특약에 의하여 개별적인 이익조정을 꾀할 수 있도록 할 필요가 있고, 또한 해상보험에 있어서는 그 보험의 성격상 국제적인 유대가 강하고 보험실무상으로도 영국법 준거조항을 둔 영문보험약관이 이용되고 있는 실정이므로 불이익변경금지원칙을 일률적으로 적용하여 규제하는 것이 반드시 옳다고 할 수도 없다."

3) 담보의 존재

보험계약은 최고선의(最高善義)의 계약으로서 보험계약자 또는 피보험자는 고지의무를 충실히 이행하여 제반의 중요사실을 보험자에게 고지해야 하지만, 여러 가지 원인에 의해 정확하게 고지하지 않거나(부실고지), 아예 고지하지 않을 수도(불고지) 있다.

그런데 이와 같은 경우, 보험자측에서 불고지 또는 부실고지의 사실이 있었음을 입증하기에는 현실적으로 어려움이 있으므로 보험자는 피보험자 측이 엄격하게 이행하거나 충족시켜야 할 사항을 보험증권상에 명시함으로써 안전장치를 마련하는데 이것이 영미보험법상의 담보이다.(MIA 33조) 이처럼 담보란 피보험자가 반드시 지켜져야 할 약속으로 이는 어떤 특

✦담보는 크게 나누어 "cover"라는 의미와 "warranty"라는 의미로 구분된다. 보험계약자가 부보한 내용을 보험자가 담보한다 할 때에는 cover라는 의미로, 즉 위험에 따른 손해를 보장해 준다는 의미고, 보험계약자가 담보한다 할 때에는 warranty라는 의미로 행위에 대한 서약이라는 의미다.

정한 일이 행하여지거나 또는 행하여지지 않을 것이라는 약속사항, 또는 어떠한 조건이 충족될 것이라는 약속사항, 또는 특정한 사실의 존재를 긍정하거나 부정하는 약속사항을 말한다.

해상적화보험에서 피보험자는 보험자가 사전에 위험에 대하여 동의하거나 또는 추인하여 주지 않는 한 절대적으로 담보의 내용을 준수하여야 한다. 보험계약자가 담보를 위반한 때에는 보험자는 그 이후의 손해에 대하여 담보위반과 손해와의 인과관계에 상관없이 책임을 면하게 된다. 물론 이때, 보험자가 담보위반을 주장하여 이후 면책을 적용하려고 하는 이상 담보위반에 대한 입증책임은 원칙적으로 그것을 주장하는 보험자 측에 있다. 담보에는 보험증권에 명확히 나타나는 명시담보와 해상보험증권에는 명시되어 있지 않으나 피보험자가 당연히 지켜야 할 약속사항인 묵시담보가 있다. 이러한 담보는 피보험자에 의하여 반드시 준수되고 이행되어야 하며, 만일 피보험자가 담보를 위반하면 보험계약의 해지사유가 된다. 그러나 보험자는 담보위반 이전에 발생된 손해에 대해서는 보상의 책임이 있다.

(1) 명시담보(express warranty)

✦명시담보의 예 : 적화, -항해구역(locality), 출항일자(date of sailing), 항로, 포장, 선박의 상태, 기타

명시담보는 보험증권의 본문, 난외 혹은 그 여백인가를 불문하고 보험증권에 반드시 기입하든가 또는 보험증권의 일부로 포함된 특정 서류에 반드시 명시되어야 하며, 만일 그에 해당하지 않을 경우에는 명시담보로 인정되지 않는다. 즉, 명시담보는 증권에 의해 명시적으로 언급되는 내용의 담보를 말하며, 따라서 증권상의 상반된 내용보다 우선하여 적용된다.

명시담보는 표현방법에 있어 반드시 담보한다는 내용의 형식적인 용어를 사용할 필요는 없고 담보의 의사로 추정되는 용어이면 충분하다. 또한 명시담보는 반드시 보험증권에 포함되거나 또는 기재되거나, 또는 보험증권 내의 언급에 의해 보험증권의 일부인 서류에 포함되어 있어야 한다.(MIA 제35조)

(가) 안전담보(warranty of good safety)

보험의 목적이 특정일에 '무사히' 또는 '상당히 안전한 상태로' 있을 것을 담보로 하는 경우, 해당일의 어떠한 시간이든 안전하면 그것으로 충분하다(MIA 제 38조). 보험자는 특정일 이전에 발생된 일체의 손해에 대한 책임을 면하기 위하여 선박이 특정일에 무사 또는 안전(물리적 안전의 상태)하다는 담보, 즉 특정시기 및 장소에서의 안전담보를 보험증권면에 포함시키는 경우가 있다.

예) "warranted in port of Pusan on the 8th January 2011"

(나) 중립담보(Warranty of neutrality)

보험의 목적이 중립재산임을 확약하는 담보로서 선박 또는 적화가 교전국에 의하여 나포 또는 포획될 염려가 있느냐의 여부를 보험자가 확인하기 위하여 필요하다.

피보험자가 보험의 목적이 중립재산임을 담보하는 경우 나중에 아님이 밝혀지면 계약은 무효가 된다. 선박이든 화물이든 불문하고 피보험재산이 중립재산이라고 명문으로 담보되는 경우에는 그 재산이 위험개시일에 중립적 성질을 가져야 하고, 또 피보험자가 사정을 지배할 수 있는 한 그 중립성질이 위험기간 중 보존되어야 한다는 묵시조건이 있다. 선박이 중립이라고 명문으로 담보되는 경우에는 피보험자가 사정을 지배할 수 있는 한 선박이 그 중립성을 입증함에 필요한 서류를 비치하여야 하고 또한 선박이 그 서류를 위조하거나 은닉하지 않으며 또는 위조서류를 사용하지 않을 것을 묵시조건으로 한다. 이 조건의 위반으로 인하여 손해가 발생하였을 경우에는 보험자는 계약을 취소할 수 있다.

(다) 협회담보(Institute Warranty)

기간보험의 경우 전보험기간 또는 일정기간, 일정한 지리적 범위 내로 선박운항을 제한하거나 일정한 항해 또는 해역을 제외시키는 담보가 설정되는 것이 일반적이다.

(2) 묵시담보(Implied warranty)

✦묵시담보의 예 : ① 선박의 구조가 동질의 선박과 동일한 정도로 견고할 것, ② 선박의 속구가 품질 및 수량면에서 완전히 갖추어져 있을 것, ③ 적격의 선장 및 승무원을 충분히 승선시킬 것, ④ 충분한 식량을 구비할 것, ⑤ 화물을 과적하지 않을 것, ⑥ 충분한 연료를 갖출 것 등이 있다.

해상보험증권은 원칙적으로 해상보험계약의 내용을 포함할 필요가 있으나, 그 내용 전체를 기재할 필요는 없다. 해상보험에 예외 없이 내재하는 근본적인 요소로서 필요불가결한 내용은 계약의 기초로서 명시의 형식을 취하지 않더라도 준수할 것을 묵시적으로 요구하고 있기 때문이다. 따라서 묵시담보는 보험증권에 명시하지 않더라도 계약체결의 행위 자체에 의하여 당연히 효력이 인정되는 담보를 말한다. 즉, 묵시담보로서 명시담보와 같은 효력을 갖고 있으며 그 위반은 보험자를 이후 면책시킨다.

그러나 MIA 제40조 1항에 의하여 화물이나 기타 동산에 관한 보험계약에서는 화물이나 기타 동산에 관한 감항이라는 묵시담보는 없으므로 여기서는 그 설명을 생략하기로 한다(No implied warranty that goods are seaworthy). 묵시담보에는 내항성담보와 적법담보가 있다.[18)]

(가) 적법담보(warranty of legality)

MIA에서 적법담보란 모든 피보험항해가 합법적(밀무역이나 적과의 통상이 아닐 것)이어야 하며, 또 피보험자가 사정을 지배할 수 있는 한 그 해상사업을 합법적으로 수행(출항허가 없이 출항하지 말 것, 항해금지구역을 항해하지 말 것)해야 한다는 담보내용이다. 영법상 해상보험계약의 대상인 항해는 적법하여야 하며, 위법한 항해는 당연히 법에 의하여 보호되지 않는다(민법 103조 :공서양속 위반). 마찬가지로 조약에 위반하는 항해사업을 담보하는 보험증권은 무효다. 조약도 조약체결국의 법률이기 때문이다.[19)]

(나) 감항능력담보(warranty of seaworthiness)

해상보험에 있어서의 감항능력이란 특정항해에 있어서의 통상적인 위험에 견딜 수 있는

능력을 의미한다. 피보험항해가 수개의 단계로 구분되는 경우, MIA에서는 선박이 각 단계의 개시시점에서 그 단계에 대하여만 감항능력을 갖추면 담보는 충족된다고 규정하고 있다.

MIA상에 감항능력담보의 위반은 위반시부터 보험자를 이후 면책시키고, 이러한 감항능력담보위반의 효과는 담보위반과 손해 사이에 하등의 인과관계가 없어도 또한 담보위반이 손해발생 전에 시정되어도 마찬가지로 발생하지만, 담보위반 이전의 손해에 대해서는 위반의 효과가 영향을 미치지 않는다.

감항능력에 관한 일반적인 요건 : ① 선박의 구조가 동질의 선박과 동일한 정도로 견고할 것, ② 선박의 속구가 품질 및 수량면에서 완전히 갖추어져 있을 것, ③ 적격의 선장 및 승무원을 충분히 승선시킬 것, ④ 충분한 식량을 구비할 것, ⑤ 화물을 과적하지 않을 것, ⑥ 충분한 연료를 갖출 것 등

또한 감항능력에서는 객관적인 감항능력이 요구되기 때문에 주관적인 면에서 피보험자가 감항능력확보를 위한 상당한 주의를 다했더라도 그 결과가 불감항으로 판명되면 감항능력담보위반을 구성하고 보험자는 이후 면책된다.

(3) 담보위반과 허용

✦담보위반에 대한 입증책임 : 보험자에게 있다.

피보험자가 담보를 위반하였을 경우 이를 허용하는지 여부는 보험자의 의사에 의존된다. 그러나 영국해상보험법에서는 다음과 같은 경우 담보위반을 허용한다.

· 사정의 변경으로 담보가 계약에 적합하지 않을 경우
· 담보를 충족하는 것이 그 후의 법률에 의하여 위법이 될 경우
· 담보위반이 보험자에 의하여 묵인될 경우

표 3-5. 고지와 담보 비교

담 보	고 지
1) 보험자의 위험측정을 용이하게 하는 안전장치로서 피보험자에게 특정 사항의 존부 또는 피보험자가 이행하거나 충족시켜야 할 사항을 보험증권상에 명시함. 2) 서면에 의해서 이루어지며 보험증권상에 기재, 인용에 의해서 보험증권에 포함되어야 하므로 계약의 일부를 구성함. 3) 담보내용은 문자대로 엄격하게 충족되어야 함. (충족되지 않을 경우 명시적 약속에 대한 위반성립) 5) 영국해상보험법은 담보위반시부터 보험계약은 무효가 됨(계약해지권을 인정).	1) 위험측정의 기초가 되는 중요한 사실 또는 사정에 관해 보험계약체결시 보험자에게 행하는 구두 또는 서면에 의한 진술. 2) 보험증권상에 기재되지 않으므로 계약의 일부를 구성하지 않음. 3) 고지내용은 엄격하고 문자대로 충족될 필요는 없고 실질적으로 충족되면 충분함. 고지의 부실은 그 부실하게 고지된 사실이 중요하지 않는 한, 보험계약의 효력에는 영향이 없음. 4) 고지내용이 보험증권상에 기재되는 경우 일반적으로 담보에 해당 함.

4) 추정전손과 위부의 개념 존재

해상보험에서는 다른 보험에 없거나 다른 보험에서 일부 도입하여 사용하고 있는 추정전손(Constructive total Loss)과 위부(Abandonment)라는 개념이 있다.

위부는 보험목적에 대한 소유권의 포기를 의미한다. 즉, 보험에 가입한 재물의 소유권을 포기하고 보험자에게 이전하는 것으로 이는 피보험자가 보험에 가입한 재물의 전손을 주장하는 행위의 근거로서 해당시키고자 하는 행위이다. 추정전손이란 현실전손은 아니지만 법이 정한 일정 요건이 충족되는 경우에 보험자에게 전손보험금을 청구할 수 있는데, 이러한 경우를 추정전손이라 한다. 추정전손보험금을 청구하기 위해서는 위부의 의사를 밝히는 위부의 통지(notice of abandonment)를 조건으로 하고 있다. 위부와 추정전손에 대해서는 제3절에서 자세히 설명하고자 한다.

제 3 절 해상적화보험의 관계 당사자

1. 해상적화보험계약자

한국의 상법 안에서 보험계약자에 대한 명확한 정의를 찾기란 대단히 어렵다. 이는 한국상법이나 보험업법에서 보험계약자에 대한 명확한 정의를 내리지 않고 있기 때문이다.

✦고지의무 : 보험계약자(생명보험에서는 이 밖에 피보험자를 포함)가 보험계약을 체결할 때에 사고발생률을 측정하기 위하여 필요한 중요사실을 보험자에게 정직하게 고지해야 하는 의무

그러나 해상적화보험 계약자를 일반적인 보험계약 안에서 유추하면, 해상적화보험 계약을 체결하는 계약당사자로서 일정한 대가인 보험료를 지불하고 일정한 사고가 발생시 보상할 것을 내용으로 하는 해상적화보험 계약을 청약하는 주체라 할 수 있다.

해상적화보험자와 보험계약을 체결하는 당사자는 보험계약자로서 상법상 보험료납입의무, 보험료반환청구권, 임의해지권, 고지의무, 통지의무, 위험유지의무 등의 의무와 권리를 갖는다. 그러나 보험계약자는 보험계약의 당사자이기는 하지만, 보험사고의 발생시 보험금을 청구할 수 있는 보험금청구권을 보험계약자가 아닌 보험수익자가 갖게 될 수도 있다. 이것은 보험계약자와 보험수익자가 반드시 일치하지 않을 수도 있음을 의미한다.

따라서 보험계약자와 보험수익자가 일치할 경우, 보험계약자는 청약서 부본에 명시되어 있는 내용 중 보험계약관계자, 보험료, 보험료 납입기간, 납입방법, 보험기간, 보험가입금액 등에 대해 확인하고 나중에 보험증권이 발급되었을 경우, 청약서부본과 비교하여 그 내용이 정확히 일치하는 지를 확인하여야 한다.

1) 보험계약자(Policy Holder)

보험계약자는 보험자와 함께 계약당사자로서 보험자와 보험계약을 체결하는 자이고, 보험계약 체결시 고지의무 외에도 다음과 같은 의무 등을 진다.

(1) 보험료지불의무

보험계약이 성립되면 보험계약자는 보험자에게 보험료를 지급할 의무를 진다(상법 제638조). 보험료는 보험금에 대한 대가관계에 있는 것으로 보험료의 지급은 보험자의 책임발생의 전제가 되는 것이다(상법 제656조 참조).

(2) 위험변경증가의 통지의무와 위험유지의무

✦위험의 변경 또는 증가의 원인은 객관적이어야 하므로 보험계약자 또는 피보험자의 행위로 인한 것이 아니어야 한다.

보험기간 중에 보험계약자 또는 피보험자가 사고발생의 위험이 현저하게 변경 또는 증가된 사실을 안 때에는 신속하게 이를 보험자에게 통지하여야 한다(상법 제652조 제1항 참조). 그리고 보험계약자, 피보험자 또는 보험수익자는 보험자의 동의 없이 보험기간 중에 그의 고의 또는 중대한 과실로 인하여 보험사고 발생의 위험을 현저하게 변경하거나 또는 증가시키지 아니할 의무를 부담한다(위험유지 의무, 상법 제653조). 보험계약자 또는 피보험자가 위험변경증가의 통지의무를 게을리 한 경우와 보험기간 중에 보험계약자 또는 피보험자의 고의 또는 중대한 과실로 사고발생의 위험이 현저하게 변경 또는 증가된 경우에 보험자는 그 사실을 안 날로부터 1월 내에 계약을 해지할 수 있으며, 위험변경 혹은 위험의 증가에 관한 통지를 받은 보험자는 1월 내에 보험료의 증액을 청구하거나 계약을 해지할 수 있다(상법 제652조).

(3) 보험사고 발생의 통지의무

보험계약자 또는 피보험자가 계약에서 정한 보험사고의 발생을 안 때에는 지체 없이 이를 보험자에게 통지하여야 한다(상법 제657조 제1항). 신속한 사고통지는 보험자로 하여금 그 사고가 보험사고에 해당하는지 여부와 그로 인한 손해액의 산출, 면책사유가 존재하는지 여부를 확정하는 전제가 되기 때문에 이 통지는 매우 중요한 의미가 있다. 보험계약자 등이 보험사고발생의 통지를 게을리 한 경우, 보험자는 보험금지급 책임을 면하는 것은 아니나, 통지해태로 인한 손해가 증가된 때에는 그 증가된 손해를 보상할 책임이 없다(상법 제657조 제2항).

2) 보험수익자(Beneficiary)

보험수익자는 보험금 청구권을 가지는 자이며, 보험금을 수령할 권리를 가진 자다.

한국 상법 제733조는 보험계약자가 보험수익자의 지정이나 보험수익자의 변경의 권리를 보장하고 있다.

그러나 보험계약자는 보험기간 중에 보험금을 받는 자, 즉 보험금수익자를 변경할 수 있으나 보험사고가 발생한 후에는 보험수익자를 변경할 수 없다. 보험사고가 일단 보험금을 받는 자의 권리가 확정되어버리기 때문이다. 보험계약자가 보험수익자의 지정이나 보험수익자의 변경의 권리를 보장하는 예로 무역거래에서 CIF, CIP조건으로 물품매매계약이 체결될 경우, 매도자인 수출자는 매입자인 수입자를 수익자로 하여 대신 보험계약을 체결한다.

3) 피보험자(Insured, Assured)

피보험자는 보험사고가 발생했을 경우 보험금 지급을 받을 권리를 가진 사람이다. 생명보험과 손해보험에 있어서 서로 별개의 개념으로 사용되고 있다.

✦생명보험 · 손해보험 모두 피보험자와 계약당사자가 반드시 일치하지는 않는다. 보험계약자와 피보험자가 동일인이 아닐 경우 생명보험에서는 타인의 생명을 위한 보험, 손해보험에서는 타인을 위한 보험계약이라고 한다. 피보험자와 보험계약자가 동일인일 경우 생명보험에서는 자신의 생명을 위한 보험, 손해보험에서는 자신을 위한 보험계약이라고 한다.

생명보험 계약에서 피보험자는 자기의 생명이나 신체에 관하여 보험에 붙여진 자, 즉 보험사고의 객체를 말하며, 손해보험에 있어서 피보험자는 피보험이익의 주체, 즉 보험사고가 발생함으로써 손해를 입어 손해보상금을 받을 입장에 있는 사람을 말한다. 따라서 피보험자와 보험계약자가 동일인일 수도 있고 다른 사람일 수도 있다.

손해보험에서 보험의 목적물은 재산이나 재물이므로 이러한 재산에 피보험이익을 갖고 있는 자를 피보험자라 하고 피보험자만이 손해발생시 보험금청구권을 가진다. 손해보험에서의 피보험자는 보험계약의 당사자인 보험계약자와 동일인일 수도 있지만 무역거래조건에 의해서 보험계약자와 피보험자는 동일인이 아닌 경우도 발생한다. 예를 들어 CIF조건의 화물을 수출하는 경우 보험가입은 수출업자의 의무이므로 이때 수출업자는 보험계약자가 되나 보험사고시 보험금을 수령하는 피보험자는 수입업자로서 피보험자와 보험계약자는 상이하게 된다. 반면 FOB조건의 화물을 수입하는 경우 보험가입은 수입업자이고 또 보험사고시 보험금을 수령하는 피보험자 역시 수입업자가 된다. 따라서 FOB조건인 경우, 안전하게 본선에 화물이 선적되기 전의 위험은 수출업자에게 있으므로 선적 전 사고에 대해서 수입업자는 보상을 받을 수 없다. 피보험이익이 수입자에게 없기 때문에 수입자가 보상을 받지 못함이 당연하다. 또한 CIF수출화물에 대한 적화보험에서도 피보험자를 수입업자로 지정하는 경우, 선적 전 사고는 보상받지 못할 수 있다. 이와 같은 이유는 보험계약자와 피보험자는 분리되는 개념이며 선적 전 사고발생시 증권상의 피보험자는 보험목적에 대한 피보험이익이 없기 때문이다.

✦생명보험의 경우, 피보험자는 보험사고의 객체가 되는 대상으로서 보험의 목적에 해당된다. 그리고 피보험자에게 발생한 보험사고로 인하여 보험금을 수령하는 자는 별도로 보험 수익자를 정하고 있다.

이러한 문제점을 해결하기 위해서 CIF수출의 경우, 보험계약자는 피보험자를 수출업자로 지정하고 보험목적에 대한 위험이 수입업자에게 인도되는 시점에 보험증권을 함께 양도하는 것이 관습이므로 이를 따르는 것이 좋다. 해외의 경우, FOB조건에 대한 수출보험이 별도로 있어서 선적 전까지의 위험을 합리적으로 보험사에 전가할 수 있으나 현재 국내에는 동일한 보험상품이 개발되어 있지 않으므로 운송보험 등으로 선적 전 위험에 대하여 적절히 대처해야 할 것이다.

참고로 한국, 일본, 독일 등 대륙법계에 속하는 나라의 법에서는 보험계약자와 피보험자 및 보험수익자가 구분되어 있으나, 영법에서의 피보험자는 보험계약자와 보험수익자를 모두 포함하는 포괄적인 의미를 지닌다. 그러나 영국해상보험법에서는 피보험자와 보험계약자를 별도로 구분하고 있지 않다. 'The Assured'란 표현으로 보험계약자와 피보험자를 포괄하고 있으며, 그들은 한국 상법상의 피보험자와 보험계약자의 법적 지위와 유사한 지위를 갖는다. 국내에서 발생된 적화보험계약에 대해서는 상법을 따르도록 되어 있지만, 동 계약에 따른 클레임처리와 관련해서는 영국법을 따른다는 대법원판례에 의거해서 피보험자와 보험계약자는 때에 따라서 분리 또는 혼용되어 사용된다.

(1) 피보험자의 의무

해상적화보험에서의 피보험자는 고지의무, 통지의무, 위험유지의무, 담보준수의무, 손해방지의무, 사고통지의무, 기타 약관에서 정하는 사항의 이행의무 등 상법 및 영국해상보험법과 개별약관에서 정하는 의무를 지게 되며 이러한 의무를 이행하지 않을 경우, 보험금 지급에 불이익이 발생하거나 보험금을 받지 못한다.

❙ 상법 제651조(고지의무위반으로 인한 계약해지) ; 보험계약 당시에 보험계약자 또는 피보험자가 고의 또는 중대한 과실로 인하여 중요한 사항을 고지하지 아니하거나 부실의 고지를 할 때, 보험자는 그 사실을 안 날로부터 1월 내에, 계약을 체결한 날로부터 3년 내에 한하여 계약을 해지할 수 있다. 그러나 보험자가 계약당시에 그 사실을 알았거나 중대한 과실로 인하여 알지 못한 때에는 그러하지 아니하다.

❙ 상법 제657조(보험사고발생의 통지의무) ; 보험계약자 또는 피보험자나 보험수익자는 보험사고의 발생을 안 때에는 지체없이 보험자에게 그 통지를 발송하여야 한다. 보험계약자 또는 피보험자나 보험수익자가 제1항의 통지의무를 해태함으로 인하여 손해가 증가된 때에는 보험자는 그 증가된 손해를 보상할 책임이 없다.

❙ MIA 제78조(손해방지의무) ; 손해를 피하거나 최소화하기 위해 합리적인 조치를 취하는 것은 모든 경우에 있어서 피보험자와 그의 대리인의 의무이다.

(2) 피보험자나 그 대리인의 통제

해상적화보험은 운송 중에 발생하는 우연한 사고로 인한 피보험자의 경제적 손해를 보전하는 것이다. 따라서 피보험자의 관리나 통제를 벗어나 운송인의 통제 하에서 발생하는 위험들은 계약조건에 따라 보험자가 부담하여야 하며, 피보험자나 그 대리인이 좌우할 수 있는 상황에서 발생된 손해에 대해서는 보상하지 않는 것이 원칙이다.

피보험자나 그 대리인이 통제할 수 있다는 의미는 보관책임이나 관리책임이 운송인이 아닌 피보험자나 그 대리인에게 있는 경우를 말한다. 예를 들어 화물이 선적을 위해 운송인의 창고를 떠났지만 화주가 선적취소통지를 받고 다른 선박이 수배될 때까지 또는 다른 구매자가 물색될 때까지 선적항의 어떤 창고에 화물을 보관하기로 결정한 경우, 보험증권상의 위험은 화물이 그 창고에 도착한 즉시 종료된다.

2. 해상적화보험자

해상적화보험자는 해상적화보험 영업을 영위하는 자로서 피보험자(보험계약자)가 지불한 보험료에 대한 대가로서 보험사고(해상위험)로 인한 손해보상을 약속한 자를 말하고, 보험사고 발생시 보험금 지급의무를 진다.

한국의 경우 보험사업(매매・고용・도급 기타의 계약에 의한 채무 또는 법령에 의한 의무의 이행에 관하여 발생할 채권자 기타 권리자의 손해를 보상할 것을 채무자 기타 의무자에게 약정하고, 채무자 기타 의무자로부터 그 보수를 수수하는 것을 포함한다. 이하 같다)을 영위하고자 하는 자는 금융감독위원회의 허가를 받아야 한다.

그리고 이와 같은 허가를 받을 수 있는 자는 주식회사, 상호회사와 외국보험사업자에 한하며, 허가를 받은 외국보험사업자의 국내지점(이하 "외국보험사업자의 국내지점"이라 한다)은 이 법에 의한 보험사업자로 본다. 따라서 회사(주식회사 또는 상호회사)조직이 아니면 한국 내에서는 보험업을 영위할 수 없다(보험업법 제5조). 그러나 외국에서는 개인보험업자도 많으므로 통상 보험자를 'underwriter'라고 칭한다.

❙ 보험중개인(insurance broker)

✦상법 46조(기본적 상행위) : 영업으로 하는 다음의 행위를 상행위라 한다. 그러나 오로지 임금을 받을 목적으로 물건을 제조하거나 노무에 종사하는 자의 행위는 그러하지 아니하다.

보험중개인이란 전문성이 부족한 불특정 다수의 보험가입자 권익을 위해 보험계약체결을 돕는 전문인을 뜻한다. 한국은 OECD 가입과 함께 97년 4월부터 보험중개인제도를 도입하였다. 기존 한국시장에서의 보험모집체계는 보험회사의 이익을 대변하는 보험사의 전속대리점이 중심 운영체계이었다. 이에 반해 보험중개인은 어느 보험회사에도 소속되지 않으면서 보험가입자를 대변하는 독립조직이다.

이 제도의 도입으로 보험가입자는 적절한 보험상품의 선택에 도움을 얻을 수 있을 뿐 아니라 경쟁이 격화된 보험사들로부터 더 나은 서비스를 받을 수 있다. 한국 보험업법 제150조 3항 보험중개인의 의무에 관한 내용을 보면 보험중개인은 보험계약의 체결을 중개함에 있어서 보험사업자, 보험사업자의 임원 또는 직원, 보험모집인, 보험대리점, 보험계리인 및 손해사정인의 업무를 겸하여 영위하지 못하도록 규정하고 있다. 따라서 보험중개인은 보험모집인, 대리점이 아닌 자로서 독립적으로 계약체결을 중개하는 자로 해석된다. 보험중개인의 권한에 대해서는, '삼권삼무의 원칙'을 고수하여 원칙적으로 보험료수령권, 고지수령권, 계약체결권은 인정하지 않는다. 다만 보험중개인의 외국관습에 의해 보험료수령권, 고지수령권은 보험중개인이 보험회사로부터 위임받아 그 권한을 대리행사할 수는 있다. 그러나 이와 같은 경우 보험중개인은 사전에 보험계약자에게 그 사실을 알려야 한다. 또한, 손해사정에 대해서는 해당 권한이 없음을 표시하여야 한다.

3. 해상운송인

✦비율운임(Pro Rata Freight): 선박이 항해 중 침몰 또는 수리불가능 등의 불가항력(不可抗力) 및 기타의 원인에 의해 항해를 계속 못하게 되어 운송계약의 일부 이행만으로 화물을 인도하였을 경우, 그때까지 행한 운송의 비율에 따라 선주가 취득하는 운임을 말하며, 이를 일명 항로상당액운임(Distance Freight)이라고도 한다.

✦상법 제4조(상인-당연상인) : 자기 명의로 상행위를 하는 자를 상인이라 한다.

해상에서 선박으로 물자나 여객을 실어 나르는 일에 관련되어 있거나 종사하는 자들을 통틀어 해상운송인이라고 한다. 그러나 본 교재에서는 협의적인 의미로 해상운송인을 해상운송사업의 경영주체로 한정한다. 따라서 강이나 하천, 호수, 항만에서 행하여지는 운송(내수운송)의 경우, 육상운송에 관한 규정에 적용되어야 하지만 본래의 항해선박으로 행하여지고 항만과 해양에 계속하여 이루어지는 운송인 경우에는 해상운송에 포함시킨다. 영국해상보험법 제2조 해상 및 육상위험의 혼합에 관한 내용에 근거하여 해상보험계약이 명시적인 조건이나 무역관행에 의하여 피보험자를 보호하기 위해 해상항해에 수반될 수 있는 내수 또는 일체의 육상위험의 손해까지 확장될 수 있으므로 해상운송에 포함하는 것이다.

해상운송은 그 기업의 수단이 선박이나 해상에서 실행되므로 기업보호 및 해상위험이란 견지에서 육상운송과 다른 차별성을 가지고 있다. 이러한 이유에서 상법 제5편 해상편에 특별히 규정하고 있다. 해상운송 계약은 물자나 여객의 장소적 이동의 완성을 목적으로 하고, 이 목적의 완성에 대하여 운임이 지급되므로 일종의 도급계약(都給契約)의 성질을 가진다. 그러나 민법의 원칙과는 달리 장소적 이전을 완성하지 않은 경우에도 비율운임을 지급해야 하고, 또한 일의 완성을 표준으로 하지 않는 기간지급의 운임지급제도를 가지고 있다. 비율운임지급은 불가항력적인 원인에 의해서 그 선박으로서는 계약된 운송행위를 수행치 못하게 되었지만, 여하간 계약의 일부는 이행되었으므로 그간에 있어서의 항해거리 상당의 운임을 지급하는 것이다. 운송계약이 청부계약이라고 생각되나 청부행위의 미완료에 대한 보수에 대해서는 법리상 의문이 있고, 그 비율운임을 정확히 산정하여 지급하는 데는 어려운 점이 있다. 따라서 운임을 정확히 산정하기 위해서는 반드시 선주와 용선자의 쌍방이 그 당시 직면한 특수사정에 따라 적정한 고려를 하여야 한다. 해상운송계약을 영업으로 이행할 때에는 상행위가 되며(상법 46조 13항), 경영의 주체는 해상운송사업자(상인)가 된다. 해상운송은 해상물자운송과 해상여객운송으로 크게 구분된다. 그러나 해상적화보험은 해상물자운송에만 한정함으로 본 교재에서는 해상여객운송에 관한 논의는 생략하기로 한다.

해상운송인들은 해상운송인 자신이 부담하는 의무로서 크게 선적에 관한 의무, 항해에 관한 의무 및 화물의 양륙에 관한 의무가 있다. 즉, 해상운송계약이 체결되면, 해상운송인은 해상운송되어야 할 화물을 수령하여 선적하여, 도착지를 향해 항해하고, 도착지에서 그 화물을 사전에 약정된 화물수령자에게 인도하여야 한다.

1) 선적에 관한 의무

(1) 계약의 취지에 따라 선박을 제공

그러나 개품운송[20]의 경우, 계약으로써 선박을 특정한 경우 외에는, 선박의 특정은 그다지 중요한 문제로 되지 않는다. 보통 선화증권에는 대선약관(代船約款) 및 환적약관(換積約款) 등이 포함되어 있다.

(2) 송화인으로부터 인도된 운송물을 수령

물건을 수령해야 하는 곳은 특약이 없는 한 선측이므로 해상운송인의 책임기간은 선측에서 선측까지(from tackle to tackle)이다.

그러나 상법은 운송인의 책임기간을 수령에서 인도까지로 규정하고 있는 바, 선적하기 전이나 양륙한 뒤에 발생한 멸실 및 훼손에 대해서도 책임을 져야 한다. 선화증권에 관하여 한국의 상법(제852조)은 선박소유자는 운송물을 수령하거나 선적한 후 용선자나 송화인의 청구에 의하여 1통이나 몇 통의 선화증권을 교부하여야 하며, 선박소유자는 선화증권의 교부 등을 선장이나 기타의 사용인에게 위임할 수 있는 것으로 규정하고 있다. 물론 수령한 뒤에는 수령선화증권을 그리고, 선적한 뒤에는 선적선화증권을 교부하는데, 수령선화증권이 발급된 화물이 선적된 때에는 선화증권에 그 뜻을 표시하여야 한다. 그리고 운송인은 선장 또는 기타의 대리인에게 선화증권의 교부 또는 제2항의 표시를 위임할 수 있다.

2) 항해에 관한 의무

항해에 관한 의무 가운데에서 해상운송인에게 가장 중요한 사항은 다음 아래와 같다.

(1) 감항능력에 대한 주의 의무

한국 상법은 제794조에서 선박이 안전하게 항해할 수 있게 할 것, 필요한 선원의 승선, 선박 의장(艤裝)과 필요한 물품의 보급 및 선창(船艙), 냉장실, 기타 운송물을 적재할 선박의 각 부분을 운송물의 수령, 운송과 보존에 적합한 상태에 둘 것을 규정하고 있는 바, 발항(發航) 당시 운송인은 자기나 선원 및 기타의 사용인이 이들 사항에 관하여 주의를 게을리 하지 아니하였음을 증명하지 못하면, 그로 인한 운송물의 멸실, 훼손 및 지연으로 인한 손해에 대하여 배상할 책임이 있는 것으로 규정하고 있다.

(2) 항해준비가 끝나면 지체없이 발항(선원법 제8조)

상법 제702조 발항 또는 항해의 지연의 효과에 관한 규칙에는 피보험자(선박)가 정당한 사유가 없이 발항 또는 항해를 지연한 때에는 보험자는 발항 또는 항해를 지체한 이후의 사고에 대하여 책임을 지시 아니한다고 규정하고 있어 선장은 정당한 사유가 없이 항해를 지체하여서는 아니 된다.

> ▎MIA 第48条 ; 항해보험증권의 경우에서, 보험가입된 해상사업은 반드시 全過程을 통해 상당히 신속하게 수행되어야 하고, 만약 적법한 이유없이 그와 같이 수행되지 않으면, 그 지연이 부당하게 되었던 때 부터 보험자는 책임이 해제된다.

(3) 예정된 항로의 변경, 즉 이로함이 없이 상당한 속력으로 도착항까지 직항(直航)(船員法 第8조)

✦이로할 의사는 중요하지 아니하다. 즉 보험자가 계약상 책임을 면하기 위해서는 반드시 실제 이로가 있어야 한다.

상법 제701조의 2항 이로규정에 의하면 선박이 정당한 사유가 없이 보험계약에서 정하여진 항로를 이탈한 경우에는 보험자는 그때부터 책임을 지지 아니한다. 선박이 손해가 발생하기 전에 원항로로 돌아온 경우에도 같다고 규정하고 있어 해상운송인은 정당한 사유가 없는 한 결코 이로를 허용해서는 아니 된다.

> ▎MIA 第46条 Deviation : 선박이 적법한 이유가 없이 보험증권에 의해 예정된 항해에서 이탈하는 경우, 보험자는 이로시부터 책임이 해제되고, 선박이 손해발생 전에 선박의 항로에 복귀하였다는 사실은 중요하지 아니하다. 항로가 보험증권에서 특별히 지정되어 있는 경우에 그 항로를 떠났을 때, 또는 항로가 보험증권에 의해 특별히 지정되어 있지 않는 경우, 통상적이고 관습적인 항로를 떠났을 때에는 보험증권에 의해 예정된 항해로부터 이로가 있다.

3) 운송물을 수령한 때로부터 인도할 때까지 선량(善良)한 관리자의 주의로서 보관

운송물이 도착한 뒤 수화인이 운송물의 인도를 청구하기까지 사이에는 용선자, 송화인이나 선화증권 소지인의 지시에 따라 운송의 중지, 운송물의 반환, 기타의 처분을 행하여야 할 의무를 진다.

4) 화물의 양륙에 관한 의무

(1) 선박을 예정된 양륙항에 입항(상법 제802조)

상법 제802조 개품운송과 운송물의 수령조항에는 개개의 물건의 운송을 계약의 목적으로 한 경우에 운송물의 도착통지를 받은 수화인은 당사자간의 합의 또는 양륙항의 관습에 의한 때와 곳에서 지체 없이 운송물을 수령하여야 한다고 규정되어 있으므로 해상운송인은 선박을 예정된 양륙항에 입항시켜야 할 책임이 있다.

(2) 수화인이나 선화증권 소지인에게 운송물을 인도(상법 제140조)

화물의 인도에 의해서 운송계약상 운송인의 채무는 종료되는데, 운송물을 인도해야 할 상대로서 운송인은, 선화증권이 발행되지 않은 경우에는 운송계약에서 수화인으로 지정된 자에게 인도해야 한다(상법 제140조). 선화증권이 발행되었을 경우에는 선화증권의 정당한 소지인에게 인도하여야 한다.

보충자료 및 참고문헌

16) 1991.05.14 선고 90다카 25314 판결, 1995.09.29 선고 93다 53078 판결.
1996.03.08 선고 95다 28779 판결, 1996.10.11 선고 94다 60332 판결.
1996.12.20 선고 96다 231818 판결, 2001.05.15 선고 99다 26221 판결.
2002.06.28 선고 2000다 21062 판결, 2003.11.28 선고 2001다 75240 판결.
2003.06.13 선고 98다 59309 판결, 2003.11.28 선고 2001다 75240 판결.

17) 박종은, "우리나라 해상적화보험자 대위권행사에 관한 연구", 2006, 전북대학교 전북대학원, p. 123~127.

18) Lambeth, R. J., *Templeman on Marine Insurance,* 6th ed, Pitman Publishing Ltd., 1986, p.38.

19) Ivany, E. R. H., *Marine Insurance*, 4th ed., Butterworths & Co. Ltd., 1985, p.309.

20) 개품운송(個品運送, Affreightment) : 원래는 배를 용선(傭船)한다는 의미였으나 일반적으로 선박에 의해 여객이나 상품을 수송하는 것을 의미한다. 해상운송은 크게 정기선(liner)과 부정기선(tramper)으로 구분되고 정기선을 이용하기 위해서는 개품운송(affreightment in a general ship)을 위한 개품운송계약(contact of affreightment)을 체결하여야 한다. 부정기선을 이용하기 위해서는 용선운송(affreightment by charter party)을 위한 용선계약(contract of affreightment by charter party)을 체결하여야 한다.

해상사고의 준거법결정에 관한 사례연구

◆ 대법원 1999. 12. 10 선고, 98다9038 판결, 손해배상(기) 등

1) 소송 당사자

■ 원 고 : F 은행 / 【승계참가인, 피상고인】 M 공사
■ 피 고 : 【상고인】 E 공사
■ 판결결과 : 원심판결 서울지법 2000. 10. 10. 선고 99나71619 판결 【주 문】 상고를 기각한다. 상고비용은 피고의 부담으로 한다.

2) 피고의 상고이유

피고는 이 사건 선화증권 이면약관 제2조가 정하는 지상약관의 규정이 '미합중국의 1936년 해상물건운송법'과 함께 위 이면약관상 합의로부터 파생되는 분쟁에 관하여 관할권을 가지고 재판을 할 법원의 소재국에서 효력을 가지는 헤이그 규칙(다시 말해서, 1921년에 제정되고, 1924년에 개정된 '선화증권에 관한 규정의 통일을 위한 국제협약')을 이 사건 운송계약에 따른 화물의 수령, 보관, 운송, 그리고 인도에 관한 준거법으로 지정하고 있는 사실이 인정된다 할 것이라는 근거를 바탕으로, 위 재판을 할 법원의 소재국에서 법규범으로서의 효력을 가지는 것을 의미한다고 해석함이 타당하다는 주장을 펼치고 있다.

3) 쟁점정리

무역분쟁과 관련한 해상사건에 있어서 운송인의 책임경감을 주장하고, 운송인 및 화주의 이해관계를 공평의 원칙에 입각하여 지정한 것 중 가장 중요한 것이 헤이그 규칙이다. 때문에 운송인과 화주는 운송계약 체결당시 선화증권 이면약관으로 이를 규정하여 분쟁해결의 기준으로써 널리 사용하고 있다. 또한 이러한 헤이그 규칙을 받아 들여 한국 상법 역시 이러한 규칙의 내용 중 대부분을 수용하여 이를 명문화하고 있다.

그러나 이 역시 국제조약일 뿐 법규범은 아니다. 한국 헌법은 "헌법에 의하여 체결, 공포된 조약과 일반적으로 승인된 국제법규는 국내법과 같은 효력을 가진다"고 규정하고 있다. 즉, 국제조약이라 하더라도 무조건적으로 그 효력을 인정하는 것이 아니라 상호주의에 입각하여 조약의 효력을 인정한다. 사안에서도 S 해상보험은 이러한 헤이그 규칙이 여러 정황을 근거했을 때 국내법적 효력이 있다고 주장하고 있으며, 이러한 그 적용에 대한 정당성을 문제 삼았다.

4) 대법원 판결 내용

판례는, 우리 헌법은 제6조 제1항에서, "헌법에 의하여 체결, 공포된 조약과 일반적으로 승인된 국제법규는 국내법과 같은 효력을 가진다"고 규정하고 있고, **원심이 인정한 바와 같이 우리나라는 위 헤이그 규칙의 당사자로 가입하지 않았음은 공지의 사실**이므로 위 헤이그 규칙은 우리나라에서 법규범으로서의 효력을 갖지는 못한다. 논지가 주장하는 바와 같이 우리 상법이 위 헤이그 규칙의 대부분을 수용하고 있는 것은 사실이지만 그러한 사정만으로 위 이면약관 제2조에 의하여 우리 상법이 곧바로 이 사건 운송계약에 따른 법률관계의 준거법으로 된다고 할 수는 없다. 따라서 피고의 주장을 기각한다.

5) 분 석

헤이그 규칙은 국제무역, 특히 해상운송에 있어서 운송인의 부당한 책임에 대한 면책을 규정하고, 또한 그 면책사유 역시 화주도 어느 정도 수긍할 수 있는 내용이기에 그 효력이 중요하며, 계약간 효력으로 채택되고 있다. 그러나 국제조약은 국제조약일 뿐, 이러한 사항을 토대로 관할권의 존부까지 결정하여야 한다는 주장은 납득하기 어렵다. **한국이 체결한 국제조약만이 국내법과 동일한 효력이 있다는 판결은 한국 법제가 부당한 것이 아니라 국제법상의 대원칙인 상호주의에 입각하여 정당한 권리를 행사할 수 있는 타당한 입법이다.** 다시 말해, 우선 한국 법제에 따른 관할권 여부를 판단하는 것이 순서이며, 단지 약관상의 내용에 기초하여 당사자간의 합의로 볼 여지가 있다는 이유만으로 관할권에 대한 판단을 하는 것은 타당하지 못하다. 따라서 비록 본 건 사안에 있어서 원고의 주장이 일부분 타당한 면을 충분히 인정할 수는 있으나, '상호주의'라는 대원칙에 입각한 한국 법제의 해석에 충실한 대법원의 판단은 적절하였다. 또한, 본 판례는 단지 선화증권상 이면약관의 효력에 의한 헤이그 조약의 적용이 무조건 가능하지 않다는 점을 표방하였다는 점에서도 그 의의를 찾아볼 수 있다.

제4장 해상적화보험

학습의 목적

해상적화보험과 일반 손해보험의 대조를 통하여 그 차이점을 알아보고 해상적화보험의 계약에서의 보험계약자와 피보험자의 의무와 권리를 이해할 수 있다.

학습의 목표

1. 해상위험의 특징을 이해한다.
2. 해상위험에 대한 보험자의 담보방식을 이해한다.
3. 해상사고시 입증책임의 의무와 입증범위를 이해한다.
4. 해상적화보험의 피보험이익에 관하여 전반적으로 이해한다.
5. 보험가액과 보험금액을 이해한다.
6. 보험기간과 보험계약기간에 대하여 이해한다.
7. 위험의 개시와 종기에 관하여 이해한다.
8. 위부와 대위에 관한 내용을 이해한다.
9. 해상손해에 관하여 이해한다.

제 1 절 해상적화보험의 정의 및 영역

1. 해상적화보험의 정의

국제무역거래에 종사하는 수출·입자는 화물이 해상운송도중에 손해를 입을 것을 대비하여 해상적화보험에 가입한다. 해상적화보험자와 보험계약을 통하여 수출·입업자가 일정한 보험료를 해상적화보험자에게 지불하게 되면 해상운송 중에 발생하는 각종의 위험으로 화물이 손해를 입을지라도 해상적화보험자가 이에 해당한 재정적 손해를 보상해주기 때문이다.

해상적화보험이란 이처럼 해상운송 중에 발생하는 각종의 위험으로 인해 화물이 손상을 입는 경우를 대비하여 화주가 소액의 보험료를 부담하고 이에 따른 재정적 손해를 보험자로부터 보상받기 위한 보험이다. 해상적화보험에 대한 법률적 근거는 영국 해상보험법(MIA, 1906)과 상법에서 찾을 수 있다.

✦화물이 항공으로 운송되는 경우에도 항공적화보험(Air Cargo Insurance)에 가입하게 되는데 실무상 해상적화보험에 포함시켜 적화보험(Cargo Insurance)으로 통칭되고 있다.

MIA 1906 제1조에는 "해상보험계약이란 보험자가 그 계약에 의하여 합의한 방법과 범위 내에서 해상손해, 즉 해상사업에 수반되는 손해에 대하여 피보험자에게 손해보상을 약속하는 계약이다"고 정의하고 있으며, 한국 상법 제693조는 "해상보험계약의 보험자는 해상사업에 관한 사고로 인하여 손해를 보상할 책임이 있다"고 규정하고 있다. 이것은 해상보험계약의 성립에 의해 해상보험자는 해상사업에 관한 사고에 의하여 발생하는 손해의 보상 또는 보험금지급을 약정하고 보험계약자는 보험료를 지급할 의무를 부담하여야 한다는 의미다. 따라서 해상운송사업상 발생하는 사고에 대한 손해보상의 약정 또는 보험금지급의무와 보험료의 지급의무는 해상보험계약의 당연한 효과라 할 수 있다.

해상적화보험에서 해상적화보험 증권은 국제간 무역거래에 있어서 가장 중요한 대금결제 수단의 일부를 구성하기도 한다. 현행 무역거래에 있어서 수출입상품의 인도나 대금결제는 선적서류의 수수에 의해서 이루어지고 대표적인 선적서류가 **상업송장**, **선화증권**, **적화보험증권이**기 때문이다. 수출자가 이러한 선적서류를 담보로 환어음을 발행하고, 은행이 이를 매입함으로써 대금결제가 이루어진다. 그러므로 해상적화보험은 앞에서 언급한 바와 같이 국제간 무역거래에서 해운, 금융과 함께 중요한 3대 요소 중 하나이며 경제주체가 해상사업을 영위함에 있어 대수의 법칙에 따라 다수의 동질위험을 감소시키는 사회적 경제 제도임이 틀림이 없다.

2. 해상적화보험의 영역

✦MIA 1906의 제2조는 해상보험계약이 육상, 항공보험계약 내용까지 지배하는 법리적 근거가 된다.

MIA 제2조에 의하면 해상보험계약은 명시적인 조건이나 무역관행에 의하여 피보험자를 보호하기 위해 해상항해에 수반될 수 있는 내수 또는 일체의 육상위험의 손해까지 확장할 수 있다. 이것은 해상적화보험자가 해상적화보험계약에 따라 합의한 방법과 범위 내에서 해상손해, 즉 해상사업에 부수하는 손해를 피보험자에게 보상할 것을 약속하는 것이기 때문이며, 해상사업에 관한 사고, 즉 해상운항에 기인하거나 부수하는 해상위험으로 인하여 발생할 해상손해를 보상하는 손해보험이기 때문이다. 그러므로 해상보험 내 해상적화보험의 범위는 내수 또는 육상위험까지 확장 부담할 수 있으며, 해상사업과 관련이 있는 유사한 사업에 관한 위험도 해상보험에 의해 부담할 수 있다.

그림 4-1 해상적화보험의 영역

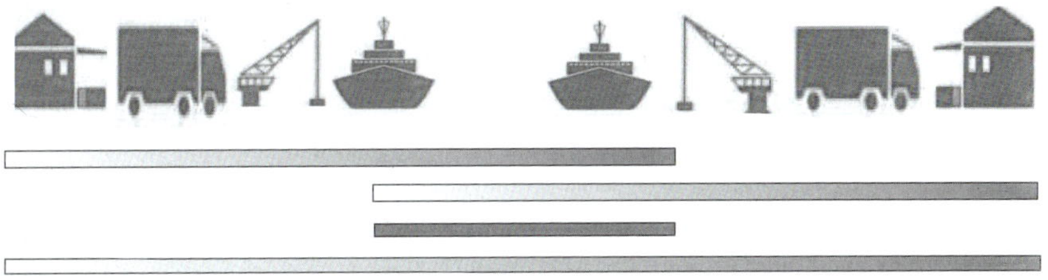

현행 해상적화보험은 해상운송 중의 위험은 물론, 수출자의 창고를 떠나 본선에 적재될 때까지, 그리고 본선에서 양화되어 수입자의 최종창고에 인도될 때까지 육상위험도 해상적화보험자가 부담한다.

3. 해상위험

해상적화보험계약은 해상위험으로 인하여 생기는 손실을 보상하는 계약이다. 해상적화보험에서 담보하는 해상위험은 침몰·좌초·충돌 등과 같이 해상에서 우연히 발생하는 사고나 재해를 말한다.

✦해상위험이란 해상보험의 대상인 선박, 운임, 적화 등에 관한 위험으로 피보험위험이 해상위험인 것이다.

영국해상보험법 제3조 2항에서는 해상위험을 항해에 기인 또는 부수하는 위험, 즉 해상고유의 위험, 화재, 전쟁위험, 해적, 표도, 강도, 포획, 나포, 왕후 및 국민의 억지 또는 억류, 투하, 선원의 악행 그리고 앞의 여러 위험과 동종의 위험 또는 보험증권에 기재되는 기타 일체의 위험으로 규정하고 있다. 물론 앞에서 살펴본 것처럼 한국 상법의 제693조가 해상보험계약을 "항해에 관한 사고"로 인하여 생길 손해의 보상을 목적으로 한다고 규정하고 있으므로 해상위험을 항해에 관련된 사고로 한정시킬 수 있지만, 국제적으로는 MIA 제3조를 준거법으로 삼고 있으므로 해상위험에 "항해를 계기로 하여 생기는 위험과 항해에 부수하는 위험"(perils consequent on, or incidental to, the navigation of the sea)도 포함하는 것이 옳다. 따라서 하천 또는 항만 등 내수에서의 항행 또는 정박 중의 위험, 화물을 환적하기 위한 양륙 중의 위험도 항해에 부수하는 것인 이상 해상위험이며, 당연히 이와 같은 위험들은 보험자의 부담에 속한다고 볼 수 있다.

그러나 피보험자가 보험금의 청구를 하기 위해서는 손해가 부보위험으로 인하여 발생한 것이어야 하고 피보험자에게 피보험이익이 있어야 하며 보험사고가 보험기간 중에 발생하였어야 한다. 어떤 것을 부보위험으로 할 것인가는 계약당사자의 의사에 달려 있으나 실무상 사용되는 협회선박약관에는 부보위험이 정형화되어 있으며, 보험증권해석에 관한 규칙 제7조에 따르더라도 해상고유의 위험은 해상의 우연한 사고나 재난만을 말하고, 바람과 파도의 통상적인 작용은 포함되지 아니한다. 따라서 해상에서 만나는 위험이라고 해서 모두 해상고유의 위험이 아니며 해상뿐만 아니라 육상에서도 만날 수 있는 위험이라면 해당 위험을 단순히 해상에서 만났다고 하여 해상고유의 위험이 되지 아니한다.

해상적화보험 계약에서 유의해야 할 점은 비록 항해에 접속된 육상 또는 항공운송 중의 위험 등이, 예컨대 ICC 제8조(운송조항)에서 보는 바와 같이, 최종 양륙항에서 양화 후 보험증권에 기재된 목적지의 최종창고에 화물이 인도될 때까지의 육상운송 중의 위험은 해상위험이 아닌 육상위험이므로 원칙적으로 이러한 위험들은 해상위험과는 별개로 보험계약을 체결하여야 한다. 그러나 무역보험의 실무에 있어서는 MIA 1906 제3조에 의거하여 특약에 의해 이러한 육상위험에 대해서도 해상보험에서 함께 부보하며, 하나의 해상보험계약으로 계약됨에 유의해야 한다.

1) 항해에 기인하는 위험

항해에 기인하는 위험(perils of the sea)은 항해가 원인이 되어 우연히 발생하는 해상고유의 사고를 말한다. 예를 들어 비, 폭풍우, 태풍 등으로 인하여 선박이 좌초, 충돌, 교사, 침몰되거나, 또는 화물이 파손되거나 유실되는 사고를 말한다. 이런 위험은 **항해를 하지 않으면 발생하지 않는 해상고유의 위험**이다.

2) 항해에 부수하여 발생하는 위험

항해에 부수하여 발생하는 위험(perils on the sea)은 항해를 하지 않더라도 발생할 수 있는 화재 · 선원의 악행 · 전쟁 등의 위험을 말한다. 따라서 영국해상보험법에서 열거된 위험 중에서 항해에 기인하여 발생하는 해상고유의 위험을 제외하고 모두 항해에 부수하여 발생하는 인위적인 위험을 항해에 부수하여 발생하는 위험으로 볼 수 있다.

항해에 부수하여 발생하는 위험은 그 의미가 매우 포괄적이기 때문에 꼭 해상에서 발생하는 위험만을 포함하는 것은 아니다. 해상보험은 해상사업과 관련되는 내수로 운송, 육상운송에서 발생하는 위험까지도 담보하므로 이 운송과정에서 발생하는 위험도 항해에 부수하는 위험이 된다. 이런 점에서 해상위험은 해륙혼합의 위험이라 할 수 있다.

4. 해상위험에 대한 보험자의 담보방식

1) 포괄책임주의

해상위험에 대한 보험자의 담보방식 중 포괄책임주의란 모든 해상위험을 보험자가 포괄적으로 부담하는 것을 말한다. 이는 한국 상법 제693조 규정에 따라 해상보험계약의 보험자가 해상사업에 관한 사고로 인하여 발생하는 손해를 보상해야 할 책임이 있기 때문이다. 따라서 포괄책임주의 하에서 피보험자는 우연적인 사고에 의한 손해가 보험기간 안에 발생하였다는 사실만을 증명하면 된다.

포괄책임주의가 법정 및 약정면책위험을 제외한 일체의 해상위험을 담보하고 있기 때문에 피보험자로서는 예상 외의 위험이 발생해도 그것이 면책사유에 해당되지 않는 한 보호를 받을 수 있을 뿐만 아니라 보험금청구서에도 단순히 해상위험으로부터 손해가 발생했음을 입증하기만 하면 된다.[21] 즉, 포괄책임주의 하에서는 모든 위험이 일단 보험자의 부담에 속하기 때문에 피보험자는 손해배상청구시 해상손해가 발생하였다는 사실과 손해액을 증명하기만 하면 된다. 반대로 만약 보험자가 포괄책임주의 하에서 보상책임을 거부하려면 해당 손해가 보험자의 면책위험으로 인하여 발생되었다는 것을 반증하여야 한다. 그러므로 포괄책임주의하에서는 피보험자측이 보험자측보다 유리하다고 볼 수 있다.

그러나 무역보험의 실무적으로는 보험자가 면책약관을 사용함으로써 위험부담책임이나 손해보상책임을 제한하고 있으므로 사실상 열거책임주의하의 보험자책임범위와 비슷하다. 따라서 포괄책임주의하에서 보험자의 보상책임을 결정하기 위해서는 위험조항에 예시된 각 위험의 의미를 밝히는 것보다는 해상위험에 대한 개념규정을 명백히 하는 것이 더욱 중요한 의미를 갖는다.

2) 열거책임주의

해상위험에 대한 보험자의 열거책임주의란 포괄적인 의미의 해상위험 중에서 특정의 위험만을 부담하는 방식을 열거책임주의라고 한다. 따라서 열거책임주의하에서는 위험조항에 열거된 개개위험의 개념규정을 명확히 하는 것이 중요한 의미를 갖게 된다. 또 열거책임주의하에서는 사고발생시 보험사고의 입증책임이 피보험자에게 있으므로 피보험자는 자신이

✦ICC(A)에서 보험자는 일체의 위험을 담보하지만 일반 면책조항에 의한 면책사유, 전쟁면책조항에 의한 전쟁위험, 스트라이크면책조항에 의한 동맹파업위험, 그리고 MIA 제55조의 면책규정에 의한 면책사유 등에 의하여 그 담보범위가 제한되고 있다.

입은 손해가 보험기간 안에 약관상 열거된 위험에 기인하여 발생한 것임을 입증하여야 한다. 원칙적으로 포괄책임주의는 모든 해상위험을 담보하는 데 비하여 열거책임주의는 위험약관에 열거된 각각의 위험에 대하여만 담보하는데 지나지 않기 때문이다. 따라서 열거책임주의하에서는 보험자의 위험부담책임의 범위가 좁고 개개위험의 의의가 대체로 확정되어 있으므로 피보험자 측에서 보면 예상외 위험이 발생할 경우, 그 보호를 받을 수가 없으며 또한 손해발생시 보험금을 청구하기 위해서는 그것이 담보위험에 의한 결과임을 입증하여야 한다. 이런 측면에서 열거책임주의는 일면 피보험자에게 불리하고 보험자에게 유리하며 포괄책임주의는 그 반대인 것처럼 보인다. 그러나 이는 원칙론에 불과한 것이며 실제의 해상보험거래에서는 양주의간에 중요한 차이점은 없다. 즉, 포괄책임주의하에서도 많은 면책조항을 부가하여 담보위험을 제한함으로써 사실상 열거책임주의와 별 차이가 없는 계약내용을 합의하기도 하고, 열거책임주의하에서 추가위험을 특약으로 담보하여 담보위험의 범위를 확대하거나 모든 위험을 담보하는 뜻의 전위험담보조항을 이용하여 사실상의 포괄책임주의를 적용하기도 한다. 따라서 현대적인 의미에 있어 양주의간의 차이는 그렇게 현저한 것은 아니다. 오늘날 대부분의 국가는 포괄책임주의를 채택하고 있으나 영국은 열거책임주의를 채택하고 있다.

열거책임주의와 전위험 담보(All Risks ; ICC(A) Clause)사항

14세기 이탈리아 도시에서 해상보험이 생성된 이래 해상보험자들은 일체의 해상위험들을 부담하여 왔다. 그러나 도시의 발달과 상업의 발달에 따라 발생하는 위험들이 점차 대형화되자 해상보험자들은 위험부담책임이 과중하다는 것을 인식하고 스스로 면책약관을 사용하여 위험부담책임과 손해보상책임을 제한하였다. 영국도 제1차 세계대전을 통하여 19세기 이래 열거책임주의를 적용해 온 보험약관에 추가위험을 담보하는 방식을 시작으로 추가위험을 극대화시킨 전위험담보약관을 제정하였다. 그리고 1951년부터는 전위험담보방식의 ICC(All Risks)가 사용되어 1982년의 ICC(A)도 ICC(All Risks)와 같은 위험부담방식을 채용하고 있다.

그러나 전위험담보약관의 위험조항에는 보험자가 일체의 위험을 부담하는 취지를 약정하고 있으나, 포괄책임주의하에 있어서도 각종의 면책조항이 있는 것처럼 전위험담보약관의 경우에도 많은 제약이 있다. 실제로 전위험담보조건이라 할지라도 보험사고의 원인에 대한 조사결과에 따라 보험자의 보상책임유무가 달라질 수 있다.[22) 전위험담보조건이나 ICC(A)조건이더라도 보험목적물의 특성에 따라서는 특정 위험을 면책위험으로 정하고 있는 경우가 있으므로 면책된 위험을 추가할 것인지 여부를 결정하여 부가약관 또는 부가보험조건을 부보해야 한다. 이를테면 화물고유의 성질이나 하자로 기인된 손해에 대해 전위험담보조건은 보험자를 면책하므로 유리제품의 파손위험 등은 전위험담보조건이라 하더라도 별도로 부보하여야 파손으로 인한 손해를 보상받을 수 있다. 또한 보험요율서상에도 개별화물의 성질에 따라 전위험담보조건이라 하더라도 특정의 위험을 제외하고 있으므로 보험가입시 보험요율서상의 당해 화물에 관한 규정을 사전에 검토해야 한다. 보험가입시 피보험자는 보험요율서상의 당해 화물에 관한 규정을 검토하여 보험목적물의 특성에 따라 특정 위험을 면책위험으로 정하고 있는 경우이면 면책된 위험을 추가할 것인지 여부를 결정하여 부보하여야 하므로 부가약관 또는 부가보험조건에 대한 화주의 이해가 반드시 필요하다.[23)]

5. 입증책임

✦ITC-Hulls-83 (협회선박기간보험약관) ;
- Institute Time Clauses, Hulls, 1.10.83

소송에서 어떤 사실의 존부(存否)에 관한 증명이 불가능한 경우 당사자 중 일방이 최종적으로 불이익을 받는 법률상의 지위를 입증책임이라고 한다. 즉, 소송당사자 중의 어느 일방이 소송상 어떤 사실의 존재를 입증하여야 할 책임을 말한다. 소송에 있어서 당사자들은 자신에게 유리한 사실을 주장하게 되는데 그에 따르는 법률효과를 얻기 위하여서는 그러한 사실을 주장하는 것만으로는 부족하고 그러한 사실이 존재한다는 점을 증명하여야 한다. 만약 권리와 법률관계의 존부판단에 모든 증거자료를 동원해도 사실의 존부가 확정되지 아니한 경우, 반드시 어느 한 쪽의 당사자가 불리한 상태에서 재판을 진행하게 되기 때문이다.

1) 해상손해의 입증책임

일반적으로 부보위험에 의하여 멸실 또는 훼손이 발생하였다는 사실에 대한 입증책임은 피보험자가 부담한다. 피보험자는 멸실 또는 훼손이 발생하였다는 사실뿐만 아니라 그 멸실 또는 훼손이 부보위험으로 인한 것이라는 사실까지 입증하여만 보험금을 청구할 수 있다. 따라서 피보험자가 입증책임을 부담하기 때문에 보험자로서는 멸실 또는 훼손이 부보위험을 원인으로 발생하지 아니하였음을 입증할 필요는 없다. 보험자가 통상 피보험자의 주장사실이나 가설을 탄핵하기 위하여 그와 상반되는 사실이나 가설을 주장한다 하더라도 자신이 주장하는 사실이나 가설을 반드시 증명하여야만 하는 것은 아니다. 이들은 피보험자의 주장사실이나 가설의 신빙성을 탄핵하기 위하여 제출된 것에 불과한 것이기 때문이다.

입증의 정도에 관하여서는 피보험자와 보험자가 서로 상반된 사실이나 가설을 주장할 경우, 그 양자의 개연성을 비교하여 피보험자가 주장한 사실이나 가설이 보다 개연성이 우월하기만 하면 증명된 것으로 본다.

그러나 만일 그 개연성이 우월하지가 못하고 서로 비슷한 정도라고 한다면 피보험자는 입증책임을 다하지 못한 것으로서 패소하게 된다. 그런데 여기서 주의하여야 할 점은 개연성이 보다 우월하다고 하더라도 어떤 경우이든 항상 증명되었다고 보는 것은 아니라는 점이다. 즉, 피보험자가 주장한 사실이나 가설 자체의 개연성이 거의 없는 경우에는 비록 그 개연성이 보험자의 그것보다 우월하다고 하더라도 그러한 사실의 존재가 증명된 것으로 볼 수 없다. 이와 관련하여 **1998년 대법원 판결**(1998.5.15. 선고 96다27773판결)을 좋은 예로 들 수 있다.

이 사건은 ITC-Hulls-83을 첨부하여 소위 4대 위험(침몰 · 좌초 · 충돌 · 화재) 이외 원인에 의한 분손부담보 조건으로 보험계약을 체결한 200톤급 화물선이 400톤의 화물을 적재하고 부산을 출항, 제주항으로 항해하던 중, 정체불명의 어선과 충돌, 선체의 일부가 손상되고 그 손상부위로 침수되어 제주 인근 해상에서 침몰했다고 주장한 사건이다.

이 사건에서 대법원은 "보험의 목적(선박)에 생긴 손해가 해상 고유의 위험으로 발생한 것이라는 점에 관한 입증책임은 피보험자(선주)가 부담하는 바, 선주가 들고 있는 해상 고유의 위험, 즉 이 선박이 침몰 당일 정체불명의 어선과 충돌하여 선체의 일부가 손상되고 그 손상부위를 통하여 해수가 유입, 침몰하게 되었다는 주장에 대하여는 이를 인정할 증거가 없어 충돌로 인하여 침몰한 것으로 볼 수 없고 그 밖에 이 선박의 침몰이 해상 고유의 위험으로 인하여 야기된 것이라는 점에 관한 선주의 주장에는 입증이 없음으로 선주의 보험금 청구는 이유 없다"고 판결하였다.

그런데 위 판결요지 중, "보험의 목적(선박)에 생긴 손해가 해상 고유의 위험으로 인하여 발생한 것이라는 점에 관한 입증책임은 피보험자(선주)가 부담 한다"는데 까지는 'ITC-Hulls-83'의 위험 열거책임주의 원칙에 의거 옳았으나 위 밑줄 친 주어 부분(보험의 목적에 생긴 손해)이 아래로 내려오면서 "....그 밖에 이 선박의 침몰이 ....."로 둔갑하여 선박(보험의 목적)에 생긴 손해가 선박의 침몰이 됨으로서, 즉 '손해'와 '침몰'을 동일시함으로써 사안이 정반대 방향으로 가고 말았다. 침몰은 손해를 야기한 위험일 뿐 손해 자체는 아니므로 엄격히 구별해야 하는 것이다.

위 선박 침몰사고는 그 원인이야 어찌 되었든 인양이 불가능 하도록 바다 속 깊이 선박이 가라앉은 사고이므로 해상보험법상 **손해의 실체는 선박의 멸실이고 이 손해(멸실)는 침몰이라는 해상 고유의 위험으로 인하여 야기된 것이 사안의 본질**이었던 것이다. 따라서 선주는 선장의 해난보고에 의한 침몰사실 증명으로 선박에 생긴 손해(멸실)가 해상 고유의 위험(침몰)으로 인하여 야기되었음을 입증하고도 남았던 것이다. 그런데도 선주는 침몰이 해상 고유의 위험이라는 것을 몰랐거나 침몰상태(침몰의 결과적 현상)를 손해의 실체로 착각함으로서 자기가 규명할 일도 아닌 침몰의 원인을 찾아 헤매다가 "정체불명의 어선과 충돌하여 선체의 일부가 손상되고....." 운운하며 확인되지 않는 섣부른 주장을 한 결과 판사의 불신만 초래한 결과를 낳고 말았던 것이다.

결국 선주는 선장의 해난보고로 담보위험(침몰)의 발생입증이 끝난 것을 몰랐고 대법원 역시 선박의 침몰을 손해의 실체로 보았거나 침몰이 해상 고유의 위험이라는 것을 간과함으로서 논리의 모순에 빠졌다. 그리고 선주가 밝힐 사항도 아닌 침몰의 원인규명을 선주에게 전가시킨 모양이 되고 말았다. 분명 침몰의 원인규명은 필요한 것이나 그것은 보험자가 면책구실을 찾는데 필요함으로 **보험자가 부담할 사항**이다.

✦화재보험의 경우에도 보험계약자(피보험자)는 화재 발생 사실만을 입증하면 되고 화재 발생원인(방화 또는 실화 여부) 규명은 보험자 몫이다.

위 대법원의 판결은 그 후로 침몰을 담보한 선박이 항해 중 특별한 이유없이 침몰하였을 경우, 그리하여 선주가 침몰의 원인을 밝히지 못할 때에는 담보위험 입증의 불실을 이유로 보험보상이 불가능 하도록 하였다. 더구나 선박과 함께 선원들도 사망 또는 행방불명되었을 경우 침몰원인 규명은 더욱더 어려울 것임으로 그만큼 선주의 보장 길을 더 멀어지게 하였다. 이제 이러한 원칙에 기초하여 개별적인 경우를 살펴보기로 하자.

(1) 원인에 해당하는 부보위험과 결과에 해당하는 부보위험

부보위험은 어떤 사태의 원인에 해당한다고 할 수 있는 부보위험과 그 결과에 해당한다고 할 수 있는 부보위험으로 나눌 수 있다. 예를 들어서 해상 고유의 위험은 원인에 해당하고 화재라든가 폭발 등은 결과에 해당하는 부보위험이다. 물론 어느 경우이든지 피보험자는 부보위험의 존재사실과 그로 인한 멸실 또는 훼손의 사실을 입증하여야만 한다. 그런데 특히 화재라든가 폭발 등 결과에 해당한다고 할 수 있는 부보위험의 경우 피보험자는 화재 또는 폭발사실만 입증하면 되지 그 원인이 무엇이라는 점까지 입증하여만 하는 것은 아니다. 피보험자로서는 단지 화재가 발생하였고 그로 인하여 손해가 발생하였다는 사실만 입증하면 되는 것이다. 반면 보험자가 그 책임을 면하기 위하여서는 그 화재가 고의적인 방화라든가 고유의 하자에 의한 것이라는 점을 보험자가 입증하여야 한다.

(2) ICC(A) 등의 전위험담보의 경우

ICC(A/R), ICC(A), ICC(Air) 등 전위험담보조건인 경우, 피보험자의 입증책임이 기타 기본약관의 그것보다 완화되어 규정되어 있다. 피보험자는 멸실 또는 훼손이 발생하였다는 점과 그러한 멸실 또는 훼손이 우연한 성질의 것이라는 점만 입증하면 되고, 구체적으로 어떤 위험 또는 사고로 인하여 멸실 또는 훼손된 것인가 하는 점까지 입증할 필요는 없다. 실무적으로도 피보험자가 전 위험담보에 포함되는 위험에 의하여 손해가 발생되었다고 주장할 때에는 단지 손해가 필연적으로 또는 고유의 하자나 자연소모에 의하여 생긴 것이 아니고 우연히 생긴 것이라는 점을 보여주는 상당한 증거만 제출하면 된다. 따라서 피보험자는 그 손해가 어떻게 발생한 것인지를 정확하게 보여주기 위하여 그 이상, 더 나아가 담보된 수많은 위험 중의 하나를 집어내야 할 필요는 없다.

(3) 악행(Barratry)인 경우

선장 또는 선원의 악행이란 선박소유자에게 또는 경우에 따라서는 용선자에게 손해를 끼치기 위하여 선장 또는 선원이 고의적으로 행하는 일체의 위법행위를 말한다. 예를 들어서 선장이나 선원이 선박소유자에게 손해를 끼치기 위하여 선박에 구멍을 뚫어 침몰시킨다든가, 선박에 불을 지른다든가, 좌초시킨다든가 하는 것들이 이에 해당한다. 악행이 성립하려면 선장 또는 선원의 고의적인 위법행위가 존재하여야 하고 또 선장 혹은 선원들의 악행의 목적이 피보험자인 선박소유자를 해치기 위한 것이어야 한다.

그런데 이와 관련하여 현재 논란이 되는 점은 선장 또는 선원의 악행에 해당한다고 하여 보험금을 청구할 경우, 피보험자가 어디까지 입증하여야 하는가이다. 즉, 피보험자가 선장 또는 선원의 고의적인 위법행위가 있었음을 입증하여야 함은 물론이고 나아가 자신의 공모 내지는 묵인이 없었다는 점까지 입증하여야 하는지의 여부다. 피보험자가 선장 또는 선원의 고의적인 위법행위 사실을 입증하면 이들의 악행은 추정이 된다. 그러나 반대로 보험자가 보험금을 지급하지 않기 위해서는, 즉 자신의 책임을 면하려면 피보험자의 공모 내지는 묵인이 있었다는 사실을 입증하여야 하고, 이 과정에서 피보험자의 공모 내지 묵인행위는 형사상 범죄에 해당하지만 형사상 범죄에서 피해자라면 누구나 무죄추정의 이익을 받기 때문에 그 존재사실을 주장하는 보험계약자가 입증하여야 한다는 것이다.

그러나 이것은 MIA의 선원의 악행에 관한 규정을 지나치게 확대해석한 것으로 보인다. 따라서 본 교재는 위의 주장에 동의할 수 없다. 선원의 고의나 악행이 존재할 경우, 피보험자는 자신의 공모 내지는 묵인이 없었다는 점까지 입증할 필요는 없고, 보험자가 보험금지급을 하지 않기 위해서 피보험자의 공모 내지는 묵인이 있었다는 점을 입증하는 것이 타당하다고 판단된다.

(4) 면책사항, 담보위반에 대한 입증책임

✦예를 들어 감항능력이 없었다는 사실에 대한 입증책임은 보험자가 부담한다.

위에서 살펴 본 바와 같이 부보위험에 의하여 멸실 또는 훼손이 발생하였다는 사실에 대한 입증책임은 피보험자가 부담하지만, 면책사항의 존재 및 멸실 또는 훼손이 그 면책사항으로 인한 것이라는 점에 관한 입증책임은 보험자가 부담하여야 한다. 예를 들어 부보된 선박의 멸실이 면책위험인 전쟁위험으로 인한 것이라는 점을 보험자가 입증하여야만 하고 또한 피보험자가 담보위반을 하였다는 점에 대한 입증책임도 보험자가 부담하여야 한다.

▌담보위험(peril insured against)

- 해상보험계약 : 보험자와 피보험자가 합의한 담보위험을 대상으로 함
  보험자가 보상해 주는 위험
- 위험의 범위 : 보험조건에 한함
  보험증권에 위험을 상세히 명시하고 그로 인한 손해만을 보험자가 보상하기로 약속한 책임원칙
- 사고 입증책임 : 피보험자
  손해의 발생이 담보위험에 속한다는 것을 입증해야 함
- 열거책임주의 : 보험증권에 담보위험을 명시
  ICC(B), (C)약관 및 협회기간약관(ITC-HULLS)

▌면책위험(excepted peril)

- 담보위험이 아닌 위험
- 법 또는 보험약관에 의해 규정
- 사고 입증책임: 보험자
- 포괄책임주의: 보험증권에 면책위험 명시(ICC(A))

2) 해상보험에서 입증책임의 문제

(1) 부보위험(Peril Insured Against)과 입증책임(Burden of Proof)

해상보험에 있어서도 보험목적(the subject matter insured)이 멸실되는 등 손해가 발생

✦부보위험 중 대표적인 것이 해상고유의 위험이다.

✦근인주의; Proximate Cause ; The insurer is liable for any loss proximately caused by a peril insured against, but, subject aforesaid, he is nor liable for any loss which is not proximately caused by a peril insured against. MIA 55

하였다 하더라도 그 손해가 보험계약에서 보험자가 피보험자에게 보상하여 주기로 약정한 부보위험으로 인하여 발생한 것이 아니라면 보험자는 보험금지급의무를 부담하지 아니한다. 따라서 보험사고가 보험계약내용인 부보위험에 의하여 멸실 또는 훼손이 발생하였다는 사실에 대한 입증책임을 피보험자가 부담하여야 한다. 피보험자는 멸실 또는 훼손이 발생하였다는 사실과 그 멸실 또는 훼손이 부보위험에 의한 것이라는 사실 및 손해와 부보위험 사이에 인과관계가 있다는 사실을 입증하여야 한다.

(2) 해상 고유의 위험(Perils of The Seas)과 입증책임

해상 고유의 위험이라 함은 해상에서만 발생하는 우연한 사고 또는 재난만을 의미한다. 따라서 우연성이 없는 사고, 예컨대 통상적인 바람이나 파도에 의한 손상, 자연적인 소모 등은 이에 해당하지 않으며 보험의 목적에 생긴 손해가 이러한 해상 고유의 위험으로 인하여 발생한 것이라는 점에 관한 입증책임은 피보험자가 부담한다(대법원1998.5.15. 선고96다2773판결).

(3) 인과관계

보험자는 보험증권에서 달리 약정하지 않는 한, 부보위험에 근인하여 발생한 손해(loss proximately caused by a peril against)에 대하여서만 책임을 지고, 부보위험에 근인하여 발생하지 아니한 손해에 대하여는 책임을 지지 아니한다. 영국해상보험법 제55조에 따르면 해상보험에서 보험자가 보상해주는 손해는 반드시 보험증권사의 담보위험에 근인하여 발생하여야 한다.

근인주의에서는 근인이라 하여 반드시 시간적으로 가까운 원인만을 의미하지 않으며 근인은 사고를 일으킨 가장 지배적인 원인을 말한다. 어떠한 손해가 발생함에 있어서는 단일한 원인에 의한 경우도 있으나 대부분의 경우는 여러 가지 원인이 경합되어 있는데, 이처럼 여러 가지 원인이 경합하는 경우에는 이 중 오직 근인(proximate cause)만이 결과(손해)에 대한 원인으로 인정된다. 여러 가지 원인이 경합하는 경우 그 전부가 부보위험에 해당하면 별 문제가 없으나 그 중 일부만이 부보위험인 경우에는 어떤 원인이 근인으로 인정되는가에 따라 보험자의 보상책임이 달라진다.

근인주의

- 사고발생시 보상원칙
- 사고발생에 가장 직접적인 원인
- 해상보험 : 담보위험에 근인한 손해만 보상
- 보험자 : 담보위험에 근인해 발생하는 손해만 보상
- 사고발생 : 근인이 담보위험인지 면책위험인지 판단
  그러나 원인이 여러 가지일 경우 판단이 어려움

(4) 입증의 정도

피보험자와 보험자가 서로 상반된 사실이나 가설을 주장할 경우, 그 양자의 개연성을 비교해 보아야 한다. 만약 양자의 개연성이 서로 비슷하면 원래 피보험자에게 입증책임이 있으므로 피보험자가 입증책임을 다하지 못한 것으로 간주한다. 예를 들어 화물이 선박과 함께 행방불명된 경우, 현실전손으로 추정되고 그 현실전손은 일응 부보위험인 해상위험으로 인한 것으로 추정되므로 보험자는 보상책임을 면할 수 없다.

그러나 부보위험으로 인한 손해라는 추정에 대항하여 보험자가 부보위험이 아닌 다른 위험 내지 면책위험으로 인한 것일 가능성이 있음을 주장할 경우, 그리고 보험자가 주장한 그 가능성이 보다 우월하거나 동일함을 입증하는 경우에 한하여 현실전손으로의 추정은 깨어진다(대법원 1991. 5. 14.선고 90다카25314판결).

✦신 I.C.C적화약관의 내용을 보면 (C)조건과 (B)조건에 적용되는 면책사항은 동일하고 (A)조건의 경우는 (C)조건과 (B)조건에서 보험자의 면책위험으로 약정하고 있는 여하한 자의 불법행위에 의한 고의적 손상파괴를 면책위험으로 하고 있지 않다. 여하한 자의 불법행위로 인해 보험목적물이 손상되는 경우, 그 화물이 (A)조건으로 부보되어 있을 경우에만 화주는 보험자로부터 그 손실을 보상받을 수 있다.

(5) 면책조항(Exclusion Clauses)과 입증책임

보험약관은 부보위험과 반대로 일정한 사유에 기인하여 발생한 손해에 대하여는 보험자가 보상책임을 부담하지 아니한다는 내용의 면책약관을 두고 있다. 그러므로 발생한 멸실 또는 훼손이 그 면책사항으로 인한 것이라는 점에 관한 입증책임은 보험자가 부담하게 된다.

표 4-1. 신약관의 보험자 일반면책 약관

면책약관	A	B	C
피보험자의 고의의 위법행위	×	×	×
통상의 누손, 중량, 용적의 통상의 감소, 자연소모	×	×	×
포장 또는 준비의 불완전(위험개시 전, 피보험자에 의한 컨테이너의 적입)	×	×	×
보험목적의 고유의 하자	×	×	×
지연	×	×	×
선주, 관리자, 용선자, 운항자의 파산, 재정상의 채무 불이행	×	×	×
여하한 자의 불법행위에 의한 고의적 손상파괴	○	×	×
원자핵분열/원자핵 융합 또는 동종의 반응 또는 방사성물질을 이용한 병기의 사용에 의한 멸실, 손상비용	×	×	×

※ 신약관은 ICC(2009 포함) 1982 이후 약관을 신약관이라고 한다.

고지의무: 계약 전 보험계약자가 보험자에게 계약내용에 중요사항이 될 수 있는 내용을 알릴 의무를 말한다.
MIA 제18조의 피보험자의 고지의무에서 피보험자는 보험료를 결정하거나 또는 위험의 인수여부를 결정하는 데 있어서 신중한 보험자의 판단에 영향을 미치는 모든 사항은 중요사항이다.

(6) 고지의무 위반과 입증책임

영국해상보험법 제18조는 통상 고지의무를 명문으로 규정하여 피보험자에게 고지의무 위반이 있는 경우 보험자는 보험계약을 해지하거나 무효로 함으로써 보험계약상의 책임에서 벗어날 수 있도록 허용하고 있다. 상법 제651조에 의하면 보험계약당시에 보험계약자 또는 피보험자가 고의 또는 중대한 과실로 인하여 중요한 사항을 고지하지 아니하거나 부실고지를 할 때, 보험자는 그 사실을 안 날로부터 1개월 내에, 계약을 체결한 날로부터 3년 내에 한하여 계약을 해지할 수 있다. 그러나 보험자가 고지의무 위반을 이유로 보험계약의 효력을 부정하기 위해서는 피보험자가 중요한 사항을 고지하지 아니하였고 당해 보험자가 이로 인하여 보험계약이 체결되었다는 사실을 입증하여야 한다.

참고로 적화보험에서는 환적에 대한 고지의무 위반이 발생하는 경우가 많다. 운송 중에 화물이 환적될 수 있는지 여부가 불확실하다 하더라도 신용장이나 매매계약서에 환적을 허용하고 있는 경우에는 이를 보험자에게 알려 고지의무를 위반하지 않도록 해야 한다. 만약 그 후 실제로 환적이 일어나지 않았다면 그 증거서류를 보험자에게 제시하여 환적보험료를 환급받으면 된다.

(7) 담보위반과 입증책임

고지의무 위반에 대한 입증은 보험자의 입장에서 반드시 용이한 것이 아니므로 해상보험계약상 피보험자가 반드시 이행하고 준수해야 할 명시적 혹은 묵시적 약속사항을 정하게 되는데 이를 담보라 한다. 그래서 만일 피보험자가 담보사항을 이행하고 준수하지 않는 경우 보험자는 보험계약상의 책임을 면하게 된다. 담보위반에 대한 입증책임은 보험자에게 있으나, 일단 담보위반이 있으면 설사 보험사고가 담보위반과 전혀 관계없이 발생하였다 하더라도 보험자는 책임을 면한다. 즉, 담보위반과 보험사고는 전혀 인과관계가 필요하지 아니하다.

(8) 해상보험소송에 있어서의 입증책임의 특수성

✦상사시효 : 상행위로 인해 생긴 채권의 소멸시효. 5년간 행사하지 않으면 소멸시효가 완료된다. 민법상 채권의 소멸시효는 원칙적으로 10년인데 상거래상의 법률관계를 신속히 확정하기 위해 5년으로 정했다. 상사시효의 적용을 받는 채권은 당사자 어느 한쪽이라도 상행위인 경우면 해당되며, 직접적인 상행위 외에 상행위로 인해 생긴 손해배상청구권이나 원상회복의무 등도 포함된다. 또 상법이나 다른 법령에 5년보다 짧은 시효 규정이 있는 경우는 각각 그 규정에 따른다.

해상보험에 있어서 피보험자는 사고가 난 항해하던 선박으로부터 수백칼로 혹은 수천킬로 멀리 단절되어 있기 때문에 어떤 위험으로 해당 선박과 화물이 손해를 입었는지 그 입증이 곤란하거나 불가능한 경우가 많다. 따라서 해상보험소송에서 법원이 다른 사건과 마찬가지로 엄격한 입증원칙을 요구하면 피보험자는 입증의 부족으로 보험자에게 보험금을 청구할 수 없는 경우가 많게 된다. 이런 이유로 해상보험분야에서는 일찍부터 법원에서 엄격한 입증원칙을 완화하는 법리가 형성되게 되었다.

해상보험약관 중 협회적화보험약관 ICC(A/R)의 소위 전위험담보의 경우, 다른 약관과는 달리 피보험자의 입증책임이 더욱 완화되어 피보험자가 멸실 또는 훼손이 발생하였다는 사실과 그러한 멸실 또는 훼손이 우연한 성질의 것이라는 점만 입증하면 되고, 구체적으로 어떤 위험 또는 사고로 인하여 멸실 또는 훼손된 것인가 하는 점까지 입증할 필요는 없다.

해상운송인이 화물운송 중 운송인이나 그 사용인 등의 고의 또는 과실로 화물에 멸실이나 훼손을 입혔을 경우, 화주는 해당 운송인에 대하여 운송계약상의 운송계약불이행으로 인한 손해배상청구와 더불어 소유권 침해의 불법행위로 인한 손해배상청구를 경합적으로 청구할 수 있다. 이는 해상운송인이 발행한 선화증권에 기재되어 있는 면책약관이 일반 운송계약상의 면책특약과 다르게 운송계약상의 채무불이행책임과 그 운송물의 소유권침해로 말미암은 불법행위책임에 대해서도 이를 적용하기로 하는 당사자간의 숨은 합의가 포함되어 있기 때문이다.

선화증권은 해상운송인이 운송물을 수령한 것을 증명하고 지정된 양륙항에서 선화증권의 정당한 소지인에게 운송물을 인도할 채무를 부담하는 유가증권이다. 따라서 운송인과 선화증권의 소지인간에는 선화증권에 기재된 내용에 따라 운송계약상의 채권관계가 성립하는 **채권적 효력**이 발생하고[24] 운송물을 처분하는 당사자간에는 운송물에 관한 처분이 증권으로 이루어져야 하며 운송물을 받을 수 있는 자에게 선화증권을 교부한 때에는 운송물에 행사하는 권리의 취득에 관하여 운송물을 인도한 것과 동일한 **물권적 효력**이 발생한다.[25]

그러므로 화물의 권리를 양수하여 선화증권을 교부받아 그 소지인이 된 자는 운송계약상의 권리와 함께 운송목적물점유에 대한 권리를 동시에 인도받게 되는 것이므로 만약 운송인으로부터 인도받게 된 화물이 확인결과 멸실이나 손실을 입었다고 한다면, 그리고 화물의 그러한 손해가 운송인의 고의나 과실로 인한 것이라고 한다면, 선화증권 소지인은 화물에 대한 소유권을 취득하였으므로 손해를 일으킨 해당 운송인에 대하여 채무불이행책임과 불법행위책임을 병행하여 요구할 수 있다.

운송인이 선화증권에 기재한 면책약관은 채무불이행책임만을 대상으로 명시한 것이지만 운송인과 화주 양 당사자 사이에 불법행위책임을 감수할 의도였다고 볼 수 없으므로 불법행위책임에 적용키로 하는 별도의 명시적·묵시적 합의가 없더라도 당연히 불법행위에도 그 효력이 미치는 것이다.[26] 따라서 해상운송인이 운송도중 운송인이나 그 사용인 등의 고의 또는 과실로 인하여 운송물을 멸실 또는 훼손시킨 경우, 선화증권 소지인은 해당 운송인에 대한 운송계약상의 채무불이행으로 인한 손해배상청구와 소유권침해의 불법행위로 인한 손해배상청구권 중에서 선택적으로 청구할 수 있으며[27] 마찬가지로 손해를 입은 화주에게 먼저 보험금을 지급한 해상적화보험자도 상법 제682조에 따라 화주로부터 청구권을 대위(代位)받아 손해를 일으킨 운송인에 대하여 손해배상청구권을 행사할 수 있는 것이다.

그러나 화주든 화주를 대위한 해상적화보험자든 양자에게 위에서 언급한 두 개의 청구권의 병존을 인정하여 권리자로 하여금 그 중 어느 것이든 선택하여 권리를 행사할 수 있게 하는 것이 피해자인 권리자를 두텁게 보호하는 효과를 주긴 하지만, 채무불이행책임과 불법행위책임이 각각 그 요건과 효과를 달리하는 별개의 법률관계에서 발생한 것이라는 것을 화주나 해상적화보험자들은 충분히 인지해야 할 필요가 있다.

상법상 선박소유자의 면책규정이나 유한책임에 관한 규정은 선화증권상 면책조항이나 책임제한에 관하여 정한 경우가 아닌 한 오로지 운송계약상의 채무불이행책임에만 적용되고, 당사자 사이에 이를 불법행위에도 적용키로 하는 별도의 합의가 없는 이상 당연히 불법행위책임에 적용되지 않는다.[28] 즉, 운송계약서에 채무불이행책임에 대한 법률상 면책특칙이 있거나 혹은 운송계약서에 그와 같은 면책조항을 삽입하여 불법행위에서도 이를 적용하기로 하는 명시적 또는 묵시적 합의가 존재한다면 불법행위책임에서도 면책책임과 불법행위책임이 적용될 수 있다.[29] 이것은 선박소유자의 면책규정이나 유한책임은 보험사고가 발생했을 경우, 선화증권상 면책조항이나 책임제한에 관하여 정한 경우가 아닌 한 상법상, 운송계약상의 채무불이행책임은 항상 적용가능하지만 불법행위책임의 적용에는 선택적임을 의미한다. 따라서 손해를 일으킨 운송인에 대하여 화주나 보험자가 가지는 손해배상청구가 채무불이행에 따른 손해배상청구와 불법행위에 따른 손해배상청구가 각각 그 요건과 효력을 달리하므로 운송계약상의 운송계약불이행으로 인한 손해배상청구와 소유권 침해의 불법행위로 인한 손해배상청구가 경합이 발생했을 경우 피보험자를 대위한 해상적화보험자의 대위행사는 신중해야 한다.

채무불이행책임에 따른 손해배상청구는 운송계약상 채무불이행책임에만 적용되나 입증책임에 대한 부담은 없으며 또한 손해배상금액이 실손해와 상관없이 국제조약상 명시된 책임제한금액한도 내에서만 이루어지고[30] 운송인의 영업상 책임이므로 상사시효 5년을 따르고 있다. 반면, 민법상 불법행위책임에 따른 채권의 소멸시효는 10년이고 불법행위책임에 대한 손해배상청구는 실손해에 대해 배상이 이루어지지만 운송인의 과실이나 고의를 보험자나 화주가 입증해야하는 부담이 있다.[31]

그러므로 대부분의 해상운송보험사고에 대한 손해배상청구 소송을 살펴보면, 보험사고가 발생했을 경우 운송인을 상대로 대다수의 화주들이나 화주를 대위한 적화보험자들은 시효나 입증책임문제로 인하여 상사채권인 채무불이행에 따른 손해배상청구를 주위적으로 청구하고 불법행위책임에 따른 손해배상을 예비적으로 청구한다. 이들이 운송인의 불법행위에 따른 손해배상을 청구하기 위해서는 육지에서 수천 킬로미터 떨어진 공해상에서 발생한 보험사고에 대하여 운송인이나 그 사용인 등의 고의 또는 과실을 입증해야 하는데 이는 현실적으로 많은 시간이 소요되고 입증이 곤란하며 대단히 어렵기 때문이다.

운송인의 고의나 과실을 증명하기 위해서는 사고와 관련된 자가 작성한 보고서, 이를테면 선장이 작성한 해난보고서라든가, 하역자의 양화보고서와 검수보고서, 창고업자의 입고확인서, 반입화물 점검실시명세서, 당사자 진술서, 사고확인서 등에 의존할 수밖에 없다. 그러나 이러한 보고서들은 작성시 작성자의 작위적인 요소가 개입될 수도 있음을 전혀 배제할 수 없다. 따라서 운송인의 불법행위에 대한 화주의 입증책임을 완화시켜야 한다.

화주들은 운송계약의 주체를 구성하면서도 운송계약시 운송인과 불대등한 위치에서 계약을 체결하고 운송결과에 대해서도 운송인과 불대등한 위치에서 차별된다면 이는 법이 추구하는 이상과 상치된다. 그러므로 운송인의 불법행위에 따른 손해배상청구의 법률적 요건을 완화하여 특히 영세 수출상이나 중소기업과 같은 피해자인 권리자에 대하여 법의 보호를 가일층 배가함이 사회적 비용측면에서도 옳다고 판단된다.

제 2 절 피보험이익

1. 보험의 목적(Subject-matter Insured)

해상적화보험의 목적은 위험발생의 객체, 즉 보험사고의 대상이 되는 객체를 의미한다. MIA 제3조 2-a 항은 일체의 선박, 화물 또는 동산이 해상위험에 노출되는 경우, 그러한 재산 모두를 **피보험재산**(insurable property)이라고 규정하고 있으므로 해상적화보험의 목적을 피보험재산이라고도 한다. 따라서 해상적화보험의 목적은 피보험목적물 혹은 보험목적물로서 수출입화물을 의미한다.

2. 피보험이익(Insurable Interest)

✦동일한 보험의 목적에 대하여 복수의 이해관계, 즉 복수의 피보험이익이 존재할 수 있다.
[예] 선박 - 소유권자로서의/선박저당권자로서의 피보험이익이 존재함.
적화 - 화주/보관자/중개자로서의 피보험이익이 존재함.

피보험이익이란 상법상 보험계약의 목적을 말한다. 보험의 보호대상은 선박이나 화물 또는 그에 준하는 유체물 그 자체가 아니고, 그러한 보험의 목적에 대하여 특정인이 가지고 있는 이익(또는 이해관계)이다. 즉, 보험의 목적물이 우연한 사고로 인하여 멸실[32] 또는 손상됨으로써 경제적 손실을 입게 되는 특정인과 그 보험의 목적 사이에 존재하는 법률적인 이해관계를 말한다. “이익없는 곳에 보험없다.(no interest, no insurance)”라는 보험관련 격언과 같이 피보험이익이 존재하지 않으면 사고가 발생해도 손해를 보지 않으므로 해상보험은 성립되지 않는다. 따라서 피보험이익이 없는 보험계약은 도박에 지나지 않으며, 그러한 보험계약은 무효이다.

한국의 상법 제668조에서는 “보험계약은 금전으로 산정할 수 있는 이익에 한하여 보험계약의 목적으로 할 수 있다”라고 규정함으로써 피보험이익의 존재를 보험계약의 성립조건으로 명시하고 있다. 이것은 보험의 목적이 무엇이냐에 의하여 보험의 종류가 결정되는 것이 아니고, 피보험이익, 즉 보험계약의 목적이 무엇이냐에 따라 보험의 종류가 달라짐을 의미하며 하나의 보험의 목적에 관하여 여러 가지 보험계약의 목적이 존재할 수 있음을 뜻한다. 예를 들어 하나의 선박에 대하여 그 선박의 소유자뿐만 아니라 선박의 임차인 또는 용선자, 선박매개중개인, 선박의 저당권자 등이 피보험이익을 가지고 있다.

✦상법 제665조에서는 “손해보험계약의 보험자는 보험사고로 인하여 발생될 피보험자의 재산상의 손해를 보상할 책임이 있다”라고 규정함으로써 피보험이익이란 재산 그 자체가 아니라 物과 人間과의 관계를 의미하고 있다.

결국, 해상적화보험에서 말하는 피보험이익이란 해상적화보험의 목적물인 적화(화물)와 같은 재산뿐만 아니라 적화가 해상위험에 노출되는 것에 대하여 특정인이 갖게 되는 이해관계를 포함한다. MIA 제5조 1항에서는 “해상사업에 이해관계가 있는 자는 모두 피보험이익을 가진다”고 규정하고 있고, 2항에서는 “해상사업에서 위험에 노출된 일체의 피보험재산에 대하여 어떤 자가 피보험재산의 안전이나 예정된 도착으로 이익을 얻거나, 피보험재산의 멸실이나 손상 또는 지연으로 손해를 입거나, 또는 피보험재산에 관하여 배상책임을 지는 자는 해상사업에 이해관계가 있다"고 규정하고 있다. 즉, 피보험이익의 개념은 물(物)보험을 전제로 한 것이고, 물보험 이외의 보험에 있어서는 어느 특정인이 보험계약에 의하여 배상책임을 져야할지라도 보험적 보호를 받을 수 있는 이익을 가지고 있을 경우에 그가 가지고 있는 경제적 이익을 피보험이익이라 할 수 있다.[33)]

그러므로 해상적화보험에서 피보험이익을 가진 자는 해상보험의 목적인 적화에 관하여 해상위험이 발생하지 않음으로써 이익을 얻기도 하고, 또 해상위험의 발생에 의하여 손해를 입기도 하는 이해관계를 가진 자라 할 수 있다. 해상적화보험의 목적물은 적화이지만, 보험이 담보하는 대상은 그 목적물에 대하여 특정인이 갖는 이해관계이며, 이것이 해상적화보험계약의 목적물인 동시에 피보험이익이다.

✦피보험이익을 소유한 자는 피보험이익의 소유권 자체가 아니고 그 소유권으로 표시되는 내용이다. 따라서 형식상의 소유권자라도 소유이익을 갖지 않을 수도 있다. 또는 타인의 물건에 대하여 경제적 지배력을 가진 자는 그 물건에 대한 소유이익을 갖는다.

▎해상 피보험이익

- 선박 또는 적화의 소유이익

*소유권의 귀속이 확정된 경우

*소유권의 귀속이 불확정된 경우

소멸이익(defeasible interest) : 아직 확정되지 않았지만 상황이 발생하면 소멸하는 이익

미필이익(contingent interest) : 사전에 존재하지 않았지만 어떤 사건이 확정되면 그 이익이 확정되는 것(기대이익, 운임, 기대이윤, 수수료 등)

- 선박 또는 적화의 담보이익

*선박 또는 적화가 채권에 대한 담보로 제공될 경우 채권자는 선박 또는 적화에 대하여 피보험이익을 가짐

- 선박 또는 적화에 대한 수익이익(운임)

*해상운송법상 운임: 송화인이 선주에게 지불하는 보수(협의 운임/고유 운임)

*보험법상 운임: 운송에 의해 선주가 얻는 운임(운송계약이나 용선계약에 따른 선박 사용료, 자기 적화운송에 대한 기대이윤)

*용선자의 경우: 재용선을 하는 경우 얻는 이익, 운송계약에 의해 얻는 이익, 선박의 임차인/용선자가 자기적화를 운송함으로써 기대되는 이윤

*전불운임 경우: 운임을 전불한 자는 손해가 발생할 경우 운임환불을 받지 못하는 범위 내에서 피보험이익을 가짐(전불로부터 기대한 이윤이 상실되기 때문)

1) 피보험이익의 성립요건

(1) 경제적 이익

한국 상법 제668조에서는 "보험계약은 금전으로 산정할 수 있는 이익에 한하여 보험계약의 목적으로 할 수 있다"라고 규정함으로써 피보험이익의 존재가 보험계약의 성립조건임을 명시하고 있다. 그러므로 피보험자가 갖는 이익은 경제적 이해관계이어야 하고 이런 경제적 이해관계는 객관적으로 평가될 수 있어야 한다. 이 규정에 의해도덕적인 가치나 종교

적인 가치, 그리고 개인적인 특수한 가치(장식품, 예술품, 고철, 우표, 기타 수집품) 등은 피보험이익이 될 수 없다.

경제적 이해관계는 소유권처럼 법률상의 이해관계뿐만 아니라, 화재에 의한 영업불능으로 인해 입은 손실처럼 사실상의 이해관계가 피보험이익이 된다. 이런 경제적 이해관계는 피보험자가 현실로 입은 손실(적극적 이익상실)이든, 기대이익의 상실로 인해 입은 손실(소극적 이익상실)이든 불문한다. 다만 피보험자가 얻을 이익이나 보수를 피보험이익으로 하기 위해서는 당사자간에 이에 관한 특약이 있어야 한다(상법 제667조).

(2) 확정 가능한 이익

✦해상보험에서 피보험자가 피보험이익의 존재를 증명하는 시기는 보험사고가 발생한 때다.[34)]

피보험이익은 특정의 우연한 사고와 손해간에 인과관계가 확정될 수 있어야 하고 보험계약의 체결에 있어서 개별화가 가능한 이익이어야 한다. 그러므로 피보험이익은 보험계약성립 당시에 그 존재 및 소속이 객관적으로 확정되어 있거나, 또는 적어도 보험사고 발생시까지는 객관적으로 확정될 수 있는 것이어야 한다(87다카929). 보험사고 발생시까지 피보험이익이 확정되지 않으면, 손실도 확정되지 않고 보험자가 보상할 보험금도 확정될 수 없기 때문이다. 피보험이익을 금전적으로 평가한 금액이 보험가액이고 해상적화보험 계약은 대부분 보험계약체결시 미리 보험가액을 산정하는 기평가보험이므로 해상적화보험계약에서는 체결시점에 피보험이익이 확정되어 있다.

피보험이익이 반드시 현존하는 이익일 필요가 없다. 희망이익이나 이익금처럼 장래의 피보험이익도 보험적 보호가 가능하다. 피보험이익 관계가 복수로 존재하더라도 이 중 장래에 택일적으로 확정 가능한 이익은 부보가 가능하다.

(3) 적법한 이익

피보험이익은 적법한 것이어야 한다. 절도, 도박 등에 의해 얻을 이익과 같이 반사회적 질서의 법률행위에 관한 민법 제103조에 위반하거나 금지규범에 위반하는 이익은 피보험이익이 될 수 없다. 이익의 보호 자체가 법률적으로 인정될 수 없는 경우, 마약이나 밀수처럼 공서양속(公序良俗)에 반하는 경우, 보험적 보호의 대상이 될 수 없다. 또한 보물수출 등과 같이 피보험이익 자체가 본질적으로 위법은 아니지만 실정법에 의해서 이것을 보험에 붙이는 것이 금지된 것이라면 보험적 보호를 받을 수 없다.

3. 해상적화보험의 피보험이익

1) 적화의 보험가액(Insurable Value)

적화란 상품의 성질을 가지는 화물을 의미하며, 개인의 사유물이나 선내에서 소비하기 위한 식료품 및 소모품은 포함하지 않는다. MIA 제16조 3항에서는 "화물 또는 상품의 보험에서의 보험가액은 피보험재산의 원가에 선적비용과 선적에 부수하는 비용과 보험비용을 가산한 금액을 말한다."라고 규정하고 있으며, 상법 제697조에서는 적화보험의 보험가액은 선적한 때와 곳의 적화의 가액과 선적 및 보험에 관한 비용을 보험가액으로 한다고 규정하고 있다.

✦일반적으로 법률에서 금지되고 있는 것, 가격이 불분명한 것, 포장이 불완전한 것 등은 보험자가 계약을 거부한다.

그러나 적화보험에 관한 이들 규정은 미평가보험을 전제로 한 것이고, 실제로는 대부분의 해상적화 및 선박보험증권은 보험계약 체결시에 보험가액이 협정된 기평가보험증권을 사용한다. 적화보험의 협정보험가액은 보통 송장가액(CIF가격)에 10%의 희망이익을 가산한 금액으로 보험에 가입한다.

2) 희망이익(Expected Profit)

희망이익이란 화물이 무사히 목적지에 도착함으로써 화주가 얻을 수 있는 이익을 말한다. 해상적화보험은 수출입상품의 운송과정에서 발생하는 위험을 부보하는 손해보험으로 운송방식에 따라 분류되는 해상, 항공, 육상적화보험 중 하나다. 때문에 보험기간은 화물이 매도인의 창고에서 출고되어 매수인의 창고에 반입되기까지 전구간이 포함되며, 화물거래조건에 따라 매도인과 매수인의 부보책임이 달리 설정된다.

해상적화보험은 화물운송 도중의 우발적 사고에 의한 손실을 보상하는 것이고 손해보전의 범위는 대단히 중요하고 어려운 문제이므로 계약에 명시한 특정원인의 손해에 한정함이 원칙이다. 특히 수출입화물의 해상적화보험에서는 화물은 물론 화물의 안착으로 얻어지는 희망이익, 운송 중에 인상된 화물가격, 관세운임 및 기타 우발손비 등도 **보험의 목적**이 될 수 있다. 그러나 희망이익의 보험가액은 장래에 기대되는 미확정이익이므로 사실상 산출이 어렵다. 따라서 일반적으로 송장가액(CIF가격)의 10%가 국제상거래의 관습이다.

3) 증액(Increased Value)

✦Lloyd's의 S. G. Policy의 S.G.는 Ship and goods를 의미하며 선박보험, 적화보험 등 모든 해상보험에 사용되었다.
1779년 1월12일 Royal Exchange에서 해상보험증권의 표준양식으로 채택함.

오늘날 유가(油價)처럼 시가가 변동되기 쉬운 화물들은 항해 도중에 시가가 심하게 앙등하는 경우가 있는데, 이에 대비하여 예상되는 인상증가분을 증액보험으로 가입할 수 있다. 보험계약 체결시, 보험가액과 보험가입금액이 일치하여 전부보험인 경우에도 보험계약 체결 후 항해도중 시장가격의 앙등 또는 환율의 변동에 따라 보험가입금액이 부족한 경우에 그 부족분을 증액보험(increased value insurance)으로 가입이 가능하다.

증액보험은 특히 CIF조건 하에서 수출자가 수입자를 위하여 보험계약을 체결하였으나 발생한 가격 등귀 때문에 수출업자가 보험에 가입한 보험가입금액이 충분하지 않게 된 경우, 수입자가 이용하는 보험이다.

표 4-2. 증액보험

A 보험회사 | B 보험회사

①보험계약 | ②보험계약

보험가액: 6억원
보험금액: 6억원 | 보험가액: 2억원
보험금액: 2억원

보험계약자 | 화물가액 급등

전손(화물가액 7억원)을 입었을 경우

① A 보험회사 : 7억원*6억원/8억원
=5억2천5백만 원 지급

② B 보험회사 : 7억원*2억원/8억원
=1억7천5백만 원 지급

※ 피보험이익자는 총보험료에서 A보험자, B보험자에게 각각 1억7천5백만 원, 5억 2천5백만 원에 해당하는 보험료를 제외한 나머지 보험료를 환급청구할 수 있음.

그러나 이미 가입한 보험의 피보험화물에 대하여 피보험자가 별도의 증액보험을 부보한 경우, 해당 화물의 협정가액은 이미 가입한 보험 및 이와 동일한 손해를 담보하는 모든 증액보험의 총 보험금액으로 증가된 것으로 간주되며, 이미 가입한 보험에서의 보상책임은 총 보험금액에 대한 이 보험의 보험금액의 비율로써 부담하게 된다. 따라서 보험금을 청구할 때에는 피보험자는 모든 타 보험의 보험금액을 증명할 수 있는 서류를 보험자에게 제출하여야 한다.

이미 가입한 보험이 증액보험일 경우에는 다음의 약관을 적용한다. "이 화물의 협정가액은 원보험 및 피보험자에 의하여 그 화물에 대해 부보되어 동일한 손해를 담보하는 모든 증액보험의 총 보험금액과 동액으로 간주되며 이 보험에서의 보상책임은 총 보험금액에 대한 이 보험의 보험금액의 비율로써 부담하게 된다. 보험금 청구의 경우에는 피보험자는 모든 타 보험의 보험금액을 증명할 수 있는 서류를 보험자에게 제출하여야 한다."

4. 피보험이익과 소급약관

영국해상보험법 규정 중 피보험자나 보험계약자가 일부 혼동하기 쉬운 부분은 제6조 1항의 단서조항이다. 영국해상보험법 제6조 1항은 피보험이익이 귀속될 시기에 관한 것으로 피보험자는 보험계약이 체결될 때 보험의 목적에 이해관계를 가질 필요는 없지만, 손해발생시에는 반드시 보험의 목적에 이해관계를 가져야 한다고 규정되어 있다. 이 조항은 해상적화보험이 '멸실여부를 불문하고(lost or not lost)'라는 문구에 의한 소급보험이 된 경우에 해당되는 규정이다.

1) 소급약관(遡及約款)

소급약관(lost or not lost)조항은 해상보험 특히 적화보험의 경우, 보험계약기간과 보험기간의 차이가 생기게 되는 원인이 되기도 하는 근거조항이다.

적화보험의 경우 보험계약자는 수출입업자가 대부분이며 수입업자가 보험에 가입하는 경우, 수출지에서 화물이 선적된 이후 선적사실에 대한 통지를 받게 되는데 이때, 보험계약자(수입업자)는 해상운송 중에 놓여있는 자기소유의 화물의 안전상태를 알 수 없다. 이와 같은 경우에 보험계약을 소급하여 적용할 수 있게 하는 조항이 소급약관이다. 객관적으로는 선적지를 출발한 후에 선박의 사고로 인하여 적화에 손상 또는 멸실이 발생한 경우라도, 피보험자나 보험계약자가 그 사고사실을 주관적으로 인식하지 못하고 있었다면, 그리고 보험자가 소급약관을 인정하였다면, 보험기간은 보험계약의 체결시점에 관계없이 증권상에 명기된 장소를 출발하는 순간에(운송약관에 의거) 개시되는 것으로 소급되므로 담보구간 내의 사고로 인정된다. 따라서 적화의 멸실이나 손상이 담보위험에 기인한 것이라면 보험자로부터 보상받을 수 있다.[35]

❙ 제6조 1항의 단서조항에 대한 해석

MIA 제4조에서는 현재 피보험이익이 없으며, 장래에도 피보험이익을 갖게 될 가망이 없는 계약은 무효로 규정하고 있다. 또 동법 제6조 1항에서는 사고발생시 피보험자는 피보험이익을 가지고 있어야만 보상될 수 있음을 규정하고 있다. 소급보험의 경우, 객관적으로는 사고가 이미 발생하여 화물이 멸실되었으나 피보험자가 주관적으로 사고의 사실을 알지 못하고 보험계약을 체결한 경우에 동 단서조항이 없으면, 보험계약은 사고당시 화주(피보험자)는 멸실된 화물에 대한 이해관계는 있어도 피보험이익은 없다. 따라서 사고 이후 체결된 계약은 보험목적이 존재하지 않으므로 무효가 된다. 그러나 동조에서는 해상보험의 특성상 소급보험을 인정하고 사고발생시 피보험자의 권리가 침해되지 않음을 규정하고 있는 것이다.

2) 피보험이익의 존재시기

피보험자는 보험사고 발생시 보험보상을 받기 위해서는 해당 사고발생시 보험목적에 대한 피보험이익이 있어야 한다. 이러한 규정은 MIA 제6조 1항에 규정되어 있다. 이 규정에 따르면 피보험자는 보험계약을 체결할 때 보험의 목적에 대하여 이해관계가 있을 필요는 없지만, 손해가 발생한 때에는 이해관계를 반드시 갖지 않으면 안 된다. 단, 보험의 목적이 "멸실 여부를 불문함"이란 조건으로 보험을 가입한 경우에는, 피보험자는 손해발생 후까지 피보험이익을 취득하지 않아도 손해를 보험자로부터 회수할 수 있다.

그러나 보험계약 체결시 피보험자가 손해발생의 사실을 알고 보험자가 몰랐을 경우에는 손해를 보험자로부터 회수할 수 없으며 피보험자가 손해발생시 피보험이익을 가지고 있지 않을 경우 피보험자는 손해발생의 사실을 알고 난 후 여하한 선택에 의해서도 이익을 취득할 수 없다. 즉, 피보험자는 보험계약 체결시에는 피보험이익이 없어도 된다(MIA 제7조). 그러나 보험보상을 받기 위해서는 사고발생시 반드시 피보험이익이 있어야 된다.

3) 위험의 이전과 보험증권의 양도

무역거래에 있어서 해당 화물의 운송과 관련한 제반위험의 이전시기는 각 무역조건마다 다르다. 해상적화보험의 운송과 관련한 약정된 위험을 보험자가 담보하는 것이므로, 위험의 이전시점에 수출업자인 매도인으로부터 수입업자인 매수인에게 피보험이익이 넘어가는 것으로 인정하고 있다. 따라서 FOB조건이나 CIF조건인 경우 화물이 선적항의 본선에 안전하게 적재되었을 때를 기준으로 위험이 이전되므로 피보험이익도 동일한 시점에 이전된다 할 것이다. CIF조건의 수출인 경우, 영국해상법 제50조에 의하여 보험증권에 배서나 기타 관습적인 방법에 의해서 보험증권을 양도하기 때문에 창고에서 창고까지 담보를 약정한 경우에는 선적 전 사고에 대해서는 수출업자의 피보험이익에 대해서 보상되며, 선적 후 사고에 대해서는 증권의 양도에 의한 수입업자의 피보험이익에 대해서 보상하게 된다.

그러나 FOB조건의 수입인 경우, 선적 전 사고에 대해서는 보상되지 않는다. 그 이유는 선적 전에는 위험이 수입업자에게 이전되지 않았기 때문에 피보험이익이 없기 때문이며, MIA 제51조에 의거해서 피보험이익이 없는 피보험자는 보험증권을 양도할 수 없기 때문에 보험증권의 양도에 의한 보호를 받을 수 없다. 비록 보험증권상 담보구간이 창고에서 창고간 조건일지라도 FOB조건인 경우, 선적 전 사고가 보상되지 않는 것도 MIA 제6조 및 제51조에 근거한 것이다. 참고로, 위험이 이전되는 순간 피보험이익도 이전되지만, 대부분의 국제물품매매계약에서는 위험의 이전과 소유권의 이전을 별개로 하고 있으므로 구상권(求償權) 행사에 주의하여야 한다. 운송계약을 수출업자가 체결하는 무역조건인 경우, 위험이 피보험자에게 이전된 이후 사고가 발생하여 적화보험계약에 의거 보상한 경우에도, 해당 적화에 대한 소유권은 무역대금이 완제되는 시점에 이전되기 때문에 사고시점이 불분명하여 무역대금결제일 전후를 분간하기 힘든 경우에는 반드시 피보험자인 수입업자는 물론 선사와의 운송계약의 당사자인 수출업자의 이름으로 구상권을 행사해야 안전하다.

제3절 보험가액과 보험금액

1. 보험가액(Insurable Value)

✦MIA에 의한 보험가액 산정기준 선박 : 의장선구, 선원의 식료품, 비축품, 해원의 임금 중 선급금, 선박의 감항성 유지를 위해 지출한 비용 등 포함(증기선의 경우석탄, 기관의 소모품 포함)

보험가액은 피보험이익을 경제적으로 평가한 가치, 즉 금전으로 환산한 가액으로 법률상 보험자의 최고보상한도가 보험가액이다. 보험가액을 산정하는 기준에 대해서는 영국 해상보험법과 상법에 각각 명시되어 있다.

MIA 제16조 제3항은 적화나 상품에 대한 보험가액을 피보험재산의 원가에 해상운송비용과 해상운송에 부수하는 비용 및 그 전체에 대한 보험비용을 가산한 금액으로 규정하고 있으며 또한 상법 제689조는 운송보험의 보험가액을 운송물의 보험에 있어서는 발송한 때

운임 : 운임총액+보험비용
화물 : 화물의 가격 + 선적에 수반된 비용+보험비용

와 곳의 가액과 도착지까지의 운임 기타의 비용을 보험가액으로 하고 운송물의 도착으로 인하여 얻을 이익은 약정이 있는 때에 한하여 보험가액 중에 산입한다. 따라서 해상운송에서 적화의 보험가액은 화물의 가격에다가 선적에 수반된 비용과 보험비용을 포함하여 산출한다. 상법 제697조에서는 적화보험의 경우, 해상보험법정가액이 보험기간에 변치 않는 것을 전제로 보험가액불변경의 원칙을 적용하여 선적한 장소에서 해당 적화의 가액과 선적 및 보험에 관한 일체 비용(CIF가액)을 보험가액으로 산정하는 것을 원칙으로 하고 있다.

1) 보험가액의 평가의 중요성

보험가액평가의 중요성은 손해보험의 목적에서 찾을 수 있다. 우리가 알고 있는 것처럼 손해보험의 목적은 피보험물건에 손해가 발생한 경우, 이득금지의 원칙에 따라 그것을 손해발생 직전의 상태로 공정하게 회복시키는 것을 목적으로 하는 것이다. 따라서 법률(상법 676조) 및 약관은 보험회사가 보상해야 할 손해액은 그 손해가 발생한 때와 장소에서의 가액에 따라 산정하도록 규정하고 있다. 따라서 보험가입금액이 보험가액에 상응하여 적절하게 설정되어져 있으면 보상하여야 할 금액은 그 손해액이 전액이지만 가입금액이 보험가액을 초과하여 설정되어 있으면 그 초과부분은 초과보험으로 무효가 되고, 또한 가입금액이 보험가액보다 적게 설정되어져 있는 경우에는 일부보험으로서 비례보상되기 때문에 지급금액은 가입금액의 보험가액에 대한 비율에 의해 산정되어 피보험자로서는 손해의 전부에 대해 보상받을 수 없다.

2) 보험가액 평가기준

현재 한국은 상법이나 보험약관에서 보험가액평가에 관한 구체적인 규정은 없다. 그러나 원래 손해보험이 원상회복이 목적이고 해상적화보험 또한 손해보험이므로 해상적화보험의 보험가액의 평가에 있어서도 보험가액은 화물의 가격에다가 선적에 수반된 비용과 보험비용을 포함하여 산출한다.

3) 해상적화보험목적의 특징 및 평가

(1) 상품에 대한 평가의 특징

상품에 대한 평가액은 해당 상품의 **재매입가격이 기준**이 평가의 기준이 된다. 상품은 타인에게 전매하여 이익을 얻을 목적으로 소유하고 있는 교환재이나, 교환재라도 손해보험의 손해보상의 원칙에 지배받는다. 따라서 판매관리비 등 미실현비용 및 이익을 포함한 판매가격을 기준으로 하는 것은 허용되지 않고, 재매입가격을 기준으로 하여 평가한다. 상품의 재매입가격은 매입계약조건에 따라 다르나 상품 그 자체의 재매입가격에 인수운임, 제경비(창고료, 중계수수료, 잡비 등), 소비세, 보험료, 선적에 수반된 비용 등을 가산한 가격으로 소위 재취득원가이다. 그리고 보험기간 중에 적화의 변동이 있을 수 없다. 국제무역거래 상품의 경우에는 통상 신품이므로 감가라고 하는 요소가 있을 수 없으며 보험계약체결시 적화의 수량과 금액이 산출되므로 보험기간 중 적화의 변동은 없다.

(2) 각종 상품의 평가

일반상품 : 일반상품의 보험가액은 재매입가액을 기준으로 하여 평가하고, 미실현 비용 및 이익은 포함하지 않는다. 그러나 운송물의 도착으로 인하여 얻을 이익을 약정할 경우에 한하여 보험가액에 산입한다.

견본, 전시품, 진열품 : 견본, 전시품 및 진열품은 계속사용재로서의 성격을 갖고 있으므로, 보험가액은 일반상품을 하회하는 경우가 많으므로 상품의 성질, 내용, 상황, 처분의 실태 등을 충분히 배려하여 평가해야 한다.

귀금속, 보석, 서화, 골동품 : 이들 상품은 고가품이며 정상적이고 객관적인 취급가격이 없는 것이 많다. 따라서 피보험자로부터 적정가격을 제시받아 전문가의 감정을 얻은 후에 보험가액을 결정하여야 한다.

제품, 반제품, 재공품, 원재료 : 제조공장에서의 제품, 반제품, 재공품, 원재료 등의 보험가액 평가시 미실현비용과 희망이익을 제외하는 것은 상품의 경우와 같다. 즉, 원재료의 평가를 재매입원가를 기준으로 하여 반제품, 재공품은 원재료의 매입원가에 각 공정별 부가되는 가공비(직접노무비, 직접경비, 제조간접비)를 가산한 것을 기준으로 하고, 제품에 대해서는 제조원가가 평가의 기준이 된다. 상기와 같이 생산공정 중의 반제품, 재공품 혹은 제품의 평가에는 실제로 지출한 원가가 기준이 되고 예외로 원가가 반드시 보험가액이 되지 않는 경우도 있다. 예를 들면, 원재료의 매입원가가 상당히 오른 경우라든가 당해 공장의 생산능률이 나빠 다른 동종의 공장에 비해 제조원가가 현저히 높아진 경우에는 일반 다른 공장에서의 원가에 의해 시가를 수정하지 않으면 안 된다. 통상 제품의 판매가격은 다음과 같은 단계를 거쳐 형성된다.

✦직접재료비 : 원재료비, 매입부품비 등/직접 노무비 : 직접투입된 노무비/직접경비 : 외주가공비, 기타직접경비/제조간접비 : 간접재료비, 간접노무비, 복리후생비, 회비, 감가상각비, 임차료, 보험료, 수선비, 전력료, 가스료, 수도료, 연료비, 보관료, 기타제조 경비

표 4-3. 상품의 수출판매가격 형성단계

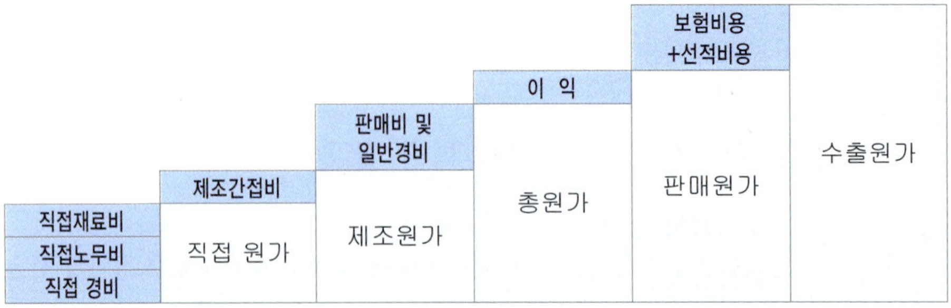

2. 미평가 보험증권과 기평가 보험증권

✦MIA제 27조 1항 A policy may be either valued or unvalued.

영국해상보험법 제27조 1항에 근거하여 모든 보험증권은 기평가 보험증권이나 혹은 미평가 보험증권일 수 있다. 해상적화보험의 경우, 장소를 이동하는 화물이나 선박을 대상으로 하는 보험에서는 손해가 발생한 때와 장소에서의 보험가액산정이 곤란할 뿐만 아니라 손해가 발생한 때와 장소도 정확히 알 수 없는 경우가 흔히 있다. 따라서 일반적으로 해상적화보험은 기평가보험으로 계약이 체결된다.

1) 미평가 보험증권(Unvalued Policy)

✦화재보험 등에서는 손해발생시 보험가액을 평가하는 미평가보험이 일반적이다.

보험계약 당사자간에 보험계약 체결시 보험목적의 가액을 보험증권에 기재하지 않고 추후 영법에 규정한 방법으로 손해발생시에 보험가액을 확정하는 보험증권이다. 보험증권에 명시규정이나 평가액이 있는 경우를 제외하고 보험의 목적의 가액(영법상 법정보험가액)은 MIA 제16조에서 규정한 피보험이익의 크기(보험가액)에 따라 결정된다. 따라서 미평가보험에 있어서는 보험사고가 생긴 때와 곳에서의 시가에 따라 보험가액을 평가하고 이를 기준으로 보상금을 결정하게 된다. 미평가보험의 대표적인 것으로 화재보험을 들 수 있다. 화재보험의 경우 보험가액은 사전에 결정되는 것이 아니며, 사고가 발생한 때와 곳의 가액으로 하며, 보험가입금액과 보험가액을 비교하여 보험금지급액을 결정하기 때문이다.

2) 기평가 보험증권(Valued Policy)

보험계약을 체결할 때 보험자와 보험계약자간 보험가액을 협정하는 것을 기평가보험증권이라고 하며, 이 경우의 보험가액을 협정보험가액(insured value; agreed value; fixed value)이라고 한다. 협정보험가액은 사기가 없는 한 전손이든 분손이든 불문하고 보험자와 피보험자 사이에 보험가액으로서 결정적이다. 그러나 보험증권에 별도의 규정이 없는 한 추정전손의 여부를 확정하는 목적에는 협정보험가액이 결정적인 것은 아니고, 계약당사자가 아닌 제3자를 구속하는 것도 아니다. 예를 들면 공동해손분담액이나 제3자의 손해배상액 등을 결정하는 데에는 협정보험가액이 영향을 미치지 않는다.

✦연속손해 예; 분손발생 후에 미 수리상태에서 전손 발생시 : 전손만 보상
분손발생 후 원상회복 위한 수리를 하지 않은 상태에서 부보위험이 아닌 타위험에 의해 전손되면 : 보험자 보상안함.

3) 해상보험과 보험가액

피보험이익을 금전으로 환산한 가치가 보험가액이다. 보험가액은 시세의 변동에 따라 다르게 평가되는 것이므로 손해가 발생한 때와 장소에서 그 가액을 평가하는 것이 원칙이다.

그러나 해상보험에서는 손해가 대부분 해상에서 발생하기 때문에 손해가 발생한 때와 장소에서의 보험가액을 평가하기란 사실상 불가능하다. 그러므로 해상보험에서는 계약이 체결되는 때와 장소에서의 가책으로 추정하여 계약당사자 사이에 보험가액을 미리 협정하

는 기평가보험이 일반적인 관행이다. 따라서 한국 상법 제697조에서는 적화보험의 보험가액을 선적한 때와 곳의 적화의 가액과 선적 및 보험에 관한 비용을 보험가액으로 한다. 이러한 기평가보험증권에서는 엄밀한 의미에서 실제손해에 대한 보상이 이루어 지지 않는다. 계약체결시 협정한 보험가액이 손해발생시 실제의 가액보다 시세의 변동에 의해서 초과할 수도 있고 미달하는 경우도 있으며, 그 결과 보험사고로 인하여 피보험자가 실제 손해액, 즉 실제의 가액보다 초과하거나 미달하여 보상받는 경우도 있을 수 있기 때문이다. 따라서 해상보험은 엄격한 의미에서 손해보상원리(principle of indemnity)가 적용된다고 할 수는 없지만, 그렇다고 손해보상의 성격 자체가 부정된다고 할 수는 없다.

4) 보험금액(Insured Amount)

보험금액이란 실제 보험계약자가 보험에 가입한 금액으로서 손해가 발생한 경우 보험자가 피보험자에게 지급하기로 약정한 최고금액이다.

보험가액이 보험자의 법률상의 최고보상한도인데 반하여, 보험금액은 피보험자가 실제 보험에 가입한 금액으로 보험자의 계약상 최고보상한도이다. 따라서 보험금액은 보험가액을 초과할 수 없다. 실제로 보험자가 지급하는 보험금에 있어서도 보험금 최고액으로 실손해액과 보험가액 및 보험금액 중 가장 적은 금액을 채택하고 있다. 다만, 손해방지비용에 대해서는 MIA 제78조 제1항과 상법 제680조 제1항에 의거하여 다른 손해액과 합산하여 보험금액을 초과해도 보상하며, 연속손해(successive losses)의 경우에도 MIA 제77조에 따라 그 손해액이 보험금액을 초과하더라도 보험자가 책임을 진다.

보험가액과 보험금액과의 관계

① 전부보험(full insurance): 보험가액 = 보험금액
② 일부보험(under insurance): 보험가액 〉 보험금액
③ 초과보험(over insurance): 보험가액 〈 보험금액
④ 중복보험(double insurance):보험가액 〈보험금액(1)+보험금액(2) +...........
⑤ 공동보험(coinsurance):보험가액≥보험금액(1) + 보험금액(2) +......

(1) 전부보험과 일부보험

보험가액과 보험금액이 일치하는 손해보험을 전부보험이라 하고 보험금액이 보험가액에 미달하는 손해보험을 일부보험이라 한다.

전부보험의 경우, 보험자는 보험사고로 인한 손해액의 전액을 지급해야 한다. 일부보험의 경우는 보험자가 비례부담의 원칙에 의거하여 보험금액의 보험가액에 대한 비율에 따라 보상하는데, 상법 제674조에 의하여 손해액에 보험금액의 보험가액에 대한 비율을 곱하여 얻어진 금액만을 지불한다. 예를 들면, 보험가액이 1억 원인 화물에 대하여 보험금액을 6천만 원으로 보험계약을 체결하여 3천만 원의 사고손실을 입었다고 한다면, 이러한 경우 비례부담의 원칙에 의하여 보험자는 보험금 18,000,000원을 지급한다.

✦ $\frac{30,000,000}{100,000,000} \times 60,000,000 = 18,000,000$

그러나 당사자간의 특약에 의하여 보험자가 보험금액의 범위 안에서 항상 손해액 전부를 지급하기로 약정할 수 있는데, 이를 제1차 위험보험 또는 실손해보상계약이라 한다. 일부보험은 보험료를 절약하기 위하여 고의로 발생하거나 또는 계약 후 물가의 등귀로 인해서 자연적으로 발생한다. 해상적화보험에서는 상법 제697조에 따라 적화의 보험에 있어서는 선적한 때와 곳의 적화의 가액과 선적 및 보험에 관한 비용을 보험가액으로 해야 하므로 반드시 전부보험에 가입하여야 한다.

(2) 초과보험

✦일본 상법과 같은 객관주의 입법에서는 계약자의 의도와 상관없이 보험계약 자체는 유효로 하고 그 초과분은 무효로 하는 데 비하여, 한국 상법은 계약자의 요건으로 선의·무과실을 요구하는 주관주의 입법을 택하고 있다.

손해보험에서 보험금액이 보험가액을 현저하게 초과하는 보험을 초과보험이라고 한다. 예를 들면 시가 5000만원의 적화에 대하여 보험금액을 8000만원으로 정하여 적화보험계약을 체결한 것과 같다. 현행 상법 제669조는 보험의 도박화와 고의적인 보험사고를 막고 사기 보험계약자를 제재하기 위하여 초과보험을 제한하고 있다.

초과보험은 계약 당시부터 보험금액이 가액을 초과하는 경우와 경기변동으로 보험가액이 감소되어 성립되는 경우가 있다. 초과보험 여부를 결정하는 보험가액 산정은 원칙적으로 계약 당시를 기준으로 하지만, 보험가액이 현저하게 감소되었을 때는 그때가 기준이 된다. 단순한 선의에 의하여 초과보험이 성립되었다면 당사자는 보험료와 초과된 보험금액분에 대하여 감액을 청구할 수 있다. 그러나 **보험계약자의 사기로 계약이 체결되었다면 그 계약은 모두 무효**가 되고, 보험자는 사실을 알게 된 때까지의 보험료를 계약자에게 청구할 수 있다(상법 제669조).

영국 해상보험법에서도 미평가 증권에서 초과보험이 된 경우, 보험료반환규정을 두고 있다(MIA 제89조 3항). 다만 둘 이상의 보험계약이 상이한 시기에 체결된 경우에, 먼저 체결한 보험계약이 임의의 시기에 전위험을 담보하였거나 또는 그 보험계약에 의하여 부보된 보험금액의 전액에 대한 보험금이 지급되었을 때에는, 그 보험계약에 관한 보험료는 환급되지 아니한다. 그리고 피보험자가 중복보험인 것을 알면서 계약을 체결한 경우에는 보험료는 환급되지 아니한다.

(3) 공동보험(Co-insurance)

2명 이상의 보험자가 보험가입자의 동일위험을 분산하여 공동으로 책임을 지는 보험방식을 공동보험이라고 한다. 공동보험은 수평적인 위험분산방법으로서 각 공동보험자는 자기가 분담할 책임의 비율을 정하여 그 한도에서만 책임을 진다.

공동보험은 동시적인 것과 결과적인 것의 2종류가 있다. 전자는 영국 로이드보험조합의 개인보험가입자들이 단일의 보험신청에 대해서 각각 자기의 최고인수액을 정해서 그 보험을 인수하는 것과 같은 것이다. 후자는 동일위험에 대해서 2종류 이상의 보험계약이 성립할 때에는 그 보험자들에게는 결과적으로 공동보험이 형성된다. 그 전보(塡補 ; 부족한 것을 메움)책임 인수는 공동보험으로 분담되고 세분화되지만 연대책임이 아니고 다만 자기의 인수부분에 대해서 독립적으로 전보책임을 진다. 그러나 그 보험금액의 합계가 보험가입액을 초과하는 경우에는 중복보험이 되고 각 보험자의 책임분담은 동일하지 않게 된다. 그 이유는 법률이나 관습에 따라서 동순위주의(영국주의), 선순위주의(대륙주의) 또는 연대주의를 취하기 때문이다.

한국은 상법 제672조에 의거하여 연대주의를 취한다. 연대책임주의하에서 피보험자는 보험회사를 임의로 선택하여 보험금청구가 가능하지만 피보험자가 이미 다른 보험자로부터 수령한 보험금이 있다고 한다면 협정가액으로부터 이미 수령한 보험금을 공제받는다. 이는 손해보험의 특성상 보험으로부터 이익을 볼 수 없기 때문이다.

(4) 중복보험

동일한 해상사업과 이익 또는 그 일부에 관하여 둘 이상의 보험계약이 피보험자에 의해서 또는 피보험자를 대리하여 체결되고, 보험금액이 본 법에서 허용된 손해보상액을 초과하는 경우, 피보험자는 중복보험에 의한 초과보험되었다고 말한다. 중복보험의 현상은 국제무역거래에서 자주 목격되는데 이를테면 CIF조건임에도 매수인이 오해를 하여 동일한 화물에 매도인, 매수인이 동시에 보험계약을 체결할 수도 있고 전위험조건 계약임에도 창고업자가 화주를 위해 화재보험을 가입할 경우 등이 그것이다.

중복보험을 체결한 보험계약자는 각 보험자에 대하여 그 계약의 내용을 통지하여야 하고, 이것이 보험계약자의 사기로 인한 때에는 계약전부를 무효로 한다(상법 672조). 중복보험의 경우에 피보험자가 보험자 1명에 대한 권리를 포기하여도 다른 보험자의 권리의무에 영향을 미치지 않는다(상법 673조). MIA 제32조에 의하면 중복보험의 경우 피보험자는 자기가 적당하다고 생각하는 순서에 따라 각 보험자에게 손해보상을 청구할 수 있다. 다만 수령하는 보험금의 합계는 동법에서 허용하는 최고한도(보험가액)를 초과할 수 없다. 또 피보험자가 보험금을 청구하는 경우에는 이미 다른 보험계약에서 수령한 금액을 그 협정보험가액으로부터 공제하여야 한다. 따라서 피보험자가 어느 보험자에게 손해보상청구금을 먼저 청구하느냐에 따라 수령하는 보험금의 총액이 달라지는 경우가 있으므로 유의하여야 한다. 예를 들면, A보험증권의 보험가액은 20,000원, 보험금액이 10,000원으로 부보되고 B보험증권의 보험가액은 30,000원으로 협정되고, 보험금액이 20,000원, C보험증권의 보험가액은 50,000원이고 보험금액이 30,000원으로 약정한 경우에 전손이 발생했다고 하자. 이럴 경우 피보험자는 보험자를 상대로 손해보상청구를 하게 되는데 피보험자는 다음과 같이 두 가지 순서에 의하여 손해보상금을 청구할 수 있다.

A보험자, B, C보험자 순 : A보험자에게 먼저 청구하고 B보험자에게 나중에 청구하게 되면 A보험자로부터는 50,000원*10,000원/60,000원=8,333원, B보험자로부터는 50,000원*20,000원

/60,000원=16,667원, C보험자로부터 50,000원*30,000원/60,000원=25,000원이므로 결국 보험금 수령액의 합계는 50,000원이 된다.

C, B보험자, A보험자 순 : C보험자로부터 50,000원*30,000원/60,000원=25,000원, B보험자로부터는 50,000원*20,000원/60,000원=16,667원, A보험자로부터는 50,000원*10,000원/60,000원=8,333원을 받게 되는데 이미 C보험자로부터 받은 보험금이 B보험자의 보험금액을 초과하였으므로 A와 B보험자에게 보험금을 청구할 수 없다.

따라서, 피보험자는 협정보험가액이 적은 쪽의 보험증권부터 차례로 보상을 받는 것이 유리하다. 한편 각 보험자는 각자 인수금액의 비율에 따라 손해를 분담하도록 되어 있고, 자기의 분담비율을 초과하여 손해를 보상한 보험자는 다른 보험자에게 분담청구를 할 수가 있다.

제4절 보험기간 및 보험계약기간

1. 보험기간(Duration of Risk)

보험기간은 보험의 목적에 대해 보험자의 위험부담책임이 존속하는 기간으로 보험자가 손해배상의 책임을 부담하여야 하는 보험사고발생의 시간적 한계다. 즉, 보험자의 위험부담책임이 시작되어 종료될 때까지의 기간으로서 이를 책임기간 또는 위험기간이라고도 한다. 일반적으로 생명보험이나 자동차보험은 일정한 기간을 정해 놓고 그 기간 동안 발생하는 사고를 담보하지만, 적화보험은 일정한 항해를 기준으로 보험기간을 정하고 있기 때문에 특별히 몇 월, 몇 일부터 며칠까지라는 보험기간을 사용하지 않는다. 적화보험은 항해보험이기 때문에 일정한 항해를 보험기간으로 정한다. 보험기간의 결정방법에 따라 다음과 같이 구분된다.

1) 항해보험(Voyage Policy)

(1) 상법상의 보험기간

상법 제699조와 제700조에 의해 명시된 해상적화보험의 보험기간 개시와 종료는 다음 아래와 같다.

▣ 해상보험의 보험기간의 개시

① 항해단위로 선박을 보험에 붙인 경우 보험기간은 화물 또는 적화의 선적에 착수한 때

✦항해보험 : 보험기간이 A지로부터 B지까지와 같이 일정한 항해를 기준으로 정해진 보험을 말하며, 적화보험은 화물의 공간적 이동이므로 항해보험으로 계약된다.

에 개시한다. ② 적화를 보험에 붙인 경우, 보험기간은 화물의 선적에 착수한 때에 개시한다. 그러나 출하지를 정한 경우에는 그 곳에서 운송에 착수한 때에 개시한다. ③ 화물 또는 적화의 선적에 착수한 후에 보험계약이 체결된 경우에는 보험기간은 계약이 성립한 때에 개시한다.

▣ 해상보험의 보험기간의 종료

항해단위로 선박을 보험에 붙인 경우에는 도착항에서 화물 또는 적화를 양륙한 때에, 적화를 보험에 붙인 경우에는 양륙항 또는 도착지에서 화물을 인도한 때에 종료한다. 그러나 불가항력 원인이 아닌 원인으로 양륙이 지연된 때에는 그 양륙이 보통 종료될 때에 종료되는 것으로 한다.

(2) MIA상 보험기간

▣ 보험기간의 개시시점(MIA RCP 제4조)

적화 또는 기타 동산이 "적재할 때부터"의 조건으로 보험에 붙여진 경우에는 보험자의 책임은 그 적화 또는 동산이 실제로 선박에 적재될 때까지는 개시하지 않는다. 또한 보험자는 육지로부터 선박까지 운송되고 있는 동안의 적화 또는 동산에 대하여 보상책임을 지지 않는다.

▣ 보험기간의 종료시점(MIA RCP 제5조)

✦RCP ; rules for construction of policy(MIA의 부록)

안전하게 양륙될 때까지 적화 또는 기타 동산에 대한 보험자의 책임이 안전하게 양륙될 때까지 계속될 경우에는 그 적화 또는 동산은 양륙항에 도달한 후에 관습적인 방법에 의하여 그리고 적당한 기간 내[개별적인 경우에 있어서의 사실문제이기 때문에 여러 가지 상황을 고려해서 결정]에 양륙되지 않으면 안 된다. 상기의 방법으로 또는 상기의 기간에 양륙되지 않을 경우에는 보험자의 책임은 종료한다.

(3) 협회적화보험증권상의 보험기간

이 조항은 MIA RCP 제4조 및 제5조의 보험기간을 연장하는 동시에 일정한 위험의 변경을 허용하는 조항으로 2009년에 개정된 협회(신)적화약관 제8조 운송조항에는 보험기간의 개시, 계속 그리고 종료에 대해서 규정되어 있다.

✦전쟁위험의 경우는 본선 적재 시부터 하역 시까지 담보한다.

이 조항에 의거 보험기간은 "운송개시를 위해 운송차량 또는 기타 운송용구에 보험의 목적을 곧바로 적재할 목적으로 (이 보험계약에서 명시된 장소의) 창고 또는 보관장소에서 보험의 목적이 최초로 움직인 때"에 개시하는 것으로 규정되어 있다. 따라서 창고 안에서의 적재단계도 보험기간에 포함된다. 다만, 운송하기 전 차량에 임시보관 중 또는 창고 내의 대기구역에서의 임시보관 중까지 확장담보하지는 않는다. 그런데 이와 관련하여 다음과 같은 논란이 발생할 수 있다.

> 창고직원이 월요일 아침에 일찍 화물을 인도하기 위해 금요일 저녁 화물을 차량에 적재하고 퇴근하였다. 그런데 일요일에 원인모를 화재로 인하여 차량이 전소하여 적재했던 화물이 다 타버렸거나 또는 차량을 도난당하였다. 이때, 차량에 적재된 화물이 운송을 목적으로 움직였다고 할 수 있을까?

✦수입화물에 대해서는 한국의 경우 운송종료특별약관(30일 간)을 사용하여 하역완료 후 60일 대신 하역완료 후 30일을 적용한다.

결론부터 언급하면 창고직원이 화물을 미리 적재한 것은 곧바로 운송개시의 필요성 때문이 아니라 창고직원의 업무의 효율성 때문이므로 보험기간이 개시되지 않는다.

그런데 중요한 것은 무역거래조건에 따라 매도인과 매수인의 위험부담의 분기점 및 소유권 이전의 분기점이 결정되고 이것은 곧 피보험이익이 발생하게 되는 장소 및 시기를 의미하므로 실질적으로 적화보험의 위험의 시기는 운송약관의 내용과는 달리 무역거래 조건에 따라 달라진다. 적화가 운송개시를 위해 운송차량 또는 기타 운송용구에 보험의 목적을 곧바로 적재할 목적으로 (이 보험계약에 명시된 장소의) 창고 또는 보관장소에서 보험의 목적이 최초로 움직인 때에 개시되고, 통상의 운송과정 중에 계속되며 아래 내용 중 어느 것이든 먼저 생긴 때 종료한다.

> ① 보험증권에 기재된 목적지의 최종창고 또는 보관장소에서, 운송차량 또는 기타 운송용구로부터 양화가 완료된 때, ② 보험증권에 기재된 목적지에 도착되기 이전이거나 목적지에 도착된 이후이거나를 불문하고 피보험자 또는 그 사용인이 통상의 운송과정에서 보관 이외의 보관을 위해, 또는 할당 또는 분배를 위하여 사용하고자 선택한 기타의 창고 또는 보관장소에서, 운송차량 또는 기타 운송용구로부터 양화가 완료된 때, ③ 피보험자 또는 그 사용인이 통상의 운송과정이 아닌 보관을 목적으로 운송차량 또는 기타 운송용구 또는 컨테이너를 사용하고자 선택한 때, ④ 최종 양륙항에서 외항선으로부터 피보험적화의 양륙완료 후 60일이 경과한 때 중 어느 것이든 먼저 발생한 때에 종료된다. ⑤ 최종양륙항에서 외항선으로부터 양륙 후, 그러나 이 보험이 종료되기 전에 보험의 목적이 부보된 목적지 이외의 장소로 계속 운송되는 경우, 이 보험은 상기의 규정에 따라 계속되나 보험의 목적이 다른 목적지로 운송이 최초 개시될 때에 종료한다. ⑥ 그러나 이 보험은 피보험자가 좌우할 수 없는 지연, 일체의 이로, 부득이한 양화, 재선적 또는 환적 및 해상운송계약상 선주 또는 용선자에게 부여된 자유재량권의 행사로부터 생기는 위험의 변경기간 중 유효하게 계속된다.

해상적화보험은 손해가 보험기간의 개시 후에 발생한 경우에도 그 원인인 사고가 보험기간의 개시 전에 발생한 때에는 보험자는 그 손해를 보상할 책임이 없다. 그러나 보험기간 중에 사고가 발생하면 그로 인한 손해가 보험기간 종료 후에 발생하여도 보험자는 그 손해를 보상할 책임이 있다. 보험기간은 당사자의 합의에 의해 정해지는데, 보험기간의 결정방법에 따라 구분된다.

2) 기간보험(Time Policy)

보험계약의 시기와 종기가 일정한 시일에 의해 정해지는 해상보험계약이다. 기간보험은 선박보험이나 적화보험에 모두 같이 사용되며 항해보험의 단점을 시정할 수 있다. 즉, 항해보험은 일정한 항해를 기준으로 보험기간이 정해지는 까닭에 매 항해시마다 부과해야 하므로 매우 번잡하다. 또한 때때로 구보험계약과 신보험계약의 연결이 잘 되지 않아 신・구보험계약간에 공백이 생기거나 중복이 생기는 경우가 있는 데 반해 기간보험은 일정한 기간을 기준으로 보험기간을 정하므로 이러한 항해보험의 단점을 시정할 수 있다. 기간보험의 경우 보험목적물인 선박이나 화물의 동정과 관계없이 보험기간이 만료될 때 보험계약자의 편의에 따라 보험기간의 연장이 가능하다.

3) 혼합보험

✦혼합보험 하에서 보험기간을 표시하는 방법 : 기간보험의 표시방법과 항해보험의 표시방법을 병용하는 경우. “at and from London to Cardiz for six months”.

혼합보험은 보험기간의 설정에 있어서 일정한 지역에서 일정한 지역까지의 운송위험 등에 대한 것과 같이 구간보험의 성격과 일정한 기간을 정하는 기간보험의 성격을 동시에 갖춘 경우의 보험기간을 말한다. 예를 들면, 특정한 기간 중에 특정한 장소까지의 운송에 대한 위험을 담보한다는 식으로 기간과 구간이 동시에 보험기간의 역할을 하게 되며 보험의 종료의 우선순위를 정하게 된다. 해상적화보험 증권 본문에는 보험기간이 “화물이 출발항에서 외항선에 선적될 때에 개시하고 도착항에 안전하게 양화된 때에 종료한다”고 되어 있다. 그러나 오늘날에 있어서 수출입화물의 거래실태를 기준으로 보면 이 조건은 너무 제한적이다. 때문에, 창고 간 약관(warehouse to warehouse Cl.)이라고 하여, 화물이 증권에 명시된 화물 출발지의 창고 혹은 보관장소 반출로부터 도착지의 창고 혹은 보관장소 반입까지의 전운송구간으로 확장하고 있다.

보통 적화보험을 가입하는 경우, 거래하는 보험회사에 팩스 등을 이용하여 상업송장이나 신용장을 송부하고, 그 서류대로 증권을 발행해 줄 것을 요구하는 경우가 많다. 이러한 경우, 무역서류에는 출발지와 도착지가 보통 항구나 공항으로 되어 있어, 창고에서 항구간 또는 항구에서 창고간은 무보험상태가 된다. 즉, 앞에서 언급한 보험증권에 명기된 출발지와 도착지까지가 보험약관상 담보되는 구간인데, 무역서류상엔 항구이름만 나와 있으므로 그대로 보험에 가입되면 창고와 항구간은 담보가 되지 않는다. 따라서 적화보험에 가입할 때는 반드시 출발지와 도착지를 창고가 있는 행정구역명(예를 들어 서울, 안양, 대구, 전주 등)으로 표기하여야 완전하게 담보가 된다. 이때 해당 구간에 대한 추가보험료는 없다.

2. 보험계약기간(Duration of Policy)

보험계약이 유효하게 존속하는 기간, 즉 보험계약이 성립된 때로부터 종료할 때까지의 기간을 말한다. 이는 그 기간 내에 보험사고가 발생하여야 보험자의 보상책임이 인정되는 보험기간 및 보험료의 산출을 위한 위험측정의 단위가 되는 기간인 보험료기간과 구별된

✦보험계약기간(duration of policy)은 보험계약이 유효하게 존속하는 기간으로 대체로 보험기간과 일치하지만, 소급보험이나 예정보험(floating policy)의 경우에는 일치하지 않는다.

다. 특히, 보험계약기간과 보험기간는 반드시 일치하지 않는다. 양자의 종기는 원칙적으로 일치하지만, 보험계약의 성립과 보험기간의 개시는 일치하지 않는 것이 원칙이다.

보험기간이 계약의 성립과 동시에 개시하지 않는 것은, 법률관계를 명확히 하기 위하여 보험약관으로 보험기간의 개시와 종료의 시기를 한정하는 경우(예컨대, 자동차종합보험보통약관 제38조 2항에 의하면, 계약성립의 익일 0시부터 보험기간이 개시되게 되어 있다), 이른바 보험료선급주의에 의하여 보험기간은 보험계약이 성립한 후 최초의 보험료를 지급한 때로부터 개시하게 되어 있는 경우(상법 제656조), 장래보험 또는 예정보험의 경우 등이 있다. 이러한 경우에는 원칙적으로 보험계약기간이 보험기간 보다 길다. 반대로 소급보험 경우(상법 제643조), 이른바 책임소급조항에 의한 승낙 전의 보험사고에 대한 보험자의 보상책임의 경우(상법 제638조의2 제3항) 등에서는 보험기간이 보험계약기간 보다 길다. 결국 보험계약기간은 실제적 의미가 없고, 보험자의 책임이 개시하여 종료하는 시점이 매우 중요하다. 일반적으로 보험자는 보험계약 성립 후 최초의 보험료를 받을 때부터 위험보장책임을 진다(상법 제656조).

보험료기간이란 보험료 산출의 기초가 되는 기간, 즉 통계상 그 기간을 한 단위로 하여 위험을 측정하는 기간을 의미한다. 이러한 보험료기간은 보험수리의 원칙에 의하여 정해지는데, 보통 1년을 단위로 한다. 보험료기간은 보험기간과는 다른 개념으로, 양 기간은 일치할 수도 있고, 일치하지 않아도 된다. 보험료기간은 하나의 단일한 것으로 더 이상 나눌 수 없고, 따라서 보험자가 그 기간의 일부에 대해서만 위험을 분담하였다 하더라도 그 기간에 대한 보험료 전액을 취득할 수 있다(보험료 불가분의 원칙). 그러나 보험료 불가분의 원칙은 절대적인 것이 아니고, 단위보험료의 분할지급이 허용되는 점을 고려하여 보험계약이 보험료 기간 중에 종료할 경우 날짜를 따져 일부 보험료를 돌려주는 것이 보통이다.

✦제643조(소급보험) 보험계약은 그 계약전의 어느 시기를 보험기간의 시기로 할 수 있다.

✦제644조(보험사고의 객관적 확정의 효과) 보험계약당시에 보험사고가 이미 발생하였거나 또는 발생할 수 없는 것인 때에는 그 계약은 무효로 한다. 그러나 당사자쌍방과 피보험자가 이를 알지 못한 때에는 그러하지 아니하다.

1) 소급보험

보험계약 체결시부터 그 이전의 시점으로 소급하여 보험자가 위험을 부담하는 보험을 소급보험이라고 한다. 이는 보험계약의 효력을 보험계약이 성립되기 이전으로 소급시키는 보험으로서 통신시설이나 교통수단이 발달하지 않았던 시대에 손해를 소급해서 보상하던 보험계약이다.

소급보험은 화물이 선적된 후 보험계약이 체결되었더라도 위험이 노출되는 시기부터 보험자의 위험부담이 시작되는 것을 약정한 것으로, (구)해상보험증권에 "lost or not lost"라고 표현된다. 이것은 화물이 멸실하였거나 그렇지 않거나를 상관하지 않는다는 의미로, 피보험자가 그 사실을 알고 있었고, 보험자가 그것을 모르고 있었던 것이 아닌 한 아래의 경우에는 보험자에게 보상책임이 있음을 규정한 것이다.

① 수입화물에 대해서 외국에서 선적했다는 통지를 받고 한국에서 보험계약을 할 경우, ② 부보된 선박이 먼 해상에 있어서 계약체결시 무사한지 아닌지 모를 때

소급보험의 경우, 보험기간이 보험계약 전의 일정한 시기로 소급하여 개시하므로(상법 제643조) 손해가 보험계약 체결 전에 발생하였을지라도 피보험자가 손해의 발생을 모르면 손해보상을 받을 수 있다(상법 제644조, MIA 제6조 1항, ICC 제11조). 이럴 경우 보험자는 일반적인 원칙의 예외로서 “lost or not lost ;멸실여부를 불문한다”는 소급약관을 적용하여 보험계약을 체결하여야 하고 비록 이미 사고를 입어 적화가 멸실당했을지도 모르지만 보험계약을 통하여 선의의 보험계약자를 보호하여야 한다. 단, 고지위반 또는 사기가 드러나면 보험계약이 MIA 제17조에 의하여 취소된다.

2) 예정보험(Floating Policy)

✦MIA 17조.
Insurance is uberrimae fidei
A contract of marine insurance is a contract based upon the utmost good faith, and, if the utmost good faith by either party, the contract may be avoided by the other party.

예정보험은 보험계약의 내용 특히 보험의 목적, 보험금액, 적재선박 등이 확정되지 않은 채 그 범위를 포괄적으로 정하고, 그 내용이 확정되고 또 위험이 개시된 때에 보험자가 당연히 위험을 부담하고 아울러 보험료를 청구하기로 하는 보험계약을 말한다.

예정보험은 보험계약의 예약이 아니라 독립된 보험계약이며, 일종의 백지계약이다. 가장 많이 이용되는 경우는 해상보험과 항공보험이다. 해상보험에서는 화물을 적재하는 선박이나 적화의 종류, 보험금액이 미확정인 경우에 이용된다. 보험계약의 예약은 아직 보험계약이 성립한 것은 아니고 후일 보험계약을 체결할 것을 약정하는 계약이지만, 예정보험의 경우는 보험계약 그 자체는 성립하고 다만 그 내용의 일부가 미확정인데 불과하다. 현행 상법에서는 선박미확정(선박의 명칭, 국적과 화물의 종류, 수량, 화물의 가액)의 예정보험만 규정하고 있다(상법 704조). 미확정 요건이 확정된 때에는 보험계약자・피보험자는 보험자에게 통지하여야 하며, 이를 해태(懈怠)할 때에는 보험자는 그 사실을 안 날부터 1월 내에 계약을 해지할 수 있다

(1) 개별예정보험(Provisional Policy)

개별예정보험은 1회의 선적 또는 1회의 매매계약에 의한 수회의 선적으로 운송되는 특정 화물에 대하여 체결하는 예정보험이다. 즉, 미확정사항이 선명이나 보험가액 등과 같이 일부분인 경우로서 특정 화물에 대하여 위험개시 전에 예정보험계약을 체결하고 위험의 개시와 동시에 보험자의 책임이 개시되는 것을 의미한다. 개별예정보험의 청약에 대하여 보험자는 개별예정보험증권을 발행하고, 확정통지에 따라 확정보험증권을 발행한다.

(2) 포괄예정보험(Open Policy)

포괄예정보험은 장래 선적될 불특정화물에 대한 보험, 즉 계속적·반복적으로 행해지는 무역활동의 결과로서 화물의 취급 건수나 수량이 많고, 이를 사전에 개별적으로 부보하는 것이 곤란한 경우 대상이 되는 화물에 대해 선적과 동시에 자동적으로 부보되도록 하는 예정보험이다. 포괄예정보험에 대한 내용은 적화보험의 체결과정에서 상세하게 논할 예정이므로 여기서는 구체적인 설명을 생략하기로 한다.

3. 위험의 개시와 종기

화물의 위험개시와 종기에 관하여 협회적화약관(ICC)의 운송약관상 위험의 시기와 종기를 기준으로 설명하고자 한다.

1) 위험의 개시

✦PROJECT 계약 총 보험가입금액 2,000만불 이상 및 공사기간 1년 이상의 계약으로서, 일정 사업장 내에서 조립 또는 건설공사를 목적으로 공사 개시부터 준공시까지 공급되는 건축물 자재, 기관, 기계설비 또는 장치, 구축물 및 기타 부대설비 등의 공사 목적물 일체를 하나의 증권으로 체결하는 계약을 말한다.

과거 'S. G. Policy'에서는 화물의 선적시부터 목적항에 안전하게 도착하여 "투묘 후 안전한 상태에서 24시간"까지 담보된다고 약정하고 있었으나, ILU의 'companies combined policy'에서는 동 문구를 삭제하여 사용하여 왔다.

그 후, ICC(2009)의 운송약관에서는 "this insurance attaches from the time the subject-matter insurwd is first moved in the warehouse or at the place of storage(at the place named in the contract of insurance) for the purpose of the immediate loading into or onto the carrying vehicle or other conveyance for the commencement of transit, continues during the ordinary course of transit and terminates either)"이라고 약정하여 S. G. Policy상의 위험의 개시시점인 '선적 시부터'(from the loading)를 "운송개시를 위해 운송차량 또는 기타 운송용구에 보험의 목적을 곧바로 적재할 목적으로 (이 보험계약에서 명시된 장소의) 창고 또는 보관장소에서 보험의 목적이 최초로 움직인 때"에 개시하는 것으로 규정되어 있다. 따라서 창고 안에서의 적재단계도 보험기간에 포함된다. 적화의 위험개시 시점은 운송인이 적화를 운송할 목적으로 증권에 기재된 출발지의 창고나 보관장소에서 적화를 적재할 때부터 위험이 개시한다. 참고로 보관장소라 함은 창고뿐만 아니라 공장, 점포사무소, 야적화물의 노천의 야적장 등을 포함한다. 만약 운송개시를 위해 창고 및 보관장소에서 화물이 트럭에 적재되었다 하더라도 그러한 장소를 실제로 떠나지 않으면 해상보험의 위험은 개시되지 않는다.

2) 통상적인 운송과정(Ordinary Course of Transit)

통상적인 운송과정이란 화물의 종류에 따른 관례적인 운송방법을 말하며, 목적지까지의 가장 직선적인 통로와 세관이나 기타 관청에서 행하여지는 화물검사 기간 동안도 포함한다. 이를 구체적으로 나열하면 통상의 운송과정이란 다음과 같다.

> ① 보험증권에 운송로를 규정하고 있는 때는 그 규정된 운송로를, 규정되고 있지 않은 때에는 관습상 정해진 운송로를 ② 보험증권에 규정된 운송방법 또는 관습상 정해진 운송방법에 따라 운송하는 것으로서 ③ 피보험자의 고의 또는 과실에 의한 지연, 항로이탈 기타 위험의 변동이 없는 운송

따라서 통상의 운송과정을 이탈한 때에는 보험담보가 해지된다. 그러나 "항해 중 피보험자가 좌우할 수 없는 지연, 이로, 부득이한 양화, 재선적, 환적 및 해상운송 계약에 의거 선주 또는 용선자에게 부여된 자유재량권의 행사결과로 생긴 모든 위험의 변경기간 중" 보험계약은 유효하다. 피보험자가 좌우할 수 없는 사정에 따라 운송계약이 종료된 경우와, 당초 예정한 도착항이 도중에 변경된 경우 즉시 보험회사에 통보하고 필요한 추가보험료를 지불하면 보험담보가 계속될 수 있다. "협회 항공화물 약관"[Institute Air Cargo Clauses (A/R),Institute Cargo Clauses (Air)]의 경우도 최종 양화장소에서 항공기로부터 피보험목적의 양화작업 완료 후 30일이 경과할 때 담보가 종료된다.

(1) 운송의 지연(Delay in Transit)

✦MIA 제48조 : It is a condition of this insurance that the Assured shall act with reasonable des- patch in all circumstances within their control.

보험계약자가 통제할 수 없는 운송의 지연 동안 보험의 효력은 계속된다. 그러나 피보험자의 통제권 내에서 비합리적인 운송의 지연기간 동안 발생한 손해에 대하여 보험자는 책임을 지지 않는다. 그러나 지연에 근인한 손해는 담보하지 않는다.

상법 제702조의 발항 또는 항해의 지연효과조항에 따르면 피보험자가 정당한 사유가 없이 발항 또는 항해를 지연한 때에는 보험자는 발항 또는 항해를 지체한 이후의 사고에 대하여 책임을 지지 아니하여도 된다. 또한 MIA 제48조의 신속조치약관(Reasonable Dispatch Clause)에도 피보험자는 자기가 좌우할 수 있는 모든 여건하에 있어서 상당히 신속하게 행동하는 것이 이 보험의 조건이다.

(2) 이로(Deviation)

이로란 일탈을 의미하는 것으로 선박이 통상 정해진 항로를 이탈하는 경우를 이로라 한다. 그런데 상법 제701조 2항에서는 정당한 사유가 없이 보험계약에서 정하여진 항로를 이탈하는 경우에는 보험자는 그때부터 책임을 지지 않고 또한 선박이 손해가 발생하기 전에 원항로로 돌아온 경우에도 책임을 지지 않는다.

그러므로 이로는 이로의 의사와는 관계없이 실제로 이로가 발생한 순간을 기준으로 하고 있다. 운송약관상 피보험자가 좌우할 수 없는 이로는 통상의 운송과정에 포함되지만 피보험자가 통제하에 피할 수 있었던 이로는 통상적인 운송과정에서 제외된다.

▌이로(DEVIATION)

- 이로의 발생
  - *통상적인 또는 예정된 항로를 이탈하는 경우
  - *이로의사가 아닌 실제적인 항로의 이탈이 있는 경우
  - *대부분 화주와 관계없이 발생
  - *보험증권상 항로의 지정여부에 따라 이로 규정(NIA 제46조 2항)
- 이로의 효과와 허용
  - *선박의 이로 : 보험계약의 무효
  - *보험자 : 이로에 의한 손해로부터 면책
  - *적화보험 : 보험자의 책임은 계속
  - *협회기관약관 : 보험조건 및 추가보험료의 합의에 의해 허용
  - *이로의 허용 : 인근 해역에서의 인명이나 화물을 구조할 목적의 이로

(3) 항해의 변경(Change of Voyage)

항해개시 후 보험증권에 기재되어 있는 목적지가 변경되는 경우를 항해의 변경이라 지칭하지만, 상법 제701조는 선박이 보험계약에서 정하여진 발항항이 아닌 다른 항에서 출항한 때와 선박이 보험계약에서 정하여진 도착항이 아닌 다른 항을 향하여 출항한 때, 그리고 보험자의 책임이 개시된 후에 보험계약에서 정하여진 도착항이 변경된 경우에도 항해의 변경이라고 규정하였다. 그래서 출발항이 변경되어도 보험자는 면책된다. 그러나 보험자에게 통지후 추가조건에 합의된 경우에는 보험자가 항해변경을 인정하는 곳으로 해석한다.

MIA 제45조는 위험개시 후 선박의 목적지가 보험증권에 규정된 목적지로부터 임의로 변경되었을 때에는 항해의 변경이 있는 것으로 한다. 그리고 보험증권에 별도의 규정이 없는 한, 항해의 변경이 있는 경우 보험자는 그 변경시, 즉 항해를 변경할 결의가 표명된 때부터 면책된다. 이때, 손해발생시에 선박이 보험증권에 규정된 항로를 실제로 떠나지 않았다고 해도 그것은 문제가 되지 아니한다.

그런데 ICC(2009) 제10조(항해변경)는 다음과 같이 규정하고 있다.

> ① 이 보험의 개시 후 목적지가 피보험자에 의하여 변경된 경우에는 지체없이 그 취지를 보험자에게 통지하고 보험요율과 보험조건을 협정하여야 한다. 그러한 협정전에 손해가 발생한 경우에는 영리보험시장에서 타당하다고 생각되는 보험조건 및 보험요율에 의한 담보를 받을 수 있는 때에 한하여 담보한다. ② 이 보험의 목적이 상기 조항에서 예상된 운송을 개시하였지만, 피보험자 또는 그들의 사용인이 알지 못하고 선박이 다른 목적지로 향하는 경우에도 이 보험은 그러한 운송의 개시시에 개시한 것으로 간주된다.

이때, 선주나 용선자의 운송계약상의 자유재량권에 의한 항해의 변경일 경우 계속 담보되지만 통상 상법 제701조에 규정된 이로인 경우 보험자는 책임을 지지 않는다. 특히 피보험자에 의해 도착지가 변경된 경우에는 보험자에 의해 계속 담보되지 않기 때문에 보험

계약자는 이를 보험자에 즉시 통보하여 보험자가 제시하는 조건과 추가보험료로 계속 담보를 받아야 한다. 보험자가 제시하는 조건과 추가보험료는 영리보험시장에서 타당하다고 생각되는 보험조건과 보험요율에 의한 담보를 의미하며 합리적인 시장기준(reasonable market test)에 의해 보완되고 있다.

ICC(2009) 제10조(항해변경)의 2항은 신설된 조항으로 선박이 종종 허위서류로 화물을 다른 지역으로 가져가 매각처분해 버리는 상황을 반영하였다. 이와 관련하여 MIA 제44조 및 46조는 출발항이나 도착항이 중도에 변경된 것 뿐만 아니라, 출발당시부터 보험증권에 기재된 출발항과 다른 항구에서 출발하거나 증권상의 도착항과 다른 항구를 향해 출발한 경우(증권상의 출발/도착항과 B/L상의 출발/도착항이 상이한 경우)는 보험의 담보가 개시되지 않는 것으로 명기하고 있다.

(4) 부선운송 위험(Craft Risk)

부선운송이란 본선과 창고 또는 안벽 사이를 부선으로 운송하는 것으로 항만운송의 대부분을 차지한다. 이때, 본선과 부두 사이의 화물의 운송을 위하여 통상적으로 이용되는 부선운송도 담보기간에 포함된다. Lighting 작업시 주로 행하며, 컨테이너화에 의해 점차 이러한 작업이 줄어들고 있다.

(5) 운송인의 자유재량권 행사에 의한 위험의 변경

MIA 제49조 "excuse for deviation or delay(이로나 항해지연의 허용)"에 의하여 피보험자가 좌우할 수 없는 선주나 용선자에게 부여된 자유재량권의 행사로 인해 발생하는 위험의 변경기간 중 피보험자가 좌우할 수 없는 지연, 이로, 부득이한 양화, 재선적, 환적, 항해의 변경의 경우에도 운송약관 및 운송계약 종료약관에 의거하여 계속 담보된다.

✦여기서 유의해야 할 점은 위험의 변동이 피보험위험을 확장하는 것이 아니고 이러한 위험의 변동기간 중에 발생하는 피보험위험으로 인한 손해에 대하여 보험자가 확장부담한다는 것이다. 이러한 위험의 변동기간 중에도 신약관의 제8조1항과 2항 및 제9조에서 규정하고 있는 위험의 종기는 여전히 적용된다. 이러한 위험의 변동기간 중에는 보험자에 대한 통지나 추가보험료없이 보험은 유효하게 계속된다.

3) 운송조항상 위험변동의 허용

앞에서 언급한 바와 같이 "항해 중 피보험자가 좌우할 수 없는 지연, 이로, 부득이한 양화, 재선적, 환적 및 해상운송 계약에 의거 선주 또는 용선자에게 부여된 자유재량권의 행사결과로 생긴 모든 위험의 변경기간 중"에는 보험계약이 유효하다. 피보험자가 좌우할 수 없는 사정에 따라 운송계약이 종료된 경우와, 당초 예정한 도착항이 도중에 변경된 경우 즉시 보험회사에 통보하고 필요한 추가보험료를 지불하면 보험담보가 계속될 수 있다.

그러나 운송약관의 최종문언에서 피보험자가 지배할 수 없는 사정으로 인하여 이로, 강제하역(forced discharge), 재선적(reshipment) 혹은 환적되거나 해상 화물운송 계약상 운송인의 자유재량권의 행사로 인해 위험의 변경사유가 발생했을 때는 보험자의 위험부담에 관한 책임이 계속된다고 규정하고 있다. 이러한 위험의 변동은 보험계약을 체결할 당시 보험료 산정의 기초자료가 된 위험의 정도가 변동한 것이므로 원칙적으로는 위험변동사항이 발생된 이후부터 보험자의 책임은 면제되어야 하지만 이렇게 되면 피보험자는 대단히 불리한 입장에 처하게 됨으로 이를 구제하기 위하여 확장담보하려는 취지로 이해해야 한다.

ICC의 운송조항은 적화보험의 위험의 개시되는 시점과 종료되는 시점에 대한 약정사항을 담고 있다. 즉, 담보구간 내 또는 보험기간 중이라도 적화보험의 담보대상이 되는 운송위험의 변경이 발생하는 경우에는 법규정에 의거, 또는 고지의무나, 통지의무 위반 등에 의해 보험자가 면책되는 경우가 발생한다. 그러나 운송위험의 변경은 피보험자의 의사보다는 운송인에 의해서 발생되는 것이며, 피보험자는 이러한 위험의 변동사실을 알지 못하는 경우가 있으며 이런 경우 보험자가 면책된다면, 피보험자에게 불리하기 때문에 운송계약상 운송인의 자유재량권에 의한 위험의 변경이나, 피보험자가 통제할 수 없는 위험의 변경시에는 보험계약이 계속 유효하게 존속할 것을 약정한 것이다. 1963년 ICC 제1조 또는 1982년 ICC의 제8조 운송조항에서 계속 담보되는 내용은 다음과 같다.

(1) 피보험자가 통제할 수 없는 지연

MIA 제48조에서는 동법 제49조에서 정하는 적법한 이로 및 지연은 면책됨을 규정하고 있다. 따라서 항해의 지연이 있는 경우 보험자는 면책된다. 그러나 적화보험의 경우 피보험자는 해상항해에 관여할 수 없으며, 해상운송의 과정 중 지연이 발생하는 것을 통제할 수 없는 경우가 대부분이다. 이처럼 피보험자가 통제할 수 없는 지연이 있는 경우에도 보험자는 이후 면책되는 것은 적화보험의 피보험자에게 너무 가혹한 것이기 때문에 MIA 제48조의 상대적 규정(policy otherwise provides)에 의거 보험계약 당사자는 이러한 경우 보험계약이 계속 존속되도록 약정하고 있다. 그러나 이러한 약정은 피보험자가 좌우할 수 없는 지연이 있는 경우 영국해상보험법에 의거 보험자가 이후 면책되는 것을 제한하여 보험계약이 계속 존속되도록 하고 있는 것일 뿐이지 보험자의 책임을 확장하여 MIA 제55조 및 ICC에 면책으로 규정된 지연을 근인으로 한 손해나 보험목적의 고유하자나 성질에 의한 손해까지 확장담보하는 것이 아님을 분명히 하고 있다.

(2) 이로(During any deviation)

MIA 제46조, 상법 제701조 2항은 항해 중 이로가 있는 경우에 보험자는 이후 면책됨을 규정하고 있다. 따라서 운송인은 보험증권에 약정된 항로가 있는 경우, 그에 따라 항해를 하여야 하며 보험증권에 항로가 없는 경우에도 통상적이고 관습상 인정되는 항로를 따라야 한다. 이러한 항로를 벗어날 경우 이로에 해당한다. 또한 MIA 제47조에 의하여 ① 보험증권에서 수개의 양화항이 명기되어 있는 경우, 선박은 그들 항구의 전부 또는 일부로 항행할 수 있다. 그러나 어떠한 관습이나 반대의 충분한 이유가 없는 경우 명기된 것과 같은 항구로 항행하여야 한다. 만약 선박이 그와 같이 항행하지 않으면 이로가 있다. 또한 ② 보험증권이 특정 항구가 명기되어 있지 않고 일정 지역 내의 '제양화항'까지로 기재되어 있는 경우에는, 어떠한 관습이나 반대의 충분한 이유가 없는 한, 선박은 반드시 지리적 순서에 따라 그들 항구 또는 흔히 항행하는 것과 같은 항구로 항행하여야 한다. 만약 선박이 그와 같이 항행하지 않으면 이로가 된다.

그러나 이러한 이로의 경우에도 피보험자가 좌우할 수 없는 지연과 마찬가지로 피보험자에게 좌우할 수 없는 경우가 대부분이며, 적화보험 피보험자에게 불리한 것이기 때문에 이로가 있는 경우에도 보험자가 책임을 계속 부담하도록 피보험자는 보험계약을 체결할 때 약정한다. 여기서 주의할 점은 지연의 경우 피보험자가 좌우할 수 없는 경우로 제한하여 보험계약이 계속 존속되지만, 이로의 경우에는 무조건 보험계약이 계속 존속된다는 점이다. 이처럼 지연과 이로를 다르게 약정한 것은 이로는 해상에서만 발생되는 것이고 피보험자가 통제할 수 없는 것으로 보는 반면에 지연은 해상운송과정 중에는 피보험자가 통제할 수 없으나, 육상운송이나 운송을 위한 과정 중에 피보험자에 의한 지연이 발생될 수 있기 때문에 이로와는 다르게 약정한 것으로 보인다. ICC의 합리적인 출발조항(reasonable despatch clause)에서도 피보험자가 좌우할 수 있는 한 전 운송과정 중에 신속히 운송할 것을 규정하고 있는 것도 이러한 맥락에서 이해할 수 있다.

(3) 강제하역(During forced discharge)

강제하역(forced discharge 또는 forced handling)이란 예기하지 못했던 사정의 발생으로 인하여 강행을 불가피하게 하는 하역을 말한다.

2003년 8월 12일 대만이 미국의 요청에 따라 북한 화물선 '베개봉'으로부터 신경가스 제조에 전용될 수 있는 것으로 알려진 화학물질을 강제 하역시켰다. 당시 북한 화물선 '베개봉'은 인산 화학물질 150만배럴과 2천톤의 알루미늄을 선적하고 북한으로 항해하다가 연료를 보충하기 위하여 대만 가오슝(高雄)항에 정박하였으나 미 당국의 첩보를 받은 대만 당국이 선박수색을 요구해 결국 문제의 화학물질을 강제 하역당한 후 12일 출항했다. 베개봉호 선장은 처음에는 대만의 화물수색 요구에 불응했으나 항만 당국이 출항에 필요한 예인 서비스 제공을 거부하는 가운데 정박요금이 나날이 늘어가자 어쩔 수 없이 화학물질을 포기했다.

그러나 이 화학물질은 필요할 경우 신경가스를 만드는데도 전용이 가능하지만 보통 살충제나 가솔린첨가제로도 쓰이며 현재 유엔 결의에 의해 오직 이라크로만 선적되지 못하도록 금지돼있다.

(4) 재선적 또는 환적(During Reshipment or transshipment)

화물인 운송품이 도착항에 도착되기 전에 처음에 선적되었던 운송기관에서 다른 운송기관으로 이전 및 재적재되는 행위를 재선적 또는 환적이라고 하며, 환적을 증명하는 선화증권을 환적선화증권이라고 한다.

환적에는 두 가지가 있다. 하나는 같은 운송방법 내에서 하나의 운송기관에서 다른 운송기관으로 이전 및 재적재되는 환적이고, 다른 하나는 서로 다른 방법의 운송기관 간에 이전 및 재적재가 발생하는 환적이다. 전자는 부산에서 시애틀까지의 운송항로 중에 부산에서 고베까지는 대웅호가 운송을 담당하고, 고베에서 시애틀까지는 마리아호가 담당하는 것인데, 고베에서 상품의 이전 및 재적재가, 즉 환적이 일어난다. 후자는 부산에서 시카고까지 운송될 때, 부산에서 시애틀까지는 대웅호가 운송을 담당하고, 시애틀에서 시카고까지는 철도기관이 운송을 담당하여 시애틀에서 환적이 발생한다.

(5) 해상 운송계약상 운송인이나 용선자에게 부여된 자유재량권의 행사에 의한 위험의 변경

피보험자가 좌우할 수 없는 선주나 용선자에게 부여된 자유재량권의 행사로 인해 발생하는 위험의 변경기간 중 피보험자가 좌우할 수 없는 지연, 이로, 부득이한 양화, 재선적, 환적, 항해의 변경의 경우에도 운송약관 및 운송계약 종료약관에 의거하여 계속 담보된다.

4) 보험기간의 종기

ICC(2009)에서의 위험의 종기 혹은 보험기간의 종기는 다음 네 가지 중 가장 먼저 도래하는 때가 된다.

첫째, 최종 창고에서 차량 또는 기타 운송용구로부터 양화가 완료된 때(completion of unloading from the carrying vehicle or other conveyance in or at the final warehouse)에 보험기간이 종료된다. 이는 적재단계와 마찬가지로 양륙단계도 보험기간에 산입하기 위하여 개정된 표준약관에 반영한 것이다.

둘째, 피보험자 또는 그 사용인이 통상의 운송과정이 아닌 보관이나 할당 또는 분배를 하기 위해 선택한 임의의 창고 또는 보관 장소에서 차량 또는 기타 운송용구로부터 양화가 완료된 때에 종료하는 것으로 하여 보험기간을 확장하고 있다. 1982년 약관에서는 보관 또는 분배를 위한 창고선택권자로서 피보험자만을 규정하고 있으나 2009년 개정약관에서는 피보험자와 그 사용인을 규정하고 있다.

셋째, 피보험자 또는 그 사용인이 통상의 운송과정이 아닌 보관을 목적으로 운송차량 또는 기타 운송용구 또는 컨테이너를 사용하고자 선택한 때에 종료한다. 이것은 ICC(1982) 약관에 없는 신설된 규정으로 화물이 도착후 곧바로 양화되지 않고 컨테이너 또는 기타운송용구에 보관하면 실제로 양화하기 전에 보험이 종료됨을 명확히 하고 있다. 그러나 화물이 금요일 오후 늦게 도착하여 창고직원이 화물을 양화하지 않고 퇴근한 후 월요일 아침에 양화한다고 한다면 보험기간이 언제 종료가 되는지 그 시점에 대한 다툼이 발생할 수 있다. 즉, 이러한 경우 피보험자 또는 그 사용인이 통상의 운송과정이 아닌 보관을 위해 차량을 사용했느냐 하는 것이 문제가 될 수 있다.

넷째, 최종 양화항에서 외항선으로부터 피보험 화물이 양화 종료 후 60일(수입화물 경우 30일 ; 30일약관이라고도 함)이 경과할 때 (그러나 협회 항공약관의 경우 최종 양화 장소에서 항공기로부터 피보험목적의 양화작업 완료 후 30일이 경과할 때 담보가 종료됨) 종료된다.

5) 양륙 후 목적지 변경시의 보험의 종기

앞에서 설명한 것은 화물이 화물선에서 양륙이 되고 보험증권에 기재된 목적지로 계속 운송이 되는 경우에 해당하는 보험의 종료에 관한 내용들이었다. 화물이 보험증권에 기재된 목적지로 운송되지 않으면서도 예정된 양륙항에서 통상의 방법으로 화물이 양륙된 경우에 대해서 ICC(2009)는 다음과 같이 규정하고 있다.

> 최종 양륙항에서 선박으로부터 화물을 양륙 후, 그러나 이 보험이 종료되기 전에 보험의 목적이 부보된 목적지 이외의 장소로 계속 운송되는 경우 이 보험은 약관 8.1.1에서 8.1.4에 규정된 보험종료규정에 따라 계속되나 보험의 목적이 그러한 목적지로 운송개시를 위해 최초로 움직인 때에 종료된다.

즉, ICC(2009)약관에서는 화물을 지칭하는 용어인 'Goods'을 'Subjet-matter insured'로 변경하고 최종 양륙항에서 화물을 양륙한 후에 목적지를 변경한 경우의 보험종료시기를 변경된 목적지로 운송개시를 위해 최초로 움직일 때 보험이 종료되는 것으로 규정하고 있다.

원래 보험기간의 종료시기는 앞에서 설명한 4가지 사유 중에서 가장 먼저 도래하는 때가 되지만 그와 같은 창고에 입고를 하지 않고 또 최종 양륙항에서 양륙완료 후 60일의 기간 중에 목적지를 변경한 경우에는 이 약관에 규정된 시점에서 보험이 종료된다.

6) 운송계약 종료와 보험기간

운송계약시의 보험기간에 관한 ICC(2009)의 제9조는 다음과 같이 규정하고 있다.

피보험자가 좌우할 수 없는 사정에 의하여 운송계약이 기재된 도착지 외의 항구나 장소에서 종료되거나, 혹은 기타의 사정으로 제8조에 규정된 화물의 인도전 운송이 종료되는 경우 보험도 종료된다. 단, 피보험자가 보험자에게 이러한 사실을 즉시 통보하고, 보험자가 계속 담보할 것을 승인하는 경우 소정의 추가보험료로 계속 담보된다.

> ① 보험의 목적이 상기 항구 또는 지역에서 매각된 후 인도될 때까지 또는 별도의 합의가 없는 한 그러한 항구 또는 지역에 보험목적이 도착 후 60일이 경과될 때 중 어느 한 쪽이 먼저 생길 때까지 또는 ② 만약 보험의 목적이 상기 60일 기간(또는 합의하에 60일의 기간을 연정한 기간) 내에 보험계약이 기재된 목적지 또는 기타의 목적지로 계속 운반될 경우에는 상기 제8조의 규정에 따라 보험이 종료될 때 까지 유효하게 종속된다.

운송계약이 체결되면 운송인은 원칙적으로 의뢰받은 화물을 목적지까지 안전하게 운반하여야 할 책임이 있으나 천재지변이나 불가항력적인 사유로 화물들을 목적지까지 운송하지 못하고 중단하여도 운송인은 그에 따른 손해에 대한 모든 책임을 면한다. 예를 들면 목적항이 무슨 사유가 발생하여 부득이 운송이 인근 다른 항구나 지역으로 화물을 양륙한 경우, 운송계약은 그 중간항구 또는 지역에서 종료되고 그로 인해 발생한 손해에 대하여 운송인은 책임을 지지 아니한다. 이 약관은 피보험자가 좌우할 수 없는 사정으로 운송계약이 운송도중에 종료가 되더라도 보험은 피보험자를 보호하기 위해 존재하도록 하는 것이 이 약관이다.

보험이론상으로는 운송계약이 운송 도중 종료되면 보험자의 책임도 당연히 종료된다. 그러나 이 약관은 피보험자가 운송종료의 사실을 안 경우 그 사실을 곧바로 보험자에게 통지하고 필요할 경우 추가보험료를 보험자에게 지불한다면 이 약관이 정한 일정기간 동안 담보가 계속된다.

제5절 해상손해

1. 해상손해의 의의 및 종류

1) 해상손해의 의의

손해란 본디에서 덜하거나 해롭게 되는 일을 의미한다. 그러나 해상보험에서의 손해는 위험발생의 객체인 보험의 목적, 즉 선박, 적화, 운임이 멸실되는 것 그 자체를 뜻하는 것이 아니라 보험의 목적의 손상 또는 멸실로 인하여 피보험이익이 소멸 또는 감소되는 것을 말한다. 이는 피보험자가 입게될 경제적 불이익을 의미하는 것이다.

영국해상보험법에서 흔히 사용하는 "loss or damage"는, 그런 의미에서 항상 일정하게 해석되어지는 것은 아니지만, 위험의 발생상태, 보험목적물의 멸실이나 손상되는 것 자체를 의미한다.[36] 경제적 불이익이 생기는 것은 보험의 목적에 위험이 작용한 결과이므로 위험의 작용단계, 즉 위험발생 상태에서도 손해란 말을 사용하여 위험과 손해를 동일한 의미로 혼용하기도 한다.

2) 해상손해의 분류

해상손해는 해상사고로 피보험이익의 전부 혹은 그 일부가 멸실 또는 손상되는 것을 의미하며, 이것의 분류는 보는 관점에 따라 다르나, 일반적으로 [그림 4-2]와 같이 물적 손해, 비용손해, 배상책임손해로 분류된다.

그림 4-2 해상손해

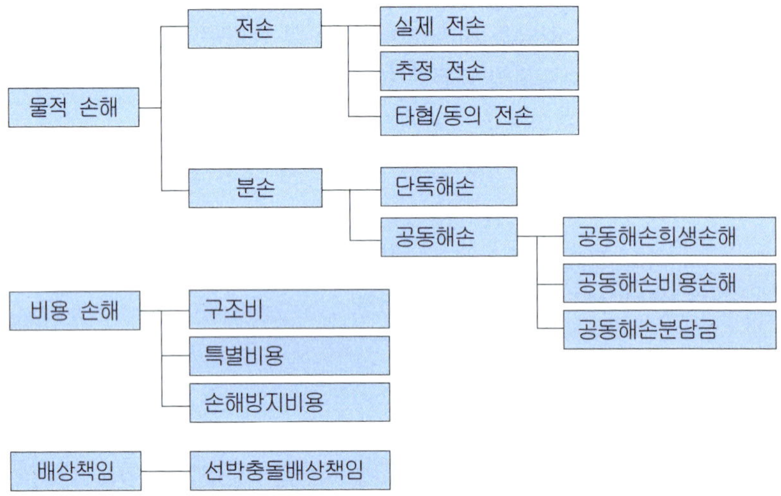

물적손해(physical loss)는 특정인이 일정한 물체에 대한 이해관계를 통하여 입은 재산 및 금전상의 손해를 의미하며, 여기에는 전손과 분손이 있다. 전손은 보험목적물의 전부의 멸실을 뜻하고, 실질적인 전손이 발생했느냐, 혹은 실제적인 전손은 아니지만 경제적인 의미에서 전손으로 취급해야 하느냐에 따라 현실전손(actual total loss)과 추정전손(constructive total loss)으로 분류된다. 분손(partial loss)은 보험목적물, 즉 피보험이익의 일부가 멸실되거나 손상된 것을 의미하며, 이것은 단독해손(particular average)과 공동해손(general average)으로 구분된다.

비용손해(expenses)는 물체의 파손이나 멸실과는 관계가 없고 보험목적물이 해상보험증권상의 담보위험에 처해 있을 때 손해를 경감 혹은 방지하기 위하여 지출된 경비 또는 보수 등 부득이하게 지출된 비용을 의미한다. 비용손해에 구조료 또는 구조비, 손해방지비용 및 특별비용 등이 있다.

해상보험에서 배상책임손해는 넓게는 공동해손의 공동해손분담금과 선박보험에서의 충돌손해배상책임손해를 포함하지만, 좁게는 선박보험약관인 충돌약관에서 담보하는 충돌손해배상책임만을 의미한다.

2. 물적 손해(Physical Loss)

1) 전손(Total Loss)

전손이라 함은 보험사고가 발생하여 피보험이익의 전부가 실질적으로 멸실하거나 혹은 손상정도가 심하여 구조하거나 수리하는 것보다 오히려 전손 보험금을 지급하는 것이 경제적으로 유익한 경우를 말한다. 전손에는 현실전손과 추정전손이 있으며 전손위험을 담보하는 증권의 경우 다른 의도가 명기되어 있지 않는 한 현실전손뿐만 아니라 추정전손도 담보한다.

(1) 현실전손(Actual Total Loss)

현실전손이란 다른 말로 실질전손 또는 절대전손이라고도 한다. 보험목적의 전부멸실, 보험목적 본질의 파괴 및 보험목적에 대한 지배력의 항구적인 상실로부터 생긴, 피보험이익의 전체적인 소멸을 말한다.

✦MIA 第57조 2항 ; in the case of an actual total loss no notice of abandonment need be given.

보험목적의 전부 멸실에는 소실(燒失)되어 재로 되는 것과 같은 물질적인 멸실 외에, 선박이 조난하여 선해(船骸)로 되는 것과 같은, 거래관념상의 멸실을 포함한다. 그리고 보험목적의 파괴라고 하는 것은 청과나 육류 등이 부패하여 식용으로 사용할 수 없게 되거나, 가죽이 부패하여 비료 등으로 사용할 수 없게 되고, 시멘트가 엉겨 붙은 돌덩이와 같이 된 것을 말한다. 또 지배력의 항구적 상실이란 보험의 목적이 몰수, 포획(捕獲)된 경우라든가, 선박 및 적화가 깊은 바다 속에 빠져 건져 올릴 수 없게 된 경우 등을 말한다.

✦MIA 第57조 2항 ; in the case of an actual total loss no notice of abandonment need be given.

해상적화보험에 있어서 보험의 대상은 적화 그 자체가 아니고 적화의 소유이익, 담보이익과 같은 피보험이익이다. 따라서 적화보험에 있어서 현실전손은 피보험이익의 전부 상실이지만, 적화에 대한 피보험이익은 적화의 물적 가치와 그 존재를 같이 하는 이익이므로 구체적으로는 적화 그 자체의 손해로서 피보험이익의 목적인 적화가 전멸하여 존재하지 않거나, 피보험자가 적화의 점유를 상실하여 회복의 가능성이 없는 경우에 전손으로 된다. 현실전손인 경우 보험자에게 위부할 것이 없기 때문에 영국해상보험법 제57조 2항에 따라 위부의 통지가 필요 없다. 그러나 실무상 현실전손인지 아닌지 의심스러운 경우와 피보험재산의 소유를 박탈당한 이유로 전손보험금을 청구하기를 원하는 경우에는 그 손해가 현실전손인지 추정전손인지는 나중에 결정하도록 남겨두고 위부의 통지를 해야 한다.

❙ 적화의 현실전손 사례 정리 : 피보험목적물이 멸실되거나 보험에 가입된 종류의 물건으로서 존재할 수 없을 정도로 손상을 입은 경우에는 현실전손의 성립시기에 대해 별문제가 없다. 해상적화의 현실전손 사례는 다음과 같다.

① 적화가 선박과 함께 침몰하여 구조의 가능성이 없는 경우, 선박의 인양은 불가능하더라도 적화의 구조가 가능한 한 적화의 전손을 발생하지 않는다. 적화의 구조가 가능한지의 여부는 선박

의 구조의 가능여부와는 별개로 판정해야 한다. ② 적화가 투하가 되어 화물을 구조할 가능성이 없는 경우 전손으로 처리된다. ③ 선박이 적화와 함께 행방불명되어 회복의 가능성이 없는 경우에는 적화도 회복의 가능성이 없는 것으로 인정한다. ④ 판결에 의해 몰수되는 경우 또는 포획의 판결은 받지 않았더라도 회복의 가능성이 없는 경우에는 전손으로 된다. ⑤ 해적에 의해 약탈된 경우는 회복의 가능성이 없는 것으로서 전손으로 된다. ⑥ 적화가 선장 또는 선원에 의하여 수화인 이외의 타인에게 인도되어 회복의 가능성이 없는 경우에는 전손으로 된다. 단, 선장 또는 선원의 악행에 의하여 적화가 타인에게 인도된 경우에 선장 또는 선원의 악행에 대하여 보험자가 면책일 때 당연히 보험자가 이 전손에 대하여 책임을 지지 않는다. ⑦ 항해 도중에 적화가 매각되어 적화소유자로부터 이탈한 때에는 적화의 전손이 성립한다.

현실전손에 관한 판례 ; ① 침몰상태로 방치된 선박이 그 후 구조자에 의해 항구로 예인되고, 법원의 명령에 따라 구조비용보다 낮은 가격에서 매각된 경우(Abortive Salvage Expense) 매각은 현실 전손이다(Cossman v. West [1887]). ② 바지선에 쌀을 싣고 오다가 바지선의 침몰로 침수손을 입은 경우, 다시 건조시켜 약 1/4가격으로 쌀을 매각한 경우 쌀은 여전히 동종의 물건인 쌀로 존재하므로 현실 전손이 아닌 분손이다(Francis v. Boulton [1895]). ③ 예인선이 충돌 후 낮은 물에 침몰하였으나, 신속하게 다시 부양된 경우 현실전손은 아니라고 판결(Captain J A Cates Tug and Wharfage Co Ltd. v. Franklin Insurance Co [1927]).

✦제60조 Constructive total loss defined (추정전손의 정의)
① Subject to any express provision in the policy, there is a constructive total loss where the subject-matter insured is reasonably abandoned on account of its actual total loss appearing to be unavoidable, or because it could not be preserved from actual total loss without an expenditure which would exceed its value when the expenditure had been incurred.

그러나 매각에 의한 전손에 대하여 보험자가 반드시 보상의 책임을 지는 것은 아니고, 매각이 해상사업에 관한 사고 또는 해상사업에 관한 사고의 후속수단으로 인정되는 경우에만 보험자가 부담하는 전손으로 된다. 즉, ICC(A)하에서의 선원의 악행에 의해 매각되는 경우, 공동해손 비용을 조달하기 위해 매각되는 경우, 보험사고의 결과 적화가 손상을 입어 목적지에 도달하기 전에 전멸될 것이 확실하기 때문에 매각된 경우, 예를 들어 악천후를 만나서 석탄이 해수에 젖었기 때문에 자연발화의 위험이 있어서 석탄을 매각하는 경우, 침수에 의해 피혁제품이 부패하기 시작하여 이를 목적지까지 운송할 수 없어 매각하는 경우, 보험사고에 의해 항해가 지연되고 적화가 부패하여 전손으로 될 것이 확실하기 때문에 매각하는 경우 등이다. 그 외에도 해상사업에 관한 사고에 의해 항해의 계속이 불가능하게 되고, 적화는 중간항에 양륙시켰거나 목적지로의 운송이 불가능하거나 또는 다른 운송수단에 의한 운송비가 적화의 가액을 초과하기 때문에 적화를 매각하는 경우는 전손으로 인정된다. 이런 경우에는 적화가 물체로서는 존재하고 또한 어느 정도의 가액을 유지하고 있더라도 전손으로 취급되며, 이 경우의 매각대금은 보험자의 구조이익으로 돌아간다. 또한 원래의 목적으로 사용하기에 적합하지는 않지만, 얼마의 가치가 남아 다른 용도로 사용 가능한 경우라 할지라도 현실전손으로 처리하여 전손보험금이 지급되고 보험자는 잔존물을 취득하게 된다.

(2) 추정전손(Constructive Total Loss)

추정전손은 법률상으로는 전손이나 사실상의 전손이 아니고(total loss in law but not

✦상법 711조1항 : 선박의 존부가 2개월(구상법 3개월)간 분명하지 아니한 때에는 그 선박의 행방이 불명한 것으로 한다. 제1항의 경우에는 전손으로 추정한다고" 라고 규정하여 추정전손으로 간주함.

in fact) 정당한 위부의 통지에 의하여 피보험자가 보험자에게 전손에 대한 보험금을 청구함으로써 사실상의 전손으로 전환되는 것이다. 즉, 보험사고에 의하여 피보험이익이 전손을 입었다는 개연성 또는 전손이 될 것이라는 개연성이 있는 경우에는 비록 보험사고에 의한 현실의 손해를 입증할 수 없거나 또는 전손의 여부가 확실하지 않더라도 피보험자에게 보상을 인정하는 편의적인 방법이다. 이는 추정전손이 보험의 목적이 사실상으로는 전손이 아니지만, 그 수선 또는 회복의 비현실성, 비실제성 또는 비용 때문에 **위부**를 통하여 전손으로 처리하는 것이 바람직한 경우에 존재하는 것으로서 현실전손을 피할 수 없거나 또는 손해를 회복하기 위해서는 **보험목적의 가액을 초과하는 비용의 지불이 불가피할 경우**에 해당한다.

영국해상보험법 제60조 제1항에 따르면 추정전손을 보험증권상에 특약규정이 명시된 것을 제외하고, 피보험목적물의 현실전손이 불가피하다고 보이거나 현실전손을 면하기 위하여 비용이 발생할 경우에 피보험목적물의 가액을 초과하는 비용이 소요되므로, 합리적으로 위부를 했을 경우에 추정전손이 있다.

추정전손의 사례 : ① 보험목적물이 현실적으로 멸실하지는 않았지만, 피보험자가 선박 또는 화물의 점유를 박탈당하여 회복할 수 있을 것 같지 아니하거나 ② 회복하는데 소요되는 비용이 회복되었을 때의 선박 또는 화물의 가액을 초과하리라고 예상되는 경우 ③ 선박의 훼손을 수리하는데 소요되는 비용이 수리되었을 때의 선박가액을 초과하리라고 예상되는 경우 ④ 화물의 훼손을 수리하여 목적지까지 운송하는데 소요되는 비용이 도착하였을 때의 화물의 가액을 초과하리라고 예상되는 경우

해상보험에만 존재하는 특수한 제도인 추정전손은 선박과 화물이 상실되어 회복될 수 있을지, 혹은 회복되지 않을지 모르는 불확실한 상태가 아니라 회복할 수 있는 가능성이 없을 때 추정전손이다. 최종 목적지에 도착하기 이전에 손상된 상태로 보관될 경우 회복비용이란 양륙비용, 건조비 및 입고비, 환적비용, 해상운임을 초과하는 제반비용, 구조된 화물에 분담되는 구조비용을 포함한다.

MIA 제60조에서 제63조를 종합하면 추정전손은 현실전손은 아니지만 피보험자가 적절한 위부의 통지를 하고 보험금액 전액을 청구할 수 있는 손해라고 할 수 있다. 즉, 위부의 통지 없이는 추정전손이 성립되지 않는다. 이러한 추정전손의 원리는 선박이 포획된 경우에 그 선박의 해방가능성 여부를 상당기간 동안 지켜본 뒤, 불가능하다는 것이 판명될 때에 보험금을 청구하는 경우 피보험자가 떠안은 부담을 덜어 주기위하여 생겨난 것인데, 이 원리는 곧 다른 종류의 손해에까지 확대, 적용되기에 이르렀다. 결국 추정전손에 관한 정의나 추정전손의 원리를 감안해 보면, 추정전손은 보험사고에 의하여 보험의 목적이 전멸이 불가피하지는 않더라도 전멸의 개연성이 높거나 또는 목적항으로의 도착이 전혀 가능성이 없는 것은 아니지만 매우 회의적인 경우에 성립한다.

(가) 추정전손의 효과

MIA 제61조는 추정전손의 경우 피보험자로서는 이를 분손으로 취급할 수도 있고, 또는 현실전손인 것처럼 취급할 수도 있다고 규정하고 있다. 이 중 어느 것을 선택할 것인가는 피보험자의 재량이며, 다만 현실전손인 것처럼 취급하고 싶으면 보험자에게 보험목적을 위부(委付)하여야 한다. 이와 같이 추정전손의 경우 피보험자는 보험목적을 포기하지 아니하고 분손으로 취급하여 보험금액의 범위 내에서 수리비용을 청구할 수도 있고, 아니면 보험목적을 포기하고 현실적으로 취급하여 보험금액의 전액을 청구할 수도 있다. 다만 이처럼 현실전손으로 취급하고자 하면 반드시 보험목적을 보험자에게 위부해야만 한다.

(나) 추정전손의 성립요건

✦추정전손의 형식적 요건
추정전손의 실질적 요건이 존재하는 경우에는 피보험자가 이것을 추정전손으로 처리하기 위해서는 피보험이익을 보험자에게 위부해야 한다. 즉 추정전손의 형식적 요건인 위부에 의해 추정전손이 완전하게 성립하고 위부의 간접적인 효과인 보험금액의 전액청구권이 발생하게 된다.

추정전손의 실질적인 성립요건은 상법 제710조는 위부의 사유에 대하여 규정하고 있다. 상법상의 규정은 MIA(제60조 2항)의 규정을 그대로 도입한 것으로 강행규정이 아니므로 당사자간의 특약에 의하여 추정전손의 범위를 제한하거나 확장하는 것은 가능하다.

MIA는 추정전손이 성립하는 경우에 대하여 제60조 2항에서 이를 구체적으로 예시하고 있는데, 이는 추정전손의 예를 규정한 것으로서 제60조 1항에서 추상적으로 규정하는 원칙이 제60조 2항의 예시와 다른 경우에도 그대로 적용될 수 있다. 따라서 추정전손의 성립요건을 구체적으로 살펴보면 다음과 같다.

첫째, 피보험자가 보험사고로 인하여 자기의 적화의 점유를 상실하여 이를 회복할 가능성이 없거나, 회복하기 위한 비용이 회복하였을 때의 가액을 초과하리라고 예상될 경우에는 이를 위부하여 추정전손으로 처리할 수 있다(상법 제710조 1호, MIA 제60조 2항(I)호). 구상법은 선박 또는 적화가 포획된 때, 선박 또는 적화가 관공서에 압수되어 6개월 이상 환부되지 아니한 때를 보험위부의 원인으로 하고 있었으나, 현행상법에서는 MIA와 동일한 취지를 규정하고 있다. 선박이나 적화가 포획 또는 압수된 경우 점유의 상실에 당연히 포함된다.

둘째, 선박만이 포획되고 적화는 반환되어 적화를 목적항으로 운송가능한 때는 그 적화에 대하여는 추정전손이 성립하지 않는다(상법 제712조).

그러나 이 경우 적화의 목적항으로의 운송이 불가능하게 되는 경우가 있을 수 있으며, 이때 이러한 목적항 도착불능에 의하여 추정전손이 성립하는가에 대하여 의문이 제기될 수 있다. 선박보험의 경우에는 이러한 목적항으로의 도착이 불가능하더라도 이에 의하여 추정전손이 성립하지 않지만, 적화보험은 적화가 담보위험에 의하여 목적항에 도착하지 못함으로써 입게 되는 손해를 보상하는 보험이므로, 적화가 나포 등으로부터 반환되었다 하더라도 인도기간 내에 목적항에 도착이 불가능한 경우에는 추정전손이 성립된다. 다만, 이 경우 단지 목적항으로의 도착이 일시적으로 지연되는 경우라면 추정전손으로는 되지 않을 것이다.

셋째, 관공서에 의한 압수는 공공적 필요를 위하여 국가나 관청에 의해 이루어지는 처분행위로서 선박 또는 적화에 대한 피보험자의 지배권을 이탈하는 행위를 말한다. 직접적인 점유를 빼앗는 경우도 있으나, 출항금지, 봉쇄와 같이 항해의 자유를 제한하는 경우도 있다. 압수는 나포와 같이 포획을 목적으로 피보험자의 소유권을 탈취하는 것이 아니고, 외국에 대한 보복 또는 검역상의 필요에 의하거나 선박의 징발을 위하는 등의 공공이익을 목적으로 일시적으로 중지시키는 것으로 반드시 전손의 개연성이 있는 것은 아니다. 따라서 압수된 때 바로 추정전손을 인정해서는 안 된다. 그러나 압수가 장기간 계속되면 회복을 기대할 수 없는 전손으로 될 개연성이 있으므로 일정기간을 정하여 그 기간이 지난 후 추정전손으로 취급해야 할 것이다.

영법에서는 관공서에 의한 압수는 추정전손의 한 경우로 예시하고 있지 않다. 압수가 이루어진 경우 추정전손의 성립여부는 MIA 제50조 1항 및 2항 1호의 원칙적 규정의 적용을 받는다. 즉, 압수의 결과 피보험자가 그 점유를 탈취당하고 상당기간 동안 반환되지 않고 회복의 가능성이 없을 것으로 예상될 때 추정전손은 성립한다.

(3) 타협전손(Compromised Total Loss) / 동의전손(Arranged Total Loss)

✦전손에는 현실전손과 추정전손이 있지만, 추정전손과 유사한 용어로 타협전손과 동의전손(arranged total loss)이 있다.

타협전손이란 추정전손에서 피보험자가 보험자를 상대로 위부를 신청하였지만 보험자가 위부를 받아들이지 않고 보험자가 보험금지급을 거절하였을 경우 발생한다. 즉, 피보험자가 추정전손이라고 판단하여 적시에 위부의 통지를 한 후 전손보험금을 청구하지만, 보험자는 관습적으로 전손으로 처리할 수 없다고 주장하며 전손보험금의 지급을 거부할 수 있다. 이러한 경우 피보험자는 스스로 신청한 위부가 보험자로부터 받아들여지지 않았으므로 보험사고에 대한 보상금지급과 관련하여 소송으로 해결할 수밖에 없다. 그러나 보험금 지급에 관한 문제를 법정에서 해결하게 되면 양 당사자 모두에게 거액의 비용지출과 시간의 소비가 발생하기 때문에 보통 실무적으로는 그러한 소송비용을 고려하여 피보험자와 보험자 상호간에 합의를 진행하여 합의되는 금액을 보험자가 지급한다. 이때 합의되는 금액을 추정 전손금으로 지급하게 되는 경우를 타협전손이라고 한다.

동의전손은 보험의 목적물이 명백하게 추정전손으로 성립되지는 않지만, 부수적인 책임이나 혹은 기타의 이유로 인해 그 손해를 전손으로 처리할 것에 동의해 버리는 것을 말한다.

2) 분손(Partial Loss)

✦분손이란 보험목적물의 일부 또는 부분 멸실, 손상을 의미. 공동해손을 제외한 손해를 단독해손이라 정의한다.

분손이란 전손의 상대적 개념으로서 피보험목적물 일부의 멸실과 일부의 손상을 의미하며 단독해손과 공동해손으로 구분한다. 비용손해인 구조비, 손해방지비용, 특별비용 등은 그러한 비용이 발생한 상황에 따라서 단독해손 혹은 공동해손으로 처리된다. 따라서 분손은 부보된 물품의 일부에만 손해가 생겼을 경우를 말하는 것으로, 전손이 아닌 경우는 모두 분손으로 본다. 분손은 손해 부담자의 범위에 따라 단독해손과 공동해손으로 나뉜다.

(1) 단독해손(P/A : Particular Average)

단독해손이라 함은 피보험자가 단독으로 책임지는 보험목적물의 부분적인 손해를 말한다. 즉, 전손이 아닌 부분손해로서 공동해손 손해가 아닌 경우를 말한다(MIA 64조 1항). 피보험자는 보험금액을 한도로 실제로 발생한 합리적인 수리비를 전액(보험 증권상에서 기본공제 제외) 보상받게 된다.

단독해손은 공동해손과 대응되는 의미를 내포하며, 공동해손 손해가 아닌 분손을 의미한다. 피보험이익의 일부의 멸실 혹은 손상이 담보위험으로 우연히 발생하고 그 손해는 피보험목적물에 이해관계를 갖는 자는 단독으로 부담하게 되는 것이어야 한다. 예를 들어 선상 화재로 인한 화물의 소실과 화물의 해수침손 등처럼 부보된 물품에 대해 손해를 입는 자가 혼자 부담하는 손해를 말한다.

(2) 공동해손(G/A : General Average)

✦공동해손의 비용손해 : 구조비, 피난항 비용, 임시수리비, 선원의 급료와 유지비 등

✦공동해손의 희생손해 : Jettison, Damage by the extinguishing the fire, Voluntary stranding, Ship's material burnt for fuel.

✦공동해손 분담가액: 당해 항해 종료 장소/시점에서의 가액 기준

공동해손이라 함은 선박과 화물 및 기타 해상사고에 관련이 있는 자가 선박이나 화물에 생각지도 못한 절박한 어려움이 닥친 경우, 그러한 위험을 제거하거나 경감시키기 위하여 선체와 그 장비 및 화물의 일부를 바다에 빠뜨리는 것과 같이 재산의 일부를 희생(희생손해)시키거나 혹은 필요한 경비(비용손해)를 지출한 경우를 말한다. 즉, 공동해손제도는 항해단체에 공동의 위험이 발생했을 경우 그러한 위험을 제거하거나 경감시키기 위하여 선체와 그 장비 및 화물의 일부를 희생시키거나 혹은 필요한 경비를 지출하였을 때 이러한 손해와 경비를 항해단체에 대한 이해관계자들이 공동으로 분담하는 제도이다.

영국해상보험법 제66조에는 공동 해상사업에 있어서 위험에 처한 재산을 보호할 목적으로 위험시에 비상한 희생이나 비용이 임의로 또 합리적으로 만들어지거나 발생한 때에는 공동해손 행위가 있다고 규정하고 있다.

3. 비용손해

목적물이 위험할 경우 그 목적물을 지키기 위해 피보험자나 피보험자를 위하여 경비를 씀으로써 입은 손해를 말한다. 해난구조료(salvage charge), 구조비(salvage awards or expenses), 특별비용(particular charge), 손해방지비용(sue and labor charges), 손해조사비용(survey fee) 등이 있다.

1) 구조비(Salvage Charge)

구조비란 구조계약 유무에 상관없이 구조업자가 해상법하에서 보상받을 수 있는 비용을 말한다. 따라서 구조비에는 피보험자, 그의 대리인 또는 그들에 의하여 고용된 사람에 의하

여 행하여진 구조행위(계약구조행위)에 대한 보수는 포함되지 않는다. 이러한 구조행위는 그 성격에 따라서 공동해손비용 또는 손해방지비용으로 처리될 수 있다.

✦담보위험에 처한 보험목적물의 적재 선박을 제삼자가 계약에 의하지 않고 임의로 구조한 경우에 구조노무를 제공한 자는 해법에 의해 보상받을 권리를 갖게 되는데 이때 구조자가 취득하는 보수를 구조비다.

구조비에는 광의적인 의미의 구조비와 협의적인 의미의 구조비 두 가지가 있다. 광의적인 의미의 구조비는 보통 구조보수라 부르고 여기에는 임의구조비와 계약구조비가 포함된다. 반면 협의적의 의미의 구조비는 임의구조비에만 한정하는 것으로서 선박 또는 적화가 해난을 당했을 때 구조의무가 없는 자가 이를 구조한 후 구조결과에 대하여 상당의 구조비를 청구할 경우 지급되는 비용을 임의구조비라 한다.

영법(英法)에서의 구조비(salvage charges)란 협의적인 의미의 임의 구조비이다. 영국 해상보험법 제65조에 의하면 구조비는 구조자가 구조계약과는 관계없이 해상법상으로 회수할 수 있는 비용을 의미하기 때문이다. 임의구조에 있어서 구조행위의 요건은 다음과 같다.

첫째, 해상의 재산이 위험에 처해 있어야 한다. 구조행위는 모든 수면에서 성립되며, 구조비 청구권리는 선박, 선박의 화물 또는 의장, 선박에 귀속되어 있는 난파물에 대해서만 성립한다. 이때 해상의 피보험재산은 꼭 절대적인 위험에 노출되어야 함을 의미하는 것은 아니고 합리적으로 우려할 만한 위험에 직면해 있으면 된다.

✦베트남의 선박 '메이호'가 일본 영해상에서 파선위기에 직면하고 있었는데, 때마침 지나가던 한국선박 '갈매기호'와 선박구조계약을 체결하면서 준거법을 영국법에 의하기로 하였다. 그 구조로 인한 보수청구를 한국법원에 제기한 경우에 준거법은 영국법이 된다.

둘째, 구조계약에 의하지 않은 임의의 구조자에 의한 자발적인 구조행위이어야 한다.

셋째, 구조행위의 결과로서 위험에 처한 화물을 성공적으로 구조하여야 한다. 이는 구조된 재산이 없는 경우에는 이익을 얻는 사람이 없기 때문에 구조자는 구조비를 청구할 수 없다.[37)]

구조비는 동시에 공동해손이 되는 경우가 많으나 공동해손비용으로서 용인(容認)되어 있는 보험자의 보험책임에는 영향이 없다. 선박과 적화가 함께 구조된 경우의 구조비에 관해서는 구조된 것의 가격에 따라 선박과 적화가 각각 부담할 분담액만이 보상된다. 구조계약서, 구조보수중재 계약서에 사용된 선박의 부담가액이 보험가액을 초과하는 경우는 그 초과액의 구조비 부담액은 보상되지 않는다.

상법은 항해에 관하여 해난에 조우한 선박 또는 적화를 의무가 없이(구조계약에 의하지 아니하고) 구조한 것을 해난구조라 하여 이것에 관하여 관계자의 이해의 조정을 도모하고 있다(상849해양사고 구조의 요건~860구조료청구권의 소멸-2년 내).

구조계약에 의하여 구조가 행하여진 때에는 구조료는 계약에서 정하여져 있으므로 상법은 원칙으로 이에 간섭하지 않는다(다만 예외가 있다. 상법 제887조). 항해선 또는 그 적화 기타의 물건이 구조된 때에는(인명만이 구조된 경우를 제외), 의무 없이 이를 구조한 자는 그 결과에 대하여 상당한 보수(구조료)를 청구할 수 있다(상법 제882조).

한국 상법은 통일조약 제1조와 같이 항해선과 내수항행선간의 구조를 포함시키고 있다. 구조된 선박 또는 적화에 관하여는 우선특권이 인정된다(상법 제893조, 구조자의 우선특권). 구조의 보수의 액에 관하여는 이에 관한 약정이 없는 경우에 당사자 간의 합의가 성립하지 아니할 때에는 법원이 이를 결정한다(상법 제887조 2항).

그러나 구조된 결과 도리어 불이익하게 되지 않도록 구조의 보수액은 다른 약정이 없으면 구조된 목적물의 가액에 비례하여 결정된다(상법 제886조 ① 구조료의 한도). 해난구조는 선박소유자가 제공하는 선박과 선장·선원이 제공하는 노역에 의하여 행하여지는 것이므로 취득한 보수액(구조료)은 이러한 자에게 상법이 정하는 기준에 따라 분배한다(상법 제888조, 공동구조자간의 구조료분배·상법 제889조, 1선박내부의 구조료분배). 또 섭외관계에 있어서는 "해난에 있어서의 구원·구조에 관한 규정의 통일을 위한 조약"(1910년)이 적용된다.

상법 제882조(해난 구조의 요건) 항해선 또는 그 적화 기타의 물건이 어떠한 수면에서 위난에 조우한 경우에도 의무 없이 이를 구조한 자는 그 결과에 대하여 상당한 보수를 청구할 수 있다. 항해선과 내수항행선간의 구조도 같다. 또 구조계약의 유무에 관계없이 구조업자가 해상법하에서 취득할 수 있는 비용으로서 부보가액을 초과하여 별도 보상은 되지 않는다. 그러나 구조비 중 특히 손해의 방지와 경감을 위한 응급의 조치의 경우 필요한 비용 또는 배상청구권의 행사 또는 보전에 필요한 비용에 관해서는 예외적으로 보험금을 초과하더라도 보상한다. 이 구조비는 피보험자, 그 대리인 또는 보수를 받고 고용된 자가 담보위험을 피하기 위하여 행한 구조의 성질을 띤 노무의 비용을 포함시키지 않는다. 그러나 비용은 적절하게 발생한 비용이라면, 비용이 발생한 사정이 어떠한가에 따라서 특별비용이나 혹은 공동해손비용손해(General Average Loss)로서 보험자로부터 보상받을 수 있다.

2) 구조계약

✦구조방식 :
① 의무가 없는 구조로서 구조계약이 없는 상태하에 자발적으로 행한 구조
② 자매선(sister-ship)에 의한 구조
③ 불성절무보수계약(일명 no cure no pay계약)
④ 로이드 표준양식의 구조계약

구조계약이란 보험사고 발생시 보험목적의 구조를 위한 계약을 의미한다. 즉, 선박이 해상에서 조난을 당한 경우, 이의 구조를 둘러싸고 구조자와 위험에 처한 재산의 소유자나 그의 대리인이 서면 또는 구두로 구조행위의 성공여부에 관계없이 일정한 금액을 지급하겠는 약정을 하고 이 약정하에서 구조작업을 수행하는 비용계약을 의미한다. 따라서 계약구조의 경우 구조된 상품의 소유자는 재산의 구조의 성공여부와 관계없이 구조자에게 계약금을 지급하여야 하며, 구조계약을 둘러싸고 분쟁이 발생하게 되면 구조계약에 의한 계약구조는 해상법상의 구조자로서의 지위 및 유치권의 행사에 관한 구조자의 권리가 소멸하게 되고 해상법이 아닌 계약법에 의하여 해결하게 된다.

영국해상보험법 제65조에서도 계약구조에 대한 보상금액은 구조료의 의미에서 제외하고 공동해손 또는 특별비용으로 처리하고 있다.

✦로이즈 해난구조계약표준양식은 1892년에 영국의 로이즈 위원회에 의하여 제정되었다. 1980년에 전면적인 개정이 있었으며, 최근에는 1995년에 개정이 있었다.

통신이 발달한 오늘날에는 구조는 거의가 구조계약에 의하여 실행되고 있으며 이 경우의 구조비는 손해방지비용 또는 공동해손비용으로 취급된다. 현실적으로는 표류화물을 제외하고는 엄격한 의미의 임의구조의 형태는 없으므로 구조행위는 거의 모두 구조계약하에서 이루어진다고 볼 수 있다. 현재 해난구조계약에서 국제적으로 가장 널리 사용되는 표준양식으로 1995년 로이즈 해난구조계약표준양식(Lloyd's Standard Form of Salvage Agreement 1995)[38]이 있다. 로이즈 해난구조계약표준양식에 의한 구조에서 구조료 청구

권은 선박 또는 적화의 전부 또는 일부의 구조가 성공한 경우에만 발생한다. 이는 "구조의 효과가 없으면 보수가 없다"는 원칙이 적용되는 것으로서, 임의구조의 본질적인 특징과 동일하다. 로이즈 해난구조계약표준양식에서는 중재에 의하여 구조료 총액이 산정되고, 구조된 선박과 적화의 가액에 비례하여 구조료를 결정하고 있다. 1989년 국제해난구조협약(International Convention on Salvage 1989) 제13조 3항에서도 구조료는 구조된 선박과 기타 재산의 가액을 초과하지 않는다고 규정되어 있다.

3) 부대비용(Extra Charges)

부대비용은 클레임을 입증하고 손해 금액을 확정하는데 지출된 비용으로서 대표적인 것으로 매각수수료 및 비용, 해난보고서 작성비용, 이재조사비 및 손해 입증 비용 등이 있다. 이러한 비 계약 구조행위에 대한 보수는 포함되지 않는다.

보험증권에는 부대비용에 관하여 어떠한 규정도 없지만 관습에 의해 손해가 보험자가 부담하는 손해일 경우에 한하여 보상하기로 되어 있다.

4) 특별비용(Particular Charges)

보험의 목적의 안전이나 보존을 위하여 피보험자에 의해서 또는 피보험자의 대리인에 의해서 지출된 비용으로 공동해손비용과 구조비 이외의 것을 특별비용이라 한다. 특별비용은 손해의 평가와 관련하여 목적지에서 지출된다.

이때, 담보위험에 처한 보험목적물의 안전과 보존을 위하여 피보험자나 혹은 그 대리인이 지출한 비용을 특별비용이라 한다. 즉, 해난 때문에 피난항에서 행해진 양륙, 보관 및 그에 계속되는 운반을 위한 비용과 같은 보험목적물의 안전과 보존을 위해 지출된 비용과 공동해손비용 및 구조비 등을 의미하는 것으로 행위의 주체가 제3자인 경우는 구조비, 행위의 주체가 피보험자 및 그 대리인 등일 경우는 특별비용이라고 할 수 있다.

특별비용은 선박이나 적화에 단독으로 발생하는 비용으로서 일반적으로 손해방지약관(sue & labour clauses)이 첨부된 보험증권하에서 보상된다. 특별비용은 피보험목적물 자체의 손해가 아니고 그 손해를 방지하거나 경감하기 위하여 발생한 비용이므로 단독해손이라고 할 수 없으며, 또한 공공의 이익을 위해서가 아니라 단독이익을 위하여 발생한 비용이기 때문에 공동해손이라고도 볼 수 없다. 영국해상보험법 제65조 2항을 분석하면 피보험목적물의 안전과 보존을 위하여 피보험자 또는 그의 대리인에 의해서 지출된 비용으로서 공동해손비용과 구조비 이외의 것을 특별비용이라고 한다. 특별비용은 공동해손에 포함되지 않는다. 적화의 경우 대표적인 특별비용은 창고보관료, 건조비용, 포장비용과 같이 화물의 손해가 확대되지 않도록 하는데 소요되는 비용이다.

MIA 64조 2항 : 특별비용의 정의

※보상한도 : MIA에서는 보상한도에 관한 규정은 없지만, 손해방지약관에 의해 보상되지 않는 경우 클레임이 보상되는 것을 조건으로 특별비용을 지급하는 것이 관례이다.

※특별비용의 보상조건

- 지출된 비용은 전적으로 이례적이어야 하고, 통상적인 비용의 증가이어서는 안 된다.
- 지출된 비용은 피해를 입은 손상된 부분 때문에 전적으로 지출되어야 한다.
- 그러한 비용들은 보험증권에 의해 보험자가 책임을 지는 손상과 관련하여 지출되어야 한다.

5) 손해방지비용(Sue and Labour Expenses)

✦손해방지약관은 보험계약을 보충하는 별개의 계약으로 되어 있기 때문에 손해방지비용은 기타의 비용과는 달리 손해에 대한 보상액과 합산하여 보험가입금액을 초과하는 경우라도 그 전액이 보상된다.

상법 제680조 손해방지의무에 의하여 보험계약자와 피보험자는 손해의 방지와 경감을 위하여 노력하여야 하며, 이를 위하여 필요 또는 유익하였던 비용과 보상액이 보험금액을 초과한 경우라도 보험자가 이를 부담하여야 한다.[39] 따라서 보험에 의해 보상되는 손해가 발생하면 피보험자는 보험목적물의 손해를 경감시키거나 멸실을 막기 위해 합리적이고 실행 가능한 조치를 취해야 한다. 피보험자가 이와 같이 약관상 담보되는 위험을 방지하거나 경감시키기 위한 비용으로 보험자가 추가부담하는 비용손해을 손해방지비용이라고 한다.

MIA 78조 : 손해방지비용의 정의

※손해방지비용의 요건

- 손해방지비용은 피보험자 또는 그의 대리인이 합리적으로 지출한 비용에 한한다. 따라서 제3자에 의해 지출된 비용은 손해방지비용이 될 수 없다. 단, 선장의 지출 비용은 손해방지비용으로 보상된다.
- 보험자가 보상하게 될 손실을 피하거나 경감시키기 위해 지출되어야 한다.
- 적화의 보험의 경우 목적지 도착 전에 발생된 비용에 한한다.

※보상한도

MIA 78조 1항에 규정되어 있는 것처럼 독립된 약관이다. 따라서 이 약관의 보충적인 성격은 피보험자가 보험가액 이상으로 보상받을 수 있다는 것을 의미한다. 즉, 전손을 막기 위해 비용을 지출했지만 전손을 막을 수 없는 경우에도 이러한 비용이 합리적인 한 전손 보험금에 부가하여 지급하게 된다.

손해방지비용은 보험증권의 본문 중 손해방지약관에 의해 보험자가 부담하여야 한다. 피보험자의 손해방지노력은 결국 보험자를 위한 것이므로 보험자는 피보험자 또는 그 대리인에 의하여 합리적으로 지출된 손해방지비용이 부보가액을 초과하더라도 별도 보상하여야 한다. 그러나 합리적으로 발생한 손해방지비용을 보험자가 보상하는 반면 피보험자 및 그 대리인은 손해방지를 위한 필요한 모든 조치를 취해야 할 의무가 부과된 것이므로, 이러한 피보험자의 손해방지의무를 위반했을 때는 보험계약의 효력이 상실되거나 혹은 피보험자에게 불리한 결과를 가져오게 할 수 있다. 손해방지 요건으로는 아래와 같다.

▎ 피보험자의 손해방지행위 : 피보험자 또는 그의 대리인이 손해방지행위를 했을 때만 그 비용에 대한 책임을 보험자가 지게 된다. 그러므로 제3자에 의해 지출된 비용은 손해방지비용이 될 수 없다.

▎ 합리적인 비용 : 비용은 합리적이고 적절하게 발생된 것이어야 한다.

▎ 담보대상 위험의 손해방지행위 : 보험증권이나 약관상으로 담보되는 위험을 방지 혹은 경감시키기 위해서 소요된 비용이어야 한다.

▎ 특별비용과 손해방지비용 : 손해방지비용은 특별비용의 한 형태이므로 특별비용이 더 포괄적이라고 볼 수 있다. 일반적으로 손해방지비용은 화물이 목적지에 도착하기 이전에 어떤 손해를 피하거나 경감하기 위해 지출되며 특별비용은 손해의 평가와 관련하여 중간항이나 목적지에서 발생된다. 특별비용은 다른 손해액과 합계하여 보험금액을 한도로 하여 보상하는 반면 손해방지비용에 있어서는 보험금액을 초과한 경우에도 보상되는 점이 다르다.

4. 배상책임(Collision Liability / Running Down Clause RDC)

선박충돌시 상대선 및 상대선에 선적된 적화물에 대한 배상책임을 선체보험자가 일부 또는 전부를 계약에 의거 보상한다.

1) 3/4 RDC : Hull Underwriters

선박보험은 선박의 사고와 관련된 사고에 의하여 피보험목적물인 선박(속구 및 기타 항해에 필요한 모든 장비 일체를 포함)에 생긴 손해를 보상하는 보험이다.

선박보험은 보험계약을 체결할 때 당사자가 합의에 의하여 보험가액을 결정하는 기평가보험으로 선박이 건조, 운항 또는 계선되는 도중 각종 해상위험 등에 의하여 입은 선체의 물적손해와 선체사고로 인하여 발생하는 비용손해 및 충돌손해배상책임을 보상한다. 선박보험이 주로 보상하는 손해는 선박의 침몰, 좌초, 대화재, 충돌, 전복, 도난, 투하, 해적행위, 지진, 화산의 분출 또는 낙뢰, 화물 또는 연료의 적재, 양화 또는 환적작업시의 사고, 선장, 고급선원, 보통선원 또는 도선사, 용선사의 과실, 선장, 고급선원, 보통선원의 악행, 기타 약관상 열거된 위험 등이다. 그러나 위에서 열거한 위험에 기인한 단독해손, 공동해손분담금, 충돌손해 배상금의 3/4, 손해방지비용, 구조비 등에 관한 손해도 보상한다.

✦선박보험이 보상하지 않는 주요 손해로는 충돌손해배상금의 1/4, 전손 및 추정 전손을 제외한 1사고 당 소손해 공제액, 피보험선박의 자연소모, 피보험자의 고의적 나태로 인한 손해 등이 있다.

2) 1/4 RDC P & I Club

선박충돌이 피보험 측의 과실로 생기고, 상대 선박 또는 그 화물에 손해가 생긴 경우에 보통의 선박보험은 피보험선주의 소유자이익을 보험보호의 대상으로 인정하므로 보험자는 충돌에 따른 피보험선박 자체의 직접 손해만을 배상하면 족하고 피보험선주의 손해배상의무의 부담에 의한, 즉 선주의 책임이익을 대상으로 하는 간접손해의 배상을 원칙적으로 이행할 필요는 없다. 그러나 선박충돌로 인한 피보험자가 손해배상의무를 짐으로써 입은 손해는 항해에 관한 사고와 연관되는 것이고, 따라서 이러한 손해에 대해서도 보험보호를 도모해야 할 필요성이 대두하고 있다.

독일 · 프랑스 · 이탈리아 등은 보통약관 속에 충돌약관을 규정하고 있으며 영국과 일본은 RDC라는 특별약관을 두고 있다. 영국에서는 충돌도 선박간의 충돌로 제한하였고 동일한 피보험자소유 또는 임차(賃借)한 선박, 즉 자매선박간의 충돌도 포함하였다. 이와 관련하여 선주상호책임보험 제24조 타선과의 충돌에 의한 책임 및 비용을 보면 선주상호책임보험에 가입한 선박이 타선과 충돌한 결과 당해 타선에서 발생한 손해로 조합원이 부담하는 아래에 열거된 책임 및 비용을 보상한다.

✦ITC-HULLS (Institute Time Clause -Hulls)

선주상호책임보험 제24조 1항은 충돌책임에 관한 규정으로 조합에 가입된 선박과 관련하여 발생한 조합원의 책임 중 선박보험협회약관(ITC-Hull, 1983) 제8조 또는 다른 형태의 선박보험에서 보상되지 않는 4분의 1(또는 별도로 조합과 합의한 비율이 있는 경우에는 그 비율) 상당액을 보상한다. 선주상호책임보험 제24조 제2항은 초과충돌책임에 관한 규정으로 전호의 책임 및 비용의 총액이 선박보험[선박보험가액을 초과한 부분을 담보한 보험(이하 '초과액 특별보험'이라 한다)이 있는 경우에는 이러한 보험을 포함한다]의 보험가액을 초과한 경우의 초과액을 그러나 조합은 해당 가입선박의 선박보험금액(초과액 특별보험이 부보되어 있는 때에는 보험금액으로 한다)이 부당하게 낮다고 인정할 때에는 충돌사고 발생시의 가입선박의 시장가액을 기준으로 적정한 평가액을 결정하고 그 평가액을 초과한 부분만을 보상한다. 참고로 선체보험사 또는 P&I에서 4/4 RDC 담보도 가능하다.

5. 공동해손(General Average)

✦공동해손의 적격범위 : 공동해손희생손해는 선체, 장비, 화물 등의 전부 또는 일부를 희생시킴으로써 발생하는 손실을 뜻한다. - 적화의 투하(Jettison of Cargo)
-투하로 인한 손상
-선박의 소화작업
-기계 및 기관손해
- 임의 좌초
- 하역작업 중 발생하는 손해
-운임의 희생손해

공동해손이란 해상에서 선박이 해난과 조우하였을 때 선장이 공동항해에 속하는 재산을 위험으로부터 보존할 목적으로 공동의 안전을 위하여 고의적이고 합리적으로 선박 또는 적화의 일부를 희생시키거나 최소한의 경비를 지출함으로써 발생한 손해와 공동해손 행위의 직접적인 결과로 인한 손해를 말한다.

1) 공동해손의 법리

공동해손 법리에는 자연적 형평설, 계약설, 공동위험단체설, 사무관리설, 부당이득설, 공동대리설 등이 있다.

자연적 형평설은 공동해손이 자연적 형평(natural equity)을 바탕으로 한다는 학설로서 성문법 이전의 시대부터 이미 해상운송의 관습으로 공동해손이 존재하였다는 것에 근거를 두고 있다. 법률적이기 보다는 도덕적이고 윤리적인 색채가 강하다. **계약설**은 프랑스의 J.V. Cauvert가 주창한 이론으로 만약 운송계약서상에 해상의 모든 손해에 대하여 운송인

✦공동해손비용
손해
-구조비
-피난항비용
-임시 수리비
-자금조달비용

이 부담한다는 약정이 있다면, 화주는 공동해손제도를 배척하여도 형평의 관념에 배치되는 것이 아니므로 공동해손이 운송계약에 의해서 생긴 것이라고 보는 설이다. 그러나 계약설은 여러 명의 화주 중 한명의 화주가 운송계약서에 공동해손에 관한 약정을 두지 않는 경우 그 화주는 다른 화주에 대해 공동해손 분담책임을 지지 않아도 되므로 공동해손에 관한 이 설은 옳지 않다.

공동위험단체설은 독일 학자들이 일반적으로 인정하고 있는 학설이다. 이 설은 선박이 화물을 선적할 때부터 양화할 때까지 운송인과 화주 사이에 운송의 완성이라는 공동의 목적을 위하여 하나의 해상사업단체인 공동위험단체를 구성하는데 이 공동위험단체의 존재에서 공동해손제도가 유래한 것으로 본다. 그러나 해상운송시 운송인과 화주가 실제로 승선을 하고 있지 않으므로 단지 법률상 의제된 것에 지나지 않는다는 문제점이 있다. **사무관리설**은 항해 중 선박 및 적화를 위협하는 공동위험을 만났을 때에 선장은 선박소유자와 적화소유자의 대리인으로서 선박이나 적화의 공동안전이나 이익을 위해서 처분행위를 하여야 하는데 이 처분행위를 사무관리행위라 보고 공동해손은 선장의 사무관리를 바탕으로 한다는 견해이다. 그러나 선장은 항해 중 위험에 대한 적절한 조치를 취하는 것은 공법 및 사법상의 의무이므로 공동해손제도를 사무관리에 바탕을 두는 것은 옳다고 볼 수 없다.

부당이득설은 1990년까지 프랑스의 다수설로 공동해손의 법리를 부당이익의 원리에 두고 있는 견해이다. 이 학설에 의하면 공동해손행위로 인하여 재산을 보전한 소유자가 공동해손을 분담하는 것은 법률상 원인이 없이 타인의 재산 또는 노무에 의해서 이익을 얻는 자는 타인의 손해에 대해서 자기가 받을 이익을 한도로 반환할 의무를 부담하는 것으로 하는 민법상의 부당이득반환의무로부터 생기는 의무라고 설명한다. 그러나 선장의 처분행위는 다른 사람의 재산을 적극적으로 수익을 발생하게 하는 것이 아니라 오히려 감소 또는 동일하게 하는 것이라는 점에서 문제점이 있다. **공동대리설**은 해상운송인과 적화소유자 사이에 선장은 공동대리인의 지위에 있으므로 선장이 선박과 적화를 위험으로부터 보존하기 위하여 공동대리인의 법정권한을 근거로 행한 공동해손행위는 정당한 것이며 그 행위의 효과는 해상운송인과 적화소유자에게 귀속되므로 공동해손의 법리를 공동대리의 원칙에서 구해야 할 것이고, 그 분담의 방법은 특별규정인 공동해손법에 의해서 정해지는 것이라고 하는 견해이다. 영국공동해손의 법리를 영국법에서는 처분행위의 주체인 선장을 적화 및 선박소유자의 공동대리인으로 보고, 이를 근거로 한 공동대리설이 통설로 인정되었고, 미국법에서도 이 설을 인정하고 있다. 그러나 공동해손의 처분행위를 반드시 선장이 행할 것을 요건으로 하지 않고 있다는 점에서 이 학설에 문제가 있다. 한국은 공동해손을 해상법상의 특수한 법률요건을 가진 사건으로 보는 것이 통설이다.

2) 공동해손의 성립요건

공동해손은 해상운송에서만 발생되는 독특한 제도로서 공동해손을 인정하기 위해서는

✦객관적 위험이 존재하지 않는데, 주관적 판단착오에 의한 행위 → 현실적 위험(G/A)으로 인정하지 않음.

✦위험이 객관적으로 존재하나, 오판에 의한 조치행위 → 현실적 위험(G/A)으로 인정함.

일정한 요건을 충족해야 한다. 공동해손에 관한 국제적인 규칙으로는 「요크-앤트워프규칙(York-Antwerp Rule), 2004」이 있으며, 요크-앤트워프규칙의 '문자규칙' 및 '숫자규칙'에서 공동해손의 성립요건을 규정하고 있다. 그러나 「요크-앤트워프규칙」은 국제법으로서 효력을 지니는 것이 아니라, 운송계약상의 명시규정에 의해 효력을 지니게 되므로, 공동해손이 성립하기 위한 요건을 영국해상보험법과 국내 상법규정에 의한 일반적인 성립요건과 「요크-앤트워프규칙」에서 규정한 성립조건으로 나누어 살펴볼 필요가 있다.

(1) 일반적인 성립요건

영국해상보험법 제66조에 의하여 공동해손손해란 공동해손행위의 결과로 발생된 손해, 또는 공동해손행위의 직접적인 결과로 발생되는 손해를 말한다. 공동해손손해에는 공동해손비용과 공동해손희생손해가 있다. 따라서 공동해손은 공동해손행위의 존재를 전재로 하고 있으며, 이러한 공동해손행위가 성립되는 요건은 다음과 같다.

· 공동항해사업의 수행과정(즉, 공동해상사업단체의 존재) · 위험에 놓인 재산을 보존할 목적
· 자발적이고 합리적으로 비용손해나 희생손해가 발생할 경우

✦숫자규칙 제7조 : Damage to Machinery and the Boilers Damage caused to any machinery and boilers of a ship which is ashore and in a position of peril, in endeavoring to refloat, shall be allowed in general average when shown to have arisen from an actual intention to float the ship for the common safety at the risk of such of such damage but where a ship is afloat no loss or damage caused by working the propelling machinery and boilers shall in any circumstances be made good as general average. machinery and boilers shall in any circumstances be made good as general average.

또한, 한국 상법 제832조에서는 공동해손의 요건을 선박과 적화의 공동위험을 면하기 위한 선장의 선박 또는 적화에 대한 처분으로 인하여 생긴 손해 또는 비용은 공동해손으로 한다고 규정하고 있다. 그러므로 공동해손은 선박과 적화의 공동해상사업단체를 전제로 하고 있으며, 공동위험과 선장의 처분을 요건으로 하고 있다. 동 조항에서는 선장의 선박 또는 적화의 처분에 관한 성격을 규정하지 않고 있다.

(2) York-Antwerp Rule(2004)상의 성립요건

앞에서 언급했듯이 'YAR규칙'은 그 자체로서 국제법의 효력을 발하지 못한다. 따라서 운송계약서, 용선계약서상의 'YAR규정'에 따라 정산된다는 명시적 또는 묵시적 의사추정이 가능한 문구가 있는 경우에만 'YAR규칙'을 적용한다. 그러나 'YAR규칙'을 따른다는 명시적 문구가 있어도 몇 년도 'YAR규칙'을 따른다는 명시적 문구가 없으면, 계약당시의 'YAR규칙'을 적용하는 것이 합리적이다.

공동해손 성립요건에 관한 사항들은 'YAR규칙'의 일반적 해석원칙을 따라야 한다. 일반규정 제2조 해석규칙조항(rule of interpretation)에서는 "최우선원칙과 숫자규칙에 정한 경우를 제외하고 공동해손은 문자규칙에 따라 정산하여야 한다."라고 규정하고 있기 때문에 문자규칙에 의한 공동해손의 성립요건이 충족되더라도, 숫자규칙에 의해 공동해손의 성립요건을 충족하지 못하면, 공동해손으로 인정되지 않는다.

▎숫자규칙(Numbered Rules)에 의한 공동해손의 성립요건

숫자규칙 제7조는 "해안에 얹혀서 위험한 상태에 있는 선박을 다시 뜨게 하려는 노력 중에 선박의 기계와 기관에 생긴 손해는 그러한 손해를 감수하고 공동의 안전을 위하여 선박을 뜨게 하려는 실질적인 의도에서 생긴 것임을 증명한 때에는 그 손해는 공동해손으로 인정한다"라고 규정하고 있다. 따라서 설사 좌초된 선박의 부상(浮上)을 위하여 기관의 사용에 다소 불합리한 점이 있었다 하더라도 숫자규칙에서는 합리성을 그 요건으로 하고 있지 않으므로 그로 인하여 발생한 손해는 공동해손으로 인정하여야 한다.

▎문자규칙(Lettered Rules)에 의한 공동해손의 성립요건

문자규칙 A에서는 공동해손 행위는 공동해상재산을 위험으로부터 보존할 목적으로 공동안전을 위하여 이례적인 희생 또는 비용을 의도적, 합리적으로 발생하거나 지출한 경우에 한하여 성립한다.

(가) 해상사업단체가 존재하여야 한다.

해상사업에 속하는 이익은 객체를 달리하면서 존재(선박과 적화)하는 경우와 동일객체에 대하여 존재(선박의 소유이익과, 운임이익)하는 경우가 있다. 동일객체에 대하여 다수의 이익이 존재하는 경우 이들 서로 간의 관계를 살펴보면 다음과 같다.

✦태풍의 예상진로를 피하기 위하여 안전한 항구나 묘박지로 이동하는 경우와 같은 예상위험은 운송계약상 당연한 조치이며, 공동해손으로 인정되지 아니한다.

✦좌초 시 구조요청 후 자력으로 이초한 경우, 구조비용은 실제로 위험을 피하는데 발생된 비용은 아니지만, 양식있는 선장의 합리적 판단이므로 공동해손이 된다.

배타적 관계의 이익	상호 구속되는 관계에 있는 이익으로, 예를 들면, 선박의 소유권자의 이익과 담보권자의 담보이익을 들 수 있다. 이 경우 두 이익의 합이 선박의 물적 가치를 초과하지 않는다.
합일적 관계의 이익	배타적인 관계나 독립적인 관계가 없는 이익으로 훼손선박의 배상이익과 소유이익의 관계와 같이 소유이익의 훼손 없이는 배상이익이 존재하지 않으므로 배상이익은 소유이익과 합일된다.
병존적 관계의 이익	상호제한 없이 독립적으로 존재할 수 있는 이익으로 선박의 소유이익과 운임이익과 같이 이익상호간에는 상대이익이 존재하더라도 그 이익의 크기가 줄어들지 않는다.

상기에서의 배타적·합일적 이익은 소유이익만을 해상사업단체의 이익으로 취급하고, 병존적 관계의 이익은 별도로 양자를 각각 별개의 해상사업단체의 이익으로 취급한다. 따라서 해상사업단체의 이익은 적화소유이익, 선박소유이익, 운임이익으로 대별된다. 운임이익은 당해 선박에서 획득될 수 있는 운임, 즉 적재하여 운송중인 화물에 대한 운임으로 한정된다. 따라서 재운송계약(再運送契約)상의 운임을 취득하기 위하여 공선으로 항해 중인 경우에는 선박소유자의 소유이익과 용선자의 소유이익 사이에는 해상사업단체를 구성하지 않는다. 'YAR(1994) 문자규칙' B조에서는 상업활동에 종사 중인 선박으로 구조작업이 아닌 경우에 한하여 해상사업단체를 구성한다고 규정하고 있다.

✦항구 내에서 선박에 화재가 발생하여 해상사업단체의 보존을 위하여 항만당국의 지시를 받은 도선사에 의한 소방행위로 선저에 구멍을 뚫어 입은 손해도 공동해손으로 인정한다.

(나) 현실적인 위험이 존재하여야 한다.

위험은 손해를 입게 하는 사고의 발생가능성(possibility of loss)을 의미하는 것으로 위험은 해상사업단체에 공동적이어야 하며 현실적이어야 하지만 그 위험의 원인은 불문한다. 'YAR규칙' 제A조 1항에서는 '해상사업단체의 모든 이익에 공동적인 위험'이어야 한다고 규정하고 있다.

❙ 위험의 공동성 : 모든 이익이 질 또는 양적으로 동일한 위험에 처하는 것을 의미한다. 일부이익에는 분손위험 일부이익에는 전손위험이 존재시 위험의 공동성이 존재하지 않는다.
❙ 위험의 현실성 : MIA 제66조 2항에서는 "preserving the property imperilled in the common adventure."라고 규정하여 위험의 현실성을 규정하고 있다. 그러나 현실적 위험은 반드시 손해를 발생시키고 있거나 손해를 줄 절박한 위험만이 아니다. 현재 절박한 위험은 아니더라도 시간이 흐르면 절박한 위험은 현실적 위험으로 인정된다. 따라서 단독해손(P/A ; Particular Average) 후 예인 등의 경우 선장은 위험이 구체화 될 때까지 기다릴 필요가 없다.

(다) 공동해손은 공동해손행위가 존재하여야 한다.

공동해손으로 인정되기 위해서는 해상사업단체를 현실적인 위험으로부터 보존하기 위한 행위가 있어야 한다. 그러나 그러한 공동해손행위는 고의적이고, 합리적이어야 하며 공동성이 있어야 한다.

✦희생주의는 공동안전이나 공동이익과는 관계없이 공동해손행위와 상당인과관계가 있는 희생과 비용은 G/A인정한다. 한국도 희생주의를 채택하고 있다.

❙ 행위의 고의성 : YAR(1994) 제A조에서는 "--intentionally and reasonably made or incurred for--"라고 규정하고 있어 우연한 행위나, 무의식적 행위는 공동해손으로 인정되지 않는다. 따라서 운송계약을 이행하기 위한 당연한 행위는 공동해손으로 인정되지 않는다.
❙ 행위의 합리성 : YAR 제A조 "--reasonably made or incurred for --"라고 명시하여 공동해손행위가 합리적이어야 함을 규정하고 있다. 합리성의 기준은 양식(良識)이 있는 선장이라면, 그러한 조치를 취했을 것이라고 판단되는 경우로 한다. 따라서 행위가 합리적이기 위해서는 위험에 대한 조치수단이 정도를 넘어서는 안 된다.
❙ 행위의 공동성 : YAR 제A조 "-for the common safety for the purpose of preserving from peril the property involved in a common maritime adventure---"라고 규정하여 선박이나 적화만을 구조하기 위한 비용은 공동해손으로 인정되지 않는다. 따라서 공동성은 사실행위(투하 등), 법률행위를 불문(구조 등)하고 공동의 안전을 위한 행위여야 한다.
❙ 행동의 주체 : 실무적으로, 행위주체보다는 행위가 공동해손요건을 충족하면 비로소 공동해손을 인정한다.

(라) 희생이나 비용이 발생하여야 한다.

공동해손행위의 수단과 방법으로 발생한 손해가 정상적인 항해에서 볼 수 없는 이례적인 것을 의미한다. 기상의 불순 등으로 인한 추가의 항해비용은 인정받지 못한다.

공동해손의 인정범위에 관한 학설로는 영국을 중심으로 하는 공동안전주의(common safety principle)와 독일을 중심으로 하는 희생주의가 있으며, 'YAR규칙'은 문자규칙에서 공동안전주의를 채택하고 있지만, 숫자규칙 중 제10, 11, 12조는 공동이익주의를 채택하고 있어 절충주의를 채택하고 있다.

공동안전주의하에서 공동해손비용의 인정범위는 해상사업에 속하는 재산이 공동위험으로부터 안전을 확보할 때까지, 즉 현실적 위험을 면할 수 있는 범위까지의 희생과 비용에 한정하며 피난입항 후 하역 또는 양륙되는 시점에서 공동의 위험은 사라지기 때문에 공동해손행위는 종료된다. 문자규칙에서 공동해손으로 인정하는 손해는 아래와 같다.

- YAR 제C조: 직접적인 결과만을 공동해손으로 인정
- YAR 제F조: G/A인정불가비용도 일정요건하에서는 인정
- YAR 제F조에서 인정하는 손해 : 대체비용

반대로 문자규칙에서 공동해손으로 인정되지 않는 손해는 아래와 같다.

문자규칙 C조 2항 : 공동해손의 직접적인 결과로 발생하였다 하더라도 환경손해에 관한 책임과 비용은 공동해손으로 인정되지 않는다. 그러나 숫자규칙 제6,11조에서 일부 제한적으로 인정하고 있다.

문자규칙 C조 3항 : 체선료(demurrage), 시장상실 (loss of market), 지연의 직접적인 결과로 입은 멸실 손상 및 비용(any loss or damage sustained or expense incurred by reason of delay), 간접손해 등은 공동해손으로 인정되지 않는다. 문자규칙 C조 제3항의 규정에서는 "일체의 간접손해는 공동해손손해로 인정하지 않는다"고 규정하고 있다. 따라서 항해의 지연 등으로 인한 시장의 상실, 세금의 인상 등 일체의 간접손해는 보상되지 않는다.

3) 희생과 비용의 입증책임 및 정산

공동해손 분담금 청구권자는 청구자가 손해와 비용이 정당한 공동해손이었다는 입증책임을 진다. 따라서 공동해손의 존재, 손해의 발생 및 금액과의 인과관계 등을 입증해야 한다. 예를 들어 일부유실, 일부투하시 분담금 청구자는 어느 부분이 투하되고 어느 부분이 유실되었는가에 대해 입증해야 한다.

(1) 화주의 조치

✦공동해손 분담금 (GA Contribution)
✦공동해손 보증장 (GA Security, GA Guarantee)

공동해손이 발생하는 경우, 선주는 공동해손을 선포하게 되며 해손정산인을 선임하여 공동해손을 정산하게 된다.

공동해손 절차

① 공동해손상황(선박좌초, 엔진고장, 화재, 충돌 등)이 발생하다.
② 선주가 공동해손(GA)을 선포한다.
③ GA정산인(GA Adjuster)을 선정한다.
④ GA정산인이 각 당사자가 기여할 분담금을 계산한다.
⑤ 분담금지급을 보장받기 위해 GA정산인은 모든 당사자가 GA증권을 제출하도록 요구한다.
⑥ 화주는 보험회사에게 이 사실을 통보한다.
⑦ 보험회사는 서명한 GA보증장을 GA정산인에게 제출한다.

⑧ 화주가 서명한 공동해손 맹약서도 같이 제출한다.
⑨ 보험에 가입하지 않았으면 공동해손맹약서와 함께 현금 공탁을 한다.
⑩ 보험회사 보증장(혹은 현금 공탁금)과 화주의 공동해손 맹약서를 제출해야 화물 인수가 가능하다.

아시아-아프리카-유럽노선을 운항하던 선박 APL AUSTRIA 호가 2017년 2월 12일, 남아프리카 인근에서 화재가 발생하였다. 이에 선주는 공동해손을 선포하고 공동해손 정산인으로 Richard Hogg Lindley 회사를 임명하였다. 이 공동해손 정산인은 화주에게 안내문을 발송하고 화주에게 필요한 서류를 요청하였다. 그 서류는 Average Guarantee, Average Bond 그리고 Cargo Invoice 였다.

선주는 공동해손 분담금을 부담해야 하는 개별화주의 분담금지불능력이 있는지에 대해 관심이 많기 때문에 보증장, 보증서, 예탁금 등을 요구하게 되며 이러한 요건을 충족하지 못한 경우에는 화물을 인도하지 않고 유치하게 된다. 이러한 선주의 권리를 해사유치권(marine lien)이라 한다. 이러한 선주의 행위는 법률상 인정되는 권리의 행사이므로 공동해손서약서(G.A. bond), 공동해손분담금지불보증서(G.A. guaranty) 등을 선주나 선주의 대리점에 제출하여 화물인도지시서(cargo delivery order)를 발급받아야만 화물을 인수할 수 있다.

공동해손서약서(General Average Bond)

이 서류는 화주가 선주에 대하여 장래 공동해손이 정당하게 정산되는 때에는 그 정산 결과 에 따라 분담액을 지불하겠다는 약속과 함께 아울러 송장상의 화물가격을 알고 있다는 것과, 정산인의 증명이 있으면 분담액의 선불에도 응하겠음을 확약하는 것인데, 선주가 정한 서식에 화주가 서명한다. 일반적으로 로이즈・폼(Lloyd's Average Bond)이 많이 쓰이고 있으나, 선주에 따라서는 별도의 양식으로 적화 보험자의 연서를 요구하는 경우도 있다.

송장(Invoice)

이것은 화물의 분담가액을 정하는데 있어 가장 중요한 서류로서, 송장가격이 FOB인 때에는 운임과 보험료를 나타내는 서류인 운임청구서와 보험료청구서 사본을 첨부할 필요가 있다.

공동해손공탁금(General Average Deposit)

공동해손의 채권자인 선주는 화물에 대하여 유치권을 가지고 있어, 요구되는 담보가 제공되기까지 인도하지 않을 수 있다. 다만 소액의 사건에는, 선주가 담보를 요구하지 않고, 위에 기술한 공동해손서약서, 탁(Cash Deposit)이며, 공동해손의 경우 이를 공동해손공탁금(GA Deposit)이라고 부른다. 선주는 정산인과 상담하여, 선박이 최종 목적항에 도착하기까지, 공동해손총액을 견적하여 분담률을 계산, 각 화물의 도착가액에 일정률을 곱한 액을 공탁금으로 요구한다.
공탁금은 은행에 예치해서 이자와 함께 지급보증을 위해 관리하고, 최종적으로 공동해손분담액을 지불한 잔액은 화주에게 반환한다. 그러나 실제로는 대부분의 경우 화물이 보험에 부보되어 있기 때문에, 보험자의 보증장을 받고 화물을 인도하는 것이 일반적이며, 공탁금을 요구하는 것은 무보험의 경우나 보험회사의 신용이 없는 때에 한정되는 극히 드문 일이다.

❙ 공동해손 분담 보증장(Underwriters Letter of Guarantee)

공동해손이 발생하여 담보를 필요로 하는 경우에는 보험자의 분담 보증장을 요구하는 것이 일반적이다.

화주의 요구를 받으면 보험자는 선주 앞으로 보증장을 발행하는데, 이것은 선주가 현금공탁을 요구하지 않고 화물을 선주에 인도하는 대신, 장래 공동 해손이 정당하게 청산되는 때에, 그 분담액을 보험자가 선주에게 지불하겠음을 보증하는 서류이다.

공동해손에 대한 보험자의 보상책임은 공동 해손 청산서에 기재된 화물의 분담가액이 보험가액을 초과하는 경우에, 그 비율에 따라 감액된 분담액에 대하여 생기는 것으로 되어 있다. 여기에서 적화 보험자의 입장에서는 선주에 대한 보증액을 보상한도액 이내로 할 필요가 있으며, 그 뜻을 포함시키고 있는 것이 제한 보증장(Limited L/G)이다. 그러나 선주로서 볼 때는, 제한 보증장을 수취하게 되면 부족액에 대하여 화주로부터 별도로 보증을 받을 필요가 있고 번잡하기 이를 데가 없기 때문에 실무상에서는 적화 보험자가 무제한보증장(Unlimited L/G)을 제출토록 하고 있다.

(가) 보험에 가입한 화주

공동해손이 발생한 화물이 적화보험에 가입되어 있는 경우에는 보험자가 화주를 대신하여 공동해손분담금지불보증서(G.A. guaranty)를 발행하는 것이 일반적이다. 그러나 A/R(all risk)조건이나 미평가보험의 일부보험의 경우 보험자가 보상하지 않는 분담금까지 보증을 하기 때문에 보험자는 이러한 초과분에 대한 공동해손 역보증서(G.A counter guaranty)를 피보험자로부터 접수 후 보험사가 공동해손분담금지불보증서를 발행하게 된다. 따라서 적화보험에 가입한 화주의 경우에는 단독해손의 경우와 마찬가지로 ⓐ 보험증권, ⓑ 선화증권, ⓒ 상업송장, ⓓ 포장명세서, ⓔ declaration of general average, ⓕ 기타 보험자가 요구하는 서류를 보험사에 제출하고 공동해손분담금지불보증서 발행을 요청해야 한다. 또한 보험사가 공동해손 역 보증서를 요구하는 경우에는 이를 제공하여야 한다.

(나) 보험에 미가입한 화주

해당 화물이 보험에 가입되지 않은 경우, 화주는 예탁금을 제공하거나 은행을 통하여 보증장을 발급받아야 한다. 은행을 통하여 보증장을 발급받은 경우 은행에 별도의 수수료를 지급하여야 한다. 선주는 화주의 제정상태를 정확히 알 수 없기 때문에 화주명의의 보증은 인정하려 하지 않기 때문에 부득이 예탁금이나 은행의 보증장을 제공하여야만 화물인도지시서를 발급받을 수 있다.

(다) 화물인수후의 처리

화주는 공동해손이 발생한 화물을 보증장이나 예탁금을 지불하고 인수한 경우에는 해당 화물에 손해가 발생했는지를 확인하여 손해가 있는 경우 보험사에 통지하여야 한다. 해당 사고로 적화나 선박이 단독해손을 입은 경우, 그 손해 만큼 분담가액에서 제외되기 때문에 이를 선주의 정산인에 통지하여 분담가액을 낮출 수 있기 때문에 분담금이 줄어든다.

4) 공동해손 손해액 산정

손해액의 산정 시기 및 장소는 다음과 같다. 비용손해는 금액화되어 있기 때문에 손해액 산정에 문제가 없지만, 희생손해는 금액화에 문제가 있다. 희생손해의 산정은 공동해상보험이 현실적으로 종료한 때와 곳의 가액을 기초로 한다. 손해액 산정을 위한 서류제출의 시한은 공동해상보험이 종료한 날로부터 12개월 이내이다.

5) 공동해손 정산

✦적화의 배상액 산정의 원칙
- 양륙 시의 가액(상업송장 or 선적가액에 의해 확인된 가액)
- 보험료와 운임이 포함되지 않았으면 이를 포함한 가액, 예를 들면, FOB가액의 경우 Freight와 Insurance Premium을 가산한 금액
- 해상운송인이나 그 대리인에 부실고지한 적화의 손해는 배상하지 않음.

공동해손이 발생하게 되면 공동해손 채무자들이 공동해손을 균등하게 분담하게 되는데 이러한 절차를 공동해손의 정산(定算)이라 한다. 공동해손의 정산은 공동해손 채무액과 공동해손 채권액의 비율인 공동해손 분담률에 의한다(상법 866조). 공동해손의 정산은 다른 특약 또는 관습이 없는 한 선장이 이를 담당하며 공동해손 정산서에 의한다(상법 865조). 그리고 정산지는 특약이 없는 한 최후의 적화의 양륙항이다(상법 867조). 정산은 늦어도 양륙항에서 운송물을 수화인에게 인도할 때까지는 종료되어야 한다. 공동해손이 있을 때 위험을 모면한 선주 및 화주가 그들의 수익비율에 따라 분담하게 되는 공동해손 분담금은 화주의 경우엔 화물, 선주의 경우엔 선박과 운임의 거액에 따라 각각 그 비율대로 분담액을 책임지게 된다. YAR 숫자규칙에 의한 해상적화의 공동해손 배상금은 다음 아래와 같다.

희생된 적화의 훼손 또는 멸실에 대한 공동해손 배상액은 수화인에게 발급된 상업송장에 의하여 또는 상업송장이 없는 때에는 선적가액에 의하여 확인된 양륙시의 가액을 기준으로 하여 산출한 화주가 입은 손해액으로 한다. 양륙시의 가액은 적화 이해관계인 외의 사람이 그 운임에 대한 위험을 부담하는 경우를 제외하고 운임과 보험의 비용을 포함한다. 그리고 훼손된 적화가 매각되었으나 그 손해액에 대하여 별도의 합의가 없는 때에는 공동해손으로 배상할 손해액은 도착시의 가액을 기준으로 계산한 순정산가액과 매각액의 차액으로 한다.

▌질적 손해

수선의 경우	별도의 규정이 없기 때문에 선박의 배상액 산정의 기준을 준용하여 합리적인 수선비가 손해가 된다.
목적항 도착후 매각시	• 총 정상품 시장가액을 알 수 있는 경우 : 양륙시 가액 × (SMV-DMV) / SMV • 총 정상 시장가액 알 수 없을 때 순정상시장가액(Sound Market Value) – 순손상가액 (Damaged Market Value) = AMG
예	선적시 화물가액이 10,000원, 보험료 1,000원, Freight Collect 2,500원인 100ton의 곡물을 운송 중 30톤을 투하하였다면 **적화의 배상액**은 다음과 같다. • general average loss – cargo sacrifice .... 10,000원 – cargo – premium lost .... 1,000원 – cargo – freight lost .... 5,000원 – carrier • Amount to be made good for the cargo 16,000원 [10,000원+1,000원] x 30 / 100 = 3,300 원

▌양적 손해

– 송장가액 또는 선적가액(CIF기준) × 손해율

[공동해손 보증장 예]

AVERAGE GUARANTEE

Based on wording approved by the Association of Average Adjusters and the Institute of London Underwriters

NOTE : This guarantee will be accepted provided no additions, deletions or amendments are made to it.

To : the Owners of the vessel named below and other parties to the adventure as their interests may appear.

VESSEL.. from .... to ....
CASUALTY and DATE ....

In consideration of the delivery in due course of the goods specified below to the consignees thereof without collection of a deposit, we, the undersigned insures, hereby undertake to pay to the Shipowners or to the Average Adjusters, 000**Average Adjusters & Surveyors Limited**, on behalf of the various parties tothe adventure as their interests may appear, any contribution to General Average and/or Salvage and/or Special Charges which may hereafter be ascertained to be properly due in respect of the said goods.

We further agree : –
(a) to make prompt payment(s) on account of such contribution as may be reasonably and properly due in respect of the said goods, as soon as the same may be certified by the said Average Adjusters.
(b) to furnish to the said Average Adjusters at their request all information which is available to us relative to the value and condition of the said goods.

This agreement shall be governed by English Law and the High Court of Justice, London shall have exclusive jurisdiction over any dispute arising out of this agreement, and each party shall irrevocably submit to the jurisdiction of the English Court.

PORT OF LOADING	PORT OF DISCHARGE	QUANTITY & DESCRIPTION OF GOODS & B/L NO.	INSURED VALUE	POLICY/REF NO. & PREMIUM (IF KNOWN)

Non Separation Agreement

It is agreed that in the event of the vessel's cargo or part thereof being forwarded to original destination by other vessel, vessels or conveyances, rights and liabilities in General Average shall not be affected by such forwarding, it being the intention to place the parties concerned as nearly as possible in the same position in this respect as they would have been in the absence of such forwarding and with the adventure continuing by the original vessel for so long as justifiable under the law applicable or under the Contract of Affreightment.

The basis of contribution to General Average of the property involved shall be the values on delivery at original destination unless sold or otherwise disposed of short of that destination : but where none of her cargo is carried forward in the vessel she shall contribute on the basis of her actual value on the date she completes discharge of her cargo.

Signature of Insurers

REVENUE STAMP

Name of Insurers ....

Person In Charge and Dept. ....

Address ....

....

Telephone No. .... Fax No. ....

Date ....

The Average

Adjusters are : - 000**AVERAGE ADJUSTERS & SURVEYORS LTD.**

Rm. 1708 Chungdong Bldg., 15-5, Chung-Dong, Choong-Ku, Seoul100-120,Korea

Tel : 82 (2) 752 1891 Fax : 82 (2) 756 4535 E-Mail:000@korhi.co.kr

[공동해손 맹약서 예]

LLOYD'S AVERAGE BOND

TO..
Owner(s) of the ....
Voyage and date ....
Port of Shipment ....
Port of destination/discharge ....
Bill of Lading or waybill number(s) ....

Quantity and Description of goods

In consideration of the delivery to us or to our order, on payment of the freight due, of the goods noted above we agree to pay the proper proportion of any salvage and/or general average and/or special charges which may hereafter be ascertained to be due from the goods or the shippers or owners thereof under an adjustment prepared in accordance with the provisions of the contract of affreightment governing the carriage of the goods or, failing any such provision, in accordance with the law and practice of the place where the common maritime adventure ended and which is payable in respect of the goods by the shippers or owners thereof.

We also agree to:
(I) furnish particulars of the value of the goods, supported by a copy of the commercial invoice rendered to us or if there is no such invoice, details of the shipped value and
(ii) make a payment on account of such sum as is duly certified by the average adjusters to be due from the goods and which is payable in respect of the goods by the shippers or owners thereof.

Non Separation Agreement

It is agreed that in the event of the vessel's cargo or part thereof being forwarded to original destination by other vessel, vessels or conveyances, rights and liabilities in General Average shall not be affected by such forwarding, it being the intention to place the parties concerned as nearly as possible in the same position in this respect as they would have been in the absence of such forwarding and with the adventure continuing by the original vessel for so long as justifiable under the law applicable or under the Contract of Affreightment.

The basis of contribution to General Average of the property involved shall be the values on delivery at original destination unless sold or otherwise disposed of short of that destination; but where none of her cargo is carried forward in the vessel she shall contribute on the basis of her actual value on the date she completes discharge of her cargo.

Date .... Signature of receiver of goods ....
Full name and address ....

6) 공동해손제도의 문제점

각국에서의 공동해손제도의 근본개념은 대략적으로 일치한다. 그러나 공동해손의 구체적인 내용에 관한 각국의 법률 및 관습은 매우 다르다. 이로 인하여 공동해손정산에 많은 지장이 초래되었기 때문에 이를 해결하기 위하여 공동해손에 관한 법률 및 관습의 통일을 시도하게 되었고, 그 결과 'YAR'가 제정된 것이다.

공동해손제도의 통일을 위하여 국제적으로 통일된 법전을 제정하지는 못하였지만, 이해관계자의 합의에 의해 'YAR'을 적용하는 방식으로 그 목적을 달성할 수 있게 되었다. 현재 거의 모든 운송계약에는 "공동해손은 YAR에 따라 정산된다."는 약관이 삽입되어 있기 때문에 각국의 해상법 및 관습의 차이로 인한 문제는 발생되지 않는다.

그러나 공동해손제도가 안고 있는 몇 가지 문제들로 그 폐지의 주장이 계속되어 왔다. 즉, 공동해손을 정산하는데 시간이 오래 걸리고, 공동해손의 범위가 너무 확대되어 운송인의 면책범위를 확대하는 경향이 있다는 것이다. 또한 공동해손의 분담을 꺼리는 화주에 의하여 소송이 많이 제기되고 있는 문제도 있다. 이러한 추세에 더욱 힘을 가한 것이 해상보험제도이다. 해상보험제도의 발달로 공동해손이 보험자가 부담하는 위험이 되었다는 것이다. 때문에 문제가 많은 공동해손제도를 폐지하고 해상보험제도로 이를 대체하자는 의견이 주장되고 있다.

물론 공동해손제도를 폐지하자는 주장에서 볼 수 있듯이 이 제도에는 위의 문제들을 안고 있다. 그러나 이러한 문제들은 공동해손제도의 폐지를 통하여 해결될 수 있는 문제들이 아니고 현행 제도의 개선을 통해 해결되어야 한다. 이러한 인식하에 공동해손제도를 개선하기 위한 노력이 꾸준하게 진행되어 왔다. 특히 1994년에 개정된 'YAR'에서는 공동해손의 범위를 확장시키지 않으면서 공동해손의 정산을 신속하게 하고 제도를 단순화시키기 위한 노력이 반영되었다. 따라서 이하에서는 공동해손제도에 수반되는 문제들과 그 개선 방향을 보고자 한다.

(1) 정산 지연에 관한 문제

공동해손제도에서 큰 문제로 지적되고 있는 것은 공동해손의 범위가 확대되어 그 정산이 너무 복잡해지고, 따라서 정산이 지연된다는 것이다. 운송환경의 변화로 인하여 과거에는 생각할 수 없었던 손해가 많이 발생하고 있다. 원유운송시에 발생되는 환경오염손해가 이에 해당된다.

운송형태의 변화는 새로운 손해의 발생이라는 결과를 수반하게 되고, 공동해손손해의 종류도 과거와는 달리 여러 가지 형태로 발생된다. 따라서 공동해손손해의 범위가 확장되는 것은 당연한 현상이다. 또한 선박으로 운송되는 화물의 형태도 다양하다. 오늘날 운송되는 화물들은 그 크기가 작고 무게도 가볍지만 금액은 고가인 화물들이 많다. 따라서 공동해손손해의 금액도 커지게 되는 것이다. 이처럼 공동해손의 범위가 확대되면서 필연적으로 그 내용이 복잡해지고 공동해손의 정산도 지연되는 결과를 초래하게 된다.

문제는 정산이 지연되는 기간 동안에는 당사자 사이의 권리와 의무가 확정이 되지 않기 때문에 관계자들의 재정상태가 불안하게 된다는 것이다. 현재 공동해손의 정산기간이 점차 단축되고는 있지만 공동해손제도가 상업거래에 관련된 제도라는 점을 고려한다면 여전히 문제가 되는 것이다.

따라서 공동해손의 범위가 확대되는 것을 방지하면 정산이 지연되는 것을 어느 정도 막을 수 있다. 이러한 노력의 일환으로 'YAR'에서는 합리성에 관한 지상규정을 두고, 적화의 투하를 제한하고, 환경손해에 관한 규정을 두는 등을 행하고 있다. 또한 공동해손 통지의무, 서류제출의무를 관계당사자들에게 부담시켜 정산과정의 간소화를 도모하고 있다.

(2) 과실과 공동해손분담에 대한 문제

선주로부터 공동해손 분담청구가 있을 때 화물의 이해관계자는 이를 즉시 지급하기 않기를 원한다. 따라서 화물 이해관계자는 공동해손을 부담하지 않거나 적게 부담하는 방법을 찾으려고 노력을 하게 된다. 이러한 방법으로 사용되는 것이 선주의 과실로 인하여 그러한 손해가 발생한 것이라 주장하는 것이다. 화물 이해관계자의 이러한 주장에 대하여 선주는 과실이 없었다는 사실을 입증하여야 하고 결국에는 소송으로 해결하게 된다. 이런 상황은 공동해손이 발생하게 되면 결국 소송이 제기된다는 결과를 가져오기 때문에 공동해손제도의 운용에 문제를 일으킨다.

(가) 과실과 공동해손분담청구권

공동해손분담청구자의 과실로 인하여 공동해손행위가 행해진 경우에 그 청구자는 공동해손분담금을 회수할 수 없다. 과실자가 공동해손의 분담을 청구하더라도 과실책임에 대한 손해배상책임을 부담하기 때문이다. 그렇다면 공동해손 분담금을 회수할 수 없는 과실은 어떤 것이 있는가? 즉, 운송계약에서 면책되는 과실에 의하여 공동해손행위가 행해진 경우 공동해손 분담청구권이 인정되는가? 이에 대해서는 영국과 미국의 관점에 차이가 있다.

▌과실자의 공동해손분담청구권에 대한 영국의 입장

영국에서 공동해손분담금을 회수할 수 없는 과실은 소송 가능한 과실(actionable fault)을 의미한다. 즉, 운송계약하에서의 면책위험에 의하여 공동해손이 발생된 경우 선주는 운송계약에서의 면책약관에 근거하여 공동해손분담금을 회수할 수 있다. 이는 선주가 책임을 부담하지 않는 과실로 인하여 공동해손이 발생된 경우 선주는 손해배상책임을 부담하지 않으므로 공동해손분담청구권만이 남기 때문이다. 영국 Milburn v. Jamaica Fruit Importing Co. 사건에서는 공동해손행위의 원인이 되는 과실이 운송계약에 의하여 면책되는 경우에 과실자는 공동해손분담금을 회수할 수 있다고 인정하고 있다. 즉, 운송계약에서의 면책약관의 유무가 공동해손분담금의 회수에 영향을 미친다는 것이다.
운송계약상에서 면책되는 과실에 의하여 공동해손행위가 행해진 경우 과실자는 공동해손분담금을 회수할 수 있다. 그러나 운송계약하에서 면책되지 않는 과실에 의하여 공동해손행위가 행해지는 경우에 과실자는 공동해손분담금을 회수할 수 없다는 것이다.

과실자의 공동해손분담청구권에 대한 미국의 입장

미국의 공동해손제도에 근본적으로 적용되던 원칙은 과실자는 자신이 입은 손해에 대하여 공동해손분담청구를 할 수 없다는 것이다. 이는 영국의 입장과는 다소 다르다.
미국의 The Irrawaddy사건에서 운송인은 하터법(Harter Act, 1893)의 규정에 의하여 항해상의 과실에 대하여 면책이 되지만 자신이 입은 손해에 대하여 공동해손분담청구권은 없다고 판결되었다. 하터법은 해상운송계약에 관한 법률이므로 공동해손에는 적용되지 않았기 때문이다. 이 사건의 결과로 미국에서는 제이슨 약관(Jason Clause)이 운송계약에 삽입되었다. 즉, 하터법 하에서 운송인이 면책되는 과실로 인하여 공동해손행위가 행하여질 때, 과실자는 그 행위로 인하여 자신이 입은 손해에 대하여 공동해손분담청구권을 갖는다는 약관이다. 이 약관의 결과로 선주가 공동해손분담금을 회수하려면 화물 이해관계자에 대하여 완전하게 또는 계약이나 법률에 의하여 책임이 없는 것이 요구된다.

(나) 선주의 과실을 이유로 공동해손분담을 거절하는 경우

선주의 과실을 이유로 공동해손분담을 거절하고자 하는 화물의 이해관계자는 선주의 과실로 인하여 공동해손이 발생되었다는 것을 입증하기 위하여 다음의 사항을 입증하여야 한다.

(i) 선박이 감항능력을 갖추지 못하였다.
(ii) 선박이 감항능력의 결여로 인하여 공동해손이 발생되었다.

화물 이해관계자가 이와 같은 사실을 입증하면 선주는 자신에게 책임이 없다는 것을 입증하여야 한다. 그러나 선주가 감항능력을 갖추기 위하여 정당한 노력을 다하였다는 것을 입증한다는 것은 실무적으로 매우 어려운 문제이다. 따라서 화물 이해관계자들의 입장에서는 공동해손분담을 거절할 수 있는 아주 유용한 수단이 될 수 있는 것이다.

결국, 공동해손을 효율적으로 운영하려면 관련 당사자들의 노력이 필요하다. 선주가 감항능력을 갖추기 위하여 정당한 노력을 다하였다는 확고한 항변을 할 수 없다는 것이 확실한 경우에는 화물 이해관계자에게 청구할 수 없는 공동해손분담금을 선주책임상호보험(P&I Club)이 부담해야 한다. 또한 분쟁을 해결하는 데 소송보다는 중재를 이용하는 것이 건설적이다. 운송계약에 중재조항을 삽입하고 그렇지 않으면 공동해손서약서(average bond) 또는 보험자의 공동해손분담보증장(letter of guarantee)에 중재조항을 포함시키도록 한다.

(3) 공동해손제도와 해상보험제도의 대체문제

공동해손손해는 희생손해든 비용손해든 관계없이 해상보험계약의 목적이 된다. 따라서 희생손해 및 비용손해를 미리 보험에 부보하고 손해발생시에 보험자가 이를 부담하게 한다면 공동해손손해 발생시 보험자로부터 직접 보상을 받을 수 있으므로 공동해손의 정산이 필요 없게 된다. 이런 주장은 공동해손의 정산이 복잡하여 정산이 지연되고, 공동해손 분담에 관한 소송이 자주 제기되는 등 문제가 많이 발생되기 때문에 공동해손제도를 해상보험제도로 대체하자는 것이다. 이하에서 이 주장과 그 문제점을 살펴보기로 한다.

(가) 공동해손제도와 해상보험제도의 관계

공동해손제도 및 해상보험제도는 해상손해를 분담한다는 점에서 유사한 기능을 가지고 있다. 공동해손제도에 있어서 공동해손은 공동해손행위의 직접 결과로써 공동분담의 대상이 되며, 해상보험제도에 있어서는 항해에 관한 사고에 의하여 보험의 목적에 발생된 손해로써 보험자의 보상책임의 대상이 되기 때문에 두 제도는 밀접한 관계를 가지고 있다.

그러나 양자가 밀접한 관계를 가지고 있다고 하더라도 엄연히 별개의 법률관계를 가지는 것을 명심해야 한다. 즉, 해상사고의 발생으로 공동해손이 성립됨과 동시에 보험자의 보상 문제가 발생되더라도 공동해손상의 문제와 해상보험상의 문제로 각각을 보아야 한다는 것이다.

공동해손제도와 해상보험제도가 별개의 것이라는 것은 해손분류상의 차이에서도 살펴볼 수 있다. 공동해손제도는 일반원칙에 대한 특수제도로 해상법에서 창설된 것이고, 해상보험제도는 담보위험으로 인한 손해를 보험자가 보상하는 제도이므로 양 제도는 근본적으로 차이가 있다.

(나) 공동해손제도를 해상보험제도로 대체할 경우의 문제

현행 해상보험제도에서는 보험자가 공동해손손해를 부담하고 있다. 결국 공동해손손해가 발생되면 이를 보험자가 부담하게 되므로 공동해손제도를 폐지하고 해상보험제도로 대체하자는 주장이 있다. 이러한 주장에는 다음과 같은 문제가 있다.

(i) 공동해손제도는 형평의 개념에 근거하고 있다. 공동해손행위에 의하여 혜택을 입는 자와 피해자를 동등한 지위에 두는 것을 목적으로 하는 것이다. 이를 위하여 공동해손손해를 공동해손단체의 구성원들이 분담을 하게 된다. 그런데 공동해손제도를 폐지하면 그 정산이 행해지지 않으며, 특정인이 피해를 보게 되고 이를 보험자가 부담하게 되므로 결국은 보험자만이 피해를 보는 위치에 놓이게 된다.

(ii) 공동해손제도의 폐지는 궁극적으로 소비자인 매수인의 부담을 증가시킨다. 공동해손손해를 해상보험자가 부담하게 되면 보험료가 상승하게 될 것이고, 이는 다시 선주 또는 화주의 부담을 증가시키며 운임 또는 화물의 가격에 영향을 주게 되어 결국 매수인의 부담이 증가하게 된다.

(iii) 해상보험제도로 공동해손제도를 대체할 경우, 선박을 희생에 제공하는 것이 최선의 방법인 상황에 처했을 때 선장은 사용인으로서의 선박의 처분을 주저하게 될 것이다. 또한 이해득실을 고려하게 되어 화물 중 취사선택을 하게 되고, 이로 하여금 긴급을 요하는 구조의 기회를 잃을 수도 있다. 다른 면으로는 재산의 보호에 있어서도 완벽을 기하기 어렵고 불평등을 발생시킬 수 있다.

결국 공동해손손해와 관련하여 의미가 있는 것은 손해방지이다. 손해를 방지하거나 완화시키기 위한 비용을 형평하게 배분한다는 사실에 공동해손제도의 의미가 있는 것이다.

6. 보험위부(Abandonment)

해상보험에서 피보험자가 보험목적에 관한 일체의 권리를 보험자에게 이전하고 보험금액의 전부를 청구할 권리를 취득하는 것을 위부라 한다. 정식명칭은 보험위부이다. 예를 들면 우리는 선박이 행방불명이 되어 전손의 염려가 많거나 또는 그 증명이 어려울 때 피보험자는 보험의 목적인 선박 또는 적화에 관한 일체의 권리를 보험자에게 이전하고 보험금 전액의 청구권을 취득할 수 있다. 이때, 피보험자의 보험사고 발생사실의 증명이나 손해액산정절차는 생략이 가능하다.[40] 이처럼 추정전손의 실질적 요건이 존재하는 경우, 피보험자가 이것을 추정전손으로 처리하기 위해서는 피보험자가 가지고 있는 피보험이익을 보험자에게 위부하여야 한다.

결국 위부는 추정전손의 형식적 요건으로서, 위부에 의하여 추정전손이 완전하게 성립하고 보험금액의 전액청구권이 발생한다. 보험금액 전액청구권의 발생은 위부의 직접적인 효과가 아니라 위부에 의하여 추정전손이 유효하게 성립한 것에 대한 효과로서 위부의 간접적인 효과에 불과하다.

1) 위부의 법적 성질

✦위부를 통하여 피보험자는 보험금을 지불받아 보험목적으로 투자한 자본의 회수가 용이하게 한다.

✦상법(710~718조)에는 위부할 수 있는 경우와 그 절차가 정해져 있다. 선박보험이나 화물해상보험 등의 보통보험약관에도 위부할 수 있는 경우를 예시하고 있다. 위부는 해상보험 특유의 제도이다.

해상보험에 있어서 위부는 추정전손으로 인정되는 사고가 발생할 경우, 피보험자가 이것을 추정전손으로 처리하기 위하여 피보험이익의 이전을 목적으로 하는 단독행위다.

위부의 법적 효과가 피보험자의 일방적 의사만으로 발생하는지 또는 보험자의 승낙이나 판결의 확정 등을 필요로 하는가에 대하여 각국의 입법례는 동일하지 않다. 상법 제710조는 "다음의 경우에는 피보험자는 보험목적을 보험자에게 위부하고…"라고 규정하고 상법 제716조에서는 "보험자가 위부를 승인한 후에는 그 위부에 대하여 이의를 제기하지 못한다"고 규정하고 있다. 이러한 규정을 감안할 때, '위부의 승인'에 의하여 보험자는 피보험자에게 위부에 대하여 이의를 제기할 수 없고, 또 '위부의 승인'에 의하여 피보험자는 보험금액의 청구에 대하여 그 원인을 증명할 책임을 면하는 효과를 가지고 있다. 따라서 위부와 위부의 의사표시 또는 위부의 통지는 동일한 개념이며, 위부의 의사표시는 다른 의사표시와 마찬가지로 보험자에게 도달함에 따라 그 효력이 발생한다(민법 제111조 1항).

그러나 영국법에서 위부는 단독행위가 아니다. 위부의 통지가 이루어진 때에 추정전손이 성립할 수 있는 상태가 있더라도 보험자가 위부를 승인하지 않아 피보험자가 소송을 제기하는 경우에는 그 소송이 제기된 시점의 사정에 따라 위부의 성립여부가 결정된다. 따라서 위부가 이루어진 시점에서는 유효한 위부가 성립되었더라도 소송이 제기되기 전에 추정전손상태에서 회복이 이루어진다면 유효한 위부는 성립되지 않는다. 영법에서 "위부는 소송이 제기되기 전에 나타난 최후의 사정을 고려해야 한다." 즉, 영법에서는 피보험자의 위부통지는 위부의 신청과 같으며, 위부의 통지가 승인될 때까지는 피보험자는 자유로이 철회할 수 있으며 승인을 받고 나면 비로소 철회가 불가능하다(MIA 제62조 6항).

2) 위부의 승인

✦금반언의 원칙 : 이미 표명한 자기의 언행에 대하여 그것과 모순된 언행을 하지 못한다고 하는 법리로서 상행위의 안전을 위한 영미법상의 법리로서 상법에서도 거의 동일한 표현대리책임을 규정하고 있음.

위부는 추정전손의 성립에 대한 실질적 요건을 갖추고 있는 경우에 피보험자의 일방적 의사표시에 의해 피보험이익의 이전을 목적으로 하는 행위이다. 그러나 물론 보험자는 위부의 통지에 대하여 위부를 승인하지 않을 수도 있다. 선박의 추정전손이 있는 경우, 피보험자는 정당한 위부의 통지에 의하여 위부권을 행사하게 되는데, 보험자는 피보험자의 위부의 승인을 거절하는 것이 관행으로 되어 있다. 영국에서는 보험자가 위부의 통지를 거절한 경우에 피보험자가 그의 위부를 적법한 것으로, 즉 추정전손에 대한 보험금청구권을 행사하기 위해서는 보험자에 대하여 손해보상청구를 하는 영장의 발행이 필요하다. 즉, 피보험자는 소(訴)의 제기에 의하여 보험금청구를 강제해야 한다. 상법 제717조는 이 점과 관련하여 "보험자가 위부를 승인하지 아니한 때에는 피보험자는 위부의 원인을 증명하지 아니하면 보험금액의 지급을 청구하지 못한다"고 규정하고 있다. 위부권은 상법상 피보험자에게 주어지는 형성권의 일종이지만, 보험자는 위부가 적법하게 이루어지지 않은 경우에는 이에 대하여 위부의 성립을 다툴 수 있다. 그러나 한번 보험자가 위부를 승인한 후에는 그 위부에 대하여 이의를 제기하지 못한다(상법 제716조, MIA 제62조 6항). 이는 규정에 없더라도 **금반언의 원칙**상 당연하다.

3) 위부의 실행

(1) 위부의 통지(Notice of Abandonment)

추정전손으로 인정할 수 있는 경우가 발생하였을 때 피보험자가 추정전손으로서 보험금액의 전액의 보상을 청구하는 것은 피보험자의 권리이다. 피보험자는 보험사고의 결과가 확정되고 난 뒤 전손 혹은 분손으로 보상을 청구할 수 있다. 피보험자가 추정전손으로서 처리를 원할 때는 위부를 하여야 한다.

위부의 의사표시의 방법에 대하여는 상법에 규정이 없으며, 구두이든 서면이든 상관이 없다(MIA제62조 2항). 그러나 실무에 있어서는 일반적으로 일정서식의 서면을 사용한다. 위부의 의사표시는 묵시적으로 할 수 있는가에 대하여 상법 제713조에서는 "피보험자가 위부를 하고자 할 때는 … 보험자에 대하여 그 통지를 발송하여야 한다"고 규정하고 있기 때문에 원칙적으로 위부의 통지는 명시적으로 해야 한다. 영법에서는 위부통지의 형식을 묻지는 않지만, 그 통지는 위부의사를 명백히 표시할 것이 필요하다.

(2) 위부권의 포기

위부권은 피보험자의 이익을 위하여 인정된 것으로서 공공적 성질의 것은 아니다. 때문에 피보험자는 이를 행사하지 않고 사고의 결과가 확정될 때까지 기다릴 수도 있고 또 경우에 따라서 분손으로 처리할 수도 있다. 위부기간이 정해진 때는 그 기간의 종료에 의하여 위부권이 소멸하고 경우에 따라서 피보험자가 위부권을 포기할 수도 있다. 상법에서와 같이 위부를 단독행위로 인정하고 그 철회를 인정하지 않을 경우 위부권의 불행사와 위부권의 포기 사이에 법률적으로 중요한 차이는 없다.

그러나 영법에서와 같이 위부의 통지가 보험자에 의하여 승인되어야만 위부가 성립하는 경우에는 위부권의 포기 또는 위부신청의 포기는 중요한 의미를 갖는다. 영법에서 위부의 신청이 승인된 경우, MIA 제62조 6항의 규정에 따라 당사자의 합의 또는 착오의 경우를 제외하고는 위부 또는 위부의 신청은 취소할 수 없으며, 다만 위부가 승인되기 전까지는 위부신청의 취소나 위부권을 포기할 수 있다. 위부권의 포기가 있었느냐 없었느냐는 사실의 문제이다. 피보험자가 사고의 발생에 즈음하여 손해방지행위를 한 경우에는 위부권의 포기로 인정될 수 있기 때문에 ICC(1982) 제17조에서는 포기조항(waiver clause)을 포함하고 있으며, 이 포기조항에서는 "보험의 목적을 구조·보호하거나 회복하기 위하여 보험자 또는 피보험자가 취한 조치는 위부의 포기 또는 승인으로 간주되지 않으며 또한 각 당사자의 권리를 침해하는 것도 아니다"고 규정하여 보험자 및 피보험자의 손해방지노력은 위부권의 포기나 승인으로 인정되지 않음을 명백히 하고 있다.

4) 위부의 요건

(1) 위부의 무조건성

위부는 무조건적이어야 한다. 보험위부는 피보험자가 보험의 목적에 관하여 가지는 모든 이익을 보험자에게 이전하는 것이기 때문에 피보험자는 보험위부를 함에 있어서 조건부 혹은 기한부로 해서는 아니 된다. 즉, 무조건적이지 않은 위부의 의사표시는 무효이다. 예를 들어, 위부를 하면서 선박의 행방이 알려진 경우는 이것을 취소한다는 조건을 붙이면 이는 무효이다. 이것은 위부에 조건이나 기한을 붙이는 것을 허용한다면 신속하고 간명하게 당사자간의 법률문제를 확정하고 종료시키고자 하는 위부제도의 취지에 어긋나기 때문이다.

(2) 위부의 불가분성(위부의 범위)

위부는 보험의 목적의 전부에 대하여 불가분적으로 이루어져야 한다. 위부는 전손과 동일시할 수 있는 손해가 있는 경우에 인정되므로, 위부가 보험에 부보된 피보험이익의 전부에 대하여 불가분적으로 행해져야 함은 당연하다. 상법 제714조 2항에서는 위부는 '보험의 목적의 전부'에 대하여 이루어져야 할 것을 규정하고 있으나, 정확하게는 당해 보험계약의 목적, 즉 피보험이익의 전부에 대하여 이루어져야 한다.

5) 위부의 불승인

상법 제717조 위부의 불승인조항에 의하면 보험자가 위부를 승인하지 아니할 때에는 피보험자는 위부 원인을 증명하지 아니하면 보험금액의 지급을 청구하지 못한다.

7. 대위(subrogation)

1) 대위의 본질

대위란 원래 대리 또는 대신이라는 의미의 "sub"와 청구(請求)라는 의미의 "rogare"를 조합한 합성어로 라틴어 "subrogatus"를 그 어원으로 하고 있다.[41] 대위의 법리적 본질에 대한 설명은 그 동안 많은 학자들 사이에서 이루어져 왔지만 본 교재는 1886년 보이드(Chancellor Boyd)가 정립한 대위의 본질에 동조한다.

✦Merriam-Webster, in, Merriam-Webster's Dictionary of Law, ©1996. 일부 논문에서는 피대위자를 "subrogee", 대위자를 "subrogor"로 표현하지만 본 교재에서는 대위권리를 가진 자를 "보험자(insurer)"로 정의하고 대위권리를 양도하는 자를 "피보험자(insured)"로 정의한다.

보이드는 대위가 보험계약에 근거를 두고 있지 않지만 계약 당사자들 사이에서 발생하는 형평법상의 권리로 인정하였다. 특히 보험의 경우, 제3자가 손해에 대한 책임의무가 존재할 때 보험자대위도 존재하며 이때 보험자는 피보험자가 입은 손해를 전적으로 보장하는 것을 우선원칙으로 하여 보험자가 피보험자의 손해에 대한 보험금지급을 선이행할 경우, 손해를 일으킨 제3자에 대해 피보험자가 가지는 모든 권리를 보험자가 취득할 수 있다고 보았다. 또한 보이드는 형평법상의 권리는 예를 들어 법인이나 개인의 재산, 의무이행, 과실, 태만 등과 같이 모든 일상사에 존재하고 있기 때문에 법원은 대위를 계약의 요지로 간주하지 않지만 피보험자는 보험자의 이익을 위하여 잔존물을 성실히 보존해야 할 의무가 있으며,[42] 반대로 대위의 전제조건으로서 보험자는 피보험자가 입은 재산상의 피해와 그 피해를 최소화하기 위해 발생시킨 비용에 대해 전적으로 보상해야 할 의무가 있다고 보았다.

오늘날 대위는 일상생활과 관련된 많은 사건이나 상황을 해결하는데 다양하게 적용이 가능한 개념이다. 특히 보험영역 중 피해자의 손해배상청구 분야 쪽에서 대위는 모든 보험자들에게 하나의 중요한 원칙으로 받아들여진다. 보험자와 피보험자가 체결한 보험계약이 손해보험계약 중의 하나이면 형평법상 보험자의 대위권은 반드시 존재하게 된다. 손해를 일으킨 자에 대항하여 피보험자가 소송에 의해 피해회복을 시도할 경우, 제3채무자로서 보험자가 피보험자에게 손해보상을 완료했다면 피보험자는 손해를 일으킨 자에 대한 손해배상청구권리를 보험자에게 양도하는 것이 정당하며 보험자의 제3자에 대한 선취특권을 인정하는 것이 형평법상 공정하기 때문이다. 따라서 손해보험의 원칙적인 보험관계가 보험자, 보험계약자, 피보험자 사이에 존재하고 보험자는 보험계약자로부터 보험료를 받아 공동준비자산을 형성하여 보험사고가 발생할 경우 피보험자에게 보험계약상 정해진 일정한 보험금을 지급하므로 보험자의 권리측면에서 대위는, 보험자가 피보험자의 편의를 위하여 먼저 피보험자가 입은 손해를 보상해 주고 피보험자에게 손해를 일으킨 제3자에 대하여 피보험자 대신 손해배상을 청구하는 구조를 지니게 된다. 이를 종합하면 대위는 피보험자에게 그 손실을 보장해 주고 그 해당 피보험자 또는 보험계약자가 보험의 목적이나 제3자에 대하여 가지는 법률상의 권리나 청구권을 보험자가 취득하는 것으로 정의할 수 있다.[43]

2) 해상적화보험에서의 대위의 유형

대위에는 크게 보험목적물대위(혹은 잔존물대위)와 청구권대위라는 두 개가 있다.

잔존물대위는 보험사고에 의하여 손해가 발생했지만 피보험자에게 가치가 있는 잔존물이 남아 있거나 피보험자가 보험자로부터 보상을 받게 되면, 피보험자는 보험의 목적에 대하여 가지는 권리를 보험자에게 당연히 이전해야 하는 것을 말한다. 예를 들면 화재보험에서 타고 남은 물건이나 거의 도괴(倒壞)되어 경제적 가치를 상실한 경우 또는 선박보험에 있어서 뜯어낸 고철 등을 취득하는 것과 같이 **보험의 목적에 전손**이 생겼을 경우가 이에 해당된다. 즉, 보험자는 보험사고로 인하여 피보험자에게 보험금을 지급하였다고 한다면 피보험자가 보험목적물에 대하여 소유한 권리의 전부 혹은 일부를 보험자가 취득하는 것을 잔존물대위라고 한다. 이는 법이 정해놓은 당연한 권리이므로 **피보험자의 승낙이나 양도를 받을 필요가 없다.** 보험목적물 전부가 멸실하여 보험회사가 보험가입금액의 전부를 지급한 때에는 보험회사는 그의 목적에 관하여 권리를 얻게 되는 것이다.

청구권대위는 대위의 가장 일반적인 예로서 피보험자에게 손해를 입힌 불법행위자나 계약상 채무불이행책임에 대해 보험자가 손해배상청구를 할 때 발생한다. 즉, 제3자가 자신의 불법행위로 인하여 보험목적물이 멸실이나 손상과 같은 손해를 입었을 경우, 보험자가 피보험자에 대하여 제3자의 부담액을 지급한 경우에 보험자는 피보험자에 대하여 지급한 금액의 한도까지 피보험자가 제3자에 대하여 가지는 권리를 대위하는 것이다. 이를 다른 용어로 제3자에 대한 대위, 또는 청구권, 대위구상권이라 한다. 보험자의 청구권대위취득도 잔존물대위와 마찬가지로 법률상 당연히 얻어지는 것이며, 양도도 아니고 채권의 이전도 아닌 법정권리에 따라 구상을 한다. 다시 말하면 불법행위하에서 보험자의 대위권은 피보험자의 권리에만 한정되어 있는 것이 아니라 보험자와 피보험자와의 계약이 손해배상계약 중의 하나이면 형평법상 대위의 권리는 보험자에게도 반드시 존재하기 때문에 보험금을 지급한 보험자가, 피보험자가 제3자에 대하여 가지는 손해배상청구권을 취득하는 것이다.

그러나 제3자에 대한 보험회사의 대위는 어디까지나 보험계약자 또는 피보험자의 권리를 해치지 않는 범위에서만 행사할 수 있다. 이를테면 보험계약자의 보험가액 1,000,000의 물건에 보험회사는 600,000의 보상을 하였고 제3자의 과실에 의해 손해를 입었다고 가정하는 경우 보험회사는 600,000의 대위권을 얻게 된다. 그러나 제3자는 600,000의 재산밖에 없으며 이를 전부 처분하였을 때, 보험회사의 구상액은 전액 회수되어 보상을 하지 않았던 것과 마찬가지의 원점을 회복하지만 피보험자는 보상금 600,000을 받았으면서도 400,000의 손해를 입게 된다. 따라서 이런 경우에는 보험계약자 또는 피보험자를 해치지 않는 범위의 취지에 따라 보험회사의 대위에 앞서 피보험자는 보험회사의 보상을 받으면서도 부족한 400,000을 우선하여 제3자로부터 배상받게 한다. 이때 400,000은 보험회사의 대위에 의한 회수액이 되며 결국 보험회사는 제3자의 능력부족으로 말미암아 400,000의 배상을 받을 수 없다.

3) 대위의 성립근거

✦보험의 목적의 전부가 멸실해야 한다는 것은 반드시 피보험이익의 전멸이 아니고 부보한 피보험이익으로서 경제적으로 존재가 인정될 수 없는 경우임.

✦민법의 경우 대위는 반드시 등기나 인도의 과정이 존재하여야 효력이 발생한다. 민법 제186조는 부동산에 관한 법률행위로 인한 물권의 득실변경은 등기하여야 그 효력이 생긴다고 규정하고 있으며 제188조 1항은 동산에 관한 물권의 양도는 그 동산을 인도하여야 효력이 생기고 2항에는 양수인이 이미 그 동산을 점유한 때에는 당사자의 의사표시만으로 그 효력이 생기는 것으로 규정함.

보험사고가 제3자의 행위로 인하여 발생한 경우 당해 보험사고의 피보험자는 보험자에 대하여는 보험금청구권을, 제3자에 대하여는 손해배상청구권을 가지게 된다. 이때 보험자가 손해를 일으킨 제3자보다 앞서 손해를 입은 피보험자에게 보험계약에서 정한 바에 따라 보험금을 지급하게 되면, 해당 보험자는 손해를 입은 피보험자가 손해를 일으킨 제3자에 대해 가지는 손해배상청구권을 승계받게 되고 나아가 보험자는 피보험자를 대위하여 제3자에 대해 손해배상청구권의 대위행사를 실행할 수 있다. 보험자가 보험자 자신과 직접적인 계약관계가 성립하지 않은 제3자에 대항하여 대위를 행사하는 근거에 대해 현재 학계는 해당 근거를 손해보험의 손해보상계약성에서 찾는 입장과 정책적인 견지에서 찾는 입장으로 양분되어 있다.

보험자 대위근거를 손해보상계약성에서 비롯되었다는 견해는 이득방지설 또는 손해보상계약설, 절대설들로, 이들은 손해보험계약이 일종의 손해보상계약으로 인식하고 있다. 손해보상계약은 보험사고로 인하여 피보험자에게 어떤 이득을 주려는 것이 아니라 단순히 손해의 보상만을 목적으로만 하는 것이고 마찬가지로 보험자대위도 실손해의 전보라는 손해보험계약의 본질상 보험사고로 인하여 피보험자가 이중의 이득을 획득하지 못하도록 방지하는데 그 근거를 두고 있음에 비추어[44] 이들은 보험자대위 근거를 손해보상계약성에서 찾아야 한다고 주장한다. 이 견해에 의하면 보험자대위는 손해보험에서만 가능하므로 상법 제729조는 당연한 규정이고 강행규정이며 따라서 손해보험이 아닌 타 보험, 예를 들면 상해

보험계약의 경우 보험자대위가 허용될 수는 없다. 다만 질병이나 상해보험계약 중 치료비나 약품대는 계약과 같은 상해보험계약 중 일부 손해보험적 성질을 갖는 경우에 한하여 보험자대위가 허용된다.

정책적인 관점에서 보험자대위 근거를 찾는 입장은 피보험자로 하여금 이득을 얻도록 하여서는 안 된다는 원칙이 손해보험계약의 법적 성질에서 발생하는 논리적인 요청이 아니라 보험계약이 피보험자에 의한 보험사고의 유발이나 도박 등의 부정행위에 이용되는 것을 막기 위한 정책적 수단으로 인정된 것이라고 보는 견해로 정책설 또는 상대설이라고도 한다. 보험자의 대위를 인정하지 않을 경우, 보험계약자 등은 보험계약을 통하여 이득을 얻을 수 있다는 기대를 하기 마련이고 따라서 이들은 보험계약을 체결함에 있어서 위험의 역선택을 하거나 도덕적 위험을 유발함으로써 보험을 도박화하므로 이러한 부정적인 요소들을 제거하기 위하여 법원은 정책적으로 보험자대위를 인정해야 한다는 입장이다. 이 견해에 의하면 보험자대위의 허용여부가 정책적으로 결정될 문제이기 때문에 굳이 손해보험뿐만 아니라 손해보험적 성질을 가진 상해보험계약에 한하여 보험자대위가 허용된다고 해석하지 아니하고 '모든 상해보험계약'의 경우에 보험자대위가 허용된다고 해석한다. 그리고 그 근거로, 한국 상법이 기평가보험(旣評價保險)[45]에 대하여 규정하고 있는 것과 같이 피보험자가 실손해액 이상을 지급받는 것이 절대적으로 금지되는 것이라 할 수 없다는 점, 손해보험에서도 신가보험(新價保險)을 인정하고 있는 점, 인보험에서도 보험자대위를 원칙적으로 금지하면서 상해보험계약의 경우 약관에 의하여 이를 인정하거나(상법 제729조) 또는 국민건강보험의 경우 이를 허용하는 점(국민건강보험법 제53조) 등을 들고 있다. 즉, 인보험에서는 보험가액이 존재하지 않음으로 보험사고로 인한 이득의 개념이 존재하지 않기 때문에 보험자의 대위를 금지하고 있고 산재보험이나 의료보험과 같은 특수보험에서는 보험의 특수성을 감안하여 보험자의 대위를 인정하고 있음을 지적한다.

그러나 위 견해 중 정책설은 단순히 정책적인 견지에서 보험자대위가 인정된다는 것이므로 이론적 설득력이 없다는 비판이 있을 수 있고, 또한 인보험 특히 생명보험계약에 있어서는 보험자대위를 인정하지 않고 양 권리의 중첩적 행사를 허용하는데 이 경우는 왜 공서정책이나 보험정책적인 견지에 반(反)하지 아니하는지 그 이유를 설명할 수 없다는 비판이 가능하다. 또한 한국의 상법은 이미 평가된 보험가액에 따라 보상하는 기평가보험이나, 보험사고시 신품가액을 보상하는 이른바 신가보험[46]에 관하여 규정하고 있지만, 이는 손해보험의 실손전보원칙의 예외로서 인정된 것에 불과할 뿐이기 때문에 이득금지의 원칙에 반하는 것이라 할 수 없다. 실손전보원칙의 예외와 실손전보원칙이 적용되지 아니하는 경우와는 구별되어야 한다. 인보험 중 손해보험적 성질이 없는 정액보험에 관하여는 실손전보원칙이 적용되지 아니하는 경우에 해당한다. 또한 상법이 상해보험계약에 있어서 보험자대위를 허용한 것은 다음에서 보는 바와 같이 손해보험으로서의 성질을 가지는 상해보험계약에 한하는 것이므로 이 점은 오히려 손해보상계약설의 논거가 될 수 있다. 국민건강보험의 경우에 보험자대위를 허용하는 점[47]에 관하여도 이는 보험급여가 손해보험으로서의 성격을 갖는 경우이어서 보험자대위를 허용한 것[48]이므로 실손전보원칙에 충실한 것이지 정책설의 논거가 될 수는 없다. 따라서 개인적 견지에서 손해보험계약의 손해보상성은 절대적인 요소라 할 수 있고 해상적화보험은 그 법적 성질이 해상보험인 동시에 손해책임보험이므로[49] 그 당연한 논리적 귀결로 해상적화보험의 보험자대위의 법적 성립근거를 책임보험계약의 목적에서 찾아야 한다는 주장에 동조한다.

손해보험계약은 실손보상의 원칙에 따라 손해를 입은 피보험자를 손해를 입기 전과 같은 상태로 복귀시키는 것을 목적으로 하는 계약이다. 그러므로 피보험자는 어떤 경우라도 보험계약에 의해 부당한 이득을 보아서는 아니 된다. 즉, 만약 선주의 과실로 운송화물에 전손이 발생했다고 한다면, 화주는 피보험자로서 적화보험계약에 의해 보험계약서에 명시된 보험금액 범위 안에서 보상을 받으므로 화주는 보험자로부터 보험금을 지급받고 또한 가해자에게 손해배상을 청구하여 이중으로 보상받아서는 안 된다.[50] 피보험자가 보험자로부터 보험금의 지급을 받고도 보험의 목적에 잔존하고 있는 권리나 제3자에 대한 손해배상청구권을 그대로 갖고 있다면 피보험자는 부당한 이득을 보게 되어 실손보상의 원칙에 따른 이중이득금지의 원칙에 위배되기 때문이다.[51] 이것은 다른 한편으로 보험자가 보험사고를 유발하거나 도박 등의 방법으로 보험제도를 남용하려는 사의(邪意)를 사전에 제거하여 건강한 보험제도를 정착시키기 위함이 대위행사의 목적이기도 하다.

4) 대위권 행사의 한계

보험자대위권 행사란 제3자의 행위에 의해 보험목적물에 손해가 발생했을 경우, 보험회사가 피보험자에게 보험금을 지급하고 보험자는 그 보험금의 한도 내에서 보험계약자 또는 피보험자가 손해를 일으킨 제3자에 대하여 갖는 손해배상청구권리를 취득하여 대리 집행하는 것을 말한다. 이는 피보험자에게 손해를 입힌 불법행위자에 대항하여 보험자가 손해배상을 청구할 때 보험자대위가 성립함을 의미하며 반드시 보험자와 피보험자 사이에 존재하는 보험계약이 손해보상계약 중의 하나이어야 함을 뜻한다. 따라서 보험자대위는 그 속성상 2차적인 파생권리이므로 보험자가 스스로 보험자대위권을 행사하는 데에는 한계를 지닐 수밖에 없다. 보험자대위의 한계는 다음과 같다.

✦ 보험자대위를 부정하는 정액급부형계약과 관련한 판결 ; 서울고등법원 1999. 12.7. 선고 99나 22696 판결(확정) ; 전주지방법원 2004.4. 12. 선고 99 나6800 판결 (확정)

첫째, 피보험자에 대한 선보상금 지급이 우선 하지 않거나 혹은 피보험자에게 선보상금 지급이 완료된다 하더라도 형평법상 보험자는 피보험자에게 지급한 보상금 한도 내에서만 대위권을 행사할 수 있다. 이는 보험자가 손해를 입은 피보험자에게 선보험금지급이 없이는 보험자의 대위권이 존재할 수 없고 때문에 보험자가 보험자대위를 행사하기 위해서는 선보험금지급이라는 전제조건을 충족시켜야 하며 같은 이유로 보험자는 손해를 일으킨 제3자에 대하여 피보험자가 가지는 청구권의 이전과 상환으로 손해를 보상한다고 주장할 수 없는 한계를 지니고 있다.

둘째, 법이론적으로 보험자가 손해를 입은 피보험자에게 보험금을 먼저 지급하면 손해를 일으킨 제3자에 대한 대위권행사권리가 보험자에게 취득된다고는 하지만 실무적으로는 보험자가 이의 실행을 확실하게 하기 위하여 피보험자로부터 대위증서(또는 권리이전 증)를 징구해야 하는 번거로움이 있다. 피보험자가 손해를 일으킨 제3자에 대해 손해배상청구를 포기한다고 한다면 보험금을 기 지급한 보험자와 제3자간에는 분쟁의 소지가 항상 존재하기 때문이다.

셋째, 상법 규정상 보험계약자 및 피보험자는 보험회사가 손해보상에 의해 대위한 제3자에 대한 권리의 보전 및 행사에 필요한 행위를 협조하여야 할 뿐만 아니라 보험회사의 요구에 의해 증거 및 필요한 서류를 제출하는 등 그 권리행사에 적극적으로 협조할 의무[52]가 있으나 실무적으로 손해를 입은 피보험자에게 보험금이 지급되고 손해를 일으킨 제3자에 대한 보험자의 대위구상은 1~3개월 후에 실행되기 때문에 일단 보험금을 지급받은 피보험자는 보험자의 대위구상에 대해 비협조적이며 다른 한편으로 잔존물에 대해서도 권리를 주장하는 양면성을 강하게 보이는 경향이 있다.

넷째, 보험자대위는 피보험자의 권리를 대신 행사하기 위하여 보험자가 피보험자를 갈음(standing in the shoes of)하는 것이므로 보험자가 피보험자에게 손해를 입힌 제3자에 대해 손해배상청구를 직접 행사할 수 있는 아무런 권리가 없다. 이는 보험자의 대위청구권리가 2차적으로 발생하는 파생권리임을 의미하므로 만약 대위행사권리가 보험자에게 허용되지 않았거나 또는 계약상 보험자에게 보험자 자신의 이름으로 손해배상청구가 허용되지 않았다고 한다면 보험자는 피보험자(피해자)의 이름으로 손해를 일으킨 제3자에 대항하여 손해에 대한 배상청구를 할 수 없다. 실무적으로 보험자들은 경우에 따라서 피보험자의 권리승계에 대항하여 손해를 일으킨 제3자의 항변들로 공격을 받기도 한다. 피보험자에게 대항하는 제3자와 제3자에게 유리한 항변들은 마찬가지로 보험자의 대위청구에 대항하는 제3자에게 유리하게 작용할 수 있기 때문이다.[53] 예를 들면 현재 유통되고 있는 많은 보험계약서들의 대위포기조항의 명시가 좋은 예다. 보험자와 피보험자 사이에 존재하는 이러한 대위포기조항들은 경우에 따라서 보험자와 아무 관계없는 제3자에 대한 보험자의 대위권한을 제한하기도 한다. 만약 보험증권상에 대위포기조항이 명기되어 있다면 제3자는 보험자와 피보험자간 존재하는 대위포기조항이 피보험자의 손해배상청구를 인정하지 않는다는 이유를 들어 피보험자의 손해배상청구에 대항하기도 하고 법률에 입각하여 보험증권에 명시된 대위포기조항의 효과를 극대화하기 위해 노력하기 마련이다. 실제로 보험자와 제3자간 대위구상문제가 소송으로 이어지는 경우 손해를 일으킨 제3자는 보험자들이 자신의 권리를 포기한 보험증권상의 조항에 의거하여 소송을 진행하거나 손해를 입은 피보험자를 대리한 보험자를 거부함으로써 보험자들의 대위청구권을 무효화하기도 한다.

다섯째, 보험자는 손해보상금을 지급할 때까지 대위권한이 없다. 또한 미래의 이익에 대한 대위권한도 없다.[54] 혹 손해를 일으킨 제3자에 대해 대위구상권을 보험자가 실행하더라도 제3자가 가지고 있는 재산이 피보험자에게 지급한 지급보험금보다 적을 경우에는 보험자는 고스란히 그 손해를 감수하여야 한다. 여섯째, 해상보험은 아니지만 상해보험에 있어서 보험자는 보험사고로 인하여 생긴 보험계약자 또는 보험수익자의 제3자에 대한 권리를 대위하여 행사하지 못한다. 한국의 상법 제729조의 제3자에 대한 보험대위의 금지조항을 보면 보험자는 보험사고로 인하여 생긴 보험계약자나 또는 보험수익자의 제3자에 대한 권리를 대위하여 행사하지 못하지만 상해보험계약의 경우에 당사자간에 다른 약정이 있는 때에는 보험자는 피보험자의 권리를 해하지 아니하는 범위 안에서 그 권리를 대위하여 행사할 수 있음을 명시하고 있다. 이는 모든 상해보험계약에 관하여 약정에 의한 보험자대위를 허용하는 것이 아니라 손해보험의 성질을 가진 상해보험계약에 관하여 예외적으로 당사자간의 약정에 의한 보험자대위를 허용한 것이라고 해석하는 것이 통설로 되어있다. 즉, 정액보험은 실손해의 전보를 목적으로 하는 것이 아니기 때문에 손해를 산정할 수 없고 따라서 이득금지원칙을 적용할 수 없을 뿐만 아니라 보험자대위도 허용할 수 없으므로 상해보험계약 중에서 실손전보형 계약인 경우에만 보험자대위를 인정하고 정액급부형(定額給付型) 계약은 보험자대위를 부정한다는 의미다.[55]그러나 손해보험인 기평가보험이나 신가보험도 손해가 발생할 경우 보험계약자에게 약정된 금액을 지급하는 것이므로 손해보험에서도 정액보험이 성립할 수 있는 논란의 여지가 많이 있다.

일곱째, 한국 민법 제750조 불법행위 편에는 고의 또는 과실로 인한 위법행위로 타인에게 손해를 가한 자는 손해를 배상할 책임이 있다고 명시되어 있다. 이는 중대한 과실이 있을 경우에만 한하여 손해를 일으킨 자가 손해를 입은 자에게 손해를 배상할 책임이 있으므로 당해 사고로 인하여 손해를 입은 피보험자를 대리하여 보험자가 손해를 일으킨 제3자에게 대위행사를 실행하는 데에는 이 조항이 제약으로 작용할 수 있으며 중대한 고의나 과실의 판단기준이 마련되어 있지 않기 때문에 분쟁의 소지가 다분하다. 특히 해상적화보험에 있어서 가해자인 운송인의 불법행위로 인해 발생한 손해인 경우, 현행 법률상 수천 킬로미터 떨어진 해상에서 일어난 가해자의 불법행위 입증책임이 피해자인 화주에게 있으므로 사실상 육지에 있는 화주가 운송인의 불법행위를 입증하기란 대단히 어렵다.

이 밖에 민법하에서 진행되는 다른 보험자의 대위구상 행사도 대부분의 경우 고의 또는 과실에 의한 불법행위자(방화범, 도난사고의 범인 등)나 계약불이행자(전세입주자, 임가공자, 수탁자 등), 보험사고를 유발케 한 자들은 배상능력이 없는 경우가 많은 까닭으로 현실적으로 대위행사에 따른 법적조치를 취했다 하더라도 실익이 없기 때문에 대위행사 전에 사전조사와 검토가 필요하다.

요 약

1. 해상적화보험의 개요

오늘날의 해상운송이 대부분 무역거래와 관련하여 이루어지고 있으므로 해상운송 중의 위험을 담보하는 해상적화보험은 무역거래에서 해운, 금융과 함께 매우 중요한 위치를 점하고 있으며, 무역조건에 따라 누가 적화보험에 가입하여야 하며, 또한 보험사고시 누가 보험금을 지급받게 되는가가 결정된다.

2. 해상손해의 분류

(1) 전 손

전손은 보험사고가 발생하여 피보험이익의 전부가 실질적으로 멸실하거나 혹은 손상정도가 심하여 구조하거나 수리하는 것보다 오히려 전손 보험금을 지급하는 것이 경제적으로 유익한 경우를 말한다.

1 **현실전손(actual total loss)** : ICC A(all risks), ICC B(WA), ICCC(FPA)에서 모두 담보 가능
- 가치상실 : 보험목적물이 피보험위험에 의해 완전히 멸실된 경우
- 성격의 상실 : 보험목적물이 상업적인 견지에서 보험증권상 최종목적지에서 원래 화물의 성질을 가질 수 없을 경우

2 **추정전손(constructive total loss)** : ICC A(all risks), ICC B(WA), ICCC(FPA)에서 모두 담보 가능
- 현실전손을 피할 수 없는 상황에 처했을 경우
- 회복된 재산의 가치를 초과하는 비용지출이 예상되는 경우

추정전손의 성립요건으로 피보험자는 보험자에게 목적물에 대한 위부의 통지를 하여야만 추정전손이 성립한다. 예를 들면, 선박과 화물을 상실하여 회복될 수 있는지, 혹은 회복될지 모르는 불확실한 상태가 아니라 회복할 수 있는 가능성이 없을 때 추정전손이다. 화물의 추정전손이 성립하기 위해서는 손상된 화물의 회복비용이 보험금액을 초과해야 한다. 최종 목적지에 도착하기 이전에 손상된 상태로 보관될 경우 회복비용이란 ① 양륙비용, ② 건조비 및 입고비, ③ 환적비용, ④ 해상운임을 초과하는 제반비용, ⑤ 구조된 화물에 분담되는 구조비용을 포함한다.

(2) 분 손

전손의 상대적 개념으로서 피보험목적물 일부의 멸실과 일부의 손상을 의미하며 단독해손과 공동해손으로 구분한다. 비용손해인 구조비, 손해방지비용, 특별비용 등은 그러한 비용이 발생한 상황에 따라서 단독해손 혹은 공동해손으로 처리된다.

1 **단독해손** : ICC A(all risks), ICC B(WA)조건에서만 담보가 가능하다. 단독해손은 보험증권상 담보되는 우연한 위험에 의해 보험목적물이 손상을 입었을 경우의 손해다. 예를 들어, 선상화재로 인한 화물의 소실과 화물의 해수침손 등은 단독해손의 일종이다.

2 **공동해손** : ICC A(all risks), ICC B(WA)., ICC C(FPA)에서 모두 담보가 가능하다. 적화 및 선박을 포함하여 공동의 위험을 피하기 위해 정당한 명령권자의 명령(예 : 선장)으로 가해진 행위에 의해 재산상의 손실을 입었을 경우, 이해당사자간의 합의하에 공동으로 분담하게 되는데, 이 경우 보

험계약자의 분담금을 보험자가 담보한다. 따라서 보험자에 담보가 가능한 손해유형은 현실전손과 추정전손을 포함한 전손과 단독해손과 공동해손을 포함한 분손이 있다.

(3) 비용손해

1 **구조비**(salvage charges : S/C) : 영국해상보험법 제65조에 의하면 구조비라 함은 구조자가 구조계약과는 관계없이 해상법상으로 회수할 수 있는 비용을 의미한다. 이 구조비는 피보험자, 그 대리인 또는 보수를 받고 고용된 자가 담보위험을 피하기 위하여 행한 구조의 성질을 띤 노무의 비용을 포함시키지 않는다. 그러나 적절하게 발생한 비용이라면, 비용이 발생한 사정에 따라서 특별비용이나 혹은 공동해손비용손해로서 보험자로부터 보상받을 수 있다.

2 **특별비용**(particular charges : P/C) : 피보험목적물의 손해를 담보위험으로부터 방지하기 위하여 피보험자나 혹은 그 대리인이 지출한 비용을 특별비용이라 한다. 행위의 주체가 제3자인 경우는 구조비, 행위의 주체가 피보험자 및 그 대리인 등일 경우는 특별비용이라고 할 수 있다. 특별비용은 선박이나 적화에 단독으로 발생하는 비용으로서 일반적으로 손해방지약관이 첨부된 보험증권하에서 보상된다. 특별비용은 피보험목적물 자체의 손해가 아니고 그 손해를 방지하거나 경감하기 위하여 발생한 비용이므로 단독해손이 아니며, 또한 공공의 이익을 위해서가 아니라 단독이익을 위하여 발생한 비용이기 때문에 공동해손이라고도 볼 수 없다.

3 **손해방지비용**(sue and labour charges : S/L) : 피보험목적물의 손해 이외에 추가로 보상되는 비용이므로 피보험목적물의 손해액과 손해방지비용의 합계액이 보험금액을 초과할 수 있다. 합리적으로 발생한 손해방지비용을 보험자가 보상하는 반면 피보험자 및 그 대리인은 손해방지를 위한 필요한 모든 조치를 취해야 할 의무가 부과된 것이므로, 이러한 피보험자의 손해방지의무를 위반했을 때는 보험계약의 효력이 상실되거나 혹은 피보험자에게 불리한 결과를 가져온다.

❙ 손해방지비용의 요건 : ① 피보험자의 손해방지행위로서 피보험자 또는 그의 대리인이 손해방지행위를 했을 때만 그 비용에 대한 책임을 보험자가 지게 된다. 그러므로 제3자에 의해 지출된 비용은 손해방지비용이 될 수 없다. ② 합리적인 비용으로 비용은 합리적이고 적절하게 발생된 것이어야 한다. ③ 담보대상 위험의 손해방지행위로 보험증권이나 약관상으로 담보되는 위험을 방지 혹은 경감시키기 위해서 소요된 비용이어야 한다.

❙ 특별비용과 손해방지비용 : 손해방지비용은 특별비용의 한 형태이므로 특별비용이 더 포괄적이라고 볼 수 있으며, 일반적으로 말해 손해방지비용은 화물이 목적지에 도착하기 이전에 어떤 손해를 피하거나 경감하기 위해 지출되며 특별비용은 손해의 평가와 관련하여 중간항이나 목적지에서 발생된다. 특별비용은 다른 손해액과 합계하여 보험금액을 한도로 하여 보상하는데 대하여 손해방지비용에 있어서는 보험금액을 초과한 경우에도 보상되는 점이 다르다.

✦공동해손이 성립하려면 현실적으로 위험이 절박한 경우라야만 하며 위험을 예측하여 취한 행위는 공동해손이 아니다. 선박만의 안전, 적화만의 안전을 위하여 취한 행위는 공동해손이 아니다. 또한, 보통 생길 수 있는 정도의 손해도 공동해손이 아니고, 보통 이상의 이례적인 사고가 생긴 경우에 한하여 인위적이고 합리적으로 행한 행위라야 공동해손이다.

3. 공동해손

공동해손이라 함은 공동해손희생(general average sacrifice)과 공동해손비용(general average expenditure)으로 구분된다. 공동해손행위(general average act)란 적화 · 선박 · 선임 등 항해단체가 해상사고를 당했을 때 그 항해단체의 공동안전을 위해서 선장 및 선주가 적절한 조치를 취할 경우 그러한 조치를 말하며, 그러한 조치로 인해 발생한 손해와 비용을 공동해손이라 한다. 따라서 공동해손제도는 선박 · 적화 등의 공동의 안전을 위하여 부득이 인위적으로 취하여진 행위로 인한 손해를 이해관계자들이 공동으로 균등하게 분담하는 제도다.

(1) York-Antwerp Rules(YAR), 2004

1964년 영국 요크시에서 처음으로 공동해손에 대한 국제적 통일규칙을 제정하였다. 그 후 수차에 걸친 수정·보완을 거쳐 현재의 적용규칙인 "York-Antwerp Rules, 2004"가 통용되게 되었다. 따라서 현재 각국의 선화증권과 보험증권에 공동해손의 정산을 YAR 2004에 따르도록 대부분 명시하고 있다.

▎York Antwerp Rules 2004 제정 이유

International Union of Marine Insurers(IUMI)는 'YAR 1994'의 개정을 통하여 공동해손의 인정범위를 "공동의 안전" 및 "공동의 이익"의 개념들 중 공동의 안전의 개념에 한하는 것으로 제한 및 축소하자고 제안하였다. IUMI의 이 제안은 2004년 6월 Vancouver에서 열린 Comite Maritime International(CMI) 총회에서 해운업계의 강력한 반대에 직면하였으나 일부 변경안은 상당수의 위원들의 지지를 받아 새로운 'YAR 2004'가 탄생하였다. 그러자 주요회원이 선주로 구성된 해운단체인 BIMCO(발틱 국제해운회의소)는 'YAR 2004'가 선주에게 불리하다는 데 의견을 같이 하고 'YAR 2004'의 사용을 자제할 것을 권고하였다.

▎개정내용

항 목	YAR 2004
Rule VI 구조비	구조비 및 관련비용은 당사자 책임으로 한정, 구조의 한 당사자가 다른 당사자들을 대신하여 그들이 분담하게 될 구조비를 포함하여 구조비를 지급한 경우에는 공동해손 분담가액이 아닌 구조된 가액을 근거로 분담금을 이해당사자에게 Credit/Debit하도록 개정.
Rule XI 선원급료 및 유지비 공동해손 인정제한	피항하는 동안 또는 원래의 지점까지 복귀하는 동안 발생한 선원비는 그대로 인정하기로 하고 대신 피난항에 머무는 동안 발생한 선원비는 공동해손의 인정범위에서 삭제하기로 개정.
Rule XIV(b) 임시수리	피난항에서 임시수리를 시행하여 나중에 실시된 영구수리비의 절감이 있었다면 그 절약분을 초과하는 범위 내에서만 임시수리비를 공동해손으로 인정하는 것으로 개정
Rule XX 공동해손 기금 조달	일부 선원비를 제외한 대부분의 공동해손비용 및 손해에 대해서 자금 우선 조달에 대한 댓가로 인정했던 2%의 공동해손기금에 대한 수수료는 더 이상 인정되지 안함.
Rule XXI 이자	기존에는 선지불된 공동해손 비용 및 손해에 대하여 정산서 완료 3개월까지 연 7%의 이자가 적용되어 왔으나 이를 삭제하고 CMI가 매년 여러 국제적인 상황을 고려하여 연간 이자를 결정하는 것으로 개정.
Rule XXIII (신설) 공동해손 분담금 채권시효	공동해손 분담금에 대해 관할법상 시효에 대한 강제규정이 있는 경우를 제외하고는, 공동해손분담금 청구권은 청산서 발생 후 1년이 지나면 소멸되고 여하한 경우라도 공동해상모험이 종료된 시점부터 6년 이내에 소를 제기하지 아니하면 소멸된다는 공동해손분담금채권의 시효에 대한 새로운 규정을 삽입.

(2) 공동해손 성립요건

YAR의 A조에서 규정하고 있는 공동해손의 성립요건은 "공동항해에 관련된 재산을 위험으로부터 보호할 목적으로, 또 공동의 안전을 위하여 임의적으로 또는 합리적으로 발생한 이례적인 희생이나 비용 손해에 한해서만 공동해손이 성립한다"라고 규정하고 있다. 공동해손은 위험이 현실적으로 절박하고 다수위험의 공동의 안전을 위해 취한 행위이며, 인위적이고 합리적인 희생 및 비용의 발생이 있어야 한다.

(3) 공동해손희생손해(General Average Sacrifice)

YAR에 규정되어 있는 종류와 범위를 요약하면 다음과 같다.

- 투하 : 투하는 선박이 폭풍 · 좌초 등의 위험에 직면하여 선박과 적화의 공동의 안전을 위하여 적화 혹은 선구의 일부 또는 전부를 해상에 투하하는 것으로서 공동해손희생 중 가장 오래된 것이며 가장 단순한 형태.
- 선내 화재의 소방에 따른 손해
- 임의 좌초에 의한 손해 : 선박이 침몰 · 충돌 등의 위기에 처해 있을 경우, 이를 피하기 위하여 선장이 임의로 선박을 좌초시킴으로써 생기는 손해.
- 연료로 사용된 적화 · 선재 및 저장품
- 선박 의장의 손상 : 좌초되어 위험한 상태에 놓여 있는 선박을 부양시키기 위해 추진기와 기관을 과도하게 사용함으로써 기계 및 기관이 입은 손해.

(4) 공동해손비용손해(General Average Expenditure)

공동해손비용손해는 구조 · 피난 · 대체행위로 인하여 발생하는 것과 희생행위에 의하여 간접적으로 생긴 것, 예컨대 선박수리 중의 특별비용, 수리비 조달에 필요한 비용, 공동해손정산에 따른 비용이 있다.

- 구조비(salvage charge) : 구조작업이 공동해손에 연관된 재산을 보호하기 위해 취해졌을 경우, 구조행위가 계약에 의한 것이든 아니든 모든 구조비는 공동해손으로 인정.
- 피난항 비용(port of refuge expenses) : 선박이 선체의 사고로 인하여 피난항에 기항했을 경우 발생하는 비용으로 항비 · 도선료 · 채선료 · 하역비 · 재적재비 등의 비용들이 있으며 공동해손비용으로 인정.
- 항해연장비용(prolongation of voyage expenses) : 피난항 및 기타 항에서의 회항 및 피난항에서의 체류기간 중 승무원의 급료 · 부양비를 공동해손으로 인정.
- 좌초시 부양비용 : 좌초시 부양작업이 공동해손행위로서 수행되는 경우에 그 작업비용이 공동해손으로 인정.
- 대체비용 : 선박이 피난항에서 수리를 한 후 화물을 운송하는 것보다 대체선을 사용함으로써 보다 경제적일 수 있는데 이때 대체선을 사용함으로써 절약된 비용만큼을 대체비용으로 처리하여 공동해손으로 인정.

(5) 공동해손 처리절차

- 공동해손의 통지 : 항해 중에 공동해손행위가 있을 때, 선주는 선박이 도착항에 도달하기 전에 그 사항을 화주에게 통지하고 정산인을 선임하였음을 전하며, 아울러 화물을 인도할 때까지 공동해손서약서, 가액신고서, 신용장, 공동해손공탁금, 공동해손분담보증장 등을 제출할 것을 요구한다. 도착 전에 이러한 통지를 하지 않더라도 공동해손분담액의 청구권이 없는 것은 아니지만, 도착항에서 화주로부터 공동해손에 필요한 서류와 담보를 취득하며, 원활히 화물을 인도하기 위하여 통지는 실무상 절대 빼놓을 수 없는 절차이다.
- 공동해손서약서(general average bond) : 이 서류는 화주가 선주에 대하여 장래 공동해손이 정당하게 정산되는 때에는 그 정산 결과에 따라 분담액을 지불하겠다는 약속과 함께 아울러 송장상의 화물가격을 알고 있다는 것과, 정산인의 증명이 있으면 분담액의 선불에도 응하겠음을 확약하는 것인데, 선주가 정한 서식에 화주가 서명한다. 일반적으로 로이즈·폼(Lloyd's Average Bond)이 많이 쓰이고 있으나, 선주에 따라서는 별도의 양식으로 적화보험자

의 연서를 요구하는 경우도 있다.

▎송 장 : 이것은 화물의 분담가액을 정하는데 있어 가장 중요한 서류로서, 송장가격이 FOB인 때에는 운임과 보험료를 나타내는 서류인 운임청구서와 보험료청구서 사본을 첨부할 필요가 있다.

▎공동해손공탁금(general average deposit) : 공동해손의 채권자인 선주는 화물에 대하여 유치권을 가지고 있어, 요구되는 담보가 제공되기까지 인도하지 않을 수 있다. 다만 소액의 사건에는, 선주가 담보를 요구하지 않고, 위에 기술한 공동해손서약서, 가액신고서, 송장만으로 화물을 인도하는 수도 있다. 선주의 입장에서 보면, 가장 확실한 담보는 현금공탁(cash deposit)이며, 공동해손의 경우 이를 공동해손공탁금(GA deposit)이라고 한다.

선주는 정산인과 상담하여, 선박이 최종 목적항에 도착하기까지, 공동해손총액을 견적하여 분담률을 계산, 각 화물의 도착가액에 일정률을 곱한 액을 공탁금으로 요구한다. 공탁금은 은행에 예치해서 이자와 함께 지급보증을 위해 관리하고, 최종적으로 공동해손분담액을 지불한 잔액은 화주에게 반환한다. 그러나 실제로는 대부분의 경우 화물이 보험에 부보되어 있기 때문에, 보험자의 보증장을 받고 화물을 인도하는 것이 일반적이며, 공탁금을 요구하는 것은 무보험의 경우나 보험회사의 신용이 없는 때에 한정되는 극히 드문 일이다.

▎공동해손분담보증장(underwriters' letter of guarantee) : 공동해손이 발생하여 담보를 필요로 하는 경우에는 보험자의 분담보증장을 요구하는 것이 일반적이다. 화주의 요구를 받으면 보험자는 선주 앞으로 보증장을 발행하는데, 이것은 선주가 현금공탁을 요구하지 않고 화물을 선주에 인도하는 대신, 장래 공동해손이 정당하게 청산되는 때에, 그 분담액을 보험자가 선주에게 지불하겠음을 보증하는 서류이다.

공동해손에 대한 보험자의 보상책임은 공동해손청산서에 기재된 화물의 분담가액이 보험가액을 초과하는 경우에, 그 비율에 따라 감액된 분담액에 대하여 생기는 것으로 되어 있다. 여기에서 적화보험자의 입장에서는 선주에 대한 보증액도 보상한도액 이내로 할 필요가 있으며, 그 뜻을 포함시키고 있는 것이 제한보증장(Limited L/G)이다. 그러나 선주로서 볼 때는, 제한보증장을 수취하게 되면 부족액에 대하여 화주로부터 별도로 보증을 받을 필요가 있고 번잡하기 이를 데가 없기 때문에 실무상에서는 적화보험자가 무제한보증장(Unlimited L/G)을 제출토록 하고 있다.

보충자료 및 참고문헌

21) Mustill, M. J. & Gliman, J. C. B., *Around's Law of Marine Insurance and Average*, Vol. 1, 16th ed., Sweet & Maxwell, 1981, p.5.

22) 최기원, 「상법학신론(하)」, 박영사, 1997, p.570.

23) 대판, 2000.6.13. 선고 98다35389판결에서는 전위험 담보조건[Institute Cargo Clause (All risk)]이라 할지라도 전쟁위험 및 피보험목적물에 생기는 통상적인 누손이나 자연소모와 같은 통상적인 손해는 담보하지 않거나 면책된다고 판결하였다.

24) 부가약관에는 도난발하불착위험(Theft, Pilferage & Non-Delivery ; T.P.N.D.), 우담수손(Rain and /or Fresh Water Damage ; R.F.W.D.), 타화물과의 접촉위험(Contact with Oil and/or Other Cargo ; C.O.O.C.), 파손(Breakage), 누손, 중량부족위험(Leakage and/or Shortage), 한습손, 열손위험(Sweat & /or Heating), 갈쿠리에 의한 손해(Hook & Hole ; H/H), 곡손위험(Denting &/or Bending), 오염위험(Contamination), 곰팡이손위험(Mildew and Mould), 녹손위험(Rust) 등이 있다.

25) 상법 제131조(화물상환증의 문언증권성)은 화물상환증을 작성한 경우에는 운송에 관한 사항은 운송인과 소지인간에 있어서는 화물상환증에 기재된 바에 의한다고 규정하고 있으며 제820조 준용규정에서는 제129조, 제130조, 제132조와 제133조의 규정은 선화증권에 준용한다고 규정되어 있다.
26) 상법 제132조(화물상환증의 처분증권성)에 의해 화물상환증을 작성한 경우에는 운송물에 관한 화물상환증으로써 하여야 하고(화물상환증교부의 물권적 효력) 화물상환증에 의하여 운송물을 받을 수 있는 자에게 화물상환증을 교부한 때에는 운송물 위에 행사하는 권리의 취득에 관하여 운송물을 인도한 것과 동일한 효력이 있다.
27) 대판, 선고 75다 107판결, 1977, 12, 13.
대판, 선고 80다 1812판결, 1980, 11, 11.
28) 통상 선화증권 소지자는 운송인에 대하여 불법행위로 인한 손해배상과 운송채무불이행에 따른 손해배상을 선택적으로 청구할 수 있고 혹은 주위적으로 불법행위로 인한 손해배상청구와 예비적으로 운송채무불이행으로 인한 손해배상을 동시에 청구할 수 있으며, 반대로 주위적으로 운송채무불이행에 따른 손해배상을 청구하고 예비적으로 불법행위로 인한 손해배상을 청구할 수 있다.
29) 서울고등법원 1999.12.7. 선고 99나 22696 판결(확정) ; 전주지방법원 2004. 4.12. 선고 99나 6800 판결(확정)
30) 상법 제788조, 상법 제746조, 상법 제747조, 상법 제787조, 민법 제750조에는 선화증권에 기재된 면책약관이라 할지라도 고의 또는 중대한 과실로 인한 재산권침해에 대한 불법행위책임에는 적용되지 않으며 상법 제787조, 제789조의 규정에 저촉되는 경우에도 불법행위책임에서 면책되지 않는다. 또한 상법 제790조는 면책약관 중 이른바 책임제외 약관과 입증책임을 변경하거나 청구에 조건을 붙이는 책임변경약관 등에 적용할 수 있고 책임결과의 일부를 감소시키는 배상액 제한약관은 이에 저촉되지 않는다. 제787조의 감항능력주의의무와 제790조의 운송인의 책임경감금지조항은 부록편에 실려있는 상법전문을 참고하기 바란다.
31) 민법 제393조 손해배상의 범위규정을 보면 채무불이행으로 인한 손해배상은 통상의 손해를 그 한도로 해야한다고 명시되어 있다. 그러나 해상사고에 있어서 운송인의 채무불이행에 따른 손해배상의 경우 실무적으로는 국제조약상에 규정된 책임금액을 한도로 손해배상이 이루어지므로 이는 국제조약과 국내 법률간의 법률충돌이 끊임없이 존재한다.
32) 해상사고의 발생원인 별 손해배상청구기간

발생원인	조 문	기 간	성격	단 서
운송인의 용선자, 송화인, 수화인에 대한 채권, 채무	상법 제919조	인도한 날부터 2년	제척기간	당사자합의로 연장가능
정기용선계약에 기한 채권, 채무	상법 제846조	선박이 선박소유자에게 반환한 날로부터 2년	제척기간	당사자합의로 연장가능
공동해손(구상채권 포함)	상법 제870조	계산이 종료한 날로부터 1년	제척기간	당사자합의로 연장가능
선박충돌채권 구조료 청구권	상법 제881조	충돌이 있는 날로부터 2년 구조가 완료한 날로부터 2년	제척기간	당사자합의로 연장가능
선박소유자에 대한 유류오염 손해배상청구권	유배 제11조	유류오염손해 발생일로부터 3년. 최초 사고 발생일로부터 6년	제척기간	당사자합의로 연장가능
선원의 선박소유자에 대한 채권(재해보상청구권 포함)	선원 제128조	3년	소멸시효	당사자합의로 연장가능

채무불이행책임과 불법행위책임의 요건

구 분	채무불이행책임	불법행위책임
입증책임	운송인	화주 또는 적화보험자
손해배상금액	국제조약상 명시된 책임제한 금액	전체 손해금액
운송계약상 면책특약/ 상법상 면책조항	운송계약상의 채무불이행책임에만 적용	당사자간 명시적, 묵시적 합의가 있더라도 고의 또는 중대한 과실로 인해 재산권침해가 발생했을 경우 면책 안 됨
시 효	영업상에서 발생한 책임은 상사채권이므로 5년 -민법 제162조, 상법 제64조	손해 및 가해자를 안 날부터 3년 (또는 불법행위일로부터 10년) - 민법 제766조,
보험자 대위	본래 권리의 시효가 계속 진행	본래 권리의 시효가 계속 진행
	본래 권리의 성격에 따름	

자료: 민법 제162조, 제766조, 제 750조, 상법 제65조 등의 내용을 재구성 함.

33) Bennett, H.N., *The Law of Marine Insurance,* Oxford University Prss, 1996, pp.13~14.

34) Brown, R.H., *Marine Insurance Cargo Practice,* Vol 2, 5th ed., Witherby & Co. Ltd., 1998, p.4 : Hodges, S., *op. cit.*, pp.21~22.

35) 멸실은 수량적인 개념으로서 포장단위의 화물이 없어지는 것이고 손상은 화물이 존재하지만 파손 등에 의하여 화물의 가치가 감소되는 것을 말한다.

36) O'May, D. & Hill, J., *Marine Insurance : Law and Policy*, Sweet & Maxwell, 1993, p.47.

37) 구조의 완성이라 함은 다시 해난을 만나 새로운 구조행위가 필요하게 될 수 있는 경우라고 하더라도 현재의 해난으로부터 이를 구조하여 상대적으로 안전한 상태에 두었으면 족하다(서돈각, 「상법강의(하)」, 법문사, 1986, p. 170.).

38) **Lloyd's Standard Form of Salvage Agreement**
(Approved and Published by the Council of Lloyd's)
LLoyd's Standard Salvage and Arbitration clauses
1 Introduction
2 Overriding Objective
3 Definitions
4 Provisions as to Security, Maritime Lien and Right to Arrest
5 Appointment of Arbitrator
6 Arbitration Procedure and Arbitrators Powers
7 Representation of parties
8 Interest
9 Currency correction
10 Appeals and Cross Appeals
11 Provisions as to Payment

General Provisions
12 Lloyd's documents
13 Contractors personnel and subcontractors.
14 Disputes under Scopic Clause.
15 Lloyd's Publications.

39) 상법 제680조(손해방지의무)에는 보험계약자와 피보험자는 손해방지와 경감을 위하여 노력해야 하고 이를 위하여 필요 또는 유익하였던 비용과 보상액이 보험금액을 초과한 경우라도 보험자가

이를 부담하도록 규정하고 있다. MIA 제78조 4항에도 상법 제680조와 비슷한 규정이 (4)It is the duty of the assured and his agents, in all cases, to take such measures as may be reasonable for the purpose of averting or minimising a loss 라고 명시되어 있다.

40) 조해균,「최신 보험경영론」, 박영사, 2000, p.114.

41) Merriam-Webster, In,. Merriam-Webster's Dictionary of Law, ©1996. 일부 논문에서는 피대위자를 'subrogee', 대위자를 'subrogor'로 표현하지만 본 논문에서는 대위권리를 가진 자를 '보험자'(insurer)로 정의하고 대위권리를 양도하는 자를 '피보험자'(insured)로 정의한다.

42) National Fire Insurance Co. v. McLaren(1886), 12 O.R. 682 at page 687 quoted with approval by the S.C.C. in Ledingham v. Ontario(Hospital Services Commission), 1975, S.C.R.332. ; Stephen R. Moore,「SUBROGATION」, Blaney McMurtry LLP, 2001, p.2. 재인용 하였다.

43) 양승규,「保險法」, 삼지원, 서울, 1993, p.227.

44) 김성태,「保險法講論」, 法文社, 2001, p.441 ; 崔基元,「保險法」, 博英社, 1998, p. 290. 대법원 1989.4.25. 선고 87다카1669판결; 대법원 1990.2.9. 선고 89다카 21965판결.

45) 기평가보험은 보험가액평가에 따른 객관적 자료가 형성되어 있어 그 협정이 용이하며 협정가액과 사고발생시 가액이 대부분 유사한 적화보험, 선박보험, 희망이익보험, 운송보험 등에서 이용되고 있다. 기평가보험은 협정가액은 일부보험, 중복보험, 초과보험의 판단기준이 되며 협정가액은 사고발생시 가액으로 추정한다(상법 제670조). 그러나 협정가액이 사고발생시 가액을 현저하게 초과하는 경우 도덕적 위험이 커질 수 있으므로 이때는 사고발생시 가액으로 손해액을 산정함으로써 도덕적 위험을 규제한다. 현저함의 평가는 사회통념에 따른다.

46) 신가보험(新價保險)은 신조달가격(新調達價格)을 보험가격으로 하는 보험을 말한다. 일반 화재보험이 재축(再築)가액에서 경과한 년 수와 손모(損耗)정도에 의한 감가분을 공제한 시가에 따른 실손해액만을 전보하는데 반하여 신가보험은 손해를 입은 보험목적물과 동일한 구조, 용도, 질의 것을 재조달하는데 필요한 액수를 보전한다.

47) 김성태,「保險法講論」, 法文社, 2001, p.440.

48) 송채헌 · 박종은, "P&I보험의 제3자 직접청구권 수용에 대한 연구", 한국무역통상학회, 2005. 제4권2호, p.11.

49) 이상호, "해상보험자대위에 관한 연구", 한국산업경제학회, 제10권, 제1호, 1997, pp. 87~111.

50) 대위가 부당이득금지원칙에 의한 것으로 보는 견해로는 손주찬,「商法講義(下)」, 博英社, 1998, p.385 ; 최기원,「商法學新論(下)」, 博英社, 1991, p.604.

51) 권리설정, 가압류, 재산도피방지, 조작방지 등을 말하며 보험자가 요구하는 증거 및 서류는 권리증, 계약서, 어음, 수표, 기타 유가증권, 영수증이 된다. 이 같은 의무를 보험계약자 또는 피보험자에게 부과하는 것은 보험회사의 보험금 지급의무에 상대하는 손해방지 의무에 속한다.

52) E. R. Hardy Ivamy, *General Principles of Insurance Law*, 5th Edition, London, Butterworths, 1986, p.470~474.

53) 이 원칙의 중요성은 APM Operators Ltd. v. Allendate Mutual Insurance Co. 1984, 9 C.C.L.L, (Sake, Q.B)에 잘 나타나 있다. 여기서 법원은 보험자의 보상범위에 대한 보험자의 수정요구를 받아들이지 않았다. 법원은 보험자가 보험증권상에 명시된 어떠한 보상금액도 피보험자에게 아직 지급하지 않았기 때문에 보험자의 대위권행사 권한이 성립할 수 없다고 판결하였다.

54) 서울고등법원 1999.12.7. 선고 99나 22696 판결(확정) ; 전주지방법원 2004.4. 12. 선고 99나 6800 판결(확정)

55) 대법원 2001.9.7. 선고 2000다 21833판결

해상사고판례 연구

◆ 대법원 2005.2.18. 선고, 2002다2256, 손해배상(기)

【원고 · 상고인】 D 화재 주식회사
【피고 · 피상고인】 S 주식회사

■ **사고 내용** : 원심판결에 의하면 주식회사 B 컴퓨터는 1999. 9. 경 일본국 소재 G 주식회사에게 개인용 컴퓨터 1,248대(이하 '이 사건 화물'이라고 한다)를 CIF(운임, 보험료 지불조건) 요코하마 조건으로 하여 대당 미화 520달러 합계 미화 648,960달러에 수출하기로 약정하고, 1999. 9. 20. 경 피고와 이 사건 화물을 부산항으로부터 일본국 모지항까지 운송하는 것을 내용으로 하는 운송계약을 체결하였다. 이에 피고는 B 컴퓨터에게 송화인 B 컴퓨터, 수화인 지시인, 통지처 G, 선적항 부산항, 양화항 요코하마(신용장상 기재에 맞춤)로 기재된 선화증권을 발행하였고, 그 후 G가 위 선화증권의 정당한 소지인이 되었다. 한편, B 컴퓨터는 1999. 9. 18. 해상보험업을 하는 원고와의 사이에 이 사건 화물에 관하여 피보험자를 B 컴퓨터, 보험금액을 미화 713,856 달러로 한 해상적화보험 계약을 체결하였다.

그 후 피고는 이 사건 화물을 2대의 컨테이너에 적입한 다음 부산항에서 Y 해운 소속 'Y 17호'의 '111항차'에 선적하여 1999. 9. 21. 일본국 모지항까지 운송하였고, 이 사건 화물은 모지항 소재 Y해운의 T 컨테이너 적화장에 장치되어 수입통관절차를 밟았다. 피고의 대리인인 N은 1999. 9. 21. Y로부터 이 사건 화물의 도착사실을 통지받았고, N은 같은 날 통지처인 G에게 이 사건 화물의 도착사실을 통지하였으며 G로부터 이 사건 화물을 인수받은 W는 1999. 9. 22. Y의 대리인인 H에게 하역관련 부대비용 일화 39,000엔을 지급하고 선화증권을 제시하여, 그 선화증권의 이면에 화물인도지시문구를 기재하는 방법으로 H로부터 화물인도지시서를 발급받았다. 그리고 W는 1999. 9. 22. 위 T 컨테이너 적화장에서 위 화물인도지시서(인도지시문구가 기재된 선화증권)을 제출하고, 이 사건 화물 중 컨테이너 1대를 출고하여 I 의 보세창고로 운반하였고, 나머지 컨테이너 1대는 후에 출고할 의사로 그대로 두어 위 적화장의 컨테이너 야드에 그대로 장치되어 있게 하였다. 그런데 W는 1999. 9. 25. 경 위 컨테이너 적화장에서 나머지 컨테이너 1대를 출고하면서 컨테이너 바닥 부분이 해수에 젖어있는 것을 발견하고 그 사실을 N에게 통보하였다.

원고는 1999. 9. 27. 검정기관인 일본해사검정협회에 이 사건 화물에 대한 손상원인, 정도 및 수량의 조사를 의뢰하였는데, 그 조사 결과에 의하면, 1999. 9. 24. 오전에 T 컨테이너 적화장에 태풍 18호의 영향으로 인한 강한 비바람과 높은 파도가 밀어닥쳐서 보관 중이던 위 컨테이너의 하단 부분이 해수에 침수되는 바람에 컨테이너 바닥 부분에 적입된 104 상자의 화물이 손상되었고, 그로 인한 상품가치의 하락은 80% 정도이며, 산정된 손해액은 미화 43,264달러(104상자 × 미화 520달러 × 80%)인 사실, 이에 따라 원고는 2000. 2. 25. 위 해상적화보험 계약의 보험자로서 G에게 보험금으로 미화 47,590.40 달러(위 산정손해액 미화 43,264달러 × 110%)를 지급하였고, 2000. 2. 28. 일본해사검정협회에 검정료 등으로 일화 177,700엔을 지급하는 이외에 이재조사비로 미화 795.81 달러를 지출한 후, 이 사건 침수사고는 정당한 수화인인 G가 운송인인 피고로부터 이 사건 화물을 인도받기 전에 발생한 것이므로 피고는 운송인으로서 화물훼손에 대한 손해배상책임이 있다고 원고는 주장하였다.

그러나 피고인 운송인은 G의 대리인인 W가 1999. 9. 22. 보세장치장 설영자에게 이 사건 화물 전체에 대한 화물인도지시서를 제시하고 이 사건 화물 중 컨테이너 1대를 출고하고 나머지 1대는 자신의 사정으로 후에 출고할 의사로 그대로 둔 이상 그 시점에서 피고는 이 사건 화물 전체의 인도의무를 다하였다고 볼 수 있어, 결국 이 사건 침수사고는 피고가 이 사건 화물의 인도를 완료한 이후에 발생한 것이므로 이로 인한 손해배상책임을 부담하지 않는다고 판단하여 원고의 위 주장을 배척하였다.

■ **사안의 쟁점** : 운송인은 송화인으로부터 화물을 인도받아 화물이 수화인에게 인도되도록 장소적 간격을 뛰어넘어 화물을 운송하며, 이에 따른 수수료를 받는 자이다. 그렇다면, 통상적으로 운송인은 수화인이 화물을 인도받기로 한 장소까지 화물을 운반하여 양화하고 수화인이 이를 인도받게 될 때까지 화물의 보호관리책임은 운송인에게 있다 할 것이다. 그런데 사안과 같이 실제로 수화인이 화물을 수령할 수 있음에도 수화인의 사정으로 인하여 화물의 일부만 수령하고, 나머지는 찾아가지 않고 있는 상황에서 화물의 손실이 발생한 경우, 이러한 경우에도 실제로 수화인이 화물을 인도받지 못하였으므로, 운송인이 책임져야 하는지가 문제된다. 이에 대하여, 판례는 원심과 대법원 모두 일관된 논리로서 이러한 경우에의 운송인의 책임을 인정하지 않고 있다.

■ **분 석** : 운송인은 수화인이 화물을 수령할 수 있을 때, 실원고는 1999. 9. 27. 검정기관인 일본해사검정협회에 이 사건 화물에 대한 손상원인, 정도 및 수량의 조사를 의뢰하였는데, 그 조사 결과에 질적으로 운송인의 책임을 다한 것으로 보는 것이 합당하다. 즉, 운송인은 수화인에게 화물을 인도할 수 있도록 실제적·절차적인 운송 및 제반 사항을 이행한 것으로 화물을 운송하기로 한 채무를 다한 것이라 보아야 한다. 실제로 민법상 위험부담의 법리에 따르더라도 채무자가 의무를 이행하였음에도 채권자의 이행지체 중에 발생한 불가항력적인 손해에 대하여는 채권자의 책임으로 해석하고 있다. 이는 비단 위험부담의 문제를 거론하지 않더라도 채권자의 이행지체를 '일종의 채무불이행'으로 새겨 채권자의 이행지체 중에는 채무자의 고의 또는 중대한 과실이 없는 한 채무자의 책임 없음을 (민법 제 400조 내지 401조 참조) 명시하고 있는 우리 민법 체계 하에서는 당연한 것이다. 사안으로 돌아가서, 운송인인 피고는 보세장치장에 적법하게 운송계약 화물을 양화하였고, 화물인도지시서를 적법하게 수화인에게 교부하여 수화인이 언제든 이를 수령해 갈 수 있는 상태였으며, 수화인은 자신의 사정으로 모든 화물을 인도받을 수 있음에도 화물의 일부만을 우선 수령하고 그 사이에 태풍 등 천재지변으로 인하여 화물의 손해가 발생한 것이다. 이러한 경우까지 단지 실제로 수화인이 수령하지 않았으므로, 아직 인도 전의 상태, 즉 운송 중인 상태로 보아 운송인에게 계약책임을 묻는다면 이는 너무 가혹한 것이다. 따라서, 이러한 입장에서 운송인의 운송의무가 종료되었다고 판단하여 피고의 책임을 부인하고 있는 원심 및 대법원의 판단은 적절하고 당연하다 하겠다.

제5장 해상적화보험의 실무

학습의 목적

해상적화보험에 관한 이론과 계약실무를 습득하여 국제간 무역거래에 바로 활용할 수 있다.

학습의 목표

1. 해상적화보험약관을 구증권과 신증권으로 나누어 살펴보고 각각의 기본약관과 특별약관, 부가약관의 내용을 이해한다.
2. 적화보험조건별 담보범위와 담보기간, 피보험자의 의무와 권리를 이해한다.
3. 거래하는 수출입화물의 특성과 무역계약조건, 운송구간에 따라 최적의 적화보험조건을 선택하는 방법을 습득한다.
4. 적화보험계약절차를 이해한다.
5. 보험사고가 발생했을 경우, 피보험자의 조치사항을 수출과 수입별로 나누어 이해한다.
6. 보험사고에 대한 손해배상 및 손해보상청구 절차를 습득한다.

✦ILU : Institute of London Underwriters
✦ICC : Institute cargo clause
✦UNCTAD: United Nations Conference on Trade and Development
✦M.IA : marine insurance act 1906

본래 해상적화보험증권은 영국 Lloyd's S.G. Policy Form에서 유래하였다. 1779년 1월 12일 로이즈회원 총회에서 채택되어 MIA의 제1부칙에 게재되어 있던 Lloyd's S.G. Policy Form은 선박과 적화에 관한 보험의 겸용이고, ILU에서 1981년 이전까지 사용한 (구)협회적화보험약관[ICC(1963)]은 이것을 기초로 작성한 것이다.

그러나 S.G. Policy를 근본으로 한 (구)협회적화약관은 중세시대 때 만들어졌던 낡은 규칙들로 약관내용들이 현실과 많이 유리되고 그 내용의 해석에 있어서 명시된 문장들도 국가별로 통일성 있게 해석할 수 없을 정도로 복잡하며 고풍스런 문장들이 많이 포함하고 있어서 항상 보험계약자와 보험자 사이에 분쟁의 소지를 많이 만들었다. 이를테면 전위험담보약관(A/R)의 담보범위가 불명확하기 때문에 분쟁이 많이 발생했을 뿐만 아니라, 분손담보약관과 단독해손부담보약관의 담보범위가 어떻게 다른 것인지 분명하지 못한 점이 많았다. 더구나 그 판단 기준은 영국해상법에 근거하기 때문에 각국의 규정이나 법규와 서로 달라 각국의 불만이 고조되었다. 이에 따라 Lloyd's Market과 Company (Marine) Market을 대표하는 보험자와 해손정산인(average adjust)으로 구성된 런던 보험자협회(ILU)가 그동안 S.G. Policy가 특약으로 첨부하여 사용해왔던 협회적화약관(Institute Cargo Clause)을 개정하였다.

그 후 다시 Lloyd's S.G. Policy는 유엔무역개발위원회(UNCTAD) 등의 권고로, 1982년에 런던의 "Joint Cargo Committee"에 의해 기본약관인 'S.G. Policy'를 폐지하고 적화보험증권과 협회적화약관이 새로운 체제로 개정하게 되었다. 우리는 이를 (신)약관[ICC(1982)]이라고 한다. 현재 한국은 (구)협회적화약관 및 (신)협회적화약관 모두를 계약자의 편의를 위해 사용하고 있다.

✦①Institute Cargo Clause (F.P.A)는 1912년 제정
②Institute Cargo Clause(W.A.)는 1921년 제정
③Institute Cargo Clause (All Risks)는 1951년에 제정

(구)협회적화약관은 WA와 FPA의 담보범위를 확대하기 위하여 처음에는 면책비율(memorandum percentage)을 면제해 오다가 1951년 처음으로 전위험담보 약관을 발행하였다.[56] 신약관에서는 구약관상의 보험조건에 대한 명칭을 변경시킨 바, 구약관의 A/R를 ICC(A)로, WA를 ICC(B)로, FPA를 ICC(C)로 대치하였다.

이전 기준 이후

←(1982)→

협회(구)적화약관 협회(신)적화약관

그러나 적화보험에서 (신)약관이 비록 구 약관의 애매한 문구와 고어체 문장을 현대적이고 명확한 문장으로 변경하여 영국 등에서 많이 쓰이고 있으나 실무적으로 적화보험 가입시 별도의 조건을 애기 하지 않으면 (구)약관으로 가입되고 있다.

그런데 1982년 약관은 그 제정 이후 30년이 경과하고 있어 오늘날처럼 국제화물 이동의 양적 또는 질적 팽창과 테러리스트의 위협 등을 다 담보할 수 없게 되었다. 그래서 영국보험시장의 "Joint Cargo Committee"는 1982년 약관의 개정을 결정하고 2006년 2월부터 3년에 걸쳐 2008년 11월 24일자로 ICC 및 그 관련약관을 공포하였으며 2009년 1월

1일부터 ICC(2009)를 발효하였다. 물론 협회적화약관이 개정되었다고 하더라도 당장 종전에 사용하였던 약관이 무효화되는 것은 아니다.

✦구 약관과 신 약관은 서로 약관 내용과 보상범위가 차이가 있으나, 한국의 보험요율은 구약관 ICC (WA)와 신약관 ICC (B) 조건을 제외하고는 거의 동일하게 사용하고 있다.

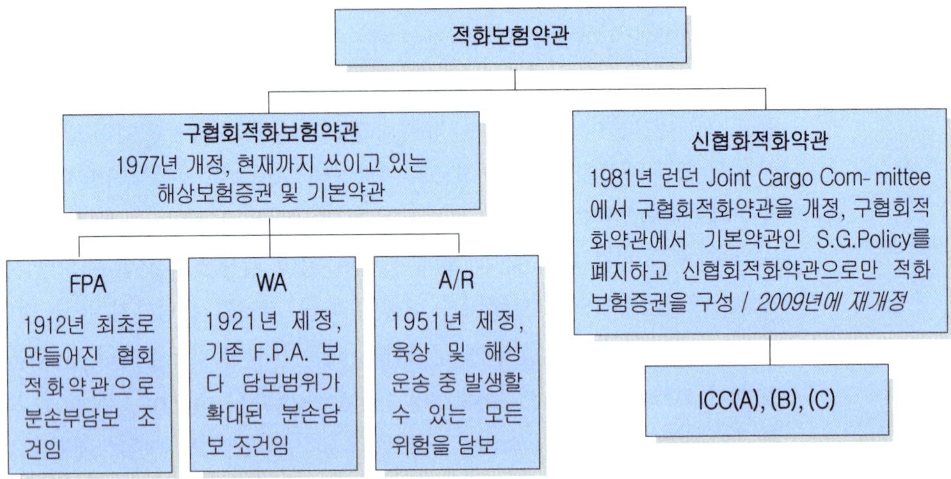

한국의 경우 현재 ICC(1963)과 ICC(1982)를 동시에 사용하고 있고 아직까지는 1963년 약관이 더 많이 이용되고 있다. ICC(2009)는 그 도입을 위한 약관에 대한 소개도 미흡한 실정이다. 그러나 ICC(2009)는 가장 최신의 무역환경을 반영하고 있어 피보험자에게 유익하도록 개정되어 있어 근시일 내에 많이 이용될 것으로 보인다.

제1절 협회 적화보험 (구)증권

1. 협회 적화보험 (구)증권 구성

1) 명세표(SCHEDULE)

적화보험계약 전 피보험자가 작성한 적화보험청약서 내용이 그대로 보험증권상의 스케줄부문에 구현된다. 명세표를 구성하는 적화보험청약서의 내용은 뒤에서 적화보험 작성요령에서 설명할 예정이므로 여기서는 생략하기로 한다.

Assured(s) etc.		Ref. No.
Policy No.		Amount Insured hereunder
Claims, if any, payable at: IN		 Conditions
Survey should be approved by:		Subject to following Clauses as per back hereof. Institute Cargo Clauses ( ) Institute War Clauses Institute Strikes Riots & Civil Commotion Clauses Special Replacement Clause (applying to machinery) On-Deck Clause
Local vessel or conveyance	From(interior port of place of loading)	
Ship or vessel	Sailing on or about	
at and from	Transhipped at	
arrived at	Thence to	
Goods and Merchandises Marks and Numbers as per Invoice No. specified above.		

2) (구)증권약관의 종류

본문약관: S. G. Policy

난외약관: F.C & S. Clause, FSR & CC Clause, Frustration Clause Co-Insurance Clause

ICC(FPA) : Institute Cargo Clauses (Free from Particular Average) : 분손부담보조건

ICC(WA) : Institute Cargo Clauses (With Average) : 분손담보조건

ICC(All Risks) : Institute Cargo Clauses (All Risks)-1963: 전위험담보조건(해상)

ICC(Air): Institute Air Cargo Clauses (All Risks)-1963 : 전위험담보조건(항공)

IWC : Institute War Clauses : 협회전쟁약관

SRCC : Institute Strikes, Riots and Civil Commotions (협회동맹파업약관)

2. 협회 적화보험 (구)증권 약관의 적용순서 및 종류

협회적화보험구약관은 1982년 협회신약관이 사용되기 이전의 약관을 말하며, 현재도 상당부분이 은행이나 수입업자의 요구에 의하여 사용되고 있다. 구약관은 S. G. Policy를 본문약관으로 하고, 본문약관 중 전쟁위험 및 동맹파업위험을 면책으로 새로 지정한 난외약관과 ICC 특별약관으로 구성되어 있다. 협회적화보험약관이 특별약관이므로 우선 적용되며, 난외약관이 적용된 후 최종 본문약관이 적용된다. 또한 특약에 의해 전쟁위험약관 등이 첨부된 경우에는 이러한 약관이 우선 적용된다.

1) (구)증권 약관의 체계

구(해상적화)보험증권의 약관체계를 살펴보면 다음과 같다.

표 5-1. 협회 구약관의 약관체계

구분	S. G. POLICY (본문약관)	MARGINAL CLAUSE (난외약관)	I.C.C.(구)약관
1	Be it know that	FC & S. Clause	Transit Clause
2	Assignment Clause	FSR.&CC.Clause	Termination of Adventure Clause
3	Lost or not lost Clause	Frustration Clause	Craft, & c. Clause
4	At and from	Grounding Clause	Change of Voyage Clause
5	Subject-Matter Insured	Other Insurance Clause	All Risks Clause : ICC(A/R) FPA Clause : ICC(F.P.A.) Average Clause : ICC(W.A.)
6	Name of ship or vessel	Claim Notice Clause	Constructive Total Loss clause
7	Duration of risk Clause		G.A. Clause
8	Touch and Stay Clause		Seawothiness Admitted Clause
9	Valuation Clause		Bailee Clause
10	Perils Clause		Not to Inure Clause
11	Sue and Labour Clause		Both to Blame Collision lause
12	Waiver Clause		F.C.&S. Clause
13	The effectiveness of policy		FSR.&CC. Clause
14	Binding Clause		Reasonable Despatch Clause
15	Consideration Clause		Note
16	Attestation Clause		
17	Memorandum Clause		

2) (구)증권 약관의 구성

해상운송화물약관				항공운송화물약관	
SQ	ICC(FPA.)	ICC(WA.)	ICC(A/R)	IACC(A/R)	SQ
01	Transit Clause	좌 동	좌 동	좌 동	01
02	Termination of Adventure Clause	좌 동	좌 동	좌 동	02
03	Craft, & c. Clause	좌 동	좌 동	X	
04	Change of Voyage Clause	좌 동	좌 동	좌 동	03
05	FPA Clause	Average Clause	All Risks Clause	All Risks Clause	04
06	Constructive Total LossClause	좌 동	좌 동	좌 동	05
07	GA. Clause	좌 동	좌 동	X	
08	Seaworthiness Admitted Clause	좌 동	좌 동	X	
09	Bailee Clause	좌 동	좌 동	좌 동	06
10	Not to Inure Clause	좌 동	좌 동	좌 동	07
11	Both to Blame Collision Clause	좌 동	좌 동	X	
12	FC.&S. Clause	좌 동	좌 동	좌 동	08
	X	X	X	Frustration & confiscation Clause	09
13	FSR&CC Clause	좌 동	좌 동	좌 동	10
	X	X	X	SR.&CC Clause	11
14	Reasonable Despatch Clause	좌 동	좌 동	좌 동	12
15	Note	좌 동	좌 동	좌 동	13

3. 협회 적화보험 (구)증권 본문약관(S.G. POLICY)

1) This description to be inserted in the following clauses are shown as above

S.G. Policy는 본문약관의 중간에 기재되어야 할 사항들이 있으나, 동 조항에 의하여 피보험자, 증권번호, claim or survey agent, 선명, 출발지, 출항일, 환적지, 도착항, 목적지, 품목, 보험가입금액(협정가액), 보험조건 등은 별도의 양식으로 분리하여 상단에 표기하고 있다.

S.G.POLICY

Marine Cargo Insurance Policy

Assured(s) etc.		Ref. No.
Policy No. Claims, if any, payable at: IN		Amount Insured hereunder
Survey should be approved by:		Conditions Subject to following Clauses as per back hereof. Institute Cargo Clauses ( ) Institute War Clauses Institute Strikes Riots & Civil Commotion Clauses Special Replacement Clause (applying to machinery) On-Deck Clause
Local vessel or conveyance	From(interior port of place of loading)	
Ship or vessel	Sailing on or about	
at and from	Transhipped at	
arrived at	Thence to	

Goods and Merchandises
Marks and Numbers as per Invoice No. specified above.

Place and Dated signed in	No. of Policies issued

For use only with the Old Marine Policy Form

1.Warranted free of capture, seizure, arrest restraint or detainment, and the consequences there of or any attempt there at: also from the consequences of hostilities or warlike operations, whether there be a declaration of war or not: but this warranty shall not exclude collision, contact with any fixed or floating object (other than mine or torpedo), stranding, heavy weather or fire unless caused directly (and independently of the nature of the voyage or service which the vessel concerned or, in the case of a collision, and other vessel involved there in, is performing) by a hostile act by or against a belligerent power, and for the purpose of this warranty power includes any authority maintaining naval, military or air forces in association with a power.

Further warranted free from the consequences of civil war, revolution, rebellion, insurrection, or civil strife arising therefrom, or piracy.

2.Warranted free of loss or damage

(a) caused by strikers, locked-out workmen, or persons taking part in labour disturbances riots or civil commotions;

(b) resulting from strikes, lock-outs, labour disturbances, riots or civil commotion.

3.(a)should the risks excluded by clause I(F.C.&S.Clause) be reinstated in this policy by deletion of the said clause, or should the risks or any of them mentioned in that clause or the risks or mines, torpedoes, bombs or other engines of war be insured under this policy, clause(b) below shall become operative and anything contained in this contract which is inconsistent with clause(b) or which affords more extensive protection against the afore-said risks than that afforded by the institute War Clause relevant to the particular form of transit covered by this insurance is null and void.

(b) this policy is warranted free of any claim based upon loss of, or frustration of, the insured voyage or adventure caused by arrests restraints or detainments of kings princes peoples usurpers or persons attempting to usurp to usurp power.

4.This insurance does not cover any loss or damage to the property which at the time of the happening of such loss or damage is insured by or would but for the existence of this policy be insured by any fire or other insurance policy or policies except in respect of any excess beyond the amount which would have been payable under the fire or other insurance policies had this insurance not been effected.

(1) [*The descriptions to be inserted in the following clauses are shown as above.*] (2)[Be it known that] (3)[(ⓐ) as well in (ⓑ) his or their own name, as for and in the names of all and every other person or persons to whom the same doth, may, or shall appertain, in part or in all, doth make assurance and cause (ⓒ) and them and every of them, to be assured,] (4)[lost or not lost,] (5)[at and from (ⓓ)] (6)[Upon any kind of goods an merchandises,] (7)[in the good ship or vessel called the (ⓔ)] (8)[whereof is master, for this present voyage, (ⓕ) or whosoever else shall go for master in the said ship, or by what so ever after name or names the said ship, or the master thereof, is or shall be named or called;] (9)[beginning the adventure upon the said goods and merchandises from the loading thereof aboard the said ship, (ⓖ) upon the said ship, etc (ⓖ) and so shall continue and endure, during her abode there, upon the said ship, etc. And further, until the said ship, with all her goods and merchandises whatsoever, shall be arrived at (ⓖ) and upon the goods and merchandises until the same be there discharged and safely landed;] (10)[and is shall, be lawful for the said ship,etc, in this voyage to proceed and sail to and touch and stay at any ports or places whatsoever (ⓗ) without prejudice to this assurance.] (11) [The said goods and merchandises, &C.,for so much as concerns the assured by agreement between the assured and assurers in this policy are and shall be valued at (ⓘ)] (12)[Touching the adventures and perils which the said company are contented to bear and to take upon themselves in this voyage, they are of the seas, men of war, fire, enemies, pirates, rovers, thieves, jettisons, letters of mart and countermart, surprisals, takings at sea, arrests, restraints and detainments of all kings, princes and people, of what nation, condition, or quality soever, barratry of the master and mariners, and of all other perils , losses and misfortunes that have or shall come to the hurt, detriment or damage of the said goods and merchandises, or any part thereof;] (13)[And in case of any loss or misfortune, it shall be lawful to the assured, his or their factors, servants and assigns, to sue, labour and travel for, in and about the defence, safeguard and recovery of the said goods and merchandises, or any part thereof, without prejudice to this assurer; to the charges whereof the said company will contribute each one according to the rate and quantity of his sum herein assured.] (14)[And it is especially declared and agreed that no acts of the assurer or assured in recovering, saving, or preserving the property assured, shall be considered as a waiver or acceptance of abandonment.] (15)[And it is agreed by us, the insurers, that this writing or policy of assurance shall be of as much force and effect as the sureste writing or policy of assurance heretofore made in London.] (16)[And so we, the assurers(the said company) are contented, and do hereby promise and bind ourselves, each one for his own part, our heirs, executors, and goods to the assured, their executors, administrators, or assigns, for the true performance of the premises;] (17)[confessing ourselves paid the consideration due unto them for this assurance, at and after the rate of ( ) as arranged ( )per cent.] (18) [N.B.-corn, fish, salt, fruit, flour and seed are warranted free from average, unless general, or the ship be stranded; sugar, tobacco, hemp, flax, hides and skins are warranted free from average, under five pounds per cent; and all other goods, also the ship and freight, are warranted free from average, under three pounds per cent, unless general, or the ship be stranded, sunk or burnt.] (19) [IN WITNESS whereof we, the assurers, have subscribed our names and sums assured in London.]

In the event of loss or damage arising under this Policy, No claims will be admitted unless a survey has been held with the approval of this Company's Office or Agents specified in this Policy.

For DAEHAN FIRE & MARINE INSURANCE CO.,LTD.

In case of loss or damage, please follow the 'IMPORTANT' clause printed on the back hereof

2) Be it known that

It should be known that의 의미로서 계약을 체결하고 인정한다는 뜻으로 that 다음에는 적화보험에 가입하는 경우는 계약자명이 명시되지만, 피보험자명은 L/C조건상 특별한 요청이 없는 한 명시되지 않는 것이 일반적이다. 그러나 국내의 적화보험양식은 This descriptions to be inserted in the following clauses are shown as above.란 문구를 Be it known that 앞에 삽입하여 증권상의 기재사항을 별도로 분리하여 사용하고 있다.

3) Assignment Clause (양도조항)

(ⓐ) as well in (ⓑ) his or their own name, as for and in the names of all and every other person or persons to whom the same doth, may, or shall appertain, in part or in all, doth make assurance and cause (ⓒ) and them and every of them, to be assured, lost or not lost, at and from (ⓓ) – [(ⓐ)는 자기(ⓑ)자신의 이름으로 또한 보험의 목적의 일부 또는 전부가 귀속되거나 귀속될 수 있는, 또는 귀속하게 될 기타 모든 사람 또는 사람들을 위하여 그리고 그들의 이름으로 보험계약을 체결하고, 그 자신(ⓒ)과 그들 모두가 (ⓓ)에서 및 부터 멸실여부를 불문하고 보험에 가입된 것으로 인정한다.]

한 사람 또는 다수의 이익에 대한 보험임을 명시하고, 보험목적물에 대한 피보험이익의 이전에 따라 보험증권도 양도됨을 명시하고 있다. 적화보험은 통상 관습적인 방법이나 배서 등에 의하여 양도하는 것이 일반적이다.

4) Lost or Not Lost Clause (소급조항)

소급보험 조항은 상기의 Assignment Clause 중에 멸실 여부를 불문(lost or not lost)하고 보험에 가입된 것으로 인정한다는 조항을 말한다. 소급보험은 보험계약을 체결할 때 이미 위험이 개시되어 보험사고가 발생하였다고 하더라도 그러한 사실을 계약당사자가 알고 있지 못하였다면, 보험계약은 유효하다는 취지의 약관조항이다. 통신시설이나 교통시설이 발달하지 못했던 시대에는 이상적인 조항이었다. (신)약관 ICC에서는 제17조의 피보험이익조항에 이것과 동일한 취지가 규정되어 있으며, 영국해상보험법 제6조의 피보험이익이 존재해야 할 시기에 관한 규정에서 예외규정으로 소급보험(lost or not lost)조항을 들고 있다.

Provided that where the subject-matter is insured “lost or not lost”, the assured may recover although he may not have acquired his interest until after the loss, unless at the time of effecting the contract of insurance the assured was aware of the loss, and the insurer was not[단, 보험의 목적이 ‘멸실 여부를 불문함’이란 조건으로 보험이 가입되는 경우에는, 피보험자는 손해발생 후까지 피보험이익을 취득하지 않아도 손해를 보험자로부터 회수할 수 있다. 그러나 보험계약 체결시 피보험자가 손해발생의 사실을 알고 보험자가 몰랐을 경우에는 그러하지 아니하다]

라고 규정하여 사고발생시 피보험자가 보상을 받기 위한 조건으로 피보험이익이 있어야 함을 규정하면서도 소급보험의 경우에는 사고발생시 피보험이익을 갖고 있지 않았던 피보험자가 소급보험규정에 의거 보험에 가입하고, 보험자가 이를 수락하였다면 보상해야 함을 규정하고 있다. 단 피보험자는 소급보험의 가입시 사고발생이나 손해발생의 사실을 알고 있었으나 이를 보험자에 고지하지 않은 경우에는 적용될 수 없다고 규정하고 있다.

5) At and from (위험의 개시)

위험개시는 상기의 Assignment Clause의 lost or not loss 다음의 at and from의 문구를 말하는 것으로 이 문구는 같은 증권하의 위험은 해당지역에 입항하면 위험이 개시된다는 의미이다. 여기에는 출발항(선적항을 표시하는 약관)을 포함하고 있는데, 즉 [***출발항기입***]에서 또는 그곳으로부터 담보되는 것으로 한다. 실제로는 보험증권 스케줄의 "at and from"란에 선적항이 기입된다. 보통 선박은 화물을 적재하여 정박하는 일이 많으므로 출항 전 정박 중의 위험도 담보하는 의미에서 at and from을 사용한다. 그러나 현대의 적화보험은 Warehouse to Warehouse Clause를 사용하고 있기 때문에 증권상에 기재된 출발지에 화물이 입고되는 순간부터 담보되는 것으로 해석될 수 있으나, ICC의 Transit Clause에서는

"This insurance attaches from the time the goods leave the warehouse or place of storage at the place named in the policy for the commencement of the transit, continues during the ordinary course of transit and terminates either on delivery"

라고 약정하여 화물이 증권상 명기된 지역의 창고에서 운송을 목적으로 출발하는 순간, 위험이 개시된다고 규정하고 있기 때문에 특별약관인 ICC가 우선 적용되어 본문약관상의 at and from은 적화보험에서 그 의미가 없다.

6) Subject-matter insured (보험목적의 표시)

MIA RCP 제17조에서는 "화물(goods)이란 말은 상품의 성질을 가진 화물을 말하고, 개인의 소지품이나 선상에서 사용하기 위한 식료품과 소모품은 포함하지 아니한다. 반대의 관습이 없는 한, 갑판에 적화와 살아 있는 동물은 특정하여 보험에 가입되어야 하고, 화물의 포괄적 명칭으로 보험에 가입되어서는 안 된다"라고 규정하고 있다. 따라서 적화보험에서 보험목적인 화물은 상품의 성질을 가져야 하며, 반대의 관습이 없는 한 선창 내 적재를 전제로 한 계약이라 할 수 있다.

7) Name of ship or vessel (선박명의 표시)

in the good ship or vessel called the (ⓔ) - (ⓔ)라고 부르는 감항성이 있는 선박에

8) Name of the master (선장명의 표시)

Upon any kind of good and merchandise, in the good ship or vessel called the (ⓔ) whereof is master, for this present voyage, (ⓕ) or whosoever else shall go for master in the said ship, or by what so ever after name or names the said ship, or the master thereof, is or shall be named or called; – ⓔ라고 부르는 감항성이 있는 선박에 적재된 모든 종류의 화물과 상품에 관하여, 그리고 그러한 선박의 선체, 태클, 의장구, 병기, 군수품, 대포, 보트 및 기타 의장에 관하여, (ⓕ)가 본 항해에 대하여는 현재 하나님 다음으로 그 선박의 선장이며, 또한 누구든지 장래에 상기 선박의 선장으로 간주될 것이고, 상기 선박 또는 그 선장은 어떠한 이름이나 이름들로 지명되거나 호칭되고 있으며, 장래에도 지명되거나 호칭될 것이다.

과거에는 선장의 항해기술에 의해서 해상사고율에 차이가 많았지만 지금은 선장의 개인적인 항해기술에 큰 차이가 없는 것으로 인식되고 있기 때문에 기재되지 않고 있다.

9) Duration of Risk Clause (보험기간조항)

[beginning the adventure upon the said goods and merchandises from the loading there of a board the said ship,(ⓖ) upon the said ship, etc (ⓖ) and so shall continue and endure, during her abode there, upon the said ship, etc. And further, until the said ship, with all her goods and merchandises whatsoever, shall be arrived at (ⓖ) and upon the goods and merchandises until the same be there discharged and safely landed; – 상기 화물 및 상품에 대한 위험은 상기 선박에 적재될 때 개시되며, 선박의 정박 중 계속되고, 화물 및 상품을 적재한 선박이 항구에 도착할 때까지 계속되며, 그곳에서 하역하게 되고 안전하게 양륙될 때까지 계속된다]

(1) 위험의 개시

원칙적으로 S. G. Policy에서는 목적항에 안전하게 도착하여 '투묘 후 안전한 상태에서 24시간'까기 담보된다고 약정하고 있었으나, ILU Companies combined Policy에서는 동 문구를 삭제하여 사용하였다. MIA RCP 제4조에서는 From the loading thereof (적재시 부터)에 대해서

[Where goods or other moveables are insured "from the loading thereof", the risk does not attach until such goods or moveables are actually on board, and the insurer is not liable for them while in transit from the shore to the ship.–화물이나 기타 동산이 '그것의 적재시 부터' 보험에 가입되는 경우에는, 위험은 그러한 화물이나 동산이 실제 선적된 때에 개시하고, 보험자는 육지로부터 선박까지 운송되는 동안에 그러한 화물이나 동산에 대해 책임이 없다]

라고 규정하여 위험의 개시시점을 실제 선적된 때로 설명하고 있다. 그러나 ICC의 Transit Clause에서는 "leaves the warehouse or place of storage named in the policy for the commencement of transit"이라고 약정하여 S.G. Policy상의 위험의 개시시점인 '선적시 부터(from the loading)'를 "증권상에 명기된 창고나 보관 장소를 출발하는 시점

부터"로 확장하고 있다.

(2) 위험의 종기

또한 위험의 종기와 관련하여 S. G. Policy에서는 하역 후 안전하게 양륙될 때(discharged and safely landed)라고 규정하고 있다. MIA RCP 제5조 Safely landed(안전한 양륙)에서는

[Where the risk on goods or other moveables continues until they are "safely landed", they must be landed in the customary manner and within a reasonable time after arrival at the port of discharge, and if they are not so landed the risk ceases.-화물이나 기타 동산의 위험이 '안전하게 양륙되는'때까지 계속되는 경우, 그들 화물이나 동산은 반드시 관습적인 방법으로, 그리고 양화항에 도착 후 상당한 기간 내에 양륙하여야 한다. 그리고 만약 화물이나 동산이 그와 같이 양륙되지 않으면, 위험은 종료한다]

라고 규정하여 목적항에 도착 후 상당한 기간 내에 관습적인 방법으로 양륙될 것을 조건으로 하고 있음을 설명하고 있다. 그러나 ICC의 Transit Clause에서는 "증권 상에 명기된 목적지의 최종창고나, 보관 장소에 인도된 때(on delivery to the consignee's or other final warehouse or place of storage at the destination named in the policy)"라고 규정하여 내륙의 최종창고까지 담보구간을 확장하고 있다. 또한 RCP상의 within a reasonable time을 양화 후 60일이 경과하면 보험이 종료되도록 약정하고 있다. 따라서 S.G. Policy상의 위험의 시기와 종기(port to port)는 그 의미를 상실하였다.

10) Touch and Stay Clause (기항정박약관)

And is shall, be lawful for the said ship,etc, in this voyage to proceed and sail to and touch and stay at any ports or places whatsoever (ⓗ) without prejudice to this assurance. - 그리고 화물과 상품이 그곳에서 양화되고 안전하게 양륙될 때까지 계속된다. 그리고 본 항해에 있어서 상기 선박 등이 항행하고 어떠한 항구나 장소로 출항하며, 그곳에서 기항하고 정박하는 것은 적법한 것이고, 무엇이든 이 보험에는 영향을 미치지 아니한다.

선박이 항해 중 중간항구에 기항하거나 정박하게 되는 것을 허용하는 약관이다. 그러나 MIA RCP 제6조[At any port or place whatsoever(기항 및 정박)]에서

[In the absence of any further licence or usage, the liberty to touch and stay "at any port or place whatsoever" does not authorize the ship to depart from the course of her voyage from the point of departure to the port of destination.-어떠한 추가적인 허가나 관습이 없는 경우에는 '어떠한 항구나 장소이든 어느 곳에서든' 기항하거나 정박하는 자유는, 출항항으로부터 목적항까지의 선박의 항해의 항로에서 선박이 이탈하는 것을 인정하는 것은 아니다]

라고 규정하고 있기 때문에 이 약관은 무제한으로 기항 또는 정박을 인정하거나, 항해의 변경이나 이로를 허용하는 것은 아니다. 즉, 특별히 보험자의 허가를 얻거나 또는 관습이 없는 한 증권에 명시된 'the normal course of the voyage'를 벗어나는 경우를 허용하는 것은 아니다. 실무적으로 운송약관이나 항해변경약관에 의거 이로나 항해의 변경에 대하여 보험자가 위험을 부담하고 있다.

11) Valuation Clause (보험가액조항)

The said goods and merchandises, &C., for so much as concerns the assured by agreement between the assured and assurers in this policy are and shall be valued at (ⓘ) - 상기 선박 기타, 화물과 상품 등은 이 보험증권에서 피보험자와 보험자와의 합의에 의해 피보험자에게 관련되는 한, (ⓘ)로 평가되고 또한 평가되어야 한다.

보험목적물의 피보험이익의 경제적 가치인 보험가액은 때와 곳에 따라 다르기 때문에 미평가보험(unvalued policy)에서는 사고발생 장소와 사고발생시의 가액을 보험가액으로 하는 것이 일반적이다. 그러나 해상보험은 장기간에 걸친 해상운송을 해야 하며, 보험사고의 발생지역이 주로 해상이기 때문에 사고시의 가액을 산정하기가 어려우므로 보험자와 피보험자간에 미리 보험가액을 결정하여 사고시의 보험가액으로 인정하도록 약정하고 있다. 따라서 동조항은 보험자와 피보험자간에 미리 보험가액을 확정한다는 취지의 조항으로 기평가보험임(valued policy)을 약정하고 있다.

MIA 제27조에서는 ① 보험증권은 기평가보험증권이나 또는 미평가보험증권일 수 있다. ② 기평가보험증권은 보험의 목적의 협정보험가액을 기재한 보험증권이다. ③ 본 법에 별도의 규정이 있는 경우를 제외하고, 그리고 사기가 없는 경우에 보험증권에 의해 정해진 가액은 보험자와 피보험자 사이에서는 손해가 전손이든 분손이든 관계없이 보험에 가입하려고 의도한 보험의 목적의 보험가액으로서 결정적이다. ④ 보험증권에 별도로 규정하고 있는 경우를 제외하고, 보험증권에 정해진 가액은 추정전손의 존재여부를 결정하는 목적을 위하여 결정적인 것은 아니다라고 규정하여 동조항에 의한 기평가보험증권인 경우 보험가액은 보험자와 피보험자간에는 확정적인 것이다.

그러나 동 조항이 타 이해관계자에게까지 영향을 미치지는 것은 아니다. 동법 동조 4항에서 규정하고 있는바와 같이 협정보험가액이 추정전손을 결정하는데 영향을 주지 않는다. 또한 ICC의 추정전손조항(Constructive total loss)에서는 ① 현실전손이 불가피하거나, ② 보험목적을 ⓐ recovering ⓑ reconditioning ⓒ forwarding하는 비용(cost)이 도착시의 가액(value on arrival)을 초과할 것 같아 합리적으로 위부(abandonment)된 경우만 추정전손을 인정한다고 약정하고 있다.

12) Perils Clause (손인조항)

Touching the adventures and perils which the said company are contented to bear and to take upon themselves in this voyage, ㉠they are of the seas, ㉡men of war, ㉢fire, ㉣enemies, ㉤pirates, ㉥rovers, ㉦thieves, ㉧jettisons, ㉨letters of mart and countermart, ㉩surprisals, ㉪takings at sea,㉫ arrests, restraints and detainments of all kings, princes and people, of what nation, condition, or quality soever, ㉬barratry of the master and mariners, ㉭and of all other perils , losses and misfortunes that have or shall come to the hurt, detriment or damage of the said goods and merchandises, or any part thereof; – 우리들 보험자가 이 항해에서 부담하고 책임을 지기로 약속한 해상사업과 위험은 다음과 같다. 즉, 해상고유의 위험, 군함, 화재, 외적, 해적, 강도, 도적, 투하, 포획면허장과 보복포획면허장, 습격, 해상탈취, 어떠한 국가나 상황이나 성질에 관계없이 모든 국왕과 여왕 및 국민의 압류와 억지 및 억류, 선장이나 선원의 악행, 상기 화물과 상품 및 선박 기타 또는 그 일부의 파손이나 훼손 또는 손상을 가져왔거나 가져오게 될 모든 기타 위험과 손해 및 불행이다.

(1) 포괄위험에서 열거위험으로 전환

S. G. Policy에서의 담보위험이 약정된 조항으로 논리적인 질서가 없을 뿐만 아니라 현대무역과 해운거래에서는 필요 없는 위험들이 무질서하게 나열되어 있다. S. G. Policy를 제정한 1779년 당시에는 Lloyd's S.G. Policy를 포괄위험보험증권으로 인식하였기 때문에 손인조항에 열거된 위험들은 하나의 예시적 의미를 가질 뿐이었다. 그러나 1816년 Cullen v. Butler사건에서 All other perils의 의미를 기타 열거된 위험의 동종위험으로 제한하는 판례에 의해서 S.G. Policy가 열거위험보험증권으로 바뀌었기 때문에 열거위험방식의 시각에서는 무질서하게 보이는 것은 당연하다.

(2) 바다위험(Perils of the Seas) : SSC+Heavy weather

이 위험은 해상보험의 생성기부터 보험자가 부담하여 온 가장 중요한 위험이며 가장 기본적인 해상위험이다. 새로운 MAR Form(1991년 런던 보험시장은 MAR 91 Form이라는 간단한 보험증권양식을 발표함)의 해상보험증권과 1982년 협회적화약관에서는 Lloyd's보험증권의 폐지와 증권본문상 위험 조항의 소멸로 "Perils of the seas"라는 말을 찾아볼 수 없게 되었다. 그러나 MIA(1906)와 동법 제1부칙 RCP 제7조의 규정과 함께 ICC(A) 제1조 위험조항의 해석에 있어서는 이 위험의 개념을 간과해서는 안 된다. 또한 Hague Rules 제4조 (2) (c)에는 "바다 또는 기타 항행할 수 있는 수면의 위험과 위험상태 및 사고"(Perils, Dangers and Accidents of the Seas or Other navigable Waters)가 운송인의 면책으로 규정되어 있기 때문에 운송인에 대한 보험자의 구상권 행사와 관련하여 "Perils of the Seas"의 해석은 여전히 중요한 문제로 남아 있다.

초기의 해상보험증권은 보험대차로부터 발전한 포괄책임주의(1379년 Pisa보험증권 : 위험조항– 신의, 바다의, 사람의, 모든 위험, 사고와 불행 및 어떤 형태나 원인이든 불문하고 모든 우연한 사건, 우연한 사고와 불행을 부담한다)였으나, 1816년 Cullen v. Butler사건을 계기로 동종제한의 원칙(Principle of Ejusdem Generis)에 의거 S.G.Form상의 열거위험을 제외한 보다 제한적이고 독립적인 의미를 갖지 않으면 안 되었다. 즉, 바다의 일체의 위험에서 필연적인 것을 제외한 바다에서의 우연한 일체의 위험으로 제한되었다.(RCP 제7조: The term 'perils of the seas' refers only to fortuitous accidents or casualties of the seas. It does not include the ordinary action of the winds and waves) 바다의 위험에 해당될 수 있는 주요한 위험의 예를 들면 다음과 같다.

(3) 손인조항에 의한 담보위험의 분류

	대 분 류	소 분 류
Perils Insured (담보위험)	Perils of the seas (바다의 위험)	SSC, Stranding(좌초), Sinking(침몰), Collision(충돌), Heavy Weather(악천후), Negligence of master or crew
	Perils on the seas(해상위험)	Fire(화재), Jettison(투하), Barratary(선원 및 선장의 악행), Pirates, Rovers, Thieves(해적, 표도, 강도), Men of war (군함), Enemies(외적), Surprisals and capture (습격과 포획)
	War Perils (전쟁위험)	Taking at sea & Seizure(해상탈취 및 나포), Arrests, restraints and detainment of kings, princes and people (관헌의 강유, 억지, 억류) Letters of mart and countermart(포획면허장 및 보복포획면허장)
	All other perils(기타 일체의 위험)	

▣ **좌초 (坐礁 : Stranding)** : 우연적이거나 이례적인 사건의 결과로서 선박이 해저나 기타 장애물에 접촉하게 되어 그 위에서 움직이지 않는 경우를 말한다. 좌초를 구성하기 위한 두 가지 구비조건은 ⅰ) 밑바닥에 닿는 것이 우연하거나 이례적이어야 한다. ⅱ) 장애물 위에 일정시간 동안 실제로 움직이지 않고 있어야 한다.

일본의 경우, 좌주(坐洲 : Grounding)는 단단하지 않은 물의 얕은 곳의 바닥이나 모래가 많이 쌓인 곳에 배가 걸린 것을 말하며, 좌초는 암초와 같이 단단한 곳에 얹히는 경우를 지칭하는 것으로 구분하고, 좌주 중에서 이례성이 있는 경우를 교사(膠沙)로 구분하기로 하였다. 그러나 교사(Grounding)는 글자 그대로 선박이 바다의 밑바닥이나 밑바닥의 어떤 물체에 닿는 것을 의미하며, Stranding은 Grounding(=Running Aground, 모든 형태의 좌주) 중에서 보험사고로서의 상기 두 가지 요건을 구비한 Grounding을 의미한다고 할 것이다. 선박이 수면하의 장애물에 얹혀서 진퇴할 수 없는 위험사고를 말하며 장애물이 견고한 물질인 경우는 'stranding'이라고 하며 장애물이 부드러운 물질인 경우는 'grounding'이라고 한다. 구약관은 좌주의 형태를 구분하여야 했으나, 신약관 ICC(B), ICC(C)에서는

Grounding이란 문구를 삽입함으로써, 더 이상 좌주의 형태를 구분할 필요가 없어졌으며, 간만의 차에 의한 관습적인 선박의 Grounding이나 촉초(觸礁 : Touch and Go) 등에 의한 손해는 그것이 피보험자나 제3자의 고의적인 불법행위 등의 면책위험에 기인한 경우를 제외하고는 보험자가 보상하게 되었다.

㉮ M'Dougle v. Royal Exchange Assurance Co.(1815) : 1분 30초 동안 좌주(坐洲)된 것은 좌초가 아니라 촉초(Touch and go)이다.
㉯ Baker, v. Towry (1816) : 15분~20분 정도 움직이지 않은 것은 좌초라고 판결

▣ **침몰(沈沒 : Sinking)** : 침몰은 선박의 인양이 가능한 천몰(淺沒 – submersion)과 인양이 불가능한 심몰(深沒–foundering)로 구분되기도 하는데, 선박이 부력(감항능력)을 상실하고 선체의 대부분이 수면하에 가라앉은 경우를 말한다. 따라서 침몰을 구성하기 위한 조건은 i) 선박이 수중에 가라앉아야 되고 ii) 해저에 닿지 않으면 안 된다.

㉮ Bryandt & May Ltd v. London Assurance Corporation사건(1886)에서 Quebec에서 London까지 성냥개비의 화물을 운송하는 선박이 선장실 등 일부는 침수되지 않았으나 갑판의 후부는 침수된 상태로 Thames강의 Gravesend에 도착하였다. 적화는 그 일부는 정상품으로 하역되었으나 나머지는 상당한 침수손을 입었다. 피보험자가 적화의 성질에 비추어 선박이 침몰할 수 있는 한도까지 침몰한 것이므로 보험증권상의 용어에 해당되는 침몰이라고 주장하였다. 그러나 재판에서 적화가 더 많이 젖게 되었다면 선박이 수중으로 더 깊이 침몰하였을 것이라는 점은 인정하였으나, 보험증권상의 용어에 해당되는 침몰은 아니라고 판결하였다.

▣ **충돌(衝突 : Collision)** : 영국의 해상보험에 있어서의 충돌은 전문적인 용어로서 타선박과의 충돌, 즉 선박상호간의 충돌만을 의미하였으나, 1912년 최초로 도입된 협회적화약관(FPA)의 제5조에 "Collision or contact of vessel craft or conveyance with any external substance (ice included) other than water"라고 규정하면서, 선박/부선 및 운송용구와 외부 타 물질과의 충돌이나 접촉에 의한 손해를 보상하였다. 그러나 (신)약관[ICC(B), (C)1.1.4.]에서는 substance(ice included)가 object(물체)로 대체되면서, 도로사정으로 인한 파손 등은 보상받기 힘들게 되었다. 또한 (신)약관에서는 충돌과 손해와의 인과관계를 상당인과관계로 제한하고 있기 때문에, 화물과 타(他)화물과의 접촉 또는 피보험자의 과실이 아닌 적부의 불량의 결과로 발생한 경우에도 피보험화물과 운송선박이나 운송용구와의 접촉에 기인한 손상은 보상되지 않는다. 따라서 악천후 중에 선창 내에서 적부가 요동한 결과로 발생한 멸실(loss)이나 손상은 보상되지 않고, 운송 중 육상운송용구 내부의 급격한 충격의 결과로 멸실이나 손상도 보상되지 않는다.

▣ **악천후 손상(Heavy Weather Damage)** : 악천후 중 통풍구의 폐쇄로 인한 가열(overheating)에 의한 응축손상(condensation damage) 또는 한손(sweat damage), 가

로 · 세로 흔들림(rolling · pitching)에 의한 파손breakage), 해수침손(seawater damage), 갑판유실(washing over board : 해수가 화물을 직접적으로 가격하여 화물이 바다로 떨어지는 경우만을 의미하며, 단순한 lashing의 잘못으로 바다에 떨어지는 것은 포함되지 않는다) 등을 들 수 있으며 해수의 유입으로 손상된 피혁이 부패하여 그 악취가 동일선창 내의 연초(煙草)에 스며들어 입은 오탁손해(汚染損害 : stain damage) 또는 가마에서 구운 중국의 점토(clay)가 악천후로 인해 함께 적부된 염료통에 의해 오염된 손상 등의 감응적 손상(sympathetic damage)을 들 수 있다. 또 황천은 풍파의 이상항 작용(extra-ordinary action)에 의하여 생기면 손해를 말하며 해상고유위험이므로 해상보험 증권상 명백한 담보위험이다. 그러나 실제 적용시에는 협회적화약관에 의해 보험자의 담보위험을 추가 또는 제한하고 있다. 즉, 분손부담보(FPA)약관에서는 황천위험이 담보되지 않는데 반해 분손담보(WA)약관에서는 담보된다. 황천으로 인한 손해는 화물의 해수침손(sea water damage), 갑판적재화물의 풍랑유실(loss on deck cargo), 기타 악천후로 인한 곰팡이 손해(mildew) 등이 있다.

▣ 선원의 과실 (Negligence of Master or Crew) : 선원의 과실로 열려져 있는 벨브를 통하여 유입된 해수에 의한 화물의 손상도 바다의 위험에 포함된다.

▣ 쥐(Rats) : 치즈가 쥐에 의해 손상을 입은 경우는 '바다의 위험'이 아니지만, 쥐가 배관을 갉아서 해수가 유입되어 쌀이 손상을 입은 경우는 바다의 위험에 포함된다.

(4) 해상위험 (Perils on the seas)

▣ 화재(Fire) : 화재위험에 의한 직접적인 손해를 보험자가 보상하지만, 화재의 원인에 따라 제한되는 경우가 많고 특별약관에 따라 다르므로 주의해야 한다.

- 순수한 화재 : 화재가 직접 작용하여 발생한 손해뿐만 아니라 선박 내에서 발화하여 적화를 선창 외에 반출한 때에 생기는 손상과 우누손(雨漏損) 등의 위험을 뜻하며 이것은 담보된다.
- 낙뢰에 의한 화재 : 낙뢰에 의한 화재는 담보된다.
- 자연발화(spontaneous combustion) : 보험 목적물의 하자니 성질로 인한 자연발화나 화재손해는 영국해상보험법(MIA 1906)의 제55조 2항에서도 명시하고 있는 바와 같이 면책위험이나 경우에 따라서는 특별약관에 의해 담보될 수 있다.

▣ 투하(Jettison) : 공동해손 희생손해의 가장 대표적인 예에 해당되는 투하는 항해 중 비상사태가 발생한 경우, 선박을 가볍고 속도를 빠르게 하기 위하여 적화의 일부 혹은 선박속구의 일부를 해중에 버리는 것을 의미한다. 이 경우 반드시 비상사태에 처하여 공동의 안전을 위하여 고의적으로 취한 행위여야만 투하 및 공동해손(general average)으로 인정된다. 단순히 lashing이 잘못되어 화물이 바다로 떨어진 경우에는 투하에 해당되지 않을

뿐만 아니라 갑판유실에도 해당되지 않는다. 무역보험 실무상 주요위험으로 'SSBC'위험을 많이 인용하는데 이때 'SSBC'는 'sinking, stranding, burning, collision'을 의미한다.

▣ 선장 및 선원의 악행(Barratry) : RCP 제11조의 규정[the term 'barratry' includes every wrongful act wilfully committed by the master or crew to the prejudice of the owner, or, as the case maybe, the charterer–선원의 악행이란 말은 선주 또는 경우에 따라서는 용선자에게 손해를 끼치도록 선장이나 선원이 고의로 행한 일체의 부정행위를 포함한다]에 나타난 선원의 악행(barratry)을 구성하기 위한 전제조건은 ⓐ 선장이 자신의 선의의 판단에 반대되는 행동을 함. ⓑ 선장이나 선원의 악행이 선주나 용선주를 상대로한 것이다. 따라서 적화보험에서 담보하는 위험은 아니다.

결과적으로 ICC(B), ICC(C)에서는 선원의 악행과 같은 제3자에 의한 화물의 고의적인 손해나 파손은 면책으로 규정하고 있으며, ICC(A)에서는 'barratry' 자체가 담보위험이 아니고, 그 행위의 결과로 발생한 화물의 멸실이나 손상의 위험이 면책조항에 해당되지 않는 한 필연적인 것이 아닌 우연적인 것으로서 "all risks"에 해당되어 보상된다 할 수 있다.

ⓐ Rickarde v. Forestal Land, Timber and Rlys Co. Ltd (1940) : Barratry가 화주를 상대로 행하여질 수 있느냐는 문제 관한 논쟁이 제기됨.
ⓑ Nutt v. Bourdieu사건(1786) : Lord Mansfied수석판사는 "고려하여야 할 점은 우리의 보험증권에서 사용되고 있는 의미에 있어서 선원의 악행이 선주가 아닌 여하한 자를 상대로 행하여질 수 있느냐의 문제이다. 선원의 악행은 선장과 해원의 의무에 상반되는 어떤 것이며, 바로 그 조건이 선원의 악행은 그들이 선주와 일치되는 관계에 있지 않으면 안 된다는 것을 의미하기 때문이다."라고 판시함.
ⓒ Commercial Trading Co.,Inc. v. Hartford Fire Insurance Co.사건(1974)에 관한 영국항소법원의 제5차 순회판결에서는 선장이 피보험화물에 관한 모든 선화증권을 제시하지 않은 자에게 그 화물을 인도한 경우, [선장의 범죄적 악행]에 의한 손해에 대한 피보험자의 클레임을, 범죄적 악행은 오직 선주만을 상대로 하여 행하여질 수 있다는 이유로 기각한다고 판결하였다.

▣ 해적 및 도난(Pirates, rovers, thieves) : 원래 해적위험은 S.G. Policy에서는 담보하였지만, 난외약관(FC. & S. Clause)에 의해 면책으로 규정되었고, 구약관의 경우 전쟁위험 특별약관인 IWC에 의해 담보된다. 그러나 (신)약관에서는 piracy를 전쟁위험에서 제외함으로써 ICC(A)에서는 담보되도록 하고 있다.

▣ 해적행위(海賊行爲 : Piracy) : 해적행위는 SG. Form상의 해적(pirates)과 표도(rovers)를 포함하는 위험이다. 원래 이 위험은 SG. Form상의 FC&S Clause에도 'piracy excepted'라는 어구를 삽입하여 해적행위로 인한 포획이나 나포 등을 보험자가 부담하였으나, 1936년 Spain 내전을 계기로 1937년 4월 면책조항에 추가하여 전쟁위험으로 분류

되면서 ICC(all risks)에서도 보험자 면책되어 오다가, (신)약관 ICC(A)에의 전쟁위험면책 조항에서 해적위험은 제외하여 (신)약관에서는 보험자 담보위험으로 분류하고 있다.

해적이란 공공의 정치적인 목적으로 특정국가의 재산에 대하여 비록 불법적이거나 범죄적이라 하더라도, 단순히 군사행동을 하는 자와는 대조되는 개념으로 사리사욕을 목적으로 타 선박을 무차별적으로 탈취하는 자를 의미한다. (RCP제8조: The term 'pirates' includes passengers, mutiny and rioters who attack the ship from the shore:)

ⓐ Nesbitt v. Lushington사건(1792)의 판결에 의거 기근으로 봉기한 폭도들이 곡물적재선박을 불법탈취하여 고의로 암초에 좌초시킨후 곡물매각을 강요한 사건을 해적행위로 규정하였기 때문에 RCP에 from the shore를 삽입하게 되었다.

ⓑ Banque Monetaca and Carystuiaka and Another v. Motor Union Insurance Co.,Ltd.사건(1923)에서는 정치적 동기가 있으면 해적위험에서 제외된다고 판결하였다.

ⓒ The "Andreas Lemos"호 사건에서 Staughton판사는 폭력이나 위협이 없는 절도(Theft without force or threat of force)는 해적행위가 아니라고 판시하였다. 이 사건에서 무장한 자들이 은밀한 절도를 목적으로 선상에 들어와 훔친 재물을 보트가 대기중인 해상에 던진 후 그들이 발각되자 도주하기 위해서 단지 폭력을 사용하려고 위협하였다.

(5) 도적 (Thieves)

일반적인 도적을 말하는 것이 아니라, 판례에 의하면, 모든 형태의 도적을 의미하는 것이 아니고 습격적인 도적(assailing thieves)만을 의미한다. [폭력을 수반한 강탈]이라는 의미가 내포되어 있음을 분명히 하기 위하여 RCP 제9조는 "The term thieves does not cover clandestine theft or a theft committed by any one of the ship's company, whether crew or passengers"라고 규정하고 있다.

La Fabrique De Products Chimiques Soc. Anon.v. Large (1923)사건에서 폭력적인 강탈이 반드시 어느 개인을 상대로 이루어질 필요는 없다고 판시하여, 보관중인 창고에 폭력적으로 문을 부수고 침입하여 그 화물을 훔친 경우도 강도에 의한 손해라고 판결하였다.

(6) 전쟁위험

전쟁위험이란 국제법상 인정하는 전쟁은 물론, 통상의 관념상 전쟁이라고 인정하는 것도 포함된다. 해상보험에서는 사실상의 전쟁행위를 문제로 삼기 때문에 국제법상의 전쟁이 끝나도 전후의 기뢰위험(mine & torpedo) 등과 같은 위험은 존속한다. 원래 S.G. Policy상의 담보보험으로 열거된 전쟁위험을 FC.&S. Clause의 삽입으로 말소시킨 결과이므로 전쟁위험을 담보받기 위해서는 전쟁위험 특별약관에 의해서 담보가 가능하다.

군함(Men of war) : 전시에 군함에 의한 손해의 발생은 물론, 평화시의 군함이 작전수행 중 특정선박에 피해를 주었을 경우에도 전쟁위험에 포함된다.

▌외적(Enemies) : 육 · 해 · 공에서 일어날 수 있는 모든 형태의 적대행위를 의미한다.

▌습격. 나포(Surprisals, capture) : 전시에 선박이나 적화의 소유자로부터 일체의 소유권을 탈취할 목적으로 행하는 적의 쟁취행위를 뜻하며, 과거에는 Surprisal이라는 용어로 사용되었으나, 지금은 Capture라는 용어로 사용된다.

▌해상탈취 및 나포 (Taking at sea & Seizure) : 전후에 중립국의 선박이 적국의 화물을 적재하고 있다고 의심하는 경우에 항해의 계속을 정지시키는 것을 말하고, 재물의 탈취를 목적으로 하지 않으며, 검색결과 포획되는 수도 있고 석방되는 수도 있다.

▌정부의 강류, 억지, 억류(Arrests, restraints and detainment of Kings, princes and people) : 정치적 · 행정적 의미이며, 소요 또는 통상의 재판상의 소송절차로 인하여 발생하는 손해는 포함되지 않는다. 국왕, 군주, 인민은 국가의 통치권의 주체를 의미하므로 정부와 같은 뜻이고, arrest, restraint, detainment도 억류라는 의미이다. 이 위험은 정치상 또는 행정상의 행위를 의미하므로 재물의 소유권을 탈취할 목적이 있으며, 종국적으로 석방하는데 목적이 있다. 예를 들면, 목적지를 향해 운송도중의 어떤 화물이 적대국에 대한 거래금지령에 의해 위험이 된 경우 부득이 타 항에서 처분케 한 경우에 법을 준수하는 자체가 restraints of princes이고, 평화시에는 전염병 유행국으로부터 가축의 양륙을 허용할 수 없다면 이로 인한 손해가 군주의 억지에 해당된다.

▌포획면허장 및 보복포획면허장(Letters of mart and counter-mart) : 해적이란 용어가 사리사욕을 위하여 무차별로 약탈하는 자를 말하는 반면, 포획면허장은 법적권한과 정치적 색채를 띠는 점이 서로 다르다. 즉, 포획 면허장은 적국의 상선을 습격하고, 포획할 권리를 개인에게 부여한 국가의 권리수여증서를 의미하며, 보복포획면허장은 적국의 상선에 대한 보복적 포획의 권리를 국가가 면허한 증서이다.

(7) 기타 일체의 위험 (All other perils)

MIA RCP 제12조에서는 all other perils에 대해 [the term "all other perils" includes only perils similar in kind to the perils specifically mentioned in the policy. – '기타 일체의 위험'이란 말은 오로지 보험증권에서 특별히 기재된 위험과 동종의 위험만을 포함한다]라고 규정하여 문자 그대로 기타 일체의 위험을 의미하는 것이 아니라 증권상에 열거된 위험과 동종의 위험만을 뜻하는 것으로 한정한다. 얼핏 생각하면 모든 위험을 의미하고 있는 것 같이 인식되지만, 영국해상보험법(MIA 1906)의 제12조에서 모든 위험은 보험증권에 열거된 위험과 동 종류의 위험만을 포함한다. 이를 동종제한의 원칙이라고 한다. 예를 들면 해상 고유의 위험과 동종의 위험에 따른 손해에는 악천후 때문에 선창을 닫아서 생긴 적화의 습기 손해 등이 있다. S.G. Policy는 원칙적으로 포괄위험방식을 채택하고 있었으나, 1816년 Cullen v. Butler사건에 의거 포괄적 문언의 의미가 기타 열거된 위험과 동종의 위험으로 한정된다는 판례에 의해 열거위험방식으로 전환됨에 따라, S.G. Policy상의 포괄적 문언에 대하여 MIA(1906)에서 별도로 규정하고 있는 것으로 판례를 그대로 따른 것이다.

13) Sue and Labour Clause (손해방지조항)

[And in case of any loss or misfortune, it shall be lawful to the assured, his or their factors, servants and assigns, to sue, labour and travel for, in and about the defence, safeguard and recovery of the said goods and merchandises, or any part thereof, without prejudice to this assurer; to the charges whereof the said company will contribute each one according to the rate and quantity of his sum herein assured. - 그리고 어떠한 손해나 불행이 발생한 경우에, 상기 화물과 상품 및 선박 기타, 또는 그 일부의 방비와 보호 및 회복에 있어서, 그리고 그것에 대하여 피보험자, 그 대리인, 사용인 및 양도인이 손해방지를 하거나 이행하는 것은 적법한 것이며, 이 보험의 효력에는 영향을 미치지 아니한다. 그에 따른 비용은 우리들 보험자가 이 보험증권에서 인수한 비율과 금액에 따라 각각 분담한다]

로이즈 보험증권은 상호 관련되어 있으나, 별개인 세 개의 계약, 즉 ⓐ 본래의 보험계약과 ⓑ 손해방지계약 및 ⓒ 면책률 조항으로 구성되어 있으며, 충돌약관(Collision or Running-Down Clause)이 있는 경우에는 이도 별도의 계약으로 간주된다. 따라서 손해방지조항은 별도의 계약에 해당된다. 동 조항은 보험자의 부담에 귀속할 손해를 방지하기 위하여 피보험자, 그 대리인, 사용인 또는 양수인이 정당하게 지출한 금액을 손해방지비용이라 하며, 이것은 손해방지 조항 하에서 보험자가 부담한다. 손해방지조항은 보험계약의 추가적인 계약이므로 손해액과 손해방지비용의 합이 보험가액을 초과하더라도 보상한다. 손해방지 계약은 추가계약이지만 보험가입금액을 한도로 하는 별도의 계약이므로 손해방지비용이 보험가입금액을 초과할 수는 없다. 선박보험의 경우에는 손해방지 비용을 전액 보상하지만, 적화보험의 경우에는 일부보험은 비례보상을 한다. S.G. Policy의 손해방지 조항은 ICC(구)약관 제9조(Bailee Clause) 및 ICC(신)약관 제16조(Duty of the Assured)에 동일취지가 약정되어 있다.

14) Waiver Clause (포기조항)

And it is especially declared and agreed that no acts of the assurer or assured in recovering, saving, or preserving the property assured, shall be considered as a waiver or acceptance of abandonment. - 피보험재산을 회복하거나 구조하거나 또는 보존하는 보험자 또는 피보험자의 행위는 권리포기 또는 위부의 승낙으로 간주하지 않는다는 것을 특별히 선언하고 합의한다.

위부란 피보험자가 갖는 보험목적물에 관한 일체의 권리를 보험자에게 이전하는 제도로 추정전손이 성립되기 위해서는 피보험자가 보험자에게 위부의 통지를 하여야 하는데, 보험자가 위부의 수락여부를 결정하기 이전에 피보험자가 보험목적물에 회복·구조 또는 보존을 위하여 필요한 조치를 취한다고 해서 위부를 철회한 것으로 간주하지 않으며, 반대로 보험자가 필요한 조치를 취한 것도 위부의 수락으로 간주하지 않는다는 것이 이 조항의 취지이다. MIA 제62조 5항에서 "the acceptance of an abandonment may be either express or implied from the conduct of the insurer. The mere silence of the insurer after notice is not an acceptance"라고 규정하고 있기 때문에 동 조항이 없는 경우 보험자의 손해방지 행위는 위부의 승낙으로 비추어 질 수도 있다. 따라서 조항은 손해방지조항의 보충적 조항(ICC신약관의 minimizing loss)으로 위부의 법률상의 효과에 관련하여 피보험자와 보험자간에 손해방지의 자유를 인정하는 조항이다.

15) The effectiveness of Policy (보험증권의 효력)

And it is agreed by us, the insurers, that this writing or policy of assurance shall be of as much force and effect as the surest writing or policy of assurance heretofore made in London.-그리고 이 문서나 보험증권은 런던의 어느 곳에서 지금까지 작성된 가장 확실한 문서나 보험증권과 동일한 효력을 갖는 것으로 우리들 보험자는 동의한다.

과거에 행하여진 관습을 표시하는 것에 불과하며 오늘날 실무상으로는 아무런 의미를 가지지 못한다. S.G. Policy에서는 "made in Lombard Street, or in the Royal Exchange, or else where in London"으로 표현되고 있다.

16) Binding Clause (구속조항)

[And so we, the assurers(the said company) are contented, and do hereby promise and bind ourselves, each one for his own part, our heirs, executors, and goods to the assured, their executors, administrators, or assigns, for the true performance of the premises; confessing ourselves paid the consideration due unto them for this assurance, at and after the rate of (   ) as arranged (   ) per cent. - 그리고 우리들 보험자는 (_____)의 비율로 피보험자가 이 보험에 대해 우리에게 지불해야 할 약인을 지불하였음을 자인하면서, 약속의 진정한 이행을 위해 피보험자와 그들의 유언집행인과 관리인 및 양수인에 대하여 만족스럽게 이 보험증권에 의해 약속하고, 또한 우리들 자신, 자기 자신의 부담부분에 대해 각자와 우리의 상속인과 유언집행인 및 화물에 책임을 부담한다.]

17) Consideration Clause (보험료영수승인조항/약인조항)

Confessing ourselves paid the consideration due unto them for this assurance, at and after the rate of (   ) as arranged (   ) per cent. - 이 보험에 대한 피보험자가 (   )의 비율로 보험료를 지불했음을 확인함.

이 조항은 '보험료 영수승인조항'으로 불리기도 하는데 이는 보험자와 피보험자간에는 보험료를 이미 영수한 것으로 인정한다는 약정이다. 따라서, 피보험자와 보험자간에는 보험료와 관련하여서는 본 증권이 발행되는 순간 불가쟁의 것이 된다. 영국의 경우에는 보험계약이 피보험자를 대리한 중개인에 의해 체결되기 때문에 실제적인 보험료 정산은 보험자와 Broker 사이에 발생하게 되며, 보험료납입의 의무를 지는 피보험자는 보험료를 중개인에게 납부하기 때문에 동 조항에 의해 계약의 당사자인 피보험자와 보험자간에는 보험료를 영수한 것으로 인정하여 불가쟁의 것으로 확정하고 있지만, MIA 제54조에서 "해상보험계약이 피보험자를 대리하여 브로커에 의하여 체결되고 그 보험증권에 보험료의 영수를 승인하는 경우에는, 그 승인은 사기가 없는 한 보험자와 피보험자 사이에는 결정적인 것이지만, 보험자와 브로커 사이에는 결정적인 것이 아니다."라고 규정하여 보험자와 중개인 사이에는 결정적인 것이 아님을 규정하고 있다.

영국의 경우 전통적으로 계약을 기록계약(contracts of record)과 날인계약(contracts under seal) 및 단순 또는 구두계약(simple or parol contracts)으로 구분할 수 있으며, 날인계약을 요식계약, 단순 또는 구두계약을 불요식계약(不要式契約)으로 구분하기도 한다. 영법상 법률상 효력이 있는 성립요건으로 청약과 승낙에 의한 합의 외에 날인증서의 작성 등과 같은 일정한 형식을 구비하거나 약인이 존재하여야 한다. 형식을 구비한 경우에는 요식계약이고, 형식을 구비하지 않고 약인에 의한 경우를 단순계약이다. 영법상 단순한 약손은 그것이 날인에 의해서 이루어지지 않는 한 그 자체로 계약상 의무를 발생시키지 않고 수약자(promisee)로부터의 어떤 약인(consideration)이 존재하여야만 한다. 다시 말하면 수약자는 약속에 대한 대가로서 가치 있는 것을 주거나 또는 주기로 약속하지 않으면 안 된다. 1599년 Wichals v. Johns사건에서 Popham판사는 "서로가 서로에게 상호간의 약속이 존재한다. 따라서 원고가 그의 약속을 이행하지 않으면 피고는 그에 대하여 소송을 제기할 수 있다. 그리고 피고 또한 그에 대하여 책임을 져야 한다. 약속에 대한 약속은 충분한 원인이다"라고 하였다. 이와 같이 상호간의 약속이 영법의 새로운 체계에 적합하게 되었고, 약인의 원리가 확고하게 성립되었다.

약인이란 영미법상의 특유한 제도로서 '약속에 대한 약속' 또는 '약속에 대한 대가'라고 할 수 있다. 해상보험계약에 있어서의 약인은 피보험자는 보험자에게 보험료를 지급하는 것을 의미하고, 보험자는 그 대가로서 피보험자로부터 보험자에게 전가된 위험을 부담하는 것을 약인하는 것이다.

그러나 실무적으로 국내의 경우에는 보험계약을 중개인을 통하여 보험계약을 체결하는 경우는 드물고 보험계약자와 보험자 사이에 보험계약이 체결되기 때문에 '보험료영수승인조항'이 있는 구증권의 경우 우리나라는 보험계약성립의 효력에 관한 보험료의 채권, 채무의 문제이므로 우리나라의 법률과 관습에 따라야 한다고 해석하여야 할 것이다.

18) 준거법 약관

이 보험증권하에서 일어나는 일체의 책임문제는 영국의 법률과 관습에 의거 처리한다. 이 약관은 보험계약상의 책임문제에 관한 준거법을 규정한 것이다.

19) Attestation Clause (선서조항)

N WITNESS whereof we, the assurers, have subscribed our names and sums assured in London.-이에 대한 증거로서, 우리들 보험자는 런던에서 우리들의 이름과 보험인수한 금액에 서명한다.

이에 본인, 즉 [*회사명 기입*]의 아래 서명자는 동 회사를 위하여 동일문언 및 동일날자의 보험증권 (00)통에 상기 년 월 일에 서명하였다. 이들 보험증권 중 한 통에 대하여 손해보상의무가 이행된 때에는 위에 기재한 날로부터 나머지 보험증권은 그 효력을 상실하는 것으로 한다.

영국해상보험법 제22조에 따르면 해상보험계약은 원칙적으로 해상보험증권에 구현되어야 하며 보험증권에 구현되지 않으면 증거로서 인정되지 않는다. 따라서 보험증권은 보험자나 보험자의 대리인에 의하여 서명되어져야 한다, 다만 보험자가 법인일 경우에는 영국해상보험법 제24조 제1항에 의해 법인의 인장으로 충분하다. 그리고 보험증권은 수통이 발행되는데 그 중 한 통에 대하여 보험회사가 채무를 이행하면 나머지 증권은 당연히 무효가 된다.

(구)협회적화약관(A/R, WA, FPA)은 손해의 형태를 담보의 기준으로 한다. 때문에 (구)협회적화약관에는 화물의 종류별로 특이한 약관이 많다. 그러나 (구)협회적화약관 중 다수의 화물에 공통으로 적용되는 기본적인 약관은 (구)협회적화약관 FPA, WA, A/R들이고 이들 세 약관은 제5조만을 제외하고 그 내용이 모두 동일하므로 본 교재에서는 '(구)협회적화약관 분손부담보조건(FPA)'의 전반적인 내용을 구체적으로 살펴보고 타 약관에서는 제5조만을 중심으로 살펴보기로 하겠다.

20) Memorandum Clause (면책률 조항)

N.B.-corn, fish, salt, fruit, flour and seed are warranted free from average, unless general, or the ship be stranded; sugar, tobacco, hemp, flax, hides and skins are warranted free from average, under five pounds per cent; and all other goods, also the ship and freight, are warranted free from average, under three pounds per cent, unless general, or the ship be stranded, sunk or burnt. - 유의사항—곡물, 어류, 소금, 과일, 밀가루 및 종자는 공동해손 또는 선박이 좌초되지 않는 한 해손의 면책을 담보로 하고, 설탕, 연초, 대마, 아마, 크고 적은 짐승의 피혁은 5% 미만의 해손의 면책을 담보로 하며, 모든 기타 화물과 또한 선박과 운임은 공동해손 또는 선박이 좌초되지 않는 한, 3% 미만의 해손의 면책을 담보로 한다.

B.N.(Nota Bene; Note well)이라고 표시된 것으로 보아 최초에는 단순히 각서로서 취급한 것으로 memorandum이라고 불렀다. 본 약관은 보험자가 소손해에 대해서까지 보상한다면 보험자의 사업비가 증가하여 부가보험료가 증가하게 되므로 경영적인 면이나 실무적인 측면에서 바람직하지 못하기 때문에 일정율 미만의 소손해는 보험자가 담보하지 않는다는 약속으로 일정율에 달할 경우에는 손해를 전액보상하지만, 일정율에 미달할 경우에

는 보험자가 면책임을 규정한 명시담보이다. 아래에서 볼 수 있는 바와 같이 적화를 3가지 유형으로 분류하여 ① 공동해손과 선박의 좌초사고가 있으면 단독해손은 면책하는 조항과 구약관의 FPA조건과 유사하며, ② 일부의 화물에 대해서는 5% 미만의 사고에 대해서는 무조건 면책으로 명시하고 있으며, ③ 열거되지 아니한 다른 화물과 선박 및 운임에 대해서는 공동해손, 좌초, 침몰, 화재가 아닌 한 3% 미만의 단독해손은 면책으로 명시하여 협회(구)약관 WA조건과 유사하다. Memorandum Clause의 내용을 분류하면 다음과 같다.

- Corn, fish, salt, fruit, flour and seed : 단독해손은 면책
  (예외: general average, stranding)
- sugar, tobacco. Hemp, flax, hides and skins : 5% 미만은 면책
  (예외: general average, stranding, sinking, burning)
- All other goods, ship and freight : 3% 미만은 면책
  (예외:general average, stranding, sinking, burning)

4. 이탤릭서체약관 및 난외약관 (Italitised and Marginal Clause)

✦ (FC.&S. Clause) : S.G. Policy의 전쟁위험에 해당하는 부분으로 원칙적으로 담보되었으나, 스페인전쟁 등으로 인하여 보험자의 손실이 증가하자 1899년에 난외조항으로 면책을 규정한 조항임.

난외약관은 원래 S.G. Policy에서는 찾아 볼 수 없던 것이 후에 첨가된 약관으로 증권의 좌측난 외에 이테릭 서체 혹은 일반서체로 인쇄되어 있다. 이른바 난외약관에는 ① 포획・나포부 담보조항(FC.&S. Clause), ② 동맹파업・소요・폭동부 담보조항(FSR.& CC. Clause), ③ 항해중절 조항(Frustration Clause), ④ 좌초조항(Grounding Clause), ⑤ 타 보험조항(Other Insurance Clause), ⑥ 손해통지조항(Claim notice Clause)으로 구성되어 있다.

1) 포획・나포부 담보약관(free from capture and seizure clause ; F. C. &S Clause)-1963

1. Warranted free of capture, seizure, arrest restraint or detainment,(and the detention), *and the consequences there of or any attempt there at* (piracy excepted)*, also from the consequences of hostilities or warlike operations, whether* (before or after declaration of war) *there be a declaration of war or not: but this warranty shall not exclude collision, contact with any fixed or floating object (other than mine or torpedo), stranding, heavy weather or fire unless caused directly (and independently of the nature of the voyage or service which the vessel concerned or, in the case of a collision, and other vessel involved there in, is performing) by a hostile act by or against a belligerent power, and for the purpose of this warranty power includes any authority maintaining naval, military or air forces in association with a power. Further warranted free from the consequences of civil war, revolution, rebellion, insurrection, or civil strife arising therefrom, or piracy.*

※( )의 문구는 삭제된 문구임

포획·나포부 담보약관의 내용에 의하여 보험자는 포획, 나포, 강류, 억지 또는 억류와 이러한 행위의 결과 또는 이러한 행위를 하려고 하는 기도의 결과를 담보하지 아니한다. 그리고 선전포고의 유무를 불문하고 적대행위 또는 군사적 행동의 결과를 담보하지 아니한다. 그러나 본 면책약관은 교전국의 유무를 불문하고 적대행위 또는 군사적 행동의 결과를 담보하지 않으나 본 면책약관은 교전국에 의하여 또는 교전국에 대하여 행하여진 적대행위로 인하여 직접(그리고 당해 선박 없이) 발생한 것이 아닌 한, 고정 또는 부유물체(기뢰 또는 어뢰를 제외)와의 충돌 또는 접촉, 좌초, 황천 또는 화재를 면책하는 것은 아니다. 또한 이 면책약관에 관한 한, [국가]라 함은 어느 국가와 제휴하고 육해공군을 보유하고 있는 모든 정권을 포함한다. 그리고 내란, 혁명, 모반, 반란 또는 이로 인하여 발생하는 국내투쟁의 결과 또는 해적행위를 담보하지 아니한다.

이 약관은 보험증권 본문 위험약관에 열거된 전쟁위험을 보험자가 면책하려는 것이다. 이 약관은 1898년부터 계약당사자간에 반대가 없는 한 로이드의 보험증권에 반드시 삽입하도록 결정되었다.[57] 그러나 이 약관이 보험증권에 삽입되면 이 약관의 내용과 저촉되는 위험약관에 열거된 위험이 보험자의 책임에서 제외된다.

(1) 포획·나포부 담보조항의 의의

1779년 S.G. Policy의 본문약관의 위험조항은 "They are of the seas, men of war, fire, enemies, pirates, rovers, thieves, jettisons, letters of mart and countermart (포획면허증), surprisals(기습), takings at sea, arrests, restraints and detainments of all kings, princes and people, of what nation, condition, or quality soever, barratry of the master and mariners, and of all other perils" 약정하여 원칙적으로 전쟁위험을 담보하고 있었으며 이때의 S.G. Policy를 A Policy라 한다.

그러나 전쟁위험을 난외약관으로 면책임을 규정한 포획·나포면책조항(1899년)이 삽입되어 사용된 증권을 B Policy라고 하여 1982년 MAR Form이 등장하기 전까지 사용되었다. 이 B Policy는 19세기 전쟁위험으로 인한 보험자의 손실이 증가하자 전쟁위험을 면책으로 규정하기에 이른 것이다. S.G. Policy와 함께 사용된 (구)ICC에서는 S.G. Policy의 난외약관(marginal clause) 외에도 별도의 FC.&S. Clause를 첨부하고 있어 전쟁위험에 대한 면책을 확실히 하고 있다. 또한 (신)ICC에서도 'war exclusion clause'를 첨부하여 면책하고 있다. 기본조건에서 면책으로 제외된 전쟁위험은 추가보험료에 의한 특약의 형태로 담보되었으나, 스페인내란으로 인한 보험사의 손실이 증가하자 1937년에 'waterborne agreement'를 체결하여 전쟁위험에 대해서는 해상위험만을 담보하고 있다.

【참고】 포획 · 나포부 담보조항의 변천

A. 1899년 S.G. Policy의 최초약관

"*Warranted free of capture, seizure,* ***arrest restraint or detainment,(and the detention),*** and the detention, and the consequences there of or any attempt there at: ***(piracy excepted),*** also from the consequences of hostilities or warlike operations, whether ***(before or after declaration of war)*** – "

포획, 나포와 억류 및 이러한 행위의 결과 또는 이러한 행위의 기도에 대하여 해적행위를 제외하고 면책할 것을 담보로 한다. 또한 선전포고의 전후를 불문하고 적대행위나 전투적 행동의 모든 결과에 대하여 면책할 것을 담보로 한다."라고 규정하고 있었다.

a. Sanday & Co. v. British & Foreign Marrine Insurance Co.,Ltd.(1916)

① 사건내용 : 상기 사건에서 피보험화물인 Linseed을 적재한 2척의 선박인 범선 St. Andrew호와 Orthia호는 River Plate에 있는 항구로부터 Hamburg를 향하여 출항하였으나, 1914년 8월 영국과 독일간에 제1차 세계대전이 발발하였다. 보통법과 선전포고의 조건에 의해 적과의 무역이 위법이 되었기 때문에 두 선박은 영국항에 입항하였고 적화는 하역되어 창고에 보관되었다. 화주는 보험자에게 위부하고 추정전손에 대한 전손보험금을 청구하였다.

② 약관의 규정 : 1899년에 사용된 약관에는 Capture, Seizure, Detention만을 면책으로 규정하고 있었으나, S.G. Policy에서는 기타 전쟁위험이 열거되어 있었다.

③ 법원의 판시 : 상원은 하급심의 판결과 Bailhache판사의 원판결을 확인하여 그와 같이 법률에 따르는 것은 포획나포 면책조항이 삭제된 해상보험증권상의 열거위험인 군주의 억지(Restraints of Princes)에 의한 것이며, 따라서 피보험위험의 결과로 발생한 피보험사업의 추정전손이 있다

④ 보험자의 조치 : Capture, Seizure 다음의 Detention을 삭제하고 Arrests, Restrainst or Detainment를 삽입하였다. 또한 Frustration Exclusion Clause(항해중단면책조항-난외약관 3조)를 삽입하였다. 항해중단면책조항은 1919년 5월 1일 개최된 로이즈 보험자나, 런던 보험회사 및 리버플보험회사의 합동회의에서 채용되어 1919년 7월 1일부터 시행되었으며, 1920년 협회적화약관에 포함되었다. "Warranted free of any claim based upon loss of, or frustration of, the insured voyage, or adventure, caused by arrests, restraints or detainments of kings, princes or people"라고 규정되었던 초기의 항해중단면책조항은 1938년 2월1일 협회적화보험약관의 개정시 포획 · 나포면책조항과 스트라이크면책조항이 삭제되는 경우 협회전쟁약관과 협회스트라이크약관이 보험계약의 일부를 구성하는 것으로 간주한다는 취지의 규정이 삽입되면서 협회적화약관에서는 삭제되고, 협회전쟁약관 및 협회스트라이크약관에만 기입되게 되었다.

b. 1936년 Spain내란과 1937년의 중일전쟁

① Spain내란과 중일전쟁의 문제점 : 1936년 스페인 내란이 발발하여 지중해 등에서 국적불명의 괴잠수함이 출몰하여 Spain에서의 전투와 아무 상관없는 상선을 공격하였다. 이처럼 스페인 내전 당시 해적의 출몰이 잦았다. 또한 스페인 내전과 1937년의 중일전쟁에서는 공식적인 선전포고가 없었다.

② 보험자의 조치 : 1937년 2월 15일 포획 · 나포면책약관(1916)에서 'piracy excepted'라는 문구를 삭제하고, "further warranted free from the consequence of civil war, revolution, rebellion, insurrection, or civil strife arising therefrom, or piracy"라는 문구를 추가하여 " i 내란, 혁명, 모반, 반란의 결과 또는 ii 내란, 혁명, 모반, 반란에 기인한 국내투쟁(소요)의 결과 또는 iii 해적행위를 면

책함"이라고 변경하였다. 또한 내전당시 선전포고가 없었음을 감안하여 "whether before or after declaration of war를 whether there be a declaration of war or not"으로 대체하였다.

C. Coxwold호 좌초 사건 – Yorkshire Dale Steamship Co., Ltd. v. Minister of War Transport (1942)

① 사건내용 : 제2차 세계대전 중 범선 Coxwold호가 영국정부에 징용되었고 1940년 5월 Norway에 있는 영국군이 사용할 군유품(유류)을 적재하고 호위선단의 해군장교의 명령에 따라 적의 잠수함을 피하기 위해서 항로를 변경하여 등화관제된 상태에서 Skye도 해안을 따라 항해하는 도중에 예기치 못한 조류로 인하여 좌초되었다.

②논쟁점 : 이 사건에서 그 좌초가 바다의 위험(Perils of the seas)에 기인한 것인가 전투적 행동의 결과에 해당하는가

③ 판결 : 영국 상원은 최초의 효과적이고 우세한 원인은 선박이 종사하고 있던 전투적 행위이라고 판결하였다. 따라서 상선이 전투적 행위에 종사하고 있는 한 그 상선의 충돌이나 좌초 및 기타 거의 모든 손해가 전투적 행위의 결과로 인정되어 전투위험을 부담하는 보험자가 그 손해를 부담하게 되었다.

④ 보험자의 조치 : 이러한 법원의 광범위한 해석에 대하여 보험자들은 순수한 해상위험의 성격을 가진 해상손해를 전쟁위험약관이 아닌 해상보험증권으로 부담하기 위하여 "but this warranty shall not exclude collision, contact with any fixed or floating object (other than mine or torpedo), stranding, heavy weather or fire unless caused directly (and independently of the nature of the voyage or service which the vessel concerned or, in the case of a collision, and other vessel involved there in, is performing) by a hostile act by or against a belligerent power – 그러나 본 면책약관은 교전국에 의하여 또는 교전국에 대하여 행하여진 적대행위로 인하여 직접(그리고 당해 선박 없이) 발생한 것이 아닌 한, 고정 또는 부유물체(기뢰 또는 어뢰를 제외)와의 충돌 또는 접촉, 좌초, 황천 또는 화재를 면책하는 것은 아님"이라는 문구를 첨부하였다.

d. 1963년 (구)협회적화보험약관 제12조에도 S.G. Policy의 F.C.&S. Clause와 동일하게 규정하여 전쟁위험에 대하여 면책으로 규정하고 있다. 이 약관들에서 면책으로 하고 있는 전쟁위험을 열거하면 다음과 같다.

㉠ ⓐ 포획, 나포, 강류, 억지 또는 억류 (Sanday & Co.v.British & Foreign Marrine Insurance Co.Ltd. : 강류,억지, 억류추가됨)
  ⓑ 포획, 나포, 강류, 억지 또는 억류의 결과
  ⓒ 포획, 나포, 강류, 억지 또는 억류를 하려고 기도한 행위의 결과

㉡ 선전포고를 불문한 (Spain 내전당시 선전포고가 없었기 때문에 수정됨)
  ⓐ 적대행위의 결과
  ⓑ 군사적 행동의 결과

㉢ 교전국의 유무를 불문하고
  ⓐ 적대행위의 결과
  ⓑ 군사적 행동의 결과

㉣ 교전국에 의하여 또는 교전국에 대하여 행하여진 적대행위로 인하여
  ⓐ 직접 발생한 고정 또는 부유물체와의 충돌 또는 접촉, 좌초, 황천 또는 화재
  ⓑ 직접 발생한 것이 아닌 한, 고정 또는 부유물체와의 충돌 또는 접촉, 좌초, 황천 또는 화재를 면책하지 않음. (1942년 Coxwold호 좌초사건에 의하여 부책으로 추가함) ⓒ 직접 발생한 것이 아닌 경우에도 기뢰 또는 외뢰와 충돌

ⓜ 국가라 함은 어느 국가와 제휴하고 육해공군을 보유하고 있는 모든 정권을 포함
ⓑ 내란, 혁명, 모반, 반란 (스페인 내전결과 추가된 사항임)
ⓢ 내란, 혁명, 모반, 반란으로 인하여 발생하는 국내투쟁의 결과
ⓞ 해적행위 (스페인 내전당시 출몰한 해적행위를 면책하기 위해 추가된 사항임)

2) 동맹파업 소요폭동부 담보약관(FSR. & CC. Clause)

2. Warranted free of loss or damage
(a) caused by strikers, locked-out workmen, or persons taking part in labour disturbances riots or civil commotions;
(b) resulting from strikes, lock-outs, labour disturbances, riots or civil commotion.

✦단순노동자들의 노동쟁의로 인한 선적이나, 양륙 등의 하역불능, 항해의 지연, 화재, 도난, 파손, 선박의 점거 또는 쟁취 등 각종 위험이 발생할 가능성이 증대되었다.

2. 다음의 사유에 의한 멸실 또는 손상을 담보하지 않음.
(a). 동맹파업자, 직장폐쇄를 당한 노동자, 또는 노동분쟁, 폭동 또는 소요에 가담한 자에 의하여 발생한 것.
(b). 동맹파업, 직장폐쇄, 노동분쟁, 폭동 또는 소용의 결과로 인하여 발생한 것

19세기 중엽 이후의 보험증권에 삽입된 포획, 나포면책조항에는 포획과 나포 및 억류 등의 위험에 폭동이나 소요를 추가하여 면책으로 규정하고 있었다. 그러나 1911년부터 1912년 사이 영국은 그때까지 경험하지 못했던 운수노동자들의 스트라이크로 인해 대혼란이 발생하게 되자 구미제국에서도 스트라이크와 기타 노동쟁의가 자주 발생하였다. 특히 적화보험에 있어서는 창고간 조항이나 운송조항을 삽입하여 선적전과 양륙후의 육상위험을 보험자가 부담함에 따라 스트라이크로 인한 적화손해의 발생가능성이 더욱 증가하였다. 이러한 위험들은 영법이나 약관상 면책으로 규정하고 있지 않았기 때문에 이러한 위험과 결합하여 증권이나 약관상의 열거위험으로 발견되거나, 'all risks' 조항의 경우 보험자가 부담하여야 할 성질의 위험으로 보험자들에게는 우려와 경계의 대상이 되었다. 이에 런던 보험자협회는 자기방위를 위해 포획 · 나포면책조항과는 별도의 소위 F.S.R.&C.C. Clause를 제정하여 최초로 채용된 1912년 8월 1일자 협회적화약관에 "warranted free of loss or damage caused by strikers locked-out workman or persons taking part in labour disturbances or riots or civil commotions"라고 약정된 조항을 첨부하였다.

✦F.S.R. & C.C Clause ; free of strike, riot & civil commotions clause

▣ 간접손해 추가면책 : 그 후, 1958년 협회적화약관을 개정하면서, 스트라이크 면책조항에 또 다른 규정이 추가되었다. 동맹파업자, 직장폐쇄노동자 또는 노동쟁의나 민간소요에 가담한 자에 기인한 멸실이나 손상을 면책한다고 규정하고 있는 그 이전의 면책조항에 대한 해석에 관하여 법률상의 견해가 상이하였기 때문이다. 특히 1951년 채용된 전위험 부담조건의 협회적화약관, 즉 ICC(A/R)의 스트라이크면책조항에 대한 해석상의 문제를 명확히 하기 위하여 동조항과 협회스트라이크조항을 개정하여야 할 필요가 있었다. 1958년 동조항의 개정목적은 동맹파업자의 행동은 물론 스트라이크 등의 결과로 발생한 실체적인 손해뿐만 아니라, 간접손해까지도 보험자가 부담하지 않는다는 것을 명확하게 하려는 것이었다. 이 결과 FSR.&CC. Clause에 (b)호를 신설하여 "*(b)resulting from strikes, lock*

-outs, labour disturbances, riots or civil commotion."이라는 문구가 삽입되었다. 이 약관에 의하여 보험자는 화물의 멸실이나 손상이 동맹파업자, 직장폐쇄를 당한 노동자, 또는 노동분쟁, 폭동 또는 소요에 가담한 자에 의하여 발생한 것일 경우와 동맹파업, 직장폐쇄, 노동분쟁, 폭동 또는 소요의 결과로 인하여 발생한 것일 경우 이를테면 화재에 근인하여 발생한 손해일지라도 만약 그 화재가 파업이나 소요에 가담한 자에 의하여 발생했을 경우, 보험자는 손해를 입은 피보험자에게 보상할 책임이 없다.

3) 항해중절부 담보약관(Frustration Clause)

3. (a) should the risks excluded by clause I(F.C.&S.Clause) be reinstated in this policy by deletion of the said clause, or should the risks or any of them mentioned in that clause or the risks or mines, torpedoes, bombs or other engines of war be insured under this policy, clause(b) below shall become operative and anything contained in this contract which is inconsistent with clause(b) or which affords more extensive protection against the afore-said risks than that afforded by the institute War Clause relevant to the particular form of transit covered by this insurance is null and void.
(b) this policy is warranted free of any claim based upon loss of, or frustration of, the insured voyage or adventure caused by arrests restraints or detainments of kings princes peoples usurpers or persons attempting to usurp to usurp power.

3.(a).이 보험이 상기 제1조 (포획 · 나포부 담보약관)에서 제외된 위험을 당해 약관 말소로서 복구하거나 또는 당해 약관의 제위험 및 기뢰, 어뢰, 폭탄 기타 병기로 인하여 발생한 멸실 또는 손상이 이 증권에 의하여 담보될 경우에는 하기의 (b)항의 효력을 발생하며, 이 약관에 포함된 여하한 사항이라도 당해 (b)항과 상치되거나 또는 이 보험에 의하여 담보된 특정한 운송방법에 상응하는 (협회전쟁약관)의 소정사항보다도 더 광범위한 보호가 허용될 경우에는 무효로 함.
(b) 국왕, 군주, 인민, 국권찬탈자 또는 찬탈을 기도하는 자에 의한 강류, 억지 또는 억류에 의하여 발생하는 피보험 항해 및 모험의 중지 또는 중절에 기인하는 어떠한 보상청구에도 부책하지 않음.

항해중절약관의 발효시기에는 2가지 경우가 있다. **첫째, 포획 · 나포부 담보조항이 삭제된 경우와 둘째, 포획 · 나포부 담보조항의 위험, 기뢰, 어뢰, 폭탄 기타병기로 인하여 발생한 멸실 또는 손상이 본 증권에서 담보되는 경우**이다. 포획 · 나포부 담보조항이 삭제되지 않는 경우에는 포획 · 나포부 담보조항의 'arrest, restrainment or detainments'의 규정에 의해 면책된다. 면책의 범위는 다음과 같다.

1. 항해중절을 야기하는 주체 : 국왕, 군주, 인민, 국권찬탈자, 국권찬탈을 기도하는 자
2. 항해중절을 야기하는 행위 : 강류, 억지, 억류
3. 항해중절의 형태 : 피보험항해 및 모험의 중지 또는 중절

그러나 이 약관은 오직 항해의 중절에 근인한 손해에 대하여 보험자가 면책된다는 규정에 지나지 않는다. 따라서 만약 화물에 실질적인 손해와 항행의 중절이 동시에 존재하고 있다면 보험자는 이 약관에 의하여 면책되지 않는다. 즉, 적화 자체의 손해와 항해중절이 병존할 경우 보험자에게 항해중절부담보약관이 적용되지 않는다.

【참고】 과거 판례

a. 1916년 Sanday & Co. v. British & Foreign Marrine Insurance Co., Ltd. 사건

① 사건개요 : 피보험화물을 적재한 선박인 St. Andrew호와 Orthia호는 River Plate에 있는 항구로부터 Hamburg를 향하여 출항하였으나, 1914년 8월 영국과 독일간에 제1차 세계대전이 발발하였다. 보통법과 선전포고의 조건에 의해 적과의 무역이 위법이 되었기 때문에 두 선박은 영국항에 입항하였고 적화는 하역되어 창고에 보관되었다. 화주는 보험자에게 위부하고 추정전손에 대한 전손보험금을 청구하였다.

② 법원의 판결 : 법원은 동 사고는 Restaints of Prince(군주의 억지)에 해당되기 때문에 사고당시(1914년)FC.&.S Clause에 열거된 면책위험(capture, seizure, detention)이 아니며, S.G. Policy에 열거된 담보위험(arrest, restrainst or detainment)에 해당된다고 판시하였다.

③ 보험자의 조치 : ⓐ 보험자는 F.C.&.S.Clause에 capture, seizure, detention 를 capture, seizure, arrest, restraints or detainment of prince 등으로 수정하여, arrest, restraints or detainment를 추가로 전쟁위험에 포함하여 면책하였다.

④ 항해중절약관의 도입 : "Warranted free of any claim based upon loss of, or frustration of, the insured voyage, or adventure, caused by arrests, restraints or detainments of kings, princes or people"

1919년 7월 1일 시행된 항해중절약관이 1920년 협회적화약관에 포함되면서, 항해중절로 인한 손해는 해상위험에서 제외되었다. 1938년 2월 1일 협회적화보험약관의 개정시 포획·나포면책조항과 스트라이크면책조항이 삭제되는 경우 협회전쟁약관과 협회스트라이크약관이 보험계약의 일부를 구성하는 것으로 간주한다는 취지의 규정(현행규정)이 삽입되었다. 현재 협회전쟁약관(IWC1963년 2조 1항)에서도 항해중절을 면책으로 규정하고 있어, 항해중절에 관해서는 전쟁위험을 추가담보한 경우에도 보상되지 아니한다.

b. 약관조항의 면책내용

㉮ 항해중절약관의 발효시기(2가지 경우)

ⓐ 포획·나포부 담보조항이 삭제된 경우 또는

ⓑ ㉠포획·나포부 담보조항의 제위험, ㉡ 기뢰, ㉢ 어뢰, ㉣ 폭탄 ㉥ 기타병기로 인하여 발생한 멸실 또는 손상이 본 증권에서 담보되는 경우

참고로 포획·나포부 담보조항이 삭제되지 않는 경우에는 포획·나포부 담보조항의 'Arrest, restrainment or detainments'의 규정에 의해 면책됨.

㉯ 면책의 범위

ⓐ 항해중절을 야기하는 주체

㉠ 국왕, ㉡ 군주, ㉢ 인민, ㉣ 국권찬탈자, ㉤ 국권찬탈을 기도하는 자

ⓑ 항해중절을 야기하는 행위

㉠ 강류, ㉡ 억지, ㉢ 억류에 의하여 발생하는

ⓒ 항해중절의 형태

㉠ 피보험항해 및 모험의 중지 또는 중절

4) 접지약관(Grounding Clause)

조수의 간만에 의해서 선저(船底)가 물밑에 접속되어 선박이 움직일 수 없게 되는 것으로서 해상보험증권에서는 좌초로 간주한다고 규정하고 있다.

5) 타보험조항(Other Insurance Clause)

타보험조항은 영국의 S.G. Form에는 없는 조항으로 한국과 일본 등에서 사용하고 있는 약관조항이다. 이 조항은 일반 손해보험증권에 규정하고 있는 타보험조항과 같은 취지의 것으로 동일한 피보험이익에 관하여 화재보험계약이나 타보험자와의 해상보험계약과 중복보험의 관계에 놓이게 될 경우 이 보험증권의 보험자가 제1순위로 보상책임을 면하기 위하여 삽입된 규정이다. 즉, 중복보험이 성립되는 경우 이 보험증권하에서 보상하지 않고 보상손해액 중에서 타보험에 의해서 보상받은 금액을 공제한 차액만을 보상한다는 취지의 약관조항이다.

4. This insurance does not cover any loss or damage to the property which at the time of the happening of such loss or damage is insured by or would but for the existence of this policy be insured by any fire or other insurance policy or policies except in respect of any excess beyond the amount which would have been payable under the fire or other insurance policies had this insurance not been effected.

피보험재산의 멸실이나 손상이 발생한 때에 그 피보험재산이 화재보험증권이나 타보험증권에 의하여 부보되어 있는 경우 또는 이 보험증권이 없다면 화재보험증권이나 타보험증권에 부보된 것으로 되어 있는 경우에는, 이 보험은 그러한 피보험재산의 여하한 멸실 또는 손상을 보상하지 아니한다. 단, 이 보험이 체결되지 않았다면 화재보험이나 타보험증권하에서 지급되었을 금액을 초과하는 금액에 관하여는 보상한다.

이러한 중복보험은 수출업자와 수입업자 또는 그 대리인에 의하여 각각 별도의 보험에 가입한 겨우 성립되는 경우도 있고, 내륙의 운송보험이나, 화재보험계약과 중복되는 경우가 있다. MIA 제32조 제2항에 의하면 중복보험에 의한 초과보험의 경우 피보험자는 자기가 적당하다고 생각하는 순서에 따라 각 보험자에게 보험금의 지급을 청구할 수 있다고 규정하고 있으나, 이 조항이 있는 경우에는 적용되지 않는다. 그러나 타 보험계약에도 동 보험증권과 동일한 취지의 규정이 있는 경우, 피보험자는 보상을 받을 수 없기 때문에 실무상으로는 각 보험자가 손해액을 보험가입금액의 보험가액에 대한 비율에 따라 보상하는 비례보상방식에 따라 보상해야 할 것이다.[자동차보험: Weddell and Another v. Road Transport and General Ins.,Co.(1932)]

동 타보험조항이 없는 경우 피보험자는 MIA 제32조a항에 따라 피보험자가 적당하다고 생각하는 순서에 따라 각 보험자에게 손해보상을 청구할 수 있다. 다만 수령하는 보험금의 합계액은 동법에서 허용하는 최고한도(보험가액)를 초과할 수 없다. 또 제32조 b항에서는 피보험자가 보험금을 청구하는 경우에는 이미 다른 보험계약에서 수령한 금액을 그 협정보험가액으로부터 공제하여야 한다고 규정하고 있다. 따라서 각 보험자와 보험가액을 달리 협정하여 중복으로 보험에 가입한 경우 보험금을 청구하는 순서에 따라 보험금의 총액이 달라지는 경우가 있다.

예를 들어 A보험증권의 보험가액은 $8,000, B보험증권의 보험가액은 $6,000으로 협정되고, 보험가액금액은 $4,000로 약정한 경우에 전손이 발생했다고 하자, 피보험자는 ⓐ 먼저 B보험자에게 보험금을 청구하면 B보험자로부터 $4,000을 수령할 수가 있고, 다음에 A보험자에게 청구하면 협정보험가액 $8,000에서 이미 수령한 $4,000을 공제한, $4,000을 A보험자에게서 수령한다. 따라서, 총 수령액은 A보험자($4,000)+B보험자($4,000) = $8,000이 된다. 그러나 ⓑ 반대로 A보험자에게 먼저 청구하는 경우, A보험자로부터는 $4,000을 수령하고, B보험자로부터는 $6,000−$4,000인 $2,000을 수령하여 총 $6,000을 수령하게 된다. 따라서 피보험자는 협정보험가액이 적은 쪽의 보험증권부터 차례로 보상을 받는 것이 유리하다.

한편 각 보험자는 각자 인수금액의 비율에 따라 손해를 분담하도록 되어 있어 분담비율을 초과하여 손해를 보상한 보험자는 MIA 제80조에 의거 다른 보험자에게 분담청구를 할 수가 있다. 그러나 타보험계약에도 동 보험증권과 동일한 취지의 규정이 있는 경우, 피보험자는 보상을 받을 수 없기 때문에 실무상으로는 각 보험자가 손해액을 보험가입금액의 보험가액에 대한 비율에 따라 보상하는 비례보상방식에 따라 보상해야 할 것이다[자동차보험: Weddell and Another v. Road Transport and General Ins.,Co.(1932)]. 타보험조항이 없는 경우 피보험자는 MIA 제32조 a항에 따라 피보험자가 적당하다고 생각하는 순서에 따라 각 보험자에게 손해보상을 청구할 수 있다. 다만 수령하는 보험금의 합계액은 동법에서 허용하는 최고한도(보험가액)를 초과할 수 없다. 또 제32조 b항에서는 피보험자가 보험금을 청구하는 경우에는 이미 다른 보험계약에서 수령한 금액을 그 협정보험가액으로부터 공제하여야 한다고 규정하고 있다. 따라서 앞에서 설명한 바와 같이 각 보험자와 보험가액을 달리 협정하여 중복으로 보험에 가입한 경우 보험금을 청구하는 순서에 따라 보험금의 총액이 달라지는 경우가 있을 수 있다. 한편 각 보험자는 각자 인수금액의 비율에 따라 손해를 분담하도록 되어 있어 분담비율을 초과하여 손해를 보상한 보험자는 MIA 제80조에 의거 다른 보험자에게 분담청구를 할 수가 있다.

6) 손해통지 검정약관(Claim notice Clause)

손해통지 검정약관은 서채약관의 제일 하단에 붉은 글씨로 이 보험증권하에서 멸실이나 손상이 발생하였을 때에는 당회사나 이 보험증권에 기재된 대리점의 승인에 검정을 받아야 하며, 그렇지 않을 때에는 구상(求償)에 응하지 아니한다고 명시되어 있다. 따라서 보험사고가 발생했을 경우, 보험증권에 기재된 대리점의 승인에 검정을 반드시 받아야 하므로 피보험자는 즉시 사고의 내용을 보험자에게 통보하고 보험자에 의하여 적절한 조치를 받아야 한다.

In the event of loss or damage arising under this Policy, No claims will be admitted unless a survey has been held with the approval of this Company's Office or Agents specified in this Policy.
이 보험증권하에서 멸실이나 손상이 발생하였을 때에는 당회사나 이 보험증권에 기재된 대리점의 승인에 검정을 받아야 하며, 그렇지 않을 때에는 구상에 응하지 않음.

피보험자는 보험금을 청구하기 위해서는 보험조건에 따라 다르기는 하지만, 사고 및 손해발생에 대한 입증과 동 손해가 보험조건상 담보되는 위험에 의해 발생하였다는 것을 입증(열거보험증권의 경우)하여야 한다. 피보험자는 보험증권 하에서 담보되는 손해가 발생한 경우 손해에 대한 입증을 위해서 각 국가별로 공인 자격을 갖춘 검정회사의 검정보고서(survey report)를 첨부하여 보험자를 상대로 보험금을 청구할 수 있다. 이러한 사고 조사비용은 보험자가 지정한 검정인에 의해 발생되는 경우도 있고, 피보험자가 지정한 검정인에 의해 발생되는 경우도 있다. 이처럼 사고를 입증하는데 발생되는 비용을 "extra expense"라 하며, 클레임이 인정되어 보험금이 지급되는 경우에는 보험자가 이를 보상하지만, 보험사고가 아니기 때문에 보험금이 지급되지 않는 경우에는 동 비용도 보상되지 않는 것이 원칙이다. 그러나 피보험자가 지정한 검정인의 신뢰도에 대하여 보험자는 의심을 가질 수 있기 때문에 이러한 문제를 해결하기 위하여 동 조항을 두어 보험자가 지정한 검정인이나 Agent의 승인하에 이루어진 검정보고서가 아닌 한 보험사고를 인정하지 않으며, 보험금이 지급될 수 없다는 내용을 약정한 조항이다.

5. 증권해석 규칙(RULES FOR CONSTRUCTION OF POLICY)

보험증권의 문맥이 반대 해석을 요하지 않는 경우에는, S.G. Policy 또는 이와 유사한 양식의 보험증권의 해석에 관하여 영국해상보험법이 정한 규칙은 다음과 같다.

제1조 Lost or not lost (멸실여부를 불문함)

Where the subject-matter is insured "lost or not lost", and the loss has occurred before the contract is concluded, the risk attaches unless, at such time, at the assured was aware of the loss, and the insurer was not. 보험의 목적의 '멸실여부를 불문함'의 조건으로 보험에 가입되고, 계약이 성립되기 전에 손해가 발생한 경우에는, 계약의 성립시에 피보험자가 손해발생을 알고 있었고 보험자가 알고 있지 못한 경우를 제외하고 위험이 개시한다.

제2조 From (부터)

Where the subject-matter is insured "from"a particular place, the risk does not attach until the ship starts on the voyage insured. 보험의 목적이 특정장소'로부터' 보험에 가입되는 경우에는, 선박이 피보험항해를 출항할 때에 위험이 개시한다.

제3조 At and from(에서 및 부터)

ⓐ Where a ship is insured "at and from" a particular place, and she is at that place in good safety when the contract is concluded, the risk attaches immediately. [선박] : 선박이 특정장소에서 '에서 및 부터' 보험에 가입되고, 계약이 성립할 때 안전하게 그 장소에 있는 경우에는, 위험은 즉시 개시한다.

ⓑ If she is not at that place when the contract is concluded the risk attaches as soon as she arrives therein good safety, and, unless the policy otherwise provides, it is immaterial that she is covered by another policy for a specified time after arrival. 계약이 성립할 때 선박이 그 장소에 없는 경우에는, 위험은 선박이 안전하게 그 곳에 도착하는 순간에 개시한다. 그리고 보험증권에 반대의 규정이 있는 경우를 제외하고, 선박이 도착 후 일정기간 동안 다른 보험증권에 의해 담보되고 있다는 것은 중요하지 아니하다.

ⓒ Where chartered freight is insured "at and from" a particular place, and the ship is at that place in good safety when the contract is concluded the risk attaches immediately. If she be not there when the contract is concluded, the risk attaches as soon as she arrives there in good safety. [운송임] : 용선료가 특정장소 '에서 및부터' 보험에 가입되어 있고, 계약이 성립한 때 선박이 안전하게 그 장소에 있는 경우에는, 위험은 즉시 개시한다. 계약이 성립할 때 선박이 그 곳에 없는 경우에는, 위험은 선박이 안전하게 그곳에 도착하는 순간에 개시한다.

ⓓ Where freight, other than chartered freight, is payable without special conditions and is insured "at and from" a particular place, the risk attaches pro rata as the goods or merchandise are shipped; provided that if there be cargo in readiness which belongs to the shipowner, or which some other person has contracted with him to ship, the risk attaches as soon as the ship is ready to receive such cargo. 용선료 이외의 운송임이 특별한 조건 없이 지불되고, 특정장소 '에서 및 부터' 보험에 가입되어 있는 경우에는, 위험은 화물이나 상품이 선적되는 비율에 따라 개시한다. 단, 선주에게 속하는 적화 또는 기타의 어떤 자가 선적하기로 간주와 계약한 적화가 그곳에서 선적이 준비되어 있는 경우에는, 위험은 선박이 그러한 적화를 수취할 준비가 완료되면 지체 없이 개시한다.

제4조 From the loading thereof (적재 시부터)

Where goods or other moveables are insured "from the loading thereof", the risk does not attach until such goods or moveables are actually on board, and the insurer is not liable for them while in transit from the shore to the ship. 화물이나 기타 동산이 '그것의 적재시 부터' 보험에 가입되는 경우에는, 위험은 그러한 화물이나 동산이 실제 선적된 때에 개시하고, 보험자는 육지로부터 선박까지 운송되는 동안에 그러한 화물이나 동산에 대해 책임이 없다.

제5조 Safely landed(안전한 양륙)

Where the risk on goods or other moveables continues until they are "safely landed", they must be landed in the customary manner and within a reasonable time after arrival at the port of discharge, and if they are not so landed the risk ceases. 화물이나 기타 동산의 위험이 '안전하게 양륙되는' 때까지 계속되는 경우, 그들 화물이나 동산은 반드시 관습적인 방법으로, 그리고 양화항에 도착후 상당한 기간 내에 양륙하여야 한다. 그리고 만약 화물이나 동산이 그와 같이 양륙되지 않으면, 위험은 종료한다.

제6조 At any port or place whatsoever (기항 및 정박)

In the absence of any further licence or usage, the liberty to touch and stay "at any port or place whatsoever" does not authorise the ship to depart from the course of her voyage from the point of departure to the port of destination. 어떠한 추가적인 허가나 관습이 없는 경우에는 '어떠한 항구나 장소이든 어느 곳에서든' 기항하거나 정박하는 자유는, 출항항으로부터 목적항까지의 선박의 항해의 항로에서 선박이 이탈하는 것을 인정하는 것은 아니다.

제7조 Perils of the seas(해상고유의 위험)

The term "perils of the seas" refers only to fortuitous accidents or casualties of the seas. It does not include the ordinary action of the winds and waves. '해상고유의 위험'이란 말은 오직 바다의 우연한 사고나 재난만을 의미한다. 그것은 풍파의 통상적인 작용은 포함하지 아니한다.

제8조 Pirates (해적)

The term "pirates" includes passengers who mutiny and rioters who attack the ship from the shore. '해적'이란 말은 폭동을 일으키는 승객과 육지로부터 선박을 공격하는 폭도를 포함한다.

제9조 Thieves(도적)

The term "thieves" does not cover clandestine theft or theft committed by any one of the ship's company, whether crew or passengers. '도적'이란 말은 은밀한 절도 또는 선원이든 승객이든 불문하고 승선자에 의한 절도는 포함하지 않는다.

제10조 Arrests, etc., of kings, prince, and peoples(군주의 억지)

The term "arrests, etc., of kings, princes, and peoples" refers to political or executive acts, and does not include a loss caused by riot or by ordinary judicial process. '국왕과 여왕 및 국민의 억류 등'은 정치적이나 행정적 행위를 의미하며, 소요로 인한 손해 또는 통상적인 재판과정으로 인한 손해는 포함하지 않는다.

제11조 Barratry(선장이나 선원의 악행)

The term "barratry" includes every wrongful act wilfully committed by the master or crew to the prejudice of the owner, or, as the owner, or, as the case may be, the character. '선장이나 선원의 악행'이란 말은 소유자 또는 경우에 따라서는 용선자에게 손해를 입히는 선장 및 선원의 고의에 의한 일체의 위법행위를 포함한다.

제12조 All other perils(기타 일체의 위험)

The term "all other perils" includes only perils similar in kind to the perils specifically mentioned in the policy. '기타 일체의 위험'이란 말은 오로지 보험증권에서 특별히 기재된 위험과 동종의 위험만을 포함한다.

제13조 Average unless general(공동해손이 아닌 해손)

The term "average unless general" means a partial loss of the subject-matter insured other a general average loss, and does not include "Particular charges" '공동해손이 아닌 해손'이란 말은 공동해손손해가 아닌 분손을 의미하고, 단독비용을 포함하지 않는다.

제14조 Stranding (좌초)

Where the ship has stranded, the insurer is liable for the excepted losses, although the loss is not attributable to the stranding, provided that when the stranding takes place the risk has attached and, if the policy be on goods, that the damaged goods are on board. 선박이 좌초한 경우에는, 비록 손해가 그 좌초에 기인한 것이 아닐지라도, 보험자는 제외된 손해에 대해서도 보상책임이 있다. 단, 위험이 개시한 후에 좌초가 발생하는 때, 그리고 보험증권이 화물에 관한 경우에는 손상된 화물이 선상에 있을 것을 조건으로 한다.

제15조 Ship (선박)

The term "ship" includes the hull, materials and outfit, stores and provisions for the officers and crew, and, in the case of vessels engaged in a special trade, the ordinary fittings requisite for the trade, and also, in the case of a steamship, the machinery, boilers, and coals and engine stores, if owned by the assured. '선박'이란 말은 선체, 자재와 의장구, 고급선원과 보통선원을 위한 소모품과 식료품을 포함하고, 특수무역에 종사하는 선박의 경우에는 그 무역에 필요한 통상적인 의장을 포함하며, 또한 기선의 경우에는 기계와 보일러 및 피보험자가 소유한 엔진 소모품을 포함한다.

제16조 Freight (운송임)

The term "freight" includes the profit derivable by a shipowner fro the employment of his ship to carry his own goods or moveables, as well as freight payable by a third party, but does not include passage money. '운송임'이란 말은 제3자에 의해 지불되는 운송임은 물론, 선주가 자신의 화물이나 동산을 운송하기 위해 자기의 선박을 사용함으로써 파생되는 수익을 포함한다. 그러나 운송임에는 승객운임은 포함하지 아니한다.

제17조 Goods (화물)

The term "goods" means goods in the nature of merchandise, and does not include personal effects or provisions and stores for use on board. In the absence of any usage to the contrary, deck cargo and living animals must be insured specifically, and not under the general denomination of goods. '화물'이란 말은 상품의 성질을 가진 화물을 말하고, 개인의 소지품이나 선상에서 사용하기 위한 식료품과 소모품은 포함하지 아니한다. 반대의 관습이 없는 한, 갑판에 적재한 적화와 살아 있는 동물은 특정하여 보험에 가입되어야 하고, 화물의 포괄적 명칭으로 보험에 가입되어서는 안 된다.

제2절 협회 적화보험 (구)증권 담보비교

1. 적화보험 (구)약관(INSTITUTE CARGO CLAUSES, 1963)

1) ICC(All Risks)의 의의

IACC(all risks)는 ICC(1963)과 마찬가지로 국제간 운송되는 일반화물에 적용되는 약관이다. 다만, 운송방법이 해상운송인 경우에는 ICC(1963)약관이 사용되었지만, 항공운송인 경우에는 IACC(A/R)약관이 사용되었다. 항공운송에 사용된 약관으로 IACC(A/R)(excluding sendings by post)는 우송물을 제외한 일반화물의 항공운송에 적용되어 사용되었다. 우송물(우편물)인 경우에는 'Parcel Post Clause'를 첨부하여 적용하고 있으며, 협회전쟁약관에서는 항공화물에 대해서는 일반화물(excluding sendings by post)과 우편물약관을 구분하여 사용하고 있다. 'Parcel Post Clause'의 경우에는 해당화물이 우송물인 경우에 기본조건에 특약으로 첨부되어 사용되기 때문에 해상운송화물약관인 ICC나 항공운송화물약관 IACC 양쪽 모두 다 사용될 수 있다.

2) ICC(All Risks)의 생성과정

ICC(all risks)는 1912년 8월 1일부터 채용된 최초의 표준적화약관인 ICC (all risks)와 [중립]약관으로 분손부 담보계약에 사용하기 위한 ICC 및 1921년 6월7일 처음 도입된 ICC(WA)에 뒤이어 1951년 1월1일부터 시행된 세 번째의 표준적화약관이다. 이 표준약관은 런던보험자협회의 기술약관위원회가 기초하여 1950년 9월 Eastborne에서 개최된 국제해상보험연합회의에서 표준약관으로 채용하기로 결정하였다. 1779년 Lloyd's S.G. Policy의 부담위험이 1816년 Cullen v. Butler사건에 동종제한의 원칙이 도입되면서 포괄책임주의에서 열거책임주의로 위험부담방식이 전환한 이후, 영국의 실무에서는 일반적으로 전통적인 S.G. Policy보험증권을 기초로 그 양식에 열거된 위험과 동종의 위험만을 부담하여 왔다.

✦발화 : 물품의 일부가 없어지는 것

1912년 이후 ICC(WA)가 도입되어 부담범위가 확대되었으나, 그것은 S.G. Form상의 동종위험인 폭발위험과 피난항에서 양화 및 하역 중의 포장당 전손을 추가하고 육상수송 중의 위험으로 확대한 것을 제외하고는 실제적인 부담위험의 확대 없이 특정 사고시 S.G. Form상의 Memorandum조항의 면책비율을 삭제하는 정도였다.

그러나 그 후 [도난 및 발화(pilferage)] 또는 [한손 및 오손(Sweat and Taint)] 등 특정위험을 보험증권에 부가하여 부담하는 것이 영국시장의 일반적인 관행이 되었고, 점차 포괄적인 위험을 담보하는 방식으로 변경되었다. 그래서 브로커는 전위험약관을 기초하였고 보험자들은 그러한 약관을 인정하기에 이르렀다. 그러나 시간이 지나면서 All Risks조건이 적화보험에서 통상적으로 사용하게 되어 이에 관한 소송이 계속됨으로써 전위험부담의 표준약관을 도입해야 할 필요성이 제기되었다. 이 결과 영국 이외에서 여러 가지 논의를 거쳐 1950년 상기 의회에서 표준약관을 채택하기에 이른 것이다. 1951년 1월1일 처음으로 시행된 ICC(All Risks)는 제5조 전위험조항과 제6조 면책비율불문조항(Irrespective of percentage clause)을 제외하고는 ICC(FPA)와 ICC(WA)와 동일한 것이다.

3) ICC(All Risks)-1963의 변천과정

1951년 ICC(All Risks)는 1958년에 WA약관, FPA약관과 함께 전반적으로 개정되었다. 즉, 그 당시 별도의 약관이었던 1956년 협회적화약관(연장부담)-ICC(wartime extension)을 폐지하고, 그 내용을 세 가지 표준약관의 제2조에 연장부담조항(extended cover clause)으로 삽입하였고, 추정전손조항도 새로 삽입하였으며 감항승인조항과 수탁자조항 등의 문언이 개정되었다.

1958년 1월 1일 시행된 ICC(all risks)는 제2조 연장부담조항의 신설로 1951년 약관의 제5조 위험조항과 제6조 면책비율불문조항이 제5조 전위험조항에 결합됨으로써 전문 14개 조항과 유의조항(Note)으로 구성되었다. 이와 같은 1958년 협회적화약관은 1960년 Matine v. Russel사건을 계기로 제1조 창고 간 약관과 제2조 연장부담조항을 제1조에 통합하여 제1조(b)항에 중간창고에서 위험의 종기에 대한 규정을 신설하고 그 명칭도 운송조항(창고간 조항포함)으로 개정함으로써 1963년 1월 1일 협회적화약관이 등장하게 되었다.

4) 개별 약관 조항의 비교

SQ	I.C.C. (ALL RISKS)	I.C.C. (WA)	I.C.C. (FPA)
1	Transit Clause	Transit Clause	Transit Clause
2	Termination of Adventure Clause	Termination of Adventure clause	Termination of Adventure Clause
3	Craft, & c. Clause	Craft, & c. Clause	Craft, & c. Clause
4	Change of Voyage Clause	Change of Voyage Clause	Change of Voyage Clause
5	All Risks Clause	Average Clause	F.P.A. Clause
6	Constructive Total Loss Clause	Constructive Total Loss Clause	Constructive Total Loss Clause
7	G.A. Clause	G.A. Clause	G.A. Clause
8	Seawothiness Admitted Clause	Seawothiness Admitted Clause	Seawothiness Admitted Clause
9	Bailee Clause	Bailee Clause	Bailee Clause
10	Not to Inure Clause	Not to Inure Clause	Not to Inure Clause
11	Both to Blame Collision Clause	Both to Blame Collision Clause	Both to Blame Collision Clause
12	F.C.&S. Clause	F.C.&S. Clause	F.C.&S. Clause
13	F.S.R.&C.C. Clause	F.S.R.&C.C. Clause	F.S.R.&C.C. Clause
14	Reasonable Despatch Clause	Reasonable Despatch Clause	Reasonable Despatch Clause
15	Note	Note	Note

5) ICC (ALL RISKS/ WA/FPA)조건의 차이점

상기 개별 약관표에서 알 수 있듯이 ICC(all risks)와 ICC(WA), ICC(FPA)조건은 제5조를 제외한 모든 조항이 동일함을 알 수 있다. 이렇듯 ICC(A/R), ICC(WA), ICC(FPA)는 동일한 약관형식에 단지 담보위험(제5조)만을 달리 규정하고 있다. ICC(A/R)조건의 경우에는 S.G. Policy 및 Marginal Clause에서 담보하는 위험보다 확장하여 담보하고 있으며, ICC(W/A), ICC(FPA)은 S.G. Policy 및 Marginal Clause에서 담보하는 기본위험을 더욱 축소하고 있다고 볼 수 있다.

ICC(all risks)와 같이 담보위험을 포괄적으로 기술하고 있는 포괄위험담보방식과 ICC(WA), ICC(FPA) 조건처럼 담보위험을 열거하는 방식의 열거위험담보방식으로 구분이 되기도 한다. 여하튼 이 세 가지 약관 All Risks(A/R), With Average(W/A), Free From Particular Average(FPA)의 차이는 각 약관의 제5조에서 규정하고 있는 담보위험에 대한 차이밖에 없으므로 개별약관의 고찰에서는 제5조만을 비교하여 살펴보면 될 것이다.

6) ICC(ALL RISKS, WA, FPA) 개별약관의 고찰 방법

개별약관의 조항들을 살펴보면서 각 조항들이 적화보험 계약에서 갖게 되는 의미를 중심으로 살펴보기로 한다.

ICC(All Risks) : 개별조항의 전체에 대한 고찰
ICC(1963)의 개별약관의 담보범위(제5조)항을 비교 고찰
기타 조항은 ICC(All Risks)의 조항을 참조

2. 위험약관(PERILS CLAUSE-S.G. Policy)

Touching the adventures and perils which the said company are contented to bear and to take upon themselves in this voyage, ㉠they are of the seas, ㉡men of war, ㉢fire, ㉣enemies, ㉤pirates, ㉥rovers, ㉦thieves, ㉧jettisons, ㉨letters of mart and countermart, ㉩surprisals, ㉪takings at sea,㉫ arrests, restraints and detainments of all kings, princes and people, of what nation, condition, or quality soever, ㉬barratry of the master and mariners, ㉭and of all other perils , losses and misfortunes that have or shall come to the hurt, detriment or damage of the said goods and merchandises, or any part thereof; - 우리들 보험자가 이 항해에서 부담하고 책임을 지기로 약속한 해상사업과 위험은 다음과 같다. 즉, 해상고유의 위험, 군함, 화재, 외적, 해적, 강도, 도적, 투하, 포획면허장과 보복포획면허장, 습격, 해상탈취, 어떠한 국가나 상황이나 성질에 관계없이 모든 국왕과 여왕 및 국민의 압류와 억지 및 억류, 선장이나 선원의 악행, 상기 화물과 상품 및 선박 기타 또는 그 일부의 파손이나 훼손 또는 손상을 가져왔거나 가져오게 될 모든 기타 위험과 손해 및 불행이다.

1) 열거위험 증권

S.G. Policy의 손인조항은 원칙적으로 해상위험 전반에 대한 담보를 약속하는 약관으로서, 포괄보험증권으로 이해되어 왔으나, 1816 Culen vs. Butler사건에서 동종제한의 원칙이 도입되면서, 열거위험증권으로 전환되게 되었으며, 14가지의 열거위험으로 구성된 열거위험 증권으로 해석되기에 이르렀다.

2) 담보위험〈자세한 사항은 S.G. Policy의 Perils Clause설명 참조〉

표 5-2. 보험증권에서 보험자가 부담하는 위험

해상고유 위험 perils of the sea	해상위험 perils on the sea	전쟁위험 war risks	기타 일체위험 all other perils
침몰(sinking)	화재(fire)	군함(men-of- war)	
좌초(stranding)	투하(jettison)	외적(enemies)	
충돌(collision)	선원의 악행(barratry)	습격과 포획 (surprisals and capture)	
황천우(heavy weather)	해적, 표도, 강도 (pirates, rovers, thieves)		

3) 개별위험에 대한 개괄

바다의 위험(perils of the seas) : 별도로 열거되지 아니한 해상위험으로 sinking, stranding, burning, collision, heavy weather 등이 이에 해당된다.

- Men of war: 전시에 군함에 의한 손해 및 평화시의 군함이 작전수행 중 특정선박에 피해를 주었을 경우에도 전쟁위험에 해당됨.
- Fire 화재의 위험
- Enemies 육지, 해상, 공중에서 일어날 수 있는 모든 형태의 적대행위를 의미한다.
- Pirates RCP 제8조에서 규정하고 있듯 승객, 선상반란가담자, 해안으로부터 선박을 공격하는 폭도를 포함하는 개념이다. S.G. Policy에서는 해상위험으로 분류하고 있었으나, (구)약관에서는 전쟁위험으로 분류하고 있으며, (신)약관에서는 다시 해상위험으로 분류하고 있다. 해적 위험의 요건은 폭력을 수반한 것이어야 하고, 정치적 동기가 없어야 한다는 것이다.
- Rovers 표도를 말하며, 해적과 같은 의미로 이해할 수 있다.
- Thieves 폭력을 수반한 도적을 의미하며, 은밀한 발하(pilferage) 등은 이에 해당되지 아니한다.
- Jettisons 투하를 의미하며, 고의적인 투하를 말한다.
- Letters of mart and countermart 사리사욕을 위하여 무차별로 약탈하는 해적과는 달리 국가의 허가를 받아 적국의 상선 등을 포획하는 것을 말한다.
- Surprisals 전시에 선박이나 적화의 소유자로부터 일체의 소유권을 탈취할 목적으로 행하는 적의 쟁취행위를 뜻하며, 과거에는 Surprisals라는 표현을 사용하였으나, 현재는 capture라는 용어를 사용하고 있다.

- Takings at sea 현대적 의미의 Seizure를 의미하며, 전후에 중립국의 선박이 적국의 화물을 적재하고 있다고 의심하는 경우에 항해의 계속을 정지시키는 것을 말하고, 재물의 탈취를 목적으로 하지는 않는다. 검색결과 포획되는 수도 있고 석방되는 수도 있다.

Arrests, restrainsts and detainments of all kings, princes and people, of what nation, condition, or quality soever 위험은 정치상 또는 행정상의 행위를 의미하므로 재물의 소유권을 탈취할 목적이 있으며, 종국적으로 석방하는 데 목적이 있다. 예를 들면, 목적지를 향해 운송도 중의 어떤 화물이 적대국에 대한 거래금지령에 의해 위험이 된 경우 부득이 타 항에서 처분케 한 경우에 법을 준수하는 자체가 restrainsts of princes이고, 평화시에는 전염병 유행국으로부터 가축의 양륙을 허용할 수 없다면 이로 인한 손해가 군주의 억지에 해당한다. 오늘날 이 위험은 전쟁약관 뿐만 아니라, Frustration Clause(이탤릭서체약관)에 의거 보험자가 담보하지 아니하는 위험이다.

Barratry of the master and mariners는 선장이나 선원이 선주에게 해를 가할 것을 목적으로 한 악행을 말한다. 악행의 대상이 선주이므로 적화보험에서 인정되는 개념은 아니다. 다만, 선원의 악행의 결과에 의해 적화에 손해가 발생하는 경우, 열거위험방식인 ICC(WA), ICC(FPA) 조건에서는 선원의 악행이 적화에 해당되는 개념이 아니므로, 열거위험에 해당되지 아니하여 보상되지 않는 것이 일반적이나, 포괄위험방식인 ICC(All Risks)에서는 면책위험에 기인하지 아니 하는 한 보상하는 것이 일반적이다.

- And of all other perils, losses and misfortunes : 기타 상기에 열거된 위험과 동종의 위험을 말한다.

3. 이태릭 서체 약관(난외약관, MARGINAL CLAUSES)

난외약관은 원래 S.G. Policy에서는 찾아 볼 수 없던 것이 후에 첨가된 약관으로 증권의 좌측난외에 이태리 서체 혹은 일반 서체로 인쇄돼 있는 것으로 다음과 같은 약관들이 있다.

1) 포획나포부 담보조항(F.C.& S. Clause)-1963년

[*1. Warranted free of capture, seizure, arrest restraint or detainment,, and the consequences there of or any attempt there at: also from the consequences of hostilities or warlike operations, whether there be a declaration of war or not: but this warranty shall not exclude collision, contact with any fixed or floating object (other than mine or torpedo), stranding, heavy weather or fire unless caused directly (and independently of the nature of the voyage or service which the vessel concerned or, in the case of a collision, and other vessel involved there in, is performing) by a hostile act by or against a belligerent power, and for the purpose of this warranty power includes any authority maintaining naval, military or air forces in association with a power. Further warranted free from the consequences of civil war, revolution, rebellion, insurrection, or civil strife arising therefrom, or piracy.* - 1. 포획, 나포, 강류, 억지 또는 억류와 이러한 행위의 결과 또는 이러한 행위를 하려고 하는 기도의 결과를 담보하지 않음. 그리고 선전포고의 유무를 불문하고 적대행위 또는 군사적 행동의 결과를 담보하지 않음. 그러나 본 면책약관은 교전국의 유무를 불문하고 적대행위 또는 군사적 행동의 결과를 담보하지 않음. 그러나 본 면책약관은 교전국에 의하여 또는 교전국에 대하여 행하여진 적대행위로 인하여 직접(그리고 당해 선박 없이) 발생한 것이 아닌 한, 고정 또는 부유물체(기뢰 또는 어뢰를 제외)와의 충돌 또는 접촉, 좌초, 황천 또는 화재를 면책하는 것은 아님. 또한 이 면책약관에 관한한,[국가]라 함은 어느 국가와 제휴하고 육해공군을 보유하고 있는 모든 정권을 포함함. 그리고 내란, 혁명, 모반, 반란 또는 이로 인하여 발생하는 국내투쟁의 결과 또는 해적행위를 담보하지 않음]

(1) 포획나포부담보조항에 열거된 면책위험

㉮ ⓐ 포획, 나포, 강류, 억지 또는 억류(Sanday & Co.v.British & Foreign Marrine Insurance Co.Ltd. : 강류, 억지, 억류 추가됨)
ⓑ 포획, 나포, 강류, 억지 또는 억류의 결과
ⓒ 포획, 나포, 강류, 억지 또는 억류를 하려고 기도한 행위의 결과
㉯ 선전포고를 불문한 (Spain 내전당시 선전포고가 없었기 때문에 수정됨)
ⓐ 적대행위의 결과 ⓑ 군사적 행동의 결과
㉰ 교전국의 유무를 불문하고
ⓐ 적대행위의 결과 ⓑ 군사적 행동의 결과
㉱ 교전국에 의하여 또는 교전국에 대하여 행하여진 적대행위로 인하여
ⓐ 직접 발생한 고정 또는 부유물체와의 충돌 또는 접촉, 좌초, 황천 또는 화재
ⓑ 직접 발생한 것이 아닌 한, 고정 또는 부유물체와의 충돌 또는 접촉, 좌초, 황천 또는 화재를 면책 않음.(1942년 Coxwold호 좌초사건에 의하여 부책으로 추가함)
ⓒ 직접 발생한 것이 아닌 경우에도 기뢰 또는 어뢰와 충돌
㉲ 국가라 함은 어느 국가와 제휴하고 육해공군을 보유하고 있는 모든 정권을 포함
㉳ 내란, 혁명, 모반, 반란 (스페인 내전결과 추가된 사항임)
㉴ 내란, 혁명, 모반, 반란으로 인하여 발생하는 국내투쟁의 결과
㉵ 해적행위 (스페인 내전당시 출몰한 해적행위를 면책하기 위해 추가된 사항임)

(2) F.C. & S. Clause의 약관조항 분석

㉮ Warranted free of [ⓐcapture, ⓑseizure, ⓒarrest restraint or detainment, ⓓand the consequences there of or ⓔany attempt there at]:

㉯ also from ⓐthe consequences of [㉠hostilities or ㉡warlike operations, whether there be a declaration of war or not]:

㉰ but this warranty shall not exclude [ⓐcollision, contact with any fixed or floating object (other than mine or torpedo), ⓑstranding, ⓒheavy weather or ⓓfire ⓔunless caused directly (and independently of the nature of the voyage or service which the vessel concerned or, in the case of a collision, and other vessel involved there in, is performing) ⅰ)by a hostile act ⅱ)by or against a belligerent power],

㉱ and for the purpose of this warranty power includes [ⓐany authority maintaining naval, military or air forces in association with a power. Further warranted free from the consequences of civil war, revolution, rebellion, insurrection, or civil strife arising therefrom, or piracy.]

2) 동맹파업소요폭동면책약관(F.S.R. & CC. Clause)

2. *Warranted free of loss or damage*

(a) caused by strikers, locked-out workmen, or persons taking part in labour disturbances riots or civil commotions;

(b) resulting from strikes, lock-outs, labour disturbances, riots or civil commotion.

2. 다음의 사유에 의한 멸실 또는 손상을 담보하지 않음.

(a) 동맹파업자, 직장폐쇄를 당한 노동자, 또는 노동분쟁, 폭동 또는 소요에 가담한 자에 의하여 발생한 것.

(b) 동맹파업, 직장폐쇄, 노동분쟁, 폭동 또는 소요의 결과로 인하여 발생한 것

(1) 도입배경

보험증권에 스트라이크위험이 등장하게 된 것은 20세기부터라고 할 수 있다. 노동자들의 시위운동이나 쟁의의 악화로 인한 감정적 행동에 의해 적화나 선박이 손해를 입을 위험이 증가하였으며, 즉 단순노동자들의 노동쟁의로 인한 선적이나, 양륙 등의 하역불능, 항해의 지연, 화재, 도난, 파손, 선박의 점거 또는 쟁취 등 각종 위험이 발생할 가능성이 증대되었다. 이러한 위험들은 영법이나 약관상 면책으로 규정하고 있지 않았기 때문에 이러한 위험과 결합하여 증권이나 약관상의 열거위험으로 발견되거나, All Risks 조항의 경우 보험자가 부담하여야 할 성질의 위험으로 보험자들에게는 우려와 경계의 대상이 되었다.

(2) 동 약관에 열거된 면책위험

㉮ 동맹파업소요폭동으로 인한 직접손해

ⓐ 동맹파업자에 의한 손상 또는 멸실

ⓑ 직장폐쇄를 당한 노동자에 의한 손상 또는 멸실

ⓒ 노동분쟁, 폭동 또는 소요에 가담한 자에 의한 손상 또는 멸실

㉯ 동맹파업소요폭동으로 인한 간접손해

ⓐ 동맹파업의 결과로 발생한 손상 또는 멸실

ⓑ 직장폐쇄의 결과로 발생한 손상 또는 멸실

ⓒ 노동분쟁의 결과로 발생한 손상 또는 멸실

ⓓ 폭동의 결과로 발생한 손상 또는 멸실

ⓔ 소요의 결과로 발생한 손상 또는 멸실

3) 항해중절 (Frustration Clause)

3. (a)should the risks excluded by clause I(F.C.&S.Clause) be reinstated in this policy by deletion of the said clause, or should the risks or any of them mentioned in that clause or the risks or mines, torpedoes, bombs or other engines of war be insured under this policy, clause(b) below shall become operative and anything contained in this contract which is inconsistent with clause(b) or which affords more extensive protection against the afore-said risks than that afforded by the institute War Clause relevant to the particular form of transit covered by this insurance is null and void.

(b) this policy is warranted free of any claim based upon loss of, or frustration of, the insured voyage or adventure caused by arrests restraints or detainments of kings princes peoples usurpers or persons attempting to usurp to usurp power.

3. (a) 이 보험이 상기 제1조 (포획나포부담보약관)에서 제외된 위험을 당해 약관 말소로서 복구하거나 또는 당해 약관의 제위험 및 기뢰, 어뢰, 폭탄 기타 병기로 인하여 발생한 멸실 또는 손상이 이 증권에 의하여 담보될 경우에는 하기의 (b)항의 효력을 발생하며, 이 약관에 포함된 여하한 사항이라도 당해 (b)항과 상치되거나 또는 이 보험에 의하여 담보된 특정한 운송방법에 상응하는 (협회전쟁약관)의 소정사항보다도 더 광범위한 보호가 허용될 경우에는 무효로 함.

(b) 국왕, 군주, 인민, 국권찬탈자 또는 찬탈을 기도하는 자에 의한 강류, 억지 또는 억류에 의하여 발생하는 피보험 항해 및 모험의 중지 또는 중절에 기인하는 어떠한 보상청구에도 부책하지 않음.

(1) 약관조항의 면책내용

항해중절약관의 발효시기(2가지 경우)

ⓐ 포획나포부담보조항이 삭제된 경우 또는

ⓑ ㉠ 포획나포부담보조항의 제위험, ㉡ 기뢰, ㉢ 어뢰, ㉣ 폭탄 ㉥ 기타병기로 인하여 발생한 멸실 또는 손상이 본 증권에서 담보되는 경우. 참고로 포획나포부담보조항이 삭제되지 않는 경우에는 포획나포부담보조항의 'Arrest, restrainment or detainments'의 규정에 의해 면책됨.

면책의 범위

ⓐ 항해중절을 야기하는 주체

㉠ 국왕, ㉡ 군주, ㉢ 인민, ㉣ 국권찬탈자, ㉤ 국권찬탈을 기도하는 자

ⓑ 항해중절을 야기하는 행위

㉠ 강류, ㉡ 억지, ㉢ 억류에 의하여 발생하는

ⓒ 항해중절의 형태

㉠ 피보험항해 및 모험의 중지 또는 중절

4) 분손부 담보 조건(FPA. CLAUSE) - ICC(FPA)

✦FPA Clause에서 유의사항 : 피보험자가 이 보험에 의거 '담보의 계속을 받는' 사유의 발생을 알았을 때에는 지체없이 그 요지를 보험자에게 통지함을 요하며, 담보를 계속 받을 수 있는 권리는 이 의무의 이행여부에 달려있다.

5. Warranted free from Particular Average unless the vessel or craft be stranded, sunk, or burnt, but notwithstanding this warranty the Underwriters are to pay the insured value of any package or packages which may be totally lost in loading, transhipment or discharge, also for any loss of or damage to the interest insured which may reasonably be attributed to fire, explosion, collision or contact of the vessel and/or craft and/or conveyance with any external substance (ice included) other than water, or to discharge of cargo at a port of distress, also to pay special charges for landing warehousing and forwarding if incurred at an intermediate port of call or refuge, for which Underwriters would be liable under the standard form of English Marine Policy with the Institute Cargo Clauses(W.A.) attached. This Clause shall operate during the whole period covered by the policy.

제5조 (분손부담보약관)

선박 또는 부선이 좌초되거나 침몰되거나 혹은 대화재를 입었을 경우 이외에는 단독해손을 담보하지 않음. 그러나 상기 면책조건에도 불구하고 보험자는 선적, 환적 혹은 양화시에 전손이 되는 수가 있는 화물 1포마다의 보험금액을 보상하고, 다시 화재, 폭발, 선박간의 충돌 혹은 선박 및/또는 부선 및/또는 운송용구와 물 이외의 타물체(얼음 포함)와의 접촉 혹은 조난항에서의 양화작업에 기인된다고 정당하게 간주될 수 있는 보험목적의 멸실 또는 손상에 대해서도 보상한다. 또한, 중간의 기항항 혹은 피난항에서의 양화작업, 입고 및 계속운반을 위해 특별비용을 지출했을 경우, 만약, 이들 특별비용이 협회적화약관(분손담보)이 첨부된 표준 해상보험증권에 의거하여 이 보험자가 부책해야 할 것이라면 그 특별비용까지도 보상함. 이 약관은 이 보험증권하에서 담보되는 전기간에 걸쳐서 적용되는 것으로 함.

ICC 약관에서 가장 담보범위가 가장 좁은 조건이다. (구)협회적화약관 중 분손부 담보약관 혹은 단독해손부 담보약관은 담보위험 때문에 생긴 손해 중 현실전손, 추정전손, 공동해손 및 비용손해를 보상하나 단독해손은 원칙적으로 보상하지 않는다. 그러나 보험목적물을 적재한 선박이나 부선이 침몰, 좌초, 대화재를 당했을 경우의 단독해손에 대해서는 인과관계 유무를 불문하고 보상한다.

분손부 담보 조건 혹은 단독해손부 담보 조건은 크게 다음 아래와 같이 수송약관, 수송종료약관, 부선약관, 항해변경약관, 분손부담보약관, 추정전손약관, 공동해손약관, 감항성승인약관, 수탁자약관, 보험이익 불공여약관, 쌍방과실충돌약관, 포획・나포부담보약관, 동맹・파업폭동소요부담보약관 등으로 구성되어 있다.

▎분손부 담보 조건에서 보상되는 위험

구분	내용
전손 Total Loss	· S.G. FORM상의 기본위험으로 인한 전손 손해 · 조난항에서의 화물의 양화로 인한 전손 손해
해손 Average	· 다음의 위험이 발생한 경우의 단독해손 ; 침몰, 좌초, 대화재 · 공동해손희생손해, 공동해손분담금
확장담보	· 선적, 환적 혹은 하역작업 중의 포장당 전손 · 다음과 상당인과관계가 있는 단독해손 ; 화재, 폭발, 충돌, 운송용구의 타 물체와 충돌(물 제외), 조난항에서의 화물의 하역
특별비용	· 손해방지비용, 구조비, 중간기항 항이나 피난항에서의 특별비용 및 부대비용(WA조건에서 담보하는 특별비용까지 확장 담보)

(1) FPA. CLAUSE상의 담보위험

▣ 전손(Total Loss)

현실전손과 추정전손을 구분하지 않지만, S.G. Policy의 열거위험에 의해 발생되는 전손으로 Marginal Clause에 의해 제외된 위험이 아닌 담보위험으로 인한 전손은 보상된다(Total loss proximately caused by the perils insured by the S.G. Policy but not excluded by the marginal clauses). 주의해야 할 점은 S.G. Policy에 열거되지 아니한 위험에 의한 전손을 보상되지 않는다는 점이다. 예를 들어 도난에 의한 전손이 발생한 경우에는 그러한 도난이 열거위험(thieves, rovers 등)에 의한 것이 아닌 한 보상되지 아니한다.

✦'WA'에는 WA 3%와 WAIOP 두 조건이 있다. WA 3%는 손해액이 전체금액의 3% 이상인 경우에만 손해액 전부를 보상하여 주고, 3% 미만의 손해는 보상하지 않는다. WAIOP 조건은 발생한 부분손해에 대하여 모두 보상한다.

① Perils insured by the S.G.Policy but not excluded by the Marginal Clauses – Total Loss covered
  ㉮ Perils of the Seas (Sinking, Stranding, Collision, Heavy weather, etc.)
  ㉯ Perils on the Seas (Fire, Jettison)
  ㉰ All other Perils (육상운송용구의 충돌, 추돌, 추락, 전복, 탈선 등)

② Perils not covered by(enumerated in) the S.G.Policy – Total Loss not covered

▣ Average(해손)

① General Average (공동해손) : 공동해손의 경우 공동해손희생손해, 공동해손분담금 등은 보상된다. 다만, 이러한 공동해손이 인정되기 위해서는 면책위험으로 인하여 발생된 공동해손이 아니어야 한다(refer to G.A.Clause).

② Particular Average (단독해손) : 단독해손은 원칙적으로 보상되지 아니할 것을 담보로 하고 있다.

③ Warranty Open (담보가 적용되지 않는 경우, 즉 단독해손이 보상되는 경우)

㉠ Sinking, ㉡ Stranding, ㉢ Burning

▣ Extension Cover(확장담보)

① Any package totally lost in the㉠loading,㉡transhipment or㉢discharge(선적, 환적, 하역 중의 포장 당 전손)

② Loss or damage reasonably attributed to (하기 위험과 상당인과관계가 있는 손상 및 멸실(분손 및 전손)

㉠ fire, explosion, (화재, 폭발)

㉡ collision or contact of the conveyance with any external substance (운송용구의 타물체와의 충돌 또는 접촉)

㉢ discharge at a port of distress (조난항에서 화물의 양화)

③ Special Charge (특별비용)

㉠ Sue and Labour Charge

㉡ Salvage Charge (구조비)

㉢ Special Charges for ⅰ) loading ⅱ) warehousing and ⅲ) forwarding if incurred at an intermediate port of call or refuge (기항항이나 피난항에서의 특별비용 및 부대비용)

(2) FPA. Clause의 조문 분석

㉮ Warranted free from Particular Average unless the vessel or craft be ⓐ stranded ⓑsunk or ⓒburnt

㉯ but notwithstanding this warranty the Underwriters are ⓐ to pay

㉠ the insured value of any package or packages which may be totally lost in

1) loading

2) transhipment or

3) discharge,

㉡ also for any loss of or damage to the interest insured which may be reasonably be attributed to ⅰ)fire, ⅱ)explosion, ⅲ)collison or contact of the vessel and/or craft and/or conveyance with any external substance(ice included) other than water 2) or to discharge of cargo at a port of distress,

ⓑ also to pay special charges for

㉠ loading

㉡ warehousing and

㉢ forwarding if incurred at an intermediate port of call or refuge, for which Underwriters would be liable under the standard form of English Marine Policy with the Institute Cargo Clauses (WA) attached.

㉣ This insurance shall operate during the whole period covered by the policy

5) Average Clause – ICC(WA)

5. Warranted free from average under the percentage specified in the policy, unless general, or the vessel or craft be stranded, sunk or burnt, but notwithstanding this warranty the Underwriters are to pay the insured value of any package which may be totally lost in loading, transhipment or discharge, also for any loss of or damage to the interest insured which may reasonably be attributed to fire, explosion, collision or contact of the vessel and /or craft and /or conveyance with any external substance (ice included) other than water, or to discharge of cargo at a port of distress.

This Clause shall operate during the whole period covered by the policy.

제5조 (분손담보약관)

분손은 그것이 공동해손이 성립되었을 때 혹은 선박 또는 부선이 좌초되거나 침몰되거나 또는 대화재를 입었을 경우를 제외하고는 담보증권에 기재된 퍼센트 미만일 경우에는 이를 담보치 않음. 그러나 상기 면책비율에 불구하고, 보험자는 선적, 환적 혹은 양화 시에 전손이 되는 수가 있는 화물 1포마다의 보험금액을 보상하고, 다시 화재, 폭발, 선박간의 충돌 혹은 선박 및/또는 부선 및/또는 운송용구와 물 이외의 타물체(얼음 포함)와의 접촉 혹은 조난항에서의 양화작업에 기인된다고 정당하게 간주될 수 있는 보험목적의 멸실 또는 손상에 대해서도 보상함. 이 약관은 본보험증권 하에서 담보되는 전기간에 걸쳐서 적용되는 것으로 함.

S.G. Policy상의 담보위험(4가지)때문에 생긴 모든 손해를 보상한다. 단독해손 부담보조건에서 보상해 주는 손해를 보상해주며, 이에 더하여 단독해손 부담보조건에서 보상해 주지 않는 위험으로 생긴 단독해손을 보상한다.

즉, 분손담보조건은 상기 분손 부담보조건에서 보상되는 손해를 추가해서 동 조건에서는 보상의 대상이 되지 않는 단독해손, 즉 보험 목적물을 적재한 선박이나 부선의 침몰, 좌초, 대화재를 당하지 않은 경우의 증권본문의 담보 위험에 따른 분손 가운데 증권기재의 면책률을 초과하는 손해를 보상한다.

침몰, 좌초, 대화재가 발생하지 않은 경우의 단독해손으로서는 현실적으로 악천후(heavy weather)에 의한 적화의 풍랑손해밖에 없다. 따라서 일반적으로 분손담보조건과 분손부담보조건의 차이는 풍랑손해를 보상하는가 그렇지 않는가로 구분한다. 이 경우의 단독해손보상의 조건이 되고 있는 면책률에 대해서는 보험계약시 보험증권에 “average payable if amounting to 3% on the whole or on each hold”로 명시해 놓는 것이 보통이다. (WA 3%)화물에 따라서 면책률 없이 단독해손을 모두 보상하는 경우에는 “average payable irrespective of percentage”라고 증권 상에 표시한다.(WAIOP)

분손 담보조건은 단독해손 부담보조건과 동일하게 구성되어 있으며 다만 제5조만이 다르다. 따라서 여기서는 제5조 분손담보조건만 언급하기로 한다.

Average Clause (분손담보약관) : 분손은 그것이 공동해손이 성립된 경우, 혹은 선박 또는 부선이 좌초, 침몰되거나 또는 대화재를 당한 경우 이외에는 보험증권에 기재된 비율 미만의 분손을 담보하지 않는다. 그러나 상기 면책조건에 불구하고 보험자는 적재, 환적 혹은 양륙시에 전손이 되는 수가 있는 화물포장단위에 대해 그 협정보험가액을 지급하고 또 화재, 폭발, 선박 상호간의 충돌 혹은 선박 및 부선 또는 운송용구와 물 이외의 타물(얼음포함)과의 접촉 혹은 조난항에서의 적화의 양륙에 상당인과관계가 있는 것으로 간주되는 보험의 목적의 멸실 또는 손상에 대해서도 보상한다. 이 약관은 이 보험증권하에서 담보되는 전 기간에 대하여 적용된다.

✦분손담보조건에서 보상되는 위험

전 손	▸S.G.FORM상의 기본위험으로 인한 전손 손해 ▸조난항에서의 화물의 양화로 인한 손해에 의한 전손
해 손	▸다음의 위험이 발생한 경우의 단독해손 ; 침몰, 좌초, 대화재 ▸상기위험외 불특정 단독해손 (barratary) ▸소손해 면책률 이상의 악천후로 인한 손해 ▸공동해손 희생손해, 공동해손 분담금
확장 담보	▸선적, 환적 혹은 하역작업 중의 포장당 전손 ▸다음과 상당인과관계가 있는 단독해손 ; 화재, 폭발, 충돌, 운송용구의 타물체와의 충돌(물 제외), 조난항에서의 화물의 하역 ▸특별비용 ; 손해방지비용, 구조비, 중간기항항이나 피난항에서의 특별비용 및 부대비용

(1) Average Clause의 조문분석

① Warranted free from average under the percentage specified in the policy,
  ⓐ unless ㉠ general,
  ⓑ or the vessel or craft be ㉠ stranded, ㉡ sunk or ㉢ burnt,
② but notwithstanding this warranty the Underwriters are to pay
  ⓐ the insured value of any package which may be totally lost in ㉠ loading, ㉡ transhipment or ㉢ discharge,
  ⓑ also for any loss of or damage to the interest insured which may reasonably be attributed to
    ㉠ fire, ㉡ explosion,
    ㉢ collision or contact of the vessel and /or craft and /or conveyance with any external substance (ice included) other than water,
    ㉣ or to discharge of cargo at a port of distress.
③ This Clause shall operate during the whole period covered by the policy.

(2) W/A조건의 담보범위

① Total loss
  Total Loss proximately caused by the perils insured by the S.G.Policy but not excluded by the Marginal Clause
  (면책위험을 제외한 S.G.Policy의 열거위험에 의한 전손)
② Average not less than specified percent in the policy (일정율 이상의 단독해손)
③ Warranty Open – Franchise open : 일정율 미만에 관계없이 보상되는 경우
  ⓐ General Average
  ⓑ Stranding
  ⓒ Sinking

ⓓ Burning

④ Extension Cover(확장담보)

ⓐ Any package totally lost in the ㉠loading, ㉡transhipment or ㉢discharge (선적, 환적, 하역 중의 포장 당 전손)

ⓑ Loss or damage reasonably attributed to [하기위험과 상당인과관계가 있는 손상 및 멸실(분손 및 전손)]

㉠ fire, explosion(화재, 폭발)

㉡ collision or contact of the conveyance with any external substance (운송용구의 타 물체와의 충돌 또는 접촉)

㉢ discharge at a port of distress (조난항에서의 화물의 양화)

(3) Franchise 적용방법

① W/A franchise 3% on the whole (WA3%)

ⓐ 3% 이상(3%포함)의 단독손해인 경우 전액보상

ⓑ 3% 도달여부를 확정하기 위한 손해액에 포함되지 아니하는 손해

㉠ Particular Charge (MIA제64조2항)

㉡ Extra charge (손해액을 확정하기 위한 비용, 예:손해조사비 등)

㉢ General Average (공동해손)

ⓒ Deductible, Excess와 다른 점은 이들은 손해액에서 설정된 공제금액이나, 공제률을 공제 후 지급하지만, Franchise는 면책률 미만인 경우에는 면책이지만, 면책률 이상인 경우에는 전액보상

② WAIOP (With Average Irrespective Of Percentage) : 면책률을 설정하지 아니한 ICC(WA) 조건임.

(4) 약관조항 해설

이 약관은 보험자가 단독해손을 담보하는 것을 원칙으로 하고 있으며, FPA조건하에서 담보되는 침몰, 좌초, 대화재가 발생된 경우의 단독해손은 물론 담보되고, 타 위험으로 인한 단독해손에 대해서도 담보된다. 그러나 담보화물을 적재한 선박이 좌초되거나 침몰되거나 또는 대화재를 입지 않는 한, 또한 화재, 폭발, 충돌에 상당한 인과관계가 없는 한 보험증권에 기재된 일정비율 미만의 단독해손은 담보되지 않는다. 따라서 본 약관도 증권본문의 면책률약관(memorandum clause)보다 우선해서 적용되어야 하는 특별약관이며, 실무상 "WA franchise 3% on the whole", "WA irrespective of percentage" 또는 WA3%, WAIOP 등으로 명기하여 화물의 성질과 피보험자의 요청에 따라 융통성을 가지고 운영하고 있다.

6) All Risks Clause – ICC(A/R)

This insurance is against all risks of loss of or damage to the subject-matter insured but shall in no case be deemed to extend to cover loss damage or expense proximately caused by delay or inherent vice or nature of the subject-matter insured. Claims recoverable hereunder shall be payable irrespective of percentage.

이 보험은 보험목적의 멸실 또는 손상의 모든 위험을 담보함. 그러나 여하한 경우에도 지연 또는 보험목적물의 고유의 하자 혹은 성질을 근인으로 해서 생기는 멸실, 손상 또는 비용까지도 확장담보하는 것으로 간주하여서는 안 됨. 이 보험에 의거 청구할 수 있는 보상금은 손해율의 다과에 관계없이 지급됨.

(1) All Risks Clause조항의 분석

① This insurance is against all risks of loss of or damage to the subject – matter insured

② but shall in no case be deemed to extend to cover

ⓐ loss

ⓑ damage or

ⓒ expense proximately caused by

㉠ delay or

㉡ inherent vice or

㉢ nature of the subject-matter insured.

③ Claims recoverable hereunder shall be payable irrespective of percentage.

(2) ICC(All Risks)의 담보범위

▌담보위험 : 면책위험을 제외한 일체의 우연한 위험을 담보

▌면책위험

- All Risks Clause상의 면책위험
  - ㉠ delay (지연)
  - ㉡ inherent vice (화물고유의 하자)
  - ㉢ nature of the subject-matter insured (보험목적의 성질)
- Marginal Clauses상 면책조항
  - ㉠ F.C.&S. Clause (포획나포부담보조항)
  - ㉡ F.S.R.&C.C. Clause (동맹파업소요폭동부담보조항)
  - ㉢ Frustration Clause (항해중절조항)
  - ㉣ Other Insurance Clause (타보험조항)
- ICC(All Risks)상 면책조항
  - ㉠ FC.& S. Clause (포획나포부담보조항)
  - ㉡ FSR.& CC. Clause (동맹파업소요폭동부담보조항)
- MIA(1906)상의 책임해제사유 또는 면책위험 (모든 해상보험계약에 적용됨)
  - ㉠ Breach of warranty (제33조3항)
  - ㉡ Change of Voyage (제45조)
  - ㉢ Deviation (제46조)
  - ㉣ Delay in Voyage (제48조)
  - ㉤ Wilful misconduct of the Assured (제55조2항)
  - ㉥ Loss proximately caused by delay, although the delay be caused by a peril insured(제55조2항b호)

㉦ Ordinary wear and tear (제55조2항 c호)
㉧ Ordinary leakage and breakage(제55조2항c호)
㉨ Inherent vice or nature of the subject matter insured (제55조2항c호)
㉩ Rats or vermin (제55조2항 c호)
㉪ Any injury to machinery not proximately caused by maritime perils (제55조 2항c호)

- MIA(1906)상 보험자가 계약을 취소할 수 있는 경우(모든 해상보험계약에 적용됨)
  ㉠ Breach of obligation to disclose (제18조) : 고지의무위반
  ㉡ Misrepresentation (제20조) : 부실고지
  ㉡ Failure to observe the Utmost Good Faith (제17조) :신의성실의 원칙 위배시

- ICC(All Risks)-1963에서 허용하는 면책위험 및 책임해제사유
  ㉠ Seaworthiness Admitted Clause (제8조) – Breach of warranty
  ㉡ Change of voyage Clause(제4조) – Change of Voyage
  ㉢ Transit Clause (제1조) – Deviation
  ㉣ Transit Clause (제1조) – Delay in Voyage Beyond the control of the Assured

- Change of risks(위험의 변경)에 의한 보험자 책임해제
  ㉠ Alteration of risk (위험의 변혁) -위험의 질적 변경
  ㉡ Variation of risk (위험의 변동) – 위험의 양적 증가 – Held covered(계속담보)가 일반적임

4. 각 조항별 해석

1) 제1조 Transit Clause (Incorporating Warehouse to Warehouse Clause) (운송조항-창고간 조항 포함)

This insurance attaches from the time the goods leave the warehouse or place of storage at the place named in the policy for the commencement of the transit, continues during the ordinary course of transit and terminates either on delivery

ⓐ to the Consignees' or other final warehouse or place of storage at the destination named in the policy,

ⓑ to any other warehouse or place of storage, whether prior to or at the destination named in the policy, which the Assured elect to use either

(i) for storage other than in the ordinary course of transit or

(ii) for allocation or distribution, or

ⓒ on the expiry of 60 days after completion of discharge overside of the goods hereby insured form the oversea vessel at the final port of discharge, whichever shall first occur.

If, after discharge overside from the oversea vessel at the final port of discharge, but prior to termination of this insurance, the goods are to be forwarded to a destination other than that to which they are insured hereunder, this insurance whilst remaining subject to termination as provided for above, shall not extend beyond the commencement of transit to such other destination. This insurance shall remain in force(subject to termination as provided for above and to the provisions of Clause 2 below) during delay beyond the control of the Assured, any deviation, forced discharge, reshipment or transhipment and during any variation of the adventure arising from the exercise of a liberty granted to shipowners or charterers under the contract of affreightment, but shall in no case be deemed to extend to cover loss damage or expense proximately caused by delay or inherent vice or nature of the subject matter insured.

이 보험은 화물이 보험증권에 기재된 지역에서의 창고 또는 장치장에서 수송개시를 위하여 떠날 때부터 담보가 개시되고 통상의 수송과정 중에 계속되며,

ⓐ 보험증권에 기재된 목적지에서 수화주 또는 기타 최종창고 또는 보관장소에 인도될 때이거나,

ⓑ 보험증권에 기재된 목적지나 또는 그 이전이거나를 불문하고, 피보험자가

(i) 통상의 수송과정을 벗어난 보관이나,

(ii) 할당 또는 분배를 위하여 사용코저 선택한 기타의 창고나 혹은 보관장소에 인도될 때,

또는

ⓒ 최종 양화항에서 하역한 후 60일이 경과할 때

중에서 어느 것이 먼저 발생하든 그때에 담보가 종료됨.

만약, 화물이 최종 양화항에서 외항선으로부터의 양화작업후, 그러나 본 보험기간의 만료이전에 이 보험증권하에서 담보된 목적지 이외의 곳으로 수송되는 경우에는 이 보험은 전항에서 규정된 보험종료의 조건에 따라 계속되나, 그러한 목적지를 향해서 수송을 개시할 때 종료됨.

이 보험은 피보험자가 좌우할 수 없는 지연, 이로, 부득이한 양화, 재선적, 환적 및 해상운송계약에 의거, 선주나 용선자에게 부여된 자유재량권의 행사결과로 생기는 위험의 변경기간 중(본조 상기한 바에서 규정된 보험종료의 조건 및 제2조의 규정에 따라) 유효하게 계속됨. 그러나 여하한 경우에도 지연 또는 보험목적물의 고유의 하자 혹은 성질을 근인으로 해서 생기는 멸실, 손상 또는 비용까지도 확장 담보하는 것으로 간주하여서는 안 됨.

▣ **보험기간의 의의** : 보험기간이란 보험자의 위험부담책임이 존속하는 일정기간을 의미하며, 위험기간 또는 책임기간이라고도 한다. 해상보험자는 해상위험으로 인하여 발생하는 손해를 보상하는 책임이 있는데, 보험자의 보상책임은 시간적으로 일정한 제한을 받게 된다. 즉, 그 부담책임이 존속하는 기간에 발생하는 해상위험에 대해서만 보험자가 보상책임을 부담한다. 보험기간을 결정하는 기준에 따라 ⓐ 일정항해를 단위로 보험기간을 정하는 경우의 항해보험증권과 ⓑ 일정한 시간을 한정하여 보험기간을 정하는 기간보험증권 ⓒ 일정항해 및 일정기간을 표준으로 보험기간을 결정하는 혼합보험증권(mixed policy)이 있다. 적화보험증권을 보통 항해보험증권이지만, 운송조항이 포함된 적화보험증권은 양화 후 60일과 최종창고의 도착 중 우선하는 경우에 종료되기 때문에 혼합보험증권이라 할 수 있다.

▣ 운송조항의 변천과정

• 1912년 8월1일자 ICC (최초의 창고간 조항)

협회약관상 최초의 창고간 조항은

[Warehouse to Warehouse Clause – including (subject to the terms of the policy) all risks covered by this policy from shipper's or manufacturers' warehouse until on board the vessel, during transhipment if any, and from the vessel whilst on quays wharves or in sheds during the ordinary course of transit until safely deposited in consignee's or other warehouse at destination named in policy.-송화인이나 제조업자의 창고로부터 경우에 따라 환적과정을 포함하여 선박에 적재될 때까지, 그리고 선박으로부터 통상의 운송과정 중 부두나 창고에 있는 동안을 포함하여 보험증권에 기재된 목적지인 수화주의 또는 기타 창고에 안정하게 놓여질 때까지 이 보험증권에 의해 부담되는 모든 위험을 (보험증권의 조건에 따라)포함한다]

라고 약정하였다. 여기에 적화보험자의 보험기간과 관련된 이로조항이 추가되었다.

[Deviation Clause - held covered, at a premium to be arranged, in case of deviation or change of voyage or of any omission or error in the description of the interest, vessel, or voyage - 이로나 항해의 변경의 경우, 또는 보험의 목적물이나 선박 또는 항해에 관한 기술에 탈루나 오기가 있는 경우 추후 협정되는 보험료에 의해 계속 담보된다]

- **1920년1월1일자 ICC(운송인의 자유재량권에 의한 위험변경 담보)** : 그 동안 해석상 애매한 점 제거를 위해 창고간조항의 전반부분을 "피보험화물이 운송인이나 제조업자의 창고를 떠날 때부터(from the time of leaving) 선박에 적재될 때까지 통상의 운송과정 중 이 보험증권의 조건에 따라 부담한다"고 취지를 명확히 개정하였다. 또한 이로조항에는 이로와 항해의 변경 뒤에 "운송계약에 의해 선주나 용선자에게 부여된 자유재량권의 행사로 인한 위험의 기타 변경"의 경우에도 추가보험료에 의해 계속 담보된다고 추가하였다.
- **1924년 7월1일자 ICC(양화 후 보험기간 최초로 제한)** : 이때 많은 부분이 개정되어 현행의 운송조항과 유사한 형태를 갖추게 되었다. 즉, 화물이 창고를 떠날 때부터 '위험이 개시된다–risk attaches'고 표현하였고, '송화인이나 제조업자의 창고'를 수식하는 '별도로 명시되지 않는 한, 선적항에 있는'이라는 문구가 첨가되었으며, 환적을 '관습적인 환적'으로 제한하였다. 특히 중요한 것은 이 개정에서 처음으로 본선에서 적화완료후의 보험기간을 제한하였다는 것이다. 즉, 본선에서 양화 완료일의 오후 12시(자정)부터 15일(또는 화물의 목적지가 양화양의 지역외인 경우 30일)이 경과한 때 종료한다고 규정하였다. 또한 동년 8월1일 ICC에서는 선박을 외항선(overseas vessel)으로 개정하였다.
- **1933년 1월1일자 ICC** : '송화인이나 제조업자의 창고'가 '창고 또는 보관소'(warehouse and/or Store)로 개정하고, "별도로 규정하지 않는 한, 선적항에 있는"이라는 문구대신에 "보험증권에 기재된 장소의"(at the place named in the policy) 창고로 규정하였다. 또한 이때 최종창고라는 말이 삽입되었고, '통상의 운송과정'(ordinary course of transit)이란 문구는 외항선으로부터 양화 이전까지만 적용되도록 한정하였다.
- **1958년1월1일자 ICC** : 1942년 5월에 개정된 ICC(Wartime Extension)을 개정하여 1952년 3월 15일 ICC(extended cover)를 제정하였고, 1956년2월1일 동약관을 개정하여 피보험자가 좌우할 수 없는 지연 등이 있는 경우 60일간을 위험부담기간으로 확정하였다.
- **1963년 1월1일자 ICC** : 현행 (구)약관체제로 정비되었으며, 위험의 시기와 종기 및 위험의 변경을 유예하는 조항으로 구성되어 있다. 1963년도 운송조항은 1982년 약관에 그대로 반영되었다.

▣ 위험의 개시

• 위험의 개시시점

ICC 운송조항에서는 [this insurance attaches from the time the goods leave the warehouse or place of storage at the place named herein for the commencement of the transit]이라고 약정하여 위험의 개시 시점을 [운송의 시작을 위하여 증권상에 명기된 장소의 창고나 보관 장소에서 화물이 출발하는 순간 위험이 개시된다]고 명시하고 있다. 여기서 주의할 점은 위험이 창고나 보관 장소를 출발하는 순간 반드시 개시되는 것은 아니다.

• 위험개시의 요건

① 증권상 명기된 장소의 창고나 보관장소를 출발 : 송화인이나 피보험자의 창고에서 화물이 출발한다고 해서 적화보험의 위험이 개시되는 것은 아니다. 보험자에게 고지한 장소의 창고나 보관 장소를 출발해야 위험이 개시된다.

② 당해 운송을 위한 출발 (for the commencement of the transit) : 피보험화물이 증권상에 명기된 장소의 창고나 보관 장소를 출발하는 경우에도 동 출발이 당해 운송을 위한 출발이 아니면 안 된다. 단순한 포장작업이나 화물의 집하를 위한 출발의 경우에는 위험이 개시되지 않는다고 보아야 할 것이다.

동 조항에서 문제가 되는 것은 당해 운송(the transit)이란 개념을 어떻게 정의 하는냐 하는 문제이다. 예를 들어 출발지를 A로, 출발항을 B로, 도착항을 C로, 목적지를 D로 가입한 적화보험에서, 피보험화물이 증권상에 명기된 A 내의 창고를 출발하여 B1항구를 경우 C항구에 도착한 후 목적지 D 내의 창고로 운송되었다면, 과연 적화보험의 운송조항상 위험이 개시되었다고 볼 수 있는가에 관하여 논란이 생길 수 있기 때문이다.

그러나 MIA 제43조에서는 상이한 항해에 관한 규정으로 [발항장소가 보험증권에 명기되어 있는 경우, 선박이 그 장소에서 출항하지 않고 다른 장소에 출항하는 때에는 위험은 개시하지 아니한다]고 명시하고 있어 위험은 개시되지 않는다. 또한 MIA 제44조에는 [목적지가 보험증권에 명기되어 있는 경우 선박이 그 목적지를 향하여 출항하지 않고, 다른 목적지를 향하여 출항하는 때에는 위험은 개시하지 아니한다]고 규정하고 있어 역시 적화보험의 위험은 개시되지 아니한다. 따라서 'for the commencement of the transit'의 'the transit'의 의미는 ⓐ 상이한 항해에 해당되지 않아야 하며, ⓑ 목적항이 다른 항해에 해당되지 않을 것을 조건으로 하고 있다고 보아야 할 것이며, 보험증권상에 명기된 운송경로로의 운송을 위한 출발을 의미한다고 해석해야 할 것이다.

▣ 통상적인 운송과정 중

• **통상적인 운송과정:** 운송조항하에서는 화물이 통상적인 운송과정(ordinary course

of transit)에 있는 동안에만 보험자의 책임이 계속된다. 피보험자나 그 대리인인 송화인의 지배를 벗어나서 운송업자의 관리 또는 지배하에 있는 동안의 위험만을 보험자가 부담하고, 피보험자나 그 대리인의 지배(보관책임 또는 관리책임)하에 있게 되면 운송도 위험도 종료된다. 통상적인(ordinary)이라는 말은 보험증권에 운송로가 명시되어 있지 않은 경우에는 화물의 종류와 형태에 따른 관습적인 운송방법과 목적지까지의 가장 가까운 운송로를 포함하는 것으로 간주된다. 통상적인 운송과정이란 화물이 계속적으로 이동 중에 있어야 할 필요가 없다. 화물이 선적항이나 환적항에서 선적대기 중 부두의 운송장치장(transport shed)에 있는 동안이나 화물이 양화항에서 세관당국이나 위생당국 등에 의해 검사를 받거나 통관수속을 대기하고 있는 동안, 그리고 최종목적지까지 화물을 운송할 운송용구의 도착을 기다리는 동안의 지연을 포함할 수 있다. 본선을 부두에 접안하기 어려운 경우 부선을 이용하여 하역하는 경우의 부선위험은 통상적인 운송의 과정에 포함된다. ICC(1963)에서는 부선 등 조항을 별도로 두었으나, 이러한 정상적인 부선위험은 통상의 운송과정에 포함되기 때문에 ICC(1982)에서는 제외되었다.

• 통상적인 운송과정이 아닌 경우

㉮ 피보험자가 피할 수 있는 지연이나 피보험자의 통제나 지배하에 있는 보관기간, 예를 들면 화물이 선적대기를 위해 송화인의 창고를 떠났지만 화주가 선적취소통지를 받고 다른 선박이 수배될 때까지 또는 다른 구매자가 물색될 때까지 선적항의 어떤 창고에 화물을 보관하기로 결정한 경우 보험증권상의 위험은 화물이 그 창고에 도착하는 즉시 종료될 것이다.

㉯ 피보험자(보험증권을 양도받은 수화인포함)가 통상적인 운송과정을 중단하기로 결정한 경우, 운송이 중단된 장소에 화물이 인도될 때 보험은 종료된다. 예를 들면

㉠ 수화주가 자기의 창고에 화물을 보관할 공간이 부족하여 세관창고에 일정 기간 놓아 두기로 결정한 경우에는 보험은 세관에 화물이 도착한 때 종료.

㉡ 화물이 양륙의 목적이 아니고 필요할 때까지(예를 들면 구매자가 나타날 때까지) 부선에 보관할 목적으로 부선에 양화된 경우, 피보험화물의 일부가 본선에 양화를 기다리며 남아 있을 지라도 부선에 양화된 화물의 위험은 부선에 실리는 즉시 종료.

▣ **위험의 종기** : 운송조항은 위험이 종료되는 시기를 네 가지로 구분하여 그 중에서 제일 먼저 발생하는 경우에 보험이 종료된다고 규정하고 있다. ㉠ 수화주의 또는 기타 최종창고나 보관장소에 인도된 때, ㉡ 통상의 운송과정이 아닌 보관 또는 할당 분배를 위해 피보험자가 선택한 기타 창고나 보관장소에 인도된 때, ㉢ 최종 양화항에서 양화완료 후 60일이 경과한 때 중 어느 것이든 먼저 발생할 때, ㉣ 화물이 최종 양화항에서 외항선으로부터의 양화작업 후, 보험기간의 만료이전에 이 보험증권하에서 담보된 목적지 이외의 곳으로 수송되는 경우 그러한 목적지를 향해서 수송을 개시할 때로 약정하고 있다.

• 최종창고(final warehouse)에의 인도

① 충남방적㈜ 화재사고(대법원 1988.9.27판결선고 84다카 163911640보험금) : 충남방적㈜의 원면화재사건에서 수입원면이 충남방적의 대전 자가 보세장치장에 통관을 위해 보관 중 1981년7월18일 화재가 발생하여 약 27억 원의 원면이 전소되었다. 피보험자는 동일 내의 일반창고 또는 천안과 예산의 일반창고가 최종창고라고 주장하였으나 대법원에서는 [자기 보세장치장에 반입된 물품은 화주인 원고의 지배하에 있는 것으로서 그 보관책임은 원고에게 있고 다만 관세확보라는 관세행정목적의 범위 내에서 세관장의 감독을 받는데 지나지 않는다 … 원고로서는 이 각 약관에 규정된 최종창고 및 할당 또는 분배를 위한 창고의 의미를 정확히 해석하여 이 사건 대전 창고의 보세장치장이 여기에 해당하는지의 여부를 가려냈어야 할 것이다]라고 판결하여 서울고등법원에서 원심파기판결을 확인선고하였으며, 충남방적㈜의 상고허가신청이 기각되어 자가보세장치장은 피보험자의 통제하에 화물이 인도되었기 때문에 보험이 종료된 것임을 확인하여 주었다. 결국 인도의 의미는 통상적인 운송과정과 마찬가지로 결국 운송이 종료되는 시점이라 할 수 있다. 즉, 수화주나 그 대리인(수탁자)이 자기의사에 따라 화물을 자유롭게 관리할 수 있도록 수화주나 그 대리인 지배 또는 통제하에 피보험화물이 놓이게 된 때를 인도가 있었던 때로 해석하여야 할 것이다.

② First American Artificial Flowers v. AFIA World wide Insurance(1977) : 본 사건에서 수화주가 양화항의 트레일러 위에 있는 컨테이너를 개봉하여 그 내용물의 일부를 꺼낸 후 그날 밤 트레일러와 나머지 화물이 도난당한 경우에 보험자에게 보상책임이 없다고 판결하였다. 그러므로 인도(delivery)란 화물이 창고 또는 야적지역에 반입된 때가 아니고 수화주나 그 수탁자 등 사람에게 인도된 때를 의미한다.

③ 기타최종창고(other final warehouse) : 수화주가 자기의 창고를 보유하고 있지 않을 경우 수화주 전용의 임차창고나, 다른 영업용 창고에 보관하는 경우 그곳이 ‘기타 최종창고’가 될 것이다. 그리고 수화주의 창고나 보관장소가 2개 이상인 경우 피보험자의 내부 스케줄에 의하면 그곳이 최종창고가 아닐지라도 화물이 맨 처음 인도된 창고가 운송조항상의 최종창고가 될 것이다.

④ 인도(Delivery) : 최종 창고란 운송이 종료되는 창고로서 운송위험, 즉 운송업자의 관리 또는 관리책임에서 수화주나 그 수탁자의 보관 또는 관리위험으로 이전되는 창고를 의미한다고 할 수 있으며, 수화주나 그 수탁자의 보관 또는 관리위험으로 이전되어 때를 인도의 시점으로 보아야 할 것이다.

• **통상의 운송과정이 아닌 보관 또는 할당 분배를 위해 피보험자가 선택한 기타 창고나 보관 장소에 인도된 때**

◆ John Martin Ltd.v.Russel사건(1960)

㉠ **사건 개요** : 이 사건에서 피보험화물인 수지(Lard)는 1975년7월2일과 3일에 보험증권에 기재된 목적지(최종 양화항)인 Liverpool에서 양화되어 부두의 운송장치장(Transit Shed)에 반입되었다. 원고(피보험자)로부터 그 화물을 재매입한 자가 7월4일 화물을 장치장에서 반출하기 위한 창고작업시 수지가 Copra의 갑충에 의해 오염되어 있는 것이 발견됨. 당시의 약관조항에는 [ⓑ to any other warehouse or place of storage, whether prior to or at the destination named in the policy, which the Assured elect to use either (i) for storage other than in the ordinary course of transit or (ii) for allocation or distribution, 통상의 운송과정이 아닌 보관 또는 할당 분배를 위해 피보험자가 선택한 기타 창고나 보관장소에 인도된 때 보험이 종료한다]는 규정이 없었다.

㉡ **피보험자의 주장** : 화물이 운송장치장에 있었고 자기에게 인도되지 않았으며 그 장치장이 수화주의 창고나 기타 최종창고가 아니라는 이유로 냉동에 의한 구충비용 등을 포함하여 손해방지비용의 보상을 요청하였다.

㉢ **보험자의 주장** : 원고가 화물을 이미 매각한 상태에서 최종창고까지 운송할 의사가 없었기 때문에, 부두의 운송장치장이 보험증권상의 최종목적지이고 유일한 목적지였으며 보험약관에 규정되어 있는 수화주의 또는 기타 최종창고이므로 운송장치장에 화물이 인도됨과 동시에 보험은 종료되었다고 주장하였다.

㉣ **법원의 판시** : 운송장치장이 실제 최종창고가 아니라는 것은 분명하다. 이 항구의 관습에 의하면 어떠한 경우에도 운송장치장은 화물이 선박에서 양화된 즉시 반입되는 장소이며 화물이 다른 장소로 운송되기 위하여 잠시 대기하는 곳으로 이용되는 장소였다. 운송장치장에 반입된 화물에 대해 3일간은 무료이고 그 후에는 수수료를 지불하여야 한다는 것은 부두에 놓여진 화물과 같이 취급한 때문이다. 즉, 운송장치장은 부두로 간주되고 운송장치장 안의 화물은 부두상의 화물로 간주된다고 판시하였다.

㉤ **보험자의 조치** : 당시 보험자들은 피보험자가 화물을 다른 곳으로 계반할 의사가 없이 화물을 재매각하여 매수인이 인수해 갈 때까지 보관하는 창고로서의 세관이나 부두장치장을 사용할 의사가 있는 경우에는 그 장소를 최종창고로 간주하는 것이 일반적이었다. 따라서 1963년도에 ICC에 창고간 조항이라는 명칭도 운송조항(창고간조항 포함)으로 변경하고 운송조항에는 [ⓑ to any other warehouse or place of storage, whether prior to or at the destination named in the policy, which the Assured elect to use either (i) for storage other than in the ordinary course of transit or (ii) for allocation or distribution, 통상의 운송과정이 아닌 보관 또는 할당 분배를 위해 피보험자가 선택한 기타 창고나 보관장소에 인도된 때 보험이 종료한다]는 내용을 추가하였다.

• **최종 양화항에서 양화 완료후 60일이 경과한 때 중 어느 것이든 먼저 발생할 때** : 최종 양화항에서 외항선으로부터 피보험화물의 양화완료 후 60일이 경과한 때 보험은 종료한다. 보험증권에 기재된 화물이 목적지의 최종창고에 인도되거나 할당이나 분배를 위해 피보험자가 선택한 중간창고에 인도되기 전까지 화물의 위험을 부담하기 위한 것이다. 물론

이 규정은 양화항에서 정상적인 지연을 포함한 '통상적인 운송과정'에 해당되는 운송에만 적용되는 것이다. 따라서 피보험자가 좌우할 수 있는 지연은 포함되지 않는다. 이러한 60일의 기한은 양화 완료일(completion of the discharge)부터 시작된다. 그리고 피보험자가 그 기한을 연장하고자 하는 경우에는 보험자와 별도의 협정이 있어야 한다. 그러나 여기서 유의하여야 할 점은 그 기한 연장은 ICC에 의해 Held Covered되지 않는다는 점이다. 국내의 경우에는 수입화물적화보험에 관해서는 동 기일을 30일로 제한하고 있다. 그 이유는 국내의 경우 양화완료 후 30일정도면 정상적인 통관이 완료되어 최종창고까지 운송되리라 판단되기 때문에 불필요한 항내 적채현상을 없애기 위한 것이다.

• **화물이 최종 양화항에서 외항선으로부터의 양화작업 후, 보험기간의 만료이 전에 이 보험증권하에서 담보된 목적지 이외의 곳으로 수송되는 경우 그러한 목적지를 향해서 수송을 개시할 때** : 동 조항은 보험의 목적이 양화 후 보험기간의 만료 전에 목적지가 변경되는 경우이다. 이 경우 앞에서 설명하였듯이 ⓐ, ⓑ, ⓒ조항에 의거 보험이 종료되지 않고 계속 유효한 경우에도 목적지가 변경되어 새로운 목적지로 출발할 때 위험이 종료된다. 양화 전에 보험의 목적지가 변경되는 경우에는 항해의 변경(change of voyage)이 되어 보험자에 지체 없이 통지하여 별도로 합의한 보험조건과 보험료로서 계속 담보될 것이다.

▣ **보험자의 확장담보(위험변동의 허용)** : 협회적화보험 (신)(구)약관상의 운송조항(transit Clause)은 적화보험의 위험이 개시되는 시점과 종료되는 시점에 대한 약정사항을 담고 있다. 담보구간 내 또는 보험기간 중이라도 적화보험의 담보대상이 되는 운송위험의 변경이 발생하는 경우에는 법규정에 의거, 또는 고지의무나, 통지의무 위반 등에 의해 보험자가 면책되는 경우가 발생한다.

그러나 운송위험의 변경은 피보험자의 의사보다는 운송인에 의해서 발생되는 것이며, 피보험자는 이러한 위험의 변동 사실을 알지 못하는 경우가 있으며 이런 경우 보험자가 면책된다면, 피보험자에게 불리하기 때문에 운송계약상 운송인의 자유재량권에 의한 위험의 변경이나, 피보험자가 통제할 수 없는 위험의 변경시에는 보험계약이 계속 유효하게 존속할 것을 약정한 것이다. 그러나 동조의 말미에 약정한 바와 같이 동 조항은 보험계약의 유효성을 약정한 것이지, 보험자의 확장담보의 사유가 발생한 경우에 면책위험의 적용을 배제한 것이 아니다. 1963년 ICC 제1조 또는 1982년 ICC의 제8조 운송조항에서 계속 담보되는 내용은 다음과 같다.

• **during delay beyond the control of the Assured(피보험자가 통제할 수 없는 지연 중)** : MIA 제48조에서는 동법 제49조에서 정하는 적법한 이로 및 지연이 있는 경우가 아닌 한 그러한 지연이 부당한 시점부터 보험자는 면책됨을 규정하고 있다. 따라서 항해의

지연이 있는 경우 보험자는 면책이 될 것이다. 그러나 적화보험의 경우 피보험자는 해상항해에 관여할 수 없으며, 해상운송과정 중 지연이 발생하는 것을 통제할 수 없는 경우가 대부분이다. 이처럼 피보험자가 통제할 수 없는 지연이 있는 경우에도 보험자는 이후 면책되는 것은 적화보험의 피보험자에게 너무 가혹한 것이기 때문에 MIA 제48조의 상대적 규정(Policy otherwise provides)에 의거 보험계약 당사자는 이러한 경우 보험계약이 계속 존속되도록 약정하고 있는 것이다. 그러나 이러한 약정은 피보험자가 좌우할 수 없는 지연이 있는 경우 영국해상보험법에 의거 보험자가 이후 면책되는 것을 제한하여 보험계약이 계속 존속되도록 하고 있는 것일 뿐이지 보험자의 책임을 확장하여 MIA 제55조 및 ICC에 면책으로 규정된 지연을 근인으로 한 손해나, 보험목적의 고유하자나 성질에 의한 손해까지 확장 담보하는 것이 아님을 분명히 하고 있다.

• During any deviation (이로 중) : 이로는 정해진 항로를 이탈하여 항해하는 것을 말한다. MIA 제46조는 항해 중 이로가 있는 경우에 보험자는 이후 면책됨을 규정하고 있다. 따라서 보험증권에 정해진 항로가 있는 경우에는 그에 따라 항해를 해야 하며, 보험증권에 항로가 없는 경우에도 통상적이고 관습상 인정되는 항로를 따라야 한다. 이러한 항로를 벗어날 경우 이로에 해당된다. 또한 ⓐ 보험증권에서 수개의 양화항이 명기되어 있는 경우, 선박은 그들 항구의 전부 또는 일부로 항행할 수 있다. 그러나 어떠한 관습이나 반대의 충분한 이유가 없는 것과 같은 항구로 항행하여야 한다. 만약 선박이 그와 같이 항행하지 않으면 이로가 있다. ⓑ 보험증권이 특정항구가 명기되어 있지 않고 일정 지역 내의 '제양화항'까지로 기재되어 있는 경우에는, 어떠한 관습이나 반대의 충분한 이유가 없는 한, 선박은 반드시 지리적 순서에 따라 그들 항구 또는 흔히 항행하는 것과 같은 항구로 항행하여야 한다. 만약 선박이 그와 같이 항행하지 않으면, 이로가 있다. 이처럼 MIA 제46조는 MIA 제49조에서 허용하고 있는 이로의 경우가 아니면 이로의 시점부터 보험자가 면책됨을 규정하고 있다.

그러나 이러한 이로의 경우에도 피보험자가 좌우할 수 없는 지연과 마찬가지로 피보험자에게 좌우할 수 없는 경우가 대부분이며, 적화보험 피보험자에게 불리한 것이기 때문에 이로가 있는 경우에도 보험자가 책임을 계속 부담하도록 약정하고 있는 것이다. 여기서 주의할 점은 지연의 경우 피보험자가 좌우할 수 없는 경우로 제한하여 보험계약이 계속 존속되지만, 이로의 경우에는 무조건 보험계약이 계속 존속된다는 점이다. 이처럼 지연과 이로를 다르게 약정한 것은 이로는 해상에서만 발생되는 것으로 피보험자가 통제할 수 없는 것으로 보는 반면에 지연은 해상운송과정 중에는 피보험자가 통제할 수 없으나, 육상운송이나 운송을 위한 과정 중에 피보험자에 의한 지연이 발생될 수 있기 때문에 이로와는 다르게 약정한 것으로 보인다. ICC의 Reasonable Despatch Clause에서도 피보험자가 좌우할 수 있는 한 전 운송과정 중에 신속히 운송할 것을 규정하고 있는 것도 이러한 맥락에서 이해할 수 있다.

- During forced discharge (강제하역 중)
- During Reshipment or transhipment (재선적 또는 환적 중)
- During any variation of the adventure arising from the exercise of a liberty granted to shipowners or charterers under the contract of affreightment (해상 운송계약상 운송인이나 용선자에게 부여된 자유재량권의 행사에 의한 위험의 변경 중)

여기서 유의해야 할 점은 이러한 위험의 변동이 피보험위험을 확장하는 것이 아니고 이러한 위험의 변동기간 중에 발생하는 피보험위험으로 인한 손해에 대하여 보험자가 확장부담한다는 것이다. 이러한 위험의 변동기간 중에도 구약관의 제1조 및 제2조에서 규정하고 있는 위험의 종기는 여전히 적용된다. 이러한 위험의 변동기간 중에는 보험자에 대한 통지나 추가보험료없이 보험은 유효하게 계속된다.

2) 제2조 Termination of Adventure Clause(수송종료조항)

If owing to circumstances beyond the control of the Assured either the contract of affreightment is terminated at a port or place other than the destination named therein or the adventure is otherwise terminated before delivery of the goods as provided for in Clause 1 above, then, subject to prompt notice being given to Underwriters and to an additional premium if required, this insurance shall remain in force until either

(i) the goods are sold and delivered at such port or place, or, unless otherwise specially agreed, until the expiry of 60 days after completion of discharge overside of the goods hereby insured from the oversea vessel at such port or place, whichever shall first occur, or

(ii) if the goods are forwarded within the said period of 60 days (or any agreed extension thereof) to the destination named in the policy or to any other destination, until terminated in accordance with the provisions of Clause 1 above.

피보험자가 좌우할 수 없는 사정에 의하여, 해상운송계약이 그 계약서에 기재된 목적지 이외의 항구 또는 지역에서 종료되거나, 또는 기타의 사정으로 제1조에서 규정된 화물의 인도이전에 수송이 종료되었을 경우에는 지체없이 그 취지를 보험자에게 통보하고, 또한 청구를 받으면 추가보험료를 지급할 것을 조건으로 하여

(i) 화물이 상기의 항구 또는 지역에서 매각된 후, 인도되거나 또는 별도의 합의가 없는 한, 그러한 항구 또는 지역에서 외항선으로 부터의 양화작업 완료후 60일이 경과되거나, 그 중의 어느 한쪽이 먼저 생길 때, 또는

(ii) 만약, 화물이 상기 60일의 기간(또는 합의하에 60일의 기간을 연장한 기간) 내에 보험증권에 기재된 목적지 또는 기타의 목적지로 계속 운반된 경우에는 상기 제1조의 규정에 따라 보험이 종료될 때까지, 이 보험은 유효하게 존속됨.

선주는 송화인과 화물에 대한 운송계약을 체결하게 된다. 그 계약서에 의하면 선주는 감항성(seaworthiness)이 있고 계약화물을 운송하기에 적합한 조건을 구비한 선박을 제공하는데 주의의무를 이행하고, 운송화물를 정당하고 주의 깊게 적재, 취급, 적부, 운송,

보관관리 및 양화할 것을 규정하고 있다(Hague Rules, Hague/Visby Rules 제11조). 또한 선화증권 등의 면책조항에 의해 선장이나 선원 등의 태만이나 과실 또는 화재, 바다나 가항수로의 위험 부가항력, 전쟁, 억류나 억지, 검역상의 제한, 스트라이크나 폭동 또는 내란, 포장의 불충분 등 운송인의 실제 과실이 없는 경우에 화물의 멸실이나 손상에 대해 운송인의 면책을 규정하고 있다. 선화증권의 자유재량권 등 기타 사정으로 인하여 항해를 계속하기가 불가능하거나 화물의 원래의 목적항에서의 양화가 불가능한 경우에는 운송인이 중간항에서 화물을 양화할 수 있다고 규정하고 있다. 선화증권의 자유재량권조항(liberty clause)은 입항금지나 위생, 검역, 스트라이크, 전쟁 등 기타 사정으로 인하여 항해를 계속하기가 불가능하거나 화물의 원래의 목적항에서의 양화가 불가능한 경우에는 운송인이 중간항에서 화물을 양화할 수 있다고 규정하고 있다. 이 경우 운송인이 다른 방법으로 항해를 한다면 전술한 Transit Clause (incorporated warehouse to warehouse)에 의거 계속 담보된다. 그러나 운송인이 피보험자가 좌우할 수 없는 사정에 의해서 상기와 같은 운송계약서의 규정에 따라 중간항에서 화물을 양화하고 운송계약을 종료시키는 경우에 ICC(1963) 제2조가 적용된다.

▣ **운송계약의 종료와 보험의 종료** : 이 조항은 운송계약이 종료되는 경우에 위험부담을 계속하기 위한 조항이 아니라, 그러한 위험의 계속부담은 예외규정이며 실제는 피보험자가 위험의 계속을 위해 적극적인 조치를 취하지 않는 한 보험이 자동적으로 종료한다는 것을 명시하는 조항이다. 이 조항은 피보험자가 좌우할 수 없는 사정, 즉 부두노동자들의 스트라이크나 전쟁발발, 징발 또는 해난에만 적용되고, 피보험자가 좌우할 수 있는 상황에서는 이 조항은 아무런 효력이 없게 된다. 여기서 운송계약이나 운송의 종료는 그것이 피보험위험에 기인한 것이든 아니든 불문한다.

▣ **운송계약의 종료와 위험의 계속담보** : 동 조항에 의해 운송계약의 종료나 운송의 종료시 보험이 계속 유효하기 위해서는 다음과 같은 요건을 필요로 한다.

ⓐ 피보험자가 좌우할 수 없는 사정 하(Owing to circumstances beyond the control of the assured)
ⓑ 보험자에 대한 지체 없는 통지(subject to prompt notice being given to the Underwriters)
ⓒ 보험자가 요구하는 경우의 추가보험료(subject to an additional premium if requested by the Underwriters)

▣ **화물의 매각과 보험의 종기** : 중간항에서 운송이나 운송계약이 종료되는 경우 피보험자는 화물을 매각하거나 계속 운반할 수 있다. 이 경우 계속담보받기 위해서는 상기의 3가지 조건을 충족한 경우에 한하며, 매각의 경우에는 다음과 같이 계속된다. ⓐ 화물이 매각되어 인도되거나, ⓑ 양화완료 후 60일 중 먼저 발생할 때 보험이 종료된다. 따라서 동 규정은 화물이 매각되는 경우에는 양화완료 후 60일 이내에 매각하여 인도할 것을 조건으

로 하고 있다고 보아야 한다. 중간항 양화완료 후 60일간 담보하는 구약관과는 달리 신약관에서는 중간항 도착 후 60일로 담보기간에 제한되어 있다.

■ 계반운송에 따른 계속담보 : 매각시와 마찬가지로 중간항에 도착하여 양화를 완료한 후 60일 이내에 다른 목적지로 계속 운반되는 경우에는 제1조 Transit Clause에 의거해서 계속 담보되며, 제1조의 제 규정에 제한을 받게 된다. 여기서 주의할 점은 동 조항은 운송이나 운송계약이 종료된 경우에 한하여 적용된다는 점이다. 즉, 운송이나 운송계약의 종료 없이 피보험자의 자유 선택에 의한 목적지의 변경으로 인하여 계속 운반되는 경우에는 제1조에 의거 출발하는 시점에 종료된다.

3) 제3조 Craft, & c. Clause (부선약관)

Including transit by craft raft or lighter to or from the vessel. Each craft raft or lighter to be deemed a separate insurance. The Assured are not to be prejudiced by any agreement exempting lightermen from liability. - 본선까지의 및 본선으로 부터의 부선 및 뗏목에 의한 수송을 포함함. 각 부선 및 뗏목은 각기 별도로 부보된 것으로 간주함. 피보험자는 부선운송인의 책임을 면제하는 계약에 의하여도 자기의 권리를 침해받지 않음.

이 규정은 손해의 전손여부와 손해의 면책비율 도달여부를 결정함에 있어서 부선 또는 뗏목별로 계산하려는 것이다. 따라서 1척의 부선에 적재된 화물이 전부 멸실되어도 전손이 되지 않는다. 즉, 이 규정은 피보험자 측의 이익을 위해 분할 적재된 화물에 대하여 분할된 적재단위별로 부보된 것으로 간주한다. 한편 피보험자는 부선운송인의 책임을 면제하는 계약에 의하여도 자기의 권리를 침해받지 않는데 이는 피보험자와 부선운송인과의 계약내용을 피보험자가 보험계약체결시에 고지할 필요가 없도록 하기 위한 규정이다.

4) 제4조 Change of Voyage Clause (항해변경조항)

Held covered at a premium to be arranged in case of change of voyage or of any omission or error in the description of the interest vessel or voyage. - 항해의 변경이 생기는 경우 혹은 보험의 목적, 선박 또는 항해에 관한 기재상의 탈루나 오기가 생기는 경우에는 추후 협정되어야 할 추가보험료에 의하여 담보가 계속됨.

보험증권상 보험의 목적 또는 적재선박, 피보험항해의 기재에 오기나 탈루가 있으면 당연히 그 계약은 무효가 된다. 그러나 항해의 변경조차 추가 보험료의 추징으로 보험보호를 계속하고 있으므로 보험의 목적 또는 적재선박, 피보험항해의 기재에 오기나 탈루도 위험의 변혁과 마찬가지로 취급하여 보험료 추징으로 보험보호를 계속하자는 것이 이 약관의 취지다.

MIA제45조[Change of voyage (항해변경)]에서는 다음과 같이 규정하고 있다.

① Where, after the commencement of the risk, the destination of the ship is voluntarily changed from the destination contemplated by the policy, there is said to be a change of voyage. ② Unless the policy otherwise provides, where there is a change of voyage, the insurer is discharged from liability as from the time of change, that is to say, as from the time when the determination to change it is manifested; and it is immaterial that the ship may not in fact have left the course of voyage contemplated by the policy when the loss occurs. - ① 위험 개시후 선박의 목적지가 보험증권에 정하여진 목적지로부터 임의로 변경되는 경우에, 항해의 변경이 있었다고 말한다. ② 보험증권에 별도의 규정이 있는 경우를 제외하고, 항해의 변경이 있는 경우에는 보험자는 그 변경시부터, 즉 항해를 변경할 결의가 명백한 때부터 책임이 해제된다. 그리고 손해발생시 선박이 보험증권에 정하여진 항로를 실제 떠나지 않았다는 사실은 중요하지 아니하다.

보험자가 위험을 인수하고 보험요율을 산정할 때 위험인수시 피보험자가 고지한 사항을 기초로 하여 결정하며, 특히 보험증권의 명세표에 기재된 항해구간과 항해기간 및 그 항해의 위험사정을 고려하고 있다. 따라서 계약이 성립된 후, 즉 위험이 개시된 후 그러한 위험이 변동하면 보험자는 그 이후의 사고에 대하여 원칙적으로 책임을 지지 않는다. 이것을 위험변동의 원칙이라 하며, 피보험자가 계약체결당시의 위험수준을 유지해야 하는 의무를 위험유지의 의무라고 한다. MIA 제45조 2항에 의하면 보험증권에 별도의 규정이 있는 경우를 제외하고 항해의 변경이 있는 경우 항해를 변경할 의사가 명백한 때부터 보험자는 책임이 해제된다. 그러나 적화보험의 경우 항해의 변경은 피보험자가 좌우할 수 없는 경우가 대부분이기 때문에 MIA상의 예외규정에 의거 적화보험약관에 항해의 변경과 관련한 사항을 별도로 약정하고 있는데 이 조항이 바로 항해변경조항(Change of Voyage Clause)이다.

▣ 항해변경조항의 변천

• **1912년8월1일자 ICC(FPA)** : 항해변경조항은 처음에는 이로조항(Deviation Clause)의 명칭으로 "이로나 항해의 변경 또는 보험의 목적물이나 선박 또는 항해에 대한 탈루나 오기가 있는 경우 추후 협정되는 보험료에 의해 계속 담보된다"는 내용이 최초의 표준약관인 1912년 8월 1일자 ICC(FPA)에 삽입되어 있었다.

• **1920년1월1일자 ICC** : 선주나 용선자의 자유재량권의 행사로 인한 위험의 변경이 선화증권조항에서 이로조항으로 이월되어 추가되었다.

• **1936년4월1일자 ICC** : "위험의 변경(variation of risk)"을 "운송의 변경(variation of adventure)"으로 개정하였다.

• **1958년1월1일자 ICC** : 이로와 운송의 변경이 1963년의 운송조항에 포함되었던 제2조 확장부담조건(Extended Cover Clause)에 삽입됨으로써 항해변경조항(Change of Voyage Clause)으로 개칭되었다.

▣ 항해변경조항(Change of Voyage Clause)의 분석

• **항해변경(Change of voyage)** : 동 조항에서는 항해의 변경이 있는 경우(in case of change of voyage)라고 약정하고 있기 때문에 항해변경에 관한 정의는 MIA 제45조 1항에 의존하고 있다. MIA 제45조에서는 항해의 변경에 대해서 "위험의 개시 후 선박의 목적지가 보험증권에 정하여진 목적지로부터 임의로 변경되는 경우에, 항해의 변경이 있다고 말한다."라고 규정하고 있어, 동법 제43조 및 44조에서 언급하고 있는 상이한 항해나 다른 목적지로의 출발시와는 구분을 하고 있다. 또한 항해의 변경은 손해발생시 선박이 보험증권에 정하여진 항로를 실제 떠나지 않았다는 사실은 중요하지 아니하며, 항해의 변경 의사를 명백히 한 때부터 보험자는 책임이 해제된다. 그러나 동 조항에서는 항해의 변경이 있는 경우에 계속 담보되는 조건에 대해서 약정하고 있다.

• **계속담보의 요건** : 항해의 변경이 있는 경우, 피보험자가 좌우할 수 없는 항해의 변경에 해당되었다면, 피보험자는 Transit Clause Held covered 조항에 의해 계속 담보될 것이고 항해변경에 대한 통지나, 추가보험료를 부담할 필요가 없다. 그러나 피보험자가 알고 있는 항해의 변경이나 피보험자가 좌우할 수 있는 항해의 변경인 경우에는 피보험자는 ㉠ 지체 없는 통지와 ㉡ 추가보험료에 의해 계속 담보받을 수 있다. 주의하여야 할 점은 동 조항에서는 Held covered at a premium to be arranged란 문구를 사용하여 피보험자가 통지에 의해 계속담보를 요구한 경우에는 보험자는 동일한 조건으로 보험계약을 계속 유지시켜야 한다. 다만, 추후 협정될 보험료만을 부과할 수 있을 뿐이다. 이에 비해 (신)약관에서는 Held covered at a premium and on condition to be arranged란 문구를 사용하여 피보험자의 통지가 있는 경우라도 보험자는 추가보험료를 부과하는 것 외에도 보험조건을 새로이 변경할 수 있도록 하고 있다.

◆ 지체 없는 통지(Hood v. West End Motor Packing Co., (1917)사건)

이 사건에서 피보험자는 "송화인의 위험으로 화물을 갑판적할 자유를 보유한다"(with liberty to carry on deck at shipper's risk)는 특약으로 운송계약을 체결하였다. 그리고 당해 선화증권에는 실제로 화물을 갑판적으로 하였다는 취지가 명시되어 있었다. 자동차는 해수에 의한 손상으로 인하여 가치가 없어진 상태로 목적지에 도착하였다. 한편, 보험계약상으로는 그 손해가 확인되기 이전에 피보험자는 보험회사에게 화물이 갑판적으로 된 사실을 통지하지 않았다. 손해에 대한 보험자의 책임 유무가 쟁점이 되었는데, 그 핵심은 갑판적에 대한 조속한 사전통지가 손해를 보상받는데 필요조건이었는가 아닌가 하는 점에 있었다.

Scrutton 판사는 심의과정에서 다음과 같이 말하였다. "본건은 'interest'에 관한 기재의 탈루, 오기가 있었다는 케이스에 해당한다." Thames & Mersey Marine Insurance Co. V. Van Laun사건에서 판시된 바와 같이 이러한 경우에는 피보험자가 그 사실을 알자마자 합리적인 시간 내에(within a reasonable time)에 그 취지를 보험자에게 통지하지 않는 한, 피보험자는 계속 담보받을 수 없다. 따라서 그 통지는 보험계약상의 묵시조건(Implied term of the contract)이다. 탈루, 오기의 사실이 있음을 알게 되었어도 피보험자가 보험자에게 즉시 통지하지 않고 일부러 사태의 추이를 관망하며 통지를 지연시켰다가 만약 손해가 실제 발생하면 그 시점에서 통지를 하고, 반대로 손

해가 발생하지 않으면 통지를 하지 않은 채로 그대로 두어 할증보험료의 지불을 면하려고 하는 행위가 실제로 많이 행해지고 있다. 따라서 이러한 성향에 대처하기 위하여 계약상에 이러한 묵시조건이 도입되었다.

본건에서 피보험자는 "Held Covered"에 담겨있는 묵시조건으로서의 조속한 통지를 해태하였기 때문에 협회적하보험약관의 이로조항(deviation clause- Now, change of voyage clause) -1963년 change of voyage조항에 규정되어 있는 담보의 계속을 누릴 수 없다"로 판시하였다.

• **추후 협정될 추가보험료** : 추후 협정될 보험료에 대해서는 명확한 언급이 없다. 따라서 어떠한 방법으로 얼마만큼의 보험료를 추가로 부담해야 하는가 등은 보험자의 보험료 산정방법에 따라 다를 수 있다. 그러나 MIA 제88조에서 상당한 기간 등 사실문제에 관하여 "본법에서 상당한 시간 또는 상당한 보험료 또는 상당한 주의에 대하여 언급되는 경우에 무엇이 상당한가의 문제는 사실문제이다"라고 규정하고 있는 바와 같이 보험자가 계약체결당시 변경된 위험에 대해서 고지를 수령한 경우에 산정하는 정도의 보험료면 합리적이라 할 것이다. 따라서, 국내의 경우 개발원 요율서에 의해 부과되는 보험료는 합리적인 추가보험료에 해당될 것이다.

• **지체없는 통지의 효과** : 항해변경조항은 피보험자의 지체 없는 통지를 묵시조건으로 하고 있으며, Note조항에도 계속 담보되는 경우 보험자에게 지체 없이 통지할 것을 규정하고 있다. 항해변경조항에서 약정하고 있는 위험의 변경이 있는 경우, 피보험자가 지체 없는 통지를 하면 보험자는 계속 담보해야 하며, 만약 추가보험료를 부과하는 경우에도 합리적이어야 한다. 또한 보험자는 위험변경을 이유로 보험조건의 변경을 요구할 수 없다.

동 문구에 의해 보험자는 항해의 변경뿐만 아니라 보험목적물이나 선박 또는 항해에 관한 기재상의 탈루나 오기의 경우에도 계속 담보하여야 했다. 동 문구가 Held Covered로 규정됨으로써 그 탈루나 오기가 중대사항의 불고지에 해당되는 경우에도 그것이 선의인 경우 계약을 취소할 수 없게 되었다.(Hewitt Bros v. wilson-1915)

• **보험의 목적물이나 선박 또는 항해에 관한 기재상의 탈루나 오기의 계속담보** : 보험목적물이나 선박 또는 항해에 관한 기재상의 탈루나 오기의 경우도 계속 담보한다는 내용은 원래 Deviation Clause(이로조항)에 있던 내용으로 항해의 변경조항(Change of voyage Clause)의 명칭과는 상관없는 내용이 첨부되었다. 따라서 (신)약관에서는 이 문구가 삭제되었다. 동 조항의 "보험의 목적, 선박 또는 항해에 관한 기재상의 탈루나 오류"라는 말이 매우 포괄적인 의미를 가진 것으로 보이지만, 이 조항은 여러 가지로 제한되고 있다.

◆ Hewitt Brothers v. Wilson사건

동 사건에서 'interest'란 보험의 목적물을 의미하는 것이며, 그 보험의 목적물에 대한 피보험자의 피보험이익을 의미하는 것은 아니라는 판결이 내려졌다. 또한 보험의 목적물, 선박, 항행 등의 기재의 탈루 또는 오기라는 것도, 이른바 피보험위험의 동일성을 잃는 것과 같은 중대한 것이 아니라 위험률의 측정상 중대한 의미를 가지는 것, 즉 고지의무의 대상으로 되는 것에 대하여 발생한 경우에 한한다고 하였다. 따라서 피보험자의 사기에 의한 경우를 제외하고 피보험자의 선의에 의한 착오 또는 오해로 인하여 발생하였다면 비록 그것이 중대사항의 미고지에 해당하는 것이라 할지라도 보험자는 해당 보험계약상의 위험을 계속 담보할 것이며 미고지나 오기의 이유로 해당 계약을 취소할 수 없게 되었다. 단, 그 사실이 피보험자에게 알려진 경우에는 지체 없이 이것을 보험자에게 통지{Notes}해야 한다는 전제조건이 있다. 이 조항에 있어서 담보계속의 전제조건 내지 해지조건으로서의 "피보험자의 조속한 통지의무 이행"이 매우 중요하다. 왜냐하면 이 조항 중의 "탈루.오기"의 규정은 본래라면 고지의무위반으로 되는 바와 같이 최대선의에 관계되는 규제를 완화하여 피보험자에게 담보계속의 특혜를 허용하고 있는 만큼, 피보험자측의 최대선의의 증거로서 조속한 통지가 강력하게 필요되는 것이다.

5) 제5조 All Risks Clause (전위험담보조항)

This insurance is against all risks of loss of or damage to the subject-matter insured but shall in no case be deemed to extend to cover loss damage or expense proximately caused by delay or inherent vice or nature of the subject-matter insured. Claims recoverable hereunder shall be payable irrespective of percentage.

이 보험은 보험목적의 멸실 또는 손상의 모든 위험을 담보함. 그러나 여하한 경우에도 지연 또는 보험목적물의 고유의 하자 혹은 성질을 근인으로 해서 생기는 멸실, 손상 또는 비용까지도 확장담보하는 것으로 간주하여서는 안 됨. 이 보험에 의거 청구할 수 있는 보상금은 손해율의 다과에 관계없이 지급됨.

ICC(All Risks)의 제5조 전위험조항(All Risks Clause)은 그 내용을 파악하기 위해서는 ICC(All Risks)의 내용을 먼저 살펴보아야 한다.

▣ ICC(All Risks)의 제5조 전위험 조항의 제정 배경

1816년 Gullen v. Butler사건에서 Lord Ellenborough에 의해 동종제한의 원칙(principle of ejusdem generis)이 도입되면서 S.G. Policy의 해석에 있어 포괄책임주의에서 열거책임주의로 위험부담방식이 전환된 이후, 영국의 실무에서는 일반적으로 S.G. 보험증권을 기초로 그 양식에 열거된 위험과 동종의 위험만을 부담하여 왔다.

1912년 협회표준적화약관이 최초로 제정되면서 부담범위가 확대되었으나, S.G. Form상의 동종위험인 폭발위험과 피난항에서 양화 및 하역 중의 포장당 전손을 추가하고 육상수송 중의 위험으로 확대한 것을 제외하고는 실제적인 부담위험의 확대 없이 특정 사고시 S.G. Form상의 Memorandum조항의 면제비율을 삭제하는 정도였다.

그러나 그 후 Theft And Pilferage 또는 Sweat And Taint 등 특정위험을 보험증권에 부가하여 부담하는 것이 영국시장의 일반적인 관행이 되었고, 점차 열거되는 부담위험이 증가하여 거의 모든 종류의 위험을 부담하게 되었다.

그러나 이와 같이 열거된 담보위험이 증가하여도 그 내용면에서는 포괄적이지만 모든 우연한 사고를 부담하는 것은 아니었다. 그래서 Broker는 이러한 약관을 발전시켜 전위험(All Risks)약관을 기초하였고 보험자들은 이를 인정하기에 이르렀다. 이와 같이 Broker's

Clause는 런던보험자협회가 최초로 표준적화약관을 도입한 1912년 이전부터 사용되었으나 제한적으로 인수되어 오다 제1차 세계대전 이후 상인과 은행 사이의 요구에 의해 점차 보편화되었다.

All Risks Policy에 관한 많은 소송이 생기면서 브로커 약관을 런던보험자협회 표준적화약관으로 제정할 필요가 생기어 1951년 1월1일 처음으로 도입되게 되었다. ICC(All Risks)는 제5조 및 6조를 제외하고는 ICC(WA), ICC (FPA)와 동일한 것이었다. 1951년의 ICC(All Risks)는 ICC(WA), ICC (FPA)와 함께 1958년 전반적으로 개정되었다. 즉, 그 당시 별도의 약관이었던 협회적화약관(연장부담)-1956을 폐지하고, 그 내용을 ICC(All Risks), ICC (WA), ICC(FPA)의 제2조 Extended Cover Clause로 삽입하였고, 추정전손조항도 새로 삽입하였으므로 감항승인조항과 수탁자조항 등의 문언이 개정되었다.

1958년 1월1일 시행된 ICC(All Risks), ICC(WA), ICC(FPA)는 제2조 연장부담조항의 신설로 1951년 약관의 제5조 위험조항과 제6조 면책비율불문조항이 제6조 전위험조항(All Risks Clause)에 결합됨으로써 전문 14개 조항과 유의조항으로 구성되었다. 이와 같은 1958년 협회적화약관은 1960년 Martin V.Russel사건을 계기로 제1조 Warehosue To Warehouse Clause와 제2조 Extended Cover Clause을 제1조로 통합하여 제1조(B)항에 중간창고에서 위험의 종기에 대한 규정을 신설하고 그 명칭도 Transit Clause로 개정함으로써 구약관으로 통칭되는 1963년 ICC(All Risks), ICC(WA), ICC(FPA) 등이 등장하게 되었다.

▣ All Risks의 의의

All Risks의 의미는 MIA(1906)에서 별도의 규정을 두지 않고 있으며, 약관에서도 별도의 규정을 두고 있지 않기 때문에 판례를 중심으로 살펴보면 다음과 같다.

◆ Gaunt V.British And Foreign Marine Insurance Co.사건(1921)

① **사고내용** : 원인을 알 수 없는 양모의 수침손으로 그 손상이 본선에 적재되기 이전에 발생하였다는 사실은 증명되었다. 그리고 양모가 야적되었다는 사실, 상관습에 따라 내항선에 갑판적되었던 사실 및 내항선이 악천후에 조우한 사실은 입증되었다.

② **판결요지** : All Risks는 우연한 사고에 따른 직접손해만을 의미한다.

㉠ 이 사건에서 Lord Sumner는 "All Risks에는 제한이 있다. Risks와 피보험위험이 그것이다. 따라서 그 어구는 고유의 하자나 단순한 자연소모 또는 영국관헌의 포획은 포함하지 않는다. 그것은 어떠한 위험(A Risks)을 포함하며, 어떤 확실한 것(A Certainty)를 포함하지 않는다. 그것은 즉 보험의 목적물이 운송되는 상황에서 있는 그대로의 보험의 목적물의 자연반응이 아니고, 그러한 자연반응없이 보험의 목적물에 발생하는 어떤 것이다."라고 하였다.

㉡ 동 사건에서 Lord Birkenhead대법관은 "All Risks란 물론 원인여부를 불문한 모든 손상을 포함하는 것으로 간주될 수는 없다. 왜냐하면 통상적인 자연소모로 인한 필연적인 손상과 필연적인 감가는 보험증권의 의미에 해당되지 않는다... 다시 말하면 이와 같은 보험증권에 의해서 보상되기 위해서는 손상이 어떠한 우연한 상황이나 재난에 기인하지 않으면 안 된다"고 하였다.

◆ London and Provincial Leather Processes Ltd.v.Hudson사건(1939)

Ⓐ **사고내용** : 하청업자나 파산관재인에 의해 부당하게 처분된 경우

Ⓑ **판결요지** : 피보험화물이 하청업자나 파산관재인에 의해 부당하게 처분된 경우 피보험자의 그러한 손해는 절도와 유사한 것이며, 따라서 우연한 사고(A Fortuitous Occurrence), 우발적 손상(Accidental Loss), 또는 재난(Casualty)이라는 어구에 해당된다고 판결하였다.

◆ Schumbia V. Stevens사건(1906)

Ⓐ **사고내용**:"All Risks By Land And Water"조건으로 운송한 의류가 도착항인 Columbia의 혁명으로 18개월 지연후 도착시 12자루가 수침손, 2자루 Vermined(담보위험임)

Ⓑ **판결요지**: 우연적 사고의 직접적 결과에 의한 손상만을 보상해야 한다.

"All Risks는 All Risks Whatsoever의 의미로 해석하였음. 그러나 우연적 사고가 있어야 하며 이러한 사고의 직접적 결과로 발생한 손상은 보상해야 한다고 판시: 이례적인 지연이 있어 습기에 노출되었기 때문에 보험자의 보상책임이 있다"고 판결.(차후 번복됨:지연을 근인으로 한 여하한의 손해는 면책으로 규정)

- All Risks의 의미

Ⓐ Risk : 발생할 수 있는 것으로 정의되고, 반드시 발생하는 것을 포함하지 않는다. 따라서 필연적인 것은 Risk가 아니고 A Certainty이다.

Ⓑ all Risks : 필연적인 것을 제외한 모든 우연한 것(All Fortuities)을 의미한다.

Ⓒ 따라서 ICC(All Risks)에서 보험자가 부담하는 "All Risks"는 보험기간, 즉 통상적인 운송 중에 발생하는 모든 우연한 것이라 할 수 있다.

▣ **All Risks조항에 대한 해석** : 결론적으로, 동조항의 All Risks는 동조항의 면책위험으로 제외된 위험에 해당하지 않는 일체의 우연한 사고에 의해 발생되는 손상 및 멸실을 보상하겠다는 내용으로 해석되어야 하며 멸실이나 손상이 ICC(All Risks)조건에서 보상되기 위해서는 다음의 조건을 충족해야 한다.

㉮ 보험기간 중 발생한 사고에 의한 손해일 것.
㉯ 면책위험에 기인한 손해가 아닐 것.
㉰ 우연한 사고가 존재할 것.

▣ **보험기간 중 발생한 사고** : 보험기간은 보험계약상 보험자의 책임이 개시되어 보험자의 책임이 종료하는 기간을 말하며 기간보험의 경우에는 약정된 기간 동안 보험자의 책임이 지속되며 구간보험의 경우에는 약정된 장소에서 장소까지의 운송과정 중에 보험자가 책임을 지게 된다. 적화보험은 혼합보험으로 일정한 장소에서 운송을 위해 출발하는 순간 보험이 시작되어 일정한 장소에 인도되거나, 하역 후 일정기간이 지나면 보험이 종료된다. 이러한 보험기간(담보기간) 중에 발생한 사고에 대해서만 보험자는 보험계약상의 책임을 지게 되며, 담보구간 내의 사고임을 입증하는 책임은 보험금을 청구하는 피보험자에게 있다. 담보구간(보험기간)에 대해서는 제1조 Transit Clause(incorporating warehouse to warehouse clause)에서 약정하고 있는 바에 따라 시작과 종기가 결정되며, 제2조 Termination of Adventure Clauses도 동시에 적용됨에 유의해야 한다.

▣ **면책위험** : 면책위험은 법정면책위험과 약정면책위험으로 분류되고, 약정면책위험은 법정면책위험을 기준으로 하여 그에 대한 원용조항, 변경조항 및 보충조항으로 구성되어 있으므로 법정면책위험이 약정면책위험의 근간이 되고 있다.

▣ **영법 상 책임해제**

• **Wilful misconduct of the Assured (피보험자의 불법행위)**

MIA제55조2항a호에서는 "The insurer is not liable for any loss attributable to the wilful misconduct of the Assured, but, unless the policy otherwise provides, he is liable for any loss proximately caused by a peril insured against, even though the loss would not have happened but for the misconduct or negligence of the master or crew"라고 규정하여 피보험자의 불법행위에 기인한 일체의 손해에 대해서 보험자가 책임이 없음을 규정하고 있다. 또한 ICC(All Risks)에서는 별도의 규정을 두고 있지 않기 때문에 피보험위험에 근인한 손해에 대해서는 동 손해가 선장이나 선원의 불법행위나 과실이 없었다면 발생하지 않았을 경우에도 보험자는 보상책임을 진다. 동 조항에서 살펴보아야 할 것은 면책되는 불법행위자의 범위, misconduct의 범위, wilful의 범주 및 wilful과 misconduct와의 관계 등이다.

① **피보험자(the assured)의 범위** : 보험자가 면책되는 피보험자의 고의적인 불법행위는 피보험자의 고용인이나 대리인의 불법행위가 아닌 피보험자 자신의 불법행위여야 한다. 그러나 하나의 보험증권 아래 2인 이상의 피보험자가 있는 경우 어느 피보험자 한 사람의 고의 불법행위는 공동의 이익이 존재하지 않는 한 다른 피보험자의 권리에 영향을 미치지 아니한다(Samuel v. Dumas-1924, Westport Coal Co. v. Mc phail -1898 :일부소유자인 선장의 불법행위에 의해 공동소유자의 청구권은 소멸되지 않음). 피보험이익이 양도된 경우 양도인, 즉 원래의 피보험자는 그 계약에 관하여 제3자의 지위에 서게 되므로 그의 불법행위에 대해서는 면책이 되지 않지만 양수인, 즉 현재의 피보험자의 불법행위는 면책이다(Graham Joing Stock Shipping Co.Ltd.v.Merchants' Marine Insurance Co.Ltd-1924). 이외에도 질권자 또는 저당권자 등 보험금수취인이나 보험금청구권자의 고의적인 불법행위와 같이 피보험자와 같은 지위를 가지는 자의 불법행위는 당연히 피보험자의 고의적인 불법행위에 포함된다고 해석된다.

② **고의적인 불법행위 (Wilful Misconduct)** : MIA 제55조 2항에서는 고의적인 불법행위만을 면책으로 규정하고 있으나, 피보험자의 고의적인 행위(wilful act) 또는 기만(Default)도 불법행위(misconduct)와 마찬가지로 공서양속에 관한 법의 일반원칙상 당연히 면책이다. 그러나 고의적 불법행위는 피보험자의 부당한 행위에 관한 것이므로, 그 행위가 설사 고의에 의한 것이라 할지라도 정당한 것으로 인정되는 고의적인 행위(wiful act in general average act)에 대해서는 보험자가 보상할 책임이 있다. 고의의 불법행위에

가까운 중과실에 기인한 경우에는 피보험자의 중과실이 고의성이 없는 한 보험자는 면책되지 않는다고 해석되어야 할 것이다.

• **담보위반 (Breach of warranty)** : 담보는 그것이 명시담보이든 묵시담보이든, 위험에 중요한 것이든 중요하지 않은 것이든 불문하고 정확하게 충족되어야 하는 조건이다. 이것이 정확하게 충족되지 않으면 보험자는 담보위반에 대하여 증권에 그 권리를 포기한다는 명시규정(Seaworthiness Admitted Clause)이 있는 경우를 제외하고, 보험자는 담보위반일로부터(From the date of breach of warranty) 일체의 위험에 대하여 그 책임이 해제된다. 그러나 담보위반일 이전에 보험자에게 발생한 책임에는 영향을 미치지 아니한다. 그리고 담보위반의 거증책임은 보험자에게 있다(MIA 제33조 3항)

• **항해의 변경 (change of voyage)** : MIA 제45조에서는 보험증권에 별도의 규정이 있는 경우를 제외하고, 항해의 변경이 있었을 경우에 보험자는 그 변경시, 즉 항해를 변경할 의사가 명백하였을 때부터 일체의 위험에 대하여 해제된다고 규정하고 있다. 그러나 적화보험ICC(1963)에서는 Change of Voyage Clause에서 항해의 변경이 있는 경우 피보험자의 통지를 조건으로 추가보험료에 의해 계속 담보되며, 피보험자가 좌우할 수 없는 항해의 변경시에는 Transit Clause의 variation of the adventure에 해당되어 보험자가 계속 담보한다. 다만 피보험자에 의해 발생된 항해의 변경이나 피보험자가 알고 있는 항해의 변경에 대해서 보험자에게 통지하지 않는 경우에는 계속 담보받을 수 없다.

• **이로 (Deviation)** : MIA 제46조에서는 선박이 적법한 이유없이 보험증권에 정하여진 항로에서 이탈하였을 경우, 보험자는 그 이로시부터(from the time of deviation) 모든 위험에 대한 책임이 해제된다. 선박이 손해발생 전에 본래의 항로로 복귀한 사실은 중요하지 않다. MIA 제49조에서 허용하고 있는 적법한 이로는 다음과 같다. ⓐ 보험증권의 특약에 의해 인정되는 경우, 또는 ⓑ 선장과 그의 고용주의 지배권 외의 사정으로 기인하는 경우, 또는 ⓒ 명시담보 또는 묵시담보를 충족하기 위해 합리적으로 필요한 경우, 또는 ⓓ 선박 또는 보험의 목적의 안전을 위해 합리적으로 필요한 경우, 또는 ⓔ 인명을 구조하거나 또는 인명이 위험한 경우의 조난선을 구조하기 위한 경우, 또는 ⓕ 선박에 승선한 자에 대해 내과 또는 외과적 치료를 시행하기 위해서 합리적으로 필요한 경우, 또는 ⓖ 선장 또는 선원의 악행이 피보험위험의 하나인 경우에 선장이나 선원의 악행에 기인하는 경우이다. 그러나 상기 사유의 발생으로 인한 부득이한 이로나 지연이 있었던 경우에도 이로 또는 지연을 허용하는 사유가 중지되었을 때에는, 선박은 상당히 신속하게 본래의 항로로 복귀하여 항해를 수행하여야 한다.

적화보험의 경우에는 동조a호에서 규정하고 있는 바와 같이 보험증권의 특약에 의해 인정되는 경우에 해당된다. 관습적으로 적화보험자는 적화의 피보험자는 이로에 대해 전혀 통제할 수 없는 것으로 간주하고 있었기 때문에, ICC(1963)의 Transit Clause에서는 this insurance remain in force during any deviation으로 표시하여 일체의 이로 중에 보험계약이 계속 유지되는 것으로 약정하고 있다.

• **항해의 지연 (delay in voyage)** : MIA 제48조에서는 항해보험증권의 경우 해상사업을 상당한 진척으로 수행하지 않으면 보험자는 그 지연이 부당하였을 때부터 모든 책임이 해제된다고 규정하고 있다. 따라서 영국해상보험법상 피보험 항해는 상당한 정도로 신속하게 진행되어야 하며, 부당한 지연(MIA 제49조에서 인정하는 경우를 제외하고)이 있는 때부터 보험자의 모든 책임은 해제된다. 그러나 적화보험의 경우 이러한 항해의 지연은 피보험자가 좌우할 수 없는 경우가 대부분이기 때문에 보험자가 지연이 있는 이후의 모든 책임을 해제하는 것은 피보험자에게 너무 가혹하기 때문에 MIA 제49조 1항 a호의 규정에 의해 ICC(1963)의 Transit Clause(운송조항)에서는 "this insurance remain in force during the delay beyond the control of the assured"라고 약정하여 피보험자가 좌우할 수 없는 항해의 지연 중에는 보험계약이 계속 유효함을 명시적으로 나타내고 있다. 그러나 운송조항 내의 동문구가 지연을 근인으로 한 손해에 대해서까지 보험자가 확장담보하는 것으로 해석해서는 안 된다. 이러한 취지의 내용은 운송조항에도 포함되어 있다(but shall in no case be deemed to extend to cover loss damage or expense proximately caused by delay or inherent vice or nature of the subject matter insured).

① **항해개시의 지연** : MIA 제42조에는 "항해사업이 상당한 기간 내에 개시되어야 한다는 묵시조건과 항해사업이 상당한 기간 내에 개시되지 않았을 때 보험자는 계약을 취소할 수 있다. 다만, 항해개시의 지연이 계약체결시 보험자가 알고 있는 사정으로 인한 것이거나 또는 보험자가 이 묵시조건을 포기한 것을 피보험자가 증명할 수 있는 경우에는 그 계약을 취소할 수 있다"고 규정하고 있다.

◆ De Wolf v. Archangel Marine Insurance Co(1874)

'at and from Montreal to Montevideo' 조건의 보험계약이 7월13일에 체결되었으나, 선박이 8월30일까지 Montreal에 도착되지 않았다. 이 사건에서는 항해에 관한 위험을 하기위험에서 종기위험으로 변화시켰으므로 부당한 지연이며, 따라서 보험자는 보험증권상의 책임을 면할 수 있다고 판결하였다.

② **항해수행의 지연** : MIA 제48조에는 "항해보험의 경우에는, 부보된 항해사업은 전 항로를 상당한 속도로 수행하여야 하며, 제49조에서 정한 적법한 이유 없이 상당한 속도로 수행하지 않으면 보험자는 지연이 부당하였을 때부터 이후 면책된다"고 규정하고 있다. 또한 ICC의 Reasonable Despatch Clause에서도 동일한 취지를 약정하고 있다.

◆ Niger Co.Ltd. v. Guardian Assurance Co and Yorkshire Insurance Co(1922)

원고는 아프리카의 내륙으로부터 브루투항에서 선적될 때까지 화물을 전위험담보 조건으로 부보하였다. 1916년1월 브루투항에서 화재가 발생하여 화물이 멸실되었다. 화물은 전쟁상황 때문에 8개월에 이르는 기간 동안 선적되지 않고 브루투항에 있었다. 이에 대하여 법원은 1916년1월의 상황에서 볼 때 그러한 선적의 지연은 부당한 지연이라고 판결하였다.

◆ Hyderabal Decean Co. v. Willoughby(1889)

해륙복합운송의 위험에 대해 부보한 경우, 운송 중에 있는 화물이 1개월간 철도역에 방치된 것은 부당한 지연으로서 항해수행의 지연에 준하는 위험의 변동이라고 판결

③ 항해종료의 지연 : 항해가 상당한 속도로 수행되지 않으면 항해수행의 지연에 의하여 결과적으로 항해종료의 지연이 생긴다. MIA는 항해개시의 지연과 항해수행의 지연에 대해서는 제42조 및 제48조에서 각각 규정하고 있으나, 항해종료의 지연에 대해서는 별도의 규정을 두고 있지 않다. 그러나 항해종료의 지연은 항해수행의 지연에 포함될 수 있기 때문에 부당한 항해종료의 지연은 보험자가 이후 면책된다.

▣ 영법상 부책 및 면책손해

• MIA제55조(Included and excluded losses – 면책 및 귀책손해)

① Subject to the provisions of this act, and unless the policy otherwise provides, the insurer is liable for any loss proximately caused by a peril insured against, but, subject as aforesaid, he is not liable for any loss which is not proximately caused by a peril insured against.

② In particular¾

ⓐ The insurer is not liable for any loss attributable for any loss attributable to the wilful misconduct of the assured, but unless the policy otherwise provides, he is liable for any loss proximately caused by a peril insured against, even though the loss would not have happened but for the misconduct or negligence of the master or crew;

ⓑ Unless the policy otherwise provides, the insurer on ship or goods is not liable for any loss proximately caused by delay, although the delay be caused by a peril insured against;

ⓒ Unless the policy otherwise provides, the insurer is not liable for ordinary wear and tear, ordinary leakage and breakage, inherent vice or nature of the subject-matter insured, or for any loss proximately caused by rats or vermin, or for any injury to machinery not proximately caused by maritime perils.

① 본 법에 별도의 규정이 있는 경우와 반대로 규정하는 경우를 제외하고, 보험자는 피보험위험에 근인하여 발생하는 모든 손해에 대하여 책임이 있다. 그러나 전술한 경우를 제외하고, 보험자는 피보험위험에 근인하여 발생하지 않는 모든 손해에 대하여는 책임을 지지 않는다.

② 특히,

ⓐ 보험자는 피보험자의 고의 불법행위에 기인하는 모든 손해에 대하여 책임을 지지 않는다. 그러나 보험증권에 별도로 규정하지 않는 한, 보험자는 피보험위험에 근인하여 발생하는 모든 손해에 대하여는 비록 그 손해가 선장이나 선원의 불법행위 또는 과실이 없었더라면 발행하지 않았을 경우에도 그 책임을 져야 한다.

ⓑ 보험증권에 별도로 규정하고 있는 경우를 제외하고 선박 또는 화물에 관한 보험자는 지연이 피보험위험에 기인한 경우라도 지연에 근인한 모든 손해에 대하여는 책임을 지지 않는다.

ⓒ 보험증권에 별도로 규정하고 있는 경우를 제외하고, 보험자는 통상의 자연소모, 통상의 누손과 파손, 보험의 목적의 고유의 하자나 성질에 대하여, 또는 쥐 또는 충에 근인하는 모든 손해에 대하여 그 책임을 지지 않는다.

• **부책위험에 대한 근인주의 채택 :** 영국해상법 제55조 1항에서는, “Subject to the provisions of this act, and unless the policy otherwise provides, the insurer is liable for any loss proximately caused by a peril insured against”라고 규정하여

보험증권에 별도의 합의가 있지 않는 한 피보험위험에 근인한(proximately caused by) 손해에 대해서 책임이 있음을 명시하고 있다. 따라서 보험증권에 별도의 약정이 없는 경우에는 보험증권상에 열거된 피보험위험을 근인으로 한 손해에 대해서만 보험자에게 보상책임이 있다.

• 손해와 손해의 원인 (loss and peril)

① 보험사고와 손해와의 상당인과관계 존재 : 손해보험 일반이론 편에서 설명한 바와 같이 피보험자에게 발생된 손해는 여러 가지 원인에 의하여 발생될 수 있다. 이때 보험사고와 손해와의 사이에 근인관계를 규명하기 위한 대표적인 학설로는 근인설과 상당인과관계설이 있다. 근인설은 영국해상보험법 제55조에 근거하여 해상보험 분야에서 채택되고 있으며, 기타 보험이나 불법행위로 인한 손해배상책임 등에서의 인과관계에 대하여는 상당인과관계설이 통설이다.

② 근인설 : 근인설은 손해를 발생시킨 원인이 여러 가지일 때 그 중 담보위험에 근인하여 발생된 손해(any loss proximately casued by a peril insured against)에 대하여 보험자의 보상책임이 발생한다는 입장이다. 여기에서 근인은 시간상으로 가장 가까운 원인이라는 최후조건설에서 효과면에서 가장 가까운 원인이라는 입장으로 해석이 변화하고 있다. 이러한 근인주의는 해상보험분야에서 적용되고 있는데 그 근거는 MIA 제55조 1항(특정 경우를 제외하고 피보험위험에 근인하여 일어나지 않은 일체의 손해에 대하여 책임을 지지 아니한다.)에 의거하고 있다. 근인설은 “그 근인을 보고 원인을 보지 말라”는 법언에서와 같이 손해가 피보험위험에 근인한 경우만 보상한다는 취지의 견해이다. Proximate Cause(근인)의 의미를 어떻게 해석해야 하는가에 따라 최후조건설과 최유력조건설 등으로 다시 분류된다.

i) 최후 조건설 (Pink vs. Fleming (1890)사건)

최후 조건설은 시간적으로 손해에 가장 가까운 원인을 근인으로 보는 입장이다. 오렌지를 적재한 선박이 타 선박과 충돌하여 수선항으로 입항하여 수선을 위해 오렌지를 양화하고 수선 후 다시 선적한 후에 목적항에 도착하여 보니 양화, 재선적 및 지연항해로 인하여 오렌지가 몹시 상하였다. 이 경우 최후 조건설에 따르면 동 손해의 근인은 충돌이나 해상위험이 아니며 손해와 시간적으로 가장 가까운 과일 고유의 부패성 및 재선적과 항해의 지연에 있다고 해석하였다. 또한 Esher는 어떤 결과가 두 가지 원인에 의하여 일어난 경우에는 해상보험에서는 시간적으로 가장 가까운 원인만을 주시하지 않으면 안 된다고 하여 최후조건설의 바탕이 되었으며 이를 보험자가 수용하여 MIA 1906에 구체화되었다.

ii) 최유력조건설 (Ikaria호(1918)사건)

동 사건에서 Lord Shaw가 “진정한 근인은 효과에 있어서 근접한 원인”이라는 새로운 해석을 내림으로써 이 설을 채용하였다. 어떤 원인이 효과면에서 손해의 발생에 끼치는 영향이 지배적일 때만 근인이 될 수 있다는 입장이다. 즉, 시간적 선후관계에 상관없이 그 효과면에서 손해발생에 가장 근접한 원인을 근인으로 본다는 것이다. 예를 들어, 전쟁지역에서 어뢰의 공격을 받아 구조선이 배수작업 중 돌풍으로 인하여 외곽지역으로 이동 중에 돌풍과 조수에 의해 침몰된 사고에서 최후조건설은 돌풍과 조수가 근인이며, 최유력조건설은 어뢰공격이 근인이라는 것이다.

③ **피보험위험에 근인하지 않는 손해(loss which is not proximately caused by a peril insured against)** : 보험자는 피보험위험에 근인하여 일어나는 일체의 손해에 대하여 책임을 지고 있지만, MIA 제55조 1항에서는 피보험위험에 근인하여 일어나지 않는 일체의 손해에 대하여 보험자는 책임이 없다고 규정하고 있다.

④ **피보험자의 고의적인 불법행위 (The wilful misconduct of the assured)**

보험자는 피보험자의 고의적인 불법행위에 기인하는 일체의 손해에 대하여 면책이다. 그러나 보험증권에 별도의 규정이 있는 경우를 제외하고, 보험자는 피보험위험에 기인하여 일어나는 일체의 손해에 대하여는 비록 그 손해가 선장이나 선원의 불법행위 또는 과실이 없었다면 발생하지 않았을 경우에도 그 책임을 진다.

⑤ **지 연 (delay)** : 보험증권에 별도의 규정이 있는 경우를 제외하고, 선박이나 화물의 보험자는 지연이 피보험위험으로 인하여 일어난 경우일지라도 지연에 근인하여 발생한 손해에 대하여는 면책이다(MIA 제55조 2항). 지연의 원인은 보험자의 책임을 결정하는데 중요한 요소가 되지 못한다. 왜냐하면, 지연이 발생한 원인이 피보험위험에 의해 발생된 경우라도, 손해의 원인이 지연인 경우에는 면책으로 규정하고 있기 때문이다.

⑥ **통상의 자연소모 (ordinary wear and tear) 등** : 이것은 소위 보험의 목적물의 성질적 위험으로 보험의 목적물이 통상의 자연소모(ordinary wear and tear), 통상의 누손과 파손(ordinary leakage and breakage),[58] 고유의 하자나 성질(Inherent vice or nature) 또는 쥐와 충(Rats or vermin)에 근인하여 발생하는 손해 또는 해상위험에 근인하지 않는 기관의 파손에 대해서는 보험증권에 별도의 규정이 있는 경우를 제외하고 보험자는 그 손해에 대하여 면책이다.

⑦ **피보험 위험과 관계없이 발생한 공동해손** : 명시의 약정이 없는 한, 보험자는 피보험위험을 피하기 위하여 또는 이를 피하는 것에 관련하여 손해가 발생하지 않은 경우의 공동해손손해나 분담금에 대하여 면책이다(제66조 6항).

▣ ICC (All Risks)의 면책위험

This insurance is against all risks of loss of or damage to the subject-matter insured but shall in no case be deemed to extend to cover loss damage or expense proximately caused by delay or inherent vice or nature of the subject-matter insured. Claims recoverable hereunder shall be payable irrespective of percentage.

• loss damage or expense proximately caused by delay

MIA 제55조 2항에서는 지연이 비록 피보험위험에 의한 발생한 경우라도 지연을 근인으로 하는 손해에 대해서는 보험자가 책임이 없다고 규정하고 있다. 이러한 MIA규정을 그대로 약정하고 있는 것이다. 다만 MIA에서는 일체의 손해 (any loss)로 표현되어 있는 것을 ICC에서는 loss damage or expense로 표현하여 손해뿐만 아니라 손상과 비용에 대해서까지 부담하지 않을 것을 명확히 하고 있다. 지연과 관련하여 주의할 점은 적화보험 구약관이나 신약관 ICC의 Transit Clause에서는 피보험자가 좌우할 수 없는 지연 (during delay beyond the control of the Assured)의 경우에 보험계약이 유효한 것으로 약정하고 있다. 그러나 지연을 구분하여 약정하고 있다는 점을 간과해서는 안 된다. 지연을 항해지연과 손해의 원인인 근인으로써의 지연으로 구분하고 있으며, 항해의 지연은 피보험자가 좌우할 수 없는 경우에 한하여 보험계약의 효력을 유지하도록 하고 있는 반면에, 근인으로써의 지연은 여하한 경우에도 담보되지 아니한다. Transit Clause의 말미에는 "but shall in no case be deemed to extend to cover loss damage or expense proximately caused by delay or inherent vice or nature of the subject matter insured"라고 약정하고 있어 보험자는 지연은 근인으로 한 손해에 대해서는 담보의 의사가 없음을 분명히 하고 있다. 따라서 영법상 보험자의 책임이 해제되는 경우라도 Transit Clause에 의해 보험계약이 계속 유효하게 되는 사유가 발생하면 지체없는 통지나, 추가보험료 없이도 보험계약은 존속되지만, 이러한 경우라도 면책위험으로 인하여 발생된 손해에 대해서는 보상되지 않는다는 점을 명확히 약정하고 있다.

• **항해의 지연과 인과관계**

① **최후조건설 (most soonest cause in time)** : 영국과 독일에서 초기에 채택한 것으로 손해발생에 시간적으로 가장 가까운 원인(Nearest cause in time)을 근인으로 해석하는 것이 최후 조건설이다. 영국의 Mc Arthur, H. Atkins 등의 학자들이 이 학설을 지지하여 "최후의 원인만을 보아야 하고, 그 이전의 원인을 보지 않아야 한다"고 주장하였다. 영국해상보험에서는 Taylor v. Dunbar(1869) 사건과 Pink vs. Fleming(1890) 사건에 의해서 확립된 근인설로 진정한 근인은 시간적으로 사고와 가장 근접한 원인만을 근인으로 인정하는 이론이며, 영국의 해상보험법 제55조 2항 b호의 Delay에 관한 면책규정은 최후조건설에 따른 판례를 근거로 제정되었다.

판례 Taylor v. Dunbar(1869)

폭풍우에 의해 지연이 발생하여 식용육의 적화가 지연만의 이유로 부패하게 되었고 투하되었다. 이 사건은 해상고유의 위험이나 투하를 근인으로 한 것이 아니고 단지 지연을 근인으로 하여 발생하였기 때문에 보상받을 수 없다고 판결되었다.

판례 Pink vs. Fleming(1890) – 최후조건설의 근거가 된 판례

오렌지와 레몬의 적화를 운송하는 동안에 충돌한 선박에 관한 것이었다. 선박을 수선하기 위하여 그 과일들을 양륙할 필요가 있었으며, 선박이 수선된 후에 그 과일들을 재선적하여 목적지까지 계반되었다. 목적지에 도착했을 때, 그 과일들이 심하게 손상되어 있었는데, 그 손상의 일부

는 그 항해의 지연으로 발생한 자연적인 부패에 기인한 것이었고, 다른 일부는 양륙 및 재선적화는 동안의 취급상의 부주의에 기인한 것이었다. Bowe, L. J. 판사는 "그 손해의 원인은 충돌도 아니고 어떠한 해상고유의 위험도 아니였으며, 취급상의 부주의와 지연이 결합된 부패되기 쉬운 적화의 성질이다"라고 판결하였다.

동 사건과 관련하여 Esher는 다음과 같이 언급하였다. 즉, 어느 위험이 손해의 근인이냐 하는 문제는 제 원인의 연속이 있었던 경우에만 일어난다. 어떤 결과가 두 가지 원인에 의하여 일어난 경우에는 해상보험에서는 시간적으로 가장 가까운 원인만을 주시하지 않으면 안 된다. 가령 그 결과가 원인이 없었다면 생기지 아니하였을 경우에도 또한 마찬가지이다. 본 사건에서는 손해의 근인은 과일의 취급부주의와 항해지연이었다. 다만, 과일 취급의 원인은 수선이었고 수선을 위해 입항한 원인은 충돌이었다. 결과에 관하여 세 가지 원인이 있지만 보험자의 책임유무를 결정하기 위해서는 세 가지 원인 중 시간적으로 최후의 원인만을 주시하여야 한다는 것이다.

② 최유력조건설 : 최유력조건설은 1885년 독일의 Birkmeyer가 주창한 것으로 프랑스의 통설이다. 영국에서는 1918년 Ikaria호 사건에서 Lord Show가 "진정한 근인은 효과에 있어서 근접한 원인"이라는 새로운 해석을 내림으로써 이 설을 채용하였다. 어떤 원인이 효과면에서 손해의 발생에 끼치는 영향이 지배적일 때만 근인이 될 수 있다는 입장이다. 즉, 시간적 선후관계에 상관없이 그 효과면에서 손해발생에 가장 근접한 원인을 근인으로 본다는 것이다. 예를 들어, 전쟁지역에서 어뢰의 공격을 받아 구조선이 배수작업 중 돌풍으로 인하여 외곽지역으로 이동 중에 돌풍과 조수에 의해 침몰된 사고에서 최후조건설은 돌풍과 조수가 근인이며, 최유력조건설은 어뢰공격이 근인이라는 것이다.

판례 Ikaria호사건-1918 (Leyland Shipping Co. v. NorwichUnionFireLns.Society)
판례 The Kattenturm호사건-1918 (Becker Gray & Co, v. LondonAssuranceCorpn)
판례 The Coxwod호사건-1942 (Yorkshire Dale Steamship Co.Ltd. v. Minister of War Transport)
판례 Lanasa Fruit Steamship and Importing Co. Inc v. Universal Insurance(1938)

동 사건에서 좌초된 선박을 이초시키는 동안에 본선상에 선적되어 있던 바나나가 부패되었다. 손해의 근인은 지연이 아닌 좌초라고 판결하였다. 따라서 피보험자는 보험증권상의 담보위험에 의한 손해이므로 보험자로부터 보상받을 권리가 있다고 판결하였다.

• 화물 고유의 하자 또는 성질(Inherent vice or nature of the subject-matter insured) : 화물 고유의 하자 또는 성질은 (구)ICC 제5조 All Risks약관과 MIA 제55조 2항 (c)호에서도 동일한 내용으로 명시되어 있다. 보험목적물의 고유의 하자나 성질이 보험에 면책으로 하는 이유는 손해를 발생시키는 원인인 Peril이 위험의 개시이전에 존재하거나, 화물

자체에 내포되어 있어 보험의 기초가 되는 우연성이 결여되기 때문이다. 화물고유의 하자나 성질은 화물의 종류와 성질에 따라 아래와 같이 몇 가지로 분류하여 설명할 수 있다.

① 부패, 변질, 변색 : 항해의 통상의 과정에서 발생하는 어류, 육류, 야채, 과실, 난 등의 부패 및 주류의 산화, 변질, 곡류, 곡분 등의 증발로 인한 변질, 금속류의 산화 등이 이에 해당된다. 그러나 이러한 손해가 발생되었다고 하여 모두 고유의 하자나 성질로 판단하기는 어렵다. 왜냐하면, 악천후로 인하여 HATCH를 밀폐시킨 결과 과실이 부패하였다면, 이는 담보위험으로 인한 손해로 보상하기 때문이다.

② 汗濡損(한유손 : Sweat) : 한유손이란 일반적으로 선창 내의 습기의 응결에 의하여 발생한 적화의 손해를 말하는 것이다. 항해의 통상과정에서 발생하는 선창 내의 습기에도 견디지 못하는 화물의 한유손해는 화물의 성질로 인한 것으로 간주된다. 그러나 이러한 한유가 발생하였다 하더라도, 그 원인이 선창 내의 통상적인 습기에 의한 것이 아니라, 선박이 악천후를 만나 창구(hatch)를 오랫동안 밀폐하므로 인해, 통풍이 불충분한 결과로 한유가 발생한 결과라면 보험자는 보상책임을 면치 못한다.

③ 녹, 곰팡이 : 항해의 통상과정에서, 다시 말하면 항해에 관한 사고에 관계없이 곡물에 곰팡이가 발생하거나, 금속화물에 녹이 발생하는 경우, 이는 보험의 목적물의 고유의 하자로 인한 손해이다. 그러나 이러한 곰팡이나 녹이 발생한 원인이 통상적인 것이 아니었거나, 통상의 운송과정 중에 고유의 하자로 인하여 발생된 것이 아니라, 악천후를 만난 결과 해수가 유입되어 금속이 산화되면서 발청이 발생되었다면, 이러한 손해에 대해서는 보험자가 보상하여 준다.

④ 자연발화(Spontaneous Combustion) : 해상위험으로 인한 외부적 충동에 의하지 않고 화물 자체의 화학적, 생물학적 변화로 인하여 스스로 발화하거나 폭발하는 것을 말한다. 예를 들어, 석탄, 양모, 어분, 대마 등은 외부적 작용을 받지 않고도 항해의 통상과정에서 발화하기 쉬운 화물이다. 이러한 손해도 고유의 하자 또는 성질로 인하여 기인된 것이 아니라 외부적 원인(담보위험)을 근인으로 하여 발생된 손해에 대하여는 보상하여 준다. 예를 들어 대마를 선적한 선박의 선창 내에 화재가 발생하였는데 이 화재의 원인이 고유의 하자나 성질에 의한 것이 아니라 악천후로 인해 선창 내에 해수가 유입되면서 발생되었다면, 이러한 화재로부터 발생된 손해는 보상해준다.

⑤ 포장불충분 (insufficent packing)

㉠ 포장 및 적부의 의의 : 포장은 화물의 보관 및 운송에 의해서 그 가치 및 상태를 보호, 보존하기 위하여 적당한 재료 및 용기를 화물에 제공하는 기술 및 제공한 상태를 말한다. 포장의 완전과 불완전에 대한 절대적 척도는 없으며, 각 화물의 특성 및 성질에 따라 그리고 항해의 종류 및 시기, 관습에 따라 기타 실무관계를 고려하여 통상의 운송과정을 견디기에 적절하다고 간주되는 정도의 포장이면 충분한 포장이라 할 것이다. (신)ICC에서는 운송준비의 불완전, 부적합도 포장과 같이 면책으로 하고 있다. 운송준비는 당해화물을

위해서 당연히 강구되어야 할 조치를 말한다. 또한 (신)ICC에서는 일정한 포장단위의 화물을 다시 하나의 단위로 집적하는 컨테이너나 리프트밴으로 운송하게 되는 경우, 이러한 운송용구 역시 포장의 단위로 간주하고 있다. 따라서 컨테이너 화물의 경우 컨테이너 내의 적부불량으로 인하여 발생되는 손해에 대해서도 역시 보험자 면책으로 규정하고 있다. 다만 이러한 경우에는 피보험자나 그 대리인에 의해 이러한 적부가 행하여지든지, (어느 누구에 의해 행해지든지 간에) 위험이 개시되기 이전에 행하여진 적부의 불량으로 인한 손해는 보상받을 수 없다. 또한, 집적된 운송용구를 포장단위로 간주하고 있기 때문에 컨테이너에 구멍이 있는 등 하자가 있음에도 불구하고 동 컨테이너를 사용하여 운송하였다면, 그로 인한 손해(예 : 해수, 강물 등이 적부당시부터 존재하던 구멍을 통해 유입되어 발생된 손해)는 보상받을 수 없다. 다만 이러한 경우라도, 보험이 개시된 이후에 피보험자가 아닌 운송인 등에 의해 컨테이너 집화작업이 이루어졌다면, 보험은 보상될 수 있다. 따라서 컨테이너 내의 적부불량으로 인한 손해의 경우 개별 무역조건 및 운송조건에 따라, 보상여부가 달라질 수 있는 것이다.

ⓛ 포장불충분의 면책근거 : Gee and Garnham Ltd. v. Whittall (1955)사건

동 사건에서 112,000개의 알루미늄 주전자의 17개 적송품이 Hamburg에서 영국까지 'All Risks' 보험증권으로 가입되었고, 그 증권에 첨부된 ICC (wartime extension) 제6조는 "이 보험은 어떤 경우에도 지연 또는 보험의 목적물의 고유 하자나 성질에 근인한 멸실, 손상 또는 비용을 확장하여 부담하는 것으로 간주되지 않는다"고 규정하고 있었다. 화물의 도착시 화물의 일부가 찌그러지고 녹슨 상태의 손상이 발견되었다. 이 사건에서 Seller판사는 포장의 외부에 손상의 흔적이 없었고 해상위험으로 간주될 수 있는 어떤 우연한 사고가 있었다는 어떠한 증거도 없었다는 사실과 주전자는 매우 얇은 금속으로 만들어진 것이며 포장 내에 Wood Wool을 고르게 채우지 않았거나 불충분하게 채웠기 때문에 화물의 취급과정에서 금속부분과 금속부분이 맞부딪쳐서 손상이 발생할 가능성을 인정하며, 불충분한 포장(Inadequate Packing)이 고유의 하자(inherent vice)를 구성한다고 하면서 다음과 같이 보험자에게 승소판결을 하였다. "이와 같은 정황으로부터 본인은 대부분의 격자 내의 산적화물의 손상이 불충분한 포장에 기인한 것이며 심지어는 운송 전에 이미 발생하기 시작한 것이라는 보험자의 주장이 입증되었다는 결론에 도달하였다. 그리고 본건은 물론 불충분한 포장이 화물의 고유의 하자라는 항변의 범위에 해당한다."

ⓒ 모든 포장의 불충분을 면책근거에 대한 반론

포장 자체가 상품화되어 보험의 목적물의 일부를 구성한 경우에는 문자 그대로 포장의 불충분이 "보험목적의 고유의 하자"라고 할 수 있으나 상기 사건처럼 외장인 경우 그 포장을 보험의 목적물로 간주하는데 문제가 있을 것이다.

6) 제6조 Constructive Total Loss Clause (추정전손조항)

No claim for Constructive Total Loss shall be recoverable hereunder unless the goods are reasonably abandoned either on account of their actual total loss appearing to be unavoidable or because the cost of recovering, reconditioning and forwarding the goods to the destination to which they are insured would exceed their value on arrival.

추정전손에 대한 보험금청구는 화물의 현실전손이 불가피하다고 생각될 때, 또는 화물을 회복시켜 거기에 손질을 하고, 그것을 담보목적지까지 계속 운반하는데 소요되는 비용이 그 목적지에 도착했을 때의 화물의 가액을 초과할 것 같기 때문에 화물을 정당하게 위부하지 않는 한, 이 보험증권하에서는 보상되지 않음.

▣ 영법상 추정전손의 의의

• **손해의 분류** : 손해에는 전손과 분손이 있고, 전손에는 현실전손과 추정전손이 있다. 그리고 보험증권의 문맥상 다른 의사가 표시되지 않는 한, 전손을 부담하는 보험은 현실전손은 물론 추정전손도 포함한다.

• **현실전손** : 영법상 위부의 통지가 필요없는 현실전손은 다음의 네 가지가 있다.

① 보험목적물의 멸실
② 본래의 성질의 상실(부보된 종류의 물건으로 존재할 수 없는 손해)
③ 회복할 수 없는 점유박탈
④ 상당 기간의 행방불명선박의 적재된 적화

• **추정전손** : 추정전손(MIA 제60조)이란 보험증권에 명시규정이 있는 경우를 제외하고

① 보험의 목적의 현실전손이 불가피한 것으로 보이거나

② 그 가액을 초과하는 비용의 지출없이 현실전손을 면할 수 없기 때문에 보험의 목적물을 정당하게 위부한 경우에 추정전손이 있다.

③ 특히 피보험자가 화물을 회복할 수 있는 가능성이 없는 경우나, 화물을 회복하는 비용이 회복되었을 때의 가액을 초과하는 경우, 그리고 화물의 손상의 경우에는 그 손상을 수리하는 비용(cost of repairing)과 그 화물을 목적지까지 계속 운송하는 비용(forwarding charge)이 도착시 화물의 가액을 초과하는 경우에 추정전손이 있다.

• **추정전손의 효과** : MIA 제61조에서는 추정전손이 있을 경우에는, 피보험자는 그 손해를 분손으로 처리할 수도 있고, 보험의 목적을 보험자에게 위부하고 그 손해를 현실전손의 경우에 준하여 처리할 수도 있다.

▣ 추정전손 조항의 도입배경 : 추정전손 조항은 1958년 1월 1일자 개정한 ICC에 처음 도입되었다. 이 조항을 협회적화약관에 처음 도입한 이유는 협회약관이 세계적으로 사용되고 있는데 반하여, 추정전손에 대한 각국의 입법이 다르기 때문이었다. 즉, 미국의 경우에는 피보험위험으로 인한 화물의 손상이 50%를 초과한 상태에서 목적지에 도착하지 않은 경우 위부에 의해 추정전손으로 처리할 수 있는 반면에, 프랑스에서는 화물의 손상 또는 품질저하가 화물가액의 75%에 달하면 위부하여 추정전손으로 처리할 수 있다. 그리고 영국의

협회적화약관을 보험증권에 첨부하여 사용하게 되면 화물의 복구비용이 도착시 가액의 100%를 초과할 경우에만 추정전손으로 처리가 가능하다. 그러나 화물의 손상이 60%를 초과한 경우에도 화물이 목적지에 도착하면 분손으로 처리할 수 있다.

▣ 추정전손 조항의 해설 : 동 조항은 MIA에선 규정하고 있는 추정전손에 관한 고려요소는 수선비용과 계반비용이 도착지 가액을 초과할 경우인데 반하여, 이 조항에서는 ⓐ cost of recovering ⓑ cost of reconditioning ⓒ cost of forwarding의 합이 도착시의 가액을 초과할 경우도 정하고 있다. 항해 중의 적화의 손상으로 인한 추정전손의 경우에는 선박의 손상인 경우와는 달리 곤란한 문제가 발생하지 않는다. 선박보험 약관에는 영법규정을 배제하는 명시규정을 삽입하여 영법상의 기준인 수선후의 선박가액을 협정보험가액으로 대체하고 있으며 기타 여러 가지 고려요소들을 추가하고 있기 때문이다. 적화보험에서 보험자는 추정전손에 대한 보험금을 지급한 경우에는 피난항에서 화물의 순매각금액을 회수할 권리가 있다. 이 경우 순매각금액을 구조액 'salvage'라 부른다. 그러나 보험자가 전체의 협정보험가액에서 화물의 순매각금액을 공제한 차액을 피보험자에게 보상한 경우, 이러한 정산을 일반적인 화물의 분손 정산에 대하여 Salvage loss settlement(구조액 손해정산)이라고 부른다.

추정전손의 성립여부를 결정하는 데 있어서 적용되는 기준은 영법상 추정전손의 기초이론이라고 할 수 있는 신중한 무보험자의 이론이다. 즉, 화물의 손상인 경우 보험에 가입하지 않은 신중한 무보험화주라면 화물을 회복하여 수선하고 계반하기 위한 조치를 취할 것인가 아니면 그러한 조치를 포기할 것인가가 추정전손의 결정기준이다.

한편 수선하여 매각한 금액이 도착시의 화물가액을 초과하지 않은 경우에도 수선하여 계반하는 것보다 중간항에서 손상상태로 매각하는 것이 피보험자에게 상업상 유리할 수도 있다. 그러나 이와 같은 피보험자의 단순한 상업상의 이익을 위해서는 피보험항해의 상실을 이유로 보험자로부터 추정전손 보험금을 보상받을 수 없다. 물론 실무에서는 대부분 손해검정인의 권고에 의해 추정전손으로 처리되고 있디만, 만약 보험자가 본손을 면책하고 전손의 위험만을 부담하고 있는 경우에는 단지 화물이 중간항에서 매각되었다는 이유만으로 손해를 보상할 필요는 없게 될 것이다.

7) 제7조 G. A. Clause (공동해손조항)

General Average and Salvage Charges payable according to Foreign Statement or to York-Antwerp Rules if in accordance with the contract of affreightment.

공동해손 및 구조비는 외국에서 작성된 정산서에 의거하거나, 또는 해상화물운송계약에 그렇게 규정되어 있으면 éYork-Antwerpû규칙에 의거 정산됨.

8) 제8조 Seaworthiness Admitted Clause (감항승인조항)

The seaworthiness of the vessel as between the Assured and Underwriters is hereby admitted. In the event of loss the Assured's right of recovery hereunder shall not be prejudiced by the fact that the loss may have been attributable to the wrongful act or misconduct of the shipowners or their servants, committed without the privity of the Assured.

피보험자와 보험자와의 사이에서는 선박이 감항성 있는 것으로 인정함. 손해가 발생했을 때 이 보험증권에 의한 보상청구권은 그 손해가 피보험자의 관여없이 행하여진 선주 또는 그 사용인의 불법행위나 비행에 기인될지도 모른다는 사실 때문에 침해받지는 않음.

▣ 담보의 의의 : 영법상 담보란 약속담보를 의미한다. 즉, 어떤 특정한 사항을 이행하거나 이행하지 않을 것을 것, 또는 어떤 사건을 충족할 것을 피보험자가 약속하는 담보 또는 특정한 상태의 사실의 존재를 긍정하거나 부정하는 담보를 말한다. 이 담보는 위험에 대하여 중요하든 중요하지 아니하든 불문하고 정확히 충족되어야 하는 조건이며, 담보가 정확히 충족되지 않으면 "보험증권에 명시규정이 있는 경우를 제외하고" 보험자는 담보위반일(date of the breach of warranty)로부터 그 책임이 해제된다. 따라서 담보위험을 이유로 보험자가 보험계약을 해제하면 담보위반일로 소급해서 책임이 해제된다. 이때 담보위험에 대해 입증책임은 보험자에게 있다. 그러나 담보위반일 전에 보험자에게 발생한 책임에는 영향을 미치지 아니한다. 반면, 담보위반이 있는 경우 피보험자는 손해발생 전에 담보가 충족되었다고 항변할 수 없다. 왜냐하면 담보위반시 이미 보험자의 책임이 해제되었기 때문이다. 또한 보험증권의 명시규정에 의하여 담보위반에 대하여 책임을 해제할 수 있는 보험자의 권리를 포기하고 계속하여 보상책임을 질 수 있다. 영법은 담보위반이 허용되는 경우를 ① 사정의 변경으로 담보가 계약사정에 적합하지 않은 경우, ② 담보의 충족이 그 후의 법률에 의해 위법이 되는 경우, ③ 보험자가 담보위반에 대한 권리를 포기한 경우로 규정하고 있다.

▣ 담보의 종류 : 담보는 명시담보와 묵시담보가 있다. 명시담보는 어떠한 문구를 사용하여도 관계없고, 전시금수품이 아닐 것을 담보로 함(Warranted noncontraband of war) 등과 같이 어떠한 명시담보이든 보험증권에 포함되거나 기재되지 않으면 안 된다. 명시담보는 그것이 묵시담보에 저촉되지 않는 한 묵시담보를 배제하지 않는다. 묵시담보에는 ⓐ 선박의 감항담보, ⓑ 적법담보가 있다. 적법담보는 피보험해상사업이 적법하여야 하고 피보험자가 지배할 수 있는 한 해상사업은 적법한 방법으로 수행되어야 한다는 묵시담보가 있다. 감항담보는 항해보험에서 항해개시시에 특정한 해상사업의 수행을 위해 감항이어야 하고, 항해의 각 단계에 따라 다른 항해관련 장비나 준비를 필요로 하는 경우에는 각 단계의 항해개시시에 그 단계의 항행을 위해 감항이어야 한다는 묵시담보가 있다. 여기에서 감항이란 선박이 피보험항해사업의 통상의 바다의 위험에 대응하는데 합리적으로 적합한 경우 그 선박은 감항으로 간주된다.

한편, 화물이나 기타 동산의 보험에 있어서 그 화물이나 재산이 감항이라는 묵시담보는 없다. 그러나 화물이나 기타 동산의 항해보험증권에 있어서 선박은 항해개시시 선박으로서 감항일뿐 아니라, 화물이나 기타 동산을 보험증권에 명시된 목적지까지 운송할 수 있도록 합리적으로 적합하다는 묵시담보가 있다.

▣ 약관조항의 해석 : 동 조항은 영법상 묵시담보로 규정되어 있는 선박의 감항성에 대하여 보험자와 피보험자간에 별도의 약정을 담보한다. 영법(제34조)에서는 담보의 위반은 보험자가 그 권리를 포기할 수 있다고 규정하고 있다. 따라서 동 조항에서는 적화보험자와 피보험자간에는 선박이 감항성이 있는 것으로 인정한다는 내용을 담고 있어, 약관에 의해 피보험자의 묵시담보 위반을 허용하고 있는 조항이라고 볼 수 있다. 동 조항은 피보험자가 은밀히 알고 있는 선박의 불감항까지를 인정하는 것은 아니다. 다만 거래의 통념상 적화보험의 피보험자인 화주는 선박의 감항성에 대해서 아무런 지배권을 행사할 수 없기 때문에 보험자가 이를 허용하고 있는 것이다. 동 조항의 명시적인 약정에 의하여 담보위험에 기인한 손해에 대해서는 그 손해가 불감항에 기인한 경우에도 담보위반에 따른 면책을 포기하여 보험자가 부담한다고 규정하고 있다.

후미부분의 규정 "손해가 발생한 경우 이 보험증권하의 보상에 대한 피보험자의 권리는 손해가 피보험자는 알지 못한 상태에서 행하여진 선주나 그 대용인의 악행이나 불법행위에 기인된 것일 수 있다는 사실에 의해서 침해를 받지 않는다"은 이미 All Risks Clauses에서는 면책위험이 아니었으며, ICC(B), ICC(C)에서 동위험이 면책위험으로 규정되어 있기 때문에 신약관에서는 동 문구가 삭제되었다.

9) 제9조 Bailee Clause(수탁자약관)

It is the duty of the Assured and their Agents, in all cases, to take such measures as may be reasonable for the purpose of averting or minimising a loss and to ensure that all rights against carriers, bailees or other third parties are properly preserved and exercised.

모든 경우에 손해의 방지 및 경감을 위해 적절한 조치를 취하고, 또한 운송인, 수탁자 또는 기타 제3자를 상대로 한 모든 권리를 확보해 놓는 것은 피보험자 및 그 대리인의 의무임.

▣ 수탁자조항의 도입배경 : 이 조항은 후술할 보험이익불공여조항과 마찬가지로, 1924년 협회수탁자약관조항에서 유래하여 1963년 약관에서 제10조 보험 이익불공여 조항이 분리되고 제9조 수탁자조항에 MIA 제78조 4항의 손해방지조항에 관한 규정을 추가하였다. 그리고 1982년 약관에서 일부 표현을 수정하여 구상권의 존재와 행사를 위한 조치비용과 손해방지비용에 대해 보상손해에 추가하여 보상한다는 취지를 분명히 약정하고 있다. 1963년 조항에서는 추가보상에 관한 규정이 없이 손해방지비용만이 영법규정과 S.G.Form의 손해방지조항에 의해 추가 지급되었으나, 운송인이나 제3자에 대한 권리의 보

존 등에 소요되는 비용에 대해서는 언급이 없었다. 그러나 보통법이나 실무상으로는 보상이 가능하였던 것이지만 1982년 (신)약관에서 명문으로 약정되었다.

▣ 약관조항의 해설

- to take such measures as may be reasonable for the purpose of averting or minimising a loss (손해방지)

MIA 제78조에 의하면 손해를 방지하거나 경감하기 위하여 합리적인 조치를 취하는 것은 모든 경우에 있어서 피보험자와 그 대리인의 의무이다. 그리고 손해방지조항이 삽입된 보험증권의 경우 그 조항에 의한 합의는 보험계약을 보충하는 것으로 간주하여 전손보험금을 지급한 경우나 일정비율 미만의 단독해손면책인 경우에도 피보험자가 이 조항에 의해 정당하게 지출한 비용은 보험자로부터 보상받을 수 있다. 그러나 공동해손손해와 공동해손분담금 및 구조비용은 이 조항에 의해 보상받을 수 없으며, 보험증권에 의해 부담하지 않는 손해를 방지하거나 경감하기 위해 지출한 비용도 이 조항에 의해 보상받을 수 없다. 영법상 보험자가 부담하는 손해방지비용의 요건은 ⓐ 손해의 방지에 관한 약관조항의 존재, ⓑ 피보험자나 그 대리인에 의한 손해의 방지 또는 경감행위, ⓒ 보험자의 보상책임에 대한 조치, ⓓ 정당하고 합리적인 비용의 지출 등으로 요약할 수 있다. 이러한 의무행위에 따르는 비용을 보험자가 전손에 추가하여 보상하는 것은 그 손해가 곧 보험자가 보상하는 손해에 한정되고 있다. 따라서 결국은 보험자의 손해를 방지하거나 경감하는 비용이므로 보험자가 부담하는 것은 당연하다. 또한 손해의 방지조치의 결과 전손이 되는 경우 그 비용을 보상하지 않으면 피보험자가 그 비용만큼 실손보상을 받지 못하게 되고 그러한 의무를 이행하는데 망설이게 될 것이다.

- and to ensure that all rights against carriers, bailees or other third parties are properly preserved and exercised.

운송계약에 따른 운송인의 의무는 항해의 개시시에 ⓐ 선박의 감항성 확보, ⓑ 적절한 인원과 의장 및 선박의 필요물품의 제공, ⓒ 화물을 운송하는 선박의 선창, 냉동실과 냉장실 및 기타 모든 부분을 화물의 수취와 운송 및 보존을 위해 적합하고 안전하게 하는데 주의의무를 이행하여야 한다(Hague/Visby Rule 제3조 1항). 또한 면책조항의 규정을 제외하고 운송화물을 정당하고 주의 깊게 적재, 취급, 적부, 운송, 보관, 관리하여야 한다(Hague/Visby Rule 제2조 2항).

1971년 CGSA에도 이와 같은 취지를 규정하고 있으며, 또한 화물의 손상이 외관상 분명하지 않은 경우에는 수화인이 운송인의 관리로부터 화물을 인도한 때부터 3일 내에 운송인에게 클레임을 청구하지 않으면 안 된다. 만약 그 기간 내에 클레임이 청구되지 않으면 화물이 운송인에 의해 정품상태로 인도된 것으로 간주된다. 따라서 적화보험에서는 피보험위험에 의한 화물의 멸실이나 손상의 경우 보험자는 피보험자에게 보험금을 지급하고, 그 손해가 운송인의 책임에 해당될 때는 보험자는 지급한 보험금의 한도 내에서 피보험자가 운송인에 대하여 가지고 있는 손해배상청구권을 대위하게 된다. 이 경우 수화인이 상기 기간 내에 운송인에게 클레임을 청구하지 않으면 운송인에 대한 보험자의 대위권은 피해를 입게 된다. 이에 따라 기간 내의 청구권의 확보 등을 규정하고 있다. 그에 소요되는 비용도 화물의 멸실이나 손상에 추가하여 보상한다고 명시적인 규정은 없지만, (신)약관에서는 이를 명시적으로 약정하고 있다.

10) 제10조 Not to Inure Clause (보험이익불공여약관)

This insurance shall not inure to the benefit of the carrier or other bailee.
이 보험은 운송인 및 기타의 수탁자에게 유리하게 이용되어서는 안됨.

▣ 도입 배경 : 이 조항은 원래 1924년 4월 7일 하나의 특별약관인 협회수탁자약관으로 도입되어 주로 영국에서 미국이나 캐나다를 왕래하는 무역화물에 대해서 사용하도록 권고하였으며, 1934년 1월 1일자 ICC(WA), ICC(FPA)에 수탁자조항이 처음 삽입되었다. 1958년 1월 1일자 ICC에서는 그 취지를 보다 간결하고 정확하게 표현하였고, 1963년 1월 1일자 개정에서 제9조(Bailee Clause)와 제10조(Not to inure Clause)를 분리하여 규정하였다. 이 조항이 도입된 시대적 배경은 운송인들이 화주와 화물운송계약을 체결하면서 여러 가지 면책위험을 명시하여 자기들의 책임을 면하는 것이 관례가 되었고 특히 운송계약서나 기타 수탁계약서에 보험이익조항(Benefit of Insurance Clause)을 삽입하여 피보험자가 아닌 수탁자 등 제3자가 피보험자의 대리인으로서 보험증권의 이익을 청구할 수 있도록 규정함으로써, 결과적으로 보험자가 그러한 운송인이나 수탁자에 대해 대위권을 행사하지 못하도록 하였다. 이에 대해 보험자의 자구책으로 '보험이익조항'이 삽입된 선화증권이나 기타 운송계약서에 의해 적재된 화물에 관한 클레임에 대해 보험자가 면책을 규정한 것이 1924년 제정한 협회수탁자약관이다.

이 조항은 운송인이나 기타 수탁자의 고의나 과실로 인해 손해가 발생한 경우 그 손해를 보상한 보험자가 대위에 의해 취득한 운송인 등 제3자에 대한 구상권의 보존을 목적으로 도입된 조항이며, 피보험자에 대하여 별도의 의무나 권리를 부여하는 것은 아니다. 또한 운송인나 기타 수탁자가 선화증권 등 운송계약서에 규정되는 보험이익조항을 무효화하기 위한 목적으로 삽입된 것이다.

▣ 약관의 내용 : 먼저 이 조항의 전제가 되고 운송계약서상의 '보험이익조항'은 피보험자인 화주와 운송인이나 기타 수탁자와의 계약서에 삽입된 조항으로서, 피보험자가 아닌 자가 화주의 보험증권에 대한 이익을 청구할 수 있다고 규정함으로써 사실상 운송인 등이

보험자의 구상권에 대한 클레임을 방어할 수 있는 조항이다. 그러나 1968년 Hague/Visby Rules를 기초로 한 영국의 1971년 해상물품운송법과 미국의 해상물품운송법에 의하면 외항선의 운송인이 선화증권 등 운송계약서에 그러한 조항을 삽입하는 것은 무효이다. 그러나 이 법률은 국내운송에는 적용되지 않으며, 영국이나 미국 이외의 곳에서 발급되는 선화증권에는 적용되지 않는다. 따라서 CGSA의 적용을 받지 않는 수탁자들이 보험이익조항을 삽입하는 것은 어쩔 수 없으며, 또한 그러한 조항을 선화증권 등에 삽입하는 것은 일반적인 관행이다. 이 경우 "이 보험은 운송이나 기타 수탁자의 이익을 위하여 이용되어서는 안 된다"고 규정함으로써 운송계약서상의 보험이익조항을 무효화시키는 효과를 가진다.

여기서 기타 수탁자란 외항선에 적재하기 전, 그리고 외항선에서 양화한 후 화물을 취급하는 모든 사람을 포함한다. 그리고 운송인에는 적화보험과 관련하여 육상운송인과 철도운송인 및 항공운송인이 포함된다. 한편, 이 조항이 보험자의 구상권행사를 위한 소극적인 방어조항이라면 제9조의 Bailee Clause는 보험자의 대위에 의한 구상권의 보존과 행사를 위해 피보험자에게 필요한 조치를 취하도록 의무를 부과하는 적극적인 조항이라고 할 수 있다.

11) 제11조 "Both to Blame collision" Clause (쌍방과실충돌약관)

This insurance is extended to indemnify the Assured against such proportion of liability under the contract of affreightment "Both to Blame Collision" Clause as is in respect of a loss recoverable hereunder. In the event of any claim by shipowners under the said Clause the Assured agree to notify the Underwriters who shall have the right, at their own cost and expense, to defend the Assured against such claim.

이 보험에서는 손해보상의 범위를 확장하여 해상화물운송계약 é쌍방과실충돌û약관에 의한 피보험자의 부담액 중, 본 보험증권에서 보상받을 수 있는 손해에 관한 부분을 지급해줌. 상기 약관에 의거 선주로부터 청구를 받았을 경우에는 피보험자는 그 취지를 보험자에게 통지할 것을 약속함. 보험자는 자기의 비용으로 선주의 청구에 대하여 피보험자를 보호할 권리를 가짐.

▣ 해상운송계약서의 쌍방과실충돌약관의 도입배경 : 1910년 브뤼셀에서 조인된 "선박충돌에 관한 통일조약 ; (International Convention for the Unification of Certain Rules of Law with respect to Collision between Vessels)" 제4조는 쌍방과실에 의하여 충돌한 경우, 적화의 손해에 관한 선주의 책임은 공동불법행위자의 연대책임을 인정하지 않고 책임을 분할하고 있다. 즉, 쌍방과실이 있는 경우 각 선박의 책임의 비율은 그 각자의 과실의 경중에 의하며 만약 상황에 비추어 그 비율을 정할 수 없을 때 또는 과실이 동등하다고 판명될 때에는 책임은 균등한 것으로 한다. 따라서 화물을 적재한 P선박과 화물을 적재하지 않은 Q선박이 쌍방의 과실로 충돌하여 P선박 적재화물에 US$100,000의 손해가 발생하였고, 이때 P선박의 과실이 70%, Q선박의 과실이 30%이며, 또 적화가 WA조건으로 전액 부보되었다고 한다면 다음 [그림 5-1]과 같은 과정을 걸쳐 해결된다.

그림 5-1 쌍방과실충돌 시 손해의 해결과정

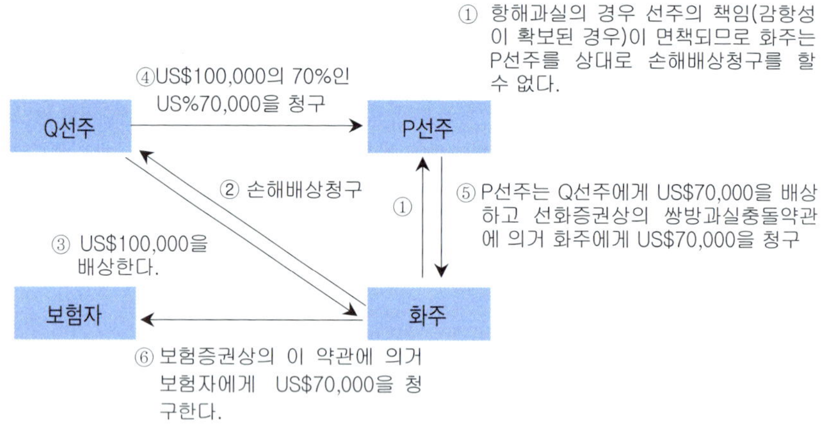

◆ Chattahoochee호사건(1899)

① **화주의 권리** : 이 사건에서 미국의 기선 Chattahoochee호와 캐나다의 범선 Golden Rule호가 충돌하였고 Golden Rule호에 실려있던 적화가 전손되었다. Golden Rule호의 선주는 동선의 소유자의 적재화물의 수탁자로서 'Chattahoochee'호에 대해 소송을 제기하여 쌍방과실로 판결되었고 적화의 손해에 대하여 상대선으로부터 전액배상을 받아야 한다고 인정하였다.

② **비적재선의 권리** : 한편 Chattahoochee 호의 선주는 GoldenRule호의 손해의 50%에서 화물손상에 대한 Chattahoochee호의 책임액의 50%를 지불하도록 인정하여 결과적으로 Golden Rule호의 선주는 동 선의 적재화물의 손해액 중에서 50%를 상대선으로부터 회수하지 못하게 되어 결국 Bill of lading 상의 면책조항에도 불구하고 자기선 화주에 대해 책임을 지게 되었다.

③ **동 판례의 의의** : 미국의 보통법(판례)에서는 쌍방과실의 경우 공동불법행위자 연대책임(Joint and Several Liability of Joint tort-feasors)의 원칙을 동 판례에서 인정하였다. 이 원칙은 선의의 제3자가 2인 이상의 기여과실(Contributory negligence)에 의해 피해를 입은 경우, 그는 과실 있는 사람 중에서 임의의 1인으로부터 손해배상금의 전액을 회수할 수 있고, 그들 모두로부터 연대하여 손해배상금 전액을 회수할 수 있다는 미국법률의 기본원칙을 말한다. 공동불법행위자 연대책임의 원칙에 의해 충돌로 손해를 입은 화주는 과실비율에 관계없이 비 적재선으로부터 화물손해 전액을 회수할 수 있고, 비 적재선의 운송인은 자기가 배상한 화물의 손상금액 중에서 적재선의 과실비율에 해당하는 부분을 적재선의 운송인으로부터 구상하게 된다. 이 결과 적재선의 운송인은 운송계약서상 면책인 항해과실(선박의 충돌)에 대해 공동연대책임을 통해 상대선의 구상에 의해 자선의 화주에게 간접적으로 손해 책임을 지는 결과를 가져온다.

▣ 운송인의 조치

• **쌍방과실조항의 삽입** : 1899년의 Chattahoochee호 사건의 결과로 운송인들은 선화증권에 '쌍방과실조항(both to blame clause)'을 삽입하여, 자기 선박에 적재된 화물의 손상금액 중에서 운송인이 상대선에게 지급한 자기 선박의 과실비율에 해당되는 부분을

자선의 화주가 운송인에게 보상한다고 규정하였다. 해상운송계약서의 쌍방과실약관은 불합리한 미국법률로부터 항해과실을 면책으로 규정하고 있는 운송계약상의 선주의 정당한 권리를 보호하고, 미국법률을 Brussels조약의 취지에 일치시키는 효과를 가지고 있었다.

• **Toluma 호 사건(1935)과 운송계약서의 쌍방과실조항의 도입**

그러나 1935년 Toluma호 사건에서 공동해손분담금도 충돌에 의한 손해로서 화주가 비적재선으로부터 회수할 수 있다고 판결함으로써 미국에 있어서 처음에는 Toluma Clause라고 알려진 또 다른 쌍방과실충돌약관을 선화증권에 삽입하는 것이 선주의 관행이 되었다.

• **선화증권상 'Both to Blame Collision Clause'의 내용**

If the ship comes into collision with another ship as a result of the negligence of the other ship and any act, neglect or default of the master, mariner, pilot or the servants of the carrier in the navigation or in the management of the ship, the owners of the goods carried hereunder will indemnify the carrier against all loss or liability to the other or non-carrying ship or her owners in so far as such loss or liability represents loss of, or damage to, or any claim whatsoever of the owners of said goods, paid or payable by the other or non-carrying ship or the owners to the owners of said goods and set-off, recouped or recovered by the other or non-carrying ship or her owners as part of their claim against the carrying ship or carrier.
The foregoing provisions shall also apply where the owners, operators or those in charge of any ship or ships or objects other than, or in addition to, the colliding ships or objects are at fault in respect to a collision or contact.

▣ 협회적화약관상 "쌍방과실충돌조항"의 제정배경

적화보험계약과 관련하여 화주인 피보험자의 입장에는 쌍방과실이든 일방과실이든 관계없이 충돌로 인한 손해는 피보험위험으로 인한 손해로서 그 전액을 보험자로부터 보상받는다. 쌍방과실의 경우 보험자는 대위권을 행사하여 보상한 손해액 중에서 비적재선의 과실비율만큼을 구상한다. 그러나 해상운송계약서에 쌍방과실충돌약관이 삽입되어 있는 경우 피보험자인 화주는 보험자로부터 보상받은 금액 중에서 적재선의 과실비율(예를 들어 70%)에 해당되는 부분을 운송인에게 보상하게 된다. 그 결과 적재선박의 비과실비율(30%)에 해당되는 금액만을 보상받게 되는 모순이 발생한다. 이와 같은 모순 속에서 피보험자를 보호하기 위해 해상보험계약에 도입한 조항이 협회적화약관의 "쌍방과실충돌"조항이다. 피보험자인 화주가 해상운송계약서의 쌍방과실충돌약관에 따라 화물손해액 중에서 운송인에게 보상하게 되는 적재선의 과실비율에 해당되는 부분을 보험자가 피보험자에게 보상한다는 규정이다.

▣ 협회적화약관상 "쌍방과실충돌"조항의 내용

• **피보험자의 계약상 배상책임에 대한 추가보상** : 적화보험에서 보상하는 손해는 화물의 물리적 멸실이나 손상이지만, 협회적화약관의 '쌍방과실충돌'조항에 의해 운송계약서에 따른 피보험자의 계약상 배상책임에 대하여 보험자가 피보험자에게 추가로 보상하는 것이

다. 운송계약서상의 '쌍방과실충돌약관'에 의해 피보험자가 선주에게 법률상 지급의무가 있는 배상책임액을 보험자가 추가로 보상한다. 동 조항은 "이 보험은 해상운송계약서의 쌍방과실충돌약관에 의한 피보험자의 배상책임액 중에서 이 보험에 의해 보상받을 수 있는 손해에 관한 부분에 대하여 피보험자에게 확장하여 보상 한다"고 규정하고 있다.

• **피보험자의 통지와 보험자의 권리** : ICC(1963)의 제11조 '쌍방과실충돌'조항의 목적은 피보험자가 운송계약서의 쌍방과실충돌약관에 의해 운송인에게 법률상 지급의무가 있는 금액에 대하여 보험자가 피보험자에게 추가로 보상한다는 것이다. 따라서 보험자는 운송계약서상 그 약관의 유효성에 대하여 반론을 제기할 수 있는 권리를 가지고 있다. 이에 따라 협회적화약관의 "쌍방과실충돌"조항은 판결의 결과에 따라서 직접적인 지급책임이 있는 보험자에게 그러한 클레임에 대하여 피보험자를 변호할 권리를 부여하고 있다. 또한 보험자가 부담하여야 할 클레임에 대하여 피보험자를 변호하는 비용은 보험자의 비용으로 처리하여야 한다고 규정하고 있다. 그리고 보험자의 권리행사를 위하여 선주로부터 화주인 피보험자에게 그러한 클레임이 있는 경우 그 취지를 보험자에게 통지할 것을 피보험자가 동의하고 있다. 이에 따라 "상기약관(해상운송계약서의 쌍방과실충돌약관)에 의한 선주의 클레임이 있는 경우, 보험자 자신의 비용으로 그러한 클레임에 대하여 피보험자를 변호할 권리를 갖게 되는 보험자에게 피보험자가 통지하기로 합의 한다"고 규정하고 있다.

▣ 선화증권상 쌍방과실충돌약관의 무효와 협회적화약관상 동 조항의 효용

• Esso Belgium호 사건(1952- United States of America v. Atlantic Mutual Insurance Co.)

1952년 미국 최고법원은 Esso Belgium호 사건에서 일반운송인(common carrier)에 관한 한, 선화증권상 쌍방과실충돌약관은 공서양속에 상반되는 것으로 무효라고 판결하였다. 선화증권상의 쌍방과실충돌조항이 무효가 된 경우에는 협회약관상의 '쌍방과실충돌'조항은 그 효용을 상실하게 된다.

• American Union Transport, Inc v. U.S.(1976)
Commercial Molasses Corp. v. N.Y. Tank Barge Corp(1941)

그러나 미국 최고법원의 판결(쌍방충돌약관의 무효)은 일반운송인(common carrier)의 선화증권에만 국한된 것이며, 쌍방과실 충돌조항이 용선계약서(charter party)에 삽입된 경우에는 유효한 것으로 판결되었다. 따라서 사적운송인(private carrier)과의 사적운송계약서상 쌍방과실 충돌약관은 유효한 것으로 판결되고, 미국 이외의 법원에서 선화증권 상 쌍방과실충돌약관이 유효한 것으로 판결될 가능성이 남아 있기 때문에 협회적화약관상 '쌍방과실충돌'조항은 계속 효용이 있는 것으로 간주되고 있다.

▣ 적화보험약관상의 [쌍방과실충돌조항]의 의의

• **선주 중심의 RDC. Claim** : 해상보험의 S.G. Policy는 원칙적으로 배상책임 손해에 대해서는 담보(cover)를 하지 않았다. 그러나 Running Down Clause에 의거해서 선박의 충돌로 인한 타 선박 및 타 선박에 적재된 화물에 한정하여 물적 손해배상금을 담보하게 되었으며, 협회기간보험약관(ITC-Hulls)에서는 3/4th Collision Liability Clause에 의

거해서 물적 손해배상금의 3/4만을 보상하게 되었다. 이와는 별도로 적화보험의 경우 배상책임을 보상하는 경우는 없었으나, 충돌에 관한 각 국가별 법령이나 규칙에 차이가 있어 이에 대한 통일을 기하면서 발생하게 되었다. 일차적으로 충돌사고의 경우 양 선주간에는 단일책임주의(Single Liability)에 의해서 결정하게 된다. 그러나 보험자는 단일책임주의로 계산할 경우 손해율이 제대로 반영되지 않을 뿐 아니라, 피보험자는 손해액을 전부 회수할 수 없기 때문에 보험금산정에 있어서는 교차책임주의(Cross Liability)방식을 사용하는 것이 일반적이다. 단, 상대선이 물적 제한금액이 있을 경우에는 선주간 단일책임주의 방식으로 계산한 후 적화는 별도로 계산하게 된다. 이러한 일반적인 RDC. claim 처리기준을 따를 경우 쌍방과실충돌약관은 필요하지 않다.

• **화주를 중심으로 한 RDC Claim 정산** : 그러나 화주를 중심으로 한 RDC. Claim을 살펴보면 약간의 차이가 나타나게 된다. 관습적으로 선의의 화주는 carrying vessel과 non-carrying vessel로부터 자기화물의 반액만큼만 회수할 수 있었다. 따라서 적화보험 가입시 화주는 보험자로부터 100%회수하고, 보험자는 양 선박으로부터 50%를 회수하면 된다. 그러나 1905-1910년까지 Brussel에서의 회의를 거쳐 1910년 Brussel Collision Convention에서 International Convention for the Unification of Certain Rules of Law in regards of Collision(선박충돌규정에 관한 통일을 위한 국제조약)을 제정하고, 1911년의 해사협약법(Maritime Convention Act)이 제정되면서 그때까지의 관행, 즉 선의의 화주가 상대선으로부터 그 과실의 정도를 불문하고 자기 손해액의 1/2를 회수한다는 원칙을 변경하여, 선의의 화주는 과실의 비율에 따라 비적재선박으로부터 충돌로 인해 자기의 화물이 입은 손해를 회수할 수 있도록 하였다. 그러나 적재선으로부터는 적재선의 과실비율만큼을 회수할 수 없게 되었다. 왜냐하면, Bill of Lading 또는 Charter Party 등 운송계약서상 선박의 운항 또는 관리에 관해 선장, 선원, 도선사 또는 사용인이 범한 태만 또는 과실에 대해서는, 운송이 선박의 내항성을 유지하고 적절히 선원을 승선시키며 적절히 선박을 의장하고, 또한 소모품을 공급하는데 상당한 주의를 기울인 경우, 선주는 자기 선박 내 운송화물의 충돌손해에 대해여는 면책으로 규정되어 있기 때문이다. 즉, 선장 및 선원의 항해과실에 기인한 손해는 선주의 면책사항으로 규정되어 있기 때문에 적재선의 선주는 적재선의 화주에 대해서 면책을 주장할 수 있기 때문이다. 따라서 적재선의 화주는 화물의 손상에 대해서 비적재선의 과실분에 해당하는 금액만을 비적재선으로부터 구상하게 되었다. 물론 화주가 적화보험에 가입되었다면, 적화보험자로부터 100을 회수하고 적화보험자는 비적재선으로부터 비적재선의 과실분을 구상하면 되었다. 이에 따라, 화주의 회수금은 적재선과 비적재선의 과실비율에 따라 결정되게 되었으며 양 선주간 충돌과실비율에 대한 합의/판결/조정 등을 따르게 되었다.

• **화주를 중심으로 한 미국 내 충돌 클레임의 예**

① 50:50 균등부담 (Schonner Catherine v. Dickinson사건-1854)

적재선(Carrying vessel)과 비적재선(Non-carrying vessel)이 25:75의 과실이라면, 적재선의 화주는 보험자로부터 100을 회수하고, 보험자는 비적재선으로부터 75%를 회수하면 된다. 그러나 역사적으로 선주보다는 화주의 영향력이 강했던 미국은 동 국제조약에 조인은 했으나, 의회에서 비준을 하지 않았기 때문에 동 국제조약을 따르지 않고 미국 내의 관례를 따르게 되었다. 미국에서는 종래부터 The Schooner Catherine Vs. Dickinson 사건(1854)의 판례에 따라 선박충돌의 경우 과실비율에 따르지 않고 50:50으로 균등분담하도록 하였다. 또한 미국 내 상법은 공동불법행위자 연대책임을 인정하고 있기 때문에 화주의 손해에 대한 각 선주의 연대적 책임 및 개별적 책임을 인정하여, 운송계약서에 의해서 적재선으로부터는 손해액을 전혀 회수할 수 없었던 적재선의 화주는 비적재선으로부터 자신의 손해의 100%를 회수할 수 있게 되었다. 연대책임을 진 비적재선의 선주는 화주에 대한 배상액의 50%를 선체손해에 추가하여 적재선에 청구하게 되었다. 따라서 적재선은 비적재선을 통하여 bill of lading상 면책에 해당되는 자기선박 내의 화주에 대한 배상금을 지불해야 하는 불합리한 문제점이 발생하게 되어 bill of lading상에 '쌍방충돌약관'을 첨가하여 자기선박의 화주로부터 비적재선의 선박에 지불한 금액을 청구할 수 있도록 하였다. 따라서 적재선의 화주는 손해액의 50%에 해당하는 금액을 적재선에 부담해야 하는 운송계약서상의 배상책임이 발생하게 되었다. 따라서 화주가 적화보험에 가입한 경우, 화주는 적화보험자로부터 100을 회수하게 되고 적화보험자는 비적재선으로부터 100을 구상하게 된다. 따라서 비적재선의 선주는 연대책임에 의해서 적재선의 화주에게 부담한 금액(적재선 화주에 대한 배상금의 50%)을 선체손해에 추가하여 적재선에 청구하게 되며, 이를 지급한 적재선의 선주는 운송계약서상의 면책에 해당되는 책임을 부담하였기 때문에 '쌍방충돌약관'에 의거해서 적재선 화주에게 이를 재청구하게 되어 화주는 50%를 운송계약상의 손해배상금으로 적재선에 지급해야 한다. 그러나 적화보험자는 운송계약상의 손해배상책임에 대해서는 책임이 없기 때문에 화주에 대해서 이를 보전하여 주지 않는다. 결국 적재선의 화주는 보험에 가입하였음에도 불구하고 50%의 손실을 보게 되며, 적화보험자는 보험사고가 발생하였는데도 불구하고 보험금으로 지급한 금액이 0이 된다. 따라서 이러한 불합리한 점을 해결하기 위해서 운송계약서상의 명칭과 동일한 명칭의 "쌍방과실 충돌약관-Both to blame Collison Clause"을 적화보험증권에 삽입하여 미국식 정산법에 의해 파생되는 문제를 해결하게 되었다.

타 국가에서는 1910년 Brussel조약에 의거해서, 화주는 비적재선으로부터 비적재선의 과실비율만큼 만을 회수하거나, 보험에 가입한 경우 적화보험자로부터 100을 회수하고 적화보험자는 비적재선으로부터 그 과실만큼 만을 회수하기 때문에 이러한 문제는 발생하지 않는다.

② 과실비율분담(United States vs. Reable Transfer Co.,Inc.소송사건-1975)

동 사건에서는 The Schooner Catherine vs. Dickinson(1854) 판례와는 달리 1910년 Brussel

Collision Convention조약에 보조를 마추는 판결을 내림으로써, 과실비율에 관계없이 50:50으로 정산하던 기존의 방식과는 달리 과실비율에 따라 정산하게 되었다.

12) 제12조 FC. & S. Clause. (포획나포면책약관)

앞의 S.G. POLICY에서 설명하였으므로 여기서 그 자세한 설명을 생략하기로 한다.

▣ 1963년 (구)협회적화보험약관 제12조(F.C.&S. Clause)의 내용

1963년 (구)협회적화보험약관의 제12조 면책조항은 S.G. Policy의 FC.&S. Clause와 동일하게 규정하여 전쟁위험에 대하여 면책으로 규정하고 있다. 이 약관들에서 면책으로 하고 있는 전쟁위험을 열거하면 다음과 같다.

ⓐ ㉮ 포획, 나포, 강류, 억지 또는 억류
(Sanday & Co.v.British & Foreign Marrine Insurance Co.Ltd. : 강류, 억지, 억류 추가됨)
㉯ 포획, 나포, 강류, 억지 또는 억류의 결과
㉰ 포획, 나포, 강류, 억지 또는 억류를 하려고 기도한 행위의 결과
ⓑ 선전포고를 불문한 (Spain 내전당시 선전포고가 없었기 때문에 수정됨)
㉮ 적대행위의 결과 ㉯ 군사적 행동의 결과
ⓒ 교전국의 유무를 불문하고
㉮ 적대행위의 결과 ㉯ 군사적 행동의 결과
ⓓ 교전국에 의하여 또는 교전국에 대하여 행하여진 적대행위로 인하여
㉮ 직접 발생한 고정 또는 부유물체와의 충돌 또는 접촉, 좌초, 황천 또는 화재
㉯ 직접 발생한 것이 아닌 한, 고정 또는 부유물체와의 충돌 또는 접촉, 좌초, 황천 또는 화재를 면책하지 않음. (1942년 Coxwold호 좌초사건에 의하여 부책으로 추가함)
㉰ 직접 발생한 것이 아닌 경우에도 기뢰 또는 어뢰와 충돌
ⓔ 국가라 함은 어느 국가와 제휴하고 육해공군을 보유하고 있는 모든 정권을 포함
ⓕ 내란, 혁명, 모반, 반란 (스페인 내전결과 추가된 사항임)
ⓖ 내란, 혁명, 모반, 반란으로 인하여 발생하는 국내투쟁의 결과
ⓗ 해적행위 (스페인 내전당시 출몰한 해적행위를 면책하기 위해 추가된 사항임)

13) 제13조 F.S.R. & C.C. Clause (동맹파업폭동소요부 담보조항)

Warranted free of loss or damage

(a) caused by strikers, locked-out workmen, or persons taking part in labour disturbances, riots or civil commotions;

(b) resulting from strikes, lock-outs, labour disturbances, riots or civil commotions.

Should Clause No.13 be deleted, the relevant current Institute Strikes Riots and Civil Commotions Clauses shall be deemed to form part of this insurance.

하기 사유로 인한 멸실이나 손상을 담보하지 않음.

(a) 동맹파업자, 직장폐쇄를 당한 직공, 또는 노동분쟁, 폭동 또는 소요에 가담한 자에 의하여 발생한 것.

(b) 동맹파업, 직장폐쇄, 노동분쟁, 폭동 또는 소요의 결과로 생긴 것.

만약, 제13조가 말소되었을 경우에는 적화보험용의 현행 협회동맹파업폭동소요약관이 이 보험의 일부를 구성하는 것으로 간주함.

▣ 도입배경 : 19세기 중엽 이후의 보험증권에 삽입된 포획나포면책조항에는 포획과 나포 및 억류 등의 위험에 '폭동이나 소요(riots or commotions)'를 추가하여 면책으로 규정하고 있었다. 그리고 보험증권에 스트라이크위험이 등장하게 된 것은 20세기부터라고 할 수 있다. 1911년부터 1912년 사이에 영국에서는 그때까지 경험하지 못했던 운수노동자들의 스트라이크로 인해 대혼란을 겪었고 구미제국에서도 스트라이크와 기타 노동쟁의가 자주 발생하였다. 이와 같은 상황하에서 노동자들의 시위운동이나 쟁의의 악화로 인한 감정적 행동에 의해 적화나 선박이 손해를 입을 위험이 증가하였으며, 특히 적화보험에 있어서는 창고간 조항이나 운송조항을 삽입하여 선적전과 양륙후의 육상위험을 보험자가 부담함에 따라 스트라이크로 인한 적화손해의 발생가능성이 더욱 증가하였다. 즉, 단순노동자들의 노동쟁의로 인한 선적이나, 양륙 등의 하역불능, 항해의 지연, 화재, 도난, 파손, 선박의 점거 또는 쟁취 등 각종 위험이 발생할 가능성이 증대되었다. 이러한 위험들은 영법이나 약관상 면책으로 규정하고 있지 않았기 때문에 이러한 위험과 결합하여 증권이나 약관상의 열거위험으로 발견되거나, All Risks조항의 경우 보험자가 부담하여야 할 성질의 위험으로 보험자들에게는 우려와 경계의 대상이 되었다. 이에 런던 보험자협회는 자기방위를 위해 포획나포면책조항과는 별도의 소위 FSR.&CC. Clause(free of strike, riot & civil commotions clause)을 제정하여 최초로 채용된 1912년 8월 1일자 협회적화약관에 "2. Warranted free of loss or damage caused by strikers locked-out workman or persons taking part in labour disturbances or riots or civil commotions"라고 약정된 조항을 첨부하게 되었다.

▣ 간접손해 추가면책 : 1958년 협회적화약관을 개정하면서, 스트라이크면책조항에 또 다른 규정이 추가되었다. 동맹파업자, 직장폐쇄노동자 또는 노동쟁의나 민간소요에 가담한 자에 기인한 멸실이나 손상을 면책한다고 규정하고 있는 그 이전의 면책조항에 대한 해석에 관하여 법률상의 견해가 상이하였다. 특히 1951년 채용된 All Risks부담조건의 협회적화약관, 즉 ICC(All Risks)의 스트라이크면책조항에 대한 해석상의 문제를 명확히 하기 위하여 동 조항과 협회스트라이크조항을 개정하여야 할 필요가 있었다. 1958년 동조항의 개정목적은 동맹파업자의 행동은 물론 스트라이크 등의 결과로 발생한 실체적인 손해뿐만 아니라, 간접손해까지도 보험자가 부담하지 않는다는 것을 명확하게 하기 위한 것이었다. 이 결과 FSR.&CC. Clause에 (b)호를 신설하여 "(b) resulting from strikes, lock-outs, labour disturbances, riots or civil commotion."라는 문구가 삽입되었다.

14) 제14조 Reasonable Despatch Clause (신속조치조항)

It is a condition of this insurance that the Assured shall act with reasonable despatch in all circumstances within their control.

피보험자는 자기가 좌우할 수 있는 모든 여건하에서는 가능한 한, 신속하게 행동하는 것이 이 보험의 조건임.

도입배경 : 이 조항은 1946년 ICC(Extended Cover)에 처음 도입된 조항으로 협회적화약관에 삽입된 것은 1946년 ICC와 상기 연장담보약관을 결합한 1958년 ICC의 개정때이다. 그리고 변경 없이 1963년의 ICC 제14조에 규정하고 있다. MIA 제48조는 항해가 부당한 지연없이 수행되어야 하고 지연이 부당하게 된 때부터 보험자는 책임이 해제된다고 규정하고 있다. 영법의 규정은 사실상 해상항해에 한정되어 있으므로 ICC(1963)에서는 모든 상황, 즉 전체 운송기간을 통하여 그 조건이 적용된다는 것을 명확히 하고 있다. 그러나 이 조항은 피보험자가 좌우할 수 있는 상황에만 적용되고, 피보험자가 좌우할 수 없는 지연이나 이로, 부득이한 양화 등의 상황에서는 ICC의 Transit Clause에 의해 보험은 추가보험료도 없이 계속 유효하다.

약관조항의 해설 : MIA제42조는 항해보험계약인 경우 해상사업은 상당한 시간 내에 개시하여야 하고, 해상사업, 즉 운송이 그와 같이 개시하지 않으면 보험자는 계약을 취소할 수 있다는 묵시조건이 있다고 규정하고 있다. 또한 MIA 제48조 항해의 지연규정에 의하면 항해보험계약 경우 피보험운송은 전운송 과정을 통하여 상당히 신속하게 수행되어야 하고 적법한 이유 없이 그와 같이 수행되지 않으면 지연이 부당하게 된 때부터 보험자는 책임이 해제된다. 그리고 이로나 지연이 허용되는 적법한 이유는 ⓐ 보험증권의 특별조건에 의해 인정되는 경우, ⓑ 선적이나 그의 사용주가 좌우할 수 없는 사정에 기인한 경우, ⓒ 명시나 묵시담보의 충족을 위한 경우, ⓓ 선박이나 보험의 목적물의 안전을 위한 경우, ⓔ 인명이나 인명이 위험에 처한 조난선을 구조하기 위한 경우, ⓕ 선내에 있는 자의 내과 또는 외과적 치료를 위한 경우, ⓖ 피보험위험인 선장이나 선원의 악행에 의한 경우이다. 이러한 사유가 중지된 경우에는 선박은 상당히 신속하게 원항해로 복귀하여 항해를 수행하여야 한다. 이와 같이 영법에서는 항해를 대상으로 지연이 부당하게 된 때 보험자의 책임이 해제된다. 반면에 이 조항에서는 피보험자가 상당히 신속하게 행동할 것을 요구하고 있으며, 그것도 피보험자가 좌우할 수 있는 상황에만 국한하고 있다. 운송과정의 대부분이 화주인 피보험자가 재배할 수 없는 상황이기 때문에 MIA 제49조 1항 a호(보험증권의 특별조건에 의해 인정되는 경우)의 근거로서 Transit Clause 와 Termination of Adventure Clause에 의해 보험증권의 특별조건으로 규정되어 있다.

유의사항조항

NOTE. - It is necessary for the Assured when they become aware of an event which is "held covered" under this insurance to give prompt notice to Underwriters and the right to such cover is dependent upon compliance with this obligation.

* 유의사항 : 피보험자가 이 보험에 의거 담보의 계속을 받는 사유의 발생을 알았을 때에는 지체없이 그 요지를 보험자에게 통지함을 요하며, 담보를 계속 받을 수 있는 권리는 이 의무의 이행여부에 달려있다.

✦포획(capture) : 선박, 적화 또는 재산권을 그 소유자 또는 기타 관리자로부터 점유의 탈취를 의미(국제법상의 포획뿐만 아니라 불법적인 포획까지도 포함.)
나포(seizure) : 포획보다 넓은 뜻(강제적인 점유탈취행위).
강류(arrest), 억지(restraint), 억류(detainment) ; 소유자에게 돌려줄 의사를 가진 재산의 일시적인 유치를 말함(정부에 의한 선박의 징발, 외국정부에 의한 출항금지 등). 그러나 이 약관에서는 관세당국에 의한 압류는 담보 안함.
적대행위 또는 군사적 행위(warlike operation) : 전쟁을 수행하기 위한 일체의 행위(미사일, 폭탄, 포탄, 어뢰, 기뢰와의 접촉, 적국인이 선박에 장치한 폭탄으로 인한 폭발과 화재 등).
해적행위(piracy) : 해안에서 선박을 습격하는 폭도포함.

5. Institute War Clause (구 협회전쟁약관)

전쟁위험 및 동맹파업위험은 (구)증권 난외에 있는 포획・나포부 담보약관과 동맹파업소요폭동부 담보약관, 그리고 (구)ICC가 보험증권에 첨부된 경우에는 그 제12조 포획・나포부 담보약관, 제13조 동맹파업소요폭동부 담보약관에 의해 모두 면책된다. 그러나 실제로 전쟁 중인 지역이나 전쟁이 발발할 가능성이 있는 지역을 항행하는 경우에는 전쟁위험을 담보받을 필요가 있다. 동맹파업의 경우에도 마찬가지이다. 따라서 실무적으로는 전쟁위험과 동맹파업위험이 단일할증보험료의 지급으로 동시에 부보되는 것이 보통이다.

1) RISKS COVERED(담보위험)

전쟁, 내란, 혁명, 모반, 반란 또는 이로 인하여 발생한 국내투쟁, 교전국에 의하여 또는 교전국에 대하여 행해진 적대행위로 인한 보험의 목적의 멸실 또는 손상을 담보한다. 또한 이와 같이 담보되는 위험으로 인한 포획, 나포, 강류, 억지 또는 억류 및 그러한 행위의 결과 또는 그러한 행위의 기도에 의한 보험목적물의 손상이나 멸실 등에 대해서도 담보하며 유기된 지뢰, 어뢰, 폭탄 또는 기타의 유기된 전쟁무기에 의한 보험목적의 손상이나 멸실도 담보한다.

단독해손부 담보조건으로 한 보험은 단독해손부 담보조건의 약관에서 담보되는 위험으로부터 생길 손실을 피하기 위하여 또는 피함에 관련하여 발생한 공동해손 및 구조비를 담보한다. 이때, 공동해손 및 구조비의 정산 또는 결정은 해상운송계약 및 또는 준거법 및 관례를 따른다. 이 약관에서 사용하는 용어의 의미는 다음과 같다.

2) EXCLUSIONS(면책조항)

여하한 경우에도 단독해손부 담보조건 아래에서는 다음과 같은 손해를 담보하지 아니한다.

① 피보험자의 고의적 비행에 기인한 멸실, 손상 또는 비용보험의 목적의 통상의 누손, 중량 또는 용적상 통상의 손실 및 통상의 자연소모. ② 화물의 포장 또는 준비의 불완전 또는 부적합으로 인하여 발생한 멸실, 손상 또는 비용. ③ 화물의 고유의 하자 또는 성질로 인하여 발생한 멸실, 손상 또는 비용과 지연이 피보험위험으로 인하여 발생된 경우일지라도 지연을 근인으로 하여 발생한 멸실, 손상 또는 비용(단독해손부 담보조건의 약관에서 담보되는 위험으로부터 생길 손실을 피하기 위하여 또는 피함에 관련하여 발생한 공동해손 및 구조비처럼 지급할 비용은 제외함), ④ 본선의 소유자, 관리자, 용선자 또는 운항자의 지불불능 또는 재정상의 채무불이행으로부터 생긴 멸실, 손상 또는 비용항해 또는 해상운송의 상실 또는 중단에 의거한 일체의 보상청구, 원자력 또는 핵의 분열 및 또는 융합 또는 이와 유사한 반응 또는 방사능이나 방사성물질을 응용한 무기의 적대적 사용으로 인하여 발생한 멸실, 손상 또는 비용, ⑤ 선박 또는 부선의 불내항, 보험의 목적의 안전운송을 위한 선박, 부선, 운송용구, 컨테이너 또는 리프트밴의 부적합(단, 보험의 목적을 적재할 때에 피보험자 또는 그 사용인이 그와 같은 불내항 또는 부적합을 알고 있을 경우에 한함).

그러나 비록 선박의 내항성에 대한 묵시담보 위반이 발생했을 지라도 피보험자 또는 그 사용인이 그러한 불내항 또는 부적합을 알지 못한 경우에는, 선박의 내항 및 보험의 목적을 목적지로 운송하기 위한 묵시담보(선박의 적합성)의 일체의 위반에 대하여 보험자는 자신의 권리인 면책조항을 적용하지 않는다.

3) DURATION(보험기간)

단독해손부 담보조건으로 한 이 보험은 화물과 화물의 일부가 외항선에 적재될 때에 보험이 개시되고, 화물과 화물의 일부가 최종 양화항 또는 양화장소에서 외항선으로부터 양화될 때, 그리고 최종 양화항 또는 양화 장소에 선박이 도착한 경우, 도착한 날의 자정부터 기산하여 15일이 경과한 때 중 어느 한쪽이 먼저 생길 때 종료된다.

그러나 최종 양화항 또는 양화장소에서 선박이 화물을 양화하지 아니하고 최종 목적지가 변경될 경우, 피보험자는 보험자에게 이와 같은 사실을 지체 없이 통지하고 추가보험료를 지급하면 이 보험은 최종 양화항 또는 양화장소에서 화물을 양화하지 아니하고 선박이 그 곳으로부터 항해할 때에 다시 효력을 발생한다. 이때에도 마찬가지로 보험의 목적이 또는 그 일부에 대하여는 그 해당 부분이 최종(또는 그와 대체된) 양화항 또는 양화장소에서 선박으로부터 양화될 때 또는 최종 양화항 또는 양화장소에 선박이 재도착한 날의 자정부터 기산하여 15일이 경과한 때 중 어느 한쪽이 먼저 생길 때 보험이 종료된다. 피보험항해 중 외항선이 보험의 목적을 양화하여 어느 외항선이나 항공기로 계반시키기 위해 중간항구 또는 장소에 도착한 경우, 또는 화물이 피난항 또는 피난장소에서 양화된 경우, 추가보험료를 지급하는 조건으로 이 보험은 그와 같은 항구 또는 장소에 선박이 도착한 날의 자정부터 기산하여 15일이 경과된 때까지 계속되나 그 후 보험의 목적이 또는 그 일부에 대하여는 그 해당부분이 계반외항선 또는 항공기에 적재될 때 다시 효력을 발생한다. 상기 15일의 기간 중 이 보험은 양화 후 화물 또는 화물의 일부가 해당 항구 또는 장소에 있는 동안에만 유효하게 계속된다.

✦외항선이라 함은 어느 항구 또는 장소로부터 다른 항구 또는 장소로 보험의 목적을 운송하는 선박으로서 그러한 항해가 그 선박에 의한 해상항행을 포함하는 경우의 선박을 의미한다.

화물이 상기 15일의 기간 내에 계반되거나 또는 이 보험이 위에서 언급한 규정에 따라 다시 효력을 발생한다면 외항선에 의한 계반의 경우에 이 보험은 해당 약관의 조건에 따라 계속되며, 항공기에 의한 계반의 경우에는 현행협회전쟁약관(항공화물)(우송물 제외)이 이 보험의 일부를 구성하는 것으로 간주될 것이며 항공기에 의한 계반에 적용된다. 만약 운송계약서상 항해가 계약서상에 명시된 목적지가 아니라 다른 항구나 장소에서 종료가 될 때, 해당 항구나 장소는 최종 양화항으로 간주되며 따라서 자동으로 보험기간도 종료된다. 그러나 화물이 본래의 목적지나 혹은 다른 목적지에 가기 위하여 재선적할 경우 피보험자는 그와 같은 운송이 개시되기 전에 보험자에게 통지하고 추가보험료를 지급하는 조건으로 재 부보하면 보험은 다시 효력을 발생한다.

부유 중 또는 수면 하에 잠수된 기뢰 또는 유기된 어뢰위험에 대한 보험은 보험의 목적 또는 그 일부가 외항선으로 또는 외항선으로부터 부선 운송되는 동안에도 연장하여 담보된다. 그러나 보험자의 다른 특별한 동의가 없는 한 여하한 경우에도 외항선으로부터 양화 후 60일을 초과하지 아니한다.

보험자에게 지체 없이 통지하고, 보험자가 요구하는 경우에는 추가보험료를 지급하는 조건으로 이 보험은 일체의 이로 또는 해상운송계약에 의거 선주 또는 용선자에게 부여된 자유재량권의 행사로부터 발행한 일체의 위험의 변경기간 중에도 이 약관의 규정범위 내에서 유효하다. 이 보험이 개시된 후 피보험자에 의하여 목적지가 변경된 경우에는, 보험자에게 지체없이 통지할 것을 조건으로 추후에 협정되어야 할 보험료 및 보험조건에 의하여 담보가 계속된다.

4) CLAIMS(보험금청구)

보험에서 보험사고로 인한 보상금을 받기 위해서는 피보험자는 손해발생시에 보험의 목적에 대한 피보험이익을 가지고 있어야 한다. 피보험손해가 보험계약체결 이전에 발생하였을 지라도 피보험자가 그 손해의 발생사실을 알고 보험자가 몰랐을 경우를 제외하고는 피보험자는 이 보험의 담보기간 중에 생긴 피보험손해에 대하여 보상을 받을 권리가 있다.

이 보험의 피보험화물에 대하여 피보험자가 별도의 증액보험을 부보한 경우, 이 화물의 협정가액은 이 보험 및 이와 동일한 손해를 담보하는 모든 증액보험의 총 보험금액으로 증가된 것으로 간주되며, 이 보험에서의 보상책임은 총 보험금액에 대한 이 보험의 보험금액의 비율로써 부담하게 된다. 그리고 보험금을 청구할 때에는 피보험자는 모든 타보험의 보험금액을 증명할 수 있는 서류를 보험자에게 제출하여야 한다. 만약 이 보험이 증액보험일 경우에는 다음의 약관을 적용한다.

이 화물의 협정가액은 원보험 및 피보험자에 의하여 그 화물에 대해 부보되어 동일한 손해를 담보하는 모든 증액보험의 총 보험금액과 동액으로 간주되며 이 보험에서의 보상책임은 총 보험금액에 대한 이 보험의 보험금액의 비율로써 부담하게 된다. 보험금청구의 경우에는 피보험자는 모든 타보험의 보험금액을 증명할 수 있는 서류를 보험자에게 제출하여야 한다.

5) BENEFIT OF INSURANCE(보험이익)

이 보험은 운송인 및 기타의 수탁자에게 유리하게 이용되어서는 안 된다.

6) MINIMISING LOSSES(손해의 경감)

이 보험에서 보상하는 손해에 관하여 피보험자, 그 사용인 및 그 대리인은 다음 사항을 이행하여야 하는 의무가 있다.

첫째, 손해를 방지하거나 또는 경감시키기 위하여 합리적인 조치를 강구해야 하고, 둘째, 운송인, 수탁자 또는 기타의 제3자에 대한 일체의 권리가 적절히 보존되고 행사되도록 확보하여야 하고 보험자는 이 보험에서 보상하는 손해에 부가하여 상기 의무를 수행함에 있어 적절하고 합리적으로 발생된 비용을 피보험자에게 보상하여야 한다. 셋째, 보험의 목적을 구조하고 보호하고 또는 회복하기 위한 피보험자 또는 보험자의 조치는 위부의 포기 또는 승낙으로 간주되지 아니하며 또한 각 당사자의 권리를 침해하지도 아니한다.

7) AVOIDANCE OF DELAY(지연의 방지)

피보험자는 자기가 좌우할 수 있는 모든 여건 하에 있어서 상당히 신속하게 행동하는 것이 이 보험의 조건이다.

8) LAW AND PRACTICE(법률 및 관례)

이 보험은 영국의 법률 및 관례에 준거한다.

9) NOTE(유의사항)

이 보험에 의거 '계속 담보를 받는' 사유의 발생을 피보험자가 알았을 때에는 지체없이 그 취지를 보험자에 통지해야 하며 계속 보험에 의해 담보를 받을 수 있는 권리는 본 의무의 이행 여부에 달려있다.

6. Institute Strikes Riots and Civil Commotions Clause (협회 (구)동맹파업소요폭동 약관)

✦동맹파업(strike) : 노동자들이 단결하여 노동을 거부하거나 정상적인 노동을 거절하는 것
✦직장폐쇄(lock-out) : 사용자가 노동자들로 하여금 사측의 조건에 응할 때까지 노동을 하지 못하게 하는 것.

이 약관은 1963년 1월 1일부터 개정 실시한 것으로 총 8개조와 유의사항으로 구성되어 있다. 그러나 이 약관은 구협회적화약관의 상당부분과 동일하다. 이를테면 이 약관의 제3조는 구협회적화약관의 운송약관과 동일하며 제4조는 구협회적화약관의 항해변경약관과 동일하고, 제8조는 (구)협회적화약관 제14조 신속조치약관과 동일하다. 또한 맨 마지막의 유의사항도 양쪽이 모두 흡사하다. 따라서 본 교재에서는 제1조와 제2조, 제6조만을 살펴보기로 한다.

1) 담보위험의 범위에 관한 약관

이 보험은 동맹파업자, 직장폐쇄를 당한 노동자 또는 노동분쟁, 소요 또는 폭동에 가담한 자, 악의로 행동하는 자에 의하여 발생한 피보험재산의 멸실이나 손상을 담보한다. **소요**란 사적인 어떤 계획을 수행함에 있어서 이에 반대하는 자에 대항하여 상호 원조하기로 하고 모인 30인 이상의 집단이 일반 대중들에게 공포감을 주는 폭력으로 계획을 실행에 옮기는 격렬한 평화의 교란을 가리키며 그것이 합법적이든 불법적이든 불문한다.[59)]

2) 면책위험 · 손해에 관한 약관

이 약관은 보험의 목적의 지연, 고유의 하자나 성질에 근인하는 손해나 동맹파업, 직장폐쇄, 노동분쟁, 소요 등에 직접 기인하여 발생한 손해에 대해서만 담보한다는 점을 강조하는 규정

이다. 이 약관은 다음 사항을 담보하지 않는다. 따라서 이 약관에 따라 첫째, 동맹파업, 직장폐쇄, 노동분쟁, 소요 등에 따라 노동력이 부족하여 화물이 부두나 선박 또는 중간창고에 잔류되어 운송이 지연되고 그로 인하여 손해가 발생한 경우, 예컨대 육류나 과일이 제때 처리되지 못하여 부패할 경우와 같이, 보험자는 이에 대한 책임을 지지 않는다.

> ① 지연, 피보험재산의 고유의 하자 또는 성질, 동맹파업, 직장폐쇄, 노동분쟁, 소요 또는 폭동기간 중 모든 종류의 노동력의 결핍, 부족 또는 공급방해에 근인하여 발생한 멸실 또는 손상, ② 영국의 법률 및 관례에 비추어 1974년 요오크앤트워프 규칙에 의해 보상을 받을 수 있는 비용을 제외하고 지연으로 인하여 발생한 비용의 청구, ③ 적대행위, 군사적 행동 또는 내란으로 인하여 또는 혁명, 모반, 반란, 또는 이로 인하여 발생한 국내투쟁으로 인하여 발생한 멸실 또는 손상

둘째, 운송의 지연에 따라 발생한 비용을 보험자가 원칙적으로 책임지지 않지만 영국의 법률 및 관례와 요오크앤트워프 규칙에 의해 보험자에게 회수할 수 있는 비용은 보험자가 부담한다. 셋째, 해상보험법상 전쟁위험이 협회동맹파업약관에 의해서 보험자의 부담이 되지 않으므로 이들 위험은 협회전쟁약관을 특약함으로써 보험자의 부담이 될 수 있음을 강조한 것이다.

3) 분손조건부 적용약관

이 약관의 조건에 해당하는 멸실 또는 손상에 대한 보상청구는 분손조건과 관계없이 지급된다. 따라서 보험자는 협회 동맹파업 소요폭동약관에 의거한 보험금청구에 대하여 증권본문의 면책비율약관, 구협회약관의 분손담보약관이나 분손부 담보약관에 있는 일정비율 미만의 단독해손부담보 또는 모든 단독해손부 담보조건과는 관계없이 분손을 보상하여야 한다.

7. (구)협회적화약관의 담보내용과 면책내용

❐ 공통 면책내용

① 통상적으로 발생되는 부족손해 및 자연소모
② 목적물 잠재적 하자 및 고유의 성질
③ 지연을 근인으로 한 손해
④ 해적행위
⑤ 피보험자가 실시한 적재 및 포장불량
⑥ 화물고유의 성질로 인한 습기손해
⑦ 선창내부와 외부의 온도 차이에 의한 습기손해
⑧ 전쟁 및 혁명, 반란으로 인한 적대행위, 제 3자의 동맹파업이나 폭동으로 인한 손해

보험조건 중 분손담보(WA), 분손부담보(FPA)조건은 열거책임주의이므로 이 조건으로 부보하는 경우에는 화물의 종류, 성질, 포장상태 등을 고려하여 추가되는 위험들은 부가위험으로 하여 담보하여야 한다.

▎(구)협회 적화약관의 담보내용

제정 연도 1963	ICC FPA	① 화재, 폭발, 좌초 침몰, 전복, 육상 운송 용구의 전복, 탈선, 충돌 ② 운송용구의 물 이외의 타 물체와의 충돌, 접촉 ③ 피난항에서의 화물의 하역 ④ 공동해손 희생손해 ⑤ 투하 ⑥ 선적/하역 중의 매 포장 단위 당 전손 ⑦ 해상에서의 점유와 탈취 ⑧ 선박 외부로부터의 해수,강물, 호수물의 침수로 인한 전손
	ICC WA (+FPA 포함)	① 선박 외부로부터의 해수 강물, 호수물의 침수로 인한 분손 ② 갑판유실 ③ 악천후로 인한 습기 손해
	ICC A/R (+FPA+WA 포함)	① 지진, 화산의 분화, 낙뢰 ②빗물 ③도난, 좀도둑, 불착, 선장 및 선원의 악행 ④타화물, 기름과의 접촉 ⑤선박 내의 오수와 접촉 ⑥ 선주의 파산, 재정적인 채무 불이행

제3절 협회 적화보험 (신)증권

1. 신(해상적화)보험증권

협화적화약관이란 앞에서 살펴본 바와 같이 런던보험자협회가 제정한 적화보험에 관한 약관을 말한다. ILU에서는 1981년 이전까지 사용한 협회적화보험약관을 (구)약관이라고 부른다. 그러나 (구)협회적화약관은 고어체이고 그 내용이 지나치게 난해한 문장으로 되어 있으며 또한 전위험담보약관(A/R)의 담보범위가 불명확하기 때문에 분쟁이 발생한 경우가 많았을 뿐만 아니라, 분손담보약관과 단독해손부담보약관의 담보범위가 어떻게 다른 것인지가 분명하지 못한 점이 많았다. 이런 이유 때문에 1978년 UNCTAD(UN Conference on Trade and Development)에서 작성한 해상보험에 대한 보고서에 따라 (구)약관을 개정하기로 결정하였다. 이후 1981년 7월 1일 새로이 개정된 협회적화보험약관의 초안을 영국과 기타 국가의 보험회사에 공람시켜 검토하도록 하였으며. 같은 해에 새로운 약관이 확정된 바, 이를 신약관이라 한다. (신)약관에서는 구약관상의 보험조건에 대한 명칭을 구약관의 A/R조건을 ICC(A)로, WA조건을 ICC(B)로, FPA조건을 ICC(C)로 명칭을 변경하였다.

구약관	ICC(FPA)	ICC(WA)	ICC(A/R)	ICC(A/R)(AIR)
신약관	ICC(C)	ICC(B)	ICC(A)	ICC(A)(AIR)

(구)약관에서와 마찬가지로 (신)약관의 (A)에서는 제4조, 제5조 및 제6조에서 규정하고 있는 면책위험 외에 모든 위험을 담보한다는 포괄책임주의(포괄담보)를 채택하고 있으며, (B)와 (C)에서는 열거책임주의를 채택하고 있다. (신)협회적화약관은 화물의 종류별로 특유한 약관이 존재하지만 다수의 화물에 공통으로 적용되는 기본적인 약관으로서는 협회적화약관 ICC[(A), (B), (C)]가 있다. 이들 3개의 기본약관은 다시 담보위험, 면책조항, 보험기간, 보험금청구, 보험이익, 손해경감, 지연의 방지 등 8개 분야로 중분류되고 이들 각각은 세부적으로 모두 19약관으로 구성되어 있다.

그런데 이들 세 가지 적화보험의 기본약관은 제1조 위험약관, 제2조 일반면책약관, 제6조 전쟁면책약관을 제외하고는 모두 동일하다. 제6조 전쟁약관도 (구)증권에서 전쟁위험으로 취급하던 해적위험을 해상위험으로 취급하게 됨에 따라 A조건 괄호 안에 "piracy except"(해적행위 제외)라는 문구가 있으나 B 및 C조건에는 이러한 문구가 없다는 차이만 있다. 그리고 이 (신)약관은 2009년 다시 개정되었다. 따라서 본 교재는 ICC(2009)를 중심으로 ICC(A)에서 전반적인 내용을 살펴보고 ICC(B) 및 ICC(C)에서는 제1조와 제4조의 내용만을 살펴보기로 한다.

1) 신증권의 구성

개정된 (신)보험증권 양식으로서는 새로운 "Lloyd's marine policy form"과 보험회사 양식의 보험증권인 새로운 "ILU companies marine policy form"이 있다. 이들 보험증권의 (신)양식은 (구)양식에 비하여 매우 간결하다. 본문약관 일부를 (신) ICC에 흡수하고 이탤릭 서체약관 전부와 본문약관의 대부분을 삭제하였으며, 피보험이익의 명세는 스케줄란에 일괄하여 기재하도록 했다. 따라서 (신)양식은 ICC를 첨부하지 않으면 보험증권으로서의 구실을 할 수 없게 되었다. 현재 한국은 영국의 해상보험증권을 모방하여 작성한 해상보험증권을 사용하고 있는데 (구)협회적화약관(A/R, WA, FPA)은 손해의 형태를 담보의 기준으로 하고 (신)협회적화약관[ICC(A), ICC(B), ICC(C)]은 손해의 원인을 담보의 기준으로 한다. (신)양식은 크게 본문과 스케줄로 대별된다.

❙ (신)약관의 구성

- 본문약관과 난외(중요)약관에 추가하여 19개 조항의 I.C.C.약관으로 구성
- 본문약관(4개 조항), 난외(중요)약관(3개 조항), I.C.C.(19개 조항)으로 구성
- I.C.C.약관의 제1조인 위험약관(담보위험)이 I.C.C.(A), (B), (C)가 다르며 제4조의 일반면책약관에서 I.C.C.(A)에서는 7가지의 면책위험이, I.C.C. (B), (C)에서는 8가지의 면책위험이 규정.

▎보험약관 해석의 원칙

- 계약당사자의 의사 존중의 원칙
- 증권상의 문언 위주의 원칙
  보험증권만이 해석의 자료가 되며 증권문언 이외의 증거는 인정되지 않는다.
- 수기문언 우선의 원칙
  나중에 삽입된 약관은 먼저부터 있던 약관에 우선한다. 선후의 차가 없는 것은 특별한 것이 보편적인 보통약관 보다 우선한다.
- 작성자 불이익의 원칙

상기의 원칙 모두를 적용해서 해석을 하여도 그 문언이 뜻이 애매해서 여러 가지 해석이 가능할 때에는 작성자, 즉 보험자에게 불리하도록 해석하여야 한다.

본 교재 중간에 삽입된 해상적화보험양식 두 가지 중 (신)양식을 보자.

보험증권이나 선화증권에 미리 인쇄되어 있는 기본적인 약관이다. 특별한 사항을 약정하는 특별약관에 상대되는 개념으로, 본문약관 · 기본약관이라고도 한다. 본래 다양한 내용으로 구성되어 있었으나 1982년 대부분 협회적화약관(ICC)에 통합시키고, 이때 제정된 (신)해상적화보험증권에서는 준거법약관과 타 보험약관 · 약인약관 · 선서약관 등으로 구성되어 있다.

기본적인 사항만을 열거하므로 화물의 성격에 따라서 내용이 불충분할 경우가 많다. 내용을 추가하거나 반대약관을 필요로 할 때에는 이 약관에 스탬프를 찍거나 손으로 직접 내용을 기록하여 정정한다.

만약 수서(手書)와 스탬프 · 인쇄의 내용들이 서로 모순될 경우에는 수서 > 스탬프 > 인쇄의 문언 순서로 우선한다. 이를 수기문언 우선의 원칙이라고 한다. 또한 타약관과의 관계를 살펴보면, 수기문언 > 스탬프약관 > 특별약관 > ICC약관 > 난외약관 > 이탤릭서체약관 > 본문약관 순으로 우선 해석한다.

(1) 명세표

(구)협회증권과 동일하다. 보험계약자가 보험계약시 제출하였던 보험계약청약서의 모든 내용이 여기에 명시되어 있다. 다만, 구본문약관의 문언에 명시되었던 “Goods and Merchandises” 용어가 “Subject-matter Insured”로 바꾸었을 뿐이다.

(2) 중요사항

붉은 글씨로 명시된 중요사항은 크게 3가지로 분류하여 설명하고 있다.

운송인, 수탁자 기타 제3자의 책임으로 피보험자 및 그 대리인은 모든 경우에 손해를 방지하기 위하여 합리적인 조치를 강구하여야 하고 운송인 · 수탁자 또는 기타 제3자에 대한 일체의 권리가 적절히 보존되고 행사되도록 다음 사항들을 이행하여야 한다.

① 분실된 포장에 대하여 즉시 운송인, 항만당국 또는 기타 수탁자에게 보상을 청구해야 한다. ② 화물의 상태가 의심스러운 경우에는 서면으로 이의를 제기한 경우를 제외하고 절대로 무사고수령증을 교부해서는 안 된다. ③ 컨테이너에 적재된 채로 화물이 인도된 경우에는 피보험자 또는 대리인의 책임있는 직원이 즉시 컨테이너 및 봉인을 검사하여야 한다. 그리고 컨테이너 자체가 손상되었거나 봉인의 파손이나 분실 또는 선적서류에 기재된 봉인 이외의 봉인상태로 컨테이너가 인도된 경우에는 그러한 취지를 화물수령증에 기재하고 또 후일의 검증을 위해 훼손된 봉인 또는 규격이 틀린 모든 봉인을 보관하여야 한다. 멸실이나 손상이 명확할 경우에는 바로 운송인이나 기타 수탁자의 대리인들에게 검사를 요구하고 검사에서 밝혀진 모든 멸실 및 손상에 대하여 운송인 기타 수탁자에게 보상청구를 해야 한다. ⑤ 화물을 인수할 때 멸실이나 손상이 명백하지 않을 경우에는 화물인수 후 3일 이내에 운송인이나 기타 수탁인에게 서면으로 통지를 해야 한다. ⑥ 이 밖에도 수탁자 또는 그 대리인은 양륙항에서 항만당국의 제규정을 숙지하여야 한다.

▣ 검정에 관한 지침 : 이 보험 하에서 보상청구할 수 있는 멸실이나 손상이 발생한 경우, 피보험자나 그 수탁인은 이 보험증권이나 증명서에 기재된 보험회사나 그 대리점에 즉시 사고통지하고 검정보고서를 취득하여야 한다.

▣ 보험청구를 위한 필요서류 : 보험청구가 신속하게 처리될 수 있도록 피보험자나 그 대리인은 지체 없이 당해 청구를 입증할 수 있는 모든 구비서류를 제출하여야 한다. 무역실무상 클레임이 발생한 경우 피보험자가 제출해야 하는 서류의 목록이다. 일반적인 사고의 경우에 적용되는 내용이며 개별 사고 상태에 따라 보험자가 추가로 요청하는 서류들이 있다. 실무상 보험자가 지정한 검정인이 피보험자에게 징구하여 보험자에게 전달하는 방법이 보편적으로 사용되고 있다.

국내 시장에서 피보험자가 기본 클레임 서류로 제출해야 하는 것은 보험증권, 상업송장, 포장명세서, 선화증권, claim notice 사본, 검정보고서 등이다. 이외에도 사고의 내용에 따라 추가하여 요청하는 서류는 선적지중량증명서(shipping weight certificate), 화물양화명세서(cargo boat note), 검수표(tally sheet), 양륙보고서(outturn report), 입고증명서(warehouse convention), 양륙지 중량증명서(landing weight certificate), 세관신고서(import declaration), 해난보고서(sea protest), 화물적부도(stowage plan), 제비용 입증자료 등이 있다.

(3) 본문약관

▣ 준거법약관 : 보험증권 본문의 첫 머리에는 준거법약관이 있다. 이 약관은 (구)증권 본문에 있던 준거법 약관을 이어받은 것으로서 **모든 보상청구에 대한 책임과 결제에 대해서만 영국의 법률과 관례에 따를 것을 규정**하고 있다. 그리고 클레임과 관련 없는 보험계약의 체결, 보험료의 수납, 계약의 해지 등에 관해서는 우리나라 상법이 적용된다.

이 약관의 마지막 구절인 “any and all claims”란 실체적 손해, 공동해손부담금, 구조료, 손해방지비용 등의 청구를 의미한다. “all claims”란 실체적 손해, 공동해손부담금, 구조료, 손해방지비용 등의 청구를 의미한다.

▣ 타보험 약관 : 이 약관은 구증권의 타보험약관과 동일하다. 즉, 피보험재산의 멸실 또는 손상이 발생한 때에 그 피보험재산이 화재보험증권 또는 기타 보험증권에 의하여 담보된 경우 또는 이 보험증권이 없었다면 화재보험증권 또는 기타 보험증권에 의하여 담보되었을 경우에는 이 보험은 그러한 피보험재산의 일체의 멸실 또는 손상을 담보하지 아니한

다. 단, 이 보험이 부보되어 있지 아니하였다면 화재보험증권 또는 기타 보험증권에서 지급되었을 금액을 초과하는 금액에 관해서는 그러지 아니한다.

▣ 약인약관 : 이 약관은 구증권의 본문 안에 있던 약인약관을 크게 수정하였다. (구)증권에서는 위험부담의 대가로서 보험료를 확실하게 수령하였음을 확인하였으나 (신)약관에서는 S.G. Policy상의 약인 약관과 달리 보험료의 영수를 인정하지 않고, 보험자에 대한 보험료의 지급을 보험증권의 효력에 대한 전제조건으로 하고 있다. 즉, **보험자와 피보험자가 상호 약인관계에 서서 유효한 계약이 성립**하도록 하고 있다.

▣ 선서약관 : 이 약관은 보험계약을 체결한 증거로서 보험회사의 책임자가 보험증권에 서명하였음을 나타낸 것으로, 구증권의 선서약관과 동일한 내용을 포함하고 있다. 그래서 이 조항은 해상보험계약을 체결한 증거로서 보험자의 책임자가 보험증권에 서명하였음을 규정한 것으로 구증권의 문언과 거의 유사하다. 또한 동일한 해상보험계약에 있어 복수의 보험증권이 발행된 경우 그 중 1부에 대해 손해보상의무가 이행된 경우 나머지 증권은 효력을 상실함을 규정하고 있다.

2. INSTITUTE CARGO CLAUSES (A) (협회적화약관 (A))

1) 담보위험

이 보험에서 보상하는 손해인 담보위험은 아래와 같다.

✦INSTITUTE CARGO CLAUSES (A), (B), (C)의 8개 구성약관 ; 담보위험, 면책조항, 보험기간, 보험금청구, 보험이익, 손해경감, 지연의 방지,

▶ 화재, 폭발 ▶ 본선이나 부선의 침몰, 좌초, 교사 전복 ▶ 육상운송용구의 전복, 탈선 ▶ 본선이나 부선, 그 밖의 운송용구의 물 이외 타 물체와의 충돌, 접촉 ▶ 피난항에서의 하역 ▶ 공동해손, 구조비, 특별비용, 손해방지비용 ▶ 투하 ▶ 지진, 화산의 분화, 낙뢰 ▶ 갑판유실 ▶ 선박, 부선, 선창, 운송용구, 컨테이너 또는 보관장소에의 해수, 호수 또는 강물의 유입 ▶ 본선, 부선에의 선적, 하역 작업 중 바다에 떨어지거나 갑판에 추락한 포장 당 전부손해 ▶ 면책위험을 제외한 그 밖의 모든 위험에 의한 멸실, 손해 (보험의 목적 또는 그 일부에 발생된 일체의 사람들의 불법행위에 의한 손상 또는 고의적인 파괴

이 보험은 보험의 목적의 멸실 또는 손상의 모든 위험을 담보하나 제4조(면책조항), 제5조(불감항 및 부적합 면책약관), 제6조(전쟁면책약관) 및 제7조(동맹파업약관)에 규정한 위험은 제외한다. 이 보험은 제4조(면책조항), 제5조(불감항 및 부적합 면책약관), 제6조(전쟁면책약관) 및 제7조(동맹파업약관)에서 또는 이 보험의 기타 조항에서 제외한 원인 이외의 원인에 의한 손실을 피하기 위하여 또는 피함에 관련하여 발생한 공동해손 및 구조비를 담보하고 공동해손 및 구조비의 정산 또는 결정은 해상운송 계약 및/또는 준거법 및 관례에 따른다.

이 보험에서는 손해보상의 범위를 확장하여 해상화물 운송계약 '쌍방과실충돌' 약관에 의한 피보험자의 부담액 중 보험증권에서 보상을 받을 수 있는 손해에 관한 부분을 지급해준다. 상기약관에 의거 선주로부터 청구를 받았을 경우에는 피보험자는 그 취지를 보험자

✦유의사항 -피보험자가 이 보험에 의거 "계속 담보를 받는" 사유의 발생을 알았을 때에는, 지체없이 그 취지를 보험자에게 통지함을 요하며 계속 담보를 받을 수 있는 권리는 본 의무의 이행 여부에 달려있음.

에게 통지할 것을 약속해야 한다. 보험자는 자기의 비용으로 선주의 청구에 대하여 피보험자를 보호할 권리를 가진다.

그러나 이 약관은 (구)증권 제7조와 그 표현방식만 크게 바뀌었을 뿐이다. 첫째, 비록 공동해손 및 구조비에 대하여 그 정산은 운송계약 또는 준거법 및 관례에 따르도록 하여 (구)약관에 있던 YAR이 삭제되었지만, 많은 나라들이 공동해손에 관해서는 YAR를 따르고 있으므로 실질적인 측면에서 달라진 것은 없다.

둘째, MIA 제65조와 제66조의 적용을 배제하였다. MIA 제65조와 제66조는 피보험위험으로 인한 손해를 피하기 위하여 또는 그 회피와 관련하여 발생한 공동해손 손해 또는 구조비가 아니면 명시의 특약이 없는 한, 그 공동해손 손해, 공동해손분담금 및 구조비를 보험자가 부담하지 않는 것으로 규정하고 있지만 이 약관은 약관상에 명시된 면책위험을 제외하고는 보험자가 모든 공동해손 분담금을 보상할 책임이 있는 것으로 규정함으로써 MIA의 적용을 배제하였다.

2) 면책조항(General Exclusion Clause)

✦준비란 포장이전의 준비작업을 말함. 예) 파손하기 쉬운 화물의 경우 운송기간 중 예상되는 정상적인 취급에 견딜 수 있도록 포장 속에 톱밥을 채워 넣는 것

(신)협회적화약관 ICC(A)에서 일반면책조항은 제4조에 명시되어 있다. ICC(A)에서는 여하한 경우에도 다음 위험에 관하여는 면책위험으로 보험자는 담보하지 아니한다.

▶ 피보험자의 고의적인 위법행위에 기인한 멸실 · 손상 또는 비용 ▶ 통상의 누손, 통상의 중량, 용적의 부족, 자연소모 ▶ 포장의 불완전, 부적합에 따른 멸실, 손상, 비용 ▶ 보험목적물의 고유의 하자 및 성질상의 손해 ▶ 지연으로 인한 손해 ▶ 원자력 · 방사성 물질로 인한 손해 ▶ 본선의 소유자, 관리자, 용선자, 운항자의 지불불능 또는 재정상의 채무불이행으로 인한 손해 ▶ 선박, 부선의 불감항성, 선박, 부선 운송용구 컨테이너 등의 부적합

여기서 주의해야 할 조항은 첫째, 포장의 불완전, 부적합에 따른 멸실, 손상, 비용에 관한 조항으로 이때, 포장 또는 준비는 피보험자 또는 사용인에 의해 실행되건 이 보험의 개시 전에 실행되는 경우에 한한다. 이 조항에 있어서 '포장'에는 컨테이너에 적부하는 것을 포함하고 '사용인'에는 독립계약자를 포함하지 아니한다.

둘째, 지연으로 인하여 발생한 멸실 · 손상 또는 비용에서 공동해손에 의해 지급하는 비용은 제외한다.

셋째, 본선의 소유자 · 관리자 · 용선자 또는 운항자의 파산 또는 재정상의 궁핍으로 인한 멸실 · 손상 또는 비용에 대하여 보험자는 면책이 되나 다만, 보험의 목적을 본선에 적재할 때 피보험자가 그러한 파산 또는 재정상의 궁핍이 그 항해의 정상적인 수행을 방해할 수 있다는 사실을 알고 있었거나 또는 통상의 업무상 당연히 알고 있었을 경우에 한한다.

3) 불감항 및 부적합 면책약관(Unseaworthiness and Unfitness Exclusion Clause)

ICC(A)의 제5조는 불감항 및 부적합 면책에 관한 내용이 규정되어 있다.

여기에 따르면 여하한 경우에도 이 보험은 선박 또는 부선의 불내항, 보험의 목적의 안전운송을 위한 선박, 부선, 운송용구, 컨테이너의 부적합 등으로부터 생긴 멸실, 손상 또는 비용을 담보하지 아니한다. 만약 선박이나 부선, 운송용구, 콘테이너의 부적합 또는 불감항 상태에서 담보가 되었다고 한다면 이는 보험의 목적을 적재할 때에 보험자는 모르고 피보험자 또는 그 사용인이 그와 같은 불내항 또는 부적합을 은밀하게 알고 있을 경우다.

그러나 피보험자 또는 그 사용인이 선박이나 부선, 운송용구, 컨테이너의 부적합 또는 불감항을 알지 못한 경우에 한하여 보험자는 선박의 내항 및 보험의 목적을 목적지로 운송하기 위한 선박의 적합에 대한 묵시담보의 일체의 위반에 대하여 보험금을 지급한다.

4) 전쟁면책약관(War Exclusion Clause)

ICC(A)의 제6조는 전쟁면책에 관한 내용이 규정되어 있다. ICC(A)의 전쟁면책약관에 의하면 여하한 경우에도 이 보험은 다음의 사유로 인하여 발생한 멸실, 손상 또는 비용을 담보하지 아니한다.

▶ 전쟁, 내란, 혁명, 모반, 반란 또는 이로 인하여 발생한 국내투쟁, 교전국에 의하여 또는 교전국에 대하여 행해진 적대행위 ▶ 포획, 나포, 강류, 억지 또는 억류(해적행위 제외) 및 그러한 행위의 결과 또는 그러한 행위의 기도 ▶ 유기된 기뢰, 어뢰, 폭탄 또는 기타의 유기된 전쟁무기

이 약관은 3개항으로 구성되어 있다. 이 약관에 열거된 각종 위험으로 인하여 발생한 멸실・손상 또는 비용은 보험자가 담보하지 않는다. 따라서 피보험자는 전쟁위험을 담보받기 위해서는 전쟁담보특약인 “Institute War Clause(IWC)”를 별도로 첨부하여야 한다.

또한 제6조 2항에서의 해적행위제외(piracy excepted)라는 문구에서 해적행위는 해적의 가해행위인 강탈・파괴・방화 등의 행위를 뜻한다. 이전에는 이러한 해적행위는 전쟁위험으로 취급하여 왔으나 신 ICC에서는 이를 해상위험으로 취급함으로 ICC(A)에서는 해적행위를 보험자가 당연히 담보하고 ICC(B) 및 ICC(C)에서는 ‘piracy excepted’라는 문구가 없음으로 특약이 없는 한 담보하지 않는다.

5) 동맹파업약관(Strikes Exclusion Clause)

ICC(A)의 제7조는 동맹파업면책에 관한 내용이 규정되어 있다. 이의 동맹파업면책약관에 의하면 여하한 경우에도 이 보험은 다음의 멸실, 손상 또는 비용을 담보하지 아니한다.

▶ 동맹파업자, 직장폐쇄를 당한 노동자 또는 노동분쟁, 소요 또는 폭도에 가담한 자에 의하여 발생한 것 ▶ 동맹파업, 직장폐쇄, 노동분쟁, 소요 또는 폭동의 결과로 생긴 것 ▶ 일체의 테러행위, 즉 합법적 또는 불법적으로 설립된 일체의 정부를 무력 또는 폭력으로 전복 또는 영향력을 미치기 위하여 행동하는 조직을 대신하여 또는 그 조직과 연대하여 행동하는 자의 행위에 의한 것 ▶ 정치적, 사상적 또는 종교적 동기에 의하여 행동하는 자에 의하여 발생한 것

이 약관은 첫째, (구)증권의 'FSR & CC Clause'를 'Strikes Exclusion Clause'로 변경하였다. 그리고 'FS. & CC Clause'에 없었던 테러리스트 또는 정치적 동기로 행동하는 자에 의하여 발생한 멸실, 손상 또는 비용을 추가하였다. 이는 최근 세계적으로 확산되고 있는 테러리스트에 의해 발생하는 손해를 담보할 목적이다.

ICC(2009)약관의 제7조 제3항은 테러리스트로 인한 손해로 한정하지 않고 테러행위 전반을 가리키는 일체의 테러행위(terrorism)로 인한 손해에 대하여 면책되는 것으로 규정하면서 테러행위를 다시 정의하고 있다. 이는 1993년 영국의 재보험(테러행위)법 [UK Reinsurance(Acts of Terrorism) Act 1993]에 있는 정의에 따라 새로운 테러행위의 인과관계를 명확히 하려는 의에서 도입된 것이다. 또 제4항은 정치적 및 사상적 동기를 언급하고 있는 미국협회의 규정을 따르고 있고 나아가 종교적인 동기까지 포함시켰다. 더욱이 이러한 면책은 단독 행동가(lone operator)의 행위에도 적용된다. 그리고 이 약관에서는 이들 면책위험과 관련하여 피보험자가 입게 되는 비용손해도 담보하지 않는다. 예를 들면 운송인이 예정된 양륙항이 동맹파업 중이어서 화물을 양륙하지 못하고 인근 타 항구에서 양륙한 경우, 제12조의 계속운반비용약관도 불구하고 원래의 목적지로 계속 운반하기 위한 비용을 보상해 주지 않는다.

6) 보험기간(운송약관 ; Transit Clause)

앞에서 언급하였으므로 그 설명을 생략하고자 한다.

7) 보험기간(운송종료약관 ; Termination of Contract of Carriage Clause)

앞에서 언급하였으므로 그 설명을 생략하고자 한다.

8) 보험기간(항해변경약관 ; Change of Voyage Clause)

이 보험의 개시 후 목적지가 피보험자에 의하여 변경된 경우에는 보험자에게 지체없이 통지할 것을 조건으로 추후에 협정되어야 할 보험료 및 보험조건에 의하여 담보가 계속된다. 이 약관에 대한 설명을 앞에서 언급하였으므로 생략하기로 한다.

9) 보험금청구(피보험이익약관 ; Institute Interest Clause)

ICC(A)의 제11조는 보험금청구에 관한 내용으로서 피보험이익에 관한 약관에 해당한다. ICC(A)의 피보험이익에 관한 약관으로서 이 보험에서 보상을 받기 위해서는 피보험자는 손해발생시 보험의 목적에 대한 피보험이익을 갖고 있지 않으면 안 된다.

그러나 이 규정에 의하여 피보험손해가 보험계약 체결이전에 발생하였을지라도 피보험자가 그 손해의 발생사실을 알고 보험자가 몰랐을 경우를 제외하고는 피보험자는 이 보험의 담보기간 중에 생긴 피보험손해에 대하여 보상을 받을 권리가 있다.

이 약관은 구증권의 본문에 있던 소급약관과 MIA 제6조 1항의 규정을 흡수하여 신설한 것으로서 피보험이익이 존재하는 시기를 규정하고 있으며 소급보험의 효력을 인정하기 위한 약관이다.

10) 계반비용약관(Forwarding Charges Clause)

ICC(A)의 제12조 계반비용약관에 의하면 이 보험으로 담보되는 위험이 발생한 결과로, 피보험운송이 이 보험에서 담보되는 보험의 목적이 목적지 이외의 항구 또는 지역에서 종료될 경우에, 보험자는 보험의 목적을 양화하고, 보관하고, 이 보험증권에 기재된 목적지로 계반함으로 인하여 적절하고 합리적으로 발생한 추가비용을 피보험자에게 보상하여야 한다.

이 제12조는 공동해손 또는 구조비에는 적용되지 아니하고, 위에서 언급한 제4조 일반면책조항과 제5조 불감항 및 부적합면책조항, 제6조 전쟁면책조항, 제7조 동맹파업면책조항에 규정된 면책규정의 적용을 받으며 또한 피보험자 또는 그 사용인의 과실, 태만, 지불불능 또는 재정상의 채무불이행으로부터 생긴 비용을 포함하지 아니한다.

이 약관은 실무상으로 담보해 오던 것을 명문화한 것으로 (구)증권의 손해방지약관 하에서 보험자가 계속 운반비용을 보상할 책임이 있는가를 명확히 하려고 이 약관을 첨가하였다. 보험증권상 담보되는 위험의 발생결과로서 피보험항해가 원래의 목적지 이외의 항구나 지역에서 종료된 경우, 피보험자는 추정전손으로서 위부를 하고 전손금을 청구할 수 있으므로 보험자는 화물을 양륙보관하고 원래의 목적지까지 계속 운반하는 데 필요한 비용으로서 합리적으로 지출된 비용을 보상해야 한다.[60] 다만 이때 운송인은 제4조 일반면책약관이나 제5조 불감항 및 부적합 면책약관, 제6조 전쟁면책약관 및 제7조 동맹파업면책약관에 규정된 면책사유에 해당되지 않아야 한다. 그리고 공동해손과 구조비에 대하여 언급하고 있는 것은 공동해손이 성립한 경우 보험자가 직접 계속운반비용을 보상할 책임이 없고, 피보험자가 공동해손 분담금에 의하여 조성된 기금에 보상을 청구하여야 한다는 것을 강조하기 위한 것이다.

11) 추정전손약관(Constructive Total Loss Clause)

ICC(A)의 제13조 추정전손약관에 의하여 추정전손에 대한 보험금 청구는 보험의 목적의 현실전손이 불가피하다고 생각될 때, 또는 보험의 목적을 회복시켜 거기에 손질을 하고, 그것을 담보목적지까지 계속 운반하는데 소요되는 비용이 그 목적지에 도착했을 때의 보험의 목적의 가액을 초과할 것 같기 때문에 보험의 목적을 정당하게 위부하지 않는 한, 이 보험증권하에서 보상되지 아니한다.

12) 증액약관(Increased Value Clause)

ICC(A)의 제14조의 증액약관에 의하여 이 보험의 피보험화물에 대하여 피보험자가 별도의 증액보험을 부보한 경우에는 이 화물의 협정가액은 이 보험 및 이와 동일한 손해를 담보하는 모든 증액보험의 총 보험금액으로 증가된 것으로 간주되며, 이 보험에서의 보상책임은 총 보험금액에 대한 이 보험의 보험금액의 비율로써 부담하게 된다. 보험금을 청구할 때에는 피보험자는 모든 타 보험의 보험금액을 증명할 수 있는 서류를 보험자에게 제출하여야 한다.

이 보험이 증액보험일 경우에는 이 화물의 협정가액은 원보험 및 피보험자에 의하여 그 화물에 대해 부보되어 동일한 손해를 담보하는 모든 증액보험의 총 보험금액과 동액으로 간주되며 이 보험에서의 보상책임은 총 보험금액에 대한 이 보험의 보험금액의 비율로써 부담하게 된다. 보험금청구의 경우에는 피보험자는 모든 타 보험의 보험금액을 증명할 수 있는 서류를 보험자에게 제출하여야 한다.

▶ A보험회사에 US$ 1,500,000로 부보된 제품의 가격이 등귀함에 따라 수입업자가 다시 B보험회사에 US&500,000의 증액보험을 부보하였고 보험사고로 인하여 US$1,000,000의 손해가 발생하였으면 보험자의 부담액은 다음과 같다.

A 보험자 : US$1,500,000 × US$1,000,000 / US$2,000,000 = US$750,000
B 보험자 : US$ 500,000 × US$1,000,000 / US$2,000,000 = US$250,000

13) 보험이익(Not to Insure Clause)

이 보험계약을 체결하거나 또는 자기를 위해 체결된 자로서, 또는 양수인으로서 보험금을 청구하는 자를 포함하는 피보험자를 대상으로 한다. 확장 또는 기타 방법에 의해 운송인 및 기타 수탁자에게 유리하게 이용되어서는 안 된다.

14) 손해경감(MINIMIZING LOSSES)

이 보험에서 보상하는 손해에 관하여 피보험자, 그 사용인 및 그 대리인은 ① 먼저 손해를 방지하거나 또는 경감시키기 위하여 합리적인 조치를 강구하여야 하고, ② 운송인, 수탁자 또는 기타의 제3자에 대한 일체의 권리가 적절히 보존되고 행사되도록 확보하여 놓는 것, 그리고 보험자는 이 보험에서 보상하는 손해에 부가하여 상기의무를 수행함에 있어 적절하고 합리적으로 발생된 비용을 피보험자에게 보상한다.

이 약관은 (구)증권의 수탁자약관이 피보험자 등의 의무만을 규정하고 그 의무이행에 소요되는 비용에 대해서는 규정하지 않은 점을 수정하고 보완하여 손해방지약관에 따라 그러한 의무를 수행하는 과정에서 발생하는 적절하고 합리적인 비용을 보험자가 부담하는 것으로 명시하였다. 또한 손해방지의무자의 범위를 확장시켜 사용인을 포함하였다.

15) 포기약관(Waiver Clause)

보험의 목적을 구조하고 보호하고 또는 회복하기 위한 피보험자 또는 보험자의 조치는 위부의 포기 또는 승낙으로 간주되지 아니하며 또한 각 당사자의 권리를 침해하지도 아니한다.

16) 지연의 방지(AVOIDANCE of DELAY)

피보험자는 자기가 좌우할 수 있는 모든 여건하에 있어서 상당히 신속하게 행동하는 것이 이 보험의 조건이다.

17) 영국법률 및 관례약관(English Law and Practice Clause)

이 보험은 영국의 법률 및 관례에 준거한다.

3. INSTITUTE CARGO CLAUSES (B)/(C)[협회적화약관 (B) 및 (C)]

ICC(A), (B) 및 (C)는 모두 19개 약관으로 구성되어 있으나 그 내용을 살펴보면 제1조와 제4조만 제외하고 모두 동일하므로 본 교재에서는 ICC(A)와 동일한 약관을 생략하고 제1조 위험약관과 제4조 일반면책약관의 내용만을 살펴보기로 한다.

1) 담보위험

(1) ICC(B)상의 담보위험

이 보험은 위험에 정당하게 기인된 보험의 목적의 멸실 또는 손상으로서 아래와 같은 손해를 담보하나 단, 제4조 일반면책조항과 제5조 불감항 및 부적합면책조항, 제6조 전쟁면책조항, 제7조 동맹파업면책조항에 규정된 손해는 담보하지 않는다.

✦ICC(B) 및 (C) 공통의 면책사유 : 보험의 목적 또는 그 일부에 발생된 일체의 사람들의 불법행위에 의한 고의적인 손상 및 고의적인 파괴에 대해서 보험자는 책임을 지지 아니한다

▶ 화재, 폭발 ▶ 본선이나 부선의 침몰, 좌초, 교사 전복 ▶ 육상운송용구의 전복, 탈선 ▶ 본선이나 부선, 그 밖의 운송용구의 물 이외 타 물체와의 충돌, 접촉 ▶ 피난항에서의 하역 ▶ 공동해손희생, 투하로 인한 보험목적의 멸실 또는 손상 ▶ 지진, 화산의 분화, 낙뢰 ▶ 갑판유실 ▶ 선박, 부선, 선창, 운송용구, 컨테이너 또는 보관장소에서의 해수, 호수 또는 강물의 유입 ▶ 본선, 부선에의 선적, 하역작업 중 바다에 떨어지거나 갑판에 추락한 포장 당 전부손해

(구)협회약관 WA조건과 거의 동일한 조건이나, WA조건에서는 보상하지 않는 지진, 화산의 분화, 낙뢰로 인한 손해를 보상한다.

(2) ICC(C)상의 담보위험

이 보험은 다음 위험에 정당하게 기인된 보험의 목적의 멸실 또는 손상으로서 다음의 손해를 담보하나 단, 제4조 일반면책조항과 제5조 불감항 및 부적합면책조항, 제6조 전쟁면책조항, 제7조 동맹파업면책조항에 규정된 손해는 담보하지 않는다.

▶ 화재, 폭발 ▶ 본선이나 부선의 침몰, 좌초, 교사 전복 ▶ 육상운송용구의 전복, 탈선 ▶ 본선이나 부선, 그 밖의 운송용구의 물 이외 타 물체와의 충돌, 접촉 ▶ 피난항에서의 하역 ▶ 공동해손 희생, 투하로 인한 보험목적의 멸실 또는 손상

(구)협회약관 FPA조건과 거의 동일한 조건으로 (신)약관에서 가장 담보범위가 작은 보험조건이다. FPA조건과 다른 점은 FPA에서는 선적, 환적 또는 하역 작업 중 화물의 포장 당 전손은 보상되나, ICC(C)에서는 보상되지 않는다.

2) 면책위험

(1) ICC(B)/ICC(C)상의 면책위험

어떠한 경우에도 이 보험은 다음 손해를 담보하지 않는다.

▶ 피보험자의 고의적인 위법행위에 기인한 멸실 · 손상 또는 비용 ▶ 통상의 누손, 통상의 중량 · 용적의 부족, 자연소모 ▶ 포장의 불완전, 부적합에 따른 멸실, 손상, 비용 ▶ 보험목적물의 고유의 하자 및 성질상의 손해 ▶ 지연으로 인한 손해 ▶ 원자력 · 방사성 물질로 인한 손해 ▶ 본선의 소유자, 관리자, 용선자, 운항자의 지불불능 또는 재정상의 채무불이행으로 인한 손해

포장의 불완전, 부적합에 따른 멸실, 손상, 비용은 이 보험의 대상이 되는 운송에서 통상 발생하는 사고에 견딜 수 있도록 보험의 목적의 포장 또는 준비를 완전하고 적절하게 하지 않음으로 인하여 발생한 멸실 · 손상 또는 비용을 말한다. 다만, 그러한 포장 또는 준비가 피보험자 또는 사용인에 의해 실행되거나 이 보험의 개시 전에 실행되는 경우에 한한다. 이 조항에서 '포장'에는 컨테이너에 적부하는 것을 포함하고 '사용인'에는 독립계약

자를 포함하지 않는다.

지연으로 인한 손해는 지연이 피보험위험으로 인하여 발생한 경우에도 지연으로 인하여 발생한 멸실·손상 또는 비용은 책임지지 않는다.

본선의 소유자, 관리자, 용선자, 운항자의 지불불능 또는 재정상의 채무불이행으로 인한 손해는 본선의 소유자, 관리자, 용선자, 운항자의 파산 또는 재정상의 궁핍으로 인한 멸실·손상·비용으로 다만 보험의 목적을 본선에 적재할 때 피보험자가 그러한 파산 또는 재정상의 궁핍이 그 항해의 정상적인 수행을 방해할 수 있다는 사실을 알고 있었거나 또는 통상의 업무상 당연히 알고 있었을 경우에 한한다.

이 면책규정은 구속력 있는 계약에 따라 선의로 보험의 목적을 구입한 자 또는 구입하는 것에 동의한 자에 보험계약이 양도되어 그 자가 이 보험에 의해 보험금을 청구하는 경우에는 적용되지 아니한다.

4. 협회(신)전쟁약관(Institute War Clauses)

✦①은 해상운송에 적용되는 약관이고 ②는 항공화물 운송에 관한 것이며 ③은 우편물에 적용되는 약관이다. ①②③을 별도로 제정한 이유는 운송특성상 각각 다르기 때문임.

전쟁위험에 관하여 ICC(A), ICC(B), ICC(C)에서는 모두 보험자를 면책한다. 따라서 피보험자는 전쟁위험을 담보하기 위해서 협회전쟁약관을 첨부하여야 한다. (신)협회전쟁약관에는 ① Institute War Clauses(Cargo), ② Institute War Clauses(Air Cargo)(excluding sending by post), ③ Institute War Clauses(sending by post)와 같이 3종이 있다.

(신)협회전쟁약관(이하 IWC라 한다)에는 (신)ICC상에 있는 약관 중 이들 약관에 불필요한 것을 제외하고 ICC 내용과 동일한 것을 그대로 IWC에 중복하여 규정하고 있다. 따라서 본 교제에서의 IWC의 설명은 ICC와 동일한 내용에 대해서는 생략하고 이들 약관에 특유한 사항에 대하여만 설명하기로 한다.

1) 담보위험(RISK COVERED)

✦본조항 3.3에 있어서 "포장"이라 함은 콘테이너 또는 운송용구에 적부하는 것을 포함하는 것으로 간주함. 단, 그와 같은 적부는 이 보험의 개시전에 행하여지거나 또는 피보험자 또는 그 사용인에 의하여 행하여진 경우에 한함.

이 보험은 제3조 쌍방과실충돌약관과 일반면책약관에 규정한 위험은 제외하고 다음의 위험으로 인한 보험의 목적의 멸실 또는 손상을 담보한다.

▶전쟁, 내란, 혁명, 모반, 반란 또는 이로 인하여 발생한 국내투쟁, 교전국에 의하여 또는 교전국에 대하여 행해진 적대행위 ▶상기에서 담보되는 위험으로 인한 포획, 나포, 강류, 억지 또는 억류 및 그러한 행위의 결과 또는 그러한 행위의 기도본선이나 부선의 침몰, 좌초, 교사, 전복 ▶유기된 지뢰, 어뢰, 폭탄 또는 기타의 전쟁무기 ▶이 보험은 이 약관에서 담보되는 위험으로부터 생길 손실을 피하기 위하여 또는 피함에 관련하여 발생한 공동해손 및 구조비를 담보한다. 이때 공동해손 및 구조비의 정산 또는 결정은 해상운송계약 및/ 또는 준거법 및 관례를 따른다.

이 약관에 의하여 보상하는 손해는 전쟁이나 적대행위 등으로 생기는 포획, 나포, 강류 등으로 한정한다. 그 이유는 상기에서 담보되는 위험으로 인한 포획, 나포, 강류, 억지 또는 억류 및 그러한 행위의 결과 또는 그러한 행위의 기도의 멸실 또는 손상을 담보하기 때문이다. 따라서 종래 전쟁위험으로 간주되던 "평화시의 국가권력의 발동으로 발생하는 포획, 나포 등"은 더 이상 전쟁위험으로 간주되지 않게 되었다.

2) 면책조항(EXCLUSIONS)

여하한 경우에도 이 보험은 다음의 손해를 담보하지 아니한다.

▶ 피보험자의 고의적인 위법행위에 기인한 멸실 · 손상 또는 비용 ▶ 통상의 누손, 통상의 중량 · 용적의 부족, 자연소모 ▶ 포장의 불완전, 부적합에 따른 멸실, 손상, 비용 ▶ 보험목적물의 고유의 하자 및 성질상의 손해 ▶ 지연으로 인한 손해 ▶ 원자력 · 방사성 물질로 인한 손해 ▶ 본선의 소유자, 관리자, 용선자, 운항자의 지불불능 또는 재정상의 채무불이행으로 인한 손해

포장의 불완전, 부적합에 따른 멸실, 손상, 비용은 이 보험의 대상이 되는 운송에서 통상 발생하는 사고에 견딜 수 있도록 보험의 목적의 포장 또는 준비를 완전하고 적절하게 하지 않음으로 인하여 발생한 멸실 · 손상 또는 비용을 말한다. 다만, 그러한 포장 또는 준비가 피보험자 또는 사용인에 의해 실행되거나 이 보험의 개시 전에 실행되는 경우에 한한다. 이 조항에서 '포장'에는 컨테이너에 적부하는 것을 포함하고 '사용인'에는 독립계약자를 포함하지 않는다.

지연으로 인한 손해는 지연이 피보험위험으로 인하여 발생한 경우에도 지연으로 인하여 발생한 멸실 · 손상 또는 비용은 책임지지 않는다.

본선의 소유자, 관리자, 용선자, 운항자의 지불불능 또는 재정상의 채무불이행으로 인한 손해는 본선의 소유자, 관리자, 용선자, 운항자의 파산 또는 재정상의 궁핍으로 인한 멸실 · 손상 · 비용으로 다만 보험의 목적을 본선에 적재할 때 피보험자가 그러한 파산 또는 재정상의 궁핍이 그 항해의 정상적인 수행을 방해할 수 있다는 사실을 알고 있었거나 또는 통상의 업무상 당연히 알고 있었을 경우에 한한다.

이 면책규정은 구속력 있는 계약에 따라 선의로 보험의 목적을 구입한 자 또는 구입하는 것에 동의한 자에 보험계약이 양도되어 그 자가 이 보험에 의해 보험금을 청구하는 경우에는 적용되지 아니한다. 또 어떠한 경우에도 이 보험은 다음 사유로부터 발생한 멸실 · 손상 또는 비용을 담보하지 아니한다.

▶ 선박 또는 부선의 불감항 또는 부적합을 사전에 피보험자가 알고 있었을 경우 ▶ 사전에 피보험자가 컨테이너 또는 운송용구의 부적합함을 알고 있었을 경우

이 면책규정은 구속력 있는 계약에 따라 선의로 보험의 목적을 구입한 자 또는 구입하는 것에 동의한 자에 보험계약이 양도되어 그 자가 이 보험에 의해 보험금을 청구하는 경우에는 적용되지 아니한다.

보험자는 선박의 감항 및 보험의 목적을 목적지로 운송하기 위한 선박의 적합에 대한 묵시담보의 위반에 대하여 보험자의 권리를 포기한다.

표 5-3. ICC와 IWC약관의 비교

구 분		ICC 약관번호	IWC	
약관구분	약관 명		약관번호	ICC와 일치 여부
담보위험	위험약관	1	1	x
	공동해손약관	2	2	동일
	쌍방과실충돌약관	3	–	
면책조항	일반면책약관	4	3	x
	불감항,부적합 면책약관	5	4	동일
	전쟁면책약관	6	–	
	동맹파업면책약관	7	–	
보험기간	운송약관	8	5	x
	운송계약종료약관	9	–	
	항해변경약관	10	6	동일
	우선조건약관	–	7	x
보험금 청구	피보험이익약관	11	8	동일
	계반비용약관	12	–	
	추정전손약관	13	–	
	증액약관	14	9	동일
보험이익	보험이익불공여 약관	15	10	동일
손해경감	피보험자의무약관	16	11	동일
	포기약관	17	12	동일
지연방지	신속조치약관	18	13	동일
법률관례	영국법률 및 관례약관	19	14	동일
유의사항	"Held covered" note	footnote	footnote	동일

주 : 약관번호가 없는 것은 해당약관이 없음을 표시한 것이며 동일이라 함은 ICC 내용과 IWC의 내용이 동일하다는 의미이다.

5. 협회동맹파업 (신)약관(Institute Strikes Clauses ; ISC)

동맹파업의 위험에 관하여 ICC(A), ICC(B), ICC(C)에서는 모두 보험자를 면책하고 있다. 따라서 피보험자는 동맹파업위험을 담보하기 위해서 협회동맹파업약관을 첨부하여야 한다. (신)협회동맹파업약관에는 ① Institute Strikes Clauses(Cargo), ② Institute Strikes

Clause(Air Cargo)와 같이 2종이 있다.

(신)협회동맹파업약관(이하 ISC라 한다)에는 신 ICC상에 있는 약관 중 이들 약관에 불필요한 것을 제외하고 ICC 내용과 동일한 것을 그대로 ISC에 중복하여 규정하고 있다. 따라서 본 교제에서의 ISC의 설명은 ICC와 동일한 내용에 대해서는 생략하고 이들 약관에 특유한 사항에 대하여만 해상운송화물(적화)에 적용되는 약관에 우선하여 설명하기로 한다.

1) 담보위험

이 보험은 면책위험에 해당하는 위험을 제외하고 다음 아래에 의하여 발생한 보험의 목적의 멸실 또는 손상의 모든 위험을 담보한다.

▶ 동맹파업자, 직장폐쇄를 당한 노동자 또는 노동분쟁, 소요, 폭동에 가담한 자 ▶ 일체의 테러행위, 즉 합법적 또는 불법적으로 설립된 일체의 정부를 무력 또는 폭력으로 전복 또는 영향력을 미치기 위하여 행동하는 조직을 대신하여 또는 그 조직과 연대하여 행동하는 자의 행위 ▶ 정치적, 사상적 또는 종교적 동기에 의하여 행동하는 자.

이 보험은 **약관에서 담보되는 위험으로부터 생길 손실**을 피하기 위하여 또는 피함에 관련하여 발생한 공동해손 및 구조비를 담보하며 공동해손 및 구조비의 정산 또는 결정은 해상운송계약 및/또는 준거법 및 관례에 따른다.

이 약관은 (신)ICC 제7조 동맹파업약관에서 면책으로 하고 있는 위험을 담보하고 구 'SRCC Clause'가 담보하였던 "악의로 행동하는 자"에 의한 손해를 삭제하였다. 'SRCC Clause'가 담보하였던 "악의로 행동하는 자"에 의한 손해가 (신) ICC에서는 해상위험으로 바꾸었기 때문이다. 그 대신 (신) ICC 제7조에서 면책되었던 테러리스트 또는 정치적 동기로 행동하는 자에 의한 손해가 이 약관에 1.2조에 삽입되었다.

2) 면책조항

동맹파업약관에서 면책되는 위험은 ICC(A) 및 IWC의 그것과 동일하나 새로 두 가지 면책위험이 추가되었다. 새로운 두 가지는 첫째, 동맹파업, 직장폐쇄, 노동분쟁, 소요 또는 폭동으로부터 생긴 모든 종류의 노동력의 결핍, 부족 또는 공급방해로 생긴 멸실, 손상・멸실 또는 비용에 대해서 보험자는 면책되며, 둘째, 전쟁, 내란, 혁명, 모반, 반란 또는 이로 인하여 발생한 국내투쟁, 교전국에 의하여 또는 교전국에 대하여 행해진 적대행위로 인하여 발생한 멸실, 손상 또는 비용 등도 면책된다.

이 약관은 동맹파업자 등에 직접적으로 기인하여 발생한 멸실 또는 손상에 대해서만 담보한다는 점을 강조한 규정이다. 따라서 동맹파업 등의 결과로 피보험자가 입게 되는 모든 비용과 재정상의 손실은 담보하지 않는다. 따라서 이 약관에서는 ICC에 존재하는 계반비용약관이 존재하지 않는다.

표 5-4. ICC와 ISC약관의 면책위험 비교

구 분		ICC 약관번호	ISC	
약관구분	약관 명		약관번호	ICC와 일치 여부
담보위험	위험약관	1	1	x
	공동해손약관	2	2	동일
	쌍방과실충돌약관	3	-	
면책조항	일반면책약관	4	3	x
	불감항,부적합 면책약관	5	4	동일
	전쟁면책약관	6	-	
	동맹파업면책약관	7	-	
보험기간	운송약관	8	5	동일
	운송계약종료약관	9	6	동일
	항해변경약관	10	7	동일
	우선조건약관	-	-	
보험금 청구	피보험이익약관	11	8	동일
	계반비용약관	12	-	
	추정전손약관	13	-	
	증액약관	14	9	동일
보험이익	보험이익불공여 약관	15	10	동일
손해경감	피보험자의무약관	16	11	동일
	포기약관	17	12	동일
지연방지	신속조치약관	18	13	동일
법률관례	영국법률 및 관례약관	19	14	동일
유의사항	“Held covered” note	footnote	footnote	동일

✦〈표 5-4〉에서 주: 약관번호가 없는 것은 해당약관이 없음을 표시한 것이며 동일이라 함은 ICC 내용과 ISC의 내용이 동일하다는 의미이다.

3) 보험기간

동맹파업약관상의 보험기간은 ICC 상의 보험기간과 동일하다. 다만 전쟁위험담보에서와 같이 해상운송 중에만 담보하는 것이 아니라 창고 간을 포함한 전 운송기간을 통하여 담보된다.

▌(신)협회적화약관 담보내용 및 면책내용

제정 연도 2009	구분	내용
제정 연도 2009	ICC (C)	①화재, 폭발, 좌초 침몰, 전복, 육상 운송 용구의 전복, 탈선, 충돌 ②운송용구의 물이외의 타물체와의 충돌, 접촉 ③피난항에서의 화물의 하역 ④공동해손 희생손해 ⑤투하
	ICC (B) (+C 포함)	①선박 외부로부터의 해수 강물, 호수물의 침수로 인한 분손 ②갑판유실 ③선박 외부로부터의 해수 강물, 호수물의 침수로 인한 전손④선적/하역 중의 매포장 단위당 전손 ⑤지진, 화산의 분화, 낙뢰
	ICC (A) (+A+B 포함)	①해상에서 점유와 탈취 ②악천후로 인한 습기손해 ③빗물 ④도난, 좀도둑, 불착, 선장 및 선원의 악행 ⑤타화물, 기름과의 접촉 ⑥선박 내의 오수와 접촉 ⑦선주의 파산, 재정적인 채무 불이행
	면 책	①통상적으로 발생되는 부족손해 및 자연소모 ②목적물 잠재적 하자 및 고유의 성질 ③지연을 근인으로 한 손해 ④선주의 파산 및 재정적인 채무불이행 ⑤피보험자가 실시한 적재 및 포장불량 전쟁 및 혁명, 반란으로 인한 적대행위, 제 3자의 동맹파업이나 폭동으로 인한 손해 ⑥선박 또는 부선의 불감항, 부적합을 피보험자가 알고 있었을 경우 ⑦컨테이너 또는 운송용구의 부적합을 피보험자가 보험개시전에 알고 있거나 피보험자나 그 사용인이 그러한 사실을 알고 있으면서도 적재작업을 했을 경우 ⑧피보험자의 고의적인 위법해위에 따른 멸실·손상 또는 비용

제 4 절 협회 적화보험 (신)약관(2009)

1. 신(해상적화)보험 협회적화약관(2009)

협회적화약관(ICC)은 1912년 최초로 제정되어 해상운송 및 보험환경의 변화에 따라 지속적으로 개정되었다. 1982년 (신)협회적화약관이 새롭게 제정된 지 27년만인 지난 2009년 1월 1일부터 개정되어 현재까지 사용되고 있다.

2009년 1월1일에 개정된 협회적화약관 ICC(A)[Institute Cargo Clauses A]을 1982년 약관과 비교하여 소개한다. (A)약관에 대해 소개한 이유는 (B)약관은 실제 보험계약 업무 중에서 잘 사용하지 않는다, 또 (C)약관은 벌크(bulk)화물 운송에 주로 이용된다. 이는 화물을 적재한 선박이 사고를 발생할 때만 유악하기 때문이다. 예컨대 침몰이나 충돌 등 상황 발생할 때에야 화물손실을 초래할 수 있지만, 철광석처럼 화물 그 자체를 운송하는 중에는 그다지 쉽게 화물이 손상되지 않기 때문이다. 1982년 약관과 2009년 약관에 관한 일반적인 해석이 큰 지장이 없는 일반적인 문자상의 변경이다. 예컨대

- **화물**을 1982년 약관상 goods나 cargo로 표기했지만 2009년 약관에서 subject matter insured로 변경하였다.
- **보험자**는 1982년 약관상 underwriters로 표기했지만 2009년 약관에서 insurers로 변경하였다.
- **사용인**은 1982년 약관상 servant로 표기했지만 2009년 약관에서 employee로 변경하였다.(2009년 약관 제5.1.2조)
- 1982년 약관상 held cover라는 용어를 삭제하고, 대신 보험자로 부터 담보를 받을 수 있는 경우를 명확하게 설명하는 문구로 대체하였다.(2009년 약관 제10.1조)
- 1982년 약관상 not to insure와 같이 불명확한 영문 문자를 더 명확한 영문으로 변경하였다.(2009년 약관 제15조)

ICC(2009)에는 여러 가지 종류가 있고, 특히 화물의 종류별로도 특유의 약관이 있지만, 다수의 화물에 공통적으로 적용되는 기본적인 약관으로서는 다음과 같은 세 가지가 있다.

- Institute Cargo Clauses(A)[ICC(A)]: A Clauses
- Institute Cargo Clauses(B)[ICC(B)]: B Clauses
- Institute Cargo Clauses(C)[ICC(C)]: C Clauses

이들 3개 기본약관은 모두 19개 약관으로 구성되고 있으며, 이를 다시

- 담보위험(risks covered), [1-3조]
- 면책조항(exclusions), [4-7조]
- 보험기간(duration), [8-10조]
- 보험금청구(claims), [11-14조]
- 보험이익(benefit of insurance), [15조]
- 손해경감(minimising losses), [16-17조]
- 지연의 방지(avoidance of delay), [18조]
- 법률 및 관례(law and practice), [19조] 의 8개 setion으로 묶어 배열하고 있다.

그런데 이들 세 가지 적화보험 기본약관은 제1조와 제4조 및 제6조를 제외하고는 그 내용이 동일하다. 그리고 이 중 전쟁면책약관을 규정하고 있는 제6조는 ICC(1963)에서 전쟁위험으로 취급하던 해적위험을 해상위험으로 취급하게 됨에 따라 A조건 괄호 안에 해적행위 제외(piracy expect)라는 문구가 있으나 B 및 C조건에는 이러한 문구가 없다는 점만 차이가 있다.(2009년 약관 제6.2조)

따라서 여기서는 ICC(A)에서 전반적인 내용을 구체적으로 살펴보고, ICC(B) 및 ICC(C)에서는 제1조와 제4조의 내용만을 살펴보기로 한다.

그리고 (신)협회적화약관에는 1982년 약관과 2009년에 개정된 약관이 있는데 여기서 먼저 양 약관의 달라진 점을 간추려 보면 다음과 같다.

❙ 1982년 ICC(A)와 2009년 ICC(A)조건 비교

구 분			실질내용 변경	용어 · 문구 수정	변경사항 없음
약관	1982년 약관	2009년 약관			
담보위험	위험약관	위험		0	
	공동해손약관	공동해손		0	
	쌍방과실충돌약관	쌍방과실충돌약관		0	
면책조항	일반면책약관		0		
	불감항 · 부적합면책약관		0		
	전쟁면책약관				0
	동맹파업약관		0		
보험기간	운송약관	운송약관	0		
	운송계약종료약관	운송계약종료		0	
	항해변경약관	항해변경	0		
보험금 청구	피보험이익약관	피보험이익		0	
	계반비용약관	계반비용		0	
	추정전손약관	추정전손		0	
	증액약관	증액		0	
보험이익	보험이익불공여약관		0		
손해 경감	피보험자의무약관	피보험자의무		0	
	포기약관	포기		0	
지연방지	신속조치약관				0
법률 및 준거법	영국법률 및 준거약관				0
유의사항	"held covered" note			0	

자료: 이시환, 제4판 신무역보험론, 대왕사, 2009, p. 293-294.

위에서 보는 바와 같이 전체 19개 약관 중 전혀 변경이 없는 약관은 3개뿐이고, 일부 용어의 변경과 표현을 명확하게 한 약관이 10개이다. 그리고 실질적으로 내용이 바뀐 약관은 제4조, 제5조, 제7조, 제8조, 제10조 그리고 제15조의 6개 약관이 다. 또 1982년 약관에서는 각 조별로 약관이름을 붙였었으나 2009년 약관에서는 약관명칭이 오히려 혼란을 초래할 수 있다는 이유에서 그 이름을 삭제한 조문이 많다.

2. 2009년 협회(신)적화약관조항의 해설

1) ICC(A)

(1) 담보위험(risks covered)

제1조: Risk(위험)

1982-1

This insurance covers all risks of loss of or damage to the subject-matter insured except as provided in Clauses 4,5,6 and 7 below.

2009-1

This insurance covers all risks of loss of or damage to the subject-matter insured except as excluded by the provisions of Clauses 4,5,6 and 7 below."

이 보험은 보험목적물의 멸실 또는 손상의 모든 위험을 담보한다. 다만 하기 제4조, 제5조, 제6조, 제7조의 규정에 의해 제외되는 위험은 그러하지 아니하다.

2009년 약관은 1982년 약관상의 "except as provided in"을 "except as excluded by the provisions of"로 개정하여 제4조에서 제7조까지가 면책위험임을 명확하게 하였으나 실질적인 내용은 동일하다. 또 이들 약관은 (구)증권 전위험(all risks)담보약관과도 명칭만 변경되었을 뿐 내용상에 실질적인 차이는 없다. 주로 전위험은 제일 보편적으로 사용되는 화물 보험이라는 것을 강조하여 화주는 손실이 어떤 것으로 인하여 초래되었는지를 증명할 필요가 없다. 그러나 다음 사건에서 보는 바와 같이 보험자는 화물의 고유한 성질로 인하여 발생하는 손해는 보상하지 않으므로 유의하여야 한다.

◆ Soya G.m.b.H. v White(1983) 1 Lloyd's Rep 122사건

이 사건은 선박 "Teviotbank"이 대두 200톤을 싣고 인도네시아에서 CIF가격으로 앤트워프와 로테르담으로 운송되던 중 적재되어 있던 2000톤의 대두가 열손과 땀손을 발생하면서 도착지에 도착한 대두가 상당부분 부폐하였다. 이 사건의 쟁점은 곡물의 열손과 땀손이 화물의 고유한 성질인가의 여부다.

결과적으로 법원은 대두가 장기간 해상운송과정에서 입은 열손과 땀손은 화물의 고유한 성질에 의한 것이므로 화주가 비록 ICC(A)약관을 기본 약관으로 선택했고 부가약관인 "heating, sweating" 그리고 "spontaneous combustion" 혹은 이들의 간칭인 HSSC 조건을 첨부하여 보험계약을 체결했었더라도 곡물의 열손과 땀손이 화물의 고유한 성질에 의한 것이므로 보험자는 보험금을 지급할 의무가 없다고 판결하였다.

1906년 "영국해상보험법"의 Section 55(2)(c)에서도 보험자는 화물 고유의 하자 혹은 화물의 본질로 인한 손해는 보상하지 않는다("Unless the policy otherwise provides, the insurer is not liable for … inherent vice or nature of the subject-matter insured.")

제2조:Average(공동해손)

2009-2

This insurance covers general average and salvage charges, adjusted or determined according to the contract of carriage and/or the governing law and practice, incurred to avoid or in connection with the avoidance of loss from any cause except those excluded in Clauses 4, 5, 6 and 7 below.

이 보험은 하기 제4조, 제5조, 제6조, 제7조에서 제외한 원인 이외의 원인에 의한 손상을 피하기 위하여 또는 피하는 것과 관련하여 발생한 공동해손 및 구조비를 담보한다. 공동해손 및 구조비의 정산 및 결정은 해상운송계약 및 또는 준거법 및 관례에 따른다.

이 약관은 1982년 약관의 "contract of affreightment"를 2009년 약관에서 "contract of carriage"로 변경하고, 또 1982년 약관 끝 부분에 있던 여분의 문구 "or elsewhere in this insurance"를 2009년 약관에서는 삭제하였다. 보험자가 공동해손과 구조비를 보상할 것을 명시한 것이다. 공동해손행위는 공동의 해상사업에서 위험에 처한 재산을 보존할 목적으로 의도적으로 또는 합리적으로 이례적인 희생이나 비용이 지출되는 경우를 말한다. 공동해손은 York-Antwerp Rules에 따라 정산된다.

제3조: Both to Blame Collision Clause(쌍방과실충돌조항)

2009-3

This insurance indemnifies the Assured, in respect of any risk insured herein, against liability incurred under any Both to Blame Collision Clause in the contract of carriage. In the event of any claim by carriers under the said Clause, the Assured agree to notify the Insurers who shall have the right, at their own cost and expense, to defend the Assured against such claim.

이 보험은, 피보험자가 이 보험 일체의 담보위험에 관하여, 운송계약상의 쌍방과실충돌약관에 의해 부담하는 책임액을 보상한다. 상기 약관에 의거 운송인으로부터 청구를 받았을 경우, 피보험자는 그 취지를 보험자에게 통지할 것을 약속한다. 보험자는 자기의 비용으로 운송인의 청구에 대하여 피보험자를 보호할 권리를 갖는다.

1982년 약관은 (구)ICC 제11조와 동일하다. 그리고 2009년 약관은 1982년 약관상의 표현을 보다 명확하게 하였다. 즉, 피보험자(화주)가 운송계약상의 쌍방과실충돌약관에 의해 부담하는 책임액을 보험자가 보상함을 명확히 표기하였다. 그리고 "Underwriters"를 "Insurers"로 표현을 바꾸었다. 선화증권(B/L)상의 화주에게 청구된 금액을 보험자가 지급해 주는 약관이다.

신협회적화약관의 담보위험 (○표는 담보, ×표는 면책)

보상하는 손해 \ 구분	ICC A	ICC B	ICC C
(1) 화재 또는 폭발	○	○	○
(2) 본선 또는 부선의 좌초·교사·침몰·전복	○	○	○
(3) 육상운송용구의 전복·탈선	○	○	○
(4) 본선·부선·운송용구의 타물과의 충돌·접촉	○	○	○
(5) 피난항에서의 화물의 하역	○	○	○
(6) 지진·화산의 분화·낙뢰	×	○	○
(7) 공동해손희생	○	○	○
(8) 투하(Jettison)	○	○	○
(9) 갑판유실(Washing Overboard)	×	○	○
(10) 본선·부선·선창·운송용구·컨테이너·리프트 밴 또는 보관장소에의 해수·호수·강물의 유입	×	○	○
(11) 본선·부선에의 선적 또는 양륙작업 중 바다에 떨어지거나 갑판에 추락하여 발생한 포장·단위당의 전손	×	○	○
(12) 상기 이외의 멸실·손상의 일체의 위험	×	×	○
(13) 공동해손·구조비	○	○	○
(14) 쌍방과실충돌	○	○	○

(2) 면책조항(exclusions)

제4조: 일반면책조항

제4조 약관은 전체가 (A)약관의 전위험 위험 담보 중에서 면책하는 여러 가지 위험이나 상황을 설명하고 있다.

제4.1 조 : 피보험자의 고의적인 불법행위,
제4.2 조 : 통상의 누손, 통상의 중량이나 용적의 감소 및 자연소모,
제4.3 조 : 포장의 불완전이나 부적합,
제4.4 조 : 보험의 목적의 고유의 하자 또는 성질,
제4.5 조 : 지연이 담보위험에 의하여 생긴 경우라도 해당 지연을 원인으로 하여 생긴 멸실 · 손상 · 비용,
제4.6 조 : 선주, 관리자, 용선자, 운항자의 파산 또는 금전상의 채무 불이행,
제4.7 조 : 핵무기

제4.1조: 피보험자의 고의적인 불법행위

2009-4.1
loss damage or expense attributable to wilful misconduct of the Assured"

이 약관은 실제상 1906년 "영국 해상보험법" Section 55(2)의 규정을 반복한 것이며, 1982년 약관과 2009년의 약관은 문자상에서 별 차이가 없다. 만약 피보험인 화물의 고의적인 위법행위에 연루된다면 보험자는 보상을 하지 않는다. 고의적인 위법행위로는 피보험자가 의도적이거나 고의적인 착오인 것을 알면서 악행을 저지르는 것만이 고의적인 위법행위에 속한다.

그러므로 보험자가 피보험자의 고의적인 위법행위로 보상을 거부하는 것은 쉽지 않은 일이다. 피보험자의 고의적인 불법행위를 입증해야 하기 때문이다.

제4.3조: 포장의 불완전이나 부적합

1982-4.3
Loss damage or expense caused by insufficiency or unsuitability of packing or preparation of the subject-matter insured (for the purpose of this Clause 4.3 'packing' shall be deemed to include stowage in a container or lift van but only when such stowage is carried out prior to attachment of this insurance or by the Assured or their servants)

2009-4.3
loss damage or expense caused by insufficiency or unsuitability of packing or preparation of the subject matter insured to withstand the ordinary incidents of the insured transit where such packing or preparation is carried out by the Assured or their employees or prior to the attachment of this insurance(for the purpose of these Clauses "packing" shall be deemed to include stowage in a container and "employees" shall not include independent contractors).

이 보험의 대상이 되는 운송과정 중에 통상적으로 발생하는 사고에 견딜 수 있도록 보험목적물의 포장 또는 준비를 완전하고 적합하게 하지 않으므로 인하여 발생한 멸실 · 손상 또는 비용, 다만

그러한 포장 또는 준비가 피보험자 또는 사용인에 의하여 실행되거나 이 보험의 개시 전에 실행되는 경우에 한한다.(이 조항에서 포장에는 컨테이너에 적부하는 것을 포함하고, 사용인에는 독립계약자를 포함하지 않는다.)

1982년 약관과 비교하면 현재 쓰지 않는 'servant' 용어가 2009년 약관에서 'employee'로 바뀌었다. 그리고 2009년 약관 마지막 용어인 독립계약자(independent contractors)는 사용인으로 간주되지 않음을 명확하게 하였는데, 그 이유는 독립계약자(청부업자)는 피보험자와 직접적인 고용계약이 없기 때문이다. 그 외 2009년 약관에서 1982년 약관의 불명확한 용어인 "lift-van"을 삭제를 하였다. 또 '충분히'와 '적합'이란 포장에게 하나의 표준을 제시하였다. 즉, 2009년 약관은 불완전 또는 부적합의 판단기준으로서 포장 또는 준비가 "부보된 운송에서 통상 발생하는 사고를 견디기에" 충분하여야 한다는 것을 규정하고 있다.

제4.4조: 피보험목적의 고유의 하자 또는 성질

2009-4.4

loss damage or expense caused by inherent vice or nature of the subject-matter insured.

보험목적물의 고유하자 또는 성질로 인하여 발생한 멸실·손상 또는 비용에 대해서 보험자는 보상하지 않는다.

이 약관은 2009년 약관에 비교하여 변화가 없으며 실제상에서는 1906년 "영국해상보험법"의 Section 55(2)(c)의 규정을 반복한 것이다. 어째든 보험증권에 다른 명시된 규정이 없는 상황하에서 내재적 결함 혹은 화물 본질의 손실 혹은 손해는 보험자가 보상할 필요가 없다는 것이며 이 결과가 반드시 발생하든 혹은 우연적으로 발생하든 상관없다고 규정되었다.

하지만 1906년 영국해상보험법은 보험증권이 다른 동의를 얻을 수 있다는 것을 설명하였다. 필경 이는 불법 혹은 공공정책에 위반되는 여부에 연루되어 있지 않기 때문이다. 이미 소개한 Soya G.m.b.H. v White (1983) 1 Lloyd's Rep 122 판례에 의하면 그는 대두라는 화물이 보험 HSSC에 가입되어 있었다.

이는 전형적인 사례로 담보 내 결함 혹은 화물 본질이 조성한 손해 손실이다.

하지만 앞에서 설명했던 바와 같이 설사 보험에 가입되어 있어도 보험자가 보상해야 할 것은 우연한 손실 혹은 손해에 의한 것이므로 필연적으로 발생한 손해결과에 대하여서 보상하는 것이 아니다. 다만, 만약 피보험자가 열손과 땀손 약관을 보험에 첨부하지 않았다고 한다면, 두 가지 상황하에서 모두 보상을 받을 수 없다.

제4.5조: 지연이 담보위험에 의하여 생긴 경우라도 해당 지연을 원인으로 하여 생긴 멸실 · 손상 · 비용

2009-4.5

loss damage or expense caused by delay, even though the delay be caused by a risk insured against(except expenses payable under Clause 2 above).

지연이 피보험위험으로 인하여 발생한 경우에도 지연으로 인한 멸실 · 손실 또는 비용(상기 제2조에 의해 지급되는 비용은 제외한다.)

2009년 약관에서는 1982년 약관에 있던 '근인(proximately)'이라는 용어를 삭제하였다. 따라서 2009년 약관을 이용할 경우 지연으로 인한 손해면책은 더 이상 지연에 근인할 필요가 없게 되었다. 이 개정은 proximately의 의미로부터 발생하는 분쟁을 피하고자 한 것이다. 예컨대 담보위험이 유력한 원인이고 이로 인해 지연이 발생하였다면 손해의 근인은 지연이 아니라 담보위험이기 때문에 경우에 따라서 1982년 약관에서는 면책이 적용되지 않을 수 있기 때문이다.

예를 들면 배에 있는 바나나가 해상 사고가 났을 때 비록 바나나에 대하여 그 어떤 손상도 없었지만 배의 지연으로 인하여 바나나가 전손되었다면 지연이 가져온 손실은 경제 방면에서 특히, 오늘의 컨테이너 운송에게 아주 큰 차질을 줄 수 있으며 저장량에 대하여 최저로 낮추게 될 것이다. 때문에 (A)약관에서는 지연에 대한 면책에 대하여서도 되도록이면 광범위하게 설명하여 보험이 유사한 직접적이거나 간접적인 손실 혹은 손해에 봉착하였을 때를 대비하였다.

아주 큰 의미상에서 이 약관은 묵시적으로 1906년 영국해상보험법의 Section 55(2)(b)를 반복하였다.

제4.6조: 선주, 관리자, 용선자, 운항자의 파산 또는 금전상의 채무 불이행

1982-4.6

Loss damage or expense arising from insolvency or financial default of the owners managers charterers or operators of the vessel.

2009-4.6

loss damage or expense caused by insolvency or financial default of the owners managers charterers or operators of the vessel where, at the time of loading of the subject-matter insured on board the vessel, the Assured are aware, or in the ordinary course of business should be aware, that such insolvency or financial default could prevent the normal prosecution of the voyage This exclusion shall not apply where the contract of insurance has been assigned to the party claiming hereunder who has bought or agreed to buy the subject-matter insured in good faith under a binding contract.

본선의 소유자 · 관리자 · 용선자 또는 운항자의 파산 또는 재정상의 궁핍으로 인한 멸실 · 손상 또는 비용에 관하여 보험자는 면책이다. 다만 보험목적물을 본선에 적재할 때 피보험자가 그러한 파산 또는 재정상의 궁핍이 그 항해의 정상적인 수행을 방해할 수 있다는 사실을 알고 있거나 또는 통상의 업무상 당연히 알고 있을 경우에 한한다. 이 면책규정은, 구속력 있는 면책규정에 따라 선의로 보험목적물을 구입한 자 또는 구입하는 것을 동의한 자에 보험계약이 양도되어 그 자가 이 보험에 의해 보험금을 청구하는 경우에는 적용되지 아니한다.

1982년 약관에서는 선사파산으로 인한 손해에 대해서 보험자가 무조건 면책되는 것으로 규정되어 있었지만, 2009년 약관에서는 피보험자가 그러한 파산 또는 재정상의 궁핍이 그 항해의 정상적인 수행을 방해할 수 있다는 사실을 알고 있거나 또는 통상의 업무상 당연히 알고 있을 경우에 한하여만 면책된다. 또 선의의 제3자, 즉 선의로 보험목적물을 구입한 자 또는 구입하는 것을 동의한 자에 보험계약이 양도되어 그 자가 이 보험에 의해 보험금을 청구하는 경우에 보험자는 면책되지 않음으로써 선의의 피보험자 또는 양수인은 보험증권에 보호를 받을 수 있게 되었다.

FOB 조건 매매에서 피보험자는 보통 매수인이다. 그런데 만약 그가 불행하게도 적재시 운송비용을 전부 지불하고 임대한 선박이 중도에서 파산 혹은 재정상의 궁핍이 발생하여 그가 수입한 화물에 멸실과 손실이 발생하였고 또 불행하게도 적재시 이미 해상운송 시장에 해당 선박의 재정상의 궁핍에 대한 소식이 널리 알려졌다면 이 가엾은 매수인은 보험의 보호를 받을 수 없게 될 것이다. 또

CIF 조건 매매에서 매도인이 화물을 선박에 적재한 후 선화증권을 발행받은 다음, 매수인에게 통지하였다. 그런데 만약 출항 도중에 운송인이 파산 혹은 재정상의 궁핍이 발생할 수 있고 또 매도인이 화물의 선박 적재시 이미 선박 혹은 운송인이 파산 혹은 재정상의 궁핍이 발생할 수 있다는 것을 알고 있는 상태에서 선적을 하였다고 한다면, 이때 피해자도 1982년 약관 하에서 매수인이 될 수밖에 없다. 매수인은 이미 화물을 선적한 후, 선화증권을 발부받고 매입은행에서 선적서류를 매도하였다고 한다면 매도인은 이미 수출대금을 회수하였으므로 이 방면에 대한 위험은 관심이 없을 수 있다.

그러나 2009년 약관에서 1982년 약관의 면책조항이 선의의 매수인에게는 적합하지 않다는 것을 설명하였다. 선의로 보험목적물을 구입한 자 또는 구입하는 것을 동의한 자에 보험계약이 양도되어 그 자가 이 보험에 의해 보험금을 청구하는 경우에는 보험자 면책이 적용되지 아니함으로 보험의 보호를 받을 수 있게 되었다. 2009년 약관에서는 선의의 매수인에 대하여서는 하나의 중요한 변화라고 말할 수 있다.

제4.7조: 핵무기

1982 -4.7

Loss damage or expense arising from the use of any weapon of war employing atomic or nuclear fission and/or fusion or other like reaction of radioactive force or matter.

2009-4.7

loss damage or expense directly or indirectly caused by or arising from the use of any weapon or device employing atomic or nuclear fission and/or fusion or other like reaction or radioactive force or matter.

원자력 또는 핵의 분열 및 또는 융합 또는 기타 이와 유사한 반응 또는 방사능이나 방사성물질을 응용한 무기 또는 장치의 사용으로 인하여 직접 또는 간접적으로 발생한 멸실 · 손상 또는 비용에 대하여 보험자는 면책이다.

1982년부터 세계는 위험하고 불안정적으로 변하였다. 보아하니 2009년 약관은 비록 많지 않은 변화를 가져왔지만 전체적으로는 본 약관의 면책 범위를 확대하는 것이다.

첫째, 1982년 약관은 "(arising from)"전쟁 무기가 초래한 손실・손해 혹은 비용에 의하여 면책되지만 2009년에는 몇 글자를 추가하여 "직접 혹은 간접적 초래 혹은 근원"(directly or indirectly caused by or arising from) 으로 바뀌었다.

둘째, "전쟁무기(any weapon of war)"가 "임의의 무기 혹은 장치(any weapon or device)"로 확대되었으며 테러리스트들이 사용하는 "오염폭탄(dirty bomb)"을 포함하려고 시도하는 것처럼 보였다.

▎제4조 일반면책조항 (○표는 담보, ×표는 면책)

면책위험	(A)	(B)	(C)
피보험자의 고의적인 행위	x	x	x
통상의 누손, 중량손, 용적손, 자연소모	x	x	x
포장의 불완전이나 부적합(포장이란 컨테이너에 적부하는 것을 포함)	x	x	x
보험목적물의 고유 하자 또는 성질	x	x	x
지연이 피보험위험으로 발생한 경우에도 해당 지연으로 인한 멸실・손상・비용	x	x	x
선주, 관리자, 용선자, 운항자의 파산 또는 금전상의 채무 불이행	x	x	x
핵무기 또는 장치 사용으로 인한 직・간접 멸실, 손상비용	x	x	x
보험목적물 또는 그 일부에 대한 제3자의 고의적인 손상, 파괴	0	x	x

제5조: 불감항, 부적합면책조항

1982-5

5.1 In no case shall this insurance cover loss damage or expense arising from, Unseaworthiness of vessel or craft, Unfitness of vessel craft conveyance container or lift van for the safe carriage of the subject-matter insured, Where the Assured or their servants are privy to such un seaworthiness or unfitness, at the time the subject-matter insured is loaded therein. 5.2 The Underwriters waive any breach of the implied warranties of seaworthiness of the ship and fitness of the ship to carry the subject-matter insured to destination, unless the Assured or their servants are privy to such unseaworthiness or unfitness

2009-5

5.1 In no case shall this insurance cover loss damage or expense arising from 5.1.1 unseaworthiness of vessel or craft or unfitness of vessel or craft for the safe carriage of the subject-matter insured, where the Assured are privy to such unseaworthiness or unfitness, at the time the subject-matter insured is loaded therein

5.1.2 unfitness of container or conveyance for the safe carriage of the subject-matter insured, where loading therein or thereon is carried out prior to attachment of this insurance or by the Assured or their employees and they are privy to such unfitness at the time of loading.

5.2 Exclusion 5.1.1 above shall not apply where the contract of insurance has been assigned to the party claiming hereunder who has bought or agreed to buy the subject -matter insured in good faith under a binding contract.

5.3 The Insurers waive any breach of the implied warranties of seaworthiness of the ship and fitness of the ship to carry the subject-matter insured to destination."

5.1 어떠한 경우에도 이 보험은 다음 사유로부터 생긴 멸실・손상 또는 비용을 담보하지 아니한다,

5.1.1 선박 또는 부선의 불감항 또는 보험목적물의 안전운송을 위한 선박 또는 부선의 부적합. 다만 보험목적물을 적재할 때에 피보험자가 그와 같은 불감항 또는 부적합을 알고 있을 경우에 한한다.

5.1.2 보험목적물의 안전운송을 위한 컨테이너 또는 운송용구의 부적합. 다만 그 적재가 이 보험의 개시 전에 실행되는 경우 또는 피보험자 또는 그 사용인에 의해 실행되고 또한 그들이 적재시에 그러한 부적합을 알고 있을 경우에 한한다.

5.2 상기 5.1.1 면책규정은 구속력 있는 계약하에서, 신의로 보험목적물을 구입한 자 또는 구매하는 것에 동의한 자에, 이 보험계약이 양도되어, 그 자가 이 보험에 의해 보험금을 청구하는 경우에는 적용되지 아니한다.

5.3 보험자는 선박의 감항 및 보험의 목적을 목적지로 운송하기 위한 선박의 적합에 대한 묵시담보의 위반에 대하여 보험자의 권리를 포기한다.

2009년 약관에서는 1982년 약관 제5.2조와 같은 취지의 약관을 5.3에서 규정하고 있으나 "Underwriters"을 "Insurers"로 바꾸고 끝부분 "unless the Assured or their servants are privy to such unseaworthiness or unfitness"를 삭제하였다.

2009년 약관 이 조항은 구조항의 감항성 승인조항으로 보험자와 피보험자간 감항성 담보를 승인하고 있다. 그러나 신약관은 감항성 담보에 관하여 직접 언급할 뿐만 아니라 선박의 적합성 담보를 명시한 것으로 보아 구약관보다 구체적이고 포괄적이다.

2009년 약관에 의하면, 불감항・부적합면책은 다음과 같은 경우에 해당한다.

• 피보험자가 선적 시에 선박 또는 부선의 불감항/부적합을 알고 있는 경우
• 컨테이너 또는 운송용구가 물품의 안전운송에 부적합하고 또한 적재가 이 보험의 개시전에 실행되거나 또는 적재가 피보험자 또는 그 사용인에 의해 실행되고 또한 그들이 그러한 부적합을 알고 있는 경우

따라서 2009년 약관을 이용할 경우, 피보험자의 사용인이 불감항 사실을 알고 있다고 해도 피보험자나 그 사용인이 적재하지 않는 경우나 보험기간이 개시된 후 적재된 경우에는 보험자에게 이 면책이 적용되지 않는다.

제6조: 전쟁위험면책조항

2009-6

In no case shall this insurance cover loss damage or expense caused by 6.1 war civil war revolution rebellion insurrection, or civil strife arising there from, or any hostile act by or against a belligerent power 6.2 capture seizure arrest restraint or detainment (piracy excepted), and the consequences thereof or any attempt thereat 6.3 derelict mines torpedoes bombs or other derelict weapons of war.

어떠한 경우에도 이 보험은 다음 사유로 인하여 발생한 멸실・손상 또는 비용을 담보하지 않는

다. 6.1 전쟁 · 내란 · 혁명 · 모반 · 반란 또는 이로 인하여 발생한 국내투쟁 교전국에 의하여 또는 교전국에 대하여 행해진 적재행위 6.2 포획 · 나포 · 강류 · 억지 또는 억류(해적행위 제외) akc 그러한 행위의 결과 또는 그러한 행위의 기도 6.3 유기된 기뢰 · 어뢰 · 폭탄 또는 기타의 유기된 전쟁 무기

2009년 약관은 (구)약관 FC&S조항을 개정한 것으로 매우 간결하고 명료하게 명시하였고, (구)약관에 없었던 유기된 기뢰와 어뢰를 포함시켰다. 따라서 이들 위험을 담보받기 위해서는 전쟁위험 담보특약인 Institute War Clause(IWC)를 별도로 첨부하여야 된다. 또한 제6.2조에서 괄호 안에 "piracy excepted"(해적행위 제외)라는 문구가 삽입되어 있으나 뒤에서 살펴 볼 ICC(B)와 ICC(C)에는 이러한 문구가 없다.

해적행위란 해적의 가해행위인 강탈 · 파괴 · 방화 등의 행위를 뜻한다. 종래 이러한 해적행위는 전쟁위험으로 취급해 왔으나 신ICC에서는 이를 해상위험으로 취급하고 있다. 따라서 A Clause에서는 해적행위를 보험자가 당연히 담보하고, B 및 C Clause에서는 특약이 없는 한 담보하지 않는다.

제7조: 동맹파업위험면책조항

1982-7

7. In no case shall this insurance cover loss damage or expense

7.1 caused by strikers, locked-out workmen, or persons taking part in labour disturbances, riots or civil commotions

7.2 resulting from strikes, look-outs, labour disturbances, riots or civil commotions

7.3 caused by any terrorist or any person acting from a political motive..

2009-7

7. In no case shall this insurance cover loss damage or expense

7.1 caused by strikers, locked-out workmen, or persons taking part in labour disturbances, riots or civil commotions

7.2 resulting from strikes, lock-outs, labour disturbances, riots or civil commotions

7.3 caused by any act of terrorism being an act of any person acting on behalf of, or in connection with, any organisation which carries out activities directed towards the overthrowing or influencing, by force or violence, of any government whether or not legally constituted

7.4 caused by any person acting from a political, ideological or religious motive.

2009년 약관은 구약관 FSR&CC 조항에 폭력주의자(terrorist)나 정치적 동기를 갖고 행동하는 자에 의한 손해를 포함했으며, 또한 동맹파업에 의한 비용손해까지 면책으로 규정하였다. 2009년 약관은 1982년 약관과 비교하여 상대적으로 본질상에서는 별 다른 구분이 없지만, 테러리스트 관련 행동의 범위를 확대하고 정치적 · 사상적 동기를 언급하고 있는 미국협회의 규정을 따르고 있다. 그리고 한 걸음 더 나아가 종교적인 동기의 내용을

첨가하는 것이 시급하다고 생각하고 테러 행위에 정치적 동기뿐만 아니라 사상적 또는 종교적인 동기까지 포함하는 것으로 정의하고 있다. 더욱이 이러한 면책은 단독행동가(lone operator)의 행위에도 적용된다.

마지막으로 2009년 약관은 이들 면책위험과 관련하여 피보험자가 입게 되는 비용손해도 담보하지 않는다. 예를 들어 운송인이, 예정 양륙항이 동맹파업 중이어서 화물을 양륙할 수 없기 때문에 다른 항구에 양륙한 경우, ICC 제12조의 계반비용약관에도 불구하고 원래의 목적지로 계속 운반하기 위한 비용을 보상해 주지 않는다.

(3) 보험기간(duration)

제8조: 운송조항

1982-8

8.1 This insurance attaches from the time the goods leave the warehouse or place of storage at the place named herein for the commencement of the transit, continues during the ordinary course of transit and terminates either

8.1.1 on delivery to the Consignees' or other final warehouse or place of storage at the destination named herein,

8.1.2 on delivery to any other warehouse or place of storage, whether prior to or at the destination named herein, which the Assured elect to use either

8.1.2.1 for storage other than in the ordinary course of transit or

8.1.2.2 for allocation or distribution, or

8.1.3 on the expiry of 60 days after completion of discharge overside of the goods hereby insured from the oversea vessel at the final port of discharge, whichever shall first occur.

2009-8

8.1 Subject to Clause 11 below, this insurance attaches from the time the subject-matter insured is first moved in the warehouse or at the place of storage (at the place named in the contract of insurance) for the purpose of the immediate loading into or onto the carrying vehicle or other conveyance for the commencement of transit, continues during the ordinary course of transit and terminates either

8.1.1 on completion of unloading from the carrying vehicle or other conveyance in or at the final warehouse or place of storage at the destination named in the contract of insurance,

8.1.2 on completion of unloading from the carrying vehicle or other conveyance in or at any other warehouse or place of storage, whether prior to or at the destination named in the contract of insurance, which the Assured or their employees elect to use either for storage other than in the ordinary course of transit or for allocation or distribution, or

8.1.3 when the Assured or their employees elect to use any carrying vehicle or other conveyance or any container for storage other than in the ordinary course of transit or

8.1.4 on the expiry of 60 days after completion of discharge overside of the subject-matter insured from the oversea vessel at the final port of discharge, whichever shall first occur.

8.2 If, after discharge overside from the oversea vessel at the final port of discharge, but prior to termination of this insurance, the subject-matter insured is to be forwarded to a destination other than that to which it is insured, this insurance, whilst remaining subject to termination as provided in Clauses 8.1.1 to

8.1.4, shall not extend beyond the time the subject-matter insured is first moved for the purpose of the commencement of transit to such other destination.

8.3 This insurance shall remain in force (subject to termination as provided for in Clauses 8.1.1 to 8.1.4 above and to the provisions of Clause 9 below) during delay beyond the control of the Assured, any deviation, forced discharge, reshipment or transhipment and during any variation of the adventure arising from the exercise of a liberty granted to carriers under the contract of carriage.

2009년 약관 ICC는 보험기간을 확장하고 있다.

보험기간의 시기는 송화인의 창고나 보관장소에서 화물이 움직일 때 시작하여

보험기간의 종기는 ① 최종창고에서 차량 또는 기타 운송용구로부터 양화가 완료된 때, ② 피보험자 또는 그 사용인이 통상의 운송관정이 아닌 보관이나, 할당 또는 분배를 목적으로 선택한 임의의 창고 또는 보관장소에서 차량 또는 기타 운송용구로부터 양화가 완료된 때, ③ 피보험자 또는 그 사용인이 통상의 운송과정이 아닌 보관을 목적으로, 운송차량 또는 기타 운송용구 또는 컨테이너를 사용하고자 선택한 때, ④ 최종 양륙항에서 외항선으로부터 보험의 목적을 양륙 완료한 후 60일이 경과된 때 종료가 된다.

제9조: 운송계약종료조항

2009-9

If owing to circumstances beyond the control of the Assured either the contract of carriage is terminated at a port or place other than the destination named therein or the transit is otherwise terminated before unloading of the subject-matter insured as provided for in Clause 8 above, then this insurance shall also terminate unless prompt notice is given to the Insurers and continuation of cover is requested when this insurance shall remain in force, subject to an additional premium if required by the Insurers, either

9.1 until the subject-matter insured is sold and delivered at such port or place, or, unless otherwise specially agreed, until the expiry of 60 days after arrival of the subject-matter insured at such port or place, whichever shall first occur, or

9.2 if the subject-matter insured is forwarded within the said period of 60 days (or any agreed extension thereof) to the destination named in the contract of insurance or to any other destination, until terminated in accordance with the provisions of Clause 8 above."

이 조항은 피보험자가 통제할 수 없는 사정으로 운송계약상 목적지에 도착하기 전에 항해가 종료되므로 보험의 효력도 종료하게 되는데 이 경우 다른 목적지까지 계속 담보를 위해 이를 즉시 보험자에게 통지하고 할증보험료를 내고 계속 담보를 받을 수 있도록 규정하고 있다. 담보의 계속을 요청할 경우에 보험자의 청구가 있으면 추가보험료를 지급하는 조건으로, 이 보험은 보험의 목적이 상기 항구 또는 지역에서 매각된 후 인도될 때 또는 별도의 합의가 없는 한, 그러한 항구 또는 지역에 보험의 목적의 도착 후 60일이 경과될

때 중 어느 한쪽이 먼저 생길 때까지 또는 만약 보험의 목적이 상기 60일의 기간(또는 합의하에 60일의 기간을 연장한 기간) 내에 보험계약에 기재된 목적지 또는 기타의 목적지로 계속 운반될 경우에는 상기 제8조의 규정에 따라 보험이 종료될 때까지 유효하게 존속된다.

2009년 약관은 구ICC 제2조(운송종료약관)의 내용을 거의 그대로 담고 있다. 다만 구ICC에서는 담보기간 60일이 외항선으로 부터 피보험화물의 양륙완료시로부터 기산되었지만, 신약관에서는 화물이 중간항이나 지역에 도착한 때로부터 기산되는 점에 차이가 있다. 이것은 운송종료항에서 양륙되지 않는 사태를 상정하고 있는 것이다.

그리고 2009년 약관은 1982년 약관상의 용어 일부를 다음과 같이 수정하였을 뿐이다.

① adventure → transit
② goods → subject-matter insured
③ underwriters → insurers
④ named herein → named in the contract of insurance

그리고 'delivery'를 약관 제8조와 보조를 맞추어 'unloading'으로 수정하였다.

제10조: 항해변경조항

1982-10

10. Where, after attachment of this insurance, the destination is changed by the Assured, held covered at a premium and on conditions to be arranged subject to prompt notice being given to the Underwriters.

2009-10

10.1 Where, after attachment of this insurance, the destination is changed by the Assured, this must be notified promptly to Insurers for rates and terms to be agreed. Should a loss occur prior to such agreement being obtained cover may be provided but only if cover would have been available at a reasonable commercial market rate on reasonable market terms.

10.2 Where the subject-matter insured commences the transit contemplated by this insurance (in accordance with Clause 8.1), but, without the knowledge of the Assured or their employees the ship sails for another destination, this insurance will nevertheless be deemed to have attached at commencement of such transit.

2009년 약관 10.1에서는 종종 오해를 불러일으키는 'held covered'라는 용어를 삭제하고, 그 대신 보험자로부터 담보를 받을 수 있는 경우를 명확하게 설명하는 문구로 대체하였다. 즉, 항해변경의 경우 계속 담보를 받기 위해서는 보험자에게 지체 없이 통지하고 보험료율과 보험조건을 협정하여야 한다.

그런데 2009년 약관에서는 "그러한 협정 전에 손해가 발생한 경우에는 영리보험시장에서 타당하다고 생각되는 보험조건 및 보험요율에 의한 담보를 받을 수 있는 때에 한하여 담보한다."고 하는 규정을 추가하여 추가 담보가 '합리적인 시장기준(reasonable market test)'에 의하여 보완되고 있다.

한편 약관 10.2는 2009년 ICC에서 신설된 것으로, 선박이 종종 허위서류로 화물을 다른 지역으로 가져가 매각처분해 버리는 이른바 유령선(phantom ship)상태를 다루고 있다. 최근 특히 1990년대에 아시아지역에서 값싼 항해용선을 해주면서 선박에 실린 전체 화물을 대담하게 훔치는 '유령선'사건이 많이 발생하였다. 그 중에서도 세간의 주목을 끈 '유령선' 적화절도사건이 2003년의 'Prestrioka'사건인데, 'Prestrioka'의 사건은 바로 원고가 쌀의 매수인이며 이 쌀의 전체 가격은 1,500,000파운드이다. 원고는 태국의 한 쌀 수출업자에게 CIF가격으로 구입을 하였으며 목적지는 바로 아프리카 세네갈의 수도 다카르이다. 태국의 수출업자는 온두라스의 'Prestrioka'를 임대하였으며 1999년 3월에 태국의 Kohsichang항구에서 이 쌀들을 적재하였다. 이 수출업자는 동시 태국의 보험회사에게 ICC(A) 약관에 보험 가입을 하였다. 원래 출항이 정상적이라면 당연히 32-35일이면 다카르에 도착해야 할 것인데 이 선박은 도달하기도 전에 선박과 사람들이 모두 실종되었다.

원고는 사건 발생 후 국제상공회의소의 국제 해양협회(International Maritime Bureau)의 조사 인증을 통하여 이는 유령선이라는 것을 알았다. 원고는 보험업자에게 보상금을 요구하였지만 보험업자는 보상을 거절하였다. 보험업자가 보상을 거절한 이유는 바로 선박은 종래로 다카르에 도달할 의도가 없었기에 1906년 "영국해상보험법"의 Section 44에 의하여 담보의 위험은 시작하지 않았기 때문이다.

이 사건을 계기로 하여 그 이후의 비판을 수용하여 이 항을 신설한 것이다. 이 약관이 신설됨에 따라 항해의 변경에 관한 MIA 제44조의 효과 때문에 선의의 피보험자가 보상을 받지 못하는 경우를 제거하였다. 즉, 예정항해가 이미 개시되었고, 화물이 나중에 피보험자가 알지 못하거나 동의 없이 이루어진 새롭고 예상하지 못한 항해 도중 도난(또는 기타 위험)에 의해 멸실된 경우에도 적화를 담보 받을 수 있다.

(4) 보험금청구(claims)

제11조: 피보험이익조항

2009-11

11.1 In order to recover under this insurance the Assured must have an insurable interest in the subject-matter insured at the time of the loss.

11.2 Subject to Clause 11.1 above, the Assured shall be entitled to recover for insured loss occurring during the period covered by this insurance, notwithstanding that the loss occurred before the contract of insurance was concluded, unless the Assured were aware of the loss and the Insurers were not."

본 조항은 구약관의 소급조항을 피보험이익 조항으로 신설한 것인데, 보험계약체결 전에 운송이 개시된 경우 손해발생시 피보험이익이 존재하고 손해발생 사실을 피보험자가 몰랐다면 보험자는 이 손해를 보상한다는 규정이다.

제12조: 계반비용조항

2009-12

Where, as a result of the operation of a risk covered by this insurance, the insured transit is terminated at a port or place other than that to which the subject-matter insured is covered under this insurance, the Insurers will reimburse the Assured for any extra charges properly and reasonably incurred in unloading storing and forwarding the subject-matter insured to the destination to which it is insured. This Clause 12, which does not apply to general average or salvage charges, shall be subject to the exclusions contained in Clauses 4, 5, 6 and 7 above, and shall not include charges arising from the fault negligence insolvency or financial default of the Assured or their employees."

본 조항은 중간항에서 운송이 종료되어 타 선박으로 계속 운송되는 경우 중간항에서 화물이 양륙될 경우 이에 따른 하역비용, 창고보관료, 재포장비, 재선적비 및 처음 약정된 목적지까지의 운반비용 등을 계반비용으로 하여 보험자가 이를 보상한다는 규정이다. 계반비용은 공동해손이나 구조비와는 달리 특별비용(particular charge)으로 표기한다.

제13조: 추정전손조항

2009-13

No claim for Constructive Total Loss shall be recoverable hereunder unless the subject-matter insured is reasonably abandoned either on account of its actual total loss appearing to be unavoidable or because the cost of recovering, reconditioning and forwarding the subject-matter insured to the destination to which it is insured would exceed its value on arrival."

본 항은 추정전손의 요건을 규정한 것으로, 전손이 불가피하거나 회복비용이 도착시 보험가액을 초과하여 피보험자가 이를 보험자에게 위부한 경우에만 추정전손으로 본다는 것이다.

제14조: 증액조항

2009-14

14.1 If any Increased Value insurance is effected by the Assured on the subject-matter insured under this insurance the agreed value of the subject-matter insured shall be deemed to be increased to the total amount insured under this insurance and all Increased Value insurances covering the loss, and liability under this insurance shall be in such proportion as the sum insured under this insurance bears to such total amount insured. In the event of claim the Assured shall provide the Insurers with evidence of the amounts insured under all other insurances.

14.2 Where this insurance is on Increased Value the following clause shall apply:

The agreed value of the subject-matter insured shall be deemed to be equal to the total amount insured under the primary insurance and all Increased Value insurances covering the loss and effected on the subject-matter insured by the Assured, and liability under this insurance shall be in such proportion as the sum insured under this insurance bears to such total amount insured. In the event of claim the Assured shall provide the Insurers with evidence of the amounts insured under all other insurances."

보험가액 불변의 원칙에 따라 보험계약자가 보험금액을 증액하려면 별도계약을 체결해야 하지만, 이에 따른 불편을 제거하기 위하여 계약기간 중 보험금액의 증액을 인정하고 손해발생시 보험금을 지급할 때는 원보험금과 증액된 보험금의 비율관계를 근거로 총 보험금액 중에 각각의 비율에 따라 부담한다고 규정한 조항이다.

(5) 보험의 이익(benefit of insurance)

제15조: 보험이익불공여조항

2009-15

This insurance 15.1 covers the Assured which includes the person claiming indemnity either as the person by or on whose behalf the contract of insurance was effected or as an assignee, 15.2 shall not extend to or otherwise benefit the carrier or other bailee.

2009년 약관에서는 피보험자에 보험계약의 양수인도 포함하여 피보험자의 정의를 명확히 하였고, 또 1982년 약관에 사용하던 "insure"라는 용어를 평이한 영어로 대체하였다.

(6) 손해의 경감(minimising losses)

제16조: 피보험자의무조항

2009-16

It is the duty of the Assured and their employees and agents in respect of loss recoverable hereunder

16.1 to take such measures as may be reasonable for the purpose of averting or minimizing such loss, and

16.2 to ensure that all rights against carriers, bailees or other third parties are properly preserved and exercised and the Insurers will, in addition to any loss recoverable hereunder, reimburse the Assured for any charges properly and reasonably incurred in pursuance of these duties."

본 조항은 피보험자에게 피보험목적의 손해방지 및 경감을 위한 조치를 취할 것과 운송인, 수탁자 또는 제3자에 대하여 손해배상청구권을 확보할 것을 피보험자의 의무로써 규정한 조항이다.

제17조: 위부포기조항

2009-17

Measures taken by the Assured or the Insurers with the object of saving, protecting or recovering the subject-matter insured shall not be considered as a waiver or acceptance of abandonment or otherwise prejudice the rights of either party."

1982년 약관과 2009년 약관은 "Underwriters"가 "Insurers"로 바뀐 것 이외에 차이가 없다. 위부 통지를 한 후에 피보험자나 보험자가 피보험목적물에 보이는 관심이 위부의 포기나 승낙에 영향을 미치지 않는 약관이다.

(7) 지연의 방지(avoidance of delay)

제18조: 신속조치조항

2009-18

It is a condition of this insurance that the Assured shall act with reasonable despatch in all circumstances within their control.

구약관의 신속조치조항과 동일하다.

(8) 법률 및 관례(law and practice)

제19조: 영국의 법률과 관습조항

2009-19

This insurance is subject to English law and practice.

NOTE: - Where a continuation of cover is requested under Clause 9, or a change of destination is notified under Clause 10, there is an obligation to give prompt notice to the Insurers and the right to such cover is dependent upon compliance with this obligation.

본 보험은 영국의 법과 관습에 준거한다는 문언이다. 본 조항은 앞의 준거법조항보다 우선하지 못하므로 계약에 관한 사항은 한국의 법률과 관습에 따르고 보험보상에 관해서는 영국의 법과 관습에 따라야 한다.

2) ICC(B)

ICC(B)의 담보위험도 제1조에서 제3조에 걸쳐 규정되고 있는데, 제2조와 제3조는 ICC(A)와 동일하며, 여기서 제1조만 보면 다음과 같다.

This insurance covers, except as excluded by the provisions of Clauses 4, 5, 6 and 7 below,

1.1 loss of or damage to the subject-matter insured reasonably attributable to

1.1.1 fire or explosion

1.1.2 vessel or craft being stranded grounded sunk or capsized

1.1.3 overturning or derailment of land conveyance

1.1.4 collision or contact of vessel craft or conveyance with any external object other than

water
1.1.5 discharge of cargo at a port of distress
1.1.6 earthquake volcanic eruption or lightning,
1.2 loss of or damage to the subject-matter insured caused by
1.2.1 general average sacrifice
1.2.2 jettison or washing overboard
1.2.3 entry of sea lake or river water into vessel craft hold conveyance container or place of storage,
1.3 total loss of any package lost overboard or dropped whilst loading on to, or unloading from, vessel or craft."

2009년 약관은 1982년 약관과 2009년 약관이 거의 동일하다, 달라진 점은 1982년 약관상의 "provided in"이 2009년 약관에서 "excluded by the provisions"로 바뀌고, 또 1982년 약관에 있던 "liftvan"이 삭제된 것뿐이다. 2009년 약관은 (구)ICC(WA)의 제5조 분손담보약관(average clause)상의 담보위험을 보다 명확히 구체적으로 열거한 것이다.

가. 다음 위험과 상당인과관계가 있는(reasonably attributable to) 보험의 목적의 멸실 또는 손상
(1) 화재(fire) 또는 폭발(explosion)
(2) 선박 또는 부선의 좌초(stranding) 및 교사(grounding)
(3) 선박 또는 부선의 침몰(sinking) 및 전복
(4) 육상운송용구의 전복 또는 탈선
(5) 선박・부선 기타 운송용구와 물 이외의 타물과의 충돌 또는 접촉
(6) 조난항(피난항)에서의 화물양륙
(7) 지진・화산의 분화 또는 낙뢰
나. 다음 위험으로 인한(caused by) 보험의 목적의 멸실 또는 손상
(1) 공동해손희생(general averagesacrifice)
(2) 투하 및 갑판유실(jettison &/or washing overboard: JWOB)
(3) 선박・부선・선창・운송용구・컨테이너・리프트밴(liftvan:2009년 약관에서는 "리프트밴"삭제) 또는 보관장소에의 해수・호수 또는 강물의 유입
다. 선박 또는 부선에의 선적・양륙 도중 바다에 낙하 또는 추락하여 발생한 포장단위당의 전손(sling loss)

이상 설명한 ICC(B)와 앞에서 살펴 본 이에 대응하는 조건인 WA와의 주된 차이점은 다음과 같다.

(1) 해상 고유의 위험이라는 개념이 사라지고, 그 대신 해상 고유의 위험에 속하는 위험을 하나하나 열거하고 있다.
(2) 강도・선원의 악행이 담보위험에서 제외되었다.
(3) 육상운송용구의 전복・탈선, 지진・분화・낙뢰가 담보되게 되었다.

(4) 운송용구나 보관장소에 해수·호수 또는 강물의 유입으로 인한 손해를 담보하는 것으로 명시하여 WA에서 담보하지 않던 홍수의 손해를 보상받을 수 있게 되었다.

(5) 면책비율약관(memorandum)이 사라졌으므로 면책미율이 적용되지 않게 되었다.

3) ICC(C)

ICC(C)에 있어서도 담보위험은 제1조에서 제3조까지 규정되어 있는데, 제2조와 제3조의 내용은 ICC(A)와 동일하고, 제1조는 다음과 같다.

This insurance covers, except as excluded by the provisions of Clauses 4, 5, 6 and 7 below,

1.1 loss of or damage to the subject-matter insured reasonably attributable to

1.1.1 fire or explosion

1.1.2 vessel or craft being stranded grounded sunk or capsized

1.1.3 overturning or derailment of land conveyance

1.1.4 collision or contact of vessel craft or conveyance with any external object other than water

1.1.5 discharge of cargo at a port of distress,

1.2 loss of or damage to the subject-matter insured caused by

1.2.1 general average sacrifice

1.2.2 jettison.

이 약관은 1982년 약관과 2009년 약관이 거의 동일하다. 유일한 차이는 1982년 약관상의 "provided in"을 2009년 약관에서는 "excluded by the provisions of"로 규정하고 있다는 것이다. 이 약관은 구ICC(FPA)의 제5조 분손부 담보약관(FPA Clause)에 대응하는 것으로서 보험자의 담보위험을 명확하게 열거하고 있는데, 여기에 열거된 각종위험의 내용은 앞 2항 ICC(B)에서 설명한 것과 동일하다. 다만 이 약관에서 ICC(B)에서 담보하는 위험 중 다음과 같은 것은 담보하지 않는다.

(1) 지진·화산의 분화 또는 낙뢰에 상당인과관계가 있는 손해

(2) 갑판유실로 인한 손해

(3) 선박·부선·선창·운송용구·켄테이너·리프트밴 또는 보관장소에의 해수·호수 또는 강물의 유입으로 인한 손해

(4) 선박 또는 부선에 선적 또는 양륙작업 중 해수면으로 낙하 또는 추락하여 발생한 포장단위당의 전손

ICC(B)와ICC(C)상의 담보위험 비교 (○표는 담보,×표는 면책)

A. 다음 사유에 상당인과관계가 있는 멸실·손상	B	C
(1) 화재 또는 폭발	○	○
(2) 선박·부선의 좌초·교사·침몰·전복	○	○
(3) 육상운송용구의 전복·탈선	○	○
(4) 본선·부선·운송용구와 물 이외의 타물과의 충돌·접촉	○	○
(5) 조난항에서의 화물양화	○	○
(6) 지진·화산의 분화·낙뢰	○	×
B. 다음 사유로 인한 멸실·손상		
(7) 공동해손희생	○	○
(8) 투하	○	○
(9) 갑판유실	○	×
(10) 선박·부선·선창·운송용구·컨테이너·리프트밴 또는 보관장소에의 해수·호수·강물의 유입	○	×
(11) 선박·부선에의 선적·양륙 도중 바다에 낙하 또는 보관장소에의 해수·호수·강물의 유입	○	×
C. 공동해손 및·구조비	○	○
D. 쌍방과실 충돌손해	○	○

제 5 절 적화보험의 특별약관 및 기타약관

1. 냉동화물

1) 협회 (구)적화약관

냉동화물에 관한 구협회약관인 “INSTITUTE FROZEN FOOD CLAUSES (FC)”이나 “INSTITUTE FROZEN FOOD CLAUSES (A / R)”, “INSTITUTE FROZEN FOOD CLAUSES (FPA)”은 각각의 내용 중에서 창고간 약관을 포함한 운송약관과 운송종료약관, 항해변경약관, 면책비율 부적용약관, 추정전손약관, 공동해손약관, 감항성약관, 수탁자약관, 보험이익 불공여약관, 쌍방과실충돌약관, 포획・나포부 담보약관, 동맹파업소요폭동부 담보약관, 신속조치약관 등이 모두 동일하다. 따라서 본 교재에서는 각각의 약관 중 새로 추가된 사항을 중심으로 살펴보고 서로 중복되거나 일치하는 사항에 대해서는 그 설명을 생략하기로 한다.

(1) (냉동육류제외)구협회 냉동식품약관 INSTITUTE FROZEN FOOD CLAUSES(FC)

(가) 제1조 운송약관(창고 간 약관포함)

✦유의사항: 피보험자가 이 보험에 의거 [계속담보를 받는] 사유의 발생을 알았을 때에는 지체없이 그 취지를 보험자에게 통보함을 요하며 계속담보를 받을 수 있는 권리는 본 의무의 이행여부에 달려있음.

이 약관은 일반화물에 관한 구협회적화약관의 제1조인 창고간 약관을 포함한 운송약관과 동일하다. 다만 일반화물에 관한 구협회적화약관의 “the warehouse or place storage at the place”가 “freezing works or colds store at the place”로 수정되어 이 보험은 화물이 운송개시를 위해 보험증권에 기재된 지역의 **냉동공장** 또는 **냉동창고**에서 운송용구에 적재된 때부터 효력이 발생한다.

(나) 완전조건 약관

이 보험은 보험기간 중에 발생된 여하한 원인에 의한 보험의 목적의 멸실, 질저하 또는 손상을 담보하는 신규조항으로 새로 추가된 약관이지만 그러나 항상 다음 각항을 전제조건으로 한다.

① 이 보험의 효력발생시에 화물이 정상적인 상태에 있으며, 적절하게 준비되고, 포장되고, 냉동되어 있어야 함을 조건으로 한다. ② 화물이 냉동창고에 처음 들어간 후, 외항선에 선적될 때까지의 기간이 60일을 초과하지 아니함을 이 보험의 조건으로 한다. ③ 피보험자는 실제로 적재 또는 양화작업을 하는 동안을 제외하고는, 화물이 이 보험증권의 효력이 계속되는 동안 항상 냉장 또는 절연된 장소에 저장되도록 보장될 수 있는 모든 사전조치를 취하여야 한다. ④ 피보험자, 그의 사용인 또는 대리인이 화물의 일부가 멸실, 변질 또는 손상되었음을 발견하였을 때에는. 즉시 보험자에게 이를 통지할 것을 이 보험의 조건으로 한다. 이러한 통고를 이 보험의 종료 후 30일 이후에 보험자에게 하였을 경우에는 이재보상을 받을 수 없다.

(2) INSTITUTE FROZEN FOOD CLAUSES (A/R)

“Institute Frozen Food Clauses(A/R)”은 제5조를 제외한 나머지 규정들이 “Institute Frozen Food Clauses(FC)”과 그 내용이 동일하므로 제5조인 전위험담보약관만 살펴보기로 한다.

(가) 전위험담보약관

이 보험은 어떠한 원인으로든지 온도의 변동이 발생한 경우를 제외하고 보험목적물의 멸실 혹은 손상에 관한 일체의 위험을 담보한다. 그러나 이 보험은 지연 또는 보험목적물의 고유하자 또는 성질을 근인으로 해서 생기는 멸실, 손상 혹은 비용손해까지 확장담보하는 것으로 간주해서는 아니 된다. 이 규정에도 불구하고 이 약관에서는 연속적으로 24시간을 초과하는 기간의 냉동기계의 고장 또는 정지 또는 선박, 부선 또는 운송용구의 좌초, 침몰, 대화재 또는 충돌 또는 선박, 부선 또는 운송용구와 물 이외의 타물체(얼음포함)와의 접촉, 또는 화재 또는 폭발, 조난항에서 보험의 목적의 양화 등에 기인하여 보험의 목적의 온도변동에 따라 발생하는 보험의 목적의 멸실, 변질 또는 손상을 확장하여 담보한다. 이 약관은 "Institute Frozen Food Clauses(FC)"처럼 완전조건약관이 따로 없지만 "Institute Frozen Food Clauses (A/R)"약관의 전위험담보약관이 성립하기 위해서는 "Institute Frozen Food Clauses(FC)"의 완전조건약관을 전제해야 만이 성립한다.

(3) 분손부 담보조건약관 INSTITUTE FROZEN FOOD CLAUSES (FPA)

이 보험은 단독해손을 담보하지 아니한다. 그럼에도 불구하고 연속적으로 24시간을 초과하는 기간의 냉동기계의 고장 또는 정지 또는 선박, 부선 또는 ~~운송용구~~의 좌초, 침몰, 대화재 또는 충돌, 또는 선박, 부선 또는 ~~운송용구~~와 물 이외의 타물체(얼음포함)와의 접촉, 또는 화재 또는 폭발, 조난항에서의 보험의 목적의 양화 등의 원인으로 기인된 보험의 목적의 멸실, 질저하 또는 손상을 확장 담보한다.

2) 협회(신)적화약관

(1) INSTITUTE FROZEN FOOD CLAUSES (A)

(가) 담보위험

이 보험은 어떠한 원인으로든 온도의 변화로 발생된 멸실 또는 손상의 경우를 제외한 보험의 목적의 멸실 또는 손상의 전위험, 온도의 변화로 발생된 보험의 목적의 멸실 또는 손상, 연속적으로 **24시간 이상** 냉동기관의 정지를 야기시키는 냉동기관의 고장, 화재 또는 폭발, 선박 또는 부선의 좌초, 교사, 침몰 또는 전복, ~~육상운송용구~~의 전복 또는 탈선, 선박, 부선 또는 ~~운송용구~~와 물 이외의 타물체와의 충돌 또는 접촉, 피난항에서의 적화의 양화의 위험을 담보한다. 이 보험은 일반 면책약관, 불내항 및 부적합면책약관, 전쟁면책약관, 동맹 파업면책약관 또는 이 보험의 기타 조항에서 제외한 원인 이외의 원인에 의한 손실을 피하기 위하여 또는 피함에 관련하여 발생한 공동해손 및 구조비를 담보한다.

(나) 면책조항

여하한 경우에도 이 보험은 다음의 손해를 담보하지 아니한다.

> ▶ 피보험자의 위법 및 고의 행위로 인한 멸실, 손상, 비용 ▶ 통상의 누손 및 자연소모, 손실 등 ▶ 포장의 불안전 등 ▶ 고유의 하자 등 ▶ 지연 ▶ 선주의 파산, 관리자, 용선자 또는 운항자의 지불불능 등 ▶ 원자력 또는 핵의분열 및/또는 융합 또는 기타 이와 유사한 반응 또는 방사능이나 핵무기

특히, 보험의 목적의 고유의 하자 또는 성질로 인하여 발생한 멸실, 손상 또는 비용에서 단, 상기 **제1, 2조에 의하여 담보된 온도의 변화로 발생된 멸실, 손상 또는 비용은 제외한다.** 또 지연이 피보험위험으로 인하여 발생된 경우일지라도 지연을 근인으로 하여 발생한 멸실, 손상 또는 비용 중 상기 제2조에서 지급할 비용은 제외한다. 그리고 여하한 경우에도 이 보험은 **다음의 사유로부터 생긴 멸실, 손상 또는 비용을 담보하지 아니한다.**

▶ 전쟁, 내란, 혁명, 모반, 반란 또는 이로 인하여 발생한 국내투쟁, 교전국에 의하여 또는 교전국에 대하여 행해진 적대행위 ▶ 상기에서 담보되는 위험으로 인한 포획, 나포, 강류, 억지 또는 억류(해적행위 제외) 및 그러한 행위의 결과 또는 그러한 행위의 기도 ▶ 유기된 지뢰, 어뢰, 폭탄 또는 기타의 유기된 전쟁무기 ▶ 선박 등의 부적합・불내항 ▶ 선박, 부선, 선창, 운송용구, 콘테이너의 부적합 ▶ 동맹파업자, 직장폐쇄를 당한 노동자 또는 노동분쟁, 소요 또는 폭동에 가담한 자에 의하여 발생한 것 ▶ 동맹파업, 직장폐쇄, 노동분쟁, 소요 또는 폭동의 결과로 생긴 것 ▶ 테러리스트 또는 정치적 동기로 행동하는 자에 의하여 발생한 것.

✦본 조항 4.3에 있어서 "포장"이라 함은 "콘테이너" 또는 "리프트밴"에 적화하는 것을 포함하는 것으로 간주함. 단, 그와 같은 적화는 이 보험의 개시전에 행하여 지거나 또는 피보험자 또는 그 사용인에 의하여 행하여진 경우에 한함.

보험의 목적의 안전운송을 위한 선박, 부선, 운송용구, 컨테이너 또는 리프트밴의 부적합 등으로 인한 멸실, 손상 또는 비용을 담보하지 아니하나 단, 보험의 목적을 적재할 때에 피보험자 또는 그 사용인이 그와 같은 불내항 또는 부적합을 알고 있을 경우에는 담보한다. 또 보험자는 선박의 내항 및 보험의 목적을 목적지로 운송하기 위한 선박의 적합에 대한 묵시담보의 일체의 위반에 대하여 보험자의 권리를 포기하나 단, 피보험자 또는 그 사용인이 그러한 불내항 또는 부적합을 알지 못한 경우에는 그러지 아니한다.

(다) 보험기간(DURATION)

협회적화약관의 운송약관에서는 화물이 운송개시를 위해 보험증권에 기재된 지역의 창고 또는 보관장소를 떠날 때에 적화보험계약의 담보효력이 개시하는 것으로 규정되어 있다. 그런데 중요한 것은 무역거래조건에 따라 매도인과 매수인의 위험부담의 분기점 및 소유권 이전의 분기점이 결정되고 있는 바, 이것은 곧 피보험이익이 발생하게 되는 장소 및 시기를 의미하므로 실질적으로 적화보험의 시기는 운송약관의 내용과는 달리 무역거래 조건에 따라 달라진다. 이 보험은 화물이 운송개시를 위하여 이 보험증권에 기재된 지역의 냉동공장 또는 냉동창고에서 운송용구에 적재된 때부터 개시되고 통상의 운송과정 중에 계속되며, 최종 양화항에서 외항선으로부터 피보험화물의 하역 완료 후 5일이 경과될 때, 중 어느 것이든 먼저 생긴 때에 종료한다.

또 이 보험은 (상기 보험종료의 규정 및 하기 제9조의 규정에 따라) 피보험자가 좌우할 수 없는 지연, 일체의 이로, 부득이한 양화, 재선적 또는 환적 및 해상운송계약상 선주 또는 용선자에게 부여된 자유재량권의 행사로부터 생기는 위험의 변경기간 중 유효하게 계속된다. 피보험자가 좌우할 수 없는 사정에 의하여 운송계약이 그 계약서에 기재된 목적지 이외의 항구 또는 지역에서 종료되거나 또는 기타의 사정으로 상기 제8조에 규정된 화물의 인도이전에 운송이 종료될 경우에는 이 보험도 또한 종료된다. 단, 보험자에게 지체없이 그 취지를 통지하고 담보의 계속을 요청할 경우에 보험자의 요구가 있으면 추가보험료를 지급하는 조건으로 이 보험은 다음의 시점까지 유효하게 계속된다. 화물이 상기의 항구 또는 지역에서 매각된 후 인도될 때 또는 별도의 합의가 없는 한 그러한 항구 또는 지역에 피보험화물의 도착 후 **30일이** 경과한 때 중 어느 한쪽이 먼저 생길 때까지 또는 만약 화물이 상기 **30일의** 기간(또는 합의하에 연장한 기간) 내에 이 보험증권에 기재된 목적지 또는 기타의 목적지에 계반될 경우에는 상기 제8조의 규정에 따라 보험이 종료될 때까지 계속된다.

냉동화물에 관한 (신)협회약관 "NSTITUTE FROZEN FOOD CLAUSES (A)"의 19개 조항 중 위에서 언급한 담보위험과 면책조항과 보험기간에서 굵은 글씨로 표현한 내용을 제외하고 일반화물에 관한 (신)ICC 약관과 동일하므로 설명을 생략한다.

(2) INSTITUTE FROZEN FOOD CLAUSES (C)

(가) 담보위험

이 보험은 다음의 위험을 담보하나 단, ICC의 제4조 일반면책조항과 제5조 불감항 및 부적합면책조항, 제6조 전쟁면책조항, 제7조 동맹파업면책조항에 규정된 위험은 제외한다. 따라서 이 보험은 다음 위험에 기인된 보험의 목적의 멸실 또는 손상으로서 ① 화재 또는 폭발, ② 선박 또는 부선의 좌초, 교사, 침몰 또는 전복, ③ ~~육상운송용구~~의 전복 또는 탈선, ④ 선박, 부선 또는 ~~운송용구~~와 물 이외의 타 물체와의 충돌 또는 접촉, ⑤ 피난항에서의 적화의 양화 및 ⑥ 공동해손희생과 투하의 위험으로 인한 보험의 목적의 멸실 또는 손상을 담보한다. 그리고 이 보험은 제4조 일반면책조항과 제5조 불감항 및 부적합면책조항, 제6조 전쟁면책조항, 제7조 동맹파업면책조항에서 또는 이 보험의 기타 조항에서 제외한 원인 이외의 원인에 의한 손실을 피하기 위하여 또는 피함에 관련하여 발생한 공동해손 및 구조비를 담보한 공동해손 및 구조비의 정산 또는 결정은 해상운송계약 및/또는 준거법 및 관례에 따른다.

이 보험에서는 손해보상의 범위를 확장하여 해상화물 운송계약 '쌍방과실충돌'약관에 의한 피보험자의 부담액 중 보험증권에서 보상을 받을 수 있는 손해에 관한 부분을 지급해준다. 상기약관에 의거 선주로부터 청구를 받았을 경우에는 피보험자는 그 취지를 보험자에게 통지할 것을 약속해야 한다. 이때 보험자는 자기의 비용으로 선주의 청구에 대하여 피보험자를 보호할 권리를 가진다.

(나) 보험기간(DURATION)

화물이 상기의 항구 또는 지역에서 매각된 후 인도될 때 또는 별도의 합의가 없는 한 그러한 항구 또는 지역에 피보험화물의 도착 후 30일이 경과한 때 중 어느 한쪽이 먼저 생길 때까지 또는 만약 화물이 상기 30일의 기간(또는 합의하에 연장한 기간) 내에 이 보험증권에 기재된 목적지 또는 기타의 목적지에 계반될 경우에는 제8조의 규정에 따라 보험이 종료될 때까지 계속된다.

2. 해상보험증권 작성요령

✦①예): PARK TRADING CO., Ltd.

✦②예) : 신용장 번호 315-5660222, 송품장 번호 MUNT0311 일 경우, L/C NO. 315-5660222 INVOICE NO. MUNT0311로 표시.

① **Assured(s). etc.(피보험자 기타)** : 사고 발생시 보험금수령인을 지칭한다. 통상적으로 수입계약으로 질권기관이 설정되어 있는 경우 질권기관명을 입력하며, CIF계약의 수출인 경우 피보험자에 대하여 별도의 약정이나 지시가 없으면 수출업자 자신을 피보험자로 하여 증권을 발행한 후 수출환어음 매입시에 백지배서(blank endorsement)에 의해 양도하면 된다. 즉, 보험계약을 체결한 피보험자를 기재하며 가격조건에 따라 수출업자(CIF, CIP..), 또는 수입업자(FOB, CFR...)가 여기에 해당한다.

② **Ref. No.(참조번호)** : 보험계약과 관련해서 참조되는 서류의 번호를 기재하는 곳으로, 수출의 경우에는 신용장, 송품장, 수출승인서의 번호, 수입의 경우에는 수입승인서, 송품장 번호 등을 기재한다.

③ **policy No.(보험증권 번호)** : 보험자가 교부하는 번호이다. 보험증권 수령시 보험증권번호를 알아두면 편리하다.

④ **Amount insured(보험금액)** : 보험가입금액은 보험사고에 대하여 보험자가 보상책임을 지는 최고한도액을 말한다. 화물의 보험가입금액은 상업송장가액에 희망이익률을 곱한 금액으로 한다. 희망이익률은 L/C상에서 별다른 요청사항이 없는 한 통상적으로 110%로 설정한다. 이는 보험금을 보다 더 수취해서 수입불능으로 인한 손실을 보상받으려는 의도이다.

USD	59,200	×	110%	×	1	=	USD	65,120
송장가액 화폐코드	송장 가액	×	CIF가 희망이익	×	보험가입 금액환율	=	보험가입금액 화폐코드	보험가입 금액

✦⑤예) : 일본 나고야시 보험금 지급 대리점일 경우 Claims Settling Agent in Nagoya, Japan

✦⑥예) : 위의 ⑤예와 동일

⑤ **Claims, if any, payble at/in(보험금 지급지)** : 보험사고가 발생하여 보험금을 지급하는 경우 보험금을 지급하는 당사자의 상호와 주소를 기재한다. 수출시에는 일반적으로 수입국에 있는 특정한 지급기관을, 그리고 수입의 경우에는 주로 국내의 보험자를 기재한다.

⑥ **Survey should be approved by(검정승인기관)** : 보험사고 발생시 통지를 받고 검정의 과정을 거쳐 보험금을 지급하도록 해주는 곳으로 통상 보험금 지급지와 동일하게 기재하며, 별도 특정 기관의 검정이 필요할 때에는 해당 기관을 기재한다.

MARINE CARGO INSURANCE POLICY

① Assured(s), etc THE SAMWON CORPORATION	
③ Policy No. 002599A65334	② Ref. No. Invoice No. DS-990228 L/C No. IOMP20748
⑤ Claim, if any, payable at : GELLATLY HANKEY MARINE SERVICE 842 Seventh Avenue New York 10018 Tel(201)881-9412 Claims are payable in AMERICA IN THE CURRENCY OF THE DRAFT.	④ Amount insured USD 65,120.- (USD59,200 XC 110%)
⑥ Survey should be approved by THE SAME AS ABOVE	⑮ Conditions * INSTITUTE CARGO CLAUSE(A) 1982

⑦ Local Vessel or Conveyance	⑧ From (interior port or place of loading)
⑨ Ship or Vessel called the KAJA-HO V-27	⑩ Sailing on or about MARCH 3, 1999
⑪ at and from PUSAN, KOREA	⑫ transshipped at
⑬ arrived at NEW YORK	⑭ thence to

⑯ Goods and Merchandises 16,000 YDS OF PATCHWORK COWHIDE LEATHER	Subject to the following Clauses as per back hereof institute Cargo Clauses Institute War Clauses(Cargo) Institute War Cancellation Clauses(Cargo) Institute Strikes Riots and Civil Commotions Clauses
⑰Place and Date signed in SEOUL, KOREA APR /09/2000.	⑱ NO. of Policies issued. TWO

IMPORTANT

PROCEDURE IN THE EVENT OF LOSS OR DAMAGE FOR WHICH UNDERWRITERS MAY BE LIABLE LIABILITY OF CARRIERS, BAILEES OR OTHER THIRD PARTIES

It is the duty of the Assured and their Agent in all cases, to take such measures as may be reasonable for the purpose ......

Notwithstanding anything contained herein or attached hereto to the contrary, this insurance understood and agreed to be subject to English Law and practice only as to liability for and settlement of any and all claims.

This insurance does not cover any loss or damage to the property which at the time of the happening of such loss or damage is insured by or would but for the existence of this policy be insured by any fire or other insurance......

000 INSURANCE CO., LTD

PRESIDENT *Hong gil dong* (법인 도장)

⑦ Local Vessel or Conveyance / ⑧ From (interior port or place of loading) **(국내 선박 또는 운송 수단/(내륙 항구 또는 적재 항)으로부터)** : 화물의 출발지와 선적지가 다른 경우에 출화지로부터 선적항까지의 화물운송을 위해 선박이나 운송수단이 사용되는 경우 그 선박이나 운송수단을 기재한다. 여기에서는 기재를 생략한다.

✦⑨예) : Miss Korea V-22

✦⑩예) 1998년 10월 10일 → October 10, 1998

⑨ Ship or Vessel called the**(선박 명)** ; 배로 운송할 경우 본선 명을, 항공기로 운송할 경우 항공기명을 기재한다. 통상적으로 수출인 경우에는 반드시 기입하여야 하며, 수입인 경우 나중에 선박명이 결정되면 보험사에 통보를 하여 배서를 한다. 수출품을 운송하는 선박명과 항차번호(voyage No.)를 기재한다.

⑩ Sailing on or about**(출항 예정일)** : 물건이 선적되어 선적항/(공항)을 출항하는 년 월 일을 기재한다. 특히 수출인 경우 반드시 기입되어야 한다. 수입인 경우 나중에 선박명이 결정되면 보험사에 통보하여 배서한다.

✦⑪예) : kunsan, Korea

⑬예) 일본 나고야 항 → Nagoya, Japan

✦⑮예) : 협회적화약관 [A] 조건 및 협회파업 약관일 경우 ICC (A), Institute Strikes Clauses

⑪ At and from**(선적항)** : 선적항과 국가명을 기재한다.

⑫ Transhipped at**(환적지)** : 운송도중에 환적을 하는 경우 환적항을 표시한다. 여기에서는 기재를 생략한다.

⑬ Arrived at**(도착항)** : 선박이 도착하는 항구를 기재한다.

⑭ thence to**(도착지)** : 여기에서는 기재를 생략한다.

⑮ Conditions**(보험조건)** : 보험조건은 무역당사자간에 매매계약을 체결할 당시에 결정된다. 특히, CIF 수출인 경우 신용장상에 정해진 보험조건대로 보험에 가입하여야 한다. 보험조건은 현재 신·구보험조건이 함께 사용되고 있으므로, 화물의 특성에 따라 적합한 보험조건을 선택하여야 한다. 'Condition'란에는 정해진 기본조건뿐만 아니라, 전위험 담보조건이라도 품목에 따라 제외되는 보험조건 등을 표시한다. 담보가 제외되는 위험을 반드시 추가적으로 가입하지 않으면 보험보상이 되지 않는다. 피보험자와 보험자가 합의한 보험조건을 기재한다.

⑯ Subject-matter insured**(보험목적물)** : 보험에 가입한 화물의 명세, 곧 품명, 수량, 화인 등 상업 송품장상에 명시된 내용대로 기재한다.

✦⑰⑲ 예) : 한국 서울에서 1998년 10월 9일에 작성하고 증권 통수는 두 통, 서명인 박종은 일 경우, place and Date Signed in. SEOuL, KOREA OCT. 9, 1998. No. of policies insured. Duplicate AUTHORIZED SIGNATURE Park Jong Eun

⑰⑱ place and Date signed in./No. of policies insured**(서명 장소 및 일자/ 보험증권 통수)** : 보험증권을 작성한 장소와 일자를 기재하고 보험증권의 발행 통수를 기재한다. 발행일은 선화증권 발행일보다 이전이여야 한다.

협회적화보험 신약관본문약관은 협회적화보험 구약관의 본문약관보다 간결하게 되어 있다. 그 내용은 준거법약관, 타보험약관, 약인약관 및 선서약관으로 되어 있다.

이탤리서체약관은 S.G. POLICY 본문약관보다 우선적으로 적용되는 약관인데, 포획, 억류, 나포 등 전쟁의 위험을 담보하지 않는다고 되어 있다. 따라서 전쟁위험을 담보받고자 할 경우 전쟁약관을 첨부해야 한다.

보험자의 서명 : 해상보험증권은 보험자 또는 보험자의 대리인에 의하여 서명되어야 한다. 한국에서는 통상적으로 보험회사 대표자의 서명과 직인을 날인한다.

3. 기타약관

1) 50 / 50 CLAUSE

보험증권에 명시되어 있는 면책약관과 담보약관, 그리고 각종 조건들을 제외한 다른 사항들은 보험자와 피보험자간 서로 합의한 방법과 범위 내에서 이해되어야 한다. 그리고 이 약관에 따라 다음 아래와 같은 규정들을 준수하여야 한다.

피보험자는 운송기간동안 발생했을지도 모르는 가능성 있는 손해들을 발견하기 위하여 화물이 계획된 장소, 즉 최종목적지에 도착하자마자 화물의 품목들을 세밀하게 조사하여야 한다. 포장이 되어 있는 품목들은 예컨대, 이후에도 포장된 상태를 당분간 유지하여 할 품목들은, 혹시 입었을지도 모르는 손해와 관련하여 포장의 외관을 육안으로 조사하여야 하고 만약 이러한 손해가 육안으로 확인이 가능하다면, 해당 품목의 포장을 해체하여 조사하고 조사된 모든 손해들을 해당 해상적화보험자에게 통지하여야 한다. 외관상 손해의 발생 여부를 알 수 없는 포장된 품목들은 운송기간 중과 같은 상태로 유지시킨다.

포장을 풀어 발견한 손해들은 해상적화보험자에 의해 처리될 것이며 이 보험증권에 규정된 규칙에 따라 손해가 계획된 장소, 즉 최종 목적지에 도착한 후에 발생한 것인지 도착 전에 발생한 것인지에 대해 명확하게 입증될 것이다. 만약 화물이 입은 손해가 최종 목적지에 도착한 후인지 전인지 불분명할 경우, 이 약관하에서는 보험자와 피보험자가 발생한 손해금액을 균등하게 나누어 분담한다. 더 나아가 보험자와 피보험자는 위에서 언급한 내용처럼 이 약관하에서의 피보험자가 가지는 부담이 해상보험증권의 그것과 다르더라도 보험자가 발생한 손해금액의 50%를 공제하는 것에 동의한다.

2) 상표약관(BRANDS CLAUSE)

피보험자는 도안, 각인된 상표나 라벨 혹은 피보험자가 상품의 생산자/ 매도인임을 증명하는 어떠한 내구성의 표시가 있는 상품, 또는 그 상표로 인하여 어떤 손실을 수반할 수 있는 독점적/고유한 비법에 대해 완전한 소유권을 가지며, 그러한 모든 상품에 대한 지배권을 가진다.

이 보험하에 담보되는 화물에 대하여, 피보험자는 본 증권의 담보위험으로 손상을 입은 모든 상품/제품의 폐기, 공장으로의 반송, 수리 여부를 결정하고, 보험자는 이럴 경우 전손보험금을 지급하며 피보험자가 수리 등 그 밖의 방법으로 얻을 수 있는 실제 잔존가치에 대한 권리를 확보한다.

이 약관하에서는 합리적인 판단을 행사하는 피보험자만이 유일하게 손상된 상품의 시장성 여부나 상품의 가치의 상실 여부를 판단하며, 보험자는 다만, 피보험자가 손상된 상품의 판매나 처분으로 인하여 실제로 얻은 잔존가치가 있을 때에만 그에 대한 권리를 갖는다.

3) 응고약관(CAKING CLAUSE)

화물의 응고로 인하여 발생된 비용에 대한 보상청구는 그러한 비용이 공동해손으로 허용되거나 또는 이와 같은 응고가 선박 또는 부선의 좌초, 침몰, 대화재, 화재 및 충돌에 의거하여 기인된 경우를 제외하고는 이를 담보하지 않는다.

4) 산적유약관(BULK OIL CLAUSES A-2)

산적유약관은 첫째, 피보험자는 선화증권 또는 용선계약서상에 선주면책약관 또는 잠재하자약관이 있어도 자기의 권리를 침해받지 아니한다. 피보험자와 보험자 사이에는 선박 또는 부선이 감항성이 있는 것으로 인정한다. 불감항성 또는 선주, 용선자, 대리인, 혹은 사용인의 악행 또는 비행, 침몰, 좌초, 화재, 폭발, 해수접촉을 유발하거나 또는 증권상에 담보하는 여하한 성질의 위험을 유발함으로써 직접 또는 간접으로 부보된 화물에 손실 또는 손상을 끼쳤을 경우 보험자는 선의의 피보험자에게 초래된 손실을(증권상의 담보조건에 따라) 보상할 것에 동의한다. 도선사의 승선여부에 관계없이 항해하거나 어떤 상황하에 있는 선박 또는 부선을 예인·구조하거나 예인되어도 무방하다. 둘째, 피보험자는 다음 사실을 인지한 후 즉시 보험자에게 통지하고 또한 청구를 받으면 추가보험료를 지급할 것을 조건으로 하여, 본 보험에 고지된 선박에 전면 또는 부분적인 부족선적인 경우, 타선박 또는 타선박들로 환적되거나, 초과운송 또는 중도하역되거나, 이로, 항해변경, 항해중절, 항해변동, 혹은 피보험자가 좌우할 수 없는 위험의 경우라도, 본 보험은 화물이 보험증권 또는 증서상에 표기된 최종 목적지에 도착하거나 피보험자가 부보화물에 대한 위험으로부터 면제되거나, 그 중 어느 한 쪽이 먼저 생길 때까지 담보한다. 이 증권 또는 증서상의 여타부분에 표기된 동종의 위험에 대한 보험담보연장을 목적으로 하는 추가위험(지연 또는 기타 내용의)은 본 약관에서 담보되지 않는다. 전쟁, 동맹파업, 폭동, 소요의 위험이나 또는 동종의 위험이 부보된 경우, 이런 위험에 대한 담보는 이러한 보험의 명시규정에 한하여 본 약관으로서 연장담보되지 않는다. 셋째, 요구가 있으면 환적위험과 부선으로부터 본선까지 및 본선으로부터 부선까지의 위험을 포함한다. 각 부선, 땟목 또는 운송용구는 각기 별도로 부보된 것으로 간주한다. 또한 특수한 또는 보완적인 부선운송 요구가 있으면 추가보험료를 지불하는 조건으로 담보한다. 피보험자는 부선운송인의 책임을 면제하는 계약에 의하여도 자기의 권리를 침해받지 않는다. 넷째, 공동해손, 구조비 및 특별비용은 외국의 관례에 따라 외국에서 작성된 정산서, 또는 "요크앤트워프" 규칙이나 또는 요청이 있으면 운송계약에 따라 지불된다. 선박 또는 부보된 보험목적이 전부 또는 일부가 동일 소유자에 소유되거나, 동일 관리하에 있는 다른 선박으로부터 구조, 예인 또는 조력을 받았을 경우 이런 용역의 대가는 (동일소유, 동일관리에 관계없이) 중재에 의하여 확정하며, 재정된 금액으로서 본 보험에 부보된 목적물에 부담되는 것은 본 증권하에 보상한다.

다섯째, 항해개시 전, 또는 후에, 과실여부 및 여하한 원인으로부터 사고, 위험, 손해, 또는 재해가 발생하고, 이러한 사고 및 그 결과에 대하여 선주가 법령, 계약 또는 기타에 의하여 면책될 경우에도, 보험자는 담보된 목적물에 대한 구조비 및 특별비용을 지불하고, 공동해손이 있으면 공동해손회생, 손실 및 비용을 선주와 분담한다. 여섯째, 공동해손을 제외하고 부보화물의 일부 또는 전부가 종속회사 또는 계열회사에 속하는 경우에 부보화물을 운송하는 선박, 부선 또는 송유관이나 부보운임에 대하여는 대위권이 없음을 합의한다. 일곱째, 단, 약관에 포함된 포획, 나포부 담보약관 및 동맹파업, 폭동, 소요부 담보약관에서 제외된 위험 외에는 선적항의 탱크를 출발할 때부터 운송 중 또는 운송대기 중 목적지의 탱크에 안전하게 인도될 때까지 어떠한 위험(다음 위험은 제외)도 담보한다. 그러나 본 약관상의 어떠한 반대규정에도 불구하고. 보험자는 선박, 부선의 좌초, 침몰, 대화재, 물(얼음포함) 이외의 물체 또는 물건과의 충돌 또는 접촉, 화재, 폭발(어떠한 발생원인 장소라도) 또는 화물의 강제하역이 있어 발생한 경우를 제외하고 부족손, 누손, 오염손해는 담보하지 않는다. 단, 악천후로 인한 오염손해는 보험자가 담보한다. 본 약관상의 반대의 규정에도 불구하고, 본 보험은 선적, 환적 및 하역 중에 연결 송유관, 이음쇠, 또는 기타로부터 유실된 유류의 보험금액을 지불한다. 보험금은 손해율의 다소에 관계없이 지불하나 통상적인 감량은 차감한다. 여덟째, 본 보험은 기관의 파열, 차륜의 파손 또는 기관, 선체, 속구의 잠재적 하자, 선장, 해기사, 항해사, 기관사 또는 도선사의 항해 또는 선박관리상의 과실・실수로 인한 감손, 누손 및 오염손을 포함한 부보화물의 손실 및 손상을 담보한다. 그러나 증권상의 별도의 규정이 있을 경우를 제외하고, 본 약관이 지연, 질의 저하 또는 시장상실로 인한 손실을 담보하는 것으로 해석되어서는 안 된다. 아홉째, 본 보험 또는 보험의 효력에 의한 이재구상을 위하여 보험자를 상대로 하는 소송, 또는 재판이 대한민국 법령에 규정된 유효기간 내에 시작된 경우, 금지되지 않을 것을 동의한다. 열 번째, 보험자가 지정한 검사인의 검정하에 선적한다는 담보를 포기한다. 열한 번째, 첨부된 해상확장담보 약관에 규정한 담보개시 전 또는 담보종료 후까지 담보를 확장할 경우, 이러한 확장담보는 확장담보 배서 또는 기타의 곳에 당사가 서명한 문서로서 별도의 규정이 있을 경우를 제외하고, 본 증권은 아래 사항을 제외할 것을 조건부로 한다. 당사는 화물이 미국 내, 미국영토의 어느 곳에서, 파나마운하 지역 또는 푸에르토리코에 있는 동안 통제여부에 관계없이 원자력사고, 핵반응, 방사능, 방사능오염 등으로 직접 또는 간접으로 발생한 또는 그곳에 있는 원인으로부터 발생한 손실, 손해, 비용에 대한 이재를 그 손실, 손해 및 비용이 그들에 근인 또는 원인으로 발생하거나 또는 전부 또는 부분적으로 증권상에 담보된 위험으로 인하거나 또는 악화되었을지라도 담보하지 않음. 그러나 전항 및 증권상의 모든 규정에 따라 본 증권이 화재위험을 담보한 경우, 원자력사고, 핵반응, 또는 방사능, 방사능오염으로부터 기인된 화재로 인한 직접손실을 본 증권에 의하여 담보한다. 열두 번째, 본 약관상에 있는 어떠한 반대규정에도 불구하고, 본 보험은 전시 또는 평화시이거나. 합법 또는 기타의 경우에 관계

✦주의: 본약관 제2조 2항을 위하여 본증권 본문에 인쇄된 포획나포부담보약관(Free of Capture and Seizure Clause)과 동맹파업소요폭동부담보약관(Free from Strikers, Riots and Civil Commotion Clauses)은 삭제되는 것으로 간주한다.

없이 포획, 나포, 강류, 억지, 억류, 몰수, 봉쇄, 징발 또는 국유화와 이러한 행위의 결과, 이러한 행위를 하고자 기도한 결과를 담보하지 않는다. 또한 전시 또는 평시에 관계없이 원자력 또는 핵의 분열 또는 결합이나 기타 이와 유사한 반응 또는 방사선 또는 그 물질을 응용하는 어떠한 무기로 부터 또는 기뢰, 어뢰로 부터 발생하는 멸실, 손상 또는 비용을 담보하지 않는다. 또한 선전포고의 유무에 관계없이 적대행위 또는 군사적 행동의 결과를 담보하지 않는다. 그러나 면책약관은 교전국에 의하여 혹은 교전국에 대하여 행해진 적대행위로 인하여 직접(또한 당해 선박 또는 충돌의 경우에 있어서의 충돌에 관련된 타 선박이 수행하고 있었던 항해의 임무 또는 성질과 관계없이) 발생되지 않는 한, 항공기, 로켓 또는 유사한 유도탄 및 고정 혹은 부유물체(기뢰 또는 어뢰는 제외)와의 충돌 또는 접촉, 좌초, 황천, 화재 또는 폭발을 면책하는 것은 아니다. 본 면책약관에 관한 한 '국가'라 하는 것은 어느 국가와 제휴하고, 해군, 육군 또는 공군을 보유하고 있는 모든 정권이 포함됨. 또한 내란, 혁명, 모반, 반란 또는 이로 인해서 생기는 국내투쟁의 결과와 해적행위를 담보하지 않는다. 열세 번째, 동맹파업, 직장폐쇄, 노동분쟁, 폭동, 소요 또는 이러한 행위 또는 혼란에 참가한 자에 기인하거나, 결과로 발생한 손실, 손해는 담보하지 않는다. 열네 번째, 본 보험이 기간보험일 경우, 보험증권의 만기시에 선박이 항해 중이거나 조난 중이거나, 또는 피난항 또는 기항항에 있을 때에는 사전에 보험자에게 그 취지를 통지하였을 경우에 한해, 목적항에 도착할 때까지의 비례보험료로서 보험목적물은 계속 담보된다. 열다섯 번째, 쌍방과실 충돌약관이 포함된 선화증권에 따라 화물이 적재될 경우 피보험자가 상기 약관에 따라 법률상 선주에게 지불하여야 될 금액(보험금액까지)을 보험자는 본 보험에 담보되는 손실에 대하여 피보험자에게 보상할 것을 동의한다. 이와 같은 배상책임이 발생할 경우 이러한 배상청구로부터 자기비용으로 피보험자를 방어할 권리가 있는 보험자에게 즉시 통지할 것에 피보험자는 동의한다.

5) 컨테이너 관리자의 적화손해보험약관 (CONTAINER OPERATOR'S CARGO INDEMNITY INSURANCE CLAUSES)

(1) 책임의 범위 (제1조)

당 보험자는 다음과 같은 손해, 비용, 공동해손분담금, 구조비 등에 대하여, 이 보험증권에 명시된 배상책임의 한도와 공제, 면책조항에 따라 피보험자에게 보상할 책임을 진다.

피보험자에 의하여 또는 피보험자를 대신하여 본 보험증권에 명시된 콘테이너로 수송될 예상이든가 수송되고 있거나 또는 수송된 화물에 대한 손해에 대하여 법률에 의하여 피보험자에게 부과된 화주에 대한 배상책임 또는 보험증권에 첨부된 선화증권에 명시된 운송계약하에서 피보험자가 부담하는 배상책임을 이유로 한 손해, 즉 ① (a) 제5조 제2항에 규정된 의무를 수행하기 위하여 그리고 제6조와 관련한 당회사와의 협조를 위하여 피보험자가 합리적으로 지출한 비용, (b) 소송, 중재, 조정 또는 화해를 위하여 당회사의 서면동의를 얻어 지출한 비용, ② 피보험자가 화물에 대하여 지불할 법적 책임이 있든지 혹은 운송계약의 위반을 이유로 피보험자가 화물로부터 회수할 법적 자격이 없는 경우 중 어느 경우이든지 본조의 1항에서 **규정된 화물에 대하여 평가된 또는 지불될 공동해손 분담금 또는 구조비**에 대하여 보험자는 보상할 책임이 있다.

(2) 귀중품 기타 (제2조)

당 보험자는 화물이 운송계약서에 규정된 '귀중품'에 속하는 경우와 당 회사가 관련운송에 대하여 **서면으로 동의**하고 피보험자가 **협정된 추가보험료**를 지불하지 않는 한 '귀중품'이 아닌 화물의 경우에 운송계약서에 명시되어 있는 '배상책임한도'를 초과하는 금액에 대한 손해, 비용, 공동해손분담금 또는 구조비를 지불할 책임을 지지 않는다.

(3) 면책조항 (제3조)

① 피보험자의 고의 또는 중대한 과실, ② 전쟁(선전포고의 유무에 관계없이), 소요, 모반, 폭동, 태업 또는 이와 유사한 행동, ③ 지진, 화산폭발, 홍수, 해일 및 만조와 같은 불가항력적인 사고, ④ 핵반응, 이온방사 또는 공업적, 상업적, 농업적, 의학적 또는 과학적인 목적에 사용되거나 사용된 방사성 동위원소를 제외한 핵연료 방사성 물질 혹은 그 잔재와의 방사능 오염의 경우 보험자는 면책된다.

(4) 타보험 (제4조)

본 증권하에서 사고발생시 동 사고나 손해를 담보하는 여타보험이 있는 때에는 보험자는 이러한 손해나 손실에 대하여 자기의 비율 이상으로는 보상의 책임을 지지 않는다.

(5) 피보험자의 의무 (제5조)

본 보험 하에서 보상청구할 수 있는 사고가 발생하였을 경우에는 피보험자는 ① 피보험자에게 발생한 사고 및/또는 이재에 대한 세부사항을 당 회사에 즉시 서면으로 통지할 것. ② 제3자에 대한 보상청구권을 보전 또는 행사하기 위하여 피보험자가 할 수 있는 모든 필요한 조치를 취할 것과 손해를 최소한으로 경감시키기 위하여 그 밖의 가능한 조치를 취할 것. ③ 피보험자가 전체적으로나 부분적으로 간에 배상책임을 인정하려고 할 때에는 사전에 당사의 서면동의를 얻을 것. ④ 피보험자에 대하여 어떠한 소송이 이루어졌을 때에는 즉시 당 회사에 통보할 것. 만일 정당한 이유없이 피보험자가 전항에 규정된 대로 행하지 않을 경우에는 당 회사는 피보험자가 제기한 보상청구를 거부할 권리를 가지며, 당 회사가 지불할 모든 금액을 감할 수 있는 권리를 갖는다.

(6) 당 회사의 직접적인 손해처리 (제6조)

당 회사는 그렇게 하는 것이 필요하다고 간주할 경우에는 피해 당사자로부터 제기된 모든 보상청구에 대하여 자기 자신의 비용으로 직접 청산한다. 피보험자는 당 회사가 요구하는 모든 문제에 대하여 협조하여야 한다. 당 회사는 만일 피보험자가 정당한 이유없이 전항에서 규정된 대로 당 회사에 협조하기를 거절하면 어떠한 이재보상 청구에도 책임을 지지 않는다.

(7) 대위 (제7조)

피보험자가 제3자에 대하여 배상청구를 갖는 손해를 당 회사가 보상할 경우 당 회사는 지불한 보상금액을 한도로 그 배상청구권을 대위한다. 피보험자는 이재보상금을 받는 대로 전항에서 언급된 권리를 행사하기 위한 필요한 모든 서류를 당사에 제출하여야 한다.

(8) 준거법 (제8조)

본 증권에 명시된 어떠한 반대규정에도 불구하고, 이 약관하에서 규정되지 아니한 모든 배상책임에 대한 문제는 대한민국의 법률과 법령에 따른다.

(9) 비양도약관 (제9조)

본 보험증권의 양도 혹은 본 보험증권상의 권리취득 혹은 본 보험증권에 의거 지불될 수 있는 또는 지불하게 될 모든 금전에 관한 권리취득은, 보험자를 구속하는 것도 아니며, 또한 보험자가 이를 승인하는 것도 아님. 단, 피보험자 및 재양도의 경우는 양도인이 서명한 상기의 양도 혹은 원리취득일자가 붙은 통보가 본 보험증권에 배서되며 또한 동 배서가 있는 보험증권이 당해 보험증권에 의한 보험금, 혹은 환불 보험료의 지불이전에 제출된 경우에는 그러하지 아니한다. 그러한 본조는 매도에 대한 보험자의 동의로서 효력을 갖는 것은 아니다.

(10) 해지약관 (제10조)

컨테이너가 매도될 경우, 동 컨테이너를 담보하고 있는 보험은 보험자의 계속담보에 대한 서면동의가 없는 한 본 약관은 동 보험증권상에 본조에 저촉되는 반대규정이 기재되거나, 타자 혹은 인쇄되어 있다 하더라도 어느 규정보다 우선하여 적용될 것이다.

본 보험약관은 보험자 혹은 피보험자에 의하여 30일의 사전통보를 함으로써 해지할 수 있다(이 경우 보험계약은 보험자에 의하여서나, 보험계약자에 의하여서나 해지통보를 한 날의 자정으로부터 30일이 되는 날에 해지됨). 만약, 보험자가 해지를 요구할 경우에는 보험계약자에게 미경과보험료(unearner premium)를 비례적으로 환불한다. 또한 보험계약자가 해지를 요구할 경우 보험자는 계약체결 당초에 약정한 율에 따라 환불한다.

6) 관세약관(CUSTOM DUTY CLAUSE)

이 보험증권에서 부보된 화물에 부과된 관세가 피보험위험에 의하여 입게 되는 분손을 해손에 관한 보험증권의 조항에 따라 보상한다. 또한 관세가 지불된 후 화물이 전손되었을 때는 보험증권의 조항에 따라 전손금을 지급한다. 보험증권에 기재된 관세의 보험금액이 보험증권에 기재된 최종목적지에 부보화물이 정상상태로 도착하였다면 관계법규에 따라 부과되어야 할 총 관세금액을 초과하는 경우에는 회사의 책임은 실질적인 관세 손실금액을 초과하지 않는다.

보험증권에 기재된 관세의 보험금액이 위에서 언급한 금액에 미달하는 경우에는 회사는 보험금액의 실질적 관세금액에 대한 비율에 따라 관세의 손실금액을 보상하는 책임을 진다. 피보험자는, 회사가 요구할 때는 관세당국에 화물을 제시하여 관세의 지불을 면하여야 하며, 관세의 감면이 있을 경우에는 회사는 감면된 만큼의 금액을 공제하고 보상한다.

7) 원산지 손해약관(COUNTRY DAMAGE CLAUSE)

이 보험증권은 원산지 손해에 대한 위험을 담보한다. 그러나 어떠한 경우에도 화물에 대하여 운송인이 발행한 선화증권의 내용에 관계없이 여기에 포함된 '특별검정약관'에 따라 회사가 지정한 검정인에 의하여 화물이 한국에 도착당시 외형상 (a)외항선에 적재되기 이전에 홍수, 해일, 고조의 유입 또는 폭우로 인한 손해와 (b)외항선에 적재될 때 명백한 손해로 인하여 실손해가 발생하였다고 합리적으로 추정되는 손해까지를 확장담보하는 것으로 간주하지 아니한다.

8) 컨테이너 소유자의 제3자 배상책임 보험약관 (CONTAINER OWNER'S THIRD PARTY LIABILITY INSURANCE CLAUSES)

(1) 책임범위(제1조)

당 회사는 다음과 같은 손해 또는 비용에 대하여, 이 보험증권에 명시된 배상책임의 한도와 공제면책조항에 따라 피보험자에게 보상할 책임을 진다.

① 콘테이너 운송작업에 관련된 사고로 인하여 타인에 입힌 신체상해 및 그로 인한 사망이나 혹은 타인의 재물에 입힌 멸실이나 손상에 대하여 보험증권에 명시된 콘테이너 소유자로서의 (임대 콘테이너의 경우에는 준소유자로서) 피보험자에게 사고발생 지역에서의 유효한 법률에 의하여 부관된 배상책임으로 인한 손해, ② 제4조 제2항에 규정된 의무를 수행하기 위하여 그리고 제3조와 관련한 당회사와의 협조를 위하여 피보험자가 합리적으로 지출한 비용, ③ 피보험자가 당 회사의 서면동의를 얻고 소송, 중재, 조정 또는 화해를 위하여 지출한 비용을 보험자가 피보험자에게 보상한다.

(2) 면책범위(제2조)

✦N.B.: 본약관 제2조 2항을 위하여 본 증권 본문에 인쇄된 포획나포부담보약관(Free of Capture and Seizure Clause)과 동맹파업소요폭동부담보약관(Free from Strikers, Riots and Civil Commotion Clauses)은 삭제되는 것으로 간주한다.

① 피보험자의 고의 또는 중대한 과실, ② 전쟁(선전포고의 유무에 관계없이), 소요, 모반, 폭동, 태업 또는 이와 유사한 행동, 지진, 화산폭발, 홍수, 해일 및 만조와 같은 불가항력적인 사고, ③ 핵반응, 이온방사 또는 공업적, 상업적, 농업적, 의학적 또는 과학적인 목적에 사용되거나 사용된 방사성 동위원소를 제외한 핵연료, 방사성 물질 혹은 그 잔재와의 방사능 오염, ④ 다른 특별한 협정이 없는 한 제3자와의 계약 또는 협정하에서 피보험자에게 주어진 계약상의 배상책임, ⑤ 피보험자의 사업에 종사하고 있는 동안 피보험자의 고용인에 대한 신체상해 및 그로 인한 사망, ⑥ 피보험자가 소유하거나 사용하거나 경영하는 제재물 또는 피보험자에 의해서 또는 피보험자를 위하여 수송될 예정이거나 수송되고 있거나 또는 수송된 화물의 멸실 또는 손상에 관하여 보험자는 책임을 지지 않는다.

(3) 기타

3) 타보험 (제3조) 4) 피보험자의 의무 (제4조) 5) 당 보험자의 직접적인 손해처리 (제5조) 6) 대위 (제6조) 7) 준거법 (제7조) 8) 비양도약관 (제8조) 9) 해지약관 (제9조)	콘테이너 관리자의 적화손해 보험약관과 동일하다.

9) 건조비 약관(DRYING CHARGE CLAUSE)

단독해손부 담보조건에도 불구하고, 이 보험증권에는 피보험목적물이 우수, 담수 혹은 해수와 실질적으로 접촉함으로써 유손되었을 경우에 동 건조비용을 지급한다. 그러나 이와 같은 손해로 인하여 가치가 저하된 것에 대하여는 책임을 지지 아니한다.

10) 개포지연약관(DEFFERRED UNPACKING CLAUSE)

피보험 목적물에 발생된 멸실이나 손상이 운송담보 기간 중에 발생되었음이 입증된다면 피보험자는 상기화물의 검사나 개포에 있어서 ( )일간 지연을 이유로 보험금 청구권을 침해받지 않는다.

11) CARGO ISM ENDORSEMENT

✦유의사항: 피보험자가 이 보험에 의거 [담보의 계속을 받는] 사유의 발생을 알았을 때에는 지체 없이 그 취지를 보험자에게 통지함을 요하며, 담보의 계속을 받을 수 있는 권리는 이 의무의 이행여부에 달려 있음.

이 약관은 1998년 1월 1일부터 발효한 것으로 아래와 같이 Ro-Ro여객선에 선적시 적용된다.

① 승객 수가 12명 이상시 여객선은 운송을 개시한다. ② 오일탱커선, 화학물탱커선, 가스운반선, 벌크선과 500GT(gross tonnage) 혹은 그 이상의 화물쾌속운반선에 적용한다. 그리고 2002년 1월 1일부터는 모든 화물선에 이 약관이 적용되며 500GT 혹은 그 이상의 석유회사 시추선에게도 적용된다.

이 약관에 의하여 ISM코드를 부여받지 못한 화물선에 의하여 운송되는 피보험목적물이 비록 손해나 손실을 입거나 혹은 운송과정에서 비용이 지출되었다 하더라도 보험자는 이를 책임지지 아니한다. 또한 해당 화물선에 보험목적물인 화물들을 선적할 당시 그 시점에 피보험자가 해당 화물선의 선주나 종사자들이 ISM코드를 부여받지 못하였음을 인지하였다 하더라도 보험자는 이에 대해 책임을 지지 않는다. 피보험자는 통상의 해상상업을 영위하는 과정에서 해당 화물선이 ISM코드에 의거 보증되지 아니함을 알아야 하고 화물선의 선주나 종사자들이 1974년에 개정된 해상인명안전조약 (international convention for the safety of life at sea, SOLAS convention) 하에 요구되었던 최신의 증명서류를 갖추지 못하였음을 알아야 한다.

이 면책약관은 구속력이 있는 계약하에 불법행위가 아닌 선의로서 피보험목적물을 매입하였거나 피보험목적물을 구매하기 위하여 매입에 합의한 자에게 이 보험증권이 양도되었을 경우에는 적용되지 아니한다.

12) 협회동맹파업폭동소요약관 (INSTITUTE STRIKES RIOTS AND CIVIL COMMOTIONS CLAUSES)

(1) 책임범위

이 보험증권은 다음의 자들, 즉 동맹파업자, 직장이 폐쇄된 상태에 있는 직공 또는 노동분쟁, 폭동, 소요에 가담한 자와 악의의 행동을 하는 자로 인하여 발생한 피보험목적물의 멸실 또는 손상을 담보한다.

그러나 ① 지연, 피보험목적물의 고유의 하자 또는 성질, ② 동맹파업, 직장폐쇄, 노동분쟁, 폭동 또는 소요기간 중의 모든 종류의 노동력 결핍, 부족 또는 공급방해, ③ 지연으로 인하여 발생한 비용, 다만, 영국의 법률 및 관습에 비추어 1974년[York-Antwerp]규칙에 따라 원칙적으로 회수할 수 있는 비용에 대하여는 그러하지 아니한다. ④ 적대행위, 군사적 행위, 내란에 따른 또는 혁명, 모반, 반란이나 또는 이로 인해 발생하는 국내투쟁에 따른 멸실 또는 손상을 근인으로 한 손해에 대해서는 보험자가 책임을 지지 않는다.

✦협회동맹파업폭동소요약관 제6조에 의하여 이 약관의 각 규정에 해당되는 멸실 또는 손상에 대한 보상청구는 분손담보의 부책조건 여부에 관계없이 지급된다.

(2) 보험기간

협회동맹파업폭동소요약관의 제3조와 제4조는 창고간 약관을 포함한 운송약관과 운송종료약관을 규정하고 있다. 그러나 협회동맹파업폭동소요약관의 제3조와 제4조의 창고간 약관을 포함한 운송약관과 운송종료약관은 신・구 ICC의 창고간 약관을 포함한 운송약관(Transit clause ; Incorporating Warehouse to Warehouse Clause)과 운송종료약관(Termination of adventure clause)은 동일하다. 따라서 본 교재에서는 앞에서 신・구 ICC의 창고간 약관을 포함한 운송약관(Transit clause ; Incorporating Warehouse to Warehouse Clause)과 운송종료약관(Termination of adventure clause)에 관하여 설명하였으므로 협회

동맹파업폭동소요약관(Institute strikes riots and civil commotions clauses)의 제3조와 제4조의 창고간 약관을 포함한 운송약관과 운송종료약관에 대한 설명을 생략하기로 한다.

(3) 공동해손약관(General Average)

이 보험증권의 제5조에 명시된 공동해손 및 구조비에 관한 내용도 신・구 ICC의 공동해손약관과 정확하게 일치함으로 여기서는 그 설명을 생략하기로 한다.

(4) 항해변경약관(Change of Voyage Clause)

이 보험증권의 제7조에 명시된 항해변경에 관한 약관도 신・구 ICC의 항해변경약관과 정확하게 일치하여 항해의 변경이 생기는 경우나, 피보험목적물, 선박 또는 항해에 관한 기재상의 탈루나 오기가 생기는 경우에는 추후 협정되어야 할 추가보험료로서 담보가 계속된다.

(5) 신속조치약관(Resonable Despatch Clause)

이 보험증권의 제8조의 신속조치약관의 내용에 따라 피보험자는 자기가 좌우할 수 있는 모든 여건하에서 가능한 한, 신속하게 행동하는 것이 이 보험의 조건이다. 이 약관은 손해가 발생하지 않은 상태에서, 그리고 화물이 피보험자인 화주의 관리하에 있는 동안에 피보험자가 당연히 준수하여야 할 의무를 규정하고 있다. 따라서 피보험자는 이를테면, 도착화물의 조기수령, 환적지에서 선박이나 화차의 신속하고 합리적인 수배 등을 하여야 한다. 피보험자가 이를 위반하면 보험자는 그 위반시로부터 면책된다.

13) 협회선주책임담보약관 (INSTITUTE SHIPOWNER'S LIABILITY CLAUSE)

이 보험은 아래의 사유에 기인하여 발생한 화물에 대한 선주의 책임을 담보한다. 또한 위의 사유에 기인하여 화물로부터 회수될 수 없는 공동해손, 구조비용 및 재산의 보존, 송부, 안전보호의 목적으로 소요된 비용을 담보한다. 통상항로상의 기항은 담보한다. 우회시는 통지의 접수와 함께 추가보험료를 징수하고 계속 담보한다. 본 보험증권은 (a) 화물 고유의 성질, 흠, 하자 (b) 지연 및/혹은 시장상실에 기인하여 발생한 어떠한 멸실 혹은 손상에 대해 일체 담보의 책임을 지지 않는다. 위 사항은 재보험 혹은 기타 경우에도 동일하며 요율은 보험개발원 구득요율을 사용해야 한다.

14) 가열 및 자연발화 약관 (HEATING & SPONTANEOUS COMBUSTION CLAUSE)

비록 고유의 하자 또는 자연발화에 의거 발생된 경우라도, 화재 또는 화물의 가열로 인한 멸실 손상을 담보한다.

15) 갑판적 약관(A)(ON-DECK CLAUSE (A))

어떠한 해손 담보조항(만약 여기서 허용되었다면 그러한 부가위험의 담보를 포함) 및 협회적화약관 제1조 제3항에도 불구하고 여기에 부보된 화물의 전부 또는 일부가 갑판에 적재되어 운송될 경우에는 그러한 갑판적화물의 보험조건은 보험의 위험개시 때부터 투하, 유실위험을 포함하여 단독해손부 담보(협회적화약관에 포함된 '단독해손부 담보약관'에 준함)로 변경됨을 특별히 약정한다.

16) 갑판적 약관(B)(ON-DECK CLAUSE(B))

어떠한 해손담보조항(만약 여기에서 허용되었다면 그러한 부가보험의 담보를 포함) 및 협회적화약관 제8조 제3항에도 불구하고 여기에 부보된 화물의 전부 또는 일부가 갑판에 적재되어 운송될 경우에는 그러한 갑판적화물의 보험조건은 이 보험의 위험개시 때부터 유실위험을 포함하여 ICC(C)[협회적화약관(C)에 포함된 위험약관에 준함]로 변경됨을 특별히 약정한다.

17) 송유관약관(A)(PIPE LINE CLAUSE (A))

협회적화보험약관 또는 해상확장담보약관(산적유에 적용)이 첨부된 산적유류약관의 어떠한 규정에도 불구하고 다음과 같이 약속한다.

이 보험은 보험의 목적이 선적항에서 본선의 상설호스연결점을 통과한 때로부터 개시되어 이후 이 약관의 규정에 따라서 계속되며 이 보험증권에 기재된 도착항에서 수화주의 또는 다른 연안탱크 안에 보험의 목적이 하역됨으로써 종료함을 약정한다.

18) 송유관약관(B)(PIPE LINE CLAUSE (B))

협회 적화보험약관 중 운송약관의 어떠한 반대규정에도 불구하고, 이 보험은 보험의 목적이 선적항에서 연안탱크의 파이프 연결점을 통과한 때로부터 시작되어 이후 약관의 규정에 따라서 계속되며 이 보험증권에 기재된 도착항에서 수화주의 또는 다른 연안탱크 안에 보험의 목적이 하역됨으로써 종료함을 약정한다.

19) 잔해제거약관(REMOVAL OF DEBRIS CLAUSE)

피보험위험의 작용을 조건으로 보험자는 ① 잔해의 제거 및 또는 파손화물의 분쇄(파괴), ② 본 증권에서 보상되는 멸실이나 손실을 화물에 초래하는 사고가 첫 번째 운송용구에 발생한 경우, 화물을 다른 운송용구로 이적과 관련하여 피보험자가 지출한 합리적인 경비나 비용을 지급한다. 이때 본 약관에 의한 보상금은 본 증권의 타약관에 의한 보상금에 추가하여 지급된다. 그러나 보상금은 멸실 또는 손상된 화물의 보험가입금액의 추가 10%까지로 제한된다.

20) 뗏목약관(RAFT CLAUSE)

✦뗏목약관의 보험 조건: 개별 뗏목의 전손이나 구조비를 지급한다.

보험의 종료 : 이 보험증권상의 반대규정에도 불구하고, 이 보험은 도착항에서 외항선으로부터 하역이 완료되어 목재보관소까지 예인되어 통상적인 방법으로 보관되어 있는 동안의 위험을 하역이 완료된 날의 자정으로부터 기산하여 (　　)일간 확장담보를 한다.

21) 냉동화물약관(REFRIGERATED CARGO CLAUSE)

본 보험증권에 기재된 선박의 냉동실에 적재되어 있는 동안 본 보험계약은, 최소한 24시간 계속된 냉동기계 및/또는 냉동장치 및/또는 냉동기기의 교란이나 고장으로 기인한 또는 원인이 된 모든 멸실 및 손상을 확장담보한다. 이 보험에 기인되어 청구할 수 있는 보험금은 손해율에 불문하고 지불된다.

피보험자는 "본 보험증권에 부보된 화물은 위험개시시에 양호한 상태이어야 한다. 보험증권에 부보된 화물의 일부에 멸실 또는 손상, 혹은 부패된 사실을 최초로 발견하는 즉시 보험회사나 대리점에 통지를 하여야 하며, 이 재조사를 위한 수속을 하지 않고, 또는 화물이 이전되기 전에 감가액이 합의되지 않으면, 멸실 또는 손상에 대한 보상청구를 할 수 없다"를 조건으로 담보한다. 손해가 발생한 장소 또는 인근장소에 회사의 대리점이 없을 경우에는 LLOYD'S 대리점에 손해발생사실을 통보하여야 하며, 그들의 확인서는 회사나 손해지급 대리점에 제기된 손해발생 사실의 거증으로서 첨부되어야 한다. 손해보상 청구는 즉시 서면으로 운송업자에게 제출되어야 하며, 이 보험증권사에서 제기된 어떠한 보상청구에도 그 사본을 첨부하여야 한다.

이 보험증권에 부보된 화물이 도착시 혹은 도착후에 불량품으로 확인되었을 경우에 산출될 가액은 어떠한 경우에도 통상비용을 감한 정품 시장가액이나 보험가액 중 어느 쪽이 더 적든 간에 그 적은 쪽의 가액을 초과해서는 안된다. 보험자 자신이 지정한 검정인의 검정 비용 이외에는 지불책임을 갖지 않는 회사나 그 대리점의 서면상의 동의 없이는 어떠한 정산비용도 책임지지 않는다.

22) 냉동기관약관(REFRIGERATING MACHINERY CLAUSE)

이 보험증권에 기재된 선박의 냉동실에 보관되어 있는 동안, 이 보험계약은 냉동기관 및/또는 냉동장치 및/또는 절연체의 고장 혹은 파역에 의하거나 연유해서 발생한 모든 멸실 또는 손상을 확장담보한다. 피보험자에 대하여 다음을 담보조건으로 한다.

첫째, 만일 이 보험증권에 부보된 화물의 일부가 멸실 또는 손상, 혹은 부패된 사실을 최초로 발견하는 즉시 증권상 지정된 가장 가까운 회사의 대리점에 통지하지 않거나, 이 재조사를 위한 수속을 하지 않고 또는 화물이 이전되기 전에 감가액이 합의되지 않으면, 멸실 또는 손상에 대한 보상청구를 할 수 없다.

둘째, 손해가 발생한 장소 또는 인근장소에 회사의 대리점이 없을 경우에는, LLOYD'S 대리점에 손해발생사실을 통보하여야 하며, 그들의 확인서는 회사나 손해지급대리점에 제기된 손해발생사실의 거증으로서 첨부되어야 한다. 셋째, 손해보상 청구는 즉시 서면으로 선박회사 또는 기타의 운송업자에게 제출되어야 하며, 이 보험증권하에서 제기된 어떠한 보상청구에도 그 사본을 첨부하여야 한다. 이 보험증권에 부보된 화물이 도착시 혹은 도착후에 불량품으로 확인되었을 경우에 산출될 가액은 어떠한 경우에도 통상비용을 감한 정품시장가액이나 보험가액 중 어느 쪽이 더 적든 간에 그 적은 쪽의 가액을 초과해서는 안 된다. 넷째, 보험자 자신이 지정한 검정인의 검정비용 이외에는 지불책임을 갖지 않는 회사나 그 대리점의 서면상의 동의 없이는 어떠한 정산비용도 부담하지 아니한다.

23) 통관거부 위험 담보 특별약관 (REJECTION CLAUSE (A))

본 보험증권은 외항선으로부터 양화 후 30일까지 하기 제2항에 열거된 이외의 여하한 이유로든지 정부당국, 대행기관 또는 정부기관에 의하여 입국항에서 화물의 통관이 거부되거나 몰수로 인하여 입은 손해를 담보한다. 따라서 이와 같이 통관거부나 몰수의 경우 보험자는 통관거부된 보험목적물의 보험가액을 한도로 피보험자에게 보상하여야 한다. 그러나 본 보험은 통상금지로 인한 수입금지 화물에 대한 손해를 담보하지 아니하며 손해발생시 보험자가 통관거부된 보험목적물을 매각토록 요청하면 피보험자는 최선의 노력을 다할 것이며 매득금을 보험자 계정으로 할 것에 동의하여야 한다. 또한 화물은 직송되어야 하며 그렇지 않은 경우에는 추가보험료에 의하여 계속 담보하여야 한다. 하기사항을 조건으로 보험자는 손해를 보상한다.

① 화물 선적직전 공인된 검정기관, 런던보험업자 협회의 로이드 대리인 또는 런던보험업자 협회의 로이드 대리인이 지명하는 검정인 또는 대리인이 지정할 검정인에 의해 검정을 받아야 하며 또는 적재선박의 적격 유무에 관한 별도의 하자 없는 증명서가 제시되어야 하고 이에 소요된 비용은 피보험자가 부담한다. ② 포장과 렛델은 화물발송시 화물수입국의 유효한 제규정에 부합되어야 한다. ③ 보험목적물에 관한 화물선적지의 정부나 관계기관이 작성한 제규정이 화물도착지의 정부나 관계기관의 제규정과 부합되어야 한다. ④ 보험목적물이 양화항에 도착한 후 통상의 시간 내에(외항선으로부터 양화후 30 일까지) 통관을 거부당하거나 불합격될 경우, 이 사실을 로이드 대리인, 런던보험자협회의 로이드 대리인 또는 런던보험업자협회가 지정하는 검정인에게 즉시 통고(보험자에게 즉각적인 양도를 위하여)하여야 하며 당국의 요구사항과 지시사항에 부응하여야 함. 이에 소요된 비용은 보험자가 지불하되 통관거부로 발생된 경우에 한한다.

본 보험은 시장의 상실이나 보험목적물에 대한 기재상의 오기 때문에 계약서나 기타서류상의 오류나 탈루로 인하여 발생한 손해는 담보하지 아니한다. 통관거부위험담보에 있어서 선적당 보험금액은 U$150,000.00을 초과할 수 없다.

24) 양화 후 위험담보약관(RISK AFTER DISCHARGE CLAUSE)

이 보험증권상의 어떠한 반대규정에도 불구하고, 이 보험은 화물이 수송 중에 있는 중과 보험증권상에 기재된 목적지의 최종창고에 인도되거나, 외항선으로부터 하역이 완료된 날의 자정으로부터 기산하여 60일이 되는 날까지 중, 어느 것이 먼저 생기던 그때까지 담보가 계속됨을 약정한다. 또한 이 보험증권은 상기 60일이 되기 이전에는 상기 인도가 될 때까지의 수송 중인 화물의 보관도 담보함을 약정한다.

25) (   )부터의 어분특별약관
SPECIAL CLAUSES FOR FISH MEAL FROM (   )

✦주- 위의 ( )는 선적지역에 따라 다음과 같이 적용된다.
(2) 남아프리카 : 10% 기타지역: 11%
(3)남아프리카: 12% 캐나다: 8% 기타지역 : 11%
(4) 남아프리카 : 38 C 기타지역 : 37 1/2 C

중량의 자연감량과 자연위축 및 부담위험 이외의 원인으로 발생하는 응결손을 제외하고, 한증손과 자연발화를 포함한 전위험을 부담한다. 이때 피보험자의 담보사항으로는 다음과 같다.

① 담보목적물은 선적 전 최소한 21일간 장치되어야 한다. ② 피보험 목적물의 습도는 6%를 하회치 못하며 ( )를 초과하지 못한다. ③ 피보험목적물에 산화방지제가 첨가되지 않았을 경우에는 지방함유량이 ( )를 초과하지 않아야 하며, 산화방지제가 첨가되었을 경우에는 선적시 15%를 초과하지 못한다. ④ 선적시, 보험목적물의 온도는 섭씨( )을 초과하지 못한다. ⑤ 피보험목적물의 장치상태는 로이드 대리인 또는 지정검사관의 권고에 부합되어야 하며, 피보험목적물이 장치되는 선창과 기타장소는 상기대리인 또는 지정검사관의 권고에 부합되어야 하며, 피보험목적물이 장치되는 선창과 기타장소는 상기 대리인 또는 지정검사관의 권고에 따라 통풍장치와 화물안치장치가 설비되어야 한다. ⑥ 본 담보사항에 대한 부합여부를 확인하기 위하여 선적항에서 로이드 대리인 또는 지정검사관에 의하여 검정서가 발행되어야 한다.

26) 갑판적재화물 특별약관(원목)
SPECIAL CLAUSES FOR ON-DECK CARGO(LOGS, LUMBERS)

해상화물 운송계약에 의하여 용선자에게 부여된 자유재량권 행사에 의하든 아니든 간에 갑판적으로 운송될 전체고지 비율이나 가액을 초과하여 갑판적으로 선적되었을 경우에 보험계약에서 갑판적으로 고지된 비율이나 가액과 실제 갑판적으로 적재된 비율 또는 가액에 대한 비율로서 투하 및 유실에 기인된 손해를 보상할 것을 합의한다.

27) 어획물보험 특별약관 (A)(SPECIAL FISHING PRODUCT CLAUSE (A) ; For The Fishing Vessel Within Fishing Ground)

이 증권하의 총 보험금액은 합의된 단가에 이 증권에 기재된 어장 내에서 총 예정어획량을 곱한 것으로 하며, 매 어획당 보험가입금액는 합의된 단가에 다음의 시점 중에 먼저 발생한 때에 선적된 어획물의 양을 곱한 금액으로 한다.

① 어선이 전손된 때의 전일 ② 대이재(침몰, 좌초, 화재, 충돌)가 발생한 때의 전일

그러나 여타의 다른 규정에도 불구하고 매 어획에 대해서 이 보험은 부보물건이 증권에 기재된 선박의 냉동실/냉장실/선창에 처음 입고되었을 때에 개시하여 증권에 기재된 어로작업 기간동안 계속되며 ① 증권에 기재된 어장으로부터 이탈한 때, ② 다른 선박의 냉동실/냉장실/선창에 처음 입고되었을 때, ③ 수화인/최종창고/최종하역항의 보관장소를 향하여 운송을 시작한 때 중 먼저 발생한 때에 종료한다.

이 증권의 총 보험금액은 선박에 선적된 어획물이 타 선박에 옮겨질 때마다 그 양만큼 자동적으로 감액되나, 총 보험금액이 영보다 작게 되면 이 증권은 자동적으로 종료한다. 보험자는 총 보험금액이 보험사고가 발생하기 전에 증액되지 않는 한 잔여 총 보험금액을 초과하여 손해 또는 손상을 담보하지 아니한다. 증권에 기재된 어장에서 어획종료시 추정 어획량과 실제 어획량과의 차이로 인해서 발생한 미경과보험료는 피보험자에게 환급되어야 한다. 그리고 어로 방법이 변경된 경우에는 보험료 조정을 전제로 담보한다. 마지막으로 보험계약자는 반드시 증권에 기재된 어선에 무선기 또는 무선전화기를 설치하여야 하며, 반드시 피보험자는 본사에 매일 어획 보고를 하여야 한다.

28) 어획물보험 특별약관 (B) (Special Fishing Product Clause (B : (For The Carrying Vessel From Fishing Ground)

이 증권하의 보험금액은 합의된 단가에 이 증권에 기재된 운반선에 실제로 선적된 어획물의 양을 곱한 것으로 한다. 그리고 여타의 다른 규정에도 불구하고 이 보험은 부보물건이 증권에 기재된 선박의 냉동실/냉장실/선창에 처음 입고되었을 때에 개시하여 통상적인 운송과정 동안 계속되며 ① 수화인/최종창고/최종하역항의 보관장소에 인도된 때, ② 최종 하역항에서 부보화물이 하역완료 후 5일이 경과한 때 중 먼저 발생한 때에 종료한다.

29) 냉동화물 특별약관(Special Refrigerated Cargo Clauses)

이 증권은 부보물건이 기재된 선박의 냉각실 내에 또는 냉장실 내에 적재되어 있을 동안에 냉동기계, 냉동설비 또는 절연설비의 고장 또는 파손이 24시간 이상 계속되었을 때에 이로 인하여 발생한 모든 손실을 담보한다. 그러나 위에서 언급한 위험으로 손실이 발생할 경우, 보험자는 해당 부보손실액의 80% 이내에서 책임을 진다. 따라서 보험계약자는 다음과 같이 약정한다.

① 위험이 개시될 당시, 부보물건은 손실을 받지 않은 상태일 것과 ② 부보물건에 손실이 발생한 것을 발견하는, 즉 또는 냉동기계 등의 어떠한 부분에 고장을 발견하는 즉시 당 회사 또는 증권에 기재된 당 회사의 대리점에 통보하였을 경우, 또는 이러한 손상된 물품을 옮길 때에는 당 회사의 동의를 받았을 경우에만 보상을 받을 수 있다. ③ 사전에 당 회사의 서면동의를 받지 않는 한, 당 회사가 지정하지 아니한 검정인에 대한 비용은 지급하지 아니한다.

30) 기계수선 특별약관(SPECIAL REPLACEMENT CLAUSE)

이 보험계약에서 부담하는 위험으로 기인하여 보험에 가입된 기계의 일부, 혹은 수개의 부분품에 멸실이나 혹은 손상이 발생한 경우에 보상금액은 상기한 기계의 일부 혹은 수개의 부분품의 재수선 비용이나 혹은 수리비용에 만약 지불하였다면, 그에 대한 운반비용(합리적이라며, 운송용구에 관계없음) 및 재조립 비용을 합산한 금액을 초과하지 아니한다. 단, 관세에 있어서는 보험가입금액에 관세금액이 포함될 경우에 한하여서만 추가관세를 지불함으로써 발생한 손해까지도 보상한다. 어떠한 경우에도 보험자의 보상책임은 전체기계의 보험가입금액을 초과하지 아니한다.

31) 중고기계 수선약관 (REPLACEMENT CLAUSE FOR SECONDHAND MACHINERY)

기계수선 특별약관에 따라 보상되는 손해발생시 보험자는 새로운 기계의 현재 시가에 대한 부보가액(즉 수리가액)의 비율로만 보상한다.

32) 특별운송약관(SPECIAL TRANSIT CLAUSE)

여타의 다른 규정에도 불구하고 (전쟁위험 담보제외) 이 보험은 보험가입물건이 통상의 수송과정을 벗어난 보관이나 또는 최종 양화항에서 하역후 할당이나 분배를 위하여 보관된다 하더라도 외항선으로부터 하역완료후 ____일이 경과할 때까지 또는 화물이 목적지에 있는 수탁자, 또는 여타의 최종창고나 보관장소에 인도될 때까지 중 어느 것이든 먼저 발생할 때 까지 유효하게 계속된다.

제6절 해상적화보험계약의 체결

①보험계약청약
②보험계약승낙
③기본약관선택
④특별약관선택
⑤부가약관선택
⑥보험료 지급

수출·입을 경영하는 기업이 해상적화보험에 가입하여야 하는 이유는 기업의 소중한 화물이 해상 또는 항공운송 도중 예상하지 못한 각종 사고에 의해 손실을 입는 것을 대비하기 위함이다. 즉, 보험사고 발생시 보험회사로부터 신속한 보상을 받음으로써 경제적 손실을 최소화하기 위해서이다. 만일 해상적화보험을 가입하지 않은 상태에서 운송 도중 화물에 손실이 발생하게 되면 수출입업자는 운송인에게 직접 손해배상을 청구하여야 하는데, 이때 수출입업자가 해당 손해의 발생구간을 직접 입증하는 것이 현실적으로 매우 곤란하고, 운송인들은 경우에 따라서 운송인의 면책사유 등에 의해 책임을 부담하지 않으며, 부담한다 하더라도 그 책임은 일정한 한도로 제한되어 있어 손실금액 전액을 보상받을 수 없거나 손해배상 자체가 매우 지연될 수 있다. 따라서 운송화물의 손실에 따르는 경제적 결과에 대하여 보험담보 및 신속한 배상을 위해서는 적화보험을 가입하는 것이 유리하다. 해상적화보험계약의 체결과정은 크게 보험계약자의 보험자에 대한 보험계약의 **청약**과 보험자의 **승낙**이라는 2단계로 이루어진다.

1. 보험계약의 청약

보험계약은 보험계약 당사자들의 합의에 의해 효력이 발생하므로 보험계약자가 보험계약 청약을 하고 보험자가 이를 승낙한 때에 보험계약이 이루어진다. 따라서 보험계약자가 보험계약을 하려면 먼저 보험자에게 보험계약에 관한 의사표시를 해야 하며, 이때 보험계약자의 보험계약에 관한 의사표시는 보험자가 자체 발행하는 보험청약서(cargo insurance application)에 필요사항을 기재하여 보험료와 함께 보험자에게 제출하면 된다.

최근에는 EDI(electronic data interchange)의 발달에 따라 인터넷상에서 보험청약과 보험계약이 체결된다. 무역업체는 사전에 수령한 보험증권양식에 부보사항을 출력하여 사용하거나 보험회사에서 직접 출력하여 배달 또는 보험회사에서 은행으로 직접 전송한다.

보험의 청약은 운송화물에 관한 보험책임개시 이전에 하여야 한다. 따라서 CIF조건으로 수출하는 경우, 보험의 청약은 화물이 선적을 위해 창고에서 반출되기 이전에 이루어져야 하고 FOB나 CFR조건으로 수입하는 경우 수출항에서 본선에 적재되기 이전에 보험청약이 이루어져야 한다.

보험청약서의 예를 들면 아래와 같으나 실무적으로는 보험자마다 보험계약의 청약에 관한 자사의 양식을 갖추고 있으므로 보험자가 제공한 양식에 작성하여 제출하거나 혹은 보험자의 홈페이지에 들어가 보험청약에 관한 정보를 입력시키면 된다. 수출업자의 일부는 보험청약서 대신 L/C(letter of credit)의 원본이나 사본을 제출하기도 한다. 보험청약서의 주된 기재사항을 살펴보면 다음과 같다.

① Name of the Assured (Beneficiary-Payable be the order of)

L/C상에 별다른 명시가 없는 한 수출업자는 자기의 완전한 수출입상사명과 주소를 여기에 기재하여야 하며, 배서에 관한 별도의 명시가 없다면 수출자는 배서란을 빈칸으로 놔둬야 한다. CIF조건의 수출인 경우, 피보험자에 관한 별도의 약정이나 지시가 없는 한 수출업자는 자신을 피보험자로 하여 매입을 의뢰할 때 백지배서 형태로 양도한다.

Cargo Insurance Application (sample)

<table>
<tr><td rowspan="2">Shipper's Reference</td><td colspan="2">Sales Confirmation No.</td></tr>
<tr><td colspan="2">Commercial Invoice No.</td></tr>
<tr><td rowspan="3">Insurance Company</td><td colspan="2">Name</td></tr>
<tr><td>Tel. No.</td><td>FAX. No.</td></tr>
<tr><td>Contact Person</td><td>Ref. No.</td></tr>
</table>

1. Name of the Assured (Beneficiary-Payable be the order of)

2. Amount Insured

3. Terms of Insurance Coverage(Clause)

4. Latest Issuing date of Insurance Policy :
- □ Loading on Board date :
- □ Dispatch / Taking in charge date :

5. Claim agent
- □ Indicate complete name and address of claim agent at port of destination.
- □ Indicate claims payable in ______________________ (city, country) in ______________ currency.

6. Description of Packages & Goods :

7. Marks & Numbers

8. Container Number :

9. Carrier- Voyage / Freight No. ____________________
10. Shipment on or about ______________________
11. From (Port of Loading) ______________________
12. From (Place of Dispatch / Taking in charge) ________
13. To (port of discharge) ______________________
14. Thence to (For transhipment to) __________________

<table>
<tr><td colspan="3">Other Instructions</td></tr>
<tr><td>Insurance Rate</td><td rowspan="2">No. of copy the Insurance Policy required</td><td>Original</td></tr>
<tr><td>Premium</td><td>Copy(Duplicate)</td></tr>
</table>

Issued by : **Date :**

② Amount Insured

L/C상에 별도의 명시가 없는 한 보험금액은 CIF나 CIP의 가액에다가 10%를 가산하여 기재한다(신용장통일규칙 제37조 b항). 만약 CIF나 CIP의 가액이 결정되지 않았다고 한다면 보험금액은 L/C에 명시된 대금지불금액 총액의 110% 혹은 상업송장에 기재된 금액의 110% 중 어느 것이든 상관없이 보험금액으로 선택한다. CIF나 CIP의 가액에다 10%를 가산하는 이유는 희망이익의 손실에 대한 보험의 보장이다. 그러나 수출자와 수입자의 합의에 의하여 L/C상에 CIF가액의 120%나 CIP가액의 130%도 가능하다. DDP와 DAT, DAP를 무역조건으로 한 경우, 화물에 관한 피보험이익은 수입자에게 이전되지 않으며 보험가액 역시 수출자에 의하여 결정된다. 위에서 보험금액은 보통 물품의 CIF가격에 10%를 가산한 금액이 된다(신용장통일규칙 37조 b항)고 언급하였다. 이것은 보험금액={원가(C. 즉 FOB 가격)+보험료(I)+운임(F)} × 1.1 이 된다는 의미다. 그런데 FOB가격과 운임은 알고 있어도 보험료를 알고 있지 않는 한 CIF가격이나 보험금액을 산출할 수 없는데, 이때의 보험금액 및 보험료를 산출하는 공식은 다음과 같다. 즉, 보험률을 R이라고 하면,

✦보험금액(S) :
S=(C+SR+F)x1.1
S=1.1C+1.1SR+1.1F
S-1.1SR=1.1C+1.1F
S(1-1.1R)=(C+F)1.1
S=(C+F)1.1/(1-1.1)R

$$\text{보험금액} = \frac{1.1(C + F)}{1 - 1.1R}$$

$$\text{보험료} = \text{보험금액} \times R = \frac{1.1R(C + F)}{1 - 1.1R}$$

이다. 그리고 표시통화는 신용장상에 별다른 명시가 없는 한, 신용장과 동일한 통화로 표시되어야 한다. 다음은 CIF수출의 경우 비용(Cost), 운임(Freight)은 알고 있으나 보험료를 모를 때 보험료를 구하는 공식이다.

(C+I+F)x 110% x R = I
(C+F)x 110% x R = I-(Ix110%xR)
(C+F)x 110% x R = Ix (1-110%xR)

$$I = \frac{(C+F) \times 110\% \times Rm}{1-110\% \times R}$$

C= Cost
F= Freight
I= Insurance Premium
10%= Expected Profit
R= Rate of Insurance Premium

③ Terms of Insurance Coverage (Clause)

어떠한 보험조건을 선택하느냐 하는 문제는 보통 수출입계약을 체결할 때에 매매당사간의 합의에 의해 결정된다. 그리고 그 내용은 매매계약서나 신용장에 기재된다. 신용장에는 위험에 관한 내용으로서 'usually risks'나 'customary risk', 혹은 이와 유사한 용어들로 기재해서는 안 된다. 보험계약자는 화물의 종류, 포장, 운송방법, 예상항해기간 등을 감안하여 이상적인 조건으로 결정하도록 하여야 한다. 즉, 보험증권의 예에서 기재된 내용처럼,

Institute Cargo Clauses, Institute War Clauses(Cargo), Institute War Cancellation Clauses (Cargo), Institute Strikes Riots and Civil Commotions Clauses etc, 구체적으로 적화보험의 기본조건을 선택하고 또 화물과 수송의 특수사항을 고려하여 부가위험을 추가해야 하며 전쟁위험과 동맹파업위험 등은 어떻게 할 것인가를 결정한다.

④ Claim agent

일반적으로 수출의 경우에는 보험청약서에 화물의 최종 목적항과 도착지의 도시명과 국가, 그리고 손해배상시 결재통화의 종류를 기재하여야 한다. 수출화물에 클레임이 발생할 경우, 보험증권 좌측 상단에 명기된 보험자의 도착지 소재 'CLAIM AGENT'와 피보험자가 현지에서 사고조사를 진행시키므로 통상 국내의 보험계약자는 별도의 절차를 밟을 필요가 없다. 이 밖의 다른 기재사항들의 작성요령은 앞에서 언급한 보험증권 기재사항을 참고하기 바란다.

보험계약자에 의해 작성된 보험청약서의 내용은 보험자에 의해 승낙되어져 결국은 보험증권의 명세표(schedule) 부분을 차지하므로 보험청약서의 작성요령과 보험증권의 기재요령은 동일하기 때문이다.

2. 보험조건의 선택

앞에서 우리가 살펴본 바와 같이 해상적화보험에서 보험자는 이와 같은 다양한 해상손해와 해상위험 모두를 담보하거나 혹은 모든 손해를 전부 보상해 주지 않으며, 또한 각각의 위험을 담보하는 보험약관이 서로 별개로 존재하고 어떠한 손해를 보상해주느냐 하는 것은 보험자와 보험계약자 사이에 약정된 보험조건에 따라 달라짐을 알게 되었다. 따라서 수출입에 종사하는 종사자는 해당 화물에 대해 보험계약을 체결할 경우, 해상적화보험의 기본조건 중 어느 것을 선택하고 또 화물의 특성과 운송구간을 고려하여 보험자가 담보해주지 않는 위험 중 어떠한 위험을 추가로 특약할 것인가를 결정하여야 한다.

1) 기본보험조건의 선택

적화보험 특별약관의 기본조건에는 구약관상 A/R, W.A, FPA 조건이 있고 신약관상으로는 ICC(A), ICC(B), ICC(C) 조건이 있다. 이외에도 Total Loss(전손담보) 조건이 있는데, 이것은 부선에 적재되는 화물이나 선화증권의 발급없이 운송되는 화물을 인수하는데 주로 사용되는 조건이 있다. 따라서 보험계약자는 우선 이들 중 어느 하나를 결정하여야 한다.

(1) (구)협회적화보험약관상 보험조건별 담보범위

❙ ICC FPA (Free from Particular Average) : 단독해손 부담보조건으로 ICC 약관에서 가장 담보범위가 가장 좁은 조건이다. 단독해손을 보상하여 주지 않겠다는 조건이지만, 위 열거된 담보위험은 보상한다.

❙ ICC W.A (With Average) ; 분손담보조건으로 WA조건은 WA 3%와 WAIOP 두 조건이 있는데, WA 3%는 손해액이 전체금액의 3% 이상인 경우에만 손해액 전부를 보상하여 주고, 3% 미만의 손해는 보상하지 않는다. WAIOP조건은 그러한 면책률없이 발생한 부분손해에 대하여 모두 보상하는 보험조건이다.

✦ S.G Form 상 열거위험 : 해상고유의 위험 (풍파의 작용으로 침몰, 교사, 충동, 좌초 등), 화재, 강도, 투하 선장 및 선원의 악행, 그밖의 동종의 위험

보상하는 손해 (담보위험)	보상여부		
	A/R	WA	FPA
S.G Form상 열거위험에 근인한 전부손해	O	O	O
화물을 적재한 선박 본선이나 부선의 침몰, 좌초, 대화재 발생 시 인과관계를 불문한 단독해손	O	O	O
화재/폭발/충돌/타 물체와의 충돌 또는 접촉에 기인하여 발생한 단독해손	O	O	O
선적, 환적, 하역작업 중에 발생한 매 포장 단위당 전부손해	O	O	O
공동해손, 구조비, 특별비용, 손해방지비용	O	O	O
악천후(Heavy Weather)로 인한 단독해손	O	O	×
면책위험을 제외한 모든 외부적 우발적 원인에 의한 손해	O	×	×

❙ ICC A/R (All Risks) ; 전위험담보조건으로 모든 위험을 담보하는 조건이나 모든 손해나 멸실을 담보하는 것은 아니며, 약관상 규정된 면책사항은 담보하지 않는다. 약관상 면책위험은 ① 보험계약자, 피보험자의 고의 또는 불법적인 행위, ② 화물의 통상적인 누손이나 마모, ③ 보험목적물 고유의 하자, 자연소모, ④ 운송지연에 의한 손해, ⑤ 전쟁 및 동맹파업에 의한 손해는 추가로 특별약관을 첨부하여 보험료를 납입하면 보상이 가능하다.

(2) ICC(2009)약관 특징 및 보험조건 및 담보범위

(가) ICC(2009)상 보험조건

✦확장담보조건
✦내륙운송확장담보조건(I.T.E : Inland Transit Extention) : 육상운송중의 위험을 추가로 담보한다.
내륙보관확장담보조건(I.S.E : Inland Storage Extension) : 수출시 하역 후 60일, 수입시 하역 후 30일 이상으로 보험기간을 늘리는 경우 담보한다.

보상하는 손해 (담보위험)	보상여부		
	A	B	C
화재, 폭발	O	O	O
본선이나 부선의 침몰, 좌초, 교사 전복	O	O	O
육상운송용구의 전복, 탈선	O	O	O
본선이나 부선, 그 밖의 운송용구의 물 이외 타 물체와의 충돌, 접촉	O	O	O
피난항에서의 하역	O	O	O
공동해손, 구조비, 특별비용, 손해방지비용	O	O	O
투하	O	O	O
지진, 화산의 분화, 낙뢰	O	O	×
갑판유실	O	O	×
선박, 부선, 선창, 운송용구, 콘테이너, 또는 보관장소에의 해수, 호수 또는 강물의 유입	O	O	×
본선, 부선에의 선적, 하역 작업 중 바다에 떨어지거나 갑판에 추락한 포장 당 전부손해	O	O	×
면책위험을 제외한 그 밖의 모든 위험에 의한 멸실, 손해	O	×	×

(나) ICC(2009)상 보험자의 면책위험

✦갑판유실위험 담보규정화(구약관에는 Heavy Weather에 의하면 담보가능)
✦손해의 형태(「분손담보, 단독해손 부담보」와 같이)를 기준한 담보방법에서 손해의 발생원인(위험)을 기준한 담보방법으로 변경

신협회적화약관의 특징은 첫째, 보험증권의 단순화 및 협회약관의 독립성을 들 수 있다. 구체제하에서는 S.G. Policy Form이 계약내용의 중심이 되고 협회약관은 증권내용을 보완하는 특약의 성격을 가지고 있었지만 신체제하에서는 유효한 조항을 협회약관에 명시함으로써 협회약관이 계약의 중심을 이루게 되었으며 보험증권은 단순히 보험계약의 성립을 입증하여 줄 수 있는 조항인 준거법조항, 타보험조항, 약인조항 및 선서조항이 규정되어 있다.

둘째, 전쟁 및 동맹파업 약관에 독립성을 부여하였다. 구체제하에서는 전쟁 및 동맹파업위험을 확장담보 형식으로 인수하여 협회적화약관에 종속되는 형식이었으나, 신체제하에서는 이들을 각각 별개의 단독약관으로 취급하였다.

면 책 위 험	A	B	C
1. 피보험자의 고의의 위반행위	V	V	V
2. 통상의 누손, 통상의 중량과 용량의 부족 또는 자연소모	V	V	V
3. 포장 불완전 또는 부적합 (이 경우 포장은 컨테이너, 지게자동차에 적재하는 것 포함, 단 이 적재는 위험이 개시되기 전에 행하여지거나 피보험자 혹은 그 사용인에 의해 행해진 것에 한함)	V	V	V
4. 피보험목적의 고유의 하자, 성질	V	V	V
5. 담보위험에 의한 지연이라도 지연을 근인으로 한 멸실, 손상, 비용	V	V	V
6. 선주, 관리자, 용선자, 운항자의 파산 또는 재정상 채무 불이행(피보험자나 그 사용자가 그 시실을 알고 있었을 경우)	V	V	V
7. 피보험목적에 대한 어떤 자의 불법행위에 의한 고의적인 손상, 파괴		V	V
8. 원자력, 핵무기의 사용	V	V	V
9. 선박, 부선의 불내항 및 부적합	V	V	V
10. 전쟁위험 및 동맹파업 위험	V	V	V

셋째, 약관명칭이 변경되었다. S.G. Policy Form의 본문약관에 원천을 갖는 FPA와 WA 개념에 따라 약관의 명칭을 단순히 A, B 및 C의 부호로 변경 표현하였다.

넷째, 담보범위를 명확하게 하였다. (구)약관에서는 분손담보 또는 단독해손부담보와 같이 손해의 형태를 기준으로 보험자의 담보범위를 규정하고 있으나, 개정약관에서는 손해의 발생원인인 위험을 기준으로 담보범위를 규정하고 있는데 보험자가 담보하는 위험과 담보하지 않는 위험을 평이하고 명확하게 기술해 놓고 있다.

다섯째, 육상운송 중의 위험담보조항을 명시하였다.

여섯째, 약관범위를 명확하게 하였다. 약관 제4조에서 7조까지 면책에 관한 위험을 일목요연하게 배열하였다.

(3) 신 · 구약관의 보험조건별 담보범위 비교

(가) WAIOP와 ICC(2009)(B) 조건

WAIOP(with Average Irrespective of percentage)는 손실액의 다과에 관계없이 보상하는 WA의 특약사항이다.

표 5-5. WAIOP와 ICC(2009)(B) 담보내용 비교

✦I. C. C (B) 조건과 WAIOP 조건의 비교 관점
(1) Wet Damage의 원인위험확장
-「Heavy Weather」 용어 삭제되고 「해수, 호수, 강물의 유입」이란 구체적 위험의 형태로 규정
(2) 지진 · 분화 · 낙뢰위험 담보 규정화(구약관에는 담보 규정 없음)

WAIOP	ICC(2009)(B)
①전손(Total Loss) ②운송용구의 침몰, 좌초, 화재에 의한 단독해손 ③운송용구의 충돌(접촉)에 의한 단독해손 ④공동해손손해 ⑤선적, 하역작업 시 추락에 의한 포장 당 전손 ⑤화재, 폭발, 피난항에서의 화물의 하역에 기인된 단독해손 ⑥특별비용, 손해방지 비용 ⑧황천(Heavy Weather)에 의한 단독해손(예, 해수손)	*화재, 폭발위험에서 합리적으로 기인된 손해 ① 운송용구의 좌초, 교사, 침몰, 전복, 탈선 ② 운송용구의 충돌 또는 접촉 ③ 피난항에서의 화물의 하역 ④ 지진, 화산의 분화, 낙뢰 *하기위험으로 인한 손해 ① 공동해손 희생 ② 투하, 갑판유실 ③ 운송용구 또는 보관장소에 해수,호수,강물의 유입 *선적, 하역작업 시 추락에 의한 포장 당 전손

(나) FPA와 ICC(2009)(C) 조건

ICC(C)조건은 (구)협회약관 FPA조건과 거의 동일한 조건으로 (신)약관에서 가장 담보범위가 작은 보험조건이다. FPA조건과 다른 점은 FPA에서는 선적, 환적 또는 하역 작업 중 화물의 포장당 전손은 보상되나, ICC(C)에서는 보상 안 된다.

(다) WA와 ICC(2009)(B) 조건

ICC(B)조건은 (구)협회약관 WA조건과 거의 동일한 조건이나, WA조건에서는 보상하지 않던 지진, 화산의 분화, 낙뢰로 인한 손해를 보상한다.

(라) A/R와 ICC(2009)(A) 조건

ICC(A) 조건은 (구)협회약관 A/R조건과 거의 동일한 조건이다. 다만, 해적위험(piracy)은 A/R조건에서는 전쟁위험의 일종으로 면책위험이나, ICC(A)에서는 해적위험을 보상한다. 또 두 조건의 담보범위는 모든 외부적 우발적인 손해를 보상하는 것으로서 동일하다.

그러나 신약관의 ICC(A) 조건은 A/R 조건보다 면책위험을 보다 구체적으로 명시하고 있는데 이 점이 A/R 조건과 다른 점이라고 할 수 있다. 즉, (구)약관에서는 면책규정을 법률과 관습에 위임하고 약관에는 구체적으로 명시하지 않아 보험자가 면책하는 위험이 무엇인지 분명하지 않았다. (신)약관에 구체적으로 명시된 중요한 면책사항은 아래와 같다.

표 5-6. 신 · 구약관의 보험조건별 담보범위 비교

담보위험의 종류	I.C.C (구약관)		I.C.C (신약관)			
	FPA	WA	A/R	A	B	C
화재, 폭발, 좌초, 교사, 침몰, 전복	O	O	O	O	O	O
육상운송용구의 전복, 탈선, 충돌 및 접촉	O	O	O	O	O	O
피난항에서의 화물의 하역	O	O	O	O	O	O
공동해손 희생손해, 투하	O	O	O	O	O	O
선적 및 하역 작업 중 포장 당 전손	O	O	O	O	O	X
해상에서의 점유 탈취 (전쟁위험 제외)	O	O	O	O	X	X
선박 외부로부터 해수 침손 (전부 손해)	O	O	O	O	O	X
선박 외부로부터 해수 침손 (부분 손해)	X	O	O	O	O	X
선박 외부로부터 강, 호수물의 침입 (전부 손해)	O	O	O	O	O	X
선박 외부로부터 강, 호수물의 침입 (부분 손해)	X	O	O	O	O	X
갑판유실	X	X	O	O	O	X
지진 분화 낙뢰	X	X	O	O	O	X
도난 발하 불착	X	X	O	O	X	X
선원의 악행	X	X	O	O	X	X
해적행위	X	X	X	O	X	X
선주의 파산(피보험자가가 몰랐을 경우)	0	0	O	0	0	0
타화물, 기름과의 접촉	X	X	O	O	X	X
선박내의 오수와 접촉	X	X	O	O	X	X
취급부주의에 의한 손해(Rough Handling)	X	X	O	O	X	X
빗물접촉	X	X	O	O	X	X
땀손 (Sweat Damage)	X	O	O	O	X	X
1)악천후로 인한 땀손(Sweat Damage)	X	O	O	O	X	X
2) 적도항해에 따른 온도차이로 인한 땀손	X	X	X	X	X	X
3) 화물자체의 성질에 기인한 땀손 지연	X	X	X	X	X	X
포장물량의 잠재적 하자	X	X	X	X	X	X
물건의 고유성질에 의한 손해 통상적인 손실	X	X	X	X	X	X

2) 전쟁 및 동맹파업약관

전쟁 및 동맹파업위험은 협회적화약관에서는 면책사항으로 규정되어 보상하지 않고 있다. 따라서 이 위험을 보상받기 위해서는 추가보험료를 전제로 하여 협회 전쟁 및 동맹파업약관을 첨부하여야 한다. 이러한 전쟁 및 동맹파업에 대한 요율은 런던의 전쟁위험요율산정위원회(War Risks Rating Committee)에서 제공하고 있는 요율을 전 세계적으로 동일하게 사용한다.

(1) 협회전쟁약관(INSTITUTE WAR CLAUSE)

전쟁, 내란, 혁명, 모반, 반란 등과 이로 인한 포획, 체포, 압류 등을 담보하고 있으며, 협회

✦참고: ② 전쟁보험 요율: 전쟁보험의 요율은 London의 The War Risks Rating Committee에서 세계 각국의 정황에 따라 수시로 변동되어 결정하므로 각 국의 보험자는 이를 준수한다.

적화약관과 달리 해상운송 중의 위험만을 담보한다. 다시 말해서 육상운송 시의 위험을 담보하지 않는다. 보험기간은 화물이 외항선에 선적될 때 시작하여 화물이 목적항에 무사히 도착하여 하역되거나 또는 항구의 사정에 의하여 하역이 지연된 경우에는 외항선이 도착한 날의 자정부터 기산하여 15일이 경과하면 종료한다.

(2) 협회동맹파업약관 (INSTITUE STRIKES CLAUSE, INSTITUE STRIKES RIOTS AND CIVIL COMMOTIONS CLAUSE)

동맹파업자, 직장폐쇄노동자, 노동분쟁, 소요 또는 폭동에 가담한 자, 테러리스트 또는 정치적 동기로 행동하는 자로 인하여 발생한 손해를 보상한다. 담보하는 구간은 협회적화약관과 동일하게 해상운송은 물론 육상위험까지 담보하며, 보험기간 또한 협회적화보험약관과 동일하다.

3) 부가조건

전위험담보조건[A/R, A/R(Air) 혹은 ICC(A), ICC(Air) 조건]으로 보험조건을 정한 경우에는 일반적으로 부가조건을 첨부할 필요가 없지만, 제한조건인 WA나 FPA 혹은 ICC(B)나 ICC(C)를 보험조건으로 정한 경우에는 특정 위험에 대해 부가조건을 선택하여 추가로 부보하여야 한다.

Theft, Pilferage & Non-Delivery	▸ICC(A), A/R이외의 조건에서는 TPND(**도난불착손**)추가해야 보상 이 가능. ▸Theft :일반적 도난을 의미 ▸Pilferage : 좀도둑에 의해 화물의 일부가 소실되는 것. ▸Non-Delivery:포장단위 화물이 전부 목적지에 도착하지 않은 것을 의미	모든 화물
Rain and/or Fresh Water Damage	▸(RFWD;우담수손) 담수(淡水), 빗물에 의한 손해를 의미. 단, ICC(B)조건에서는 "본선, 부선, 선창 등의 보관장소에 해수, 호수, 강물의 침입으로 인한 손해"만 담보되며, 우천으로 인한 손해담보를 원할 경우 추가가입 해야 한다.	모든 화물
Breakage	▸(파손) 깨지는 화물의 경우 반드시 담보여부를 밝혀야 함.	유리 이사짐
Sweating & Heating Damage	▸(열손, 땀손) 선창내의 습기의 응축(Sweating), 곡물류가 내포하고 있는 습기가 통풍불량으로 자체적인 발열(Heating) 등으로 발생하는 손해.	곡물류
Leakage/ Shortage	▸누손 : 액체 또는 기체화물이 용기에서 새어나간 손해 ▸부족손: 중량의 감소나 수량 부족의 개념. 곡물 및 액체화물의 경우 통상적 감량이 많으므로 실무적으로는 excess 적용	유류, 곡물류
Jettison and Washing Over Board	▸(JWOB:투하 및 갑판유실) 투하 및 갑판유실 담보 ▸해상운송화물은 선창 내 운송이 원칙이나 일부 품목에 대해 갑판적 화물 허용. 이럴 경우 ICC(C), FPA조건 및 FPA+JWOB로 인수	갑판 적재 화물
Denting/Bending	▸(곡손) 운송 중 충격으로 패이거나 구겨지는 손해	기계류 금속류

Spontaneous combustion	▸(자연 발화) MIA상의 법정면책위험이나 우연성이 있을 경우는 부가위험으로 담보	곡물류
Mould & mildew	▸(곰팡이 손해) 습도가 올라감에 따라 곰팡이로 인한 손해를 입을 경우를 대비하여 담보되는 부가위험	곡물류
Rust	▸(녹에 의한 손해) 해수, 담수에 의해 녹을 입는 손해	금속류
Hook and Hole	▸(갈쿠리에 의한 손해) 하역 작업 중 갈쿠리를 사용함으로써 발생되는 손해	직물류

그리고 전위험담보 조건으로 보험에 가입한 경우라 하더라도 화물의 특성에 따라 전위험담보 조건에서 면제한 특정 위험을 담보받고자 할 때는 부가조건에 대한 추가보험료를 납입해야 한다. 예를 들어 고체화공품 Drum이나 Can 이외의 용기로 포장하여 운송할 경우는 부족손(Shortage)과 정밀기기류, 유리 및 요업제품의 파손(Breakage)위험에 대한 담보요율은 A/R, A/R(Air)나 ICC(A), ICC(Air) 조건의 요율에 포함되어 있지 않으므로 동 품목에 있어서 부족손이나 파손을 보상받기 위해서는 이에 따른 추가보험료가 납입되어야 한다.

표 5-7. 주요 해당 품목별 적화보험 가입조건

주요품목	표준보험가입조건	주요사고유형 및 비교
모직물, 의류, 섬유류	(A)	TPND, RFWD
Raw Cotton	(A)	FIRE, Country Damage
Raw Silk	(A)	RFWD, Country Damage
Colored or Dressed Skin	(A)	RFWD, Sweat & Heating, TPND
Raw Hide, Raw Skin	(B) + Sweat & Heating + C.O.O.C	RFWD, Sweat & Heating, TPND
곡물류 및 사료, 어분	(B) + Shortage + S & H	Shortage, Sweat & Heating, Sinking
원목	(B) + JWOB	Sinking, JWOB FPA조건으로만 인수가능
합판류	ON DECK : A/R+JWOB UNDERDECK: WA+RFWD+TPND	Breakage, Seawater Damage, RFWD
펄프류	(A)	Contamination, RFWD
종이류	(A)	Contamination, RFWD
비료	(C) (+ Drying Charge Clause)	Seawater Damage, Sinking
유류	B.O.C.+ Shortage	Shortage, Contamination
액체화공품	Bulk포장 : (B) + Shortage + Contamination Bottle포장 :(A) + Shortage Can, Drum : (A)	Contamination, Shortage
고체화공품	Can, Drum : A/R 기타 포장일 경우 : (A) +Shortage	Shortage, Sinking, RFWD
옥수수전분,당밀	(A) + Sweating & Heating	Shortage, RFWD, Sweat & Heating
원당(Raw Sugar)	Raw Sugar Clause	Shortage, Seawater Damage

주요품목	표준보험가입조건	주요사고유형 및 비교
식품류	(A), Bottle포장 : A/R +Shortage	Rejection Risks, Shortage
Fresh Vegetable & Fruits	(C) or (A)+ R.C.C.(R.M.C.)+ TPND	Rejection Risks
식물류	(C)+ Natural Withering	Natural Withering, Sweat & Heating
동물류	(C) + Mortality	Mortality
광산물	BULK포장: (B), 기타 다른 포장:A/R	Sinking, Shortage
철강제품	(A) + ROD	General Average, ROD, DBTS
비철강 제품	(A)	DBTS, Shortage
기계제품	(A)	Breakage, DBTS
유리 및 요업제품	(A) + Breakage	Breakage
화폐 및 귀금속	(A)+ Full value declared to carrier and valuation charge paid	TPND
이사화물	(A) + Breakage	Breakage, TPND
잡화물	(A)	TPND, Breakage, Shortage

3. 적화포괄예정보험

보험가입에 있어 부보누락, 지연 등으로 인한 계약자의 손해를 방지하고 부보의 편리성을 기하기 위해 보험계약자는 전체 화물에 대하여 일괄적으로 보험가입을 증명하는 포괄보험 원증권을 발행하여 담보한 후, 선적이 확정되는 시점에 보험회사에 통보하여 개별계약에 대해 부보처리하는 계약방식을 의미한다.

적화보험은 항해보험으로 계약체결시마다 계약체결 건에 대한 보험료를 납입해야 하나 이럴 경우 적화보험 계약건수가 많은 대형 계약자의 경우에는 건건이 보험료를 납입하여야 하는 불편함이 있으나, 적화포괄보험은 이런 불편을 해소하기 위하여 월 1회 납입보험료 정산을 통하여 보험료 분산납입의 불편을 없애버린 보험이다.

적화포괄예정보험의 가입대상은 계약 전년도 일정 기간 동안의 연간 적화보험료가 2,000만 원 이상인 업체로서 보험개발원에서 통보한 업체 또는 총 보험 가입금액 기준 2,000만 불 및 공사기간 최소 1년 이상인 프로젝트를 수행하는 업체로 보험개발원에서 포괄 적화보험계약 대상으로 발표하거나 인정하는 업체로 한정한다.

1) 포괄예정보험(OP ; Open Policy) 계약의 장점

✦① 화물의 종류, ② 운송구간, ③ 운송용구, ④ 보험가액 및 보험가입금액의 산정기준, ⑤ 보험조건, ⑥ 보험요율, ⑦ 그 밖의 사항

포괄예정보험은 장래 선적될 불특정화물에 대한 보험, 즉 계속적・반복적으로 행해지는 무역활동의 결과로서 화물의 취급 건수나 수량이 많고, 이를 사전에 개별적으로 부보하는 것이 곤란한 경우 대상이 되는 화물에 대해 선적과 동시에 자동적으로 부보되도록 하는 예정보험이다. 예정보험을 청약해야 하는 사정이 계속적으로 있는 경우, 예를 들면 장기에 걸쳐 계속

적으로 수출 또는 수입을 행하는 종합상사의 경우 등은 미리 이들 모두를 포함하는 포괄예정 보험계약을 체결할 수 있다.

포괄예정 보험계약에는 미리 옆의 사항들을 포괄적으로 약속하고 매 선적시 또는 일정기간(주로 월 1회)의 화물의 명세 등 필요사항을 통지한다.

포괄예정보험의 가입은 적화포괄보험계약신청서를 작성하여 제출하면 계약승인시 'Open Master Policy'를 발행함으로써 계약이 성립된다. 포괄보험 계약은 1 계약자당 하나의 증권으로 체결함이 원칙이나 수입, 수출, 프로젝트 계약은 각각 하나의 증권으로 계약체결이 가능하다. 포괄예정보험계약을 체결한 경우 'Open Policy(보험회사에 의해 발행)' 또는 'Open Contract(보험계약 당사자의 서명에 의해 발행)'라는 특약서가 작성되며, 확정통지에 따라 보험증명서(certificate of insurance) 또는 보험증권이 발행된다. 포괄보험(OP) 계약의 효과는 다음 아래와 같다.

표 5-8. 포괄보험계약의 효과

보험료 절감	최종 요율의 5%가 추가 할인되며, 일반계약에 적용되는 최저보험료 ($10)가 적용되지 않음.
증권 은행제출 불필요	수입 적화 시 L/C 개설은행에 연 1회의 Master Policy제출로 개별증권의 제출을 대신할 수 있어 업무 효율이 제고.
CERTIFICATE의 계약자 직접 발급	수출계약의 경우 계약자가 직접 보험가입 확인서를 발행함으로써 적시에 증권사용이 가능.
부보 누락, 기된 계약에 대한 담보	고의나 중과실이 아닌 한, 부보 누락이나 오기된 계약에 대하여 보험료 납입을 전제로 담보가 가능.
보험료 정산	건별 보험료 처리가 아닌 월 단위 정산처리가 가능.(사후 지급)
보험부보	보험부보의 누락 자동방지

(가) 보험계약의 영속성

현 포괄예정보험의 경우 보험계약자의 실수로 보험부보가 누락이 되었다면, 포괄예정보험의 "Error & Omission"의 조항에 의거 담보가 가능하다. 그러나 보험계약자의 악의적인 누락의 행위로 보험부보를 하지 않았음이 입증이 된다면 보험자가 면책된다.

(나) 보험료 납입의 편리함

실제 적화보험의 경우 보험계약법상 증권이 발부된 후 5일 이내 보험료를 납부해야 하지만 포괄예정보험 계약을 체결하였다면, 개별운송에 대한 보험료를 월 단위로 익월에 사후 월별 정산하므로 건건이 보험료를 내는 불편함이 해소된다.

(다) 보험료 할인 효과

포괄예정보험 계약을 체결할 경우 최종 보험요율의 5%가 추가로 할인이 가능하다. 즉, 일반계약자 보험료의 95%를 적용하며 계약자별로 최근 3년간의 손해 실적에 따라 할인, 할증이 적용되어 최고 + /− 30% 할인, 할증이 가능하다.

❙ 월 보험료가 50만원에서 170만원 정도, 즉 년 2,000만원 미만 발생하는 업체 : 국내 보험시장은 완전자유화 바로 전단계의 범위요율 체계로서 최고 −15%까지 적용이 가능하지만 경우에 따라서는 −20% 까지 적용이 가능하다.

❙ 월 보험료가 170만 원 이상, 즉 년 보험료가 2,000만원 이상 1억 원 미만 업체 : 상기 업체는 보험회사와 포괄계약하는 것이 보험료 절감에 유리하다. 포괄계약을 하면 최소 33.5%를 할인을 받을 수 있다.

❙ 연간 보험료가 1억 원 이상 업체 : 연간 적화보험료를 1억 원 이상 지출하는 기업들은 이미 특정의 보험자와 현재 적화포괄계약을 체결하고 있다. 연평균 1억 원 이상 보험비용을 발생시키는 기업은 현재 한국의 보험업법상 보험계약자가 적화보험을 외국의 보험자와 직접 계약할 수 있으므로 해외의 보험회사를 직접 이용하는 것이 보험료 절감차원에서 대단히 유리하다. 국내 적화보험자와 계약할 때보다 보험료가 최소 20% 이상 절감이 가능하다.

❙ 제3국간의 거래를 하는 업체 : 예를 들어 필리핀에서 생산하여 미국 등으로 수출하는 업체인 경우, 제3국간 거래의 적화보험 요율은 현재 완전 자유요율 체계이므로 각 보험자로 하여금 보험요율을 제시받아 가장 경쟁력있는 요율을 제시하는 회사와 적화보험계약을 체결하면 된다.

(라) 소손해 보험금의 신속 보상

포괄 적화보험 계약 체결시 US$2,500 이하의 소액 보험금은 최저 보험료의 적용을 받지 않아 사고조사 없이 서류청구만으로 보험금지급이 가능하다.

2) 포괄예정보험의 약관 구성

✦해상적화보험자는 보험계약에 따라 자기가 담보한 위험 때문에 생긴 손해만 보상한다. 적화보험의 기본조건 중 보상범위가 가장 좁은 것은 전손담보조건이고 가장 넓은 것은 A/R조건이나 ICC(A) 조건이다. A/R조건에서도 전쟁 및 동맹파업·소요·폭동 위험을 더한 A/R including W/S RCC 조건의 보상범위가 가장 넓다. 그러나 모든 화물마다 이 조건으로 부보하면 보험요율이 가장 높게 되어 수출가격의 원가 인상 요인이 된다. 계약물품의 운송과정에서 생길 수 있는 위험에 가장 맞는 보험조건을 찾아 부보를 해야 합리적 보험요율을 적용할 수 있다.

<table>
<tr><th colspan="2">기본약관</th><th>협회약관</th></tr>
<tr><td rowspan="2">특별약관</td><td colspan="2">협회방사능 오염면책약관</td></tr>
<tr><td>협회위험약품약관</td><td>국제협약이 적용되는 위험약품일 경우 반드시 보험자에게 고지하여야 함.</td></tr>
<tr><td>특별조항</td><td>최우선 담보 조항</td><td>전쟁 및 동맹파업위험은 open policy 자체 약관상 면책이므로 반드시 전쟁 약관 및 동맹파업약관을 첨부하여야 함.</td></tr>
<tr><td rowspan="8">일반조항</td><td>통지</td><td>개별화물에 대한 보험계약자의 통지 의무</td></tr>
<tr><td>보험가입증서 발행</td><td>보험자는 보험계약자의 요구 시 발행증권에 대한 보험가입증서(Certificate)를 발행하여야 함.</td></tr>
<tr><td>장부서류 열람</td><td>보험자는 보험계약자 및 피보험자의 보험계약에 관계한 장부서류를 열람할 권리를 가지고 있음.</td></tr>
<tr><td>보험료 지불</td><td>보험계약자는 보험료 정산서를 접수한 날로부터 10일 이내에 반드시 보험료를 지불하여야 함.</td></tr>
<tr><td>보험금 지불</td><td>보험금의 지불은 보험증권 또는 보험가입증서에 기재된 외국통화 혹은 원화통화로 지불이 가능함. US 2,500불 이하는 검정 없이 보험금의 지불 가능함.</td></tr>
<tr><td>책임한도액</td><td>보험자는 OPEN POLICY상에 명시된 금액 이상으로 보상할 의무를 지지 아니함. 단, 보험계약자가 보험자에게 미리 선적분에 대한 금액을 통보하고 그 금액에 대해 보험자가 합의할 경우 담보가능 함.</td></tr>
<tr><td>변경</td><td>보험자는 보험계약자에게 30일 이전 요율, 조건, 기타 사항 변경 시 30일 전 통보를 하여야 함.</td></tr>
<tr><td>유효기간</td><td>포괄증권 해지 시 30일 전 통보를 하여야 함.</td></tr>
</table>

4. 보험료 산출

무역업을 하면 필수적으로 발생하는 것이 적화보험계약과 적화보험계약에 따른 보험비용, 즉 보험료다. 따라서 수출입업에 종사하는 기업의 입장에서는 같은 담보조건하에서 보험료가 적으면 적을수록 더 매력적이다. 현재 한국 내 해상적화보험시장은 보험요율의 자율에 따라 보험자마다 보험요율에 있어서 약간의 차이를 나타내고 있으므로 수출기업들은 같은 담보조건하에서 보험료가 가장 저렴한 보험자를 찾아내어 적화보험계약을 체결할 수 있다.

❙ 보험료 산정방법 :
보험료 = 송장가액 × 110%(희망이익) × 보험요율 × 할인할증

이렇게 계산된 보험료가 만약 미화 10달러 미만이면 최저보험료인 10달러가 적용보험료로 채택하고 이 보험료에 부보 당일의 외환은행고시 제1차 대고객전신환매도율을 적용하여 원화보험료를 책정하게 된다.

✦할증조건

선박할증	화물 운송선박의 정기선, 비정기선여부, 선령, 선급유무, 선박의 재질, 화물의 종류, 선박의 총 톤수, 선박의 종류에 따라 소정의 선박 할증료를 부과한다.
보험가입금액 할증	보험가입금액이 CIF 상당 송장가액의 130% 이상에서 150%까지는 일정한 할증율을 적용한다.
수출 지역 할증	사고가 많은 지역에 대해 수출 시 할증을 의미한다.

✦전쟁요율

전쟁요율	전쟁보험의 요율은 London의 The War Risks Rating Committee에서 세계각국의 정황에 따라 수시로 변동되어 결정된다.

❙ 적화포괄보험의 계약체결 업무절차

① 포괄보험 가입문의 [보험계약자] → ② 포괄보험 가입안내 [보험회사] → ③ 가입의뢰서 작성/통보 [보험계약자] → ④ 청약사항 인수심사 [보험회사] → ⑤ 포괄보험(원)증권 발행 [보험회사] → ⑥ 개별 선적물량 보험통지 [보험계약자] → ⑦ 일별 보험료 정산 [보험계약자]

5. 해상적화보험의 클레임

✦보험사고 발생시 피보험자 의무에 관한 해상보험증권의 난외약관 : In the event of loss or damage arising under this Policy, no claims will be admitted unless a survey has been held with the approval of this Company's Office or Agents specified in this Policy.

보험의 목적에 발생한 손해에 대하여 보험자에게 손해보상청구를 하는 것을 보통 클레임이라 한다. 해상이나 항공, 육상운송을 통하여 화물이 운송되는 과정에서 외부의 우연한 사고의 결과로 인해 화주가 입게 되는 화물의 손실을 소정의 보험료를 대가로 보험자가 피보험자에 대하여 계약당시 합의한 방법과 범위에 따라 보상하는 것이 적화보험이므로 보험자는 보험사고가 발생할 경우, 보험자가 손해를 입은 기업에게 손해보상금을 지급하는 것은 보험자의 의무다. 그러나 계약이라는 것은 항상 계약 당사자 모두에게 의무와 권리가 병존하므로 클레임이 발생할 경우, 보험자나 보험계약자는 보험계약 당시 양측이 합의한 권리와 의무를 성실하게 이행하여야 한다. 먼저 클레임이 발생하여 처리되는 과정을 나타내면 다음과 같다.

그림 5-2 Claim 해결절차도

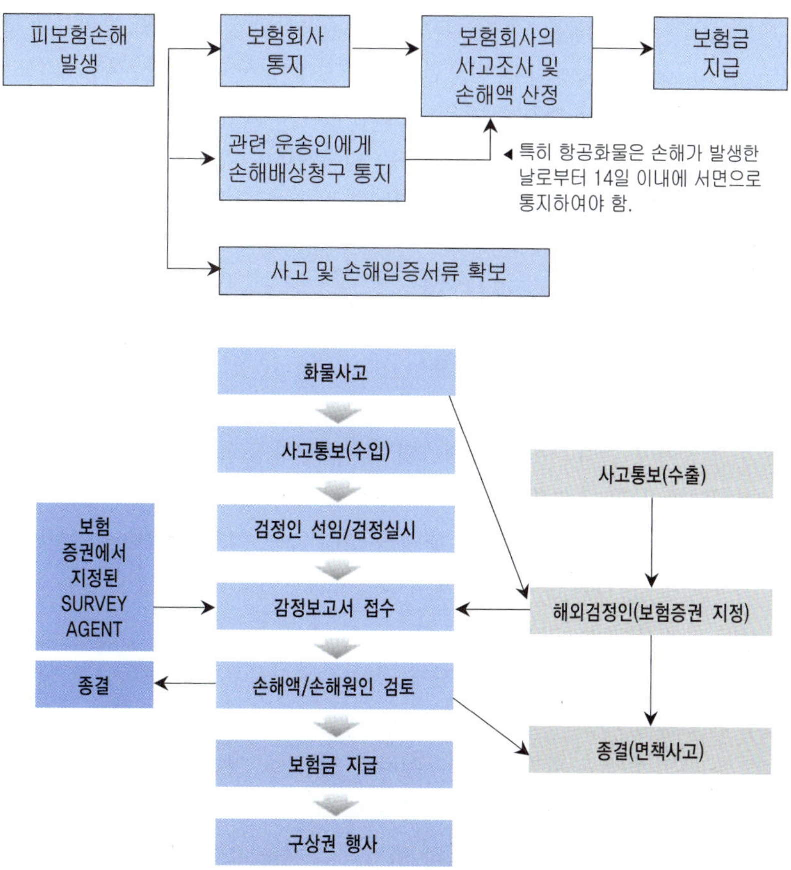

1) 수출자 조치사항

수출적화 보험증권상에는 보험사의 현지대리점의 이름과 주소, 연락처가 기입되어 있으므로 현지 수입상으로 하여금 현지대리점에 연락을 취하도록 유도하면 된다. 금액이 크거나 특별한 사안이어서 보험자의 각별한 주의가 요청되는 경우에는 보험사의 적화보험 클레임담당자에 직접 연락하여 진행사항을 체크하는 것도 좋은 방안이다.

증권상에 명기된 손해사정기관에 수입업자가 직접 통보하는 것이 통상의 방법이나, 부득이하게 대리인과의 연락이 용이치 않거나 수입자가 국내 수출업자에게 직접 화물의 멸실이나 손상을 통보하면서 보상을 요청하는 경우, 수출업자는 보험사의 적화손해사정 담당자에게 사고사실 통보와 함께 수입업자에 관한 다음의 사항을 통보하여 즉시 손해조사를 취할 수 있도록 하여야 한다.

> ① 피보험자 상호 혹은 성명(수입업자: name of the assured), 주소(address),
> ② 전화번호 및 FAX 번호, 운송인 등에 대한 교신문 (FAX, Mail 등), ③ 담당자 이름

수출화물의 경우, 보험증권 좌측상단에 명기된 보험자의 도착지 소재 손해사정기관(claim agent)와 피보험자가 현지에서 사고조사를 진행시키므로 통상 국내의 보험계약자는 별도의 절차를 밟을 필요가 없다. 피보험자는 보험자에게 사고통보와 동시에 관련운송인에게 손해배상청구 공문을 발송하여야 하며 특히 항공화물은 화물 도착일로부터 14일 이내에 반드시 서면으로 통지해야 한다.

2) 수입자 조치사항

(1) 보험회사에 통지

보험사고가 발생한 경우 피보험자 혹은 그 대리인은 즉시 보험자에게 그 사실을 통지하여야 한다. 이때, 보험자의 적화손해사정 담당자에게 통보하는 내용은 ① 적화손해사정 담당자가 연락할 수 있는 담당자 및 연락처, ② 손상된 화물이 보관된 곳(보관된 곳의 연락처 및 담당자), ③ 예상 손해액 등이며 ④ 보험사의 적화손해사정 담당자는 보험증권, 선화증권, 상업송장, 포장명세서 등을 Fax로 송부해달라고 요청할 수도 있으므로 이에 대한 준비도 필요하다.

✦Important 약관은 보험사고가 발생하였을 때 피보험자가 취해야 할 유의사항을 규정한 조항이다.

피보험자의 사고통지에 관한 의무사항은 해상보험증권 난외약관에 의하여 이 증권하에 멸실 혹은 손상이 발생한 경우에, 사고조사가 당사 혹은 이 증권에서 명시된 당사 대리인의 허락을 득한 후 이루어지지 않는 한 어떠한 Claim도 인정하지 않게 된다. 실무적으로 보험자는 사고가 발생하였을 때 피보험자의 의무규정으로서 수탁자 약관과 **중요사항약관**을 삽입하여 피보험자의 합리적 조치를 요구하고 있다.

(2) 보험자에 보험사고 통지 외 피보험자의 의무

피보험자, 수화주 혹은 그 대리인은 현실적으로 발생한 혹은 발생할 화물의 손해를 방지 또는 경감할 의무가 있다. 만약에 손해방지경감의 조치를 소홀히 했기 때문에 손해가 증대되었다고 하면, 그 증대된 손해에 대해서는 보험회사가 보상하지 않게 된다. 따라서 조난화물을 가능한 한 신속하게 구조하고 건조·세척·수선·도난방지 등의 조치를 취해야 한다. 만약 이 화물이 보험부보되어 있지 않았더라면 어떻게 조치할까?라는 전제에서 손해방지경감의 조치를 취해야 한다. 이러한 손해방지에 필요한 비용은 상황에 적절하다고 판단되는 경우 보험회사에서 부담한다.

✦무보험화주의 노력정도라는 것은 합리적인 무보험화주를 의미하는 것으로 무보험상태에서 어떤 사고에 대하여 신중한 화물소유자라면 어떤 조치를 취할 것인가를 기준으로 판단하고 행동하는 것을 의미한다.

(신)증권 약관 표면에는 "Important clause"라는 중요사항 약관이 적색으로 클레임이 발생할 경우 피보험자가 조치하여야 할 내용들이 규정되어 있다. 그 내용을 살펴보면 모든 경우에 있어서 손해의 방지와 경감을 위하여 합리적인 조치를 취하고 또한 **운송인, 수탁인 또는 기타 제3자**를 상대로 한 모든 권리가 적절히 보존되고 행사되도록 확실히 하는 것은 피보험자와 그 대리인의 의무이다. 특히 피보험자 또는 그 대리인은 다음과 같은 사항을 이행하여야 한다.

✦피보험자는 제3자, 즉 운송인 및 기타 수탁자에게도 수탁자약관에 따라 구상장을 제출하여 손해배상청구권을 유보해 두어야 피보험자가 제3자에 대해 구상권을 포기하면 보험회사가 추후에 대위권(right of subrogation)을 행사할 수 있다.

사고통지서 발부 Clean Receipt 발행금지	운송인, 항만당국 혹은 기타 수탁자에게 손상 및 멸실된 화물에 대해 즉시 보상청구를 할 것. 해난보고서가 발급된 경우를 제외하고는 어느 경우에도 화물이 손상되었다면 무사고 수령증을 교부해서는 안됨.
Container Seal 확인 및 통지	컨테이너에 의하여 화물이 인도된 경우, 피보험자 또는 대리인의 책임있는 직원이 즉시 컨테이너와 봉인을 검사할 것. 컨테이너 자체에 손상이 있거나 봉인이 파손된 경우, 혹은 다른 봉인으로 바뀌었다면 그 사실을 화물수령증에 기재하고 하자가 있거나 규격이 다른 봉인은 후일 확인을 위해 보관할 것.
명백한 멸실 확인시 조치사항	멸실 및 손상이 명백한 경우 운송인이나 기타 수탁자의 대리인들에게 검정을 즉시 의뢰하고 검정시 밝혀진 실질적인 멸실 및 손상에 대하여 운송인 기타 수탁 자에게 보상청구를 할 것.
추후 멸실확인 시 조치사항	화물을 인수할 당시에 멸실이나 손상이 명백히 나타나지 않았다면 화물 인수 후 3일 이내에 운송인이나 기타 수탁자에게 서면으로 통지해야 함.

※ **유의사항** : 수탁자 혹은 그 대리인은 양화항에서 항만당국의 각종 준수사항을 숙지할 것을 요함.

(3) 손해의 증명

피보험자는 손해가 발생하였을 때 그 손해가 보험증권에서 규정한 보험기간과 담보구간에서 발생한 보험조건상의 담보위험으로 인한 손해라는 사실을 증명해야 한다.

그러나 전위험담보조건(A/R)하에서는 손해가 보험증권상 담보되는 구간과 보험기간 내에 발생된 것이라는 사실을 피보험자가 입증하면 되고 손해를 야기한 재난이나 사고에 대한 특별한 증빙자료를 제시할 의무는 없다. 즉, 피보험자가 All Risks 조건의 담보범위 안에 있는 피보험위험에 의한 손해를 입었을 경우, 피보험자는 수많은 담보위험 중 어떤 특정위험에 의해 발생되었는지 구체적으로 손해원인을 입증할 의무는 없다. 열거책임주의가 적용되는 ICC(WA), (FPA) 혹은 ICC(B), (C)같은 제한조건하에서는 손해의 입증책임이 피보험자에게 있으므로 손해가 보험증권상에 열거된 담보위험으로 인하여 발생하였음을 피보험자가 직접 증명해야 한다.

표 5-9. 손해의 증명서류 비교

위험의 종류	전손	분손		
		Damage	TPND	Shortage
1) Claim Note	◐	◐	◐	◐
2) Policy 또는 Certificate	◐	◐	◐	◐
3) Invoice	◐	◐	◐	◐
4) Packing List	◐	●	●	●
5) Bill of Lading	Full set	◐	◐	◐
6) Weight Certificate (선적지 및 양화지)	△	△	△	◐
7) Cargo Boat Note	–	◐	◐	◐
8) Landing Report(7,8은 재래선의 경우)	–	◐	◐	◐
9) Equipment Receipt	–	◐	◐	◐
10) Devanning Report (9,10은 컨테이너 FCL의 경우)	–	◐	◐	◐
11) Delivery Record (11은 컨테이너 LCL의 경우)	–	◐	◐	◐
12) Survey Report	–	●	△	△
13) Survey Fee 청구서	–	●	△	△
14) Claim Notice to Carriers	◐	◐	◐	◐
15) Carriers Reply	●	●	●	●
16) 수리비명세	–	●	△	–
17) Sea Protest	△	△	△	–
18) Stowage Plan	△	△	◐	–
19) Import Declaration (Duty가 부보되어 있는 경우)	–	◐	△	◐
20) Charter Party	△	△	–	△

◐ – 반드시 필요한 서류임 / ● – 원칙적으로 필요한 서류임
△ – 화물 또는 손해 내용에 따라 필요한 서류임

구분	구비서류
수입	*기본구비서류(보험증권, B/L, Commercial Invoice, Packing List) *사고내역(손상형태 : Wet Damage, Breakage, Missing 등) *수입면장 *하역협정서 및 보세창고 입고 협정서(Air의 경우-Cargo Inspection Report) *손상된 물품의 사진 : 사고 상황을 확인하는 중요한 증거 *화물의 전체 및 손상 부분의 사진, 포장재의 손상이나 이상 사진 ▌컨테이너 화물의 경우 : 컨테이너에서 화물을 꺼내기 전 컨테이너 내 적재상태 사진을 촬영 후 하역작업 요망 *예상 손해액
수출	*기본구비서류(보험증권, B/L, Commercial Invoice, Packing List) *사고내역(손상형태 : Wet Damage, Breakage, Missing 등) *손상된 물품의 사진 *예상 손해액 * Buyer의 연락처(업체명, 담당자명, 연락처 명)
소액 (200만 원이하)	*기본구비서류(보험증권, B/L, Commercial Invoice, Packing List) *사고경위서, 보고서, 협정서[예:보세창고에서 발생하는 화물인도 협정서] *보험금청구회사의 공문 *사업자등록증 사본, 통장사본
※예상 손해액	*수리 가능한 경우 : 수리업자로부터 받은 견적서, 영수증, 청구서(부품비, 작업비, 수송비 등을 포함한 금액) *수리 또는 가격인하 매각을 할 수 없고 완전 파괴된 경우: 폐기물처리업자가 발행한 폐기 증명서 *가격인하로 매각처분 할 수 있는 경우 : 원래의 정가를 확인할 수 있는 서류와 가격인하 금액이 확인 될 수 있는 서류

(4) 보험청구시 구비서류

(가) 보험금 청구서(Claim Note)

보험회사의 소정양식 또는 청구자 자신의 서식이라도 관계없다. 보험금 청구서에는 보험계약의 내용과 보험금계산의 명세를 기재하는 것이 보통이다.

(나) 보험증권 원본

보험금을 청구할 때에는 보험증권 원본 혹은 부본(Original or Duplicate Policy)을 제출해야 한다. 보험증권이나 증서를 분실하였을 경우에 피보험자는 보험증권의 분실로 인하여 발생하는 모든 책임을 지겠다는 조건의 다음과 같은 각서(Letter of Indemnity)를 제출함으로써 보험증권에 갈음할 수 있다.

(다) 상업송장(Commercial Invoice)

상업송장은[61] 수출상이 수입상에게 송부해주는 화물의 수량, 형태, 대금결제조건 및 금액을 표시한 계산서이다. 즉, 보험증권상에 기재된 화물이 틀림없는가를 확인하기 위하여

뿐만 아니라 손해액과 보험금의 정확한 산정을 위해서도 필요하다. 상업송장에 명시되는 매매조건에 따라 피보험자에게 화물의 소유권이 이전되는 시점이 다르기 때문에 사고시점에 피보험자가 화물에 대한 피보험이익을 갖고 있는지를 상업송장에 의해서 확인할 수 있다.

(라) 선화증권(Bill of Lading)

선화증권은 운송인이 운송계약에 의하여 송화인으로부터 선적을 위하여 화물을 수취한 사실을 증명하고 동시에 화물을 지정된 목적지까지 운송하여 선화증권의 정당한 소지인에게 인도할 것임을 약속하는 유가증권이다. 보험자가 선화증권을 보험금 청구서류로서 요구하는 이유는, 첫째, 손해의 발생장소와 시기를 알 수 있는 중요한 자료가 되며, 둘째, 선박회사나 기타 운송에 책임 있는 당사자에 대해 대위권을 행사하는 데 필요한 서류이기 때문이다.

(마) 사고조사 보고서(Survey Report)

운송 중 발생한 화물의 손상정도와 원인을 규명하기 위해 선정된 검정인이 작성하는 보고서로서 손해의 상태, 정도 및 그 원인, 손해발생의 시점 및 장소, 손해사정시 보험자가 필요로 하는 제발사항이 기재된다.

(바) 포장명세서(Packing List)

상업송장만으로 손해액 산정이 어려울 때 포장명세서를 요구한다. 또한 화물의 특성에 따라 적합한 포장을 했는지 여부를 파악하는 근거서류가 된다.

(사) 중량증명서(Weight Certificate)

부족손의 계산은 선적지 및 양화지에 있는 신용이 있는 제3자가 발행하는 중량명세서를 근거로 삼는다. 검량방법으로서는 계량기기에 의하는 것, 화물적재시와 공화시에 트럭의 중량을 계측하여 화물의 중량을 산출하는 이른바 트럭계측, 광석과 같이 선박에 가득 싣는 살화물은 본선의 흘수(draft)선[62]으로 배수량을 계산, 화물의 중량을 산출하는 흘수검정과 같은 것들이 있다. 액체인 살적화물(석유, 화학약품 등)은 용적, 온도, 비중 등을 계측하여 중량을 계산한다.

(아) 귀책자와의 교신문

운송 중 손해가 발생하면 피보험자는 귀책 당사자에게 손해배상 청구서한을 보내고 이에 대한 관련 귀책자의 회신이 있으면 이를 보험금 청구시 함께 보험자에게 제출해야 한다. 한편 피보험자가 선화증권 혹은 항공화물운송장상의 손해배상청구시효 내에 사고통보를 하지 않아서 보험자가 대위권을 행사하지 못하게 될 경우에는 보험금 산정시 피보험자 의무 해태에 따른 불이익을 받을 수 있다.

(자) 화물인도관계서류

수입화물은 항구에서, 선박, 부선 또는 창고업자 등 여러 종류의 화물관리자에게 인도된다. 이 같은 이동에 수반하는 책임의 소재를 명확히 하려면 화물의 인도시에 전문검수인(checker 또는 tallyman)이 수량의 과부족과 손상의 유무를 확인하고 인도상태를 나타내는 서류를 작성해야 한다. 이러한 인도서류는 손해의 입증서류로서 클레임처리에 있어서, 그리고 운송인 기타인에 대한 대위구성권 행사에 있어 중요한 서류가 된다. 구체적인 인도서류는 재래선의 경우와 컨테이너선의 경우가 다르다.

▣ 재래선의 경우

① **Cargo Boat Note(화물부송장)** : 선적된 화물을 하화(下貨)할 때에 본선과 수화인 간에, 또는 하륙(下陸) 하역업자 간에 화물수도(受渡)의 증거로서, 검수표에 의거하여 검수인이 작성하고, 본선 책임자와 수화인 측이 동시에 서명한 서류를 말한다. 그러므로 운송 중에 사고가 발생한 손해라도 여기에 아무런 내용이 기재되어 있지 않다면, 선사는 선사의 책임이 아님을 주장하고, 배상(賠償)을 거부할 수 있다. 비고(remarks)란에 해당화물에 발견된 이상이 기록된다. 예를 들어, 수량이 1포대 부족한 경우에는 “1bag short”, 포장물이 파손된 경우에는, “1ctn broken”이라고 표시된다. 화물인도시의 상태에 대하여 수취인 측 검수인과 본선의 일등항해사(Chief officer)가 Cargo Boat Note에 서명으로 확인한다.

② **Landing Report(양육보고서)** : 부선이 안벽에 양륙시킨 화물의 상태를 기록하는 것이다. 그 외에 화물을 입고할 때의 기록으로서, 창고회사가 발행하는 입고확인서가 있다.

▣ 컨테이선의 경우

컨테이너로 운송되는 화물은 운송형태에 따라 FCL(full container load)화물과 LCL(less than container load)화물로 분류된다.

FCL화물은 컨테이너에 한 출화주의 물건으로 채워진 화물로서, 컨테이너에 넣은 후에 선박회사의 터미널로 그대로 옮겨져 운송되고, 도착항의 콘테이너 터미널에서 컨테이너채로 수화주에게 인도된다. 반면에, LCL화물은 한 컨테이너에 한 화주의 화물을 만재할 수 없는 소량의 화물이며, 적재지에서 선박회사가 화물을 수취한 후 타화물과 혼재시켜 컨테이너를 채운다. 선박회사가 화물을 수취하며, 컨테이너에 혼재하는 장소를 CFS(container freight station)라 부르며, 목적지에 도착된 때에도 CFS에서 화물을 컨테이너에서 꺼내어 수화주에게 인도한다. 따라서 인도서류도 FCL과 LCL에 따라 다르다.

① **Equipment Receipt(기기양수증)** : FCL화물의 경우, 선박회사와의 인수인도는 컨테이너채로 행하여진다. 컨테이너는 일반적으로 선박회사가 화주에 대여해 주는데, 터미널에서 화주에게 건네줄 때는 기기양도증, 그리고 반환시에는 기기양수증이 발행된다.

수입화물이 터미널에서 인도될 때에, 기기양수증(equipment receipt(out))에는 당시의 컨테이너의 외견상 이상유무도 기록된다. 그 기록에 의하여, 예를 들면, 컨테이너 천정이 파손되어 있으면, 운송 중에 해수나 우수가 컨테이너 내에 들어갈 가능성을 나타내는 것으로 손해원인의 추정에 있어 중요한 것이 된다. 또한, 컨테이너는 반드시 문이 봉인(Seal)되어 운송되기 때문에, 봉인번호가 기기양수증에 기록된다. 적재지에서 붙여진 봉인번호는 일반적으로 B/L상에 기재되는데, 양자의 번호가 다르다면, 운송 중에 컨테이너가 개봉되었을 가능성이 있음을 나타내는 것이다. 가령 화물의 도착수량이 송장상의 수량보다 적은 경우에 봉인번호가 적재지와 양육지에서 같은 것으로 되어 있다면, 운송 중의 도난보다는 출화주가 컨테이너에 덜 넣은 것으로 추정된다. 보험증권에 표시되어 있는 중요구문약관에서도 컨테이너봉인을 점검해야 한다고 규정되어 있다.

② **Devanning Report(적출보고서)** : FCL화물을 적재한 컨테이너를 수화주의 주관 아래 개봉하여 화물을 인수할 때에 그 화물의 상태를 기록한 것이다. 운송인 측이 입회하지 않을 수도 있으며 특히, 적출보고서가 발행되지 않을 경우도 있다.

(차) Delivery Record(화물인도증명서)

양화된 컨테이너화물을 인도할 때 터미널오퍼레이터(terminal operator)와 수화인의 쌍방이 서명한 인도를 증명한 서류이다. 재래선의 경우의 화물부송장에 해당된다. 수출컨테이너화물은 선박회사가 인수할 때의 수취증으로 발행하는 부두수취증(dock receipt ;D/R)에 대비되는 서류이다. LCL화물에 대하여는, CFS에서 컨테이너에서 화물을 인출한 후 수화주에게 인도할 때 그 화물의 상태를 나타내는 'Delivery Record'가 발행된다. 상기한 인도서류에 충분한 화물상태표시가 되어 있지 않은 경우에는, 필요에 따라 운송업자나 창고업자와 같은 관계자로부터 화물의 상태를 기록한 확인서 또는 사고보고서를 취득, 첨부한다.

(카) Sea Protest(해난보고서) 및 Stowage Plan(적부도)

선박이 항해 중에 충돌, 좌초, 침몰, 멸실, 화재 또는 기관의 손상, 기타 해난에 조우한 경우는, 항만청에 해난보고서를 제출하게 되어 있다.

본선 내의 각 선창에 화물을 적부하는 위치도가 있는데, 본선의 어디에 무엇이 실려 있는가와 그 화물의 수량, 중량, 양륙지를 한 눈에 알아볼 수 있게 되어 있다. 손상화물에 대한 적부장소를 확인하여 같은 선창 내에 적재된 화물을 알 수 있는 등 손해원인을 규명하는데 필요하다.

(타) Import Declartion(수입신고서)

세관에 제출하는 수입품에 대한 신고서로서, 관세액이 기재되어 있다. 관세가 부보되는 경우는 관세의 실액을 확인하는데 필요하다.

(파) Charter Party(용선계약서)

화물이 정기선에 의하여 운송되는 개품운송계약인 경우에는 B/L이 운송계약을 나타내게 된다. 반면에, 한 항해에 대하여 선복의 전부 또는 일부를 임차하는 항해용선계약에 의하여 화물이 운송되는 경우도 있다. 밀이나 콩과 같은 살적화물 또는 목재와 같은 대량운송은 일반적으로 항해용선계약에 의하여 운송되는데, 이 경우에는 운송인에 대한 손해배상청구시에 운송계약의 내용을 알기 위해서 B/L만이 아니고 용선계약서(charter party)도 첨부해 두는 것이 필요하다.

【참고】 공동해손의 경우

선박회사로부터 공동해손을 선포하는 공동해손통지서(Notice of General Average)를 접수하면 피보험자는 이를 보험회사에 통지하고 ① 공동해손구상장(Claim Letter on G. A.), ② 보험증권의 원본 또는 사본, ③ 공동해손통지서 사본, ④ 선화증권 및 상업송장과 같은 구비서류를 갖추어 절차를 밟는다. 또한 선박회사는 공동해손분담금(G. A. Contribution)의 지불을 서약하는 공동해손맹약서(G. A. Bond)와 CIF가격에서 손해율에 의거한 손해액을 공제한 금액에 대한 화물평가액에 대한 신청서(valuation form)를 요구하는데 대개 보험회사가 입증하거나 부서를 받는다. 이와 더불어 선박회사는 화주로부터 공동해손공탁금이나 보험회사의 지급보증장을 받고 검정인에게 검사를 의뢰한다. 이 검사의 결과에 따라 단독해손과 공동해손이 구별된다. 이 검정보고에 따라 보험회사에 구상하면 보험회사는 공동해손공탁금을 수령한 공동해손정산인(average adjuster)에게 구상하게 되는데 이때 공동해손정산서에 의해서 확정된 공동해손분담금과 이미 지불한 공탁금과의 차액이 정산된다.

【참고】 사고관련 용어 이해

① General Average Clause (공동해손약관) : “This insurance covers general average and salvage charge, adjusted or determined according to the contract of affreightment and/or the law and practice… (면책 되는 위험 예, 전쟁 & etc.에 기인 되지 않은 사고로 발생 한 GA 및 구조비를 보험 조건에 무관하게 보상한다)”

② Jason Clause (제이슨 약관) - 하터법 (제4조) : 미국 발 또는 미국 향 화물을 적재한 선박에 대하여 화주가 감항성 유지를 위해, 상당한 주의 의무를 다한 경우, 그 선박의 관리 및 운항 상의 과실로 인해 발생한 손해에 대해 선주는 면책으로 규정.

그러나 1898년 Irrawady호 사건에서 본선의 운항 및 관리상의 과실에서 발생한 공동해손에 대해 선주는 화주로부터 공동해손 분담금(GA Contribution)을 징수할 수 없다는 판결을 내렸다. 이후 선주들은 B/L에 미국 발, 미국 향 화주는 상기의 경우(항해과실에 기인한 공동 해손) 공동 해손 분담금을 부담해야 한다는 약관을 삽입하였고, 1912년 Jason호 사건에서 미국 대법원은 동 약관이 유효하다는 판결을 함으로써 동 약관을 “Jason Clause”로 불리게 됨. 이후 본선이 자사 선박에 의해 구조되더라도, 타선에 구조된 것과 같이 선주는 구조비를 본선의 화주에게 청구할 수 있다는 내용이 추가되어 현재의 “New Jason Clause”를 이루는데 그 골자는 다음과 같다.

“선주가 감항성 유지를 위해 적절한 주의 의무를 다 했다면, 항해의 전후를 막론하고 선주의 과실이 있든 없든, 사고가 발생하면 선주는 법 또는 계약 또는 기타 어느 것에 의해서도 그 사고에 대해 책임을 지지 않는다. 화주는 공동 해손에 의해 발생한 비용과 희생을 분담해야 하고 구조비 등 모든 비용을 분담해야 한다.”

✦보험증권하에서 발생하는 멸실이나 손상의 경우, 이 보험증권에 기재된 당 회사의 사무소 또는 대리점의 승인을 얻어 손해검정이 이루어지지 않는 한 어떠한 클레임도 인정되지 않는다.

③ Both to blame collision clause(충돌과실약관) ; 1910년 Brussel 충돌 협약 - 쌍방과실에 의한 선박 충돌의 경우 양 선박에 적재된 화주는 오직 상대선박, 즉 비적재선(non-carrying vessel)의 과실 비율에 해당하는 부분에 대하여만 회수 가능하다. 그리고 해당 화물의 적재선은 운송 계약상의 조건에 의해 선박의 충돌 등 선장이나 선원의 과실에 따른 항해 과실에 대하여는 지기의 운송 화물 손해에 대하여 면책이다.

미국 공동 불법행위연대 책임(the joint and several liability of joint tore-feasors) - 화주는 비 적재선으로 부터 과실 비율에 관계없이 그의 손해에 대하여 전액 회수 가능하나, 비 적재선의 운송인은 자기가 배상한 손해 금액 중에서 적재선의 과실에 해당하는 부분을 적재선의 선주로부터 구상. 결과적으로, 항해 과실임에도 불구하고 자선의 화주에게 손해배상책임을 지는 결과가 발생하였으며, 이와 같은 모순 속에서 운송인들은 자신의 이익 보호를 위하여 해상운송계약서에 쌍방과 실충돌약관을 삽입하여 자선에 적재된 화물의 손상 금액 중에서 운송인이 상대방에게 지급한 자선의 괴실 비율에 해당하는 부분을 자선의 화주가 운송인에게 보상하여야 한다고 규정하였다.

6. 손해사정의 (예)

✦옆의 사례의 근거 : MIA 제71조 제4항 보험가액은 상품가액에 모든 부대비용까지 포함 결정

화물이 피보험의 위험에 근인하여 손상되었음이 명백할 때는 보험회사와 협의하여 손해검정인을 선정, 검정서를 작성하게 하는데 이 검정서를 보험회사는 검토한 후 보험금을 지급한다. 분손보상금은 부보금액에 손해율을 곱하여 산출한다. 손해율은 분손계산법에 의한다.

1) 양적인 손해

① 5,000개의 라디오가 보험금 5천만 원에 부보되었는데 운송 도중 200개를 도난당했을 경우, 손율=200/5,000=4%, 보험금=50,000, 000*4%= 2,000,000원 이다. ② 10,000t의 곡물에 대해 보험금액이 1,000,000원이고 0.3%를 초과하는 부족손해를 담보하는 조건으로 부보(Including shortage excess 0.3% on the whole)하였는데 목적지에서 양륙시 검량한 결과 9,950톤이었다고 하면 지급보험금은 1,000,000원 * 10,000톤 – (9,950+30)톤 / 10,000톤 = 2,000원 이다.

2) 질적인 손해

CIF가격 1,000만원 상당액의 커피를 수입하면서 희망이익 10%를 가산하여 1,100만원에 부보하였고 수입세가 100만원 부과되었다. 그런데 이 수입품이 손상된 상태로 도착하였다. 화주는 수입세 100만원을 지급하고 통관한 다음 경매를 통해 600만원을 회수하였다. 이런 경우 MIA 제71조 제4항 보험가액은 상품가액에 모든 부가비용까지 포함 결정한다에 근거하여 이 화물의 총 정품가액이 1,200만원이었다고 한다면 보험자는 총 6,000,000원 보상을 한다.

손 율 =12,000,000원-6,000,000원 / 12,000,000원=50%
보험금 =11,000,000원*50%=5,500,000원
수입세 =1,000,000*50%=500,000원

요 약

운송인은 의뢰받은 운송화물에 대해 인수할 때와 동일한 상태로 수화인에게 인도하는 것이 기본 의무다. 그런데 운송인이 운송 도중 화물에 발생한 일체의 손해에 대하여 화주에게 신속한 배상을 하여 준다면 화주가 별도로 적화보험에 가입할 필요가 없지만, 운송인의 책임이 여러 가지로 제한되어 있어 보상받으려면 적화보험에 가입해야 한다. 보험증권은 신용장통일규칙에 의해 다음 조건을 충족하여야 한다. 그리고 해상보험증권 또는 증명서 2통, 단 백지배서하고 송장금액의 110%를 보험금액으로 하고 보험금액은 어음과 동일한 통화이어야 하며, 손해배상처(한국)가 표시되어야 한다.

보험조건은 협회적화약관으로 해야 하며 운송과정의 위험이 전부 부보되어야 하고 보험청구권이 은행에 양도되어 있어야 하며 보험금액의 표시통화는 신용장과 어음의 표시통화와 일치하여야 한다. 그리고 마지막으로 부보일자가 선적일자(B/L 발행일) 이전일 것이어야 한다.

① 보험회사, 그 대리인 또는 보험인수업자가 발행하거나 서명한 것일 것(보험중계업자가 발행한 보험승낙서(cover note)는 수리거절 됨), ② 선화증권 또는 송장에 표시된 상품을 대상으로 하는 적정 유효한 것일 것, ③ 소정의 최저보험금액이 부보되어 있을 것(통상 상업송장 금액의 110%임), ④ 신용장의 조건을 충족할 것.

1. 적화보험 계약체결 실무절차

해상적화보험 계약절차는 다음 아래와 같다.

1) 회원가입

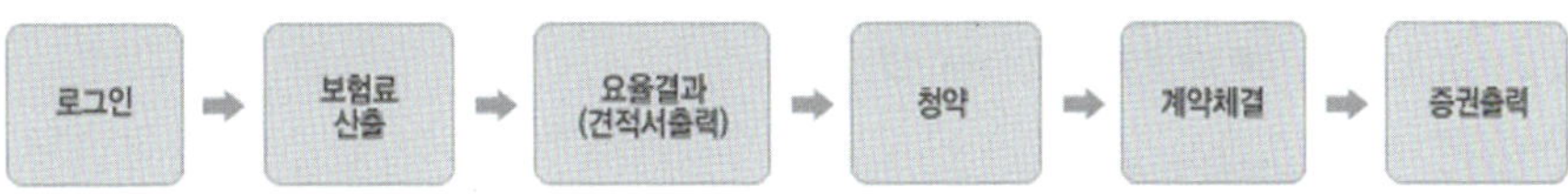

먼저 Internet상에서 회원가입 후 사업자등록증을 해당 보험회사의 담당부서로 E-mail이나 FAX로 송부한다.

2) 보험료 산출

▣ 보험료 산출 메뉴 선택

① 화면에서 [기업보험상품] > [적화/해상보험] 을 선택

보험회사별 약간의 차이가 있지만 해상적화보험계약에 관한 단추를 클릭하면 된다. 또는 화면에서 [적화보험]을 선택한다.

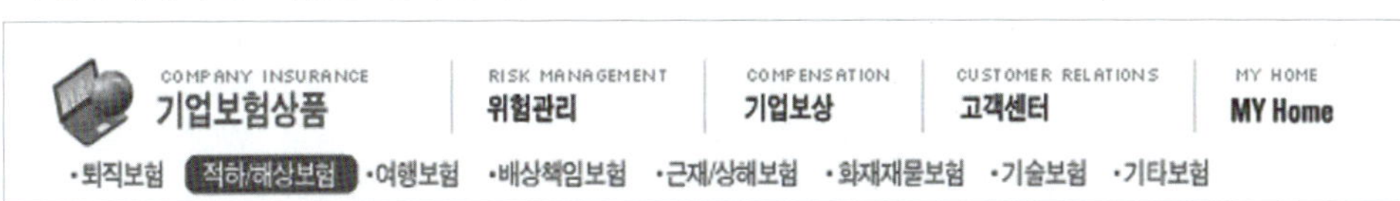

② 적화보험 화면이 나타나면, [보험료 산출]을 선택한다.

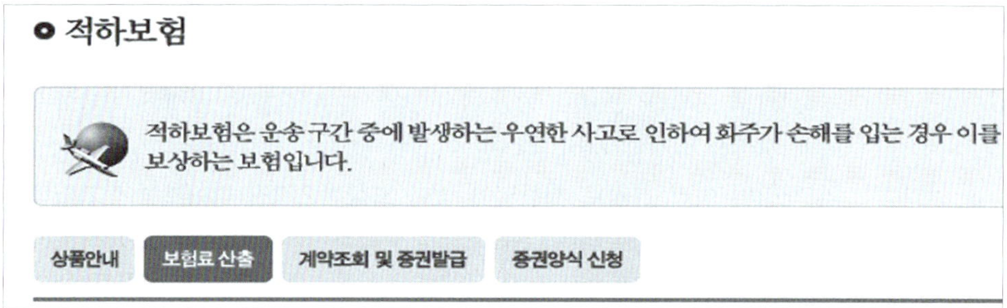

③ 보험료 산출 메뉴는 [일반용 보험료 산출], [전문가용 보험료 산출], [견적목록 조회] 등의 메뉴로 보통 구성되어 있다.

일반용 보험료 산출

- 청약일자 : 인터넷 적화보험 청약시 청약일자는 현재일자로 고정되어 있으며 청약일자는 보험효력의 여부와 밀접한 관련이 있는 만큼 수정할 수 없음을 주의
- 수출입구분 : 적화보험의 경우 수출과 수입 적화보험으로 구분
- 화폐단위 : 무역서류에 기재된 송장가액화폐 단위를 기재
- 송장가액 : 무역서류에 설정되어 있는 가액을 기재한다. 외화의 경우 소수점 2째 자리까지 입력이 가능

✦① 1단계 : 기본사항입력

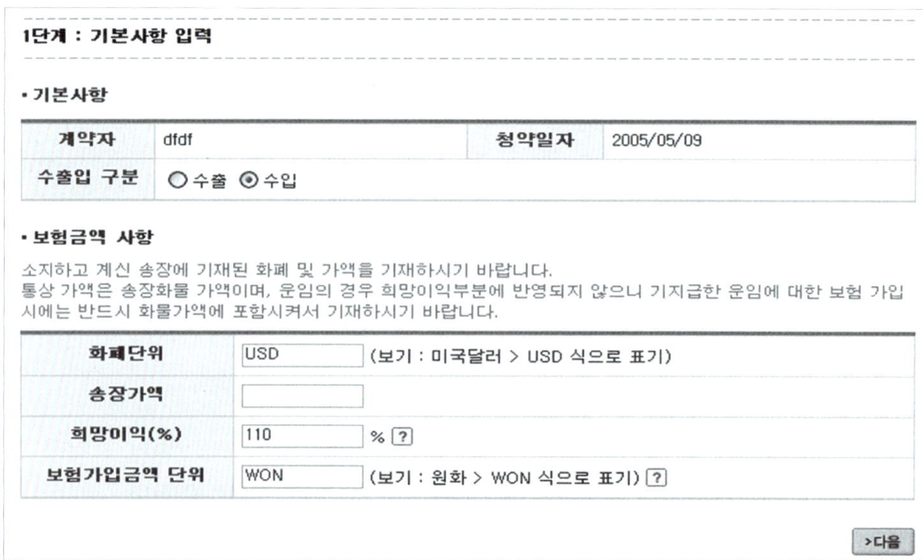

- 희망이익 : 적화보험의 경우 무역관례상 기재한 가액에 일정률의 이익분을 감안 보험가 입금액 결정한다. 통상 보험가액의 110%로 설정되어 있으나 150%까지 수정 가능하다. 그러나 130% 초과시 추가 보험료가 발생한다는 점을 유의하여야 한다.
- 보험가입금액 화폐단위 : 수출일 경우 외화, 수입일 경우 [WON]으로 확정한다. 수입시 해당 외화로 수정이 가능하나, 앞에서 기재한 외화로만 입력이 가능하다.

• 보험가입금액 : 입력된 보험가입금액을 선택된 화폐단위로 변환한 보험가입금액과, 적용 환율을 확인한 후 [다음]을 선택한다. 만약, 내용이 올바르지 않은 경우, [이전]을 선택하여 이동한 후, 전 단계를 다시 진행한다.

✦② 2단계 : 보험가입금액 확인

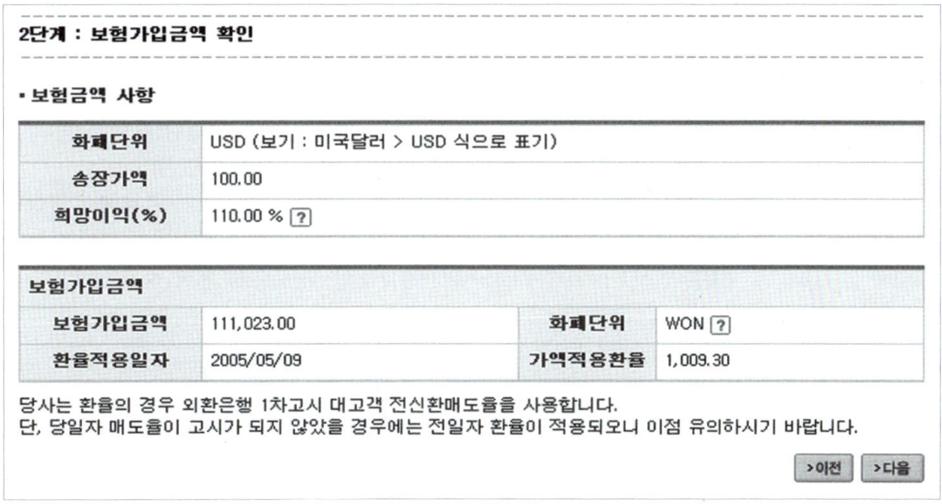

2단계 : 보험가입금액 확인

▪ 보험금액 사항

화폐단위	USD (보기 : 미국달러 > USD 식으로 표기)
송장가액	100.00
희망이익(%)	110.00 % ?

보험가입금액			
보험가입금액	111,023.00	화폐단위	WON ?
환율적용일자	2005/05/09	가액적용환율	1,009.30

당사는 환율의 경우 외환은행 1차고시 대고객 전신환매도율을 사용합니다.
단, 당일자 매도율이 고시가 되지 않았을 경우에는 전일자 환율이 적용되오니 이점 유의하시기 바랍니다.

>이전 >다음

✦③ 3단계 : 목적물 및 운송구간 선택

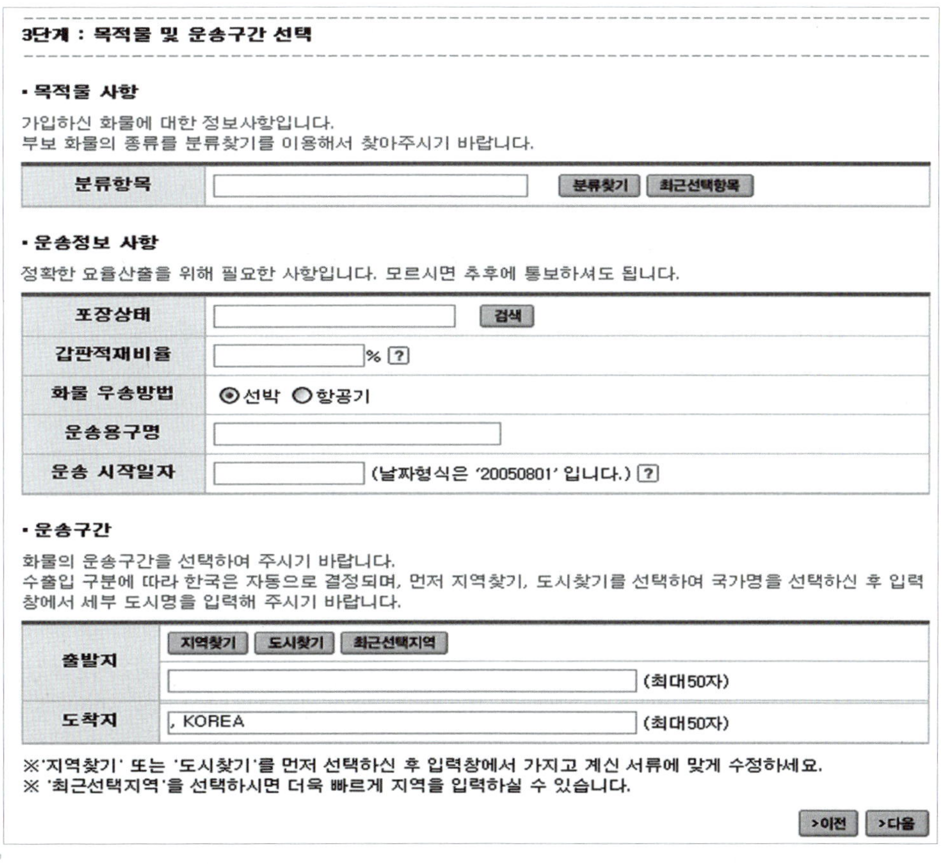

3단계 : 목적물 및 운송구간 선택

▪ 목적물 사항

가입하신 화물에 대한 정보사항입니다.
부보 화물의 종류를 분류찾기를 이용해서 찾아주시기 바랍니다.

분류항목	[ ] 분류찾기 최근선택항목

▪ 운송정보 사항

정확한 요율산출을 위해 필요한 사항입니다. 모르시면 추후에 통보하셔도 됩니다.

포장상태	[ ] 검색
갑판적재비율	[ ] % ?
화물 우송방법	⦿선박 ○항공기
운송용구명	[ ]
운송 시작일자	[ ] (날짜형식은 '20050801' 입니다.) ?

▪ 운송구간

화물의 운송구간을 선택하여 주시기 바랍니다.
수출입 구분에 따라 한국은 자동으로 결정되며, 먼저 지역찾기, 도시찾기를 선택하여 국가명을 선택하신 후 입력창에서 세부 도시명을 입력해 주시기 바랍니다.

출발지	지역찾기 도시찾기 최근선택지역
	[ ] (최대50자)
도착지	, KOREA (최대50자)

※'지역찾기' 또는 '도시찾기'를 먼저 선택하신 후 입력창에서 가지고 계신 서류에 맞게 수정하세요.
※ '최근선택지역'을 선택하시면 더욱 빠르게 지역을 입력하실 수 있습니다.

>이전 >다음

- 분류찾기 : [분류 찾기]를 선택하여 물품에 따라 대분류, 중분류, 포장상태 등을 선택하고 인터넷으로 청약할 수 없는 품목의 경우, 해당 보험사에 연락을 취한다.
- 최근선택항목 : 최근에 많이 선택한 물품의 대분류, 중분류, 포장상태 리스트가 나타난다. 같은 품목을 계속해서 수출·입하는 경우 사용하면 편리하다.
- 화물운송방법 : 운송수단을 기재한다. 만약, 운송수단이 확정되지 않았다면 추후에 통보한다.
- 운송용구명 : 확정된 운송수단명의 선박명이나 항공기명을 기재한다. 만약, 선박/항공기명이 확정되지 않았을 경우 추후에 통보한다.
- 운송시작일자 : 실제 무역서류상에 sailing date가 기재되어 있을 경우 그 날짜를 기재한다. 만약, 운송시작일자가 확정되지 않았을 경우 추후에 통보한다.
- 지역찾기 : 지역 찾기 기능은 정확한 도시 명을 알 수 없는 경우에 사용하면 편리하다.
- 도시찾기 : 무역 서류상에 기재되어 있는 도시명을 입력하면 해당되는 도시를 찾을 수 있다.
- 최근선택지역 : 최근에 많이 선택한 지역의 리스트를 찾을 수 있다.

④ 목적물 사항 입력

대분류
[분류찾기]를 선택하면 취급하는 품목의 대분류가 조회된다. 해당품목의 대분류를 선택한다.

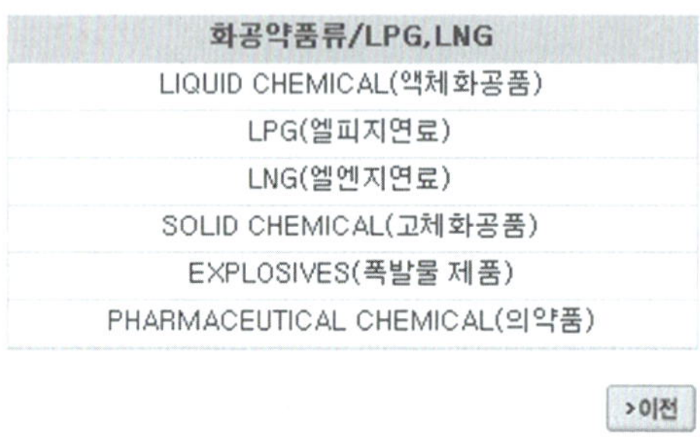

중분류
가장 가까운 중분류를 선택한다.

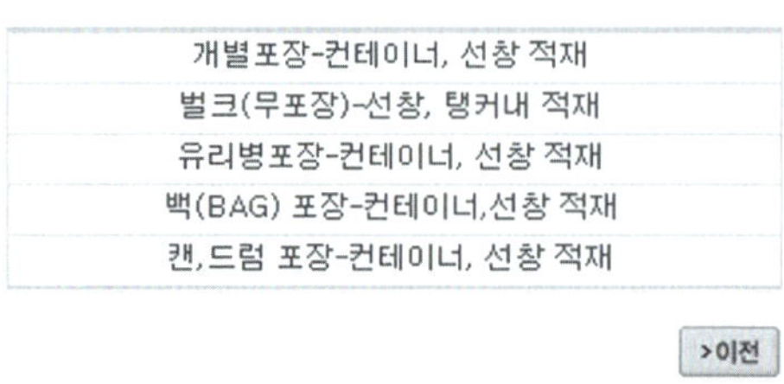

포장상태
중분류를 결정하면 그 품목에 해당되는 포장상태가 조회된다. 포장상태 중 해당되는 포장을 선택한다.

⑤ 운송구간 선택

적화보험의 경우 운송구간에 따라 요율이 달라진다. 정확한 출발지, 도착지를 기재해야 하나 정확한 도시 명을 모르는 경우 [지역 찾기]를 선택한 다음 해당지역을 선택한다. 해당 지역의 림을 선택하면, 그 지역 내 소재하는 국가들이 조회가 가능하고 원하는 국가를 선택한 후 국가 이름을 상업송장(Commercial Invoice)과 같게 수정한다.

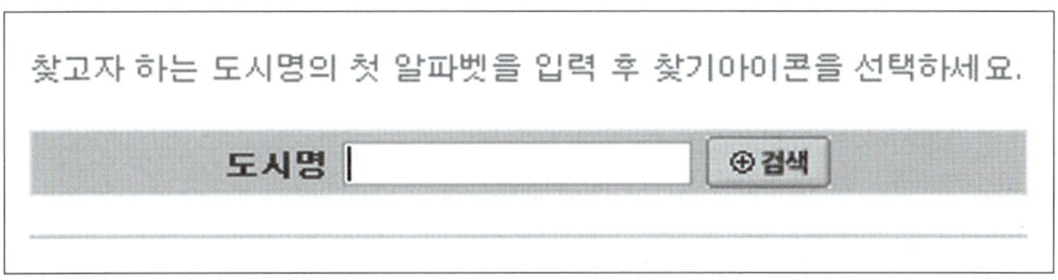

도시 명을 알고 있을 경우 [도시 찾기]를 선택한 후, POP-UP 창 내에 관련 도시 명 첫 몇 글자를 기재하신 후 [검색]을 선택하면, 입력한 글자로 시작되는 도시 및 국가가 조회된다.

⑥ 기본약관 선택

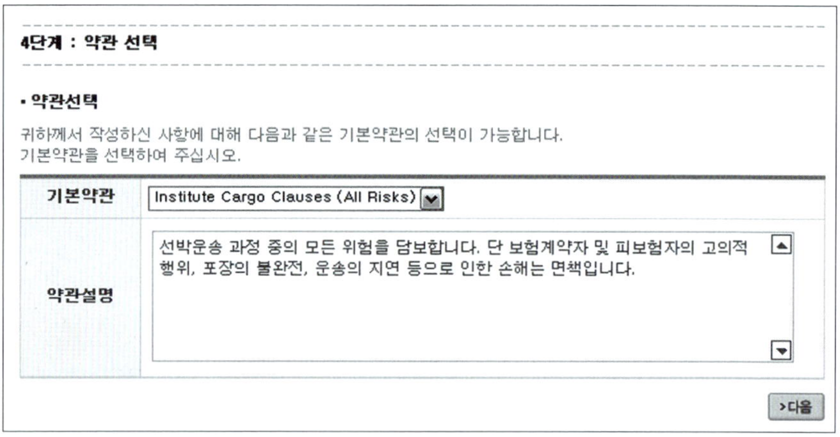

4단계 : 약관 선택

• 약관선택

귀하께서 작성하신 사항에 대해 다음과 같은 기본약관의 선택이 가능합니다.
기본약관을 선택하여 주십시오.

기본약관	Institute Cargo Clauses (All Risks)
약관설명	선박운송 과정 중의 모든 위험을 담보합니다. 단 보험계약자 및 피보험자의 고의적 행위, 포장의 불완전, 운송의 지연 등으로 인한 손해는 면책입니다.

>다음

⑦ 약관 선택 결과 확인

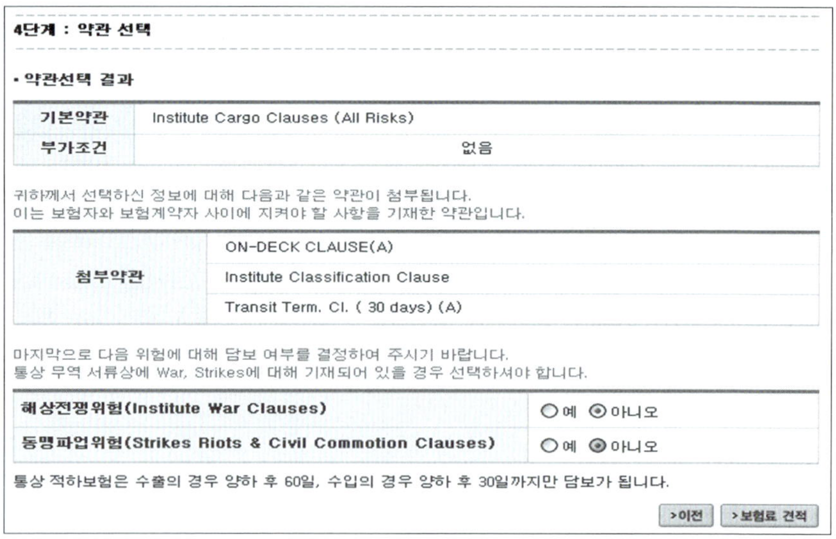

4단계 : 약관 선택

• 약관선택 결과

기본약관	Institute Cargo Clauses (All Risks)
부가조건	없음

귀하께서 선택하신 정보에 대해 다음과 같은 약관이 첨부됩니다.
이는 보험자와 보험계약자 사이에 지켜야 할 사항을 기재한 약관입니다.

첨부약관	ON-DECK CLAUSE(A)
	Institute Classification Clause
	Transit Term. Cl. (30 days) (A)

마지막으로 다음 위험에 대해 담보 여부를 결정하여 주시기 바랍니다.
통상 무역 서류상에 War, Strikes에 대해 기재되어 있을 경우 선택하셔야 합니다.

해상전쟁위험(Institute War Clauses)	○예 ◉아니오
동맹파업위험(Strikes Riots & Civil Commotion Clauses)	○예 ◉아니오

통상 적하보험은 수출의 경우 양하 후 60일, 수입의 경우 양하 후 30일까지만 담보가 됩니다.

>이전 >보험료 견적

선택한 기본약관 및 부가조건에 따른 약관선택 결과의 화면이다. 이 화면에서 '해상전쟁위험', '동맹파업위험' 등에 대한 약관을 선택할 수 있다. 선택에 따라 보험료는 자동으로 추가되나 만약, 이전에 선택한 기본 약관 및 부가조건을 다시 선택하고 싶다면, '이전'을 선택해서 이전 화면으로 이동하면 된다. 하단의 '보험료견적'을 선택하면, 지금까지 입력한 내용을 바탕으로 보험료 산정이 가능하고 이때 관련 내용은 자동으로 견적 목록에 저장되며, 추후 계약요청을 할 경우 '견적목록 조회'에서 바로 선택하여, 바로 계약 신청이 가능하다.

⑧ 보험료 확인 및 견적서 출력

입력한 자료에 대한 보험요율이 자동으로 계산된다. 요율 견적서로 출력하려면 '견적서 출력'을 선택하면 되고 견적 후 실제 계약 입력을 하기 위해서는 하단의 '계약사항입력'을 선택하면 된다.

5단계 : 견적서 조회

• 견적서 조회

귀하께서 작성하신 사항에 대해 다음과 같이 보험료가 산출되었습니다.
보험계약을 원하시면 하단의 "계약사항입력"을 선택하십시오.

견적번호	1001-RI05-0002564	
보험계약자	dfdf	
견적일자	2005/05/10	
보험가입금액	WON	111,254.00
보험목적물	FABRICS(직제품,의류 및 각종섬유제품)	

운송수단	선박	
운송구간	출발지	, CHINA
	도착지	, KOREA

기본약관	Institute Cargo Clauses (All Risks)
부가조건 및 첨부약관	On-Deck Clause(A)
	Institute Classification Clause
	Transit Termination Clause(30 Days)(A)

보험요율	0.052 %	예상원화보험료	15,170.00
예상적용환율	1.00	환율적용일자	2005/05/10

위 보험료는 청약일자의 환율에 따라 달라질 수 있으므로 유의하시기 바랍니다.

>이전 | 견적서 출력 | >계약사항 입력

⑨ 계약사항 입력

• 피보험자명 : 피보험자명을 변경하려면, 피보험자명 란에 내용을 직접 입력한다. 단 피보험자는 보험금 수취권을 가지고 있으므로 반드시 보험부보 화물에 대한 피보험이익, 즉 법률적 권리를 가지고 있어야 한다.

• 기타문서번호 : 송장번호, B/L번호, 신용장 및 기타 계약번호가 있을 경우 기재를 한다. 기재할 내용을 정확하게 모르는 경우, 추후 통보한다.

계약사항 입력 단계

• **기본사항 입력**

청약번호	1001-RI06-0002192
피보험자명	BESTHYUN 피보험자가 다를 경우 수정하세요.
견적일자	20060418

수입일 경우 은행에서 질권설정 요청 시 피보험자명을 "TO ORDER OF 은행영문명"으로 기재해주시기 바랍니다.
이는 은행연합회와 협의된 사항으로 불필요한 공증비용을 계약자로부터 덜어드리고자 시행되는 것입니다.
예) 조흥은행 질권설정 시: TO ORDER OF CHOHUNG BANK., LTD

• **기타 문서번호 입력**

보험증권상에 이 계약과 관련된 기타 문서번호를 기재할 경우 보험금 처리 시 신속하게 진행될 수 있습니다. 모르실 경우 추후 통보해 주셔도 상관없습니다.

송장번호(COMMERCIAL INVOICE NO.)	
선하증권(BILL OF LADING NO.)	
신용장 및 기타무역관련번호 (L/C NO. OR OTHER CONTRACT NO.)	

관련문서번호가 길 경우 번호 뒷 부분에 '**' 표시 하신 후 다음의 목적물 사항에 '**'를 다시 표시하고 이어서 기재하시면 됩니다.

• **목적물 사항 상세입력**

무역서류에 기재되어 있는 보험에 부보될 화물의 수량 및 단가 등 관련 정보를 기재해 주시기 바랍니다.

- 목적물 사항 : '목적물 사항 상세입력' 창에는 보험 부보 화물에 대한 정확한 정보(수량, 단가 등)를 입력한다. 예를 들어 송장과 같은 무역서류에 기재된 화물의 정보를 이곳에 기재한다.
- 예상 보험료 및 상세 보험요율 내역 : 견적결과 화면에서 조회된 보험료에 대한 내용이 담보약관별로 상세히 조회한다.
- 증권출력사항 : 기타 증권 출력시 기재된 사항을 표시하는 곳이다. 원본은 보험금 청구 효력이 있는 증권 수를 말하며, 통상 2장으로 설정되어 있다. 이는 무역관례상 운송화물에 대한 권리를 수출업자와 수입업자가 양분하고 있는 경우가 많기 때문이다. 사본은 보험금 청구 효력은 없으나 무역서류상 필요한 곳에 제출하기 위해 사용한다. 출력일자와 출력지는 각각 오늘날짜와 서울로 자동으로 설정되니, 이 외의 내용을 원하는 경우, 해당 창에 직접 내용을 입력한다.

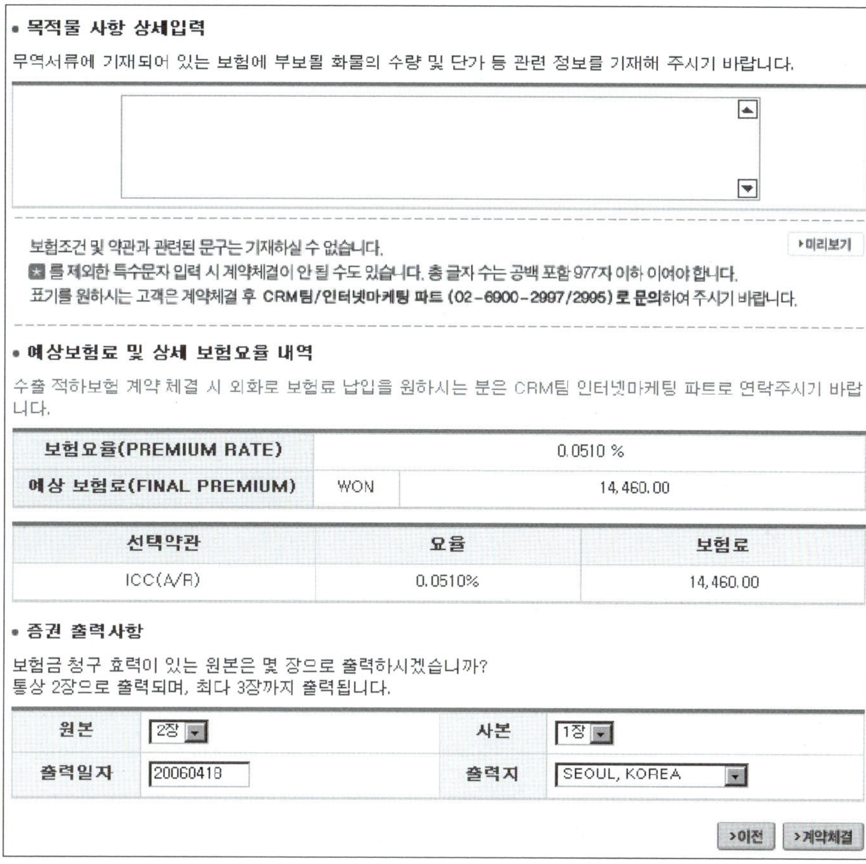

• 목적물 사항 상세입력

무역서류에 기재되어 있는 보험에 부보될 화물의 수량 및 단가 등 관련 정보를 기재해 주시기 바랍니다.

보험조건 및 약관과 관련된 문구는 기재하실 수 없습니다. ▸미리보기

☒ 를 제외한 특수문자 입력 시 계약체결이 안 될 수도 있습니다. 총 글자 수는 공백 포함 977자 이하 이여야 합니다.

표기를 원하시는 고객은 계약체결 후 CRM팀/인터넷마케팅 파트 (02-6900-2997/2995) 로 문의하여 주시기 바랍니다.

• 예상보험료 및 상세 보험요율 내역

수출 적하보험 계약 체결 시 외화로 보험료 납입을 원하시는 분은 CRM팀 인터넷마케팅 파트로 연락주시기 바랍니다.

보험요율(PREMIUM RATE)	0.0510 %	
예상 보험료(FINAL PREMIUM)	WON	14,460.00

선택약관	요율	보험료
ICC(A/R)	0.0510%	14,460.00

• 증권 출력사항

보험금 청구 효력이 있는 원본은 몇 장으로 출력하시겠습니까?
통상 2장으로 출력되며, 최다 3장까지 출력됩니다.

원본	2장	사본	1장
출력일자	20060418	출력지	SEOUL, KOREA

›이전 ›계약체결

3) 계약조회 및 증권발급

① 계약조회 / 조회 결과 리스트

[사업자등록번호]와 [법인명]은 수출자의 정보로 자동 설정된다. 원하는 조회기간을 달력을 눌러 선택하거나 직접 입력한다. 날짜 형식은 꼭 "20060101" 형태(YYYY-MM-DD)로 입력해야 하고 계약이 많을 경우 송장번호, 선화증권번호, 신용장 및 기타 무역관련번호 등 계약체결시 입력한 문서번호를 알고 있을 경우, '문서번호'에 입력하면, 좀 더 정확한 조회 결과를 얻을 수 있다. 계약조회 결과가 화면에 표시되며, 개략적인 내용이 표시된다. 계약의 증권번호를 확인한 후, '상세/변경'를 선택하면, 해당 계약의 상세내용을 확인할 수 있으며 변경도 가능하다. 계약은 최종회차만 표시되며, 보험료는 누적값이 표시된다. 계약이 취소된 경우에는 보험료 합계가 0원이 되며 보험가입의 효력은 없다.

계약조회/증권 발급

1. 조회조건을 선택하신 후, 해당하는 내용을 입력하시고 [조회] 버튼을 선택하세요.
2. 취소된 계약은 송장가액과 보험료가 0원이며, 보험가입의 효력이 없습니다.
3. 결재 완료 후에도 수납이 처리되지 않은 경우 상태가 미수납으로 표시될 수 있습니다.
(수납처리는 최소 영업일 기준 1일이 소요됩니다.)

사업자등록번호	123 - 12 - 12345	법인명	test
조회기간	20061204 - 20061205	문서번호	송장번호, 선하증권번호, 기타등등...
총건수	1 건	총보험료	14,040 원
미수건수	1 건	미수보험료	14,040 원

>조회

NO.	증권번호-회차	송장가액	수납상태	출발지	상세/변경
	문서번호	보 험 료	청약방법	도착지	증권발급
1	100120060084487-000	USD 1,000	미수납	SHEKOU, CHINA	상세/변경
		14,040 원	인터넷	PUSAN, KOREA	증권출력

② 계약 조회 상세 내용

• 계약상세조회

증권번호	1001-2006-0084487	OP번호	
계약자명	test		
피보험자명	test		
계약일자	2006/12/05	환 율	936.50
LIG 취급자	LIG인터넷2	취급부서	전략영업부
보험가입금액	USD 1,000	110%	WON 1,030,150
관세가입금액	0	0%	0

계약내용이 상세하게 표시된다. 증권 출력을 원하는 경우, '증권출력'을 선택하고 변경이 가능한 항목은 피보험자명, 출발지, 도착지, 선박/항공기명, 출발일, 목적물 사항, 관련문서번호(1), 관련문서번호(2), 관련문서번호(3) 등이 있다. 이 외의 내용을 변경하고자 하는 경우에는 보험회사와 상담한다. 변경하고자 하는 항목을 변경한 후 오른쪽 하단의 '배서신청' 버튼을 선택하면, 배서가 완료되고 '이전'을 선택하면 계약조회 결과 리스트로 이동한다.

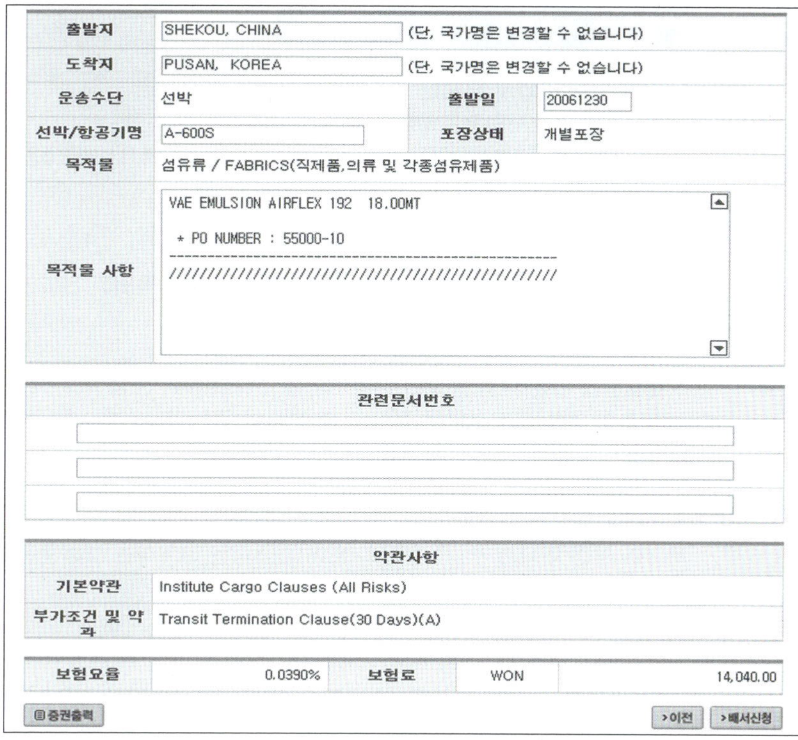

출발지	SHEKOU, CHINA (단, 국가명은 변경할 수 없습니다)		
도착지	PUSAN, KOREA (단, 국가명은 변경할 수 없습니다)		
운송수단	선박	출발일	20061230
선박/항공기명	A-600S	포장상태	개별포장
목적물	섬유류 / FABRICS(직제품,의류 및 각종섬유제품)		
목적물 사항	VAE EMULSION AIRFLEX 192 18.00MT * PO NUMBER : 55000-10 -- //		

관련문서번호

약관사항	
기본약관	Institute Cargo Clauses (All Risks)
부가조건 및 약관	Transit Termination Clause(30 Days)(A)

보험요율	0.0390%	보험료	WON	14,040.00

증권출력 >이전 >배서신청

③ 증권발급

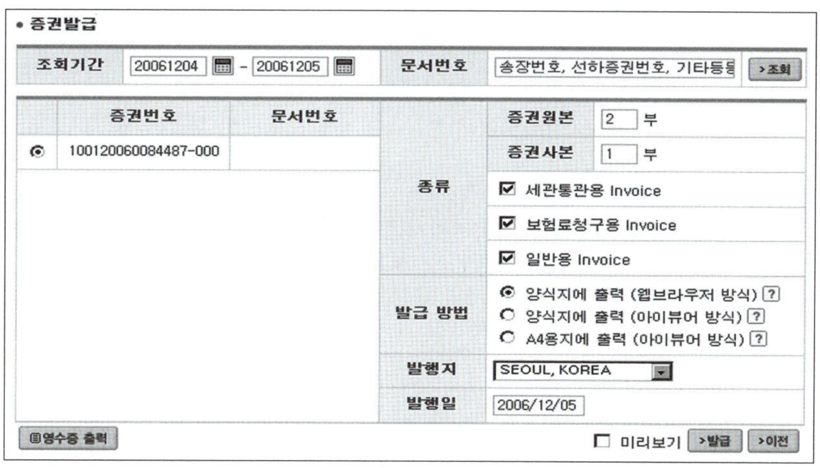

• 증권발급

조회기간	20061204 - 20061205	문서번호	송장번호, 선하증권번호, 기타등등 >조회

	증권번호	문서번호
⊙	100120060084487-000	

종류	증권원본	2 부
	증권사본	1 부
	☑ 세관통관용 Invoice	
	☑ 보험료청구용 Invoice	
	☑ 일반용 Invoice	
발급 방법	⊙ 양식지에 출력 (웹브라우저 방식) ? ○ 양식지에 출력 (아이뷰어 방식) ? ○ A4용지에 출력 (아이뷰어 방식) ?	
발행지	SEOUL, KOREA	
발행일	2006/12/05	

영수증 출력 ☐ 미리보기 >발급 >이전

적화보험 증권발급 화면이 나타나면, 증권 원본 발급부수, 증권 사본 발급부수, 발급받을 인보이스 종류, 발급방법을 선택한 후 '발급'을 선택한다. 발급방법에 대한 안내는 우측의 "?"에 마우스를 올려놓으면 확인 가능하다.

【참고】 적화보험 계약관련 참고사항

1. 적화 보험 가입시 필요한 서류

신규 가입시 - 사업자등록증 사본

수출 계약 - COMMERCIAL INVOICE, L/C 사본, OFFER SHEET등

수입 계약 - L/C 개설 신청서, OFFER SHEET 등

2. 적화보험 가입 시점

적화보험은 구간보험이므로, 보험가입 대상 화물이 선적되기 전에만 가입하면 된다.

3. 적화보험 증권 발급 후 계약 변경 사항이 발생

적화보험은 다른 보험과 달리 기간보험이 아니라 구간 보험이다. 따라서 화물이 운송 이전이라면 보험효력 개시 이전이므로 계약 사항 변경이 가능하다. 특히, 수입 물건의 경우 (실무적으로) 언제 출발할지를 잘 모르기 때문에 신용장 개설시 바로 보험가입을 하는 것이 일반적이다.

4. 적화보험의 해지시기

위험이 이미 개시한 후, 즉 화물의 운송이 개시된 경우에는 보험을 취소할 수 없다.

5. 운송 도중 적화보험 가입

보험가입은 가능하다. 단, 보험가입시 선적일과 보험 가입 일자의 차이로 인해 소급문구 "오늘(가입하는 날짜) 이전에 일어난 사고는 보상하지 않는다"를 명시한다. 그러나, 보험회사와 OP계약이 체결되어 있는 경우에는 선적일 이후에 보험 가입을 하더라도 보험 보상에는 영향을 미치지 아니한다. (OP증권내용에 명시되어 있음)

6. 삼국무역과 적화보험

삼국무역은 중개무역이라고도 하며, 제3국의 중개업자가 거래의 주체가 되어 자기의 위험과 부담으로써, 수입업자에게는 매도인(賣渡人)의 입장에서 판매하고 수출업자에게는 매수인(買受人)의 입장에서 매도가격과 매입가격의 차이를 중개업자가 취득하는 거래의 형식을 취한다. 삼국간 무역에 있어서 적화보험은 통상적인 무역보험으로 처리가 된다.

7. 희망이익

희망이익이란 화물이 목적지에 무사히 도착할 경우 기대되는 화주의 예정이익을 의미한다. 통상적으로 송장가액(INVOICE VALUE)의 10%를 추가로 보험 가입하는 것이 무역관례이나 L/C상의 요청 혹은 보험계약자의 요청으로 희망이익을 추가하지 않을 수도 있으며 150%까지 가산할 수 있다. 단, 30%~150%까지 가산시 추가로 보험료를 납부하여야 한다.

8. 보험료 산정 기준

보험료에 영향을 미치는 주요 요인

화물의 종류/포장방법 , 운송구간/운송용구, 선적상태, 보험조건, 지역 할증 사항

적화 보험료는 상기의 요인들에 의해 결정된 보험 요율(rate) 을 토대로 아래와 같이 계산된다.

보험료 = 송장가액 ×110% (희망이익) × 보험요율

산정된 보험료가 미화 15달러 미만이면 최저 보험료인 15달러가 적용 보험료가 되며, 이 보험료에 보험 가입 당일의 외환은행 제1차 대 고객 전신환 매도율을 적용하여 원화보험료를 확정한다.

9. 지역할증

수출 적화보험에서는 일부 도착항에 대해서 지역 할증 요율을 부과하는데 이는 이들 항구의 항만 시설, 하역 후 도난사고 등을 감안하여 과거의 손해 실적이 높은 지역에 대하여 추가적인 보험료를 부담하도록 하는 것이다.

10. O/P계약 (적화포괄보험 계약)

포괄 적화보험이란 보험계약의 내용, 즉 보험의 목적물, 보험가입 금액, 적재선박 등이 확정되지 않은 상태에서 그 범위를 포괄적으로 정하고, 추후 내용이 구체적으로 확정되어, 개별운송 위험이 개시된 때에 보험회사가 그 위험을 담보하고 보험료를 월별 정산하는 방식에 의해 이루어지는 보험계약 형태를 말한다. 따라서 포괄 적화 보험은 정기적으로 화물을 수출하여야 하는 화주나 장래에 계속적으로 수입할 화물을 확보한 수입업자가 운송 화물에 대해 미리 포괄적으로 보험 가입함으로써 보험가입의 지연이나 누락으로 인한 무보험상태로부터 겪을 수 있는 불이익을 피할 수 있는 장점이 있다.

▌적용 대상 업체

계약 전년도 일정 기간 동안의 연간 적화 보험료가 2,000만원 이상인 계약자 또는 총 보험 가입 금액 기준 2,000만 불 및 공사기간 최소 1년 이상인 PROJECT를 수행하는 업체로 보험개발원에서 포괄 적화 보험 계약 대상으로 발표하거나 인정하는 업체로 한정한다.

▌포괄 적화보험 대상 업체 적용 보험료

일반계약자 보험료의 95%를 적용하며 계약자별로 최근 3년간의 손해 실적에 따라 할인, 할증이 적용되어 최고 + /- 30% 할인, 할증이 가능하다.

11. 적화보험 기간

현재 적화 보험은 창고간 약관(Warehouse to Warehouse)에 의하여 창고에서부터 창고까지의 위험을 담보하고 있다. 기존에는 적화 보험 보험료 체계가 항구간 요율 (Port to Port)로 ITE(내륙확장담보)를 첨부함으로써 보상을 받았던 내륙운송위험을 1997년 3월 부터는 창고간 요율(Warehouse to Warehouse)체계로 바뀌어 추가보험료 없이 담보하고 있다. 그러나 주의할 사항은 창고간 약관으로 전 구간을 모두 다 담보하는 것이 아니라, 피보험 이익이 존재하는 구간에서만 적용된다고 할 수 있다. 더 쉽게 말하자면, 수입업자가 보험에 가입하여야 하는 FOB조건인 경우에는 화물이 창고를 떠나는 순간부터 본선선적 전까지는 피보험 이익을 가지고 있지 않기 때문에 창고 간 약관일지라도 선적 전에 발생하는 내륙운송 위험사고는 보험자가 보상하지 않는다. 그러나 CIF 수출인 경우에는 선적 전에는 수출업자가, 선적 후에는 수입업자가 각각 피보험 이익을 가지고 있기 때문에 창고간 약관에 의하여 전 구간에 걸쳐 보험 보상을 받을 수 있다. 협회 적화보험약관에서 보험자의 보험기간의 종료되는 시점을 다음과 같이 세 가지로 규정하고 있는데, 이 중 가장 먼저 도래하는 때에 보험기간이 종료된다.

▌화물이 증권상에 기재된 목적지의 수화인 혹은 기타의 최종창고 또는 보관장소에 인도 될 때
▌통상의 운송과정 이외의 보관이나 또는 화물의 할당이나 분배하기 위해 임의의 창고 또는 보관 장소에 인도될 때
▌최종 양화 항에서 하역 후 60일 이 경과한 때 (항공인 경우 30일)

그러나, 주의해야 할 사항은 우리나라로 수입하는 화물의 경우에는 최종 양화항에서 하역 후 60일이 30일로 대체되어 사용되고 있다. 이를 “Transit Termination Clause -30days(운송종료 특별약관-30일)”이라고 한다.

12. 적화보험 사고처리 절차

사고가 발생하면 즉시 보험 회사나 증권상에 기재된 사고 조사인에게 통보하면 된다. 증권사본, 선화증권, 상업송장, Packing List, 사고발생 통지서 등을 미리 준비하면 빠른 사고처리에 도움이 된다.

13. 사고발생 통지

운송 중 발생하는 손해는 운송관련자 중 책임을 져야 할 귀책당사자가 있기 마련이다. 피보험자는 손해발생을 인지한 즉시 선박회사, 하역회사, 창고업자 및 육상운송인 중 귀책사유가 있는 자에게 동 사고에 대한 통지를 하여야 한다. 해상운송의 경우 선화증권의 약관에 따라 손해배상청구시기가 결정되며 보통 하역 후 6개월에서 1년 사이로 규정하고 있다. 항공운송의 경우에는 화물인도 후 14일 이내로 규정하고 있으며, 분실인 경우 21일 이내로 규정하고 있다. 관련 당사자에게 사고통지는 서면으로 이루어 져야 한다.

14. 보험료 납입 전에 사고가 발생

보험계약이 유효하게 성립되기 위해서는 보험계약자는 계약 체결 후 지체 없이 보험료를 납입하여야 한다. 따라서 보험료가 납입되지 않았다면 보험 회사는 보험금을 지급할 의무가 없다. 그러나 적화보험은 보험청약 후 5일 이내에만 납입하면 보험료 미납 전 사고라도 담보한다.

15. 수출 적화보험의 경우 보험금 수령

수출 적화보험인 경우, 화물이 선적된 이후의 그 화물에 대한 피보험 이익은 수입업자에게 있다. 따라서 보험금 수령도 당연히 수입업자이다. 단, 선적 전 사고라면 수출업자가 보험금을 수령할 수 있다. 또한, 선적 후 발생한 사고라도 수입업자로부터 보험금 수령에 관한 위임을 받으면 보험금 수령이 가능하다.

16. 보험증권의 취소, 해지

중복부보, 신용장 취소, 운송취소, 타사부보, 가격조건변경일 때에만 해지가능하며 이때에는 취소근거 서류를 첨부해야 한다. 예를 들어 중복부보일 때는 중복된 증권을 첨부, 신용장 취소시는 신용장취소 서류가 첨부되어야 하며 취소근거 서류없이 해지는 불가능하다.

보충자료 및 참고문헌

적화보험은 기업이 가입하는 보험 치고는 건 당 평균 보험료가 5만원 정도에 불과할 정도로 상당히 저렴한 편이다. 보험료는 10여년 전에 비해서 거의 절반 이하 수준으로 인하가 되었다. 다른 보험과는 달리 거의 매년 보험료가 인하되어 온 주된 이유는 컨테이너 운송의 보편화로 그만큼 사고 발생률이 낮아 졌기 때문이다.

이렇게 보험료가 낮다 보니 매월 10억 원 내외의 영업 실적을 해내야 하는 보험사의 기업영업팀들은 생산성 측면에서 도저히 효율이 못 미쳐 영업을 기피하고 있는 실정이다. 보험료가 저렴한 것 이외에도 보험증권을 전달하는 일이 또한 상당히 부담이 되곤 한다. 사정이 이렇다 보니 적화보험은 중소기업으로서는 고객으로서 받아야 할 서비스나 대접을 제대로 못 받고 있는 실정이다. 처음 적화보험 가입을 하는 업체나 어쩌다 간간히 보험을 가입하여야 하는 업체로서는 다른 보험처럼 전화 신청만으로 환영받으면서 가입하기가 결코 쉽지 않은 일이다.

이러한 상황에서 인터넷의 발달로 인해 적화보험 가입 문제는 하나의 실마리를 찾았다고 할 수 있다. 인터넷을 이용하여 고객이 스스로 보험 가입에 필요한 사항을 입력하고 증권을 직접 출력하게 됨으로써 인터넷과 거래처 직원의 인력 소모가 보험회사 영업 직원의 손과 발을 대체하게 되었다.

그러나 인터넷에 의한 보험가입과 증권 발급은 고객의 입장에선 상당히 번거롭다고 할 수 있다. 보험용어가 생소한 고객이 필요한 사항을 직접 입력한 후 보험사가 미리 제공해준 서식을 프린터에 걸어 놓고 고객이 스스로 거래 보험사의 인터넷에 접속하여 로그인을 하고 통상 3,4회 이상의 메뉴를 클릭하고 조작을 하여야만 출력이 가능하다. 보험회사가 대신하여야 할 업무의 상당 부분을 고객이 부담하고 있는 것이다. 또한 보험사 입장에서는 고객이 별다른 여과 장치 없이 보험을 가입하고 보험증권을 출력하면 업무를 떠 넘겨서 편하기는 하지만 사전에 계약의 적정성 여부를 검토하기가 현실적으로 어렵다는 점이 있다. 편의상 오자나 탈자 등을 마음대로 수정할 수 있을 뿐만 아니라 특별 문언까지도 보험계약자가 삽입할 수 있어 약관의 내용과 상치되는 경우엔 사고 발생시 분쟁의 소지가 다분히 있다. 또한 신용장 네고 은행이나 개설은행은 보험증권을 컬러 인쇄된 것이 아니면 유효한 서류로 인정을 하지 않는 경우가 많아서 미리 컬러로 인쇄된 서식을 보험계약자에게 교부하여 이것에다 기재 내용만을 흑백으로 출력시켜 보험증권을 만들고 있는 실정이다.

이 외에도 약 3백년의 역사를 가진 적화보험이기에 과거엔 통신수단이 발달되지 않아서 멀리 떨어진 외국의 항구에서 화물이 선적되었는지의 여부를 알 수 없었고 적화보험의 특성상 언제부터 언제까지 보험의 효력기간이 정해지는 것이 아니라서 보험료를 계약시 납입하지 않고 계약 후 5일 이내 납입하여도 되게끔 하였지만 그러나 이제는 무역 거래 여건이나 통신의 발달로 인해 이러한 보험료 납입 유예제도가 자칫하면 보험료 미납 미수로 연결되어 보험회사 영업 담당자로서는 더더욱 적화보험 영업을 기피하게 되는 요인이 되고 있다. 따라서 적화보험도 다른 여타 보험과 마찬가지로 계약시 보험료를 납입하여야만 유효한 보험 계약으로서의 성립되는 것으로 제도 개선이 이루어 져야 한다. 고객의 입장에서는 다소 번거롭지만 결과적으로는 고객으로서 응당 받아야 할 서비스를 받는데 기여할 것으로 사료된다.

56) D. O'May, *Marine Insurance law and Policy*, Sweet & Maxwell, 1993. p. 164.

57) Michael J. Mustill and Jonathan C. B. Gilman, Arnould's Law of Marine and Average, 16th ed. London: Stevens & Sons, 1981, p. 731.

58) 대판, 2000.6.13. 선고 98다35389판결에서는 전위험 담보조건[Institute Cargo Clause (All risk)]이라 할지라도 전쟁위험 및 피보험목적물에 생기는 통상적인 누손이나 자연소모와 같은 통상적인 손해는 담보하지 않거나 면책된다고 판결하였다.

59) Victor Dover, *A Handbook to Marine Insurance,* London : Witherby & Co., Ltd., 1975, p. 283.

60) J. Kenneth Goodacre, *Goodbye to the Memorandum,* London: Witherby & Co., Ltd., 1988, p. 29.

61) (1) 송장 및 정산

상품이 외상으로 공급되면 공급자는 구매자에게 송장을 보내게 되는데 송장은 ① 구매자에게 해당 금액을 알려 주고 ② 배달된 상품을 확인할 수 있게 해 주며 ③ 구매 장부에 기입하는 원시 자료이다. 송장은 청구금액을 전하는 것이지 지불 요구서는 아니다. 송장은 공급된 상품에 대해서 뿐 아니라 가격과 계산 내역의 정확을 기하기 위해 세밀히 검토되어야 한다. 표준송장은 다음 아래에 제시되어 있다. 국내 거래에 있어서 송장은 때로 상품과 함께 전달되기도 하지만, 일반적으로 상품과 별도로 우편으로 전달된다. 만약 구매자가 정규고객이 아니라면 즉시 대금 정산을 하도록 되어 있으나, 정규고객에게는 외상이 허용되며 송장은 그들의 계좌로 청구된다. 그리고 나면 대금은 공급자가 월 단위로 또는 그 외 주기로 보내는 거래명세서(줄여서 "명세서")를 근거로 나중에 지불된다.

(2) 견적송장

이것은 형식적으로 보내는 송장이다. "견적"이라는 글자가 찍혀 있다는 점에서만 일반 송장과 다르다. 견적송장은 ① "확인 매매조건" 또는 "위탁판매"로 보내는 상품의 보호, ② 공식적인 견적서 역할, ③ 모르는 고객 또는 지불이 의심스러운 고객이 주문한 상품에 대한 사전 청구서 역할, ④ 통관에 수출상품가가 필요한 경우 견적송장은 회계장부에는 올라가지 않으며, 공급받는 자의 계좌로 청구되지 않는다.

(3) 거래명세서

명세서는 명세서에 기재된 기간 동안 구매자와 판매자 사이에 발생한 거래내역을 요약한 것이다. 해당 기간에 이월금액이 있으면 이것부터 시작된다. 여기에 발행된 송장과 차변전표의 금액이 추가된 다음, 구매자에게 발행된 대변전표 금액과 그가 지불한 금액이 공제된다. 마감잔액은 명세서에 기재된 날을 기준으로 갚아야 할 금액을 나타내며, 명세서는 송장과는 달리 지불요구서이다.

62) 흘수선(吃水線, Waterline)

선박과 수면이 만나는 선이다. 선체가 물에 잠기는 한계선으로 선박이 안전하게 항해할 수 있는 흘수선을 만재 흘수선(designed Load Water Line)이라고 한다.

제3편

항공 및 복합운송화물의 보험

보험은 예측할 수 없는 사고의 발생을 방지하는 것이 아니라 사고 발생으로 인한 경제적 수요를 충족시키는 것을 목적으로 한다.

제6장 항공적화보험

학습의 목적

항공화물의 보험계약체결시 사전에 알아두어야 할 규칙과 절차들을 항공화물에 관한 신 · 구 협회적화약관을 통하여 이해하고 해상적화보험과의 비교와 대조를 통하여 그 차이점과 유사점을 이해함으로써 항공운송을 통한 국제거래를 성공적으로 이끌 수 있게 한다.

학습의 목표

1. 항공화물에 관한 신 · 구 적화약관을 완전하게 이해한다.
2. 항공화물에 관한 적화보험과 해상적화보험과의 차이점과 유사점을 구분할 줄 안다.
3. 항공화물에 관한 보험계약절차를 이해한다.
4. 항공화물에 대한 보험사고발생시 클레임청구절차를 이해한다.
5. 소규모의 우편물에 관한 보험계약과 클레임청구에 관한 내용을 이해한다.

제1절 항공운송

1. 항공운송의 이해

1) 항공운송(Carriage by Air)의 개념

항공운송이란 항공기에 의해 공로(空路)를 통하여 운송되는 승객의 수화물과 우편물을 제외한 항공운송장(airway bill : AWB)에 의해 운송되는 화물만을 운송하는 것을 말한다. 이러한 항공운송의 특성은 〈표 6-1〉에서와 같은 특징을 지니고 있다.

표 6-1. 항공운송의 특성

구 분	항공화물	해상화물	비 고
신속성	북미·유럽지역 : 2일	북미: 약15일, 유럽: 약3주	
안정성	높음	충격에 의한 손상 / 자기운송에 따른 파손 도난, 원형변질 / 해수에 의한 부식	
경제성	운임이 높음 / 포장비 저렴 / 보험요율 낮고 운임 외 부대비용 없음	운임이 낮음 / 포장비 높음 보험요율 높음 / 부피화물 요금 높음 / 장기운송에 따른 기타 변동비의 추가발생	1 CBM(1m x 1m x 1m)의 부피화물의 경우- 항공 : 167kg- 해상 : 1,000kg

첫째, 화물운송은 항공여객운송과 달리 '일방운송(one way)'의 특성을 지닌다. 즉, 여객운송의 경우는 출발지를 떠난 여객이 다시 되돌아오는 왕복운송 형태가 대부분이지만, 화물의 경우는 현지 통관에 문제가 없는 경우 다시 되돌아오지 않는다. 또한 화물운송은 대부분 고정 구매자가 있고 1회 거래에 그치지 않고 반복적인 거래가 이어지는 경우가 많다.

둘째, 야간 집중성과 적은 변동요인의 특성을 지니고 있다. 대부분 화물운송은 전용기 수송의 경우 출발 당일 오후까지 집화되어 익일 오전 중에 도착되는 스케줄이 일반적이어서 야간에 화물이 집중되는 특성을 갖고 있으며 여객과 달리 계절적 변동요인이 그리 크지 않다는 특성도 지니고 있다.

셋째, 신속성이다. 일반적인 항공화물 운송의 특성은 신속성을 들 수 있으며, 이는 항공화물운송의 특성을 가장 잘 설명할 수 있는 것으로 최근 기업들에게 운송시간을 단축시키는 일이 중요하게 되면서 다소 비용이 비싸지만 이 같은 화주들의 요구에 가장 잘 부응할 수 있는 운송수단이 된다.

넷째, 정시성이다. 항공화물운송은 높은 정시성과 안전성을 가지며 운임측면에서 항공운송은 해상운송에 비해서 비싼 것이 사실이나 총비용의 측면에서 볼 때 신속성과 안전성 등을 보장하기 때문에 경제성이 충분하다고 할 수 있다.

다섯째, 다양성이다. 항공화물은 물품의 다양성, 크기의 다양성, 밀도 및 형상의 다양성 등으로 X-ray 검색 등을 통한 불법물질 판별이 어렵다.

여섯째, 개방성이다. 항공사가 모든 화물의 완벽한 보안검색이 어렵고, 항공화물의 흐름과 절차가 공개되어 있어 누구나 접근이 가능하며 화물이 탑재되는 비행 편을 식별하는 것이 용이하고 범죄 목표 항공기의 식별이 가능하다.

일곱째, 보안대책 적용이 어렵다. 화주로부터 항공기 탑재에 이르기까지 여러 사업체 또는 운영자(operator)가 관여하므로 불법물질 부착의 기회가 많고 항공화물의 수요는 증가 속도가 커서 증가되는 물량에 적절한 수준의 보안대책을 적용하기가 용이하지 않다.

여덟째, 보안강화조치의 여객 치중으로 항공화물에 대한 보안조치는 여객운송에 비해 허술하기 때문에 보안의 취약성을 드러내고 있어 장래에는 상대적으로 보안조치가 허술한 항공화물을 이용한 범죄가 시도되리라는 예측이 가능하다.

항공운송은 신속성과 정시성을 최고의 목표로 하고 있으며, 운임 면에서 항공운임이 해상운임에 비해 높으나 포장비, 보험료, 창고료 등 직접비와 재고품에 대한 투자자본, 관리비, 손실 등 간접비 및 배달시간, 정시성, 신뢰성 등 보이지 않는 비용을 감안한 종합비용에서 판단할 때 해상운송과 경쟁력이 있는 품목도 발생하고 있다.

2) 항공화물의 분류

항공화물의 분류는 항공화물운송의 대상이 되는 화물을 항공화물이라고 볼 때, 항공기에 탑재할 수 있는 화물의 대부분이 거의 해당되지만, 항공기의 특성상 제한을 받기도하여 다음과 같이 여러 가지 형태로 분류할 수 있다.

(1) 화물의 일반특성에 따른 분류

화물의 특성에 따라 일반화물(general cargo)과 특수화물(special cargo)로 분류된다.

일반화물은 가격에 있어서나 항공사의 규정에 있어서나 아무런 제한을 받지 않고 종류별로 구분하여 적정한 유형의 컨테이너로 포장되거나 컨테이너에 적합지 않은 화물은 팔레트에 쌓아 포장하는 일반적인 운송화물을 가리키며, 귀중품, 우편물과 같이 성격에 따라 특별한 취급이 필요하고, 그에 따른 특별요금을 적용받는 화물을 특수화물이라고 한다.

항공사 취급에 따르면 IATA의 규정에 의해서 특별 취급을 요하는 특수화물은 다시 세분화하여 구분한다. 특별 취급되는 위험품(danger goods), 항공사가 별도로 규정하는 보석류나 운송 신고가격(declared value for carriage)이 Kg당 USD 1,000 이상 되는 귀중품(valuable cargo), 살아 움직이며 특별 취급을 요하는 생동물(live animal), 운송도중 부패하기 쉬워 일정 온도는 유지시킬 수 있는 시설을 갖추어야 하는 부패성 화물(perishable cargo), 냉장을 요하거나 운송도중 물기를 내어 특별 포장을 요하는 습성화물(wet cargo)과 시체(human remains), 외교행낭(diplomatic pouch), 중량화물(heavy cargo), 대형화물(over-hang cargo) 등이 있다.

표 6-2. 항공화물의 분류

특수화물	정 의
위험물 (dangerous goods)	운송중의 상태 변화에 따라 인명, 항공기 및 다른 화물에 손상을 줄 수 있는 화물
생동물(live animals)	살아 움직이는 생동물로서 수송 전 구간에 대한 예약 확인 후 운송가능
중량 · 대형화물 (heavy · out-sized cargo)	중량화물 : 1개의 포장단위가 150㎏을 초과하는 화물 · 대형화물 : 항공화물용 컨테이너(ULD, Unit Load Device)의 Size를 초과하는 화물
부패성화물 (perishables)	부패, 변질되기 쉽거나 운송도중 가치가 손상되기 쉬운 화물
유해(human remains)	시체 및 유골(유골은 일반화물로 간주)
귀중화물 (valuable cargo)	운송신고가격이 ㎏당 USD 1000$ 초과하는 화물(각종 보석류)
외교행낭 (diplomatic pouch)	정부기관 및 공관 또는 공관 간에 수발되는 각종 행낭
항공우편물(air mail)	서신, 엽서, 소포 및 공행낭

(2) 운송 상태에 따른 분류

운송 상태에 따르면 특정 출발지(공항)를 떠나 목적지로 운송하는 수출화물(outbound cargo)과 항공기가 출발지를 떠나서 도착지로 운송된 수입화물(inbound cargo), 그리고 항공기 운항 중 특정 중간지점을 통과해서 다른 (최종)목적지로 향하는 통과화물(transfer cargo)로 분류할 수 있다.

(3) 보세 여부에 따른 분류

보세 여부에 따르면 국외로 수출할 화물이 세관의 통관절차를 마치지 않은 상태이거나 국외로부터 수입하여 도착한 화물이 이미 통관을 마친 상태의 화물인 국내화물(customs-cleared cargo)과 국외로 수출하기 위해 화물의 통관절차를 마친 상태의 화물이거나 또는 국외로부터 수입된 화물이 아직 통관을 마치지 못한 상태의 화물(보세화물)인 국외화물(bonded cargo)로 분류할 수 있다.

3) 항공화물 운송업자

(1) 항공화물 운송대리점

항공사 또는 총대리점을 대리하여 항공회사의 운송약관 및 운임률표에 따라 항공화물을 수집하고 항공화물운송장의 발행 및 이에 부수되는 업무를 수행하고 항공회사로부터 그 대가로서 항공운임에 대한 소정의 수수료를 받는다. 항공화물운송대리점은 아래와 같은 업무를 처리한다.

▶ **주요업무** : ① 수출입 항공화물의 판매 및 유치 ② 운송을 위한 준비-항공화물 운송장 작성/운송서류준비/포장/포장별 확인 작업/포장별 레이블(labelling)작업 ③ 수출입 통관 대행 ④ 트럭운송 주선 ⑤ 기타 서비스 활동

(2) 혼재업자(Consolidator ; Air Freight Forwarder)

혼재업자 또는 항공화물주선업자는 개개의 송화인과 운송계약을 체결하고 운송책임을 부담하지만 항공기를 스스로 운항하지 않고 수탁한 화물을 하나의 화물(one-lot)로 모아서 스스로 송화인이 되어 항공회사에 운송을 위탁한다. 혼재업자는 항공기를 갖고 있지 않지만 자체 설정 화물요율 및 자체운송약관을 적용하고 자체운송장인 'house air waybill'을 발행한다. 즉, 타인의 수요에 응하여 유상으로 자기의 명의로서 항공사의 항공기를 이용하여 화물을 혼재 또는 운송하는 사업자이다.

혼재업자의 주요 업무는 수출화물일 경우, 화물을 혼적하고 살화물을 팔레트 또는 컨테이너화하여 단위화물작업을 하며 화물의 출발, 도착 등 화물이동에 대한 추적을 한다. 수입화물일 경우는 통관과 문전서비스, 재수출상품의 제반 서류작성과 운송수단 결정 및 운송의뢰, 국내보세운송, 수화인을 위한 수입통관을 주선한다.

표 6-3. 대리점과 주선업자의 차이

구 분	대 리 점	주 선 업 자
활동영역	FCL화물을 주로 취급	LCL화물은 주선업자에 혼재의뢰, 국내외 LCL화물 취급
운 임	항공사의 운임률표 사용	자체의 운임률표 사용
화주에 대한책임	항공사 책임	주선업자 책임
운송약관	항공사의 약관 사용	주선업자 자체의 약관 사용
수수료	IATA의 5%Commission 및 취급수수료를 받음	수취운임과 지급운임과의 차액을 수익으로 하거나 IATA의 5% Commission을 받음
항공화물 운송장	항공사의 Master Air Waybill발행	자체의 House Air Waybill발행

참고 : IATA : International Air Transport Association으로 1945년 4월 설립

항공화물운송업자로는 항공화물운송업자와 혼재업자 외에 상업서류 송달대리점이 있으나 상업서류 송달대리점은 우편법에 위배되지 않는 중량 45kg 이하인 상업서류와 서적, 잡지, 신문 등 정기 간행물과 같이 시장가치가 없는 물품을 취급하므로 본 교재에서는 상업서류 송달대리점에 관한 언급을 생략하기로 한다.

(가) 주요업무(수출/수입화물)

① 화물의 출발, 환적(transit), 도착화물의 이동에 대한 추적
② 살화물(bulk cargo)을 팔레트 또는 컨테이너화하여 단위화물작업
③ 통관과 문전 인도(door to door service)를 위한 조치
④ 수화인을 위한 수입 통관 주선
⑤ 재수출산품에 대한 제반서류작성과 운송수단 결정과 운송의뢰
⑥ 국내보세운송 주선

그림 6-1 항공화물 수출 흐름도

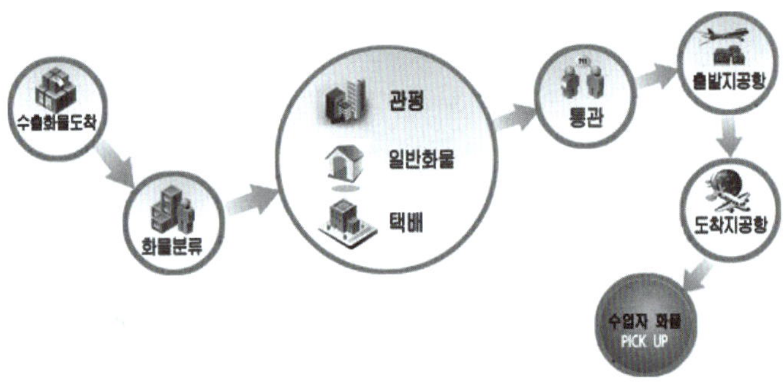

그림 6-2 항공화물 수입 흐름도

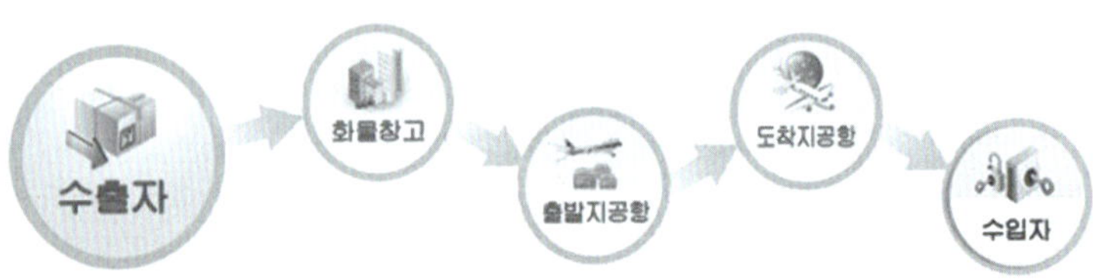

(나) 업무진행

① 항공운송주선업자는 항공사로부터 특정 운송목적지까지 싼 운임 설정
② 항공운송 주선업자는 운송장(house airwaybill) 발행을 하여 개개의 운송인으로부터 화물을 인수
③ 수탁화물을 목적지별로 분류 및 정리를 하여 화물을 대형화로 만듦

④ 항공운송주선업자 자신이 송화인이 됨.
⑤ 목적지별로 항공운송주선업자가 지정한 혼재화물인수대리점(break bulk agent)을 수화인으로 함.
⑥ 항공사의 중량할인 또는 특정운임 할인 적용
⑦ 항공사의 운송장(master air waybill)을 항공사의 대리점을 통하여 발급을 받아 항공사에 운송위탁
⑧ 목적지의 혼재화물인수 대리점은 수화인에게 개별적인 화물 인도.

2. 항공화물 수출 · 입 절차

항공화물은 화주를 대신하여 화물운송에 대한 예약과 통관, 수출입 면장 발행 등의 업무를 대리하는 대리점에 의해 운송업무가 수행되므로 일반적으로 화주와 항공사 간에는 직접적인 계약관계가 성립되지 않아 항공사의 입장에서는 화물운송 마케팅에 있어 간접판매 방식에 해당된다고 할 수 있다. 따라서 항공사의 고객은 화주로부터 화물운송의 책임과 권리를 위임받은 대리점이며, 대리점은 보통 운송업자(forwarder), 종합운송업자(integrator), 통관대행업자(customs broker) 등이 포함된다. 항공화물은 화주, 중개업자, 종합운송업자, 포워더 등이 화물송장을 발급받아 대리점에 화물운송을 의뢰하며, 대리점은 항공사에 화물예약을 한 후 화물의 특성에 따라 자체 화물창고에 입고된다. 대리점은 세관에 통관신청을 하여 수출면장을 발급받으며, 항공사는 대리점으로부터 통관을 확인하고 창고의 화물을 반출하여 화물의 접수 및 검색을 종료한 후 항공기에 탑재한다.

이때 공항 화물터미널에서의 항공화물 접수과정에서 항공사는 항공화물보안점검을 위해 항공안전본부의 "항공안전 및 보안에 관한 세부운영지침"에 의거하여 보안검색을 실시하고 항공화물의 부피 및 중량, 개수 등을 서류와 대조하며, 화주와 대리점의 서명이 분명한지, 포장상태에서 찢어지거나 외부에서 포장을 훼손한 흔적은 없는지 등 기본적인 화물 접수업무 외에 항공보안관련 점검 업무가 함께 수행되어야 한다. 항공사는 검색이 끝난 화물을 여객기 또는 화물기를 통하여 운송하게 되고, 항공기에 탑재되어 목적지 공항에 도착하게 되면 다시 세관통관, 운송 등의 절차를 통하여 최종적으로 하수인에게 인도되며, 항공사는 항공운송이 종료되는 시점까지 항공보안을 확보할 수 있는 대책을 시행하게 된다.

1) 항공화물 수출절차

① 화물 선적요청 접수 ; 수출자는 전화, FAX, E-MAIL 또는 영업담당자와의 무역 및 운송관련 상담을 통하여 선적을 요청한다.

② 파트너 교신 ; 파트너에 의해 지명된 화물의 선적요청시 또는 문전배송(door to door service)을 요청하는 경우 파트너에게 선적 여부 및 선적지시서를 확인한 후 선적을

✦
MasterB/L(Line B/L) ; 일반적으로 직접 화물 운송을 하는 선사에서 발행한 B/L
House B/L (Forwarder B/L) ; 포워딩에서 위의 MasterB/L을 근거로 발행하는 B/L
마스터비엘은 상위개념이고 하우스는 그 하위개념임.

진행한다.

③ 화물의 집배 지시 및 선적서류 요청 ; 수출자의 화물집배요청시 항공화물주선업자 및 대리점은 신속한 수령이 이루어지도록 하며, 수출자로부터 상업송장과 포장명세서의 사본 및 원본을 수령한다.

④ 항공사 선정 및 예약 ; 항공기 운항스케줄과 운임을 고려하여 적합한 항공사를 선정하고 항공사가 결정되면 화물의 예상중량에 따라 예약한다.

⑤ 선적관련 스케줄 통보 ; 스케줄이 결정되는 즉시 수출자에게 스케줄을 FAX 또는 E-MAIL로 통보한다.

⑥ 화물 집배(pick-up) ; 배차 담당자는 화물의 집배요청 내용을 확인하고 수출자의 집배요청시간을 지킬 수 있도록 배차를 지시한다.

⑦ 화물반입 및 인식표(labeling)작업 ; 공항에서 총중량 또는 용적중량을 계측하고 해당 화물에 따라 'MAWB', 'HAWB' 인식표를 붙인다. 그러나 항공사에서 발행한다고 무조건 'MAWB'이 아니고 동일한 선적 건에 대하여 포워더가 자체적으로 항공운송장을 발행한 건에 대하여 FORWARDER AWB은 HAWB, 항공사 AWB은 MAWB이라고 편의상 구분하여 부른다.

그림 6-3 항공화물 수출 절차

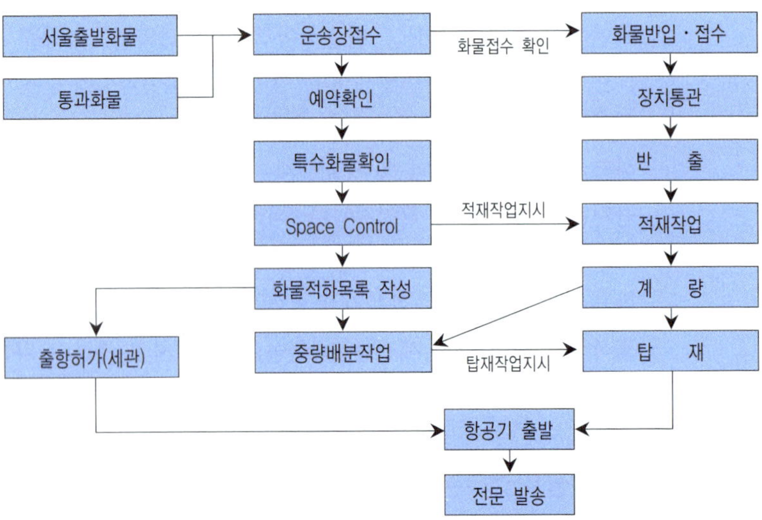

❙ 완제품의 장치장 반입 ; 공장에서 생산된 완제품은 트럭에 의하여 화물터미널에 도착하게 되고 화물터미널의 'Truck Dock'을 통해 장치장으로 반입된다.

❙ 화물의 척량검사 ; 장치장 반입시 (주)한국항공 조업원에 의해 화물의 척량검사를 실시한 후

수출화물 반입계를 발급받는다.

❙ 장치지정 및 승인 ; 보세구역인 보세장치장에 화물을 반입하기 위해 세관 보세과에 수출화물 반입계를 제출하고 장치지정 및 승인을 받아야 한다.

⑧ 통관의뢰 및 면장발급 ; 수출자는 인천공항세관, 서울세관, 김포세관, 구로세관, 인천세관 등 관할세관에서 면장을 발급 받는다.

❙ 수출신고 ; 보세구역 내에 화물을 반입한 후 자가통관의 허가를 받지 않은 수출자는 반드시 통관업자(관세사)를 통해서 수출신고를 해야 한다. 이때 준비해야 할 구비서류는 수출신고서, 신용장 사본, 수출승인서, 상업송장, 포장명세서, 검사증 등이다.

❙ 수출심사 ; 세관 심사과에서는 제출된 수출신고서류를 1차 심사한 후 이상이 없을 경우 감정과로 서류를 이송한다. 이때 심사하는 사항은 다음과 같다.

> ㉮ 수출승인서, 신용장상의 단가와 정부의 Check Price 비교 ㉯ 정상결제 여부 ㉰ 수출금지품목 여부 ㉱ 신고서 기재사항의 정확성 ㉲ 화물의 기호, 품종, 수량, 계약조건, 목적지 심사

❙ 화물검사 ; 세관 감정과에서는 서류와 화물을 대조하면서 수량, 규격, 품질 등을 검사하며, 심사과에서는 지정한 검사수량에 대한 전부 또는 일부를 개봉하여 검사한다.

❙ 수출허가 ; 화물검사결과 이상이 없는 서류는 심사과로 회송되어 2차 심사로 수출면장을 발급해 준다.

⑨ 선적 서류작업 ; 수출자가 작성한 상업송장과 포장명세서에 맞게 MAWB 및 HAWB을 작성한다.

❙ 운송장 및 화물의 인계 ; 통관절차가 완료된 화물의 운송장은 항공화물대리점에서 Cargo Delivery Receipt와 함께 해당 항공사에 접수시킨다. 운송장에는 Invoice, Packing List, C/O, 검역증 등 목적지에서의 통관에 필요한 서류가 첨부된다. 항공회사는 Cargo Delivery Receipt에 접수확인을 기재한 후 한국공항의 검수원에게 전달하여 화물을 인수토록 한다.

⑩ 화물 LOADING 및 선적서류 제출 ; 화물 선적을 위해 작성한 선적서류를 항공사에 제출한다.

⑪ 선적 ; 예정된 스케줄대로 고객의 화물이 항공기에 탑재되어 출발한다.

❙ 적재작업 ; 항공사는 해당 항공편의 항공기 특성을 고려하여, 사용 ULD 및 적재작업방법 등의 작업지시를 한국항공 담당검수원에게 하달하고, 검수원의 작업지시에 따라 적재작업을 행한다.

⑫ 사후 관리 ; 화물이 정상적으로 선적이 되었는지 선적여부를 확인한다. 선적이 되면 파트너에게 선적통보를 위해 정식으로 발행한 MB/L, HB/L를 FAX 또는 E-MAIL로 사전 통지한다. 수출자의 화물이 미선적된 경우, 항공사와 긴밀하게 연락을 취하여 가장 빠른

스케줄로 선적이 될 수 있도록 스케줄을 조정한다.

2) 항공화물 수입절차

① 무역 및 운송관련 상담 : 수입자는 전화, FAX, E-MAIL 또는 항공화물운송대리점 및 운송주선업자와 시장동향이나 가격, 통관대행 등에 대한 상담을 한다.

② 선적의뢰 : 수입자로부터 선적의뢰를 받으면 항공화물운송대리점 및 운송주선업자는 해당지역 파트너와 화물내역을 확인하여 선적가능일자를 확인한다.

③ 화물스케줄 통보 : 출발, 도착일자, 편명을 확인하여 수입자에게 통보하여, 선적서류를 FAX로 발송한다.

그림 6-4 항공화물 수입절차

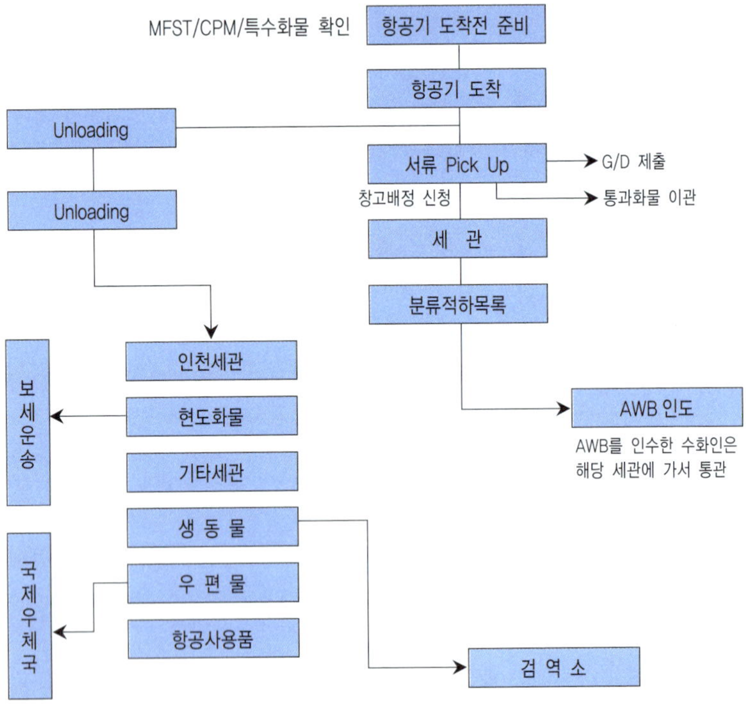

❙ 전문접수 ; 출발지로부터 항공기 출발 후 해당 편 탑재화물 관련전문을 접수하면 화물을 완벽한 상태로 신속히 수화인(수입자)에게 인도하기 위해 항공기 도착 이전에 조업사에 통보하여 필요한 장비 및 시설을 확보하도록 한다. 또한 특수화물에 대해서는 신속히 인도할 수 있도록 수화인에게 사전에 통보한다.

④ EDI 전송 ; KT-NET을 통하여 세관과 항공사로 EDI 전송을 하며, 수입자의 요청에 따라 창고 배정 및 특수화물을 분류한다.

⑤ 도착통보 ; 원본 B/L을 접수받으면, 신속하게 창고확인 및 운임 내역서를 산출하여 도착통보를 한다.

▎항공기 도착 ; 항공기가 도착하면 항공사 직원이 기내에 탑승, 승무원으로부터 운송장 및 출발지 출항허가, 적화목록 등을 인계받은 다음, 세관 승기실에 적화목록을 제출하여 입항허가를 받는다. 또한 화물은 한국공항 담당자에 의해 하기(下機)된 후 화물터미널로 이동, 한국항공 담당자에게 인계한다.

▎적재작업 ; 항공사는 해당 항공편의 항공기 특성을 고려하여, 사용 ULD 및 적재작업방법 등의 작업지시를 한국항공 담당검수원에게 하달하고, 검수원의 작업지시에 따라 적재작업을 행한다.

⑥ 서류, 화물운송 및 통관 ; 운송업자는 서류 인도 및 우편발송을 하며, 수입자가 요청할 시에는 통관대행을 제공하여 빠르고 정확한 통관을 진행한다.

▎서류분류 및 검토 ; 서류가 도착하면 항공운송장과 적화목록을 대조하여 수입금지 품목, 안보위해(安保危害)물품 여부를 확인하고, 보냉 · 냉동을 요하는 품목은 한국항공 담당자에게 적절한 작업지시를 한다. 검토 완료된 운송장과 적화목록은 통과화물의 경우 최종목적지 수송을 위해 세관에 이적허가를 신청하고, 한국이 최종 도착지인 도착화물의 경우에는 창고배정 및 보세운송을 위해 세관 보세과로 이송한다.

▎창고분류 및 배정 ; 세관 보세과에서는 보세운송업체 직원이 세관직원의 감독 하에 운송장상의 목적지 또는 화주(수화인)의 요청에 따른 창고배정작업을 한 후 적화목록에 기록함.

⑦ 사후관리 ; 운송업자는 원활한 통관 및 출고 결과를 검토하여 통보를 하고 수입자에게 안전하게 화물이 배달되기까지 지속적으로 CHECK한다.

▎운송장 인도 ; 해당화물의 수화인에게 운송장을 인계할 때 주민등록증을 확인하며, 또한 착지불화물인 경우에 수화인은 운임 이외에 운송요금의 2%에 해당하는 'Charge Collect Fee'를 지불해야 한다.

▎보세운송 ; 외국물품이 통관되지 않은 상태에서 김포화물터미널 이외의 지역으로 운송될 경우 보세운송허가를 받아야 한다.

3. 항공화물의 운임

항공화물은 항공기에 의해 운송되는 기내식, 승객의 휴대물품 및 위탁수화물을 제외한 모든 물품으로 화물기에 탑재되는 화물이다.

ICAO Doc 9569에는 항공기에 의해 운송되는 우편물, 저장품, 동반수화물, 착오운송수화물을 제외한 모든 물품을 항공화물이라고 정의하고 있고 ICAO 보안 매뉴얼Doc 8973

에는 "항공화물에는 여객기에 탑재되는 일반화물, 혼합화물, 운송품, 별송 쿠리어 물품, 우편물, 외교우편, 회사저장품 및 화물로 운송되는 별송 수화물 등이 포함된다"라고 규정되어 있다. 또 IATA 항공화물 요율표에는 우편물 또는 국제우편협약의 조건에 의해 운송되는 물품과 여객항공권과 수화물표에 의해 운송되는 수화물(화물운송장에 의한 비동 반수화물은 화물임) 그리고 항공화물보안기준 제3조 항공기에 의해 운송되는 기내식, 승객의 휴대물품 및 위탁수화물을 제외한 모든 물품으로 화물기에 탑재되는 화물을 항공화물로 규정하고 있다.

1) 항공화물의 운임

항공화물운임은 IATA(international air transport association ; 국제항공사 운송협회)가 제정한 운임요율표를 국제적으로 사용하고 있는데, 한국도 동 운임요율에 의거 정부의 승인을 받아 사용하고 있다.

국제항공운송협회는 세계를 편의상 3등분 하여 3개의 운송회의 지역(TC : tariff conference)으로 구분한 다음 대다수의 항공사들은 국제항공 운송협회가 정한 운임표와 규정인 "THE AIR CARGO TARRIFF Ⅰ.Ⅱ"에 따라 합의된 운임을 산출한다.

표 6-4. ATA Traffic Conference Area(TC Area)

TC Area	지역정의	Sub Area
TC 1	북남미 대륙 / 인근도서	1. Caribbean / 2. Mexico / 3. Long Haul / 4. Within South America
TC 2	유럽 , 아프리카 , 중동	1. Within Europe / 2. Within Africa / 3. Within Middle East
TC 3	아시아,태평양 / 인근도서	1. South Asian Subcontinent 2. South East Asia / 3. South West Pacific / 4. Japan, Korea

운임 조정회의에 참석하지 않은 가맹 항공사는 국제항공운송협회의 운임협정에 따를 필요가 없다. 회의를 통하지 않고 2국간에 혁신적인 운임 설정이 가능하다.

(1) 항공화물 요율(Tariff)의 정의

각 항공사에 의해 공시된 구간별 항공화물요율과 이에 관련된 규정을 포함하는 개념이다. Tariffs의 요율이 실제 판매가와 차이가 있을 수 있으나 할인율의 기준으로서 항공화물운송장(AWB)상 기입금액이 해당된다.

(가) 항공화물 요율(Tariff) 적용 원칙

- 운송장(AIR WAYBILL) 발행일에 유효한 것을 적용.
- 항공화물의 요율은 공항에서 공항까지의 운송만을 위하여 설정된 것.
- 출발지국의 현지통화로 설정되는 것이 원칙이나 많은 국가에서 USD로 요율을 설정

- 모든 화물 요율은 KG당 요율로 설정되나 USA 출발 화물요율은 LB당 요율로 설정
- 해당 정부의 승인을 득한 후에야 유효한 것으로 이용될 수 있음.
- 별도의 통보 없이 변경 가능

(나) 항공화물 운임 적용 원칙

- 중량(Chargeable Weight) * KG/LB당 적용 요율로 산출
- 종가요금(Valuation Charge)과 함께 선불(Prepaid), 혹은 도착지불(Charges Collect)
- 화물의 실제 운송경로와 운임산출시 근거로 한 경로는 무관

(2) 항공운임 산출결정

보통 항공화물 선적시에는 운임의 기준이 되는 것이 중량(gross weight)이고 해상화물 선적시에는 부피(CBM)이다. 그러나 예외적으로 항공운송인 경우에도 실제중량(net-weight)보다 부피가 많이 나가는 경우에는 용적중량(volume weight)에 의해 운임을 산출한다.

(가) 실제중량에 의한 방법

- kg, lb 모두 0.1단위까지 측정
- 소수점이 있는 경우 ; 실중량이 0.5kg 미만이면 0.5kg으로 산출하고 0.6kg 이상 1kg 미만은 1kg으로 계산한다. lb는 소수점 이하를 절상하여 산출한다.

(나) 용적중량에 의한 방법

계산 전에 각 단위 치수를 사사오입하여 정수로 만든 후 가로 × 세로 × 높이의 방식으로 계산한다. 직육면체나 정육면체가 아닌 경우에는 최대가로 × 최대세로 × 최대높이로 계산한다.

부피를 운임부과 중량으로 환산하는 기준(1kg=6,000m^3 또는 1lb+ 166(cm^3)

✦2009년 DHL 1kg=5,000m^3

✦2010년 FEDEX 1kg=5,000m^3

기준적용

> 가로 162cm, 세로 156cm, 높이 141cm인 화물의 용적중량은?
> ① 162cm × 156cm × 141cm = 3,563,352cm^2
> ② 3,563,352cm^2 / 6,000 = 593,892kg
> ③ 용적중량(Volume Weight) = 594kg

항공화물의 용적 중량이 산출되면 다음 순서에 의해 진행한다.

첫째, 적용이 가능한 요율을 결정한다. 운송하는 화물의 품목 및 여정에 따른 적용 가능한 요율형태를 결정하고 운임산출중량에 해당하는 요율을 확인한다.

둘째, 운임을 산출한다. 항공화물 운임은 운임산출중량 × 요율로 결정되며 계산된 운임이 각 도시간에 정해진 최저요금 미만일 경우 최저요금이 항공화물 운임이 된다.

셋째, 높은 중량단계에서 낮은 운임 적용 가능성을 점검한다. 높은 중량단계에서의 낮

은 요율을 적용하여 운임이 더 낮아지는 경우 낮은 운임이 항공화물 운임이 된다.

(다) 저운임의 적용에 의한 방법

높은 중량 단계에서 낮은 중량을 적용하여 운임이 낮아지면 이를 운임으로 적용한다.

2) 항공화물 운임의 종류

(1) 종가운임

화물운송 중 사고발생시 항공사의 최대배상 한도액은 kg당 US달러 20불이나 이를 초과하는 금액을 항공사로부터 배상받고자 할 경우, 수출자는 운송장에 그 화물의 가격을 신고하고 종가요금을 지불한 경우에 KG당 20달러를 초과하는 실손해액을 배상받을 수 있는 운임을 말한다.

▎신고조건 ; -1건을 구성하는 화물의 일부만을 가격신고하고 나머지를 제외할 수 없음, - 중량운임과 함께 선불이나 착지불로 지불, -송화인은 반드시 그 화물의 가격을 신고, -신고가격은 "DECLARED VALUE FOR CARGO"란에 기재

(2) 단위 탑재 요금

항공사가 송화인 또는 대리점에서 컨테이너 또는 팔레트 단위로 판매시 적용되는 요금으로 국제항공 운송협회에서 규정한 단위 탑재용기의 형태에 따라 상이한 운임을 적용한다.

▎단위 탑재 용기의 단위운임 ; -기본운임과 초과 중량요율로 구성 -각 형태마다 기본운임으로 운송할 수 있는 최고한도 중량을 설정

(3) 기타 요금

▎입체 지불 수수료(disbursement fee) ; 송화인의 요청에 따라 항공사, 수화인 또는 그 대리인이 선불한 비용을 수화인으로부터 징수하는 금액으로 입체 지불금에 일정요율을 곱하여 산출한다.
▎위험품 취급 수수료(dangerous collect charge) ; 위험품 규정집에 위험품으로 명시된 품목에 대하여 부과되는 취급 수수료
▎착지불 수수료(charges collect charges) ; 운송장상 운임과 종가운임을 수화인이 납부하도록 기재된 화물에 대하여 운임과 종가운임을 합한 금액의 일정률에 대하여 수수료로 징수하는 금액으로서, 통화에 대한 환차손 및 송금업무를 위해서 부과되며 운송료의 2%이며 최저요금은 건당 US10달러임

3) 항공화물 운임요율

(1) 일반화물요율(general cargo rate ; GCR)

이 요율은 특정품목할인요율(specific commodity rate) 또는 품목분류요율(class rate)

이 적용되지 않는 모든 화물에 적용되는 가장 기본적인 요율이다. 일반화물요율에는 최저운임(minimum charge)인 45kg 미만 요율, 45kg 이상 요율, 100kg 이상 요율, 300kg 이상 요율 등으로 설정되어 있으며 대체로 중량이 많으면 많을수록 더 싼 요율이 적용된다.

최저운임(minimum charge) ; 화물운송에 적용되는 운임 중 가장 저렴한 운임이며 중량운임이나 부피운임이 최저운임보다 낮은 경우에 적용
기본요율(normal rate) ; 모든 화물요율의 기본이 되는 것으로 45kg 미만의 화물에 적용되는 요율
중량 단계별 할인요율(chargable weight) ; 일정 단계에 따라 다른 요율이 적용되는 화물요율에 있어 중량이 높아짐에 따라 KG당 요율을 낮게 적용하는 요율

<table>
<tr><td rowspan="3">Transportation Charge</td><td>Weight charge</td><td>GCR (General Cargo Rate)
SCR (Specific Commodity Rate)
CCR (Class Rate)
BUC (Bulk Unitization Charge)</td></tr>
<tr><td colspan="2">Unpublished Rate - Construction, Combination</td></tr>
<tr><td colspan="2">Valuation Charge</td></tr>
<tr><td>Other Charges</td><td colspan="2">위험품 취급 수수료, 운송장 작성 수수료, 입체지불금 수수료, 착지불 수수료, 보험료, Trucking Charge 등</td></tr>
</table>

(2) 특정품목 할인요율(specific class rate ; SCR)

특정품목 할인요율은 통상 특정구간에 특정품목에 대하여 일반화물요율(GCR)보다 낮은 수준으로 설정되어 있으며 반드시 최저중량을 제한하고 있다. 특정품목 할인요율(SCR)은 품목분류요율(CCR)이나 일반화물요율(GCR)보다 우선하여 적용된다. 단, 품목분류요율(CCR)이나 일반화물요율(GCR)을 적용하여 더 낮은 요율이 산출될 시는 당해 낮은 요율의 적용이 가능하고, 품목분류요율(CCR)이 일반화물요율(GCR)보다 더 클 경우에는 품목분류요율(CCR)을 우선하여 적용하여야 한다. 이 요율은 특정구간에서 동일품목이 계속적으로 반복운송되는 품목에 대하여 일반품목보다 요율을 낮춤으로써 항공운송이용을 촉진하고 확대시키는데 그 목적이 있다.

(3) 품목분류요율(commodity classification rate ; CCR)

화물의 특성, 가격 등을 고려하여 몇 가지 특정 품목, 특정 지역간에만 적용된다. 할인요율을 적용받는 것은 비동반 수화물, 신문, 잡지 등이 있고 할증요율을 적용받는 것은 귀중화물, 생동물, 시체, 자동차 등이 있다. 일반화물요율(GCR)과 비교하여 크거나 작거나 간에 일반화물요율(GCR) 보다 우선하여 적용된다.

(가) 신문, 잡지, 정기간행물, 책, 카타로그,점자책 및 그 용구(R)

해당구간 일반화물요율(GCR) 중 Normal Rate의 50%에 해당하는 요율이 적용된다.

최저요금은 해당구간 일반화물 최저요금과 할인율에 5kg을 적용한 금액 중 큰 금액을 최저요금으로 한다.

(나) 비동반 수화물(Baggage Shipped as Cargo) (R)

비동반 수화물(단, 기계류, 보석, 카메라, 상품, 세일즈 샘플 등은 제외)을 항공화물로 운송할 경우에는 해당구간 일반화물요율(GCR) 중 Normal Rate50%에 해당하는 할인요율이 적용된다. 최저요금은 10kg에 해당하는 금액이다. 이 요율은 여객이 한국을 출발하여 IATA 제2지역과 제3지역으로 여행할 경우에만 적용한다. 수화물은 여객의 출발 이전에 운송인에게 인도되어야 하고 모든 통관절차를 종료해야 한다.

(다) 생동물 요율(S)

IATA 3지역에서 미주 전 지역 / IATA 2지역에서 미주 전 지역

	IATA 3지역에서 미주 전 지역		IATA 2지역에서 미주 전 지역
	한국출발제외	한국출발	
냉혈동물 제외한 생동물	Applicable GCR의 110%	Applicable GCR의 140%	Applicable GCR의 110%
냉혈동물 *	Applicable GCR	Applicable GCR	Applicable GCR

미주 전 지역에서 냉혈동물에 적용되는 요율은 어류, 이구아나, 개구리, 곤충, 파충류, 거북이, 환형동물 등을 의미이다.

냉혈동물을 제외한 생동물

IATA 2지역 최저운임	Applicable GCR / Applicable Minimum Charge의 110%
IATA 3지역 (한국제외) 최저운임	Applicable GCR Applicable Minimum Charge의 110%
한국지역 최저운임	Applicable GCR의 140% Applicable Minimum Charge의 150%
냉혈동물	
IATA 2, 3지역 최저운임	Applicable GCR Applicable Minimum Charge의 150%

(라) 최저운임(Minimum Charge)

IATA 3지역에서 미주 전 지역: 일반화물에 대한 최저운임의 110%

IATA 2지역에서 미주 전 지역: 일반화물에 대한 최저운임의 200%

(마) 기타 품목분류요율 (S)

화폐, 여행자수표, 주권, 채권, 금, 백금, 다이아몬드(공업용 다이아몬드 포함), 기타 보석류 등 귀중화물과 시체 및 유골 등에 대한 별도의 할증요율이 존재.

(4) 팰릿 · 컨테이너운임(bulk unitization charge ; BUC)

팰릿 또는 컨테이너에 적입된 상태로 송화인이 항공사에 반입한 후 그대로 수화인에게 인도되는 화물에 적용하는 운임이다.

4. 위험물관리

항공화물에 있어서 위험물이란 항공운송 중 발생하는 기압 및 온도의 변화, 운항 중의 진동과 공간의 제한에 따라 항공기, 인명, 인접화물 등에 피해를 줄 우려가 있는 화물로서, IATA 발행 Dangerous Goods Regulations(이하 DGR)에 수송 여부 및 제한 사항이 규정되어 있다. 예를 들어 페인트, 드라이아이스, 배터리, 자동차 등도 항공운송에 있어서는 위험물로 규정하고 있다.

항공으로 운송될 위험물은 항공기의 안전을 위하여 위험물의 성질을 가장 잘 알고 있는 화주에 의하여 DGR 규정에 의거 포장, MARKING, LABELLING 등을 실시토록 하고 있으며, 항공사에 위탁시 일반 화물과 구분되어 취급될 수 있도록 화주 신고서를 작성하여 제출토록 되어있다.

표 6-5. 위험물 분류

Class1 : Explosive	Class2 : Gas	Class3 : Flammable Liquid
Class4 : Flammable solid	Class5 : Oxidizer	Class6 : Toxic Substance
Class7 : Radioactive	Class8 : Corrosive	Class9 : Miscellaneous

해상운송시 위험물의 예

- 기름(MARPOL 73/78 I 기준)
- 유해액체/화학품(국제액화가스운송선의 구조 및 설비 기준(IMDG Code)과 73/78부속서 II에 규정된 폐기물 포함)
- 해양오염물질 및 폐기물을 포함한 물질, 재료 및 제품(IMDG Code)
- 위험한 고체물질(MHBs), 산적고체화물안전실무기준에 규정된 폐기물을 포함

CLASS 1	폭발성 물질 : 6개의 Division으로 구분 Division 1 · 4는 제한적으로 항공기로 운송하며 대부분은 운송 금지
CLASS 2	가스류 : 3개의 Division으로 구분 Division 2 · 3의 경우 독성가스로 대부분 항공운송 금지
CLASS 3	Division 구별은 없으며 Packing Group로 구분 항공기로 운송되는 위험품의 약 70% 차지
CLASS 4	인화성 고체, 자연발화성 물질, 물과 접촉시 인화성 가스를 방출하는 물질 3개의 Division으로 구분
CLASS 5	산화물질, 유기과산화물 2개의 Division으로 구분
CLASS 6	독성물질, 전염성물질 2 개의 Division으로 구분
CLASS 7	방사능 물질 Division은 없으며 3개의 Category로 구분
CLASS 8	부식성 물질 Division은 없음 접촉시 피부조직을 파괴하거나 다른 물질에 부식을 야기하는 물질
CLASS 9	기타 위험 물질 DGR 분류상 다른 Class에 분류되지 않으나 위험성을 가지고 있는 물질

모든 위험물은 안전한 수송과 위험발생시 긴급처리를 위하여 포장 외부에 운송하고자 하는 위험물의 내용을 명시하여야 한다.

▎필수 Marking 항목

- Proper Shipping Name : 해당 위험물의 UN/ICAO 정식명칭
- UN or ID Number : (해당 위험물의 고유번호)
- 송화인과 수화인의 이름 및 주소

▎항공운송시 IATA에 의하여 위험품목으로 정해진 품목

폭발성 물질/가스/인화성액체/인화성 고체/ 과산화물/독극물/방사선 물질/부식성 물질/기타(어류, 나프탈렌, 면실, 축전지, 목탄, 접착제 등)

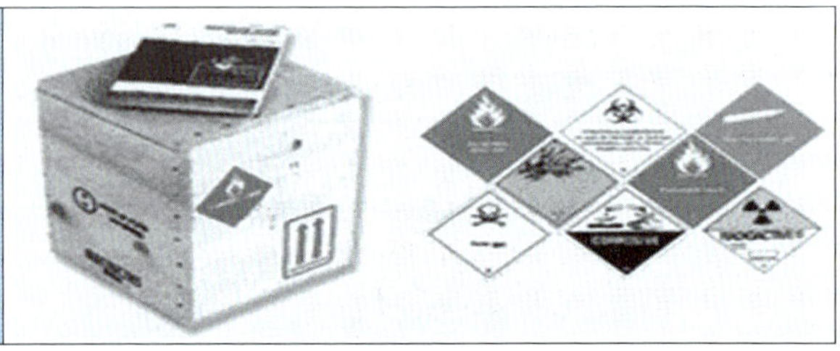

▎위험품 화주신고서(Shipper's Declaration for Dangerous Goods)

① Proper Shipping Name : N/ICAO에 등록된 위험물품의 정식명칭
② Classor Division : 어떤 위험성을 가지고 있나?
③ UN or ID No. : 해당 위험물품의 고유번호
④ Packing Group : 위험성의 정도
Subsidiary Risk : 부차위험성(주는 Class or Division)
⑤ Quantity and Type of Packaging : 포장, 재질, 갯수, 양

⑥ Packing Instruction : 해당 위험물품 포장에 대한 지침
⑦ 해당 위험물품 포장에 대한 지침 : 객기에 탑재가능한지 아닌지?
⑧ 방사능물질은 아닌지?

SHIPPER'S DECLARATION FOR DANGEROUS GOODS

(Provide at least two copies to the airline.)

Shipper

Air Waybill No.

Page **of** **Pages**

Shipper's Reference No.
(optional)

Consignee

Two completed and signed copies of this Declaration must be handed to the operator.

WARNING
Failure to comply in all respects with the applicable Dangerous Goods Regulations may be in breach of the applicable law, subject to legal penalties. This Declaration must not, in any circumstances, be completed and/or signed by a consolidator, a forwarder, or an IATA cargo agent.

TRANSPORT DETAILS

This shipment is within the limitations prescribed for:
(delete non-applicable)

Airport of Departure:

PASSENGER AND CARGO AIRCRAFT | **CARGO AIRCRAFT ONLY**

Airport of Destination:

Shipment Type: *(delete non-applicable)*

NON-RADIOACTIVE | **RADIOACTIVE**

NATURE AND QUANTITY OF DANGEROUS GOODS

Dangerous Goods Identification					Quantity and Type of Packing	Packing Inst.	Authorization
UN or ID No.	Proper Shipping Name	Class or Division	Packing Group	Subsidiary Risk			

ADDITIONAL HANDLING INFORMATION:
"Prior arrangements as required by IATA Dangerous Goods Regulations 1.3.3.1 have been made."
Prepared according to ICAO/IATA.

24hr. Emergency Contact No.

I hereby declare that the contents of this consignment are fully and accurately described above by the proper shipping name and are classified, packaged, marked, labeled/placarded, and are in all respects in proper condition for transport according to applicable international and national government regulations.

Name/Title of Signatory

Place and Date

Signature
(see WARNING above)

FOR RADIOACTIVE MATERIAL SHIPMENT ACCEPTABLE FOR PASSENGER AIRCRAFT: THE SHIPMENT CONTAINS RADIOACTIVE MATERIAL INTENDED FOR USE IN OR INCIDENT TO RESEARCH, MEDICAL DIAGNOSIS, OR TREATMENT.

5. 항공화물운송장(Air Waybill ; AWB)

✦항공화물운송장 종류
①MASTER AWB : 항공사가 혼재화물에 대하여 발행하는 운송장 ② HOUSE AWB : 항공화물 운송 주선업자가 혼재 화물을 구성하는 개개의 화물에 대하여 발행하는 운송장

항공회사가 화물을 항공기로 운송할 때 발행하는 화물수취증을 의미하며, 항공운송장 또는 항공화물수취증이라고도 한다. 미국 및 유럽 등에서는 'consignment note' 또는 'air consignment note'라고 부른다.

기본적인 성격은 선화증권과 같으나 선화증권이 화물의 수취를 증명하는 동시에 유가증권적인 성격을 가지고 유통이 가능한 반면, 항공운송장은 화물의 수취를 증명하는 영수증에 불과하며 유통이 불가능하다는 차이점이 있다.

운송계약은 항공화물운송장을 발행한 시점, 즉 화주 또는 그 대리인이 AWB에 서명하거나 항공사 또는 해당 항공사가 인정한 항공화물취급대리점이 AWB에 서명한 순간부터 유효하며 AWB상에 명시된 수화인(consignee)에게 화물이 인도되는 순간 소멸된다.

운송장은 화물과 함께 보내져 화물의 출발지, 경유지, 목적지를 통하여 각 지점에서 적절한 화물취급 및 운임정산 등의 작업이 원활하게 수행되는데 필요한 모든 사항이 기재되어 있는데 화주들이 항공운송장에 대한 이해부족으로 업무의 혼란을 가중시키거나 손해를 입는 사례가 있으므로 항공운송장에 대한 기본적인 이해가 필요하다.

항공화물운송장은 송화인과 운송인 사이에 항공화물의 운송계약이 체결되었다는 것을 나타내고 또한 송화인으로부터 항공화물을 운송하기 위하여 수령하였다는 증거서류가 된다. 항공화물운송장의 양식은 IATA에서 그 양식과 발행양식을 규정하고 있으며, IATA결의 600호에 발행방식, 운송장 계약조항, 화물의 수탁, 매뉴얼, 항공화물운송장, EDI항공화물운송장 등이 규정되어 있다. 현재는 1968년에 IATA에서 제정한 (신)양식을 사용하고 있다.

▎항공화물운송장과 선화증권의 차이점 비교

항공화물 운송장(Air Waybill)	선화증권(Bill of Lading)
· 유가증권이 아닌 단순한 화물운송장 · 비유통성(Non-Negotiable) · 기 명 식 · 수취식(화물은 창고에서 수취하고 AWB발행) · 수려증권(受戾證券)이 아님 · 송화인이 작성	· 유가증권 · 유통성(Negotiable) · 지시식(무기명식) · 선적식(shipped:화물은 본선에 적재 후 방사능물질은 아닌지? B/L발행) · 수려증권 · 선박회사가 작성

1) 항공화물운송장의 기능

항공운송에 있어서 화물의 유통을 보장하는 가장 기본적인 운송서류인 항공화물운송장은 항공운송인의 청구에 따라 송화인이 작성, 제출하는 것이 원칙이지만 항공사나 항공사

의 권한을 위임받은 대리점(또는 항공운송주선업자)에 의하여 발행되는 것이 통례이다. 항공운송장의 기능을 정리하면 다음과 같다.

(가) 운송계약서 : AWB는 송화인과 항공운송인간의 항공운송계약의 성립을 입증하는 운송계약서이다. 그러나 운송장은 12통으로 구성되어 있어 그 전통(全通)이 모두 운송계약서는 아니며 송화인용 및 원본이 이에 해당된다.
(나) 화물수취증 : 항공화물운송장은 항공운송인이 송화인으로부터 화물을 수취한 것을 증명하는 화물수령증의 성격을 가지고 있다.
(다) 요금계산서 : 화물과 함께 목적지에 보내져 수화인이 운임 및 요금을 계산하는 근거자료로서 사용된다.
(라) 보험계약증서 : 송화인이 AWB에 보험금액 및 보험가액을 기재한 화주보험(Air Waybill)을 부보한 경우에는 AWB의 원본 No.3이 보험계약의 증거가 됨
(마) 세관신고서 : 수출입신고서 및 통관자료로서 사용된다.
(바) 화물운송의 지시서 : AWB에 송화인이 화물의 운송, 취급, 인도에 관한 지시를 기재할 수 있다.

2) 항공화물운송장의 표준화

국제항공운송에 있어서 발행되는 항공화물운송장은 IATA(International Air Transport Association 국제항공운송협회)에 의해 양식과 발행방식이 규정되어 있다(IATA RESO 600). 이 통일안은 전 IATA 회원 항공사가 의무적으로 사용토록 규정하고 있으며 비회원사도 회원사들과 연계운송을 위하여 대부분 IATA 양식을 사용하고 있다.

운송장이 국제적으로 유통성이 보장되는 이유는 IATA가 결의한 모든 규정을 대부분의 정부가 인정하여 공인하고 있기 때문이다. 법률적인 뒷받침으로서는 항공운송에 관한 국제조약인 와르소조약(Warsaw Convention)이 있다. 이 조약은 1929년 폴란드의 Warsaw에서 서명된 것으로 "국제항공운송의 규칙통일에 관한 조약"으로 불려진다. 이 조약에 의해 화물운송장의 법률적 성격, 운송인의 책임범위, 배상한도, 송화인, 수화인, 항공회사의 권리와 의무 등이 규정된다. 아울러 화물운송장에는 와르소조약과 헤이그의정서(Hague Protocol)에 따라 항공사가 행해야 할 사항을 화물운송장 원본 뒷면에 명백히 규정하고 그 규정에 따라 위탁받은 화물의 운송에 대한 책임을 지도록 되어 있다.

3) IATA의 항공화물운송장 이면약관

IATA는 항공운송의 조건(운임, 운송규칙)을 협정하고 항공운송장의 양식 및 발행방법 등을 정하고 있는데 IATA가 제정한 운송계약약관은 'Warsaw Convention'의 범위 내에서 제정된 것으로 이 중 운송인의 책임과 관련된 조항을 운송장의 이면 약관에 구체적으로 명시하고 있다.

(1) 약관전문 주의서에 의한 전제

화물의 발송지 국가 이외의 국가에 최종 목적지 또는 기항지를 가지는 운송에 대해서는 와르소조약이 적용된다. 즉, 운송이 조약 제1조에 규정하는 것일 때는 이 조약이 적용되는 것을 가리킨다. 조약은 운송인의 책임을 손해화물 1kg당 250금프랑으로 제한하고 송화인이 보다 높은 가액을 신고하거나 또는 필요로 하는 추가요금을 지급한 경우에는 신고가액을 한도로 한다는 취지를 규정하고 있다. 이 250금프랑은 금 1온스가 USD42.22로써 약 USD20에 상당한다. 현재 사용 중인 IATA AWB(Air Waybill) 이면약관의 운송인의 책임한도(Limitation of Liability)가 현행 중량 1kg당 17SDR(special drawing rights)을 19SDR(약 USD29.85$)로 상향 조정되었다.

이번 항공운송인의 책임한도 조정은 몬트리올조약 제24조 제1항의 규정에 따른 것으로 ICAO에서는 매 5년 주기로 IMF(국제통화기금)의 세계경제전망(WEO) 데이터베이스에 의한 세계 인플레이션(물가)상승률을 근거로 하여 책임한도를 상향조정(17SDR → 19SDR/kg)한 것이다.

(2) 운송책임

이 약관에 의한 운송이 조약에 규정된 국제운송일 때는 와르소조약의 책임규정에 따른다. 즉, 운송이 조약 제1조 2항에 규정된 국제운송인 경우에는 조약에 있어서 운송인의 책임한도에 대한 규정 및 기타의 책임규정에 따르기로 했다.

(3) 규정기준

이 약관에 의한 운송에 있어서 준수해야 할 규정은 ① 적용법령(국내법을 포함함), ② 이 약관의 규정, ③ 적용 Tariff, 운송조건, 규칙, 시각표(발착시각을 제외함) 등이다. 이것은 이 운송의 계약조건의 일부이며 또한 이것들을 열람할 수 있다.

(4) 비Warsow운송

와르소조약이 적용되지 않는 운송의 경우도 운송인의 책임은 운송화물 1kg에 대하여 USD20을 초과하지 않는 것으로 한다. 다만 송화인이 높은 가격을 신고하거나 추가요금을 지급하였을 때에는 예외로 한다. 즉, 조약체약국에서 발송되어 비체약국에 도착하는 화물과 같은 비Warsaw 운송화물에 대해서도 IATA 가맹국의 항공회사에 의하여 운송된 화물에 대해서는 이 약관이 적용된다는 것을 규정한 것이다

(5) 책임제한규정의 원용

운송인의 책임에 대한 유한책임제는 다음에 열거된 자에 대해서도 적용된다. ① 운송인의 대리인, 사용인, 대표자, ② 운송에 사용하는 항공기의 소유자, 그 대리인, 사용인 및

대리자 이것은 Hague 개정 Warsaw조약, 즉 헤이그 의정서의 제25조 1항의 규정에 상응하는 것이지만 Hague 의정서에는 그 적용대상을 운송인을 사용인으로 하고 있고 이 약관에서는 그 이외의 자로 확대하고 있다.

(6) 운송책임 기간

운송인이 운송에 대해서 책임을 부담해야 하는 기간은 ① 화물이 자기의 관리하에 있는 기간, ② 자기의 대리인의 관리하에 있는 기간이다. 여기서 자기의 관리 하에 있는 기간이란 발송공항에서 화물의 점유가 운송인에 의하여 개시된 때부터 도착공항에서 화물이 운송인의 점유를 떠날 때까지를 말한다. 또한 대리인이란 전술한 기간 내에서의 대리인을 가리키는 것이며, 그 이외의 장소에서의 대리인까지 포함하는 것은 아니다

4) 항공화물운송 클레임

(1) 송화인과 항공운송인의 권리와 의무

이하의 권리와 의무는 몬트리올 의정서의 관련조문에서 발췌한 항공운송에 있어서의 일반적인 사항으로서 동 의정서를 비준하지 않는 국가들에게는 효력이 발생하지 않는다는 한계가 있다

(가) 송화인의 의무

첫째, 송화인은 자기 또는 대리인이 기재하는 운송장의 내용이 정확해야 하고 또한 화물접수증(Receipt for the cargo)에 기재하기 위해 운송업자에게 정확한 정보를 제공할 의무가 있다.

둘째, 본인 또는 대리인에 의해 기재된 운송장을 항공사에 신고하지 않았거나 그 내용이 불완전함으로써 손해가 발생한 경우 송화주는 운송인의 손해뿐만 아니라 그로 인해 운송업자가 부담하여야 할 타인의 손해에 대해서도 책임이 있다.

셋째, 화물접수증에 기재되는 내용의 부정확성, 불완전성에 대해서도 송화인이 책임을 진다. 즉, 운송장에 기재된 모든 정보는 화주에 의해 제공되는데 그 정확성을 지키는 것은 화주의 의무이며 이를 어김으로써 발생되는 모든 손해는 화주가 책임을 져야 한다는 것이다.

예컨대, 신용장 개설은행의 소재가 널리 알려져 있지 않은 경우 또는 신용장 개설은행 소재지 인근의 공항과 실화주 소재지 인근의 공항 중 선택 등의 문제는 화주가 결정해서 알려주어야 한다. 또한 운임조건이 선불(prepaid)인가 후불(collect)인가의 문제는 화주의 결정소관이다. 특히 조심해야 할 점은 해상운송으로 계획되었던 것이 항공운송으로 바뀌었을 경우에 거래 당사자간에 항공료 지불 소재가 분명치 않은 채 수송되는 경우이다. 항공운임을 지불하는 당사자가 누구이든 간에 지불책임은 송화주에게 있으나 처음 AWB 발

행시점에서의 화주의 지시 내용이 정확해야 한다.

(나) 송화인의 권리

첫째, 화주는 상기의 책무를 이행하는 조건으로 화물을 찾거나 운송도중에 화물수송을 멈추게 하거나 또는 중도에서 화물을 처분할 수 있는 권리를 갖는다. 다만 이 권리를 행사함에 있어서 운송인 또는 타인에게 손해를 입혀서는 안 되며 그로 인해 발생한 모든 비용은 화주가 부담해야 한다.

둘째, 항공사는 화주의 지시를 따르지 못할 경우 그 뜻을 화주에게 통지해야 한다.

셋째, 항공사는 항공운송장 또는 화물접수증을 확인하지 않은 채 화주의 지시에 따라 화물을 처분했을 경우 그로 인해서 정당한 AWB(또는 화물접수증) 소지인에게 발생될 수 있는 손해에 대해 책임을 진다. 그러나 송화주의 지시에 따라 수화인이 바뀔 수도 있다.

넷째, 송화주의 권리는 수화인의 권리가 발생되는 시점부터 소멸된다. 단, 수화주가 화물의 수취를 거절한다거나 수화인의 주소가 분명치 않을 경우 송화인이 화물처분권을 갖는다. 송화인이 화물처분권을 행사함에 있어서 항공사와 다른 화주에게 손해를 주어서는 안 되며 그로 인한 모든 비용은 송화인이 부담한다.

(2) 항공운송인의 책임

첫째, 항공사는 화물의 파손, 분실, 훼손이 항공운송 중에 발송한 경우 이에 대한 책임을 진다. 단, 화물고유의 결함, 불완전한 포장, 전쟁 등의 불가항력 그리고 정부당국의 정당한 행위에 의한 손해에 대해서는 면책된다. 둘째, 연착으로 인해 발생한 손해는 항공사 또는 그 사용인이 동 손해를 방지하기 위한 조치를 취했거나 취할 수 없는 사정이었음을 입증한 경우에는 그 책임을 부담하지 않는다. 셋째, 항공사의 책임한도액은 파손된 부분에 대해 kg당 17SDR(약 USD 20.00)이다. 단, 운송 전에 물품가액을 신고하고 합당한 요금을 지불했을 때는 신고된 가액을 한도로 배상한다.

(3) 항공운송인에 대한 배상청구 및 소송

(가) 수화인이 이의를 제기하지 않고 화물을 수취하였을 경우 반증이 없는 한 화물이 양호한 상태로 또한 운송증권에 따라 인도된 것으로 추정된다.

화물의 외장에는 이상이 발견되지 않지만 내부의 감추어진 손해가 있을 경우 화물의 수령시에 수화인이 클레임을 제기하기란 어렵다. 이렇게 수화인이 클레임을 제기하지 않고 화물을 수령한 경우는 화물을 양호한 상태로 운송계약에 따라 화물이 인도된 것으로 추정하게 된다.

(나) 파손이 있을 경우 수화인은 파손을 발견하자마자 늦어도 화물의 수취일로부터 14일 이내에 운송인에 대하여 이의를 제기하여야 한다.

연착의 경우에는 수화인이 화물을 처분할 수 있었던 날로부터 21일 이내에 이의를 제기하여야 하고 소정의 기간 내에 이의를 제기하지 않았을 경우 운송인에 대한 소송은 운송인에게 사기(詐欺)가 있을 경우를 제외하고는 수리되지 않는다. 상기에 규정된 클레임 제기기간을 경과하면 수화인은 청구권을 상실하게 되고 운송인의 배상책임은 소멸된다.

(다) 법원 관할에 관한 규정

책임에 관한 소송을 원고(原告)의 선택에 따라 어느 하나의 체약국의 영역에서 운송인의 주소지, 운송인의 주된 영업소의 소재지 또는 운송인이 계약을 체결한 영업소의 소재지 법원 또는 도착지의 법원 중 어느 하나에 제기하여야 한다.

(라) 책임에 관한 소송은 도착지에의 도착일, 항공기가 도착했어야 할 날짜 또는 운송의 중지일로부터 기산하여 2년의 기간 내에 제기하여야 되고 그 기간의 경과 후는 제기할 수가 없다.

출소기한을 명시한 것으로 화물의 파손, 멸실에 대한 배상청구의 소송은 화물이 목적지에 도착한 날로부터 기산하여 2년이고 연착에 대한 배상청구의 경우는 항공기가 목적지에 도착해야할 날 또는 운송중지일로부터 기산하여 2년이다.

6. 항공화물운송장의 작성요령

① Airport of Departure : 출발지 도시 또는 공항의 3-Letter Code를 기입한다.

✦ 세계 도시의 3-Letter Code

동경	NRT	오사카	KIX	나고야	NGO	북경	BJS	대련	DLC
후쿠오카	FUK	아오모리	AOJ	히로시마	HIJ	광쩌우	CAN	청도	TAC
후쿠시마	FKS	가고시마	KOJ	고마쯔	KMQ	상해	SHA	천진	TSN
마쓰야마	MYJ	니이가타	KIJ	오이타	OIT	연대	YNT	홍콩	HKG
오카야마	OKJ	삿포로	SPK	센다이	SDJ	하얼빈	HRB	타이페이	TPE
다카마쓰	TAK	도야마	TOY	장춘	CGQ	심양	SHE	뉴델리	DEL
알미티	ALA	하바로프스크	KHV	크라스노야르크	KJA	모스크바	SVO	타쉬켄트	TAS
블라디보스톡	VVO	사할린	UUS	로스엔젤레스	LAX	뉴어크	EWR	샌프란시스코	SFO
시카고	ORD	시애틀	SEA	호놀룰루	HNL	엥커리지	ANC	아틀랜타	ATL
보스턴	BOS	댈러스	DFW	덴버	DEN	라스베가스	LAS	올랜도	ORL
워싱턴	IAD	상파울로	GRU	토론토	YYZ	밴쿠버	YVR	오클랜드	AKL
브리스베인	BNE	크라이스처치	CHE	시드니	SYD	암스테르담	AMS	프랑크프루크	FRA
괌	GUM	사이판	SPN	로마	FCO	쥬리히			

Shipper's Name and Address	Shipper's Account Number	Not negotiable **Air Waybill** *issued by* KOREAN AIR
		Copies 1, 2 and 3 of this Air Waybill are originals and have the same validity.
Consignee's Name and Address Telephone :	Consignee's Account Number	It is agreed that the goods described herein are accepted in apparent good order and condition(except as noted) for carriage SUBJECT TO THE CONDITIONS OF CONTRACT ON THE REVERSE HEREOF. THE SHIPPER'S ATTENTION IS DRAWN TO THE NOTICE CONCERNING CARRIER'S LIMITATION OF LIABILITY. Shipper may increase such limitation of liability by declaring a higher value for carriage and paying a supplemental charge if required.
Issuing Carrier's Agent Name and City		Accounting Information
Agent's IATA Code	Account No.	
Airport of Departure(Addr. of First Carrier) and Requested Routing		

TO	By First Carrier / Routing and Destination	to	by	to	by	Currency	CHGS Code	WT/VAL PPD	WT/VAL COLL	Other PPD	Other COLL	Declared Value for Carriage	Declared Value for Customs

Airport of Destination	Flight/Date	For Carrier Use Only	Flight/Date	Amount of Insurance	INSURANCE-If Carrier offers Insurance, and such insurance is requested in accordance with conditions on reverse hereof, indicate amount to be insured in figures in box marked 'amount of Insurance'.

Handling Information

No. of Pieces RCP	Gross Weight	kg lb	Rate Class / Commodity item No.	Chargeable Weight	Rate / Charge	Total	Nature and Quantity of Goods (incl. Dimensions or Volume)

Prepaid	Weight Charge	Collect	Other Charges
	Valuation Charge		
	Tax		
	Total Other Charges Due Agent		Shipper certifies that the particulars on the face hereof are correct and that insofar as any part of the consignment contains dangerous goods, such part is properly described by name and is in proper condition for carriage by air according to the applicable Dangerous Goods Regulations.
	Total Other Charges Due Carrier		Signature of Shipper or his Agent
Total Prepaid		Total Collect	
Currency Conversion Rates		CC Charges In Dest. Currency	Executed on(date) at(place) Signature of Issuing Carrier or its Agent
For Carrier's Use Only at Destination		Charges at Destination	Total Collect Charges

ORIGINAL 3(FOR SHIPPER)

② Shipper's Name and Address : 송화인의 성명, 주소, 도시, 국명이 기입되며 전화번호가 있을 경우 같이 기입해 두는 것이 좋다.

③ Shipper's Account Number : AWB 발행 항공사의 임의로 사용된다.

AIRWAYBILL NO. : 항공화물 운송장 번호는 상단좌우와 하단우측에 명기되며, IATA CARRIER 3 DIGIT CODE와 7단위의 일련번호 그리고 7진법에 의한 체크 디지트 등 11단위로 표시

✦- 취급 시 주의사항(Handling Information) : 특별 취급요령이나 취급시 기타 주의 사항이 있을 경우 이란에 기재하여야 하며 내용은 다음과 같다.
- 수화주 이외에 도착내용을 통지해야 할 사람이 있는 경우
- 운송의뢰서에 첨부되어야 할 제반서류- 'Fragile' 'This side up' 등 취급주의 사항이나 생물 또는 부패성화물일 경우 화물의 품명

예)

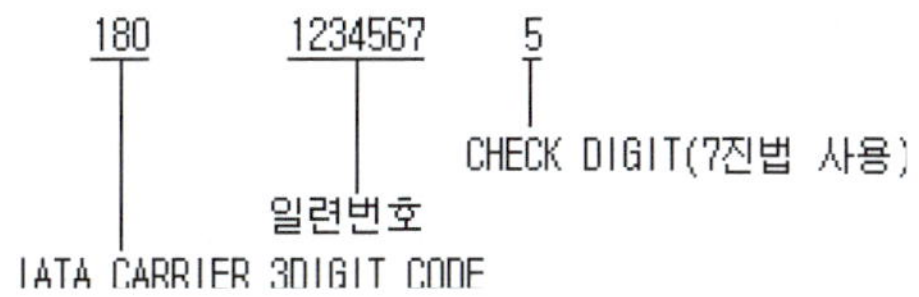

④ Consignee's Name and Address : 수화인의 성명, 주소, 도시, 국명, 전화번호 등을 기입한다. 어떠한 이유로 실제 수화인을 대신하여 은행이나 화물대리점이 수화인이 될 경우 실수화인은 Handling Information란에 기재되어야 한다. 이때 화물 인도항공사는 은행이나 대리점을 유일한 수화인으로 간주하며 본란에 명시된 수화인으로 부터의 지시가 없이는 타인에게 인도하지 않는다.[신용장방식거래에서 Consignee를 신용장개설 은행으로 기재하도록 한 경우 나중에 개설은행은 AWB Original 2(for Consignee)에 이서하고 화물인도승낙서를 발급하여 신용장 개설의뢰인(수입상)에게 화물의 수취를 위임하게 됨] 만약, 송화인이 특정의 개인이나 회사에게도 도착사실을 통보해 줄 것을 요청하면 그 주소를 Handling Information란에 기입하여야 한다.('also notify'라는 말로 표현) AWB은 비양도성이기 때문에 'to order' 또는 'to order of the Shipper'라고 표현해서는 안 된다. 수화인이 화물인수의 편의를 위해 인도항공사나 호텔 또는 유사한 임시거처를 주소지로 할 경우 수화인 또는 그 친척의 집 주소를 Handling Information란에 '인도불가시의 연락처(In case of inability to deliver to consignee contract :)'라는 표시와 함께 기입해야 한다.

⑤ Consignee's Account Number : 고객 분류를 위한 부호를 기입하며, 인도항공사의 임의로 사용한다.

⑥ Issuing Carrier's Agent Name and City : AWB 발행 화물대리점의 이름 및 도시명을 기입한다.

⑦ Agent's IATA Code : 대리점의 IATA Code를 기재한다.

⑧ Account Number : AWB 발행 항공사의 임의로 사용한다.

⑨ Airport of Departure(Address of First Carrier) and Requested Routing : 출발지 공항과 운송구간을 기재한다. 3-Letter City Code의 사용도 가능하다.

⑩ Accounting Information : 특별히 회계처리에 관한 내용을 기록한다. 운송료 지불방법(현금, 수표, MCO)이나 GBL번호, 기타 필요한 내용을 기록한다.

⑪ Routing and Destination : 예약에 의한 첫 구간의 도착지와 수송 항공사명을 기입한다. 이때 항공사명은 Full Name을 적도록 한다. 최종목적지까지 2개 이상 항공사가 수송에 참여할 경우 각 경유지와 해당구간을 수송하는 항공사명을 Code로 기입한다. 한 도시에 2개 이상의 공항이 있을 경우는 도착지 공항의 3-Letter Code를 기입한다.

⑫ Currency : AWB 발행국 화폐단위 Code를 기입하며 AWB에 나타난 모든 금액은 본란에 표시되는 화폐단위와 일치하는 것이어야 한다.(단, 'Collect Charges in Destination Currency'란에 표시되는 금액은 제외) 자국 화폐단위 대신 UKL 또는 USD를 현지통화로 간주하는 나라에서는 본란에 UKL 또는 USD를 표시해야 한다.

⑯운송신고가격(Declared Value for Carriage) : 송화주는 이 난에 화물의 가격 또는 NVD(No Value Declared)를 꼭 기입하여야 한다.
- 세관신고가격(Declared Value for Customs) : 이 난에 신고된 금액에 대해 관세가 부과된다. 수입국의 규정에 이 난의 기입이 의무적이 아닐 경우에는 NCV(No Customs Value Declared)로 기재하여도 무방하다.
- 보험(Insurance) : 송화주가 수송하고자 하는 화물에 대해 보험에 부보하고자하는 경우 원하는 액수를 이 난에 기입한다.

⑬ Charge Code : 항공사의 임의로 사용된다.

⑭ Weight/Valuation, Charge-Prepaid/Collect : 화물운임의 지불방식에 따라 선불(PPD) 또는 착지불(COLL)란에 '×'자로 표시한다. 화물운임과 종가요금은 둘 다 모두 선불 또는 착지불이어야 하며 화물운임은 선불, 종가요금은 착지불 등의 형태는 불가능하다.

⑮ Other Charges at Origin-Prepaid/Collect : 화물운임과 종가요금을 제외한 출발지에서 발생된 기타요금을 지불방식에 따라 선불 또는 착지불란에 '×'자로 표시한다. 출발지에서 발생한 모든 기타 요금은 전부 선불이거나 전부 착지불이어야 한다.

⑯ Declared Value for Carriage : 송화인의 운송신고가격을 본란에 기재한다. 화물의 분실이나 파손인 경우 동 금액은 손해배상의 기준이 되며 종가요금 산정도 동 금액을 기준으로 계산된다. 가격신고 방법은 일정한 금액을 신고하는 것과 무가격 신고(No Value Declared, NVD로 표시함)의 2가지 방법 중 화주가 선택 기재한다.

⑰ Declared Value for Customs : 세관통관 목적을 위해 송화인의 세관신고 가격을 기록한다. NCV(No Customs Value)도 가능하다.

⑱ Airport of Destination : 최종 목적지인 공항이나 도시 명을 Full Name으로 기록한다.

⑲ Flight/Date : 화주가 요청한 예약 편을 기입하는 것이 아니고 항공사 임의로 사용한다. 그러나 본란에 기입된 것이 확정된 것임을 의미하지는 않는다.

⑳ Amount of Insurance : 화주가 보험에 부보하고자 하는 보험금액을 기록한다. 보험에 부보하는 금액은 대체로 운송신고가격과 일치하며 보험에 부보하지 않을 때는 공백으로 남겨둔다.

㉑ Handling Information : AWB의 다른 란에 표시할 수 없는 각종 사항을 나타내기 위해 사용된다. 충분한 여백이 없을 때는 별도 용지의 사용이 가능하다. 본란에 기입되는 사항은 대략 다음과 같다.

① 화물의 포장방법 및 포장표면에 나타난 식별부호, 번호 ② 수화인 외에 화물도착 통보를 할 필요가 있는 사람의 주소, 성명 ③ AWB가 함께 동반되는 서류 명 ④ Non- Delivery로 인한 화물의 경우 최초의 AWB 번호를 기입 - 기타 화물운송과 관련된 제반 지시 또는 참고사항

✦다음의 화물에 대해서는 착지불이 금지되어 있다.
- 수화주와 송화주가 동일인인 경우
- 수화주가 죄수 혹은 자유가 제한된 자인 경우
- 주소가 도착지공항 Terminal 혹은 Hotel 또는 기타 유동적인 상태인 경우
- 그 화물을 판매하였을 때 화물의 가격이 운임보다 싼 경우
- 도착지 국가의 통화 규정에 수화주로부터 운임지불을 허용하지 않는 경우
- 최후 인도 항공사가 착지불화물 취급을 동의하지 않는 경우
- 착지불화물로 접수 불가한 품목 : 시체(Human Remains), 생동물(Live Animals), 부패성화물(Perishables), 개인용품 또는 사용된 이사짐

㉒ Consignment Details and Rating : 화물요금에 관련된 세부사항을 기록한다. 본란에 기록되는 세부사항은 다음과 같다.

M	Minum Charge	N	Normal under 45kg (1001b) rate	Q	Quantity over 45kg(1001b) rate
C	Specific Commodity Rate	R	Class Rate(less than normal rate)	S	Class Rate(more than normal rate)
U	Pivot weight and applicable pivot weight charge	E	Weight in excess of pivot weight and applicable rate	X	Unit Load Device(as an additional line entry with one of the above)
P	Small Package Service	Y	Unit Load Device Discount		

i) Number of Pieces : 화물의 개수를 기입하며 총 개수는 아래 합계란에 표시한다.

ii) RCP(Rate Combination) : 요율결합지점을 표시해 줄 필요가 있을 경우 해당도시 3-Letter Code를 기입한다.

iii) Actual Gross Weight : 화물의 실제무게를 기입하며 합계중량은 아래 부분에 표시한다. BUC를 적용했을 경우는 사용된 ULD의 자중을 화물무게 아래에 적어둔다.

iv) kg/lb : 무게단위를 기입한다.(kilogram: K, pound: L로 표시)

v) Rate Class : 화물요율에 따라 아래 Code 중 사용된다.

vi) Commodity Item Number ; ① SCR이 적용될 경우 품목번호 기재 ② CCR이 적용될 경우 해당 Percentage 표시－BUC를 적용했을 경우 ULD의 Rating Type을 표시

vii) Chargeable Weight ; ① 화물의 실제중량과 부피중량 중 높은 쪽의 중량을 기입한다. 이때 소수점이 있을 경우 이를 처리하여야 한다. ② 최저운임(Minimum Charges)이 적용될 경우, 기재할 필요가 없다. ③ BUC를 적용했을 경우에는 해당 ULD의 운임적용 최저중량을 기입한다.

viii) Rate/Charge : ① kg당 또는 lb당 적용요율을 기입한다. ② 최저운임 적용시 최저운임 기입. ③ BUC 적용시 해당 ULD의 최저적용운임(Pivot Charge) 기입. ④ 화주소유 ULD에 대한 ULD 할인금액 기입. ⑤ Over Pivot Rate 기입

ix) Total : 운임적용중량[(22)−vii)×요율((22)−viii)] 금액을 기입한다. 서로 다른 요율이 적용되는 품목이 둘 이상의 경우의 총 합계 금액은 아래 부분의 빈칸에 기입한다.

x) Nature and Quantity of Goods(include dimensions or volume) : ① 화물의 품목을 기입한다. 필요시에는 상품의 원산국을 기입하기도 한다. ② 부피중량이 적용되는 화물 포장의 치수를 최대가로×최대세로×최대높이의 순으로 표시한다. ③ BUC 적용시 사용된 ULD의 IATA Code를 기입한다. ④ 본란의 여백이 부족할 경우 'Extension List'를 사용할 수 있다.

㉓ Weight Charge(Prepaid/Collect) : 운임지불방법에 따라 선불 또는 착지불란에 해당화물의 운임을 기입한다.

㉔ Valuation Charge(Prepaid/Collect) : 화주의 신고가격에 따라 부과되는 종가금액을 지불방법에 따라 선불 또는 착지불란에 기입한다. 화물운임과 종가요금은 양자 모두가 선불이거나 또는 착지불이어야 한다. 즉, 운임선불, 종가요금은 착지불 또는 그 반대의 경우 등은 인정되지 않는다.

㉕ Other Charge : 화물운임 및 종가요금을 제외한 기타비용의 명세 및 금액을 기입한다. 명세를 표시하기 위해서는 아래의 Code가 사용된다.

✦ULD : unit load device

AC	Animal Container	PU	Pick Up	MO	Insurance Premium
AS	Assembly Service Fee	SO	Storage	UH	ULD Handing
AW	Air Waybill Fee	SU	Surface Charge	IN	Miscellaneous
CH	Clearance and Handling	TR	Transit		
DB	Disbursement Fee	TX	Taxes		

상기 Code는 금액 앞에 표시해야 하며 위 제비용들의 귀속여부를 확실히 하기 위해 항공사 몫일 경우 C, 대리점 몫일 경우 A로 표시한다. 이때 'A' 또는 'C'의 표시는 비용 Code와 금액 사이에 기재한다.(예-PU 'C' : 35.00)

㉖ Total Other Charge : 출발지에서 발생하여 ㉕란에 표시된 제비용은 모두가 선불이거나 또는 착지불이어야 한다.

i) Total Other Charges Due Agent (Prepaid/Collect) : AWB 발행 수수료가 대리점 몫일 경우 이 내용이 기입되어야 한다. 기타 출발지에서 징수되는(선불) '대리점 몫'의 제비용은 기입할 필요가 없으며, ㉕란에 표시되는 '대리점 몫'의 비용 중 착지불 금액만 표시한다.

ii) Total Other Charge Due Carrier(Prepaid/Collect) : 운임이나 종가요금을 제외하고 ㉕란에 표시되는 비용 중 '항공사 몫'에 해당하는 비용을 선불 또는 착지불란에 기재한다.

㉗ Total Prepaid : 운임, 종가요금, 기타 제비용(항공사 몫, 대리점 몫 포함) 중 선불란에 표시된 금액의 합계를 기입한다.

【참고사항】 세계 항공사 두 자리 문자코드 (일부)

CODE			항공사명	국가	CODE			항공사명	국가
IATA	ICAO	숫자			IATA	ICAO	숫자		
SU	AFL	555	Aeroflot Russian Airlines	Russia	GF	GFA	072	Gulf Air	Bahrain
7B	KJC	139	Krasnoyarsk Airlines,	Russia	EK	UAE	176	Emirates Airlines	UAE
FV	PLK	195	Pulkovo Airlines	Russia	IR	IRA	096	Iran Air	Iran
HZ	SHU	598	Sakhalinskie Aviatrassy(SAT)	Russia	EP	IRC	815	Iran Aseman Airlines	Iran
S7	SBI	421	S7 Airlines	Russia (Siberia)	W5	IRM	537	Mahan Airlines	Iran
UN	TSO	670	Transaero Airlines	Russia	IA	IAW	073	Iragi Airways	Iraq
H8	KHB	560	Khabarovsk Airways	Russia (Dalavia)	KU	KAC	229	Kuwait Airways	Kuwait
E5	BRZ	906	Samara Airlines	Russia	ME	MEA	076	Middle East Airlines	Lebanon
LJ	SLA	690	Sierra National Airlines	Sierra Leone	3Q	CYH	592	Yunnan Airlines	" (雲南)
KE	KAL	180	Korean Air	대한항공	FM		774	Shanghai Airlines	" (上海)
OZ	AAR	988	Asiana Airlines	아시아나항공	H4	CHH	880	Hainan Airlines	" (海南)
7C	JJA		Jeju Air	제주항공	MF	CXA	731	Xiamen Airlines	" (厦門)
	HAN		Hansung Airlines	한성항공	2Z			Chang an Airlines	" (長安)
LJ			Jin Air	진에어 (구 Air Korea)	SC	CDG	324	Shandong Airlines	" (山東)

1) 항공화물운송장(Air Way Bill) 발행

국제항공화물운송장의 법적 성질은 증거증권성이 있고, 유통증권도 아니고 유가증권도 아니며, 이른바 물권적 효력을 갖는 인도증권도 아니고, 처분증권성은 있으며, 면책증권성이 있고, 요식증권성은 가지고 있지 않다.

▎항공화물운송장의 구성

구 분	용 도	색구분	기 능
Original 1	For Issuing Carrier (발행 항공회사용)	녹색	운임이나 요금 등의 회계처리를 위하여 사용되고 송화인과 운송인과의 운송계약체결의 증거이다.
Original 2	For Consignee (수화인용)	분홍색	출발지에서 목적지에 보내 당해 화물운송장에 기재된 수화인에게 화물과 함께 인도된다.
Original 3	For Shipper (송화인용)	청색	출발지에서 항공회사(운송인)가 송화인으로부터 화물을 수취하였다는 것을 증명하는 수취증이고 송화인과 운송인과의 운송계약체결의 증거서류이다. 그러나, '수화인용' 원본에 기재된 수화인에게 화물을 인도하는 경우에 수화인이 '송화인용' 원본을 소지하고 있는 가를 물어보지 않으므로 이 원본은 송화인의 운송품 처분권을 제한하는 효력을 가지고 있을 뿐이다. 환어음 결제에서는 이 원본으로 결제하고 있으므로 외국환은행은 취급하는데 주의해야 한다.
Original 4	Delivery Receipt (인도항공회사 화물인도용)	황색	운송인이 도착지에서 수화인과 화물을 상환할 때 수화인이 이 부분에 서명하고 인도항공회사에 돌려주는 것으로서 화물인도증명서 및 운송계약이행의 증거서류가 된다.
Original 5	For Third Carrier (도착지 공항용)	백색	화물과 함께 도착지공항에 보내져 세관통관용 기타업무에 사용.
Original 6	For Third Carrier (도착지 공항용)	백색	운송에 참가한 항공회사가 운임청산에 사용한다.
Original 7	For Second Carrier (제2항공회사용)	백색	운송에 참가한 항공회사가 운임청산에 사용한다.
Original 8	For First Carrier (제1항공회사용)	백색	운송에 참가한 항공회사가 운임청산에 사용한다.
Original 9	For (발행대리점용)	백색	발행대리점의 보관용으로 사용한다.
Original 10	Extra Copy	백색	필요에 따라 사용한다.
Original 11	예비용	백색	

항공화물운송장은 ① 화주가 작성한 화물운송지시서, 신용장, 상업송장, 포장명세서 등에 따라 화물 전량을 인수한 후 항공사나 항공사의 위임을 받은 대리점에 의하여 발행, ② 운송장의 내용은 근거 서류의 내용과 일치, ③ 운송장은 원본 3통, 부본 6통 등으로 구성되는 것이 원칙이나 항공사의 필요에 따라 부본을 5장까지 추가할 수 있으며, 식별을 용이하게 하기 위하여 색종이를 사용하고 있다.

2) 항공화물운송장의 파생문제

국토해양부는 항공화물 운송시 필요한 송장, 운송장(AWB) 등 종이서류를 전자문서화하는 전자 프레이트(e-freight)사업을 국제항공운송협회(IATA), 인천국제공항공사와 협력, 본격적으로 추진해 나가고 있다. 이를 위해 국토해양부는 지난 2010년 캐나다 밴쿠버에서 열린 세계 항공화물 심포지엄 폐회식 행사에서 국제항공운송협회 및 인천공항공사와 전자 프레이트 사업에 상호 협력하는 3자간 양해각서(MOU)를 체결하였다.

전자문서의 전송과 관리기능이 항공물류정보시스템을 통해 구현되면 현재 시스템을 이용하고 있는 항공물류기업들의 업무 효율성 향상으로 업무 처리시간이 단축될 것이다. 또한 종이서류의 생산 · 운송 · 관리 비용이 절감될 것이다.

(1) 물품이 실재 탑재하지 않는 문제

항공운송장은 항공운송을 실행하기 위하여 화물이 수취되었다는 것을 증명하는 운송서류에 불과하다. 이는 항공회사 또는 그의 대리인이 화물을 수취하였다는 증거서류(물품의 탑재를 증명하지 않음)에 불과하므로 수입업자가 물품이 실제로 탑재되지 않았다는 사실을 가지고 항공회사에 대항할 수 없다.

(2) 항공화물운송장 위조의 문제

수출업자가 항공회사에 물품의 발송을 위하여 수탁시키지 않고 항공화물운송장을 위조한 경우이다. 이 경우 물품이 수입국에 도착하지 않았는데도 수출업자가 신용장 조건과 외관상 일치하는 항공화물운송장을 제시하였다면 수입업자는 물품대금을 지급하여야 한다.

(3) 대비방안

첫째, 신용장에 물품이 해당 항공기에 탑재되었다는 문언을 항공화물운송장에 항공회사가 부기하도록 한다. 이러한 방법은 수취선화증권의 본선적재부기(on board notation)와 동일하다고 볼 수 있다. 즉, 항공화물운송장에 탑재문언과 탑재일을 표시하고 항공회사의 서명을 받도록 한다.

둘째, 신용장에 항공회사가 물품을 해당 항공기에 탑재하였다는 탑재확인서를 필요서류로 제시하도록 한다.

7. 항공운송관련 국제법 및 국제기구

IATA는 항공운송의 조건(운임 · 운송규칙)을 규정하고 항공화물운송장(AWB)의 양식 및 발행방법 등을 정한다. IATA가 제정한 운송계약약관은 바르샤바조약의 범위 내에서 제정한 것이고 이 중 운송인의 책임과 관련된 조항은 항공화물운송장의 이면약관에 구체적으로 명시하고 있다. IATA AWB 이면약관의 해석은 다음과 같다. "운송인의 책임제한에 관한 공지사항"이라는 표제(Title) 하에 운송의 최종 목적지가 외국이거나 외국을 경유할 경우에는 바르샤바조약이 적용된다. 한편 송화인이 미리 고가의 화물을 신고하고 추가운임을 지불한 경우를 제외하고는, 동조약에 따라 모든 화물의 멸실, 손상, 지연에 대해 운송인의 변상책임은 kg당 250FGF(french gold franc)로 제한된다. Kg당 책임한도액 250FGF는 금값이 1 온스 당 미화 42.22(US$)일 때를 기준하여 kg당 약 US$20에 해당된다.

1) 국제법

(1) 바르샤바조약(Warsaw Convention)

Convention for the Unification of Certain Rules Relating to International Carriage by Air, 1929는 1929년 제정된 국제항공 운송인의 민사책임에 관한 통일법이다. 항공기사고로 인한 여객과 화물에 미친 손해배상범위와 책임한도를 설정하여 각국 법의 충돌을 방지하고 국제항공 운송인의 책임을 일정 한도로 제한하여 국제 민간항공 운송업을 발전시키기 위한 조약으로 운송인과 여객 또는 화주의 이익을 조정하는 공평의 원칙을 견제하는 것이 목적이다.

(2) 헤이그 의정서(Hague Protocol)

"Protocol to Amend the Convention for the Unification of Certain Rules Relating to International Carriage by Air Signed at Warsaw on 12 October 1929"는 Warsaw조약 체결 후 25년이 지나는 동안 항공기술 등의 발달로 안전도도 많이 향상되어 원계약의 목적 중 하나인 항공산업을 보호하여야 할 필요성이 크게 감소하자 운송인의 책임한도액을 현실화시킬 목적으로 1955년 9월 8일 서명하여 1963년 8월1일부터 발효되었다. 그런데 현재 사용 중인 IATA AWB(Air Waybill) 이면약관의 운송인의 책임한도(Limitation of Liability)가 현행 중량 1kg당 17SDR(Special Drawing Rights)을 19SDR(약 USD29.85$)로 상향 조정되었다.

이것은 몬트리올조약 제24조 제1항의 규정에 따른 것으로 ICAO에서는 매 5년 주기로 IMF(국제통화기금)의 세계경제전망(WEO) 데이터베이스에 의한 세계 인플레이션(물가)상승률을 근거로 하여 책임한도를 상향조정(17SDR → 19SDR/kg)한 것이다.

✦바르샤바조약, 헤이그의정서 내용 재구성함.

표 6-6. WARSAW 조약과 헤이그 의정서의 비교

구분	WARSAW 조약 (1929서명, 1933발효)	헤이그 의정서 (1955서명, 1963발효)
적용 범위	항공기에 의한 여객, 수화물, 또는 화물의 모든 국제운송에 적용됨	좌측과 동일함
책임 원칙	거증책임이 전환된 과실책임주의	좌측과 동일함
면책 사유	①운송인 및 사용인은 손해를 방지하는데 필요한 모든 조치를 취하였다는 것 또는 그 조치를 취하는 것이 불가능하였다는 것을 증명하였을 때는 책임을 부담하지 않음 ②운송인은 손해가 조종항공기의 취급 또는 항행에 관한 과실에서 발생한 것을 증명하였을 때는 책임을 부담하지 않음. ③청구자측의 과실	원칙적으로 좌측과 동일함.다만, 손해가 조종, 항공기의 취급 또는 항행에 관한 운송인의 과실에서 발생한 경우의 면책 규정은 삭제되었음.
배상 금액 및 책임 제한	운송인의 책임은 1kg에 대해 250 Poincare Franc을 한도로 한다(IATA에 의해 U$20로 환산). 다만 송화인이 운송인에게 화물을 교부할 때 인도시의 가액을 초과하는 것을 증명하지 않는 한 이 신고된 가액을 한도로 책임을 부담	좌측과 동일
손해 통지기한	멸실. 손상이 있는 경우, 화물의 수취일로부터 7일 이내에, 연착의 경우는 14일 이내에 이의를 신청하여야 함. 다만 운송인에게 사기가 있는 경우에는 그러하지 아니함.	멸실, 손상이 있는 경우에는 화물의 수취일로부터 14일 이내에, 연착의 경우에는 송화인이 화물을 처분할 수 있었던 날로부터 21일 이내에 운송에 대하여 이의를 재기하여야 함.
소송 제기기한	책임에 관한 소송도 도착예정일 또는 운송지일로부터 기산하여 2년이 내에 제기하여야 함.	좌측과 동일
책임제한 불인정사유	손해가 운송인, 또는 그 사용인의 고의 또는 고의에 상당한다고 인정되는 과실로 발생하였을 때는 운송인의 책임은 제한되지 않음.	좌측과 동일함. 다만, 고의적 악행에 대해서는 '손해를 발생시키려는 의도를 가지고 또는 무모하게 또는 손해가 발생할 우려가 있다는 것을 인식하면서 행한 작위 또는 부작위'로 정의되었음.

(3) 과다라하라 협약(Guadalajara Convention)

운송인의 종류는 계약운송인과 실제운송인으로 구분되며, 실제 운송인이 운송을 담당한 경우 누구에게 협약을 적용하는가에 대해 법체계에 따라 해석을 달리함에 따라 이를 통일하기 위해 1961년 채택하였다.

(4) 과테말라 의정서(Guaremala Protocol)

1965년 초안이 작성되었으나 아직 미발효된 상태이다. 국제민간항공기구 총회에서 협약상 책임한도액 개정의 필요성으로 법률 위원회가 개정 협약 초안을 작성하였다.

2) 몬트리올 협정(Montreal Additional Protocol)

국제항공운송에 관하여는 1929년 바르샤바 조약을 모체로 한 바르샤바 체제가 확립되어 있다. 1929년 "국제항공운송인의 책임에 관한 일부규칙을 통일하기 위한 바르샤바 협약"이 제정된 이래, 1955년 헤이그 의정서, 1961년 과다라하라 협약, 1971년 과테말라 의정서, 1975년 몬트리올 제1, 2, 3, 4 추가의정서에 이르기까지 일련의 조약체계를 바르샤바 체제(Warsaw Instrument)라고 한다.

정식 명칭은 "Convention for the Unification of Certain Rules for International Carriage by Air Done at Montreal on 28 May 1999"이다. 국제항공운송조약들의 잦은 개정으로 그 내용들이 복잡해지자 각국의 차이를 통일하기 위하여 국제민간항공기구는 바르샤바조약과 개정조약에서의 여객에 대한 책임한도 문제에 관한 특별회의를 구성하여 국제항공운송협회와 미국 정부와의 협의로 1966년 제정하였다. 그 후, 1999년 5월 28일에 몬트리올협약을 성립시켜 2003년 11월 4일부터 몬트리올협약이 발효되고 있다. 그동안 한국은 "1955년 헤이그 의정서에 의하여 개정된 바르샤바 조약"에 가입하였으므로 국제항공운송 관련 모든 분쟁들에 대하여 법원은 이와 같이 "개정된 바르샤바 조약"에 의하여 해결하여 왔다(대법원 1986. 7. 22. 선고 82다카1372판결 등에서 확립된 원칙).

그러나 지난 2007년 9월 20일 국회 본회의에서 몬트리올협약가입동의안이 가결되어, 2010년 1월 1일부터 효력을 갖게 되었다. 몬트리올 협약도 기본적으로는 바르샤바체제에 속한다고 볼 수 있다. 그러나 동협약은 바르샤바협약의 중요한 내용이라고 할 수 있는 여객의 부상·사망에 대한 책임제한을 폐지하고, 새로운 관할의 기준으로 여객의 주거지를 추가로 인정하는 등 상당한 변화를 담고 있다. 이에 몬트리올협약의 주된 내용을 간략하게나마 미리 살펴보고자 한다.

(1) 몬트리올 협약의 주된 내용

(가) 별개의 독립된 협약형식 : 몬트리올협약은 독립된 새로운 협약으로 제정되었다. 바르샤바체제 내의 협약들 중에는 일부 미발효된 의정서들이 있어서 각 당사국들에게 적용하기가 매우 복잡하게 되어 있으므로 별개의 독립된 협약의 형태로 성립시킨 것이다. 협약은 7개의 장(Chapter)에 57개의 조문으로 구성되어 있다.

(나) 바르샤바체제하의 기존 협약과의 관계: 몬트리올협약 제55조가 이에 관한 조항을 두고 있다. 몬트리올협약 가입국간의 국제운송이나, 몬트리올협약 가입국 안에서의 국제운송의 경우에는 기존의 어떤 협약보다도 몬트리올협약이 우선하여 적용된다. 몬트리올협약의 가입국과 몬트리올협약을 비준하지 아니한 기존협약 가입국 사이의 운송은 몬트리올협약이 적용되는 국제운송은 아니다. [몬트리올협약 상 국제항공운송이란 항공운송계약상 출발지와

도착지가 각각 협약의 체약국에 있거나, 혹은 출발지와 도착지가 모두 단일한 체약국 안에 있지만, 타국에 예정 기착지를 둔 경우를 말한다(협약 제1조 제2항). 이는 기존의 바르샤바체제와 동일하다.]

우리나라와 몬트리올협약을 비준하지 아니한 기존 바르샤바협약 가입국간의 항공운송과 관련하여 사고가 발생한 경우, 법원이 개정된 바르샤바협약을 적용할지 혹은 몬트리올협약을 적용할지에 대하여 논란의 여지가 있다.

(2) 적용범위

(가) 국제운송 : 몬트리올협약 제1조에 의하면 이 협약은 항공여객, 수화물 또는 화물에 대한 유상 및 무상의 '국제운송'에 적용된다. '국제운송'의 범위에 관하여는 협약 제1조 제2항이 이를 규정하고 있다. 기존의 바르샤바 체제와 내용상의 차이는 없다.

(나) 계약운송인 이외의 자에 의한 항공운송 : 한편 몬트리올협약은 협약 제5장에 "계약운송인 이외의 자에 의한 항공운송"이라는 장을 신설하여 제39조부터 제48조에 걸쳐 비교적 상세하게 규정하고 있다.

(다) 국가 / 군 당국에 의한 운송에도 적용 : 몬트리올협약 제2조에 의하면, 가입 시 유보를 하지 않으면, 국가 또는 군 당국에 의한 운송에도 적용하는 것이 원칙이다. 국가가 주권국가로서의 기능수행 혹은 의무의 이행으로서 직접 수행하는 비상업적 운송(예, 외국에 전쟁이 발생한 경우 자국민의 대피를 위하여 국가가 민간 항공기를 전세하여 운송하는 경우) 혹은 군을 위한 여객 수화물 및 화물 운송에 대해서는 동 협약 제57조 유보조항(Reservations)에 따라 가입시 협약의 적용을 배제한다.

(라) 우편물 운송에 비적용 : 몬트리올협약은 우편물의 운송에는 적용되지 않는다(제2조).

(3) 여객의 사망 · 상해에 대한 책임

(가) 이원적 책임구조(협약 21조)

(i) 100,000 SDR까지의 손해 : 운송인의 과실여부를 묻지 않고 책임을 진다. 단, 승객의 기여과실에 따른 책임감면은 가능(제20조).

(ii) 100,000 SDR을 초과하는 손해: 운송인에게 과실이 존재하는 경우에만 책임짐.

(나) 100,000SDR을 넘는 손해에 대한 운송인의 무과실 입증책임 : 손해가 운송인, 고용인 또는 대리인의 부주의, 불법적 행위, 부작위에 기인하지 않았거나, 그러한 손해가 오로지 제3자의 부주의, 불법적 행위 또는 부작위에 기인되어 발생되었다는 것을 운송인이 입

증하는 경우에만 운송인의 책임이 면제된다(협약 제21조 제2항). 형식적으로는 과실책임주의를 규정하고 있으나 운송인에게 무과실 입증책임을 지움으로써 실질적으로는 무과실책임에 가깝다.

(다) 책임제한제도의 철폐 : 여객의 상해 및 사망에는 기존 바르샤바체제에 의한 책임제한을 철폐하였다.

(4) 여객의 '지연'으로 인한 책임(협약 제19조 본문)

(가) 책임한도액 : 4,150 SDR(협약 제22조 제1항)

(나) 면책사유 : 운송인 또는 이행보조자가 손해를 방지하기 위하여 합리적으로 필요한 모든 조치를 취하였다는 사실 혹은 그들이 그와 같은 조치를 취하는 것이 불가능하였다는 사실을 입증한 때에는 지연으로 인하여 발생된 손해에 대하여 책임을 부담하지 않는다(협약 제19조 단서).

(다) 책임제한의 배제: 바르샤바체제에서의 소위 "무모함 기준(Recklessness Test)"과 동일한 기준으로 책임제한이 배제된다. 다만, 하수인 혹은 대리인의 무모한 행위를 이유로 책임제한을 배제하려면 그러한 하수인이나 대리인이 고용의 범위 내에서 행위를 한(acting within the scope of its employment) 사실을 증명해야 한다(협약 제22조 제5항 및 단서). 수화물 혹은 화물의 '지연'으로 손해의 경우에도 같은 요건으로 책임을 면한다.

(5) 수화물 또는 화물의 멸실·손상·지연으로 인한 책임(협약 제19조, 제22조 본문)

(가) 책임한도액 : 수화물의 경우 승객 당 1,000SDR, 화물의 경우 KG당 17SDR. 단, 도착지 가액을 신고하고 종가요금을 지불하고, 신고된 가액이 도착지 가치를 넘지 않는 경우에는 신고된 가액을 한도로 함.(제22조, 제23조)

(나) 면책사유 : 수화물이든 화물이든 손해가 물건 자체의 고유의 하자로 야기된 경우 운송인은 면책. 화물의 경우에는 손해가 포장불량, 전쟁, 공공당국의 행위로 야기된 경우에도 운송인은 면책(협약 제17조, 제18조). 지연의 경우에는 동일한 면책사유가 적용된다.(협약 제19조 단서)

(다) 책임제한의 배제 : 수화물에 대해서는 여객운송의 지연에 적용되는 것과 동일한 요건으로 무모함 기준에 의하여 책임제한이 배제된다.(협약 제22조 제5항 및 단서) 책임제한이

배제되는 경우를 규정한 협약 제22조 제5항에서 화물의 멸실, 손상, 지연으로 인한 책임의 제한은 포함되지 않았다. 화물의 경우에는 책임제한이 배제되지 않는 것으로 보아야 할 것이다.

(6) 책임감면

손해가 손해배상을 청구하는 자의 과실, 기타 불법행위 또는 부작위로 기인되었거나 기여되었다는 것이 입증되었을 때에는 운송인의 책임의 전부 또는 일부가 면제된다. 무과실책임을 포함한 운송인의 모든 책임에 대하여 적용된다.(제20조)

(7) 책임한도의 조정

몬트리올협약 제24조는, 인플레이션 계수[국제통화기금의 가입국의 소비자물가지수를 가중평균하는 방법으로 계산한다.(협약 제24조)]가 10%를 초과하는 경우 매 5년마다 책임한도액을 조정할 수 있는 절차 규정을 두었다.

그러나 현재 상법은 운송인의 배상책임금액에 관하여, 육상운송인에 대하여는 상법 제137조에서, 해상운송인의 배상책임한도에 관하여는 상법 제797조에서 규정하고 있고, 항공운송인의 배상책임금액에 대해서는 침묵하고 있다.

그러므로 여기서 문제는 운송(주선)인의 손해배상액 산정과 환율 적용 기준시점이 문제가 된다. 이러한 운송인의 배상책임은 대부분 운송계약 또는 선화증권에 외화(주로 USD)로 기재된 화물가액(Invoice Amount)에 따라 '외화'로 그 배상금액이 정해지거나 또는 해상운송인의 경우처럼 상법 제797조에 규정된 바와 같이 그 책임제한을 원용하는 경우 SDR (Special Drawing Right)로 배상책임금액이 산정되는 바, 이러한 배상책임금액의 산정단위인 USD 또는 SDR이 급격히 원화절상 또는 절하되는 경우, 원화 배상의 주체인 운송인(운송주선인)은 직접적으로 영향을 받게 되므로, 운송인의 손해배상액 산정에 있어서 어느 시점의 환율을 적용해야 하는지에 대한 검토는 중요한 일이다.

▣ 환율적용의 기준시점에 관한 검토

민법 제378조에서는 "채권액이 다른 나라의 통화로 지정된 때에는 채무자는 지급할 때에 있어서의 이행지의 환금시가에 의하여 우리나라 통화로 변제할 수 있다"고 규정하고 있다.

대법원은 "신용장 개설은행의 손해액을 신용장 결제대금에 관한 구상금 채권액의 범위 내에서 운송물이 불법으로 인도되어 멸실된 당시의 시가 상당액으로 파악하고, 그 시기를 신용장 개설은행이 통지은행에게 미 달러화로 지급한 운송물 대금 상당이라고 본다면, 미 달러화로 표시된 그 시가를 '멸실 당시'의 외국환 시세에 의하여 우리나라 통화로 환산한 금액이 그 멸실 당시의 가액이 되는 것이고 한편, 불법행위로 이한 손해배상의 방법에 관하여 규정하고 있는 민법 제763조, 제394조 소정의 '금전'이라 함은 우리나라의 통화를 가리키는 것이어서 불법행위로 인한 시가 상당의 손해배상을 구하는 채권은 당사자가 외국통화로 지급하기로 약정하였다는 등의 특별한 사정이 없는 한 채권액이 외국통화로 지정된 외화채권이라 할 수 없으며, 미 달러화로 표시된 위 시가를 우리나라 통화로 환산함에 있어서는 달리 특별한 사정이 없는 한 기준환율에 의하여 환산함이 상당하고 대고객 전신환매도율에 의하거나 대고객 전신환매입율에 의하여 환산할 것은 아니다"라고 판시한 바 있다.(대법원 1995.9.15. 선고 94다61120 판결)

한편, 대법원은 다른 판결에서, "상법 제789조의 2(현행상법 제797조)에 규정된 국제통화기금의 1 특별인출권(SDR)에 상당하는 금액인 계산단위를 국내통화로 환산하는 시점에 관하여 상법상 명문의 규정이 없는 바, 운송인의 손해배상책임을 제한하는 입법 취지와 1978년의 함부르크 규칙을 비롯한 관련 국제조약 및 독일, 일본 등 여러 나라에서 실제 배상일이나 판결일 등을 국내통화로 환산하는 기준일로 삼고 있는 점, 선박소유자 등의 책임제한절차에 관한 법률 제11조 제2항에서 공탁지정일에 가장 가까운 날에 공표된 환율에 의하도록 규정하고 있는 점 등에 비추어 볼 때, 상법 규정에 의한 계산단위를 소송상 국내통화로 환산하는 시점은 실제 손해배상 일에 가까운 사실심 변론종결일을 기준으로 하여야 할 것이다.(대법원 2001.4.27. 선고 99다71528 판결)"라고 판시하였다.

대법원의 판결에서 보듯이 운송화물의 손상, 도난 등으로 인해 화주가 운송인에게 손해배상을 청구하는 경우 또는 화주의 적화보험사가 적화보험금을 지급한 후 운송인에게 구상권을 행사해 오는 경우, 운송인이 화주 또는 적화보험사에게 부담하는 손해배상채무는 '사고발생일 또는 멸실 당시'의 외화채권액을 우리나라 통화를 환산한 금액이 될 것이나 운송인으로써 상법상 책임제한 규정에 따라 손해배상책임을 부담하는 경우, 그 계산단위를 국내통화로 환산하는 시점은 '실제 손해배상금을 지급하는 때'가 되어야 할 것으로 판단된다.

(8) 강행규정

몬트리올협약 제26조에서는 운송인의 책임을 면제시키거나 협약에 규정되고 있는 책임한도보다도 적은 액수의 책임한도를 정하는 규정은 무효로 한다고 규정하고 있다.

(9) 비계약적 청구 및 징벌적 배상의 배제

몬트리올협약 제29조는 비계약적인 청구(예컨대 불법행위를 원인으로 하는 손해배상청구)의 경우에도 협약이 적용되도록 명시하였다. 한편, 손해액을 산정함에 있어서 피해자가 실제로 입은 손해만이 인정되며, 미국법상의 소위 징벌적 손해배상(punitive damage)은 인정되지 않는다.

(10) 선 배상금 지급

몬트리올협약 제28조는 '선 배상금 지급'에 관한 조항을 두고 있다. 운송인은, 국내법

규정이 있는 경우, 승객 사망, 부상으로 인한 손해에 대해 선 배상금을 지급하여야 한다.

(11) 보험

몬트리올협약 가입국은 자국의 운송인들에게 협약에 따른 책임을 담보할 수 있는 보험을 유지하도록 요구하여야 하고, 자국에 취항하는 운송인에게 그러한 보험을 유지하고 있다는 증거를 제출할 것을 요구할 수 있다.(제50조)

(12) 재판관할권(제5관할권의 신설)

몬트리올협약에서는 바르샤바협약에 규정되어 있는 바와 같이 4가지의 재판관할권을 규정하고 있다. 즉, 원고는 선택에 따라 ① 운송인의 주소지, ② 운송인의 주된 영업소의 소재지, ③ 운송인이 계약을 체결한 영업소의 소재지, ④ 도착지를 관할하는 법원 중 어느 한 곳에 소송을 제기할 수 있다. 여객의 사망 또는 상해로 인한 소송에 관하여는, 몬트리올협약은 위의 4가지 재판관할권에 추가하여, 사고 당시 여객의 항구적인 주거지(Principal and Permanent Residence)에서도 재판을 할 수 있도록 규정하고 있다. 단, 그 국가에 해당 항공사가 취항하고 있을 것을 요건으로 한다.(협약 제33조 제2항)

(13) 중재약정

화물운송계약의 경우 서면 약정으로 중재약정을 할 수 있고, 신청인은 제33조에 따른 4개의 재판관할지역 중 한곳에서 중재의 개시를 신청할 수 있다.(제34조)

결국, 국제항공운송인은 화물이 파괴, 멸실 또는 훼손된 경우의 손해에 대하여는 그 손해의 원인이 된 사고가 항공운송 중에 발생한 것인 때에는 책임을 진다.(바르샤바협약 제18조제1항) 이때 항공운송 중이란 화물이 비행장 또는 항공기상에서 또는 비행장 외에 착륙한 경우에는 장소 여하를 불문하고 운송인의 관리 하에 있는 기간을 말한다.(바르샤바협약 제18조제2항) 운송인은 화물의 연착으로 발생한 손해에 대하여도 책임을 지며(바르샤바협약 제19조), 운송인이 운송서류를 분실하여 결과적으로 화물운송이 지연된 경우에도 운송인은 화물의 연착으로 인한 손해를 배상할 책임을 면하지 못한다.

그런데 국제항공운송인의 책임제한에 관해 언급해 보면, 최근에 IATA(국제항공수송협회)의 주도로 IATA표준약관에 의하여 국제항공운송인의 책임제한을 철폐하고 무한책임을 지는 방향으로 진행되고 있다.

책임의 범위는 송화인이 운송가격을 신고하고 필요로 하는 초과요금(종가요금)을 지급하지 아니하면 운송인의 책임은 화물 1Kg당 250 포앙카레 프랑 내에서 실손해를 배상하여야 한다.(바르샤바협약 제22조제2항)

운송인이 책임을 지는 경우 그 손해배상액은 중량을 계산하여 산정하되, 이때의 중량은 파손 · 멸실된 부분만의 중량이 아니라, 그 부분의 파손 · 멸실로 인한 물건 전체에 미치는 손해를 말하므로 문제된 물건 전체의 중량을 기준으로 한다.(바르샤바협약 제22조제2항) 송화인이 운송가격을 신고하고 소정의 종가요금을 지급하면 운송인은 화물의 멸실 · 훼손의 경우 신고한 가격을 한도로 실손해를 배상하여야 한다.

송화인이 종가요금을 낮출 목적으로 실제가격보다 낮추어 운송가격을 신고한 경우는 그 실제가격이 아닌 신고가격이 운송인의 책임한도액이 된다. 책임한도액에 대한 이자는 별도로 계산하여야 하는지 아니면 이것도 한도액에 포함되는지 의문이나, 판결후 지급시까지 이자는 별도로 인정되며, 판결전의 이자에 관하여는 법정지의 일반 법원칙에 따라 이를 긍정하는 견해와, 바르샤바협약은 운송인의 책임을 절대적으로 제한한다는 이유로 이를 부정하는 견해로 나눠지나 이를 인정하는 것이 다수설이다. 운송인의 책임을 면제하거나 바르샤바협약이 정한 책임한도액보다 낮은 한도를 정하는 계약규정은 무효이므로(바르샤바협약 제23조), 운송계약의 당사자는 특약으로도 여객 및 송 · 수화인에게 불리한 방향으로 협약의 적용을 배제 · 변경할 수 없다.

표 6-7. 항공운송인의 책임한도 비교

<table>
<tr><th colspan="3">구 분</th><th>바르샤바조약</th><th>헤이그의정서
(개정 바르샤바조약)</th><th>몬트리올 협정</th></tr>
<tr><td colspan="3">서명일자</td><td>1929.10.12</td><td>1955.9.8</td><td>1966.5.16</td></tr>
<tr><td colspan="3">발효일자</td><td>1933.2.13</td><td>1963.8.1</td><td>1966.5.16</td></tr>
<tr><td rowspan="4">책임한도액</td><td colspan="2">여객</td><td>1인 당
USD 10,000,00</td><td>1인 당
USD 20,000,00</td><td>1인당 USD75,000,00(소송비포함)/
1인당 USD58,000,00(소송비용 불포함)</td></tr>
<tr><td colspan="2">위탁수화물</td><td>kg 당 USD20.00</td><td rowspan="3">바르샤바조약과 동일</td><td rowspan="3">바르샤바조약과 동일, 현재 화물 kg당
29.85USD 또는 19SDR</td></tr>
<tr><td colspan="2">휴대수화물</td><td>1인 당 USD400.00</td></tr>
<tr><td colspan="2">화물</td><td>kg 당 USD20.00</td></tr>
<tr><td rowspan="4">청구기한</td><td rowspan="2">훼손</td><td>여객</td><td>수취일 후 3일 이내</td><td>수취일 후 7일 이내</td><td rowspan="4">헤이그 의정서와 동일</td></tr>
<tr><td>위탁
수화물</td><td>수취일 후 7일 이내</td><td>수취일 후 14일 이내</td></tr>
<tr><td rowspan="2">지연</td><td>휴대
수화물</td><td>처분 가능일</td><td>처분 가능일</td></tr>
<tr><td>화물</td><td>14일</td><td>21일</td></tr>
</table>

3) 국제기구

(1) 국제항공운송협회(IATA : International air transport association)

1945년 설립된 순수 민간단체, 본부는 몬트리올 및 제네바에서 설립되었다. 국제운송협회의 주요 업무는 세계인의 편의를 위해 안전하고 정기적이며 경제적인 항공운송업의 발달과 항공교역의 육성 및 관련 운송장의 문제점 해결하고 국제민간 항공운송에 직·간접으로 관계되는 항공운송 기업간의 협력수단을 제공하며 국제민간항공기구 및 기타 국제기구와의 협력한다.

(2) 국제민간항공기구(ICAO : International civil aviation organization)

1947년 발족된 UN 전문기관으로 주요업무는 국제민간항공의 발전을 목표로 항공기, 공항 및 항공 보안시설을 권장하고 불필요한 경쟁으로부터 경제적 소비를 방지하며 체약국의 국제 항공기 육성에 공정한 기회부여를 주된 업무로 한다.

(3) 국제주선인 협회(FIATA : international federation of freight forwarders association)

1926년 국가별 대리점 협회나 개별 대리점으로 구성되었다. 주요 업무는 항공대리점업의 이익을 국제적으로 보호하고 대리점 조직과 연관 업체들의 협조관계 유지하는 일이다.

8. 국제 항공운송의 새로운 문제

최근 10년간 세계 경제는 자유 무역주의에 힘입어 국가간의 교역이 확대되고 있으며, 세계 항공화물 운송은 산업의 고도화, 소비의 다양화가 추구됨에 따라 수송실적도 지속적으로 증가하였다.

ICAO, IATA 등의 국제기구에 따르면 향후에도 항공운송시장은 지속적인 발전과 성장을 이룰 것이며, 세계적인 항공자유화의 확대로 더욱 가속화될 것이라고 예상한다. 특히 아시아태평양 지역의 성장세가 두드러질 것이다.

그런데 2년 연속 세계 최고로 선정된 인천국제공항은 항공화물운송 세계 1위(2006년 기준)의 항공사를 보유하고 있는 만큼 보안의 확보는 무엇보다 중요한 문제이다.

미국의 2001년 9.11 항공기 테러사건 이후 테러 방지를 위해 국가별로 다양한 항공보안체계를 구축하여 항공보안을 강화하고 있지만 이러한 보안 강화는 주로 여객보안강화 위주로 진행되고 있으며 그래서 항공화물 보안은 여객에 비해 허술하여 보안의 취약성을 내포하고 있다. 한국은 항공화물운송 세계 1위(2006년 기준)의 항공사를 보유하고 세계 2위(2006년 기준)의 항공화물을 처리하고 있음에도 불구하고 다량의 항공화물을 공항에서 검색하는데 많은 시간과 비용이 소요됨에 따라 신속하고 효율적인 항공화물 보안체계 구축은 매우 중요하다. 따라서 한국은 제도정비 등을 통하여 보안강화를 위해 항공화물 운송의 신속성을 확보하면서 보안성을 동시에 유지할 수 있는 체계적이고 유기적인 보안체계를 구축해야 할 것이다.

제 2 절 항공적화보험

1. 항공적화보험의 개요

항공화물(Air Cargo)이란 항공기에 의해 운송되는 승객의 수화물(baggage)과 우편물(mail)을 제외한 항공운송장(AWB)에 의해 수송되는 화물을 말한다.

✦IATA ; International Air Transport Association (국제 항공 운송 협회)

과거의 화물운송은 주로 육상 또는 해상에 의한 운송이었으며 일부 특수한 종류의 화물만이 항공운송의 대상이었다. 그러나 오늘날에는 광동형(wide body) 항공기의 도입과 항공화물의 컨테이너화, 지상조업의 자동화 등으로 운송원가의 절감이 가능해진데다 제조업 분야의 소형화, 자동화에 따른 고가의 고부가가치 화물의 운송수요 증가 및 기업들의 적정 재고정책 등으로 항공에 의한 정시배달이 선호됨에 따라 국제무역에 있어서 중요한 운송수단의 하나로 각광을 받고 있다.

실제로 한국의 항공화물 운송은 1970년대부터 본격적으로 시작되어 최근에는 고부가치 첨단제품인 기계류와 전자제품의 비중이 상대적으로 증가한 결과 이들 제품의 운송이 전체 항공화물의 약 30% 이상을 전자제품이 차지하고 있어 중요 고부가가치 화물의 국제운송에 크게 기여하고 있다.

그런데 국제항공화물은 현재 보험실무측면에서 고려하면 해상적화보험(또는 항공적화보험)과 항공화물화주보험(또는 국제항공운송보험) 두 가지 방식으로 보험자에게 인수된다.

항공화물 중 부피와 중량이 많이 나가는 거대화물은 해상적화보험계약과 동일한 방식에 의하여 보험자가 인수한다. 국제간 운송되는 해상화물과 항공화물들은 운송수단과 운송수단의 특성에 따라 약간의 차이가 존재하고-이를테면 차이점으로 운임 적용원칙이 해상과 다를 뿐- 운송의 본질은 동일하므로 국제항공화물 대부분은 해상보험으로 인수되기 때문이다. 그래서 해상적화보험에 관한 대부분의 일반원칙들을 항공화물이 포함하고 있으므로 보험 실무적으로도 항공화물운송에 해상적화보험의 원칙이 적용된다.

반면 항공화물 중 부피와 중량이 월등히 적게 나가는 소형화물은 송화인이 간단한 절차에 의하여 화물을 부보할 수 있도록 마련된 항공화물화주보험에 의해 담보된다. 즉, 항공회사와 보험회사가 미리 포괄보험계약을 체결해 두고 있으므로 송화인이 화물을 항공사에 인도할 때 항공화물송장(AWB)에 필요한 사항을 기재하고 보험료를 지급하기만 하면 해당 화물은 자동으로 보험에 부보가 되는 방법이다.

그러나 수출 · 입업에 종사하는 자가 항공화물주보험을 이용할 경우, 수출입업자는 화물의 보험부보절차가 간편하여 시간과 노력을 절약하는 이점을 누릴 수 있지만 보험조건 및 보험요율이 항공사와 보험자간 체결된 획일적인 보험계약에 따라야 하므로 화물의 특성이나 성격, 보험료지불측면에서 다소 불편한 점을 감수하여야 한다. 따라서 항공화물화주보험은 소량의 화물에 적당한 보험이라 할 수 있다.

1) 항공적화보험의 정의

적화보험이란 운송 중에 외부의 우연한 사고의 결과로 인해 화주가 입게 되는 화물의 손실을 소정의 보험료를 대가로 보험자가 피보험자에 대하여 계약 당시 합의한 방법과 범위에 따라 보상하는 보험이다. 이때, 화물이 해상운송 중이면 해상적화보험이 되고 항공운송중이면 항공적화보험이 되며 육상운송중이면 육상적화보험이 된다. 따라서 항공적화보험은 항공운송 중에 외부의 우연한 사고의 결과로 인해 화주가 입게 되는 화물의 손실을 소정의 보험료를 대가로 보험자가 피보험자에 대하여 계약 당시 합의한 방법과 범위에 따라 보상하는 보험이다.

(1) 항공운송

항공적화보험은 기간보험(time policy)이 아니라 구간보험(voyage policy)이다. 따라서 당연히 운송구간 중에 수반되는 보험사고에 한해서만 보상이 가능하다. 즉, 운송의 개시를 위하여 처음 움직임 이전이나, 운송이 종료한 시점 이후의 사고에 대해서는 담보가 불가능하다.

(2) 외부의 우연한 사고의 결과

항공적화보험에서 담보하는 보험사고는 반드시 외래적 요인에 의해 발생한 것이어야 한다. 즉, 필연적인 화물 자체의 성질로 인한 보험사고나, 보험관계자의 고의에 의한 행위로 발생한 사고는 담보가 불가능하다.

(3) 화물의 손실

항공적화보험은 화물의 물리적 손해만을 담보한다. 즉, 미래의 예상되는 손실이나 시장상실로 인한 목적물 자체의 가치 하락으로 인한 손해는 담보가 불가능하다.

(4) 계약 당시 합의한 방법과 범위

항공적화보험은 다양한 운송 구간, 화물의 성질 등으로 인해 보험증권상에 계약자와 합의한 각종 'warranties'를 삽입하고 있다. 예를 들어, 'A/R Excluding Breakage'라고 증권상에 표기가 되어 있다면, 'breakage'손해에 대해서는 계약자가 보험자와 합의하여 담보 손해유형에서 제외한다는 의미이다. 따라서 보험계약체결 시 부보화물에 대한 각종 정보를 정확하게 제공하여야만, 보험금을 받을 때 불이익을 받지 않는다.

(5) 보상하는 보험

항공적화보험은 피보험자의 손해를 보상하는 보험이다. 즉, 피보험자의 부보화물로 인한 배상책임 문제는 보험자가 담보하지 않는다.

항공화물적화보험은 1965년에 제정된 협회항공화물약관을 사용하다가 (신)협회 적화보험약관이 제정됨에 따라 1982년에 이어 2009년에 새로운 협회항공화물약관이 제정되어 현재 (구)약관과 (신)약관이 함께 사용되고 있다. (신)약관인 Institute Cargo Clause(Air)는 (구)약관의 Institute Air Cargo Clause(All Risks)에 해당된다.

항공적화보험의 경우 항공화물은 항공기의 특성상 사고가 발생하면 보통 전손이므로 전위험 담보조건 밖에 없다. 공동해손에 관한 조항도 없다. 그리고 항공화물약관도 ICC (A/R) 및 ICC(A)조건과 마찬가지로 전쟁위험 및 동맹파업위험을 담보하지 않으므로 별도로 특별조건[Institute War Clauses(Air Cargo), Institute Strikes Clauses(Air Cargo)]을 추가하여야 해당위험을 담보받을 수 있다.

2) 항공적화보험과 복합운송화물보험

항공운송의 경우 항공보험이 존재하며, 사고시 대부분 전손되기 때문에 전위험 담보로 부보한다. 복합운송은 특별약관이 있는 것은 아니며 보통 컨테이너 보험으로 부보한다.

(1) 항공화물보험

항공운송 중 화물에 손해가 발생하면 대부분 항공운송인이 책임을 지지만 항공운송인의 과실이 없거나 불가항력에 의한 손해일 경우에는 면책된다. 또한 항공운송인의 책임액은 일정한도가 있다. 보통 항공운송의 경우 사고가 발생하면 기체와 함께 전손되므로 항공화물의 보험은 전위험담보조건인 ICC(Air)약관으로 부보한다. 이 경우에도 해상적화보험과 마찬가지로 전쟁위험과 동맹파업위험은 면책되기 때문에 이들 위험을 담보받기 위해서는 특약을 해야 한다. 보통 보험기간은 최종 양화지에 있어서 항공기로부터 보험의 목적인 화물을 양화한 후 30일 경과했을 때이며, 화물고유의 결함/성질에 기인하는 멸실・손상비용 등 손해는 담보하지 않는다.

(2) 국제항공운송보험

일반적으로 소량화물에 사용되는 보험으로서 항공회사가 발행하는 항공화물운송장(AWB)의 사본을 보험인수증으로 사용함과 동시에 항공회사가 보험회사의 대리점 자격으로 운송계약을 체결하고 화주가 필요로 한다면 화주를 대리해 화물에 보험을 부보하는 방식이다. 우리가 여행시에 약간의 비용추가로 보험을 함께 부보하는 것과 유사하다.

(3) 항공화물배상책임보험

항공회사 발행의 AWB상 책임한도액까지는 상업과실의 경우 항공회사는 화주에 대해 책임을 부담하므로 화주 또는 보험대위를 구상하는 보험회사로부터의 구상에 대비하여 항공회사는 항공화물 배상책임보험에 가입해두고 추후 사고발생시 배상책임보험에 의거하여 위험을 보험자에게 전가한다.

(4) 컨테이너보험의 종류

(가) 컨테이너 자체보험

컨테이너 자체의 멸실 또는 손상에 따른 손해를 보상하는 보험으로 담보조건에는 전위험담보조건과 전손담보조건이 있다. 전위험담보조건은 보험자가 담보하는 모든 손해에 대해 보상하지만, 전손담보조건은 담보위험에서 생긴 손해 가운데 전손, 공동해손, 구조비 및 손해방지비용만을 보상한다.

(나) 컨테이너 소유자의 제3자에 대한 배상책임보험

컨테이너에 의한 운송작업 중 그 소유자가 타인에게 끼친 신체적 손상이나 재산상의 손해에 대해 보상하는 보험이다.

(다) 컨테이너 운영자의 화물손해배상책임보험

포워더와 같은 컨테이너 운영자가 운송 중의 화물손해에 대해 운송계약상 배상책임을 보상하는 보험이다.

2. 협회 (구)적화약관

(구)증권을 이용할 경우 항공화물보험에 적용되는 협회약관으로는 우편물을 제외한 "Institute Air Cargo Clauses(A/R : excluding sending by post)"가 있다.

그러나 이 약관으로 부보하는 경우, 앞에서 언급했던 것처럼 피보험자는 전쟁위험과 동맹파업 위험으로부터 보호를 보험자로부터 받을 수 없으므로 피보험자는 전쟁위험과 동맹파업 위험을 담보받기 위해서는 별도로 "Institute War Clauses(Air Cargo : excluding sending by post)" 약관을 첨부하여야 하며, "Institute Air Cargo Clauses(A/R : excluding sending by post)"의 제10조 동맹파업소요폭동부 담보약관을 말소시켜야 한다.

INSTITUTE AIR CARGO CLAUSES (ALL RISKS)(Excluding Sendings by Post)의 구성
1. Transit Clause(Incorporating Warehouse to Warehouse Clause). 2. Termination of Adventure Clause. 3. Change of Transit Clause 4. All Risks Clause 5. Constructive Total Loss Clause 6. Bailee Clause. 7. Not to Inure Clause 8. F. C. & S. Clause. 9. Frustration & Confiscation Clauses 10. F.S.R. & C.C. Clause. 11. Reasonable Despatch Clause.

1) (우편화물 제외) 항공화물에 관한 협회(구)적화약관 INSTITUTE AIR CARGO CLAUSES (ALL RISKS)(Excluding Sending by Post)

이 약관은 총 14개조와 유의사항으로 구성되어 있다.

(1) 제1조 수송약관(Transit Clause)

우편화물을 제외한 항공화물에 관한 (구)협회적화약관의 제1조 수송약관의 내용은 구 ICC의 창고간 운송약관을 포함한 운송약관(transit clause, incorporating warehouse to warehouse clause)의 규정과 비교할 때, 제1조 (C)항만을 제외하고 정확하게 동일하다. 즉, (구)ICC 수송약관 (C)항은 최종 양륙항에서 외항선으로부터 피보험화물의 양륙을 완료한 후 60일이 경과하면 보험이 종료되는 것으로 규정되어 있으나 우편화물을 제외한 항공화물에 관한 구협회적화약관의 제1조 수송약관 (C)항에서는 최종 양화장소에서 항공기로부터 **피보험목적의 양화작업 완료 후 30일이 경과**할 때 중에서 어느 것이 먼저 발생하든 그때에 담보가 종료된다.

(2) 제2조 수송종료약관(Termination of Adventure Clause)

✦(이 약관 제4조 적용상, '도착'이라 함은 선박이 닻을 내리거나 정박하거나 혹은 항만 관리구역 내에서의 장소가 여의치 못할 경우에는 양화를 위한 목적항이나 장소내외를 불문하고 최초로 닻을 내리거나 정박하거나 혹은 부두나 장소에 안전하게 보호되는 때를 말함)

우편화물을 제외한 항공화물에 관한 구협회적화약관의 제2조 수송종료약관의 내용은 (구)ICC의 제2조 운송종료약관(termination of adventure clause)의 내용과 비교해보면, 단 한가지만을 제외하고 동일하다. 즉, 담보기간이 (구) ICC의 경우 외항선으로부터 양륙이 완료된 후 60일로 제한되어 있으나 항공화물약관에서는 항공기로부터 양륙완료 후 30일로 제한된다. 따라서 피보험목적이 상기의 지역에서 매각된 후, 인도되거나 또는 별도의 합의가 없는 한, 그러한 장소에서 **항공기로부터의 양화작업 완료 후 30일이 경과**되거나, 그 중의 어느 한쪽이 먼저 생길 때, 또는 만약, 피보험목적이 상기 **30일의 기간**(또는 합의하에 30일의 기간을 연장한 기간) 내에 보험증권에 기재된 목적지 또는 기타의 목적지로 계속 운반된 경우에는 상기 제1조의 규정에 따라 보험이 종료될 때까지, 이 보험은 유효하게 존속된다. 설명이 누락된 조항들은 구ICC의 내용과 동일하다.

(3) 제 3 조 항로변경약관 (4) 제 4 조 전위험담보약관 (5) 제 5 조 추정전손약관 (6) 제 6 조 수탁자약관 (7) 보험이익불공여약관

(8) 제 8 조 포획나포부담보약관(F.C. & Clause)

우편화물을 제외한 항공화물에 관한 구협회적화약관의 제8조 수송포획나포부담보약관의 내용은 (구)ICC의 제12조 포획나포부담보약관(F.C. & Clause)의 내용과 비교해보면, 단 한가지만을 제외하고 동일하다. 즉, (구)ICC의 경우 "당해 **선박**, 또는 충돌의 경우에 있어서는 충돌에 관련된 **선박이** 수행하고 있었던 항해의 임무 또는 성질과는 관계없이......"가 "또한 당해 **항공기**, 또는 충돌의 경우에 있어서는 충돌에 관련된 **타항공기**가 수행하고 있었던 항해의 임무 또는 성질과는 관계없이......"로 바뀌고 "고정 혹은 부유물체(기뢰 또는 어뢰 제외)" 가 "고정 혹은 부유물체(기뢰, 어뢰 또는 **군사용 미사일은 제외**)"로 보완되었다. 이것은 화물운송요구의 특성상 선박과 항공기가 다름으로 우편화물을 제외한 항공화물에 관한 구협회적화약관의 제8조 수송포획나포부담보약관의 내용에서는 선박이 항공기로 바뀌었을 뿐이다.

(9) 제 9 조 운항중절 및 압류약관 (10) 제 10 조 동맹파업폭동소요부담보약관
(11) 제 11 조 동맹파업폭동소요담보약관

2) 항공화물의 협회(구)전쟁약관 (INSTITUTE WAR CLAUSES(CARGO))

(1) 항공운송을 포함한 전쟁약관(INCLUDING ON-CARRIAGE BY AIR)

✦전쟁위험은 해상운송의 경우 원칙적으로 해상에 있는 동안(waterbone)만 담보되는 것과 마찬가지로 항공화물은 항공기에 있는 동안(airbone)만 담보되는 것이 원칙이다.

이 약관은 총 8개 조항으로 구성되어 있으나 (구)ICC의 전쟁약관과 내용면에서 차이점이 없다. 다만, 보험기간 약관 중에서 4.5.항에 명시된 규정에 따라 피보험항해 중 피보험목적물을 타 외항선 또는 **타 항공기**에 의하여 계속 운송할 목적으로 양화하기 위한 중간항구 또는 장소에 도착하는 경우에는 이 보험은 외항선이 그러한 항구 또는 장소에 도착한 날의 밤 12시로부터 15일이 경과한 때 종료된다.

그러나 피보험목적물이 계속 운송할 외항선 또는 **항공기**에 선적되었을 때에는 이 보험은 그때부터 다시 효력을 발생하고 위의 15일의 기간 중에는 이 보험은 양화완료 후 피보험목적물이 이러한 중간항구 또는 장소에 있는 동안만 유효하게 존속한다. 기타 외항선에 의해 운송될 때는 외항선이 그러한 항구 또는 장소에 도착한 날의 밤 12시로부터 15일이 경과한 때 종료된다는 약관에 의하여 종료하거나 항공기에 의해 운송되는 경우에는 현행의 협회전쟁약관(항공)(우송물 제외)이 보험의 일부를 구성하는 것으로 간주하며 항공운송에 적용된다. 또한 피보험목적물이 하역된 경우, 피보험목적물과 그 일부가 항해를 위하여 본선

또는 항공기에 선적되었을 때에 보험의 효력이 발생하며, 피보험목적물이 하역되지 않은 경우, 선박이 최종 하역항으로 간주되는 곳으로부터 출항할 때 보험의 효력이 발생하며, 그 이후로부터 그러한 보험의 효력은 무조건 종료된다.

(2) 우편물을 제외한 항공화물전쟁약관 INSTITUTE WAR CLAUSES (AIR CARGO) (excluding sendings by post)

이 약관의 내용은 해상적화전쟁약관과 동일하다. 다만 보험기간 약관의 내용 중 일부에 대하여 표현만 항공운송에 적합하도록 수정하였다. 즉, 보험기간 중에서 피보험목적물이 하역된 경우, 피보험목적물과 그 일부가 항해를 위하여 항공기에 선적되었을 때에 보험의 효력이 발생한다.

그러나 피보험목적물이 하역되지 않은 경우, 항공기가 최종 하역장소로 간주되는 곳으로부터 출발할 때 보험의 효력이 발생하며, 그 이후, 그러한 보험의 효력은 운송종료약관에 의하여 종료된다. 즉, 이 보험은 항공운송을 위해 항공기에 적재된 때에 개시되고 최종장소에 항공기로부터 피보험목적물 또는 그 일부가 하역될 때 또는 최종장소에 항공기가 도착한 날 밤 12시로부터 15일이 경과한 때 중 빠른 때에 종료된다.

3. 협회 (신)항공적화약관[ICC(2009)]

①약관번호가 없는 것은 해당약관이 없는 것임.
②ICC(A)와 그 내용이 일치하지 않은 것은 x로 표시함.
참고 : 이시환, 「2009년 해상적화보험 약관론」, 2010, p.136.

협회 (신)항공적화약관을 이용할 경우 항공화물보험에 적용되는 협회약관으로는 “Institute Cargo Clauses(Air: excluding sending by Post)”가 있다. 그리고 이 약관으로 부보되는 경우에도 전쟁위험과 동맹파업위험이 면책되므로 이들 위험을 담보받기 위해서는 별도로 “Institute War Clauses(Air Cargo)”와 “Institute Strikes Clauses(Air Cargo)”와 같은 약관을 첨부하여야 한다. (구)증권을 이용하는 경우, 동맹파업위험을 담보하는 특별약관은 별도로 존재하지 않고 협회 항공화물약관 제10조 동맹파업폭동소요부 담보약관을 제11조 동맹파업소요폭동 담보약관이 효력을 발휘하여 이들 위험을 담보한다. 그러나 (신)약관에서는 협회동맹파업약관이 별도로 마련되어 있다.

표 6-8. ICC(A)와 ICC(Air)의 비교

구 분		ICC(A) 약관번호	ICC(AIR)	
약관구분	약관명		약관번호	ICC(A)와 일치여부
담보위험	위험	1	1	
	공동해손	2		
	구조비		2	
	쌍방과실충돌약관	3		
면책조항		4	3	x
		5		
		6	4	
		7	5	
보험기간	운송약관	8	6	x
	운송계약종료	9	7	x
	항해변경	10	8	x
보험금 청구	피보험이익	11	9	
	계반비용	12	10	
	추정전손	13	11	
	증액	14	12	
보험이익		15	13	
손해경감	피보험자 의무	16	14	
	포기	17	15	
지연의 방지		18	16	
법률 및 관례		19	17	
유의사항		Footnote	Footnote	

위에서 보는 바와 같이 ICC(A)는 19개 약관으로 구성되어 있는데 반하여 항공화물약관은 17개 약관으로 구성되어 있다. 그 이유는 항공운송특성상 ICC (A) 제3조 쌍방과실충돌약관이 삭제되었고, ICC(A) 제5조에서 별도로 규정되어 있던 부적합면책약관을 항공화물약관에서는 제3조에 포함시키고 있기 때문이다.

1) 협회 (신)항공적화약관 INSTITUTE CARGO CLAUSES (AIR)(excluding sendings by Post)

이 약관은 총 17개조로 구성되어 있으며 이 약관을 살펴보면 (신)ICC(A)와 마찬가지로 전위험을 담보한다. 그러나 여기서는 전문을 살펴보고자 한다.

(1) 담보위험

이 보험은 보험의 목적의 멸실 또는 손상의 모든 위험을 담보하나 단, 제2조, 제3조, 제4조, 제5조에 규정한 면책위험은 담보하지 아니한다. 여기서 모든 위험을 담보한다는 것은 항공운송의 경우 사고가 발생하면 기체와 함께 전손되는 것이 보통이므로 항공화물의 보험은 이와 같이 'All Risk'조건으로 부보하는 것이다. 또 1982년 ICC(Air)약관은 1982년 ICC(A)약관에 있던 공동해손약관 자체를 삭제하였었지만 2009년 ICC(Air)에서는 면책조항(제2조, 제3조, 제4조, 제5조)이 원인이 아닌 다른 원인에 의한 손실을 피하기 위하여 또는 피하는 것과 관련하여 공동해손 약관 중에서 공동해손을 삭제하고 구조비를 담보하는 것을 부활시켰다. 항공운송과 관련하여 공동해손행위가 발생하는 경우는 없지만, 항공기가 해상에 추락한 경우 화물의 구조작업의 발생가능성이 존재하고 이러한 경우, 피보험자는 그것이 담보되기를 기대하기 때문이다. 보험자가 구조비를 담보한다는 의미는 피보험자는 면책위험을 제외하고 항공화물약관상 모든 구조비를 명확하게 보상받을 수 있음을 뜻한다.

(2) 면책조항

ICC(Air)에서 면책되는 대부분 위험들은 ICC(A)의 면책위험과 동일하다. 다음 표를 보자.

면책위험	2009년 ICC(A) No.	2009년 ICC(Air) No.
피보험자의 위험행위	4.1	3.1
통상의 누손 등	4.2	3.2
포장의 불완전 등	4.3	3.3
고유 하자 등	4.4	3.4
지연	4.5	3.5
선주 등의 파산 등	4.6	3.6
핵무기 등	4.7	3.7

여하한 경우에도 이 보험은 다음 손해를 담보하지 않는다.

① 피보험자의 고의적 위법행위에 기인한 멸실, 손상 또는 비용,

② 보험목적의 통상의 누손, 중량 또는 용적상의 통상의 감소 및 통상의 자연소모

③ 보험의 목적의 포장 또는 준비의 불완전 또는 부적합으로 인하여 발생한 멸실, 손상 또는 비용(단, 그러한 포장 또는 준비가 피보험자 또는 그 사용인에 의해 실행되거나 이 보험의 개시 전에 실행되는 경우에 한한다.)

④ 보험의 목적의 고유의 하자 또는 성질로 인하여 발생한 멸실, 손상 또는 비용

⑤ 항공기, 운송용구, 컨테이너가 보험의 목적의 안전운송을 위하여 부적당함으로 인하여 발생한 멸실, 손상 또는 비용(단, 피보험자 또는 그 사용인이 보험의 목적의 적재시에 그러한 부적당함을 알고 있었을 경우에 한함)

⑥ 지연이 피보험위험으로 인하여 발생된 경우일지라도 지연을 근인으로 하여 발생한 멸실, 손상 또는 비용

⑦ 항공기 소유자, 관리자, 용선자 또는 운항자의 지불불능 또는 재정상의 채무불이행으로 부터 생긴 멸실, 손상 또는 비용

⑧ 원자력 또는 핵의 분열 및 / 또는 융합 또는 기타 이와 유사한 반응 또는 방사능이나 방사성물질을 응용한 무기의 사용으로 인하여 발생한 멸실, 손상 또는 비용은 담보하지 아니한다.

③ 포장에는 컨테이너에 적부하는 것을 포함하고 사용인에는 독립계약자를 포함하지 않는다. ⑤ 이 면책규정은 구속력 있는 계약에 따라 선의로 보험의 목적을 구입한 자 또는 구입하는 것에 동의한 자에 보험계약이 양도되어 그 자가 이 보험에 의해 보험금을 청구하는 경우에는 적용되지 아니한다. ⑦ 보험의 목적을 항공기에 적재할 때 피보

보험자가 그러한 파산 또는 재정상의 궁핍이 그 운송의 정상적인 수행을 방해할 수 있다는 사실을 알고 있었거나 또는 통상의 업무상 당연히 알고 있었을 경우에 한한다. 이 면책규정은 구속력있는 계약에 따라 선의로 보험의 목적을 구입한 자 또는 구입하는 것에 동의한 자에 보험계약이 양도되어 그 자가 이 보험에 의해 보험금을 청구하는 경우에는 적용되지 아니한다.

⑨ 전쟁, 내란, 혁명, 모반, 반란 또는 이로 인하여 발생한 국내투쟁, 교전국에 의하여 또는 교전국에 대하여 행해진 적대행위

⑩ 포획, 나포, 강류, 억지 또는 억류(해적행위제외) 및 그러한 행위의 결과 또는 그러한 행위의 기도

⑪ 유기된 기뢰, 어뢰, 폭탄 또는 기타의 유기된 전쟁무기

⑫ 동맹파업자, 직장폐쇄를 당한 노동자 또는 노동분쟁, 소요 또는 폭도에 가담한 자에 의하여 발생한 것

⑬ 동맹파업, 직장폐쇄, 노동분쟁, 소요 또는 폭동의 결과로 생긴 것

⑭ 일체의 테러행위, 즉 합법적 또는 불법적으로 설립된 일체의 정부를 무력 또는 폭력으로 전복 또는 영향력을 미치기 위하여 행동하는 조직을 대신하여 또는 그 조직과 연대하여 행동하는 자의 행위에 의한 것

⑮ 정치적, 사상적 또는 종교적 동기에 의하여 행동하는 자에 의하여 발생한 것

▣ 항공기 / 운송용구의 부적합

항공화물약관에서 면책되는 위험의 대부분은 2009년 ICC(A)상의 면책약관과 동일하다. 다만 해상약관 제5조에 있는 감항성 규정은 선박에 해당하므로 항공화물약관에서 감항성 규정이 삭제되었다. 그러나 부적합면책은 항공기에도 동일하게 적용되므로 ICC(A) 제5.1조에 있는 실질적인 내용을 2009년 ICC(Air)의 제3.5조에 그대로 적용하였다. 또 항공화물약관은 창고간을 담보하기 때문에 이 면책은 컨테이너 등에 적용된다. 다만 약관상의 “ship sails”가 항공운송에 맞추어 “aircraft leaves”로 바뀌었을 뿐이다.

▣ 전쟁위험 및 동맹파업 약관

2009년 ICC(Air) 제4조와 제5조에 있는 전쟁 및 동맹파업면책약관은 2009년 ICC(A) 제6조 및 제7조에 있는 규정과 전적으로 동일하다.

(3) 보험기간

이 보험은 화물이 운송개시를 위하여 운송차량 또는 기타 운송용구에 보험의 목적을 곧바로 적재할 목적으로 이 보험증권에 기재된 장소의 창고, 구내 또는 보관장소를 떠날 때에 개시되고 통상의 운송과정 중에 계속되며 다음 아래와 같은 상황이 발생시 종료된다.

① 이 보험증권에 기재된 목적지의 최종창고, 구내 또는 보관장소에서 운송차량 또는 기타 운송용구로부터 양화가 완료된 때

② 이 보험증권에 기재된 목적지로 가는 도중이든 목적지이든 불문하고 피보험자 또는 그 사용인이 통상의 운송과정상의 보관 이외의 보관을 위해 또는 할당 또는 분배를 위해 사용하고자 선택한 기타의 창고 구내 또는 보관장소에서 운송차량 또는 기타 운송용구로부터 양화가 완료된 때

⑤ 피보험자 또는 그 사용인이 통상의 운송과정이 아닌 보관을 목적으로 운송차량 또는 운송용구 또는 컨테이너를 사용하고자 선택한 때

⑥ 최종 양륙지에서 항공기로부터 보험의 목적물이 양화된 후 **30일이 경과될 때**

⑦ 최종 양륙항에서 항공기로부터 양화 후 그러나 이 보험이 종료되기 전에, 화물이 이 보험에 부보된 목적지 이외의 장소로 운송되는 경우에는 이 보험은 상기 보험종료의 규정에 따라 계속되나, 그러한 다른 목적지로 운송개시를 위해 최초로 움직인 때

그러나 이 보험은 피보험자가 좌우할 수 없는 지연, 일체의 항로이탈, 부득이한 양화, 재선적 또는 환적 및 항공운송 계약상 항공운송인에게 부여된 자유재량권의 행사로부터 생기는 위험의 변경기간 중 유효하게 계속된다.

(가) 운송계약종료

피보험자가 좌우할 수 없는 사정에 의하여 운송계약이 그 계약서에 기재된 목적지 이외의 지역에서 종료되거나 또는 기타의 사정으로 상기 제6조에 규정된 화물의 인도이전에 운송이 종료될 경우에는 이 보험도 또한 종료된다. 단, 피보험자가 보험자에게 지체없이 그 취지를 통지하고 담보의 계속을 요청할 경우에 보험자의 요구가 있으면 추가보험료를 지급하는 조건으로 이 보험은 다음의 시점까지 유효하게 계속된다.

① 보험의 목적이 상기의 지역에서 매각된 후 인도될 때 또는 별도의 합의가 없는 한 그러한 항구 또는 지역에 피보험화물의 **도착 후 30일이 경과**한 때 중 어느 한쪽이 먼저 생길 때까지

② 만약 화물이 상기 30일의 기간(또는 합의하에 30일의 기간을 연장한 기간) 내에 이 보험증권에 기재된 목적지 또는 기타의 목적지에 계반될 경우에는 규정에 따라 보험이 종료될 때까지 보험자에게 지체없이 통지할 것을 조건으로 추후에 협정되어야 할 보험료 및 보험조건에 의하여 이 보험이 유효하게 존속된다.

(나) 운송변경

이 보험의 개시 후 목적지가 피보험자에 의하여 변경된 경우에는 지체없이 그 취지를 보험자에게 통지하고 보험요율과 보험조건을 협정하여야 한다. 그러한 협정 전에 손해가 발생한 경우에는 영리보험시장에서 타당하다고 생각되는 보험조건 및 보험요율에 의한 담보를 받을 수 있는 때에 한하여 담보한다.

보험의 목적이 이 보험에서 예상된 운송을 개시하였지만 피보험자 또는 그들의 사용인이 알지 못하고 항공기가 다른 목적지로 향하여 떠난 경우에도 이 보험은 그러한 운송의 개시시에 개시한 것으로 간주된다.

(4) 보험금청구

(가) 피보험이익

이 보험에서 보상을 받기 위해서는 피보험자는 손해발생시에 보험의 목적에 대한 피보험이익을 갖고 있지 않으면 안 된다.

그러나 피보험손해가 보험계약 체결이전에 발생하였을지라도 피보험자가 그 손해의 발생

사실을 알고 보험자가 몰랐을 경우를 제외하고는 피보험자는 이 보험의 담보기간 중에 생긴 피보험손해에 대하여 보상을 받을 권리가 있다.

(나) 계반비용

이 보험으로 담보되는 위험이 발생한 결과로, 피보험운송이 이 보험에서 담보되는 보험의 목적의 목적지 이외의 항구 또는 지역에서 종료될 경우에, 보험자는 보험의 목적을 양화하고, 보관하고, 이 보험증권에 기재된 목적지로 계반함으로 인하여 적절하고 합리적으로 발생한 추가비용을 피보험자에게 보상한다. 그러나 구조비에는 이와 같은 규칙을 적용하지 아니하고, 위에서 언급한 면책조항의 적용을 받으며 또한 피보험자 또는 그 사용인의 과실, 태만, 지불불능 또는 재정상의 채무불이행으로부터 생긴 비용을 포함하지 아니한다.

(다) 추정전손

추정전손에 대한 보험금 청구는 보험의 목적의 현실전손이 불가피하다고 생각될 때, 또는 보험의 목적을 회복시켜 거기에 손질을 하고, 그것을 담보목적지까지 계속 운반하는데 소요되는 비용이 그 목적지에 도착했을 때의 보험의 목적의 가액을 초과할 것 같기 때문에 보험의 목적을 정당하게 위부하지 않는 한, 이 보험증권하에서는 보상되지 않는다.

(라) 증액

이 보험의 피보험화물에 대하여 피보험자가 별도의 증액보험을 부보한 경우에는 이 화물의 협정가액은 이 보험 및 이와 동일한 손해를 담보하는 모든 증액보험의 총보험금액으로 증가된 것으로 간주되며, 이 보험에서의 보상책임은 총 보험금액에 대한 이 보험의 보험금액의 비율로써 부담하게 됨. 보험금을 청구할 때에는 피보험자는 모든 타 보험의 보험금액을 증명할 수 있는 서류를 보험자에게 제출하여야 한다. 이 보험이 증액보험일 경우에는 다음의 약관을 적용한다.

이 화물의 협정가액은 원보험 및 피보험자에 의하여 그 화물에 대해 부보되어 동일한 손해를 담보하는 모든 증액보험의 총 보험금액과 동액으로 간주되며 이 보험에서의 보상책임은 총 보험금액에 대한 이 보험의 보험금액의 비율로써 부담하게 된다. 그리고 보험금 청구의 경우에는 피보험자는 모든 타 보험의 보험금액을 증명할 수 있는 서류를 보험자에게 제출하여야 한다.

(5) 보험이익

이 보험계약을 체결하거나 또는 자기를 위해 체결된 자로서 또는 양수인으로서 보험금을 청구한 자를 포함하는 피보험자를 대상으로 한다. 이 보험은 확장 또는 기타 방법에 의해 운송인 및 기타의 수탁자에게 유리하게 이용되어서는 안 된다.

(6) 손해경감

이 보험에서 보상하는 손해에 관하여, 다음 사항을 이행하는 것은 피보험자, 그 사용인 및 그 대리인의 의무다. 즉, 손해를 방지하거나 또는 경감시키기 위하여 합리적인 조치를 강구하는 것 그리고 운송인, 수탁자 또는 기타의 제3자에 대한 일체의 권리가 적절히 보존되고 행사되도록 확보하여 놓는 것, 그리고 보험자는 이 보험에서 보상하는 손해에 부가하여 상기의무를 수행함에 있어 적절하고 합리적으로 발생된 비용을 피보험자에게 보상한다.

그러나 보험의 목적을 구조하고 보호하고 또는 회복하기 위한 피보험자 또는 보험자의 조치는 위부의 포기 또는 승낙으로 간주되지 아니하며 또한 각 당사자의 권리를 침해하지도 아니한다.

(7) 지연의 방지

피보험자는 자기가 좌우할 수 있는 모든 여건하에 있어서 상당히 신속하게 행동하는 것이 이 보험의 조건이다.

(8) 법률 및 관례

이 보험은 영국의 법률 및 관례에 준거한다. 그리고 피보험자가 이 보험에 의거 "계속 담보를 받는" 사유의 발생을 알았을 때에는, 지체없이 그 취지를 보험자에게 통지함을 요하며 계속 담보를 받을 수 있는 권리는 본 의무의 이행여부에 달려있다.

2) 항공화물의 협회 (신)전쟁약관 (신 해상적화보험증권 첨부용) (우송물제외) INSTITUTE WAR CLAUSES(AIR)

2009년 ICC(Air) 약관은 총 14개 조항으로 구성되어 있으며, 담보위험은 2009년 해상화물전쟁약관 제1조와 동일하며 보험기간에 관한 내용은 협회전쟁약관과 동일하다. 기타 내용도 항공화물에 관한 1982년 항공적화전쟁약관과 다름이 없음으로 항공화물에 관한 (신)협회적화전쟁약관에 대한 설명을 생략하기로 한다. 다만 약관상의 "ship sails"가 항공운송에 맞추어 "aircraft leaves"로 바뀌었을 뿐이다.

3) 항공화물에 관한 협회 (신)동맹파업약관

이 약관은 총 13개 조항으로 구성되어 있으며 그 내용은 해상화물동맹파업약관으로 'ISC, Cargo'와 동일하므로 여기서는 해당 설명을 생략하기로 한다.

4. 항공적화보험계약 체결절차

본래 적화보험이란 화물이 해상, 항공, 육상운송 중에 외부의 우연한 사고의 결과로 인하여 화주가 입게 되는 화물의 손실을 소정의 보험료를 대가로 보험자가 피보험자에 대하여 계약 당시 합의한 방법과 범위에 따라 보상하는 보험이므로 해상적화보험체결방식과 동일하다. 따라서 별도로 항공적화보험의 계약체결에 관한 설명을 생략하기로 한다.

제 3절 항공화물화주보험

1. 항공화물화주보험(Shipper's Interest Insurance)의 개념

항공화물화주보험이란 특정 항공사의 항공기로 운송되는 화물이 운송 중에 발생한 사고로 손해를 입었을 경우, 그 손해를 보험회사가 관련 항공사에 또는 화물의 화주가 직접보상을 원하는 경우에는 화주 측에 직접 보상하기로 하는 보험계약을 보험회사와 특정 항공사 사이에 체결한 보험을 말한다. 따라서 여타 다른 보험종목과는 달리 항공화물화주보험은 화물의 화주가 보험계약자가 되는 것이 아니라 해당화물을 운송하는 항공회사가 보험계약자가 된다. 그리고 특정 보험회사와 동 보험계약을 체결한 이후 화물의 화주가 해당 항공사에 동 보험의 계약체결을 하고자 하는 경우에 해당 항공사가 관련 보험회사를 대리하여 보험계약을 체결하고 보험료를 납부받는 형태의 매우 특이한 보험제도이다.

항공화물은 항공기에 의해 운송되는 승객의 수화물과 우편물을 제외한 항공운송장에 의해 수송되는 화물을 말한다. 비록 해상운송이 1CBM(1m×1m×1m)의 부피화물의 경우, 항공으로 운송할 경우에는 최대 167kg임에 반하여 해상운송은 최대 1,000kg까지 가능하므로 중량과 부피가 많이 나가는 대형화물은 항공운송을 통하여 운송할 수 없음이 단점으로 꼽히지만 항공화물은 모든 종류의 운송이 가능하지만 다음 아래와 같이 소형이나 소량의 화물에 적합하다.

항공화물의 대상	주 요 품 목 및 내 용
긴급 수요 품목	· 납기임박화물. 계절 유행 상품. 투기 상품
장기 운송 시 가치상실 품목	· 생선식료품, 생화, 동물, 방사선물질, 신문, 잡지, 필름, 원고, 긴급서류
부가가치가 높은 품목	· 전자기기, 정밀광학기기, 컴퓨터기기, 통신기기
여객에 수반되는 품목	· 상품 샘플, 이사짐, 애완동물, 자가용차 등
고가 품목	· 모피, 미술품, 귀금속 등
다른 운송수단의 약세에서 오는 것	· 벽지운송. 항만 또는 해운 파업 · 해상 또는 육상운송의 정지
물류관리나 마케팅전략에 의한 것	· 과잉재고의 의한 가격하락 방지 / · 경합상품보다 신속한 서비스체제 확립. 자사 상품의 시장경쟁력 강화. 재고 투자절감을 위한 물류시스템의 합리화 등

1) 항공화물화주보험 가입절차

✦AWB: Air Way Bill 항공화물운송장

항공화물화주보험의 계약은 항공화물운송장상에 보험금액을 기입한 후 항공사에 접수함으로써 성립되며, 보험료는 항공운임의 정산시 함께 납입하면 된다. 운임이 도착지 공항에서 지불되는 착지불(charge collect)조건 운송의 경우에는 보험료도 착지불 조건이 가능하며, 다만 이 경우에는 운송도중의 보험계약 취소가 인정되지 아니한다. 화주가 은행에 제출용 등으로 별도로 보험증서 및 '보험가입확인서'를 필요로 할 경우에는 항공사 영업소, 대리점 또는 보험회사인 동양화재를 통하여 동 증서를 발급 받거나 인터넷을 통하여 직접 발행할 수 있다. 운송인의 규정에 따라 송화인, 화주 또는 수화인은 항공화물 화주보험의 부보가 가능하다.

(1) 운송의뢰

송화주는 항공화물의 운송의뢰를 구두 또는 서면으로 요청할 수 있다.

❙ 구두의뢰 : 구두의뢰는 송화주가 직접 대리점으로 화물을 전달할 경우, 그 즉시 AWB 작성 및 서명을 하므로 서면에 의한 위임의 필요가 없어진다.
❙ 서면의뢰 : 대부분의 경우 화물은 서면으로 의뢰하여 대리점으로 인도된다. 서면의뢰 형태는 편지 윗 부분에 송화주나 회사주소 따위가 적힌 레터헤드(Letterhead) 사용에 의한 일반적인 편지형식이다.

화물의 내용을 구체적으로 세분화하여 기술된 서면의뢰서(shipper's letter of instruction) 양식을 사용할 수 있다. 송화주에 의한 **서면의뢰서 서명은 송화주가 대리점의 AWB 작성에 대한 위임 및 화물운송을 위한 일반적인 상황이 서면의뢰서의 내용과 이상이 없음을 확인한 것이다.** 송화주는 이 서면의뢰서를 정확히 작성함으로써 화물을 이상 없이 신속하게 운송할 수 있다. 서면의뢰서는 다음과 같은 기타서류와 함께 제출될 수 있다.

SHIPPER'S LETTER OF INSTRUCTIONS

1a. U.S. PRINCIPAL PARTY IN INTEREST (USPPI) *(Complete name and address)* ZIP CODE	NIPPON EXPRESS USA, INC.
1b. USPPI EIN (IRS) NO. or ID NO. / 1c. PARTIES TO TRANSACTION ☐ Related ☐ Non-Related	2. DATE OF EXPORTATION / 3. TRANSPORTATION REFERENCE NO.
4a. ULTIMATE CONSIGNEE *(Complete name and address)* 4b. INTERMEDIATE CONSIGNEE *(Complete name and address)* 5a. FORWARDING AGENT *(Complete name and address)*	CHECK APPLICABLE BOX: INSURANCE: ☐ YES ☐ NO FREIGHT CHARGES: ☐ PREPAID ☐ COLLECT PELICAN SERVICE: ☐ YES ☐ NO QUOTATION NUMBER: No. ______ ☐ N/A SERVICE LEVEL: No. ______ ☐ N/A WEBSITES FOR TRACK & TRACE: http://www.nipponexpressusa.com http://www3.nittsu.co.jp
5b. FORWARDING AGENT'S EIN (IRS) NO.	6. POINT OF ORIGIN OR FTZ NO. / 7. COUNTRY OF ULTIMATE DESTINATION
8. LOADING PIER *(Vessel only)* / 9. METHOD OF TRANSPORTATION *(Specify)*	14. CARRIER IDENTIFICATION CODE / 15. SHIPMENT REFERENCE NO.
10. EXPORTING CARRIER / 11. PORT OF EXPORT	16. ENTRY NUMBER / 17. HAZARDOUS MATERIALS ☐ Yes ☐ No
12. PORT OF UNLOADING *(Vessel and air only)* / 13. CONTAINERIZED *(Vessel only)* ☐ Yes ☐ No	18. IN BOND NUMBER / 19. ROUTED EXPORT TRANSACTION ☐ Yes ☐ No

20. SCHEDULE B DESCRIPTION OF COMMODITIES (Use columns 22-24)

D/F or M (21)	SCHEDULE B NUMBER (22)	QUANTITY SCHEDULE B UNIT (S) (23)	SHIPPING WEIGHT *(Kilograms)* (24)	VIN/PRODUCT NUMBER/ VEHICLE TITLE NUMBER (25)	VALUE (U.S. dollars, omit cents) (Sellin price or cost if not sold) (26)

These commodities, technology or software were exported from the United States in accordance with the export Administration Regulations. Diversion contrary to U.S. law prohibited.

27. LICENSE NO. / LICENSE EXCEPTION SYMBOL / AUTHORIZATION	28. ECCN *(When required)*
29. DULY AUTHORIZED OFFICER OR EMPLOYEE	The USPFI authorized the forwarder named above to act as forwarding agent for export control and customs purposes.
30. I certify that all statements made and all information contained herein are true and correct and that I have read and under-stand the instructions for preparation of this document, set forth in the "Correct Way to Fill Out the Shipper's Export Declaration." I understand that civil and criminal penalties, including forfeiture and sale, may be imposed for making false or fraudulent statements herein, failing to provide the requested information or for violation of U.S. laws on exportation (13 U.S.C. Sec. 305; 22 U.S.C. Sec. 401; 18 U.S.C. Sec. 1001; 50 U.S.C. App. 2410).	
Signature	Confidential - Shipper's Export Declarations (or any successor document) wherever located, shall be exempt from public disclosure unless the Secretary determines that such exemption would be contrary to the national interest (Title 13, Chapter 9, Section 301 (g)).
Title	Export shipment sare subject to inspection by U.S. Customs Service and/or Office of Export Enforcement.
Date / Tel.#	E-mail address
31. AUTHENTICATION *(When required)*	

IMPORTANT HANDLING INSTRUCTION
SPECIAL HANDLING REQUIRED AS INDICATED

- ☐ FROZEN GOODS
- ☐ REFRIGERATE UPON ARRIVAL
- ☐ TIME SENSITIVE MATERIAL
- ☐ SENSITIVE ELECTRONIC EQUIPMENT
- ☐ DO NOT CONSOLIDATE, SINGLE ONLY
- ☐ HAZARDOUS GOODS
- ☐ BANKING

PLEASE SIGN THE FIRST EXPORT DECLARATION IN BOX 29 WITH PEN AND INK

NOTE: The Shipper or its Authorized Agent grants authority to NIPPON EXPRESS USA, INC. In its name and on its behalf, to act as its forwarding agent for export control and customs purposes, and to prepare, sign, and/or accept any documents relating to this shipment and to forward this shipment in accordance with the terms, conditions and limitations contained in the contracts of carriage and/or tariffs of any other carriers employed in the transportation of this shipment. The shipper guarantees payment of all collect charges in the event the consignee refuses payment. Hereinunder, the sole responsibility of NIPPON EXPRESS USA, INC. is to use reasonable care in the selection of carriers, forwarders, agents and others to whom it may entrust the shipment.

① 위험품 화주신고서(shipper's declaration for dangerous goods) ② 생동물 화주신고서(shipper's declaration for live animals) ③ 상업송장(commercial invoice) ④ 수출입국의 세관에 의하여 제출을 요하는 제반서류 ⑤ 지불목적상 필요한 서류

(2) AWB 기능

항공운송에 있어서 화물의 유통을 보장하는 가장 기본적인 운송서류인 항공화물운송장은 항공운송인의 청구에 따라 송화인이 작성, 제출하는 것이 원칙이지만 항공사나 항공사의 권한을 위임받은 대리점(또는 항공운송주선업자)에 의하여 발행되는 것이 통례이다. 항공운송장의 기능을 정리하면 다음과 같다.

운송계약서 : AWB는 송화인과 항공운송인간의 항공운송계약의 성립을 입증하는 운송계약서이다. 그러나 운송장은 12통(원본 3통 + 부본 9통)으로 구성되어 있어 그 전통(全通)이 모두 운송계약서는 아니며 송화인용 원본이 이에 해당된다.[신용장방식거래에서 AWB 全通(Full set)을 요구하더라도 수출자는 네고 시 1통의 AWB(Shipper용)만 제시하면 됨]

※ IATA Air Waybill원본 :
① Original 1(for Carrier) ② Original 2(for Consignee) ③ Original 3(for Shipper)

화물수취증 :항공화물운송장은 항공운송인이 송화인으로부터 화물을 수취한 것을 증명하는 화물수령증의 성격을 가지고 있다.

요금계산서 : 화물과 함께 목적지에 보내어져 수화인이 운임 및 요금을 계산하는 근거자료로서 사용된다.

보험계약증서 ; 송화인이 AWB에 보험금액 및 보험가액을 기재한 화주보험(AWB)을 부보한 경우에는 AWB의 원본 No.3이 보험계약의 증거가 된다.

세관신고서 : 수출입신고서 및 통관자료로서 사용된다.

화물운송의 지시서 : AWB에 송화인이 화물의 운송, 취급, 인도에 관한 지시를 기재할 수 있다.

항공화물 운송장은 항공화물 운송을 위한 가장 기본적인 서류이다. 항공사가 발행하는 항공화물 운송장과 혼재업자(또는 운송대리업자)가 발행하는 항공화물 운송장을 구분하기 위하여 항공사가 발행하는 운송장을 "Master Air Way Bill(MAWB)"이라 부르며, 대리점에서 개인송화인의 화물에 대해서 발행하는 운송장을 "House Air Way Bill(HAWB)"이라고 부른다. 이러한 운송장은 송화인과 운송인과의 사이에 화물의 운송계약이 체결되었다는 것을 나타내는 증거이며, 동시에 송화인으로부터 화물을 운송하기 위하여 수령하였다는 증거서류이기도 하다.

2) 담보구간 및 보상하지 아니하는 손해

해당 화물이 항공사 또는 항공사의 대리점에 인도된 시점부터 개시되어 화물이 내륙운송구간을 포함하여 수화주에게 안전하게 인도되거나, 수화주가 지정한 장소에 도착된 때까지 발생하는 모든 손해를 보상하며, 해상운송이 수반되는 복합운송의 경우에는 사전에 합의되는 추가보험료의 납입으로 해상운송구간에 대하여도 보험혜택을 받을 수 있다. 단, 화물 도착공항에서 하역된 후 30일 초과시 보험은 종료된다.

항공사 책임구간 : Airport to Airport
보험사 책임구간 : 항공사 화물 인수 – 출발공항 – 도착공항 – 수화인 인도(30일 경과시 종료)

보상하지 아니하는 손해 : 현행의 일반 적화보험과 같이 전쟁, 동맹파업, 고의 지연, 화물 고유의 성질이나 하자에 기인하여 화물에 발생한 손해는 보상하지 아니한다. 단, 전쟁 및 동맹파업 위험의 경우에도 해당 추가 보험료의 납입으로 보험 혜택을 받을 수 있다.

3) 가입절차

항공화물화주보험은 항공운송계약과 별도로 매 건별로 보험회사에 통지하여 보험증권을 발급받아야 하는 적화보험과 달리 화물운송시 항공운송장에 보험가입금액을 기재함으로써 간단히 보험계약이 성립된다.

항목	적화보험	항공화물화주보험
보험가입대상	해상 및 항공으로 운송되는 모든 수출입화물	항공사을 통하여 항공운송되는 모든 수출입 화물
보험가입금액	화물의 송장가액	좌 동
보험가입절차	보험회사에 통지 후 보험증권 발행	항공화물운송장에 보험가입금액 기입한 후 대한항공에 접수
보험료정산	해당 보험회사에 지급	항공사와 운송료 정산시 일괄 정산하여 대한항공에 지급
보험요율	0.048%~0.095% (기계류)	0.015%~0.028%
보상범위	• All Risk라 할지라도 화물의 종류에 따라 Breakage, Shortage 등 추가 담보하여야 함 • 포장불량, 운송용구의 하자 등 면책	• 화물의 종류에 관계없이 기본 담보 • 포장상태에 관계없이 보상

4) 보험사고 발생시 처리절차

화물운송에 관한 적화보험은 포장이 시작되는 시점부터 화물을 양수하는 시점까지 일련의 과정에서 발생되는 분실, 파손 등에 대한 보상을 위한 것이다. 항공화물의 클레임에 적용되는 모든 규정은 바르샤바협약, 헤이그규칙 그리고 항공사의 항공운송규약에 근거를 두고 있다.

항공사의 법적 배상책임 한계로서 국제항공화물운송에 따르는 항공사의 최대한 클레임 배상한도는 **킬로그램 당 프랑스 프랑 250(미화 20불 해당)으로 제한**하고 있으며, 이는 화주가 화물 운송의뢰시 확률가액에 대해 특별한 기술이나 종가요금을 지불하지 않는 경우에만 해당된다. 대부분 경우 클레임 배상은 항공사의 이 배상한도에 의해 결정된다. 미화 20불의 한계를 초과하는 클레임 청구시 또는 화주가 항공사 배상액에 대한 불만이 있는 경우 클레임된 화물의 총가액이 시가로 계산하여 이보다 훨씬 초과될 경우, 항공사는 본사에 이를 입증하는 서류를 제출하여 그 배상금액이 고려될 수 있도록 한다. 항공화물송장상 표시된 화주만이 항공사에 클레임을 청구할 수 있으며 그 외의 다른 사람이 청구할 시는 화주로부터 '클레임청구권한 위임장'을 받아 항공사에 제출해야 한다.

(1) 파손화물에 대한 배상청구

화주에게 화물이 인도된 후 **14일 이전에 서면으로 항공사에 통지**되어야 배상청구효력이 발생되며 만약 배상청구 금액이 파손화물의 총 가치와 같을 경우 파손화물을 처분했을 시 생길 수 있는 잔여가액이 고려되어 최종 배상액이 결정된다. 또한 민감한 전자제품, 액체내용물 및 기타 내부포장부실로 인해 생길 수 있는 파손화물에 대한 클레임은 항공사의 책임한계를 넘어선 경우라도 항공사의 운송과정에서 거친 작업에 의해 화물이 파손되었다는 증거가 없는 한 일반적으로, 항공사의 클레임 수용한계를 벗어나고 있다. 항공운송에 발생할 수 있는 충격 등을 감안하여 화주는 충분한 포장상태를 준비하여 선적하여야 한다.

(2) 지연도착화물의 클레임

항공화물운송시 지연도착되는 경우 본질적으로 클레임 제기 근거 대상이 아니기에 항공사측에서는 지연 도착된 그 원인규명에 따라 그 배상기준을 두고 있다. 클레임제기자는 지연 도착된 화물로 인한 실제손해나 물질적인 손해액에 대해 증거재료를 항공사에 제출하여야 한다.

(3) 분실화물에 대한 클레임

화물운송당시의 화물가액을 근거로 하여 배상액이 결정되는 것이 원칙이나 전적으로 이에 의존하지 않고 주로 킬로그램당 최대 변상액 미화 20불에 분실화물의 총중량을 곱한 수치로 그 배상액이 제한되고 있다. 분실화물에 대한 클레임은 항공화물운송장을 발행한 날짜로부터 120일 이내 제기되어야 항공사에 클레임 접수가 유효하다. 또한 항공사측에서 분실된 화물은 인정 및 추적했다는 서류상의 증빙서류가 있어야 하고 화주는 분실화물의 송장을 항공사에 제출하여야 한다.

(4) 분할 분실화물에 대한 처리

과일, 옷 그리고 정량의 규격내용물이 포함된 화물 중 일부가 분실되었을 시, 즉 3PCS/60KGS 중 한 PC가 분실되었을 시는 그 중량을 균일하게 20KGS로 잡고 킬로그램 당 20불로 계산되어 배상되는 것이 통상적인 경우이나 규격품이 아닌 기계류 또는 다른 종류의 화물인 경우 분실된 그 화물의 내용물에 대한 포장명세서가 제출되어야 한다.

(5) 없어진 내용물에 대한 클레임 처리

화물의 내용물 도난발생이 어느 시점, 어느 장소에서 일어났는지를 파악하기 어려운 경우가 많다. 화물을 화주에게 인도할 시 도난이나 분실이 인지되었을 시는 분실된 내용물의 중량에 의해 배상액이 결정되며 원래 그 화물의 총중량에서 분실된 내용물의 중량이 가감되어 최종 그 배상액이 결정된다. 화물인도 후 분실 및 도난 발생이 인지되었을 시, 화주는 14일 이내 항공사에 이를 통보하여야 하고 또한 그 도난이 항공사 운송 중에 발생한 것을 입증하여야 클레임이 수용되는 어려움이 있다.

(6) 부패성화물에 대한 처리

항공사는 불가항력으로 발생된 지연운항으로 인한 화물의 파손 및 내용물의 파손, 부패에 대해 책임을 지지 않는다. 단지 항공기 지연운항이 불가항력이 아니 경우나 항공사 책임하에 보관되고 있는 화물에 대한 잘못이 있다면(냉동, 보냉 창고에 보관하지 못할 경우)예외로서 배상된다. 또한 중간 기착지에서 운항지연이 있는 경우 항공사는 타 항공사에 선적하는 등 신속한 조치를 취하여야 한다.

(7) 우손(Water Damage)

화물인도전 화물이 젖어 있었다는 확실한 증거가 있는 한 항공사에 배상책임이 있다. 젖어있는 화물의 내용물의 잔여가치를 보호하기 위해 항공사는 화주의 동의를 얻어 즉각적인 조치를 취할 수 있다. 일반적으로 우손은 기적, 하적 그리고 환적시 기상상태에 의해 좌우되기에 실제 화물운송지역의 강우량이 조사되고 항공사의 우손방지에 태만이 있는지는 조사되어야 한다. 화물인도시 우손이 발견되지 못한 경우 이에 대한 클레임제기는 14일 이내 항공사에 통지되어야 한다.

(8) 항공사간 클레임(INTERLINE CLAIMS)

항공화물운송에 연루된 항공사간에 발생한 클레임은 최종 입항 목적지 구간을 운행한 항공사에서 클레임을 접수하여 처리한다. 발생된 클레임 종류와 운송에 참여한 항공사들 간의 일정비율에 따라 배상이 결정된다. 이 이외에도 미국으로 입출항시 발생된 클레임의 경우, 배상이 실제중량이 아니 운임산출중량(chargeable weight)에 근거해서 결정된다.

► 가로 150cm, 세로 120cm, 높이 30cm의 화물 용적 중량은
1. 150cm x 120cm x 30cm = 540,000㎤
2. 540,000 ㎤ / 6,000 = 90kg
3. Actual Weight는 91kg의 경우 90kg(Volume Weight) < 91kg(Actual Weight)이므로 Chargeable Weight 는 91 kg이 된다.

▣ 클레임 배상 청구시 항공사가 필요로 하는 서류와 현 실정

① YELLOW RECEIPT(ORIGINAL AWB COPY 4) : 1인 항공사 배상규칙에 의하면 이 증명서는 화주가 수입화물 통관 후 아무런 하자가 없는 화물을 인수했다는 영수증(a clean receipt)으로써 사후 클레임 문제가 대두되었을 시 사용되고 있다.

화물 통관 및 인수시점에서 화주가 파손 및 하자사항 없이 화물을 정히 인수한다고 이 사본에 서명을 항공사에 해주면 화물인도 후 발견된 하자내용으로 화주가 항공사를 상대로 클레임을 할 수 없는 것이 외국에서의 관행이며 항공사의 절차이다. 그러나 한국에서는 많은 보세창고가 있고 수입화물이 각 목적지 세관에서 통관 및 인도되기에 이 증명서를 클레임 제기시 정식으로 인정, 사용하기는 어렵다. 한국은 화물인수시 아무런 하자가 없다는 화물인수증 그 자체로 인정하지 않고 있다.

② 클레임 통보서(Claim Letter) : 항공화물운송장 상에 표시된 화주가 직접 항공사에 클레임통보서를 작성하여 보내야 한다. 간혹 대리점에서 화주의 화물운송 선적 및 인도한다는 의무감에서 화주를 대신하여 신청서를 작성하나 항공사는 이를 인정하지 않고, 화주가 작성한 클레임통보의 제출을 요구하는 사례가 있으므로 특히 이점을 유의하여야 한다. 또한 무엇보다도 중요한 점은 파손화물에 대한 클레임 제기시 실화주는 화물인수 시점으로부터 14일 이내 항공사에 파손화물 상태와 클레임을 제기 하겠다는 내용의 사전 통보서(preliminary claim notice)를 반드시 항공사에 제출해야 한다는 것을 알아야 한다. 대부분 화주가 이 조건을 인지하지 못하여 클레임이 항공사에 거절되는 경우가 빈번하다. 혼재화물인 경우 대리점이 AWB상 화주로 표시되어 있기에 화주로써 클레임을 항공사에 제기할 수 있는 권한이 있다는 것도 알아 둘 중요사항이다.

③ COPY OF AWB (혼재 화물인 경우 COPY OF MAWB 그리고 HAWB)

④ COPY OF CARGO (MANIFEST 또는 COPY OF MAWB 그리고 HAWB)

⑤ 화물의 가액을 입증하는 INVOICE나 영수증

⑥ PACKING LIST

⑦ SURVEY REPORT : 심한 화물 파손의 경우나 파손된 화물의 가액이 큰 경우 화주는 국내 상주하고 있는 검정회사에게 파손화물의 상태를 확인 및 조사 의뢰하며 이 보고서가 차후 보험회사에서 화주를 대신하여 클레임 배상 청구시 항공사에 제출되어야 그 배상요건이 이루어진다. 검정회사의 파손감정 비용은 USD100정도이며 그 비용은 클레임 배상 총액에 가산하여 항공사에 청구된다. 대부분 수입항공 화물이 신용장에 의거하여 입

항되는 경우 보험에 가입되어 있기에 화주는 항공사에 먼저 파손상태를 기술한 사전 클레임 통지서를 보내고 난 후 보험사에 통지하여 배상을 청구하고 실제고 화물의 가액을 거의 보상받고 있다. 보험회사는 사후 항공사에게 화주한테 지불된 배상금액을 다시 청구권을 행사하여 최종 클레임 배상이 이루어진다.

⑧ 사진 첨부 ; 수입화물 분류 작업시 항공사에서는 파손이 심한 화물에 대해 사전에 사진을 찍어 화주의 클레임 청구를 대비하고 있다. 화주는 통관 및 화물인도 시 내용물이 파손되었을 시 사진을 찍어 파손 화물 상태에 대한 증거를 확보하는 것이 유리하다.

⑨ 파손화물보고서 ; 파손화물 발견시 항공사에서는 항공사 고유서식에 의거하여 파손상태를 점검 및 기록하여 보존하고 있다. 또한 수입화물 분류작업을 하고 있는 공항에서도 항공화물 터미널 수입화물운영원에서 항공상의 매 편수에 입항된 화물의 각종 부적합성을 열거하여 그 상태를 점검한 포장파손 점검표를 매일 항공사에 제출하고 있다. 파손화물에 대한 클레임 제기시 대부분 경우 이 점검표에 의해 사전에 파손된 화물로 점검 및 기록되어 있고 또한 항공사는 이를 인정하고 있다. 그러나 간혹 점검표나 항공사기록에 빠져 있는데도 화주가 통관 직후 파손을 발견하여 클레임을 하는 경우가 있는데 이는 간이 보세운송이나 특별보세운송에 의해 여러 목적지 보세창고로 운송되는 과정이나 보세운송시 차량에 화물 선적 및 하적시 그리고 최종 목적지 보세창고 입고시 발생될 수 있는 경우로 간주될 수 있다. 이 경우 항공사와 여러 관련업체간의 분쟁소지가 과거에 많았지만 항공사에서는 이런 경우 파손된 화물의 상태를 수용하여 자체 클레임 배상을 처리하는 것이 현 항공사의 실정이다.

⑩ 화물추적 ; 항공사는 분실화물을 추적 및 발견하는데 최선을 다 하여야 하며 그 규정에 의해 모든 전문을 보관하고 있으며 파손화물이 입항 전에 파손되었는지도 확인하여 사후 클레임 해결시 이를 뒷받침하고 있다. 입항화물의 파손상태가 경미한 경우 수리 사용이 가능한 경우 그 수리비를 책정하여 배상하는 경우도 있다.

그 외 항공사에서는 자체 규정에 의해 클레임 배상시 필요한 서류준비와 절차가 있다. 따라서 화주는 화물의 포장이 완료된 후 모든 박스마다 사용기간, 구입가격, 감가상각 등을 고려하여 적정한 가입액을 책정하여야 한다. 보험가입금액은 차후 보상지급액의 기준이 되므로, 화주는 직접 보험가입금액을 결정하여 부보하여야 한다.

손해가 발생하면 포장을 제거한 후 파손된 물품이 발견되면 사진을 찍어 파손 기록을 남겨두고, 수리가 가능한 경우 수리업체로부터 수리견적서를 받아 두면 보상처리가 보다 원활하게 진행될 수 있다. 또한 분실의 경우, 현지 항공사 지점에서 분실확인서를 발급받아 보험청구시 관련서류와 함께 보험사에 제출하면 된다.

보험서류를 받은 후 설명서를 참조하여 직접 보험청구서를 작성하여 보험회사의 손해사정부에 제출하면 접수한 날로부터 한 달 이내에 보상처리가 된다. 우편발송시 연락이 가능한 전화번호를 꼭 기입하고, 보상지급액은 국내은행이나 현지은행 모두 입금 가능하다. 이때 시차로 인해 전화연락이 용이하지 못할 때가 있으니, E-MAIL주소도 같이 알려주면 보다 신속히 처리된다.

2. 우편물 보험

우편물보험에 관해서는 그것이 해상우편이든 항공우편이든 불문하고 ICC (A/R)와 ICC(A)가 그대로 사용된다. 동맹파업위험의 경우에도 해상화물에 적용하는 동맹파업위험약관을 그대로 적용한다. 다만 전쟁위험에 대해서만 구증권의 경우 "Institute War Clauses for the insurance of sending by Post"을, 신증권을 이용할 경우에는 "Institute War Clauses (sendings by Post)"약관을 적용한다. 그러나 앞에서 살펴본 것처럼 신, 구약관의 내용이 동일하고 표현에 있어서 'interest'를 'subject-matter'로 수정하였을 뿐이다.

우편물 전쟁보험약관의 제4조에 의하여 보험의 목적 또는 그 일부에 대하여는 그 일부가 보험증권에 기재된 장소에 있는 송화인의 구내를 운송개시를 위하여 떠날 때에 개시되고, 보험의 목적 또는 그 일부에 대하여는 그 일부가 우편물에 기재된 주소지에 인도될 때까지 계속되며, 거기서 이 보험은 종료된다. 다만 보험의 목적이 포장업자의 구내에 있는 동안은 담보하지 않는다. 다시 말하면 우편물의 전쟁위험에 대해서는 일반화물 전쟁약관에서 명시된 'water bone'이나 'air bone'의 원칙이 적용되지 않고 송화인으로부터 수화인에 이르기까지의 운송구간 중 포장업자의 구내에 있는 동안만을 제외하고 전구간을 담보한다. 이것은 우편물의 경우 개개의 금액이 크지 않기 때문이다. 참고로 현재 국제우편의 보험료는 다음과 같다.

표 6-9. 국제우편의 취급수수료

구 분		금 액
보험료	보험가액 65.34SDR 또는 98,000원까지	1,800
	보험가액 65.34SDR 또는 98,000원 초과 시 32.67SDR 또는 49,000원마다	450
통관회부료	관세부과 된 도착국제특급우편물	2,500
배달통지(A.R.) 청구료		500
행방조사 청구료	우 편 청 구	무료
	전 신 청 구	해당전신(팩스)료
주소변경 및 환부청구료	외국으로 발송 전	국내우편기본료
	외국으로 발송 후	1,800
	전신청구(외국으로 발송 후는 국제전신료)	1,300+해당전신 (팩스)료
재 포장료		징수인 함
보 관 료(유료보관기관 : 8일) : 1일마다		750

1) 전 세계적 공통 금지품목 및 제한품목

발송하고자 하는 국가의 통관정보를 반드시 확인하여야 한다.

(1) 공통 금지품목

알콜 첨가된 음료	향수 및 알콜이 포함된 스킨도 금지
탄약	화약, 총알과 같이 폭발성이 있다고 분류된 물품은 발송금지
가공되지 않은 동물성 생산품 (Animal Products-Non-domesticated)	암소, 염소, 양, 돼지는 가축으로, 그 외 다른 동물들은 가공되지 않은 동물들로 여겨지며, 이들에게서 나온 아이템 및 제품들은 발송금지. 가공되지 않은 동물들에게서 나온 제품은 옷(신발, 벨트, 지갑, 핸드백), 장식품(보석, 실내장식) 또는 그 외 부산물(by-products)이며 다음과 같은 아이템 등으로 만든 것들임. 양서류, 조류, 갑각류, 어류, 산호, 쉘, 동물성 해면스펀지, 뿔, 발톱, 발굽, 손톱 상아, 치아, 엄니, 부리 거북딱지 고래수염(이 제품들의 가루(powder) 및 폐기물(waste)을 포함)
담배 및 담배제품	전자담배포함
드라이아이스	냉매제도 포함되며, 위험품으로 간주
소형화기 및 무기, 모형 총기	장난감 무기, 총기 포함
칼	신체적 위해를 가할 목적의 무기용 칼 금지 일반적으로 음식준비에 쓰이는 칼, 만능칼, 주머니칼은 발송가능하며 무기용 칼, 스위치 블레이드(칼날이 튀어나오는 나이프), 도검, 총검)은 금지 ※각국의 금지 제한 물품을 참고 (예:중국은 버터나이프를 제외한 모든 종류의 칼을 금지하고 있음)
발전기	대부분의 발전기는 가솔린으로 테스트 되어 지는데, 탱크의 가스를 다 빼냈다 하더라도 잔여물이 남게 되고 이로 인해 위험성과 인화성이 있기 때문에 금지됨
주류, 알콜 성분 함유된 화장품	
가격측정이 어려운 물품	예)동전, 화폐, 우표, 유가증권, 우편환, 세팅되지않은보석류, 산업용다이아몬드, 사람의유해.
까르네(Carnet)	전시품목 중 Carnet 통관 필요한 건
현금	고가의 우표, 유가증권 불가
시체	사람의 유해 등 유골포함한 사람과 동물의 시체
상아 및 상아제품, 모피류	
현금 및 양도성 물품	
살아있는 동식물	종자류, 채소, 야채 포함
위험물/위험물품	가스(GAS), 방사성물질, 소화가, 스프레이 등도 발송 불가
음란물	
특별용품	예) 예술품, 골동품, 보석, 금, 은 등..
원석	루즈스톤(Loose stones), 컷팅됐거나 또는 커팅되지 않은 모든 진주 종류 그리고 준보석(자수정, 남옥, 황수정, 석류석, 터키석, 토파즈, 오닉스, 오팔 등) 과 모든 보석(다이아몬드, 에메랄드, 루비, 사파이어) 은 금지.
부패하기 쉬운 품목	예)고기, 생선, 과일, 야채, 유제품.
자석	1~2개정도의 냉장고 자석만 발송 가능
화기성제품	메탄올, 아세톤, 매니큐어, 초, 성냥 등 모든 화기성 제품 발송 불가

(2) 공통 제한 품목

항공권	항공권 발송을 금지하는 국가를 제외하고는 날짜가 정해지지 않거나 유요한 항공권은 모두 발송가능하나 서류 혹은 비서류 발송물인지 여부를 확인해야함
귀금속	귀금속은 패키지 당 최대 US$500을 넘지 않아야함. (모조귀금속은 해당하지 않으며 패키지 당 US$50,000까지 발송가능) 미가공되었거나, 반제품형태, 금을 포함한 가루형태의 귀금속으로 만들어진 아이템은 금지
리튬 배터리 또는 장착 물품	IATA 발송 규정이 복잡하므로 반드시 문의 요망! 발송 가능할 경우, SAFETY DOCUMENT 작성 후 라벨 부착하여야 함
양도가능물품	양도가능물품(예: 은행환, 무기명 채권, 무기명 주권, 채권, 자기앞 수표, 예금표, 체크 (사용되지 않았거나 또는 기재된 수표 모두), 신용카드, 신용장, 복권, 우편환, 약속어음, 주식, 여행자수표(사용되지 않았거나 또는 기재된 수표 모두)는 제한물품이므로 발송 가능한지 국가별로 확인해야함
스피커	자석이 포함된 스피커의 경우 발송 불가
시계	만약 시계가 50%이상의 귀금속(금, 은, 백금) 또는 보석(다이아몬드, 에메랄드, 루비, 사파이어)을 포함하고 있다면, 해당 시계는 보석으로 간주됨

제7장 복합운송화물과 보험

학습의 목적

오늘날 국제무역거래는 대량생산과 자동화의 구조가 컨테이너의 개발과 더불어 세계의 기간 정기선 해운에 새롭게 적용되고 있다. 때문에 운송의 출발점과 도착점이 과거의 PORT TO PORT에서 DOOR TO DOOR 혹은 DEPOT TO DEPOT로 변경되고 있다. 따라서 복합운송화물에 있어서 보험이 어떻게 관련되어지고 어떤 기능을 어떤 방법으로 수행하는지를 학습을 통하여 습득함으로써 복합운송을 통한 국제무역거래에서 화물을 안전하게 지키고 도착할 수 있게 한다.

학습의 목표

1. 복합운송의 수요증가 원인을 경제적인 측면에서 이해한다.
2. 현재 한국을 중심으로 다양하게 설계되어 있는 복합운송경로를 이해한다.
3. 복합운송인의 책임제도를 이해한다.
4. 복합운송과 관련하여 보험의 성립과 종료과정을 이해한다.

제1절 복합운송화물과 보험

1. 복합운송(Multimodal Transport)

복합운송의 '복합'은 'multimodal', 'combined', 'intermodal' 등 여러 가지로 표현된다. 그러나 유엔무역개발위원회(UNCTAD)가 'multimodal'로 통합하자고 제안함에 따라 1990년 이후부터 'multimodal'을 복합운송을 지칭하는 공식용어로 사용한다.

✦UNCTAD ; United Nations Conference on Trade and Development

복합운송(multimodal transport)에 대하여 1991년 UNCTAD/ICC의 복합운송증권에 관한 규칙(UNCTAD/Rules for Multimodal Transport Documents)에 의하면, 복합운송은 "적어도 두 가지 이상의 다른 운송수단에 의하여 물품을 운송하기 위한 단일계약(single contract)에 의해 이루어지는 물품운송"으로 규정하고 있다. 또한 1980년 UNCTAD의 유엔국제물품복합운송조약(United Nations Convention on International Multimodal Transport of Goods)에 의하면 "국제복합운송이란 복합운송계약에 기초하여 적어도 두 가지 이상의 운송방법에 의한 운송으로서 복합운송인이 운송물품의 수령지와 인도지가 다른 두 나라 사이의 운송"이라고 규정하고 있다.

그러므로 복합운송이란 특정화물을 육상・해상・내수・항공・철도・도로운송 중에서 적어도 두 가지 이상의 운송형태를 복합적으로 이용하여 출발지에서 목적지까지 운송구간을 일관 운송하는 것을 말한다.

바르샤바조약(국제항공운송 통일규칙에 관한 조약, 1929)에서 출발하여, 1956년 4월 해륙복합운송용 컨테이너가 개발되면서 실질적 개념으로 발전한 국제복합운송은 일반적으로 두 가지 이상의 상이한 운송수단(선박과 철도, 선박과 비행기)에 의하여 화물이 목적지까지 운반되는 운송형태를 의미한다. 즉, 도로운송, 철도운송, 항공, 해상운송 등 갖가지 운송수단 가운데 두 가지 이상을 순차적으로 결합하여 운송하는 것으로서 컨테이너화물의 국제운송은 당연히 복합운송 형태를 취하게 된다. 이와 같은 국제복합운송은 대량생산과 자동화의 구조가 컨테이너의 개발과 더불어 세계의 기간 정기선 해운에 새로이 적용됨으로써 복합운송의 경제적 효용이 크게 각광을 받게 되었다. 운송의 출발점과 도착점이 종래의 PORT TO PORT에서 DOOR TO DOOR, DEPOT TO DEPOT로 변경되었다. 따라서 복합운송이 이와 같은 운송의 목적을 달성하기 위해서는 다음 조건이 충족되어야 한다.

> ① 환적이 불가피하고, ② 단일한 운송주체가 각각 상이한 운송형태로 진행되는 전 구간에 대하여 단일 운송증권(through B/L)을 발행하게 되며, ③ 환적시의 편의를 위해 화물의 형태가 단위화(unitized cargo)

2. 복합운송의 성립요건

국제복합운송은 수출시 화물을 단순히 해상운송이나 항공운송으로 보냄으로써 항구간의 운송서비스만 선사나 항공사로부터 받고 나머지는 수출자 스스로가 또 다른 운송서비스 주체들에게 서비스를 부탁하는 것이 아니라 한 사람에게 맡겨 자사의 창고에서 화물의 포장부터 시작하여 거래처의 공장 혹은 창고까지 물류의 전 구간을 커버하여 운송토록 하는 방식이다. 복합운송으로 인정받기 위해서는 일반적으로 다음 네 가지의 기본요건을 충족시켜야 한다.

첫째, 운송에 대한 모든 책임이 복합운송인에게 집중되는 일괄운송계약과 일괄책임(uniform liability)을 진다. 그리고 최초의 운송인이 전 구간의 운송(through carriage)을 인수한다. 복합운송인은 자기의 명의와 계산으로 송화인을 상대로 복합운송계약을 체결한 계약당사자일 뿐만 아니라 전체운송을 계획하고 여러 운송구간을 적절히 연결하고 통괄하여 운송이 원활하게 이루어지도록 조정하고 감독할 지위에 있으므로 전 구간에 걸쳐 화주에 대해 단일책임을 져야 한다.

둘째, 복합운송증권(multimodal transport document : MTD)을 발행하여야 한다. 복합운송이 되기 위해서는 복합운송인이 화주에 대하여 전 구간에 대한 유가증권으로서의 복합운송증권이 발행되어야 한다.

셋째, 운송인은 운송 전구간에 대해 일괄운임(through rate)의 청구권을 갖는다. 복합운송인은 그 서비스의 대가로서 각 운송구간마다 분할된 것이 아닌 전구간에 대한 단일화된 운임을 설정, 화주에게 제시하여야 한다.

넷째, 다양한 운송수단(different modes of transport)이 이용된다. 이것은 각각 다른 법적규제를 받는, 여러 운송수단에 의해 이행되어야 한다는 의미이며, 동일한 운송수단으로 결합되는 운송은 복합운송이 아니다. 따라서 복합운송은 해상과 항공, 해상과 육상, 또는 그 반대의 경우만을 의미한다.

3. 복합운송의 주요 운송경로

복합운송방식에는 대표적으로 해륙복합운송과 해공복합운송이 있다. 먼저 해륙복합운송방식은 선박, 철도, 트럭 등으로 조합되는 방식으로서, 해상루트를 중심으로 트럭에 의해 내륙운송이 완결되는 방식과 대륙횡단철도에 의한 랜드브리지 방식이 있으며, 해공복합운송은 해상운송이 가지는 저렴성과 항공운송이 갖는 신속성이라는 장점을 결합하여 일관 수송하는 것을 말한다.

이들의 장점으로는 해륙복합운송의 경우, 운송비용의 절감과 운송시간의 단축이라는 효과가 있다. 또한 해공복합운송의 장점으로는 첫째, 해상운송에 비해 절반 이상 수송기간 단축, 항공운송요율보다 60% 이상 저렴하고, 둘째, 기업물류관리에 적시납품의 융통성을 들 수 있으며, 셋째, 수송기간 단축으로 재고비용과 자본비용 절감을 들수 있다.

1) 복합운송의 주요 운송경로

(1) 세계적인 랜드브리지의 주요 경로

'Land Bridge'는 해륙 복합일관수송이 실현됨에 따라 해상-육상-해상으로 이어지는 운송구간 중 중간구간인 육로운송구간을 말한다. 'Land Bridge'의 개발은 대륙을 횡단하는 철도 또는 도로를 가교(bridge)로 하여 Sea-Land-Sea방식을 통한 복합운송의 한 형태이다.

'Land Bridge'의 목적은 운송비용의 절감과 전체 소요시간의 감소를 위한 것으로서 이러한 비용절감의 가능성은 해상운송업자들로 하여금 내륙운송에 있어서 규모의 경제(economy of scale)를 추구하기 위해 주요 내륙운송망에 탁월한 접근성을 가진 소수의 항만에 화물량을 집중시키도록 했다. 'Land Bridge'로 인해 모든 여정이 단일운송수단의 통제와 책임하에 놓이게 됐으며 또 다른 특징으로는 전체 운송과정을 선사 또는 비선박운항업자(non vessel operation common carrier : NVOCC)가 발행하는 단일 선화증권에 의해 커버할 수 있게 되었다.

(가) American Land Bridge(ALB) : ALB(American Land Bridge)란 1972년에 'Seatrain'사가 개발한 이 루트는 극동/유럽행 루트라기보다는 유럽/북미행 화물의 루트로서 개발된 것으로서 극동·일본에서 유럽행 화물을 운반하기 시작한 것이다. 그 후 1978년에 'Sea-Land', 1980년에는 APL, 1982년에 'Lykes Lines'가 참가하고, 더욱이 'Sea-Land'와 APL은 미국 내에서의 이단적재컨테이너전용열차(Double Stack Train : DST)에 의한 'Intermodal System'을 완비하여 서비스를 하고 있다.

표 7-1. American Land Bridge(ALB)

출발지	수송수단	중계지	수송수단	중계지	수송수단	목적지	소요일수
극동 주요항	배	오클랜드	철도	찰스톤	배	앤트워프, 함부르크, 로테르담, 브레멘 등	35~40일
		로스앤젤레스	철도	뉴 올리언즈	배	로테르담	35~40일

(나) Canadian Land Bridge(CLB) : 1979년 일본의 포워더에 의해서 개발된 운송루트로 미국대륙 경유 ALB가 선사주도인데 반해 CLB(canadian land bridge)는 포워더

주도형의 서비스이다. SLB, ALB와 같이 구주운임동맹의 관할권 외에 있고 태평양, 대서양항로의 해상운임에 대해서도 동맹운임(tariff)의 적용 밖에 있기 때문에 한때는 상당수의 구주운임동맹의 계약화주도 이용했지만 세계적인 선복과잉과 맹외선사의 급격한 진출로 해상운임이 하락한데 반해 CLB는 수차례의 환적으로 운송 코스트가 높아지게 됨에 따라 최근에는 이용률이 낮아지고 있다.

캐나다/태평양철도(CP)사는 1992년 4월, 밴쿠버, 몬트리올 항만국의 협력으로 CLB를 재개하였고 화물집하를 유도하기 위해 특별히 캐나다횡단철도 운임률(Tariff)을 설정하는 등 인센티브를 제공하고 있다. 한편 운송기일은 22일로 유럽항로의 해상서비스보다 6~8일 빠르다.

표 7-2. Canadian Land Bridge(CLB)

출발지	수송수단	중계지	수송수단	중계지	수송수단	목적지	소요일수
부산	배	밴쿠버 시애틀	철도 철도	St. John 몬트리올	배	함부르크, 로테르담, Le Havre	35일

(다) Mini Land Bridge(MLB) : 1972년, 미국선사 Seatrain이 찰스톤을 경유해 유럽에서 캘리포니아로의 MLB(Mini Land Bridge)수송을 개시했다. 이 수송의 귀항항로를 이용해서 극동에서 미국동안으로 화물을 운반한 것이 MLB수송의 발단이고 이것에 의해 미국과 극동간의 복합운수송의 막이 열렸다.

극동에서 북미 동안(뉴욕)까지의 해상수송거리는 약 9,800마일, 서안을 경유하여 철도로 연결을 통한 횡단수송의 거리는 7,600마일이 된다. 이 수송시스템을 실현하기 위해서는 낮은 철도운임을 확보하는 것이 필요불가결한 요소로서 Seatrain은 2개의 철도회사와 낮은 운임계약을 맺고 MLB수송을 시작하였다.

1984년 미해운법의 발효와 컨테이너선의 선복과잉에 의한 선사간의 과당경쟁, 부가가치 운송서비스의 요구에 대해 정기선사가 국제종합물류 관리를 목표로 하여 미국내륙까지의 일관수송체제의 구축에 힘을 기울였고 선사의 정요일서비스에 부합되는 Unit Train Service의 확립과 경제효율이 높은 이단적재열차(double stack train : DST)의 개발은 선사에 의한 복합운송을 촉진시켰다.

표 7-3. Mini Land Bridge(MLB)

출발지	수송 수단	중계지	수송 수단	목적지	소요 일수
부산 CY/CFS	→배→	시애틀, 오클랜드 로스앤젤레스, 상파울로 롱비치 등 미서안 항구	→철도→	미동안 항구 최종지의 철도회사 CY/CFS	15 ~18일

(라) Micro Land Bridge, IPI(Interior Point Intermodal) : 'Mini Land Bridge'가 'Port to Port'운송인데 비하여 IPI(Interior Point Intermodal), 즉 'Micro Bridge'는 미국 내륙지점으로부터(또는 까지) 최소한 2개의 운송수단을 이용한 일관된 복합운송 서비스를 말한다.

표 7-4. Micro Bridge

출발지	수송 수단	중계지	수송 수단	중계지	수송 수단	목적지	소요 일수
부산 CY/ CFS	배	시애틀 오클랜드 로스앤젤레스 샌프란시스코 롱비치 등 미서안 항구	철도 트럭	철도 터미널	트럭	그룹 I (미시시피강 서쪽) 그룹 II (미시시피강 동쪽) 그룹 III (동안에 가까운 도시)	22일

MLB가 미 동안으로의 해상운송 서비스의 대체수단으로서 미 동안, 카리브지역의 항구로 목적지가 한정되어 있는 것에 비하여 IPI는 내륙 포인트까지를 목적지로 하는 복합일관운송이다.

IPI는 선사 자신이 내륙까지의 B/L을 발급하고 철도에서 트럭으로의 연결, 최종목적지로의 인도까지 모두 선사가 수배한다. 최근에는 화주 문전까지 운송을 수배하는 'Store Delivery Service'도 성행하고 있다.

(마) Siberian Land Bridge(SLB) : SLB(siberian land bridge)란 시베리아를 육상가교(land bridge)로 하여 한국, 일본, 극동, 동남아, 호주 등과 유럽대륙, 스칸디나비아반도를 복합운송형태로 연결하는 복합운송형태를 말한다.

SLB의 운영주체인 TSR(Trans Siberian Railway)서비스는 구 소련 내 주요 지역과 해외에 지점을 설치 수출입화물을 처리하고 있다. SLB운송은 1971년부터 본격 개시된 이래, 한국, 대만, 홍콩, 필리핀, 호주, 뉴질랜드까지로 집하지역이 확대되고, 목적지도 서구, 동구, 북구뿐만 아니라 지중해, 중동, 북아프리카, 아프카니스탄, 몽고까지로 확대되어 유럽항로에 의한 해상운송에 대항하는 운송루트로 발전하였다.

우리나라 수출컨테이너화물은 1973년부터 SLB Service를 이용하여 운송되고 있으며 최근 우리나라의 포워더들은 SVT나 유라시아트랜스 등과 직접계약을 통해 실질적으로 TSR운영에 참여하기 시작하였다. SLB는 부산~보스토치니(Vostochny)간을 컨테이너선으로 해상수송한 후 시베리아철도의 컨테이너전용열차(block train)로 러시아의 유럽국경 역까지 운송한 후 유럽의 철도, 트럭, 선박 등을 이용하여, 컨테이너화물을 복합일괄운송한다. 한편 SLB운송과 관련하여 부산~로테르담간의 수송거리를 비교하여 보면 다음과 같다.

표 7-5. 부산~로테르담 간 루트별 수송거리 비교

운송루트	수송거리	운송루트	수송거리
시베리아(Siberia)철도 경유	13,000km	파나마(Panama) 경유	23,000km
수에즈(Swez)운하 경유	20,700km	북미(ALB) 경유	20,000km
케이프타운(Cape Town) 경유	27,000km		

✦해상보험이 혼합보험이라 하더라도 항공운송에 따른 위험을 연장담보하는 경우는 드물다. 그 이유는 해상운송은 대량의 화물을 운송하는 수단임에 비하여 항공기는 신속성을 요하는 소량화물을 수송하므로 해상운송과 항공운송이 연계되어 수송하는 경우는 매우 드물다.[63)]

(바) Trans China Railway(TCR) : 중국대륙관통철도로서 중국의 연운항 서안 난주 우름치 알라산쿠(alaraw shankou)를 잇는 총연장 4,018km의 철도. 시베리아횡단철도(trans siberian railroad ; TSR)와 연결되어 극동~유럽을 잇는 철도망을 형성하고 있다. 남북한 철도연결 사업이 성공적으로 완료되면 일본-한국-중국-유럽을 잇는 철의 실크로드가 열리게 된다.

그러나 최근에는 중앙아시아로 수출하는 대다수의 한국 업체가 최근 중국횡단철도(TCR) 화물 적체현상으로 피해를 입은 것으로 나타났다. 한국 기업들은 중앙아시아 국가들과 교역시 시간단축 및 물류비용 절감 등의 이유로 TCR를 주로 이용하고 있지만 중국-카자흐스탄 국경지대 통관과정에서 이를 수송하는 카자흐스탄 내 화차가 부족한데다 통관에 사용되는 하역시스템의 낙후로 적체현상이 심해졌다. 또 화물적체 현상에 따라 중국 철도청이 연운항에서 출발하는 열차의 발차 제한 조치를 예전보다 강도 높게 하고 있다.

2011년 현재 한국의 총 수출액 가운데 중앙아시아로의 수출액이 차지하는 비중은 약 1~2% 정도이며 중앙아시아 수출 품목 중 철도편으로 운송되는 물량은 대략 80%를 넘어서고 있다.

(사) Trans Korea Railway(TKR) : 대한민국 남북을 잇는 한반도종단철도(TKR : trans-korea railway)와 러시아 대륙을 가로지르는 시베리아횡단철도(TSR : trans-siberian railway) 연결사업이 본격 추진될 전망이다. TKR과 TSR이 연결되면 한반도를 출발, 유럽까지 철도가 연결되는 연결 기반을 구축할 수 있게 된다.

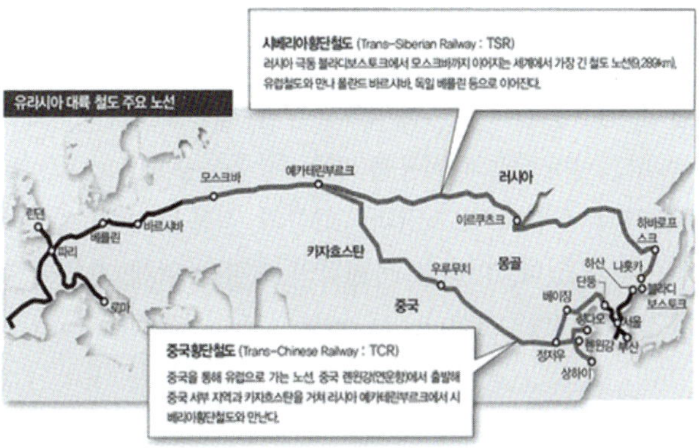

▎TKR과 TSR의 연결사업 추진현황 및 전망

2007년도 추진현황	07. 5월 : 한-러 합작물류회사 설립을 위한 한국측 컨소시엄창립 합의[회사명 : RUCO (자본금 5억원); 철도공사 및 민간 기업(현대글로비스 등)총 5개 업체] 07. 6월 : TKR-TSR 관련 한-러 철도공사간 운영자 회의 한러 합작물류회사 설립 MOU 체결 07. 7월 : 9월 나진-하산 프로젝트 관련 제1,2차 한-러 실무협상 개최 07.11월 및 12월 : 한-러 합작물류회사 설립합의서 체결 및 설립 운영 07.12월 : 제2차 남-북-러 철도운영자회의 및 부산-나진-TSR 컨테이너 시범운송 추진

2) 한국을 경유한 랜드브리지의 주요 경로

▎유럽항로

한국-미서부해안 (뱅쿠버/시애틀)-유럽	소요기간 14~17일 정도로 운임은 두바이경로보다 20% 이상 높지만 약 3~4일이 덜 소요되고, 선박 및 항공편의 운항회수가 가장 많고 신뢰도가 높아 가장 많이 이용되는 운송경로
한국-두바이-유럽	소요기간 21일 정도로 요율이 가장 낮지만 가장 오래 걸리는 운송경로
한국-싱가포르-유럽	소요기간 12~13일 정도로 홍콩경로보다 저렴한 가격이 가능하나, 싱가포르발 항공기의 스페이스 공급이 너무 적어 대량수송에 어려움
한국-홍콩-유럽	홍콩발 항공화물 체화현상으로 인한 스페이스 확보문제와 고가로 이용감소

✦ Steggers Rail Act, 1980; 일률적인 철도운송요금제도와 적자노선은 폐지하고 중복된 연결망은 통합한다는 법안임.

3) 복합운송에 관련된 국제법

복합운송이 이상적으로 실현되기 위해서는 단일운송주체와 일괄책임원칙(uniform liability system)이 필요하다. 다시 말해서 육 · 해 · 공 등 상이한 운송인이 상호 계약을 체결하여 그 가운데 한 운송인이 주체가 되고 다른 운송인은 하청운송인이 되는 것이다.

그러나 현실적으로는 몇몇 기업간에 단순한 연계에 의해 운송이 수행되고 있어 이상적인 복합운송은 실현되지 못하고 있다. 국제운송질서 또한 운송수단에 따라 통일적이지 못하고 개별법 체계를 통해 운송질서를 유지해 왔다는 점이다. 따라서 복합운송의 경우에는 각 구간마다 서로 다른 조약 또는 국내법의 적용을 받는 운송증권을 발행하게 된다. 예를 들어 해상운송시에는 헤이그규칙의 적용을 받는 선화증권(B/L)을 발행하고, 항공운송에서는 바르샤바조약의 적용을 받는 항공운송장(Air Waybill)이 발행되며, 육상운송의 경우에는 역시 관련조약(CMR과 CIM)의 적용을 받는 화물상환증(Waybill) 등이 운송증권으로 발행되고 있다. 이러한 문제점의 해결을 위해 거론된 것이 바로 국제복합운송에 관한 통일규칙의 제정인 것이다.

(1) UN 국제복합운송조약

TCM조약안이 채택되지 못함에 따라 1973년 68개국 정부가 참여하는 UNCTAD내 정부간 준비그룹(inter governmental preparatory group)을 중심으로 새로운 조약안 작성에 착수하여 1979년 3월에 조약초안을 마련하였다.

이 초안은 1980년 5월 제네바에서 UN이 소집한 전권대사회의(Conference of Plenipotentiaries)에서 1980년 UN국제복합운송조약으로 채택되었으나, 오늘날까지 그 효력을 발휘하지 못하고 있다. 그것은 조약의 준비과정에서 실무계를 대표하는 국제상공회의소(ICC) 등의 복합운송인(MTO) 책임에 대해 이종책임체계(network system)를 지지해 온데 반해 UN조약은 소위 수정된 일괄책임체계(modified uniform system)를 채택하여 운송인의 책임을 대폭 강화시킨 함부르그규칙을 모태로 구상되어 있다.

UN조약의 내용을 보면, 손해발생구간이 판명된 때에는 국내법, 국제조약 또는 본조약상의 책임한도액 중 가장 높은 금액으로 하고, 불명손해에 대해서는 해상구간이 포함되면 함부르그규칙(835SDR/package or 2.5SDR/㎏)의 110%를, 해상구간이 포함되지 않으면 8.33SDR/㎏(CMR)을 적용하기로 규정하고 있다.

UN조약은 복합운송에 있어서 발생한 물품의 손해에 대하여 단일운송계약을 지배하는 국제조약에 비해 매우 엄격한 책임을 운송인에게 부과하고 있는데, 그 손해발생에 대하여 복합운송인이 과실이 없음을 입증하지 못하면 책임을 져야 한다. UN조약은 물품의 멸실・훼손에 대한 복합운송인의 책임제한에 관해 포장물 또는 적재단위당 920SDR과 ㎏당 2.75SDR로서 Hamburg규칙보다도 10% 증가되어 있는데, 이는 Visby규칙 이후의 계속적인 인플레이션을 반영한 것이다.

(2) 복합운송증권통일규칙

국제상업회의소(ICC)는 1973년에 “복합운송증권통일규칙(ICC Uniform Rules for a Combined Transport Document, ICC Publication No. 298)”을 채택하였는데, 이 규칙은 1991년 말까지 적용되어 오다가 UNCTAD/ICC 규칙으로 대체되었다.

이 UNCTAD/ICC 규칙은 UNCTAD/ICC 합동위원회가 헤이그 규칙, 헤이그-비스비규칙, 복합운송증권통일규칙 등을 기초로 1991년 11월 파리의 ICC이사회에서 제정한 “복합운송증권에 관한 통일규칙(UNCTAD/ICC Rules for Multimodal Transport Documents)”을 말하는데, 이 규칙 또한 복합운송계약의 관습적인 일부분만을 다루고 있다.

이 규칙에서 복합운송인은 복합운송증권을 발행하고 전운송구간에 대해서 책임을 지며, 또한 이종책임체계(network system)를 채택하여 손해발행구간이 판명된 경우와 판명되지 않은 경우를 구분하여 규제하고 있다.

제2절 복합운송인의 책임

1. 복합운송인

복합운송인(combined transport operator : CTO)은 이종 및 동종 수송수단을 조합하여 수송하는 운송인으로서 Multimodal Transport Operator(MTO), International Transport Operator(ITO)라고도 한다.

UN국제복합운송조약에 의하면 복합운송인이란 스스로 또는 대리인을 통해서 운송계약을 체결하고 송화인이나 운송인의 대리인이 아닌 운송계약의 주체로서 계약이행에 대해 책임을 지는 자로 정의하고 있다. 따라서 복합운송인은 자기의 명의와 계산으로 화주를 상대로 복합운송계약을 체결한 계약당사자일 뿐만 아니라 운송전반을 계획하며 운송기간 중 여러 운송구간을 적절히 연결하고 총괄하여 운송이 원활하게 이루어지도록 조정하고 감독할 지위에 있는 자이다.

복합운송인은 선사, 항공회사, 트럭회사, 창고업자, 철도회사, 포워더 등 유통기능을 담당하는 자 가운데 화주에 대하여 단일책임을 지며, 복합운송증권을 발행할 수 있는 자이면 누구나 상관이 없다.

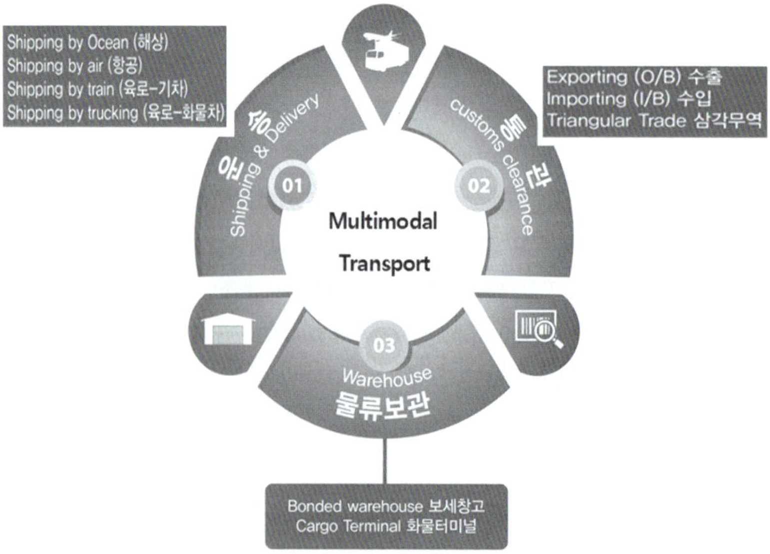

1980년 UN국제복합운송조약의 정의에 의하면, 국제복합운송(international multimodal transport)이란 "복합운송인이 화물을 자기책임하에 인수하여 어떤 국가의 일정한 지점으로부터 다른 국가의 인도예정지점(a place designated for delivery)까지 복합운송계약에 의거하여 적어도 두 종류 이상의 운송수단을 이용하여 행하는 운송"을 뜻한다. 따라서 국제간의 이동, 복합운송계약의 체결, 복합운송인에 의한 전구간운송의 책임인수, 운송수단 이종복수성을 포함하여야만 복합운송이라 할 수 있으며, 복합운송은 운송구간을 단순히 두 번 이상 반복하는 통운송(through carriage)과 구별된다.

1) 복합운송인의 기능

복합운송인은 운송인 기능을 수행하기 때문에 비록 운송수단을 보유하고 있지는 않지만 실제운송인과 똑같이 운송책임을 부담한다. 운송책임 부보에 대한 증거문서가 복합운송증권(CTD)이라 할 수 있고 우리나라 복합운송업체는 모두 FIATA B/L을 발행한다.

그런데 우리나라는 단순 포워딩과 복합운송이 분리되어 있지 않고 두 가지 기능을 동시에 수행하기 때문에 그 영업적 지위가 포워더인지 복합운송인인지는 각 경우에 따라 다르게 판단되어야 한다.

그림 7-1 복합운송인의 기능

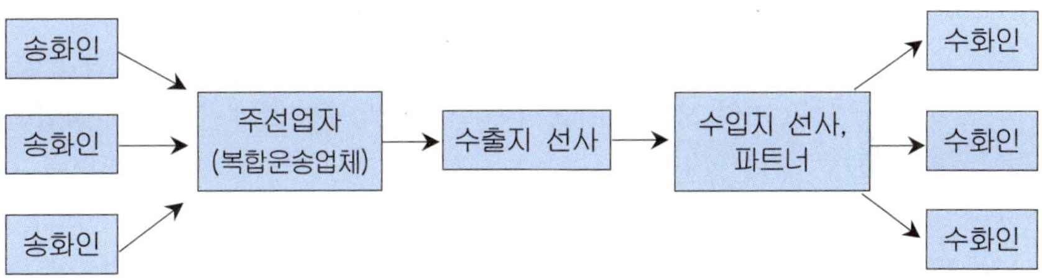

2) 복합운송인의 요건

(1) 운송책임의 단일성

복합운송은 복합운송인이 전 구간에 걸쳐 화주에게 단일책임을 져야 한다. 복합운송은 하나의 계약으로 다수의 구간운송 행위가 결합되어 있으나 복합운송인은 자기의 명의와 계산으로 송화인을 상대로 복합운송계약을 체결한 계약당사자일 뿐만 아니라 전체운송을 계획하고 여러 운송구간을 적절히 연결하고 운송이 원활하게 이루어지도록 총괄하여 조정하며 감독할 지위에 있기 때문에 복합운송인에게 책임을 집중시킴으로써 복합운송 본래의 기능이 발휘될 수 있는 것이다.

(2) 복합운송증권의 발행

복합운송이 되기 위해서는 복합운송인이 화주에 대하여 전 운송구간을 담당하는 유가증권으로서의 복합운송증권이 발행되어야 한다. 이러한 증권의 발행은 법적으로 운송책임을 단일화시킨 것이며, 운송책임의 단일성과 표리의 관계이다.

(3) 일관운임의 설정

복합운송인의 서비스 대가로서 운임을 각 운송구간마다 분할하지 않고 전 구간 단일화된 운임을 설정하여야 한다. 이는 전 운송구간에 대한 책임이 복합운송인에게 집중되어 있으므로 이에 대한 반대급부도 하나로 통합하는 것이다.

3) 복합운송인의 유형

복합운송인은 운송수단의 보유 여부에 따라 캐리어형 운송인(carrier operator)과 비캐리어형 운송인(non carrier operator)으로 분류할 수 있다.

(1) 캐리어형 복합운송인

캐리어형 운송인은 자신이 직접 보유하고 있는 선박, 항공기, 트럭 등을 이용하여 복합운송을 수행하는 실제 운송인을 통틀어서 말한다. 이 중 선박회사는 가장 전형적인 캐리어형 복합운송인이다.

선박운항업체 가운데 해상운송만 하고 복합운송을 하지 않는 업체도 있으나, 최근의 추세는 거의 모든 선사들이 복합운송의 주체로서 활발하게 복합운송서비스를 발전시켜 나가고 있다.

(2) 포워더형 복합운송인

포워더(forwarder)의 정의는 국가에 따라 또는 그 규모와 영업형태에 따라 서로 다르나, 일반적으로 운송수단을 직접 소유하지 않은 채 고객을 위하여 화물운송의 주선이나 운송행위를 수행하는 자를 말한다.

포워더형 복합운송인은 캐리어형 복합운송인에 비해 운송수단을 직접 보유하지 않는다는 점만 다를 뿐 운송인과 다름없이 운송주체로서의 제반기능과 책임, 의무 등을 수행하는 일종의 계약운송인이다. 해상운송주선인(international forwarder)이나 항공운송주선인(air freight forwarder)은 가장 전형적인 프레이트 포워더형(freight forwarder) 복합운송인이다.

(3) NVOCC형 복합운송인

1984년 미국 신해운법(Shipping Act)은 프레이트 포워더형 복합운송인을 비선박운항업자(Non Vessel Operation Common Carrier : NVOCC)라는 형태의 합법적인 운송인 개념으로 실체화시켰다.

미국 신해운법에 명시된 NVOCC는 "해상운송에 있어서 자기 스스로 선박을 직접 운항하지 않으면서 해상운송인(ocean common carrier)에 대해서는 화주의 입장이 되는 것"으로 정의하고 있다.

4) 복합운송의 주요 경로

▎SLB(Siberian Land Bridge): 부산~로테르담

운송루트	수송거리(km)	운송루트	수송거리(km)
Siberia철도 경우	13,000	Swez운하 경유	20,700
Cape Town 경유	27,000	Panama 경유	20,3000
ALB 경유	20,000		

▎ALB(American Land Bridge) :선사주도형

출발지	운송수단	중계지	운송수단	중계지	운송수단	목적지	소요일수
극동 주요항	배	오클랜드	철도	찰스톤	배	앤트워프, 함부르크, 로테르담, 브레멘 등	35~40일
		LA	철도	찰스톤	배	로테르담	35~40일

▎CLB(Canadian Land Bridge) : 포워더 주도형

출발지	운송수단	중계지	운송수단	중계지	운송수단	목적지	소요일수
부산	배	밴쿠버	철도	St. John	배	함부르크, 로테르담 Le Havre	15~18일
		시애틀		몬트리올			

▎MLB(Mini Land Bridge)

출발지	운송수단	중계지	운송수단	목적지	소요일수
부산 CY/CFS	배	시애틀, 오클랜드, LA, 상파울로, 롱비치 등 미서안 항구	철도	미 동안 항구 화물지의 철도회사 CY/CFS	15~18일

▌IPI(Interior Point Intermodal)/Micro Bridge

출발지	운송 수단	중계지	운송 수단	중계지	운송 수단	목적지	소요 일수
부산 CY/CFS	배	시애틀, 오클랜드, LA, 샌프란시스코, 롱비치 미서안 항구	철도 트럭	철도 터미널	트럭	그룹1 미시시피강 서쪽 그룹2 미시시피강 동쪽 그룹3 동안에 가까운 도시	22일

2. 복합운송인의 책임체계

UN국제복합운송조약 제16조에 의하면 "복합운송인은 자기 또는 그 이행보조자가 손해의 원인이 된 사고 및 그 결과를 회피하기 위하여 합리적으로 요구되는 모든 조치를 취하였다는 것을 증명하지 못하면 운송물에 관한 손해에 대하여 책임을 져야 한다."고 규정하고 있다.

이는 복합운송인의 책임이 과실책임주의에 의하지만 물건의 멸실·손상·지연에 의한 손해의 발생에는 운송인의 과실이 추정됨을 규정한 것으로서, 복합운송인이 자신의 무과실을 입증하지 못하는 한 손해배상책임을 면할 수 없다는 이른바 과실추정주의를 취하고 있다.

전체운송에 관하여 하나의 계약주체, 즉 복합운송인을 주축으로 하는 오늘날의 복합운송에 있어서 운송인의 책임문제는 복합운송인이 전운송구간을 단일책임체계 및 책임기준하에 부담할 것인가 그렇지 않으면 각 운송구간마다 적용되어 온 국제협약 및 국내법규에 따라 부담할 것인가 하는 문제이다.

전자는 전운송구간 단일책임 각 구간 일괄책임(uniform liability system)이고, 후자는 전운송구간 단일책임 각 구간 이종책임형(network liability system)으로 선진국에서 많이 사용되고 있다. 그리고 전기 두 가지 유형의 절충형인 'modified uniform system'이 있다.

▌해상운송 및 복합운송에 적용되는 한국 법률

해상운송관련 한국 상법은 Hague Rule를 거의 그대로 반영하고 있으므로 한국은 해상운송인의 책임과 관련하여 헤이그 규칙을 따른다고 할 수 있다.(배상부문은 헤이그 비스비 규칙을 따름)

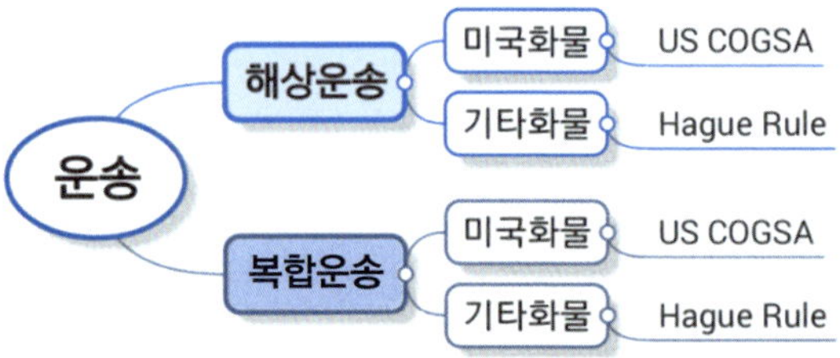

1) 이종책임체계(Network Liability System)

운송물의 멸실 또는 손상이 생긴 운송구간을 아는 경우(known damage) 운송인의 책임은 운송물의 멸실 또는 손상이 생긴 운송구간에 적용될 국제조약(해상 : 헤이그규칙, 항공 : 바르샤바조약) 또는 강행적인 국내법에 따라서 결정한다. 이 원칙의 기본이념은 기존 운송법상의 책임제도와 최대한도의 조화를 추구한다. 즉, 해상, 육상, 항공 등의 운송구간 또는 운송방식에 따라서 각각 고유한 법원칙이 적용되고 있다.

운송물의 멸실이나 손상 등 손해발생구간을 알 수 없는 경우(concealed damage)또는 아는 경우라 하더라도 해당 구간에 적용할 조약이나 강행법규가 없는 경우에도 따로 일정한 책임원칙을 설정한다. 그래서 이와 같은 경우들은 운송물의 멸실이나 손상 등이 모두 해상구간에서 발생된 것으로 간주하여 헤이그규칙이나 기본책임을 적용한다. 가령, 과실책임의 일반원칙을 두고 복합운송인이 책임을 질 경우의 배상금액 산정기준 또는 멸실, 손상된 운송물의 중량 KG당 일정액의 책임한도금액을 두는 것 등이 그 예다.(TCM 조약안 제9조)

문제점

① 서로 상반된 상황하에서 타협점을 마련하기가 어렵다. 기존의 각 운송법제의 원칙과 한도가 서로 달라서 이 중 어느 것을 선택할 것인가가 문제이다. ② 복합운송인에게 충분한 배상능력과 업무능력이 요구됨으로 결국 거대자본과 기술축적을 보유한 다국적기업만이 복합운송업을 유지할 수 있다. ③ 책임한도가 기존 운송법의 최저 책임한도 수준으로 설정되지 않으면 결국 보험요율이 높아지게 되고 보험료 상승은 운임률의 상승을 의미함으로 손해를 보는 자는 화주 및 최종 소비자가 된다.

2) 일괄책임체계(Uniform Liability System)

일괄책임제도는 복합운송기간에 화물에 멸실 또는 훼손이 발생할 경우, 해당 손해가 발생된 장소와 운송수단에 따라서 책임원칙과 책임한도가 적용되는 것이 아니라 동일한 책임원칙에 따라서 복합운송인이 책임을 부담하는 것이다.

✦1995년 12월의 해운법 개정을 통한 해상운송주선업과 화물유통촉진법상의 복합운송주선업의 업종이 일원화 됨.

복합운송의 가장 큰 장점이 수출상의 창고에서 수입상의 창고까지 화물의 일괄운송을 담당하는데 있다고 한다면 이러한 취지에 충실하게 따르고자 하는 책임체계가 일괄책임제도다. 일괄책임제도는 화물에 손해가 발생할 경우, 화주는 각 운송수단의 운송인에게 대항하지 않고 운송계약체결자인 복합운송인으로부터 배상을 받을 수 있으므로 화주에게 매우 유리하나, 복합운송인은 화주에게 배상한 뒤 손해와 관련된 하청운송인에게 구상을 해야하므로 구상절차와 소요되는 시간측면에서 복합운송인에게 불리하다.[64]

이 제도에 의하면 복합운송인은 물건의 멸실이나 훼손 등 손해가 발생한 운송구간이나 운송방식의 여하를 묻지 않고, 즉 그 발생장소가 밝혀진 손상의 경우나, 밝혀지지 않은 손상의 경우나 항상 동일한 책임원칙이 적용된다. 이 제도는 매우 선명하기 때문에 당사자들 사이에서 분쟁을 줄일 수 있는 것으로 평가되고 있다.

문제점

① 기존 조약이 적용될 수 없는 경우에는 문제가 발생하므로 국지적 손해에 대해 해당 구간에 적용되는 국제조약을 적용할 것인지, 국내법을 적용할 것인지 또는 책임한도액을 비교하여 고액을 선택할 것인지의 문제가 선결되어야 한다.

3) 절충식 책임체계(Flexible Liability System)

이 제도는 이종책임체계와 일괄책임체계를 절충한 것으로, 복합운송인의 책임체계가 일률적인 책임원칙을 따르고 책임의 정도와 한계는 손상이 발생한 구간의 규칙에 따르는 것이다.

표 7-6. 주요 조약(규칙)별 책임한도액 비교(운송화물 1kg당)

조 약 명	운송구간	책임한도액	
Hague-Visby 규칙	해상	30 포앙카레 프랑	(약 U$ 2.00)
Hamburg 규칙	해상	2.5 SDR	(약 U$ 3.75)
CIM 1970	철도	50 제미날 프랑	(약 U$ 16.00)
CMR	도로	25 제미날 프랑	(약 U$ 8.00)
Warsaw 조약	항공	250 포앙카레 프랑	(약 U$ 16.00)
UN 복합운송조약	-	2.75 SDR	(약 U$ 4.20)
UNCTAD/ICC 규칙	-	2 SDR	(약 U$ 3.00)

즉, 이 책임체계는 손해발생구간의 확인여부에 관계없이 동일한 책임규정을 적용(일괄책임체계)하나, 손해발생구간이 확인되고 그 구간에 적용될 법에 규정된 책임한도액이 유엔조약의 책임한도액보다 높은 경우에는 그것의 적용을 인정(이종책임체계)한다.

이 제도하에서는 책임의 한계가 기본책임하의 한계를 초과했을 때만 적용될 것인지 아닌지 하는 문제가 제기된다. 일반적으로 선진국은 이종책임체계를 개도국과 일부 선진국은 일괄책임체계를 선호하고 있어 유엔에서는 절충식 책임체계를 선호하고 있고 또 세계적으로 가장 많이 활용하게 될 제도이기도 하다.

3. 운송인으로서의 복합운송주선업자의 의무

수출업체가 항공으로 화물을 목적지까지 운송하고자 할 경우에는 먼저 일명 복합운송주선업자(포워더)라고 불리는 항공화물운송대리점을 선택하여야 한다. 항공사는 선사와는 달리 무역업체를 대상으로 직접 영업을 하지 않고 있기 때문이다. 항공화물운송업은 90년대

초반까지 항공법에 의해 항공화물운송대리점업과 항공운송주선업으로 나누어져 있었으나, 1993년 12월 항공법이 개정되면서 복합운송주선업자로 통합되었다. 이에 따라 현재 항공화물 포워딩업을 규정하고 있는 법규 및 업종은 화물유통촉진법에 의한 복합운송주선업이며, 복합운송주선업자가 종전의 항공화물대리점 및 항공운송주선업자의 기능과 역할을 동시에 수행하고 있다.

운송인으로서의 복합운송주선업자의 의무는 복합운송주선업자가 운송계약을 인수한 것이므로 복합운송주선업자는 운송인으로서 선량한 관리자의 주의의무를 기울여 운송계약을 이행할 의무를 진다. 따라서 복합운송주선업자는 화물을 수령하여 이를 보관하고 적절한 운송수단을 사용하여 화물을 목적지까지 운송한 뒤 이를 수화인에게 인도할 의무를 진다. 또한 복합운송주선업자는 운송수단에 따라 해상운송인, 항공운송인, 혹은 복합운송인이 부담하는 그 밖의 의무를 진다.

1) 운송인으로서 복합운송인의 책임

복합운송주선업자가 한 가지 운송수단을 사용하는 경우에는 운송수단에 따라 해상운송인 혹은 항공운송인으로서 책임을 진다.

운송수단이 선박인 경우 복합운송주선업자는 해상운송인으로서 자기 또는 선원 기타 사용인의 귀책사유가 없음을 증명하지 못하는 한 화물의 멸실, 훼손, 연착으로 인한 손해를 배상할 책임을 진다.(상법 제769조) 한편 복합운송주선업자는 해상운송인과 동일하게 선박의 톤수에 따른 책임제한 혹은 화물의 포장이나 선적단위 수에 따른 책임제한을 할 수 있다.(상법 제770조 2, 제772조) 또한 복합운송주선업자의 책임은 해상운송인과 동일하게 수화인이 화물을 인도받은 날 혹은 인도받을 날로부터 1년이 경과하면 소멸한다.

2가지 이상의 운송수단을 사용하는 경우에는 복합운송주선업자는 복합운송인으로서의 책임을 지는데 실무상으로는 일반적으로 FIATA B/L이 발행되므로 동 B/L 약관에 따른 책임을 부담하게 된다. 한편 FIATA B/L은 UNCTAD /ICC 복합운송증권 규칙에 따르도록 하고 있으므로 결국 복합운송인으로서의 복합운송주선업자의 책임은 FIATA B/L 약관 및 위 복합운송증권규칙에 따라 결정되게 된다.

그러나 우리 법상 위 약관규정은 무효라고 인정될 가능성이 많다. 왜냐하면 손해발생구간이 확인되지 않은 경우에는 복합운송구간 중 운송인의 책임이 가장 중한 구간에서 발생한 것으로 추정하여 복합운송주선업자에게 그에 따른 책임을 부담시키는 것이 화주의 이익보호를 위한 강행규정의 취지에 부합하기 때문이다.

2) 운송물 인도의무 여부

복합운송주선업자가 단순히 운송주선만 하는 경우 복합운송주선업자가 운송인과 운송계약을 체결하고 화물을 운송인에게 인도하면 운송주선인으로서의 의무를 전부 이행한 것이 되는가 아니면 목적지에서 수화인에게 화물을 인도할 의무까지 부담하는가 하는 점에 관하여 학설의 다툼이 있고 대법원 판례의 입장이 확립되어 있지 않다. 단, 운송주선의뢰인과의 관계에서 달리 약정하지 않는 한 운송주선인의 의무는 운송인과 운송계약을 체결함으로써 종료되는 것이라는 취지의 하급심 판결이 있다.

3) 화물의 불법인도에 대한 책임

운송구간 중 해상운송구간이 포함되어 있는 경우에는 통상 복합운송주선업자가 FIATA B/L 양식에 따라 House B/L을 발행하게 된다. 한편 복합운송주선업자는 실제운송인인 해상운송인으로부터 본인이나 파트너 운송주선업자가 수화인으로 기재된 Master B/L을 발급받게 된다. 이 경우 화물이 적법하게 인도되기 위해서는 복합운송주선업자 또는 그 대리인은 House B/L상의 수화인으로부터 House B/L원본을 회수한 뒤 Master B/L 원본을 해상운송인에게 교부하고 화물이 House B/L상의 수화인에게 인도되도록 해야 한다.

그러나 실무상으로 이러한 정상적인 인도절차를 거치지 않고 화물이 정당한 권한을 가진 수화인이 아닌 제3자에게 불법인도되는 경우가 종종 발생한다. 이는 보세화물관리에 관한 고시에 따라 원칙적으로 수입화물은 수입화주가 지정한 영업용 보세창고에 보관되기 때문에 수입화주가 House B/L 원본을 복합운송주선업자나 그 대리인에게 반환하지 않고 영업용 보세창고업자와 공모하여 화물을 무단 반출하는 경우가 많기 때문이다. 또한 우리 판례는 화물이 수입화주의 자가 보세장치장에 입고되는 경우에는 화물이 인도된 것으로 간주하므로 House B/L이 회수되지 않은 상태에서 화물이 수입화주의 자가 보세장치장에 입고되는 경우에도 화물의 불법인도가 행해진 결과가 된다.

4. 복합운송증권

복합운송증권(Combined Transport Document : CTD)이란 복합운송에 의하여 물품이 인수된 사실과 계약상의 조항에 따라 물품을 인도할 것을 약속한 복합운송계약을 증명하는 증권이다.

복합운송증권(CTD)은 운송물품의 인수(taking in charge)에 의해 발행되는 서류로서, 현재 복합운송증권은 선화증권형식으로 발행하고 있다. 제5차 개정 신용장통일규칙에서는 신용장에 별도의 명시가 없는 한 은행은 복합운송서류를 수리하여야 한다고 규정하고 있어 복합운송증권을 중요한 운송서류에 포함하고 있다.

특히, 복합운송증권(CTD) 중에서 국제운송주선인협회연맹 복합운송선화증권(FIATA Combined Transport Bill of Lading : FIATA FBL)은 복합운송선화증권양식을 이용하고 있다. 이는 유통성을 지닌 유가증권으로 은행이 수리한다. 그러나 FIATA 운송주선인

화물운송증권(FIATA Forwarding Agents Certificate of Transport : FIATA FCT)과 FIATA 운송주선인화물수령증(FIATA Forwarding Certificate of Receipt : FIATA FCR)은 비유통성서류로 신용장에 별도의 허용이 있어야만 수리가 가능하다.

한편, 제5차 개정 신용장통일규칙 제30조에서는 "신용장에 별도로 수권되지 아니하는 한 은행은 운송인, 복합운송인 또는 그 대리인의 자격으로 운송주선인이 발행한 운송서류를 수리한다"고 규정하고 있다. 따라서 운송주선인이 발행한 운송서류가 수리되기 위해서는 이들이 운송인이나 그 대리인임을 증명해야 한다.

1) 복합운송증권의 특징

복합운송인이 발행하는 복합운송증권(CTD)은 다음과 같은 특징을 가지고 있다.

첫째, 도로・철도・내수로・해상 또는 항공운송이 결합된 복합운송이 상이한 운송인에 의하여 이루어지더라도 복합운송증권은 처음부터 끝까지 전운송구간을 커버하는 서류이다.

둘째, 복합운송증권은 본선적재 전에 복합운송인이 화물을 수탁 또는 수취한 상태에서 발행되는 서류이다.

셋째, 복합운송증권은 실질적인 운송인(actual carrier)에 의해서만 발행되는 선화증권과는 달리 운송인뿐만 아니라 운송주선인(freight forwarder)에 의해서도 발행된다.

넷째, 복합운송증권은 화주에게 통운송(through transport)의 전체적인 책임을 지고, 어느 구간에서 발생하였든 화물의 멸실이나 손상에 대해 책임을 지는 복합운송인이 발행한다. 그러나 통선화증권(Through Bill of Lading)의 발행자는 통상 해상운송인이다.

2) 복합운송증권의 형태

복합운송에 사용되는 운송서류로서의 복합운송증권에는 기존의 선화증권을 약간 변형한 선화증권형식의 복합운송증권과 복합운송에 관한 국제규칙에 따른 복합운송증권이 있다. 두 가지 이상의 서로 다른 운송방법(복합운송 방법)에는 다음과 같은 종류가 있다.

① 피기백(Piggy back) 시스템 - 화물자동차 + 철도
② 피쉬백(Fishy back) 시스템 - 화물자동차 + 선박
③ 버디백(Birdy back) 시스템 - 화물자동차 + 항공기
④ 랜드브리지(Land bridge) 시스템 - 철도를 가교(bridge), sea-land-sea 운송

(1) 선화증권 형식의 복합운송증권

복합운송증권의 대부분은 'Bill of Lading(B/L)'이라는 말이 붙은 선화증권 형식의 'Combined Transport Bill of Lading'이 주로 사용되고 있다. 선화증권형식의 복합운송증권은 'Combined Transport B/L', 'Multimodal Transport B/L', 'Through B/L', 'International Transport B/L', 'FIATA B/L' 등의 다양한 명칭을 사용하고 있으며, 이

러한 증권은 그 명칭에 복합운송을 의미하는 문언이 기재되어 있는 것이 특징이라 할 수 있다.

여기서 특히 'Through B/L'은 선적지로부터 도착지까지 하나의 운송계약에 여러 운송인이 서로 연결하여 운송하는 형태의 통운송계약에 의하여 발행되는 증권으로서, 최초의 운송인이 모든 운송구간에 대하여 책임을 부담하므로 그 책임이 분명하다.

표 7-7. 복합운송증권과 통선화증권의 비교

구분	복합운송증권	통선화증권
운송수단의 조합	이종운송수단과의 조합만 가능	동종수단과 또는 이종운송수단과의 조합
운송계약 형태	복합운송계약(하청형태)	형태불문, 최종목적지까지 일괄운송만으로 가능
운송인의 책임형태	전구간 단일책임	각 운송인 분할책임
1차운송인과 2차운송인의 관계	1차운송인 : 원청운송인 2차운송인 : 하청운송인	2차운송인에 대한 1차운송인의 지위는 화주의 단순한 운송대리인에 불과
증권의 발행인	발행인의 특별한 제한이 없어 운송주선업자도 가능(FIATA B/L에 한함)	선박회사와 그 대리인
증권의 형식	B/L 이외 형식도 존재	B/L형식
On board notation	Taking in charge란 증명	선적선화증권으로서 특정 선박에의 적재를 증명

(2) Combined Transport Document(CTD)

CTD는 ICC에서 1975년에 제정한 "복합운송증권에 관한 통일규칙(Uniform Rules for a Combined Transport Document)"에서 규정하는 복합운송증권이다. 즉, 복합운송증권에 관한 통일증권규칙에서 사용되는 복합운송증권으로서 CTD는 모든 복합운송구간을 포괄하기 때문에 각 운송구간에 대한 별도의 운송서류가 필요 없으며, 유통가능한(negotiable) 형태와 유통불가능한(non- negotiable) 형태로도 발행되고 화주에 대해서 단일책임원칙을 채택하고 있다.

(3) Multimodal Transport Document(MTD)

"UN 국제복합운송조약"에 준거한 복합운송증권인데 그 조약이 아직까지 발효되지 못하고 있기 때문에 실제 사용되는 경우는 없다. 조약의 법체계가 화주 중심이기 때문에 MTD는 복합운송인에 대하여 엄격한 책임원칙을 정하고 있는 것이 특징이라 할 수 있다.

▎복합운송증권

Shipper
CHANG WON ELECTRONICS CO. LTD
C.P.O. BOX 606
SEOUL, KOREA

B/L No.
BURD2009

Consignee
TO ORDER

Notify party

OSIO INTERNATIONAL B.V.
CONFECTIECENTRUM 3-1-15
WILHELMINAPLEIN 29, 1062HJ
AMSTERDAM, THE NETHERLAND

Pre-carriage by	Place of receipt BUSAN, CFS
Ocean vessel K.S. GLORY	Place of delivery BUSAN, KOREA
Port of discharge ROTERDAM	Final destination ROTERDAM

K.S. LINE

Korea Shipping Corporation
COMBINED TRANSPORT BILL OF LADING
BETWEEN EUROPE AND FAR EAST

RECEIVED in apparent good order and condition accept otherwise noted the total number of Containers of Packages or units enumerated below for transportation from the place of receipt to the place of delivery subject to the terms hereof. One of the international Bill of Lading must be surrendered duly endorsed in charges for the goods. On presentation of this document (duly endorsed).
IN WITNESS whereof the number of Bill of Lading stated below have been signed one of which being accomplished the other(s) to be void.

Container No.	No. of Container	Charges and Descriptions of Goods	Gross Weight (KGS)	Measurement (CBM)
KACU2115018/30167	2 CNTRS	SAID TO CONTAIN: 2PCS, OF SOUND MIXER MODEL; MX-1630 CHECK NO : AF830243 "LCL SERV, CHARGES ARE DUE AT THE DESTINATION"	51	0.488

Total number of Containers
or Packages(in words) TWO(2) CONTAINERS ONLY

Freight and Charges	Reverse Tons	Rate	Prepaid	Collect
U.S. 7600 INTERIM BAF CAF SURCHARGE LCL SERVICE CHARGE(L) WHARFAGE	0.488	100.00/MC -0.20 % -14.50 % TOTAL $ 4.50 $ 0.22	 4.50 0.22	83.15 -0.17 -12.06 70.92

Freight amount As arranged	Freight payable at	Place and date of issue Seoul, Korea
	Number of Original FBL *THREE(3)*	Stamp and Signature As Multimodal Transport Operator ***K.S. LINE*** Korea Shipping Corporation

3) 복합운송증권의 실무상 유의사항

신용장 거래가 아닌 송금방식이나 추심거래방식은 선적서류 하자에 기인한 지불거절이 일반사항이 아니므로 실무상 유의해야 할 점은 역시 신용장 거래 중심에서 발생한다. 2008년 7월 1일부터 효력을 발생한 신용장 통일규칙(UCP600) 제19조는 복합운송을 규정하고 있지만 아직도 신용장 거래에서 많은 바이어들은 관습적으로 "full set of clean on board ocean bill of lading made out to order blank endorsed..."와 같은 표현을 사용하고 있다. 따라서 무역실무에서 주의해야 할 점은 다음과 같다.

① 복합운송증권의 경우 복합운송주선인(forward)에 의해서 발행되는 경우가 많으므로 'on board'가 되지 않고 수취한 상태에서 복합운송증권이 발행되는 경우가 있기 때문에 주의를 요한다. 비록 UCP 제19조 (a) ii에서 복합운송증권의 발행 일자를 선적일로 본다는 규정이 있지만 실제 매입은행에서 본선적재부기가 없으면 복합운송증권의 하자로 인정하는 경우가 있다. 이런 경우에는 선적부기 표시(선적항, 선적일자와 서명권자의 서명)를 해서 분쟁의 소지를 없애는 것이 좋다.

② 운송인 명칭을 표시한다.(명칭과 carrier나 as agent of carrier라고 표시)

③ 운송인, 선장 또는 기명 대리인이 서명을 한 것이어야 한다. 대리인이 서명을 한 경우에는 누구를 위해 서명한 것인지를 명확히 해야 한다.

④ 신용장에 명시된 발송지, 수탁지, 선적지 및 최종 목적지가 기재되었는지 반드시 확인해야 한다.

⑤ 용선계약이 적용된다는 표시가 있어서는 안 된다. 보통 복합운송주선인들을 현장에서는 포워더 또는 포워딩 업체라고 부르는데 포워더들은 일반적으로 운송수단을 직접 소유하지 않는 채 운송을 위탁한 고객들의 화물을 인수하여 수화인에게 화물을 인도할 때까지의 집화, 입출고, 선적, 운송, 보험, 보관, 배달 등의 업무를 주선 또는 수행하거나 스스로 운송계약의 주체가 되어 복합운송인으로서 복합운송증권을 발행하여 국가간 국제운송에 대해 책임을 진다.

5. 복합운송적화보험

복합운송화물의 보험에서는 복합운송에만 적용되는 특별약관이 존재하지 않으며, 국제복합 운송화물의 경우에도 해상적화보험으로 인수되고, 해상적화보험에 적용되는 협회적화약관이 그대로 적용된다. 또한 해상·항공을 결합하는 Sea & Air운송의 경우에는 주된 운송수단의 여하에 따라 해상적화보험 또는 항공화물보험을 선택해 가입할 수 있다.

복합운송은 컨테이너 운송을 전제로 하고 있다. 그러므로 컨테이너 운영자는 컨테이너 자체 보험, 컨테이너 소유자의 제3자에 대한 배상책임보험, 컨테이너 운영자 화물손해배상 책임보험(container operator's cargo indemnity insurance)과 컨테이너 자체보험에 가입해야 할 것이다.

컨테이너 운영자 화물손해배상 책임보험이란 컨테이너보험의 일종으로 컨테이너 운영자 또는 그 대리인이 컨테이너로 수송할 화물의 손해에 대해 부담할 배상책임을 담보로 한다. 담보책임의 범위는 법률상 또는 보험증권 첨부의 B/L상에 규정된 운송계약상의 배상액 외에 권리보전, 손해방지, 보험자에 대한 협력, 보험자의 동의를 얻기 위한 소송 등에 관한 비용에 관해서도 합리적으로 지출될 범위 내의 것을 담보한다. 더욱이 보험증권에 명시된 컨테이너 수용 화물에 부과된 공동해손, 구조비의 분담액에 대해서 피보험자가 화물의 화주에게 법률상 배상 잔무가 있는 경우와 운송계약 위반 때문에 화주로부터 회수할 수 없는 경우의 손해도 전보된다.

이 보험은 원칙으로 계약기간을 1년간으로 하고 ISO 규격 및 이에 준하는 외항 컨테이너 내 수용화물을 보험의 목적으로 하고 세계 각지 각항 상호간을 수송되는 기간을 담보로 하고 있다.

그런데 지금은 이와 같은 3가지 보험을 일괄해 하나의 증권으로 인수할 수 있을 뿐만 아니라 계약자의 요청이 있으면 잔해제거, 소독, 검역비용 담보특약도 담보된다.

▎컨테이너 보험의 특징

- 컨테이너보험의 담보기간은 원칙적으로 1 년 단위로 되어 있으며, 보험 기간 중 발생한 사고에 대해서는 운송 중이거나 보관 중은 물론, 수리나 검사 중에도 담보된다.
- 컨테이너보험의 대상이 되는 컨테이너는 국제표준화기구(ISO) 규격 및 이에 준하는 국제해상운송용이다.
- 컨테이너운송의 성격상 한 운송단위의 인수보험계약 금액이 거액이기 때문에 계약전 컨테이너 자체보험, 제3자 배상책임보험 및 화물손해배상 책임보험 등 각 보험 및 담보특약별로 보상한도액을 설정하고 있다.
- 손해사정시 번잡함을 피하고 합리적인 구성절차를 확보하기 위해 컨테이너보험의 손해 면책을 위한 Franchise(특허)나 Excess(초과)가 첨부된다.
- 컨테이너보험의 특수성을 고려해 보험증권의 유통성을 제한하고 있다.

1) 복합운송주선업자의 책임

(1) 운송주선인으로서의 복합운송주선업자의 경우

국내 복합운송주선업자가 국내 수입자로부터 수입물품의 운송주선을 의뢰받고 상호대리점 관계에 있는 파트너 회사인 외국의 복합운송주선업자로 하여금 House B/L을 발행하도록 하고 국내에서 물품의 인도업무를 담당하는 경우가 있다. 이러한 경우 화물이 불법인도된다면 과연 국내 복합운송주선업자가 어떠한 책임을 부담할 것인가 하는 점이 문제로 된다. 이하에서 이에 관한 사례를 검토해 보기로 한다.

사례 1

국내 수입상 A회사는 대만의 수출상 B회사로부터 미니컵 젤리 56,100kg을 수입하기로 하고 이에 대한 수입대행을 국내 C회사(원고)에 의뢰했다. 국내 C회사는 위 물품의 수입대금의 지급을 위하여 대만의 B회사를 위하여 신용장을 개설했다.

한편 국내 C회사(원고)는 국내의 복합운송주선업자인 F회사(피고)에게 위 화물의 운송주선을 의뢰했다. F회사(피고)는 대만의 파트너 회사인 P회사에게 위 화물의 운송주선을 의뢰했고 P회사는 위 화물을 해상운송인인 S회사의 선박에 선적하고 송화인을 B회사, 수화인을 신용장개설은행, 통지처를 A회사로 하는 House B/L을 발행했다. 한편 위 화물은 부산항에 도착하여 하역된 다음 영업용 보세창고에 보관되어 있었는데 A회사가 신용장 대금을 지급하지 못하자 C회사(원고)가 A회사를 위하여 신용장 대금을 대지급한 뒤 House B/L 2통을 신용장개설은행으로부터 교부받았다. 그런데 위 House B/L 2통 중 1통만이 배서되었다. C회사(원고)는 위 2통의 House B/L 중 배서되지 않은 1통을 A회사에 교부했고 A회사는 이를 F회사(피고)에게 교부하고 F회사(피고)로부터 화물인도지시서를 발부받아 이를 보세창고에 제시하고 2001년 9월 27일경 화물을 인도받아 갔다. 그 후 A회사는 C회사(원고)에게 C회사(원고)가 A회사를 위하여 대신 지급한 신용장 대금을 상환하지 않았고 C회사(원고)는 F회사(피고)에게 배서된 House B/L을 제시하며 화물의 인도를 요구했다. 그러나 이미 화물이 A회사에 인도된 사실을 알게된 C회사(원고)는 2003년 1월 8일경 F회사(피고)를 상대로 손해배상청구 소송을 제기했다. C회사(원고)는 F회사(피고)가 운송주선인으로서 House B/L의 수화인인 신용장개설은행의 배서를 받은 C회사(원고)에게 화물을 인도할 의무가 있음에도 불구하고 배서가 없는 House B/L을 받고 A회사에게 인도해 주었으므로 House B/L의 정당한 소지인인 C회사(원고)에게 손해를 배상할 책임이 있다고 주장했다. 이에 대해 F회사(피고)는 자신은 운송주선인이 아니라 운송인이며 운송인으로서의 책임은 1년의 제척기간으로 소멸하였다고 주장했으며 설사 운송인이 아니라 운송주선인이라고 하더라도 운송주선인은 정당한 수화인에게 화물을 인도해 줄 의무까지는 없다고 주장했다.

위 사례에서의 첫 번째 논점은 과연 국내 복합운송주선업자인 F회사(피고)가 운송인인가 아니면 운송주선인인가 하는 점이다. 만일 운송인이라고 한다면 상법 제811조의 1년의 제척기간이 적용되어 F회사(피고)의 책임은 이미 소멸되었으나 운송주선인이라고 한다면 상법 제121조에 따라 운송주선인의 악의로 인해 1년의 단기소멸시효가 적용되지 않기 때문이다. 이와 관련해 F회사(피고)는 C회사(원고)로부터 운송주선을 의뢰받은 것이 아니라 운송을 의뢰받고 파트너 회사인 P회사로 하여금 F회사(피고)를 대리하여 House B/L을 발행하게 한 것이므로 House B/L의 발행인은 F회사(피고)로서 F회사(피고)가 운송인이라고 주장했다. 그러나 서울고등법원은 이 주장을 배척하고 House B/L의 발행인은 P회사라고 판시했다.

두 번째 논점은 만일 F회사(피고)가 운송주선인이라고 했을 때 F회사(피고)는 운송주선인으로서 화물을 정당한 수화인에게 인도하여야 할 의무까지 부담하는가 하는 점이다. 이에 관해 서울고등법원은, 수입대행자인 C회사(원고)로부터 운송주선을 의뢰받은 F회사(피고)가 수출지에 소재한 상호대리점관계에 있는 파트너 회사인 P회사로 하여금 선화증권을 발행하도록 요청하는 경우에는 F회사(피고)는 P회사와의 사이에 C회사(원고)를 위하여 운송계약을 체결하는 것으로 볼 것이고 다른 약정이 없는 한 운송주선인으로서의 임무는 그로써 종료된다고 했다. 또 F회사(피고)가 화물 도착지에서 활동하는 것은 C회사(원고)와의 운송주선계약에 따른 의무가 아닌 상호대리점 관계에 있는 P회사의 도착지 대리점으로 활동함에 불과하다고 판시하여 F회사(피고)의 C회사(원고)에 대한 화물 인도의무를 부인했다. 그러나 이 사건에서 C회사(원고)가 F회사(피고)에 대하여 House B/L상의 운송인인 P

회사의 대리점으로서의 주의의무 위반을 들어 불법행위로 인한 손해배상청구를 했더라면 F회사(피고)의 책임은 인정될 여지가 있었으나 이 경우, F회사(피고)가 House B/L상의 히말라야(Himalya) 약관에 따라 1년의 제척기간 항변을 했을 것이므로 C회사(원고)가 패소한 결과는 마찬가지였을 것이다.

(2) 도착지 운송주선인 혹은 운송대리점으로서의 복합운송주선업자의 경우

수입화물의 경우 국내 복합운송주선업자는 통상 상호 대리점관계에 있는 외국 복합운송주선업자의 도착지 운송주선인 혹은 운송대리점으로서 화물을 수화인에게 인도하는 업무를 담당한다. 이 경우 화물이 불법 인도된다면 과연 운송대리점인 국내 복합운송주선업자가 어떠한 책임을 부담할 것인가 하는 점이 문제로 된다.

사례 2

외국에서 국내로 해상운송으로 수입된 화물에 대하여 운송인의 대리점인 A회사(피고)는 수입자인 B회사의 요청에 따라 위 화물을 B회사가 지정한 영업용 보세창고에 입고시켰던바, B회사는 보세창고업자와 공모하여 위 화물을 무단반출했다. 이에 선화증권 원본의 소지인인 C은행(원고)은 A회사(피고)에 대하여 불법행위로 인한 손해배상 청구소송을 제기했다.

위 사건에서의 첫 번째 쟁점은 과연 운송대리점이 수입자가 지정하는 영업용 보세창고에 화물을 입고시킨 행위만으로 운송대리점이 중대한 과실로서 화물을 멸실시킨 것이 되는가 하는 점이다. 이에 대해 대법원은, 국내 운송대리점은 보세창고업자를 통해 화물에 대한 지배를 계속하고 있으므로 화물을 수입자가 지정하는 영업용 보세창고에 입고시킨 행위만으로 운송인의 국내 운송대리점이 선화증권 소지인이 아닌 자에게 화물을 인도한 것이라거나 선하증권의 소지인에게 인도되어야 할 화물을 무단반출의 위험이 있는 장소에 보관시킨 것이라고 할 수 없으므로 영업용 보세창고업자가 실수입자와 공모하여 보세창고에 입고된 화물을 무단반출함으로써 화물이 멸실되었다고 하더라도 운송대리점의 불법행위 책임은 발생하지 않는다고 판시했다.

두 번째 쟁점은 과연 운송대리점이 영업용 보세창고업자의 사용자로서 영업용 보세창고의 불법행위에 대한 사용자책임을 부담해야 하는가 하는 점이다. 대법원은 영업용 보세창고업자가 운송인 또는 그 국내 운송대리점의 의무이행을 보조하는 지위에 있기는 하나 영업용 보세창고업자는 일반적으로 독립된 사업자로서 자신의 책임과 판단에 따라 화물을 보관하고 인도하는 업무를 수행하고 운송인이나 그 국내 운송대리점의 지휘 감독을 받는 것은 아니므로 특별한 사정이 없는 한 운송인 및 그 국내 운송대리점이 영업용 보세창고업자에 대해 민법상 사용자의 지위에 있다고 할 수 없다고 판시하여 운송대리점의 사용자책임을 부인했다. 한편 위 사건에서 운송대리점에게 영업용 보세창고업자가 화물을 무단반출하지 않도록 조치를 취할 주의의무가 있는가 하는 점도 쟁점이 될 수 있었으나 원고인 C은행이 이를 주장하지 않은 것으로 보인다. 이 점에 관하여 대법원은, 화물이 불법으로 반출된다는 것은 정상적인 업무처리를 벗어난 것이므로 이러한 불법적인 일까지를 운송인의 대리점이 모두 예상하고 창고업자 등에게 조치를 취하여야 할 의무는 없다고 판시했다. 결국 해상운송의 경우 수입화주가 지정한 보세창고에 화물이 입고된 후에 보세창고업자와 수입화주가 공모하여 화물을 무단반출시켰더라도 원칙적으로 운송대리점은 수화인에 대해 손해배상책임을 지지 않는다.

(3) 운송인으로서의 복합운송주선업자의 경우

국내로 수입된 화물이 불법 인도된 경우 이 화물에 대하여 House B/L(해상운송의 경우) 혹은 House Airway Bill(항공운송의 경우)을 발행 혹은 교부한 외국의 복합운송주선업자가 House B/L 혹은 House Airway Bill상의 운송인으로서 수화인에게 운송계약상의 손해배상책임을 부담하는지의 여부를 검토할 필요가 있다.

우선 화물의 불법인도에 외국 복합운송주선업자의 국내 운송대리점의 고의나 과실이 관여된 경우 외국 복합운송주선업자가 운송계약상의 손해배상책임을 부담하여야 한다는 점에는 별다른 의문이 없다. 문제는 화물의 불법인도에 보세창고업자의 고의나 과실이 관여된 경우 이에 대하여 외국의 복합운송주선업자가 손해배상책임을 부담할 것인가 하는 점이다. 이 점은 House B/L 및 House Airway Bill의 준거법에 따라 결정될 것이다. 만일 House B/L이나 House Airway Bill에 준거법에 관한 조항이 포함되어 있지 않다면 국제사법에 따라 준거법이 결정될 것이다. 한국 상법 제135조는 운송인은 자기 또는 운송주선인이나 사용인 기타 운송을 위하여 사용한 자의 고의 또는 과실이 없었음을 증명하지 못하면 운송물의 멸실, 훼손, 또는 연착으로 인한 손해배상책임을 면하지 못한다고 규정하고 있다. 다만 이행대행자의 사용이 법률의 규정에서 명문으로 허용되거나(예컨대 민법 제122조) 채권자가 이행대행자의 사용을 특별히 승낙한 경우에는 채무자는 단지 이행대행자의 선임, 감독에 관하여 과실이 있는 때에만 책임을 진다고 한다.

복합운송주선업자가 현대 물류에서 수행하고 있는 중요한 역할에 비하여 그에 대한 통일적인 법제도가 정비되지 못하여 복합운송주선업자에 관한 사법적인 법률관계에 불분명한 점들이 많다. 현재 법무부에서 상법 해상편의 개정작업이 진행 중인바, 개정 상법에 복합운송에 관한 규정이 포함되게 될 지의 여부가 관심사이다. 만일 복합운송에 관한 규정이 포함된다면 아울러 복합운송주선에 관한 규정을 신설하는 방안이나 상법 총칙편의 운송주선인에 관한 규정을 개정하여 복합운송주선인의 업무까지 포괄하도록 하는 방안도 검토해 보는 것이 좋을 것으로 생각된다. 이처럼 상법의 개정으로 복합운송주선업자에 관한 규정이 신설될 때까지는 복합운송주선업자에 관한 사법적 법률관계는 구체적인 사안에 따라 개별적으로 복합운송주선업자의 영업활동의 법적 성질을 파악한 뒤 그에 대한 상법 및 민법의 원칙을 합리적으로 해석하여 적절하게 적용할 수밖에 없다. 이와 관련하여 추후의 분쟁을 예방하거나 분쟁을 신속하게 해결하기 위해서는 위탁자는 복합운송주선업자와 거래할 때 가급적 당사자 사이의 권리 의무를 상세하게 기재한 계약서를 작성하여 놓는 것이 바람직할 것이다. 또한 국내의 복합운송주선업자가 수입화물에 대하여 운송인의 지위에서 책임제한권 등의 항변을 할 수 있기 위해서는 외국의 파트너 복합운송주선업자로 하여금 송화인에게 House B/L을 발행하거나 House Airway Bill을 송화인에게 교부할 때 파트너 복합운송주선업자가 국내 복합운송주선업자의 대리인으로서 위 서면을 발행하거나 교부하도록 함으로써 동 서면상의 운송인이 국내의 복합운송주선업자임을 명백히 하는 방안도 검토하는 것이 필요할 것이다. 한편 대법원 판례에 의할 때, 국내에서 외국 복합운송주선업자의 도착지 운송주선인 혹은 운송대리점 역할을 하는 국내 복합운송주선업자는 영업용 보세창고업자에 대해 화물인도지시서를 발행하지 않고 수화인용 House Airway Bill 원본을 보유하고 있는 한 화물의 불법인도에 대한 책임을 질 위험이 많이 감소되었다. 그러나 복합운송주선업자가 화물이 무단반출될 것이라는 사실을 사전에 알았거나 쉽게 예상할 수 있었던 경우와 같이 사안에 따라서는 여전히 복합운송주선업자의 책임이 인정될 여지가 있으므로 복합운송주선업자는 항상 화물의 동향이나 상태에 관하여 주의를 기울여 화물이 불법인도되지 않도록 선량한 관리자로서의 주의를 기울이는 것이 바람직할 것이다.

6. 일대일로 활용을 위한 한 · 중 복합운송규정의 통일 필요성

1) 한 · 중 복합운송의 발전 과정

한·중간 무역의 역사는 무역통계기록이 정식으로 잡히기 시작한 1970년까지 거슬러 올라가지만 한·중간 복합운송은 한국국제복합운송협회가 창립된 1977년 이후부터인 것으로 추정된다. 그러나 1990년 한·중 양국이 영사기능의 일부를 수행하는 무역대표부 설치에 합의하여 새로운 교류의 이정표를 마련하고 1992년 8월 24일 한·중 간 국교수립으로 이 시점부터 한·중간 무역규모가 비약적으로 성장했기 때문에 본격적인 한·중 복합운송의 발전은 1990년 이후가 될 것이다. 물론 이때 한·중간 무역거래 수단은 컨테이너와 선박을 이용한 해상운송방식이 주류를 이루었을 것이나 한·중 양국의 일부 수입자는 수출자에게 자신의 사업장 내까지 주문한 화물의 운송을 요구하기도 했었을 것이며, 그럴 경우 수출자는 양국의 거래선을 놓치지 않기 위해 수입자의 요구를 충실히 수용하여 복합운송방식의 수출을 선택했을 것이다.

그런데 한·중간 무역운송방식은 현재 위로는 북한에 의해 육로가 차단되어 있고 황해가 두 국가간 무역거래시 운송수단을 결정하고 있으므로 오직 항공운송과 선박운송에 의해 진행되고 있다. 그러나 한·중 무역 중 해상화물 운송방식은 [그림 7-2]에서와 같이 진화를 거듭하고 있으며 현재 한국과 중국은 '열차페리'에 의한 운송이 활발하게 논의되고 있는 단계에 놓여 있다. 그리고 지금 한·중 양국은 이미 2007년 8월 16일부터 한·중간 신개념의 화물운송시스템인 한·중 트럭복합일관수송제도(road feeder service)를 수행하고 있다.

실제로 현재 한·중간 신개념의 화물운송시스템인 한·중 트럭복합일관수송제도(road feeder service, RFS)를 보자. 중국 칭다오시 차량번호판 '魯B 16088'을 부착한 5ton 화물트럭이 15일 오후 2시 중국 칭다오공항에서 고급 의류 3천700kg(178박스)을 싣고 같은 날 오후 6시 칭다오항에서 출항하는 위동항운유한공사(Weidong Ferry)의 뉴골든브릿지5호(2만9천554ton급)에 선적됐다. 이어 이 트럭은 16일 오전 10시 인천항에 내린 후 대기하고 있던 인천본부세관직원들의 차량검색을 받고 곧바로 월미도에서 영종도로 가는 도선을 거쳐 인천국제공항에 도착해 화물을 풀었다.

그림 7-2 한·중 복합운송 시스템의 변천 예상도

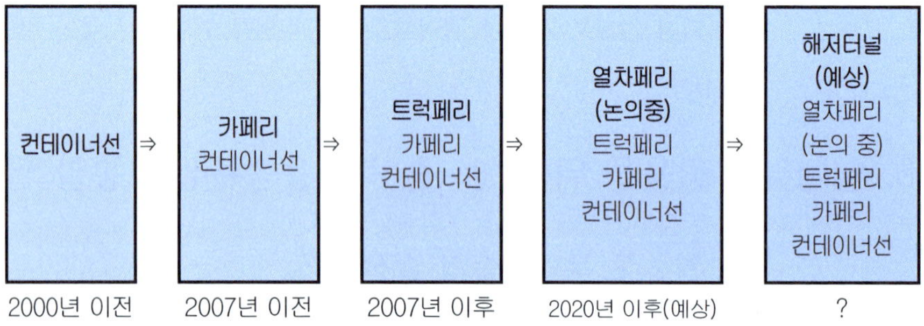

그리고 이 화물은 오후 4시30분 미국 로스앤젤레스로 출발하는 아시아나항공 202편에 실려 수출됐다. 화물이 칭다오공항을 출발해 인천공항에서 비행기에 실릴 때까지 27시간이 걸리지 않았다. 이 화물트럭은 'door to door'방식으로 직접운송을 실현하여 화물이 운송시간과 항구에서의 체류시간을 큰 폭으로 단축하고 하역과 선적으로 인하여 발생하는 비용을 절감하였다. 그리고 컨테이너 한 대당 환적시간을 3.5시간 절약하고 절감비용은 50달러 이상이었다. 이 화물트럭은 중국 칭다오공항을 출발해 한중카페리, 인천항, 인천국제공항으로 옮겨지는 동안 한 번도 화물을 내리거나 옮겨 싣지 않고 달렸다.

한·중 카페리는 2016년 9월 현재 〈표 7-8〉처럼 한국의 인천·평택·군산 등 3곳에서 중국의 12곳을 연결, 15개 선사가 16개 항로를 운영하고 있다.

최근 한·중 카페리 노선의 중국 측 주주들이 항로 신설과 항차 증가 등을 위해 적극적으로 나서고 있다.

표 7-8. 2016년 9월, 한국 항만별 항로(RoRo) 현황

한국 측 항만	인천항	평택항	군산항	합계
중국 측 항만	칭다오, 웨이하이, 텐진, 다롄, 단둥, 잉커우, 친황다오, 옌타이, 쓰다오, 렌웬강	룽청, 렌윈강, 웨이하이, 르자오, 옌타이	쓰다오	16개

자료 : 항만공사(인천, 평택, 군산)

예를 들어 그들은 한국 인천과 카페리항로가 있는 단둥과 다롄 사이에 위치해 있는 중국 좡허(庄河)노선을 새로 개설할 계획을 가지고 있으며, 위동항운은 중국 측 주주의 요청으로 현재 주 3회 항차로 운영하고 있는 인천~웨이하이 노선을 주 6항차로 늘리겠다고 신청 중이다. 군산~스다오 항로를 운영하는 스다오 국제훼리도 항차 증가를 추진하고 있다.

2) 한국 상법 제816조와 중국 해상법 제106조의 문제점 및 통일 필요성

중국이 추진하고 있는 '일대일로'는 육로를 연결한 일대와 해로를 연결한 일로를 합한 것을 의미하는 것으로서 '일대'(一帶)는 여러 지역들이 통합된 '하나의 지대'(one belt)를 가리킨다. 물론 각국의 이해와 사안에 따라 변경이 될 수 있는 부분이 존재하므로 현재까지 '일대일로'의 정확한 노선과 일정표는 알 수 없지만 거시적인 측면에서 대략 [그림 7-3]과 그 모습이 근접하지 않을까 생각한다.

그림 7-3 중국의 일대일로(육상 · 해상실크로드) 예상

중국의 '일대일로'가 구축되면 [그림 7-4]와 같이 한국과 중국을 포함한 유라시아간 국제물류의 운송방식은 지금보다 많이 달라진다. 즉, 복합운송이 성립되는 것이다.

그러나 육상운송수단과 해상운송수단이 서로 다른 운송수단으로 이용되더라도 육상운송인에 관한 현행 상법 제125조(의의)와 복합운송에 관한 "2015년 상법개정안" 제125조(의의)에 따르면 호천 · 항만에서의 물건 또는 여객의 운송은 동일한 육상운송규정이 적용된다.

그림 7-4 한국~유럽 간 국제운송방식

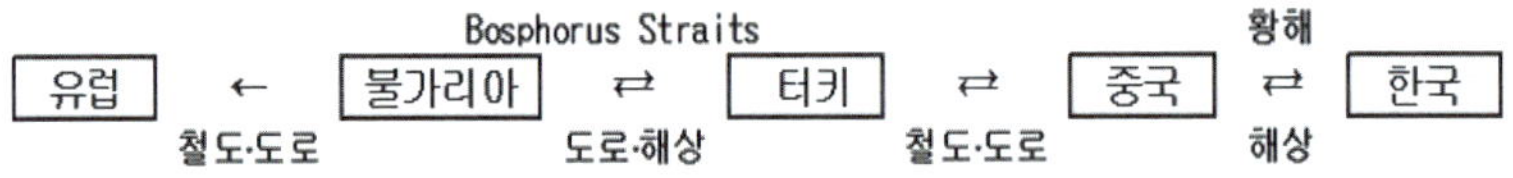

따라서 육로의 도로운송수단인 화물자동차 혹은 열차로 의왕 ICD에서 인천 혹은 평택항까지 운송한 운송물을 다시 항만에서 카페리 혹은 열차페리를 이용하여 중국 웨이하이에 운송한 경우에는 복합운송법이 적용되지 않는다. 그 이유는 현행법하에서 운송구간이 항만(육상운송구간)과 해수(해상운송구간) 두 구간이지만 운송수단이 (페리)하나이므로 복합운송이라 할 수 없게 된다.

이 이외에도 한국과 중국의 복합운송시 적용되는 복합운송인의 책임체계가 현재에는 서로 달라 어느 운송구간에서 손해가 발생하였는지 불분명한 경우 또는 손해의 발생이 성질상 특정한 지역으로 한정되지 아니하는 경우, 한국법에 따르면 복합운송인에게 운송거리가 가장 긴 구간에 적용되는 법에 따라 책임을 지우게 하고 중국 법에 따르면 해상운송을 기준으로 하여 복합운송인에게 책임을 지우게 할 것임으로 많은 다툼이 예상된다. 무역실무적으로 화물손상이나 멸실에 관한 클레임은 화물 도착 후 수입자가 화물의 확인과 점검을 통하여 결정되므로 사실 화물이 입은 경제적 손해가 화물 운송도중 어느 구간에서 발생했는지 그 사실관계 확인이 어렵다. 화물이 입은 경제적인 손실은 해상운송구간에서 발생할 수도 있고 도로와 철도운송구간에서 발생할 수도 있으며, 경우에 따라서는 해상과 육상, 해상과 도로, 육상과 도로에서 중복 발생할 수도 있다.

그러므로 한국과 중국은 한국 상법 제816조 제2항과 중국 해상법 제106조를 일치시킬 필요가 있다. 그리고 일치방향은 국제적인 복합운송협약인 로테르담규칙에 의거하여 한국 상법도 중국 해상법 106조와 동일하게 손해 발생이 불분명한 경우에도 '해상운송협약'인 동 규칙을 적용하도록 해야 타당하다. 이렇게 해야 만이 한국은 로테르담규칙으로 재편되는 국제운송법 체제와 보조를 맞출 수 있을 것이다.

▎한국 상법 제816조 2항

한국 상법 해상편 제816조(복합운송인의 책임) 제2항을 보면 어느 운송구간에서 손해가 발생하였는지 불분명한 경우 또는 손해의 발생이 성질상 특정한 지역으로 한정되지 아니하는 경우에는 운송인은 **운송거리가 가장 긴 구간에 적용**되는 법에 따라 책임을 진다. 다만, 운송거리가 같거나 가장 긴 구간을 정할 수 없는 경우에는 운임이 가장 비싼 구간에 적용되는 법에 따라 책임을 진다.

▎중국 해상법 제106조 / 1993년 해상법 제4장(해상화물운송계약)

복합운송인의 책임은 손해발생구간이 명백한 경우에는 그 해당 구간에 적용되는 법규에 따라 규율하고, 반면 손해발생구간이 명백하지 않은 경우에는 한국과 달리 해상법에 따르도록 해 1993년 해상법 제4장(해상화물운송계약)에 따라 규율된다.

이 밖에 한국 상법 제816조와 중국 해상법 제102조도 해상운송에 부수한 복합운송만을 규정하고 있으므로 해상운송이 포함되지 않는 항공운송과 육상운송이 결합하는 형태의 복합운송은 상법의 적용대상이 되지 않아 규율이 완전하지 못하게 되는 결함이 있다. 따라서 향후 한・중간 복합운송에 관한 법률을 통일할 경우에는 육, 해, 공을 모두 아우르는 형태의 복합운송법제를 마련할 필요가 있다. 그리고 해상운송이 관여되지 아니한 육상 및 항공이 연결된 복합운송의 경우를 위하여서도 별도의 책임한도액을 규정하는 것이 옳다고 본다. 그리고 이때는 포장단위당 책임한도와 중량단위당 책임한도를 각각 규정하는 것이 타당하다고 생각한다.

보충자료 및 참고문헌

◆ 항공화물화주보험과 해상적화보험의 비교

① **적화보험에 비하여 보험료가 저렴하다.** : 화물의 종류와 운송지역에 따라서 다르지만 생동물류를 제외하고 적화보험에 비해 보험료가 많게는 3분의 1 수준인 경우도 있다. 대부분의 화물이 적화보험에 비해 큰 폭으로 저렴하다.

② **보험요율의 적용을 위한 카테고리분류가 간단하다.** : 적화보험의 경우 화물의 분류가 23가지에 달하지만 항공화물운송보험에서의 화물의 분류는 생동물, 화폐, 군수물자, 기타화물 등 4가지로 분류된다. 따라서 보험료의 적용이 간단하며, 적화보험에서와 같이 ALL RISK 조건에서 화물별로 특별한 손해가 보상되지 않아 부가조건을 첨부하여야 하는 부담도 없다.

③ **운송계약과 동시에 적화보험을 가입하고 보험료를 운임과 함께 납부한다.** : 운송의뢰와 보험가입을 따로따로 조치하지 않고 한번에 처리할 수 있어 업무처리가 간소하다. 또한 항공사와 보험사간의 업무협조로 인해 사고처리와 보상이 원활하다.

④ **대부분의 경우 내륙운송위험이 보상되지 아니한다.** : 화폐나 군수물자를 제외한 모든 화물의 경우 항공운송 중의 위험만을 보상하므로 출발지나 최종도착지와 공항간의 육상위험은 보상되지 않는다. 따라서 무역조건에 따라 보험계약자가 위험을 부담하여야 하는 내륙운송 중의 위험은 별도의 운송보험을 가입하여야 한다. 그러나 운송보험을 가입하여야 하는 경우라 하더라도 전체 보험료부담액이 적화보험에 비해 저렴하다.

63) Mustill, M. J. & Gilman, J.C.B., *op, cit.*, Vol.1, p. 6.
64) 송채헌, "운송인의 책임에 관한 연구", 조선대학교 대학원, 1998, p. 87.

사례연구

1. 일괄복합운송계약 체결 후 운송 중 발생한 손해(수침손, 부족손)의 배상

사건번호 : 제95111-0018호
품　　목 : PVC Resin
청구금액 : 금 46,474,619원
판정일자 : 1995. 10. 5

■ **판정 요지 :** 신청인은 해외공급자인 F사(이하 해외공급자라 함)의 국내대리인으로서 피신청인의 고구마 전분 2,000톤에 대한 구매입찰에 참가하여 1,500톤에 대하여 낙찰자로 선정되어 양 당사자는 외자구매계약(이하 구매계약이라 함)을 체결하였다. 그리고 피신청인은 중국현지 품위확인 출장결과 물품의 품위가 저급하고 계약물량을 전량 확보치 못하여 납기 내 공급이 어렵다는 이유로 구매계약을 해지하였다. 이에 신청인은 (1) 육안에 의한 달관검사의 결과에 대한 신빙성을 인정할 수 없으며 (2) 구매계약 제15조에 의하면 단순 물품도착지연의 예상은 계약해지 사유에 해당되지 않으며 아무런 최고도 없이 계약을 해지하는 것은 허용할 수 없다고 주장한다. 이에 대하여 (1) 피신청인은 현지출장검사자들이 행한 검사방법은 통상 행하는 간이검사이며 30년 이상 동업계에 종사한 전문가들이기 때문에 육안에 의한 달관검사로서 충분하다고 하고 이를 재가공하면 수율이 20%정도 줄어들며, 품위규격 미달사항은 ○○연구원의 분석결과에 나타나 있다고 주장한다. 그러나 검사결과의 적정성을 보장하기 위하여는 검사방법이 양 당사자가 다 같이 수긍할 수 있는 객관적 합리적 방법이어야 하는 것이 국제무역거래의 관례이며 육안에 의한 달관검사는 국제무역거래상 일반적으로 용인되고 있는 검사방법이라고 볼 수 없으며 그 검사결과에 대한 신빙성을 인정할 수 없다는 신청인의 주장은 이유있다 할 것이다. (2) 피신청인은 계약해지의 근거로서 구매입찰 유의사항 "제5, 나"항에 의하여 계약을 해지한 것이라 하고, 피신청인은 현지 검사 결과 품위 규격미달사실을 신청인에게 통보하고 "계약에 정한 납기까지 품위규격에 부합하는 양질의 고구마전분을 공급할 수 있는지 알려달라. 그렇지 않으면 계약을 해지한다"는 취지로 최고하였으나 신청인은 피신청인에게 "자세한 검수결과를 통보해 달라"고만 하여 납기에 맞추어 공급할 수 있는지의 여부에 대하여 답변이 없었다고 주장하고, 피신청인은 신청인이 계약물량의 1/5밖에 확보치 못하고 있는 사실로 보아 납기 내에 물량공급이 불가능하다고 판단하였고, 이 건 계약해지로 피신청인은 농산물가격 안정을 위하여 고구마전분 1,500톤을 긴급 구입하였으며, ○○연구원의 분석결과에 대하여 "이 보고서는 소송 및 분쟁 기타 법적요건으로 사용할 수 없다"고 기재되어 있는 것은 검정기관이 분쟁에 휘말리는 것을 피하기 위해 의례적으로 사용하는 문구이므로 증거능력, 증거력판단에 영향이 없는 것이므로 이상의 사정으로 보아 피신청인의 계약해지는 정당한 것이라고 주장한다. 그러나 피신청인이 품위규격 미달사실을 신청인에게 통보당시 그 시점에서는 신청인은 이행지체상태에 있지 않았기 때문에 피신청인이 하였다고 주장하는 최고는 이행기 도래전에 행한 단순한 이행독촉에 불과하며 계약해지에 앞서 행하는 최고에 해당된다고 볼 수 없으며, 구매입찰 유의사항 "제5, 나"항은 구매계약서 제19조 및 제20조 제1항을 종합해 볼 때 구매계약의 특약으로 볼 수 없고, 현지 품위검사시에 신청인은 계약물량 전량을 확보치 못하였을 뿐 피신청인에게 이행거절 의사를 표명한 것으로 볼 수 없으며, 피신청인이 사업목적을 수행하기 위하여 부득이 계약을 해지하고 제3자로부터 고구마전분 1,500톤을 긴급 도입하였다는 사실만으로 해지의 정당성을 뒷받침 할 수 없고, 구매계약서 제10조에 의하면 품위검사기관은 △△검사소로 규정되어 있으므로 ○○연구원의 분석결과는 증거로 채택될 수 없다. 따라서 피신청인의 계약해지는 적법한 절차를 거치지 않은 것으로서 부당한 것이라고 판단된다. 이상과 같이 피신청인의 부

당한 계약해지로 인하여 신청인이 입은 손해액은 (1) 신청인이 피신청인에게 납부한 계약보증금 미화 8,022.20달러 및 해외공급자의 계약보증금 미화 80,222달러와 해외공급자의 계약보증금에 대한 이자 미화 175.49달러 합계 미화 88,419.69달러 (2) 구매계약체결과정에서 신청인이 지출한 출장비 해외공급자의 출장비 등의 손해액 미화 29,780.90 달러 (3) 신청인이 입은 영업상의 손해로서 신청인이 상실한 수수료 이익 미화 9,000달러와 해외공급자의 예상 매매차익의 상실금 미화 75,000달러의 합계 미화 84,000달러의 도합금 미화 202,200.59달러가 신청인이 입은 총 손해액이 된다. 그리고 신청인은 이 건 계약해지로 인하여 중국측 공급자로부터의 클레임 제기로 인하여 미화 184,882달러 상당을 배상하여 줌으로써 손해를 입었다고 주장하나 실제로 이것을 지급한 것으로 볼 수 있는 증거가 없으므로 이 부분 손해는 인정할 수 없다. 따라서 피신청인은 위 손해액 미화 202,200.59달러를 신청인에게 배상할 책임이 있다고 판단한다.

2. 항공화물운송 중 발생된 불법행위로 인한 손해배상

사건번호 : 제94111-0012호
품　　목 : 항공화물(섬유원단)
청구금액 : US$49,469.22
판정일자 : 1995. 1. 26.

신청인은 피신청인의 운송주선으로 김포공항에서 타이페이, 마닐라로 화물을 운송시켜 현지에 도착시켰으나, 피신청인이 항공화물운송장을 이중으로 발급하여 위 화물이 제삼자에게 인도되었다. 때문에 신청인은 수출대금을 회수하지 못하여 위 화물의 수출대금상당액을 피신청인에게 배상청구하였다.

피신청인이 신청인에게 항공화물운송장을 발급하여 주고 운임청구를 한 점과 본 화물이 한국에서 제조되었다는 점 등으로 미루어 볼 때 신청인과 피신청인간에는 항공화물운송계약이 체결되었다고 추정할 수 있다. 따라서 본 사건이 발생하게 된 것은 피신청인이 항공화물운송장을 이중으로 발급하는 등 업무처리 과정에서 과실이 크다. 그러나 신청인도 피신청인에게 화물운송의뢰를 하는 절차에 있어서 기적 전에 서면 등으로 명확히 하지 못한 점은 주의의무를 다 하지 못한 것으로 신청인의 과실도 존재한다. 즉, 사건의 내용으로 보아 신청인과 피신청인, 양 당사자의 과실정도는 반반으로 판단된다. 따라서 신청인의 손해배상가액 중 멸실된 타이페이분은 신청인의 과실을 인정하여 청구액의 반액을 피신청인은 배상할 책임이 있으며, 보관중인 마닐라 분은 멸실에 해당되지 아니하므로 신청인의 주장은 이유가 없다고 판정한다.

부 록

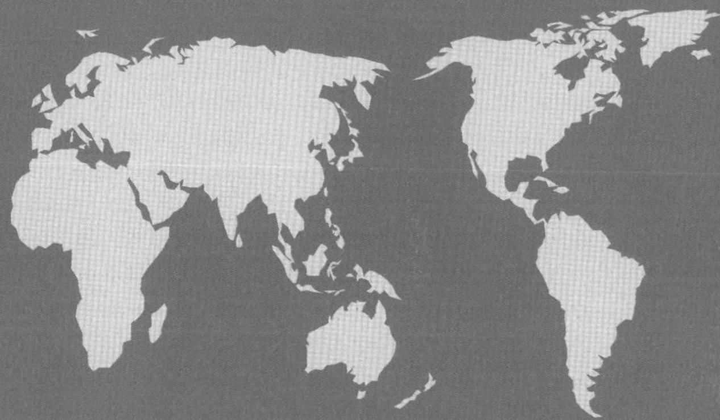

The Marine Insurance Act 1906

제1조 Marine insurance defined

A contract of marine insurance is a contract whereby the insurer undertakes to indemnify the assured, in manner and to the extent thereby agreed, against marine losses, that is to say, the losses incident to marine adventure.

제2조 Mixed sea and Land risks

(1) contract of marine insurance may, by its express terms, or by usage of trade, be extended so as to protect the assured against losses on inland waters or on any land risk which may be incidental to any sea voyage.

(2) Where a ship in course of building, or the launch of a ship, or any adventure analogous to a marine adventure, is covered by a policy in the form of a marine policy, the provisions of this Act, in so far as applicable, shall apply thereto, but, except as by this section provided, nothing in this Act shall alter or affect any rule of law applicable to any contract of insurance other than a contract of marine insurance as by this Act defined.

제3조 Marine adventure and maritime perils defined

(1) Subject to the provisions of this Act, every lawful marine adventure may be the subject of a contract of marine insurance.

(2) In particular there is a marine adventure where

(a) Any ship goods or other moveables are exposed to maritime perils. Such property is in this Act referred to as "insurable property";

(b) The earning or acquisition of any freight, passage money, commission, profit, or other pecuniary benefit, or the security for any advances, loan, or disbursements, is endangered by the exposure of insurable property to maritime perils;

(c) Any liability to a third party may be incurred by the owner of, or other person interested in or responsible for, insurable property, by reason of maritime perils. Maritime perils" means the perils consequent on, or incidental to, the navigation of the sea, that is to say, perils of the seas, fire, war, perils, pirates, rovers, thieves, captures, seizures, restraints, and detainment's of princes and peoples, jettisons, barratry, and any other perils, either of the like kind or which may be designated by the policy.

제4조 Avoidance of wagering or gaming contracts

(1) Every contract of marine insurance by way of gaming or wagering is void.

(2) A contract of marine insurance is deemed to be a gaming or wagering contract-

(a) Where the assured has not an insurable interest as defined by this Act, and the contract is entered into with no expectation of acquiring such an interest; or

(b) Where the policy is made 'interest or no interest,' or 'without further proof of interest than the policy itself.' or 'without benefit of salvage to the insurer,' or subject to any other like term: Provided that, where there is no possibility of salvage, a policy may be effected without benefit of salvage to the insurer.

제5조 Insurable interest defined

(1) Subject to the provisions of this Act, every person has an insurable interest who is interested in a marine adventure.

(2) In particular a person is interested in a marine adventure where he stands in any legal or equitable relation to the adventure or to any insurable property at risk therein, in consequence of which he may benefit by the safety or due arrival of insurable property, or may be prejudiced by its loss, or by damage thereto, or by the detention thereof, or may incur liability in respect thereof.

제6조 When interest must attach

(1) The assured must be interested in the subject-matter insured at the time of the loss though he need not be interested when the insurance is effected: Provided that where the subject-matter is insured 'lost or not lost,' the assured may recover although he may not have acquired his interest until after the loss, unless at the time of effecting the contract of insurance the assured was aware of the loss, and the insurer

제7조 Defeasible or contingent interest

(1) A defeasible interest is insurable, as also is a contingent interest.

(2) In particular, where the buyer of goods has insured them, he has an insurable interest, notwithstanding that he might, at his election, have rejected the goods, or have treated them as at the seller's risk, by reason of the latter's delay in making delivery or otherwise.

제8조 Partial interest

A partial interest of any nature is insurable.

제9조 Reinsurance
(1) The insurer under a contract of marine insurance has an insurable interest in his risk, and may re-insure in respect of it.
(2) Unless the policy otherwise provides, the original assured has no right or interest in respect of such re-insurance.

제10조 Bottomry
The lender of money on bottomry or respondentia has an insurable interest in respect of the loan.

제11조 Master's and seaman's wages
The master or any member of the crew of a ship has an insurable interest in respect of his wages.

제12조 Advance freight
In the case of advance freight, the person advancing the freight has an insurable interest, in so far as such freight is not repayable in case of loss.

제13조 Charges of insurance
The assured has an insurable interest in the charges of any insurance which he may effect.

제14조 Quantum of interest
(1) Where the subject-matter insured is mortgaged, the mortgagor has an insurable interest in the full value thereof, and the mortgagee has an insurable interest in respect of any sum due or to become due under the mortgage.
(2) A mortgagee, consignee, or other person having an interest in the subject-matter insured may insure on behalf and for the benefit of other persons interested as well as for his own benefit.
(3) The owner of insurable property has an insurable interest in respect of the full value thereof, notwithstanding that some third person may have agreed, or be liable, to indemnify him in case of loss.

제15조 Assignment of interest
Where the assured assigns or otherwise parts with his interest in the subject-matter insured, he does not thereby transfer to the assignee his rights under the contract of insurance, unless there be an express or implied agreement with the assignee to that effect. But the provisions of this section do not affect a transmission of interest by operation of law.

Insurable Value

제16조 Measure of insurable value
Subject to any express provision or valuation in the policy, the insurable value of the subject- matter insured must be ascertained as follows:
(1) In insurance on ship, the insurable value is the value, at the commencement of the risk, of the ship, including her outfit, provisions and stores for the officers and crew, money advanced for seamen's wages, and other disbursements (if any) incurred to make the ship fit for the voyage or adventure contemplated by the policy, plus the charges of insurance upon the whole: The insurable value, in the case of a steamship, includes also the machinery, boilers, and coals and engine stores if owned by the assured, and, in the case of a ship engaged in a special trade, the ordinary fittings requisite for that trade:
(2) In insurance on freight, whether paid in advance or otherwise, the insurable value is the gross amount of the freight at the risk of the assured, plus the charges of insurance:
(3) In insurance on goods or merchandise, the insurable value is the prime cost of the property insured, plus the expenses of and incidental to shipping and the charges of insurance upon the whole:
(4) In insurance on any other subject-matter, the insurable value is the amount at the risk of the assured when the policy attaches, plus the charges of insurance.

Disclosure and Representations

제17조 Insurance is uberrimae fidei
A contract of marine insurance is a contract based upon the utmost good faith, and, if the utmost good faith be not observed by either party, the contract may be avoided by the other party.

제18조 Disclosure by assured
(1) Subject to the provisions of this section, the assured must disclose to the insurer, before the contract is concluded, every material circumstance which is known to the assured, and the assured is deemed to know every circumstance which, in the ordinary course of business, ought to be known by him. If the assured fails to make such disclosure, the insurer may avoid the contract.
(2) Every circumstance is material which would influence the judgment of a prudent insurer in fixing the premium, or determining whether he will take the risk.

(3) In the absence of inquiry the following circumstances need not be disclosed, namely:
(a) Any circumstance which diminishes the risk:
(b) Any circumstance which is known or presumed to be known to the insurer. The insurer is presumed to know matters of common notoriety or knowledge, and matters which an insurer in the ordinary course of his business, as such, ought to know;
(c) Any circumstances as to which information is waived by the insurer;
(d) Any circumstance which it is superfluous to disclose by reason of any express or implied warranty.
(4) Whether any particular circumstance, which is not disclosed, be material or not is, in each case, a question of fact.
(5) The term 'circumstance' includes any communication made to, or information received by, the assured.

제19조 Disclosure by agent effecting insurance

Subject to the provisions of the preceding section as to circumstances which need not be disclosed, where an insurance is effected for the assured by an agent, the
(a) Every material circumstance which is known to himself, and an agent to insure is deemed to know every circumstance which in the ordinary course of business ought to be known by, or to have been communicated to, him; and
(b) Every material circumstance which the assured is bound to disclose, unless it come to his knowledge too late to communicate it to the agent.

제20조 Representations pending negotiation of contract

(1) Every material representation made by the assured or his agent to the insurer during the negotiations for the contract, and before the contract is concluded, must be true. If it be untrue the insurer may avoid the contract.
(2) A representation is material which would influence the judgment of a prudent insurer in fixing the premium, or determining whether he will take the risk.
(3) A representation may be either a representation as to a matter of fact, or as to a matter of expectation or belief.
(4) A representation as to a matter of fact is true, if it be substantially correct, that is to say, if the difference between what is represented and what is actually correct would not be considered material by a prudent insurer.
(5) A representation as to a matter of expectation or belief is true if it be made in good faith.
(6) A representation may be withdrawn or corrected before the contract is concluded.
(7) Whether a particular representation be material or not is, in each case, a question of fact.

제21조 When contract is deemed to be concluded

A contract of marine insurance is deemed to be concluded when the proposal of the assured is accepted by the insurer, whether the policy be then issued or not; and, for the purpose of showing when the proposal was accepted, reference may be made to the slip or covering note or other customary memorandum of the contract.

The Policy

제22조 Contract must be embodied in policy

Subject to the provisions of any statute, a contract of marine insurance is inadmissible in evidence unless it is embodied in a marine policy in accordance with this Act. The policy may be executed and issued either at the time when the contract is concluded, or afterwards.

제23조 What policy must specify

A marine policy must specify (1) The name of the assured, or of some person who effects the insurance on his behalf:
(2) -(5) [Repealed].

제24조 Signature of insurer

(1) A marine policy must be signed by or on behalf of the insurer, provided that in the case of a corporation the corporate seal may be sufficient, but nothing in this section shall be construed as requiring the subscription of a corporation to be under seal.
(2) Where a policy is subscribed by or on behalf of two or more insurers, each subscription, unless the contrary be expressed, constitutes a distinct contract with the assured.

제25조 Voyage and time policies

(1) Where the contract is to insure the subject-matter 'at and from,' or from one place to another or other, the policy is called a 'voyage policy,' and where the contract is to insure the subject-matter for a definite period of time the policy is called a 'time policy.' A contract for both voyage and time may be included in the same policy.
(2) [Repealed].

제26조 Designation of subgect-matter

(1) The subject-matter insured must be designated in a

marine policy with reasonable certainty.
(2) The nature and extent of the interest of the assured in the subject-matter insured need not be specified in the policy.
(3) Where the policy designates the subject-matter insured in general terms, its shall be construed to apply to the interest intended by the assured to be covered.
(4) In the application of this section regard shall be had to any usage regulating the designation of the subject-matter insured.

제27조 Valuded Policy

(1) A policy may be either valued or unvalued.
(2) A valued policy is a policy which specifies the agreed value of the subject-matter insured.
(3) Subject to the provisions of this Act, and in the absence of fraud, the value fixed by the policy is, as between the insurer and assured, conclusive of the insurable value of the subject intended to be insured, whether the loss be total or partial.
(4) Unless the policy otherwise provides, the value fixed by the policy is not conclusive for the purpose of determining whether there has been a constructive total loss.

제28조 Unvalued policy

An unvalued policy is a policy which does not specify the value of the subject-matter insured, but subject to the limit of the sum insured, leaves the insurable value to be subsequently ascertained, in the manner herein-before specified.

제29조 Floating policy by ship or ships

(1) A floating policy is a policy which describes the insurance in general terms, and leaves the name of the ship or ships and other particulars to be defined by subsequent declaration.
(2) The subsequent declaration or declarations may be made by endorsement on the policy, or in other customary manner.
(3) Unless the policy otherwise provides, the declarations must be madein the order of dispatch or shipment. They must, in the case of goods, comprise all consignments within the terms of the policy, and the value of the goods or other property must be honestly stated, but an omission or erroneous declaration may be rectified even after loss or arrival, provided the omission or declaration was made in good faith.
(4) Unless the policy otherwise provides, where a declaration of value is not made until after notice of loss or arrival, the policy must be treated as an unvalued policy as regards the subject-matter of that declaration.

제30조 Construction of terms in policy

(1) A policy may be in the form in the First Schedule to this Act.
(2) Subject to the provisions of this Act, and unless the context of the policy otherwise requires, the terms and expressions mentioned in the First Schedule to this Act shall be construed as having the scope and meaning in that schedule assigned to them.

제31조 Premium to be arranged

(1) Where an insurance is effected at a premium to be arranged, and no arrangement is made, a reasonable premium is payable.
(2) Where an insurance is effected on the terms that an additional premium is to be arranged in a given event, and that event happens but no arrangement is made, then a reasonable additional premium is payable.

DOUBLE INSURANCE

제32조 Double Insurance

(1) Where two or more policies are effected by or on behalf of the assured on the same adventure and interest or any part thereof, and the sums insured exceed the indemnity allowed by this Act, the assured is said to be over-insured by double insurance.
(2) Where the assured is over-insured by double insurance-
(a) The assured, unless the policy otherwise provides, may claim payment from the insurers in such order as he may think fit, provided that he is not entitled to receive any sum in excess of the indemnity allowed by this Act;
(b) Where the policy under which the assured claims is a valued policy, the assured must give credit as against the valuation for any sum received by him under any other policy without regard to the actual value of the subject-matter insured;
(c) Where the policy under which the assured claims is an unvalued policy he must give credit, as against the full insurable value, for any sum received by him under any other policy;
(d) Where the assured receives any sum in excess of the indemnity allowed by this Act, he is deemed to hold such sum in trust for the insurers, according to their right of contribution among themselves.

제33조 Nature of warranty

(1) A warranty, in the following sections relating to warranties, means a promissory warranty, that is to say, a warranty by which the assured undertakes that some particular thing shall or shall not be done, or that some condition shall be fulfilled, or whereby he affirms or negatives the existence of a particular state of facts.
(2) A warranty may be express or implied.
(3) A warranty, as above defined, is a condition which must be exactly complied with, whether it be material to the risk or not. If it be not so complied with, then, subject to any express provision in the policy, the insurer is discharged from liability as from the date of the breach of warranty, but without prejudice to any liability incurred by him before that date.

제34조 When breach of warranty excused

(1) Non-compliance with a warranty is excused when by reason of a change of circumstances, the warranty ceases to be applicable to the circumstances of the contract, or when compliance with the warranty is rendered unlawful by any subsequent law.
(2) Where a warranty is broken, the assured cannot avail himself of the defence that the breach has been remedied, and the warranty complied with, before loss.

제35조 Express warranties

(1) An express warranty may be in any form of words from which the intention to warrant is to be inferred.
(2) An express warranty must be included in, or written upon, the policy, or must be contained in some document incorporated by reference into the policy.
(3) An express warranty does not exclude an implied warranty, unless it be inconsistent therewith.

제36조 Warranty of neutrality

(1) Where insurable property, whether ship or goods, is expressly warranted neutral, there is an implied condition that the property shall have a neutral character at the commencement of the risk, and that, so far as the assured can control the matter, its neutral character shall be preserved during the risk.
(2) Where a ship is expressly warranted 'neutral' there is also an implied condition that, so far as the assured can control the matter she shall be properly documented, that is to say, that she shall carry the necessary papers to establish her neutrality, and that she shall not falsify or suppress her papers, or use simulated papers. If any loss occurs through breach of this condition, the insurer may avoid the contract.

제37조 No implied warranty of nationality

There is no implied warranty as to the nationality of a ship, or that her nationality shall not be changed during the risk.

제38조 Warranty of good safety

Where the subject-matter insured is warranted 'well' or 'in good safety' on a particular day, it is sufficient if it be safe at any time during that day.

제39조 Warranty of seaworthiness of ship

(1) In a voyage policy there is an implied warranty that at the commencement of the voyage the ship shall be seaworthy for the purpose of the particular adventure insured.
(2) Where the policy attaches while the ship is in port, there is also an implied warranty that she shall, at the commencement of the risk, be reasonably fit to encounter the ordinary perils of the port.
(3) Where the policy relates to a voyage which is performed in different stages, during which the ship requires different kinds of or further preparation or equipment, there is an implied warranty that at the commencement of each stage the ship is seaworthy in respect of such preparation or equipment for the purposes of that stage.
(4) A ship is deemed to be seaworthy when she is reasonably fit in all respects to encounter the ordinary perils of the seas of the adventure insured.
(5) In a time policy there is no implied warranty that the ship shall be seaworthy at any stage of the adventure, but where, with the privity of the assured, the ship is sent to sea in an unseaworthy state, the insurer is not liable for any loss attributable to unseaworthiness.

제40조 No implied warranty that goods are seaworthy

(1) In a policy on goods or other moveables there is no implied warranty that the goods or moveables are seaworthy.
(2) In a voyage policy on goods or other moveables there is an implied warranty that at the commencement of the voyage the ship is not only seaworthy as a ship, but also that she is reasonably fit to carry the goods or other moveables to the destination contemplated by the policy.

제41조. Warranty of legality

There is an implied warranty that the adventure

insured is a lawful one, and that, so far as the assured can control the matter, the adventure shall be carried out in a lawful manner.

The Voyage

제42조 implied condition as to commencement of risk

(1) Where the subject-matter is insured by a voyage policy 'at and from' or 'from' a particular place, it is not necessary that the ship should be at that place when the contract is concluded, but there is an implied condition that the adventure shall be commenced within a reasonable time, and that if the adventure be not so commenced the insurer may avoid the contract.
(2) The implied condition may be negatived by showing that the delay was caused by circumstances known to the insurer before the contract was concluded, or by showing that he waived the condition.

제43조 Alteration of port of departure

Where the place of departure is specified by the policy, and the ship instead of sailing from that place sails from any other place, the risk does not attach.

제44조 Sailing for different destination

Where the destination is specified in the policy, and the ship, instead of sailing for that destination, sails for any other destination, the risk does not attach.

제45조 Change of voyage

(1) Where, after the commencement of the risk, the destination of the ship is voluntarily changed from the destination contemplated by the policy, there is said to be a change of voyage.
(2) Unless the policy otherwise provides, where there is a change of voyage, the insurer is discharged from liability as from the time of change, that is to say, as from the time when the determination to change it is manifested; and it is immaterial that the ship may not in fact have left the course of voyage contemplated by the policy when the loss occurs.

제46조 Deviation

(1) Where a ship, without lawful excuse, deviates from the voyage contemplated by the policy, the insurer is discharged from liability as from the time of deviation, and it is immaterial that the ship may have regained her route before any loss occurs.
(2) There is a deviation from the voyage contemplated by the policy-
(a) Where the course of the voyage is specifically designated by the policy, and that course is departed from; or
(b) Where the course of the voyage is not specifically designated by the policy, but the usual and customary course is departed from.
(3) The intention to deviate is immaterial; there must be a deviation in fact to discharge the insurer from his liability under the contract.

제47조 Several port of discharge

(1) Where several ports of discharge are specified by the policy, the ship may proceed to all or any of them, but, in the absence of any usage or sufficient cause to the contrary, she must proceed to them, or such of them as she goes to, in the order designated by the policy. If she does not there is a deviation.
(2) Where the policy is to 'ports of discharge,' within a given area, which are not named, the shipmust, in the absence of any usage or sufficient cause to the contrary, proceed to them, or such of them as she goes to, in their geographical order. If she does not there is a deviation.

제48조 Delay in voyage

In the case of a voyage policy, the adventure insured must be prosecuted throughout its course with reasonable dispatch, and, if without lawful excuse it is not so prosecuted, the insurer is discharged from liability as from the time when the delay became unreasonable.

제49조 Excuse for deviation or delay

(1) Deviation or delay in prosecuting the voyage contemplated by the policy is excused-
(a) Where authorised by any special term in the policy; or
(b) Where caused by circumstances beyond the control of the master and his employer; or
(c) Where reasonably necessary in order to comply with an express or implied warranty; or
(d) Where reasonably necessary for the safety of the ship or subject-matter insured; or
(e) for the purpose of saving human life, or aiding a ship in distress where human life may be in danger; or
(f) Where reasonably necessary for the purpose of obtaining medical or surgical aid for any person on board the ship; or
(g) Where caused by the barratrous conduct of the master or crew, if barratry be one of the perils insured

against.
(2) When the cause excusing the deviation or delay ceases to operate, the ship must resume her course, and prosecute her voyage, with reasonable dispatch.

제50조 When and how policy is assignable
(1) A marine policy is assignable unless it contains terms expressly prohibiting assignment. It may be assigned either before or after loss.
(2) Where a marine policy has been assigned so as to pass the beneficial interest in such policy, the assignee of the policy is entitled to sue thereon in his own name; and the defendant is entitled to make any defence arising out of the contract which he would have been entitled to make if the action had been brought in the name of the person by or on behalf of whom the policy was effected.

제51조 Assured who has interest cannot assign
Where the assured has parted with or lost his interest in the subject-matter insured, and has not, before or at the time of so doing, expressly or impliedly agreed to assign the policy, any subsequent assignment of the policy is inoperative: Provided that nothing in this section affects the assignment of a policy after loss.

제52조 When premium payable
Unless otherwise agreed, the duty of the assured or his agent to pay the premium, and the duty of the insurer to issue the policy to the assured or his agent, are concurrent conditions, and the insurer is not bound to issue the policy until payment or tender of the premium.

제53조 Policy effected through broker
(1) Unless otherwise agreed, where a marine policy is effected on behalf of the assured by a broker, the broker is directly responsible to the insurer for the premium, and the insurer is directly responsible to the assured for the amount which may be payable in respect of losses, or in respect of returnable premium.
(2) Unless otherwise agreed, the broker has, as against the assured, a lien upon the policy for the amount of the premium and his charges in respect of effecting the policy; and, where he has dealt with the person who employs him as a principal, he has also a lien on the policy in respect of any balance on any insurance account which may be due to him from such person, unless when the debt was incurred he had reason to believe that such person was only an agent.

제54조 Effect of receipt on policy
Where a marine policy effected on behalf of the assured by a broker acknowledges the receipt of the premium, such acknowledgement is, in the absence of fraud, conclusive as between the insurer and the assured, but not as between the insurer and broker.

제55조 Included and excluded losses
(1) Subject to the provisions of this Act, and unless the policy otherwise provides, the insurer is liable for any loss proximately caused by a peril insured against, but, subject as aforesaid, he is not liable for any loss which is not proximately caused by a peril insured against.
(2) In particular (특히)
(a) The insurer is not liable for any loss attributable to the wilful misconduct of the assured, but, unless the policy otherwise provides, he is liable for any loss proximately caused by a peril insured against, even though the loss would not have happened but for the misconduct or negligence of the master or crew;
(b) Unless the policy otherwise provides, the insurer on ship or goods is not liable for any loss proximately caused by delay, although the delay be caused by a peril insured against;
(c) Unless the policy otherwise provides, the insurer is not liable for ordinary wear and tear, ordinary leakage and breakage, inherent vice or nature of the subject-matter insured, or for any loss proximately caused by rats or vermin, or for any injury to machinery not proximately caused by maritime perils.

제56조 Partial and total loss
(1) A loss may be either total or partial. Any loss other than a total loss, as hereinafter defined, is a partial loss.
(2) A total loss may be either an actual total loss, or a constructive total loss.
(3) Unless a different intention appears from the terms of the policy, an insurance against total loss includes a constructive, as well as an actual, total loss.
(4) Where the assured brings an action for a total loss and the evidence proves only a partial loss, he may, unless the policy otherwise provides, recover for a partial loss.
(5) Where goods reach their destination in specie, but by reason of obliteration of marks, or otherwise, they are incapable of identification, the loss, if any, is partial, and not total.

제57조 Actual total loss

(1) Where the subject-matter insured is destroyed, or so damaged as to cease to be a thing of the kind insured, or where the assured is irretrievably deprived thereof, there is an actual total loss.

(2) In the case of an actual total loss no notice of abandonment need be given.

제58조 Missing Ship

Where the ship concerned in the adventure is missing, and after the lapse of a reasonable time no news of her has been received, an actual total loss may be presumed.

제59조 Effect of transhipment etc

Where, by a peril insured against, the voyage is interrupted at an intermediate port or place, under such circumstances as, apart from any special stipulation in the contract of affreightment, to justify the master in landing and reshipping the goods or other moveables, or in transhipping them, and sending them on to their destination, the liability of the insurer continues, notwithstanding the landing or transhipment.

제60조 Constructive total loss defined

(1) Subject to any express provision in the policy, there is a constructive total loss where the subject-matter insured is reasonably abandoned on account of its actual total loss appearing to be unavoidable, or because it could not be preserved from actual total loss without an expenditure which would exceed its value when the expenditure had been incurred.

(2) In particular, there is a constructive total loss-

(i) Where the assured is deprived of the possession of his ship or goods by a peril insured against, and

(a) it is unlikely that he can recover the ship or goods, as the case may be, or

(b) the cost of recovering the ship or goods, as the case may be, would exceed their value when recovered; or

(ii) In the case of damage to a ship, where she is so damaged by a peril insured against that the cost of repairing the damage would exceed the value of the ship when repaired. In estimating the cost of repairs, no deduction is to be made in respect of general average contributions to those repairs payable by other interests, but account is to be taken of the expense of future salvage operations and of any future general average contributions to which the ship would be liable if repaired; or

(iii) In the case of damage to goods, where the cost of repairing the damage and forwarding the goods to their destination would exceed their value on arrival.

제61조 Effect of constructive loss

Where there is a constructive total loss the assured may either treat the loss as a partial loss, or abandon the subject-matter insured to the insurer and treat the loss as if it were an actual total loss.

제62조 Notice of abandonment

(1) Subject to the provisions of this section, where the assured elects to abandon the subject-matter insured to the insurer, he must give notice of abandonment. If he fails to do so the loss can only be treated as a partial loss.

(2) Notice of abandonment may be given in writing, or by word of mouth, or partly in writing and partly by word of mouth, and may be given in any terms which indicate the intention of the assured to abandon his insured interest in the subject-matter insured unconditionally to the insurer.

(3) Notice of abandonment must be given with reasonable diligence after the receipt of reliable information of the loss, but where the information is of a doubtful character the assured is entitled to a reasonable time to make inquiry.

(4) Where notice of abandonment is properly given, the rights of the assured are not prejudiced by the fact that the insurer refuses to accept the abandonment.

(5) The acceptance of an abandonment may be either express or implied from the conduct of the insurer. The mere silence of the insurer after notice is not acceptance.

(6) Where notice of abandonment is accepted the abandonment is irrevocable. The acceptance of the notice conclusively admits liability for the loss and the sufficiency of the notice.

(7) Notice of abandonment is unnecessary where, at the time when the assured receives information of the loss, there would be no possibility of benefit to the insurer if notice were given to him.

(8) Notice of abandonment may be waived by the insurer.

(9) Where an insurer has re-insured his risk, no notice of abandonment need by given by him.

제63조 Effect of abandonment

(1) Where there is a valid abandonment the insurer is entitled to take over the interest of the assured in

whatever may remain of the subject-matter insured, and all proprietary rights incidental thereto.

(2) Upon the abandonment of a ship, the insurer thereof is entitled to any freight in course of being earned, and which is earned by her subsequent to the casualty causing the loss, less the expenses of earning it incurred after the casualty; and, where the ship is carrying the owner's goods, the insurer is entitled to a reasonable remuneration for the carriage of them subsequent to the casualty causing the loss.

Partial loss(Including salvage and general average particular charges)

제64조 Particular average loss

(1) A particular average loss is a partial loss of the subject-matter insured, caused by a peril insured against, and which is not a general average loss.

(2) Expenses incurred by or on behalf of the assured for the safety or preservation of the subject-matter insured, other than general average and salvage charges, are called particular charges. Particular charges are not included in particular average.

제65조 Salvage charges

(1) Subject to any express provision in the policy, salvage charges incurred in preventing a loss by perils insured against may be recovered as a loss by those perils.

(2) 'Salvage charges' means the charges recoverable under maritime law by a salvor independently of contract. They do not include the expenses of services in the nature of salvage rendered by the assured or his agents, or any person employed for hire by them, for the purpose of averting a peril insured against. Such expenses, where properly incurred, may be recovered as particular charges or as a general average loss, according to the circumstances under which they were incurred.

제66조 General average Loss

(1) A general average loss is a loss caused by or directly consequential on a general average act. It includes a general average expenditure as well as a general average sacrifice.

(2) There is a general average act where any extraordinary sacrifice or expenditure is voluntarily and reasonably made or incurred in time of peril for the purpose of preserving the property imperilled in the common adventure.

(3) Where there is a general average loss, the party on whom it falls is entitled, subject to the conditions imposed by maritime law, to a rateable contribution from the other parties interested, and such contribution is called a general average contribution.

(4) Subject to any express provision in the policy, where the assured has incurred a general average expenditure, he may recover from the insurer in respect of the proportion of the loss which falls upon him; and, in the case of a general average sacrifice, he may recover from the insurer in respect of the whole loss without having enforced his right of contribution from the other parties liable to contribute.

(5) Subject to any express provision in the policy, where the assured has paid, or is liable to pay, a general average contribution in respect of the subject insured, he may recover therefor from the insurer.

(6) In the absence of express stipulation, the insurer is not liable for any general average loss or contribution where the loss was not incurred for the purpose of avoiding, or in connection with the avoidance of, a peril insured against.

(7) Where ship, freight, and cargo, or any two of those interests, are owned by the same assured, the liability of the insurer in respect of general average losses or contributions is to be determined as if those subjects were owned by different persons.

MEASURE OF INDEMNITY

제67조 Extent of liability of insurer for Loss

(1) The sum which the assured can recover in respect of a loss on a policy by which he is insured, in the case of an unvalued policy to the full extent of the insurable value, or, in the case of a valued policy to the full extent of the value fixed by the policy is called the measure of indemnity.

(2) Where there is a loss recoverable under the policy, the insurer, or each insurer if there be more than one, is liable for such proportion of the measure of indemnity as the amount of his subscription bears to the value fixed by the policy in the case of a valued policy, or to the insurable value in the case of an unvalued policy.

제68조 Total Loss

Subject to the provisions of this Act and to any express provision in the policy, where there is a total loss of the subject-matter insured,-

(1) If the policy be a valued policy, the measure of indemnity is the sum fixed by the policy;

(2) If the policy be an unvalued policy, the measure of

indemnity is the insurable value of the subject-matter insured.

제69조 Partial loss of ship

Where a ship is damaged, but is not totally lost, the measure of indemnity, subject to any express provision in the policy, is as follows:

(1) Where the ship has been repaired, the assured is entitled to the reasonable cost of the repairs, less the customary deductions, but not exceeding the sum insured in respect of any one casualty:

(2) Where the ship has been only partially repaired, the assured is entitled to the reasonable cost of such repairs, computed as above, and also to be indemnified for the reasonable depreciation, ifany, arising from the unrepaired damage, provided that the aggregate amount shall not exceed the cost of repairing the whole damage, computed as above:

(3) Where the ship has not been repaired, and has not been sold in her damaged state during the risk, the assured is entitled to be indemnified for the reasonable depreciation arising from the unrepaired damage, but not exceeding the reasonable cost of repairing such damage, computed as above.

제70조 Partial loss of freight

Subject to any express provision in the policy, where there is a partial loss of freight, the measure of indemnity is such proportion of the sum fixed by the policy in the case of a valued policy, or of the insurable value in the case of an unvalued policy, as the proportion of freight lost by the assured bears to the whole freight at the risk of the assured under the policy.

제71조 Partial loss of goods, merchandise, etc

Where there is a partial loss of goods, merchandise or other moveables, the measure of indemnity, subject to any express provision in the policy, is as follows:

(1) Where part of the goods, merchandise or other moveables insured by a valued policy is totally lost, the measure of indemnity is such proportion of the sum fixed by the policy as the insurable value of the part lost bears to the insurable value of the whole, ascertained as in the case of an unvalued policy:

(2) Where part of the goods, merchandise, or other moveables insured by an unvalued policy is totally lost, the measure of indemnity is the insurable value of the part lost, ascertained as in case of total loss:

(3) Where the whole or any part of the goods or merchandise insured has been delivered damaged at its destination, the measure of indemnity is such proportion of the sum fixed by the policy in the case of a valued policy, or of the insurable value in the case of an unvalued policy, as the difference between the gross sound and damaged valued at the place of arrival bears to the gross sound value:

(4) 'Gross value' means the wholesale price, or, if there be no such price, the estimated value, with, in either case, freight, landing charges, and duty paid beforehand; provided that, in the case of goods or merchandise customarily sold in bond, the bonded price is deemed to be the gross value. 'Gross proceeds' means the actual price obtained at a sale where all charges on sale are paid by the sellers.

제72조 Apportionment of valuation

(1) Where different species of property are insured under a single valuation, the valuation must be apportioned over the different species in proportion to their respective insurable values, as in the case of an unvalued policy. The insured value of any part of a species is such proportion of the total insured value of the same as the insurable value of the part bears to the insurable value of the whole ascertained in both cases as provided by this Act.

(2) Where a valuation has to be apportioned, and particulars of the prime cost of each separate species, quality, or description of goods cannot be ascertained, the division of the valuation may be made over the net arrived sound values of the different species, qualities, or descriptions of goods.

제73조 Genera; average contributions and salvage charges

(1) Subject to any express provision in the policy, where the assured has paid, or is liable for, any general average contribution, the measure of indemnity is the full amount of such contribution, if the subject-matter liable to contribution is insured for its full contributory value, or if only part of it be insured, the indemnity payable by the insurer must be reduced in proportion to the under insurance, and where there has been a particular average loss which constitutes a deduction from the contributory value, and for which the insurer is liable, that amount must be deducted from the insured value in order to ascertain what the insurer is liable to contribute.

(2) Where the insurer is liable for salvage charges the extent of his liability must be determined on the like

principle.

제74조 Liability to third party

Where the assured has effected an insurance in express terms against any liability to a third party, the measure of indemnity, subject to any express provision in the policy is the amount paid or payable by him to such third party in respect of such liability.

제75조 General provisions as to measure of indemnity

(1) Where there has been a loss in respect of any subject-matter not expressly provided for in the foregoing provisions of this Act, the measure of indemnity shall be ascertained, as nearly as may be, in accordance with those provisions, in so far as applicable to the particular case.
(2) Nothing in the provisions of this Act relating to the measure of indemnity shall affect the rules relating to double insurance, or prohibit the insurer from disproving interest wholly or in part, or from showing that at the time of the loss the whole or any part of the subject-matter insured was not at risk under the policy.

제76조 Particular average warranties

(1) Where the subject-matter insured is warranted free from particular average, the assured cannot recover for a loss of part, other than a loss incurred by a general average sacrifice, unless the contract contained in the policy be apportionable- but, if the contract be apportionable, the assured may recover for a total loss of any apportionable part.
(2) Where the subject-matter insured is warranted free from particular average, either wholly or under a certain percentage, the insurer is nevertheless liable for salvage charges, and for particular charges and other expenses properly incurred pursuant to the provisions of the suing and labouring clause in order to avert a loss insured against.
(3) Unless the policy otherwise provides, where the subject-matter insured is warranted free from particular average under a specified percentage, a general average loss cannot be added to a particular average loss to make up the specified percentage.
(4) For the purpose of ascertaining whether the specified percentage has been reached, regard shall be had only to the actual loss suffered by the subject-matter insured. Particular charges and the expenses of and incidental to ascertaining and proving the loss must be excluded.

제77조 Successive losses

(1) Unless the policy otherwise provides, and subject to the provisions of this Act, the insurer is liable for successive losses, even though the total amount of such losses may exceed the sum insured.
(2) Where, under the same policy, a partial loss, which has not been repaired or otherwise made good, is followed by a total loss, the assured can only recover in respect of the total loss: Provided that nothing in this section shall affect the liability of the insurer under the suing and labouring clause.

제78조 Suing and labouring clause

(1) Where the policy contains a suing and labouring clause, the engagement thereby entered into is deemed to be supplementary to the contract of insurance, and the assured may recover from the insurer any expenses properly incurred pursuant to the clause, notwithstanding that the insurer may have paid for a total loss, or that the subject- matter may have been warranted free from particular average, either wholly or under a certain percentage.
(2) General average losses and contributions and salvage charges, as defined by this Act, are not recoverable under the suing and labouring clause.
(3) Expenses incurred for the purpose of averting or diminishing any loss not covered by the policy arenot recoverable under the suing and labouring clause.
(4) It is the duty of the assured and his agents, in all cases, to take such measures as may be reasonable for the purpose of averting or minimising a loss.

RIGHTS OF INSURER ON PAYMENT

제79조 Rights of subrogation

(1) Where the insurer pays for a total loss, either of the whole, or in the case of goods of any apportionable part, of the subject-matter insured, he thereupon becomes entitled to take over the interest of the assured in whatever may remain of the subject-matter so paid for, and he is thereby subrogated to all the rights and remedies of the assured in and in respect of that subject-matter as from the time of the casualty causing the loss.
(2) Subject to the foregoing provisions, where the insurer pays for a partial loss,he acquires no title to the subject-matter insured, or such part of it as may remain, but he is thereupon subrogated to all rights and remedies of the assured in and in respect of the subject-matter insured as from the time of the casualty

causing the loss, in so far as the assured has been indemnified, according to this Act, by such payment for the loss.

제80조 Rights of contribution

(1) Where the assured is over-insured by double insurance, each insurer is bound, as between himself and the other insurers, to contribute rateably to the loss in proportion to the amount for which he is liable under his contract.

(2) If any insurer pays more than his proportion of the loss, he is entitled to maintain an action for contribution against the other insurers, and is entitled to the like remedies as a surety who has paid more than his proportion of the debt.

제81조 Effect of under-insurance

Where the assured is insured for an amount less than the insurable value or, in the case of a valued policy, for an amount less than the policy valuation, he is deemed to be his own insurer in respect of the uninsured balance.

Return of Premium

제82조 Enforcement of return

Where the premium or a proportionate part thereof is, by this Act, declared to be returnable,-

(1) If already paid, it may be recovered by the assured from the insurer; and

(2) If unpaid, it may be retained by the assured or his agent.

제83조 Return by agreement

Where the policy contains a stipulation for the return of the premium, or a proportionate part thereof, on the happening of a certain event,and that event happens, the premium, or, as the case may be, the proportionate part thereof, is thereupon returnable to the assured.

제84조 Return for failure of consideration

(1) Where the consideration for the payment of the premium totally fails, and there has been no fraud or illegality on the part of the assured or his agents, the premium is thereupon returnable to the assured.

(2) Where the consideration for the payment of the premium is apportionable and there is a total failure of any apportionable part of the consideration, a proportionate part of the premium is, under the like conditions, thereupon returnable to the assured.

(3) In particular

(a) Where the policy is void, or is avoided by the insurer as from the commencement of the risk, the premium is returnable, provided that there has been no fraud or illegality on the part of the assured; but if the risk is not apportionable, and has once attached, the premium is not returnable;

(b) Where the subject-matter insured, or part thereof, has never been imperilled, the premium, or, as the case may be, a proportionate part thereof, is returnable; Provided that where the subject-matter has been insured 'lost or not lost' and has arrived in safety at the time when the contract is concluded, the premium is returnable unless, at such time, the insurer knew of the safe arrival.

(c) Where the assured has no insurable interest throughout the currency of the risk, the premium is returnable, provided that this rule does not apply to a policy effected by way of gaming or wagering;

(d) Where the assured has a defeasible interest which is terminated during the currency of the risk, the premium is not returnable;

(e) Where the assured has over-insured under an unvalued policy, a proportionate part of the several premiums is returnable;

(f) Subject to the foregoing provisions, where the assured has overinsured by double insurance, a proportionate part of the several premiums is returnable; Provided that, if the policies are effected at different times, and any earlier policy has at any time borne the entire risk, or if a claim has been paid on the policy in respect of the full sum insured thereby, no premium is returnable in respect of that policy, and when the double insurance is effected knowingly by the assured no premium is returnable.

Mutual Insurance

제85조 Modification of Act incase of mutual insurance

(1) Where two or more persons mutually agree to insure each other against marine losses there is said to be a mutual insurance.

(2) The provisions of this Act relating to the premium do not apply to mutual insurance, but a guarantee, or such other arrangement as may be agreed upon, may be substituted for the premium.

(3) The provisions of this Act, in so far as they may be modified by the agreement of the parties, may in the case of mutual insurance be modified by the terms of the policies issued by the association, or by the rules and

regulations of the association.
(4) Subject to the exceptions mentioned in this section, the provisions of this Act apply to a mutual insurance.

Supplemental

제86조 Ratification by assured

Where a contract of marine insurance is in good faith effected by one person on behalf of another, the person on whose behalf it is effected may ratify the contract even after he is aware of a loss.

제87조 Implied obligations varied by agreement or usage

(1) Where any right, duty, or liability would arise under a contract of marine insurance by implication of law, it may be negatived or varied by express agreement, or by usage, if the usage be such as to bind both parties to the contract.
(2) The provisions of this section extend to any right, duty, or liability declared by this Act which may be lawfully modified by agreement.

제88조 Reasonable time etc,. a question of fact

Where by this Act any reference is made to reasonable time, reasonable premium, or reasonable diligence, the question what is reasonable is a question of fact.

제89조 Slip as evidence

Where there is a duly stamped policy, reference may be made, as heretofore, to the slip or covering note, in any legal proceeding.

제90조 Interpretation of terms

In this Act, unless the context or subject-matter otherwise requires,- 'Action' includes counter- claim and set off: 'Freight' includes the profit derivable by a shipowner from the employment of his ship to carry his own goods or moveables, as well as freight payable by a third party, but does not include passage money: 'Moveables' means any moveable tangible property, other than the ship, and includes money, valuable securities, and other documents: 'Policy' means a marine policy.

제91조 Savings

(1) Nothing in this Act, or in any repeal effected thereby, shall affect
(a) the provisions of the Stamp Act 1891, or any enactment for the time being in force relating to the revenue;
(b) the provisions of the Companies Act 1862, or any enactment amending or substituted for the same;
(c) the provisions of any statute not expressly repealed by this Act.

제92조 Repeals

The enactments mentioned in the Second Schedule of this Act are hereby repealed to the extent specified in that schedule.
* This section was repealed by the Statute Law Revision Act 1927

제93조 Commencement

The enactments mentioned in the Second Schedule of this Act are hereby repealed to the extent specified in that schedule.
* This section was repealed by the Statute Law Rivision Act 1927

제94조 Short title

This Act may be clued as the Marine Insurance Act, 1906.

ICC(2009) 보험증권

INSTITUTE CARGO CLAUSES (A)

RISKS COVERED

Risk

1. This insurance covers all risks of loss of or damage to the subject-matter insured except as excluded by the provisions of Clauses 4,5,6 and 7 below

General Average

2. This insurance covers general average and salvage charges, adjusted or determined according to the contract of affreightment and/or the governing lae and practice, incurred to avoid or in connection with the avoidance of loss from any cause except those excluded in Clauses 4,5,6 and 7 or elsewhere in this insurance.

Both to Blame Collision Clauses

3. This insurance indemnifies the Assured, in respect of any risk insured herein, against liability incurred under any Both to Blame Collision Clauses in the contract of carriage. In the event of any claim by carriers under the said Clause, the Assured agree to notify the Insurers who

shall have the right, at their own cost and expense, to defend the Assured against such claim.

EXCLUSIONS

4. In no case shall this insurance cover

4.1 loss damage or expense attributable to willful misconduct of the Assured

4.2 ordinary leakage, ordinary loss in weight or volume, or ordinary wear and tear of the subject - matter insured

4.3 loss damage or expense caused by insufficiency or unsuitability of packing or preparation of the subject-matter insured to withstand the ordinary incidents of the insured transit where such packing or to the attachment of this insurance(for the purpose of these Clauses "packing" shall be deemed to include stowage in a container and "employees" shall not include independent contractors)

4.4 loss damage or expense caused by inherent vice or nature of the subject-matter insured

4.5 loss damage or expense caused by delay, even though the delay be caused by a risk insured against (except expenses payable under Clause 2 above)

4.6 loss damage or expense caused by insolvency or financial default of the owners managers charterers or operators of the vessel where, at the time of loading of the subject-matter insured on board the vessel, the Assured are aware, or in the ordinary course of business should be aware, that such insolvency or financial default could prevent the normal prosecution of the voyage. This exclusion shall not apply where the contract of insurance has been assigned to the party claiming hereunder who has bought or agreed to buy the subject-matter insured in good faith under a binding contract

4.7 loss damage or expense directly or indirectly caused by or arising from the use of any weapon or device employing atomic or nuclear fission and/or fusion or other like reaction or radioactive force or matter.

5.

5.5.1 In no case shall this insurance cover loss damage or expense arising from unseaworthiness of vessel or craft for the safe carriage of the subject-matter insured, where the Assured are privy to such unseaworthiness or unfitness, at the time the subject-matter insured is loaded therein.

5.1.2 unfitness of container or conveyance for the safe carriage of the subject-matter insured, where loading therein or thereon is carried out prior to attachment of this insurance or by the assured or their employees and they are privy to such unfitness at the time of loading.

5.2 Exclusion 5.1.1 above shall not apply where the contract of insurance has been assigned to the party claiming hereunder who has bought or agreed to buy the subject-matter insured in good faith under a binding contract

5.3 The Insured waive any breach of the implied warranties of seaworthiness of the ship and fitness of the ship to carry the subject-matter insured to destination.

6. In no case shall this insurance cover loss damage or expense caused by

6.1 war civil war revolution rebellion insurrection, or civil strife arising therefrom, or any hostile act by or against a belligerent power

6.2 capture seizure arrest restraint or detainment (piracy excepted), and the consequences thereof or any attempt thereat

6.3 derelict mines torpedoes bombs or other derelict weapons of war.

7. In no case shall this insurance cover loss damage or expense

7.1 caused by strikers, locked-out workman, or persons taking part in labour disturbances, riots or civil commotions

7.2 resulting from strikes, lock-outs, labour disturbances, riots or civil commotions

7.3 caused by any act of terrorism being an act of any person acting on behalf of, or in connection with, any organisation which carries out activities directed towards the overthrowing or influencing, by force or violence, of any government whether or not legally constituted

7.4 caused by any person acting from a political, ideological or religious motive.

DURATION

Transit clause

8.

8.8.1 Subject to Clause 11 below, This insurance attaches from the time the subject-matter insured is first moved in the warehouse or at the of storage (at the place named in the contract of insurance) for the purpose of the immediate loading into or onto the carrying vehicle or other conveyance for the commencement of the transit during the ordinary course of transit and

terminates either
8.1.1 on completion of unloading from the carrying vehicle or other conveyance in or at the final warehouse or place of storage at the destination named in the contract of insurance,
8.1.2 On completion of unloading from the carrying vehicle or other conveyance in or at any other warehouse or place of storage, whether prior to at the destination named in the contract of insurance, which the assured or their employees elect to use either for storage other than in the ordinary course of transit or for distribution, or
8.1.3 Whed the assured or their employees elect to use any carrying vehicle or other conveyance or any container for strage other than in the ordinary course of transit or
8.1.4. on the expiry of 60 days after completion of discharge overside of the subject-matter insured from the oversea vessel at the final port of discharge, whichever shall first occur.
8.2 If, after discharge overside from the oversea vessel at the final port of discharge, but prior to termination of this insurance, the subject - matter insured is to be forwarded to a destination other than that to which it is insured, this insurance, whilst remaining subject to termination as provided in clauses 8.1.1 to 8.1.4 shall not extend beyond the time the subject-matter insured is first moved for the purpose of the commencement of transit to such other destination.
8.3 This insurance shall remain in force (subject to termination as provided for in clauses 8.1.1 to 8.1.4 above and to the provisions of Clause 9 below) during delay beyond the control of the Assured, any deviation, forced discharge, reshipment or transhipment and during any variation of the adventure arising from the exercise of a liberty granted to carriers under the contract of carriage.

Termination of Contract of Carriage

9. If owing to circumstances beyond the control of the Assured either the contract of carriage is terminated at a port or place other than the destination named therein or the transit is otherwise terminated before unloading of the subject-matter insured as provided for in Clause 8 above, then this insurance shall also terminate unless prompt notice is given to the insurers and continuation of cover is requested when the insurance shall remain in force, subject to an additional premium if required by the insurers, either
9.1 until the subject-matter insured is sold and delivered at such port or place, or, unless otherwise specially agreed, until the expiry of 60 days after arrival of the subject-matter insured at such port or place, whichever shall first occur, or
9.2 if the subject-matter insured is forwarded within the said period of 60 days(or any agreed extension thereof) to the destination named in the contract of insurance or to any other destination, until terminated in accordance with the provisions of Clause 8 above.

Change of Voyage

10.
10.10.1 Where, after attachment of this insurance, the destination is changed by the Assured, this must be notified promptly to insurers for rates and terms to be agreed. Should a loss occur prior to such agreement being obtained cover may be provided but only if cover would have been available at a resonable commercial market rate on resonable market terms.
10.2 Where the subject-matter insured commerces the transit contemplated by this insurance(in accordance with Clause 8.1), but, without the knowledge of the assured or their employees the ship sail for another destination, this insurance will nevertheless be deemed to have attached at commencement of such transit.

CLAIMS

Insurable Interest

11.
11.11.1 In order to recover under this insurance the Assured must have an insurable interest in the subject-matter insured at the time of the loss.
11.2 Subject to clause 11.1 above, the Assured shall be entitled to recover for insured loss occurring during the period covered by this insurance, notwithstanding that the loss occurred before the contract of insurance was concluded, unless the Assured were aware of the loss and the Insurers were not.

Forwarding Charges

12. Where, as a result of the operation of a risk covered by this insurance, the insured transit is terminated at a port or place other than that to which the subject-matter insured is covered under this insurance, the insurers will reimburse the Assured for any extra charges properly and reasonably incurred in unloading storing and forwarding the subject-matter insured to the destination to which it is insured

This clause 12, which does not apply to general average or salvage charges, shall be subject to the exclusions contained in Clauses 4,5,6 and 7 above, and shall not include charges arising from the fault negligence insolvency or financial default of the Assured or their employees.

Constructive Total Loss

13. No claim for Constructive Total Loss shall be recoverable hereunder unless the subject-matter insured is reasonably abandoned either on account of its actual total loss appearing to be unavoidable or because the cost of recovering, reconditioning and forwarding the subject-matter insured to the destination to which it is insured would exceed its value on arrival.

Increased Value

14. 14.1 If any Increased Value insurance is effected by the Assured on the subject-matter insured under this insurance the agreed value of the subject-matter insured shall be deemed to be increased to the total amount insured under this insurance and all insurance shall be in such proportion as the sum insured under this insurance bears to such total amount insured. In the event of claim the Assured shall provide the insurers with evidence of the amounts insured under all other insurances.

14.2 Where this insurance is on Increased Value the following clause shall apply: The agreed value of the subject-matter insured shall be deemed to be equal to the total amount insured under the primary insurance and all Increased Value insurances covering the loss and effected on the subject-matter insured by the Assured, and liability under this insurance shall be in such proportion as the sum insured under this insurance bears to such total amount insured. In the event of claim the Assured shall provide the insurers with evidence of the amounts insured under all other insurances.

BENEFIT OF INSURANCE

15. This insurance

15.1 covers the assured which includes the person claiming indemnity either as the person by or whose behalf the contract of insurance was effected or as an assignee.

15.2 shall not extend to or otherwise benefit the carrier or other bailee.

MINIMISING LOSSES

Duty of Assured

16. It is the duty of the Assured and their employees and agents in respect of loss recoverable hereunder

16.1 to take such measures as may be reasonable for the purpose of averting or minimising such loss, and

16.2 to ensure that all right against carriers, bailees or other third parties are properly preserved and exercised and the insurers will, in addition to any loss recoverable hereunder, reimburse the Assured for any charges properly and reasonably incurred in pursuance of these duties.

Waver

17. Measures taken by the Assured or the insurers with the object of saving, protecting or recovering the subject-matter insured shall not be considered as a waiver or acceptance of abandonment or otherwise prejudice the rights of either party.

AVOIDANCE OF DELAY

18. It is a condition of this insurance that the Assured shall act with reasonable despatch-in all circumstances within their control.

LAW AND PRACTICE

19. This insurance is subject to English law and practice.

NOTE : - Where a continuation of cover is requested under clause 9, or a change of destination is notified under clause 10, there is an obligation to give prompt notice to the insurers and the right to such cover is dependent upon compliance with this obligation.

■ INSTITUTE CARGO CLAUSES (B)

RISKS COVERED

Risk

This insurance covers, except as excluded by the provisions of Clauses 4,5,6 and 7 below.

1.1 loss of or damage to the subject-matter insured reasonably attributable to

1.1.1 . fire or explosion

1.1.2 vessel or craft being stranded grounded sunk or capsized

1.1.3.overturning or derailment of land conveyance

1.1.4 collision or contact of vessel craft or conveyance

with any external object other than water
1.1.5 discharge of cargo at a port of distress,
1.1.6 earthquake volcanic eruption or lighting,
1.2 loss of or damage to the subject-matter insured caused by
1.2.1 general average sacrifice
1.2.2 jettison or washing overboard
1.2.3 entry of sea lake or river water into vessel craft hold conveyance container or place of storage,
1.3. total loss of any package lost overboard or dropped whilst loading on to, or unloading from, vessel or craft.

General Average

2. This insurance covers general average and salvage charges, adjusted or determined according to the contract of affreightment and/or the governing lae and practice, incurred to avoid or in connection with the avoidance of loss from any cause except those excluded in Clauses 4,5,6 and 7 or elsewhere in this insurance.

Both to Blame Collision Clauses

3. This insurance indemnifies the Assured, in respect of any risk insured herein, against liability incurred under any Both to Blame Collision Clauses in the contract of carriage. In the event of any claim by carriers under the said Clause, the Assured agree to notify the Insurers who shall have the right, at their own cost and expense, to defend the Assured against such claim.

EXCLUSIONS4

In no case shall this insurance cover
4. In no case shall this insurance cover
4.1 loss damage or expense attributable to willful misconduct of the Assured
4.2 ordinary leakage, ordinary loss in weight or volume, or ordinary wear and tear of the subject - matter insured
4.3 loss damage or expense caused by insufficiency or unsuitability of packing or preparation of the subject-matter insured to withstand the ordinary incidents of the insured transit where such packing or to the attachment of this insurance(for the purpose of these Clauses "packing" shall be deemed to include stowage in a container and "employees" shall not include independent contractors)
4.4 loss damage or expense caused by inherent vice or nature of the subject-matter insured
4.5 loss damage or expense caused by delay, even though the delay be caused by a risk insured against (except expenses payable under Clause 2 above)
4.6 loss damage or expense caused by insolvency or financial default of the owners managers charterers or operators of the vessel where, at the time of loading of the subject-matter insured on board the vessel, the Assured are aware, or in the ordinary course of business should be aware, that such insolvency or financial default could prevent the normal prosecution of the voyage. This exclusion shall not apply where the contract of insurance has been assigned to the party claiming hereunder who has bought or agreed to buy the subject-matter insured in good faith under a binding contract
4.7 deliberate damage to or deliberate destruction of the subject-matter insured or any part thereof by the wrongful act of any person or persons
4.8 loss damage or expense arising from the use of any weapon of war employing atomic or nuclear fission and/or fusion or other like reaction or radioactive force or matter.

5.
5.5.1 In no case shall this insurance cover loss damage or expense arising from unseaworthiness of vessel or craft for the safe carriage of the subject- matter insured, where the Assured are privy to such unseaworthiness or unfitness, at the time the subject-matter insured is loaded therein.
5.1.2 unfitness of container or conveyance for the safe carriage of the subject-matter insured, where loading therein or thereon is carried out prior to attachment of this insurance or by the assured or their employees and they are privy to such unfitness at the time of loading.
5.2 Exclusion 5.1.1 above shall not apply where the contract of insurance has been assigned to the party claiming hereunder who has bought or agreed to buy the subject-matter insured in good faith under a binding contract
5.3 The Insured waive any breach of the implied warranties of seaworthiness of the ship and fitness of the ship to carry the subject-matter insured to destination.

6.
In no case shall this insurance cover loss damage or expense caused by
6.1 war civil war revolution rebellion insurrection, or civil strife arising therefrom, or any hostile act by or against a belligerent power
6.2 capture seizure arrest restraint or detainment, and the

consequences thereof or any attempt thereat
6.3 derelict mines torpedoes bombs or other derelict weapons of war.

7. In no case shall this insurance cover loss damage or expense
7.1 caused by strikers, locked-out workman, or persons taking part in labour disturbances, riots or civil commotions
7.2 resulting from strikes, lock-outs, labour disturbances, riots or civil commotions
7.3 caused by any act of terrorism being an act of any person acting on behalf of, or in connection with, any organisation which carries out activities directed towards the overthrowing or influencing, by force or violence, of any government whether or not legally constituted
7.4 caused by any person acting from a political, ideological or religious motive.

DURATION

Transit clause

8.8.1 Subject to Clause 11 below, This insurance attaches from the time the subject-matter insured is first moved in the warehouse or at the of storage(at the place named in the contract of insurance) for the purpose of the immediate loading into or onto the carrying vehicle or other conveyance for the commencement of the transit during the ordinary course of transit and terminates either
8.1.1 on completion of unloading from the carrying vehicle or other conveyance in or at the final warehouse or place of storage at the destination named in the contract of insurance,
8.1.2 On completion of unloading from the carrying vehicle or other conveyance in or at any other warehouse or place of storage, whether prior to at the destination named in the contract of insurance, which the assured or their employees elect to use either for storage other than in the ordinary course of transit or for distribution, or
8.1.3 Whed the assured or their employees elect to use any carrying vehicle or other conveyance or any container for strage other than in the ordinary course of transit or
8.1.4. on the expiry of 60 days after completion of discharge overside of the subject-matter insured from the oversea vessel at the final port of discharge, whichever shall first occur.
8.2 If, after discharge overside from the oversea vessel at the final port of discharge, but prior to termination of this insurance, the subject - matter insured is to be forwarded to a destination other than that to which it is insured, this insurance, whilst remaining subject to termination as provided in clauses
8.1.1 to 8.1.4 shall not extend beyond the time the subject-matter insured is first moved for the purpose of the commencement of transit to such other destination.
8.3 This insurance shall remain in force (subject to termination as provided for in clauses 8.1.1 to 8.1.4 above and to the provisions of Clause 9 below) during delay beyond the control of the Assured, any deviation, forced discharge, reshipment or transhipment and during any variation of the adventure arising from the exercise of a liberty granted to carriers under the contract of carriage.

Termination of Contract of Carriage

9. If owing to circumstances beyond the control of the Assured either the contract of carriage is terminated at a port or place other than the destination named therein or the transit is otherwise terminated before unloading of the subject-matter insured as provided for in Clause 8 above, then this insurance shall also terminate unless prompt notice is given to the insurers and continuation of cover is requested when the insurance shall remain in force, subject to an additional premium if required by the insurers, either
9.1 until the subject-matter insured is sold and delivered at such port or place, or, unless otherwise specially agreed, until the expiry of 60 days after arrival of the subject-matter insured at such port or place, whichever shall first occur, or
9.2 if the subject-matter insured is forwarded within the said period of 60 days(or any agreed extension thereof) to the destination named in the contract of insurance or to any other destination, until terminated in accordance with the provisions of Clause 8 above.

Change of Voyage

10.10.1 Where, after attachment of this insurance, the destination is changed by the Assured, this must be notified promptly to insurers for rates and terms to be agreed. Should a loss occur prior to such agreement being obtained cover may be provided but only if cover would have been available at a resonable commercial market rate on resonable market terms.
10.2 Where the subject-matter insured commerces the

transit contemplated by this insurance(in accordance with Clause 8.1), but, without the knowledge of the assured or their employees the ship sail for another destination, this insurance will nevertheless be deemed to have attached at commencement of such transit.

CLAIMS

Insurable Interest

11.11.1 In order to recover under this insurance the Assured must have an insurable interest in the subject-matter insured at the time of the loss.

11.2 Subject to clause 11.1 above, the Assured shall be entitled to recover for insured loss occurring during the period covered by this insurance, notwithstanding that the loss occurred before the contract of insurance was concluded, unless the Assured were aware of the loss and the Insurers were not.

Forwarding Charges

12. Where, as a result of the operation of a risk covered by this insurance, the insured transit is terminated at a port or place other than that to which the subject-matter insured is covered under this insurance, the insurers will reimburse the Assured for any extra charges properly and reasonably incurred in unloading storing and forwarding the subject-matter insured to the destination to which it is insured

This clause 12, which does not apply to general average or salvage charges, shall be subject to the exclusions contained in Clauses 4,5,6 and 7 above, and shall not include charges arising from the fault negligence insolvency or financial default of the Assured or their employees.

Constructive Total Loss

13. No claim for Constructive Total Loss shall be recoverable hereunder unless the subject-matter insured is reasonably abandoned either on account of its actual total loss appearing to be unavoidable or because the cost of recovering, reconditioning and forwarding the subject-matter insured to the destination to which it is insured would exceed its value on arrival.

Increased Value

14. 14.1 If any Increased Value insurance is effected by the Assured on the subject-matter insured under this insurance the agreed value of the subject-matter insured shall be deemed to be increased to the total amount insured under this insurance and all insurance shall be in such proportion as the sum insured under this insurance bears to such total amount insured. In the event of claim the Assured shall provide the insurers with evidence of the amounts insured under all other insurances.

14.2 Where this insurance is on Increased Value the following clause shall apply: The agreed value of the subject-matter insured shall be deemed to be equal to the total amount insured under the primary insurance and all Increased Value insurances covering the loss and effected on the subject- matter insured by the Assured, and liability under this insurance shall be in such proportion as the sum insured under this insurance bears to such total amount insured. In the event of claim the Assured shall provide the insurers with evidence of the amounts insured under all other insurances.

BENEFIT OF INSURANCE

15. This insurance

15.1 covers the assured which includes the person claiming indemnity either as the person by or whose behalf the contract of insurance was effected or as an assignee.

15.2 shall not extend to or otherwise benefit the carrier or other bailee.

MINIMISING LOSSES

Duty of Assured

16. It is the duty of the Assured and their employees and agents in respect of loss recoverable hereunder

16.1 to take such measures as may be reasonable for the purpose of averting or minimising such loss, and

16.2 to ensure that all right against carriers, bailees or other third parties are properly preserved and exercised and the insurers will, in addition to any loss recoverable hereunder, reimburse the Assured for any charges properly and reasonably incurred in pursuance of these duties.

Waver

17. Measures taken by the Assured or the insurers with the object of saving, protecting or recovering the subject-matter insured shall not be considered as a waiver or acceptance of abandonment or otherwise prejudice the rights of either party.

AVOIDANCE OF DELAY

18. It is a condition of this insurance that the Assured shall act with reasonable despatch-in all circumstances

within their control.

LAW AND PRACTICE

19. This insurance is subject to English law and practice.

NOTE : - Where a continuation of cover is requested under clause 9, or a change of destination is notified under clause 10, there is an obligation to give prompt notice to the insurers and the right to such cover is dependent upon compliance with this obligation.

■ INSTITUTE CARGO CLAUSES (C)

RISKS COVERED

Risk

This insurance covers, except as provided in Clauses 4,5,6 and 7 below.

1.1 loss of or damage to the subject-matter insured reasonably attributable to

1.1.1. fire or explosion

1.1.2 vessel or craft being stranded grounded sunk or capsized

1.1.3. overturning or derailment of land conveyance

1.1.4 collision or contact of vessel craft or conveyance with any external object other than water

1.1.5. discharge of cargo at a port of distress,

1.2. loss of or damage to the subject-matter insured caused by

1.2.1 general average sacrifice

1.2.2 jettison

General Average

2. This insurance covers general average and salvage charges, adjusted or determined according to the contract of affreightment and/or the governing lae and practice, incurred to avoid or in connection with the avoidance of loss from any cause except those excluded in Clauses 4,5,6 and 7 or elsewhere in this insurance.

Both to Blame Collision Clauses

3. This insurance indemnifies the Assured, in respect of any risk insured herein, against liability incurred under any Both to Blame Collision Clauses in the contract of carriage. In the event of any claim by carriers under the said Clause, the Assured agree to notify the Insurers who shall have the right, at their own cost and expense, to defend the Assured against such claim.

EXCLUSIONS

4. In no case shall this insurance cover

4.1 loss damage or expense attributable to willful misconduct of the Assured

4.2 ordinary leakage, ordinary loss in weight or volume, or ordinary wear and tear of the subject- matter insured

4.3 loss damage or expense caused by insufficiency or unsuitability of packing or preparation of the subject-matter insured (for the purpose of this Clause 4.3 loss damage or expense caused by insufficiency or unsuitability of packing or preparation of the subject-matter insured to withstand the ordinary incidents of the insured transit where such packing or to the attachment of this insurance(for the purpose of these Clauses "packing" shall be deemed to include stowage in a container and "employees" shall not include independent contractors)

4.4 loss damage or expense caused by inherent vice or nature of the subject-matter insured

4.5 loss damage or expense proximately caused by delay, even though the delay be caused by a risk insured against (except expenses payable under Clause 2 above)

4.6 loss damage or expense caused by insolvency or financial default of the owners managers charterers or operators of the vessel where, at the time of loading of the subject-matter insured on board the vessel, the Assured are aware, or in the ordinary course of business should be aware, that such insolvency or financial default could prevent the normal prosecution of the voyage. This exclusion shall not apply where the contract of insurance has been assigned to the party claiming hereunder who has bought or agreed to buy the subject-matter insured in good faith under a binding contract

4.7 deliberate damage to or deliberate destruction of the subject-matter insured or any part thereof by the wrongful act of any person or persons

4.8 loss damage or expense arising from the use of any weapon of war employing atomic or nuclear fission and/or fusion or other like reaction or radioactive force or matter.

5. 5.1 In no case shall this insurance cover loss damage or expense arising from unseaworthiness of vessel or craft, unfitness of vessel craft conveyance container or liftvan for the safe carriage of the subject-matter insured, where the Assured or their servants are privy to such unseaworthiness or unfitness, at the time the subject-matter insured is loaded therein.

5.2 The Underwriters waive any breach of the implied

warranties of seaworthiness of the ship and fitness of the ship to carry the subject-matter insured to destination, unless the Assured or their servants are privy to such unseaworthiness of unfitness.

6. In no case shall this insurance cover loss damage or expense caused by

6.1 war civil war revolution rebellion insurrection, or civil strife arising therefrom, or any hostile act by or against a belligerent power

6.2 capture seizure arrest restraint or detainment, and the consequences thereof or any attempt thereat

6.3 derelict mines torpedoes bombs or other derelict weapons of war.

7. In no case shall this insurance cover loss damage or expense

7.1 caused by strikers, locked-out workman, or persons taking part in labour disturbances, riots or civil commotions

7.2 resulting from strikes, lock-outs, labour disturbances, riots or civil commotions

7.3 caused by any act of terrorism being an act of any person acting on behalf of, or in connection with, any organisation which carries out activities directed towards the overthrowing or influencing, by force or violence, of any government whether or not legally constituted

7.4 caused by any person acting from a political, ideological or religious motive.

DURATION

Transit clause

8.8.1 Subject to Clause 11 below, This insurance attaches from the time the subject-matter insured is first moved in the warehouse or at the of storage(at the place named in the contract of insurance) for the purpose of the immediate loading into or onto the carrying vehicle or other conveyance for the commencement of the transit during the ordinary course of transit and terminates either

8.1.1 on completion of unloading from the carrying vehicle or other conveyance in or at the final warehouse or place of storage at the destination named in the contract of insurance,

8.1.2 On completion of unloading from the carrying vehicle or other conveyance in or at any other warehouse or place of storage, whether prior to at the destination named in the contract of insurance, which the assured or their employees elect to use either for storage other than in the ordinary course of transit or for distribution, or

8.1.3 Whed the assured or their employees elect to use any carrying vehicle or other conveyance or any container for strage other than in the ordinary course of transit or

8.1.4. on the expiry of 60 days after completion of discharge overside of the subject-matter insured from the oversea vessel at the final port of discharge, whichever shall first occur.

8.2 If, after discharge overside from the oversea vessel at the final port of discharge, but prior to termination of this insurance, the subject - matter insured is to be forwarded to a destination other than that to which it is insured, this insurance, whilst remaining subject to termination as provided in clauses

8.1.1 to 8.1.4 shall not extend beyond the time the subject-matter insured is first moved for the purpose of the commencement of transit to such other destination.

8.3 This insurance shall remain in force (subject to termination as provided for in clauses 8.1.1 to 8.1.4 above and to the provisions of Clause 9 below) during delay beyond the control of the Assured, any deviation, forced discharge, reshipment or transhipment and during any variation of the adventure arising from the exercise of a liberty granted to carriers under the contract of carriage.

Termination of Contract of Carriage

9. If owing to circumstances beyond the control of the Assured either the contract of carriage is terminated at a port or place other than the destination named therein or the transit is otherwise terminated before unloading of the subject-matter insured as provided for in Clause 8 above, then this insurance shall also terminate unless prompt notice is given to the insurers and continuation of cover is requested when the insurance shall remain in force, subject to an additional premium if required by the insurers, either

9.1 until the subject-matter insured is sold and delivered at such port or place, or, unless otherwise specially agreed, until the expiry of 60 days after arrival of the subject-matter insured at such port or place, whichever shall first occur, or

9.2 if the subject-matter insured is forwarded within the said period of 60 days(or any agreed extension thereof) to the destination named in the contract of insurance or to any other destination, until terminated in accordance with the provisions of Clause 8 above.

Change of Voyage

10.10.1 Where, after attachment of this insurance, the destination is changed by the Assured, this must be notified promptly to insurers for rates and terms to be agreed. Should a loss occur prior to such agreement being obtained cover may be provided but only if cover would have been available at a resonable commercial market rate on resonable market terms.

10.2 Where the subject-matter insured commerces the transit contemplated by this insurance(in accordance with Clause 8.1), but, without the knowledge of the assured or their employees the ship sail for another destination, this insurance will nevertheless be deemed to have attached at commencement of such transit.

CLAIMS

Insurable Interest

11.11.1 In order to recover under this insurance the Assured must have an insurable interest in the subject-matter insured at the time of the loss.

11.2 Subject to clause 11.1 above, the Assured shall be entitled to recover for insured loss occurring during the period covered by this insurance, notwithstanding that the loss occurred before the contract of insurance was concluded, unless the Assured were aware of the loss and the Insurers were not.

Forwarding Charges

12. Where, as a result of the operation of a risk covered by this insurance, the insured transit is terminated at a port or place other than that to which the subject-matter insured is covered under this insurance, the insurers will reimburse the Assured for any extra charges properly and reasonably incurred in unloading storing and forwarding the subject-matter insured to the destination to which it is insured

This clause 12, which does not apply to general average or salvage charges, shall be subject to the exclusions contained in Clauses 4,5,6 and 7 above, and shall not include charges arising from the fault negligence insolvency or financial default of the Assured or their employees.

Constructive Total Loss

13. No claim for Constructive Total Loss shall be recoverable hereunder unless the subject-matter insured is reasonably abandoned either on account of its actual total loss appearing to be unavoidable or because the cost of recovering, reconditioning and forwarding the subject-matter insured to the destination to which it is insured would exceed its value on arrival.

Increased Value

14. 14.1 If any Increased Value insurance is effected by the Assured on the subject-matter insured under this insurance the agreed value of the subject-matter insured shall be deemed to be increased to the total amount insured under this insurance and all insurance shall be in such proportion as the sum insured under this insurance bears to such total amount insured. In the event of claim the Assured shall provide the insurers with evidence of the amounts insured under all other insurances.

14.2 Where this insurance is on Increased Value the following clause shall apply: The agreed value of the subject-matter insured shall be deemed to be equal to the total amount insured under the primary insurance and all Increased Value insurances covering the loss and effected on the subject- matter insured by the Assured, and liability under this insurance shall be in such proportion as the sum insured under this insurance bears to such total amount insured. In the event of claim the Assured shall provide the insurers with evidence of the amounts insured under all other insurances.

BENEFIT OF INSURANCE

15. This insurance

15.1 covers the assured which includes the person claiming indemnity either as the person by or whose behalf the contract of insurance was effected or as an assignee.

15.2 shall not extend to or otherwise benefit the carrier or other bailee.

MINIMISING LOSSES

Duty of Assured

16. It is the duty of the Assured and their employees and agents in respect of loss recoverable hereunder

16.1 to take such measures as may be reasonable for the purpose of averting or minimising such loss, and

16.2 to ensure that all right against carriers, bailees or other third parties are properly preserved and exercised and the insurers will, in addition to any loss recoverable hereunder, reimburse the Assured for any charges properly and reasonably incurred in pursuance of these duties.

Waver

17. Measures taken by the Assured or the insurers with the object of saving, protecting or recovering the subject-matter insured shall not be considered as a waiver or acceptance of abandonment or otherwise prejudice the rights of either party.

AVOIDANCE OF DELAY

18. It is a condition of this insurance that the Assured shall act with reasonable despatch-in all circumstances within their control.

LAW AND PRACTICE

19. This insurance is subject to English law and practice.

NOTE : - Where a continuation of cover is requested under clause 9, or a change of destination is notified under clause 10, there is an obligation to give prompt notice to the insurers and the right to such cover is dependent upon compliance with this obligation.

ICC(2009)(AIR)

INSTITUTE CARGO CLAUSES (AIR) (excluding sendings by Post)

RISKS COVERED

〔Risks Clause〕

1. This insurance covers all risk9 of loss of or damage to the subject-matter insured except as provided in Clauses 2, 3 and 4 below

.

EXCLUSIONS

〔General Exclusions Clause〕

2. in no case shall this insurance cover 2.1 loss damage or expense attributable wilful misconduct of the Assured 2.2 ordinary leakage, ordinary loss in weight or volume, or ordinary wear and tear of the subject-matter insured 2.3 loss damage or expense caused by insufficiency or unsuitability of packing or preparation of the subject-matter insured (for the purpose of this Clause 2.3 "packing" shall be deemed to include stowage in a container or liftvan but only when such stowage is carried out prior to attachment of this insurance or by the Assured or their servants) 2.4 loss damage or expense caused by inherent vice or nature of the subject-matter insured 2.5 loss damage or expense arising from unfitness of aircraft conveyance container or liftvan for the safe carriage of the subject- matter insured, where the Assured or their servants are privy to such unfitness at the time the subject-matter insured is loaded therein 2.6 loss damage or expense proximately caused by delay, even though the delay be caused by a risk insured against 2.7 loss damage or expense arising from insolvency or financial default of the owners managers chatterers or operators of the aircraft 2.8 loss damage or expense arising from the use of any weapon of war employing atomic or nuclear fission and/or fusion or other like reaction or radioactive force or matter.

〔War Exclusion Clause〕

3. In no case shall this insurance cover loss damage or expense, caused by 3.1 war civil war revolution rebellion insurrection, or civil strife arising therefrom, or any hostile act by or against a belligerent power 3.2 capture seizure arrest restraint or detainment (piracy excepted), and the consequences thereof or any attempt thereat 3.3 derelict mines torpedoes bombs or other derelict weapons of war.

〔Strikes Exclusion Clause〕

4. In no case shall this insurance loss damagers expense 4.1 caused by strikers, locked-out workmen, or persons taking part in labour disturbances, riots or civil commotions 4.2 resulting from strikes, lock-outs, labour disturbances, riots or civil commotions 4.3 caused by any terrorist or any person acting from a political motive.

DURATION

〔Transit Clause〕

5. 5.1 This insurance attaches from the time the subject-matter insured leaves the warehouse, premise or place of storage at the place named herein for the commencement of the transit, continues during the ordinary course of transit and terminates either 5.1.1 on delivery to 'he Consignees' or other final warehouse, premises or place of storage at the destination named herein, 5.1.2 on delivery to any ocher warehouse, premises or place of storage, whether prior to or at the destination named herein, which the Assured elect to use either 5.1.2.1 for storage other than in the ordinary course of transit or 5.1.2.2 for allocation or distribution or 5.1.3 on

the expiry of 30 days after unloading the subject-matter insured from the aircraft at the final place of discharge, whichever shall first occur. 5.2 If, after unloading from the aircraft at the final place of discharge, but prior to termination of this insurance, the subject-matter insured is forwarded to a destination other than that to which it is insured hereunder, this insurance, whilst remaining subject to termination as provided for above, shall not extend beyond the commencement of transit to such other destination. 5.3 This insurance shall remain in force (subject to termination as provided for above and to the provisions of Clause 6 below) during delay beyond the control of the Assured, any deviation, forced discharge, reshipment or transhipment and during any variation of the adventure arising from the exercise of a liberty granted to the air carriers under the contract of carriage.

〔Termination of Contract of Carriage Clause〕

6. If owing to circumstances beyond the control of the Assured either the contract of carriage is terminated! at a place other than the destination named therein or the transit is otherwise terminated before delivery of the subject-matter insured as provided for in Clause 3 above, then this insurance shall also terminate unless prompt notice is given lo the Underwriters and continuation of cover is requested when the insurance shall remain in force, subject to an additional premium if required by the Underwriters, either 6.1 until the subject-matter is sold and delivered at such place or, unless otherwise specially agreed, until the expiry of 30 days after arrival of the subject-matter hereby insured at such place, whichever shall first occur, or 6.2 if the subject -matter is forwarded within the said period of 30 days (or any agreed extension thereof) to the destination named herein or to any other destination, until terminated in accordance with the provisions of Clauses 5 above.

〔Change Transit Clause〕

7. Where, after attachment of this insurance, the destination is changed by the Assured, held conrad el a premium and on conditions to be arranged subject to prompt notice being given lo the Underwriters.

CLAIMS

〔Insurable Interest Clause〕

8. 8.1 in order to recover under this insurance the Assured must hive an incurable interest in the subject-matter insured at the time of the loss 8.2 Subject to 8.1 above, the Assured shall be entitled to recover for insured loss occurring during the period covered by this insurance, notwithstanding that the loss occurred before the contract of insurance was concluded, unless the Assured were aware of the loss and the Underwriters were not.

〔Forwarding Charges Clause〕

9. Where, as a result of the operation of a risk covered by this insurance, the insured transit is terminated at a place other than that to which the subject-matter is covered under this insurance, the Underwriters will reimburse the Assured for any extra charges properly and reasonably incurred in unloading storing and forwarding the subject-matter to the destination to which it is insured hereunder. This Clause 9, which does not apply to general average or salvage charges, shall be subject to the exclusions contained in Clauses 2, 3 and 4 above, and shall not include charges arising from the fault negligence insolvency or financial default of the Assured or their servants.

〔Constructive Total Loss Clause〕

10. No claim for Constructive Total Loss shall be recoverable hereunder unless the subject- matter insured is reasonably abandoned either on account of its actual total loss appearing to be unavoidable or because the cost of recovering, reconditioning and forwarding the subject- matter to the destination to which it is insured would exceed its value on arrival.

〔Increased Value Clause〕

11. 11.1 If any Increased Value insurance is effected by the Assured on the cargo insured herein the agreed value of the cargo shall be deemed to be increased to the total amount insured under this insurance and all Increased Value assurances covering the loss, and liability under this insurance shall be in such proportion as the sum insured herein hears to such total amount insured. In the event of claire the Assured shall provide the underwriters with evidence of the amounts insured under all other insurances. 11.2 Where this insurance is on Increased Value the following clause shall apply: The agreed value of the cargo shall be deemed to be equal to the total amount insured under the primary insurance and all Increased Value assurances covering the loss and effected on the cargo by the Assured, and liability under this insurance shall be in such proportion as the sum insured herein bears to such total amount insured. In the event of claim the Assured shall provide the Underwriters with evidence of the amounts insured under all other assurances.

BENEFIT OF INSURANCE

〔Not Inure Clause〕

12. This insurance shall not inure to the benefit of the carrier or other bailee.

MINIMISING LOSSES

〔Duty of Assured Clause〕

13. It is the duty of the Assured and their servants and agents in respect of loss recoverable hereunder
13.1 to take such measures as may be reasonable for the purpose of averting or minimising such loss, and
13.2 treasure that all rights against carriers, bailees or other third parties are properly preserved and exercised and the Underwriters will, in addition to any loss recoverable hereunder, reimburse the Assured for any charges properly and reasonably incurred in pursuance of these duties.

〔Waiver Clause〕

14. Measures taken by the Assured or the Underwriters with the object of saving, protecting or recovering the subject-matter insured shall not be considered as a waiver or acceptance of abandonment or otherwise prejudice the rights of either party.

AVOIDANCE OF DELAY

〔Reasonable Despatch Clause〕

15. It is a condition of this insurance that the Assured shall act with reasonable despatch in all circumstances within their control.

LAW AND PRACTICE

〔English law and Practice Clause〕

16. This insurance is subject to English law and practice.

NOTE :- It is necessary for the Assured when they become aware of an event which is "held covered" under this insurance to give prompt notice lo the Underwriters and the right lo such cover it dependent upon compliance with this obligation.

한 글 색 인

ㄱ

ㄴ

ㄷ

ㅅ

ㅇ

ㅈ

영 문 색 인

A

B

C

D

N

O

P

R

S

T

U

저자약력

• 송채헌

전북대학교 상과대학(경영학사)
금호실업(종합상사) 수출2부 제3과 근무
일본 Meiji University 객원교수
전북대학교 상과대학 학장
전북대학교 경영대학원 원장
현) 전북대학교 상과대학 무역학과 교수(현)
한국무역통상학회 부회장
한국물류학회부회장
전북대학교 대학원 사이버무역 · 지역학과 주임교수

• 박종은

(주)농심근무
경제학박사(전북대학교 대학원 무역학과)
시인 · 소설가
현) 전북대학교 상과대학 무역학과 강의전담교수

• 조현숙

동아대학교 무역학과 졸업
부산대학교 대학원 무역학과 졸업(경제학 박사)
University of the Pacific, McGeoge school of Law(법학석사)
University of Washington, school of law Visiting Scholar
현) 원광대학교 국제통상학부 교수

국제운송보험론[제3판]

2012년 2월 25일 제1판 1쇄 발행
2015년 8월 10일 제2판 1쇄 발행
2018년 1월 30일 제3판 1쇄 발행

공저자 송채헌 · 박종은 · 조현숙
발행인 김 광 식
조 판 아 람 기 획

07285
발행처 서울특별시 영등포구 선유로3길 10, 617호
도서출판 탑 북 스
등 록 2009.12.21 제 2016-000101 호
전 화 02)365-2223 팩스 02)365-2224

정가 35,000 원

ISBN 979-11-87343-55-4-93320

KUKJE HWAJAE INSURANCE CO.,LTD.

KUKJE HWAJAE INSURANCE BLDG.
120, 5-KA, NAMDAEMOON-RO, JUNG-KU,
SEOUL, KOREA

TLX : INTLINS K27567
FAX : 774－3190
TEL : 753－1101

MARINE CARGO INSURANCE POLICY

Assured(s), etc	
Policy No.	Ref. No.
Claim, if any, payable at:	Amount insured
Survey should be approved by:	**Conditions** Subject to the following Clauses as per back hereof. Institute Cargo Clauses Institute War Clauses Institute Strikes Clauses Special Replacement Clause (Applying to Machinery) On-Deck Clause Institute Radioactive Contamination Exclusion Clause
Local Vessel or Conveyance	From (interior port or place of loading)
Ship or Vessel called the	Sailing on or about
at and from	transhipped at
arrived at	

Goods and Merchandises

ORIGINAL
DUPLICATE UNPAID

It is specially understood and agreed that the words "60 days" in (C) of the paragraph of the Transit Clause of the Institute Cargo Clauses are substituted by the words "30 days"

대한민국정부
인 지 세
100원
남대문세무서
인쇄승인제95-05호

Marks and Numbers as per Invoice No. specified above.

Place and Date signed in | Numbers of Policies issued

IMPORTANT
PROCEDURE IN THE EVENT OF LOSS OR DAMAGE FOR WHICH UNDERWRITERS MAY BE LIABLE
LIABILITY OF CARRIERS, BAILEES OR OTHER THIRD PARTIES

It is the duty of the Assured and their Agents in all cases, to take such measures as may be reasonable for the purpose of averting or minimising a loss and to ensure that all rights against Carriers, Bailees or other third parties are properly preserved and exercised. In particular, the Assured or their Agents are required:

1. To claim immediately on the Carriers, Port Authorities or other Bailees for any missing packages.
2. In no circumstances, except under written protest, to give clean receipts where goods are in doubtful condition.
3. When delivery is made by Container, to ensure that the Container and its seals are examined immediately by their responsible official.
   If the Container is delivered damaged or with seals broken or missing or with seals other than as stated in the shipping documents, to clause the delivery receipt accordingly and retain all defective or irregular seals for subsequent identification.
4. To apply immediately for survey by Carriers' or other Bailees' Representatives if any loss or damage be apparent and claim on the Carriers or other Bailees for any actual loss or damage found at such survey.
5. To give notice in writing to the Carriers or other Bailees within 3 days of delivery if the loss or damage was not apparent at the time of taking delivery.

NOTE: The Consignees or their Agents are recommended to make themselves familiar with the Regulations of the Port Authorities at the port of discharge.

INSTRUCTIONS FOR SURVEY

In the event of loss or damage which may involve a claim under this insurance immediate notice of such loss or damage should be given to and a Survey Report obtained from this Company's Office or Agents specified in this Policy or Certificate.

DOCUMENTATION OF CLAIMS

To enable claims to be dealt with promptly, the Assured or their Agents are advised to submit all available supporting documents without delay, including when applicable:

1. Original policy or certificate of insurance.
2. Original or certified copy of shipping invoices, together with shipping specification and/or weight-notes.
3. Original or certified copy of Bill of Lading and/or other contract of carriage.
4. Survey report or other documentary evidence to show the extent of the loss or damage.
5. Landing account and weight notes at port of discharge and final destination.
6. Correspondence exchanged with the Carriers and other Parties regarding their liability for the loss or damage.

In the event of loss or damage arising under this Policy, no clims will be admitted unless a survey has been held with the approval of this Company's office or Agents specified in this policy.

Notwithstanding anything contained herein or attached hereto to the contrary, this insurance is understood and agreed to be subject to English law and practice only as to liability for and settlement of any and all claims.

This insurance does not cover any loss or damage to the property which at the time of the happening of such loss or damage is insured by or would but for the existence of this Policy be insured by any fire or other insurance policy or policies except in respect of any excess beyond the amount which would have been payable under the fire or other insurance policy or policies had this insurance not been effected.

We, KUKJE HWAJAE INSURANCE COMPANY, LIMITED hereby agree, in consideration of the payment to us by or on behalf of the assured of the premium as arranged, to insure against loss damage liability or expense to the extent and in the manner herein provided.

In witness whereof *I*, the *Undersigned* of KUKJE HWAJAE INSURANCE COMPANY, LIMITED on behalf of the said *Company* have subscribed *My* Name in the place specified as above to the policies, the issued numbers thereof being specified as above, of the same tenor and date, one of which being accomplished, the others to be void, as of the date specified as above.

For KUKJE HWAJAE INSURANCE COMPANY, LIMITED

Youngman Kim

AUTHORIZED SIGNATORY

1/1/82 **INSTITUTE CARGO CLAUSES(A)**

RISKS COVERED
RISKS CLAUSE
1. This insurance covers all risks of loss of or damage to the subject-matter insured except as provided in Clauses 4, 5, 6 and 7 below.

GENERAL AVERAGE CLAUSE
2. This insurance covers general average and salvage charges, adjusted or determined according to the contract of affreightment and/or the governing law and practice, incurred to avoid or in connection with the avoidance of loss from any cause except those excluded in Clauses 4, 5, 6 and 7 or elsewhere in this insurance

"BOTH TO BLAME COLLISION" CLAUSE
3. This insurance is extended to indemnify the Assured against such proportion of liability under the contract of affreightment "Both to Blame Collision" Clause as is in respect of a loss recoverable hereunder. In the event of any claim by shipowners under the said Clause the Assured agree to notify the Under-writers who shall have the right, at their own cost and expense, to defend the Assured against such claim.

EXCLUSIONS
GENERAL EXCLUSIONS CLAUSE
4. In no case shall this insurance cover
4.1 loss damage or expense attributable to wilful misconduct of the Assured
4.2 ordinary leakage, ordinary loss in weight or volume, or ordinary wear and tear of the subject-matter insured
4.3 loss damage or expense caused by insufficiency or unsuitability of packing or preparation of the subject-matter insured (for the purpose of this Clause 4.3 "packing" shall be deemed to include stowage in a container or liftvan but only when such stowage is carried out prior to attachment of this insurance or by the Assured or their servants)
4.4 loss damage or expense caused by inherent vice or nature of the subject-matter insured
4.5 loss damage or expense proximately caused by delay, even though the delay be caused by a risk insured against (except expenses payable under Clause 2 above)
4.6 loss damage or expense arising from insolvency or financial default of the owners managers charterers or operators of the vessel
4.7 loss damage or expense arising from the use of any weapon of war employing atomic or nuclear fission and or fusion or other like reaction or radioactive force or matter

UNSEAWORTHINESS AND UNFITNESS EXCLUSION CLAUSE
5 5.1 In no case shall this insurance cover loss damage or expense arising from unseaworthiness of vessel or craft
unfitness of vessel craft conveyance container or liftvan for the safe carriage of the subject-matter insured,
where the Assured or their servants are privy to such unseaworthiness or unfitness, at the time the subject-matter insured is loaded therein
5.2 The Underwriters waive any breach of the implied warranties of seaworthiness of the ship and fitness of the ship to carry the subject-matter insured to destination unless the Assured or their servants are privy to such unseaworthiness or unfitness

WAR EXCLUSION CLAUSE
6 In no case shall this insurance cover loss damage or expense caused by
6.1 war civil war revolution rebellion insurrection, or civil strife arising therefrom, or any hostile act by or against a belligerent power
6.2 capture seizure arrest restraint or detainment (piracy excepted), and the consequences thereof or any attempt thereat
6.3 derelict mines torpedoes bombs or other derelict weapons of war

STRIKES EXCLUSION CLAUSE
In no case shall this insurance cover loss damage or expense
7 7.1 caused by strikers, locked-out workmen, or persons taking part in labour disturbances, riots or civil commotions
7.2 resulting from strikes, lock-outs, labour disturbances, riots or civil commotions
7.3 caused by any terrorist or any person acting from a political motive

DURATION
TRANSIT CLAUSE
8 8.1 This insurance attaches from the time the goods leave the warehouse or place of storage at the place named herein for the commencement of the transit, continues during the ordinary course of transit and terminates either
8.1.1 on delivery to the Consigness' or other final warehouse or place of storage at the destination named herein,
8.1.2 on delivery to any other warehouse or place of storage, whether prior to or at the destination named herein, which the Assured elect to use either
8.1.2.1 for storage other than in the ordinary course of transit or
8.1.2.2 for allocation or distribution
or
8.1.3 on the expiry of 60 days after completion of discharge overside of the goods hereby insured from the oversea vessel at the final port of discharge
whichever shall first occur.
8.2 If, after discharge overside from the oversea vessel at the final port of discharge, but prior to termination of this insurance, the goods are to be forwarded to a destination other than that to which they are insured hereunder, this insurance, whilst remaining subject to termination as provided for above, shall not extend beyond the commencement of transit to such other destination
8.3 This insurance shall remain in force (subject to termination as provided for above and to the provisions of Clause 9 below) during delay beyond the control of the Assured, any deviation, forced discharge, reshipment or transhipment and during any variation of the adventure arising from the exercise of a liberty granted to shipowners or charterers under the contract of affreightment

TERMINATION OF CONTRACT OF CARRIAGE CLAUSE
9 If owing to circumstances beyond the control of the Assured either the contract of carriage is terminated at a port or place other than the destination named therein or the transit is otherwise terminated before delivery of the goods as provided for in Clause 8 above, then this insurance shall also terminate *unless prompt notice is given to the Underwriters and continuation of cover is requested when the insurance shall remain in force, subject to an additional premium if required by the Underwriters* either
9.1 until the goods are sold and delivered at such port or place, or, unless otherwise specially agreed, until the expiry of 60 days after arrival of the goods hereby insured at such port or place, whichever shall first occur,
or
9.2 if the goods are forwarded within the said period of 60 days (or any agreed extension thereof) to the destination named herein or to any other destination, until terminated in accordance with the provisions of Clause 8 above

CHANGE OF VOYAGE CLAUSE
10 Where after attachment of this insurance, the destination is changed by the Assured, *held covered at a premium and on conditions to be arranged subject to prompt notice being given to the Underwriters*

CLAIMS
INSURABLE INTEREST CLAUSE
11 11.1 In order to recover under this insurance the Assured must have an insurable interest in the subject-matter insured at the time of the loss
11.2 Subject to 11.1 above, the Assured shall be entitled to recover for insured loss occurring during the period covered by this insurance, notwithstanding that the loss occurred before the contract of insurance was concluded, unless the Assured were aware of the loss and the Underwriters were not

FORWARDING CHARGES CLAUSE
12 Where, as a result of the operation of a risk covered by this insurance, the insured transit is terminated at a port or place other than that to which the subject matter is covered under this insurance, the Underwriters will reimburse the Assured for any extra charges properly and reasonably incurred in unloading storing and forwarding the subject-matter to the destination to which it is insured hereunder.
This Clause 12, which does not apply to general average or salvage charges, shall be subject to the exclusions contained in Clauses 4, 5, 6 and 7 above, and shall not include charges arising from the fault negligence insolvency or financial default of the Assured or their servants

CONSTRUCTIVE TOTAL LOSS CLAUSE
13 No claim for Constructive Total Loss shall be recoverable hereunder unless the subject-matter insured is reasonably abandoned either on account of its actual total loss appearing to be unavoidable or because the cost of recovering, reconditioning and forwarding the subject-matter to the destination to which it is insured would exceed its value or arrival

INCREASED VALUE CLAUSE
14 14.1 If any Increased Value insurance is effected by the Assured on th cargo insured herein the agreed value of the cargo shall be deemed to be increased to the total amount insured under this insurance and all Increased Value insurances covering the loss, and liability under this insurance shall be in such proportion as the sum insured herein bears to such total amount insured.
In the event of claim the Assured shall provide the Underwriters with evidence of the amounts insured under all other insurances
14.2 **Where this Insurance is on Increased Value the following caluse shall apply:**
The agreed value of the cargo shall be deemed to be equal to the total amount insured under the primary insurance and all Increased Value insurances covering the loss and effected on the cargo by the Assured, and liability under this insurance shall be in such proportion as the sum insured herein bears to such total amount insured. In the event of claim the Assured shall provide the Underwriters with evidence of the amounts insured under all other insurances

BENEFIT OF INSURANCE
NOT TO INURE CLAUSE
15 This insurance shall not inure to the benefit of the carrier or other bailee

MINIMISING LOSSES
DUTY OF ASSURED CLAUSE
16 It is the duty of the Assured and their servants and agents in respect of loss recoverable hereunder
16.1 to take such measures as may be reasonable for the purpose of averting or minimising such loss, and
16.2 to ensure that all rights against carriers, bailees or other third parties are properly preserved and exercised
and the Underwriters will, in addition to any loss recoverable hereunder, reimburse the Assured for any charges properly and reasonably incurred in pursuance of these duties

WAIVER CLAUSE
17 Measures taken by the Assured or the Underwriters with the object of saving, protecting or recovering the subject-matter insured shall not be considered as a waiver or acceptance of abandonment or otherwise prejudice the rights of either party

AVOIDANCE OF DELAY
REASONABLE DESPATCH CLAUSE
18 It is a condition of this insurance that the Assured shall act with reasonable despatch in all circumstances within their control

LAW AND PRACTICE
ENGLISH LAW AND PRACTICE CLAUSE
19 This insurance is subject to English law and practice

NOTE — It is necessary for the Assured when they become aware of an event which is "held covered" under this insurance to give prompt notice to the Underwriters and the right to such cover is dependent upon compliance with this obligation

INSTITUTE CARGO CLAUSES(B)

As Institute Cargo Clauses(A) above with Clause 1, 4 and 6 deleted and substituted by the following

RISKS COVERED
RISKS CLAUSE
1 This insurance covers, except as provided in Clauses 4, 5, 6 and 7 below,
1.1 loss of or damage to the subject-matter insured reasonably be attributable to
1.1.1 fire, explosion
1.1.2 vessel or craft being stranded grounded sunk or capsized
1.1.3 overturning or derailment of land conveyance
1.1.4 collision or contact of vessel craft or conveyance with any external object other than water
1.1.5 discharge of cargo at a port of distress
1.1.6 earthquake volcanic eruption or lightning,
1.2 loss of or damage to the subject-matter insured caused by
1.2.1 general average sacrifice
1.2.2 jettison or washing overboard
1.2.3 entry of sea lake or river water into vessel craft hold conveyance container liftvan or place of storage.
1.3 total loss of any package lost overboard or dropped whilst loading on to, or unloading from, vessel or craft.

EXCLUSIONS
GENERAL EXCLUSIONS CLAUSE
4 In no case shall this insurance cover
4.1 loss damage or expense attributable to wilful misconduct of the Assured
4.2 ordinary leakage, ordinary loss in weight or volume, or ordinary wear ad tear of the subject-matter insured
4.3 loss damage or expense caused by insufficiency or unsuitability of packing or preparation of the subject-matter insured (for the purpose of this Clause 4.3 "packing" shall be deemed to include stowage in a container or liftvan but only when such stowage is carried out prior to attachment of this insurance or by the Assured or their servants)
4.4 loss damage or expense caused by inherent vice or nature of the subject-matter insured
4.5 loss damage or expense proximately caused by delay, even though the delay be caused by a risk insured against (except expenses payable under Clause 2 above)
4.6 loss damage or expense arising from insolvency or financial default of the owners managers charterers or operators of the vessel
4.7 deliberate damage to or deliberate destruction of the subject-matter insured or any part thereof by the wrongful act of any person or persons
4.8 loss damage or expense arising from the use of any weapon or war employing atomic or nuclear fission and or fusion or other like reaction or radioactive force or matter

WAR EXCLUSION CLAUSE
6 In no case shall this insurance cover loss damage or expense caused by
6.1 war civil war revolution rebellion insurrection, or civil strife arising therefrom, or any hostile act by or against a belligerent power
6.2 capture seizure arrest restraint or detainment, and the consequences thereof or any attempt thereat
6.3 derelict mines torpedoes bombs or other derelict weapons of war

1/1/82 **INSTITUTE CARGO CLAUSES(C)**

As Institute Cargo Clauses (A) above with Clauses 1, 4 and 6 deleted and substituted by the following

RISKS COVERED
RISKS CLAUSE
1 This insurance covers, except as provided in Clauses 4, 5, 6 and 7 below
1.1 loss of or damage to the subject-matter insured reasonably attributable to
1.1.1 fire or explosion
1.1.2 vessel or craft being stranded grounded sunk or capsized
1.1.3 overturning or derailment of land conveyance
1.1.4 collision or contact of vessel craft or conveyance with any external object other than water
1.1.5 discharge of cargo at a port of distress
1.2 loss of or damage to the subject-matter insured caused by
1.2.1 general average sacrifice
1.2.2 jettison

EXCLUSIONS
GENERAL EXCLUSIONS CLAUSE
4 In no case shall this insurance cover
4.1 loss damage or expense attributable to wilful misconduct of the Assured
4.2 ordinary leakage, ordinary loss in weight or volume, or ordinary wear and tear of the subject-matter insured
4.3 loss damage or expense caused by insufficiency or unsuitability of packing or preparation of the subject-matter insured (for the purpose of this Clause 4.3 "packing" shall be deemed to include stowage in a container or liftvan but only when such stowage is carried out prior to attachment of this insurance or by the Assured or their servants)
4.4 loss damage or expense caused by inherent vice or nature of the subject-matter insured
4.5 loss damage or expense proximately caused by delay, even though the delay be caused by a risk insured against (except expenses payable under Clause 2 above)
4.6 loss damage or expense arising from insolvency or financial default of the owners managers charterers or operators of the vessel
4.7 deliberate damage to or deliberate destruction of the subject-matter insured or any part thereof by the wrongful act of any person or persons
4.8 loss damage or expense arising from the use of any weapon of war employing atomic or nuclear fission and or fusion or other like reaction or radioactive force or matter

WAR EXCLUSION CLAUSE
6 In no case shall this insurance cover loss damage or expense caused by
6.1 war civil war revolution rebellion insurrection, or civil strife arising therefrom, or any hostile act by or against a belligerent power
6.2 capture seizure arrest restraint or detainment, and the consequences thereof or any attempt thereat
6.3 derelict mines torpedoes bombs or other derelict weapons of war

SPECIAL SURVEY CLAUSE

"In case of loss or damage claimable hereon, immediate notice shall be give to this Company, who will appoint a surveyor from among those approved by this Company)"
The Assured's right to recover under this policy shall be dependent upon their presention of a survey report issued and certified by the said surveyer.

SPECIAL CLAUSES FOR ON-DECK CARGO(LOGS, LUMBERS)

It is especially understood and agreed that in the event of on-deck load herein being in excess of the full declared percentage or value to be carried on deck, whether by the exercise of a liberty granted to ship-owners or charterers under the contract of affreightment or not, underwriter shall be liable for the loss caused by jettison and/or washing overboard in such proportion of the percentage or value declared to be carried on deck in the policy to the actual percentage of value of on-deck load.

PIPE LINE CLAUSE(B)

Notwithstanding anything contained in the Transit Clause of the Institute Cargo Clauses to the contrary it is understood of shipment and agreed that this insurance attaches from the time the goods have passed the coupling of the pipe of shore thank at the port of shipment and continues thereafter as stipulated in the said clause until the goods are discharged into the consignee's or other shore thank at the port of destination named in the policy.

INSTITUTE CARGO CLAUSES (AIR)
(Excluding sendings by Post)

RISKS COVERED
1 This insurance covers all risks of loss of or damage to the subject-matter insured except as provided in Clauses 2, 3 and 4 below
EXCLUSIONS
2 In no case shall this insurance cover
2.1 loss damage or expense attributable to wilful misconduct of the Assured
2.2 ordinary leakage, ordinary loss in weight or volume, or ordinary wear and tear of the subject-matter insured
2.3 loss damage or expense caused by insufficiency or unsuitability of packing or preparation of the subject-matter insured (for the purpose of this Clause 2.3 "packing" shall be deemed to include stowage in a container or liftvan but only when such stowage is carried out prior to attachment of this insurance or by the Assured or their servants)
2.4 loss damage or expense caused by inherent vice or nature of the subject-matter insured
2.5 loss damage or expense arising from unfitness of aircraft conveyance container or liftvan for the safe carriage of the subject matter insured, where the Assured or their servants are privy to such unfitness at the time the subject-matter insured is loaded therein
2.6 loss damage or expense proximately caused by delay, even though the delay be caused by a risk insured against
2.7 loss damage or expense arising from insolvency or financial default of the owners managers charterers or operators of the aircraft
2.8 loss damage or expense arising from the use of any weapon of war employing atomic or nuclear fission and/or fusion or other like reaction or radioactive force or matter.
3 In no case shall this insurance cover loss damage or expense caused by
3.1 war civil war revolution rebellion insurrection, or civil strife arising therefrom, or any hostile act by or against a belligerent power
3.2 capture seizure arrest restraint or detainment (piracy excepted), and the consequences thereof or any attempt thereat
3.3 derelict mines torpedoes bombs or other derelict weapons of war
4 In no case shall this insurance cover loss damage or expense
4.1 caused by strikers, locked-out workmen, or persons taking part in labour disturbances, riots or civil commotions
4.2 resulting from strikes, lock-outs, labour disturbances, riots or civil commotions
4.3 caused by any terrorist or any person acting from a political motive
DURATION
5 5.1 This insurance attaches from the time the subject matter insured leaves the warehouse, premises or place of storage at the place named herein for the commencement of the transit, continues during the ordinary course of transit and terminates either
5.1.1 on delivery to the Consignees' or other final warehouse, premises or place of storage at the destination named herein
5.1.2 on delivery to any other warehouse, premises or place of storage, whether prior to or at the destination named herein, which the Assured elect to use either
5.1.2.1 for storage other than in the ordinary course of transit or
5.1.2.2 for allocation or distribution
or
5.1.3 on the expiry of 30 days after unloading the subject-matter insured from the aircraft at the final place of discharge.
whichever shall first occur
5.2 If, after unloading from the aircraft at the final place of discharge, but prior to termination of this insurance, the subject-matter insured is forwarded to a destination other than that to which it is insured hereunder, this insurance, whilst remaining subject to termination as provided for above, shall not extend beyond the commencement of transit to such other destination
5.3 This insurance shall remain in force (subject to termination as provided for above and to the provisions of Clause 6 below) during delay beyond the control of the Assured, any deviation, forced discharge, reshipment or transhipment and during any variation of the adventure arising from the exercise of a liberty granted to the air carriers under the contract of carriage
6 If owing to circumstances beyond the control of the Assured either the contract of carriage is terminated at a place other than the destination named therein or the transit is otherwise terminated before delivery of the subject-matter insured as provided for in Clause 5 above, then this insurance shall also terminate *unless prompt notice is given to the Underwriters and continuation of cover is requested when the insurance shall remain in force, subject to an additional premium if required by the Underwriters* either
6.1 until the subject-matter is sold and delivered at such place or, unless otherwise specially agreed, until the expiry of 30 days after arrival of the subject-matter hereby insured at such place, whichever shall first occur.
or
6.2 if the subject-matter is forwarded within the said period of 30 days (or any agreed extension thereof) to the destination named herein or to any other destination, until terminated in accordance with the provisions of Clause 5 above.
7 Where after attachment of this insurance the destination is changed by the Assured, *held covered at a premium and on conditions to be arranged subject to prompt notice being given to the Underwriters*
CLAIMS
8 8.1 In order to recover under this insurance the Assured must have an insurable interest in the subject-matter insured at the time of the loss
8.2 Subject to 8.1 above, the Assured shall be entitled to recover for insured loss occurring during the period covered by this insurance, notwithstanding that the loss occurred before the contract of insurance was concluded, unless the Assured were aware of the loss and the Underwriters were not
9 Where, as a result of the operation of a risk covered by this insurance, the insured transit is terminated at a place other than that to which the subject matter is covered under this insurance, the Underwriters will reimburse the Assured for any extra charges properly and reasonably incurred in unloading storing and forwarding the subject-matter to the destination to which it is insured hereunder
10 No claim for Constructive Total Loss shall be recoverable hereunder unless the subject-matter insured is reasonably abandoned either on account of its actual total loss appearing to be unavoidable or because the cost of recovering, reconditioning and forwarding the subject matter to the destination to which it is insured would exceed its value on arrival
11 11.1 If any Increased Value insurance is effected by the Assured on the cargo insured herein the agreed value of the cargo shall be deemed to be increased to the total amount insured under this insurance and all Increased Value insurances covering the loss, and liability under this insurance shall be in such proportion as the sum insured herein bears to such total amount insured. In the event of claim the Assured shall provide the Underwriters with evidence of the amounts insured under all other insurances
11.2 Where this insurance is on Increased Value the following clause shall apply:
The agreed value of the cargo shall be deemed to be equal to the total amount insured under the primary insurance and all Increased Value insurances covering the loss and effected on the cargo by the Assured, and liability under this insurance shall be in such proportion as the sum insured herein bears to such total amount insured.
In the event of claim the Assured shall provide the Underwriters with evidence of the amounts insured under all other insurances
BENEFIT OF INSURANCE
12 This insurance shall not inure to the benefit of the carrier of other bailee
MINIMISING LOSSES
13 It is the duty of the Assured and their servants and agents in respect of loss recoverable hereunder
13.1 to take such measures as may be reasonable for the purpose of averting or minimising such loss and
14 Measures taken by the Assured or the Underwriters with the object of saving, protecting or recovering the subject-matter insured shall not be considered as a waiver or acceptance of abandonment or otherwise prejudice the rights of either party
AVOIDANCE OF DELAY
15 It is a condition of this insurance that the Assured shall act with reasonable despatch in all circumstances within their control
LAW AND PRACTICE
16 This insurance is subject to English law and practice

TOTAL LOSS CLAUSES (CARGO)

RISKS COVERED
1 This insurance covers, except as provided in Clauses 3,4,5 and 6 below, total loss of the subject matter insured reasonably attributed to
1.1 fire or explosion
1.2 vessel or craft being stranded grounded sunk or capsized
1.3 overturning or derailment of land conveyance
1.4 collision or contact of vessel craft or conveyance with any external object other than water
2 This insurance covers salvage charges, adjusted or determined according to the contract of affreightment and/or the governing law and practice, incured to avoid or in connection with the avoidance of loss from any cause except those excluded in Clauses 3,4,5 and 6 or elsewhere in this insurance
EXCLUSIONS
3 In no case shall this insurance cover
3.1 loss damage or expense attributable to wilful misconduct of the Assured
3.2 Ordinary leakage, ordinary loss in weight or volume, or ordinary wear and tear of the subject matter insured
3.3 loss damage or expense caused by insufficiency or unsuitability of packing or preparation of the subject-matter insured (for the purpose of this Clause 3.3 "packing" shall be deemed to include stowage in a container or liftvan but only when such stowage is carried out prior to attachment of this insurance or by the Assured or their servants)
3.4 loss damage or expense caused by inherent vice or nature of the subject-matter insured
3.5 loss damage or expense proximately caused by delay, even though the delay be caused by a risk insured against(except expenses payable under Clause 2 abovve)
3.6 loss damage or expense arising from insolvency or financial default of the owners managers charterers or operators of the vessel
3.7 deliberate damage to or diliberate destruction of the subject-matter insured or any part thereof by the wrongful act of any person or persons
3.8 loss damage or expense arising from the use of any weapon of war employing atomic or nuclear fission and/or fusion or other like reaction or radioactive force or matter
4 4.1 In no case shall this insurance cover loss damage or expense arising from unseaworthiness of vessel or craft,
unfitness of vessel craft conveyance container or liftvan for the safe carriage of the subject matter insured
where the Assured or their servants are privy to such unseaworthiness or unfitness, at the time the subject-matter insured is loaded therein
4.2 The Underwriters waive any breach of the implied warranties of seaworthiness of the ship and fitness of the ship to carry the subject-matter insured to destination, unless the Assured or their servants are privy to such unseaworthiness or unfitness
5 In no case shall this insurance cover loss damage or expense caused by
5.1 war civil war revolution rebellion insurrection, or civil strife arising therefrom, or any hostile act by or against a belligerent power
5.2 capture seizure arrest restraint or detainment, and the consequences thereof or any attempt thereat
5.3 derelict mines torpedoes bombs or other derelict weapons of war
6 In no case shall this insurance cover loss damage or expense
6.1 caused by strikers, locked-out workmen or persons taking part in labour disturbances, riots or civil commotions
6.2 resulting from strikes, lock-out, labour disturbances, riots or civil commotions
6.3 caused by any terrorist or any person acting from a political motive
DURATION
7 7.1 This insurance attaches from the time the goods leave the warehouse or place of storage at the place named herein for the commencement of the transit, continues during the ordinary course of transit and terminates either
7.1.1 on delivery to the Consigness' or other final warehouse or place of storage at the destination named herein,
7.1.2 on delivery to any other warehouse or place of storage, whether prior to or at the destination named herein, which the Assured elect to use either
7.1.2.1 for storage other than in the ordinary course of transit or
7.1.2.2 for allocation or distribution.
or
7.1.3 on the expiry of 60 days after completion of discharge overside of the goods hereby insured from the oversea vessel at the final port of discharge,
whichever shall first occur
7.2 If, after discharge overside from the oversea vessel at the final port of discharge, but prior to termination of this insurance, the goods are to be forwarded to a destination other than that to which they are insured hereunder, this insurance, whilst remaining subject to termination as provided for above, shall not extend beyond the commencement of transit to such other destination
7.3 This insurance shall remain in force (subject to termination as provided for above and to the provisions of Clause 8 Below) during delay beyond the control of the Assured, any deviation, forced discharge, reshipment or transhipment and during any variation of the adventure arising from the exercise of a liberty granted to shipowners or charterers under the contract of affreightment
8 If owing to circumstances beyond the control of the Assured either the contract of carriage is terminated at a port or place other than the destination named therein or the transit is otherwise terminated before delivery of the goods as provided for in Clause 7 above, then this insurance shall also terminate *unless prompt notice is given to the Underwriters and continuation of cover is requested when the insurance shall remain in force, subject to an additional premium if required by the Underwriter* either
8.1 until the goods are sold and delivered at such port or place, or unless otherwise specially agreed, until the expiry of 60 days after arrival of the goods hereby insured at such port or place whichever shall first occur.
8.2 if the goods are forwarded within the said period of 60 days (or any agreed extension thereof) to the destination named herein or to any other destination, until terminated in accordance with the provisions of Clause 8 above
9 Where, after attachment of this insurance, the destination is changed by the Assured, *held covered at a premium and on conditions to be arranged subject to prompt notice being given to the Underwriters*
CLAIMS
10 10.1 In order to recover under this insurance the Assured must have an insurable interest in the subject-matter insured at the time of the loss
10.2 Subject to 10.1 above, the Assured shall be entitled to recover for insured loss occurring during the period covered by this insurance, nowwithstanding that the loss occurred before the contract of insurance was concluded, unless the Assured were aware of the loss and the Underwriters were not
11 No claim for Constructive Total Loss shall be recoverable hereunder unless the subject-matter insured is reasonably abandoned either on account of its actual total loss appearing to be unavoidable or because the cost of recovering, reconditioning and forwarding the subject-matter to the destination to which it is insured would exceed its value on arrival
12 12.1 If any Increased Value insurance is effected by the Assured on the cargo insured herein the agreed value of the cargo shall be deemed to be increased to the total amount insured under this insurmace and all increased Value insurances covering the loss, and liability under this insurance shall be in such proportion as the sum insured herein bears to such total amount insured. In the event of claim the Assured shall provide the Underwriters with evidence of the amounts insured under all other insurances
BENEFIT OF INSURANCE
13 This insurance shall not inure to the benefit of the carrier or other bailee
MINIMISING LOSSES
14 It is the duty of the Assured and their servants and agents in respect of loss recoverable hereunder
14.1 to take such measures as may be reasonable for the purpose of averting or minimising such loss and
14.2 to ensure that all rights against carriers, bailees or other thired parties are properly preserved and exercised
and the Underwriters will in addition to total loss recoverable hereunder, reimburse the Assured for any Charges properly and reasonably incurred in pursuance of these duties
15 Measure taken by the Assured or the Undewwriters with the object of saving, protecting or recovering the subject matter insured shall not be considered as a waiver or acceptance of abandonment or otherwise prejudice the rights of either party
AVOIDANCE OF DELAY
16 It is a condition of this insurance that the Assured shall act with reasonable despatch in all circumstances within their control
LAW AND PRACTICE
17 This insurance is subject to English law and practice

1.1.91 **INSTITUTE RADIOACTIVE CONTAMINATION EXCLUSION CLAUSE**

This clause shall be paramount and shall override anything contained in this insurance inconsistent therewith

1 In no case shall this insurance cover loss damage liability or expense directly or indirectly caused by or contributed to by or arising from
1.1 ionising radiation from or contamination by radioactivity from any nuclear fuel or from any nuclear waste or from the combustion of nuclear fuel
1.2 the radioactive, toxic, explosive or other hazardous or contaminating properties of any nuclear installation, reactor or other nuclear assembly or nuclear component thereof
1.3 any weapon of war employing atomic or nuclear fission and or fusion or other like reaction or radioactive force of matter

1/8/97 **INSTITUTE CLASSIFICATION CLAUSE**

This marine transit rates agreed for this insurance apply only to cargoes and/or interests carried by mechanically self-propelled vessels of steel construction Classed as below by one of the following classification societies

Lloyd's Register	100 Al or B S	Class without any modification
American Bureau of Shipping	✠ Al	
Bureau Veritas	I 3/3E ✠	
China Classification Society	★ CAS	
Germanischer Lloyd	✠ 100AS	
Korean Register of Shipping	✠ KRS 1	
Maritime Register of Shipping	KM★	
Nippon Kaiji Kyokai	NS*	
Norske Veritas	✠ 1A1	
Register Italian	★ 100 A 1. 1	

Provided such vessels are
a) (i) not bulk and/or combination carriers over 10 years of age.
(ii) not mineral oil tankers exceeding 50,000GRT which are over 10 years of age.
b) (i) not over 15 years of age or
(ii) over 15 years of age but not over 25 years of age and have established and maintained a regular pattern of trading on an advertised schedule to load and unload at specified ports.
Chartered vessels and also vessels under 1,000 G.R.T. which are mechanically self-propelled and of steel construction must be classed as above and not over the age limitations specified above
The requirements of the Institute Classification Clause do not apply to any craft, raft or lighter used to load or unload the vessel whilst they are within the port area
Cargoes and/or interests carried by mechanically self-propelled vessels not falling within the scope of the above are held covered subject to a premium and on conditions to be agreed

ON-DECK CLAUSE

Notwithstanding any average warranty (inclusive of coverage for any extraneous risks if granted hereunder) and the clause 8 (8.1) of the Institute cargo Clauses, it is specially understood and agreed that, in the event of the interest hereby insured or any part thereof being carried on deck, the conditions on such deckload shall be amended to "I.C.C. (C) (Subject to Risks Clause contained in the Institute Cargo Clause (C)) including the risks of Washing Overboard" as from the commencement of this insurance

27.12.86 **SPECIAL REPLACEMENT CLAUSE**

In the event of loss of or damage to any part or parts of an insured machine caused by a peril covered by the Policy the sum recoverable shall not exceed the cost of replacement or repair of such part or parts plus charges for forwarding (irrespective of conveyances, if reasonable) and refitting, if incurred, but excluding duty unless the full duty is included in the amount insured, in which case loss, if any, sustained by payment of additional duty shall also be recoverable.
Provided always that in no case shall the liability of underwriters exceed the insured value of the complete machine

REFRIGERATING MACHINERY CLAUSE

Whilst stowed in Refrigeration Chambers of vessel named herein this insurance is extended to cover all loss or damage due to or caused by derangement or breakdown of the refrigerating machinery and or refrigerating plant and or insualtion
It is warranged by the Assured
That no claim for loss and/or damage shall attach unless, immediately on the first discover, notice be given to the nearest Agent of this Company as designated in the policy, and arrangements made for survey and the amount of the depreciation agreed to prior to the removal of the interest. Where this Company has no Agent at or near where the loss occurs, loss must be reported to Lloyd's Agent, and their certificate must accompany proofs of loss presented to this Company or its Settling Agents
That claim will be immediately filed in writing against the vessel or other carrier, a copy of which must accompany any claim presented under this insurance
That the value to be made good in the case of the interest insured hereunder being condemned on or after arrival shall in no case exceed the sound market value, less usual charges, or the insured value whichever may be the smaller
That no adjustment charges shall be incurred unless with the written consent of this Company or its Agents who shall not be liable for survey fees other than those of their own surveyor

GUARANTEE OF PAYMENT OUT OF THE INSURANCE GUARANTY FUND

This clause applies only to the insurance contracts where people effecting insurance and persons liable for paying premium are not juridical persons and/or organizations
In case insurance claims and/or other benefits payable under this policy have not been paid by the company because of insolvency and/or other related reasons, the Insurance Guaranty Fund shall guarantee the payment of insurance claims and/or other benefits within the specified range of limit i.e.: the sums specified under this policy but not exceeding Korean won 50 million per person

DAEHAN FIRE & MARINE INSURANCE CO., LTD.
HEAD OFFICE #51-1, NAMCHANG-DONG, CHUNG-KU
SEOUL, KOREA
TEL 82-2-3455-3114
FAX 774-7059
E-mail dhmarine@chollian.dacom.co.kr

대한민국정부
인 지 세
1 0 0 원
남대문세무서
인쇄승인 제97-201호

MARINE CARGO INSURANCE POLICY

Assured(s). etc.

Ref. No.

Policy No.

Amount Insured hereunder

Claim, if any, payable at:

IN

Survey should be approved by:

Conditions
Subject to following Clauses as per back hereof.

Institute Radioactive Contamination Exclusion Clause
Institute Classification Clause
On-Deck Clause
Special Replacement Clause(applying to machinery)
Special Replacement Clause(For second hand machinery)
Excluding the risk of Mortality
Excluded : Natural Withering

Local Vessel or Conveyance	From(interior port or place of loading)
Ship or Vessel	Sailing on or about
at and from	transhipped at
arrived at	thence to

Goods and Merchandises

ORIGINAL
DUPLICATE UNPAID

Marks and Numbers as per Invoice No. specified above.

Place and Date signed in

No. of Policies issued

For use only with the Old Marine Policy Form

1. Warranted free of capture, seizure, arrest restraint or detainment, and the conseguences there of or any attempt there at; also from the consequences of hostilities or warlike operations, whether there be a declaration of war or not; but this warranty shall not exclude collision, contact with any fixed or floating object (other than a mine or torpedo), stranding, heavy weather or fire unless caused directly (and independently of the nature of the voyage or service which the vessel concerned or, in the case of a collision, and other vessel involved there in, is performing)by a hostile act by or against a belligerent power, and for the purpose of this warranty power | includes any authority maintaining naval, military or air forces in association with a power.

Further warranted free from the consequences of civil war, revolution, rebellion, insurrection, or civil strife arising therefrom, or piracy.

2. Warranted free of loss or damage

(a) Caused by strikers, locked-out workmen, or persons taking part in labour distrurbances riots or civil commotions;

(b) resulting from strikes, lock-outs, labour disturbances, riots or civil commotions.

3. (a) Should the risks excluded by Clause 1(F.C. & S.Clause)be reinstated in this Policy by deletion of the said Clause, or should the risks or any of them mentioned in that clause or the risks or mines, torpedoes, bombs or other engines of war be insured under this Policy, Clause(b) below shall become operative and anything contained in this contract which is inconsistent with Clause(b) or which affords more extensive protection against the aforesaid risks than that afforded by the Institute War Clause relevant to the particular form of transit covered by this insurance is null and void.

(b) This policy is warranted free of any claim based upon loss of, or frustration of, the insured voyage or adventure caused by arrests restraints or detainments of Kings Princes Peoples Usurpers or persons attempting to usurp power.

4. This insurance does not cover any loss or damage to the property which at the time of the happening of such loss or damage is insured by or would but for the existence of this Policy be insured by any fire or other insurance policy or policies except in respect of any excess beyond the amount which would have been payable under the fire or other insurance policies had this insurance not been effected

The descriptions to be inserted in the follwing clauses are shown as above. **Be it known That** as well in his or their own Name, as for and in the Names and Names of all and every other Person or persons to whom the same doth, may, or shall appertain, in part or in all, doth make Assurance, and cause himself or themselves and them and every of them, to be Assured, lost or not lost, at and from upon any kind of Goods and Merchandises, in the good Ship or Vessel called the whereof is Master, for this present Voyage, or whosoever else shall go for Master in the said Ship, or by what so ever other Name or Names the said ship, or the Master thereof, is or shall be named or called, beginning the Adventure upon the said Goods and Merchandises from the loading thereof aboard the Adventure upon the said during her abode there, upon the said Ship, & C, and further, until the said ship, with all her Goods and Merchandises whatsoever, shall be arrived at and upon the Goods and Merchandises until the same be there discharged and safely landed; and is shall, be lawful for the said Ship, & C., in this Voyage to proceed and sail to and touch and stay at any Ports or Places whatsoever without Prejudice to this Assurance. The said Goods and Merchandises, & C., for so much as concerns the Assured by Agreement between the Assured and Assurers in this Policy are and shall be valued at TOUCHING the Adventures and Perils which the said Company are contented to bear and do take upon themselves in this voyage, they are, of the Seas, Men-of-War, Fire, Enemies, Pirates, Rovers, Theives, Jettisons, Letters of Mart and Countermart, Surprisals, Takings at Sea, Arrests, Restraints and Detainments of all Kings, Princes and People, of what Nation, Condition, or Quality soever, Barratry of the Master and Mariners, and of all other Perils, Losses and *Misfortunes that* have or shall come to the Hurt, Detriment or Damage of the said Goods and Merchandises, or any part thereof; and in case of any Loss or Misfortune, it shall be lawful to the Assured, his or their Factors, Servants and Assigns, to sue, labour and travel for, in and about the Defence, Safeguard and Recovery of the said Goods and Merchandises, or any part thereof, without Prejudice to this Assurer; to the Charges whereof the said Company will contribute. And it is especially declared and agreed that no acts of the Assurer or Assured in recovering, saving, or preserving the property assured, shall be considered as a waiver or acceptance of abandonment. And it is agreed that this writing or Policy of Assurance shall be of as much Force and Effect as the surest Writing or Policy of Assurance made in London. And so the said Company are contented, and do hereby promise and bind themselves to the Assured, his or their Executors, Administrators, or Assigns, for the true Performance of the Promises; confessing themselves paid the Consideration due unto them for this Assurance, at and after the rate of as arranged Per Cent.

N.B.-Corn, Fish, Salt, Fruit, Flour and Seed are warranted free from Average, unless general, or the Ship be stranded; Sugar, Tobacco, Hemp, Flax, Hides and Skins are warranted free from Average, under Five Pounds per cent.; and all other goods, also the Ship and Freight, are warranted free fromAverage, under Three Pounds per cent., unless general, or the Ship be stranded, sunk or burnt.

All questions of liability arising under this policy are to be governed by the laws and customs of England.

IN WITNESS whereof, I the Undersigned of Daehan Fire & Marine Insurance Co.,Ltd. on behalf of the said Company have subscribed my name in to Policies of the same tenor and date, one of which being accomplished, the others to be *void, as of the date specified as above.*

For use only with the New Marine Policy Form.

Notwithstanding anything contained herein or attached hereto to the contrary, this insurance is understood and agreed to be subject to English law and practice only as to liability for and settlement of any and all claims.

This insurance does not cover any loss or damage to the property which at the time of the happening of such loss or damage is insured by or would but for the exsistence of this Policy be insured by any fire or other insurance policy or policies except in respect of any excess beyond the amount which would have been payable under the fire or other insurance policy or policies had this insurance not been effected.

We, DAEHAN FIRE & MARINE INSURANCE CO.,LTD. hereby agree, in consideration of the payment to us by or on behalf of the Assured of the premium as arranged, to insure against loss damage liability or expense to the extent and in the manner herein provided.

In witness whereof, I the Undersigned of DAEHAN FIRE & MARINE INSURANCE CO.,LTD. on behalf of the said company have subscried my Name in the place specified as above to the policies, the issued numbers thereof being specified as above, of the same tenor and date, one of which being accomplished, the others to be void, as of the date specified as above.

☞ In the event of loss or damage arising under this Policy, no claims will be admitted unless a survey has been held with the approval of this Company's Office or Agents specified in this Policy.

In case of loss or damage, please follow the "IMPORTANT" clause printed on the back hereof.

For DAEHAN FIRE & MARINE INSURANCE CO., LTD.

Jeung Woo Shin

AUTHORIZED SIGNATORY

1/1/63 **INSTITUTE CARGO CLAUSES(so far as applicable)**
15/6/65 **INSTITUTE AIR CARGO CLAUSES(ALL RISKS)**
(excluding sendings by Post)

The latter words in the square brackets be applied to the Institute Air Cargo Clauses(All Risks)(excluding sendings by Post)(15/6/65)

[1/1] TRANSIT CLAUSE [(INCORPORATING WAREHOUSE TO WAREHOUSE CLAUSE)]

This insurance attaches from the time the [goods/subject-matter insured]leave[/s]the warehouse[/,premises]or place of storage at the place named in the policy for the commencement of the transit, continues during the ordinary course of transit and terminates either on delivery

(a) to the Consignees' or other final warehouse[/ premises]or place of storage at the destination named in the policy,

(b) to any other warehouse[/premises]or place of storage,whether prior to or at the destination named in the policy, which the Assured elect to use either

(Ⅰ) for storage other than in the ordinary course of transit or

(Ⅱ) for allocation or distribution, or

(c) on the expiry of [60-30]days after [completion of discharge overside of the goods hereby/unloading the subject matter] insured from the [oversea vessel/aircraft] at the final[port/place] of discharge,

whichever shall first occur

[If after discharge overside from the oversea vessel at the final port of discharge but prior to termination of this insurance, the goods are to be forwarded to a destination other than that to which they are insured hereunder, this insurance whilst remaining subject to termination as provided for above, shall not extend beyond the commencement of transit to such other destination /]

This insurance shall remain in force(subject to termination as provided for above and to the provisions of Clause 2 below) during delay beyond the control of the Assured, any deviation, forced discharge, reshipment or transhipment and during any variation of the adventure arising from the exercise of a liberty granted to [shipowners or charterers/the air carriers]under the contract of [affreightment,/carriage][but shall in no case be deemed to extend to cover loss damage or expense proximately caused by delay or inherent vice or nature of the subject matter insured /]

[2/2] TERMINATION OF ADVENTURE CLAUSE

If owing to circumstances beyond the control of the Assured either the contract of [affreightment/carriage] is terminated at a [port or]place other than the destination named therein or the adventure is otherwise terminated before delivery of the [goods/subject-matter insured]as porvided for in Clause 1 above then subject to prompt notice being given to Underwriters and to an additional premium if required, this insurance shall remain in force until either

(Ⅰ) the [goods are/subject matter insured is] sold and delivered at such [port or] place or, unless otherwise specially agreed, until the expiry of [60/30]days after completion of [discharge overside/unloading]of the [goods/subject-matter] hereby insured from the [overses vessel/aircraft]at such [port or/]place, whichever shall first occur, or

(Ⅱ)if the [goods are/subject-matter insured is]forwarded within the said period of [60/30]days(or any agreed extension there of)to the destination named in the policy or to any other destination, until terminated in accordance with the provisions of Clause 1 above

[Ⅴ] CRAFT &C CLAUSE

Including transit by craft raft or lighter to or from the vessel. Each craft raft or lighter to be deemed a separate insurance. The Assured are not to be prejudiced by any agreement exempting lightermen from liability

[4/3] CHANGE OF [VOYAGE/TRANSIT] CLAUSE

Held covered at a premium to be arranged in case of change of [voyage/transit]or of any omission or error in the description of the interest vessel or voyage

[5/4] ALLRISKS CLAUSE

This insurance is against all risks of loss of or damage to the subject-matter insured but shall in no case be deemed to extend to cover loss damage or expense proximately caused by delay or inherent vice or nature of the subject-matter insured. Claims recoverable hereunder shall be payable irrespective of percentage

Applying to Interest Insured on F.P.A

[5/] F P A CLAUSE

Warranted free from Particular Average unless the vessel of craft be stranded, sunk, or burnt, but not withstanding this warranty the Underwriters are to pay the insured value of any package or packages which may be totally lost in loading, transhipment or discharge, also for any loss of or damage to the Interest insured which may reasonably be attributed to fire, explosion, collision or contract of the vessel and/or craft and/or conveyance with any external substance(ice included)other than water, or to discharge of cargo at a port of distress, also to pay special charges for landing warehousing and farwarding if incurred at an intermediate port of call or refuge, for which Underwriters would be liable under the standard from of English Marine Policy with the Institute Cargo Clauses(W A)attached

This Clause shall operate during the whole period covered by the policy

Applying to Interest Insured on W.A

[5/] AVERAGE CLAUSE

Warranted free from average under the percentage specified in the policy, unless general, or the vessel or craft be stranded, sunk or burnt, but not with standing this warranty the Underwriters are to pay the insured value of any package which may be totally lost in loading, transhipment or discharges, also for any loss of or damage to the interest insured which may reasonably be attributed to fire, explosion, collision or contact of the vessel and/or craft and/or conveyance with any external substance(ice included)other than water, or to discharge of cargo at a port of distress

This Clause shall operate during the whole period covered by the policy

[6/5] CONSTRUCTIVE TOTAL LOSS CLAUSE

No claim for Constructive Total Loss shall be recoverable hereunder unless the [goods are/subject-matter insured is] reasonably abandoned either on account of their actual totalloss appearing to be unavoidable or because the cost of recovering reconditioning and forwarding the [goods subject matter]to the destination to which [they are it is]insured would exceed [their/its]value on arrival

[7/] G A CLAUSE

General Average and Salvage Charges payable according to Foreign Statement or York Antwerp Rules if in accordance with the contract of affreightment

[8/] SEAWORTHINESS ADMITTED CLAUSE

The seaworthiness of the vessel as between the Assured and Underwriters is hereby admitted in the event of loss the Assured's right of recovery hereunder shall not be prejudiced by the fact that the loss may have been attributable to the wrongful act or misconduct of the shipowners of their servants committed without the privity of the Assured

[9/] BAILEE CLAUSE

It is the duty of the Assured and their Agents in all cases to take such measures as may be reasonable for the purpose of averting or minimising a loss and to ensure that all rights against carriers, bailees or other third parties are properly preserved and exercised

[10/] NOT TO INURE CLAUSE

This insurance shall not inure to the benefit of the carrier or other bailee

[11/] BOTH TO BLAME COLLISION CLAUSE

This insurance is extended to indemnify the Assured against such porportion of liability under the contract of affreightment "Both to Blame Collision" Clause as is in respect of a loss recoverable hereunder. In the event of any claim by shipowners under the said Clause the Assured agree to notify the Underwriters who shall have the right, at their own cost and expense, to defend the Assured against such claim /

[12/8] F C & S CLAUSE

Warranted free of capture, seizure, arrest, restraint or detainment, and the consequences there of or of any attempt thereat also from the consequences of hostilities or warlike operations, whether there be a declaration of war or not but this warranty shall not exclude collision contact with any fixed or floating] or a thorne object(other than a mine or torpedo] or other warlike missile]) stranding, heavy weather or fire unless caused directly(and independently of the nature of the[voyage/venture] or service which the vessel concerned or, in the case of a collision, any other[vessel/aircraft]involved therein, is performing)by a hostile act by or against a belligerent power and for the purpose of this warranty power includes any authority maintaining naval military or air forces in association with a power. Further warranted free from the consequences of civil war, revolution, rebellion, or civil strife arising there from, or piracy

Should Clause [12/8]be deleted, the [relevant/]current Institute War Clauses(/Air)(excluding sednings by Post)] shall be deemed to from part of this insurance.

[/9] FRUSTRATION & CONFISCATION CLAUSE

This policy is warranted free of any claim based upon loss of, or frustration of, the insured voyage or adventure caused by arrests restraints or detainments of King Princes People Usurpers or persons attempting to susrp power, and from any claim for loss damage or expense arising from confiscation or nationalisation or requisition

[13/10] F S P & C C CLAUSE

Warranted free of loss or damage

(a) caused by strikers, locked-out workmen, or persons taking part in labour disturbances, riots or civil commotions

(b) resulting from strikes, lock-outs, labour disturbances, riots or civil commotions

[Should Clause 13 be deleted, the relevant current Institute Strikes Riots and Civil Commotions Clauses shall be deemed to from part of this insurance /]

[/11] S R & C C CLAUSE

Should Clause 10 be deleted, this insurance covers loss of or damage to the subject-matter insured caused by strikers, locked-out workmen, or persons taking part in labour disturbances, riots or civil commotions, but warranted free of loss or damage proximately caused by the absence, shortage or withholding of power, fuel or labour of any description whatsoever during any strike, lock-out, labour disturbance, riot or civil commotion, or of any claim for expenses arising from delay

[14/12] REASONABLE DESPATCH CLAUSE

It is a condition of this insurance that the Assured shall act with reasonable despatch in all circumstances within their control

11/3/80 **INSTITUTE WAR CLAUSES (CARGO)**
11/3/80 **INSTITUTE WAR CLAUSES (AIR CARGO)**
(excluding sendings by Post)

The latter words in the square brackets should be applied to the Institute War Clauses (Air Cargo) (excluding sendings by Post) (11/3/80)

[1/1] This insurance covers

[1/1] 1 the risks excluded [from the Standard Form of English Marine Policy] by the F C & S CLAUSE in the INSTITUTE CARGO CLAUSES

[1/1] 2 loss or damage to the interest insured carsed by

[1/1] 2.1 hostilities, warlike operations, civil war, revolution, rebellion, insurrection or civil strife arising there from

[1/1] 2.2 mines, torpedoes, bombs or other engines of war

[1/] 3 [general average and salvage chargesincurred for the purpose of avoiding, or in connection with the avoidance of, loss by a peril insured against by these clauses. General average and salvage charges plyable according to Foreign Statement or to York-Antwerp Rules if in accordance with the contract of affreightment /]

[1/] This insurance exludes

[2/2] 1 any claim based upon loss of, or frustration of, the insured voyage or adventure caused by arrests restraints or detainments of Kings Princes Peoples Usurpers or persons attempting to usurp power

[2 2] 2 loss damage or expense arising from any hostile use of any weapon of war employing atomic or nuclear fission and/or fusion or other like reaction or radio-active force or matter

[2 2] 3 loss or damage covered by the [Standard Form of English Marine Policy/Institute Air Cargo Clause(All Ricks)]sith the Free of Capture etc. Clause (as quoted in 1.1 above) inserted therein

[2 2] 4 loss or damage proximately caused by delay inherent vice or loss of market, or any claim for expenses arising from delay [except such expenses as would be recoverable in principle in English law and practice under York-Antwerp Rules /]

[3.3] Claims recoverable shall be payable irrespective of percentage

[4/4] This insurance,[except for the risks of mines and derelict torpedoes, floating or submerged, referred to in Clause 5 below /]

[4/4] 1 attaches only as the interest insured and as to any part as that part in loaded on [an overses vessel/the aircraft for the commencement of the air transit insured]and

[4/4] 2 terminates, subject to 4.5 and 4.6 below, either as the interest and as to any part as that part is discharged from [an overses vessel/the aircraft]at the final [port or/] place of discharge, or on expiry of 15 days counting from midnight or the day of arrival of the [vessel/aircraft] at the final [port or/] place of discharge, whichever shall first occur. nevertheless, subject to prompt notice to the Underwriters and [to/the payment of]an additional premium, such insurance

[4/4] 3 reattaches when, without having discharged the interest at the final [port or/] place of discharge,[the vessel sails/the aircraft departs] therefrom, and

[4/4] 4 terminates, subject to 4 5 and 4.6 below, either as the interest and as to any part as that part is there after discharged from the (vessel/aircraft) at the final (or substituted)[port or/] place of discharge, or on expiry of 15 days counting from midnigh of the day of re-arrival of [the vessel/the aircraft]at the final [port of/] place of discharge or arrival or [the vessel/the aircraft] at a substituted [port/or] place of discharge, which ever shall first occur

[4/4] 5 If during the insured voyage the [oversea vessel/aircraft]arrives at an intermediate [port/or] place to discharge the interest for on-carriage by [another/the same or another aircraft or an] oversea vessel. such insurance terminates on expiry of 15 days counting from midnight of the day of arrival of the [vessel/aircraft][at the intermediate port or place/at that place] but reattaches as the interest and as to any part as that part is loaded on the on-carrying [/aircraft or]oversea vessel. During the period of 15 days such insurance remains in force after discharge only whilst the interest and as to any part as that part is at such intermediate [port or/]place of discharge. If the insurance reattaches, it thereafter terminates in accordance with

[4/4] 6 If the [voyage/air transit]in the contract of carriage is terminated at a [port or/]place other than the destinatiobagreed therein,[such port or place/that place] shall be deemed [/to be]the final [port/place] of discharge and such insurance terminates in accordance with 4.2 If the interest is subsequently [reshipped/consigned] to the original or any other destination, then, provided notice is given to the Underwriters before the commencement of such further transit and subject to [/the payment of]an additional premium, such insurance reattaches

[4/4] 6 1 in the case of the interest having been discharged, as the interest and as to any part as that part is loaded on the on-carrying [oversea vessel for the voyage/aircraft for the transit],

[4/4] 6 2 in the case of the interest not having been discharged, when the [vessel sails/aircraft departs]from such deemed final [port/place]of discharge,thereafter such insurance terminates in accordance with 4 4

(For the purpose of Clause 4 [arrival shall be deemed to mean that the vessel is anchored, moored or otherwise secured at a berth or place within the Harbour Authority area. If such a berth or place is not available, arrival is deemed to have occured when the vessel first anchors, moors or otherwise secures either at or off the intended port or place of discharge "overseavessel" shall be deemed to mean a vessel carrying the interest from one port or place to another where such voyage involves a sea passage by that vessel])

[5/] The insuranced against the risks of mines and derelict torpedoes, floating or submerged

[5/] 1 attaches as the interest and as to any part as that part is first loaded on vessel or craft after such interest leaves the warehouse or place of storage at the place named in the insurance for the commencement of the transit and

[5/] 2 terminates either

[5/]2 1 as the interest and as to any part as that part is discharged finally from vessel or craft prior to delivery to the warehouse or place of storage at the destina-tion named in the insurance, or at a substituted destination in the event of a change of voyage agreed to by the Underwriters, or

[5/]2 2 when, before the interest is discharged finally from vessel or craft prior to delivery to the warehouse or place of storage at the destination named in the insurance, or at a substituted destination in the event of a change of voyage agreed to by the Underwriters, the voyage or transit in the contract of carriage is terminated at a port or place other than the destination agreed there-in,nevertheless subject to prompt notice to the Underwriters and to an additional premium if required, such insurance reattaches, and thereafter terminates either

[5/] 2 2 1 as the interest and as to any part as that part is discharged from vessel or craft prior to sale and delivery at such port or place or

[5/] 2 2 2 unless otherwise specially agreed by the Underwriters, on the expiry of 60 days whilst afloat after completion of discharge overside of the interest from an oversea vessel at such port or place, whichever shall first occur. If the interest is forwarded within the 60 days (or any agreed extension there of) to the destination named in the insurance or to any other destination, then, subject to prompt notice to the Underwriters and to an additional premium, such insurance remains in force until terminated as the interest and as to any part as that part is discharged finally from vessel or craft prior to delivery to the warehouse or place of storage at the destination named in the insurance, or at a substituted destination in the event of a change of voyage agreed to by the Underwriters

(For the purpose of Clause 4 and Clause 5 "oversea vessel" shall be deemed to mean a vessel carrying the interest from one port or place to another where such voyage involves a sea passage by that vessel)

[6/5] Anything contained in this contract which is inconsistent with clauses 2.1, 2.2,[/or]4 or [5/]shall,to the extent of such inconsistency, be null and void.

[7/6] *Subject to prompt notice to the Underwriters and [to/the payment of] an additional premium,* the interest is held covered within the provisions of these clauses in the case of

[7/6] 1 change of or deviation from the voyage

[7/6] 2 variation of the adventure by reason of the exercise of any liberty granted to the [shipowner or charterer/air carrier]under the contract of [affreightment /carriage]

[8/7] See above Clause 14 in the Institute Cargo Clauses (1/1/63)

1/1/63 **INSTITUTE STRIKES RIOTS AND CIVIL COMMOTIONS CLAUSES**

The Clauses 3 4 5 7 8 are the same of Clauses 1 2 7 4 14 in the Institute Cargo Clauses(1/1/63)

1 This insurance covers loss of or damage to the property hereby insured caused by

(a) strikers,locked-out workmen, or persons taking part in labour disturbances, riots or civil commotions

(b) persons acting maliciously

2 Warranted free of

(Ⅰ) loss or damage proximately caused by

(a) delay, inherent vice or nature of the property hereby insured,

(b) the absence, shortage or withholding of labour of any description whatsoever during any strike, lock out, labour disturbance, riot or civil commotion

(Ⅱ) any claim for expenses arising from delay except such expenses as would be recoverablein principle in English law and practice under York Antwerp Rules 1974,

(Ⅲ) loss or damage caused by hostilities warlike operations civil war, or by revolution rebellion insurrection or civil strife arising therefrom

6 Claims for loss or damage within the terms of these clauses shall be payable without reference to conditions of average

1/1/82 **INSTITUTE CARGO CLAUSES(A)**
1/1/82 **INSTITUTE CARGO CLAUSES(AIR)**
(excluding sendings by Post)

The latter words in the square brackets should be applied to the Institute Cargo Clauses(Air)(excluding sendings by Post)(1/1/82)

RISKS COVERED

RISKS CLAUSE

[1/1] This insurance covers all risks of loss of or damage to the subject matter insured except as provided in Clauses [4 5 6 and 7/2 3 and 4]below

GENERAL AVERAGE CLAUSE

[2/] [This insurance covers general average and salvage charges, adjusted or determined according to the contract of affreightment and/or the governing law and practice, incurred to avoid or in connection with the avoidance of loss from any cause except those excluded in Clauses 4 5 6 and 7 or elsewhere in this insurance

BOTH TO BLAME COLLISION CLAUSE

[3/] *See above Clause 11 in the Institute Cargo Clauses(1/1/63)*

EXCLUSIONS

GENERAL EXCLUSIONS CLAUSE

[4/2] In no case shall this insurance cover

[4/2] 1 loss damage or expense attributable to wilful misconduct of the Assured

[4/2] 2 ordinary leakage, ordinary loss in weight or volume, or ordinary wear and tear of the subject matter insured

[4/2] 3 loss damage or expense caused by insufficiency or unsuitability of packing or preparation of the subject matter insured(for the purpose of this Clause [4.2/2.3] "packing" shall be deemed to include stowage in a container or liftvan but only when such stowage is carried out prior to attachment of this insurance or by the Assured or their servants)

[4/2] 4 loss damageor expense caused by inherent vice or nature of the subject matter insured

[/2.5] [loss damage or expense arising from unfitness of aircraft conveyance container or liftvan for the safe carriage of the subject matter insured, where the Assured or their servants are privy to such unfitness at the time the subject matter insured is loaded therein]

[4.5/2.6] loss damage or expense porximately caused by delay, even though the delay be caused by a risk insured against (except expenses payable under Clause 2 above)

[4.7/2.7] loss damage or expense arising from insolvency or financial default of the owners managers charterers of operators of the [vessel aircraft]

[4.7/2.8] loss damage or expense arising from the use of any weapon of war employing atomic or nuclear fission and/or fusion or other like reaction or radio active force or matter

UNSEAWORTHINESS AND UNFITNESS EXCLUSION CLAUSE

[5/]

[5/] 1 [In no case shall this insurance cover loss damage or expense arising from unseaworthiness of vessel or craft,

unfitness of vessel craft conveyance container of liftvan for the safe carriage of the subject matter insured

Where the Assured or their servants are privy to such unseaworthiness or unfitness at the time the subject-matter insured is loaded therein]

[5/] 2 [The Underwriters waive any breach of the implied warranties of seaworthiness of the ship and fitness of the ship to carry the subject-matter insured to destination, unless the Assured or thier servants are privy to such unseaworthiness or unfitness /]

WAREXCLUSION CLAUSE

[6/3] In no case shall this insurance cover loss damage or expense caused by

[6/3] 1 war civil war revolution rebellion insurrection, or civil strife arising there from, or any hostile act by or against a belligerent power

[6/3] 2 capture seizure arrest restraint or detainment (piracy excepted) and the consequences thereof or any attempt thereat

[6/3] 3 derelict mines torpedoes bombs or other derelict weapons of war

STRIKES EXCLUSION CLAUSE

[7/4] In no case shall this insurance cover loss damage or expense

[7/4] 1 caused by strikers, locked-out man, or persons taking part in labour disturbances, riots or civil commotions

[7/4] 2 resulting from strikes, lock-outs, labour disturbances, riots or civil commotions

[7/4].3 caused by any terrorist or any person acting from a political motive

DURATION

TRANSIT CLAUSE

[8/5] See above Clause 1 in the Institute Cargo Clauses(1/1/63)

TERMINATION OF CONTRACT OF CARRIAGE CLAUSE

[9/6] If owing to circumstances beyond the control of the Assured either the contract of carriage is terminated at a [port or/] place other than the destination named therein or the transit is otherwise terminated before delivery of the [goods/subject-matter insured]as porvided for in Clause [8/5]above, then this insurance shall also terminate unless prompt notice is given to the Underwriters and continuation of cover is requested when the insurance shall remain in force, subject to an additional premiumif required by the Underwriters, either

[9/6] 1 See above Clause 2(Ⅰ) in the Institute Cargo Clauses (1/1/63)

[9/6] 2 See above Clause 2(Ⅱ) in the Institute Cargo Clauses(1/1/63)

CHANGE OF [VOYAGE/TRANSIT]CLAUSE

[10/7] Where, after attachment of this insurance, the destination is changed by the Assured, *held covered at a premium and of conditions to be aranged subject to prompt notice being given to the Underwriters*

CLAIMS

INSURABLE INTEREST CLAUSE

[11/8]

[11/8] 1 In order to recover under this insurance the Assured must have an insurable interest in the subject-matter insured at the time of the loss

[11/8] 2 Subject to [11/8] 1 above, the Assured shall be entitled to recover for insured loss occurring during the period covered by this insurance, notwithstanding that the loss occurred before the contract of insurance was concluded, unless the Assured were aware of the loss and the Underwriters werenot

FORWARDING CHARGES CLAUSE

[12/9] Where, as a result of the operation of a risk covered by this insurance, the insured transit is terminated at a [port or/]place other than that to which the subject-matter is covered under this insurance, the Underwriters will reim-burse the Assured for any extra charges properly and reasonably incurred in unloading storing and forwarding the subject-matter to the destination to which it is insured hereunder

This Clause [12/9], which does not apply to general averge or salvage charges, shall be subject to the exclusions contained in Clauses [4,5,6 and 7/2,3 and 4]above, and shall not include charges arising from the fault negligence insolvency or financial default of the Assured of their servants

CONSTRUCTIVE TOTAL LOSS CLAUSE

[13/10] See above Clause 5 in the Institute Cargo Clauses(1/1/63)

INCREASED VALUE CLAUSE

[14/11]

[14/11].1 If any Increased Value insurance is effected by the Assured on the cargo insured herein the agreed value of the cargo shall be deemed to be increased to the total amount insured under this insurance and all Increased Value insurances covering the loss, and liability under this insurance shall be in such proportion as the sum insured herein bears to such total amount insured.

In the event of claim the Assured shall provide the Underwriters with evidence of the amounts insured under all other insurances.

[14/11] 2 Where this insurance is on Increased Value the following clause shall apply:

The agreed value of the cargo shall be deemed to be equal to the total amount insured under the primary insurance and all Increased Value insurances covering the loss and effected on the cargo by the Assured, and liability under this insurance shall be in such proportions as the sum insured herein bears to such total amount insured

In the event of claim the Assured shall porvide the Underwriters with evidence of the amounts insured under all other insurances

recoverable hereun

[16/ 13].1 to take such measures as may be reasonable for the purpose of averting or minimising such loss, and

BENEFIT OF INSURANCE

NOT TO INURE CLAUSE

[15/12] See above Clause 10 in the Institute Cargo Clauses (1/1/63)

MINIMISING LOSSES

DUTY OF ASSURED CLAUSE

[16/13] It is the duty of the Assured and their servants and agents in respect of loss recoverable hereunder

[16/ 13] 1 to take such measures as may be reasonable for the purpose of averting or minimising such loss, and

[16/13] 2 to ensure that all rights against carriers, bailees or other third parties are properly preserved and exercised

and the Underwriters will, in addition to any loss recoverable hereunder reimburse the Assured for any charges properly and reasonably incurred in pursuance of these duties

WAIVER CLAUSE

[17/14] Measures taken by the Assured or the Underwriters with the object of saving, protecting or recovering the subject-matter insured shall not be considered as a waiver ao acceptance of abandonment or otherwise prejudice the rights of either party

AVOIDANCE OF DELAY

REASONABLE DESPATCH CLAUSE

[18/15] See above Clause 14 in the Institute Cargo Clauses (1/1/63)

LAW AND PRACTICE

ENGLISH LAW AND PRACTICE CLAUSE

[19/16] This insurance is subject to English law and practice

1/1/82 **INSTITUTE CARGO CLAUSES(B)**

RISKS CLAUSE

1 This insurance covers, except as provided in Clauses 4 5 6 and 7 below

1 1 loss of or damage to the subject-matter insured reasonably attributable to

1 1 1 fire or explosion

1 1 2 vessel or craft being stranded grounded sunk or capsized

1 1 3 overturning or derailmint of land conveyance

1 1 4 collision or contact of vessel craft or conveyance with any external object other than water

1 1 5 discharge of cargo at a port of distress

1 1 6 earthquake volcanic eruption or lightning

1 2 loss of or damage to the subject-matter insured caused by

1 2 1 general everage sacrifice

1 2 2 jettison or washing overboard

1 2 3 entry of sea lake or river water into vessel craft hold conveyance container liftvan or place of storage.

1 3 total loss of any package lost overboard or dropped whilst loading on to or unloading from, vessel or craft

GENERAL EXCLUSIONS CLAUSE

4 In no case shall this insurance cover

4 1-4 6 See above Clause 4 1-4 6 in the Institute Cargo Clauses (A)(1/1/82)

4 7 deliverate damage to or deliverate destruction of the subject matter insured or any part there of by the wrongful act of any person or persons

4 8 See above Clause 4 8 in the Institute Cargo Clauses (A)(1/1/82)

WAR EXCLUSION CLAUSE

6 In no case shall this insurance cover loss damage or expense caused by

6 1 See above Clause 6 1 in the Institute Cargo Clauses (A)(1/1/82)

6 2 capture seizure arrest restraint or detainment and the consequences there of or any attempt thereat

6 3 See above Clause 6 3 in the Institute Cargo Clauses (A)(1/1/82)

1/1/82 **INSTITUTE CARGO CLAUSES(C)**

As Institute Cargo Clauses(B) with Clause 1 1 6, 1 2 3 and 1 3 deleted

1/1/82 **INSTITUTE WAR CLAUSES(CARGO)**
1/1/82 **INSTITUTE WAR CLAUSES (AIR GARGO)**
(excluding sending by post)

The latter words in the square brackets should be applied to the Institute War Clauses(Air Cargo) (excluding sendings by Post)(1/1/82)

RISKS COVERED

RISKS CALUSE

[1/1] This insurance covers, except as provided in Clauses [3 and 4/2]below, loss of or damage to the subject matter insured caused by

[1/1] 1 war civil war revolution rebellion insurrection, or civil strife arising therefrom, or any hostile act by or against a belligerent power

[1/1] 2 capture seizure arrest restraint or detainment, arising from risks covered under[1 1.1]above,and the consequences thereof or any attempt thereat

[1/1] 3 derelict mines torpedoes bombs or other derelict weapons of war

GENERAL AVERAGE CLAUSE

[2/] [This insurance covers general average and salvage charges adjusted or determined according to the contract of affreightment and/or the governing law and pracice, incurred to avoid or in connection with the avoidance of loss from a risk covered under these clauses /]

EXECLUSIONS

GENERAL EXCLUSION CLAUSE

[3/2] In no case shall this insurance cover

[3 1-3 6/2 1-2 7] See above Clause [4 1-4 6/2 1-2 7]in the Institute Cargo Clauses [(A)/(Air)](1/1/82)

[3 7/2 8] any claim based upon loss of or frustration of the voyage or adventure

[3 8/2 9] loss damage or expense arising from any hostile use of any weapon of war employing atomic or nuclear fission and or fusion or other like reaction or radioactive force or matter

UNSEAWORTHINESS AND UNFITNESS EXCLUSION CLAUSE

[4/] See above Clause 5 in the Institute Cargo Clauses(A)(1/1/82)

DURATION

TRANSIT CLAUSE

[5/3]

[5/3] 1 This insurance

[5/3] 1 1 attaches only as the subject matter insured and as to any part as that part is loaded [on an oversea vessel/on the aircraft for the commencement of the air transit insured]and

[5/3] 1 2 terminates, subject to [5.2 and 5.3/3.2 and 3.3] below, either as the subject-matter insured and as to any part as that parts is discharged from an oversea vessel/the aircraft at the final [port or/] place of discharge, or on expiry of 15 days counting from midnight of the day of arrival of the [vessel/aircraft]at the final [port or/] place of discharge, whichever shall first occur; nevertheless, subject to prompt notice to the Underwriters and to an additional premium, such insurance

[5/3] 1 3 reattaches when, without having discharged the subject matter insured at the final [port or/] place of discharge, the[vessel/aircraft] sails there from, and

[5/3] 1 4 terminates, subject to [5.2 and 5.3/3.2 and 3.3]below, either as the subject-matter insured and as to any part as that part is thereafter discharged from the[vessel/aircraft] at the final (or substituted)[port or/]place of discharge, or on expiry of 15 days counting from midnig of the day of re-arrival of the [vessel/aircraft] at a substituted [port or/] place of discharge, whichever shall first occur

[5/3] 2 If during the insured[voyage the oversea vessel/transit the aircraft] arrives at an intermediate [port or/]place to discharge the subject matter insured for on-carriage by oversea vessel or by aircraft [or the goods are discharged from the vessel at a port or place of refuge,] then, subject to [5.3/3.3] below and to an additional premium if required, thisinsurance continues until the expiry of 15 days counting from midnight of the days of arrival of the [vessel/aircraft] at such [port of/] place, but thereafter reattaches as the subject-matter insured and as to any part as that part is loaded on an on carrying oversea vessel or air craft. During the period of 15 days the insurance remains in force after discharge only whilst the subject-matter insured and as to any part as that part is at such intermediate [port or/]place. If the goods are on-carried within the said period of 15 days or if the insurance reattaches as proide in this Clause [5 2/3.2]

[5/3] 2 1 where the on carriage is by [oversea vesse/aircraft] this insurance continues subject to the terms of these clauses, or

[5/3] 2 2 where the on carriage is by [aircraft/oversea vessel], the current Institute War Clauses [(Air Cargo)(excluding sendings by Post)/(Cargo)]shall be deemed to from part of this insurance and shall apply to the on-carriage by [air/sea]

[5/3] 3 If the [voyage/air transit]in the contract of carriage is terminated at a [port or/] place other than the destination agreed therein,[such port or/that]place shall be deemed[/to be]the final [port/place] of discharge and such insurance terminates in accordance with [5 12/3 1 2]. If the subject matter insured is subsequently [reshipped/consigned]to the original or any other destination, then porvided notice is given to the Underwriters before the commencement of such further transit and subject to an additional premium, such insurance reattaches

[5/3] 3 1 in the case of the subject matter insured having been discharged, as the subject matter insured and as to any pert as that part is loaded on the on carrying [vessel/aircraft]for the[voyage/transit]

[5/3] 3 2 in the case of the subject-matter[insured]not having been discharged, when the [vessel sails/aircraft]from such deemed final [port/place]or discharge

thereafter such insurance terminates in accordance with [5 1 4/3 1 4]

[5/] 4 [The insurance against the risks of mines and derelict torpedoes, floating or submerged, is extended whilst the subject-matter insured or any part thereof is on craft whilst in transit to or from the oversea vessel, but in no case beyond the expiry of 60 daysafter discharge from the oversea vessel unless otherwise specially agreed by the Underwriters /]

[5 5/3 4] **Subject to prompt notice to Underwriters, and to an additional premium if required,** this insurance shall remain in force within the porvisions of these Clauses during any deviation, or any variation of the adventure arising from the exercise of a liberty granted to [shipowners of charterers/the air carrier]under the contract of affreightment

(For the purpose of Clause [5/3]

[arrival" shall be deemed to mean that the vessel is anchored, moored or otherwise secured at a berth or place within the Harbour Authority area. If such a berth or place is not available, arrival is deemed to have occurred when the vessel first anchors, moors or otherwise secures either at or off the intended port or place of discharge/]

"oversea vessel" shall be deemed to mean a vessel carrying the subject matter from one port or place to another where such voyage in volves a sea passage by that vessel)

CHANGE OF VOYAGE CLAUSE

[6/4] See above Clause[10/7]in the Institute Cargo Clauses [(A)/(Air)](1/1/82)

[7/5] Anything contained in this contract which is Inconsistent with Clauses[3 7,3 8 or 5/2 8,2 9 or 3] shall, to the extent of such inconsistency, be null and void

CLAIMS

[8/6] See above Clause[11/8]in the Institute Cargo Clauses[(A)/(Air)](1/1/82)

[9-14/7-12] See above Clause [14-19/11-16]in the Institute Cargo Clauses[(A)/(Air)](1/1/82)

1/1/82 **INSTITUTE STRIKES CLAUSES [(CARGO)/(AIR CARGO)]**

As Institute War Clauses [(Cargo)/(Air Cargo)] above with clause [1 3 5.6 and 7/1 2 3 4 and 5] deleted and substituted by the following

RISKS CLAUSES

RISKS COVERED

[1/1] This insurance covers, except as provided in Clauses [3 and 4/2]below, loss of or damage to the subject-matter insured caused by

[1/1] 1 strikers, locked-out workmen, or persons taking part in labour disturbances, riots or civil commotions

[1/1] 2 any terrorist or any person acting from a political motive

EXCLUSIONS

GENERAL EXCLUSIONS CLAUSE

[3/2] In no case shall this insurance cover

[3 1-6/2 1-7] *See above Clauses [4 1-4 6/2 1-2 7] in the Institute Cargo Clauses [(A)/(Air)](1/1/82)*

[3 7/2 8] loss damage or expense arising from the absence shortage or withholding of labour of any description whatsoever resulting from any any striko, lockout, labour disturbance, riot and civil commotion

[3.8/] See above Clause 3.7 in the Institute War Clauses [(Cargo)/]

[3/2] 9 loss damage or expense arising from theuse of any weapon of war employing atomic or nuclear fission and/or fusion or other like reaction or radioac-tive force or matter

[3/2] 10 loss damage or expense caused by war civil war revolution rebellion insurrection, or civil strife arising therefrom, or any hostile act by or against a belligerent power

DUTRATION

TRANSIT CLAUSE

[5/3] See above Clause[8/5] in the Institute Cargo Clauses [(A)/(Air)](1/1/82)

TERMINATION OF CONTRACT OF CARRIAGE CLAUSE

[6/] See above Clause 6 in the Institute Cargo Clause(Air)(1/1/82)

CHANGE OF TRANSIT CLAUSE

[7/5] See above Clause [10/7] in the Institute Cargo Clause [(A)/(Air)](1/1/82)

TRANSIT TERMINATION CLAUSE (30 days) [(A)/(B)]

It is specially understood and agreed that the words "60 days" in [(c)/8] of the paragraph of the Transit Clause of the Institute Clargo Clauses are substituted by the words "30 days"

INSTITUTE CLASSIFICATION CLAUSE

The marine transit rates agreed for this insurance apply only cargoes and/or interests carried by mechanically self-propelled vessels of steel construction, classed as below by one of the following classification societies

Society	Class	
Lloyd's Register	100A1 or B S	Class wihtout any modification
American Bureau of Shipping	/ A1	
Bureau Veritas	13/3E /	
Germanischer Lloyd	/ 100A4	
Korean Register of Sbipping	/ KRS1	
Nippon Kaiji Kyokai	NS/H	
Norske Veertias	/ 1A1	
Registro Italiano	; 100A 1 1 Nav L	
Maritime Register of Shipping	; P4/1 C or KM /	
China Classification Society	; CAS	

Provided such vessels are

(Ⅰ) not over 15 years of age, OR

(Ⅱ) over 15 years of age but not over 25 years of age and have established and maintained a regular pattern of trading on advertised schedule to load and unload at specified ports

Chartered vessels and also vessels under 1,000G R T which are mechanically self-propelled and of steel construction must be classed as above and not over 15 yeras of age

The requirements of the institute classification clause do not apply to any cart, raft of lighter, used to load or unload the vessel, whlist they are within the port area.

Cargoes and/or interests carried by mechanically self-propelled vessels not falling within the scope of the above are held covered subject to a premium and on conditions to be agreed

NOTE Mechanically self-propelled vessels classed by Korea Register of Shipping have same effect as those classed by classification society provided in the above

1/1/91 **INSTITUTE RADIOACTIVE CONTAMINATION EXCLUSION CLAUSE**

This clause shall be paramount and shall override anything contained in this insurance inconsistent therewith

1 In no case shall this insurance cover loss damage liability or expense directly or indirectly by or contributed to by or arising from

1 1 ionsing radiations from or contamination by radioacitivity from any nuclear fuel or from any nuclear waste or from the combustion of nuclear fuel

1 2 the radioactive, toxic, explosive or other hazardous or contaminating proper-ties of any nuclear installation, reactor or other unclear assembly or nuclear component thereof

1 3 any weapon of war employing at atomic or nuclear fission and/or fusion or other like reacion or radioactive force of matter

Provided that if fire is an insured peril and where the subject matter insured or, in the case of a reinsurance, the subject matter insured by the original insurance, is within the U.S.A., its islands, onshore territories or possessions, and a fire arises directly or indirectly from one or more of the causes detailed in Sub Clause 1 1 and 1 2 of the Institule Radioactive Contamination Exclusion Clause 1st October, 1990 Any loss or damage arising directly from that fire shall, subject to the provisions of this insurance (reinsurance), be covered, excluding however any loss damage liabilty or expense cuased by nuclear reaction, nuclear reaction, nuclear radiation or radioactive contamination arsing directly or indirectly or indirectly from that fire

ON-DECK CLAUSE [(A)/(B)]

Not with standing any average warranty (inclusive of coverage for any extraneous risks if granted hereunder)and the [third paragraph of clause 1/clause 8(8.3)]of the Insti-tute Cargo Clauses, it is specially understood and agreed that, in the event of the interest hereby insured of any part thereof being carried on deck, the conditions on such deck-load shall be amended to ["F P A(subject to F P A Clause contained in the Institute Cargo Clause(F P A)/"ICC(C)(subject to risks clause contained in the Institute Cargo Clauses(C))]including the risks of [Jettison & /] Washing Overboard" as from the commencement of this insurance

CO-INSURANCE CLAUSE

It is hereby understood and agreed that this policy is issued as requested by the assured, by Daehan Fire & Marine Insurance Co.Ltd in its own name, but only on behalf of the following Co-Insurers who each themselves and not one for the other, are severally and independently liable for their respective subscription thereto as speci fied in this policy and attached invoice

It is also agreed that Daehan Fire & Marine Insurance Co.,Ltd shall assume no liability whatsoever with respect to other Co Ltd be one of the Co-Insurer's subscription due to the mere fact that it is signatory to this policy or otherwise named therein. Should Daehan Fire&Marine Insurance Co.,Ltd be one of the Co-Insurer above, its liability shall be limited to the extent subscribed and in no event will its liability exceed each sub-scription

It is also agreed that Daehan Fire&Marine Insurance Co.,Ltd shall attend to all matters connected with this Co-Insurance including settlement of claims and any agreement or decision which may be made between the Assured and Daehan Fire&Marine Insurance Co.,Ltd shall be final and binding upon all other Co-Insurers. Any notices which may be given by the Assured to Daehan Fire&Marine Insur ance Co.,Ltd. in writing or otherwise shall be deemed as give to all other Co-Insurers as well

Notwithstanding that each of the members independently assumes liability for his sub-scription as aforementioned, it is understood and agreed that, in the event of any claim payable abroad, the same shall be settled in full by the leader's Agent, on behalf of all the members as if this insurance is accepted solely by the leader

LABEL CLAUSE

In the of damage from perils insured against affecting labels only, loss to be limited to an amount sufficient to pay the cost of reconditioning, cost of new labels and relabelling the goods, provided the damage will have amounted to a claim under the terms of the policy

27/12/86 **SPECIAL REPLACEMENT CLAUSE**

In the event of loss of or damage to any part or parts of an insured machine caused by a peril covered by the policy, the sum recoverable shall not exceed the cost of replace-ment or repair of such part or parts plus charges for forwarding (irrespective of conveyances, if reasonable)and refitting, if incurred, but excluding duty unless the full duty is included in the amout insurred, in which case loss, if any, sustained by Porvided always that in no case shall the liability of underwriters exceed the insured value of the complete machine

REPLACEMENT CLAUSE FOR SECONDHAND MACHINERY

In the event of a claim under the Special Replacement Clause, the underwriters are only to pay such proportion as the Insured Value i.e. the recondition value bears to the current cost of new machine at present day's price

SPECIAL SURVEY CLAUSE

In case of loss or damage claimable hereon, immediate notice shall be given to this Company, who will appoint a surveyor from among those approved by this Company. The Assured's right to recover under this policy shall be dependent upon their presentation of a survey report issued and certified by the said surveyor

PIPE LINE CLAUSSE[(A)/(B)]

Notwithstanding anything contained in the [Institute Cargo Clauses or the Bulk Oil Clauses with the Marine Extension Clauses(for use in connection with Oil in bulk /Transit Clauses of the Institute Cargo Clauses to the contrary]it is understood and agreed that this insurance attaches from the time the good have passed the [permanent hose connection of the vessel/the coupling of the pipe of shore tank]at the port of shipment and continues there after as stipulated in the said clause until the goods ard discharged into the consignee's or other shore tank at the port of destination named in the policy

REFRIGERATED CARGO CLAUSE/
REFIGERATING MACHINERY CLAUSE

Whilst stowed in Refrigeration Chambers of vessel named herein this insurance is ex teneded to cover all loss or damage due to or caused by derangement or breakdown of the refrigerating machinery and/or refrigerating plant and/or insulation [for a period of at least Twnety-four(24)consecutive hours. Claims recoverable hereunder shall be payable irrespective of percentage /]

It is warranted by the Assured, -

That the interest insured hereunder is in good condition at commencement of the risk

That no claim for loss and/or damage shall attach unless, immdeiately on the first dis-covery of any loss and/or damage to or deterioration of any part of the interest hereby insured, notice be given to the [/nearest] Agents of this Company [/as designated in the policy]and arrangement made for survey and the amount of the depreciation agreed to prior to the removal of the interest. Where this Company has no Agents at or near where the loss occurs, loss must be reported to Lloyd's Agents, and their cer-tificate must accompany proofs of loss presented to this Company or its Settling Agents

That claim shall be immediately filed in writing against the [vessel or other]carrier, a copy of which must accompany any claim presented under this insurance

That the value to be made good in the case of the interest insured hereunder being con demned on or after arrival shall in no case exceed the sound market value, less usual charges, or the insured value whichever may be the smaller

That no adjustment charges shall be incured unless with the written consent of this Company or its Agents who shall not be liable for survey fees other than those of their own surveyor.

CUSTOMS DUTY CLAUSE

To pay partial loss sustained on custom duty imposed on the goods insured hereunder by reason of the perils insured against, but subject to the policy terms of average also to pay total loss if the goods are totally lost in accordance with policy terms after the custom duty is paid

In case of the insured amount of custom duty stated herein being in excess of the full amount of custom duty imposed on the goods insured hereunder according to the rele-vant regulations when they arrive at the final port of discharge named herein in sound condition, this Company's liability shall not exceed the amount of actual loss of custom duty

In case of the insured amount of custom duty stated herein being less than the full amount of custom duty mentioned above, this Company's liability shall not exceed such proportion of the loss sustained on custom duty as the former bears to the latter

The Assured shall, when this Company so elect, surrender the goods to the Customs Authorities and avoid custom duty payment, and in case of any reduction in custom duty the amount so reduced shall be deducted in settling any loss for which this

IMPORTANT
PROCEDURE IN THE EVENT OF LOSS OR DAMAGE FOR WHICH UNDERWRITERS MAY BE LIABLE:

LIABILITY OF CARRIERS, BAILEES OR OTHER THIRD PARTIES

It is the duty of the Assured and their Agents in all cases, to take such measures as may be reasonable for the purpose of averting or minimising a loss and to ensure that all rights against Carriers, Bailees or other third parties are properly preserved and exercised. In particular, the Assured or their Agents are required:-

1. To claim immediately on the Carriers, Port Authorities or other Bailees for any missing packages

2. In no circumstances, except under written protest, to give clean receipts where goods are in doubtful condition

3. When delivery is made by Container, to ensure that the Container and its seals are examined immediately by their responsible official.

If the Container is delivered damaged or with seals broken or missingor with seals other than as stated in the shipping documents, to clause the delivery receipt accordingly and retain all defective or irregular seals for subsequent identification.

4. To apply immediately for survey by Carriers' or other Bailees' Representatives if any loss or damage be apparent and loss or damage be apparent and claim on the Carriers or other Bailees for any actual loss or damage found at such survey.

5. To give notice in writing to the Carriers or other Bailees within 3 days or delivery if the loss or damage was not apparent at the time of taking delivery.

NOTE:The Consignees or their Agents are recommended to make themselves familiar with the Regulations of the Port Authorities at the port of discharge.

INSTRUCTIONS FOR SURVEY

In the event of loss or damage which may involve a claim under this insurance, immediate notice of such loss or damage should be given to and a Survey Report obtained from this Company's Office or Agents specified in this Policy or Certificate.

DOCUMENTATION OF CLAIMS

To enable claims to be dealt with promptly, the Assured or their Agents are advised to submit all avilable supporting documents without delay, including when applicable:

1. Original policy or certificate of insurance.

2. Original or certified copy of shipping invoices, together with shipping specification and/or weight notes.

3. Original or certified copy of Bill of Lading and/or other contract of carriage.

4. Survey report or other documentary evidence to show the extent of the loss or damage

5. Landing account and weight notes at port of discharge and final destination.

6. Correspondence exchanged with the Carriers and other Parties regarding their liability for the loss or damage.

NOTE It is necessary for the Assured when they become aware of an event which is "held covered" under this insurance to give prompt notice to Underwriters and the right to such cover is dependent upon compliance with this obligation